日本列島出土鏡集成

下垣仁志 著

同成社

序　文

　日本では古来より鏡が愛好されてきた。そう断言されることが多い。「卑弥呼の鏡」の有力候補と目される三角縁神獣鏡は、出土するごとに、新説が提唱されるごとに、マスコミをにぎわせる。そうした状況をみるに、古代日本における鏡への愛好と、現代人が想いえがく鏡のマジカルさへの愛好とが、綯い交ぜになっているように感じる。そうした現代人の想いが過去に無邪気に投影され、奔放な想像論がくりだされることにもなる。

　泡沫的な想像論ではなく、未来へ継承するに足る学問的な議論を構築するためには、資料の堅実な蓄積が結局は捷径になる。そして、細部をゆるがせにしない集成作業こそ、その確実な出発点であり、かつ終着点である。そう考えて、弥生・古墳時代の出土鏡を集成し、関連情報を整備する作業を敢行した。

　この種の作業は、過去に幾度となく遂行されてきた。早くも1926年に、後藤守一が大著『漢式鏡』において、1000面近い出土鏡情報を明示した。1970年代後半には、岡崎敬の主導下で『日本における古鏡　発見地名表』が作成され、3500面を超える出土鏡情報が集められた。そして1993年と2002年に、国立歴史民俗博物館が多数の研究者の協力のもと、悉皆的な集成（「歴博集成」）を刊行し、ついに5000面の大台を突破した。

　これら労力を惜しまぬすぐれた作業の成果、とりわけ歴博集成は、鏡にたいする理解や研究をおおいに助け、促進してきた。著者もそのひとりである。本集成の作成にも、上記3種の集成の成果を存分に活用させてもらっている。とはいえ、その後の厖大な新出資料や研究の進捗は、多人数による集成作業に不可避的につきまとうデータの不統一とあいまって、データの追加作業では埒のあかない、全面的なデータの刷新を必要としている。

　そこで、学問的な鴻恩に報いる意図と、著者の座右の銘である承前啓後を実践する意図から、集成表の全面的な再構築をおこなった。本集成が、鏡研究の進展にくわえて、出土鏡の整理や報告に役だつことを願っている。

　本集成は、その雛形となった歴博集成をはじめ、多くの調査研究者が孜々として積み重ねてきた成果の賜物である。だから、著者個人の成果だとはさらさら思わない。

　本書の作成にあたって、以下の方々に格別のご厚情を賜った。藤原怜史氏には判組とレイアウトを仕上げていただいた。この面倒きわまりない作業をしていただいたおかげで、本集成は美しい見栄えになった。センスのない著者ではとてもこうはいかなかった。加藤一郎氏からは、最新情報や貴重な実見資料をふくむ多量のデータを賜った。とくに270面を超える重量データの提供は、本集成の価値をいっそう高からしめるものである。辻田淳一郎氏からは同型鏡群の新資料に関する情報をご教示いただいた。

　本書の作成にあたって、同成社の三浦彩子氏におおいに助けられた。記して深謝する。

下垣仁志

目　次

序　文 ……………………………………………………………………………………… i	
凡　例 ……………………………………………………………………………………… v	
日本列島出土鏡集成 ……………………………………………………………………… 1	

岩　手	2	兵　庫	190
宮　城	2	奈　良	214
山　形	2	和歌山	258
福　島	4	鳥　取	262
茨　城	4	島　根	276
栃　木	8	岡　山	282
群　馬	12	広　島	304
埼　玉	28	山　口	312
千　葉	32	徳　島	318
東　京	42	香　川	324
神奈川	44	愛　媛	332
新　潟	48	高　知	342
富　山	50	福　岡	342
石　川	50	佐　賀	412
福　井	54	長　崎	432
山　梨	58	熊　本	440
長　野	64	大　分	456
岐　阜	76	宮　崎	466
静　岡	88	鹿児島	480
愛　知	106	沖　縄	482
三　重	114	韓　国	484
滋　賀	128	中　国	488
京　都	138	その他	490
大　阪	164		

附編　主要鏡式目録 ……………………………………………………………………… 519

　　表1．三角縁神獣鏡目録　521
　　表2．同型鏡目録　527

論考　集成の概要と活用 ………………………………………………………………… 529

引用文献 …………………………………………………………………………………… 553

函：大阪府紫金山古墳勾玉文鏡（著者作成）

凡　例

【全体】

◇ 本書は、日本列島の弥生時代・古墳時代の墳墓・遺跡出土鏡のデータ集成である。ごく小数部を印刷した『列島出土鏡集成』〔下垣 2016a〕に補訂・改変をくわえ、論考などを追加したものである。

◇ 岩手県から沖縄県まで5942面を集成した。そのうえで、日本列島で製作された出土地（都府県）不明鏡と、日本列島で製作された可能性のある韓半島出土鏡を、集成表の末尾に追加した。それらをあわせると総数6313面になる。ただし、公表を控えたほうがよい資料などを最終的に除外したため、掲載面数と若干くいちがう点を諒承いただきたい。

◇ 上記の5942面や6313面はさほど意味のある数値ではない。本集成の諸情報（全体面数・都府県別面数・削除面数・舶倭別面数など）については、本書に収録した論考（「集成の概要と活用」）を参照されたい。

◇ 図像資料（写真・拓本・図面など）も、すでに5300面分ほど集成・スキャンし、集成表との関連づけも完了している。ただし、公開の予定はない。

◇ 本集成は、国立歴史民俗博物館が作成した「弥生・古墳時代遺跡出土鏡データ集成」〔白石・設楽編1994〕および「弥生・古墳時代遺跡出土鏡データ集成 補遺1」〔白石・設楽編 2002〕（以下、両者あわせて「歴博集成」と略称）を基礎にしている。しかし、その後の出土・確認資料や新情報などをかなり追加し、錯誤をただすなど、大幅な改変をほどこした。全面的かつ徹底的に増補・改訂したうえで作成しなおしている点で、本集成と歴博集成は別物であり、『日本における古鏡 発見地名表』〔岡崎編 1976-79 等〕と歴博集成の相違ていどにはちがう。本集成は「猫耳集成」とでも呼んでもらえればうれしい。

◇ 歴博集成には大化以後の唐（式）鏡や宋代以降の踏返し鏡、はては偽鏡も混在しているが、本集成ではいちおう削除せずに残した。他方、この種の資料は新規に追加しなかった。

【番号】

◇ 歴博集成は都府県別に通し番号をつけていて便利であり、勝手に組み替えると混乱を招く。したがって、都府県別「番号」と配列順序は歴博集成を踏襲した。ただし、本集成において新規に追加した資料については、当該鏡の出土市町村の最終番号に枝番号を振った（例．岡山 212-1）。歴博集成に未出の市町村である場合は、各都府県の最後に配置した。

◇ 歴博集成では、同一資料が重複して掲載されている事例が散見する（約65例）。それらは同一資料にまとめた。

【舶倭】

◇ 中国製鏡を「舶」、倭製鏡を「倭」と略記する。不適当な「舶」をあえて採用したのは、中国製鏡の「中」ではわかりづらいという理由からである。倭製鏡については、「仿製鏡」「倣製鏡」「倭鏡」の呼称のほうが一般的だが、編者の呼称法を採る。このほか、踏返し鏡を「踏」などと略記した。従来、倭製鏡とされてきた「仿製」三角縁神獣鏡や方格T字鏡などを「舶」としていることに注意されたい。

【鏡式】

◇ ごく一般的な名称を採用した。記述のおおよその基準は、〈作鏡者銘など〉―〈外区などの特徴的な文様or

弧数 or 鈴数〉—〈神獣数や内区配列方式〉とした（例．尚方作流雲文縁方格規矩四神鏡・長宜子孫八弧内行花文鏡・六鈴四神四獣鏡）。あくまで便宜的な名称であり、研究の進展に応じ体系的に変更することがのぞましい。厳密な名称が必要な場合は、「諸氏分類」ないし「編者分類・時期」を参照されたい。

◇ 編者が未確認であるなどの理由で鏡式が不明確な資料は、その名称を〔　〕内にいれた。

【出土遺跡】

◇ 末尾に（伝）と付した遺跡や地名は、左欄の鏡の出土が確実ではなく、伝承・伝聞レヴェルであることを示す。

【出土地名】

◇ 歴博集成と同様に、資料の掲載順は市町村ごとにまとめた。ただし、近年の市町村合併により歴博集成時の出土市町村名が大幅に変わったため、現在時（2016年9月）の市町村名にあわせて番号をならべかえた。参考のため、〔　〕内に歴博集成時の市町村名を残した。

【遺跡内容】

◇ 遺跡の種別を左欄に、出土遺構の内容を右欄に記載した。墳形の末尾に付した括弧内の数値は墳長（単位m）である。

【時期】

◇ 出土した遺跡・遺構の「時期」は、歴博集成や各資料の報告書などを参考にした。ただし、かなり不確実であり、厳密な分析に使用することは奨めない。参考ていどにとらえていただきたい。

【面径】

◇ 「面径」は、基本的に報告書類などのデータに依拠した。面径の測定は多様な要因によって誤差が生じるので、数ミリレヴェルの差異を重視する分析に本集成の面径値をそのまま適用することは推奨できない。それほどの精度に担保された議論をどうしても展開したければ、自身で計測してまわることを奨める。【備考】の重量も同様。

【銘文】

◇ 「中国古鏡の研究」班の釈読成果〔2009・2011a・2011b・2012・2013〕や車崎正彦の釈読〔車崎編 2002〕などを参照しつつ、すべて写真・拓本などと照合した。

◇ 句間は一文字あけた。字数は明らかだが欠損や銹などで釈読できない銘字は「□」であらわした。多数の銘字が欠損するか不明な場合は「…」であらわした。

◇ 同一鏡の複数の部位（外区・内区など）に銘文がほどこされている場合、「／」で区別した。

◇ 同一銘（例．「天王日月」）の繰り返しは、逐一記さない。

【諸氏分類】

◇ 「諸氏分類」は、研究者諸氏が設定した各資料の分類名称である。誤解による混乱を避けるため、各文献中で分類名との対応関係が明記された資料のみを掲載する。文献の年次は上二桁を省略した。各文献は本書末尾の「引用文献」に掲載した。

◇ 三角縁神獣鏡の「目録番号」「同笵鏡番号」については、本書の附編を参照されたい。

【編者分類・時期】
◇「編者分類・時期」は、編者による各資料の分類と時期である。括弧を付していない名称は、編者が専論〔下垣 2003・2011a・2011b・2016a〕ですでに系列名を設定したものである。
◇〔　〕内の名称は、先行研究などを参照しつつ暫定的にあたえた分類名である。実際にはさらなる細分も実施しているが、専論での裏づけがなく、今後の変更も考えられるので、おおまかな名称の提示にとどめた。〔　〕内の名称は参考ていどにうけとっていただきたい。
◇「時期」に関して、「前（古）」「前（中）」「前（新）」はそれぞれ前期倭製鏡古段階・中段階・新段階を、「前期」「中期」「後期」はそれぞれ前期倭製鏡・中期倭製鏡・後期倭製鏡であることを指す。古墳時代前期・中期・後期と一対一対応するわけではない〔下垣 2011a・2011b〕。
◇漢鏡や魏晋代以降の中国製鏡の時期区分の検討がかなり進展しているので、「漢鏡Ⅹ期」や「魏晋鏡」の記載をすべきかもしれないが、今後の研究の変動を考慮して本集成には掲載しなかった。

【発見年】
◇「発見年」は当該資料が出土などにより発見された西暦年（ないし和暦年）である。発見の伝承があったり、古文書に記されていただけの資料が再発見された場合、研究資料の蓄積という点では、再発見の年次のほうが重要であり、その種のデータも記すべきかもしれない。

【所蔵（保管）者】
◇所蔵者や保管者はしばしばかわるし、しかも近年の市町村合併や機関の統廃合により、所蔵機関（名）も頻繁に変更される。本項目の記載は目安ていどにうけとっていただきたい。

【共伴遺物】
◇共伴品は「石製品・玉類」「武具・武器・馬具」「ほか金属器」「土器類」「その他」の計5項目に細分した。集落出土品の場合は、共伴資料の同定が困難なことが多く、正確性は保証できない。

【文献】
◇当該鏡に関する代表的な文献か、精細な図版を掲載した文献をえらんだ。ただし、文献選択の明確な基準はとくに設けていない。
◇文献はひとつのみえらんだ。

【備考】
◇「同型鏡群」の〔　〕内に記した記号番号は、編者が仮につけたものである。同型関係などの詳細については、本書の附編を参照されたい。
◇当該鏡の重量（g）が判明しているものは掲載した。修復や欠損がある場合でも、程度がわずかであればそのままの数値を記載した。欠損が目だつ場合（5～10％程度以上が目安）は、〈　〉内に現重量を記載した。加藤一郎氏から多くの重量データの提供をうけた。
◇「漢式鏡」番号は〔後藤 1926〕、都府県（旧国名）番号は〔岡崎編 1976-79〕で付せられたものである。
◇「　」内は報告書などからの引用だが、「文献」からの引用である場合などは出典を省略した。

日本列島出土鏡集成

番号	舶倭	鏡式	出土遺跡	出土地名	遺跡内容	時期	面径(cm)	銘文	諸氏分類	編者分類・時期

岩手

番号	舶倭	鏡式	出土遺跡	出土地名	遺跡内容	時期	面径(cm)	銘文	諸氏分類	編者分類・時期
1	倭	五鈴鏡	五郎屋敷古墳群	胆沢郡金ヶ崎町西根字五郎屋敷	古墳	円墳（約4）	不明	8.5	—	—	後期
1-1	倭	〔五鈴鏡〕	熊ン堂古墳（伝）	花巻市上根子字熊堂（伝）	古墳	不明	不明	不明	—	—	—

宮城

番号	舶倭	鏡式	出土遺跡	出土地名	遺跡内容	時期	面径(cm)	銘文	諸氏分類	編者分類・時期
1	倭	細線式渦文鏡	日光山古墳群（伝）	大崎市古川清水字小寺囲（伝）〔古川市〕	古墳	不明	古墳	7.3	—	獣帯鏡類B型（小林82・10）	—	中期？
2	倭	不明（重圏文鏡？）	御山古墳（香取神社境内古墳）	加美郡色麻町四竈字町	古墳	円墳（約50）	古墳中期	6.7	—	—	—
10	？	不明	米泉館跡SK23土壙墓	加美郡加美町米泉字西野〔加美郡宮崎町〕	墳墓	組合式木棺直葬	古墳後期	6.0	—	—	—
3	舶	六鳳文鏡	一塚古墳	仙台市太白区鹿野1丁目	古墳	円墳（24〜35）・竪穴式石槨（長持形石棺）	古墳中期	16.1	—	六獣形鏡（樋口79）／獣形文鏡類六獣鏡（小林82・10）	—
4	倭	十三乳文鏡	裏町古墳	仙台市太白区西多賀1丁目	古墳	前方後円墳（55）・竪穴式石槨（組合式木棺）	古墳中期	9.1	—	獣帯鏡類C型（小林82・10）／I類（中山他94）	〔乳脚文鏡〕	後期
4-1	倭	不明	六反田遺跡7F-1区SK9木棺墓	仙台市太白区大野田字竹松地内	墳墓	舟形木棺直葬	古墳後期	9.0	—	—	—
5	倭	捩文鏡？	南小泉遺跡第17次調査SD01	仙台市若林区遠見塚1丁目	集落	溝	中世（15世紀頃）	6.7	—	—	捩文鏡？	前（新？）
6	倭	捩文鏡	吉ノ内1号墳〔第1主体部〕	角田市横倉字吉ノ内	古墳	円墳（25）	古墳中期	7.5	—	—	捩文鏡E系	前（新）
7	倭	六鈴六獣鏡	狐塚古墳	伊具郡丸森町新町	古墳	不明	古墳	10.8	—	獣形（西岡86）／I類-E 半肉彫式獣文系（八木00）／獣形文系B類（岡田05）	〔旋回式獣像鏡〕	後期
8	倭	六鈴七獣鏡	台町20号墳	伊具郡丸森町金山台町	古墳	前方後円墳（30）・竪穴式石槨	古墳後期	10.4	—	獣形鏡系六鈴式（樋口79）／鈴鏡類（六鈴鏡）（小林82・10）／獣形（西岡86）／獣形文鏡類（大川97）／旋回式獣像鏡系（森下02）／獣文系B類（岡田05）／Bh型式（加藤14）	〔旋回式獣像鏡〕	後期
9	倭	六弧内行花文鏡					11.2	—	—	内行花文鏡後期型？	後期？
9-1	倭	珠文鏡	新田東遺跡SI21堆積土1層	石巻市飯野字新田〔桃生郡河北町〕	集落	竪穴住居	奈良	7.0	—	—	〔珠文鏡〕	前期
9-2	倭	六弧内行花文鏡	入の沢遺跡竪穴住居跡2	栗原市築館字城生野入の沢	集落	竪穴住居	古墳前期	9.0	—	—	内行花文鏡B式	前（中）
9-3	倭	珠文鏡	入の沢遺跡竪穴住居跡5	栗原市築館字城生野入の沢	集落	竪穴住居	古墳前期	8.2	—	—	〔珠文鏡〕	前期
9-4	倭	珠文鏡	入の沢遺跡竪穴住居跡1	栗原市築館字城生野入の沢	集落	竪穴住居	古墳前期	5.6	—	—	〔珠文鏡〕	前期
9-5	倭	櫛歯文鏡			集落	竪穴住居	古墳前期	5.5	—	—	〔櫛歯文鏡〕	前期

山形

番号	舶倭	鏡式	出土遺跡	出土地名	遺跡内容	時期	面径(cm)	銘文	諸氏分類	編者分類・時期
1	倭	捩文鏡	お花山1号墳〔1号棺〕	山形市青野字お花山	古墳	円墳（14）・割竹形木棺直葬	古墳後期	9.5	—	IV型（小沢88）／C型式a類（水野97）	捩文鏡C系	前（新）
2	倭	七乳文鏡	お花山22号墳	山形市青野字お花山	古墳	円墳（11）・割竹形木棺直葬	古墳後期	9.0	—	乳脚紋鏡b〜d系（森下02）	〔乳脚文鏡〕	後期
2-1	舶	内行花文鏡	馬洗場B遺跡6-23グリッド	山形市中野字馬洗場	集落	不明	古墳前期	8.2	—	—	—
3	倭	櫛歯文鏡	下小松古墳群薬師沢支群143号墳	東置賜郡川西町下小松字薬師沢1936-1・9	古墳	円墳（14）・割竹形木棺直葬	古墳中期	4.6	—	—	〔重圏文鏡〕	

岩手・宮城・山形

発見年	所蔵(保管)者	共伴遺物 石製品・玉類	武具・武器・馬具	ほか金属器	土器類	その他	文献	備考
1895	所在不明	瑪瑙勾玉・水晶勾玉・滑石勾玉・切子玉・ガラス玉	刀・鏃	鑿	—	—	大野延太郎1903「東北旅中散見の遺物」『東京人類学会雑誌』第206号, 東京人類学会	漢式鏡581／岩手県(陸中国) 1／「高橋博士に従へば偽物だといふ」〔後藤1926〕
不明	所在不明	碧玉管玉	圭頭大刀・円頭大刀・刀2	斧3	—	—	—	岩手県(陸中国) 2
不明	個人	—	刀・鏃	金環	土師器(甕・杯)・須恵器	—	志間泰治編1970『古川市塚原古墳群』古川市文化財報告第1集, 古川市教育委員会	宮城県(陸前国) 3
1691	伊達神社?	玉	—	—	土器	—	布施千造1903「累々たる蝦夷塚を探求するの記 附り香取神宮社地は大古墳なる説」『東京人類学会雑誌』第202号, 東京人類学会	漢式鏡580／宮城県(陸前国) 4／「甕の中に宝玉を納め鏡を蓋となしありし」
1995	加美町教育委員会	碧玉管玉7・ガラス小玉6	—	錫製耳環2	—	—	宮崎町教育委員会編1996『米泉館跡』宮崎町文化財調査報告書第5集, 宮崎町教育委員会	—
1906(1903)	東京国立博物館〈J14091〉	勾玉5・滑石臼玉6・ガラス小玉458	—	金環1	—	—	後藤守一1942『古鏡聚英』上篇 秦鏡と漢六朝鏡, 大塚巧芸社	漢式鏡579／宮城県(陸前国) 1
1973	仙台市教育委員会	—	鉄鏃1	刀子1	—	竪櫛1	藤澤敦1988「裏町古墳出土の銅鏡について」結城慎一編『年報9 昭和62年度』仙台市文化財調査報告書第122集, 仙台市教育委員会	64g／宮城県(陸前国) 2／背面の2箇所に亀裂を補修した鋳掛け
2010	仙台市教育委員会	管玉10・ガラス小玉8	—	—	土師器(壺・杯)	—	森田賢司編2011『郡山遺跡31』仙台市文化財調査報告書第394集, 仙台市教育委員会	60g／遺骸(男性骨か)の胸部に置かれ両腕で抱えこまれた状態で出土／四獣鏡か(加藤一郎氏教示)
1988	仙台市教育委員会	—	—	—	—	—	佐藤洋編1990『南小泉遺跡 第16～18次発掘調査報告書』仙台文化財調査報告書第140集, 仙台市教育委員会	〈12g〉／古墳中期～後期の住居跡を破壊した中世の溝から出土
1985	角田市教育委員会	剣形模造品1	剣1・楕円形鏡板付轡1・馬鐸1	袋状柄付斧1・曲刃鎌1・鹿角製刀子1	—	櫛3	藤沢敦1992『西屋敷1号墳・吉ノ内1号墳発掘調査報告書』宮城県角田市文化財調査報告書第8集, 角田市教育委員会	—
明治～大正	西円寺	勾玉2	刀1	銅釧2	—	—	志間泰治1954「宮城県伊具郡金山町台町古墳群調査概報」『歴史』第七輯, 東北史学会	宮城県(磐城国) 2
1903	東京国立博物館〈J12617〉	滑石紡錘車1・勾玉7・管玉5・切子玉2・ガラス小玉181	刀1・鏃1	銅釧3・鈴釧1・銀環2	須恵器(甌1)	—	後藤守一1942『古鏡聚英』上篇 秦鏡と漢六朝鏡, 大塚巧芸社	143g／漢式鏡578／宮城県(磐城国) 1-1
	所在不明(個人旧蔵)						志間泰治1954「宮城県伊具郡金山町台町古墳群調査概報」『歴史』第七輯, 東北史学会	宮城県(磐城国) 1-2
2001	石巻市教育委員会	ガラス小玉1	鉄鏃1	刀子2	土師器(壺・甕・鉢・高杯・杯)・須恵器(壺・高杯・杯・高台杯・蓋)	土製紡錘車・砥石・支脚石・台石・円面硯	柳澤和明編2003『新田東遺跡―三陸自動車道建設関連遺跡調査報告書Ⅱ―』宮城県文化財調査報告書第191集, 宮城県教育委員会	竪穴住居の上限は8世紀中頃／「桃生城の造営にあたり(中略)関東からの鎮兵や柵戸などが携えてきた先祖伝来の鏡を埋納した可能性が考えられる」
2014	宮城県教育委員会	管玉1	—	斧1	—	—	東北学院大学アジア流域文化研究所編2015『古代倭国北縁の軋轢と交流 栗原市入の沢遺跡で何が起きたか』東北学院大学アジア流域文化研究所	放射状区画(四区画)／住居外？
2014		—	—	—	—	—		
2014		垂飾品2・勾玉12・管玉104・棗玉4・臼玉17・丸玉4・ガラス小玉120	剣5	斧5・刀子5・方形刃先2・鑿or鉇1・工具4・不明6	土師器(高杯・器台)	—		—
2015								
1982	山形県教育委員会	紡錘車形石製品1・管玉11・ガラス玉534	剣把部片1	—	—	竪櫛1	佐藤鎭雄編2011『やまがたの古墳時代―最上川流域のムラと古墳―』山形県立うきたむ風土記の丘考古資料館	—
1983		—	—	—	—	—	車崎正彦編2002『考古資料大観』第6巻 弥生・古墳時代 鏡, 小学館	—
1999	山形県埋蔵文化センター	—	—	—	—	—	高橋敏編2004『馬洗場B遺跡発掘調査報告書』山形県埋蔵文化財センター調査報告書第123集, 財団法人山形県埋蔵文化センター	破鏡(1孔)／「小孔左側の破断面に(中略)タガネ痕跡と考えられるギザギザ」
1987	川西町埋蔵文化財資料展示館	—	剣1・鉄鏃30	鋤先1・刀子2	—	竪櫛2	藤田宥宣・高橋宏平1988『山形県川西町 下小松古墳丘群薬師沢支群 第143・145号墳発掘調査報告書』川西町埋蔵文化財調査報告書第12集, 川西町教育委員会社会教育課	歴博集成では鋸歯文鏡

番号	舶倭	鏡式	出土遺跡	出土地名	遺跡内容	時期	面径(cm)	銘文	諸氏分類	編者分類・時期
福島										
1	舶	「仿製」三角縁唐草文帯三神二獣鏡	会津大塚山古墳〔南棺〕	会津若松市一箕町八幡字大塚142-1	前方後円墳(114)・割竹形木棺直葬	古墳前期	21.4	—	目録番号203・同笵鏡番号102・配置J1／三角縁神獣鏡類D型(小林82·10)	—
2	倭	捩文鏡			古墳		9.5	—	Ⅰ型(樋口79)／獣形文鏡類四獣鏡C-1型(小林82·10)／Ⅰ型(小沢88)／獣毛紋鏡系(森下02)	捩文鏡A系	前(中)
3	倭	捩文鏡	会津大塚山古墳〔北棺〕		前方後円墳(114)・割竹形木棺直葬	古墳前期	10.3	—	第三型式(伊藤67)／Ⅳ型(樋口79)／捩文鏡(類)BⅡ型(小林82·10)／BⅡ型(小林83)／Ⅳ型(小沢88)／C型式a類(水野97)／房紋鏡系(森下02)	捩文鏡C系	前(中)
4	?	不明	鏡塚古墳(伝)	会津若松市北青木(伝)	古墳	不明	不明	—	—	—
6	倭	六弧内行花文鏡〈甲鏡〉	会津田村山古墳(糠塚)	会津若松市北会津町和合字塚の越〔北会津郡北会津村〕	古墳 帆立(25)・礫槨?	古墳前期	11.2	—	六弧(樋口79)／B類(清水94)／六花文鏡(小林10)	内行花文鏡B式	前(中)
7	倭?	八弧内行花文鏡〈乙鏡〉					9.8	—	—	内行花文鏡B式?	前(中?)
8	?	不明	灰塚古墳(伝)	会津若松市北会津町和合字塚の越(伝)〔北会津郡北会津村〕	古墳	円墳	不明	破片	—	—	—
5	倭	〔珠文鏡〕	山崎横穴群横穴	喜多方市慶徳町山科字墓東	横穴	不明	古墳終末期	完形	—	—	—
5-1	倭	不明	灰塚山古墳〔第1主体部〕	喜多方市慶徳町新宮	古墳	前方後円墳(61)・木棺直葬	古墳前期~	9.0	—	—	—
9	倭	珠文鏡	土橋古墳	伊達市保原町柱田字土橋〔伊達郡保原町〕	古墳	円墳・横穴式石室	古墳後期	7.3	—	A類(小林79)／珠文鏡Ⅰ類(樋口79)／珠文鏡類A型(小林82·10)／Ⅰ類(中山他94)／A-B類(脇山13)	〔珠文鏡〕	前期?
10	倭	五鈴五神鏡	愛宕山古墳(愛宕坂古墳)(伝)	本宮市本宮字館ノ越(伝)〔伊達郡本宮町〕	古墳	円墳	—	13.0	—	鈴鏡類(五鈴鏡)(小林82·10)／神像文鏡類(大川97)／神像文系(岡田05)	〔後期型神像鏡Ⅱ系〕
11	倭	珠文鏡	会津坂下町(伝)	河沼郡会津坂下町(伝)	不明	採集品	不明	8.5	—	Ⅲ類(中山他94)	〔珠文鏡〕	—
19	倭	珠文鏡	森北1号墳	河沼郡会津坂下町見明字勝負沢	古墳	前方後方墳(41)・舟形木棺直葬	古墳前期	8.4	—	1類B(吉田99)	〔珠文鏡〕	前期
12	倭	珠文鏡	表西山横穴古墳群30号横穴	相馬市西山字西山・水沢	横穴	横穴	古墳後期~	不明	—	珠文(中山他94)	〔珠文鏡〕	—
12-1	倭	珠文鏡	桜井古墳群上渋佐支群7号墳	南相馬市原町区上渋佐字原畑〔原町市〕	古墳	方墳(28)・組合式木棺直葬	古墳前期	8.7	—	D-B類(脇山13)	〔珠文鏡〕	前期
13	倭	四鈴珠文鏡	横山台古墳群(B区)(伝)	いわき市平上平窪字横山・富岡(伝)	古墳	不明	—	6.1	—	珠文鏡系四鈴式(樋口79)／鈴鏡類(四鈴鏡)(小林82·10)／珠文(西岡86)／珠文鏡類(大川97)／珠文系(岡田05)	〔珠文鏡〕	—
14	倭	珠文鏡	中田1号横穴	いわき市平沼ノ内字中田	横穴	前底部基壇	古墳後期	6.4	—	A類(小林79)／珠文鏡類A型(小林82·10)／Ⅰ類(中山他94)	〔珠文鏡〕	—
15	倭	〔鈴鏡〕	高坂2号墳	いわき市内郷高坂町三本杉・台	墳墓	不明	不明	—	—	—	—
16	倭	珠文鏡	建鉾山遺跡高木地区	白河市表郷三森字高野峯山〔西白河郡表郷村〕	祭祀	遺物包含層	古墳中期	4.6	—	珠文鏡Ⅳ類(樋口79)／珠文鏡類B型(小林82·10)／Ⅲ類(中山他94)	〔珠文鏡〕	—
17	倭	五鈴五神鏡	石川町(伝)	石川郡石川町(伝)	不明	—	13.0	—	鈴鏡類(五鈴鏡)(小林82·10)／神像文鏡類(大川97)／神像文系(岡田05)	〔後期型神像鏡Ⅱ系〕	—
18	舶	方格四獣鏡	大善寺古墳群(伝)	郡山市田村町大善寺字上野・石切場(伝)	古墳	不明	—	18.2	「霊山孚寶　神使観爐形圓暁月　光清夜珠玉臺希世　紅庄應圖千嬌集影　百福来扶」	—	—
20	?	不明	中山田古墳群	郡山市田村町大善寺字中山田	古墳	円墳	不明	完形	—	—	—
20-1	?	不明	十五壇原古墳	大沼郡会津美里町旭	古墳	不明	不明	—	—	—	—
20-2	倭	〔素文鏡〕	塚之目古墳	伊達郡国見町塚野目	古墳	不明	古墳中期	破片	—	—	—
茨城										
1	倭	珠文鏡	尾形山横穴群	北茨城市磯原町磯原	横穴	不明	古墳終末期	8.6	—	AC-B類(脇山13)	〔珠文鏡〕	—

福島・茨城

発見年	所蔵（保管）者	共伴遺物 石製品・玉類	共伴遺物 武具・武器・馬具	共伴遺物 ほか金属器	共伴遺物 土器類	共伴遺物 その他	文献	備考
1964	福島県立博物館	硬玉勾玉1・碧玉管玉79・琥珀算盤玉2・ガラス小玉61（+破片31）	三葉環頭大刀1・刀1・剣7・小刀1・銅鏃29・鉄鏃48・靫1	鋤先1・斧4・鉇3・刀子2・棒状鉄器3		櫛2・石杵1・砥石1・台石1	伊東信雄・伊藤玄三1964『会津大塚山古墳』会津若松史別巻1，会津若松史出版委員会	918g／福島県（岩代国）1-1／「相当な年齢の人」の歯片
								90g／福島県（岩代国）1-2
		紡錘車形石製品1・碧玉管玉40	刀1・剣5・銅鏃4・鉄鏃41・靫1	斧2・刀子1				144g／福島県（岩代国）1-3
不明	所在不明	―	―	―	―	―	福島県編1969『福島県史』第1巻 通史編1 原始・古代・中世，福島県	福島県（岩代国）2-1・2／2面出土したとも伝える
1928	北会津町田村山区長	（碧玉管玉3・ガラス小玉10）	刀片1・剣片2	刀子片2			生江芳徳編1981『会津田村山古墳』田村山古墳周溝調査報告書刊行会	福島県（岩代国）4-1
								福島県（岩代国）4-2／中国製鏡の可能性
寛政初年頃	所在不明（田村三省旧蔵）	勾玉等数十					生江芳徳編1981『会津田村山古墳』田村山古墳周溝調査報告書刊行会	福島県（岩代国）5
1893	所在不明	勾玉	刀・轡金具	―	須恵器	―	福島県編1969『福島県史』第1巻 通史編1 原始・古代・中世，福島県	福島県（岩代国）3
2016	東北学院大学	ガラス玉	刀1			堅櫛20～	東北学院大学辻ゼミナール編2016『灰塚山古墳発掘調査 現地説明会資料』	―
1935	所在不明	―	―	金環2	須恵器片	―	福島県編1969『福島県史』第1巻 通史編1 原始・古代・中世，福島県	福島県（岩代国）6
昭和以降	本宮市立歴史民俗資料館	勾玉					福島県編1969『福島県史』第1巻 通史編1 原始・古代・中世，福島県	福島県（岩代国）9／同型：石川町（伝）
不明	個人旧蔵	―	―	―	―	―	中山清隆・林原利明1994「小型仿製鏡の基礎的集成（1）―珠文鏡の集成―」『地域相研究』第21号，地域相研究会	福島県（岩代国）10
1998	会津坂下町教育委員会	管玉2	槍1	鉇2・針1	―	漆塗製品（槍柄?）1	土井健司・吉田博行編1999『森北古墳群』創価大学・会津坂下町教育委員会	53g／放射状区画（八区画）
不明	日本大学考古学会	勾玉1・硬玉?製玉類多数・ガラス小玉多数	馬鈴2	―	土師器（杯?4）・須恵器（壺1）		伊東信雄他1964『県史』第6巻 資料編1 考古資料，福島県	福島県（磐城国）1
1999	南相馬市教育委員会	―	―	鉇1	土師器片		鈴木文雄編2001『桜井古墳群上渋佐支群7号墳発掘調査報告書』原町市埋蔵文化財調査報告書第27集，福島県原町市教育委員会	
江戸以前	五島美術館〈M192〉（個人旧蔵）	勾玉・管玉・切子玉・小玉	刀?・轡	鈴釧・耳環	須恵器（広口壺・高杯・杯・提瓶）		樋口隆康1979『古鏡』新潮社	福島県（磐城国）2・8／鈴は後着
1969	いわき市文化事業団	勾玉・丸玉・棗玉	挂甲・刀装具・矛・鉄鏃・轡・鞍・杏葉・壺鐙・鉸具	銅釧・金環・刀子	須恵器（甕・提瓶）		いわき市史編さん委員会編1976『いわき市史』第八巻 原始・古代・中世資料，いわき市	福島県（磐城国）3
不明	所在不明	勾玉・小玉	―	金環・銀環	―	―	福島県編1969『福島県史』第1巻 通史編1 原始・古代・中世，福島県	福島県（磐城国）4
1958	國學院大學日本文化研究所	滑石製品（鏡27・有孔円板518・剣569・剣1・斧26・鎌11・刀子29・勾玉24・白玉278）	刀残欠4・剣残欠3・矛1	―	土師器64	―	福島県編1969『福島県史』第1巻 通史編1 原始・古代・中世，福島県	福島県（磐城国）5
不明	都々古別神社	―	―	―	―	―	伊東信雄他1964『福島県史』第6巻 資料編1 考古資料，福島県	福島県（磐城国）6／同型：愛宕山古墳（伝）
明治30年頃	円寿寺（個人旧蔵）						柳沼賢治他編1998『大安場古墳群―第2次発掘調査報告―』福島県郡山市教育委員会	隋唐鏡
昭和以降	所在不明						白石太一郎・設楽博己編2002「弥生・古墳時代遺跡出土鏡データ集成 補遺1」『国立歴史民俗博物館研究報告』第97集，国立歴史民俗博物館	福島18か
不明	所在不明	―	―	―	―	―	福島県編1969『福島県史』第1巻 通史編1 原始・古代・中世，福島県	―
不明	所在不明	―	―	―	―	―	福島県編1969『福島県史』第1巻 通史編1 原始・古代・中世，福島県	福島県（岩代国）8-1
不明	所在不明	勾玉	―	耳環	壺	―	北茨城市史編さん委員会編1988『北茨城市史』上巻，北茨城市	茨城県（常陸国）8／「吟龍院再興の為め地ならし中勾玉、耳輪、鏡、壺等出づ」

番号	舶倭	鏡式	出土遺跡	出土地名	遺跡内容	時期	面径(cm)	銘文	諸氏分類	編者分類・時期	
2	倭	五獣鏡	南塚古墳群（伝）	北茨城市中郷町下桜井（伝）	古墳 不明	古墳	14.7	—	—	〔旋回式獣像鏡〕	後期
2-1	倭	七鈴五獣鏡	神岡上3号墳	北茨城市関南町神岡上	古墳	円墳（約30）・横穴式石室	古墳後期	12.7	擬銘	獣形文鏡類（大川97）／I類-E半肉彫式獣文系（八木00）／獣形文系B類（岡田05）	〔旋回式獣像鏡〕	後期
3	倭	〔五鈴鏡〕	十二社古墳	常陸太田市稲木町十二社754	古墳	円墳	古墳	不明	—	—	—	—
4	?	不明	名中古墳	常陸太田市稲木町名中	古墳 不明	古墳	不明	—	—	—	—
5・6	倭	五獣鏡	稲荷神社境内古墳（大串古墳）	水戸市大串町山海2251	古墳	前方後円墳（円墳？）(30)・横穴式石室(粘土槨？)	古墳後期	10.1	—	獣形文鏡類四獣鏡C-1型（小林82・10）／Cb型式（加藤14）	〔旋回式獣像鏡〕	後期
10	舶	三角縁波文帯神獣鏡	大場天神山古墳（伝）	水戸市大場町天神（伝）	古墳 不明	古墳	22.0	—	目録番号139	—	—
12	倭	〔珠文鏡〕	論田塚古墳群	水戸市赤尾関町論田〔東茨城郡内原町〕	古墳	円墳・箱形石棺	古墳中期	8.7	—	—	—	—
7	倭	珠文鏡	磯崎東2号墳〔1号石棺〕	ひたちなか市磯崎町東の四〔那珂湊市〕	古墳	円墳（20）・箱形石棺	古墳中期	7.3	—	A-B類（脇山13）	〔珠文鏡〕	—
8	倭	六弧内行花文鏡	常陸鏡塚古墳	東茨城郡大洗町磯浜町日下塚	古墳	前方後円墳(106)・粘土槨	古墳前期	11.0	—	CBII亜式（森70）／六弧（樋口79）／B類（清水94）／六花文鏡（小林10）	内行花文鏡B式	前(中)
9	舶	斜縁四獣鏡					13.0	—	四獣形鏡（樋口79）／獣形文鏡類四獣鏡A型（小林82・10）／獣形文鏡ID類（赤塚98b）		
11	倭	素文鏡	釜付遺跡 墳丘東側	那珂郡東海村釜付	祭祀 祭祀場	古墳中期	3.3	—	—	〔素文鏡〕	—
11-1	倭	素文鏡					3.3	—	—	〔素文鏡〕	—
13	倭	乳文鏡	長者山古墳（伝）	笠間市安居字東山（伝）〔西茨城郡岩間町〕	古墳 不明	古墳	9.1	擬銘	—	〔乳脚文鏡〕	後期
14	?	不明	慈救堂古墳（伝）	笠間市長兎路字慈救堂（伝）〔西茨城郡友部町〕	古墳	方墳（12）・横穴式石室	古墳終末期	不明	—	—	—	—
15	?	不明	二つ塚古墳（伝）	笠間市大田町（伝）〔西茨城郡友部町〕	古墳	円墳	古墳	不明	—	—	—	—
16	倭	六弧内行花文鏡	丸山1号墳	石岡市柿岡字高友〔新治郡八郷町〕	古墳	前方後円墳(55)・木棺直葬	古墳前期	8.2	—	BII式（森70）／B類1式（清水94）／六花文鏡（小林10）	内行花文鏡B式	前(中)
17	舶？	四獣鏡	桜塚古墳	つくば市水守	古墳	前方後方墳(30)・粘土槨	古墳前期	13.5	—	—	—	—
18	倭	不明	国松馬場古墳	つくば市国松字馬場	古墳	円墳？・箱形石棺	古墳後期	10.9	—	—	—	—
25	?	〔四獣鏡〕	面の井2号墳	つくば市谷田部字面の井	古墳	円墳・箱形石棺	古墳	不明	—	—	—	—
19	倭	六鈴七乳文鏡	上野古墳（茶焙山古墳）	筑西市上野字東郷〔真壁郡関城町〕	古墳	前方後円墳？・箱形石棺	古墳後期	12.9	—	乳文鏡系六鈴式（樋口79）／鈴鏡類（六鈴鏡）（小林82・10）／乳文（西岡86）／乳脚文鏡b系（森下91）／獣帯文鏡類（大川97）／II類-Aa乳文鏡（八木00）／乳脚紋鏡b～d系（森下02）／乳脚文系B1類（岡田05）	〔乳脚文鏡〕	後期
20	舶？	〔方格規矩鏡〕	林愛宕塚古墳	結城市林字上林	古墳	前方後円墳(40)・礫槨or礫床	古墳中期	9.3	—	—	—	—
21	?	不明	山王塚古墳（伝）	桜川市真壁町東山田字ハサマ（伝）〔真壁郡関城町〕	古墳 不明	古墳	不明	—	—	—	—
22	?	不明	羽田A古墳群（伝）	桜川市羽田（伝）〔真壁郡大和村〕	古墳	円墳	古墳	不明	—	—	—	—
23	?	不明	神明塚古墳（伝）	坂東市沓掛字西浦（伝）〔猿島郡猿島町〕	古墳	前方後円墳	古墳	不明	—	—	—	—
24	?	不明	野堀古墳（伝）	つくばみらい市野堀（伝）〔筑波郡伊奈町〕	古墳	円墳・石槨	古墳	不明	—	—	—	—
26	倭	乳文鏡	太田古墳	結城郡八千代町太田字関場58	古墳	箱形石棺	古墳後期～	8.3	—	—	〔乳脚文鏡〕	後期

茨城

発見年	所蔵（保管）者	共伴遺物 石製品・玉類	共伴遺物 武具・武器・馬具	共伴遺物 ほか金属器	共伴遺物 土器類	共伴遺物 その他	文献	備考
不明	茨城県立歴史館？（個人？）	—	—	—	—	—	白石太一郎・設楽博己編1994『弥生・古墳時代遺跡出土鏡データ集成』（『国立歴史民俗博物館研究報告』第56集），国立歴史民俗博物館	—
1995	北茨城市歴史民俗資料館	ガラス勾玉1・ガラス小玉10	刀4～・鉄鏃・飾弓金具	耳環3・刀子4	土師器（甕・鉢・椀・高杯?・杯）須恵器（壺・有脚壺・甕・高杯・横瓶）・土製模造品（鈴鏡2・鏡38・勾玉120・小玉111）	—	折原洋一編1995『神岡上古墳群―北茨城市関南町神岡上―』北茨城市文化財調査報告Ⅵ，山武考古学研究所	—
不明	所在不明	—	—	—	—	—	川角寅吉1944「茨城県に於ける古墳の分布」『人類学雑誌』第59巻第10号，日本人類学会	茨城県（常陸国）3／「五鈴鏡出づ」
不明	所在不明	管玉・切子玉	刀2	—	—	—	川角寅吉1944「茨城県に於ける古墳の分布」『人類学雑誌』第59巻第10号，日本人類学会	茨城県（常陸国）4
1912	東京国立博物館〈J7068〉	—	刀3・鉄鏃一括・素環鏡板付轡・壺鐙・兵庫鎖・鞍	銅環2	—	—	東京国立博物館編1980『東京国立博物館図版目録』古墳遺物篇（関東Ⅰ），東京国立博物館	〈71g〉／漢式鏡399／茨城県（常陸国）1・9
大正～昭和	個人	—	武器	—	—	—	岸本直文1992「茨城県水戸市出土の三角縁神獣鏡」『考古学雑誌』第78巻第1号，日本考古学会	—
1965	内原中央公民館資料室・水戸市教育委員会	—	刀・鉄鏃	—	—	石枕	斎藤忠編1974『茨城県史料』考古資料編 古墳時代，茨城県	茨城県（常陸国）11
1989	ひたちなか市教育委員会	—	刀1・鉄鏃6	—	—	—	ひたちなか市埋蔵文化財調査センター編1998『ひたちなか埋文だより』第9号，ひたちなか市埋文調査センター	壮年男性骨
1949	國學院大學	石釧6・紡錘車形石製品11・立花状石製品1・石製模造品（鋤1・鎌2・鑿1・鑿2・刀1・斤16・刀子10・勾玉2・管玉4・臼玉3989～）・硬玉勾玉5・碧玉管玉23・ガラス小玉47	刀1	斧・鎌・鈍・斤・刀子・筏形品・袋部付不明品	—	堅櫛・釘形品	大場磐雄・佐野大和1956『常陸鏡塚』國學院大學考古学研究報告第一冊，綜芸舎	茨城県（常陸国）10-2／壮年骨 茨城県（常陸国）10-1／同型：丸山1号墳（兵庫179）・エゲ古墳（福岡285）
1985～86	東海村教育委員会	有孔円板126・剣形石製品197・石製勾玉4・石製臼玉2	刀	鉄器残片	手捏土器42	—	佐々木彰・三ヶ島誠次男・小鍛治茂子編1999『毛長川流域の考古学的調査 下水道付設工事に伴う発掘調査』総括編，足立区伊興遺跡調査会	—
1952	所在不明	—	—	—	土器多数	—	川角寅吉1944「茨城県に於ける古墳の分布」『人類学雑誌』第59巻第10号，日本人類学会	茨城県（常陸国）12
1934	所在不明	—	刀	—	—	—	斎藤忠編1974『茨城県史料』考古資料編 古墳時代，茨城県	茨城県（常陸国）13
1986～89	所在不明	勾玉	—	—	—	—	斎藤忠編1974『茨城県史料』考古資料編 古墳時代，茨城県	茨城県（常陸国）14
1952	石岡市教育委員会	硬玉勾玉・碧玉勾玉・瑪瑙勾玉・琥珀勾玉・蛇紋岩勾玉・碧玉管玉95・ガラス丸玉・小玉	刀3・剣6・銅鏃4	刀子1	—	—	茨城県立歴史館編1990『特別展 茨城の古墳』茨城県立歴史館	茨城県（常陸国）15
1979	筑波大学歴史文化学系	石釧1・瑪瑙勾玉1・緑色凝灰岩管玉50・琥珀丸玉2・ガラス小玉29	剣1	—	—	編物	増田精一1982『筑波古代地域史の研究』昭和54-56年度文部省特定研究経費による調査研究概要，筑波大学	—
1919	東京国立博物館〈J9752〉	—	刀・鈴杏葉3	—	—	—	東京国立博物館編1980『東京国立博物館図版目録』古墳遺物篇（関東Ⅰ），東京国立博物館	漢式鏡398／茨城県（常陸国）21
不明	所在不明	—	—	—	—	—	斎藤忠編1974『茨城県史料』考古資料編 古墳時代，茨城県	茨城県（常陸国）23
1933	東京国立博物館〈J21858〉	碧玉管玉14・ガラス丸玉6	横矧板鋲留短甲1・籠手1対・刀・剣・矛・鉄鏃・轡・引手・剣菱杏葉4・環鈴・馬鐸3	銅環・鈍	—	—	斎藤忠編1974『茨城県史料』考古資料編 古墳時代，茨城県	329g／茨城県（常陸国）17
1958-1961	結城市公民館	—	刀2・剣2・鉄鏃24～	五鈴釧1・素環釧1	—	—	斎藤忠編1974『茨城県史料』考古資料編 古墳時代，茨城県	茨城県（常陸国）6／穿孔
不明	所在不明	—	鈴杏葉	—	—	—	斎藤忠編1974『茨城県史料』考古資料編 古墳時代，茨城県	茨城県（常陸国）18
不明	所在不明	—	刀・杏葉	—	—	—	斎藤忠編1974『茨城県史料』考古資料編 古墳時代，茨城県	茨城県（常陸国）19
不明	所在不明	—	—	—	—	—	斎藤忠編1974『茨城県史料』考古資料編 古墳時代，茨城県	茨城県（常陸国）20
不明	所在不明	勾玉	刀	—	—	—	川角寅吉1944「茨城県に於ける古墳の分布」『人類学雑誌』第59巻第10号，日本人類学会	茨城県（常陸国）22／「石槨内に直刀、鏡、曲玉あり」
1987	筑波大学	翡翠勾玉2・碧玉勾玉1・瑪瑙勾玉12・碧玉管玉6・ガラス丸玉20・ガラス小玉201・土玉2	刀2・鉄鏃105	金環4・刀子3	—	—	岩崎卓也編1989『太田古墳』八千代町埋蔵文化財調査報告書4，八千代町教育委員会	85g／縁部に2孔／「熟年期～壮年期後半男性」「壮年期女性」「壮年期後半男性」「壮年期前半女性」「男児（7～11歳）」の歯／鏡は最終葬の男性骨にともなう

番号	舶倭	鏡式	出土遺跡	出土地名	遺跡内容	時期	面径(cm)	銘文	諸氏分類	編者分類・時期	
27	倭	方格規矩(鳥文)鏡	弁天社(弁天塚)古墳	稲敷郡美浦村大塚字弁天	円墳(74)・箱形石棺	古墳中期	14.1	—	TO式(田中83)/博局鳥文鏡 Bb1K類(高木91・93)/中型鏡1-1(北浦92)/方格規矩文鏡類D型(小林10)	方格規矩四神鏡C系	前(中)
27-1	舶	四獣鏡	佐倉	稲敷市佐倉	不明	不明	9.8	—	—	—	—
28	倭	四獣鏡	舟塚古墳〔後円部〕(伝)	小美玉市上玉里(伝)〔新治郡玉里村〕	前方後円墳(88)・箱形石棺	古墳後期	16.3	擬銘	獣形文鏡類四獣鏡C-1型?(小林10)	〔中期型獣像鏡〕	中期
29	倭	八乳文鏡	三昧塚古墳	行方市沖洲467-1 他〔行方郡玉造町〕	前方後円墳(85)・箱形石棺	古墳後期	10.1	—	乳文鏡Ⅱ類(樋口79)/獣鏡類(樋口79)/四神四獣鏡類D(小林82・10)/乳脚文鏡c系(森下91)/乳脚紋鏡b～d系(森下02)	〔乳脚文鏡〕	後期
30	倭	四神四獣鏡					19.7	—	四神四獣鏡系(小林82・10)	〔中期型神獣鏡〕	中期
31	倭	重圏文鏡	勅使塚古墳	行方市沖洲〔行方郡玉造町〕	前方後方墳(64)・木棺直葬	古墳前期	7.8	—	重圏文鏡類(小林82・10)/C類(林原90)/Ⅴa型(藤岡91)/祖型グループ(中山他94)/Ⅴ型(林原08)/7ⅱ類(脇山15)	〔重圏文鏡(連珠)〕	前期
32	?	不明	ガウチ塚古墳(伝)	行方市谷島字稲荷平(伝)〔行方郡玉造町〕	古墳	円墳	古墳	不明	—	—	—
33	倭	四獣鏡	天王原古墳	潮来市辻字中辻〔行方郡潮来町〕	古墳	前方後円墳(30)	古墳	13.3	—	獣形文鏡類(大川97)/Ⅰ類-E半肉彫式獣文系(八木00)/獣形文系B類(岡田05)	獣像鏡Ⅱ系	前(中)
33-1	倭	六獣鏡	赤浜古墳群	高萩市赤浜	古墳	不明	古墳	12.3	擬銘	獣形文鏡類六獣鏡(小林82・10)	二神二獣鏡ⅠB系	前(中)
33-2	倭	重圏文鏡	下坂田字出シ山	土浦市下坂田字出シ山〔新治郡新治村〕	不明	不明	不明	8.0	—	—	〔重圏文鏡〕	前期
33-3	倭	重圏文鏡	大山Ⅰ遺跡37号住居跡	取手市寺田字大山	集落	住居跡	不明	7.4	—	—	〔重圏文鏡〕	前期
33-4	舶	八弧内行花文鏡	長峰39号墳	龍ケ崎市馴馬町2488	古墳	不明	古墳	11.5	—	—	—	—
33-5	倭	六鈴四獣鏡	茨城県(伝)	茨城県(伝)	不明	不明	不明	完形	—	獣形鏡系六鈴式(樋口79)/獣形(西岡86)	〔旋回式獣像鏡〕	後期
22-1	倭	五獣鏡	松田1号墳〔第1主体部〕	桜川市松田字瀧〔西茨城郡岩瀬町〕	古墳	前方後円墳(40)・粘土槨	古墳後期	完形	—	—	〔旋回式獣像鏡〕	後期

栃木

番号	舶倭	鏡式	出土遺跡	出土地名	遺跡内容	時期	面径(cm)	銘文	諸氏分類	編者分類・時期	
1	倭	神獣鏡	文殊山古墳(伝)	下野市上古山字大木(伝)〔都賀郡石橋町〕	古墳	方墳	古墳前期	14.5	—	獣形文鏡類四獣鏡C-1型(小林82・10)	類二神二獣鏡	前(中)
2	倭	重圏文鏡(有節重弧文鏡)	朝日観音山1号墳	下野市三王山字箕輪241〔河内郡南河内町〕	古墳	方墳(15)・木棺直葬	古墳前期	8.2	—	—	〔重圏文鏡〕	前期
24	倭	五鈴珠文鏡	上大領東原古墳(笹塚古墳)	下野市上大領〔都賀郡石橋町〕	古墳	円墳(37)・横穴式石室?	古墳中期	9.4	—	珠文鏡系五鈴式(樋口79)/鈴鏡類(五鈴鏡)(小林82・10)/珠文(西岡86)/珠文鏡系(大川97)/Ⅱ類-C珠文鏡(八木00)/珠紋鏡系(森下02)/珠文系(岡田05)	〔珠文鏡〕	後期
30	倭	三鈴素文鏡	別処山古墳	下野市絹板字別処山601-1〔河内郡南河内町〕	古墳	前方後円墳(37)・横穴式石室	古墳後期	6.8	—	素文鏡類(大川97)/Ⅳ類(八木00)/素文(岡田05)	〔素文鏡〕	
30-1	倭	珠文鏡?	雲雀台遺跡	下野市薬師寺字雲雀台	集落	竪穴住居	古墳終末期	6.3	—	—	〔珠文鏡?〕	—
3	倭	重圏文鏡	茂原愛宕塚古墳	宇都宮市茂原町御馬前412 他	古墳	前方後方墳(50)・舟形木棺直葬	古墳前期	7.2	—	Ⅰ型(林原08)	〔重圏文鏡〕	前期
4	倭	素文鏡	茂原大日塚古墳	宇都宮市茂原町御馬前401-2 他	古墳	前方後方墳(36)・箱形木棺直葬	古墳	2.6	—	AⅡ類(今平90)	〔素文鏡〕	—
13	舶	画文帯同向式神獣鏡	雀宮牛塚古墳	宇都宮市新富町17	古墳	帆立(57)・木棺直葬	古墳後期	21.1	「吾作明竟 幽凍三商 配像萬疆 統德序道 敬奉賢良 彫克無祉 百牙擧樂 衆華主陽 聖德光明 富貴安樂 子孫番昌 學者高遷 士至公卿 其師命長」	B式(樋口79)	—	—
14	倭	四獣鏡(八獣鏡)					16.9	—	四神四獣鏡系(小林82・10)/同向式神獣鏡B系(森下02)	〔中期型獣像鏡〕	中期
15	倭	五鈴五獣鏡					9.5	擬銘	獣形鏡系五鈴式(樋口79)/鈴鏡類(五鈴鏡)(小林82・10)/獣形(西岡86)/獣形文鏡類(大川97)/獣形文系B類(岡田05)/Ca型式(加藤14)	〔旋回式獣像鏡〕	後期
16	倭	四鈴櫛歯文鏡					5.8	—	珠文鏡系四鈴式(樋口79)/鈴鏡類(四鈴鏡)(小林82・10)/櫛歯文(西岡86)/櫛歯文鏡類(大川97)/Ⅱ類-D櫛歯文鏡(八木00)/櫛歯文系(岡田05)	〔櫛歯文鏡〕	—
17	倭	四鈴櫛歯文鏡					6.0	—		〔櫛歯文鏡〕	—
18	倭	四鈴櫛歯文鏡					5.9	—		〔櫛歯文鏡〕	—

茨城・栃木

発見年	所蔵（保管）者	共伴遺物					文献	備考
		石製品・玉類	武具・武器・馬具	ほか金属器	土器類	その他		
1847	個人旧蔵	滑石製模造品（鏡・斧・鎌・刀子）・勾玉・管玉	小札鋲留衝角付冑・剣・鉄鏃	―	―	―	清野謙次1955『日本考古学・人類学史』下巻,岩波書店	漢式鏡397／茨城県（常陸国）7
不明	所在不明	―	―	―	―	―	小林三郎2010『古墳時代倣製鏡の研究』六一書房	―
1879	茨城県立歴史館	勾玉・切子玉・丸玉・小玉	挂甲・環頭大刀・鉄鏃・鏡板・杏葉・辻金具	銅鏡・耳環・刀子・飾金具	―	櫛・木製小箱・砥石	車崎正彦編2002『考古資料大観』第5巻 弥生・古墳時代 鏡,小学館	534g／若年男性骨／旋回式獣像鏡系につながるか
1955	茨城県立歴史館	管玉・丸玉・小玉	横矧板鋲留衝角付冑1・横矧板鋲留短甲1・頸甲1・肩甲1・挂甲2・篠籠手・頬当・刀・剣・戟・鉄鏃・尖頭形鉄器・面繋飾金具・轡・鏡板	金銅冠・金銅垂飾付耳環・青銅飾金具・斧・刀子	―	櫛・砥石	斎藤忠・大塚初重他編1960『三昧塚古墳 茨城県行方郡玉造町所在』茨城県教育委員会	108g／茨城県（常陸国）25-2／成年（20歳前後）の男性骨
1961	明治大学考古学博物館〈K-21〉	蛇紋文岩管玉?・ガラス小玉	剣	―	―	―	中山清隆・林原利明1994「小型倣製鏡の基礎的集成（1）―珠文鏡の集成―」『地域相研究』第21号,地域相研究会	962g／茨城県（常陸国）5-1 茨城県（常陸国）26
不明	所在不明	玉	刀	―	―	―	斎藤忠編1974『茨城県史料』考古資料編 古墳時代,茨城県	茨城県（常陸国）28
1942・43	潮来市教育委員会	―	―	―	―	―	菊池昌宏・茂木雅博1992「茨城県潮来町天王原古墳の測量」『博古研究』第3号,博古研究会	茨城県（常陸国）29
不明	茨城県立歴史館	―	―	―	―	―	―	―
不明	個人	―	―	―	―	―	増田精一編1986『武者塚古墳 武者塚古墳・同2号墳・武具八幡古墳の調査』新治村教育委員会	―
不明	茨城県埋蔵文化財整理センター見和分館	―	―	―	―	―	―	―
2001	茨城県埋蔵文化財整理センター	―	剣2	―	―	―	ジャパン通信社編2001『月刊文化財発掘出土情報』2001年10月号,ジャパン通信社	〈175g〉
不明	所在不明（個人旧蔵）	―	―	―	―	―	茨城県立歴史館編1990『特別展 茨城の古墳』茨城県立歴史館	―
2002	桜川市教育委員会	ガラス小玉203	刀2・鉄鏃26	刀子2	―	―	茨城県考古学協会編2010『茨城の考古学散歩』東洵書房	―
大正	個人	碧玉管玉3	剣片・銅鏃4	―	―	―	今平昌子編1999『一本松遺跡・文殊山遺跡』栃木県埋蔵文化財調査報告第230集,財団法人栃木県文化振興事業団埋蔵文化財センター	〈125g〉／栃木県（下野国）13
1985	下野市教育委員会	―	―	鉇	―	―	栃木県立博物館編1992『古墳出現のなぞ―激動の世紀に迫る―』第34回企画展図録,栃木県立博物館	鈕座の有節重弧文を主文化
1910	東京国立博物館〈J6066〉	勾玉5・管玉32・小玉	馬具	―	―	―	東京国立博物館編1980『東京国立博物館図版目録』古墳遺物篇（関東Ⅰ）,東京国立博物館	漢式鏡565
1985	下野市教育委員会	土玉8	鈴付銀装飾大刀1・鉄鏃9	耳環3・刀子2・錫製品	―	―	斎藤光利・秋元陽光・大橋泰夫1992『別処山古墳』南河内町埋蔵文化財調査報告書第6集,南河内町教育委員会	〈86g〉／鈴3つと半環3つを交互に配する／丸は石／少なくとも2個体（「強壮な壮年中期～後期の男性」骨と「普通の成人男性」骨）
2014	下野市教育委員会	―	―	―	―	―	―	35g／竪穴住居は7世紀後半
1977	宇都宮市教育委員会	管玉5・ガラス小玉2	―	刀子1	―	堅櫛2～	久保哲三編1990『下野 茂原古墳群』久保明子	―
1985	宇都宮市教育委員会	―	―	―	―	―	久保哲三編1990『下野 茂原古墳群』久保明子	―
1877	東京国立博物館〈J170〉						栃木県史編さん委員会編1976『栃木県史』資料編 考古一,栃木県	同型鏡群〔GD-3〕／漢式鏡567／栃木県（下野国）1-1
1877	東京国立博物館〈J168〉	碧玉勾玉2・瑪瑙勾玉12・碧玉管玉7・ガラス小玉5	鋲留短甲片4・刀柄片・鉄鏃3・轡（鏡板・銜・引手・立聞釣金具）・鈴杏葉3・環鈴1	耳環2	土師器（壺・高杯）・須恵器（高杯・俵形腿）			504g／漢式鏡566／栃木県（下野国）1-2
1877	東京国立博物館〈J183〉							132g／漢式鏡570／栃木県（下野国）1-6
1877	東京国立博物館〈J181〉							46g／漢式鏡568／栃木県（下野国）1-3
1877	東京国立博物館〈J182〉							66g／漢式鏡569／栃木県（下野国）1-4
1877	東京国立博物館〈J184〉							〈55g〉／漢式鏡571／栃木県（下野国）1-5

番号	舶倭	鏡式	出土遺跡	出土地名	遺跡内容	時期	面径(cm)	銘文	諸氏分類	編者分類・時期	
33	倭	〔獣形鏡〕	雷電山古墳	宇都宮市江曽島町	古墳 不明	古墳中期	11.0	—	—	—	—
34	倭	〔乳文鏡〕					6.7	—	—	—	—
35	倭	〔乳文鏡〕					5.4	—	—	—	—
36	倭	〔素文鏡〕					4.4	—	—	—	—
43	倭	乳文鏡	城南3丁目遺跡1号墳〔第2主体部〕	宇都宮市城南3丁目	古墳 円墳(13)・粘土槨	古墳後期	9.7	—	—	〔乳脚文鏡〕	—
44	倭	乳文鏡	本村2号墳	宇都宮市川田町1387	古墳 円墳(24)・箱形石棺	古墳後期	8.9	—	—	〔乳脚文鏡〕	—
44-1	倭	珠文鏡	中島笹塚2号墳〔墳頂部攪乱〕	宇都宮市砂田町笹塚・吉原・姥沼	古墳 円墳(25×21)	古墳中期	6.0	—	—	〔珠文鏡〕	—
44-2	倭	素文鏡	中島笹塚10号墳〔墳頂部攪乱〕	宇都宮市砂田町笹塚・吉原・姥沼	古墳 円墳(14)	古墳中期	4.5	—	—	〔素文鏡〕	—
44-3	倭	珠文鏡	磯岡北3号墳	宇都宮市砂田町笹塚	古墳 円墳(21)・木棺直葬	古墳中期	7.3	—	A-A3類(脇山13)	〔珠文鏡〕	中期?
5	舶	夔鳳鏡	那須八幡塚古墳	那須郡那珂川町吉田字八幡〔那須郡小川町〕	古墳 前方後方墳(68)・割竹形木棺直葬	古墳前期	12.6	「士至三公」	内行花文縁糸巻形四葉文A式(樋口79)／ⅢA1a型式(岡内96)／2A式(秋山98)	—	—
6	舶	画文帯四獣鏡	駒形大塚古墳	那須郡那珂川町小川字駒形〔那須郡小川町〕	古墳 前方後方墳(61)・粘土槨	古墳前期	13.3	「吾作明竟 大吉宜子位至公侯」	有銘獣文鏡D画文帯四獣鏡(樋口79)	—	—
7	舶?	吾作系斜縁神獣鏡?	下侍塚古墳	大田原市湯津上〔那須郡湯津上村〕	古墳 前方後方墳(84)・粘土床	古墳前期	15.7	—	—	—	—
8	倭	捩文鏡	上侍塚古墳	大田原市湯津上〔那須郡湯津上村〕	古墳 前方後方墳(114)・粘土床	古墳前期	7.0	—	Ⅲ型(小沢88)／B型式c類(水野97)	捩文鏡B系	前(中)
9	倭	四神像鏡	山王寺大桝塚古墳	栃木市藤岡町蛭沼555-33〔下都賀郡藤岡町〕	古墳 前方後方墳(96)・粘土槨	古墳前期	12.3	—	神像鏡(小林82・10)	—	前(古)
9-1	?	不明	行人塚古墳	栃木市西方町元〔上都賀郡西方町元〕	古墳 円墳	不明	不明	—	—	—	—
9-2	?	不明	大林古墳	栃木市西方町本郷〔上都賀郡西方町本郷〕	古墳 円墳	不明	不明	—	—	—	—
10	舶	方格T字鏡(c鏡)	桑57号墳	小山市喜沢字日光道西	古墳 帆立(36)・木棺直葬	古墳中期	8.9	—	Ⅴ類(樋口79)／方格規矩文鏡類G型(小林82・10)／博局T字鳥文鏡Ca4S類(髙木91・93)／小型鏡A4型(北浦92)／SAa1式(松浦94)／丁群(森下98)	—	—
11	倭	盤龍鏡(b鏡)					11.0	—	盤龍形鏡(樋口79)／龍虎鏡類(小林82・10)／盤龍鏡A系(森下02)	盤龍鏡Ⅱ系	前(新)～
12	倭	六乳文鏡(a鏡)					9.6	擬銘	乳文鏡類(小林82・10)	〔乳脚文鏡?〕	中期
23	倭	鼉龍鏡	小山茶臼塚古墳	小山市鏡字沼田305-2・306-2	古墳 前方後円墳(77)・箱形石棺?	古墳中期	14.2	—	画文帯神獣鏡(系)D型(小林82・10)／B群9段階(池上93)／第二群(車崎95)／Ⅱ類双胴式(林00)／鼉龍鏡a系(森下02)／I群A系(辻田07)	鼉龍鏡A系	前(中)
26	倭	珠文鏡	水神塚古墳	小山市外城	古墳 円墳	古墳後期	8.4	—	Ⅲ類(中山他94)／AC-B類(脇山13)	〔珠文鏡〕	後期?
27	倭	十二乳文鏡	絹4号墳(伝)	小山市高椅字原方1956(伝)	古墳 前方後円墳(30)・横穴式石室	古墳後期	10.5	—	—	〔乳脚文鏡〕	後期?
42	倭	櫛歯文鏡	飯塚42号墳	小山市飯塚2103～2108	古墳 前方後円墳(23)・横穴式石室	古墳後期	4.1	—	—	〔重圏文鏡〕	—
19	倭	五弧内行花文鏡	助戸十二天塚古墳	足利市助戸3丁目	古墳 帆立(30)・木炭槨	古墳中期	14.1	—	E類(清水94)／内行花紋髭文鏡系(森下02)	内行花文鏡後期型	後期
20	倭	六弧内行花文鏡					11.2	—	E類(清水94)／内行花紋髭文鏡系(森下02)／六花文鏡(小林10)	内行花文鏡後期型	後期
21	倭	五鈴櫛歯文鏡					6.4	—	珠文鏡系五鈴式(樋口79)／鈴鏡類(五鈴鏡)(小林82・10)／珠文(西岡86)／櫛歯文鏡類(大川97)／Ⅱ類-D櫛歯文鏡(八木00)／櫛歯文系(岡田05)	〔櫛歯文鏡〕	—
22	倭	五鈴櫛歯文鏡					6.3	—	珠文鏡系五鈴式(樋口79)／鈴鏡類(五鈴鏡)(小林82・10)／珠文(西岡86)／櫛歯文鏡類(大川97)／Ⅱ類-D櫛歯文鏡(八木00)／櫛歯文系(岡田05)	〔櫛歯文鏡〕	—

栃木

発見年	所蔵（保管）者	共伴遺物 石製品・玉類	武具・武器・馬具	ほか金属器	土器類	その他	文献	備考
1920頃	所在不明（和田千吉旧蔵）	石製模造品（短甲・盾）	―	―	―	―	後藤守一 1926『漢式鏡』日本考古学大系，雄山閣	漢式鏡 574／栃木県（下野国）2-3 漢式鏡 573／栃木県（下野国）2-1 漢式鏡 575／栃木県（下野国）2-2 漢式鏡 576／栃木県（下野国）2-4／内行花文鏡も出土した可能性
1993	宇都宮市教育委員会	―	刀1	鹿角装刀子1	―	―	今平利幸編 1996『城南3丁目遺跡』宇都宮市文化財調査報告書第39集，宇都宮市教育委員会	114g
1996	宇都宮市教育委員会	滑石臼玉2	短甲（鉄地金銅張蝶番金具4）・刀2・漆製品（靫?）1・弓1・鉄鏃68	刀子1・針状鉄製品1	―	―	富川努編 2004『本村遺跡（弥生・古墳編）』宇都宮市文化財調査報告書第49集，宇都宮市教育委員会	84g
2004	財団法人とちぎ生涯学習文化財団埋蔵文化財センター	緑色凝灰岩管玉2・滑石管玉3・ガラス丸玉158・滑石臼玉1・ガラス小玉1	剣片1	板状鉄製品片1	―	―	内山敏行編 2008『東谷・中島遺跡群9 中島笹塚古墳群・中島笹塚遺跡（1～8区）』栃木県埋蔵文化財調査報告第311集，栃木県教育委員会	30g
2003		―	刀片1・剣片6・鉄鏃片5	―	―	―		14g
2000年代	栃木県教育委員会	―					藤田典夫・木村美保編 2010『ムラから見た古墳時代Ⅱ』平成22年度栃木県立しもつけ風土記の丘資料館第24回秋季特別展図録，栃木県立しもつけ風土記の丘資料館	
1953	東京国立博物館（J36999-1）	―	―	斧2・鎌1・鉇一括・鋸1・削小刀2・間透1	土師器（丹塗壺・甕）	―	樋口隆康 1979『古鏡』新潮社	栃木県（下野国）9
1974	那珂川町教育委員会	ガラス小玉53	刀2・剣2・銅鏃6	斧1・鉇1・蕨手状素環頭刀子1	土師器		栃木県史編さん委員会編 1976『栃木県史』資料編考古一，栃木県	栃木県（下野国）10
1692	再埋納	―	方形板革綴短甲?・刀片・刀柄頭・矛身片	刀子or鉇	土師器（壺・高杯）		斎藤忠・大和久震平 1986『那須国造碑・侍塚古墳の研究―出土品・関係文書―』吉川弘文館	漢式鏡 572?／栃木県（下野国）8
1692	再埋納	石釧1・管玉2	方形板革綴短甲?・刀片・矛身片・鉄鏃19～21	鉄器片	土師器（高杯）		斎藤忠・大和久震平 1986『那須国造碑・侍塚古墳の研究―出土品・関係文書―』吉川弘文館	漢式鏡 572／栃木県（下野国）7
1975	栃木市教育委員会	碧玉管玉2・ガラス小玉56	刀1・剣6・銅鏃28・鉄鏃4・靫	斧2・鎌2・鉇2・刀子1	土師器（小形丸底壺1）		前沢輝政 1977『山王寺大桝塚古墳』早稲田大学出版部	280g／栃木県（下野国）15
不明	所在不明	―	―	―	―	―	岡崎敬編 1978『日本における古鏡 発見地名表 関東地方』東アジアより見た日本古代墓制研究	栃木県（下野国）17
不明	所在不明	―	―	―	―	―	岡崎敬編 1978『日本における古鏡 発見地名表 関東地方』東アジアより見た日本古代墓制研究	栃木県（下野国）18
1971	小山市立博物館	碧玉管玉2・滑石丸玉391・滑石臼玉3・ガラス小玉113	刀2・剣3・蛇行剣身1・矛1	天冠1・耳飾2・銅鈴8・鹿角装鉇1・鹿角装刀子4・刺突具1		砥石1	大和久震平編 1972『桑57号墳発掘調査報告書』小山市教育委員会	「30才前後の女性」の歯
1900(1916?)	個人	―	刀1・鈴多数	刀子2	―		栃木県史編さん委員会編 1979『栃木県史』資料編 考古二，栃木県	漢式鏡 565.2／栃木県（下野国）16
不明	小山市立博物館	勾玉1	鉄鏃	耳環4・金具若干			鈴木一男編 1995『第30回企画展 かがみよ鏡―銅鏡の歴史と美―』小山市立博物館	―
昭和以降	個人	勾玉・管玉	刀・馬具	耳飾			鈴木一男編 1995『第30回企画展 かがみよ鏡―銅鏡の歴史と美―』小山市立博物館	他の副葬品との共伴は不確実
1988	小山市教育委員会	勾玉・碧玉管玉・ガラス玉	刀3・鉄鏃多数	耳環7・刀子7	土師器・須恵器	砥石2	鈴木一男編 1995『第30回企画展 かがみよ鏡―銅鏡の歴史と美―』小山市立博物館	―
1911	東京国立博物館〈J6916〉						望月幹夫 1901「栃木県足利市十二天古墳の再検討」『MUSEUM』No.361，東京国立博物館	278g／漢式鏡 561／栃木県（下野国）3-1
	東京国立博物館〈J6917〉							〈112g〉／漢式鏡 562／栃木県（下野国）3-2
	東京国立博物館〈J6918〉		挂甲・刀8・鹿角装刀装具一括・轡破片一括・f字形鏡板1・鈴杏葉2・輪鐙一括・三環鈴1・鈴5	鈴釧1・鑿頭状鉄製品1				漢式鏡 563／栃木県（下野国）3-3
	東京国立博物館〈J6918〉							漢式鏡 564／栃木県（下野国）3-4

番号	舶倭	鏡式	出土遺跡	出土地名	遺跡内容		時期	面径(cm)	銘文	諸氏分類	編者分類・時期	
28	?	不明	足利公園麓古墳	足利市緑町1丁目	古墳	円墳	古墳後期	破片	—	—	—	—
32	?	〔神獣鏡〕	県天王塚古墳(伝)	足利市県町(伝)	古墳	不明	古墳前期	不明	—	—	—	—
40	倭	珠文鏡	藤本区古墳群	足利市藤本町(or 太田市矢場町)	古墳	不明	不明	7.3	—	—	〔珠文鏡〕	—
25	倭	珠文鏡	京原シトミ原稲荷山古墳(行屋大日塚古墳)	真岡市京泉	古墳	円墳(18)・組合式箱形木棺	古墳中期	8.3	—	珠文鏡Ⅲ類(樋口79)/珠文鏡類B型(小林82・10)/Ⅲ類(中山他94)/ACA-D類(脇山13)	〔珠文鏡〕	—
37	倭	五乳文鏡	若旅大日塚古墳(瓢箪塚古墳)	真岡市若旅	古墳	前方後円墳・横穴式石室	古墳後期	9.4	—	乳文鏡Ⅲ類(樋口79)/乳文鏡類(小林82・10)	〔乳脚文鏡〕	後期
38	倭	〔乳文鏡〕	大和田富士山古墳(浅間山古墳)	真岡市大和田〔芳賀郡二宮町〕	古墳	前方後円墳(51)・箱形石棺	古墳中期	不明	—	—	—	—
38-1	倭	弥生倭製鏡	市ノ塚遺跡	真岡市高田地内	集落	竪穴住居	古墳前期	8.0	—	—	〔弥生倭製鏡〕	弥生
29	倭	六獣鏡	益子天王塚古墳	芳賀郡益子町益子字荒久台	古墳	前方後円墳(43)・横穴式石室	古墳後期	13.8	擬銘	五獣形鏡(樋口79)/獣形文鏡類五獣(小林82・10)/旋回式獣像鏡系(森下02)/Bd型式(加藤14)	〔旋回式獣像鏡〕	後期
31	舶	画文帯環状乳四神四獣鏡	野木神社周辺古墳(伝)	下都賀郡野木町野木(伝)	古墳	不明	古墳	15.0	「天王日月」	—	—	—
31-1	倭	珠文鏡	塚越1号墳	下都賀郡壬生町国谷	古墳	方墳(約20)・礫槨	古墳中期	8.0	—	—	〔珠文鏡〕	—
39	倭	珠文鏡	幸岡古墳群	矢板市幸岡	古墳	前方後円墳	古墳後期	8.0	—	珠文鏡Ⅱ類(樋口79)/珠文鏡類B型(小林82・10)/Ⅱ類(中山他94)	〔珠文鏡〕	後期?
41	倭	珠文鏡	東原古墳群	那須烏山市東原81〔那須郡南那須町〕	古墳	円墳・横穴式石室	古墳後期	9.5	—	珠文鏡Ⅱ類(樋口79)/珠文鏡類B型(小林82・10)/Ⅱ類(中山他94)	〔珠文鏡〕	—
41-1	倭	渦文鏡	西赤堀遺跡SI376号住居西壁際床面	河内郡上三川町西汀	集落	竪穴住居	奈良	8.6	—	—	—	—
41-2	?	内行花文鏡	栃木県(伝)	栃木県(伝)	不明	不明	不明	9.5	—	—	—	—

群馬

番号	舶倭	鏡式	出土遺跡	出土地名	遺跡内容		時期	面径(cm)	銘文	諸氏分類	編者分類・時期	
1	倭	五鈴五獣鏡	八幡観音塚古墳	高崎市八幡町	古墳	前方後円墳(91)・横穴式石室(組合式木棺)	古墳後期	10.6	—	獣形鏡系五鈴式(樋口79)/鈴鏡類(五鈴鏡)(小林82・10)/獣形(西岡86)/獣形文鏡類(大川97)/獣形文系B類(岡田05)/Bi型式(加藤14)	〔旋回式獣像鏡〕	後期
2	倭	五獣鏡						13.4	擬銘	五獣形鏡(樋口79)/獣形文鏡類五獣(小林82・10)/旋回式獣像鏡系(森下02)/Bh型式(加藤14)	〔旋回式獣像鏡〕	後期
3	倭	七弧内行花文鏡						10.7	—	七弧(樋口79)/七花文鏡(小林82・10)/B類(清水94)	内行花文鏡B式?	
4	舶	画文帯環状乳四神四獣鏡						15.5	「吾作明竟 幽涷三商 周刻無祉 配像萬疆 白牙作樂 □□□□ 百精並存 天禽四守 富貴安樂 子孫番昌 曾年益壽 其師命長」	Ⅱ(樋口79)	—	—
5	倭	〔素文鏡〕	若田大塚古墳	高崎市若田町	古墳	円墳(30)・横穴式石室	古墳後期	不明	—	—	—	—
6	倭	五神四獣鏡	若田町所在古墳(伝)	高崎市若田町(伝)	古墳	不明	古墳	15.7	—	四神四獣鏡(樋口79)/画文帯神獣鏡(系)D型(小林82・10)/交互式神獣鏡系(森下02)	〔後期型神獣鏡〕	後期
7	倭	九弧内行花文鏡	剣崎(伝)	高崎市剣崎町(伝)	不明	不明	不明	11.7	—	九花文鏡(小林82・10)	内行花文鏡B式(+類像鏡系・捩文鏡D系)	前(中)
8	倭	捩文鏡	長瀞西古墳(伝)	高崎市剣崎町字長瀞西1367(伝)	古墳	円墳(25)	古墳中期	11.2	—	Ⅳ型(樋口79)/捩文鏡(類)B型(小林82・10)/BⅢ型(小林83)/Ⅳ型(小沢88)/C型式(a類)(水野97)	捩文鏡D系	前(中)〜
8-1	倭	珠文鏡	剣崎長瀞西遺跡89号住居	高崎市剣崎町字長瀞西	集落	竪穴住居	古墳	5.0	—	—	〔珠文鏡〕	—
9	舶	尚方作浮彫式獣帯鏡	綿貫観音山古墳	高崎市綿貫町1752	古墳	前方後円墳(97)・横穴式石室	古墳後期	23.0	「尚方作竟真大巧 上有山人不知老 渇飲玉泉飢食棗 □□孫□□□保兮」「宜子孫」 壽如金石	半肉彫獣帯鏡A七像式(樋口79)	—	—
10	倭	二神四獣鏡						12.3	—	異形獣鏡(樋口79)/獣形文鏡類六獣鏡(小林82・10)	—	中期?

栃木・群馬

発見年	所蔵（保管）者	共伴遺物 石製品・玉類	武具・武器・馬具	ほか金属器	土器類	その他	文献	備考
1916	東京国立博物館〈J8204〉	ガラス丸玉	竪矧広板鋲留衝角付冑1・衝角付冑1・挂甲1・頭椎大刀1・刀・鞍金具・輪鐙	銅鋺・銅釧2	―	―	東京国立博物館編1980『東京国立博物館図版目録』古墳遺物篇（関東Ⅰ），東京国立博物館	―
不明	所在不明（個人旧蔵）	―	銅鏃3	―	―	―	前澤輝政1982『毛野国の研究』上，現代思潮社	栃木県（下野国）19
戦前	個人旧蔵	―	―	―	―	―	山田郡教育会編1939『群馬県山田郡誌』山田郡教育会	群馬県（上野国）99?・105
1950頃	相宮神社	―	刀or剣	―	―	―	栃木県史編さん委員会編1976『栃木県史』資料編 考古一，栃木県	栃木県（下野国）5
1926	真岡市立中村中学校	―	―	―	―	―	栃木県史編さん委員会編1976『栃木県史』資料編 考古一，栃木県	―
1953	所在不明	石製模造品（有孔円板・斧・鎌・鉇・刀子）	冑・刀・槍・鉄鏃・轡・鞍・鐙・環鈴	―	―	―	白石太一郎・設楽博己編1994『弥生・古墳時代遺跡出土鏡データ集成』（国立歴史民俗博物館研究報告』第56集），国立歴史民俗博物館	―
2001～04	栃木県埋蔵文化財センター	―	―	―	―	―	―	破鏡（破面研磨・穿孔）
1954	早稲田大学會津八一記念博物館	勾玉1・管玉1・ガラス小玉100	横矧板鋲留衝角付冑1・挂甲1・頬当1・肩甲1・環頭大刀3・鉄鏃150・轡・鞍金具・鈴杏葉3・鐙・吊金具・辻金具・鉸具・雲珠・馬鈴4	金環・刀子4	―	―	栃木県史編さん委員会編1976『栃木県史』資料編考古一，栃木県	272g／栃木県（下野国）11
1779	盗難（野木神社旧蔵）	―	―	―	―	―	栃木県史編さん委員会編1979『栃木県史』資料編 考古二，栃木県	同型鏡群〔GK-1〕／栃木県（下野国）14
2011	栃木県埋蔵文化財センター	―	―	―	―	―	財団法人とちぎ未来づくり財団編2011『栃木県埋蔵文化財センターだより』2011-11月，栃木県教育委員会	―
不明	個人	―	刀	―	―	―	栃木県史編さん委員会編1976『栃木県史』資料編 考古一，栃木県	栃木県（下野国）6
昭和40年代	那須烏山市	勾玉2	―	―	―	―	鈴木一男編1995『第30回企画展 かがみよ鏡―銅鏡の歴史と美―』小山市立博物館	栃木県（下野国）12
2002	栃木県埋蔵文化財センター	―	鏃	鎌・鉄鉗・刀子	土師器（杯）・須恵器（壺・杯・蓋）	―	栃木県埋蔵文化財センター編2003『栃木県埋蔵文化財センターだより やまかいどう』No.33,栃木県埋蔵文化財センター	奈良時代の大型住居から出土
不明	所在不明（和田千吉旧蔵）	―	―	―	―	―	岡崎敬編1978『日本における古鏡 発見地名表 関東地方』東アジアより見た日本古代墓制研究	漢式鏡577／栃木県（下野国）20

発見年	所蔵（保管）者	石製品・玉類	武具・武器・馬具	ほか金属器	土器類	その他	文献	備考
1945	高崎市教育委員会	―	挂甲2・刀3・矛1・石突2・鉄鏃・弭・轡鏡板・杏葉8・鐙鎖・辻金具・雲珠・端金具・鞍	銅承台付蓋鏡2・銅鋺2・銀釧・耳環・斧・鉇・鑿	須恵器（長頸壺2・台付長頸壺1・甕1・高杯1・杯蓋2・提瓶1・台付𤭯1）	釘・鋲	梅澤重昭2003「高崎市域の古墳時代出土鏡について」『高崎市史研究』第18号，高崎市	群馬県（上野国）12-1
								群馬県（上野国）12-2
								群馬県（上野国）12-3
								同型鏡群〔GK-2〕／群馬県（上野国）12-4
1882	所在不明	―	横矧板鋲留短甲1・矛・槍	―	―	―	後藤守一1926『漢式鏡』日本考古学大系，雄山閣	漢式鏡551.1／群馬県（上野国）13
不明	東京国立博物館〈J7374〉	―	単竜頭柄頭	―	―	―	梅澤重昭2003「高崎市域の古墳時代出土鏡について」『高崎市史研究』第18号，高崎市	379g／漢式鏡535／群馬県（上野国）14／画文帯神獣鏡の倭製
不明	五島美術館 M262（浅見作兵衛旧蔵）	―	―	―	―	―	樋口隆康1979『古鏡』新潮社	190g／漢式鏡551.2／群馬県（上野国）15／鈕区（内区）に神像4体と捉文鏡の主文
1933	東京国立博物館〈J21501〉	石製模造品（鏡1・斧4・鎌3・刀子35・勾玉7・臼玉1612）	三角板革綴短甲1・刀1・矛1・石突1・鉄鏃17～	―	―	―	梅澤重昭2003「高崎市域の古墳時代出土鏡について」『高崎市史研究』第18号，高崎市	群馬県（上野国）16
1996	高崎市教育委員会（高崎市観音塚考古資料館）	―	―	―	―	―	小駕雅美編2014『鏡よかがみ 人びとの心を支えた鏡たち』高崎市観音塚考古資料館第26回企画展，高崎市観音塚考古資料館	―
1968	文化庁	丸玉・小玉	竪矧板鋲留冑1・挂甲2・篠籠手・胸当膝当・刀4・矛・鉄鏃・轡3・鞍・杏葉3・鐙・鉸具・雲珠100～・環鈴3・鑣	銅製鈴付大帯・帯金具・銅製水瓶・金銅半球座金具100～・金環・銀環・小刀・刀子	―	―	梅澤重昭2003「高崎市域の古墳時代出土鏡について」『高崎市史研究』第18号，高崎市	同型鏡群〔UJ-2〕／群馬県（上野国）17-1
								群馬県（上野国）17-2

番号	舶倭	鏡式	出土遺跡	出土地名	遺跡内容	時期	面径(cm)	銘文	諸氏分類	編者分類・時期	
10-1	倭	五鈴八乳文鏡	綿貫町	高崎市綿貫町	不明	不明	9.4	—	獣帯文鏡類（大川97）	〔乳脚文鏡〕	後期
11	倭	七鈴五獣鏡	下佐野西光寺前御堂塚（御動塚）古墳（伝）	高崎市上佐野町寺前（伝）	前方後円墳・横穴式石室	古墳後期	10.9	—	獣形文鏡系七鈴式（樋口79）／鈴鏡類（七鈴鏡）（小林82・10）／獣形（西岡86）／獣形文鏡類（大川97）／獣形文系A類（岡田05）	〔旋回式獣像鏡〕	後期
12	倭	六弧内行花文鏡					8.0	—	B類2式（清水94）／内行花紋鏡D系（森下02）／六花文鏡（小林10）	内行花文鏡B式	前（中）
13	倭	珠文鏡	長者屋敷天王山古墳	高崎市下佐野町長者屋敷	前方後円墳(71)・粘土槨	古墳前期	8.0	—	V類（中山他94）／2類B（吉田99）	〔珠文鏡〕	前期
14	倭	六弧内行花文鏡					11.0	—	B類3式（清水94）／六花文鏡（小林10）	内行花文鏡B式	前（中）
15	倭	神獣鏡（四神像鏡）					11.0	—	神像鏡（小林82・10）	—	前（中？）
16	?	不明	庚申塚古墳	高崎市下佐野町亀甲	円墳(47)・粘土槨	古墳	不明	—	—	—	—
17	?	不明	大山古墳	高崎市下佐野町翁前	円墳(60)・粘土槨	古墳中期	不明	—	—	—	—
18	?	〔四獣鏡〕	聖天山古墳（高崎市227号墳）	高崎市貝沢町正天	円墳(25)・箱形石棺	古墳後期	11.0	—	—	—	—
19	?	不明	三島塚古墳（高崎市178号墳）	高崎市石原町中石原	円墳・石棺	古墳中期	不明	—	—	—	—
20	?	不明	八幡塚古墳（高崎市111号墳）	高崎市乗附町鎌田	円墳(17)	古墳	不明	—	—	—	—
21	?	不明	長坂古墳（高崎市71号墳）	高崎市乗附町長坂	円墳(10)・横穴式石室	古墳後期	不明	—	—	—	—
22	?	不明	天神塚古墳（高崎市22号墳）	高崎市乗附町御部入	円墳(20)	古墳後期	不明	—	—	—	—
23	倭	二神二獣鏡	乗附町長坂（高崎75号墳?）（伝）	高崎市乗附町長坂（伝）	古墳	不明	14.8	擬銘	二神二獣鏡（樋口79）／斜縁神獣鏡A系（森下02）／画文帯神獣鏡系A型?（小林10）	二神二獣鏡Ⅱ系	前（中）
24・54	舶	〔獣首鏡〕	乗附町（伝）	高崎市乗附町（伝）	不明	不明	12.0	—	—	—	—
25	倭	四獣鏡	元島名将軍塚古墳	高崎市元島名町	前方後方墳(90)・粘土槨	古墳前期	7.1	—	獣形文鏡類四獣鏡C-1型（小林82・10）／獣形文ⅢB類（赤塚98b）	蟠龍鏡B系	前（中？）
26	?	不明	倉賀野町86号墳	高崎市倉賀野町乙大道南	古墳	円墳(14)	古墳	不明	—	—	—
27	?	不明	倉賀野町101号墳	高崎市倉賀野町乙大道南	古墳	円墳(21)	古墳	不明	—	—	—
28	?	不明	倉賀野町114号墳	高崎市倉賀野町乙大道南	古墳	円墳	古墳	不明	—	—	—
29	?	不明	倉賀野町117号墳	高崎市倉賀野町乙大道南	古墳	円墳(13)	古墳	不明	—	—	—
30	?	不明	ぽんぽん山古墳	高崎市倉賀野町乙大道南	古墳	円墳(30)・石槨	古墳	不明	—	—	—
31	?	不明	倉賀野町132号墳（大応寺132号墳）	高崎市倉賀野町下町字甲	古墳	円墳(19)	古墳	不明	—	—	—
32	倭	四獣鏡	綿貫町（伝）	高崎市綿貫町（伝）	不明	不明	10.0	—	—	〔旋回式獣像鏡?〕	後期
33	倭	八弧内行花文鏡	下佐野遺跡Ⅰ地区A区4号前方後方形周溝墓	高崎市下佐野町	前方後方形周溝墓(26)	古墳前期	7.8	—	B類（清水94）	内行花文鏡B式?	前期
34	舶	三角縁正始元年陳是作同向式神獣鏡					22.6	「□始元年　陳是作鏡　自有経述　本自荊師　杜地所出　壽如金石　保子□□」	目録番号8・同笵鏡番号5・配置同向・表現他／B形式（小山田93）	—	—
35	舶	三角縁獣文帯三神三獣鏡	蟹沢古墳（柴崎古墳・芝崎古墳）	高崎市柴崎町蟹沢	円墳(12)・粘土槨	古墳前期	21.9	—	目録番号114・同笵鏡番号65・配置K1・表現⑪	—	—
36	倭	六弧内行花文鏡					9.7	—	六弧（樋口79）／BⅡ類（森70）／B類1式（清水94）／六花文鏡（小林10）	内行花文鏡B式	前（中）
37・53	倭	八弧内行花文鏡					10.4	—	八弧（樋口79）／B類1式（清水94）／Ⅲ類基本系（林00）／八花文鏡（小林10）	内行花文鏡B式	前（中）
38	?	不明	大類村16号墳	高崎市柴崎町	古墳	円墳	古墳	不明	—	—	—
39	?	不明	浅間山古墳	高崎市柴崎町熊野前	円墳(30)・横穴式石室	古墳	不明	—	—	—	—
40	倭	珠文鏡	弦巻古墳（若宮古墳）	高崎市八幡原町若宮2145	円墳(20)・横穴式石室	古墳後期	7.0	—	珠文鏡Ⅲ類（樋口79）／珠文鏡類B型（小林82・10）／Ⅲ類（中山他94）／AC-D類（脇山13）	〔珠文鏡〕	後期
41	倭	六鈴乳文鏡	八幡原若宮所在古墳（田中家屋敷内古墳）（伝）	高崎市八幡原町若宮（伝）	円墳・竪穴式小石槨	古墳後期	9.6	—	鈴鏡類（六鈴鏡）（小林82・10）／獣帯文鏡類（大川97）／獣形文系E類（岡田05）	〔乳脚文鏡〕	後期

群馬

発見年	所蔵（保管）者	共伴遺物					文献	備考
		石製品・玉類	武具・武器・馬具	ほか金属器	土器類	その他		
不明	東京国立博物館〈J36751〉（個人旧蔵）	—	—	—	—	—	東京国立博物館編1983『東京国立博物館図版目録』古墳遺物篇（関東Ⅱ）,便利堂	115g／石丸
1922	西光寺	勾玉・管玉	刀	—	—	—	小駕雅美編2014『鏡よかがみ 人びとの心を支えた鏡たち』高崎市観音塚考古資料館第26回企画展,高崎市観音塚考古資料館	198g／漢式鏡530.1／群馬県（上野国）18
1912	東京国立博物館〈J6762〉	石釧2・石製模造品（斧2・鑿1・刀子2）・滑石勾玉10・碧玉管玉13・水晶算盤玉2・滑石臼玉・ガラス小玉3					東京国立博物館編1983『東京国立博物館図版目録』古墳遺物篇（関東Ⅱ）,便利堂	漢式鏡530.2／群馬県（上野国）19-1
	東京国立博物館〈J6763〉							漢式鏡531／放射状区画（八区画）
1912?	所在不明						後藤守一1926『漢式鏡』日本考古学大系,雄山閣	漢式鏡532／群馬県（上野国）19-2
	所在不明（個人旧蔵）							漢式鏡533
不明	所在不明	—	刀40	—	土器	—	群馬県編1938『上毛古墳綜覧』群馬県史蹟名勝天然紀念物調査報告書第5輯,群馬県	群馬県（上野国）20
1899	所在不明	石製品	—	—	—	—	群馬県編1938『上毛古墳綜覧』群馬県史蹟名勝天然紀念物調査報告書第5輯,群馬県	群馬県（上野国）21
1935	所在不明	—	剣	—	須恵器（甕）	—		群馬県（上野国）22
1894	所在不明（三島神社旧蔵）	石製模造品（勾玉）	刀1	—	—	—	群馬県編1938『上毛古墳綜覧』群馬県史蹟名勝天然紀念物調査報告書第5輯,群馬県	群馬県（上野国）23
不明	所在不明	玉類	—	—	—	—		群馬県（上野国）24
1912	所在不明	玉類	馬鈴	—	土器	—		漢式鏡538／群馬県（上野国）25
不明	所在不明	—	—	—	—	—		群馬県（上野国）26
不明	五島美術館〈M256〉	—	—	—	—	—	樋口隆康1979『古鏡』新潮社	群馬県（上野国）27／傘松文様／三角縁神獣鏡の倭製か
不明	個人（浅見作兵衛旧蔵）	—	—	—	—	—	梅原末治1962「日本出土の中国の古鏡（一）—特に漢中期より後半代の古鏡—」『考古学雑誌』第47巻第4号,日本考古学会	群馬県（上野国）28・56
1911	東京国立博物館〈J10317〉	石釧1・（勾玉（伝））	刀	鉇・刀子	—	飯塚惠子・田口一郎編1981『元島名将軍塚古墳』高崎市文化財調査報告書第22集,高崎市教育委員会	漢式鏡540／群馬県（上野国）29／「極めて男性的特徴の微弱な青年期人骨」
明治末	所在不明	—	刀・鏃	金環	土器	—		群馬県（上野国）30
明治	所在不明	—	刀	—	土器	—	群馬県編1938『上毛古墳綜覧』群馬県史蹟名勝天然紀念物調査報告書第5輯,群馬県	群馬県（上野国）31
1907	所在不明	勾玉	刀	—	土器	—		群馬県（上野国）32
不明	所在不明	勾玉	刀	—	土器	—		群馬県（上野国）33
1877	所在不明	管玉	刀	金環	土器	—	群馬県編1938『上毛古墳綜覧』群馬県史蹟名勝天然紀念物調査報告書第5輯,群馬県	群馬県（上野国）34
1907	所在不明	—	刀	銀環	土器	—	群馬県編1938『上毛古墳綜覧』群馬県史蹟名勝天然紀念物調査報告書第5輯,群馬県	群馬県（上野国）35
不明	東京大学総合研究博物館	—	—	—	—	—	梅澤重昭2003「高崎市域の古墳時代出土鏡について」『高崎市史研究』第18号,高崎市	群馬県（上野国）37?／群馬50と同一鏡か（加藤一郎氏教示）
1977	群馬県埋蔵文化財調査センター	ガラス小玉	—	—	土師器	—	小駕雅美編2014『鏡よかがみ 人びとの心を支えた鏡たち』高崎市観音塚考古資料館第26回企画展,高崎市観音塚考古資料館	弥生倭製鏡の可能性
1909	東京国立博物館〈J5800〉	—	刀・剣	斧2・鑿	土師器（壺・台付甕・高杯）	—	高橋健自1911「銘帯に年号ある漢式鏡」『考古学雑誌』第1巻第10号,考古学会	1355g／漢式鏡524／群馬県（上野国）38-1
	東京国立博物館〈J5801〉						東京国立博物館編1983『東京国立博物館図版目録』古墳遺物篇（関東Ⅱ）,便利堂	〈910g〉／漢式鏡525／群馬県（上野国）38-2
	東京国立博物館〈J5807〉							漢式鏡526／群馬県（上野国）38-3
	東京国立博物館〈J5808〉							漢式鏡527／群馬県（上野国）38-4
不明	所在不明	勾玉	刀	—	—	—	群馬県編1938『上毛古墳綜覧』群馬県史蹟名勝天然紀念物調査報告書第5輯,群馬県	群馬県（上野国）39
1935	所在不明	勾玉・管玉	刀	—	—	—	白石太一郎・設楽博己編1994『弥生・古墳時代遺跡出土鏡データ集成』（『国立歴史民俗博物館研究報告』第56集）,国立歴史民俗博物館	群馬県（上野国）40
1911	東京国立博物館〈J6740〉	管玉13・小玉3	刀	—	—	—	梅澤重昭2003「高崎市域の古墳時代出土鏡について」『高崎市史研究』第18号,高崎市	40g／漢式鏡528／群馬県（上野国）41
1950	個人・群馬県歴史博物館	—	—	—	—	—	群馬県立歴史博物館編1980『企画展 群馬の古鏡』群馬県立歴史博物館	群馬県（上野国）42

番号	舶倭	鏡式	出土遺跡	出土地名	遺跡内容	時期	面径(cm)	銘文	諸氏分類	編者分類・時期	
42	倭	〔変形文鏡〕	若宮（伝）	高崎市八幡原町若宮（伝）	円墳	古墳	9.7	―	―	―	―
43	舶	鉄鏡	田中家屋敷内古墳（伝）	高崎市八幡原町若宮（伝）	円墳・竪穴式小石槨	古墳	不明	―	―	―	―
44	?	不明	若宮	高崎市八幡原町若宮	前方後円墳・粘土槨	古墳	不明				
45	?	不明	天神塚古墳	高崎市八幡原町天神塚	前方後円墳(30)	古墳	不明				
46	倭	狩猟文鏡	八幡原町（伝）	高崎市八幡原町（伝）	不明	不明	18.1	―	特殊文鏡（人物禽獣文鏡）（樋口79）／変形文鏡類（小林82・10）／絵画文鏡Ⅰ類（赤塚00）	―	―
47・102	倭	四鈴八乳文鏡	八幡原町 or 群馬郡（伝）	高崎市八幡原町（伝）	不明	不明	6.3	―	乳文鏡系四鈴式（樋口79）／鈴鏡類（四鈴鏡）（小林82・10）／乳文（西岡86）／獣帯文鏡類（大川97）	〔乳脚文鏡〕	後期
48	倭	四獣鏡	岩鼻町（伝）	高崎市岩鼻町（伝）	不明	不明	11.5	―	―	―	―
49	舶	対置式五神四獣鏡	岩鼻二子山古墳	高崎市岩鼻町	前方後円墳(120)・舟形石棺	古墳中期	14.5	「□□□□□□」	画文帯神獣鏡（系）B型（小林82・10）		
50	倭	四獣鏡	旧岩鼻火薬製造所内（伝）	高崎市岩鼻町（伝）	不明	不明	10.0	―	獣形文鏡類四獣鏡C-1型（小林82・10）／Bh型式（加藤14）	〔旋回式獣像鏡〕	後期
51	舶	環状乳四神四獣鏡	岩鼻町（伝）	高崎市岩鼻町（伝）	前方後円墳？・横穴式石室？	古墳	10.8	―	―	―	―
52・126・129	踏	神人龍虎画象鏡	華蔵寺町（八幡権現塚古墳）（伝）	伊勢崎市華蔵寺町（or 八幡町）（伝）	古墳	―	15.1	あり（不詳）			
55	倭	珠文鏡	若宮八幡北古墳	高崎市八幡原町若宮	帆立・舟形石棺	古墳後期	不明	―	―	〔珠文鏡〕	後期
56	倭	不明	倉賀野町（伝）	高崎市倉賀野町（伝）	不明	不明	6.9	―	―	―	―
82	?	不明	先祖の塚古墳	高崎市吉井町多比良字山本〔多野郡吉井町〕	古墳	円墳(8)	不明				
83	?	不明	吉井町79号墳	高崎市吉井町本郷字東原〔多野郡吉井町〕	古墳	円墳(11)	不明				
83-1	倭	七鈴五獣鏡	吉井町6号墳	高崎市吉井町本郷？〔多野郡吉井町〕	不明	古墳後期	10.9	―	―	〔旋回式獣像鏡〕	後期
84	?	〔六獣鏡〕	石神（伝）	高崎市吉井町石神（伝）〔多野郡吉井町〕	不明	不明	不明	―	―	―	―
85	倭	重圏文鏡	神保下條遺跡1号住居跡	高崎市吉井町神保字下條〔多野郡吉井町〕	集落	竪穴住居	古墳前期	6.1	―	Ⅳ型（林原08）／3a類（脇山15）	〔重圏文鏡〕	前期
93	?	不明	車郷村34号墳（箕郷町34号二子塚）	高崎市箕郷町富岡〔群馬郡箕郷町〕	古墳	円墳	古墳	不明	―	―	―	―
94	?	不明	桜塚古墳	高崎市箕郷町和田山字後和田〔群馬郡箕郷町〕	古墳	墳形不明(66)・横穴式石室	古墳後期	不明				
95	舶	方格規矩鏡					18.8				
96	?	不明	上郊村21号墳（生原天神21号墳）（伝）	高崎市箕郷町生原字天神前（伝）〔群馬郡箕郷町〕	古墳	方墳？(8)・横穴式石室	古墳後期	不明			
97	倭	珠文鏡	西谷所在古墳（上芝古墳）	高崎市箕郷町上芝字西谷〔群馬郡箕郷町〕	古墳？	不明	古墳後期	8.6	―	Ⅲ類（中山他94）／BC-B類（脇山13）	〔珠文鏡〕	後期
98	舶	八弧内行花文鏡	本郷大塚古墳	高崎市本郷町大塚387〔群馬郡榛名町〕	古墳	円墳(45)	古墳前期	12.3	「位至三公」	―	―	―
98-1	倭	捩文鏡	本郷所在古墳（伝）	高崎市本郷町（伝）	古墳	不明	古墳	7.8	―	捩文鏡（類）B型（小林82・10）／BⅡ型（小林83）／Ⅲ型（小沢88）／B型式c類（水野97）	捩文鏡D系	前(中)
99	倭	細線式渦文鏡	榛名神社蔵鏡	不明	不明	不明	14.7	―	獣形文鏡類四獣鏡C-2型（小林82・10）		

群馬

発見年	所蔵（保管）者	共伴遺物 石製品・玉類	共伴遺物 武具・武器・馬具	共伴遺物 ほか金属器	共伴遺物 土器類	共伴遺物 その他	文献	備考
不明	所在不明	—	—	—	—	—	白石太一郎・設楽博己編1994『弥生・古墳時代遺跡出土鏡データ集成』（『国立歴史民俗博物館研究報告』第56集），国立歴史民俗博物館	群馬県（上野国）43
不明	個人・群馬県歴史博物館	—	—	—	—	—	梅澤重昭2003「高崎市域の古墳時代出土鏡について」『高崎市史研究』第18号，高崎市	群馬県（上野国）44
不明	所在不明	勾玉・小玉	刀・馬具	—	—	—	白石太一郎・設楽博己編1994『弥生・古墳時代遺跡出土鏡データ集成』（『国立歴史民俗博物館研究報告』第56集），国立歴史民俗博物館	群馬県（上野国）45
1887	所在不明	管玉	—	—	—	—	群馬県編1938『上毛古墳綜覧』群馬県史蹟名勝天然紀念物調査報告書第5輯，群馬県	群馬県（上野国）46
不明	東京国立博物館〈J7279〉	—	—	—	—	—	高橋健自1914「狩猟文鏡」『考古学雑誌』第5巻第5号,考古学会	394g／漢式鏡529／群馬県（上野国）47／「八幡原とも、亦同郡倉賀野町（中略）発見とも伝へられてゐる」〔後藤1926〕
不明	愛知県美術館〈M337〉（木村定三旧蔵）『梅仙居蔵日本出土漢式鏡図集』所載鏡	—	—	—	—	—	鯨井秀伸編2011「木村定三コレクション研究紀要」2011年度，愛知県美術館	45g／漢式鏡541.2／群馬県（上野国）48・161
不明	東京大学総合研究博物館	—	—	—	—	—	梅澤重昭2003「高崎市域の古墳時代出土鏡について」『高崎市史研究』第18号，高崎市	漢式鏡534／群馬県（上野国）49
1914	東京国立博物館〈J8283〉	石製刀子11	刀13・剣・槍・鉄鏃	斧1	—	—	群馬県立歴史博物館編1980『企画展 群馬の古鏡』群馬県立歴史博物館	漢式鏡536／群馬県（上野国）50
不明	東京大学総合研究博物館〈10325〉	—	—	—	—	—	群馬県立歴史博物館編1980『企画展 群馬の古鏡』群馬県立歴史博物館	138g／群馬県（上野国）51？
不明	個人	—	—	—	—	—	梅澤重昭2003「高崎市域の古墳時代出土鏡について」『高崎市史研究』第18号，高崎市	群馬県（上野国）52
不明	所在不明	—	—	—	—	—	梅原末治1962「日本出土の中国の古鏡（一）—特に漢中期より後半代の古鏡—」『考古学雑誌』第47巻第4号，日本考古学会	群馬県（上野国）53・81・86
1911	東京国立博物館	碧玉管玉13・小玉3	刀1・鉄鏃7	—	—	—	梅澤重昭2003「高崎市域の古墳時代出土鏡について」『高崎市史研究』第18号，高崎市	—
不明	個人	—	—	—	—	—	梅澤重昭2003「高崎市域の古墳時代出土鏡について」『高崎市史研究』第18号，高崎市	
不明	所在不明	玉類	刀	—	—	—	群馬県編1938『上毛古墳綜覧』群馬県史蹟名勝天然紀念物調査報告書第5輯，群馬県	群馬県（上野国）142
不明	所在不明	—	銅鈴	—	—	—	群馬県編1938『上毛古墳綜覧』群馬県史蹟名勝天然紀念物調査報告書第5輯，群馬県	群馬県（上野国）143
不明	高崎市教育委員会（吉井郷土資料館）	—	—	—	—	—	小駕雅美編2014『鏡よかがみ 人びとの心を支えた鏡たち』高崎市観音塚考古資料館第26回企画展，高崎市観音塚考古資料館	〈188g〉
不明	所在不明	—	—	—	—	—	白石太一郎・設楽博己編1994『弥生・古墳時代遺跡出土鏡データ集成』（『国立歴史民俗博物館研究報告』第56集），国立歴史民俗博物館	群馬県（上野国）144
1990	群馬県埋蔵文化財調査事業団	蛇紋岩管玉11・頁岩管玉1・ガラス小玉2	—	斧1・鎌1	土師器（台付甕・甕・小形甕・手捏鉢・高杯）	砥石2	右島和夫1992『神保下條遺跡』財団法人群馬県埋蔵文化財調査事業団調査報告第137集，財団法人群馬県埋蔵文化財調査事業団	27g
1908	所在不明（個人旧蔵）	—	鈴	—	—	—	群馬県編1938『上毛古墳綜覧』群馬県史蹟名勝天然紀念物調査報告書第5輯，群馬県	群馬県（上野国）151
1899	東京国立博物館？	—	—	—	—	—	後藤守一1926『漢式鏡』日本考古学大系，雄山閣	漢式鏡539?／群馬県（上野国）152
不明	個人	勾玉・管玉	刀	金銅製帯金具	土器	—	群馬県立歴史博物館編1980『企画展 群馬の古鏡』群馬県立歴史博物館	群馬県（上野国）153
不明	再埋納	—	—	—	—	—	群馬県編1938『上毛古墳綜覧』群馬県史蹟名勝天然紀念物調査報告書第5輯，群馬県	群馬県（上野国）155
1937	東京国立博物館〈J34766〉	碧玉勾玉1・玉髄勾玉6・炭化木棗玉1・ガラス小玉5	刀1・銅製三鈴杏葉3・三環鈴1	—	土師器1	—	東京国立博物館編1983『東京国立博物館図版目録』古墳遺物篇（関東Ⅱ），便利堂	53g／群馬県（上野国）156
1970	群馬県教育委員会	碧玉管玉2・ガラス小玉	—	—	—	—	群馬県立歴史博物館編1980『企画展 群馬の古鏡』群馬県立歴史博物館	群馬県（上野国）157／呉鏡
1907頃	所在不明（個人旧蔵）	—	—	—	—	—	相川龍雄1933「仿製鏡の一資料」『考古学雑誌』第23巻第7号，考古学会	—
不明	榛名神社	—	—	—	—	—	群馬県立歴史博物館編1980『企画展 群馬の古鏡』群馬県立歴史博物館	群馬県（上野国）158?

番号	舶倭	鏡式	出土遺跡	出土地名	遺跡内容	時期	面径(cm)	銘文	諸氏分類	編者分類・時期	
100	倭	四弧内行花文鏡	保渡田薬師塚古墳	高崎市保渡田町〔群馬郡群馬町〕	古墳	前方後円墳(105)・舟形石棺	古墳後期	9.0	—	四弧(樋口79)／四花文鏡(小林82・10)／内行花文鏡髭文系(森下91)／E類(清水94)／内行花紋髭文系(森下02)	内行花文後期型	後期
101	倭	乳文鏡or珠文鏡	井出二子山古墳(愛宕塚古墳)(伝)	高崎市井出町字二子山1403-1(伝)〔群馬郡群馬町〕	古墳	前方後円墳(108)・竪穴式石榔(舟形石棺)	古墳後期	不明	—	—	〔乳脚文鏡or珠文鏡〕	後期?
103	倭	珠文鏡	大宮巌裘神社蔵鏡	不明	不明	不明	—	6.6	—	Ⅲ類?(中山他94)	〔珠文鏡〕	—
200	倭	九弧内行花文鏡	片山1号墳	高崎市吉井町片山字久保平117〔多野郡吉井町〕	古墳	円墳(25)・粘土榔	古墳中期	9.8	—	—	内行花文鏡B式	前(中)
202	舶	〔内行花文鏡〕	高崎市倉賀野町(伝)	高崎市倉賀野町(伝)	不明	不明	不明	10.5	「長宜子孫」	—	—	—
202-1	舶	「仿製」三角縁獣文帯三神三獣鏡	片岡村原野内塚(乗附)(伝)	高崎市片岡町(伝)	不明	不明	不明	21.8	—	目録番号228・配置K2	—	—
202-2	舶	上方作系浮彫式獣帯鏡?	上中居遺跡	高崎市上中居町	集落	溝	古墳前期	12.8	—	—	—	—
202-3	舶	流雲文縁盤龍鏡	高崎市近郊(伝)	高崎市近郊(伝)	不明	不明	不明	12.3	—	—	—	—
57	倭	八神像鏡	三本木所在古墳(伝)	藤岡市三本木(伝)	古墳	不明	古墳前期	15.7	—	神像鏡八神式(樋口79)／画文帯神獣鏡(系)D型(小林82・10)	類同向式神獣鏡	前(古)
58	舶	袁氏作神人龍虎画象鏡						15.6	「袁氏作竟真大好 上有東王公□□□ □人子僑兮赤甬子 長保二親辟徐不詳 □孫大示合□」	Ⅲ円圏式(樋口79)		
59	舶	三角縁陳氏作神獣車馬鏡						21.9	「陳氏作竟用青同 上有仙人不知君 宜高官 保子宜孫 長壽」	目録番号13・同笵鏡番号7・配置X・表現⑧		
60	舶	三角縁張氏作三神五獣鏡						22.6	「張氏作竟真巧 仙人王喬赤松子 師子辟邪世少有 渇飲玉泉飢食棗 生如金石天相保兮」	目録番号21・同笵鏡番号10・配置B・表現①		
61	舶	三角縁陳是作四神四獣鏡						22.0	「陳是作竟甚大好 上有仙人及龍虎 不知老 古有聖人及龍虎 身有文章口御巨兮」「位至三公」「王父」「母」「仙」(榜題)	目録番号52・同笵鏡番号*・配置A・表現⑦		
63	舶	〔八弧内行花文鏡〕	神田(伝)	藤岡市神田(伝)	不明	不明	不明	19.5	「長宜子孫」	—	—	—
64	?	不明	美久里村170号墳(神田六反170号墳)	藤岡市神田字六反	古墳	円墳(19)	古墳	不明	—	—	—	—
65	倭	六弧内行花文鏡	白石稲荷山古墳〔東主体部〕			前方後円墳(140)・礫榔		9.4	—	B類(清水94)／六花文鏡(小林10)	内行花文鏡B式	前(中?)
66	倭	四獣鏡	白石稲荷山古墳〔西主体部〕	藤岡市白石	古墳	前方後円墳(140)・礫榔	古墳中期	6.6	—	獣帯鏡類C型(小林82・10)	鳥頭獣像鏡B系?	前(新?)〜
66-1	舶	海獣葡萄鏡	白石古墳群(伝)	藤岡市白石(伝)	古墳	円墳	不明	12.3	—	—	—	—
67	倭	〔四鈴鏡〕	地蔵塚古墳	藤岡市白石字滝	古墳	円墳(23)・横穴式石室	古墳後期	不明	—	—	—	—
68	倭	九乳文鏡	白石二子山古墳	藤岡市白石字滝1862	古墳	前方後円墳(57)・横穴式石室	古墳後期	7.9	擬銘	獣帯鏡類D型(小林82・10)	〔乳脚文鏡〕	後期
69	倭	四乳文鏡						10.7	—	乳文鏡Ⅲ類(樋口79)／乳文鏡類(小林82・10)	〔乳脚文鏡〕	後期
70	倭	捩文鏡	稲荷塚古墳	藤岡市上戸塚	古墳	円墳・粘土榔	古墳	10.6	—	捩文鏡(類)C型(小林82・10)／BⅢ(小林83)／D型式(水野97)	捩文鏡D系	前(中)
62・71	倭	七弧内行花文鏡	塚原(伝)	藤岡市小林字塚原(伝)	不明	不明	不明	7.2	—	七花文鏡(小林82・10)／内行花文日光鏡系仿製鏡第Ⅲ型b類(高倉85・90)／内行花文系小形仿製鏡第5型(田尻10・12)	〔弥生倭製鏡?〕	弥生?
72	倭	〔四鈴鏡〕	白石(旧美九里村)(伝)	藤岡市白石(伝)	不明	不明	不明	—	—	—	—	—

群馬

発見年	所蔵（保管）者	共伴遺物					文　献	備　考
		石製品・玉類	武具・武器・馬具	ほか金属器	土器類	その他		
1682	西光寺	―	―	―	―	―	群馬県立歴史博物館編1980『企画展 群馬の古鏡』群馬県立歴史博物館	漢式鏡537／群馬県（上野国）159-1／複数面（4面）出土したらしい
不明	所在不明		挂甲・横矧板鋲留衝角付冑・頬当	―	―	―	清野謙次1955『日本考古学・人類学史』下巻, 岩波書店	群馬県（上野国）160
不明	大宮巖鼓神社	―	―	―	―	―	群馬県立歴史博物館編1980『企画展 群馬の古鏡』群馬県立歴史博物館	群馬県（上野国）150
1991	高崎市教育委員会（多胡碑記念館）	石製模造品（斧6・刀子2）・管玉16・白玉3	剣1・剣形鉄製品4・鉄鏃3	斧1・鎌2・鑿1・鉇1・刀子1・魚扠状鉄製品1・不明鉄製品1	―	櫛40〜	小駕雅美編2014『鏡よかがみ 人びとの心を支えた鏡たち』高崎市観音塚考古資料館第26回企画展, 高崎市観音塚考古資料館	
不明	筑波大学（森本六爾旧蔵）	―	―	―	―	―	白石太一郎・設楽博己編1994『弥生・古墳時代遺跡出土鏡データ集成』（『国立歴史民俗博物館研究報告』第56集）, 国立歴史民俗博物館	
不明	五島美術館〈M204〉（『桃陰廬和漢古鑑図録』）	―	―	―	―	―	梅原末治1925『桃陰廬和漢古鑑図録』関信太郎	
2008	高崎市教育委員会	勾玉・管玉	―	―	―	―	ジャパン通信社編2008『月刊文化財発掘出土情報』2008年12月号, ジャパン通信社	破鏡（破面研磨）
不明	群馬県立歴史博物館						群馬県立歴史博物館編1994『群馬県立歴史博物館所蔵資料目録―考古Ⅱ―』群馬県立歴史博物館	
不明	東京国立博物館〈J7375〉	滑石紡錘車1	刀柄片2・銅鏃5	―	―		田中琢1979『古鏡』日本の原始美術8, 講談社	漢式鏡545／群馬県（上野国）60-1／画文帯（蟠龍乳）神獣鏡の倭製
	東京国立博物館〈J7376〉						東京国立博物館編1983『東京国立博物館図版目録』古墳遺物篇（関東Ⅱ）, 便利堂	漢式鏡546／群馬県（上野国）60-2
	東京国立博物館〈J431〉						後藤守一1926『漢式鏡』日本考古学大系, 雄山閣	漢式鏡548.2／群馬県（上野国）61-3
	東京国立博物館〈J432〉						東京国立博物館編1983『東京国立博物館図版目録』古墳遺物篇（関東Ⅱ）, 便利堂	漢式鏡547／群馬県（上野国）61-2
	福岡県立小倉高等学校（和田千吉旧蔵）						樋口隆康1988「小倉高等学校所蔵鏡について」『福岡県立小倉高等学校創立八十周年記念 まがたま』福岡県立小倉高等学校考古学部	漢式鏡548.1／群馬県（上野国）61-1
不明	所在不明（個人？）	―	―	―	―	―	白石太一郎・設楽博己編1994『弥生・古墳時代遺跡出土鏡データ集成』（『国立歴史民俗博物館研究報告』第56集）, 国立歴史民俗博物館	群馬県（上野国）63／骨董屋「壺中天」にあり、その後九州の医師が購入
不明	所在不明	―	馬具	―	―	―	群馬県編1938『上毛古墳綜覧』群馬県史蹟名勝天然紀念物調査報告書第5輯, 群馬県	群馬県（上野国）64
1933	東京国立博物館〈J21884〉	石製模造品（刀・剣・槍・鎌・刀子・坩・案・杵・箕・枕）・碧玉管玉・勾玉・ガラス管玉・小玉	―					群馬県（上野国）65-1
1933	東京国立博物館〈J22048〉	石製模造品（勾玉・槍・鐔・刀子・坩・盤・杵・下駄）・碧玉勾玉・管玉・ガラス管玉・滑石管玉・算盤玉・臼玉・小玉	刀・鏃	鉇・刀子	―	堅櫛	東京国立博物館編1983『東京国立博物館図版目録』古墳遺物篇（関東Ⅱ）, 便利堂	群馬県（上野国）65-2
不明	所在不明（個人旧蔵）	―	―	―	―	―	相川龍雄1933「古墳発見の海獣葡萄鏡」『考古学雑誌』第23巻第11号, 考古学会	白石（報文では白谷）の円墳群の一基から発見され、付近の農家で長年保管
不明	所在不明	―	環頭・馬鈴	―	―	―	富岡謙蔵1920『古鏡の研究』丸善	群馬県（上野国）66
不明	東京国立博物館〈J189〉	水晶切子玉1・ガラス丸玉5	頭椎大刀1・方頭大刀1・刀子6・金銅三輪玉4・銀線・鉄鏃22・轡・方形鏡板・鞍・杏葉・辻金具・雲珠・飾金具	金環9・銀環2	―		群馬県立歴史博物館編1980『企画展 群馬の古鏡』群馬県立歴史博物館	57g／漢式鏡542／群馬県（上野国）67・69
	東京国立博物館〈J2190〉							128g／漢式鏡543／群馬県（上野国）68
不明	個人	石製模造品・勾玉・管玉	―	―	―	―	群馬県立歴史博物館編1980『企画展 群馬の古鏡』群馬県立歴史博物館	群馬県（上野国）70
不明	東京大学総合研究博物館〈10236〉						群馬県立歴史博物館編1980『企画展 群馬の古鏡』群馬県立歴史博物館	漢式鏡549／群馬県（上野国）62・71
不明	所在不明（関保之助旧蔵）	―	―	―	―	―	富岡謙蔵1920『古鏡の研究』丸善	漢式鏡544／群馬県（上野国）54・72

番号	舶倭	鏡式	出土遺跡	出土地名	遺跡内容	時期	面径(cm)	銘文	諸氏分類	編者分類・時期
73・114	倭	五鈴六乳文鏡	青梨子町（伝）or 藤岡市（伝）	前橋市青梨子町（伝）or 藤岡市（伝）	不明	不明	10.2	—	乳文鏡系五鈴式（樋口79）／鈴鏡類（五鈴鏡）（小林82・10）／獣帯文鏡類（大川97）／Ⅱ類-Aa乳文鏡（八木00）／乳脚文系E類（岡田05）	〔乳脚文鏡〕後期
74	舶	三角縁画象文帯盤龍鏡	北山茶臼山古墳（富岡茶臼山古墳）	富岡市南後箇字北山	円墳（約40）	古墳前期	24.9	「龍」（榜題）	目録番号1・同笵鏡番号2・配置盤龍・表現⑧	—
75	倭	四獣鏡	北山茶臼山西墳	富岡市南後箇	前方後方墳（28）・木棺直葬	古墳前期	9.7	—	獣形文鏡Ⅳ類（赤塚98b）／絵画文鏡Ⅲ類（赤塚00）	—
76	舶	方格規矩四神鏡					15.9	—	中型鏡1-2（北浦92）	—
77	?	不明	三ツ塚古墳	富岡市黒川字小塚原	円墳	古墳	不明	—	—	—
78	?	不明					不明	—	—	—
79	?	不明					不明	—	—	—
80	倭	素文鏡	曽木久保遺跡	富岡市曽木字久保827	祭祀	円形土壇状遺構	古墳後期	4.9	—	BⅡ類（今平90）	〔素文鏡〕
81	倭	素文鏡					2.3	—	BⅡ類（今平90）	〔素文鏡〕
89	倭	珠文鏡	馬の宮（下高田）所在古墳	富岡市妙義町下高田字馬の宮〔甘楽郡妙義町〕	古墳	不明	古墳	7.2	—	珠文鏡類A型（小林82・10）／Ⅲ類？（中山他94）	〔珠文鏡〕
86	倭	珠文鏡	大山鬼塚古墳	甘楽郡甘楽町白倉字西大山	古墳	舟形石棺	古墳後期	7.6	—	Ⅰ類（中山他94）	〔珠文鏡〕
87	倭	〔五鈴鏡〕	笹森稲荷古墳	甘楽郡甘楽町福島字笹森	古墳	前方後円墳（100）・横穴式石室	古墳後期	13.6	—	—	—
88	倭	珠文鏡	天引向原遺跡C地区20号住居跡	甘楽郡甘楽町天引字向原	集落	竪穴住居	古墳後期	5.8	—	珠紋鏡系（森下02）／A-B類（脇山13）	〔珠文鏡〕前期
90	?	不明	道場塚古墳（板鼻町4号墳）	安中市板鼻	古墳	円墳（10）	古墳	不明	—	—	—
91	?	不明	岩野谷村57号墳（岩井東57号墳）	安中市岩井字東	古墳	円墳（20）	古墳	不明	—	—	—
92	?	不明	塚原塚古墳（伝）	安中市松井田町人見字下足名田（伝）〔碓氷郡松井田町〕	古墳	前方後円墳（17）	古墳	6.6	—	—	—
92-1	倭	鈴鏡	後閑3号墳	安中市下後閑字山王前	古墳	不明	古墳	破片	—	—	—
92-2	倭	弥生倭製鏡（八弧内行花文鏡）	長谷津遺跡44号竪穴住居	安中市西上磯部	集落	竪穴住居	弥生後期	6.0	—	—	〔弥生倭製鏡〕弥生
104	?	不明	弦巻古墳	前橋市朝倉町	古墳	円墳	古墳	不明	—	—	—
105	?	不明	木瀬村7号墳	前橋市小島田町八日市504	古墳	円墳（7）	古墳	不明	—	—	—
106	?	不明	荒砥村286号墳	前橋市二之宮町八日市2496他	古墳	前方後円墳（66）・横穴式石室？	古墳	不明	—	—	—
107	倭	六鈴乳文鏡	大黒塚古墳（伝）	前橋市下大屋町字明神山555-2（伝）	古墳	前方後円墳（33）	古墳後期	10.9	—	鈴鏡類（六鈴鏡）（小林82・10）／獣帯文鏡類（大川97）／乳脚文系A1類（岡田05）	〔乳脚文鏡〕後期
108	倭	珠文鏡？	前二子古墳	前橋市西大室町二子山甲2659	古墳	前方後円墳（92）・横穴式石室	古墳後期	10.9	—	Ⅰ類？（中山他94）	〔珠文鏡？〕
109	?	不明					不明	—	—	—
110	舶	画文帯同向式神獣鏡	荒砥村324号墳（伝）	前橋市今井町中曲輪505-3（伝）	古墳	円墳（27）	古墳	10.3	—	—	—
111	舶	星雲文鏡	御殿山古墳（荒砥村354号墳）	前橋市富田町漆田林1679-10	古墳	円墳（43）・横穴式石室	古墳	12.1	—	—	—
112	倭	四獣鏡	芳賀村2号墳（前原古墳）	前橋市鳥取町前原203-1	古墳	円墳（5）・横穴式石室	古墳	14.0	—	Be型式（加藤14）	〔旋回式獣像鏡〕後期
113	倭	乳文鏡	五代大日塚古墳	前橋市五代町249	古墳	円墳（33）・横穴式石室	古墳後期	7.7	—	獣帯鏡類D型（小林82・10）	〔乳脚文鏡〕後期

群馬

発見年	所蔵（保管）者	共伴遺物					文献	備考
		石製品・玉類	武具・武器・馬具	ほか金属器	土器類	その他		
不明	五島美術館〈M197〉（浅見作兵衛旧蔵）	—	—	—	—	—	樋口隆康1979『古鏡』新潮社	群馬県（上野国）163
1894	宮内庁書陵部〈陵78〉	石釧2・勾玉・管玉	刀・鏃	—	土師器（二重口縁壺）	—	梅澤重昭1981「北山茶臼山古墳」『群馬県史』資料編3原始古代3,群馬県史編さん委員会	1463g／漢式鏡550／群馬県（上野国）59・73
1950年代	富岡市立美術館（個人旧蔵）	管玉・ガラス小玉	矛1	斧1・刀子1	—	木製品	田口正美1988『大島城遺跡 北山茶臼山西古墳』財団法人群馬県埋蔵文化財調査事業団	群馬県（上野国）74
1988	群馬県埋蔵文化財調査事業団							—
1887	所在不明	—	刀1	—	—	—	群馬県編1938『上毛古墳綜覧』群馬県史蹟名勝天然紀念物調査報告書第5輯,群馬県	群馬県（上野国）75-1
								群馬県（上野国）75-2
								群馬県（上野国）75-3
1982	富岡市教育委員会	石製模造品（円板1302・盾27・剣560・鏃13・斧59・鎌7・刀子61・勾玉318）・泥岩管玉1・水晶切子玉10・硬玉平玉2・ガラス小玉2	矛1・鏃5	銀耳環1・鎌1・鈿1・刀子1	土師器（壺・小形丸底壺・甕・椀・高杯・杯・盤・手捏土器）、須恵器（短頸壺・大甕・高杯・杯・盤・提瓶）	—	井上太1999「群馬県富岡市曽木久保遺跡の祭祀遺構と儀鏡」『考古学ジャーナル』No.446,ニュー・サイエンス社	—
昭和以降	個人	勾玉・管玉・臼玉	—	—	—	—	群馬県立歴史博物館編1980『企画展 群馬の古鏡』群馬県立歴史博物館	—
1900	東京国立博物館〈J451〉	石製模造品（鏡3・斧3・刀子8）・管玉26・臼玉58・小玉2	刀2・轡1・鈴杏葉3・三環鈴1	—	—	砥石2	東京国立博物館編1983『東京国立博物館図版目録』古墳遺物篇（関東Ⅱ）,便利堂	46g／漢式鏡552／群馬県（上野国）145
不明	所在不明	勾玉1・管玉1	—	金環2	壺・提瓶	—	群馬県編1938『上毛古墳綜覧』群馬県史蹟名勝天然紀念物調査報告書第5輯,群馬県	群馬県（上野国）146
1990	群馬県埋蔵文化財調査事業団	—	—	—	土器	—	小駕雅美編2014『鏡よかがみ 人びとの心を支えた鏡たち』高崎市観音塚考古資料館第26回企画展,高崎市観音塚考古資料館	—
1902	所在不明	—	刀	金環	—	—	群馬県編1938『上毛古墳綜覧』群馬県史蹟名勝天然紀念物調査報告書第5輯,群馬県	群馬県（上野国）57
不明	所在不明	玉	刀	—	—	—	群馬県編1938『上毛古墳綜覧』群馬県史蹟名勝天然紀念物調査報告書第5輯,群馬県	群馬県（上野国）58
不明	所在不明	玉類	刀	—	—	—	群馬県編1938『上毛古墳綜覧』群馬県史蹟名勝天然紀念物調査報告書第5輯,群馬県	群馬県（上野国）149
不明	安中市教育委員会	—	—	—	—	—	—	縁部片
2009	群馬県埋蔵文化財調査事業団	管玉・土製勾玉	—	—	土器・土製紡錘車	—	小駕雅美編2014『鏡よかがみ 人びとの心を支えた鏡たち』高崎市観音塚考古資料館第26回企画展,高崎市観音塚考古資料館	—
1902	所在不明	勾玉・ガラス小玉	甲小札・刀・槍	鋤・鋏	—	—	後藤守一1926『漢式鏡』日本考古学大系,雄山閣	漢式鏡521／群馬県（上野国）1
不明	所在不明	—	—	—	—	—	群馬県編1938『上毛古墳綜覧』群馬県史蹟名勝天然紀念物調査報告書第5輯,群馬県	群馬県（上野国）2
不明	赤城神社	—	—	—	土器	—	群馬県編1938『上毛古墳綜覧』群馬県史蹟名勝天然紀念物調査報告書第5輯,群馬県	群馬県（上野国）3
文政	産泰神社	勾玉1	—	—	須恵器（盤・提瓶）	—	群馬県立歴史博物館編1980『企画展 群馬の古鏡』群馬県立歴史博物館	群馬県（上野国）4
1878	大室神社旧蔵（現物盗難）	ガラス小玉300	矛2・鉄鏃多数・轡1・鉄地金銅張f字形鏡板2・鉄地金銅張剣菱形杏葉4・変形剣菱形杏葉4・輪鐙1	金環1	土師器（台付壺1・高杯3・杯2）・須恵器（直口壺1・装飾器台・器台2・高杯3・盤1・提瓶2）	—	群馬県史編さん委員会編1981『群馬県史』資料編3原始古代3,群馬県	漢式鏡523／群馬県（上野国）5-1
							後藤守一1926『漢式鏡』日本考古学大系,雄山閣	群馬県（上野国）5-2
不明	産泰神社	—	—	—	土器	—	群馬県立歴史博物館編1980『企画展 群馬の古鏡』群馬県立歴史博物館	群馬県（上野国）6
1933	東京国立博物館〈J22666〉	—	刀2・金銅製円筒頭1・鍔1・鉄鏃・轡1・金銅鈴1	金環1・銀環2・刀子1	—	—	群馬県立歴史博物館編1980『企画展 群馬の古鏡』群馬県立歴史博物館	群馬県（上野国）7／同型鏡群か
1938	東京国立博物館〈J34536〉	ガラス管玉1・軟玉管玉・滑石臼玉	刀2・鉄鏃・銅鈴杏葉3・馬鐸4	斧1・鎌1	—	磨石1	東京国立博物館編1983『東京国立博物館図版目録』古墳遺物篇（関東Ⅱ）,便利堂	401g／群馬県（上野国）8
1905〜06	東京国立博物館〈J13508〉	—	圭頭柄頭1・円頭柄頭1・刀1・轡2・花形杏葉2・辻金具1・鉸具・雲珠1・兵庫鎖・鉄地金銅張鞍金具3・金銅鈴2	金環2・金銅飾鋲11	須恵器（盤1）	—	東京国立博物館編1983『東京国立博物館図版目録』古墳遺物篇（関東Ⅱ）,便利堂	48g／漢式鏡522／群馬県（上野国）9

番号	舶倭	鏡式	出土遺跡	出土地名	遺跡内容	時期	面径(cm)	銘文	諸氏分類	編者分類・時期
115	倭	捩文鏡	前橋天神山古墳	前橋市広瀬町1-27-7	前方後円墳(126)・粘土槨	古墳前期	13.2	—	I型（樋口79）／獣形文鏡類四獣鏡C-3型（小林82・10）／I型（小沢88）／獣毛文鏡系（森下91）／A型式a類（水野97）／獣毛紋鏡系（森下02）	捩文鏡A系 前(古)
116	舶	尚方作二禽二獣鏡					18.5	「尚方乍竟大無傷 巧工刻之成文章 和以銀錫青且明 長保二見兮」	半肉彫獣帯鏡C四像式（樋口79）	— —
117	舶	三段式神仙鏡					16.3	「君宜高官 長宜子孫 位至三公□」	—	— —
118	舶	三角縁天王・日月・獣文帯五神四獣鏡					22.3	「天王日月」	目録番号57・同笵鏡番号31・配置A'・表現⑥	— —
119	舶	三角縁天王日月・獣文帯四神四獣鏡					21.6	「天王日月」	目録番号64・同笵鏡番号33・配置D・表現②	— —
120	倭	四獣鏡	大胡町6号墳〔2号石室〕	前橋市茂木町上ノ山〔勢多郡大胡町〕	円墳(15)・箱形石棺状石室	古墳後期	7.0	—	獣形文鏡類四獣鏡C-1型（小林82・10）／獣形文鏡IV類（赤塚98b）	— 前期
121	倭	〔珠文鏡〕	北橘村128号墳	渋川市北橘町真壁字下遠原256〔勢多郡北橘村〕	円墳(8)・横穴式石室	古墳後期	不明	—	—	— —
122	舶	〔獣首鏡（鉄鏡）〕	敷島長井（伝）	渋川市赤城町敷島字長井（伝）〔勢多郡赤城村〕	不明	古墳	21.0	—	—	— —
122-1	倭	九乳文鏡	宮田諏訪原遺跡I区1号祭祀跡	渋川市赤城町宮田字諏訪原975-1他〔勢多郡赤城村〕	集落 祭祀跡	古墳後期	6.1	—	—	〔乳脚文鏡〕 後期
122-2	倭	乳文鏡	金井東裏遺跡4区	渋川市金井	祭祀 土器集積部直下	古墳後期	5.7	—	—	〔乳脚文鏡〕 後期
123	舶	画文帯同向式神獣鏡	恵下古墳（高山古墳）	伊勢崎市上植木本町恵下2622	円墳(27)・変形竪穴式石槨	古墳後期	14.8	「…天王日月…」	A式（樋口79）／A形式（小山田93）	— —
124	倭	珠文鏡	古城稲荷山古墳（宮郷村1号墳）	伊勢崎市稲荷町古城甲848	前方後円墳(60)・横穴式石室	古墳後期	8.7	—	III類（中山他94）	〔珠文鏡〕 —
125	倭	珠文鏡	華蔵寺古墳	伊勢崎市華蔵寺町	円墳・横穴式石室	古墳後期	9.0	—	III類（中山他94）／BC-D類（脇山13）	〔珠文鏡〕 後期？
127	倭	九乳文鏡	台所山古墳（間の山古墳）	伊勢崎市波志江町台所山4125	円墳(27)・箱形石棺	古墳中期	10.1	—	—	〔乳脚文鏡〕 後期？
128	倭	珠文鏡	御富士山古墳（不二山古墳）	伊勢崎市安堀町富士附799	前方後円墳(125)・長持形石棺	古墳中期	6.0	—	珠文鏡（中山他94）	〔珠文鏡〕 —
130	倭	五獣鏡	剛志村102号古墳（境武士）（伝）	伊勢崎市境上武士字西久保1034（伝）〔佐波郡境町〕	古墳 不明	古墳	12.7	—	獣形文鏡類五獣鏡（小林82・10）	〔中期型獣像鏡〕 中期
131	倭	六獣鏡					16.4	擬銘	六獣形鏡（樋口79）／獣形文鏡類六獣鏡（小林10）	二神二獣鏡IB系 前(中)
132	倭	重圏文鏡	采女塚古墳（淵名1号墳）	伊勢崎市境上淵名〔佐波郡境町〕	円墳・竪穴式石槨	古墳後期	6.6	—	特殊文鏡（重圏鏡）（樋口79）／重圏文鏡類（小林82・10）／Va型（藤岡91）／祖型グループ（中山他94）／V型（林原08）／7i類（脇山15）	〔重圏鏡（連珠）〕 —
133	?	不明	米岡祭祀遺跡	伊勢崎市境米岡〔佐波郡境町〕	祭祀 磐境	古墳	不明	—	—	— —
140	倭	六神像鏡	赤堀茶臼山古墳〔1号槨〕	伊勢崎市赤堀今井町毒島995	帆立(59)・木炭槨	古墳中期	12.9	—	神像鏡六神式（樋口79）／神像鏡（小林82・10）／IIAb類（荻野82）／東車塚鏡系（赤塚04a）	神像鏡II系 前(中)
141	倭	六弧内行花文鏡	赤堀茶臼山古墳〔2号槨〕	〔佐波郡赤堀町〕	帆立(59)・木炭槨		8.2	—	B類1式（清水94）／六花文鏡（小林10）	内行花文鏡B式 前(中)
142	?	不明	洞山西南古墳	伊勢崎市五目牛町北通	古墳 円墳	古墳	不明	—	—	— —
143	倭	珠文鏡	南原古墳（南原古墳群）	伊勢崎市赤堀今井町〔佐波郡赤堀町〕	古墳 円墳	古墳	5.7	—	珠文鏡類A型（小林82・10）／I類（中山他94）	〔珠文鏡〕 前期
144	倭	四獣鏡	赤堀村16号古墳	伊勢崎市五目牛町〔佐波郡赤堀町〕	円墳(21)・竪穴式小石槨	古墳後期	11.1	—	獣形文鏡類四獣鏡C-1型（小林82・10）	〔旋回式獣像鏡〕 後期
203	倭	重圏文鏡	舞台遺跡146号住居	伊勢崎市三和町舞台	集落 竪穴住居	古墳後期	6.9	—	I型（林原08）／4a類（脇山15）	〔重圏文鏡〕 前期

群馬

発見年	所蔵（保管）者	共伴遺物					文献	備考
		石製品・玉類	武具・武器・馬具	ほか金属器	土器類	その他		
1969	東京国立博物館〈J39398〉						松島英治他1970『前橋天神山古墳図録』前橋市教育委員会	群馬県（上野国）11-1
	東京国立博物館〈J39398-3〉	紡錘車形石製品4	素環頭大刀1・刀1・剣12・小刀1・銅鏃30・鉄鏃78・靫3	斧4・鉈8・鑿3・刀子1・針状金具7・釣針状金具5・棒状金具4	土師器（小形丸底壺1）			群馬県（上野国）11-2
	東京国立博物館〈J39398-4〉							群馬県（上野国）11-3
	東京国立博物館〈J39398-1〉							1068g／群馬県（上野国）11-4
	東京国立博物館〈J39398-2〉							1067g／群馬県（上野国）11-5
1958	群馬大学	石製模造品（有孔円板1・勾玉4・臼玉4）・碧玉管玉1・ガラス管玉1・ガラス小玉4		刀子	―	櫛1	小駕雅美編2014『鏡よかがみ 人びとの心を支えた鏡たち』高崎市観音塚考古資料館第26回企画展，高崎市観音塚考古資料館	群馬県（上野国）124
不明	赤城神社	勾玉1・小玉215	刀	金環4	須恵器（小形丸底壺・有蓋高杯・杯・𤭯）	石環2・石輪2	群馬県編1938『上毛古墳綜覧』群馬県史蹟名勝天然記念物調査報告書第5輯，群馬県	群馬県（上野国）125
不明	所在不明（山川七左衛門旧蔵）	―	鉄鏃	刀子	―	―	梅原末治1962「日本出土の中国の古鏡（一）―特に漢中期より後半代の古鏡―」『考古学雑誌』第47巻第4号，日本考古学会	群馬県（上野国）126
2002	赤城歴史資料館	石製模造品（有孔円板・剣・斧・刀子・勾玉等）166・滑石臼玉688～	小札・鉄鏃	鋤先・鎌・刀子	土師器（小形丸底壺・甕・高杯・杯・ミニチュア土器）・須恵器（甕・高杯）		小林修・有山径世編2003『宮田諏訪原遺跡概報』赤城村埋蔵文化財発掘調査報告書第22集，赤城村教育委員会	26g
2013	群馬県埋蔵文化財調査事業団	石製模造品（有孔円板・短剣1・剣等）150～・勾玉12・管玉60～・滑石臼玉9500～・ガラス玉180～		斧	土器（土師器・須恵器）800～		公益財団法人群馬県埋蔵文化財調査事業団編2013『金井東裏遺跡 甲を着た古墳人だより』Vol.6，公益財団法人群馬県埋蔵文化財調査事業団	素文鏡？（加藤一郎氏教示）
1928	東京国立博物館〈J20265〉	硬玉勾玉1・瑪瑙勾玉13・ガラス勾玉14・碧玉管玉40・ガラス丸玉529・ガラス小玉1380	鉄鏃・鐏1・鉄地金銅杏葉2・辻金具3・兵庫鎖2	銅釧3・鍬1・鎌1・鉈1・刀子3	土師器（壺・高杯・杯）・須恵器（壺・有蓋壺・甕・高杯・杯・俵形𤭯・𤭯・提瓶）		群馬県立歴史博物館編1980『企画展 群馬の古鏡』群馬県立歴史博物館	同型鏡群〔GD-1〕／群馬県（上野国）76・78
1930	東京国立博物館〈J20863〉	ガラス小玉・銀丸玉	横矧板鋲留衝角付冑・挂甲1・篠籠手・小札頬当・刀・杏葉	冠	須恵器		東京国立博物館編1983『東京国立博物館図版目録』古墳遺物篇（関東Ⅱ），便利堂	68g／群馬県（上野国）79・84
1913	東京国立博物館〈J7232〉	ガラス勾玉1・碧玉管玉2・棗玉4・軟玉切子玉4・小玉1連	鉄地金銅張辻金具1	―	土器（高杯）・須恵器（壺・𤭯・提瓶）	砥石1	東京国立博物館編1983『東京国立博物館図版目録』古墳遺物篇（関東Ⅱ），便利堂	〈65g〉／漢式鏡559／群馬県（上野国）80
1925	東京国立博物館〈J10297〉	―	環頭柄頭・鍔	斧3・刀子5	―	―	東京国立博物館編1983『東京国立博物館図版目録』古墳遺物篇（関東Ⅱ），便利堂	122g／群馬県（上野国）82・83
不明	東京大学総合研究博物館	石製模造品（槍・刀子）					後藤守一1921「上野不二山古墳」『考古学雑誌』第11巻第11号，考古学会	漢式鏡560.1／群馬県（上野国）85／「二寸に足りない小形の乳文鏡」
不明	五島美術館						小駕雅美編2014『鏡よかがみ 人びとの心を支えた鏡たち』高崎市観音塚考古資料館第26回企画展，高崎市観音塚考古資料館	228g／群馬県（上野国）131-2
不明	五島美術館 M211（『桃陰廬和漢古鑑図録』所載鏡）						梅原末治1925『桃陰廬和漢古鑑図録』関信太郎	群馬県（上野国）131-1
1948	國學院大學	勾玉・管玉	刀				群馬県立歴史博物館編1980『企画展 群馬の古鏡』群馬県立歴史博物館	群馬県（上野国）132・133
不明	所在不明	石製模造品（勾玉・臼玉）	―		土器	―	柴田常恵1924『日本考古学』国史講習会	群馬県（上野国）134
1929	東京国立博物館〈J21139〉	石製模造品（勾玉1・臼玉25・刀子21）	三角板革綴短甲1・刀・剣・矛・石突・鏃	斧4	―	―	群馬県立歴史博物館編1980『企画展 群馬の古鏡』群馬県立歴史博物館	208g／群馬県（上野国）139-1
	東京国立博物館〈J21105〉	―	刀1	―	―	―		群馬県（上野国）139-2
1950	所在不明（群馬大学？）	玉	刀				白石太一郎・設楽博己編1994『弥生・古墳時代遺跡出土鏡データ集成』（『国立歴史民俗博物館研究報告』第56集），国立歴史民俗博物館	群馬県（上野国）140
1951	個人	―	―	―	―	―	群馬県立歴史博物館編1980『企画展 群馬の古鏡』群馬県立歴史博物館	群馬県（上野国）141
1978	伊勢崎市教育委員会		刀・鏃・弓？				群馬県立歴史博物館編1980『企画展 群馬の古鏡』群馬県立歴史博物館	―
1997	群馬県埋蔵文化財調査事業団	―	―	―	土師器（各種）	―	小駕雅美編2014『鏡よかがみ 人びとの心を支えた鏡たち』高崎市観音塚考古資料館第26回企画展，高崎市観音塚考古資料館	―

番号	舶倭	鏡式	出土遺跡	出土地名	遺跡内容	時期	面径(cm)	銘文	諸氏分類	編者分類・時期	
203-1	?	不明	東村1号墳(雷電神社古墳)〔佐波郡東村〕	伊勢崎市東町小保方	古墳	円墳	不明	不明	—	—	—
134	?	不明	オトカ塚古墳(芝根村2号墳)	佐波郡玉村町下茂木344	古墳	前方後円墳(51)・横穴式石室	古墳後期	不明	—	—	—
136	倭	六鈴四獣鏡	小泉(伝)	佐波郡玉村町小泉(伝)	不明	不明	10.0	—	鈴鏡類(六鈴鏡)(小林82・10)/獣形文鏡類(大川97)/獣形文系C類(岡田05)	〔旋回式獣像鏡〕	後期
137	舶	三角縁君・宜・高・官・獣文帯四神四獣鏡	川井稲荷山古墳(芝根7号墳)	佐波郡玉村町川井	古墳	前方後円墳(43)・竪穴系主体部	古墳前期〜	22.5	「君宜高官」	目録番号66・配置D・表現他	—	—
138	舶	蝙蝠座鈕八弧内行花文鏡	軍配山古墳	佐波郡玉村町角淵字下ノ手606	円墳(40)・粘土槨	古墳前期	16.0	—	四葉座Ⅲ型(山本78)/Bbイ式(樋口79)/八花文鏡(小林10)	—	—
139	舶	八弧内行花文鏡					13.2	—	—	—	—
145	?	不明	川場村2号墳(欅坂古墳)	利根郡川場村門前字下宿原204	古墳	円墳	不明	—	—	—	—
146	?	不明	川場村3号墳	利根郡川場村門前字下宿原204	古墳	円墳	不明	—	—	—	—
147	?	不明	川場村45号墳(狐塚古墳)	利根郡川場村生品字前原1267	古墳	円墳	不明	—	—	—	—
148	?	不明	川場村71号墳	利根郡川場村天神字竹ノ鼻318乙	古墳	円墳・横穴式石室	古墳	不明	—	—	—
149	?	不明	川場村75号墳	利根郡川場村天神字城越108	古墳	円墳	不明	—	—	—	—
150	?	不明	川場村76号墳	利根郡川場村天神字城越106	古墳	円墳	不明	—	—	—	—
151	?	不明	川場村77号墳	利根郡川場村天神字城越108	古墳	円墳・横穴式石室	古墳	不明	—	—	—
152	?	不明	川場村78号墳	利根郡川場村天神字城越110	古墳	円墳・横穴式石室	古墳	不明	—	—	—
153	?	不明	川場村79号墳	利根郡川場村天神字城越111	古墳	円墳・横穴式石室	古墳	不明	—	—	—
154	?	不明	川場村80号墳	利根郡川場村天神字城越111	古墳	円墳・横穴式石室	古墳	不明	—	—	—
155	?	不明	川場村81号墳	利根郡川場村天神字城越110丙	古墳	円墳・横穴式石室	古墳	不明	—	—	—
156	?	不明	川場村82号墳	利根郡川場村天神字城越113甲	古墳	円墳・横穴式石室	古墳	不明	—	—	—
157	?	不明	川場村83号墳	利根郡川場村天神字城越125	古墳	円墳・横穴式石室	古墳	不明	—	—	—
158	?	不明	川場村84号墳(天神古墳)	利根郡川場村天神字八幡302ノ乙	古墳	前方後円墳・横穴式石室	古墳	不明	—	—	—
159	?	不明	川場村89号墳(八幡天神古墳)	利根郡川場村天神字八幡	古墳	円墳	不明	—	—	—	—
160	?	不明	古馬牧村69号墳(後閑小原)	利根郡みなかみ町後閑字小原2965〔利根郡月夜野町〕	古墳	円墳・横穴式石室	古墳後期	不明	—	—	—	—
161	?	不明	桃野村50号墳(伝)	利根郡みなかみ町月夜野町並390-1(伝)〔利根郡月夜野町〕	古墳	円墳	古墳	不明	—	—	—	—
162	?	不明			古墳		不明	—	—	—	—
163	倭	五鈴五獣鏡	久呂保村3号墳(化粧坂・森下古墳・鍛屋地2号墳)	利根郡昭和村森下字化粧坂84-1	古墳	円墳(6)・横穴式石室	古墳後期	9.6	—	獣形鏡系五鈴式(樋口79)/鈴鏡類(五鈴鏡)(小林82・10)/獣形(西岡86)/獣形文鏡類(大川97)/獣形文鏡類(大川97)/旋回式獣像鏡系(森下02)/獣形文系E類(岡田05)/乳脚文系C1類(岡田05)/Cb型式(加藤14)	〔旋回式獣像鏡〕	後期
164	倭	六弧内行花文鏡	越巻	太田市新野町越巻	不明	不明	7.0	—	六弧(樋口79)/B類1式(清水94)/六花鏡(小林10)	内行花文鏡B式	前(中)
165	?	〔八弧内行花文鏡〕	越巻	太田市新野町越巻	不明	不明	7.0	—	—	—	—
166	?	不明	九合村13号墳(新田13号墳)(伝)	太田市飯田町新田283(伝)	古墳	前方後円墳(80)	古墳	不明	—	—	—	—
167	倭	六獣鏡	飯塚字松原(伝)	太田市飯塚町松原甲842(伝)	不明	不明	14.2	—	Ba型式(加藤14)	〔旋回式獣像鏡〕	後期
168	倭	八鈴十乳文鏡	九合村48号墳(東矢島)	太田市東矢島町新田892	古墳	円墳(37)	古墳	14.8	—	乳文鏡系八鈴式(樋口79)/鈴鏡類(八鈴鏡)(小林82・10)/乳文(西岡86)/獣帯文鏡類(大川97)/Ⅱ類-Ac乳鏡(八木00)/乳脚紋鏡b〜d系(森下02)/乳脚文系C2類(岡田05)	〔乳脚文鏡〕	後期
169	倭	五鈴乳文鏡					8.1	擬銘	鈴鏡類(六鈴鏡)(小林82・10)/乳文(西岡86)/獣帯文鏡類(大川97)/乳脚文系C1類(岡田05)	〔乳脚文鏡〕	後期
170	倭	六獣鏡	白山古墳	太田市細谷町八幡130	古墳	円墳(22)・粘土槨	古墳	9.2	—	獣形文鏡類六獣鏡(小林82・10)	〔旋回式獣像鏡〕	後期
171	?	不明	女体山古墳	太田市内ヶ島町女体1387他	古墳	帆立(106)	古墳中期	不明	—	—	—	—

群馬

発見年	所蔵（保管）者	共伴遺物					文献	備考
		石製品・玉類	武具・武器・馬具	ほか金属器	土器類	その他		
1921	大東神社	―	小札・杏葉・鈴	―	―	―	群馬県編1938『上毛古墳綜覧』群馬県史蹟名勝天然紀念物調査報告書第5輯，群馬県	―
不明	所在不明（個人旧蔵）	―	刀・鏃	金環	―	―	群馬県編1938『上毛古墳綜覧』群馬県史蹟名勝天然紀念物調査報告書第5輯，群馬県	群馬県（上野国）135
不明	個人	―	―	―	―	―	群馬県立歴史博物館編1980『企画展 群馬の古鏡』群馬県立歴史博物館	―
1968	文化庁	―	―	―	―	―	長井正欣・賀来孝代・石丸敦史・中島直樹編2009『川井・茂木古墳群』群馬県佐波郡玉村町教育委員会	1179g／群馬県（上野国）137／石室奥壁背後の裏込め被覆外側の盛土中から出土／「三角縁神獣鏡は第一次墳丘の主体部に伴う」
1930	東京国立博物館（J20813）	硬玉勾玉1・翡翠勾玉1・琥珀勾玉2・碧玉管玉36	刀1・鉄鏃	斧1	―	―	樋口隆康1979『古鏡』新潮社	群馬県（上野国）138-1
	東京国立博物館（J20814）						群馬県立歴史博物館編1980『企画展 群馬の古鏡』群馬県立歴史博物館	群馬県（上野国）138-2
1926		勾玉	甲・刀	金環	―	―	群馬県編1938『上毛古墳綜覧』群馬県史蹟名勝天然紀念物調査報告書第5輯，群馬県	群馬県（上野国）106
不明		玉類	刀	―	―	―		群馬県（上野国）107
1926		玉類	刀	金環	須恵器	―		群馬県（上野国）108
不明		玉類	刀	―	―	―		群馬県（上野国）109
不明		玉類	刀	―	―	―		群馬県（上野国）110
不明		玉類	刀	―	―	―		群馬県（上野国）111
不明		玉類	刀	―	―	―		群馬県（上野国）112
1926	所在不明	玉類	刀	―	―	―		群馬県（上野国）113
1926		玉類	刀	―	―	―		群馬県（上野国）114
1926		玉類	刀	―	―	―		群馬県（上野国）115
不明		玉類	刀	―	―	―		群馬県（上野国）116
不明		玉類	刀	―	―	―		群馬県（上野国）117
不明		玉類	刀	―	―	―		群馬県（上野国）118
不明		玉類	刀	―	―	―		群馬県（上野国）119
不明		玉類	刀	―	―	―		群馬県（上野国）120
不明	所在不明	―	―	―	高杯	―	群馬県編1938『上毛古墳綜覧』群馬県史蹟名勝天然紀念物調査報告書第5輯，群馬県	群馬県（上野国）121
1910	所在不明	―	―	―	―	―	群馬県編1938『上毛古墳綜覧』群馬県史蹟名勝天然紀念物調査報告書第5輯，群馬県	群馬県（上野国）122-1
1910		―	―	―	―	―		群馬県（上野国）122-2
1903	東京国立博物館（J13280）	勾玉・管玉・切子玉	刀・馬具	金環	―	―	群馬県立歴史博物館編1980『企画展 群馬の古鏡』群馬県立歴史博物館	113g／漢式鏡553／群馬県（上野国）123
1908	東京国立博物館（J5024）	―	―	―	―	―	東京国立博物館編1983『東京国立博物館図版目録』古墳遺物篇（関東Ⅱ），便利堂	漢式鏡555.2／群馬県（上野国）87-1
1908	神宮徴古館（東京国立博物館旧蔵（J5023））							漢式鏡555／群馬県（上野国）87-2
不明	所在不明	―	刀	―	―	―	群馬県編1938『上毛古墳綜覧』群馬県史蹟名勝天然紀念物調査報告書第5輯，群馬県	群馬県（上野国）88
1933	東京国立博物館（J21623）	―	―	―	土師器（小形丸底壺）	―	東京国立博物館編1983『東京国立博物館図版目録』古墳遺物篇（関東Ⅱ），便利堂	291g／群馬県（上野国）89
1923	東京国立博物館（J9942）	―	刀1・剣1	―	―	―	東京国立博物館編1983『東京国立博物館図版目録』古墳遺物篇（関東Ⅱ），便利堂	288g／漢式鏡557.5／群馬県（上野国）90-1
	東京国立博物館（J9943）							〈30g〉／漢式鏡557.6／群馬県（上野国）90-2
不明	群馬県立歴史博物館	―	―	―	―	―	群馬県立歴史博物館編1980『企画展 群馬の古鏡』群馬県立歴史博物館	群馬県（上野国）91
不明	所在不明	―	刀	―	―	―	群馬県編1938『上毛古墳綜覧』群馬県史蹟名勝天然紀念物調査報告書第5輯，群馬県	群馬県（上野国）92

番号	舶倭	鏡式	出土遺跡	出土地名	遺跡内容	時期	面径(cm)	銘文	諸氏分類	編者分類・時期	
172	倭	七弧内行花文鏡	鍾馗塚古墳	太田市牛沢町	円墳・粘土槨	古墳前期	11.1	―	七花文鏡（小林82・10）／B類3式（清水94）	内行花文鏡B式	前(中)
173	倭	捩文鏡					7.9	―	獣形文鏡類四獣鏡C-3型（小林82・10）	捩文鏡C系	前(中)
174	舶	尚方作方格規矩四神鏡	頼母子古墳（頼母子大塚山古墳）	太田市牛沢町頼母子	円墳？・粘土槨？	古墳前期	17.8	「尚方佳竟真大□ … 不老□　□□玉泉」	―	―	―
175	舶	三角縁有銘四神四獣鏡					21.7	あり（不詳）	―	―	―
176	舶	三角縁波文帯盤龍鏡					21.7	―	目録番号2・同范鏡番号3・配置盤龍・表現盤	―	―
177	？	不明	強戸村44号墳（西長岡石塔44号墳）	太田市西長岡町石塔480	円墳（11）	古墳	不明	―	―	―	―
178	倭	〔五鈴鏡〕	焼山北古墳	太田市東長岡町焼山北	不明（29）・竪穴式石槨	古墳後期	5.5	―	―	―	―
179・183	倭	十四乳文鏡	八幡塚古墳（強戸村130号墳・八幡沢120号墳？）（伝）	太田市北金井町八幡沢2048 or 強戸町（伝）	円墳（32）	古墳	9.0	―	獣帯鏡類C型（小林82・10）	〔乳脚文鏡〕	後期
180	倭	〔四獣鏡〕	休泊村5号墳（茂木塚居5号墳）	太田市茂木町塚井丙815	円墳	古墳	不明	―	―	―	―
181	舶	上方作浮彫式四獣鏡	本矢場薬師古墳	太田市矢場町	前方後円墳（約80）	古墳前期	10.9	「上方作竟自有□　□宜子孫」	半肉彫獣帯鏡B四像式（樋口79）／四像式（岡92）／四像Ⅱ式（Ⅰb系）（實盛15）	―	―
182	倭	四獣鏡	谷ノ裏古墳群	太田市龍舞町	不明	古墳	11.8	―	―	鳥頭獣像鏡B系	前(古)
184	？	〔六獣鏡〕	強戸（伝）	太田市強戸町（伝）	不明	不明	不明	―	―	―	―
185・186	舶	上方作浮彫式一仙五獣鏡	新田町赤堀（宮田稲荷古墳）	太田市新田赤堀町本郷〔新田郡新田町〕	円墳	古墳	12.6	「上方乍竟真大工　在左　長□子」	六像Ⅱ式（Ⅰb系）（實盛15）	―	―
187	倭	六鈴十二乳文鏡	兵庫塚古墳	太田市新田上田中町兵庫塚40〔新田郡新田町〕	前方後円墳・横穴式石室	古墳後期	11.3	―	乳文鏡系六鈴式（樋口79）／鈴鏡類（六鈴鏡）（小林82・10）／乳文（西岡86）／獣帯鏡類（大川97）／Ⅲ類（八木00）／乳脚文系A2類（岡田05）	〔乳脚文鏡〕	後期
188	倭	十一乳文鏡					10.6	―	乳文Ⅱ類（樋口79）／獣帯鏡類C型（小林82・10）／乳脚紋鏡系（森下02）	〔乳脚文鏡〕	後期
189	倭	重圏文鏡	新田東部遺跡群包含層	太田市新田小金井町〔新田郡新田町〕	集落　遺物包含層	古墳前期	3.7	―	Ⅱ型（林原08）	〔重圏文鏡〕	前(中)
190	？	不明	世良田村8号墳	太田市出塚町田端558〔新田郡尾島町〕	円墳（10）	古墳後期	不明	―	―	―	―
204	倭	内行花文鏡	中溝・深町遺跡22号住居	太田市新田小金井町〔新田郡新田町〕	集落　竪穴住居	古墳	破片	―	―	内行花文鏡B式	前(中)
204-1	倭	重圏文鏡	成塚向山1号墳〔第2主体部〕	太田市成塚町・大鷲町・北金井町	古墳　方墳（21）	古墳	6.2	―	4a類（脇山15）	〔重圏文鏡〕	前期
191	倭	〔鈴鏡〕	新田郡（伝）	旧新田郡（伝）	不明	不明	不明	―	―	―	―
192・201	倭	六鈴五弧内行花文鏡	古海天神山古墳（高徳寺東古墳）	邑楽郡大泉町古海	円墳・竪穴式石槨	古墳後期	12.7	―	鈴鏡類（六鈴鏡）（小林82・10）／内行花文（西岡86）／内行花文鏡髭文系（森下91）／E類（清水94）／内行花文鏡類（大川97）／Ⅰ類-B内行花文系（八木00）／内行花紋髭文鏡系（森下02）／内行花文系（岡田05）	内行花文鏡後期型	後期
193	舶	画文帯同向式神獣鏡	古海原前古墳	邑楽郡大泉町古海字原前	古墳　帆立・礫槨	古墳後期	20.8	「吾作明竟　幽湅三商　配像萬疆　統徳序道　敬奉賢良　彫克無祉　百牙擧樂　衆華主陽　聖徳光明　富貴安樂　子孫番昌　學者高遷　士至公卿　其師命長」	―	―	―
194	舶	三角縁獣文帯四神四獣鏡（仏像含む）	赤城塚古墳	邑楽郡板倉町西岡字赤城塚	円墳・粘土槨？	古墳前期	23.1	―	目録番号119・配置F2変・表現⑮	―	―

群馬

発見年	所蔵（保管）者	共伴遺物 石製品・玉類	武具・武器・馬具	ほか金属器	土器類	その他	文献	備考
昭和20年代	個人	石釧2・勾玉・管玉	刀・剣・鉄鏃	―	―	―	群馬県立歴史博物館編1980『企画展 群馬の古鏡』群馬県立歴史博物館	群馬県（上野国）93-1,104-1
								群馬県（上野国）93-2,104-2
不明	東京大学総合研究博物館						後藤守一1926『漢式鏡』日本考古学大系, 雄山閣	漢式鏡557.2／群馬県（上野国）94-1
	所在不明（東京大学人類学教室旧蔵）	勾玉1	刀1・銅鏃30					漢式鏡557.3／群馬県（上野国）94-2
	東京大学総合研究博物館							漢式鏡557.4／群馬県（上野国）94-3
不明	所在不明	刀	―	―	―	―	群馬県編1938『上毛古墳綜覧』群馬県史蹟名勝天然紀念物調査報告書第5輯, 群馬県	群馬県（上野国）95
1964	太田市教育委員会	―	琥珀飾付刀1・小刀1・鉄鏃	刀子	―	―	群馬県史編さん委員会編1981『群馬県史』資料編3 原始古代3, 群馬県	群馬県（上野国）96
1928	東京国立博物館〈J34259〉	碧玉勾玉1	―	―	―	―	群馬県立歴史博物館編1980『企画展 群馬の古鏡』群馬県立歴史博物館	118g／群馬県（上野国）97・102
不明	所在不明	―	―	―	―	―	群馬県編1938『上毛古墳綜覧』群馬県史蹟名勝天然紀念物調査報告書第5輯, 群馬県	群馬県（上野国）98／「後藤守一氏鑑定」
大正	東京国立博物館〈J7076〉	滑石釧2・硬玉勾玉2・瑪瑙勾玉2・滑石管玉95・ガラス小玉19	剣・銅鏃1	―	―	―	東京国立博物館編1983『東京国立博物館図版目録』古墳遺物篇（関東Ⅱ）, 便利堂	漢式鏡554／群馬県（上野国）100
不明	所在不明（休泊尋常高等小学校旧蔵）	―	―	―	―	―	山田郡教育会編1939『群馬県山田郡誌』山田郡教育会	群馬県（上野国）101
不明	所在不明	―	―	―	―	―	白石太一郎・設楽博己編1994『弥生・古墳時代遺跡出土鏡データ集成』（『国立歴史民俗博物館研究報告』第56集）, 国立歴史民俗博物館	群馬県（上野国）103
大正	太田市立木崎中学校（太田市教育委員会）（個人旧蔵）	―	―	―	―	―	車崎正彦編2002『考古資料大観』第5巻 弥生・古墳時代 鏡, 小学館	群馬県（上野国）127・128／「瓶中ニ鏡アリ」
1914	東京国立博物館〈J7306〉	碧玉管玉5・棗玉8・水晶切子玉20・ガラス小玉	環頭大刀柄頭1・刀・金銅鈴	銅釧2・金環4	高杯1・杯1・𤭯3・提瓶2	―	東京国立博物館編1983『東京国立博物館図版目録』古墳遺物篇（関東Ⅱ）, 便利堂	183g／漢式鏡556／群馬県（上野国）129-1
	東京国立博物館〈J7307〉							115g／漢式鏡557／群馬県（上野国）129-2
1989	太田市教育委員会	―	―	―	土師器	―	群馬県新田町教育委員会編2000『中溝・深町遺跡 中溝Ⅱ遺跡』新田町文化財調査報告書, 群馬県新田町教育委員会	周辺に古墳前期の竪穴住居群
不明	所在不明	―	刀1	―	―	―	東京国立博物館編1983『東京国立博物館図版目録』古墳遺物篇（関東Ⅱ）, 便利堂	―
1996	太田市教育委員会	―	―	―	土器	―	栃木県立なす風土記の丘資料館編1997『第5回企画展図録 前方後方墳の世界』栃木県立なす風土記の丘資料館	―
2003	財団法人群馬県埋蔵文化財調査事業団	滑石管玉1・ガラス小玉27	―	―	―	―	深澤敦仁編2008『成塚向山古墳群』財団法人群馬県埋蔵文化財調査事業団調査報告書第426集, 財団法人群馬県埋蔵文化財調査事業団	51g
不明	所在不明	―	―	―	―	―	白石太一郎・設楽博己編1994『弥生・古墳時代遺跡出土鏡データ集成』（『国立歴史民俗博物館研究報告』第56集）, 国立歴史民俗博物館	群馬県（上野国）130
不明	東京大学総合研究博物館〈A4315〉	―	刀・三環鈴	―	―	―	群馬県立歴史博物館編1980『企画展 群馬の古鏡』群馬県立歴史博物館	312g／漢式鏡558／群馬県（上野国）148
1985	大泉町教育委員会	ガラス勾玉・丸玉	刀	―	―	―	川西宏幸2004『同型鏡とワカタケル―古墳時代国家論の再構築―』同成社	同型鏡群〔GD-3〕
1677	西丘神社	―	刀・剣	―	―	―	相川龍雄1944「上野国邑楽郡西丘神社の神獣鏡」『考古学雑誌』第34巻第3号, 日本考古学会	群馬県（上野国）147

番号	舶倭	鏡式	出土遺跡	出土地名	遺跡内容	時期	面径(cm)	銘文	諸氏分類	編者分類・時期	
195	倭	〔鈴鏡〕	群馬県（伝）	群馬県（伝）	不明	不明	不明	―	―	―	―
196	倭	〔五鈴鏡〕	群馬県（伝）	群馬県（伝）	不明	不明	10.5	―	―	―	―
197	倭	七鈴五獣鏡	群馬県（伝）	群馬県（伝）	不明	不明	12.0	―	獣形鏡系七鈴式（樋口79）／鈴鏡類（七鈴鏡）（小林82・10）／獣形文鏡類（大川97）／旋回式獣像鏡系（森下02）／獣形文系B類（岡田05）／Bc型式（加藤14）	〔旋回式獣像鏡〕	後期
198	倭	十乳文鏡	群馬県（伝）	群馬県（伝）	不明	不明	10.7	―	特殊文鏡（星形文鏡）（樋口79）／捩文鏡（類）A型（小林82・10）	―	前期
199	倭	〔乳文鏡（五乳蕨手文鏡)〕	群馬県？（伝）	群馬県？（伝）	不明	不明	17.5	―	―	―	―
199-1	舶	尚方作流雲文縁方格規矩四神鏡	群馬県（伝）	群馬県（伝）	不明	不明	16.4	「尚方作竟真大工　上□□不老　渇飲泉玉　泉飢食棗」	―	―	―
199-2	倭	二神四獣鏡	群馬県（伝）	群馬県（伝）	不明	不明	13.5	―	―	―	―

埼玉

番号	舶倭	鏡式	出土遺跡	出土地名	遺跡内容	時期	面径(cm)	銘文	諸氏分類	編者分類・時期	
1	舶	方格T字鏡	一夜塚古墳	朝霞市岡3丁目	古墳	円墳(50)・木炭槨	古墳後期	9.4	―	小型鏡B0型（北浦92）／SBc式（松浦94）／丁群（森下98）	―	―
2	倭	珠文鏡	午王山遺跡方形周溝墓主体部？	和光市新倉字午王山	墳墓	方形周溝墓？・表面採集	古墳前期	5.9	―	Ⅰ類（中山他94）	〔珠文鏡〕	前期
3	倭	四獣鏡	江川山古墳（稲荷山古墳）	上尾市畔吉字八幡	古墳	不明	古墳前期	9.4	―	―	―	前(中?)
4	倭	捩文鏡					11.1	―	V型（小沢88）／D型式b類（水野97）／羽紋鏡系（森下02）	捩文鏡D系	前(中)
5	?	不明	熊野神社古墳	桶川市川田谷字宮前	古墳	円墳(45)・粘土槨	古墳前期	約12	―	―	―	―
5-1	倭	珠文鏡	八幡耕地遺跡8号住居	桶川市川田谷	集落	住居	古墳後期	5.6	―	―	〔珠文鏡〕	―
6	倭	十一乳文鏡	どうまん塚古墳	川越市下小坂	古墳	円墳(25)・粘土槨	古墳後期	8.7	擬銘	―	〔乳脚文鏡〕	後期
7	倭	鼉龍鏡	三変稲荷古墳（三変稲荷神社古墳）	川越市小仙波4-9	古墳	方墳(23)・表面採集	古墳前期	13.4	―	四神四獣鏡系（小林82・10）／B群8段階（池上92）／第二群（車崎95）／Ⅱ群A系（辻田00・07）／鼉龍鏡a系（森下02）	鼉龍鏡A系	前(中)
8	倭	珠文鏡	下小坂3号墳	川越市下小坂字西原	古墳	円墳(30)・粘土槨	古墳後期	7.4	―	珠文鏡類B型（小林82・10）／Ⅲ類（中山他94）／D-B2類（脇山13）	〔珠文鏡〕	―
9	?	不明	山王坂古墳（氷川神社）	富士見市水子字正綱	古墳	不明	古墳	不明	―	―	―	―
10	倭	〔内行花文鏡〕	大類古墳群（玉林寺境内）	入間郡毛呂山町川角字玉林寺	古墳	不明	古墳後期	不明	―	―	―	―
11	倭	珠文鏡	入西石塚古墳	坂戸市善能寺字万海256	古墳	前方後円墳(約40)・木棺直葬	古墳後期	7.8	―	Ⅱ類（中山他94）／A2-B類（脇山13）／充填系C群（岩本14）	〔珠文鏡〕	―
12	倭	乳文鏡	（善能寺方形105号墳・三福寺1号墳）				9.0	―	―	〔乳脚文鏡〕	後期
13	倭	六弧内行花文鏡	天神山古墳（伝）	東松山市柏崎（伝）	古墳	前方後方墳(約60)・竪穴式石槨？	古墳前期	10.5	―	CAⅡ亜1式（森70）／六弧（樋口79）／E類（清水94）／六花文鏡（小林10）	内行花文鏡B式？	―
14	倭	六鈴五獣鏡	庚塚古墳	東松山市大谷	古墳	不明	古墳後期	10.9	―	鈴鏡類（六鈴鏡）（小林82・10）／獣形（西岡86）／獣形文鏡類（大川97）／獣形文系B類（岡田05）	〔旋回式獣像鏡〕	後期
15	倭	珠文鏡	柏崎小原古墳群	東松山市柏崎字小原134	古墳	不明	古墳	6.1	―	珠文鏡類B型（小林82・10）／Ⅱ類（中山他94）	〔珠文鏡〕	―
16	倭	〔五鈴鏡〕	三千塚古墳群	東松山市大谷	古墳	不明	古墳	不明	―	―	―	―

群馬・埼玉

発見年	所蔵（保管）者	共伴遺物					文献	備考
		石製品・玉類	武具・武器・馬具	ほか金属器	土器類	その他		
不明		—	—	—	—	—	後藤守一 1926『漢式鏡』日本考古学大系, 雄山閣	—
不明	所在不明	—	—	—	—	—	東京国立博物館編 1983『東京国立博物館図版目録』古墳遺物篇（関東Ⅱ）, 便利堂	—
不明	東京国立博物館〈J22707〉（松原岳南旧蔵）						群馬県立歴史博物館編 1980『企画展 群馬の古鏡』群馬県立歴史博物館	280g／群馬県（上野国）164／石丸
不明	五島美術館〈M234〉	—	—	—	—	—	樋口隆康 1979『古鏡』新潮社	214g
1892	東京国立博物館〈J2190〉？	—	環頭大刀・刀・鏃・馬具	—	—	—	白石太一郎・設楽博己編 1994『弥生・古墳時代遺跡出土鏡データ集成』（『国立歴史民俗博物館研究報告』第56集）, 国立歴史民俗博物館	群馬県（上野国）166
不明	所在不明（個人旧蔵）	—	—	—	—	—	後藤守一 1942『古鏡聚英』上篇 秦鏡と漢六朝鏡, 大塚巧芸社	—
不明	東北歴史博物館（杉山壽栄男旧蔵）	—	—	—	—	—		420g／豊富村諏訪神社旧蔵鏡（『並山日記』所載鏡）と同一品か
1943	朝霞市中央公民館郷土学習室	勾玉	堅矧広板鋲留衝角付冑1・挂甲1・刀・矛1〜・鉄鏃36〜・胡籙金具1片・鏡板付轡3・杏葉1・雲珠1・鉸具2・馬具片1	刀子			照林敏郎・橋本英将編 2011『一夜塚古墳 出土遺物調査報告書』埼玉県朝霞市教育委員会文化財課文化財保護係	埼玉県（武蔵国）33
昭和初期	個人	—	—	—	—	—	東松山市教育委員会編 2014『三角縁神獣鏡と3〜4世紀の東松山』発表要旨資料, 東松山市教育委員会	—
1897頃	個人	碧玉管玉2	刀1・剣1	—	土師器（甕1・高杯3）	—	車崎正彦 1991「江川山（いがやま）古墳」『上尾市史』第一巻資料編1, 原始・古代	107g／埼玉県（武蔵国）6-2 94g／埼玉県（武蔵国）6-1
1928	所在不明	石釧6・巴形石製品2・筒形石製品4・紡錘車形石製品4・滑石製紡錘車1・硬玉勾玉4・瑪瑙勾玉2・碧玉管玉67・瑪瑙棗玉1・碧玉算盤玉1・瑪瑙小玉10	筒形銅器1・刀剣類若干	—			村井嵓雄 1956「武蔵国川田谷熊野神社境内所在の古墳」『考古学雑誌』第41巻第3号, 日本考古学会	
1988	桶川市教育委員会	—	—	—	土師器（杯）	—	桶川市教育委員会編 1988『桶川市遺跡群発掘調査報告書』桶川市教育委員会	
1963	國學院高等学校	滑石臼玉162	挂甲1・刀1・刀2・鉄鏃2束・楕円形鏡板付轡1・剣菱形杏葉3・辻金具1・鉸具3・十字形留金具2	尾錠1・斧1・鉈1	—	砥石1	塩野博 2004『埼玉の古墳［北足立・入間］』株式会社さきたま出版会	埼玉県（武蔵国）3
1962	個人	石釧1	—	—	—	—	川越市編 1972『川越市史』第一巻 原始古代編, 川越市	埼玉県（武蔵国）1
1961	東洋クオリティワン	碧玉管玉13	刀1・楕円形鏡板付轡1組・辻金具3・鉸具2	—	—	—	川越市編 1972『川越市史』第一巻 原始古代編, 川越市	埼玉県（武蔵国）5
1907頃	所在不明	玉類	刀	—	—	—	埼玉県編 1951『埼玉県史』第1巻 先史原史時代, 埼玉県	埼玉県（武蔵国）32
〜1929	所在不明	紡錘車形石製品・勾玉・管玉・琥珀玉・ガラス玉・滑石玉	鐔	鈴釧・金環・銀環	—	—	埼玉県編 1951『埼玉県史』第1巻 先史原史時代, 埼玉県	埼玉県（武蔵国）31
1957	埼玉県立歴史と民俗の博物館（個人）		衝角付冑？・挂甲・刀1・剣2・矛1・鉄鏃25〜				坂戸市教育委員会編 1992『坂戸市史』古代史料編, 坂戸市	65g
							今井堯・橋口尚武 1988「坂戸市入西石塚出土遺物の研究」『坂戸風土記』坂戸市史調査資料第14号, 坂戸市教育委員会	122g
昭和初年	個人	—	—	銅釧3？	—	—	金井塚良一編 1968『柏崎古墳群 埼玉県東松山市柏崎古墳群発掘調査報告』東松山市教育委員会	埼玉県（武蔵国）16・19
1804〜1817（文化）	所在不明（根岸武香旧蔵）						考古学会編 1920『十二考古家資料写真帖 第2回』考古学会	漢式鏡387／埼玉県（武蔵国）14
1910	東京国立博物館〈J6036〉	硬玉勾玉1・瑪瑙勾玉1・碧玉管玉2・ガラス小玉6	—				東京国立博物館編 1986『東京国立博物館図版目録』古墳遺物篇（関東Ⅲ）, 便利堂	漢式鏡386／埼玉県（武蔵国）15／天神山古墳出土か
不明	所在不明（松山高校記念館旧蔵）						岡崎敬編 1978『日本における古鏡 発見地名表 関東地方』東アジアよりみた日本古代墓制研究	埼玉県（武蔵国）18／360基の古墳群中の一基

番号	舶倭	鏡式	出土遺跡	出土地名	遺跡内容	時期	面径(cm)	銘文	諸氏分類	編者分類・時期
16-1	舶	三角縁陳氏作四神二獣鏡	高坂古墳群(高坂8号墳東側)	東松山市高坂三番町他	不明	古墳前期	22.0	「陳氏作竟甚大好 上有戯守及龍虎 身有文章口銜巨 有聖人東王父□母 渇飲玉泉食棗」	―	―
16-2	倭	捩文鏡	高坂8号墳	東松山市高坂三番町	前方後方墳・竪穴系埋葬施設(木棺直葬?)	古墳前期	7.9	―	―	捩文鏡C系+D系 前(中)
16-3	倭	六弧内行花文鏡	反町遺跡123号住居	東松山市あずま町	集落 竪穴住居	古墳前期	6.1	―	―	内行花文鏡B式 前(中)
17	舶	尚方作獣文縁神人歌舞画象鏡	秋山古墳群(秋山所在古墳)(伝)	本庄市児玉町秋山字塚原1609-1(伝)〔児玉郡児玉町〕	不明	古墳	20.0	「尚方作竟自有紀 辟去羊宜古市 上有東王父西王母 令君陽遂多孫子兮」	―	―
18	倭	十鈴五獣鏡	生野山古墳群(伝)(群馬県玉村小泉)(伝)	本庄市児玉町児玉字上生野・下生野(伝)〔児玉郡児玉町〕	不明	古墳	19.5	―	獣形鏡系十鈴式(樋口79)／鈴鏡類(十鈴鏡)(小林82・10)／獣形文鏡類(大川97)／Ⅰ類-E半肉彫式獣文系(八木00)／旋回式獣像鏡系(森下02)／獣形文系A類(岡田05)	〔旋回式獣像鏡〕 後期
19	倭	方格規矩四神鏡	長坂聖天塚古墳〔南側埋葬施設〕	児玉郡美里町関字長坂2044-1	円墳(34)・割竹形木棺直葬	古墳中期	22.8	―	方格規矩文鏡類C型(小林82・10)／JDⅠ式(田中83)／大型鏡(北浦92)	方格規矩四神鏡A系 前(中)
20	倭	神頭鏡	長坂聖天塚古墳〔中央第1埋葬施設〕	児玉郡美里町関字長坂2044-1	円墳(34)・組合式箱形木棺直葬	古墳中期	11.2	―	獣形文鏡類六獣鏡(小林82・10)／三ツ山鏡系(赤塚04a)／神頭鏡系(森下02)	神頭鏡系 前(中)
20-1	?	不明	諏訪林大塚古墳	児玉郡美里町中里字諏訪林(伝)	古墳 不明	古墳	不明	―	―	―
21	倭	珠文鏡	前組羽根倉第2号方形周溝墓	児玉郡神川町新里字前組2022-81	墳墓 方形周溝墓(7)・周溝(表面採集)	古墳前期	6.1	―	Ⅰ類(中山他94)／D-B類(脇山13)	〔珠文鏡〕 前期
22	?	不明	寄島	児玉郡神川町池田字寄島	古墳 円墳	古墳	8.0	―	―	―
23	倭	五鈴七乳文鏡	新里(青柳古墳群)	児玉郡神川町新里	不明	不明	12.7	―	乳文鏡系五鈴式(樋口79)／鈴鏡類(五鈴鏡)(小林82・10)／乳文(西岡86)／乳帯文鏡類(大川97)／Ⅱ類-Ac乳文鏡(八木00)／乳脚文系E類(岡田05)	〔乳脚文鏡〕 後期
23-1	?	不明	大塚稲荷古墳(伝)	児玉郡神川町新里北塚原(伝)	古墳 横穴式石室	古墳後期	不明	―	―	―
24	倭	六獣鏡	鎧塚古墳(中条古墳群)	熊谷市上中条字鎧塚333	古墳 不明(表採)	古墳中期	12.4	―	Bh型式(加藤14)	〔旋回式獣像鏡〕 後期
27	?	不明	楓山古墳	熊谷市箕輪字楓山〔大里郡大里町〕	古墳 前方後円墳	古墳中期?	不明	―	―	―
28	倭	重圏文鏡	船木山下	熊谷市胄山字雷雷船木山下〔大里郡大里町〕	古墳 不明	古墳中期?	7.3	―	―	〔重圏文鏡〕 前期
29	?	不明	甲山古墳(胄山古墳)	熊谷市胄山字堅木山〔大里郡大里町〕	古墳 円墳(97)・横穴式石室?	古墳後期	不明	―	―	―
29-1	倭	六弧内行花文鏡	北島遺跡2号墳周溝内	熊谷市上川字西北島833他	墳墓 周溝内	古墳後期	7.7	―	―	内行花文鏡B式? ―
29-2	?	不明	平塚新田所在古墳(伝)	熊谷市平塚新田(伝)	古墳 横穴式石室	古墳後期	不明	―	―	―
25	?	不明	当後	深谷市岡字当後〔大里郡岡部町〕	古墳 円墳	古墳後期	不明	―	―	―
26	倭	珠文鏡	四十坂古墳群(四十塚古墳群)	深谷市岡部字四十坂1172〔大里郡岡部町〕	古墳 円墳	古墳中～後期	8.0	―	―	〔珠文鏡〕 ―
30	舶	画文帯環状乳四神四獣鏡	埼玉稲荷山古墳〔第1主体部〕	行田市埼玉4834	古墳 前方後方墳(120)・礫槨(舟形木棺)	古墳後期	15.5	「吾作明竟 幽凍三商 周刻無杜 配像萬疆 白牙作樂 □□□□ 百精並存 天禽四守 富貴安樂 子孫番昌 曾年益壽 其師命長」	Ⅱ(樋口79)	―
31	倭	六弧内行花文鏡	埼玉地区内(若王子古墳群?)	行田市埼玉字下埼玉	不明	不明	12.5	擬銘	六弧(樋口79)	内行花文鏡B式? 前(中?)～
32	倭	四獣鏡	大稲荷1号墳(中郷)(伝)	行田市須加字中郷(伝)	古墳 円墳・竪穴式石槨?	古墳後期	11.8	―	Bd型式(加藤14)	〔旋回式獣像鏡〕 後期
33	倭	〔乳文鏡〕				古墳後期?	8.5	―	―	―

埼玉

発見年	所蔵（保管）者	共伴遺物 石製品・玉類	武具・武器・馬具	ほか金属器	土器類	その他	文献	備考
2011	東松山市教育委員会	―	―	―	―	―	東松山市教育委員会・東松山市埋蔵文化財センター編2011『平成23年度特別展 発見・三角縁神獣鏡』東松山市教育委員会・東松山市埋蔵文化財センター	
		水晶勾玉1・緑色凝灰岩管玉15	―	鉇1	―	―		71g
2007	東松山市教育委員会	―	―	鉄釧	―	―	東松山市教育委員会2014『三角縁神獣鏡と3～4世紀の東松山』発表要旨資料，東松山市教育委員会	住居に共伴しない
弘化	所在不明	―	―	―	―	―	菅谷浩之1984「武蔵国那珂郡秋山村（児玉町秋山）出土の画像鏡拓本について」児玉町史編纂委員会編『北武蔵における古式古墳の成立』児玉町史資料調査報告第一集，児玉町教育委員会	同型鏡群〔KG-1〕
昭和以降	さいたま史跡の博物館						田中琢1979『古鏡』日本の原始美術8，講談社	884g／埼玉県（武蔵国）35（群馬県（上野国）136）／従来は小泉出土（群135）とされる
1974	美里町教育委員会	―	―	刀子1	―	堅櫛9	菅谷浩之他編2016『長坂聖天塚古墳』美里町遺跡発掘調査報告書第25集，埼玉県児玉郡美里町教育委員会	900g／埼玉県（武蔵国）30-1
		―	―	鎌1	―	―		133g／埼玉県（武蔵国）30-2
1909	所在不明						塩野博2004『埼玉の古墳[児玉]』株式会社さきたま出版会	―
1982	埼玉県立歴史と民俗の博物館	碧玉管玉2					書上元博・柿沼幹夫・駒宮史朗他1986「神川村前組羽根倉遺跡の研究」『埼玉県立博物館紀要』12，埼玉県立博物館	
不明	所在不明	勾玉	刀	―	―	―	埼玉県編1951『埼玉県史』第1巻 先史原史時代，埼玉県	埼玉県（武蔵国）27
不明	メトロポリタン美術館（廣瀬都巽旧蔵）						後藤守一1926『漢式鏡』日本考古学大系，雄山閣	漢式鏡388／埼玉県（武蔵国）28・29
不明	榛名神社	―	―	―	土師器・須恵器	―	塩野博2004『埼玉の古墳[児玉]』株式会社さきたま出版会	―
1940頃	さいたま史跡の博物館	ガラス小玉29	刀1	―	―	―	中島利治・大和修1991「熊谷市中条出土遺物―鏡・刀・玉―」『調査研究報告』第4号，埼玉県立さきたま資料館	175g
江戸以前	所在不明	滑石製模造品（鏡・刀子）・勾玉	環鈴	―	須恵器（壺）・土鈴	―	埼玉県編1951『埼玉県史』第1巻 先史原史時代，埼玉県	埼玉県（武蔵国）25
1878	所在不明（根岸武香旧蔵）	滑石製模造品（鏡・紡錘車・勾玉）	鉄鏃	―	土師器・須恵器	―	塩野博2004『埼玉の古墳[大里]』株式会社さきたま出版会	埼玉県（武蔵国）24?
1608	所在不明	勾玉	甲冑・刀	鈴釧	―	―	埼玉県編1951『埼玉県史』第1巻 先史原史時代，埼玉県	埼玉県（武蔵国）26-2
1999	財団法人埼玉県埋蔵文化財調査事業団	―	―	―	―	―	財団法人埼玉県埋蔵文化財調査事業団編1999『埋文さいたま』第34号，財団法人埼玉県埋蔵文化財調査事業団	弥生倭製鏡の可能性
1826	所在不明	―	―	―	―	―	塩野博2004『埼玉の古墳[大里]』株式会社さきたま出版会	
不明	所在不明	―	甲1・刀2・槍1・鉄鏃68・五鈴杏葉2・三鈴杏葉5	―	―	―	埼玉県編1951『埼玉県史』第1巻 先史原史時代，埼玉県	埼玉県（武蔵国）22
不明	所在不明	小玉・臼玉	金銅横矧板鋲留短甲1・刀・鍔・鉄鏃・鏡板付轡・鈴杏葉・銅環・鉄環	斧1	―	―	東松山市教育委員会2014『三角縁神獣鏡と3～4世紀の東松山』発表要旨資料，東松山市教育委員会	埼玉県（武蔵国）23
1968	さきたま史跡の博物館	硬玉勾玉1	挂甲1・刀5・辛亥銘鉄剣1・剣1・矛2・鉄鏃174・f字形鏡板付轡1・鞍金具一式・鈴杏葉3・木心鉄板飾壺鐙1対・鉸具3・雲珠1・三環鈴1	金銅帯金具1組・銀環1対・斧1・鉇1・鉗2・刀子2・鑢子1	―	砥石1	車崎正彦編2002『考古資料大観』第5巻 弥生・古墳時代 鏡，小学館	同型鏡群〔GK-2〕／埼玉県（武蔵国）34
1951	さきたま史跡の博物館	―	―	―	―	―	東松山市教育委員会2014『三角縁神獣鏡と3～4世紀の東松山』発表要旨資料，東松山市教育委員会	埼玉県（武蔵国）13／二重花文・耕地整理中に発見
1916	東京国立博物館〈J8260〉	管玉3	刀1	銅釧1・鹿角装刀子1	―	―	塩野博2004『埼玉の古墳[児玉]』株式会社さきたま出版会	205g／漢式鏡389／埼玉県（武蔵国）8-1
	所在不明						埼玉県編1951『埼玉県史』第1巻 先史原史時代，埼玉県	漢式鏡390／埼玉県（武蔵国）8-2

番号	舶倭	鏡式	出土遺跡	出土地名	遺跡内容	時期	面径(cm)	銘文	諸氏分類	編者分類・時期
34	倭	九乳文鏡	埼玉将軍山古墳	行田市埼玉字丸墓通山林	古墳	前方後円墳(90)・横穴式石室	古墳後期	7.6	—	乳脚紋鏡系（森下02）	〔乳脚文鏡〕	後期
35	和	和鏡	若王子古墳	行田市埼玉字曽根通	古墳	前方後円墳(95)・横穴式石室	古墳後期	7.6	—	—	—	—
36	?	不明	小見真観寺古墳	行田市小見	古墳	前方後円墳(112)・横穴式石室	古墳後期	不明	—	—	—	—
37	倭	方格四獣鏡	宮西塚古墳	加須市上樋遣川字宮ノ下	古墳	円墳	古墳後期	13.5	—	—	—	—
38	倭	十乳文鏡	白鍬宮腰遺跡第2号円形周溝墓主体部	さいたま市桜区白鍬字宮腰〔浦和市〕	墳墓	円形周溝墓(12)・粘土槨	古墳後期	8.0	—	—	〔乳脚文鏡〕	後期
39	倭	弥生倭製鏡	明花向遺跡B区H-13-23グリッド遺物包含層（2号住居付近）	さいたま市南区谷口字向〔浦和市〕	集落	遺物包含層	弥生後期	3.7	—	内行花文系小形仿製鏡第5型（田尻10）	〔弥生倭製鏡〕	弥生
40	倭	弥生倭製鏡	三崎台遺跡第3次調査第52号住居跡	さいたま市見沼区片柳字三崎台〔大宮市〕	集落	竪穴住居	弥生後期	7.6	—	内行花文系小形仿製鏡第5型（田尻10・12）	〔弥生倭製鏡〕	弥生
40-1	倭	五鈴鏡	生出塚古墳群新屋敷60号墳周溝覆土	鴻巣市生出塚	古墳	帆立(43)・不明	古墳後期	8.0	—	—	—	—
40-2	倭	二神二獣鏡	大木前遺跡第5号住居跡	比企郡嵐山町越畑字大木前	集落	竪穴住居	9世紀後半	破片	—	—	二神二獣鏡ⅠA系?	前(中)
40-3	倭	六弧?内行花文鏡	埼玉県（伝）	埼玉県（伝）	不明	不明	不明	9.8	—	B類1式（清水94）	内行花文鏡B式?	前(中?)

千葉

番号	舶倭	鏡式	出土遺跡	出土地名	遺跡内容	時期	面径(cm)	銘文	諸氏分類	編者分類・時期
1	倭	七鈴五獣鏡	嶺岡東上牧天塚古墳	鴨川市主基西字嶺岡東上牧	古墳	不明	古墳後期〜奈良	11.8	—	鈴鏡類（七鈴鏡）（小林82・10）／獣形文鏡類（大川97）／獣形文系C類（岡田05）／Cb型式（加藤14）	〔旋回式獣像鏡〕	後期
2	倭	重圏文鏡	駒形遺跡第1住居跡南円形土壙	南房総市千倉町牧田字駒形96-97〔安房郡千倉町〕	集落	土壙	古墳前期	6.1	—	C類（林原90）／Ⅴa型（藤岡91）／祖型グループ（中山他94）／7ⅰ類（脇山15）	〔重圏文鏡（連珠）〕	前期
3	倭	盤龍鏡	浅間山1号墳〔第1主体部〕	長生郡睦沢町下之郷字根崎	古墳	円墳(26)・木棺直葬	古墳中期	7.4	—	—	盤龍鏡Ⅱ系	前(新)〜
4	倭	不明	能満寺古墳	長生郡長南町芝原3829他	古墳	前方後円墳(74)・木炭槨	古墳前期	8.6	—	—	—	—
5	倭	不明					破片	—	—	—	—
6	舶	画文帯環状乳四神四獣鏡	大多喜台古墳	夷隅郡大多喜町下大多喜1080	古墳	円墳(25)	古墳中期	15.2	「吾作明竟　幽凍三商　周刻無祉　配像萬疆　白牙作樂　□□□□　百精並存　天禽四守　富貴安樂　子孫番昌　曾年益壽　其師命長」	Ⅱ（樋口79）	—	—
7	舶	不明	内裏塚古墳〔乙石槨〕	富津市二間塚1980他	古墳	前方後円墳(147)・竪穴式石槨	古墳中期	13.3	—	—	—	—
8	倭	七乳文鏡	三条塚古墳	富津市下飯野字三条塚	古墳	前方後円墳(123)・横穴式石室	古墳後期	10.0	—	乳脚紋鏡系（森下02）	〔乳脚文鏡〕	後期

埼玉・千葉

発見年	所蔵（保管）者	共伴遺物 石製品・玉類	共伴遺物 武具・武器・馬具	共伴遺物 ほか金属器	共伴遺物 土器類	共伴遺物 その他	文献	備考
1894	東京国立博物館〈J36620-1〉	石製盤1・ガラス小玉多数・金勾玉1・金平玉35・銀丸玉2	横矧板鋲留衝角付冑1・方形板革綴冑1・挂甲2・環頭大刀1・銀装大刀1・水晶三輪玉・矛6・鉄鏃多数・馬冑1・蛇行状鉄器2・素環鏡板付轡1・金銅棘葉形杏葉7・輪鐙2・八角稜銅鈴2・舌付銅鈴3等	有蓋脚付銅鋺1・銅鋺2・金環2	須恵器（無蓋高杯）	—	東京国立博物館編1986『東京国立博物館図版目録』古墳遺物篇（関東Ⅲ），便利堂	34g／漢式鏡391／埼玉県（武蔵国）12
1934	所在不明	—	甲冑・鉄鏃・轡・杏葉・鐙・雲珠・鉸具	—	—	—	杉崎茂樹1986「行田市若王子古墳について」『古代』第82号，早稲田大学考古学会	埼玉県（武蔵国）11／「昭和九年出土の鏡は和鏡であり，古墳と直接係りはない」
1880	所在不明（東京国立博物館？）	—	竪矧広板鋲留衝角付冑・挂甲2・圭頭大刀1・頭椎大刀2・鉄鏃一括	銅鋺1・有蓋脚付銅鋺1・金環3・刀子1	—	布片・革片・木片	埼玉県編1951『埼玉県史』第1巻 先史原史時代，埼玉県	埼玉県（武蔵国）9
明治末	御室神社	ガラス小玉9	刀片1・鉄地金銅張鐘形鏡板付轡1・鉄地金銅張素環杏葉3・鉄地金銅張辻金具4	—	—	—	加須市史編さん室編1981『加須市史』通史編，加須市	埼玉県（武蔵国）7
1988	さいたま市教育委員会	滑石紡錘車1・碧玉勾玉1・管玉1・ガラス丸玉1	鉄鏃数本・刀1・小刀1	—	—	土製紡錘車1	塩野博2004『埼玉の古墳［北足立・入間］』株式会社さきたま出版会	—
1982	財団法人埼玉県埋蔵文化財調査事業団	—	—	—	—	—	剣持和夫編1984『明花向・明花上ノ台・井沼方馬堤・とうのこし』財団法人埼玉県埋蔵文化財調査事業団	穿孔／素文鏡？
1994	さいたま市教育委員会	—	—	—	—	—	大宮市遺跡調査会編1996『大宮市三崎台遺跡第3次調査』大宮市遺跡調査会報告書第56集，大宮市遺跡調査会	〈33g〉／擦痕無数
1995	埼玉県埋蔵文化財調査事業団	滑石紡錘車	刀・鉄鏃	鋤先・鎌・刀子・鉄製品	土師器（壺・甕・鉢・高坏・杯）・須恵器（甕・高杯・甑）	陶質紡錘車	埼玉県埋蔵文化財調査事業団編1999『新屋敷遺跡Ｄ区』埼玉県埋蔵文化財調査事業団報告書第194集，埼玉県埋蔵文化財調査事業団	縁部のみ
1998	埼玉県埋蔵文化財調査事業団	—	—	—	土師器（甕・台付甕）・須恵器（高台付椀・椀・杯・皿・蓋）等	—	金子直行編2001『大木前／小栗北／小栗／日向』財団法人埼玉県埋蔵文化財調査事業団報告書第259集，財団法人埼玉県埋蔵文化財調査事業団	〈29g〉／竪穴住居（9世紀後半）の「壁面付近の床面からやや浮いた状況で鏡片が出土」
不明	國學院大學考古学資料室〈K4379〉	—	—	—	—	—	青木豊編1982『國學院大學考古學資料館要覧1982』國學院大學考古學資料館	—
1970	国立歴史民俗博物館	—	—	銅鋺	土師器・須恵器・三彩骨蔵器壺	—	鈴木仲秋・山田和夫他編1980『企画展 房総の古鏡』房総風土記の丘展示図録 No.8，千葉県立房総風土記の丘	151g
1981	朝夷地区教育委員会	—	—	—	手焙形土器	—	中山清隆・林原利明1994「小型仿製鏡の基礎的集成（1）―珠文鏡の集成―」『地域相研究』第21号，地域相研究会	35g
1973	県立房総風土記の丘	滑石有孔円板1	刀2・金銅三輪玉1・剣4・鉄鏃2束（33～）・金銅胡籙金具・鉸具	刀子2	土師器（高杯）	—	山田友治編1975『浅間山1号墳発掘調査報告書』浅間山1号墳発掘調査団	千葉県（上総国）15
1947	明治大学考古学研究室	ガラス丸玉2・ガラス小玉8	刀1・剣2・銅鏃7	斧1・鉇1	土師器	—	鈴木仲秋・山田和夫他編1980『企画展 房総の古鏡』房総風土記の丘展示図録 No.8，千葉県立房総風土記の丘／大塚初重1949「上総能満寺古墳発掘調査報告」『考古学集刊』第一巻第三冊，東京考古学会	千葉県（上総国）14-1／「線描的な獣形であり後藤教授は之を細線式獣形鏡と云われている」［大塚1949］／千葉県（上総国）14-2／「全く復元不可能の破片数個（中略）文様其の他全く不明（中略）大きさも上述の獣形鏡と違いなしと見てよい」
1952	個人	勾玉	剣・鉄鏃・轡	—	—	—	網干善教編1992『紀伊半島の文化史的研究』考古学編，清文堂出版	同型鏡群〔GK-2〕／千葉県（上総国）13
1906	飯野神社・個人	—	刀・剣・矛・槍・鉄鏃・鳴鏑・金銅胡籙金具・楯隅金具	手斧・鎌・鉇・鑿・鏨・刀子	—	—	白石太一郎・白井久美子・山口典子編2002『千葉県史編さん資料 千葉県古墳時代関係資料』第3冊，千葉県	千葉県（上総国）11
1989	富津市教育委員会	銀製算盤玉形空玉・ガラス小玉・土製漆塗小玉	刀・鉄鏃・金銅鞍金具片・鐙金具・環状雲珠・鉄製鞍	金銅中空耳環	須恵器（壺蓋・有蓋高杯）	—	小沢洋編1990『千葉県富津市―三条塚古墳 周溝，石室確認調査報告書』財団法人公津郡市文化財センター発掘調査報告書第151集，富津市教育委員会	128g

番号	舶倭	鏡式	出土遺跡	出土地名	遺跡内容	時期	面径(cm)	銘文	諸氏分類	編者分類・時期	
9	倭	三神五獣鏡	金鈴塚古墳	木更津市長須賀字熊野廻430-1他	前方後円墳(95)・横穴式石室(箱形石棺)	古墳後期	15.8	—	三神三獣鏡系(小林82・10)／旋回式獣像鏡系(森下02)／A型式(加藤14)	〔旋回式神獣鏡〕	後期
10	倭	四乳文鏡					10.8	—	乳文鏡類(小林82・10)	〔乳脚文鏡〕	後期？
11	舶	画文帯周列式仏獣鏡	祇園大塚山古墳	木更津市祇園字沖535	前方後円墳(70or100)・石棺直葬？	古墳中期	30.4	「吾作明竟　幽凍三商　彫刻無□　大吉曾年　子孫盈堂　仕官至皇　天王侯相　百子□乎　長生富貴　壽如□□　明□□□　立得申仙」	—	—	
12	舶	画文帯周列式仏獣鏡	鶴巻所在古墳(鶴巻塚古墳)(伝)	木更津市永井作1丁目	円墳(40)・組合式石棺直葬	古墳中期	22.0	「吾作明竟　幽凍三商　彫刻無祉　大吉曾年　益壽子孫　盈堂□升　富貴位至　三公九卿　侯□天王　百子□乎　服者□□　□□□□　□孫□□　如□□」	—	—	
13	倭	六神像鏡	鶴巻所在古墳(鶴巻塚古墳)				17.4	—	神像鏡(小林82・10)	〔後期型神像鏡Ⅰ系〕	後期
14	倭	四獣鏡	塚の越古墳	木更津市長須賀字朝日2丁目	古墳	不明	古墳後期	10.7	—	獣形文鏡類四獣鏡C-1型(小林82・10)／Bh型式(加藤14)	〔旋回式獣像鏡〕	後期
15	舶	方格規矩鏡	鳥越古墳〔第2主体部〕	木更津市太田字鳥越	前方後円墳(25)・木棺直葬	古墳前期	11.2	—	—	—	
16	舶	「仿製」三角縁獣文帯三神三獣鏡	手古塚古墳	木更津市小浜字手古塚	前方後円墳(60)・粘土槨	古墳前期	23.9	—	目録番号231・同笵鏡番号115・配置L2／三角縁神獣鏡類A型(小林82・10)	—	
17	舶	吾作斜縁四獣鏡					14.6	「吾作明竟　幽凍三升　統乃序道　配血萬京　曾年益　子宜侯王」	半肉彫獣帯鏡C四像式(樋口79)／斜縁四獣鏡表現B類(實盛12)	—	
18	倭	捩文鏡	俵ヶ谷4号墳	木更津市小浜字坂の上	方墳(12)・木棺直葬	古墳前期	8.8	—	Ⅱ型(小沢88)／B型式a類(水野97)／俵紋鏡系(森下02)	〔捩文鏡B系〕	前(中)
78	倭	〔乳文鏡〕	請西・大山第31号墳〔第2主体部〕	木更津市請西字諏訪谷1496他	円墳(28)・木棺直葬	古墳後期	11.0	—	—	—	
79	倭	〔珠文鏡？〕	請西・大山第31号墳〔第3主体部〕		円墳(28)・木棺直葬	古墳後期	9.0	—	—	—	
85	倭	八弧内行花文鏡	請西遺跡群・山伏作遺跡SF20	木更津市請西字東山1898	方墳(12)・木棺直葬	古墳前期	9.0	—	—	内行花文鏡B式	前(中)
86	？	不明	請西遺跡群・野焼A遺跡SD008	木更津市請西字庚申塚1843	集落	溝	不明	9.5	—	—	—
89	舶	獣文縁二神二獣画象鏡	高部30号墳	木更津市請西字千束台	古墳	前方後方墳(34)・組合式木棺直葬	弥生末期	14.4	「□□□□□竟　好絜無疆　服者賢奉敬良　子孫番昌」	—	—
90	舶	上方作系浮彫式獣帯鏡	高部32号墳	木更津市請西字千束台	古墳	前方後方墳(31)・組合式木棺直葬	弥生末期	11.0	「…竟真…」	四像式A系統Ⅱ段階(山田06)／四像Ⅱ式(Ⅰb系)(實盛15)	—
90-1	倭	不明	野焼A遺跡SK037土壙	木更津市請西	集落	土壙	古墳	9.5	—	—	—	前期
91	舶	双頭龍文鏡	東谷遺跡SI64	木更津市中尾字東谷	集落	竪穴住居	古墳前期	破片	—	—	—	
92	倭	四獣鏡	四留作第一古墳群8号墳〔第4主体部〕	木更津市笹子両村新田字四留作56	古墳	円墳(18)・組合式木棺直葬	古墳後期	8.0	—	—	〔中期型獣像鏡〕	中期
93	舶？	海獣葡萄鏡	上総大寺廃寺	木更津市大寺字本郷1032他	寺院	不明	白鳳以降	9.5	「□安□呂」(側面に後刻)	—	—	
19	倭	重圏文鏡	大竹遺跡群二又堀遺跡SI105号竪穴住居跡	袖ヶ浦市大竹字上又堀〔君津郡袖ヶ浦町〕	集落	竪穴住居	古墳前期	7.3	—	E類(林原90)／Ⅰ型(藤岡91)／Ⅰ型(林原08)／4a類(脇山15)	〔重圏文鏡〕	前期
20	倭	珠文鏡	大竹古墳群K13号墳	袖ヶ浦市大竹字三ツ田台〔君津郡袖ヶ浦町〕	古墳	円墳(24)・木棺直葬	古墳中期	9.0	—	区画入珠紋鏡(森下02)／D-B類(脇山13)	〔珠文鏡〕	前期

千葉

発見年	所蔵（保管）者	共伴遺物					文献	備考
		石製品・玉類	武具・武器・馬具	ほか金属器	土器類	その他		
1951	木更津市教育委員会・金鈴保存館	瑪瑙勾玉1・琥珀棗玉24・水晶切子玉1・ガラス丸玉20・ガラス小玉561・滑石臼玉2	堅矧広板鋲留衝角付冑1・挂甲小札1574・甲冑付属具2群・環頭大刀7・圭頭大刀3・頭椎大刀2・円頭大刀1・方頭大刀1・鳥首刀3・矛2・鉄鏃約500・弭7・轡3・鞍3・杏葉8・雲珠13・辻金具3・鐙2・鞍1・鉸具・金銅鈴54・馬鐸6・金銅飾金具16・鋲留金具	銅鏡4・銀製透彫金具・金釧5・金モール・金製耳環3対・金糸・銀糸・銀製茄子形装飾・銀製垂飾付耳環金具・銀針金鎖・斧・刀子20〜	土師器26・須恵器242〜	横櫛・異形木器・繊維類・釘・鎹	上野祥史2012「金鈴塚古墳出土鏡と古墳時代後期の東国社会」『金鈴塚古墳研究』創刊号，木更津市郷土博物館金のすず	413g／千葉県（上総国）5-1／「二十歳〜三十歳迄の間の年齢の歯」
								118g／千葉県（上総国）5-2
1891	宮内庁書陵部〈陵77〉	—	金銅装堅矧細板鋲留眉庇付冑1・金銅装挂甲1・挂甲1・襟甲1・鉄製小札・銀製刀装具・刀剣数本・鉄鏃	銀製垂飾付耳飾	須恵器（𤭯）	—	樋口隆康1979『古鏡』新潮社	同型鏡群〔GB-2〕／2748g／漢式鏡394／千葉県（上総国）8
明治前半	五島美術館（M186）（個人旧蔵）	琥珀棗玉	冑片・挂甲・獅噛式環頭柄頭・圭頭大刀・円頭大刀・鏡板・鞍・馬鐸	銅鋺残片	土師器・須恵器	—	鈴木仲秋・山田和夫他編1980『企画展 房総の古鏡』房総風土記の丘展示図録No.8，千葉県立房総風土記の丘	同型鏡群〔GB-1〕／漢式鏡393／千葉県（上総国）7
1908	東京国立博物館〈J14344〉						白石太一郎・白井久美子・山口典子編2002『千葉県県史編さん資料 千葉県古墳時代関係資料』第3分冊，千葉県	511g／漢式鏡392／千葉県（上総国）6
明治	県立上総博物館	琥珀玉・ガラス小玉	金銅鞍金具	—	須恵器（長頸壺）		鈴木仲秋・山田和夫他編1980『企画展 房総の古鏡』房総風土記の丘展示図録No.8，千葉県立房総風土記の丘	〈80g〉
1980	木更津市教育委員会	水晶棗玉・水色ガラス玉・紫紺ガラス玉・緑色ガラス玉			土師器		鈴木仲秋・山田和夫他編1980『企画展 房総の古鏡』房総風土記の丘展示図録No.8，千葉県立房総風土記の丘	
1973	県立上総博物館	車輪石1・石釧2・紡錘車形石製品1・碧玉管玉1・ガラス小玉5	筒籠手1対・刀3・剣1・銅鏃20・鉄鏃30〜	斧1・刀子約6	土師器（甕）		杉山晋作1973「千葉県木更津市手古塚古墳の調査速報」『古代』第56号，早稲田大学考古学会	千葉県（上総国）9-1
								千葉県（上総国）9-2
1985	財団法人君津郡市文化財センター	水晶勾玉・碧玉管玉・ガラス小玉	—	—	—	—	小沢洋編1988『小浜遺跡群I 俵ヶ谷古墳群』君津郡市文化財センター発掘調査報告書第37集，財団法人君津郡市文化財センター	88g／破片は主体部から、本体部分は墳丘下から出土
1991	財団法人君津郡市文化財センター	碧玉管玉・水晶切子玉・ガラス小玉	短刀・鏃	刀子	—	—	白石太一郎・設楽博己編1994『弥生・古墳時代遺跡出土鏡データ集成』（『国立歴史民俗博物館研究報告』第56集），国立歴史民俗博物館	—
1991		—	刀・鉄鏃・銅鈴	—	—	木箱片		
1993	財団法人君津郡市文化財センター	勾玉2・管玉1・臼玉11・ガラス玉1			ミニチュア土師器9	—	栃木県立なす風土記の丘資料館編『関東以北の前方後方墳・方墳の鏡〜古式古墳出土鏡を中心として〜』栃木県立なす風土記の丘資料館	出土地点下に木炭を充填した小穴
1993							白石太一郎・設楽博己編1994『弥生・古墳時代遺跡出土鏡データ集成』（『国立歴史民俗博物館研究報告』第56集），国立歴史民俗博物館	破砕鏡？
1994	財団法人君津郡市文化財センター	—	剣2				財団法人千葉県史料研究財団編2003『千葉県の歴史』資料編 考古2（弥生・古墳時代），千葉県	〈293g〉／破砕鏡
1993		—	槍2					破鏡（破面研磨）
1990年代	所在不明	—	—	—	—	—	酒巻忠史編2000『木更津市文化財調査集報5―請西遺跡群野焼A遺跡―』木更津市教育委員会	〈15g〉／縁部〜外区片
1994	財団法人君津郡市文化財センター	—	—	—	—	—	財団法人千葉県史料研究財団編2003『千葉県の歴史』資料編 考古2（弥生・古墳時代），千葉県	—
1997	財団法人君津郡市文化財センター						財団法人千葉県史料研究財団編2003『千葉県の歴史』資料編 考古2（弥生・古墳時代），千葉県	弧状獣像
1936	個人	—	—				財団法人千葉県史料研究財団編1998『千葉県の歴史』資料編 考古3（奈良・平安時代），千葉県	薬師堂下の箱から銅器などとともに発見
1988	財団法人君津郡市文化財センター				土師器		財団法人千葉県史料研究財団編2003『千葉県の歴史』資料編 考古2（弥生・古墳時代），千葉県	74g
1989	財団法人君津郡市文化財センター				須恵器		車崎正彦編2002『考古資料大観』第5巻 弥生・古墳時代 鏡，小学館	〈83g〉／放射状区画（四区画）

番号	舶倭	鏡式	出土遺跡	出土地名	遺跡内容	時期	面径(cm)	銘文	諸氏分類	編者分類・時期	
80	倭	櫛歯文鏡	根崎遺跡 SI015竪穴住居	袖ヶ浦市蔵波字根崎1542-1他	集落	竪穴住居	古墳中期	7.2	—	—	〔櫛歯文鏡〕	前期？
94	倭	素文鏡	美生遺跡群第6地点	袖ヶ浦市久保田	集落	表土中	不明	2.7	—	—	〔素文鏡〕	—
94-1	倭	重圏文鏡	水神下遺跡第5次調査SD033	袖ヶ浦市奈良輪字水神1172	集落	溝	古墳後期？	6.4	—	—	〔重圏文鏡〕	前期
21	倭	五鈴四獣鏡	戸崎古墳（伝）	君津市戸崎（伝）	古墳	不明	古墳？	5.5	—	—	—	後期
88	倭	五鈴細線式渦文鏡	戸崎	君津市戸崎字千涸台	不明	不明	10.2	—	鈴鏡類（五鈴鏡）（小林82・10）／獣帯文鏡類（大川97）／乳脚文系B2類（岡田05）	〔乳脚文鏡？〕	中期？～
22	舶	海獣葡萄鏡	白山神社古墳（伝）	君津市俵田字館の内（伝）	古墳	前方後円墳（102）不明		11.2	—	—	—	
23	舶	海獣葡萄鏡					8.1	—	—	—		
24	舶	方格T字鏡	富士見塚古墳	市原市姉崎字勾当水上	古墳	円墳（25）・木棺直葬	古墳中期	9.1	—	方格規矩文鏡類G型（小林82・10）／博局T字鳥文鏡Ca4S類（髙木91・93）／小型鏡B4型（北浦92）／SBa式（松浦94）／丁群（森下98）	—	
25	倭	四獣鏡	姉崎山王山古墳	市原市姉崎字宮山	古墳	前方後円墳（69）・粘土槨	古墳後期	10.0	—	獣形文鏡類四獣鏡C-1型（小林82・10）	—	後期
26	舶	夔龍文鏡	姉崎二子塚古墳	市原市姉崎字二タ子1762	古墳	前方後円墳(110)・木棺直葬？	古墳中期	9.1	—	—	—	
27	倭	捩文鏡					9.4	—	珠文鏡Ⅵ類（樋口79）／獣帯鏡類C型（小林82・10）／三日月紋鏡系（森下02）	捩文鏡E系	前（新）
28	？	不明					8.1	—	—	—	
29	舶	十二支文四獣鈕鏡				不明	12.1	—	—	—	
30	倭	一神五獣鏡	持塚1号墳（西広モチ塚古墳）	市原市西広337番地	古墳	円墳（35）・木棺直葬	古墳中期	13.3	—	六獣形鏡（樋口79）／獣帯鏡類A型（小林82・10）／旋回式獣像鏡系（森下91・02）／Bb型式（加藤14）	〔旋回式神獣鏡〕	後期
31	舶	盤龍鏡	諏訪台48号墳	市原市村上字諏訪台	古墳	方墳（16）・割竹形木棺直葬	古墳前期	11.9	—	B類（辻田09）	—	
32	倭	素文鏡	辺田1号墳（根田6号墳）〔中央主体部（第2主体部）〕	市原市惣社字辺田789	古墳	円墳（31）・組合式木棺直葬	古墳前期	2.9	—	AⅡ類（今平90）	〔素文鏡〕	—
33	倭	〔素文鏡〕	西谷18号墳	市原市加茂字西谷360他	古墳	方墳（10）・木棺直葬	古墳終末期	2.1	—	—	—	
34	倭	六弧内行花文鏡	御林跡遺跡174号遺構	市原市根田1丁目地先	集落	竪穴住居or土壙	古墳前期	7.1	—	B類1式（清水94）／六花文鏡（小林10）	内行花文鏡B式	前（中）
35	？	不明	御林跡遺跡	市原市根田1丁目地先	集落	溝	弥生末期～	破片	—	—	—	
36	倭	珠文鏡	小田部新地44号遺構	市原市小田部字新地	墳墓(土壙)	木棺直葬	古墳前期	7.1	—	Ⅱ類（中山他94）／AC-D類（脇山13）	〔珠文鏡〕	—
37	倭	捩文鏡	五所四反田遺跡第2号溝	市原市五所字四反田2154他	集落・祭祀	溝	古墳中期	10.6	—	—	捩文鏡E系	前（新）
38	倭	珠文鏡	新皇塚古墳〔南槨〕	市原市菊間字北野	古墳	前方後方墳（38～）・粘土槨	古墳前期	7.3	—	A類（小林79）／珠文鏡類A型（小林82・10）／Ⅰ類（中山他94）／珠紋系（森下02）	〔珠文鏡〕	前期
39	倭	六弧内行花文鏡	新皇塚古墳〔北槨〕		古墳	前方後方墳（38～）・粘土槨	古墳前期	10.1	—	B類1式（清水94）／内行花紋鏡D系（森下02）／六花文鏡（小林10）	内行花文鏡B式	前（中）
40	倭	珠文鏡	大厩浅間様古墳〔1号主体部〕	市原市大厩字川上台1395-1他	古墳	円墳（約50）・割竹形木棺直葬	古墳前期	8.1	—	乳文鏡類（小林82・10）／Ⅰ類（中山他94）	〔珠文鏡〕	前期
41	舶	細線式鳳文鏡？	草刈24号墳	市原市草刈字向鞘戸1732他	古墳	円墳（15）・木棺直葬	古墳前期	11.2	—	—	—	

千葉

発見年	所蔵（保管）者	共伴遺物 石製品・玉類	共伴遺物 武具・武器・馬具	共伴遺物 ほか金属器	共伴遺物 土器類	共伴遺物 その他	文献	備考
1992	財団法人君津郡市文化財センター	—	—	—	土師器（壺・甕・高杯）	—	財団法人君津郡市文化財センター編 1992『きみさらづ』創刊号，財団法人君津郡市文化財センター	破鏡（破面研磨？・1孔）
1989	財団法人君津郡市文化財センター	—	—	—	—	—	浜崎雅仁編 1994『美生遺跡群Ⅲ』財団法人君津郡市文化財センター発掘調査報告書第95集，財団法人君津郡市文化財センター	—
2012	袖ケ浦市教育委員会	石製垂飾品1	—	小銅鐸1	—	—	西原崇浩他編 2015『千葉県袖ケ浦市水神下遺跡発掘調査報告書 袖ケ浦駅海側特定土地区画整理事業の埋蔵文化財調査』袖ケ浦市埋蔵文化財発掘調査報告書第24集，袖ケ浦市教育委員会	33g／出土した溝との同時性は低い
不明	君津市立久留里城址資料館（個人旧蔵）						白石太一郎・白井久美子・山口典子編 2002『千葉県史編さん資料 千葉県古墳時代関係資料』第3分冊，千葉県	千葉県（上総国）10
昭和以降	個人						矢野淳一・山本哲也 1996「千葉県君津市戸崎出土の五鈴鏡」『國學院大學考古学資料館紀要』第12輯，國學院大學考古学資料館	
1898明治	君津市立久留里城址資料館（個人旧蔵）	—	—	—	—	—	白石太一郎・白井久美子・山口典子編 2002『千葉県史編さん資料 千葉県古墳時代関係資料』第3分冊，千葉県	漢式鏡396／千葉県（上総国）12?／同型品あり
1963	早稲田大学考古学研究室（千葉県教育委員会）	—	刀・鉄鏃・鉄地金銅装胡籙	鹿角装刀子	—		松浦宥一郎 1994「日本出土の方格Ｔ字鏡」『東京国立博物館紀要』第29号，東京国立博物館	110g／千葉県（上総国）3
1963	所在不明（市原市教育委員会？）	金銅装単竜環頭大刀1・木装大刀2・鉄鏃多数・金銅装胡籙金具2	金銅冠1・銅地銀板巻耳環1対・刀子2・鑷子・針	—	竪櫛・編物		小出義治編 1980『上総 山王山古墳発掘調査報告書』市原市教育委員会	千葉県（上総国）2
1947	國學院大學考古学資料館	石製模造品（刀子・有孔円板・臼玉）・直弧文付石枕・石製立花・硬玉勾玉・瑪瑙勾玉・滑石勾玉・滑石？管玉・瑪瑙玉・琥珀玉	金銅装小札鋲留衝角付冑・短甲・刀・矛・鉄鏃・轡	銀製垂飾付耳飾・魚鱗文金銅金具	—		白石太一郎・白井久美子・山口典子編 2002『千葉県史編さん資料 千葉県古墳時代関係資料』第3分冊，千葉県	111g／千葉県（上総国）1-1 ／（51g）／千葉県（上総国）1-2？／千葉県（上総国）1-3？／縁部〜外区片
	個人					—	鈴木仲秋・山田和夫他編 1980『企画展 房総の古鏡』房総風土記の丘展示図録 No.8，千葉県立房総風土記の丘	
1963	千葉県立上総博物館（千葉県教育委員会）	碧玉管玉4・琥珀玉15・ガラス小玉300	刀1	—	—		鈴木仲秋・山田和夫他編 1980『企画展 房総の古鏡』房総風土記の丘展示図録 No.8，千葉県立房総風土記の丘	241g／千葉県（上総国）4
1985	財団法人市原市文化財センター・市原市教育委員会	ガラス玉30	—	—	土師器（壺等）	—	財団法人千葉県史料研究財団編 2003『千葉県の歴史』資料編 考古2（弥生・古墳時代），千葉県	—
1985	財団法人市原市文化財センター	管玉	素環頭大刀・刀・短剣 or 槍先	鉈	—	—	栃木県立博物館編 1992『第34回企画展図録 古墳出現のなぞ—激動の世紀に迫る—』栃木県立博物館	—
1982	市原市教育委員会	石製玉11	—	—	—	—	田中新史 1985「古墳時代終末期の地域色」滝口宏編『古代探叢Ⅱ』早稲田大学出版部	—
不明		臼玉1	鉄鏃1	刀子1	土師器・弥生土器・手捏土器・ミニチュア土器	打製石斧1	木對和紀編 2008『市原市御林跡遺跡Ⅱ』市原市埋蔵文化財調査センター調査報告書第5集，市原市教育委員会	46g
1987	市原市教育委員会	—	—	—	—	—	白石太一郎・設楽博己編 1994『弥生・古墳時代遺跡出土鏡データ集成』（『国立歴史民俗博物館研究報告』第56集），国立歴史民俗博物館	—
1983	財団法人市原市文化財センター	ガラス玉	—	—	須恵器（𤭯）		中山清隆・林原利規 1994「小型仿製鏡の基礎的集成（1）—珠文鏡の集成—」『地域相研究』第21号，地域相研究会	—
1990	財団法人市原市文化財センター	子持勾玉	—	—	土師器		財団法人千葉県史料研究財団編 2003『千葉県の歴史』資料編 考古2（弥生・古墳時代），千葉県	
1973	県立房総風土記の丘	管玉5・ガラス玉1	刀1・剣 or 槍先1	斧1・鎌1・鉇2・鑿1・刀子1	—		鈴木仲秋・山田和夫他編 1980『企画展 房総の古鏡』房総風土記の丘展示図録 No.8，千葉県立房総風土記の丘	62g／千葉県（上総国）17-1
		石釧1・水晶勾玉1・琥珀勾玉1・管玉94	剣1	鏃先1・斉1・錬1・鉇1・刀子5	—			千葉県（上総国）17-2
1984	財団法人市原市文化財センター	石釧1・瑪瑙勾玉2・琥珀勾玉8・ガラス勾玉1・管玉52・琥珀棗玉4・琥珀小玉20・ガラス小玉34・ガラス三連玉1		刀子1	—		浅利幸一・田所真 1997『市原市大畑浅間様古墳』財団法人市原市文化財センター調査報告書第42集，財団法人市原市文化財センター	87g
1985	財団法人千葉県文化財センター	ガラス小玉	—	—	土師器		車崎正彦編 2002『考古資料大観』第5巻 弥生・古墳時代 鏡，小学館	127g

番号	舶倭	鏡式	出土遺跡	出土地名	遺跡内容	時期	面径(cm)	銘文	諸氏分類	編者分類	時期
42	倭	珠文鏡	草刈遺跡C区153号住居跡	市原市草刈字上切付1245他	集落 竪穴住居	古墳前期	6.5	—	I類（中山他94）	〔珠文鏡〕	前期
43	倭	珠文鏡	草刈遺跡C区97号住居跡	市原市草刈字上切付1245他	集落 竪穴住居	古墳前期	6.8	—	II類（中山他94）／D-B類（脇山13）	〔珠文鏡〕	前期
44	倭	〔珠文鏡〕	草刈遺跡C区039A号住居跡	市原市草刈字上切付1245他	集落 竪穴住居	古墳前期	破片	—	—	—	—
45	倭	珠文鏡	草刈遺跡D区241号住居跡	市原市草刈字下切付1230他	集落 竪穴住居	古墳	8.4	—	III類（中山他94）	〔珠文鏡〕	—
73	倭	弥生倭製鏡	草刈遺跡K区039号住居跡	市原市草刈字大宮台	集落 竪穴住居	古墳前期	5.4	—	重圏文系小形仿製鏡第3型（田尻10・12）	〔弥生倭製鏡〕	弥生
95	倭	〔重圏文鏡〕	草刈遺跡L区029号住居跡	市原市草刈字天神台1101-1	集落 竪穴住居	古墳前期	7.0	—	—	—	—
96	倭	素文鏡	草刈遺跡L区037号住居跡	市原市草刈字天神台1101-1他	集落 竪穴住居	古墳前期	2.4	—	—	〔素文鏡〕	—
97	倭	六弧内行花文鏡	草刈遺跡L区103号住居跡	市原市草刈字天神台1101-1他	集落 竪穴住居	古墳前期	6.7	—	—	内行花文鏡B式	前(中)
98	倭	〔重圏文鏡〕	草刈遺跡L区301号住居跡	市原市草刈字天神台1101-1他	集落 竪穴住居	古墳前期	9.2	—	—	—	—
99	倭	珠文鏡	草刈遺跡L区098号住居跡	市原市草刈字天神台1101-1他	集落 竪穴住居	古墳前期	4.8	—	—	〔珠文鏡〕	前期
100	倭	重圏文鏡	草刈遺跡L区108号住居跡	市原市草刈字天神台1101-1他	集落 竪穴住居	古墳中期	4.8	—	—	〔重圏文鏡〕	前期
46	舶？	不明	草刈六之台遺跡88号住居跡	市原市草刈字上之台1289他	集落 竪穴住居	古墳前期	破片	—	—	—	—
47	倭	素文鏡	草刈六之台遺跡823号住居跡	市原市草刈字上之台1289他	集落 竪穴住居	古墳後期	3.0	—	—	〔素文鏡〕	—
48	倭	六弧内行花文鏡	御霊崎古墳（御霊崎三夜塚古墳）	市原市福増字数郷	古墳	円墳(30)・木棺直葬	古墳前期	11.5	—	E類（清水94）／六花文鏡（小林10）	内行花文鏡後期型？	後期？
101	倭	五乳文鏡	潤井戸天王台29号墳	市原市潤井戸字天王台	古墳	円墳(20)・組合式木棺直葬	古墳後期	6.7	—	—	〔乳脚文鏡〕	後期
101-1	倭	夔龍鏡	牛久石奈坂1号墳〔主体部A〕	市原市牛久	古墳	円墳(33)・木棺直葬	古墳中期	16.8	—	—	夔龍鏡C系	前(中)〜
49	倭	捩文鏡？	小金沢24号墳	千葉市緑区小金沢町297他	墳墓	土壙墓？	古墳	8.2	—	—	類捩文鏡A系	前(中？)
50	舶	芝草文鏡	七廻塚古墳	千葉市中央区生実町峠台	古墳	円墳(54)	古墳前期	10.3	—	獣形文鏡類四獣鏡C-2型（小林82・10）	—	—
51	倭	五乳文鏡	上人塚古墳	千葉市若葉区和泉町ハガワ	古墳	円墳	古墳	8.9	—	獣帯鏡類D（小林82・10）	〔乳脚文鏡〕	後期
105	倭	珠文鏡	下田遺跡第69号竪穴住居	千葉市稲毛区園生町753他	集落 竪穴住居	奈良	9.0	—	A3-B類（脇山13）	〔珠文鏡〕	前期
52	倭	五獣鏡	八幡台古墳	佐倉市臼井台字八幡台1丁目	古墳	円墳(20)・木棺直葬	古墳中期	9.2	—	獣形文鏡五獣鏡（小林82・10）	〔旋回式獣像鏡〕	後期
53	倭	四獣鏡	佐倉市（伝）	佐倉市（伝）	不明	不明	不明	9.8	—	獣形文鏡類四獣鏡C-2型（小林82・10）	—	—
107	舶？	細線式鏡？	太田・大篠塚遺跡48号住居跡	佐倉市太田・大篠塚	集落 竪穴住居	古墳	11.2	—	—	—	—
107-1	倭	不明	内田端山越遺跡3H5号住居跡	佐倉市内田字端山越	集落 竪穴住居	8世紀末頃	6.2	—	—	—	後期？

千葉

発見年	所蔵（保管）者	共伴遺物					文献	備考
		石製品・玉類	武具・武器・馬具	ほか金属器	土器類	その他		
1982		—	—	—	土師器	—	財団法人千葉県史料研究財団編2003『千葉県の歴史』資料編 考古2（弥生・古墳時代），千葉県	—
1982		—	—	—	土師器	—		—
1982		—	—	—	土師器	—	財団法人千葉県文化財センター編1982『千葉県文化財センター年報』No.8, 財団法人千葉県文化財センター	—
1983		—	—	—	土師器	—	財団法人千葉県文化財センター編1983『千葉県文化財センター年報』No.9, 財団法人千葉県文化財センター	古墳を再利用した塚の封土内から出土
1992		緑色凝灰岩管玉1・蛇紋岩管玉1	—	—	壺・甕・鉢・高杯	—	財団法人千葉県史料研究財団編2003『千葉県の歴史』資料編 考古2（弥生・古墳時代），千葉県	1孔（内区外周）
不明		—	—	—	土師器	—	白石太一郎・設楽博己編2002「弥生・古墳時代遺跡出土鏡データ集成 補遺1」『国立歴史民俗博物館研究報告』第97集, 国立歴史民俗博物館	—
不明	財団法人千葉県文化財センター	—	—	—	土師器	—	財団法人千葉県史料研究財団編2003『千葉県の歴史』資料編 考古2（弥生・古墳時代），千葉県	—
1994		—	—	—	土師器	—		—
1995		滑石臼玉	—	鉇	土師器・土製勾玉1・不明土製品	鉄滓・鍛造剥片・羽口	白石太一郎・設楽博己編2002「弥生・古墳時代遺跡出土鏡データ集成 補遺1」『国立歴史民俗博物館研究報告』第97集, 国立歴史民俗博物館	破片
1994		瑪瑙勾玉1・緑色凝灰岩管玉2	鉄鏃	鑿・環状鉄製品	土製品	磨石・石皿	財団法人千葉県史料研究財団編2003『千葉県の歴史』資料編 考古2（弥生・古墳時代），千葉県	—
1994		—	—	—	土師器	—	白石太一郎・設楽博己編2002「弥生・古墳時代遺跡出土鏡データ集成 補遺1」『国立歴史民俗博物館研究報告』第97集, 国立歴史民俗博物館	—
1980		—	—	—	土師器（壺・甕・器台・高杯）	—	安蒜政雄編2007『楽未央―考古学者小林三郎の足跡』明治大学文学部考古学研究室	破鏡（破面研磨・1孔）
1980		—	—	—	—	—	財団法人千葉県文化財センター編1981『千葉県文化財センター年報』No.7, 財団法人千葉県文化財センター	混入品か
昭和以降	野田市郷土博物館	—	刀・鉄鏃	—	—	—	鈴木仲秋・山田和夫他編1980『企画展 房総の古鏡』房総風土記の丘展示図録No.8, 千葉県立房総風土記の丘	—
1998	市原市埋蔵文化財調査センター	石製勾玉	—	—	—	—	財団法人市原市文化財センター編2000『市原市文化財センター年報』平成9年度, 財団法人市原市文化財センター	流出した墳丘封土から出土
2012	市原市教育委員会	翡翠勾玉1・碧玉管玉3・琥珀棗玉1・小玉2	刀2・鉄鏃10～	鎌1・刀子1	—	—	北見一弘2012「中期後半の円墳から三輪山・銅鏡が出土―千葉県市原市牛久石奈坂1号墳」『季刊考古学』第121号, 雄山閣	—
1987	財団法人千葉県文化財センター	ガラス小玉	—	—	—	—	財団法人千葉県史料研究財団編2003『千葉県の歴史』資料編 考古2（弥生・古墳時代），千葉県	—
1958	千葉市埋蔵文化財調査センター	滑石石釧1・石製模造品（剣1・斧4・鎌2・刀子17・他2)	—	—	—	—	鈴木仲秋・山田和夫他編1980『企画展 房総の古鏡』房総風土記の丘展示図録No.8, 千葉県立房総風土記の丘	千葉県（上総国）18
1973	千葉市教育委員会	—	刀	—	—	—	鈴木仲秋・山田和夫他編1980『企画展 房総の古鏡』房総風土記の丘展示図録No.8, 千葉県立房総風土記の丘	千葉県（上総国）16
1996	千葉市埋蔵文化財調査センター	—	—	—	土師器（甕・杯）	—	倉田義広編1998『下田遺跡』財団法人千葉市文化財調査協会	放射状区画（四区画）
1972	佐倉市教育委員会	碧玉管玉・ガラス玉	刀・鉄鏃	刀子	土師器	—	鈴木仲秋・山田和夫他編1980『企画展 房総の古鏡』房総風土記の丘展示図録No.8, 千葉県立房総風土記の丘	—
不明	佐倉市教育委員会	—	—	—	—	—	鈴木仲秋・山田和夫他編1980『企画展 房総の古鏡』房総風土記の丘展示図録No.8, 千葉県立房総風土記の丘	細線式か
1982	佐倉市教育委員会	—	—	—	土師器	—	公益財団法人印旛郡市文化財センター編2014『平成26年度企画展 鏡の向こう―神を視る 人を見る―』公益財団法人印旛郡市文化財センター	—
2003	佐倉市教育委員会	—	—	—	須恵器（甕・鉢）	—	松田富美子・小倉和重・高谷英一・布施仁編2008『内田端山越遺跡』財団法人印旛郡市文化財センター発掘調査報告書第256集, 三菱地所株式会社・財団法人印旛郡市文化財センター	住居北西隅から鏡面を上にしてやや斜位で出土

番号	舶倭	鏡式	出土遺跡	出土地名	遺跡内容		時期	面径(cm)	銘文	諸氏分類	編者分類・時期	
54	倭	五獣鏡	下方内野南遺跡第38号住居跡	成田市下方字大木戸741-1他	集落	竪穴住居	7世紀	13.1	—	Bh型式（加藤14）	〔旋回式獣像鏡〕	後期
55	倭	六獣鏡	下方丸塚古墳	成田市下方143	古墳	円墳	古墳前期	17.4		画文帯神獣鏡（系）D型（小林82・10）	類𧈢龍鏡系	前(中)
56	倭	捩文鏡						7.2	—	捩文鏡（類）B型（小林82・10）／BⅡ型（小林83）／Ⅳ型（小沢88）／C型式a類（水野97）／房紋鏡系（森下02）	捩文鏡C系	前(中)
57	倭	捩文鏡						9.5	—	捩文鏡（類）C型（小林82・10）／BⅢ型（小林83）／V型（小沢88）／D型式a類（水野97）／羽紋鏡系（森下02）	捩文鏡D系	前(中)
58	倭？	八弧内行花文鏡						12.6	—	B類（H類）（清水94）／六花文鏡（小林10）	内行花文鏡B式？	前(中)？
59	倭	四神像鏡	瓢塚16号墳（公津原H16号墳）	成田市赤坂2丁目	古墳	方墳（14）	古墳	7.5	—	神像鏡（小林82・10）	〔後期型神像鏡Ⅱ系？？〕	後期？？
60	倭	八乳文鏡	瓢塚17号墳（公津原H17号墳）	成田市赤坂2丁目	古墳	円墳（25）	古墳中期？	8.0		獣帯鏡類D型（小林82・10）	〔乳脚文鏡〕	後期
108	舶	四狻猊鏡	野毛平木戸下遺跡19号住居跡	成田市野毛平字木戸下	集落	竪穴住居	平安	11.1	—	—	—	—
108-1	倭	細線式鏡	船形手黒遺跡1号墳〔第2主体部〕	成田市台方字鶴巻1379-1他	古墳	円墳（25）・木棺直葬	古墳中期？	7.0		—	—	—
108-2	倭	七乳文鏡	台方宮代遺跡3号墳	成田市台方字上宮代1415	古墳	不明	古墳後期	9.0		—	〔乳脚文鏡〕	後期
61	舶	海獣葡萄鏡	松ノ木台2号墳	富里市日吉台〔印旛郡富里町〕	古墳	方墳（17）・横穴式石室	古墳終末期	6.3	—	—	—	—
62	舶	三角縁吾作三神五獣鏡	城山1号墳	香取市小見川町小見川4740〔香取郡小見川町〕	古墳	前方後円墳（68）・横穴式石室	古墳後期	22.2	「吾作明竟甚大好　上有神守及龍席　身有文章口銜巨　古有聖人東王父西王母　渇飲玉泉飢食棗　壽如金石」	目録番号25・同笵鏡番号12・配置B・表現⑦	—	—
63	舶	海獣葡萄鏡						29.5	—	—	—	—
64	舶	海獣葡萄鏡	香取神宮（伝）	香取市香取（伝）	不明	不明	不明	13.9		—	—	—
65	舶	海獣葡萄鏡						19.7		—	—	—
68	舶	不明	禅昌寺山古墳	香取市大戸川113〔佐原市〕	古墳	前方後円墳（60～70）・木棺直葬	古墳後期	19.5	「…□□…」	—	—	—
76	倭	〔重圏文鏡？〕	片野向遺跡SI-25	香取市片野字向〔佐原市〕	集落	竪穴住居	古墳後期	破片		—	—	—
77	倭	不明	地々免遺跡SI426	香取市一ノ分目字地々免383〔香取郡小見川町〕	集落	竪穴住居	古墳後期	破片		—	—	—
66	倭	不明	小松	香取郡神崎町小松	不明	不明	8.7		—	—	—	
67	倭	六弧内行花文鏡	西之城古墳Cトレンチ内主体部	香取郡神崎町並木	古墳	前方後円墳・木棺直葬	古墳	10.2	—	B類1式（清水94）／六花文鏡（小林10）	内行花文鏡B式	前(中)
74	舶	方格T字鏡	多古台遺跡群No.3地点8号墳〔第1主体部〕	香取郡多古町源氏堀	古墳	円墳（10）・木棺直葬	古墳中期	10.5	—	—	—	—
75	倭	重圏文鏡	多古台遺跡群No.4地点2区1号墳	香取郡多古町源氏堀	古墳	円墳・木棺直葬	古墳中期	5.0		—	〔重圏文鏡〕	前期
69	舶？	海獣葡萄鏡	瀬戸鈴耕地遺跡	印西市瀬戸字鈴耕地〔印旛郡印旛村〕	不明	不明	不明	6.1		—	—	—

千葉

発見年	所蔵(保管)者	共伴遺物					文献	備考
		石製品・玉類	武具・武器・馬具	ほか金属器	土器類	その他		
1990	成田市教育委員会	―	―	―	土師器	―	鈴木仲秋・山田和夫他編1980『企画展 房総の古鏡』房総風土記の丘展示図録No.8, 千葉県立房総風土記の丘	157g
1938?	成田山史料館・成田山霊光館						鈴木仲秋・山田和夫他編1980『企画展 房総の古鏡』房総風土記の丘展示図録No.8, 千葉県立房総風土記の丘	千葉県(下総国)2／本墳出土鏡でない可能性もあり
1938	東京国立博物館(J34683)	硬玉勾玉1・瑪瑙勾玉2・碧玉管玉14・ガラス小玉25					白石太一郎・白井久美子・山口典子編2002『千葉県史編さん資料 千葉県古墳時代関係資料』第3分冊, 千葉県	千葉県(下総国)1-3
	東京国立博物館(J34681)							千葉県(下総国)1-2
	東京国立博物館(J34682)							千葉県(下総国)1-1
1970	県立房総風土記の丘	―	―	―	小形壺	―	鈴木仲秋・山田和夫他編1980『企画展 房総の古鏡』房総風土記の丘展示図録No.8, 千葉県立房総風土記の丘	千葉県(下総国)3
1969	県立房総風土記の丘						鈴木仲秋・山田和夫他編1980『企画展 房総の古鏡』房総風土記の丘展示図録No.8, 千葉県立房総風土記の丘	千葉県(下総国)4
1986	成田市教育委員会				土師器(甕・片口鉢・杯)	鉄製紡錘車軸・石製紡錘車	財団法人千葉県史料研究財団編1998『千葉県の歴史』資料編 考古3(奈良・平安時代), 千葉県	9世紀後半の土器と共伴
2008	成田市教育委員会	ガラス勾玉2・ガラス小玉166	刀2・鉄鏃約20	―	―	砥石1	根本岳史編2011『船形手黒1号墳』財団法人印旛郡市文化財センター発掘調査報告書第297集, 財団法人印旛郡市文化財センター	25g
2010	成田市教育委員会						財団法人印旛郡市文化財センター編2010『広報誌フィールドブック』No.31, 財団法人印旛郡市文化財センター	80g
1973	芝山はにわ博物館	―	―	刀子3	―	―	鈴木仲秋・山田和夫他編1980『企画展 房総の古鏡』房総風土記の丘展示図録No.8, 千葉県立房総風土記の丘	同型品あり
1963	香取市教育委員会	ガラス棗玉9・ガラス小玉2064・銀空玉50～	横矧板鋲留衝角付冑1・挂甲1・篠籠手1・脇当状鉄器1・環頭大刀4・円頭大刀1・頭椎大刀1・刀12・剣1・鉄鏃94・鏡板付轡2組・環状鏡板付轡1組・杏葉4・鞍金具1組・木心鉄板張壺鐙1対・辻金具・雲珠1・金銅鈴12	冠帽金銅飾板・銅心鍍金耳環3・銀環4・鹿角装刀子5・刀子5・針	土器類(高杯)・須恵器(台付長頸壺・蓋付高杯・高杯・𤭯・提瓶)	金銅装飾釘15・鎹5・懸金具2	丸子亘1965『千葉県小見川町城山古墳の調査』立正大学博物館学講座研究報告第2, 立正大学文学部博物館学講座	千葉県(下総国)5
不明							後藤守一1935『古鏡聚英』下篇隋唐鏡より和鏡, 大塚巧芸社	同型品あり
1553(奉献)	香取神宮	―	―	―	―	―	鈴木仲秋・山田和夫他編1980『企画展 房総の古鏡』房総風土記の丘展示図録No.8, 千葉県立房総風土記の丘	同型品あり
不明								伝世品
昭和以降	県立房総風土記の丘	石枕1	横矧板鋲留衝角付冑残欠・挂甲・刀3～・矛1・鉄鏃26・f字形鏡板付轡1・剣菱形杏葉2・馬鐸4	格子状鉄製品1	―	―	鈴木仲秋・山田和夫他編1980『企画展 房総の古鏡』房総風土記の丘展示図録No.8, 千葉県立房総風土記の丘	縁部～外区片
1990	財団法人香取郡市文化財センター	―	―	―	土師器	―	白石太一郎・設楽博己編1994『弥生・古墳時代遺跡出土鏡データ集成』(『国立歴史民俗博物館研究報告』第56集), 国立歴史民俗博物館	―
1991	財団法人香取郡市文化財センター	―	―	―	杯	―	白石太一郎・設楽博己編1994『弥生・古墳時代遺跡出土鏡データ集成』(『国立歴史民俗博物館研究報告』第56集), 国立歴史民俗博物館	内区片／住居の覆土内から出土／歴博集成では「獣形鏡」
1879~80頃	東京国立博物館(J1879)						東京国立博物館編1986『東京国立博物館図版目録』古墳遺物篇(関東Ⅲ), 便利堂	漢式鏡396／珠文鏡か
1974	県立房総風土記の丘	―	鉄鏃	―	―	―	鈴木仲秋・山田和夫他編1980『企画展 房総の古鏡』房総風土記の丘展示図録No.8, 千葉県立房総風土記の丘	―
1992	財団法人香取郡市文化財センター	石製模造品(臼玉・勾玉)・ガラス玉	鉄鏃	鎌	―	―	車崎正彦編2002『考古資料大観』第5巻 弥生・古墳時代 鏡, 小学館	190g
1992	財団法人香取郡市文化財センター佐原分室	石釧・勾玉・管玉・ガラス玉					黒沢哲郎編1999『多古台遺跡群Ⅰ』財団法人香取郡市文化財センター報告書第68集, 財団法人香取郡市文化財センター	
昭和以降	個人	―	―	―	―	―	鈴木仲秋・山田和夫他編1980『企画展 房総の古鏡』房総風土記の丘展示図録No.8, 千葉県立房総風土記の丘	同型品あり

番号	舶倭	鏡式	出土遺跡	出土地名	遺跡内容	時期	面径(cm)	銘文	諸氏分類	編者分類・時期	
70	倭	捩文鏡	根戸金塚古墳	我孫子市根戸字荒追1341他	円墳(20)・木棺直葬	古墳中期	8.1	—	V型(樋口79)／獣帯鏡類C型(小林82・10)／三日月紋鏡系(森下02)	捩文鏡E系	前(新)
71	倭	重圏文鏡	戸張一番割遺跡第30号住居跡	柏市戸張字一番割977他	集落(焼失住居の炉中)	古墳前期	6.3	—	重圏文鏡類(小林82・10)／C類(林原90)／I型(藤岡91)／4a類(脇山15)	〔重圏文鏡〕	前期
72	倭	珠文鏡	花前Ⅱ-1遺跡	柏市船戸字新町	集落	不明(台地ローム層上部)	古墳前期？	5.2	—	珠文鏡類A型(小林82・10)／珠紋鏡系(森下02)	〔珠文鏡〕	前期
81	倭	捩文鏡	鳥戸境1号墳	山武市麻生新田〔山武郡山武町〕	古墳	円墳(34)・木棺直葬	古墳前期	9.5	—	C型式a類(水野97)／房紋鏡系(森下02)	捩文鏡C系	前(中)
82	倭	捩文鏡					7.9	—	—	捩文鏡B系	前(中)
83	倭	五弧内行花文鏡					7.4	—	内行花紋鏡D系(森下02)	内行花文鏡B式	前(中)
84	倭	珠文鏡					8.5	—	5類A(吉田99)	〔珠文鏡〕	前期
102	倭	重圏文鏡	北野遺跡5号墳(森台5号墳)	山武市森字北野1606他〔山武郡山武町〕	古墳	方墳(20)	古墳前期	6.2	—	2a類(脇山15)	〔重圏文鏡〕	前期
104	舶？	海獣葡萄鏡	湯坂古墳群(伝)	山武市西湯坂(伝)〔山武郡成東町〕	墳墓	不明	不明	10.9	—	—	—	
87	倭	弥生倭製鏡？	長須賀条里制遺跡E区SD-1(水路)	館山市下真倉字四宮・水神松	祭祀	溝	古墳中期	9.5	—	—	〔弥生倭製鏡？〕	弥生？
103	舶？	〔麒麟八花鏡〕	山荒久遺跡H-015	大網白里市金谷郷字山荒久3151-1他〔山武郡大網白里町〕	集落	竪穴住居	平安	破片	—	—	—	
106	？	不明	蒲野11号墳	匝瑳市吉田字五郎谷〔八日市場市〕	古墳	円墳・木棺直葬	古墳前期	6.9	—	—	—	
106-1	倭	重圏文鏡	西初石5丁目遺跡	流山市西初石5丁目	不明	不明	不明	4.1	—	5類(脇山15)	〔重圏文鏡〕	—

東京

番号	舶倭	鏡式	出土遺跡	出土地名	遺跡内容	時期	面径(cm)	銘文	諸氏分類	編者分類・時期	
1	倭	四獣鏡	宝来山(宝莱山)古墳(西岡37号墳)	大田区田園調布4丁目	古墳	前方後円墳(98)・粘土槨	古墳前期	12.7	—	四獣形鏡(樋口79)／獣形文鏡類四獣鏡C-1型(小林82・10)／獣形文鏡ⅡA類(赤塚98b)／鳥頭四獣鏡系(森下02)	鳥頭獣像鏡A系	前(古)
2	倭	六鈴六獣鏡	西岡28号墳	大田区田園調布5丁目	古墳	円墳・横穴式石室	古墳後期	10.3	擬銘	獣形鏡系六鈴式(樋口79)／獣形(西岡86)／獣形文鏡類(大川97)／獣形文系B類(岡田05)／Cb型式(加藤14)	〔旋回式獣像鏡〕	後期
3	倭	〔変形文鏡〕					不明	—	—	—	—	
15	倭	五弧内行花文鏡	扇塚古墳〔1号主体部〕	大田区田園調布1-12	古墳	円墳(20)or前方後円墳(40)・木炭槨	古墳前期	8.5	—	—	内行花文鏡B式	前(中)
16	倭	素文鏡	扇塚古墳〔後円部頂〕			円墳(20)or前方後円墳(40)		7.8	—	—	〔素文鏡〕	
16-1	倭	八乳文鏡	馬坂古墳	大田区田園調布4・5丁目付近	古墳	採集	古墳	9.0	—	—	〔乳脚文鏡〕	後期
4	倭	珠文鏡	砧中学校7号墳	世田谷区成城1丁目	古墳	前方後円墳(65)・粘土槨	古墳前期	4.8	—	I類(中山他94)／A-B類(脇山13)	〔珠文鏡〕	前期？
5	倭	七鈴六弧内行花文鏡	御嶽山古墳(御岳山古墳)	世田谷区等々力1丁目	古墳	円墳(42)・粘土槨	古墳中期	13.3	—	内行花文鏡系七鈴式(樋口79)／鈴鏡類(七鈴鏡)(小林82・10)／獣形(西岡86)／E類(清水94)／内行花文鏡類(大川97)／I類(八木00)／内行花紋髭文鏡系(森下02)／内行花文系(岡田05)	内行花文鏡後期型	中期？
13	舶	長宜子孫八弧内行花文鏡	野毛大塚古墳〔第1主体部〕	世田谷区野毛1丁目	古墳	帆立(82)・粘土槨	古墳中期	11.5	「長宜子孫」	—	—	
14	倭	十二乳文鏡	八幡塚古墳(西岡14号墳)〔北主体部〕	世田谷区尾山台2-11	古墳	帆立(33)・箱形木棺直葬	古墳中期	12.3	—	—	〔乳脚文鏡〕	後期

千葉・東京

発見年	所蔵(保管)者	共伴遺物					文献	備考
		石製品・玉類	武具・武器・馬具	ほか金属器	土器類	その他		
1963	我孫子市教育委員会	石枕・立花	横矧板鋲留短甲・矛・鉄鏃	―	土師器・須恵器	―	鈴木仲秋・山田和夫他編1980『企画展 房総の古鏡』房総風土記の丘展示図録No.8,千葉県立房総風土記の丘	―
1980	柏市教育委員会	―	―	―	土器類	―	財団法人千葉県史料研究財団編2003『千葉県の歴史』資料編 考古2(弥生・古墳時代),千葉県	焼失住居の炉中から出土
1978	県立房総風土記の丘	管玉					鈴木仲秋・山田和夫他編1980『企画展 房総の古鏡』房総風土記の丘展示図録No.8,千葉県立房総風土記の丘	
昭和以降	財団法人山武郡市文化財センター	硬玉勾玉3・水晶勾玉2・瑪瑙勾玉5・琥珀勾玉2・緑色凝灰岩管玉35・水晶棗玉4・琥珀丸玉2・ガラス丸玉3・ガラス小玉196		刀子1			平山誠一・椎名信也編1994『島戸境1号墳発掘調査報告書』さんぶ考古資料刊行会	101g / 72g / 60g / 73g／放射状区画(八区画)
1994	財団法人山武郡市文化財センター・山武町教育委員会	勾玉・管玉・ガラス小玉			土師器		車崎正彦編2002『考古資料大観』第5巻 弥生・古墳時代 鏡,小学館	22g
不明	個人	―	―	―	―	―	白石太一郎・設楽博己編2002「弥生・古墳時代遺跡出土鏡データ集成 補遺1」『国立歴史民俗博物館研究報告』第97集,国立歴史民俗博物館	―
1998	財団法人千葉県文化財センター	石製模造品(有孔円板・剣・勾玉)・勾玉・小玉			土師器・須恵器・土製模造品	木製品(舟形・木樋・扉材・鋤未製品・建築部材)	白石太一郎・設楽博己編1994『弥生・古墳時代遺跡出土鏡データ集成』(『国立歴史民俗博物館研究報告』第56集),国立歴史民俗博物館	1孔(縁部)
1990	財団法人山武郡市文化財センター			刀子	土師器・須恵器	砥石	白石太一郎・設楽博己編2002「弥生・古墳時代遺跡出土鏡データ集成 補遺1」『国立歴史民俗博物館研究報告』第97集,国立歴史民俗博物館	同型品あり
1994	財団法人東総文化財センター	ガラス玉					白石太一郎・設楽博己編2002「弥生・古墳時代遺跡出土鏡データ集成 補遺1」『国立歴史民俗博物館研究報告』第97集,国立歴史民俗博物館	―
2000年代	所在不明	―	―	―	―	―	栗田則久・木島桂子編2008『流山新市街地地区埋蔵文化財調査報告書』2,財団法人千葉県教育振興財団	
1934	慶應義塾大学考古学研究室	紡錘車形石製品1・硬玉勾玉4・碧玉管玉68・ガラス丸玉173・ガラス小玉392	刀片8・剣片6・槍片2	刀子1	―	―	時雨彰編1998『東京都指定史跡宝萊山古墳』東京都指定史跡宝萊山古墳調査会	東京都(武蔵国)3
1926	慶應義塾大学考古学研究室(個人旧蔵)	―	刀・鉄鏃・轡	刀子	―	―	西岡秀雄1936「荏原台地に於ける先史及び原史時代の遺跡遺物」『考古学雑誌』第26巻第5号,考古学会	145g／東京都(武蔵国)4
	所在不明						大場磐石1936「大東京湮滅遺跡雑記」『ミネルヴァ』第1巻第6・7号	―
1996	世田谷区教育委員会	ガラス小玉10	剣2・鉄鏃4	鉇1	―	―	河合英夫他2001『東京都大田区扇塚古墳発掘調査報告書』扇塚古墳発掘調査団	76g
		―	―	留具状金具				表土直下から出土
1926	下関市立長府博物館(和田千吉旧蔵)	―	―	―	―	―	下関市立考古博物館編1999『下関市立考古博物館年報4―平成10年度―』下関市立考古博物館	
1942	所在不明	碧玉管玉・ガラス小玉	刀・鉄鏃	斧・刀子	―	砥石	東京都世田谷編1975『世田谷区史料』第8集 考古編,東京都世田谷区	東京都(武蔵国)1
1917	満願寺	―	別主体部:三角板鋲留短甲1・横矧板鋲留短甲1・刀				西岡秀雄1936「荏原台地に於ける先史及び原史時代の遺跡遺物」『考古学雑誌』第26巻第5号,考古学会	東京都(武蔵国)2
1991	世田谷区教育委員会	石製模造品(斧3・手斧2・鎌2・刀子11・勾玉1)・勾玉5・管玉29・丸玉2・白玉2461〜・ガラス小玉54	三角板革綴衝角付冑1・長方板革綴短甲1・頸甲1・肩甲1対・鋲1・素環頭大刀1・刀12・剣4・鉄鏃40・盾1・靫1	銅釧1・手鎌1・刀子2		竪櫛40〜・合子	寺田良喜・三浦淑子編1999『野毛大塚古墳』世田谷区教育委員会	206g
1992	宇奈根考古資料室・世田谷区教育委員会	ガラス小玉899	刀1・槍1・鉄鏃30				世田谷区教育委員会編2013『八幡塚古墳』世田谷区教育委員会	251g

番号	舶倭	鏡式	出土遺跡	出土地名	遺跡内容	時期	面径(cm)	銘文	諸氏分類	編者分類・時期	
6	倭	重圏文鏡	伊興遺跡 谷下地区 (表面採集)	足立区東伊興	祭祀	古墳前～中期	5.0	—	重圏文鏡類（小林82・10）／A類Ⅱ（林原90）／Ⅰ型（藤岡91）／4b類（脇山15）	〔重圏文鏡〕	前期
7	倭	捩文鏡			祭祀		9.2	—	獣帯鏡類C型（小林82・10）／C型式c類（水野97）	捩文鏡E系	前(新)
8	倭	珠文鏡	伊興遺跡 狭間地区 Aトレンチ第1層下部		祭祀	古墳前～中期	5.5	—	Ⅰ類（中山他94）／乳文鏡類？（小林10）／A-D類（脇山13）	〔珠文鏡〕	—
9	倭	素文鏡	伊興遺跡 公園予定地内 土壙SK072		土壙	古墳前期	2.1	—	—	〔素文鏡〕	—
9-1	倭	珠文鏡	田端不動坂遺跡 第8号土壙 (第17地点 第2号土壙)	北区田端1-27	集落 土壙	古墳前期	5.6	—	—	〔珠文鏡〕	—
10	倭	弥生倭製鏡 (素文鏡)	宇津木向原遺跡 4区5号住居跡	八王子市宇津木町向原	集落 竪穴住居	弥生末期	5.9	—	重圏文鏡類（小林82・10）／無文鏡（高倉85・90）	〔弥生倭製鏡〕	弥生
11	倭	弥生倭製鏡	舘町515遺跡 20号住居跡	八王子市舘町	集落 竪穴住居	古墳前期	7.8	—	内行花文系小形仿製鏡第5型（田尻10・12）	〔弥生倭製鏡〕	弥生
12	舶	尚方作獣文縁神人歌舞画象鏡	亀塚古墳 〔第2主体部〕	狛江市元和泉1丁目	帆立（40）・木炭槨	古墳後期	20.8	「尚方作竟自有紀 辟去羊宜古市 上有東王父西王母 令君陽遂多孫子号」	Ⅲ円圏式（樋口79）	—	—

神奈川

番号	舶倭	鏡式	出土遺跡	出土地名	遺跡内容	時期	面径(cm)	銘文	諸氏分類	編者分類・時期	
1	倭	重圏文鏡	梶山遺跡 第Ⅱトレンチ	横浜市西区南軽井沢	集落 表土層	古墳	5.1	—	重圏文鏡類（小林82・10）／重圏文鏡（高倉85・90）／B類Ⅱ1（林原90）／Ⅰ型（藤岡91）／4a類（脇山15）	〔重圏文鏡〕	前期
2	倭	〔重圏文鏡〕	軽井沢横穴 (西軽井沢横穴)	横浜市西区南軽井沢	横穴 不明	古墳終末期	9.0	—	—	—	—
3	倭	五獣鏡	日吉矢上古墳	横浜市港北区 日吉2丁目26-32	円墳（24）・粘土床	古墳中期	20.6	擬銘	獣形文鏡類五獣鏡（小林82・10）／D群13段階（池上92）／同向式神獣鏡B系（森下02）	〔中期型神獣鏡〕	中期
4	倭	五獣鏡					20.6	擬銘	獣形文鏡類五獣鏡（小林82・10）／D群13段階（池上92）／同向式神獣鏡B系（森下02）	〔中期型神獣鏡〕	中期
5	舶	長宜子孫八弧内行花文鏡	観音松古墳	横浜市港北区 日吉3丁目-14	古墳	前方後円墳（約90）・粘土槨	古墳前期	19.5	「長宜子孫」	—	—	—
6	倭	四神像鏡	カネ塚古墳 (吉田古墳・カ子塚古墳)	横浜市港北区 新吉田町1169	古墳	円墳（約34）	古墳	12.6	—	—	神像鏡Ⅰ系？	前(中)
7	?	不明	虚空蔵山遺跡 E-V区表土	横浜市青葉区荏田町319-1	集落 遺物包含層	不明	7.0	—	—	—	—
8	倭	弥生倭製鏡	大場第二地区遺跡群 No.2地区 YT-10住居跡	横浜市青葉区大場町962-2他	集落 竪穴住居	弥生後期	5.7	—	内行花文系小形仿製鏡第5型？（田尻10・12）	〔弥生倭製鏡〕	弥生
9	舶	侯氏作一仙五獣鏡	了源寺古墳 (加瀬山4号墳)	川崎市幸区 北加瀬989他	古墳 円墳	古墳	14.8	「侯氏作竟真大巧 有仙人不知老 渇飲玉」	獣形文鏡類六獣鏡（小林82・10）／六像B式（岡村92）／六像Ⅱ式（Ⅱ系）（實盛15）	—	—
10	舶	盤龍鏡					10.3				
11	倭	珠文鏡	加瀬白山古墳 〔後円部北粘土槨〕	川崎市幸区 北加瀬950他	古墳	前方後円墳（87）・粘土槨	古墳前期	7.5	—	珠文鏡Ⅱ類（樋口79）／珠文鏡類B型（小林82・10）／Ⅱ類（中山他94）／珠紋鏡系（森下02）	〔珠文鏡〕	前期
12	倭	捩文鏡					6.5	—	捩文（類）（小林82・10）／BⅡ型（小林83）／Ⅳ型（小沢88）／C型式a類（水野97）	捩文鏡C系	前(中)
13	倭	櫛歯文鏡	加瀬白山古墳 〔前方部粘土槨〕			前方後円墳（87）・粘土槨	4.4	—	—	〔櫛歯文鏡〕	前期
14	舶	三角縁天王日月・獣文帯四神四獣鏡	加瀬白山古墳 〔後円部木炭槨〕			前方後円墳（87）・木炭槨 (割竹形木棺)	古墳前期	22.4	「天王日月」	目録番号46・同笵鏡番号27・配置A・表現②	—	—
15	倭	内行花文鏡					10.3	—	八花文鏡（小林82・10）／B類（H類）（清水94）	内行花文鏡B式？	前(中?)
15-1	倭	重圏文鏡	宮前小台遺跡	川崎市宮前区小台	不明 不明	不明	不明	—	4類（脇山15）	〔重圏文鏡〕	—
16	倭	珠文鏡	鳥ヶ崎横穴群 鳥ヶ崎洞穴 (鴨居)	横須賀市鴨居2-340	墳墓 洞穴内埋葬？	古墳終末期	3.8	—	珠文鏡Ⅰ類（樋口79）／Ⅰ類（中山他94）／D-B類（脇山13）	〔珠文鏡〕	—
17	?	不明	鳥ヶ崎横穴群 鳥ヶ崎B横穴	横須賀市鴨居2-340	横穴	古墳終末期	7.1	—	—	—	—
18	倭	珠文鏡	横須賀市付近 (伝)	横須賀市（伝）	不明	不明	7.2	—	珠文鏡V類（樋口79）／乳文鏡類（小林82・10）／Ⅰ類（中山他94）／2類A（吉田99）	〔珠文鏡〕	前期

東京・神奈川

発見年	所蔵（保管）者	共伴遺物					文献	備考
		石製品・玉類	武具・武器・馬具	ほか金属器	土器類	その他		
昭和以降	足立区立郷土博物館	―	―	―	―	―	大場磐雄編 1962『武蔵伊興』國學院大學考古学研究報告第二冊, 綜芸社	東京都（武蔵国）5-2
								東京都（武蔵国）5-2
1957		―	―	―	―	―		東京都（武蔵国）5-1
1989	伊興遺跡調査会	臼玉	―	―	壺・椀	―	佐々木彰・三ヶ島誠次男・小鍛冶茂子編 1999『毛長川流域の考古学的調査 下水道付設工事に伴う発掘調査』総括編, 足立区伊興遺跡調査会	―
2001	北区教育委員会	瑪瑙勾玉3・ガラス勾玉1・滑石勾玉1・緑色凝灰岩管玉34・琥珀棗玉2・琥珀丸玉1・水晶小玉1・琥珀小玉1・ガラス小玉86	―	―	―	―	中島広顕・新井悟編 2003『田端不動坂遺跡V』北区埋蔵文化財調査報告第30集, 東京都北区教育委員会生涯学習推進課	25g／鏡箱内に玉類とともに納め、両脇の壺にはさまれた状態で出土
1964	八王子市郷土資料館	―	―	―	高杯	―	大場磐雄編 1973『宇津木遺跡とその周辺―方形周溝墓初発見の遺跡―（調査概報）』考古学資料刊行会	東京都（武蔵国）7／2孔（縁部）
1989	八王子市舘町遺跡調査団	―	―	―	土器	―	高倉洋彰・車崎正彦編 1993『季刊考古学』第43号, 雄山閣出版	「十」字文鏡
1951	東京国立博物館〈J36930-1〉	管玉・ガラス玉	刀・f字形鏡板付轡・剣菱形杏葉・鐙・雲珠・鞍	鈴釧・刀子	―	―	樋口隆康 1979『古鏡』新潮社	同型鏡群〔KG-1〕／東京都（武蔵国）6
1975	神奈川県立博物館	―	―	―	―	―	林原利明 1990「弥生時代終末～古墳時代前期の小形仿製鏡について―小形重圏文仿製鏡の様相―」『東国史論』第5号, 群馬考古学研究会	神奈川県（武蔵国）5／古鏡発見地名表では「滑石製鏡」
1930	所在不明	―	刀	―	須恵器（瓶）	―	石野瑛 1940「相州出土の鏡鑑に就いて」『考古学雑誌』第30巻第1号, 考古学会	神奈川県（武蔵国）6
1936	慶應義塾大学考古学研究室	硬玉勾玉5・琥珀勾玉2・ガラス勾玉5・碧玉管玉24・琥珀棗玉8・ガラス丸玉393・ガラス小玉1310	剣1・鉄鏃1	―	―	竪櫛1	柴田常恵・保坂三郎 1943『日吉矢上古墳』慶應義塾大学文学部史学科研究報告, 慶應出版社	神奈川県（武蔵国）3-1,3-2／「三十歳以下なることは明白」な「極く若い人の歯牙」
1938	慶應義塾大学考古学研究室	紡錘車形石製品3・硬玉勾玉1・勾玉1・管玉20余・算盤玉1・ガラス小玉若干	刀1・鉄鏃3	斧1	―	―	大田区立郷土博物館編 1995『武蔵国造の乱』東京美術	神奈川県（武蔵国）4
1895	所在不明	碧玉勾玉1・瑪瑙勾玉1・管玉3	―	―	―	―	八木奘三郎 1900「玉類と鏡の一種」『東京人類学会雑誌』第170号, 東京人類学会	漢式鏡385／神奈川県（武蔵国）1・2
1981	日本窯業史研究所	―	―	―	―	―	大川清・平尾良光・近藤真佐夫 1990『虚空蔵山遺跡』日本窯業史研究所報告第35冊, 馬頭町, 日本窯業史研究所	―
1991	日本窯業史研究所	―	―	―	壺・甕・高杯	―	新井悟編 2015『古鏡―その神秘の力―』六一書房	〈20g〉／破鏡（破面研磨・穿孔）
1910	東京国立博物館〈J5844〉	―	刀1	―	―	―	東京国立博物館編 1986『東京国立博物館図版目録』古墳遺物篇（関東III）, 便利堂	漢式鏡383／神奈川県（武蔵国）7-1
	東京国立博物館〈J5845〉							漢式鏡384／神奈川県（武蔵国）7-2
1937	慶應義塾大学文学部民族学考古学研究室	勾玉1・管玉6・丸玉67	―	鉄器片若干	―	―	柴田常恵・森貞成 1953『日吉加瀬古墳―白山古墳・第六天古墳調査報告―』考古学・民族学叢刊第二冊, 三田史学会	神奈川県（相模国）1-4
								神奈川県（相模国）1-5
		管玉1・小玉4	―	―	―	―		神奈川県（相模国）1-3
		ガラス小玉一括	刀3・剣6・鉄鏃32	斧4・鎌1・鉇4・鑿1・錐4・刀子1・楔形鉄器1	―	―		神奈川県（相模国）1-1
								神奈川県（相模国）1-2
2000頃	所在不明	―	―	―	―	―	下曽我遺跡発掘調査団編 2002『下曽我遺跡・永塚下り畑遺跡第IV地点』鎌倉遺跡調査会	
1924	東京国立博物館〈J22929〉	蛇紋岩勾玉1・蛇紋岩臼玉	刀1・鉄鏃数本	銅釧1・鹿角装刀子柄1	土師器（杯）	―	東京国立博物館編 1986『東京国立博物館図版目録』古墳遺物篇（関東III）, 便利堂	神奈川県（相模国）2-1
1924	所在不明（石野瑛旧蔵）	琥珀棗玉1・水晶切子玉8・土玉14	刀1・刀装具1	金環1	土師器（壺2・甕1・椀3・杯3）・須恵器（杯1・瓶1・平瓶1）	貝輪3	赤星直忠 1925「相州鴨居の横穴（二）」『考古学雑誌』第15巻第9号, 考古学会	神奈川県（相模国）2-2／「内側に六個の乳がありその間に何か浮き出してゐる」
不明	所在不明	―	―	―	―	―	後藤守一 1942『古鏡聚英』上篇 秦鏡と漢六朝鏡, 大塚巧芸社	放射状区画（八区画）

番号	舶倭	鏡 式	出土遺跡	出土地名	遺跡内容	時 期	面径(cm)	銘 文	諸氏分類	編者分類・時期
19	舶	三角縁陳是作四神二獣鏡	真土大塚山古墳〔中央主体部〕	平塚市西真土3-18	前方後円墳(99) or 前方後方墳(43)	古墳前期	22.1	「陳是作竟甚大好 上有王父母 左有倉龍右白虎 宜遠道相保」	目録番号16・同笵鏡番号9・配置X(H)・表現④	—
20	倭	四獣鏡	真土大塚山古墳〔東主体部〕		古墳	古墳前期	7.8	—	獣形文鏡類四獣鏡C-1型(小林82・10)／獣形文鏡ⅡA類(赤塚98b)	鳥頭獣像鏡B系 前(中)
21	倭	素文鏡	万田熊ノ台遺跡方形周溝墓周溝	平塚市万田字下万田441	墳墓	古墳前期	3.3	—	6類(脇山15)	〔素文鏡〕 —
21-1	倭	不明	真田・北金目遺跡群 44区SI0159	平塚市北真田・北金目	集落	住居	弥生後期	破片	—	—
21-2	倭	不明	真田・北金目遺跡群44区遺構外	平塚市北真田・北金目	集落	遺構外	弥生後期～	破片	—	—
21-3	倭	六獣鏡	北金目	平塚市北金目	不明	不明	完形	—	—	〔旋回式獣像鏡〕 後期
22	倭	捩文鏡	大源太遺跡第3低地Ⅲ1層	藤沢市片瀬1-1-1	集落	遺物包含層	古墳	6.6	—	—	捩文鏡C系 前(中)
23	倭	内行花文鏡？	池子遺跡群No.2地点第2号竪穴住居跡	逗子市池子米軍提供用地内	集落	竪穴住居	古墳前期	9.4	—	—	内行花文鏡？ —
23-1	倭	珠文鏡	池子遺跡群No.1-C地点 F-Ⅷ-61グリッド	逗子市池子米軍提供用地内	集落	遺物包含層	古墳	6.2	—	—	〔珠文鏡〕 —
24	倭	珠文鏡	勝坂祭祀遺跡(勝坂有鹿谷祭祀遺跡)	相模原市南区磯部917	祭祀	不明	古墳	6.6	—	Ⅰ類(中山他94)／A-B類(脇山13)	〔珠文鏡〕 前期
25	倭	捩文鏡？					7.0	—	—	捩文鏡？ 前(新？)
26	倭	珠文鏡					4.5	—	A-D類(脇山13)	〔珠文鏡〕 —
26-1	倭	櫛歯文鏡					3.6	—	—	〔櫛歯文鏡〕 —
27	舶	飛禽鏡	稲荷山1号墳(伝)	厚木市下依知字仲道214-2(伝)	古墳	円墳	古墳前期	6.0	—	C式(實盛15)	—
28	倭	四獣鏡	吾妻坂古墳〔第3主体部〕	厚木市下依知字吾妻354-1	古墳	円墳？・木棺直葬	古墳中期	19.1	—	—	〔中期型獣像鏡〕 中期
29	倭	不明	戸室天神山古墳	厚木市戸室字寺ヶ岡	古墳	円墳・表面採集	古墳	8.8	—	—	—
30	倭	二神二獣鏡	岡津古久古墳〔第1号木棺直葬墓〕	厚木市岡津古久字千騎谷269-1	古墳	割竹形木棺直葬	古墳中期	11.1	—	獣形文鏡類四獣鏡C-2型(小林82・10)	— 中期～
30-1	舶	双頭龍文鏡	戸田小柳遺跡7号溝状遺構	厚木市酒井	集落	溝状遺構	古墳後期	9.1	「位至□□」	—	—
31	倭	八乳文鏡	らちめん古墳(恵泉女子短大構内古墳・埒免古墳)石室	伊勢原市三ノ宮1436	古墳	横穴式石室？	古墳後期	8.5	擬銘	—	〔乳脚文鏡〕 後期
32	倭	五獣鏡	登尾山古墳	伊勢原市三ノ宮字登尾山	古墳	円墳？・横穴式石室	古墳後期	10.6	—	獣形文鏡類五獣鏡(小林82・10)	〔中期型獣像鏡〕 中期
33	和	〔和鏡〕	黄金塚古墳(小金塚古墳)(伝)	伊勢原市高森字小金塚(伝)	古墳	円墳(49)	古墳前期	不明	—	—	—
34	倭	不明	伊勢原市内(伝)	伊勢原市(伝)	横穴？	不明	不明	12.3	—	—	—
34-1	倭	素文鏡	成瀬第二地区遺跡群 下糟屋C地区第2地点102号住居跡	伊勢原市下糟屋	集落	住居	古墳前期	3.7	—	—	〔素文鏡〕 —
35	倭	七弧内行花文鏡	大神塚古墳(応神塚古墳・広神塚)主体部	高座郡寒川町岡田	古墳	前方後円墳(51)・粘土槨 or 木棺直葬	古墳	10.1	—	—	内行花文鏡B式 前(中)
35-1	倭	珠文鏡	倉見川端遺跡P92地区1号住居跡	高座郡寒川町倉見地区	集落	竪穴住居	古墳	6.7	—	—	〔珠文鏡〕 前期
36	倭	四乳文鏡？	下田横穴群第5号穴	中郡大磯町虫窪字下田	横穴	不明	古墳終末期	8.5	—	乳文鏡類(小林82・10)	〔乳脚文鏡？〕 後期
37	？	不明	中里横穴(伝)	中郡二宮町中里(伝)	横穴	不明	古墳終末期	不明	—	—	—

神奈川

発見年	所蔵（保管）者	共伴遺物					文献	備考
		石製品・玉類	武具・武器・馬具	ほか金属器	土器類	その他		
1935	東京国立博物館〈J23148〉	碧玉管玉1	巴形銅器5・刀片6・石突1・銅鏃50	刀子3・斧2	―	―	本村豪章1974「相模・真土大塚山古墳の再検討」『考古学雑誌』第60巻第1号, 日本考古学会	1042g／神奈川県（相模国）6-1
1960	平塚市博物館	勾玉1・管玉1・算盤玉2・小玉84	―	鏃1	―	―		73g／神奈川県（相模国）6-2
1979	平塚市博物館	管玉2	鉄鏃1	―	―	―	平塚市博物館編1982『夏期特別展 掘り起こされた平塚』平塚市博物館	
不明	所在不明						弥生時代研究プロジェクトチーム2011「神奈川県内出土の弥生時代金属器（3）」『研究紀要 かながわの考古学』16, 財団法人かながわ考古学財団	―
不明	所在不明							―
不明	所在不明						―	
1982	青山学院大学文学部史学研究室						今津節生編1984『大源太遺跡の発掘調査』青山学院大学大源太遺跡発掘調査団	「他の場所から移動してⅢ1層に混入したものと考えられる」
1989	神奈川県立埋蔵文化財センター	―	銅鏃1・鉄鏃1	―	壺1・小形丸底壺2・甕1・鉢2・高杯・手捏土器1等	有頭石錘1	新井悟編2015『古鏡―その神秘の力―』六一書房	破鏡
1990頃	公益財団法人かながわ考古学財団						枡渕規彰・新開基史他編1996『池子遺跡群No.1-C地点池子米軍家族住宅建設にともなう調査』かながわ考古学財団調査報告11, 財団法人かながわ考古学財団	〈2g〉
昭和以降	個人	石製模造品（鏡6・剣12・刀子1・勾玉6）・子持勾玉・管玉1・臼玉3・小玉48	―	―	壺2	―	足立区伊興遺跡調査会編1999『毛長川流域の考古学的調査―総括編―』足立区伊興遺跡調査会	―
不明	所在不明						新井悟編2015『古鏡―その神秘の力―』六一書房	
大正	厚木市教育委員会	―					江藤昭編1988『稲荷山第一号墳遺跡 東国における前期古墳の調査』神奈川県厚木市下依知大久根遺跡第9次調査報告書, 下依知大久根遺跡調査団	―
1987	厚木市教育委員会	ガラス小玉21	剣1	―	―	堅櫛2～3	西川修一編2004『吾妻坂古墳―出土資料調査報告―』厚木市教育委員会文化財保護課	1213g
1972	厚木市教育委員会	―	剣?	―	―	―	江藤昭編1988『稲荷山第一号墳遺跡 東国における前期古墳の調査』神奈川県厚木市下依知大久根遺跡第9次調査報告書, 下依知大久根遺跡調査団	
1974	國學院大學考古学研究室	滑石勾玉9・滑石臼玉76	―	―	―	―	樋口清之・金子皓・青木豊1974「神奈川県岡津古久遺跡の調査」『考古学ジャーナル』No.102, ニュー・サイエンス社	184g／神奈川県（相模国）7
2014	公益財団法人かながわ考古学財団						公益財団法人かながわ考古学財団編2015『考古学財団発掘帖』No.22号, 公益財団法人かながわ考古学財団	
1968	比々多神社・三之宮郷土博物館	―	杏葉2・鞍金具・引手等	刀子1	―	―	東海大学校地内遺跡調査団編1999『相模国のはじまり 相模地方の豪族と相模国の成立』東海大学校地内遺跡調査団	―
1960	比々多神社・三之宮郷土博物館	棗玉3・切子玉3	刀5・鐔2・鉄鏃多数・鏡板・衙・鞍・杏葉・辻金具・雲珠・引手・革飾金具	有脚蓋付銅鋺・刀子3	土師器（杯5）・須恵器（高杯1）	―	東海大学校地内遺跡調査団編1999『相模国のはじまり 相模地方の豪族と相模国の成立』東海大学校地内遺跡調査団	神奈川県（相模国）5
不明	―	―	―	銅環	―	―	谷川磐雄1923「相模国発見の埴輪」『考古学雑誌』第14巻第2号, 考古学会	神奈川県（相模国）4／「和鏡（足利時代頃の）」
大正?	伊勢原市教育委員会（個人旧蔵）	―	―	―	―	―	西川修一・武田賢一1992「伊勢原市内出土の考古資料について」『神奈川考古』第28号, 神奈川考古同人会	破片
2000年代	所在不明						弥生時代研究プロジェクトチーム2010「神奈川県内出土の弥生時代金属器（2）―銅製品集成―」『研究紀要 かながわの考古学』15, 財団法人かながわ考古学財団	―
1908	寒川神社方徳資料館		刀・剣	斧?・鏃	―	―	寒川町編2000『寒川町史』15別編 図録さむかわ, 寒川町	神奈川県（相模国）3-1
2011	公益財団法人かながわ考古学財団						公益財団法人かながわ考古学財団2011『宮山中里遺跡・倉見川端遺跡・倉見川登遺跡』さがみ縦貫道路建設事業 寒川町倉見地区遺跡見学会	―
1961	大磯町郷土資料館						東海大学校地内遺跡調査団編1999『相模国のはじまり 相模地方の豪族と相模国の成立』東海大学校地内遺跡調査団	
不明	所在不明						斎藤忠1983『日本横穴地名表 古墳文化基礎資料』吉川弘文館	

番号	舶倭	鏡式	出土遺跡	出土地名	遺跡内容		時期	面径(cm)	銘文	諸氏分類	編者分類・時期	
38	舶	八弧内行花文鏡	神奈川県（伝）	神奈川県（伝）	不明	不明	不明	12.4	—	四葉座Ⅲ型（山本78）／Aaイ式（樋口79）？／八花文鏡（小林10）	—	—
39	舶	双頭龍文鏡	神奈川県（伝）	神奈川県（伝）	不明	不明	不明	9.3	「□□三公」	Ⅲ式（樋口79）	—	—
39-1	倭	重圏文鏡	永塚下り畑遺跡第Ⅳ地点住居跡K6（K9）	小田原市永塚字下り畑408他	集落	竪穴住居	古墳前期	7.8	—	Ⅰ型（林原08）／4a類（脇山15）	〔重圏文鏡〕	前期
39-2	倭	珠文鏡	高田南原遺跡第Ⅱ地点Ⅰ-10グリッド包含層	小田原市高田字南原278	集落	遺物包含層	古墳	8.1	—	—	〔珠文鏡〕	前期
39-3	倭	櫛歯文鏡？	千代北町遺跡第Ⅹ地点1号竪穴住居	小田原市千代字北町	集落	竪穴住居	古墳	破片	—	—	〔重圏文鏡〕	前期
39-4	倭	六獣鏡	別堀前田遺跡第Ⅰ地点	小田原市別堀字前田	集落	溝	古墳	10.4	—	—	分離式神獣鏡系	前（新）

関東

| 1 | 倭 | 五鈴五神像鏡 | 関東地方古墳（伝） | 関東地方（伝） | 古墳 | 不明 | 不明 | 16.0 | — | — | 神像鏡Ⅰ系？ | 前（中）？ |

新潟

1	倭	鼉龍鏡	菖蒲塚古墳	新潟市西蒲区竹野町菖蒲〔西蒲原郡巻町〕	古墳	前方後円墳（53）	古墳前期	24.4	—	画文帯神獣鏡（系）A型（小林82·10）／A群4段階（池上92）／基本系-1（新井95）／第一群同工鏡B（車崎95）／Ⅰ群A系②（辻田00·07）／Ⅰ類双胴系（林00）	鼉龍鏡A系	前（中）
2	倭	四獣鏡	保内三王山11号墳	三条市上保内字二ツ山	古墳	造出付円墳（23）・組合式木棺直葬	古墳前期	11.3	—	D類獣頭（冨田89）／獣形文鏡ⅡF類（赤塚98b）	獣像鏡Ⅱ系	前（中）
3	舶	獣首鏡	菅畑（伝）	長岡市菅畑（伝）〔栃尾市〕	不明	不明	不明	—	—	—	—	—
24	踏	盤龍鏡	上条コロビ堂	長岡市上除町転堂（推定）	不明	不明	—	8.3	—	—	—	—
24-1	倭	捩文鏡	奈良崎1号墳	長岡市島崎字奈良崎・小谷〔三島郡和島村〕	古墳	円墳（18）・木棺直葬	古墳前期	9.0	—	—	捩文鏡B系	前（中）
4	？	不明	古林1号墳石室？	魚沼市根小屋字川山6196-1他〔北魚沼郡堀之内町〕	古墳	円墳（7）	古墳後期	7.5	—	—	—	—
5	倭	珠文鏡	下山3号墳	南魚沼市浦佐字下山〔南魚沼郡大和町〕	古墳	円墳（10）・木棺直葬？	古墳中期	6.8	—	—	〔珠文鏡〕	前期
6	倭	珠文鏡？	名木沢古墳	南魚沼市名木沢〔南魚沼郡大和町〕	古墳	円墳	古墳中～後期	6.7	—	—	〔珠文鏡？〕	—
7	？	不明	蟻子山古墳群（41～48号墳の中の1基）	南魚沼市余川字蟻子山〔南魚沼郡六日町〕	古墳	円墳	古墳中～後期	不明	—	—	—	—
8	倭	十乳文鏡	蟻子山48号墳	南魚沼市余川字蟻子山〔南魚沼郡六日町〕	古墳	円墳（23）・竪穴式石槨	古墳中～後期	8.4	擬銘	—	〔乳脚文鏡〕	後期
9	？	不明	蟻子山古墳群or飯綱山古墳群（余川群集墳）	南魚沼市余川字蟻子山or飯綱山〔南魚沼郡六日町〕	古墳	不明	古墳中～後期	不明	—	—	—	—
10	？	不明	蟻子山古墳群or飯綱山古墳群（余川群集墳）	南魚沼市余川字蟻子山or飯綱山〔南魚沼郡六日町〕	古墳	不明	古墳中～後期	不明	—	—	—	—
11	舶	方格T字鏡	飯綱山10号墳〔東石槨〕	南魚沼市余川字飯綱山〔南魚沼郡六日町〕	古墳	円墳（37）・竪穴式石槨	古墳中期	9.0	—	V類（樋口79）／方格規矩文鏡類G型（小林82·10）／小型鏡A0型（北浦92）／MD式（松浦94）／丙群（森下98）	—	—
12	倭	珠文鏡		南魚沼市余川字飯綱山〔南魚沼郡六日町〕	古墳			6.1	「大日大日大日大日大日」	—	—	—
13	舶	円圏規矩鏡	飯綱山10号墳〔西石槨〕		古墳	円墳（37）・竪穴式石槨	古墳中期	7.0	—	—	—	—
14	倭	捩文鏡？	飯綱山10号墳（女塚）		古墳	円墳（37）	古墳中期	6.7	—	—	捩文鏡？	—
15	倭	珠文鏡						6.1	—	—	〔珠文鏡〕	—
16	倭	五弧内行花文鏡	飯綱山古墳群（伝）	南魚沼市余川字飯綱山〔南魚沼郡六日町〕	古墳	不明	古墳中～後期	8.2	—	—	内行花文鏡B式	前（中）
17	倭	乳文鏡						9.8	—	—	〔乳脚文鏡〕	後期
18	倭	珠文鏡	飯綱山古墳群（10号墳）（伝）	南魚沼市余川字飯綱山（伝）〔南魚沼郡六日町〕	古墳	不明	古墳中～後期	5.8	—	—	〔珠文鏡〕	—
19	倭	不明	飯綱山古墳群（伝）	南魚沼市余川字飯綱山（伝）〔南魚沼郡六日町〕	古墳	不明	古墳中～後期	5.2	—	—	—	—
20	倭	珠文鏡？	天神堂90号墳石室（天神堂27号墳）（旧66号墳）	妙高市籠町字天神堂〔新井市〕	古墳	円墳（17）	古墳後期	10.6	—	—	〔珠文鏡？〕	—

神奈川・関東・新潟

発見年	所蔵（保管）者	共伴遺物					文献	備考
		石製品・玉類	武具・武器・馬具	ほか金属器	土器類	その他		
1872	東京国立博物館〈J4816-1〉	―	―	―	―	―	東京国立博物館編1986『東京国立博物館図版目録』古墳遺物篇（関東Ⅲ）,便利堂	漢式鏡381／神奈川県（相模国）8-1
1872	東京国立博物館〈J4816-2〉	―	―	―	―	―		漢式鏡382／神奈川県（相模国）8-2
2000年代	公益財団法人かながわ考古学財団						弥生時代研究プロジェクトチーム2010「神奈川県内出土の弥生時代金属器（2）―銅製品集成―」『研究紀要 かながわの考古学』15,財団法人かながわ考古学財団	―
2005	公益財団法人かながわ考古学財団						天野賢一編2006『高田南原遺跡（第Ⅱ地点）』かながわ考古学財団調査報告199,財団法人かながわ考古学財団	46g／鈕紐は樹皮／区画型
2000年代	所在不明						―	混入品か
2011	小田原市教育委員会				土器	木製品	新井悟編2015『古鏡―その神秘の力―』六一書房	―
不明	個人	―	―	―	―	―	福島義一編1983『古鏡 その歴史と鑑賞』徳島県出版文化協会	鈴は後着か／面径は鈴込みか
江戸以前	個人（到道博物館）	硬玉勾玉1・碧玉管玉7	―	―	土器1	―	甘粕健他編1983『新潟県史』資料編1原始・古代一 考古編,新潟県	新潟県（越後国）8
1986	三条市教育委員会・三条市民俗産業資料館	太形管玉2・細形管玉65・ガラス丸玉34	剣1	斧1	―	―	甘粕健・川村浩司・荒木勇次編1989『新潟県三条市 保内三王山古墳群 測量・発掘調査報告書』三条市文化財調査報告第4号,三条市教育委員会	209g
不明	個人旧蔵	―	―	―	―	―	岡崎敬編1978『日本における古鏡 発見地名表 北陸・甲信越地方』東アジアより見た日本古代墓制研究	新潟県（越後国）5／伝世品
1919	上越市総合博物館（個人旧蔵）						橋本博文1998「森成コレクション中の龍虎鏡について」『上越市史研究』第3号,上越市	「大正八年、上條 コロビ堂、崖崩ノ際」（箱書）
1999	新潟県埋蔵文化財センター	勾玉1・管玉3					春日真実2002『奈良崎遺跡』新潟県埋蔵文化財調査報告書第116集,新潟県教育委員会	〈29g〉
1881	所在不明	瑪瑙勾玉2・水晶切子玉1	刀20余・鐔5・貴金具9・鞘尻金具2・鉄鏃5	金環数点	―	―	新潟県教育委員会編1977『南魚沼』新潟県文化財調査年報第15,新潟県教育委員会	―
1952	個人		刀1		土師器（高杯多数）・須恵器2		新潟県考古学会1999『新潟県の考古学』高志書院	新潟県（越後国）3
明治	個人	瑪瑙勾玉2・管玉1・ガラス丸玉1・臼玉4・ガラス小玉1					新潟県考古学会1999『新潟県の考古学』高志書院	新潟県（越後国）4
1889	焼失	勾玉2・管玉2・ガラス小玉3					南魚沼郡教育会1920『南魚沼郡志』南魚沼郡	―
1889	個人	管玉2	―	―	―	―	甘粕健他編1983『新潟県史』資料編1原始・古代一 考古編,新潟県	漢式鏡604／新潟県（越後国）2
明治	焼失						南魚沼郡教育会1920『南魚沼郡志』南魚沼郡	
明治								
1888		勾玉3・管玉1・滑石小玉107	横矧板鋲留短甲2・刀2・剣1・矛1・鉄鏃多数・環鈴3・鈴3	―	―	―	甘粕健他編1983『新潟県史』資料編1原始・古代一 考古編,新潟県	新潟県（越後国）1-2
								新潟県（越後国）1-1?
		勾玉2・碧玉管玉11・滑石小玉300余	―	―	―	―	後藤守一1942『古鏡聚英』上篇 秦鏡と漢六朝鏡,大塚巧芸社	4寸？
1888?	飯綱考古博物館	―						―
不明							甘粕健他編1983『新潟県史』資料編1原始・古代一 考古編,新潟県	破片
不明								
不明							白石太一郎・設楽博己編1994『弥生・古墳時代遺跡出土鏡データ集成』（国立歴史民俗博物館研究報告 第56集）,国立歴史民俗博物館	
1925	焼失		刀1・鉄鏃9～？	刀子1	―	―	斎藤秀平1930『斐太古墳群』『新潟県史蹟名勝天然記念物調査報告』第一輯,新潟県	新潟県（越後国）7

番号	舶倭	鏡式	出土遺跡	出土地名	遺跡内容	時期	面径(cm)	銘文	諸氏分類	編者分類・時期
21	倭	〔鈴鏡〕	春日山古墳(春日山城址古墳)	上越市中屋敷・大豆	古墳	不明	古墳後期	破片	—	—	—
22	?	不明					不明	—	—	—	—
23	?	〔方格規矩鏡〕	不明(新潟県外?)	不明(新潟県外?)	不明	不明	11.2	—	—	—	—
25	倭	八弧内行花文鏡	蔵王遺跡 包含層(5号掘建柱建物跡付近)	佐渡市新穂〔佐渡郡新穂村〕	集落	掘立柱建物跡	古墳前期?	10.5	—	—	内行花文鏡B式	前(中)
26	倭	珠文鏡					6.4	—	A-B類(脇山13)	〔珠文鏡〕	前期
26-1	?	不明	千種遺跡	佐渡市千種字橋詰・谷地〔佐渡郡金井町〕	不明	不明	不明	—	—	—	—
26-2	舶	盤龍鏡	城の山古墳	胎内市塩津	古墳	前方後円墳(62)・舟形木棺直葬	古墳前期	約10	—	—	—	—
26-3	倭	素文鏡	西川内南遺跡 包含層	胎内市西川内字中曽根202他〔北蒲原郡中条町〕	集落	遺物包含層	不明	2.8	—	6類(脇山15)	〔素文鏡〕	—

富山

番号	舶倭	鏡式	出土遺跡	出土地名	遺跡内容	時期	面径(cm)	銘文	諸氏分類	編者分類・時期
1	倭?	不明	桜谷2号墳	高岡市太田字太田旦保	古墳	帆立	古墳	5.0	—	—	—
2	倭	八弧内行花文鏡	桜谷9号墳	高岡市太田字太田旦保	古墳	円墳	古墳前〜中期	14.0	—	D類I式(清水94)/I類基本系(林00)/八花文鏡(小林10)	内行花文鏡A式B類	前(中)
3	舶	盤龍鏡	国分山A墳〔(イ)主体部〕	高岡市伏木国分字岩崎	古墳	円墳(30)・粘土槨or組合式木棺直葬	古墳	9.8	—	龍虎鏡類(小林82・10)/B類?(辻田09)	—	—
4	倭	六弧内行花文鏡	国分山A墳〔(ロ)主体部〕		古墳	円墳(30)・粘土槨or組合式木棺直葬	古墳	10.9	—	B類(H類)(清水94)/六花文鏡(小林10)	内行花文鏡B式	前(中?)
4-1	倭	六弧内行花文鏡	板屋谷内C6号墳	高岡市五十里字板屋谷内	古墳	円墳(17)・木棺直葬	古墳前期	6.9	—	—	内行花文鏡B式	前(中)
4-2	倭	珠文鏡					9.3	—	A-D類(脇山13)	〔珠文鏡〕	前期
4-3	倭	珠文鏡	東木津遺跡溝SD6	高岡市木津東木津	集落	溝	古墳	7.6	—	—	〔珠文鏡〕	—
5	倭	弥生倭製鏡(六弧内行花文鏡)	小杉上野遺跡第Ⅲ台地第2号住居跡	射水市上野〔射水郡小杉町〕	集落	竪穴住居	弥生末期	7.2	—	内行花文日光鏡系仿製鏡(高倉85・90)/B類I式(清水94)/六花文鏡(小林10)	〔弥生倭製鏡〕	弥生
5-1	倭	不明	愛宕遺跡SD401B	射水市戸破・三ヶ〔射水郡小杉町〕	集落	溝	不明	約6	—	—	—	—
6	舶	方格規矩鏡?	藤塚古墳	中新川郡立山町日中字魚簗場	古墳	円墳・竪穴式石槨	古墳中期	9.6	—	—	—	—
7	倭	弥生倭製鏡	中小泉遺跡溝SD39	中新川郡上市町中小泉	集落	溝	弥生後期	7.1	—	重圏文日光鏡系仿製鏡第Ⅲ型a類(高倉85・90)/重圏紋鏡系小形仿製鏡第Ⅲ型(高木02)/重圏文系小形仿製鏡第3型(田尻10・12)	〔弥生倭製鏡〕	弥生
7-1	倭	不明	阿尾島田A1号墳〔第2主体部〕	氷見市阿尾	古墳	前方後円墳(約70)・木棺直葬	古墳前期	約9	—	—	—	—
7-2	倭	不明	加納南9号墳墳丘上	氷見市加納	古墳	円墳(19)・割竹形木棺直葬	古墳後期	破片	—	—	—	—
7-3	倭	七乳文鏡	加納南10号墳	氷見市加納	古墳	円墳(13)・割竹形木棺直葬	古墳後期	9.0	—	—	〔乳脚文鏡〕	後期

石川

番号	舶倭	鏡式	出土遺跡	出土地名	遺跡内容	時期	面径(cm)	銘文	諸氏分類	編者分類・時期
1	舶	夔鳳鏡	国分尼塚1号墳	七尾市国分町	古墳	前方後方墳(53)・割竹形木棺直葬	古墳前期	15.7	「長宜子孫」「位至三公」	ⅢA1a型式(岡内96)/2A式(秋山98)	—	—
2	倭	捩文鏡or重圏文鏡	国分尼塚2号墳	七尾市国分町	古墳	前方後方墳(33)・割竹形木棺直葬	古墳前期	10.1	—	—	捩文鏡B系?	前(中)
2-1	倭	珠文鏡	高井5号墳	七尾市国分町	古墳	方墳(6)	古墳前期	7.0	—	Ⅲ類(中山他94)/B-A類(脇山13)	〔珠文鏡〕	—
3	舶	方格T字鏡	水白鍋山古墳	鹿島郡中能登町水白	古墳	帆立(64)・箱形石棺	古墳中期	8.9	—	V類(樋口79)/方格規矩文鏡類G型(小林82・10)/博局T字鳥文鏡Ca4S類(高木91・93)/小型鏡A4型(北浦92)/SAa1式(松浦94)/丁群(森下98)	—	—

新潟・富山・石川

発見年	所蔵（保管）者	共伴遺物 石製品・玉類	武具・武器・馬具	ほか金属器	土器類	その他	文献	備考
江戸以前	所在不明	玉類	把頭2・馬具片・銅鈴	―	須恵器	―	清野謙次1944『日本人種論変遷史』小山書店	―
不明	飯綱考古博物館	―	―	―	―	―	細矢菊治1972『南魚沼郡の歴史 先史時代から中世まで』塩沢町	―
1996	佐渡市教育委員会	―	銅鏃	―	土器	―	文化庁編1998『発掘された日本列島'98新発見考古速報』朝日新聞社	―
不明	不明	―	―	―	―	―	―	小型鏡
2012	胎内市教育委員会	翡翠勾玉1・緑色凝灰岩管玉8・ガラス小玉120	刀1・剣or槍1・銅鏃7・革製靫1・繊維製靫2・弓2	斧2・鉇1・刀子1・両頭金具2・鉄片数点	―	漆塗製品2	水澤幸一編2013『眠りから覚めた城の山古墳』第1回城の山古墳シンポジウム資料集，胎内市教育委員会	―
2004	胎内市教育委員会	―	―	―	―	―	財団法人新潟県埋蔵文化財調査事業団・株式会社吉田建設編2005『西川内北遺跡・西川内南遺跡』新潟県埋蔵文化財調査報告書第146集，新潟教育委員会・財団法人新潟県埋蔵文化財調査事業団	―
戦後	所在不明（高岡市博物館旧蔵）	（石釧5・紡錘車形石製品1・管玉6）	―	―	―	―	富山県編1972『富山県史』考古編，富山県	富山県（越中国）1
1918	東京国立博物館〈J8698〉	管玉13	―	―	―	―		漢式鏡603／富山県（越中国）2
1951(1971?)	高岡市立博物館	―	刀1・鉄鏃	―	―	―	石川県立歴史博物館編1990『魅惑の日本海文化』石川県立歴史博物館	富山県（越中国）3-1
昭和以降			刀1・鉄鏃	―	―	―		富山県（越中国）3-2
2004	財団法人富山県文化振興財団埋蔵文化財調査事務所	翡翠勾玉1・瑪瑙勾玉1・滑石系勾玉1・緑色凝灰岩管玉26・ガラス管玉2・滑石管玉1～・滑石棗玉234・琥珀丸玉2・ガラス小玉15	短剣1	―	―	―	金三津道子・新宅茜編2008『板屋谷内B・C古墳群・堂前遺跡発掘調査報告』富山県文化振興財団埋蔵文化財発掘調査報告第38集，財団法人富山県文化振興財団埋蔵文化財調査事務所	19g　　108g／放射状区画（四区画）
1990年代	高岡市教育委員会	―	―	―	―	―	高岡市教育委員会編1998『市内遺跡調査概報Ⅷ―平成9年度麻生谷新生園遺跡の調査他―』高岡市埋蔵文化財調査概報第39冊，高岡市教育委員会	―
1971	富山県埋蔵文化財センター	―	―	―	高杯	碧玉未製品	林原利則1993『東日本の初期銅鏡』『季刊考古学』第43号，雄山閣出版	富山県（越中国）4
2009	富山県埋蔵文化財センター	―	―	―	土器	―	青山裕子編2013『白石遺跡 大江東遺跡 大江遺跡 愛宕遺跡 今開発東遺跡 今開発遺跡 三ヶ・本開発遺跡 発掘調査報告』富山県文化振興財団埋蔵文化財発掘調査報告第53集，公益財団法人富山県文化振興財団埋蔵文化財調査事務所	〈15g〉
1964	個人	―	剣1・槍2	―	―	―	富山県編1972『富山県史』考古編，富山県	富山県（越中国）5／方格T字鏡か
1979	富山県埋蔵文化財センター	―	―	―	―	―	石川県立歴史博物館編1990『魅惑の日本海文化』石川県立歴史博物館	―
2002	富山大学人文学部考古学研究室	ガラス小玉4	―	―	―	―	高橋浩二・山本教幸2003『阿尾島田A1号墳―第3次発掘調査報告書―』富山大学人文学部考古学研究室	鏡片
2006	富山県文化振興財団埋蔵文化財調査事務所	―	挂甲1・刀1・鉾1・青銅三輪玉5・鉄鏃44／轡1（墳丘上）	斧1・鑷子1	―	―	新宅茜・高柳由紀子編2014『加納南古墳群・稲積オオヤチ古墳群発掘調査報告』富山県文化振興財団埋蔵文化財発掘調査報告第63集，公益財団法人富山県文化振興財団埋蔵文化財調査事務所	〈9g〉／鈕のみ／「埋葬部（中略）にあったものが（中略）移動したと考えるのが妥当」
2006		玉髄勾玉1・水晶勾玉1・管玉14・ガラス玉433～		鍬鋤先1・斧1・鎌2・刀子片1	須恵器（蓋1）			
1983	富山大学人文学部考古学研究室	勾玉1・管玉10	刀2・剣3・槍2・銅鏃57　鉄鏃4・靫1	鍬先1・斧3・鑿3・鉇1・魚狀6～	―	―	石川県立歴史博物館編1990『魅惑の日本海文化』石川県立歴史博物館	―
1984		管玉20						
不明	所在不明	―	―	―	―	―	桜井憲弘他編1981『国分高井山遺跡 第一次緊急発掘調査概報』七尾市教育委員会	―
1906	水白区長	ガラス玉27・滑石臼玉57	刀2・矛?1	斧1・刀子2	―	―	上田三平1923『鍋山古墳』石川県『石川県史蹟名勝調査報告』第一輯，石川県	漢式鏡600／石川県（能登国）2

番号	舶倭	鏡式	出土遺跡	出土地名	遺跡内容	時期	面径(cm)	銘文	諸氏分類	編者分類・時期
4	舶	三角縁波文帯三神三獣鏡	小田中親王塚古墳（伝）	鹿島郡中能登町小田中（伝）	古墳	円墳（65）	古墳前期	21.3	—	目録番号133・配置L2・表現⑬	—	—
5	舶	「仿製」三角縁獣文帯三神三獣鏡					完形	—	目録番号257a	—	—
29	倭	環状乳神獣鏡	雨の宮1号墳	鹿島郡中能登町能登部上・西馬場〔鹿島郡鹿西町〕	古墳	前方後方墳（64）・粘土槨	古墳前期	17.0	—	—	環状乳神獣鏡系？	前（中）
6	倭	弥生倭製鏡（五弧内行花文鏡）	吉崎・次場遺跡遺物包含層	羽咋市次場町	集落	遺物包含層	弥生後期	6.2	—	ＡⅠ式？（森70）／古式仿製鏡重弧内行花文鏡帯式（樋口79）／内行花文日光鏡系仿製鏡第Ⅲ型（高倉85・90）／連弧紋鏡系小形仿製鏡第Ⅲ型a類（高木02）／内行花文系小形仿製鏡第5型（田尻10・12）	〔弥生倭製鏡〕	弥生
7	舶	虺龍文鏡	吉崎・次場遺跡Ｖ-8号土壙上面	羽咋市次場町	集落	土壙	弥生	破片	—	—	—
30	倭	弥生倭製鏡	四柳白山下遺跡遺物包含層	羽咋市四柳町	集落	遺物包含層	古墳前期	5.6	—	重圏文系小形仿製鏡第3型（田尻10・12）	〔弥生倭製鏡〕	弥生
8	舶	尚方作方格規矩四神鏡	宿東山1号墳	羽咋郡宝達志水町宿	古墳	前方後円形墳丘墓（21）・組合式木棺直葬	古墳前期	17.9	「尚方作竟真大巧　上有仙人不知老　渇飲玉泉飢食棗　敢三海兮」		—	—
9	倭	重圏文鏡	田中Ａ遺跡遺物包含層	金沢市田中町	集落	遺物包含層	弥生末期	6.8	—	重圏文鏡類（小林82・10）／重圏文鏡（高倉85・90）／Ｅ類（林原90）／Ｉ型（藤岡91）／4a類（脇山15）	〔重圏文鏡〕	前期
10	倭	不明	塚崎遺跡6号竪穴住居跡	金沢市塚崎町	集落	竪穴住居	弥生末期	8.0	—	—	—	—
11	倭	重圏文鏡	西念・南新保遺跡Ｐ区22号溝	金沢市南新保町	集落	溝	弥生末期	6.5	—	Ｃ類（林原90）／Ｖａ型（藤岡91）／祖型グループ（中山他94）／4a類（脇山15）	〔重圏文鏡〕	前期
12	倭	不明	古府クルビ遺跡遺物包含層	金沢市古府	集落	遺物包含層	弥生	9.0	—	—	—	—
13	倭	珠文鏡	下安原遺跡Ｂ溝上層	金沢市下安原町	集落	河道	古墳前期	7.8	—	Ⅰ類（中山他94）／珠紋鏡系（森下02）／Ｄ-A3類（脇山13）	〔珠文鏡〕	前期
14	舶	双頭龍文鏡	無量寺Ｂ遺跡ＢⅡ区1号溝	金沢市無量寺町	集落	溝	弥生末期	破片	銭文（「五朱」）	—	—	—
31	倭	弥生倭製鏡	大友西遺跡ＧＨ8区SD01・02合流部分溝底付近	金沢市大友町	集落	溝	弥生末期	6.8	—	—	〔弥生倭製鏡？〕	弥生？
31-1	倭	珠文鏡	神谷内18号墳	金沢市神谷内町	古墳	方墳（6）・流出盛土内	古墳前期	8.7	—	D-B類（脇山13）	〔珠文鏡〕	前期
31-2	倭	内行花文鏡	神谷内12号墳	金沢市神谷内町	古墳	前方後円墳（28）・箱式木棺直葬	古墳前期	7.6	—	—	内行花文鏡B式？	前期？
15	倭	不明	下開発茶臼山9号墳〔第1主体部〕	能美市下開発町〔能美郡辰口町〕	古墳	円墳（16）・粘土槨	古墳中期	7.0	—	—	—	—
16	倭	珠文鏡	西山3号墳	能美市徳久町〔能美郡辰口町〕	古墳	円墳・木棺直葬	古墳中期	9.0	—	—	〔珠文鏡〕	
17	倭	不明	西山9号墳	能美市徳久町〔能美郡辰口町〕	古墳	円墳・横穴式石室	古墳後期	13.8	—	—	—	—
18	倭	六鈴五乳文鏡	和田山1号墳	能美市寺井町和田山イ16〔能美郡寺井町〕	古墳	円墳（24）・粘土槨	古墳中期	10.4	擬銘	乳文鏡系六鈴式（樋口79）／鈴鏡類（六鈴鏡）（小林82・10）／乳文（西岡86）／獣帯文鏡類（大川97）／Ⅱ類-Ab乳文鏡（八木00）／乳脚紋鏡b～d系（森下02）／乳脚文系C2類（岡田05）	〔乳脚鏡〕	後期
19	倭	四神四獣鏡	和田山2号墳	能美市寺井町和田山イ16〔能美郡寺井町〕	古墳	円墳（20）・粘土槨	古墳後期	12.1	—	四神四獣鏡（樋口79）／四神四獣鏡系（小林82・10）	〔後期型神獣鏡〕	後期

石川

発見年	所蔵（保管）者	共伴遺物					文献	備考
		石製品・玉類	武具・武器・馬具	ほか金属器	土器類	その他		
不明	白久志山御祖神社	（鍬形石1）・碧玉管玉1	—	—	—	—	清喜裕二・加藤一郎・土屋隆史2015「大入杵命墓の墳丘外形調査および出土品調査報告」『書陵部紀要』第66号〔陵墓篇〕，宮内庁書陵部陵墓課	827g／石川県（能登国）3-1
	所在不明						石川県編1923『石川県史蹟名勝調査報告』第一輯，石川県	漢式鏡601?／石川県（能登国）3-2／柳井茶臼山古墳鏡（山口6）と同一品
1996	中能登町教育委員会	車輪石4・石釧15・琴柱形石製品1・緑色凝灰岩管玉14	方形板革綴短甲1・方頭形鉄鏃形鉄製品（三尾鉄?）1・漆製品1（錣・肩甲・冑?）・刀5・剣2・短剣14・銅鏃55・鉄鏃約74～・持盾1	鍬鋤先1・斧2・鎌1・鉇2・鋸1・鑿?2・錐?2・針?2・半円形不明鉄製品1	—	—	中屋克彦編2005『史跡雨の宮古墳群』鹿西町教育委員会	485g
1963	羽咋市教育委員会	—	—	—	—	—	樋口隆康1979『古鏡』新潮社	石川県（能登国）1
1983	財団法人石川県埋蔵文化財センター	—	—	—	—	—	福島正美1983「羽咋市吉崎・次場遺跡出土の鏡片・石剣」『石川県立埋蔵文化財センター所報』第14号，石川県立埋蔵文化財センター	破鏡（破面研磨）
1997	財団法人石川県埋蔵文化財センター	—	—	—	—	—	社団法人石川県埋蔵文化財保存協会編1998『社団法人石川県埋蔵文化財保存協会年報』9（平成9年度），社団法人石川県埋蔵文化財保存協会	—
1985	財団法人石川県埋蔵文化財センター	—	—	—	—	—	石川県立歴史博物館編1990『魅惑の日本海文化』石川県立歴史博物館	破砕鏡
1971	財団法人石川県埋蔵文化財センター	—	—	—	—	—	石川県立歴史博物館編1990『魅惑の日本海文化』石川県立歴史博物館	石川県（加賀国）8
1971	財団法人石川県埋蔵文化財センター	—	—	—	壺・甕・鉢・器台・高杯・蓋	—	埋蔵文化財研究会第20回研究集会世話人編1986『弥生時代の青銅器とその共伴関係』第Ⅲ分冊 近畿以東篇，埋蔵文化財研究会第20回研究集会世話人	石川県（加賀国）9／縁部片
1988	金沢市教育委員会	—	—	—	—	—	石川県立歴史博物館編1990『魅惑の日本海文化』石川県立歴史博物館	51g
1972	財団法人石川県埋蔵文化財センター	—	—	—	—	—	石川県立歴史博物館編1990『魅惑の日本海文化』石川県立歴史博物館	石川県（加賀国）10／破鏡（破面研磨）／縁部片
1988	金沢市教育委員会	—	—	—	—	—	石川県立歴史博物館編1990『魅惑の日本海文化』石川県立歴史博物館	—
1983	金沢市教育委員会	—	—	—	壺・甕・鉢・器台・高杯・蓋	—	石川県立歴史博物館編1990『魅惑の日本海文化』石川県立歴史博物館	破鏡（内区・2孔）
1995	金沢市教育委員会	—	—	—	—	—	金沢市埋蔵文化財センター編2003『大友西遺跡Ⅲ』金沢市文化財紀要196，金沢市	—
2000頃	金沢市教育委員会	碧玉管玉1	—	—	—	—	小西昌志編2004『神谷内古墳群C支群』金沢市文化財紀要208，金沢市	放射状区画（四区画）／盛土流出のため主体部を確認できず
2000頃		碧玉管玉2	—	斧1・刀子1	—	—		弥生倭製鏡か
1989	能美市教育委員会	勾玉・管玉・ガラス小玉	刀1・（竪矧板革綴衝角付冑1・三角板革綴短甲1）			竪櫛	白石太一郎・設楽博己編1994『弥生・古墳時代遺跡出土鏡データ集成』（『国立歴史民俗博物館研究報告』第56集），国立歴史民俗博物館	—
1964	能美市教育委員会	—	細板鋲留眉庇付冑1・横矧板鋲留短甲1・頸甲1・肩甲1・刀2・剣1・鉄鏃約30			櫛3	吉岡康暢・河村好光編1997『加賀 能美古墳群』石川県寺井町・寺井町教育委員会	石川県（加賀国）7
1967		碧玉管玉6・土玉4～	鉄鏃9～・鈴杏葉2・辻金具2・馬鐸1	銅製耳環1・刀子1	須恵器（台付長頸壺5・甕・無蓋高杯2・杯身14・杯蓋16・𤭯3・横瓶・提瓶）			縁部片
1951	京都国立博物館〈J甲148〉	碧玉管玉14・ガラス玉4群	—	刀子3	—	—	吉岡康暢・河村好光編1997『加賀 能美古墳群』石川県寺井町・寺井町教育委員会	142g／石川県（加賀国）5／「10代中頃」の歯（1952年の報告書では5,6才の幼児の歯とする）
1951	京都国立博物館〈J甲148〉	碧玉管玉13	横矧板鋲留短甲1・刀2・剣2・矛2・槍1・鉄鏃53・f字形鏡板付轡2・剣菱形杏葉3	鈴帯1・鈴釧1・斧2・環状鉄器1		櫛11・砥石1		〈142g〉／石川県（加賀国）6／「若くても10代半ばには達した人」の歯と不明骨

番号	舶倭	鏡 式	出土遺跡	出土地名	遺跡内容	時期	面径(cm)	銘 文	諸氏分類	編者分類・時期	
20	倭	六神二獣鏡	和田山5号墳〔A槨〕	能美市寺井町和田山ヲ20〔能美郡寺井町〕	前方後円墳(55)・粘土槨	古墳中期	14.8	—	画文帯神獣鏡(系)B型(小林82・10)	〔中期型神獣鏡〕	中期
21	倭	珠文鏡	和田山5号墳〔B槨〕		前方後円墳(55)・粘土槨	古墳中期	8.0	—	A類(小林79)／珠文鏡類A型(小林82・10)	〔珠文鏡〕	—
22	倭	珠文鏡					8.2	—	珠文鏡類A型(小林82・10)／Ⅲ類?(中山他94)	〔珠文鏡〕	—
23	倭	細線式鏡					8.3	—	—	—	後期?
24	倭	四獣鏡	後山無常堂古墳〔第1主体部〕	小松市埴田町	円墳(24)・木棺直葬	古墳中期	12.0	—	斜縁四獣鏡B系(森下02)	〔中期型獣像鏡〕	中期
25	倭	六弧内行花文鏡	分校高山古墳	加賀市分校町	前方後円墳(36)・木棺直葬?	古墳	12.8	—	—	内行花文鏡B式	前(中?)
26	舶	尚方作方格規矩四神鏡	分校カン山古墳(分校マエ山1号墳)	加賀市分校町	前方後円墳(37)・組合式木棺直葬	古墳前期	16.4	「尚方作竟真大好　上□□人不知老　渇飲玉泉飢食棗兮」	複波鋸歯文縁四神鏡Ⅱ式(樋口79)	—	—
27	舶	画文帯蟠龍乳同向式神獣鏡	狐山古墳	加賀市二子塚町	前方後円墳(54)・箱形石棺	古墳中期	19.5	「吾作明竟　幽凍三商　配像萬疆　統徳序道　敬奉臣良　周刻無祉　衆華主陽　世徳申明　富貴安樂　子孫番昌　□者升□　學者高遷　士至公卿　其師命長」	B式(樋口79)	—	—
28	?	不明	富塚丸山古墳(伝)	加賀市富塚町(伝)	円墳(50)・横穴式石室?	古墳後期	不明	—	—	—	—
32	倭	捩文鏡	黒瀬御坊山A1号墳	加賀市黒瀬町	円墳(18)・割竹形木棺直葬	古墳中期	7.2	—	—	捩文鏡C系	前(新?)
32-1	?	不明	袖ヶ畑古墳	鳳珠郡穴水町内浦	円墳	古墳	不明	—	—	—	—
32-2	倭	六鈴方格規矩(鳥文)鏡	小松市日吉神社旧蔵鏡	不明	不明	—	完形	—	方画規矩文系(岡田05)	(方格規矩四神鏡C系)	—

福井

番号	舶倭	鏡 式	出土遺跡	出土地名	遺跡内容	時期	面径(cm)	銘 文	諸氏分類	編者分類・時期	
1	倭	〔珠文鏡〕	梶観音洞穴	坂井市三国町崎〔坂井郡三国町〕	墳墓 不明	古墳	7.3	—	—	—	—
2	?	不明	神奈備山古墳(坪江4号墳)	あわら市瓜生・坂井市丸岡町坪江〔坂井郡金津町・丸岡町〕	前方後円墳(約60)・横穴式石室	古墳後期	破片	—	—	—	—
3	倭	珠文鏡	重立山1号墳〔一次埋葬施設〕	福井市重立町	円墳(24×20)・割竹形木棺直葬	古墳前期	8.7	—	—	〔珠文鏡〕	前期
8	舶	三角縁吾作三神五獣鏡?	足羽山山頂古墳付近(伝)	福井市足羽(伝)	円墳(約60)・竪穴式石槨(舟形石棺)	古墳前期	22.4	欠失	目録番号24・同笵鏡番号11?・配置B?・表現①	—	—
9	舶	三角縁神獣鏡(鈕片)					破片				
10	倭	四獣鏡					約12			蟠龍鏡?	
11	?	不明					約10.6				
12	倭?	不明	小山谷古墳(兎越古墳)(伝)	福井市小山谷町字石谷(伝)	古墳 舟形石棺直葬	古墳前期	約12				
13	?	三神三獣鏡					約22.9				
14	倭	神頭鏡?					約10.6			神頭鏡系?	
15	倭	神像鏡?					約12			神像鏡系??	
16	舶	吾作系斜縁二神二獣鏡					10.1		紋様表現③(實盛09)	—	—
17	倭	捩文鏡	龍ヶ岡古墳	福井市足羽	古墳 円墳(約30)・石棺直葬	古墳前期	6.6	—	Ⅴ型(樋口79)／捩文鏡(類)C型(小林82・10)／BⅢ式(小林83)／Ⅴ型(小沢88)／D型式(a類)(水野97)／羽紋鏡系(森下02)	捩文鏡D系	前(中)

石川・福井

発見年	所蔵（保管）者	共伴遺物					文献	備考
		石製品・玉類	武具・武器・馬具	ほか金属器	土器類	その他		
1964	所在不明（寺井町公民館旧蔵）	金銅空玉 12～	堅矧細板鋲留眉庇付冑 1・三角板鋲留短甲 1・頸甲 1・肩甲 1・篠籠手 1・刀 5・石製三輪玉 5・剣 1・矛 2・槍 5・鉄鏃多数	青銅鈴 18・金銅鈴 3・鋤先 2・斧 3・刀子 2		貨幣 4・石製長方形板 3	吉岡康暢・河村好光編 1997『加賀 能美古墳群』石川県寺井町,寺井町教育委員会	石川県（加賀国）4-1
		―	三角板鋲留短甲 1・刀剣 14・矛 2・槍 4・石突 1・鉄鏃多数	鋤先 1・斧 3・刀子 2・大型鉄板 4		櫛 4		石川県（加賀国）4-2?
								石川県（加賀国）4-3?
								石川県（加賀国）4-4
1982	小松市教育委員会	勾玉 2	堅矧細板鋲留眉庇付冑 1・三角板革綴短甲 1・剣 1・鉄鏃 14	刀子 2・蓋状鉄製品 1		堅櫛 5	小村茂・宮下幸夫編 1989『後山無常堂・後山明神 3 号墳 発掘調査報告書』石川県小松市教育委員会	147g
1916	加賀市歴史民俗資料館	勾玉 2・碧玉管玉 27・切子玉 1・ガラス小玉 24	―	―	―	―	石川考古学研究会（田嶋明人・湯尻修平・梶幸夫）1978「江沼古墳群分布調査報告―石川県主要古墳群分布調査第 2 年度―」『石川考古学研究会々誌』第 21 号, 石川考古学研究会	―
1973	加賀市歴史民俗資料館・加賀市教育委員会	緑色凝灰岩管玉 7	槍 1	斧 1・鉇 1・不明鉄製品 3	壺・高杯		石川考古学研究会（田嶋明人・湯尻修平・梶幸夫）1978「江沼古墳群分布調査報告―石川県主要古墳群分布調査第 2 年度―」『石川考古学研究会々誌』第 21 号, 石川考古学研究会	石川県（加賀国）2
1932	東京国立博物館（J21451）	勾玉 6・管玉 35～・ガラス小玉 20～・金銅丸玉多数	横矧板鋲留衝角付冑 1・横矧板鋲留短甲 1・挂甲 1・篠籠手 1・剣 2・矛 1・鉄鏃	銀製帯金具・耳環・鈴 7・刀子 5			車崎正彦編 2002『考古資料大観』第 5 巻 弥生・古墳時代 鏡, 小学館	同型鏡群〔GD-2〕／石川県（加賀国）3
江戸以前	所在不明	勾玉・管玉	剣	金環・銀環	―	―	石川県編 1923『石川県史蹟名勝調査報告』第 1 輯, 石川県	漢式鏡 599／石川県（加賀国）1
1997	財団法人石川県埋蔵文化財センター	碧玉勾玉 1・ガラス丸玉 3・ガラス平玉 15・滑石臼玉 510～	鉄鏃 15	―	―	―	浜崎悟司 2002『加賀市吸坂・黒瀬古墳群』石川県教育委員会	―
1855	所在不明	管玉・切子玉	環頭大刀 1	―	―	―	石川県編 1923『石川県史蹟名勝調査報告』第 1 輯, 石川県	漢式鏡 602／石川県（能登国）5
天正 12（1584 年）以前（伝）	所在不明（日吉神社旧蔵）	―	―	―	―	―	岡田一広 2003「鈴鏡の画期」秋山進午先生古稀記念記念論集刊行会編『富山大学考古学研究室論集 蜃気楼―秋山進午先生古稀記念―』六一書房	「鈴鏡一面 寶奉納小松山王神社物也 天正十二年二月丹羽五郎左衛門長秀（花押）」／加賀 2 郡の出土を推定
昭和以降	東京国立博物館〈J10043〉	管玉	―	―	土師器	貝輪・鹿角釣針・鹿角ヤス	岡崎敬編 1978『日本における古鏡 発見地名表 北陸・甲信越地方』東アジアより見た日本古代墓制研究	福井県（越前国）14
1977	福井県教育庁埋蔵文化財調査センター	ガラス小玉 22	挂甲 1・刀若干・責金具 2・捩文環 1・鉄鏃多数・轡・金銅張鞍金具 1・木心鉄板張壺鐙 1・兵庫鎖 1・鉄地金銅張革帯金具 10	耳環 1・鹿角装刀子 3～	須恵器約 150（壺・脚付長頸瓶・甕・高坏形器台・高杯・杯・杯蓋・提瓶）		福井県編 1986『福井県史』資料編 13 考古―図版編―, 福井県	―
1973	福井県教育庁埋蔵文化財調査センター	勾玉 1・管玉 6・棗玉 1・扁平玉 1	剣 1	―	―	漆膜片	堅田直・福井県教育庁埋蔵文化財調査センター 2008『原目山墳丘墓群 重立山古墳群』北陸自動車道関係遺跡調査報告書第 16 集, 福井県教育庁埋蔵文化財調査センター	―
1909	所在不明（足羽神社旧蔵）	琴柱形石製品 1・碧玉管玉 10	―	―	―	―	上田三平 1920『福井県史蹟勝地調査報告』第一冊, 福井県内務部	漢式鏡 584／福井県（越前国）1-1／鈕の組合せ間違い
								漢式鏡 585／福井県（越前国）1-2
1702	所在不明	鍬形石 1・車輪石 2・石釧 1・琴柱形石製品 1・紡錘車形石製品 1・勾玉 4・管玉若干・石製小玉 12～・ガラス小玉 2～	刀 1・剣 1	刀子 1	―	―	井上翼章編 1902『越前国名蹟考』足羽郡, 中村興文堂, 品川書店	漢式鏡 588～593／福井県（越前国）4-2／副葬鏡組成は船来山 24 号墳にやや似る
								漢式鏡 588～593／福井県（越前国）4-3～6／方格を有する
								漢式鏡 588～593／福井県（越前国）4-3～6
								漢式鏡 588～593／福井県（越前国）4-1／三角縁神獣鏡の可能性
								漢式鏡 588～593／福井県（越前国）4-3～6
								漢式鏡 588～593／福井県（越前国）4-3～6
1951（1805?）	福井市立郷土歴史博物館	石釧 6・硬玉勾玉 3・管玉 21・ガラス小玉 185	剣 3	鍬 1・斧 2・鎌 1・鉇 4・刀子 2	―	貝釧 3・櫛 1	斎藤優 1960『足羽山の古墳』福井県郷土誌懇談会	福井県（越前国）2-1／熟年女性骨
								福井県（越前国）2-2／壮年男性骨

番号	舶倭	鏡式	出土遺跡	出土地名	遺跡内容	時期	面径(cm)	銘文	諸氏分類	編者分類・時期
18	舶	画文帯同向式神獣鏡	西谷山2号墳〔2号石棺〕	福井市西谷町字三昧谷	円墳(24)・舟形石棺直葬	古墳中期	13.3	不詳	—	—
19	舶?	七乳文鏡					7.2	—	乳文鏡Ⅰ類(樋口79)／乳文鏡類(小林82・10)	—
20	倭?	不明	木田遺跡溝1	福井市木田2丁目	集落・溝	古墳前期	破片	—	—	—
21	倭	細線式獣帯鏡	天神山7号墳(酒生334号墳)〔第1埋葬施設〕	福井市篠尾町	円墳(53)・粘土槨	古墳	古墳中期	9.8	—	—	細線式獣帯鏡系	前(中)
22	倭	珠文鏡	天神山7号墳(酒生334号墳)〔第2埋葬施設〕		円墳(53)・割竹形木棺直葬		7.8	—	珠紋鏡系(森下02)	〔珠文鏡〕	
23	?	不明	新瑠古墳	福井市篠尾町	円墳(約20)・舟形石棺直葬	古墳	古墳後期	破片			
24	倭	四弧内行花文鏡	鼓山2号墳(鼓山陪塚)	福井市真木町字鼓山	円墳(13)・組合式木棺直葬	古墳	古墳中期	9.0	—		内行花文鏡B式	—
25	倭	珠文鏡	三尾野2号墳〔第1埋葬施設〕	福井市三尾野町	方墳(13)・組合式木棺直葬	古墳	古墳中期	8.0	—		〔珠文鏡〕	前期
30	倭	捩文鏡	小羽山12号墳	福井市小羽町〔丹生郡清水町〕	前方後円墳(45)・割竹形木棺直葬	古墳	古墳前期	11.5	—	獣毛紋鏡系(森下02)	捩文鏡A系	前(古)
46・49	倭	六弧内行花文鏡	今市岩畑9号墳南側周溝部埋土	福井市今市町字岩畑	方墳(18)・周溝部埋土	古墳	古墳前期	5.5	—		内行花文鏡B式	前(中)
47・48	倭	捩文鏡	今市岩畑遺跡1・2号墳脇	福井市今市町字岩畑	円墳・遺物包含層	古墳	古墳前期	7.1	—		捩文鏡D系	前(中)
49-1	舶	神人龍虎画象鏡	風巻神山4号墳	福井市風巻町・大森町〔丹生郡清水町〕	方墳(16)・舟形木棺直葬	古墳	古墳前期	14.5	「□□作竟真大工　上有東王父西王母　長宜子孫大吉兮」	—	—
49-2	舶	連弧文昭明鏡	花野谷1号墳〔第1主体部〕	福井市岡保	円墳(20)・割竹形木棺直葬	古墳	古墳前期	10.1	「内而青而質而以而召而明而　光而象而夫而日而月而」	—	—
49-3	舶	三角縁天王・日月・獣文帯四神四獣鏡					22.0	「天王日月」	目録番号70・同笵鏡番号37・配置F1・表現②		
49-4	倭	十二乳文鏡	花野谷2号墳	福井市岡保	前方後円墳(19)・割竹形木棺直葬	古墳	古墳中期〜	10.3	—		〔乳脚文鏡〕	後期
49-5	倭	八弧内行花文鏡					11.3	—		内行花文鏡B式	前(中)
49-6	倭	重圏文鏡	漆谷遺跡G4表土	福井市江上町72字漆谷	不明	表面採集	不明	破片	—	7類(脇山15)	〔重圏文鏡〕	
4	舶	青蓋銘環状乳神獣鏡	泰遠寺山古墳	吉田郡永平寺町松岡芝原〔吉田郡松岡町〕	帆立(63)・舟形石棺	古墳	古墳中期	22.2	「青盖明竟以發陽　覽觀四方昭中英　左龍右虎辟不詳　鳥朱玄武順除陽　服之富貴子孫強　長保二親榮未菅　風雨時節五穀豊　四夷歸化天下平　休平息吏晋世寧」／「宜天王公侯伯子男」	Ⅰ(樋口79)	—
5	倭	八弧内行花文鏡					17.0		(八弧)(樋口79)／AⅡc式(清水94)／Ⅱ類逆転系(林00)／内行花紋鏡B系(森下02)	内行花文鏡A式BⅡ類	前(中)
6	倭	四獣鏡	二本松山古墳〔第2号石棺〕	吉田郡永平寺町松岡吉野字石ヶ谷〔吉田郡松岡町〕	前方後円墳(約90)・舟形石棺直葬	古墳	古墳中期	10.6	—	四獣形鏡(樋口79)／獣形文鏡類四獣鏡C-1型(小林82・10)	—	中期?
7	倭	〔六弧内行花文鏡〕	松岡町(伝)	吉田郡永平寺町〔吉田郡松岡町〕(伝)	不明	不明	9.9				
26	倭	四獣鏡	狐山古墳(天神山1号墳)	鯖江市入町	前方後円墳(31)・舟形木棺直葬	古墳	古墳前期	9.0	—	獣形文鏡類四獣鏡C-1型(小林82・10)	鳥頭獣像鏡B系?	前(中)
27	倭	珠文鏡	長泉寺山9号墳	鯖江市西山町	円墳(17)or前方後円墳・木棺直葬	古墳	古墳前期	12.1	—	2類C(吉田99)	〔珠文鏡〕	前期
28	倭	四獣鏡	北山古墳(大丸山古墳)(伝)	鯖江市下新庄町(伝)	古墳	不明	古墳中期	10.8	—		類獣像鏡Ⅰ系?	前(中)
28-1	舶	長宜子孫八弧内行花文鏡	橋立所在古墳(伝)	鯖江市橋立町(伝)	古墳	不明	古墳	13.6	「長宜子孫」	—	—

福井

発見年	所蔵（保管）者	共伴遺物 石製品・玉類	武具・武器・馬具	ほか金属器	土器類	その他	文献	備考
1919	東京国立博物館〈J9110〉	勾玉3・管玉8・ガラス小玉48	小札鋲留衝角付冑1・三角板鋲留短甲1・刀・剣・鹿角装具2・槍・矛1・鉄鏃若干	斧2・刀子片	―	砥石1・釘3	車崎正彦編2002『考古資料大観』第5巻 弥生・古墳時代 鏡,小学館	漢式鏡587／福井県（越前国）5-1／熟年男性骨と熟年女性骨
	東京国立博物館〈J9111〉						後藤守一1942『古鏡聚英』上篇 秦鏡と漢六朝鏡,大塚巧芸社	漢式鏡586／福井県（越前国）5-2
1974	福井市立郷土歴史博物館	勾玉1	―	―	土師器	―	広嶋一良1975『木田遺跡』福井市教育委員会	破鏡？（割口磨耗）
1978	福井市立郷土歴史博物館	勾玉3・ガラス小玉750	竪矧板革綴衝角付冑1・長方板革綴短甲1・頸甲1・肩甲1・革草摺1・刀・剣8・矛3・鉄鏃多数・胡籙1・弓1・革盾1	金垂飾付耳飾1・斧1	―	竪櫛45	福井市編1990『福井市史』資料編1 考古,福井市	獣像は田中JDⅡ式
1979		勾玉3・管玉46	刀17・剣20・鉄鏃23	鉇1・刀子1	―	竪櫛3		―
1962	個人	瑪瑙勾玉1・碧玉管玉2・ガラス小玉1	鹿角装刀1	青銅環状片2・鉄片若干	須恵器片	―	斎藤優1982「越前・福井市篠尾の新瑠古墳」『古代学研究』第97号,古代学研究会	福井県（越前国）10／「極めて薄い鏡の小さな残片が数片検出したが、大きなものでも径2cmほどに過ぎない」
1963(1965?)	福井市立郷土歴史博物館		剣1	―	―	―	福井県編1986『福井県史』資料編13 考古―図版編―,福井県	福井県（越前国）6
1991	福井市教育委員会	―	剣1	刀子1	小形壺・高杯		まつおか古代フェスティバル実行委員会編1997『発掘された北陸の古墳報告会資料集（発表要旨）シンポジウム 5世紀の越の国』	墓壙上から出土
1992	清水町教育委員会	ガラス小玉33	―	―	―	―	古川登編2002『小羽山古墳群』清水町埋蔵文化財調査報告書Ⅴ,清水町教育委員会	―
1993	福井県教育庁埋蔵文化財調査センター	石釧1・滑石臼玉3・ガラス小玉1	―	―	―	―	赤澤徳明他編2008『今市岩畑遺跡』福井県埋蔵文化財調査報告書第34集,福井県教育庁埋蔵文化財調査センター	〈10g〉
1993	福井県教育庁埋蔵文化財調査センター	水晶勾玉1・緑色凝灰岩管玉6・滑石臼玉6	―	―	―	―		〈28g〉／埋葬施設から流出したもの
2001	福井市教育委員会	碧玉管玉31	―	鉄器片1	―	―	古川登編2003『風巻神山古墳群』清水町埋蔵文化財発掘調査報告書Ⅶ,清水町教育委員会	〈277g〉／破砕鏡
2000	福井市教育委員会	翡翠勾玉1・碧玉管玉24・瑪瑙小玉1・ガラス小玉146	短剣1・槍2・鉄鏃3	刀子2		漆膜片	古川登・大川進他編2012『福井市古墳発掘調査報告書Ⅰ』福井市文化財保護センター	168g／2孔（縁部）
								934g
2000	福井市教育委員会	水晶勾玉1・瑪瑙勾玉4・碧玉管玉4・滑石白玉17977	刀1・剣1・矛1・槍1・鉄鏃30・弓1・盾1	鋤先1・斧1・曲刃鎌1・刀子2・針16〜		竪櫛40〜		124g
								133g
1993	福井県埋蔵文化財調査センター	―	―	―	―	―	鈴木篤英2008『漆谷遺跡』福井県埋蔵文化財調査報告第31集,福井県教育庁埋蔵文化財調査センター	欠損／隣接する古墳群の副葬品か
1914 or 15	福井県立博物館	翡翠勾玉2・ガラス勾玉2・碧玉管玉1・緑色凝灰岩管玉8・ガラス棗玉2・ガラス丸玉9・ガラス蜻蛉玉2・ガラス小玉448		不明鉄器			中司照世編1984『泰遠寺山古墳』松岡町埋蔵文化財調査報告書第1集,松岡町教育委員会	1071g／福井県（越前国）12-1
								420g／福井県（越前国）12-2
1906	東京国立博物館〈J14177〉	管玉4	金銅装小札鋲留眉庇付冑1・三角板鋲留短甲1・頸甲1・脇当1・刀2・鹿角刀装具13・剣1・責金具2	金銅冠1・鍍金銀冠1			福井県立若狭歴史民俗資料館編1991『特別展 躍動する若狭の王者たち―前方後円墳の時代―』福井県立若狭歴史民俗資料館	132g／漢式鏡597／福井県（越前国）11・13
不明	個人	―	―	―	―	―	白石太一郎・設楽博己編1994『弥生・古墳時代遺跡出土鏡データ集成』（『国立歴史民俗博物館研究報告』第56集),国立歴史民俗博物館	―
1968	鯖江市資料館	碧玉管玉1・ガラス小玉1	―	―	―	―	斎藤優編1973『天神山古墳群』鯖江市教育委員会	福井県（越前国）8
1989	鯖江市資料館	石釧1・勾玉・管玉等多数	―	―	―	―	ジャパン通信社編1990『月刊文化財発掘出土情報』1990年2月号,ジャパン通信社	放射状区画（八区画）
昭和以降	個人	石製模造品（勾玉12・算盤玉1・小玉100）・翡翠勾玉1・瑪瑙勾玉3・蛇紋岩勾玉1・管玉3	―	―	―	―	白石太一郎・設楽博己編1994『弥生・古墳時代遺跡出土鏡データ集成』（『国立歴史民俗博物館研究報告』第56集),国立歴史民俗博物館	福井県（越前国）7／本墳出土鏡を同市大丸山古墳に再埋納したと伝える
大正以前	所在不明（鯖江市某所旧蔵）	―	―	―	―	―	上田三平1925「越前出土の漢式鏡」『考古学雑誌』第15巻第4号,考古学会	

番号	舶倭	鏡式	出土遺跡	出土地名	遺跡内容	時期	面径(cm)	銘文	諸氏分類	編者分類・時期
29	倭	家屋人物獣文鏡	松明山2号墳	越前市赤明町〔今立郡今立町〕	方墳(17)・組合式木棺直葬	古墳前期	10.8	—	絵画文鏡Ⅱ類(赤塚00)	—	—
32	舶	飛禽鏡	岩内山遺跡D区1号土壙	越前市杉崎町〔武生市〕	墳墓	土壙墓	古墳前期	9.1	—	(一)(樋口79)／B式(實盛15)	—	—
50	倭	珠文鏡	戸板山6号墳	越前市山室町〔今立郡今立町〕	方墳(9)・割竹形木棺直葬	古墳	古墳前期	8.0	—	D-B類(脇山13)	〔珠文鏡〕	前期
31	?	不明	仲条4号墳	丹生郡越前町朝日〔丹生郡朝日町〕	古墳	方墳	古墳前～中期	不明	—	—	—	—
33	倭	珠文鏡	小谷ヶ洞2号墳	敦賀市吉河	古墳	円墳(約25)・割竹形木棺直葬	古墳前期	6.8	—	1類A(吉田99)／区画入珠紋鏡(森下02)	〔珠文鏡〕	前期
34	倭	素文鏡	立洞2号墳	敦賀市井川字立洞	古墳	帆立(25)・割竹形木棺直葬	古墳前期	4.2	—	—	〔素文鏡〕	—
35	倭	四神四獣鏡	向出山1号墳〔1号石室〕	敦賀市吉河字向出山	古墳	円墳(約60)・堅穴式石槨	古墳後期	15.0	—	四神四獣鏡(樋口79)	〔中期型神獣鏡〕	中期
36	倭	細線式鏡					8.1	—	—	—	—
37	倭	八神像鏡(四神四獣鏡)	向出山1号墳〔2号石室〕		古墳	円墳(約60)・堅穴式石槨	古墳後期	14.8	—	四神四獣鏡(樋口79)	〔中期型神獣鏡〕	中期
38	倭	珠文鏡	金ヶ崎城址内古墳(金ヶ崎古墳)	敦賀市金ヶ崎町	古墳	円墳(約19)・堅穴式石槨(箱形石棺)	古墳中期	7.7	—	珠文鏡類B型(小林82・10)／Ⅲ類(中山他94)／AC-B類(脇山13)	〔珠文鏡〕	—
39	倭	八弧内行花文鏡	向山1号墳〔後円部石室〕	三方上中郡若狭町堤・下吉田〔遠敷郡上中町〕	古墳	前方後円墳(46)・横穴式石室	古墳中期	12.2	—	—	内行花文鏡B式?(中国製鏡?)	前期?
40	倭	珠文鏡					9.0	—	—	〔珠文鏡〕	—
41	舶	尚方作獣文縁神人歌舞画象鏡	脇袋西塚古墳	三方上中郡若狭町脇袋字野口〔遠敷郡上中町〕	古墳	前方後円墳(約74)・横穴式石室	古墳後期	20.0	「尚方作竟自有紀　辟去羊宜古市　上有東王父西王母　令君陽遂多孫子兮」	Ⅲ円圏式(樋口79)	—	—
42	倭	四獣鏡?					12.5	—	獣形文鏡類四獣鏡C-1型(小林82・10)／Bh型式(加藤14)	〔旋回式獣像鏡〕	後期
43	舶	流雲文縁方格規矩四神鏡	十善ノ森古墳〔後円部〕	三方上中郡若狭町天徳寺字森ノ下〔遠敷郡上中町〕	古墳	前方後円墳(約67)・横穴式石室	古墳後期	約22	—	—	—	—
44	舶	画文帯同向式神獣鏡	丸山塚古墳	三方上中郡若狭町天徳寺字丸山〔遠敷郡上中町〕	古墳	円墳(約50)・横穴式石室	古墳後期	21.1	「吾作明竟　幽凍三商　配像萬疆　統徳序道　敬奉賢良　彫克無祉　百牙擧樂　衆華主陽　聖徳光明　富貴安樂　子孫番昌　學者高遷　士至公卿　其師命長」	B式(樋口79)	—	—
45	舶	画文帯周列式仏獣鏡	国分古墳(推定)	小浜市国分字大門(推定)	古墳	前方後円墳(約50)	古墳中～後期	欠損	「吾作明竟　幽凍三商　彫刻無□　大吉曾年　子孫盈堂　□□□□　□□□□　□□□□　□□□□　明□□□　立得申仙」	—	—	—

山梨

番号	舶倭	鏡式	出土遺跡	出土地名	遺跡内容	時期	面径(cm)	銘文	諸氏分類	編者分類・時期
1	舶	赤烏元年対置式神獣鏡	鳥居原狐塚古墳	西八代郡市川三郷町大塚字鳥居原〔西八代郡三珠町〕	古墳	円墳(20)・堅穴式石槨	古墳中期?	12.5	「赤烏元年五月廿五日丙午　造作明竟　百凍□□　□□君侯宜子孫　壽萬年」／「□□□□□□□月」	—	—
2	倭	六弧内行花文鏡					10.2	—	B類3式(清水94)／六花文鏡(小林10)	内行花文鏡B式	前(中)
3	?	不明	大塚古墳(伝)	西八代郡市川三郷町大塚字大塚(伝)〔西八代郡三珠町〕	古墳	帆立(70)・堅穴式石槨	古墳中～後期	不明	—	—	—	—
4	?	不明	オエン塚古墳(伝)	西八代郡市川三郷町大塚(伝)〔西八代郡三珠町〕	古墳	円墳・横穴式石室	古墳	不明	—	—	—	—
61	倭	六鈴六乳文鏡	三珠大塚古墳〔前方部〕	西八代郡市川三郷町大塚〔西八代郡三珠町〕	古墳	前方後円墳(60)・堅穴式石槨	古墳後期	11.5	—	獣帯文鏡類(大川97)／乳脚文系E類(岡田05)	〔乳脚文鏡〕	後期

福井・山梨

発見年	所蔵（保管）者	共伴遺物					文献	備考
		石製品・玉類	武具・武器・馬具	ほか金属器	土器類	その他		
1979	今立歴史民俗資料館	勾玉18・管玉106	—	鉇1	—	—	車崎正彦編2002『考古資料大観』第5巻 弥生・古墳時代 鏡, 小学館	—
1973	福井県教育庁埋蔵文化財調査センター	—	—	鉇1	土師器（器台・高杯）	—	石川県立歴史博物館編1990『魅惑の日本海文化』石川県立歴史博物館	福井県（越前国）9
1996	今立歴史民俗資料館	—	—	—	—	—	まつおか古代フェスティバル実行委員会編1997『発掘された北陸の古墳報告会資料集（発表要旨）シンポジウム5世紀の越の国』	59g
昭和以降	所在不明	石製模造品（杵1・臼1）・管玉	—	—	—	—	高堀勝喜・吉岡康暢1966「北陸」近藤義郎・藤沢長治編『日本の考古学』IV古墳時代（上）, 河出書房新社	福井県（越前国）15
1975	敦賀市立博物館	管玉1	—	刀子1	—	—	車崎正彦編2002『考古資料大観』第5巻 弥生・古墳時代 鏡, 小学館	放射状区画（八区画）
1976	福井県教育庁埋蔵文化財調査センター	石釧3・管玉6・ガラス小玉25	剣1	斧1	—	竹櫛2	福井県編1986『福井県史』資料編13 考古—図版編—, 福井県	—
1967	敦賀郷土博物館（個人旧蔵）	琥珀棗玉4・石製小玉192・ガラス小玉114	金銅装小札鋲留眉庇付冑2・挂甲1・鉄地金銅装鉄頭甲1・肩甲1・刀・剣・矛・鉄鏃・青銅鉸具1・鉄鉸具1	鋤1・刀子2	土器1・須恵器11	砥石2	車崎正彦編2002『考古資料大観』第5巻 弥生・古墳時代 鏡, 小学館	245g／福井県（越前国）17／脇侍あり
	敦賀郷土博物館						福井県編1986『福井県史』資料編13 考古—図版編—, 福井県	〈27g〉／福井県（越前国）18-2?
1954	敦賀郷土博物館	石製小玉315	横矧板鋲留衝角付冑1・三角板鋲留短甲1・頸甲1・肩甲1・刀・剣・金銅三輪玉4・矛（石突）・鉄鏃	斧2	土器1・須恵器6	竹櫛1	車崎正彦編2002『考古資料大観』第5巻 弥生・古墳時代 鏡, 小学館	357g／福井県（越前国）18-1?／同線1号石室出土鏡の獣像が神像に置き換わる
1909	金ヶ崎宮	—	刀2	銀板1・鉄塊数個	—	木板1	富岡謙蔵1920『古鏡の研究』丸善	漢式鏡598／福井県（越前国）16
1988	若狭町歴史文化館	碧玉勾玉2・瑪瑙勾玉2・管玉33・琥珀棗玉等30・連玉1・石製小玉3・ガラス小玉等約500	三角板革綴短甲2・刀7・剣4・金銅三輪玉1・三輪玉形ガラス2・矛3・槍1・鉄鏃30・盾1（盾隅金具4）	金製垂飾付耳飾1	—	堅櫛約30	高橋克壽他編2015『向山1号墳発掘調査報告書』若狭町歴史文化課	中国製鏡の可能性も高い
								—
1916	宮内庁書陵部〈書8-2〉	ガラス勾玉1・碧玉管玉8・緑色凝灰岩管玉45	眉庇付冑1・小札鋲留衝角付冑1・小札4〜・横矧板鋲留短甲1・短甲1・頸甲1・肩甲・刀3〜・剣or槍・矛2・鉄鏃54〜・鈴付錣板付冑1・鉄地金銅張剣菱形杏葉2・鉄地金銅張辻金具1・六花弁形金具1	金垂飾付耳飾2・銀鈴2・金銅帯金具（鈴付）7〜・銅鈴7・斧1	土器・須恵器	砥石1	清喜裕二2012「福井県西塚古墳出土遺物の来歴調査について」『書陵部紀要』第63号［陵墓編］, 宮内庁書陵部	同型鏡群［KG-1］／〈983g〉／漢式鏡582／福井県（若狭国）1-1
	宮内庁書陵部〈書8-1〉						宮内庁書陵部編2005『宮内庁書陵部所蔵 古鏡集成』学生社	〈185g〉／漢式鏡583／福井県（若狭国）1-2
1954	若狭町歴史文化館	勾玉11・管玉51・ガラス丸玉175・蜻蛉玉15・平玉1・石製小玉1・ガラス小玉1506・銀空玉4	刀若干・金銅三輪玉若干・鉄鏃多数・胡籙金鋲若干・鉄地金銅鏡板付冑1・鉄地金銅鞍金具1・鉄地金銅杏葉若干・木心鉄板張輪鐙1・木心金銅板張壺鐙1・環鈴1	金銅冠帽1・帯金具若干・鹿角装刀子若干・銅針1	—	釘1	福井県立若狭歴史民俗資料館編1991『特別展 躍動する若狭の王者たち—前方後円墳の時代—』福井県立若狭歴史民俗資料館	福井県（若狭国）2／縁部片
1957	若狭町歴史文化館	勾玉1・水晶算盤玉1・ガラス丸玉7・ガラス小玉10	横矧板鋲留衝角付冑1・挂甲1・環頭大刀2・水晶三輪玉1・鉄鏃11・鉄地金銅杏葉14・銅鞍金具1・鉄地金銅張辻金具若干	鉇1	須恵器10	—	川西宏幸2004『同型鏡とワカタケル—古墳時代国家論の再構築—』同成社	同型鏡群［GD-3］／福井県（若狭国）3
不明	小浜市国分所在の個人	—	—	—	—	—	奈良国立博物館編1996『東アジアの仏たち』奈良国立博物館	同型鏡群［GB-2］

発見年	所蔵（保管）者	石製品・玉類	武具・武器・馬具	ほか金属器	土器類	その他	文献	備考
1894	市川三郷町浅間神社	白玉	刀・剣	銅鈴	土師器・須恵器	—	後藤守一1924「赤烏元年鏡発見の古墳」『考古学雑誌』第14巻第6号, 考古学会	漢式鏡378／山梨県（甲斐国）27-1
								漢式鏡379／山梨県（甲斐国）27-2
不明	東京国立博物館?	—	刀剣	—	—	—	山梨県編1931『史蹟名勝天然紀念物調査報告』第五輯 史蹟及天然紀念物之部, 山梨県	山梨県（甲斐国）28
不明	東京国立博物館	—	甲・刀・鉄鏃	—	須恵器	—	山本寿々雄1956『甲斐国古墳文化資料綜覧』甲斐国の古墳分布及現状の基本的調査2, 小立村	山梨県（甲斐国）29
1994	市川三郷町教育委員会	—	横矧板鋲留甲1・挂甲1・鉄鏃・楕円形鏡板付冑・剣菱形杏葉・辻金具	鈴釧	須恵器	—	山梨県編1998『山梨県史』資料編2 原始・古代2, 山梨県	244g

番号	舶倭	鏡　式	出土遺跡	出土地名	遺跡内容	時　期	面径(cm)	銘　文	諸氏分類	編者分類・時期
5	?	不明	王塚古墳（伝）	中央市大鳥居字宇山平（伝）〔東八代郡豊富村〕	古墳	円墳	古墳	不明	—	—	—
6	?	不明	大鳥居字宇山平（伝）	中央市大鳥居字宇山平（伝）〔東八代郡豊富村〕	古墳	円墳・横穴式石室	古墳	不明	—	—	—
60	倭	五？乳文鏡	豊富村浅利組（大鳥居某古墳）（伝）	中央市大鳥居（伝）〔東八代郡豊富村〕	古墳	不明	古墳	7.1	—	—	〔乳脚文鏡〕 後期
60-1	倭	二神二獣鏡	豊富村諏訪神社旧蔵鏡（『並山日記』所載鏡）	中央市大鳥居？〔東八代郡豊富村〕	不明	不明	13.5	—	環状乳神獣鏡（樋口79）／二神二獣鏡系（小林82・10）	—
60-2	?	不明	浅利庄大鳥村（伝）	中央市大鳥居（伝）〔東八代郡豊富村〕	不明	不明	4.9	—	—	—
60-3	?	不明					3.9	—	—	—
7	舶	吾作斜縁二神二獣鏡	小平沢古墳	甲府市下向山町字小平沢〔東八代郡中道町〕	古墳	前方後方墳（45）・粘土槨 or 木棺直葬	古墳前期	13.2	「吾□□□　□凍三商　竟徳序道　□年益壽　□孫子」	図像表現③（村松04）／紋様表現③（實盛09）	—
8	舶	八禽鏡					9.5	—	—	—
9	舶	画文帯環状乳三神三獣鏡	大丸山古墳	甲府市下向山町字東山〔東八代郡中道町〕	古墳	前方後円墳（99or120）・竪穴式石棺（組合式石棺）	古墳前期	11.8	あり（不詳）	Ⅱ（樋口79）／画 Aa1（村瀬14）	—
10	舶	三角縁日・月・獣文帯三神三獣鏡					17.0	「日月」	目録番号110・同范鏡番号63・配置L1・表現⑤	—
11	舶	長宜子孫八弧内行花文鏡	中道銚子塚古墳（甲斐銚子塚古墳）	甲府市下曽根町字山本〔東八代郡中道町〕	古墳	前方後円墳（169）・竪穴式石槨	古墳前期	19.8	「長宜子孫」／「壽如金石」	Aa イ式（樋口79）	—
12	倭	鼉龍鏡					15.7	—	Ⅲ型（樋口79）／画文帯神獣鏡（系）A型（小林82・10）／B類獣頭（冨田89）／D群7段階（池上92）／省略系-2（新井95）／第一群同工鏡D（車崎95）／I群B系②（辻田00）／I類単胴系（林00）／鼉龍鏡b系（森下02）／I群Bb系②（辻田07）	鼉龍鏡B系 前（古）
13	舶	三角縁陳氏作神獣車馬鏡					22.1	「陳氏作竟用青同　上有仙人不知　君宜高官　保子宜孫　長壽」	目録番号13・同范鏡番号7・配置X・表現⑧	—
14	舶	「仿製」三角縁獣文帯三神三獣鏡					20.7	—	目録番号236・配置K1	—
15	倭	環状乳神獣鏡					14.5	—	環状乳神獣鏡（樋口79）／画文帯神獣鏡系A型？（小林10）	環状乳神獣鏡 前（中）
15-1	倭	四神二獣鏡	中道銚子塚古墳（甲斐銚子塚古墳）（伝）				完形	—	—	類二神二獣鏡Ⅱ系 前（中）
15-2	?	不明					不明	—	—	—
15-3	?	不明					不明	—	—	—
16	舶	画文帯環状乳四神四獣鏡	丸山塚古墳	甲府市下曽根町字山本〔東八代郡中道町〕	古墳	円墳（72）・竪穴式石槨	古墳前期	16.2	「吾作明竟　幽湅三商　配像萬疆　統徳序道　敬奉賢良　北節□　巧刻銅華　盖□　曾年益壽　富貴番昌　功成事見　其師命長」（記号文混じる）	Ⅱ（樋口79）／画 Bb4（村瀬14）	—
17	舶	細線式獣帯鏡	米倉山古墳群（伝）	甲府市下向山町（伝）〔東八代郡中道町〕	不明	不明	14.0	—	—	—
18	倭	五鈴盤龍鏡	左右口	甲府市右左口町〔東八代郡中道町〕	不明	—	12.2	—	鈴鏡類（五鈴鏡）（小林82・10）／神獣文鏡類（大川97）／神獣文系（岡田05）	（盤龍鏡）
19	?	不明	稲荷塚古墳（伝）	甲府市下向山町（伝）〔東八代郡中道町〕	古墳	円墳（約20）・竪穴式石槨？	古墳	不明	—	—	—
20	?	不明	小平沢（伝）	甲府市下向山町小平沢（伝）〔東八代郡中道町〕	古墳	円墳	古墳	不明	—	—	—
21	?	不明	下向山字前田（伝）	甲府市下向山町前田（伝）〔東八代郡中道町〕	古墳		古墳	不明	—	—	—
22	?	不明	柏（伝）	甲府市上曽根町（伝）〔東八代郡中道町〕	古墳	円墳・横穴式石室	古墳	不明	—	—	—

山梨

発見年	所蔵（保管）者	共伴遺物					文献	備考
		石製品・玉類	武具・武器・馬具	ほか金属器	土器類	その他		
不明	個人	—	横矧板鋲留衝角付冑1・横矧板鋲留眉庇付冑1・横矧板鋲留短甲2・挂甲1	—	—	—	白石太一郎・設楽博己編1994『弥生・古墳時代遺跡出土鏡データ集成』(『国立歴史民俗博物館研究報告』第56集),国立歴史民俗博物館	山梨県（甲斐国）9
不明	所在不明	勾玉	刀	—	—	—	山本寿々雄1956『甲斐国古墳文化資料綜覧』甲斐国の古墳分布及び現状の基本的調査2,小立村	山梨県（甲斐国）18
1792	個人	—	鉄鏃・素環鏡板付轡	刀子	—	—	山梨県編1998『山梨県史』資料編2原始・古代2,山梨県	漢式鏡372・374／山梨県（甲斐国）46-2／『並山日記』に「この鏡四枚のうち一枚は径四寸三分半、一枚は二寸三分、一枚は一寸六分、一枚は一寸三分あり。此小さき一枚は後の文なし」とある〔清野1955〕
1850以前	諏訪神社旧蔵	—	—	—	—	—	山梨県編1998『山梨県史』資料編2原始・古代2,山梨県	漢式鏡373／山梨県（甲斐国）46-1・伝群馬県鏡（群馬199-2）と同一品か／『並山日記』「巻四の浅利庄大鳥村の古墳発掘物で鏡四枚、轡、甲を出したのであったが鏡二枚と轡を図して居る」
1850以前	所在不明	—	—	—	—	—	清野謙次1955『日本考古学・人類学史』下巻,岩波書店	漢式鏡375・376／山梨県（甲斐国）46-3・4／大鳥居某古墳・諏訪神社旧蔵鏡と一括出土の可能性
1947	山梨県立考古博物館	勾玉	—	—	—	—	山梨県編1998『山梨県史』資料編2原始・古代2,山梨県	山梨県（甲斐国）4
1929	東京国立博物館（J20464）	管玉・ガラス小玉	竪矧板革綴短甲1・刀8・剣8・鉄鏃	斧・手斧・鎌・鉇・鋸・鑿・刀子	—	石枕	仁科義雄1931「大丸山古墳」『史蹟名勝天然紀念物調査報告』第五輯 史蹟及天然紀念物之部,山梨県	山梨県（甲斐国）2-3
	東京国立博物館（J20463）							山梨県（甲斐国）2-2
	東京国立博物館（J20462）							629g／山梨県（甲斐国）2-1
1928	東京国立博物館（J20304）	車輪石6・石釧5・杵形石製品2・硬玉勾玉1・碧玉勾玉1・水晶勾玉4・管玉約150	刀4・剣3・鉄鏃	斧3・鎌2・刀子1	—	貝釧1	上田三平1930「銚子塚古墳附丸山塚古墳」『史蹟調査報告』第五輯,文部省	山梨県（甲斐国）1-1
	東京国立博物館（J20303）							山梨県（甲斐国）1-5
	東京国立博物館（J20305）							1059g／山梨県（甲斐国）1-2
	東京国立博物館（J20306）							938g／山梨県（甲斐国）1-4
	東京国立博物館（J20307）							山梨県（甲斐国）1-3
不明	個人旧蔵（所在不明）						上野晴朗1975「古墳時代」中道町史編纂委員会編『中道町史』上巻,中道町役場 / 谷口一夫1996「青銅鏡からみた甲斐国前期古墳の様相」『山梨県史研究』第4号,山梨県	「昭和四十年前後、甲府市に住む素封家・村松益造氏から筆者に連絡があり三面を所蔵しているとのことであった。その折、後藤守一博士にかって見ていただいたとのことである」
1907	東京大学総合研究博物館	石釧	剣	斧・鉇・銛	—	—	車崎正彦編2002『考古資料大観』第5巻 弥生・古墳時代 鏡,小学館	漢式鏡371／山梨県（甲斐国）3
不明	山梨県考古学資料室	—	—	—	—	—	山梨県編1998『山梨県史』資料編2原始・古代2,山梨県	山梨県（甲斐国）10
不明	所在不明	—	—	—	—	—	山梨県編1998『山梨県史』資料編2原始・古代2,山梨県	山梨県（甲斐国）5?／三角縁盤龍鏡の倭製／ただし偽作
不明	所在不明	—	篠籠手・刀	—	—	—	山本寿々雄1956『甲斐国古墳文化資料綜覧』甲斐国の古墳分布及び現状の基本的調査2,小立村	山梨県（甲斐国）6-1・2／2面出土か
不明	所在不明	—	—	—	—	—	白石太一郎・設楽博己編1994『弥生・古墳時代遺跡出土鏡データ集成』(『国立歴史民俗博物館研究報告』第56集),国立歴史民俗博物館	山梨県（甲斐国）15
不明	所在不明	—	—	—	—	—	白石太一郎・設楽博己編1994『弥生・古墳時代遺跡出土鏡データ集成』(『国立歴史民俗博物館研究報告』第56集),国立歴史民俗博物館	山梨県（甲斐国）16
不明	所在不明	勾玉	刀	—	—	—	山本寿々雄1956『甲斐国古墳文化資料綜覧』甲斐国の古墳分布及び現状の基本的調査2,小立村	山梨県（甲斐国）17-1・2／2面出土か

番号	舶倭	鏡式	出土遺跡	出土地名	遺跡内容	時期	面径(cm)	銘文	諸氏分類	編者分類・時期	
22-1	?	不明	曽根郷所在古墳	甲府市上曽根町 or 下曽根町〔東八代郡中道町〕	古墳	不明	30.3?	―	―	―	―
40	倭	珠文鏡	伊勢町遺跡	甲府市幸町	祭祀	不明	古墳中期?	6.8	―	I類（中山他94）／D-B類（脇山13）	〔珠文鏡〕	前期
41	倭	珠文鏡	桜井B号墳	甲府市桜井町	積石塚	円墳（15）・竪穴式石槨	古墳中期	7.5	―	A類（小林79）／珠文鏡類A型（小林82・10）／I類（中山他94）／A-D類（脇山13）	〔珠文鏡〕	前期
42	?	不明	甲運古墳群（伝）	甲府市横根町（伝）	古墳	円墳・横穴式石室	古墳	不明	―	―	―	―
43	?	不明	大六天塚古墳（伝）	甲府市酒折町山崎（伝）	古墳	円墳	古墳	不明	―	―	―	―
44	?	不明	琵琶塚古墳（伝）	甲府市和戸町藤塚（伝）	古墳	前方後円墳	古墳	不明	―	―	―	―
45	?	不明	湯村（伝）	甲府市湯村（伝）	古墳	円墳	古墳	不明	―	―	―	―
46	?	不明	二つ塚古墳（伝）	甲府市岩窪町・愛宕町（伝）	古墳	円墳	古墳	不明	―	―	―	―
56	?	〔内行花文鏡〕	加牟那塚古墳（伝）	甲府市千塚3丁目（伝）	古墳	円墳（40）・横穴式石室	古墳後期	不明	―	―	―	―
57	?	〔神獣鏡〕					不明	―	―	―	―	
58	?	〔盤龍鏡〕					不明	―	―	―	―	
59	?	〔鼉龍鏡〕					不明	―	―	―	―	
23	?	〔唐草文鉄鏡〕	板額塚古墳	笛吹市境川町小黒板字柳原〔東八代郡境川村〕	古墳	不明	古墳	―	―	―	―	
24	?	不明	大久保（伝）	笛吹市境川町大久保（伝）〔東八代郡境川村〕	古墳	円墳・横穴式石室	古墳	不明	―	―	―	―
24-1	?	不明	馬乗山2号墳〔後円部〕（伝）	笛吹市境川町藤盛字八乙女（伝）〔東八代郡境川村〕	古墳	前方後円墳（約60）	古墳中期	―	―	―	―	
25	舶	三角縁神人龍虎画象鏡	岡銚子塚古墳（八代銚子塚古墳）（伝）	笛吹市八代町岡字妙善屋敷（伝）〔東八代郡八代町〕	古墳	前方後円墳（92）・粘土槨	古墳前期	約21	―	目録番号100c・同笵鏡番号＊・配置J1・表現他	―	―
26	倭	鼉龍鏡					23.3	―	A群2段階（池上92）／基本系-1（新井95）／第一群同工鏡AⅢ（車崎95）／I群A系①（辻田00・07）／I類双胴系（林00）	鼉龍鏡A系	前（古）
26-1	?	不明					不明	―	―	―	―	
27	倭	捩文鏡?	団栗塚古墳	笛吹市八代町北字竹之内〔東八代郡八代町〕	古墳	前方後円墳・竪穴式石槨（組合式石棺）	古墳中期	11.5	―	―	類捩文鏡系	前（古～中）
28	?	不明	南（伝）（山神塚古墳?）	笛吹市八代町南（伝）〔東八代郡八代町〕	古墳	円墳・横穴式石室	古墳	不明	―	―	―	―
29	舶?	〔八稜鏡〕	荘塚古墳	笛吹市八代町永井〔東八代郡八代町〕	古墳	円墳（20）・横穴式石室	古墳後期	不明	―	―	―	―
30	?	不明	竹之内（伝）	笛吹市八代町北字竹之内（伝）〔東八代郡八代町〕	古墳	円墳・横穴式石室	古墳	不明	―	―	―	―
31	?	不明	南（伝）	笛吹市八代町南（伝）〔東八代郡八代町〕	古墳	円墳・横穴式石室	古墳	不明	―	―	―	―
32	舶	盤龍鏡	亀甲塚古墳	笛吹市御坂町成田字亀甲塚〔東八代郡御坂町〕	古墳	円墳（25）・横穴式石室（竪穴式石槨?）	古墳中期	13.8	―	―	―	―
33	?	不明	天神塚古墳（伝）	笛吹市御坂町下黒駒（伝）〔東八代郡御坂町〕	古墳	円墳・横穴式石室	古墳	不明	―	―	―	―
34	倭	〔六鈴鏡〕	伊勢塚古墳	笛吹市御坂町下野原字花掛〔東八代郡御坂町〕	古墳	円墳・横穴式石室	古墳後期	不明	―	―	―	―
35	?	不明	おぞうじ塚古墳（おぞうじ塚古墳）	笛吹市一宮町市之蔵〔東八代郡一宮町〕	古墳	円墳	古墳	不明	―	―	―	―
36	?	不明	鳥追塚古墳（馬追塚古墳?）（伝）	笛吹市一宮町市之蔵（伝）〔東八代郡一宮町〕	古墳	前方後円墳・竪穴式石槨	古墳	不明	―	―	―	―
37	?	不明	クビ塚古墳（伝）	笛吹市石和町市部長塚（伝）〔東八代郡石和町〕	古墳	円墳・横穴式石室	古墳	不明	―	―	―	―

山梨

発見年	所蔵（保管）者	共伴遺物					文献	備考
		石製品・玉類	武具・武器・馬具	ほか金属器	土器類	その他		
不明	所在不明	—	武具	—	—	—	松平定能編1882-84『甲斐国誌』内藤伝右衛門	山梨県（甲斐国）44
1959	甲府市教育委員会	—	—	—	—	—	山梨県編1998『山梨県史』資料編2 原始・古代2, 山梨県	山梨県（甲斐国）31／鈕座の圏線にハバキ痕
1955	甲府市教育委員会	瑪瑙勾玉1	—	—	—	—	清水博・信藤祐仁・保坂和博・宮澤公雄編1991『横根・桜井積石塚古墳群調査報告書—分布調査報告,横根支群39号墳・桜井内山支群9号墳発掘調査報告—』甲府市教育委員会	—
不明	所在不明	玉類	刀	—	須恵器	—	白石太一郎・設楽博己編1994『弥生・古墳時代遺跡出土鏡データ集成』（『国立歴史民俗博物館研究報告』第56集）, 国立歴史民俗博物館	山梨県（甲斐国）32
不明	所在不明	勾玉	鉄鏃	—	土師器	—	白石太一郎・設楽博己編1994『弥生・古墳時代遺跡出土鏡データ集成』（『国立歴史民俗博物館研究報告』第56集）, 国立歴史民俗博物館	山梨県（甲斐国）33
不明	所在不明（個人旧蔵）	—	—	—	—	—	甲府市史編さん委員会1991『甲府市史』通史編 第一巻, 甲府市役所	山梨県（甲斐国）34／3面出土と伝える
不明	所在不明	—	刀	—	須恵器	—	山本寿々雄1956『甲斐国古墳文化資料綜覧』甲斐国の古墳分布及び現状の基本的調査2, 小立村	山梨県（甲斐国）35
不明	所在不明	—	—	—	須恵器	—	白石太一郎・設楽博己編1994『弥生・古墳時代遺跡出土鏡データ集成』（『国立歴史民俗博物館研究報告』第56集）, 国立歴史民俗博物館	山梨県（甲斐国）48
不明	所在不明	ガラス丸玉	—	—	須恵器	—	山本茂樹編2005『加牟那塚古墳』山梨県埋蔵文化財センター調査報告書第226集, 山梨県教育委員会	山梨県（甲斐国）47／出土の伝承のみ
不明	所在不明（個人旧蔵）	—	—	—	—	—	山梨教育会東八代支会編1914『東八代郡誌』東八代郡	山梨県（甲斐国）14
不明	所在不明	勾玉	—	—	須恵器	—	山本寿々雄1956『甲斐国古墳文化資料綜覧』甲斐国の古墳分布及び現状の基本的調査2, 小立村	山梨県（甲斐国）19
不明	所在不明	勾玉	刀・剣	—	—	—	坂本美夫・米田明訓編1985『八乙女塚古墳（馬乗山1号・2号墳）・口開遺跡』山梨県埋蔵文化財センター調査報告書第5集, 山梨県教育委員会	—
1763	所在不明	勾玉2	刀・剣・鉄鏃11	斧1・鑿1	有段口縁壺・S字甕	—	山梨県考古学史資料室1965「山梨県考古学序史としての萩原元克, 八代郡岡村銚子塚発掘大鏡」『富士国立公園博物館研究紀要』第13号, 富士国立公園博物館	山梨県（甲斐国）45-1～3／「明和年間於本州八代郡岡村銚子塚所堀出鏡三面諸刃剣一口太刀十二口勾玉二顆鑿一箇斧一箇此内大鏡一面破砕」
1889	熊野神社	玉類	甲片・刀2・鉄鏃	—	—	—	山梨県編1998『山梨県史』資料編2 原始・古代2, 山梨県	漢式鏡377／山梨県（甲斐国）13・26
不明	所在不明	勾玉	刀	—	—	—	山梨教育会東八代支会編1914『東八代郡誌』東八代郡	山梨県（甲斐国）11
昭和以降	個人	勾玉・管玉・丸玉	刀	金環	土師器・須恵器	—	白石太一郎・設楽博己編1994『弥生・古墳時代遺跡出土鏡データ集成』（『国立歴史民俗博物館研究報告』第56集）, 国立歴史民俗博物館	山梨県（甲斐国）12-1・2／2面出土か
不明	所在不明	勾玉	刀	—	—	—	山本寿々雄1956『甲斐国古墳文化資料綜覧』甲斐国の古墳分布及び現状の基本的調査2, 小立村	山梨県（甲斐国）20-1～3／3面出土か
不明	所在不明	勾玉	刀	—	—	—	山本寿々雄1956『甲斐国古墳文化資料綜覧』甲斐国の古墳分布及び現状の基本的調査2, 小立村	山梨県（甲斐国）21
1948	山梨県立考古博物館	管玉	刀・矛・鉄鏃	—	—	—	山梨県編1998『山梨県史』資料編1 原始・古代1, 山梨県	—
不明	所在不明	—	—	鉄器	—	—	山本寿々雄1956『甲斐国古墳文化資料綜覧』甲斐国の古墳分布及び現状の基本的調査2, 小立村	山梨県（甲斐国）22
不明	東京国立博物館？	—	—	金銅金具	—	—	山梨教育会東八代支会編1914『東八代郡誌』東八代郡	山梨県（甲斐国）23
不明	所在不明	—	鉄鏃	刀子	—	—	山本寿々雄1956『甲斐国古墳文化資料綜覧』甲斐国の古墳分布及び現状の基本的調査2, 小立村	山梨県（甲斐国）7
不明	所在不明	勾玉	刀	—	—	—	山本寿々雄1956『甲斐国古墳文化資料綜覧』甲斐国の古墳分布及び現状の基本的調査2, 小立村	山梨県（甲斐国）8-1～7／7面出土か
不明	所在不明	勾玉	刀	—	—	—	山本寿々雄1956『甲斐国古墳文化資料綜覧』甲斐国の古墳分布及び現状の基本的調査2, 小立村	山梨県（甲斐国）24

番号	舶倭	鏡式	出土遺跡	出土地名	遺跡内容	時期	面径(cm)	銘文	諸氏分類	編者分類・時期
38	?	不明	狐塚古墳(伝)	笛吹市石和町市部長塚(伝)〔東八代郡石和町〕	古墳	円墳・横穴式石室	古墳	不明	—	—	—
39	和	唐式鏡?	寺の前古墳	笛吹市春日居町鎮目字寺の前〔東山梨郡春日居町〕	古墳	円墳・横穴式石室	古墳終末期	11.7	—	—	—
62	倭	重圏文鏡	平林2号墳	笛吹市春日居町鎮目字平林2405-1他〔東山梨郡春日居町〕	古墳	円墳(15)・横穴式石室	古墳後期	6.1	—	7ⅰ類(脇山15)	〔重圏文鏡〕前期
63	倭	珠文鏡					7.5	—	D-D類(脇山13)	〔珠文鏡〕
63-1	舶	不明	田島稲荷塚古墳	笛吹市春日居町鎮目字上町田〔東山梨郡春日居町〕	古墳	不明	古墳後期	不明	—	—	—
47	?	不明	大塚古墳(伝)	甲斐市島上条字大塚(伝)〔中巨摩郡敷島町〕	古墳	円墳・横穴式石室	古墳後期	不明	—	—	—
48	倭	捩文鏡	物見塚古墳(銭塚)	南アルプス市下市之瀬字上野〔中巨摩郡櫛形町〕	古墳	前方後円墳(46)・粘土槨	古墳前期	6.6	—	—	捩文鏡D系	前(中)
49	?	〔四神四獣鏡〕	櫛形町(伝)	南アルプス市(伝)〔中巨摩郡櫛形町〕	古墳	円墳・横穴式石室	古墳	不明	—	—	—
49-1	舶	双頭龍文鏡	長田口遺跡5号溝状遺構	南アルプス市平岡字長田口〔中巨摩郡櫛形町〕	集落	中世の溝状遺構の覆土内	中世	11.4	—	—	—
50	倭	捩文鏡	法華塚古墳	南巨摩郡富士川町春米字北林447〔南巨摩郡増穂町〕	古墳	竪穴式石槨?	古墳中期	9.9	—	—	類捩文鏡A系	前(古~中)
51	?	不明	増穂古墳群(伝)	南巨摩郡富士川町(伝)〔南巨摩郡増穂町〕	古墳	円墳・横穴式石室	古墳	不明	—	—	—
52	?	不明	狐塚古墳(伝)	南巨摩郡富士川町春米字北山(伝)〔南巨摩郡増穂町〕	古墳	円墳・竪穴式石槨	古墳中期?	不明	—	—	—
53	?	不明	盛里(伝)	都留市盛里(伝)	古墳	円墳・横穴式石室	古墳	不明	—	—	—
54	?	〔三角縁三神三獣鏡〕	甲斐国(推定)	不明	不明	不明	22.3	—	—	—
55	倭	八鈴四神四獣鏡	甲府市田村氏旧蔵鏡	不明	不明	不明	完形	—	仏獣文鏡類(大川97)/Ⅰ類-D神獣文系(八木00)/神獣文系(岡田05)	〔後期型神獣鏡〕後期
55-1	倭	方格規矩四神鏡	飯田家蔵鏡(甲府市酒折宮伝来)	不明	不明	不明	25.6	擬銘	—	方格規矩四神鏡A系	前(中)

長野

番号	舶倭	鏡式	出土遺跡	出土地名	遺跡内容	時期	面径(cm)	銘文	諸氏分類	編者分類・時期
1	倭	五鈴重圏文鏡	横倉(伝)	下高井郡山ノ内町夜間瀬字横倉(伝)	不明	不明	—	5.8	—	重圏文鏡類(大川97)/重圏文系(岡田05)	〔重圏文鏡〕(前期)
2	倭	捩文鏡	姥懐古墳(姥懐山古墳)	中野市小田中字更科	古墳	円墳(17)	古墳中期	12.2	—	第一型式(伊藤67)/Ⅴ型(樋口79)/捩文鏡(類)C型(小林82・10)/BⅢ型(小林83)/Ⅴ型(小沢88)/D型式a類(水野97)	捩文鏡D系	前(中)
3	倭	五鈴六乳文鏡	金鎧山古墳	中野市新野	古墳	円墳(21)・合掌形石室	古墳後期	10.0	—	乳文鏡系五鈴式(樋口79)/鈴鏡類(五鈴)(小林82・10)/乳文(西岡86)/Ⅳ類(中山他94)/獣帯文鏡類(大川97)/乳脚文系C1類(岡田05)	〔乳脚文鏡〕後期
4	倭	珠文鏡					9.3	—	乳文鏡Ⅰ類(樋口79)/珠文鏡Ⅳ類(樋口79)/乳文鏡類(小林82・10)/Ⅳ類(中山他94)	〔珠文鏡〕後期?
5	倭	十三乳文鏡	林畦2号墳(田麦北古墳)	中野市田麦	古墳	円墳(27)・粘土槨	古墳後期	7.9	—	乳文鏡Ⅱ類(樋口79)/Ⅰ類(中山他94)	〔乳脚文鏡〕中期
6	倭	珠文鏡?	七瀬双子塚古墳	中野市七瀬字新井	古墳	前方後円墳(78)・竪穴式石槨	古墳中期	11.2	—	乳文鏡類(小林82・10)	〔珠文鏡?〕—
7	?	不明	あがた塚古墳	上高井郡高山村高井字返畠	古墳	円墳・組合式石棺?	古墳	不明	—	—	—
8	倭	珠文鏡	本郷大塚古墳	須坂市日滝字宮原	古墳	円墳(12)・横穴式石室	古墳後期	8.1	—	—	〔珠文鏡〕
9	舶	方格規矩鏡	鎧塚1号墳	須坂市八町	積石塚	円墳(23)・竪穴式石槨	古墳前期	14.0	—	—	—
10	舶	方格規矩鏡					破片	—	—	—

山梨・長野

発見年	所蔵（保管）者	共伴遺物					文献	備考
		石製品・玉類	武具・武器・馬具	ほか金属器	土器類	その他		
不明	所在不明	—	刀	—	—	—	山本寿々雄1956『甲斐国古墳文化資料綜覧』甲斐国の古墳分布及び現状の基本的調査2, 小立村	山梨県（甲斐国）25
1964	個人	—	刀・鉄鏃・轡・杏葉・雲珠	銅鏡・刀子	土師器・須恵器		山梨県編1998『山梨県史』資料編2 原始・古代2, 山梨県	山梨県（甲斐国）49／唐鏡の模倣で奈良時代以降の作
1998	山梨県埋蔵文化財センター	翡翠勾玉2・瑪瑙勾玉1・ガラス勾玉1・碧玉管玉1・琥珀棗玉1・水晶切子玉1・ガラス丸玉121・ガラス蜻蛉玉3・ガラス小玉200	篠籠手・刀1・鞘尻1・柄頭1・責金具2・足金具1・鉄鏃24～・轡8・辻金具4・鉸具4・兵庫鎖2・鞍8	帯金具&飾金具7・金環12	土師器（杯5）・須恵器（長頸壺6・高杯2・杯12・杯蓋18・甄2・大瓶10・平瓶4）		吉岡弘樹編2000『平林2号墳』山梨県埋蔵文化財センター調査報告書第175集, 山梨県教育委員会・山梨県土木部	—
1948	所在不明	管玉	馬具	—	須恵器		天神のこし古墳調査会編1976『天神のこし古墳』天神のこし古墳調査会	「この塚を撤去するさい漢鏡一面も発見された」／同町寺の前古墳鏡（山梨39）と混同している可能性
不明	所在不明	勾玉	刀・馬具	—	—	—	山本寿々雄1956『甲斐国古墳文化資料綜覧』甲斐国の古墳分布及び現状の基本的調査2, 小立村	山梨県（甲斐国）38
昭和10年代	所在不明	管玉16～・丸玉1・臼玉18	刀・剣	刀子or鏃1・不明鉄製品	—	—	田中大輔編2007『山梨県指定史跡 物見塚古墳—資料再整理・遺物選別作業調査報告書—』南アルプス市埋蔵文化財調査報告書第14集, 南アルプス市教育委員会	山梨県（甲斐国）36・39
不明	所在不明	—	—	—	—	—	山本寿々雄1956『甲斐国古墳文化資料綜覧』甲斐国の古墳分布及び現状の基本的調査2, 小立村	山梨県（甲斐国）37
1989	山梨県埋蔵文化財センター	—	—	—	土器片	銭貨（11世紀）2・石鏃1・磨石・凹石1・打製石斧1	保坂和博編1993『長田口遺跡』山梨県埋蔵文化財センター調査報告書第82集, 山梨県教育委員会・山梨県農務部	破鏡（2孔）
江戸末期	所在不明（個人旧蔵）	勾玉	刀	—	—	—	山梨県編1998『山梨県史』資料編2 原始・古代2, 山梨県	山梨県（甲斐国）42-1／2面出土か
不明	所在不明（個人旧蔵）						白石太一郎・設楽博己編1994『弥生・古墳時代遺跡出土鏡データ集成』（『国立歴史民俗博物館研究報告』第56集）, 国立歴史民俗博物館	山梨県（甲斐国）40
不明	所在不明		刀				山本寿々雄1956『甲斐国古墳文化資料綜覧』甲斐国の古墳分布及び現状の基本的調査2, 小立村	山梨県（甲斐国）41?
不明	所在不明		刀				山本寿々雄1956『甲斐国古墳文化資料綜覧』甲斐国の古墳分布及び現状の基本的調査2, 小立村	山梨県（甲斐国）43
不明	恵林寺宝物館						後藤守一1926『漢式鏡』日本考古学大系, 雄山閣	漢式鏡380
不明	個人旧蔵	—	—	—	—	—	山梨県編1998『山梨県史』資料編2 原始・古代2, 山梨県	山梨県（甲斐国）51／交互式神獣鏡／山梨18と関連
伝世品	個人（酒折宮旧蔵）	—	—	—	—	—	甲府市史編さん委員会編1991『甲府市史』通史編 第一巻, 甲府市役所	空襲で被災

1925	諏訪八幡社	—	—	—	—	—	岩崎卓也1988「青銅鏡」『長野県史』考古資料編全1巻（4）遺構・遺物, 長野県	長野県（信濃国）7
1947	高井舟着神社	管玉	剣	—	—	—	岩崎卓也1988「青銅鏡」『長野県史』考古資料編全1巻（4）遺構・遺物, 長野県	長野県（信濃国）2
1925	東京国立博物館〈J10213〉	勾玉3・碧玉管玉1・ガラス丸玉90・滑石臼玉36・ガラス小玉49	刀5～・剣3・矛2・鉄鏃片205・轡数片・鉸具1・留金具2・環鈴1・鈴1	斧1・鋸1・刀子片	土師器片14・須恵器片4	貝釧1・砥石1	森本六爾1926『金鎧山古墳の研究』雄山閣	235g／長野県（信濃国）1-2
	東京国立博物館〈J10212〉							102g／長野県（信濃国）1-1
1948	中野市歴史民俗資料館	勾玉3・管玉6・滑石臼玉224・ガラス小玉37	刀1・鉄鏃20	刀子1	—	櫛7	岩崎卓也1988「青銅鏡」『長野県史』考古資料編全1巻（4）遺構・遺物, 長野県	長野県（信濃国）3
1921	七瀬区（長丘公民館？）	—	長方板革綴短甲1・刀2・短剣2～・矛1・鉄鏃39		土師器（壺・高杯）・須恵器（壺）	櫛	財団法人日本民俗資料館編1975『信濃の古墳文化展』財団法人日本民俗資料館	長野県（信濃国）4／8.0cm?
不明	所在不明	勾玉	刀	金環	—	—	岡崎敬編1978『日本における古鏡 発見地名表 北陸・甲信越地方』東アジアより見た日本古代墓制研究	長野県（信濃国）8
昭和以降	須坂市立博物館	勾玉	圭頭大刀・刀・石製三輪玉・鉄鏃・轡・鐙	刀子	須恵器		岩崎卓也1988「青銅鏡」『長野県史』考古資料編全1巻（4）遺構・遺物, 長野県	—
1957	須坂市立博物館	石釧2・勾玉6・管玉4・小玉2	刀・矛・鉄鏃			スイジ貝釧1・ゴホウラ貝釧3or4	小林宇壱編2000『長野県史跡『八丁鎧塚』—史跡公園整備に先立つ範囲確認調査報告書—』須坂市教育委員会	長野県（信濃国）6-1／縁部・外区片／同墳出土鏡片と同一品の可能性
								長野県（信濃国）6-2／内区片

番号	舶倭	鏡式	出土遺跡	出土地名	遺跡内容	時期	面径(cm)	銘文	諸氏分類	編者分類・時期
11	倭	珠文鏡	戸谷古墳	須坂市八町字戸谷	円墳	古墳	7.6	—	—	〔珠文鏡〕 / —
12	倭	七弧内行花文鏡	岩下古墳	須坂市豊丘字野下窪	積石塚？・横穴式石室	古墳後期	8.7	—	—	内行花文鏡B式 / 前期(中)
13	倭	珠文鏡	川田条里遺跡E2地区 第2水田 道路状遺構(SC38)	長野市若穂川田	道路状遺構の盛土内	古墳前期	5.6	—	I類（中山他94）／A-B類（脇山13）	〔珠文鏡〕 / 前期
14	倭	珠文鏡	大室第196号墳	長野市松代町大室字東山手	円墳(19)・合掌形横穴式石室	古墳後期	10.0	—	—	〔珠文鏡〕 / —
15	倭	六鈴四獣鏡	観音塚古墳	長野市松代町豊栄字平林	円墳(18)・横穴式石室	古墳後期	9.8	擬銘	獣形文鏡類（大川97）／I類-E 半肉彫式獣文系（八木00）／獣形文系C類（岡田05）	〔旋回式獣像鏡〕 / 後期
16	倭	八乳文鏡	村北3号墳	長野市松代町豊栄字平林	円墳・竪穴式石槨	古墳中期	9.2	—	乳文鏡II類（樋口79）	〔乳脚文鏡？〕 / 後期
17	倭	珠文鏡	舞鶴山1号墳	長野市松代町西条	円墳(33)・竪穴式石槨	古墳中期	6.8	—	IV類（中山他94）	〔珠文鏡〕 / —
118	舶	不明	松原遺跡SB6北側床面上	長野市松代町東寺尾	集落 竪穴住居	古墳前期？	17.6	—	—	—
18	倭	五獣鏡	小柴見古墳（安茂里平柴）	長野市安茂里字小柴見	円墳	古墳中期	14.2	—	五獣形鏡（樋口79）／獣形文鏡類 四獣鏡B型（小林82・10）	〔中期型獣像鏡？〕 / 中期
19	？	〔神獣鏡〕	大黒山古墳	長野市安茂里字小柴見	円墳	古墳中期	破片	—	—	—
28	倭	珠文鏡？	飯綱社古墳	長野市篠ノ井石川字大和田	円墳(17)・竪穴式石槨	古墳中期	8.8	—	—	〔珠文鏡？〕 / —
29	倭	不明	飯綱社古墳	長野市篠ノ井石川字大和田	円墳(17)・竪穴式石槨	古墳中期	4.5	—	—	—
30	倭？	不明	石川条里遺跡SD1016	長野市篠ノ井塩崎	祭祀 溝	古墳前～中期	9.6	—	—	—
31	倭	重圏文鏡	篠ノ井遺跡群SB7250	長野市篠ノ井塩崎	土壙墓	古墳	3.2	—	5類（脇山15）	〔重圏文鏡〕 / 前期
32	倭	四獣鏡	篠ノ井遺跡群SM7006 木棺墓	長野市篠ノ井塩崎字山崎	墳墓 木棺直葬	古墳前期	8.3	—	絵画文鏡IV類（赤塚00）	—
33	倭	珠文鏡	篠ノ井遺跡群SM7016 木棺墓	長野市篠ノ井塩崎字山崎	墳墓 木棺直葬	古墳	4.4	—	I類（中山他94）／D-B類（脇山13）	〔珠文鏡〕 / 前期
34	倭	捩文鏡	八幡宮古墳（長谷八幡古墳）	長野市篠ノ井塩崎字長谷	円墳(17)・竪穴式石槨	古墳中期	11.2	—	C型式a類（水野97）	捩文鏡C系 / 前(中)
35	倭	六弧内行花文鏡	松節遺跡48号住居跡	長野市篠ノ井塩崎字松節	集落 住居跡	古墳中期	6.7	—	B類1式（清水94）	内行花文鏡B式 / 前(中)
35-1	倭	六弧内行花文鏡	篠山古墳（越将軍塚古墳（推定））	長野市篠ノ井塩崎字将軍山（推定）	積石塚 円墳(33)・竪穴式石槨？	古墳中期	9.1	—	B類1式（清水94）	内行花文鏡B式 / 前(中)
35-2	倭	六弧内行花文鏡	和田東山3号墳	長野市若穂保科字和田東山	積石塚 前方後円墳(46)・竪穴式石槨	古墳前期	10.6	—	—	内行花文鏡B式 / 前(中)
35-3	倭	珠文鏡	平林	長野市平林	不明	不明	6.8	—	AC-B類（脇山13）	〔珠文鏡〕 / —
35-4	倭	不明	南曽峯遺跡2a区SK02	長野市豊野町蟹沢字南曽峯2758他	集落 土壙	中世以降	7.0	—	—	—
36	舶	三角縁天王日月・獣文帯神獣鏡	森将軍塚古墳〔後円部主体部〕	千曲市森字大穴山〔更埴市〕	前方後円墳(100)・竪穴式石槨	古墳前期	22.0	「天王日月」	目録番号78・表現②'	—
36-1	倭	四神三獣鏡	森将軍塚古墳（伝）	千曲市森字大穴山（伝）〔更埴市〕	前方後円墳(100)	古墳	13.3	—	四神四獣鏡（樋口79）／四神四獣鏡系（小林82・10）	〔二神二獣鏡III系？〕 / 中期
36-2	倭	不明	森将軍塚古墳（伝）	千曲市森字大穴山（伝）〔更埴市〕	前方後円墳(100)	古墳	不明	—	—	—
37	倭	捩文鏡	県山古墳	千曲市森字県山〔更埴市〕	円墳(12)・横穴式石室	古墳後期	7.8	—	B型式b類（水野97）	捩文鏡B系 / 前(中)

長野

発見年	所蔵（保管）者	共伴遺物 石製品・玉類	武具・武器・馬具	ほか金属器	土器類	その他	文献	備考
1983	須坂市立博物館	―	―	―	須恵器	―	岩崎卓也1988「青銅鏡」『長野県史』考古資料編全1巻（4）遺構・遺物, 長野県	―
1926	須坂市教育委員会	勾玉	鐔・鉄鏃	―	―	―	村木真由2016「須坂市岩下古墳出土の内行花文鏡」『須高』第82号, 須高郷土史研究会	72g／長野県（信濃国）5
1990	財団法人長野県埋蔵文化財センター	―	―	―	―	―	伊藤友久・河西克造・鶴田典昭・臼居直之編2000『上信越自動車道埋蔵文化財発掘調査報告書』10 川田条里遺跡, 長野県埋蔵文化財センター発掘調査報告書47, 長野県埋蔵文化財センター他	―
1990	明治大学考古学研究室	ガラス勾玉1・ガラス管玉1・滑石管玉6・琥珀棗玉・滑石臼玉6・ガラス小玉28	横矧板鋲留短甲1・剣片3・矛・鉄鏃32・轡片1・鏡板片3・引手片4・環状辻金具片2	刀子8	土師器・須恵器（甕5）	砥石2	佐々木憲一・河野正訓・高橋透・新井悟編2015『信濃大室積石塚古墳群の研究』Ⅳ―大室谷支群ムジナゴーロ単位支群の調査―報告編, 明治大学文学部考古学研究室	〈97g〉／老年骨
1875	個人	勾玉・管玉・切子玉・丸玉・ガラス小玉	甲冑・鉄鏃・雲珠	金環・銀環	―	―	岩崎卓也1988「青銅鏡」『長野県史』考古資料編全1巻（4）遺構・遺物, 長野県	長野県（信濃国）14
1917	東京国立博物館〈J8891〉	瑪瑙勾玉・碧玉勾玉・管玉・小玉	―	―	―	―	後藤守一1942『古鏡聚英』上篇 秦鏡と漢六朝鏡, 大塚巧芸社	99g／漢式鏡519／長野県（信濃国）15
1976	筑波大学考古学研究室	―	―	鉄片	土師器	―	岩崎卓也1988「青銅鏡」『長野県史』考古資料編全1巻（4）遺構・遺物, 長野県	―
1990	財団法人長野県埋蔵文化財センター	―	―	―	―	―	青木一男他1998『松原遺跡』弥生・総論6, 上越自動車道埋蔵文化財発掘調査報告書5, 長野県埋蔵文化財センター	縁部片／11世紀の大型竪穴住居床面上から出土（報告書では古墳時代前期の遺物とみる）
1961	長野市立博物館	―	剣	―	―	―	財団法人日本民俗資料館編1975『信濃の古墳文化展』財団法人日本民俗資料館	長野県（信濃国）9
1965	個人	―	刀・剣	―	―	―	白石太一郎・設楽博己編1994『弥生・古墳時代遺跡出土鏡データ集成』（『国立歴史民俗博物館研究報告』第56集）, 国立歴史民俗博物館	―
1875	布制神社	勾玉・管玉・ガラス小玉	刀・剣・鉄鏃・輪鐙	―	土師器・須恵器	―	岩崎卓也1988「青銅鏡」『長野県史』考古資料編全1巻（4）遺構・遺物, 長野県	長野県（信濃国）13-1?／長野県（信濃国）13-2?
1989	財団法人長野県埋蔵文化財センター	車輪石1・石釧3・緑色凝灰岩勾玉3・滑石勾玉1・土製勾玉1・緑色凝灰岩管玉7・滑石臼玉75・ガラス小玉5	銅鏃1	鍬	土器・土製品・土錘	籠・羽口・砥石・骨鏃・木製品	臼居直之・市川隆之編1997『中央自動車道長野線埋蔵文化財発掘調査報告書』15 石川条里遺跡, 財団法人長野県埋蔵文化財センター発掘調査報告書26, 財団法人長野県埋蔵文化財センター他	縁部片
1989		―	―	―	―	―	西山克己他編1997『篠ノ井遺跡群』成果と課題編, （財）長野県埋蔵文化財センター発掘調査報告書22, 財団法人長野県埋蔵文化財センター他	―
1990	財団法人長野県埋蔵文化財センター	瑪瑙勾玉・碧玉管玉・ガラス小玉						―
1990		琥珀玉50～・ガラス小玉						―
1908	長谷八幡宮	管玉・ガラス小玉	剣	―	―	―	岩崎卓也1988「青銅鏡」『長野県史』考古資料編全1巻（4）遺構・遺物, 長野県	長野県（信濃国）12
1985	長野市立博物館	―	―	―	小形丸底壺・甕・高杯	―	矢口栄子編1986『塩崎遺跡群Ⅳ』長野市の埋蔵文化財第18集, 長野市教育委員会・長野市遺跡調査会	―
不明	所在不明	滑石小玉13	―	鉄器片	―	―	岩崎卓也1988「青銅鏡」『長野県史』考古資料編全1巻（4）遺構・遺物, 長野県	長野39の可能性
1993	明治大学考古学研究室	管玉8・ガラス小玉40	刀1・剣1・槍3・鉄鏃19	斧2・鍬2	―	砥石1	明治大学和田東山古墳群発掘調査団編1995『和田東山古墳群―和田東山古墳群第3号墳発掘調査概報―』明治大学和田東山古墳群発掘調査団	―
不明	所在不明	―	―	―	―	―	岩崎卓也1988「青銅鏡」『長野県史』考古資料編全1巻（4）遺構・遺物, 長野県	―
2004	長野県立歴史館	―	―	―	土器（弥生～平安）	土錘	鶴田典昭・宮村誠二編2012『南曽峯遺跡』北陸新幹線建設事業埋蔵文化財発掘調査報告書6, 財団法人長野県文化振興事業団長野県埋蔵文化財センター他	〈7g〉／縁部片
1967・1983	千曲市教育委員会	石製品片・硬玉勾玉1・碧玉管玉18・滑石臼玉4	刀・剣・矛?1・槍1・鉄鏃6?	鍬・鎌・鑿・刀子	土師器	―	森将軍塚古墳発掘調査団編1992『史跡森将軍塚古墳―保存整備事業発掘調査報告書―』更埴市教育委員会	長野県（信濃国）18-1
1878～	個人	―	―	―	―	―	岩崎卓也1988「青銅鏡」『長野県史』考古資料編全1巻（4）遺構・遺物, 長野県	長野県（信濃国）18-2
不明	個人	―	―	―	―	―	岡崎敬編1978『日本における古鏡発見地名表 北陸・甲信越地方』東アジアより見た日本古代墓制研究	長野県（信濃国）18-3
不明	所在不明	勾玉・管玉・棗玉・小玉	刀・小刀・轡	鑿	須恵器	―	岩崎卓也1988「青銅鏡」『長野県史』考古資料編全1巻（4）遺構・遺物, 長野県	―

番号	舶倭	鏡式	出土遺跡	出土地名	遺跡内容	時期	面径(cm)	銘文	諸氏分類	編者分類・時期
20	舶	連弧文銘帯鏡					11.7	「明而日而…」	—	—
21	倭	六弧内行花文鏡					6.5	—	AⅡ式（森70）／六弧（樋口79）／B類1式（清水94）	内行花文鏡B式	前(中)
22	倭	六弧内行花文鏡					7.3	—	AⅡ式（森70）／六弧（樋口79）／B類1式（清水94）／内行花紋鏡D系（森下02）	内行花文鏡B式	前(中)
22-1	倭	六弧内行花文鏡					11.5	—	—	内行花文鏡B式	前(中)?
22-2	倭	六弧内行花文鏡					7.0	—	B類2式（清水94）	内行花文鏡B式	前(中)
23	倭	捩文鏡					8.0	—	第三型式（伊藤67）／Ⅲ型（樋口79）／BⅡ型（小林83）／Ⅲ型（小沢88）／B型式c類（水野97）	捩文鏡D系（C系？）	前(中)
23-1	倭	捩文鏡					9.2	—	Ⅴ型（樋口79）／捩文鏡（類）C型（小林82・10）／BⅢ型（小林83）／Ⅴ型（小沢88）／D型式a類（水野97）	捩文鏡D系	前(中)
23-2	倭	捩文鏡					11.2	—		捩文鏡D系	前(中)
23-3	倭	捩文鏡					6.8	—	C型式c類（水野97）	捩文鏡D系	前(中)
24	倭	珠文鏡					7.0	—	乳文鏡Ⅱ類？（樋口79）／珠文鏡Ⅰ類？（樋口79）／Ⅳ類（中山他94）	〔珠文鏡？〕	前(中)
25	倭	珠文鏡	川柳将軍塚古墳（伝）	長野市篠ノ井石川字石川（伝）	古墳	前方後円墳（93）・竪穴式石槨	古墳前期	6.1	—	珠文鏡Ⅰ類（樋口79）／A-B類（脇山13）	〔珠文鏡〕	前期
27	倭	珠文鏡					7.6	—	乳文鏡Ⅰ類（樋口79）／珠文鏡Ⅳ類（樋口79）	〔珠文鏡？〕	—
27-1	倭	珠文鏡					5.8	—		〔珠文鏡〕	前期
27-2	倭	珠文鏡					5.1	—	A類（小林79）／珠文鏡Ⅰ類（樋口79）／珠文鏡類A型（小林82・10）／Ⅰ類（中山他94）／A-B類（脇山13）	〔珠文鏡〕	前期
27-3	倭	珠文鏡					5.0	—	A類（小林79）／珠文鏡Ⅰ類（樋口79）／珠文鏡類A型（小林82・10）／Ⅰ類（中山他94）／A-B類（脇山13）	〔珠文鏡〕	前期
27-4	倭	珠文鏡					4.8	—	A類（小林79）／珠文鏡Ⅰ類（樋口79）／珠文鏡類A型（小林82・10）／Ⅰ類（中山他94）／A-B類（脇山13）	〔珠文鏡〕	前期?
26	倭	四獣鏡					10.5	—	四獣形鏡（樋口79）／獣形文鏡ⅡA類（赤塚98b）	鳥頭獣像鏡B系	前(中)
26-1	舶	尚方作方格規矩鏡					13.0	「尚方作竟左倉龍右…子孫翁□宜父母家中富…王」	複波鋸歯文縁四神鏡Ⅱ式（樋口79）／博局鳥文鏡AaⅠ類（高木91・93）／甲群（森下98）	—	—
26-2	舶?	T字鏡					7.1	—	円圏規矩渦文鏡（樋口79）／方格規矩鏡類G型（小林82・10）		
26-3	倭	重圏文鏡					6.1	—	3b類（脇山15）	〔重圏文鏡〕	前期
26-4	倭	素文鏡					3.1	—	AⅡ類？（今平90）	〔素文鏡？〕	
26-5	倭	弧文鏡					8.9	—	乳文鏡類（小林82・10）	—	前期
42-1	倭	夔龍鏡	更級郡（伝）	千曲市or長野市（伝）	不明	不明	16.3	—	画文帯神獣鏡（系）C型（小林82・10）／C群9段階（池上92）／第一群（車崎95）／Ⅱ類単胴系（林00）	夔龍鏡C系	前(中)
42-2	倭	夔龍鏡					15.1	—	四神四獣鏡系（小林82・10）／B群7段階（池上92）／第二群（車崎95）／Ⅲ類双胴系（林00）	夔龍鏡A系	前(中)
42-3	倭	四神（頭）四獣鏡					13.4	—	獣形文鏡類四獣鏡B型（小林82）	類神頭鏡系	前(中)
42-4	倭	四獣鏡					17.6	—		獣像鏡Ⅰ系	前(古)
42-5	舶	池氏作盤龍鏡					9.2	「池氏作竟真大好 上有山人不知老兮」	—	—	—
42	倭	捩文鏡	更級郡（伝）	千曲市or長野市（伝）	不明	不明	6.9	—	C型式c類（水野97）	捩文鏡E系	前(新)
38	倭	八乳文鏡	大峡2号墳（北山古墳・倉科古墳群）	千曲市倉科字大峡・北山〔更埴市〕	古墳	円墳（7?）・竪穴式石槨?	古墳中期	8.3	—	獣帯鏡類D型（小林82・10）	〔乳脚文鏡〕	後期
39	倭	不明	篠山古墳	千曲市稲荷山〔更埴市〕	古墳	不明	古墳	7.0	—	—	—	

発見年	所蔵（保管）者	共伴遺物					文献	備考
		石製品・玉類	武具・武器・馬具	ほか金属器	土器類	その他		
1800	布制神社・長野市立博物館	車輪石・玉杖頭2・筒形石製品1・勾玉60・管玉667・臼玉・ガラス小玉・小玉	筒形銅器2・銅鏃	金環・銀環			森本六爾 1929『川柳将軍塚の研究』岡書院	漢式鏡485〜510／長野県（信濃国）10-1
	布制神社・長野市立博物館						森本六爾 1929『川柳将軍塚の研究』岡書院	漢式鏡485〜510
	所在不明（市河寛斎旧蔵？）						市河寛斎 1926『宝月楼古鑑譜』寛斎先生余稿，遊徳園	150g／漢式鏡512
	所在不明（松平定信旧蔵）						松平定信編 1800『集古十種』（市島謙吉編 1908『集古十種』国書刊行会）	漢式鏡485〜510／長野県（信濃国）10-12
	布制神社・長野市立博物館						森本六爾 1929『川柳将軍塚の研究』岡書院	
	所在不明（焼損？）（杉山壽栄男旧蔵）						後藤守一 1942『古鏡聚英』上篇 秦鏡と漢六朝鏡，大塚巧芸社	漢式鏡485〜510
	所在不明（市河寛斎旧蔵？）						市河寛斎 1926『宝月楼古鑑譜』寛斎先生余稿，遊徳園	170g／漢式鏡485〜510
	所在不明（松平定信旧蔵）						松平定信編 1800『集古十種』（市島謙吉編 1908『集古十種』国書刊行会）	
	所在不明（南澤芳太郎旧蔵）						森本六爾 1929『川柳将軍塚の研究』岡書院	漢式鏡485〜510
	所在不明（市河寛斎旧蔵？）						市河寛斎 1926『宝月楼古鑑譜』寛斎先生余稿，遊徳園	22g／漢式鏡485〜510
	所在不明（焼損？）（杉山壽栄男旧蔵）						後藤守一 1942『古鏡聚英』上篇 秦鏡と漢六朝鏡，大塚巧芸社	漢式鏡485〜510
	所在不明（佐藤善右衛門旧蔵）						森本六爾 1929『川柳将軍塚の研究』岡書院	漢式鏡485〜510／長野県（信濃国）10-2
	所在不明						市河米庵 1848『小山林堂書画文房図録』辛	1013g?（27両）／漢式鏡484／長野県（信濃国）10-9
	所在不明（焼損？）（杉山壽栄男旧蔵）						後藤守一 1942『古鏡聚英』上篇 秦鏡と漢六朝鏡，大塚巧芸社	漢式鏡485〜510／「丁字鏡」
	所在不明（市河寛斎旧蔵？）						森本六爾 1929『川柳将軍塚の研究』岡書院	30g／漢式鏡513
	所在不明（松浦武四郎旧蔵）						市河米庵 1848『小山林堂書画文房図録』辛	漢式鏡485〜510／長野県（信濃国）10-10
	東北歴史博物館（杉山壽栄男旧蔵）						後藤守一 1942『古鏡聚英』上篇 秦鏡と漢六朝鏡，大塚巧芸社	漢式鏡485〜510
江戸以前	根津美術館〈考古35〉（朽木龍橋旧蔵）	—	—	—	—	—	財団法人根津美術館編 1987『新青山荘清賞 鑑賞編』財団法人根津美術館	漢式鏡517／長野県（信濃国）11／丹後福知山城主朽木龍橋（1750-1802）旧蔵鏡／「朽木龍橋遺品として朽木家に蔵せらる，ものに，信濃更級郡及び其の附近地方発掘と伝へらるゝものが五六面ある。中に「石川村」とあるのもあるから，或は其の全部が石川村将軍塚発掘のものゝ中かも知れない」〔後藤1926〕
	根津美術館〈考古33〉（朽木龍橋旧蔵）							漢式鏡515／長野県（信濃国）11
	根津美術館〈考古32〉（朽木龍橋旧蔵）							漢式鏡518／長野県（信濃国）11
	根津美術館〈考古31〉（朽木龍橋旧蔵）							漢式鏡516／長野県（信濃国）11
	所在不明（朽木龍橋旧蔵）						後藤守一 1920『漢式鏡』日本考古学大系，雄山閣	漢式鏡514／長野県（信濃国）11
不明	所在不明	—	—	—	—	—	岩崎卓也 1988「青銅鏡」『長野県史』考古資料編全1巻（4）遺構・遺物，長野県	—
1907	東京国立博物館〈J14209〉	管玉	刀・剣	刀子	須恵器	—	岩崎卓也 1988「青銅鏡」『長野県史』考古資料編全1巻（4）遺構・遺物，長野県	64g／漢式鏡520／長野県（信濃国）19
不明	所在不明	—	—	—	—	—	岡崎敬編 1978「日本における古鏡発見地名表 北陸・甲信越地方」東アジアより見た日本古代墓制研究	長野県（信濃国）16

番号	舶倭	鏡式	出土遺跡	出土地名	遺跡内容	時期	面径(cm)	銘文	諸氏分類	編者分類・時期	
40	倭	捩文鏡	矢先山1号墳	千曲市八幡字郡〔更埴市〕	古墳	円墳(15)	古墳	6.8	—	D型式a類(水野97)	捩文鏡D系	前(中)
41	倭	四獣鏡	姫塚(御嶽山)古墳	千曲市〔更埴市〕	古墳	不明	古墳	9.3	—	獣形文鏡類(大川97)	〔S字獣像鏡〕	中期～
41-1	倭	櫛歯文鏡	有明山将軍塚古墳〔後円部主体部〕	千曲市屋代字一重山333-4〔更埴市〕	古墳	前方後円墳(37)・竪穴式石槨	古墳前期	4.2	—	—	〔重圏文鏡〕	前期?
41-2	倭	捩文鏡	東條遺跡SB16埋没土	千曲市八幡字東條〔更埴市〕	集落	不明	古墳終末期	破片	—	—	捩文鏡E系?	前(新)
44	倭	珠文鏡	岩屋堂岩窟古墳(御嶽堂岩窟古墳)	上田市御嶽堂〔小県郡丸子町〕	古墳	不明	古墳中期	6.9	—	A類(小林79)／珠文鏡類A型(小林82・10)／A2-D類(脇山13)	〔珠文鏡〕	—
44-1	倭	不明	上塩尻	上田市上塩尻〔小県郡塩尻村上塩尻区〕	不明	不明	不明	—	—	—	—	—
45	倭	櫛歯文鏡	地獄沢古墳	東御市和〔小県郡東部町〕	古墳	円墳・横穴式石室	古墳後期	3.4	—	—	〔櫛歯文鏡〕	—
46	?	不明	海善寺古墳	東御市海善寺〔小県郡東部町〕	古墳	円墳・横穴式石室	古墳後期	4～	—	—	—	—
47	舶	多鈕細文鏡	社宮司遺跡	佐久市野沢字社宮司	集落	集落・採集品	弥生後～末期	破片	—	Ⅲ精文式(樋口79)	—	—
48	舶	八弧内行花文鏡	針塚古墳(里山辺4号墳)	松本市里山辺3174	積石塚	円墳(20)・竪穴式石槨	古墳中期	9.2	—	B類(H類)(清水94)	—	—
49	舶	上方作浮彫式一仙三獣鏡	弘法山古墳	松本市中山	古墳	前方後方墳(36)・竪穴式石槨	古墳前期	11.7	「上方乍竟自有□　青□左白昶居右」	半肉彫獣帯鏡C四像式(樋口79)／四像式(岡村92)／四像式B系統Ⅲ段階(山田06)／四像Ⅱ式(Ⅰa系)(實盛15)	—	—
50	舶	上方作浮彫式六獣鏡	中山36号墳(仁能田山古墳)	松本市中山字仁能田山	古墳	円墳(20)・粘土槨	古墳前期	13.0	「上方作竟自有紀　□□□□宜□□□」	半肉彫獣帯鏡C六像式(樋口79)／六像B式(岡村92)／六像式A系統Ⅱ段階(山田06)／六像Ⅱ式(Ⅰb系)(實盛15)	—	—
51	舶	細線式獣帯鏡	桜立古墳(中山古墳群)	松本市中山字桜立	古墳	円墳(25)・横穴式石室	古墳後期	8.3	—	—	—	—
51-1	倭	四乳文鏡	山岸桜丘古墳	松本市浅間温泉?	古墳	不明	古墳	8.3	—	乳文鏡Ⅲ類(樋口79)	〔乳脚文鏡〕	後期
51-2	倭	重圏文鏡?	山王山(伝)	松本市新村山王?(伝)	不明	不明	不明	5.5	—	—	〔重圏文鏡?〕	前期?
52	倭	不明	襧ノ神(根ノ神)1号墳	塩尻市柿沢371	古墳	円墳(14)・横穴式石室	古墳後期	9.0	—	—	—	—
53	倭	六獣鏡	糠塚古墳	岡谷市湊字小坂	古墳	円墳(30)・竪穴式石槨?	古墳中期	11.0	—	六獣形鏡(樋口79)／獣形文鏡類六獣鏡(小林82・10)	〔旋回式獣像鏡〕	後期
54	倭	十乳文鏡	フネ古墳	諏訪市中洲字神宮寺	古墳	円墳?・粘土槨	古墳中期	7.6	—	獣帯鏡式C型(小林82・10)／乳脚紋鏡a系(森下02)	〔乳脚文鏡〕	後期
55	倭	重圏文鏡	大熊片山古墳	諏訪市湖南字大熊	古墳	方墳・粘土槨	古墳中期	6.3	—	5類(脇山15)	〔重圏文鏡〕	前期
56	倭	四神四獣鏡	里原1号墳(10号墳?)	下伊那郡喬木村阿島字里原	古墳	円墳・横穴式石室	古墳後期	13.6	—	四神四獣鏡系(小林82・10)	〔中期型神獣鏡〕	中期
57	倭	乳文鏡	若宮2号墳(1号墳?)	下伊那郡高森町下市田	古墳	円墳(19)・横穴式石室	古墳後期	8.5	—	Ⅰ類(中山他94)	〔乳脚文鏡〕	後期
58	倭	八乳文鏡	武領地2号墳(武陵地2号墳)	下伊那郡高森町下市田	古墳	円墳・横穴式石室	古墳後期	7.6	—	珠文鏡(中山他94)	〔乳脚文鏡〕	後期
59	倭	不明	市田地区内(武陵地祝殿塚古墳)(伝)	下伊那郡高森町下市田	古墳	不明	古墳	9.8	—	—	—	前期
117	舶	夔鳳鏡	神坂峠遺跡	下伊那郡阿智村智里字神坂山	祭祀	不明	古墳中期	破片	—	—	—	—
117-1	倭	〔五鈴鏡〕	宮ノ上遺跡	上伊那郡南箕輪村南殿	集落	不明	不明	—	—	—	—	—
60	倭	乳文鏡	雲彩寺古墳(飯沼天神塚古墳)	飯田市上郷飯沼字天神塚〔下伊那郡上郷町〕	古墳	前方後円墳(75)	古墳後期	10.0	—	—	〔乳脚文鏡?〕	後期?
61	倭	四鈴鏡	番神塚古墳(雲彩寺古墳?)	飯田市上郷別府字北村〔下伊那郡上郷町〕	古墳	前方後円墳・横穴式石室	古墳後期	11.0	—	櫛歯文鏡類(大川97)	—	後期

長野

発見年	所蔵（保管）者	共伴遺物					文献	備考
		石製品・玉類	武具・武器・馬具	ほか金属器	土器類	その他		
1963	所在不明（個人旧蔵）	勾玉	刀・剣	—			岩崎卓也 1988「青銅鏡」『長野県史』考古資料編全1巻（4）遺構・遺物, 長野県	長野県（信濃国）17
不明	所在不明	—					岩崎卓也 1988「青銅鏡」『長野県史』考古資料編全1巻（4）遺構・遺物, 長野県	—
1999	千曲市教育委員会？	翡翠勾玉1・緑色凝灰岩管玉3・ガラス小玉25・土玉6	小札革綴冑1・刀剣2・鉄鏃2	斧1・刀子2・不明鉄器1	—		木下正史・滝沢誠・矢島宏雄他編 2002『更埴市内前方後円墳範囲確認調査報告書―有明山将軍塚古墳・倉科将軍塚古墳―』更埴市教育委員会	9g
2002～03	長野県立歴史館				土師器（甕・鉢・杯）・須恵器（高杯蓋・杯身）		町田勝則・市川桂子・岡村秀典編 2012『東條遺跡ほか』長野県埋蔵文化財センター発掘調査報告書92, 長野県埋蔵文化財センター他	「出土状況から判断して廃棄されたもの」
不明	上田市教育委員会	紡錘車形石製品	刀・鉄鏃		土師器・須恵器		岩崎卓也 1988「青銅鏡」『長野県史』考古資料編全1巻（4）遺構・遺物, 長野県	長野県（信濃国）21
不明	所在不明	—	刀・剣・槍・轡		—		後藤守一 1926『漢式鏡』日本考古学大系, 雄山閣	漢式鏡463
不明	個人	—	鉄鏃・轡・杏葉・鉄鈴	銀環・刀子	—		岩崎卓也 1988「青銅鏡」『長野県史』考古資料編全1巻（4）遺構・遺物, 長野県	—
1958	個人	—	鉄鏃	刀子	土師器・須恵器	紡錘車	岡崎敬編 1978『日本における古鏡 発見地名表 北陸・甲信越地方』東アジアよりみた日本古代墓制研究	長野県（信濃国）22
1952	個人	硬玉勾玉・碧玉勾玉・鉄石英管玉		鉄器片	弥生土器		永峯光一 1966「鏡片の再加工と考えられる白銅板について」『信濃』第18巻第4号, 信濃史学会	長野県（信濃国）23／垂飾品に加工／穿孔
1990	松本市立考古博物館	ガラス小玉約120	鉄鏃20～・剣金具・鉸具	斧・刀子	土師器・須恵器	紡錘車	松本市教育委員会 1991『針塚古墳の発掘』松本市教育委員会	
1974	松本市立考古博物館	ガラス小玉	剣・銅鏃・鉄鏃	斧	土師器（壺・器台・高杯・手焙形土器）		斎藤忠編 1978『弘法山古墳』松本市教育委員会	長野県（信濃国）24
1971(1972?)	松本市立考古博物館		剣・鉄鏃	—	土師器		原嘉藤・小松虔 1972「長野県松本市中山第36号古墳（仁能田山古墳）調査報告」『信濃』第24巻第4号, 信濃史学会	長野県（信濃国）25
1897頃	所在不明	翡翠勾玉・管玉	頭椎柄頭・刀・鉄鏃・轡・雲珠	金環・銀環	—		岩崎卓也 1988「青銅鏡」『長野県史』考古資料編全1巻（4）遺構・遺物, 長野県	長野県（信濃国）26
不明	所在不明	—						長野県（信濃国）27
不明	所在不明	—					岩崎卓也 1988「青銅鏡」『長野県史』考古資料編全1巻（4）遺構・遺物, 長野県	—
1985	平出博物館	管玉7・丸玉4・小玉46	刀4・鉄鏃5・轡1・鞍2・鉸具3・飾金具1	金環2・刀子4・鉄片多数	土師器・須恵器		小林康男・鳥羽嘉彦・伊東直登編 1986『櫻ヶ神・栗木沢・砂田一塩尻東地区県営圃場整備発掘調査報告書』塩尻市教育委員会	「全面に火熱を受けており、破損が著しい」
1927	岡谷市某氏	勾玉・管玉・ガラス小玉			土師器		岩崎卓也 1988「青銅鏡」『長野県史』考古資料編全1巻（4）遺構・遺物, 長野県	長野県（信濃国）30
1961(1927?)	諏訪市博物館	管玉・ガラス小玉	素環頭大刀・刀・剣・矛・鉄鏃	青銅釧・鉄釧・斧・鎌・鉇・鑿・刀子	—	砥石・紡錘車	岩崎卓也 1988「青銅鏡」『長野県史』考古資料編全1巻（4）遺構・遺物, 長野県	長野県（信濃国）28
1967	諏訪市博物館	勾玉・管玉・小玉	刀・鉄鏃	—	土師器	土製紡錘車	岩崎卓也 1988「青銅鏡」『長野県史』考古資料編全1巻（4）遺構・遺物, 長野県	長野県（信濃国）29
1869	個人	管玉・蜻蛉玉	刀	—		砥石	岩崎卓也 1988「青銅鏡」『長野県史』考古資料編全1巻（4）遺構・遺物, 長野県	270g／長野県（信濃国）34
1962	高森町歴史民俗資料館		石突・切羽・轡・銅鈴		土師器・須恵器	紡錘車	中山清隆・林原利明 1994「小型仿製鏡の基礎的集成（1）―珠文鏡の集成―」『地域相研究』第21号, 地域相研究会	長野県（信濃国）32
1895	個人	切子玉	—	—	須恵器		岩崎卓也 1988「青銅鏡」『長野県史』考古資料編全1巻（4）遺構・遺物, 長野県	長野県（信濃国）31
不明	市田小学校	—	—				岩崎卓也 1988「青銅鏡」『長野県史』考古資料編全1巻（4）遺構・遺物, 長野県	長野県（信濃国）33
1968	阿智村教育委員会	石製模造品（有孔円板・剣）・勾玉・管玉・臼玉・小玉	—	刀子	土師器・須恵器	陶馬	岩崎卓也 1988「青銅鏡」『長野県史』考古資料編全1巻（4）遺構・遺物, 長野県	長野県（信濃国）38／内区片
不明	所在不明							
1793	所在不明	棗玉3・切子玉1・白玉2・金銅蜜柑玉1・金銅製空玉・銀空玉・小玉1	単鳳環頭柄頭1・鉄鏃1・杏葉4・雲珠2・馬鈴2・鈴2	金環1	須恵器（杯2・平瓶1）		澁谷恵美子編 2007『飯田における古墳の出現と展開』飯田市教育委員会	漢式鏡483／長野県（信濃国）36-2／もう1面出土か（長野県（信濃国）36-1）
1901	所在不明（個人旧蔵）	勾玉・管玉・小玉	刀・杏葉	金環・環珞	—		岩崎卓也 1988「青銅鏡」『長野県史』考古資料編全1巻（4）遺構・遺物, 長野県	漢式鏡483.2・3／長野県（信濃国）35

番号	舶倭	鏡 式	出土遺跡	出土地名	遺跡内容	時 期	面径(cm)	銘 文	諸氏分類	編者分類・時期	
62	?	不明	庚申原古墳（つくね塚古墳）（伝）	飯田市上郷別府字庚申原（伝）〔下伊那郡上郷町〕	円墳（18）・横穴式石室	古墳後期	不明	—	—	—	
63	倭	不明	壱丈藪3号墳	飯田市座光寺字壱丈藪3118	円墳・横穴式石室	古墳後期	8.8	—	—	—	
64	倭	四獣鏡	石行2号墳	飯田市座光寺字石行	円墳（19）	古墳中期	10.1	—	—	〔中期型獣像鏡〕	中期
65	倭	乳文鏡	平地1号墳（饅頭塚古墳）	飯田市座光寺字平地	円墳・横穴式石室	古墳後期	7.1	—	乳文鏡Ⅲ類（樋口79）／獣帯鏡類D型（小林82・10）	〔乳脚文鏡〕	後期
66	?	不明	平地5号墳	飯田市座光寺字平地	円墳	古墳後期	不明	—	—	—	
67	倭	四獣鏡	畦地3号墳	飯田市座光寺字畦地	円墳（13）・横穴式石室	古墳後期	11.8	—	—	〔中期型獣像鏡〕	中期
68	?	不明	畦地5号墳	飯田市座光寺字畦地	円墳	古墳	不明	—	—	—	
69	倭	四獣鏡	鳥屋場1号墳（3号墳）	飯田市座光寺字鳥屋場	円墳・横穴式石室	古墳後期	10.8	擬銘	四獣形鏡（樋口79）／獣形文鏡類四獣鏡C-1型（小林82・10）	〔旋回式獣像鏡〕	後期
70	倭	珠文鏡	新井原6号墳	飯田市座光寺字新井原	円墳	古墳中期	9.3	—	珠文鏡（中山他94）	〔珠文鏡?〕	—
71	倭	四乳文鏡	新井原7号墳	飯田市座光寺字新井原	円墳・竪穴式石槨?	古墳中期	8.4	—	乳文鏡Ⅰ類?（樋口79）／乳文鏡類（小林82・10）	〔乳脚文鏡?〕	中期
72・75	舶	「仿製」三角縁唐草文帯三神三獣鏡	新井原8号墳	飯田市座光寺字新井原	円墳（18）・石室	古墳	21.2	—	目録番号250・同笵鏡番号＊・配置K1／三角縁神獣鏡類C型（小林82・10）	—	
73	倭	〔変形四獣鏡〕	新井原10号墳	飯田市座光寺字新井原	円墳?・横穴式石室	古墳後期	不明	—	—	—	
74	倭	乳文鏡?	新井原11号墳（経塚古墳）	飯田市座光寺字新井原	円墳（15）・横穴式石室	古墳後期	7.7	—	—	—	
76	倭	捩文鏡	座光寺地区内	飯田市座光寺	不明	不明	15.5	—	—	捩文鏡C系	前（中）
77	倭	珠文鏡	座光寺地区内	飯田市座光寺	不明	不明	4.5	—	—	〔珠文鏡〕	前期
78	倭	〔五鈴鏡〕	座光寺地区内（伝）	飯田市座光寺（伝）	不明	不明	不明	—	—	—	
79	倭	〔五鈴鏡〕	座光寺地区内（伝）	飯田市座光寺（伝）	不明	不明	不明	—	—	—	
79-1	倭	乳文鏡	ナギジリ1号墳	飯田市座光寺2294-1	円墳（約15）・横穴式石室	古墳後期	10.0	—	—	〔乳脚文鏡〕	後期
80	倭	七鈴渦文鏡	上溝6号墳（姫塚古墳）	飯田市松尾上溝	前方後円墳（40）・横穴式石室	古墳後期	14.5	—	獣形鏡系七鈴式（樋口79）／その他鈴鏡（樋口79）／鈴鏡類（七鈴鏡）（小林82・10）／獣形文鏡類（大川97）／S字文鏡（赤塚04b）／獣形系E類（岡田05）	〔乳脚文鏡?〕	中期?〜
81	?	不明	上溝5号墳（天神塚古墳）	飯田市松尾上溝3384	前方後円墳（42）	古墳後期	不明	—	—	—	
82	倭	〔四鈴鏡〕					不明	—	—	—	
82-1	倭	捩文鏡	茶柄山5号墳	飯田市松尾町	円墳（約18）・木棺直葬	古墳	9.9	—	—	捩文鏡D系	前（中）
83	倭	六?鈴乳文鏡	丸塚古墳（張原古墳）	飯田市駄科字張原	円墳・横穴式石室	古墳後期	9.0	—	獣帯文鏡類（大川97）／乳脚文系A2類（岡田05）	〔乳脚文鏡〕	後期
84	倭	六鈴八乳文鏡	神送塚古墳	飯田市駄科字ツカノコシ	円墳・横穴式石室	古墳中〜後期	9.7	—	乳文鏡系六鈴式（樋口79）／鈴鏡類（六鈴鏡）（小林82・10）／乳文（西岡86）／獣帯文鏡類（大川97）／Ⅱ類-Aa乳文鏡（八木00）／乳脚文系B1類（岡田05）	〔乳脚文鏡〕	後期
84-1	倭	珠文鏡	神送塚古墳?				7.6	—	Ⅱ類（中山他94）／ACA-D類（脇山13）	〔珠文鏡〕	—
85	?	不明	権現堂1号墳	飯田市駄科字権現堂	前方後円墳（61）	古墳中期	不明	—	—	—	
86	?	不明	中井田1号墳	飯田市長野原字中井田	円墳（18）・横穴式石室	古墳後期	不明	—	—	—	

長野

発見年	所蔵（保管）者	共伴遺物 石製品・玉類	武具・武器・馬具	ほか金属器	土器類	その他	文献	備考
不明	所在不明	—	冑・刀	—	—	—	岩崎卓也 1988「青銅鏡」『長野県史』考古資料編全1巻(4) 遺構・遺物, 長野県	長野県（信濃国）37
不明	所在不明	—	—	—	—	—	岩崎卓也 1988「青銅鏡」『長野県史』考古資料編全1巻(4) 遺構・遺物, 長野県	—
1882～83	所在不明（個人旧蔵）	—	三角板鋲留短甲1・矛・鉄鏃	—	土師器・須恵器	—	岩崎卓也 1988「青銅鏡」『長野県史』考古資料編全1巻(4) 遺構・遺物, 長野県	長野県（信濃国）39
不明	所在不明（個人旧蔵）	切子玉	環頭柄頭	金環	—	—	岩崎卓也 1988「青銅鏡」『長野県史』考古資料編全1巻(4) 遺構・遺物, 長野県	漢式鏡466／長野県（信濃国）46
安政		勾玉・切子玉・管玉	鉄鏃	—	—	—	岡崎敬編 1978『日本における古鏡 発見地名表 北陸・甲信越地方』東アジアより見た日本古代墓制研究	長野県（信濃国）47
1952	個人	管玉・丸玉	—	刀子	土師器	—	岩崎卓也 1988「青銅鏡」『長野県史』考古資料編全1巻(4) 遺構・遺物, 長野県	長野県（信濃国）49
不明	所在不明	—	—	—	—	—	岡崎敬編 1978『日本における古鏡 発見地名表 北陸・甲信越地方』東アジアより見た日本古代墓制研究	長野県（信濃国）50
1898	所在不明（個人旧蔵）	勾玉・管玉	刀	—	土師器	—	岩崎卓也 1988「青銅鏡」『長野県史』考古資料編全1巻(4) 遺構・遺物, 長野県	漢式鏡464／長野県（信濃国）48
不明		—	刀・剣	—	—	—	岩崎卓也 1988「青銅鏡」『長野県史』考古資料編全1巻(4) 遺構・遺物, 長野県	長野県（信濃国）40／5.2cm?
不明	所在不明（個人旧蔵）	勾玉・切子玉・丸玉・小玉	三角板横矧板併用鋲留短甲1・刀・鉄鏃	金環・銀環	土師器	—		長野県（信濃国）41-1／もう1面出土か（長野県（信濃国）41-2）
不明		—	刀・鉄鏃	—	—	—	下伊那郡誌編纂会編 1955『下伊那郡誌』2, 下伊那教育会	漢式鏡468／長野県（信濃国）42-1・45／もう1面出土か（長野県（信濃国）42-2）
不明	所在不明	切子玉	—	金環	土師器・須恵器	—	岡崎敬編 1978『日本における古鏡 発見地名表 北陸・甲信越地方』東アジアより見た日本古代墓制研究	長野県（信濃国）43
不明	所在不明（個人旧蔵）	—	鉄鏃	—	土師器・須恵器	—	後藤守一 1926『漢式鏡』日本考古学大系, 雄山閣	漢式鏡467／長野県（信濃国）44
不明	所在不明（高橋健自旧蔵）	—	—	—	—	—	後藤守一編 1930『高橋健自博士蒐蔵 考古図聚』万葉閣	長野県（信濃国）52
不明		—	—	—	—	—	岩崎卓也 1988「青銅鏡」『長野県史』考古資料編全1巻(4) 遺構・遺物, 長野県	長野県（信濃国）51
不明	所在不明	—	—	—	—	—	岡崎敬編 1978『日本における古鏡 発見地名表 北陸・甲信越地方』東アジアより見た日本古代墓制研究	長野県（信濃国）53
不明		—	—	—	—	—		長野県（信濃国）54
1997	飯田市教育委員会・飯田市考古資料館	水晶勾玉2・瑪瑙勾玉2・水晶切子玉5・丸玉1・ガラス小玉56	鉄鏃74・轡2・鉸具9・留金具1	金環10・銀環2・刀子5	土師器（高杯）・須恵器（短頸壺・有蓋高杯・高杯・杯・蓋杯・平瓶）	—	小林正春・福澤好晃編 1998『ナギジリー号古墳』長野県飯田市教育委員会	〈51g〉
享保	個人	—	—	—	—	—	岩崎卓也 1988「青銅鏡」『長野県史』考古資料編全1巻(4) 遺構・遺物, 長野県	漢式鏡469／長野県（信濃国）55／斜角雲雷文帯を配す
不明	個人	管玉2・臼玉11・銀空玉6・銀山梔子玉2・金銅山梔子玉4・ガラス大玉8・ガラス小玉65・漆玉10	刀装具・剣・鉄鏃多数・鏡板付轡2・引手1・留金具20～・辻金具・鉸具10～・鞍金具2	帯金具・金環6	土師器・須恵器	—	岡崎敬編 1978『日本における古鏡 発見地名表 北陸・甲信越地方』東アジアより見た日本古代墓制研究	漢式鏡470／長野県（信濃国）56-1
								長野県（信濃国）56-2
2000年代？	飯田市教育委員会	—	刀1・剣2・鉄鏃11	—	土師器	—	澁谷恵美子編 2007『飯田における古墳の出現と展開』飯田市教育委員会	〈98g〉
1887	個人	勾玉・管玉	鈴	—	—	—	岩崎卓也 1988「青銅鏡」『長野県史』考古資料編全1巻(4) 遺構・遺物, 長野県	長野県（信濃国）57
慶応or明治	個人		三角板鋲留短甲1・刀・剣・鉄鏃	鎌	須恵器	陶馬	岩崎卓也 1988「青銅鏡」『長野県史』考古資料編全1巻(4) 遺構・遺物, 長野県	漢式鏡471／長野県（信濃国）58-1
1954頃（明治?）	所在不明						中山清隆・林原利明 1994「小型仿製鏡の基礎的集成(1) —珠文鏡の集成—」『地域相研究』第21号, 地域相研究会	長野県（信濃国）58-2
不明	飯田市立竜丘小学校	—	甲冑・刀・剣・矛	—	土師器・須恵器	—	岡崎敬編 1978『日本における古鏡 発見地名表 北陸・甲信越地方』東アジアより見た日本古代墓制研究	長野県（信濃国）59
1903	所在不明	勾玉・管玉・小玉	刀・轡	—	土師器・須恵器	—	岡崎敬編 1978『日本における古鏡 発見地名表 北陸・甲信越地方』東アジアより見た日本古代墓制研究	長野県（信濃国）60

番号	舶倭	鏡式	出土遺跡	出土地名	遺跡内容	時期	面径(cm)	銘文	諸氏分類	編者分類・時期
87	舶	吾作斜縁二神二獣鏡	兼清塚古墳	飯田市桐林字兼清塚	前方後円墳(64)・竪穴式石槨	古墳中期	15.9	「吾作明竟 幽湅三商 統德序道 配象萬疆 曾年益壽 子孫番昌」	図像表現③（村松 04）／紋様表現③（實盛 09）	—
88	舶	画文帯神獣鏡					20.3	—	—	—
89	倭	四獣鏡					11.5	—	獣形文鏡類四獣鏡 C-1 型（小林 82・10）／斜縁四獣鏡 B 系（森下 02）	[中期型獣像鏡] 中期
90	倭	六弧内行花文鏡					9.1	—	五弧（樋口 79）／七花文鏡（小林 82・10）／B 類（清水 94）	内行花文鏡 B 式 前(中)?
91	倭	珠文鏡	殿垣外 4 号墳	飯田市桐林字殿垣外	円墳	古墳後期	6.8	—	珠文鏡Ⅱ類（樋口 79）／珠文鏡類 B 型（小林 82・10）／Ⅱ類（中山他 94）	[珠文鏡] —
92	?	不明	塚原 4 号墳（鏡塚古墳）(伝)	飯田市桐林字塚原 (伝)	円墳（45）	古墳	不明	—	—	—
93	?	不明					不明	—	—	—
94	?	不明					不明	—	—	—
95	倭	四獣鏡	塚原 5 号墳（鎧塚古墳）	飯田市桐林字塚原	円墳（58）・竪穴式石槨	古墳中期	10.0	—	獣形文鏡類四獣鏡 C-1 型（小林 82・10）	捩文鏡 A 系 前期
96	倭	八弧内行花文鏡	塚原 10 号墳（黄金塚古墳）	飯田市桐林字塚原	円墳（21）	古墳	10.8	—	八弧（樋口 79）／B 類（清水 94）／八花鏡（小林 10）	内行花文鏡 B 式 前(中?)
97	倭	[鈴鏡]	塚原地区内（伝）	飯田市桐林字塚原 (伝)	不明	不明	破片	—	—	—
98	?	不明	塚原地区内（伝）	飯田市桐林字塚原 (伝)	不明	不明	破片	—	—	—
99	倭	[鈴鏡]	塚原地区内（伝）	飯田市桐林字塚原 (伝)	不明	不明	破片	—	—	—
99-1	倭	五鈴七乳文鏡	大塚古墳 [前方部墳丘]	飯田市桐林 2024・2031-2 他	前方後円墳（約 53）	古墳	10.0	—	—	[乳脚文鏡?] 後期?
100	舶	画文帯周列式仏獣鏡	御猿堂古墳（西 1 号墳）（伝）	飯田市上川路字西 (伝)	前方後円墳（67）・横穴式石室	古墳後期	23.7	「吾作明竟 幽湅三商 彫刻無□ 大吉曾年 子孫盈堂 仕官至皇 天王侯相 百子□乎 長生富貴 壽如□□ 明□□□ 立得申仙」	—	—
100-1	舶	[盤龍鏡]					不明	—	—	—
100-2	?	不明					破片	—	—	—
100-3	?	不明					破片	—	—	—
101	倭	十四乳文鏡	権現 3 号墳（柄現塚古墳・権現 2 号墳）	飯田市上川路字権現	円墳（19）・横穴式石室	古墳後期	7.1	—	珠文鏡（中山他 94）	[乳脚文鏡] 中期?
102	倭	五鈴六乳文鏡	久保田 1 号墳（正清寺塚古墳）	飯田市上川路字久保田	前方後円墳（47）・横穴式石室	古墳後期	8.8	擬銘	乳文鏡系五鈴式（樋口 79）／鈴鏡類（五鈴鏡）（小林 82・10）／乳文（西岡 86）／獣帯文鏡類（大川 97）／乳脚文系 E 類（岡田 05）	[乳脚文鏡] 後期
103	倭	捩文鏡	殿村 1 号墳	飯田市上川路字殿村	円墳	古墳	10.5	—	四獣形鏡（樋口 79）／獣形文鏡類四獣鏡 C-1 型（小林 82・10）	捩文鏡 A 系 前(古)
104	倭	素文鏡					4.2	—	—	[素文鏡] —
105・115	舶	画文帯同向式神獣鏡	下川路（伝）	飯田市下川路（伝）	古墳	不明	20.5	「吾作明竟 幽湅三商 配像萬疆 統德序道 敬奉賢良 彫克無祉 百牙擧樂 衆華主陽 聖德光明 富貴安樂 子孫番昌 學者高遷 士至公卿 其師命長」	B 式（樋口 79）	—
106	倭	五獣鏡	石原田古墳	飯田市伊豆木字青木	円墳（9）・竪穴式石槨?	古墳中期	8.7	—	獣形文鏡類五獣鏡（小林 82・10）	—
107	倭	[五鈴鏡]	高松 7 号墳	飯田市伊豆木字高松	円墳（18）	古墳	不明	—	—	—
108	?	不明					不明	—	—	—
109	倭	五弧内行花文鏡	新道平 1 号墳	飯田市立石字新道平	古墳	円墳	古墳	10.1	—	五弧（樋口 79）／五花文鏡（小林 82・10）／E 類（清水 94）	内行花文鏡後期型 後期
110	舶	盤龍鏡	大畑古墳	飯田市中村	古墳	円墳（30）	古墳	8.5	—	単獣式（樋口 79）／龍虎鏡類（小林 82・10）／単頭式（辻田 09）	—
111	倭	八弧内行花文鏡	金堀塚古墳	飯田市山本字西平	円墳・横穴式石室	古墳後期	13.4	—	八弧（樋口 79）／B 類（清水 94）／八花鏡（小林 10）	内行花文鏡 B 式 前(中)
112	倭	六弧内行花文鏡	宮の平 2 号墳	飯田市龍江字宮の平	円墳	古墳	7.9	—	六弧（樋口 79）／B 類（清水 94）／六花鏡（小林 10）	内行花文鏡 B 式 —
113	倭	乳文鏡					7.7	—	珠文鏡Ⅳ類（樋口 79）／Ⅳ類（中山他 94）／乳文鏡類（小林 10）	[乳脚文鏡] 後期
114	?	不明	芦ノ口古墳（伝）	飯田市龍江字芦ノ口 (伝)	古墳	円墳	古墳	—	—	—
116	倭	珠文鏡	飯田城下掘地所得鏡	飯田市（伝）	古墳?	不明	古墳?	10.0	—	—	[珠文鏡?]
116-1	倭	細線文鏡	青木下遺跡	埴科郡坂城町南条	祭祀?	祭祀遺構脇（採集）	古墳後期	4.7	—	—	後期?

長野

発見年	所蔵（保管）者	共伴遺物					文献	備考
		石製品・玉類	武具・武器・馬具	ほか金属器	土器類	その他		
昭和初年	飯田市美術博物館	翡翠勾玉・ガラス勾玉・丸玉43	甲類・刀1～・矛・鉄鏃多数	—	—	—	財団法人日本民俗資料館編1975『信濃の古墳文化展』財団法人日本民俗資料館	541g／漢式鏡472／長野県（信濃国）61-1／踏返しか
							岩崎卓也1988「青銅鏡」『長野県史』考古資料編全1巻（4）遺構・遺物,長野県	長野県（信濃国）61-2／縁部～外区片
							財団法人日本民俗資料館編1975『信濃の古墳文化展』財団法人日本民俗資料館	256g／漢式鏡474／長野県（信濃国）61-3
								漢式鏡473／長野県（信濃国）61-4
1886	所在不明（個人旧蔵）	丸玉	矛	—	—	—	岩崎卓也1988「青銅鏡」『長野県史』考古資料編全1巻（4）遺構・遺物,長野県	漢式鏡474.2／長野県（信濃国）62
不明	所在不明	—	—	—	—	—	岡崎敬編1978『日本における古鏡 発見地名表 北陸・甲信越地方』東アジアより見た日本古代墓制研究	長野県（信濃国）63-1
								長野県（信濃国）63-2
								長野県（信濃国）63-3
不明	開善寺	—	横矧板鋲留短甲1・刀・馬鐸	—	—	—	岩崎卓也1988「青銅鏡」『長野県史』考古資料編全1巻（4）遺構・遺物,長野県	漢式鏡475／長野県（信濃国）64
1882	所在不明（個人旧蔵）	—	—	—	—	—		漢式鏡482／長野県（信濃国）65
不明	個人	—	—	—	—	—	岡崎敬編1978『日本における古鏡 発見地名表 北陸・甲信越地方』東アジアより見た日本古代墓制研究	長野県（信濃国）66／鈕のみ
不明		—	—	—	—	—		長野県（信濃国）67／鈕のみ
1881	所在不明（個人旧蔵）	—	—	—	—	—		長野県（信濃国）68／破片
2006	所在不明	—	—	—	—	—	澁谷恵美子編2007『飯田における古墳の出現と展開―資料編―』飯田市教育委員会	〈90g〉
不明	開善寺（東京国立博物館）	勾玉8・管玉11・切子玉1	挂甲・刀・剣・刀装具・環頭柄頭3・鞘金具・鉄鏃1・轡1～・杏葉1・雲珠1～	金環3・金具類	土師器・須恵器		車崎正彦編2002『考古資料大観』第5巻 弥生・古墳時代 鏡,小学館	同型鏡群〔GB-2〕／漢式鏡476／長野県（信濃国）69-1
1953	所在不明						岡崎敬編1978『日本における古鏡 発見地名表 北陸・甲信越地方』東アジアより見た日本古代墓制研究	長野県（信濃国）69-2
	所在不明（開善寺？）							長野県（信濃国）69-3
								長野県（信濃国）69-4
1949	個人	—	刀・鉄鏃・鈴付鏡板	鉄塊	—	—	岩崎卓也1988「青銅鏡」『長野県史』考古資料編全1巻（4）遺構・遺物,長野県	長野県（信濃国）70／10.0cm?
1864	所在不明（個人旧蔵）	勾玉・管玉・切子玉・丸玉・小玉・銀空玉	矛・石突・轡・鏡板・杏葉・辻金具・雲珠・留金具	金環	土師器・須恵器	—	岩崎卓也1988「青銅鏡」『長野県史』考古資料編全1巻（4）遺構・遺物,長野県	漢式鏡477／長野県（信濃国）71
不明	個人	管玉4	—	—	須恵器	—	岩崎卓也1988「青銅鏡」『長野県史』考古資料編全1巻（4）遺構・遺物,長野県	漢式鏡478／長野県（信濃国）72-1
								漢式鏡478.2／長野県（信濃国）72-2
不明	東京国立博物館（J20083）	—	—	—	—	—	岩崎卓也1988「青銅鏡」『長野県史』考古資料編全1巻（4）遺構・遺物,長野県	同型鏡群〔GD-3〕／長野県（信濃国）80
不明	個人（三穂小学校）	管玉・切子玉	横矧板鋲留短甲1・鋲留衝角付冑1・頸甲1・肩甲1・小札？・刀・剣	金環	須恵器	—	岩崎卓也1988「青銅鏡」『長野県史』考古資料編全1巻（4）遺構・遺物,長野県	漢式鏡480／長野県（信濃国）73
1875頃	所在不明	勾玉・管玉	剣	—	須恵器	—	岡崎敬編1978『日本における古鏡 発見地名表 北陸・甲信越地方』東アジアより見た日本古代墓制研究	長野県（信濃国）74-2
								長野県（信濃国）74-1
不明	三穂小学校	—	刀	—	—	—	岩崎卓也1988「青銅鏡」『長野県史』考古資料編全1巻（4）遺構・遺物,長野県	107g／漢式鏡479／長野県（信濃国）75
不明	所在不明（個人旧蔵）	—	—	—	—	—	岩崎卓也1988「青銅鏡」『長野県史』考古資料編全1巻（4）遺構・遺物,長野県	漢式鏡481／長野県（信濃国）76／真贋不明
不明	所在不明（個人旧蔵）	勾玉	環頭柄頭・刀	—	須恵器	—	岩崎卓也1988「青銅鏡」『長野県史』考古資料編全1巻（4）遺構・遺物,長野県	漢式鏡465／長野県（信濃国）77
1935	所在不明（個人旧蔵）	勾玉	刀・剣・鉄鏃	—	—	—	岩崎卓也1988「青銅鏡」『長野県史』考古資料編全1巻（4）遺構・遺物,長野県	漢式鏡483.4／長野県（信濃国）78-1
	焼却（個人旧蔵）							漢式鏡484.5／長野県（信濃国）78-2
1879	所在不明	—	—	—	—	—	岡崎敬編1978『日本における古鏡 発見地名表 北陸・甲信越地方』東アジアより見た日本古代墓制研究	長野県（信濃国）79
江戸以前	所在不明	—	—	—	—	—	松平定信編1800『集古十種』（市島謙吉編1908『集古十種』国書刊行会）	長野60と同一鏡の可能性大
1996	長野県立歴史館	—	—	—	土器片	—	長野県立歴史館編2003『歴史館たより』2003春号,長野県立歴史館	14g

岐阜

番号	舶倭	鏡式	出土遺跡	出土地名	遺跡内容	時期	面径(cm)	銘文	諸氏分類	編者分類・時期
1	舶	三角縁画文帯六神三獣鏡	東天神1号墳（東天神狐山古墳）	海津市南濃町駒野奥条入会地〔海津郡南濃町〕	古墳	円墳（25）・粘土槨	古墳前期	21.7	—	目録番号55・同笵鏡番号29・配置A'・表現⑥	—	—
2	倭	六神像鏡	行基寺古墳	海津市南濃町上野河戸字御山〔海津郡南濃町〕	古墳	円墳・粘土槨	古墳前期	12.8	擬銘	神像鏡六神像式（樋口79）／神像鏡（小林82・10）／ⅠAa類（荻野82）／神像式倭鏡（林02）／伝向日市鏡系（赤塚04a）	神像鏡Ⅰ系	前（中）
3	倭	人物禽獣文鏡					14.8	—	二神四獣鏡（樋口79）／二神二獣鏡系（小林82・10）／人物禽獣文鏡Ⅰ類（赤塚95）／絵画文鏡Ⅰ類（赤塚00）	〔人物禽獣文鏡〕	前（中？）
4	倭	捩文鏡					8.4	擬銘	Ⅲ型（樋口79）／A型（小林82・10）／AⅠ型（小沢83）／Ⅲ型（小沢88）／B型式c類（水野97）／俵紋鏡系（森下02）	捩文鏡B系	前（中）
5	?	〔内行花文鏡〕					破片	—	—	—	—
6	倭	細線式鏡	城山古墳	海津市南濃町駒野字城山〔海津郡南濃町〕	古墳	円墳・粘土槨	古墳後期	6.1	—	獣帯鏡類D型（小林82・10）		後期
7	倭	五獣鏡					11.0	—	—	〔旋回式獣像鏡〕	後期
8	倭	捩文鏡	城山（伝）	海津市南濃町駒野字城山（伝）〔海津郡南濃町〕	不明	不明	不明	7.8	—	—	捩文鏡B系	前（中）
9	倭	珠文鏡					7.0	—	—	〔珠文鏡〕	—
10	倭	六弧内行花文鏡	駒野（伝）	海津市南濃町駒野字城山〔海津郡南濃町〕	不明	不明	不明	11.7	—	円座Ⅰ型a類（山本78）／六弧（樋口79）／B類（H類）（清水94）	内行花文鏡B式？	—
11	舶	「仿製」三角縁獣文帯三神三獣鏡	南濃町（伝）	海津市南濃町（伝）〔海津郡南濃町〕	不明	不明	不明	完形	—	目録番号225・同笵鏡番号＊・配置K2	—	—
12	舶	三角縁天・王・日・月・唐草文帯二神二獣鏡	円満寺山古墳	海津市南濃町庭田字東山1116〔海津郡南濃町〕	古墳	前方後円墳（60）・竪穴式石槨（割竹形木棺）	古墳前期	21.7	「天王日月」	目録番号93・同笵鏡番号52・配置J1・表現④	—	—
13	舶	三角縁波文帯三神二獣博山炉鏡					21.4	—	目録番号134・同笵鏡番号74・配置M・表現⑩	—	—
14	舶	画文帯蟠龍乳四神四獣鏡					14.8	「明竟□□紀 令人長命宜孫子」	—	—	—
15	?	不明	清塚5号墳（市之尾1号墳）（伝）	不破郡垂井町府中字深谷（伝）	古墳	円墳	古墳	不明	—	—	—	—
16	?	不明					不明	—	—	—	—
17	?	不明					不明	—	—	—	—
18	?	不明					不明	—	—	—	—
19	?	不明					不明	—	—	—	—
20	?	不明					不明	—	—	—	—
21	?	不明					不明	—	—	—	—
22	?	不明	親ヶ谷古墳〔後円部〕	不破郡垂井町府中字市之尾	古墳	前方後円墳（85）・粘土槨	古墳前期	不明	—	—	—	—
23	?	不明					不明	—	—	—	—
24	?	不明					不明	—	—	—	—
25	?	不明					不明	—	—	—	—
26	?	不明					不明	—	—	—	—
27	?	不明					不明	—	—	—	—
28	?	不明					不明	—	—	—	—
29	?	不明					不明	—	—	—	—
30	?	〔内行花文鏡〕					破片	—	—	—	—
31	倭	素文鏡	宮代（伝）（西野古墳？）	不破郡垂井町宮代（伝）	古墳	不明	古墳	6.6	—	—	〔素文鏡〕	—

岐阜

発見年	所蔵(保管)者	共伴遺物					文献	備考
		石製品・玉類	武具・武器・馬具	ほか金属器	土器類	その他		
昭和以降 (1909?)	城山小学校	—	—	—	—	—	伊藤禎樹 1966「岐阜県南濃町東天神1号墳出土の三角縁神獣鏡」『古代学研究』第46号, 古代学研究会	〈820g〉／岐阜県（美濃国）49
1938	行基寺	石釧4・勾玉4・管玉2	—	—	—	—	楢崎彰一他 1972『岐阜県史』通史編 原始, 岐阜県	岐阜県（美濃国）51-1
								岐阜県（美濃国）51-2
								岐阜県（美濃国）51-3
	所在不明							岐阜県（美濃国）51-4
大正末年	城山小学校	琥珀棗玉1・ガラス臼玉約40・ガラス小玉150	剣2	銅釧1・金環2・銅鈴1	須恵器	—	林魁一 1929「美濃国海津郡城山村城山古墳」『考古学雑誌』第19巻第6号, 考古学会	岐阜県（美濃国）48
不明	所在不明	—	—	—	—	—	八賀晋・中井正幸・岩本崇 1998「美濃における古墳出土鏡集成」東海考古学フォーラム岐阜大会実行委員会編『第6回東海考古学フォーラム岐阜大会 土器・墓が語る 美濃の独自性～弥生から古墳へ～』東海考古学フォーラム岐阜大会実行委員会	—
								—
不明	國學院大學考古學資料室	—	—	—	—	—	金子皓彦 1972『國學院大學考古學資料室要覧 1972』國學院大學考古學資料室	漢式鏡448？／岐阜県（美濃国）47／行基寺古墳出土の可能性
不明	個人	—	—	—	—	—	森浩一 1970『古墳』カラーブックス 212, 保育社	—
1967	岐阜県博物館	—	刀3・剣2・槍1・鉄鏃5	斧2・尖頭鉄器1	—	—	網干善教・笠井保夫 1968「岐阜県南濃町円満寺山古墳調査報告」『関西大学考古学研究年報』第2号, 関西大学考古学研究会	岐阜県（美濃国）46-2
								岐阜県（美濃国）46-1
								岐阜県（美濃国）46-3
明治？	所在不明	—	—	—	—	—	藤井治左衛門編 1926『不破郡史』上巻, 不破郡教育会	「老人の言によれば口の古墳発掘の際には多数の鏡を出せし由, されどその鏡の現存する所を知らずと」／親ヶ谷古墳と混同か
1879	所在不明（東京国立博物館？）	鍬形石1・車輪石4・合子形石製品2・壺形石製品1・坩形石製品2・高坏形石製品1・盤形石製品1・碧玉管玉8・滑石棗玉4	—	—	—	—	中井正幸・赤塚次郎・中司照世 1988「親ヶ谷古墳」『古代』第86号, 早稲田大学考古学会	漢式鏡426／岐阜県（美濃国）43-1～14／「明治初年の発掘を見聞せし老人の談によれば, 方一尺の木製箱の中に石製品竝鏡等多数朱を以て詰め有りし由なる」
								漢式鏡427／岐阜県（美濃国）43-1～14
								漢式鏡428／岐阜県（美濃国）43-1～14
								漢式鏡429／岐阜県（美濃国）43-1～14
								漢式鏡430／岐阜県（美濃国）43-1～14
								漢式鏡431／岐阜県（美濃国）43-1～14
								漢式鏡432／岐阜県（美濃国）43-1～14
								漢式鏡433／岐阜県（美濃国）43-1～14
								漢式鏡434／岐阜県（美濃国）43-1～14
								漢式鏡435／岐阜県（美濃国）43-1～14
								漢式鏡436／岐阜県（美濃国）43-1～14
								漢式鏡437／岐阜県（美濃国）43-1～14
								漢式鏡438／岐阜県（美濃国）43-1～14
								漢式鏡439／岐阜県（美濃国）43-1～14
大正							藤井治左衛門編 1926『不破郡史』上巻, 不破郡教育会	岐阜県（美濃国）43-15／藤井治左衛門が拾得（「白銅鏡の腐蝕破片径二分位のものを拾得せしのみ」）
1895	東京国立博物館（J2186）	琴柱形石製品1・勾玉1・管玉2	剣1	—	—	—	楢崎彰一他 1972『岐阜県史』通史編 原始, 岐阜県	漢式鏡440／岐阜県（美濃国）45

番号	舶倭	鏡式	出土遺跡	出土地名	遺跡内容	時期	面径(cm)	銘文	諸氏分類	編者分類・時期
32	?	不明	綾戸古墳（伝）	不破郡垂井町綾戸字一本松（伝）	円墳（36）・横穴式石室	古墳終末期	完形	—	—	—
33	倭	捩文鏡	出目地山古墳	不破郡垂井町平尾	古墳	古墳	6.1	—	獣形文鏡類四獣鏡C-1型（小林82・10）／B型式a類（水野97）	捩文鏡B系 前（中）
34	舶	三角縁天・王・日・月・唐草文帯二神二獣鏡	矢道長塚古墳〔第1主体部（東槨）〕	大垣市矢道1丁目	古墳	前方後円墳（約90）・粘土槨	古墳前期	21.7	「天王日月」	目録番号93・同笵鏡番号52・配置J1・表現④	—
35	舶	三角縁波文帯三神三獣鏡					21.7	—	目録番号132・同笵鏡番号73・配置L2・表現⑬	—
36	舶	「仿製」三角縁獣文帯三神二獣鏡					21.7	—	目録番号202・配置I	—
37	舶	「仿製」三角縁獣文帯三神三獣鏡					21.7	—	目録番号215・同笵鏡番号＊・配置K2	—
38	舶	「仿製」三角縁獣文帯三神三獣鏡	矢道長塚古墳〔第2主体部（西槨）〕		前方後円墳（約90）・粘土槨	古墳前期	21.7	—	目録番号235・同笵鏡番号118・配置K1	—
39	倭	六弧内行花文鏡					18.1	—	（六弧）（樋口79）／六花文鏡（小林82・10）／A類Ⅱb式（清水94）／Ⅱ式（辻田07）	内行花文鏡A式BⅡ類 前（中）
40	倭	四獣鏡？	矢道高塚古墳〔後方部〕	大垣市矢道1丁目	古墳	前方後円墳（60～70）・堅穴式石槨	古墳前期	17.2	—	獣形文鏡ⅡC類（赤塚98b）	獣像鏡Ⅰ系 前（古）
41	舶	三角縁四神四獣鏡？	花岡山古墳	大垣市昼飯町花岡山	古墳	前方後円墳（60）・堅穴式石槨（割竹形木棺）	古墳前期	破片	—	—	—
42	?	不明	昼飯大塚古墳〔後円部〕（伝）	大垣市昼飯町大塚（伝）	古墳	前方後円墳(150)・堅穴式石槨	古墳前期	不明	—	—	—
43	倭	〔五鈴獣形鏡〕	昼飯1号墳（伝）	大垣市昼飯町村北（伝）	古墳	円墳（36）・横穴式石室	古墳後期	不明	—	—	—
44	舶	三角縁獣文帯神獣鏡	不破郡（伝）（昼飯大塚古墳？）	大垣市昼飯町（伝）	古墳？	不明	古墳？	21.7	—	—	—
45	倭	不明					10.6	擬銘？	—	—
46	倭	珠文鏡	粉糠山古墳〔後方部〕	大垣市青墓町字小金	古墳	前方後方墳（100）	古墳中期	9.5	—	Ⅳ類（中山他94）	〔珠文鏡〕
47	倭	六神像鏡	青野（伝）	大垣市青野町（伝）	不明	不明	不明	11.9	—	—	神像鏡Ⅰ系 前（中）
48	倭	五弧内行花文鏡	青野国分寺山麓（伝）	大垣市青野町（伝）	不明	不明	9.0	—	—	内行花文鏡B式 前（中）
49	?	不明					不明	—	—	—
50	倭	六弧内行花文鏡	不破郡赤坂（伝）	大垣市赤坂町（伝）	不明	不明	約8	—	六弧（樋口79）	内行花文鏡B式 前（中）
50-1	倭	弥生倭製鏡	荒尾南遺跡 大溝SD0381	大垣市荒尾町・桧町	集落	溝	～古墳前期？	8.5	—	—	〔弥生倭製〕 弥生
50-2	倭	素文鏡	荒尾南遺跡	大垣市荒尾町・桧町	集落	遺物包含層	～古墳前期？	3.1	—	—	〔素文鏡〕 —
51・53	倭	細線式鏡	深谷1号墳	揖斐郡池田町片山字深谷	古墳	円墳（22）・横穴式石室	古墳後期	5.6	—	—	—
52	?	不明	トンビ塚（遠見塚）北方古墳（伝）	揖斐郡池田町市橘字広場（伝）	古墳	不明	古墳	不明	—	—	—
54	倭	五鈴七乳文鏡	小山古墳（小山口）（伝）	揖斐郡揖斐川町清水字小山（伝）	古墳	円墳（20）・横穴式石室	古墳後期	9.7	擬銘	乳文鏡系五鈴式（樋口79）／鈴鏡類（五鈴鏡）（小林82・10）／乳文（西岡86）／獣帯文鏡類（大川97）／乳脚文系B1類（岡田05）	〔乳脚文鏡〕 後期
55	舶	八弧内行花文鏡	笹山古墳	揖斐郡大野町上磯	古墳	円墳（約40）	古墳前期	17.6	—	—	—

岐阜

発見年	所蔵（保管）者	共伴遺物					文献	備考
		石製品・玉類	武具・武器・馬具	ほか金属器	土器類	その他		
不明	所在不明	―	―	―	須恵器（三足壺1）	―	白石太一郎・設楽博己編1994『弥生・古墳時代遺跡出土鏡データ集成』（『国立歴史民俗博物館研究報告』第56集），国立歴史民俗博物館	―
不明	所在不明	―	―	―	―	―	楢崎彰一他1972『岐阜県史』通史編 原始，岐阜県	岐阜県（美濃国）44／岐阜32と同じか
1929	東京国立博物館〈J20540〉	鍬形石3・硬玉勾玉2・管玉48・ガラス小玉多数	素環頭大刀1・刀7・銅鏃20	斧1	埴製合子1		中井正幸・高田康成・鈴木元編2006『矢道長塚古墳Ⅱ―範囲確認調査報告書―』大垣市埋蔵文化財調査報告書第16集，大垣市教育委員会	1042g／岐阜県（美濃国）29-1
	東京国立博物館〈J20541〉							(669g)／岐阜県（美濃国）29-2
	東京国立博物館〈J20537〉							878g／岐阜県（美濃国）29-3?
	東京国立博物館〈J20539〉	石釧76・合子形石製品1・杵形石製品2・硬玉勾玉3・管玉245・ガラス玉多数	刀2					567g／岐阜県（美濃国）29-4?
	東京国立博物館〈J20538〉							786g／岐阜県（美濃国）29-5
	東京国立博物館〈J20542〉							535g／岐阜県（美濃国）29-6
大正	所在不明	―	―	―	―	―	藤井治左衛門編1926『不破郡史』上巻，不破郡教育会	岐阜県（美濃国）30
1976	大垣市歴史民俗資料館	碧玉管玉1	刀1・剣片5・銅鏃3	鏃先1・斧1	―	釘1	楢崎彰一・平出紀男1977『花岡山古墳発掘調査報告』大垣市教育委員会	―
不明	所在不明	緑色凝灰岩石釧1・滑石石釧3・刀子形石製品11・斧形石製品5・坩形石製品1・勾玉187・管玉43・棗玉153・算盤玉70・滑石臼玉3453・ガラス小玉324	剣1	鉇2・刀子1・針状鉄製品37・不明鉄製品5			楢崎彰一他1972『岐阜県史』通史編 原始，岐阜県	岐阜県（美濃国）32
不明	所在不明（東京国立博物館？）	勾玉・管玉					藤井治左衛門1925「大塚古墳」『岐阜県史蹟名勝天然紀念物調査報告書』第二回，岐阜県	漢式鏡441／岐阜県（美濃国）33
1879以前	所在不明	―	―	―	―	―	中井正幸1997「美濃昼飯大塚古墳の研究Ⅰ」立命館大学考古学論集刊行会編『立命館大学考古学論集』Ⅰ，立命館大学考古学論集刊行会	―
明治初年	関ヶ原町歴史民俗資料館	滑石刀子	刀				中井正幸1992『粉糠山古墳範囲確認調査報告書』大垣市埋蔵文化財調査報告書第2集，大垣市教育委員会	岐阜県（美濃国）31
不明	所在不明（イタリア国立先史民族学博物館？）	―	―	―	―	―	―	―
不明	所在不明						八賀晋・中井正幸・岩本崇1998「美濃における古墳出土鏡集成」東海考古学フォーラム岐阜大会実行委員会編『第6回東海考古学フォーラム岐阜大会 土器・墓が語る 美濃の独自性〜弥生から古墳へ〜』東海考古学フォーラム岐阜大会実行委員会	―
	所在不明						白石太一郎・設楽博己編1994『弥生・古墳時代遺跡出土鏡データ集成』（『国立歴史民俗博物館研究報告』第56集），国立歴史民俗博物館	
不明	個人旧蔵（京都国立博物館〈09-393〉）	―					岡崎敬編1978『日本における古鏡 発見地名表 東海地方』東アジアより見た日本古代墓制研究	岐阜県（美濃国）34
2006	岐阜県教育委員会文化財保護センター	―	―	―	―	―	大垣市編2011『大垣市史』考古編，大垣市	―
2010	岐阜県教育委員会文化財保護センター	―	―	―	―	―		―
不明	所在不明	―	―	―	須恵器（伝）	―	八木奘三郎1900「玉類と鏡の一種」『東京人類学会雑誌』第170号，東京人類学会	漢式鏡447／岐阜県（美濃国）35
不明	所在不明	石釧1・紡錘車形石製品・勾玉					岐阜県揖斐郡教育会編1924『揖斐郡志』揖斐郡教育会	岐阜県（美濃国）36
1879	愛知県美術館〈M351〉（木村定三旧蔵）（『梅仙居蔵日本出土漢式鏡図集』所載鏡）	勾玉2・管玉20	刀1・鉄鏃5・鐏2	不明鉄器片45	須恵器（高杯4・蓋杯5）		鯨井秀伸編2011「木村定三コレクション研究紀要」2011年度，愛知県美術館	92g／漢式鏡445／岐阜県（美濃国）38
不明	所在不明		刀	鏃	土師器	―	八賀晋・中井正幸・岩本崇1998「美濃における古墳出土鏡集成」東海考古学フォーラム岐阜大会実行委員会編『第6回東海考古学フォーラム岐阜大会 土器・墓が語る 美濃の独自性〜弥生から古墳へ〜』東海考古学フォーラム岐阜大会実行委員会	岐阜県（美濃国）42

番号	舶倭	鏡式	出土遺跡	出土地名	遺跡内容	時期	面径(cm)	銘文	諸氏分類	編者分類・時期
56	舶	長宜子孫八弧内行花文鏡	北山古墳〔後方部〕	揖斐郡大野町上磯	古墳 前方後方墳(83)	古墳前期	12.8	「長宜子孫」	八花文鏡(小林10)	— —
57	倭	四獣鏡	亀山古墳〔前方部主体部〕	揖斐郡大野町上磯	古墳 前方後円墳(101)	古墳前期	13.4	—	四獣形鏡(樋口79)／獣形文鏡類四獣鏡C-1型(小林82·10)／獣形文鏡ⅡB類(赤塚98b)／鳥頭四獣鏡系(森下02)	鳥頭獣像鏡B系 前(古)
58	倭	六獣鏡					11.9	擬銘	六獣形鏡(樋口79)／獣形文鏡類六獣鏡(小林82·10)／獣形文鏡ⅡB類(赤塚98b)／鳥頭四獣鏡系(森下02)	鳥頭獣像鏡B系 前(古)
59	舶	尚方作細線式七獣帯鏡	城塚古墳(南出口古墳)	揖斐郡大野町野字南出口641	古墳 前方後円墳(83)・竪穴式石槨	古墳後期	20.3	「尚方作竟大母傷 巧工刻之成文章 左龍右庸辟不羊 朱鳥玄武順除陽 子孫備具居中央 長保二親樂富昌 壽敝金石如侯王 青盖爲志何巨央」	円座七乳式(樋口79)	— —
60	倭	獣像鏡	伊久良河宮跡(伝)	瑞穂市居倉字中屋敷(伝)〔本巣郡巣南町〕	祭祀	不明	破片	—	—	〔旋回式獣像鏡?〕 後期?
161	倭	六弧内行花文鏡	穂積町御池(伝)	瑞穂市穂積(伝)〔本巣郡穂積町〕	不明	不明	9.1	—	穂積鏡系(赤塚98a)	内行花文鏡B式 前(中)
61	倭	珠文鏡	明音寺2号墳	岐阜市上西郷	古墳 円墳(12)	古墳後期	6.3	—	—	〔珠文鏡〕 —
70	?	〔五獣形鏡〕	洞1号墳(北山古墳)	岐阜市洞	古墳 円墳・粘土槨	古墳	不明	—	—	— —
71	?	不明	小山古墳(伝)	岐阜市小山(伝)	古墳 円墳(28)	古墳	不明	—	—	— —
72	舶	三角縁日・月・獣文帯三神三獣鏡	坂尻1号墳	岐阜市城田寺字坂尻	古墳 円墳(30)・粘土槨	古墳前期	17.0	「日月」	目録番号110・同笵鏡番号63・配置L1・表現⑤	— —
73	倭	神頭鏡					12.5	—	獣形文鏡類六獣鏡(小林82·10)／ⅠCb類(荻野82)／神頭式倭鏡(林02)／神頭鏡系(森下02)／三ツ山鏡系(赤塚04a)	神頭鏡系 前(中)
74	舶	方格規矩渦文鏡	鎌磨1号墳(鎌磨古墳)	岐阜市城田寺字鎌磨	古墳 円墳(27)・粘土槨	古墳前期	8.5	—	—	— —
75	倭	七獣帯鏡	中野1号墳	岐阜市上土居字戸石	古墳 円墳	古墳前期	12.8	—	神像鏡六神像式(樋口79)／獣帯鏡類A型(小林82·10)	— 前(新)
76	倭	四獣鏡	富塚古墳	岐阜市上土居字富塚	古墳 前方後円墳(60)	古墳	12.5	—	二神四獣鏡系(小林82·10)／A類(冨岡89)／獣形文鏡ⅡE類(赤塚98b)	獣像鏡Ⅰ系 前(古)
77	舶	長宜子孫八弧内行花文鏡	瑞龍寺山遺跡(瑞龍寺山山頂遺跡)第Ⅱ遺構	岐阜市上加納山	墳墓 土壙墓	弥生後期	22.1	「長宜子孫」	Aaア式(樋口79)	— —
78	倭	四獣鏡	篠ヶ谷1号墳(瑞龍寺山第2支群1号墳)	岐阜市瑞龍寺山字篠ヶ谷	古墳 円墳(約10)・粘土槨	古墳	11.3	—	四獣形鏡(樋口79)／獣形文鏡類四獣鏡C-1型(小林82·10)／C類神頭(冨田89)／獣形文鏡ⅡC類(赤塚98b)	対置式神獣鏡B系 前(中)
79	倭	八弧内行花文鏡	篠ヶ谷15号墳(瑞龍寺山第3支群1号墳)	岐阜市瑞龍寺山字篠ヶ谷	古墳 円墳(12)・石槨	古墳前期	11.5	—	—	内行花文鏡B式 前(中)
80	舶	夔龍文鏡	瑞龍寺東山古墳(伝)	岐阜市瑞龍寺山(伝)	古墳 不明	古墳	9.8	—	ⅡB式(岡村05)	— —
81	舶	三角縁天王日月・獣文帯四神四獣鏡	龍門寺1号墳	岐阜市長良竜東町	古墳 円墳(30)・粘土槨	古墳中期	23.2	「天王日月」	目録番号68・同笵鏡番号35・配置F1・表現②	— —
82	舶	方格T字鏡					15.7	「子卯辰巳午未申寅申酉戌亥」	方格規矩文鏡類G型(小林82·10)／博局T字鳥文鏡Ca3K類(高木91·93)／中型2A4型(北浦92)／MA1式(松浦94)／丙群(森下98)	— —
83	倭	五獣鏡					17.9	—	四獣形鏡(樋口79)／獣形文鏡類五獣鏡(小林82·10)／獣形文鏡ⅢB類(赤塚98b)／盤龍鏡A系(森下02)	類鼉龍鏡系 前(中)
84	倭	四獣鏡	龍門寺12号墳	岐阜市長良字平瀬	古墳 円墳(24)・割竹形木棺直葬	古墳前期	12.1	—	四獣形鏡(樋口79)／獣形文鏡類四獣鏡C-1型(小林82·10)／D類神頭(冨田89)／獣形文鏡ⅡD類(赤塚98b)	獣像鏡Ⅱ系 前(中)
85	倭	重圏文鏡	龍門寺14号墳	岐阜市長良字平瀬	円墳(18)・割竹形木棺直葬	古墳中期	5.3	—	A類(小林79)／珠文鏡Ⅰ類(樋口79)／珠文鏡類A型(小林82·10)／Ⅴa型(藤岡91)／Ⅰ類(中山他94)／7ⅱ類(脇山15)	〔重圏文鏡(連珠)〕 前期
86	倭	四獣鏡	龍門寺15号墳	岐阜市長良字平瀬	円墳(18)・割竹形木棺直葬	古墳中期?	8.9	—	異形獣文鏡(樋口79)／獣形文鏡類四獣鏡C-1型(小林82·10)／獣形文鏡ⅠC類(赤塚98b)／分離式神獣鏡系(森下02)	分離式神獣鏡系 前(新)

発見年	所蔵（保管）者	共伴遺物 石製品・玉類	共伴遺物 武具・武器・馬具	共伴遺物 ほか金属器	共伴遺物 土器類	共伴遺物 その他	文　献	備　考
1909	大野町民俗資料館	—	—	斧	—	—	車崎正彦編 2002『考古資料大観』第5巻 弥生・古墳時代 鏡，小学館	漢式鏡 444／岐阜県（美濃国）41
1829(1815?)	大野町民俗資料館	—	刀・鉄鏃	冠	—	—	小川栄一 1925「上磯古墳」『岐阜県史蹟名勝天然紀念物調査報告書』第二回，岐阜県	漢式鏡 442／岐阜県（美濃国）40-1
								漢式鏡 443／岐阜県（美濃国）40-2
1869	五島美術館（M72）（個人旧蔵）	—	刀（伝）・剣1・鉄鏃（伝）・轡引手1・革帯金具2・兵庫鎖1	—	—	—	樋口隆康 1979『古鏡』新潮社	同型鏡群〔SJ-3〕／漢式鏡 446／岐阜県（美濃国）39／鍍金
江戸以前	個人	—	—	—	—	—	尾関章編 1989『特別展 濃飛の古墳時代』岐阜県博物館	伊久良大塚古墳出土とも伝える
不明	個人	—	—	—	—	—	赤塚次郎 1998「東海の内行花文倭鏡」『考古学フォーラム』9，考古学フォーラム	—
不明	所在不明	玉類	—	—	—	—	八賀晋・中井正幸・岩本崇 1998「美濃における古墳出土鏡集成」東海考古学フォーラム岐阜大会実行委員会編『第6回東海考古学フォーラム岐阜大会 土器・墓が語る 美濃の独自性～弥生から古墳へ～』東海考古学フォーラム岐阜大会実行委員会	岐阜県（美濃国）15
不明	所在不明	玉類	—	—	—	—	楢崎彰一他 1972『岐阜県史』通史編 原始，岐阜県	岐阜県（美濃国）14
不明	所在不明	玉類	—	—	—	—	楢崎彰一他 1972『岐阜県史』通史編 原始，岐阜県	—
1915	東京国立博物館〈J8142〉	鍬形石1・石釧1・合子形石製品1・琴柱形石製品6・管玉30・ガラス管玉・ガラス小玉82	刀1				岐阜市編 1979『岐阜市史』史料編 考古・文化財，岐阜市	561g／漢式鏡 450／岐阜県（美濃国）4-1
	東京国立博物館〈J8143〉							漢式鏡 451／岐阜県（美濃国）4-2
不明	個人（小川コレクション）	石釧1・勾玉1・碧玉管玉13・ガラス小玉4	銅鏃2・鉄鏃2	—	—	砥石1	岐阜市編 1979『岐阜市史』史料編 考古・文化財，岐阜市	岐阜県（美濃国）17
1915	東京国立博物館〈J7826〉	坩形石製品1・刀子形石製品2・硬玉勾玉2・ガラス勾玉1・碧玉管玉11・滑石臼玉109・ガラス小玉					後藤守一 1942『古鏡聚英』上篇 秦鏡と漢六朝鏡，大塚巧芸社	漢式鏡 449／岐阜県（美濃国）5
1912	個人	刀子形石製品（伝）	—	—	須恵器（伝）	—	岐阜市編 1979『岐阜市史』史料編 考古・文化財，岐阜市	岐阜県（美濃国）6／もう1面出土の可能性
1966	国立歴史民俗博物館	碧玉管玉1	—	—	浅鉢1・器台1・高杯1	—	楢崎彰一他 1972『岐阜県史』通史編 原始，岐阜県	岐阜県（美濃国）1
1928	岐阜大学教育学部郷土博物館	玉類	刀・鉄鏃	—	—	—	岐阜市編 1979『岐阜市史』史料編 考古・文化財，岐阜市	岐阜県（美濃国）2・16
不明	所在不明	石杵1・石臼1・碧玉管玉1	刀	—	—	—		岐阜県（美濃国）3
不明	個人	—	—	—	—	—	岐阜市編 1979『岐阜市史』史料編 考古・文化財，岐阜市	—
1961		石釧1・碧玉勾玉2・瑪瑙勾玉2・滑石玉35・碧玉管玉61・碧玉棗玉3・ガラス丸玉44・滑石臼玉1282～・ガラス小玉6	長方板革綴短甲1・頸甲1・肩甲1・刀2・鉄鏃49～	斧2・鎌1・鉇1・鑿3・錐1・刀子3・針4・不明生産用具2	—	櫛40～・砥石1	楢崎彰一 1962『岐阜市長良龍門寺古墳』岐阜市文化財調査報告書第一輯，岐阜市教育委員会	1306g／岐阜県（美濃国）7-1
								岐阜県（美濃国）7-2
								岐阜県（美濃国）7-3
1964	岐阜市歴史博物館	—	刀1	刀子2	—	—		岐阜県（美濃国）8
1964		—	—	鉇1・刀子1	—	—	岐阜市編 1979『岐阜市史』史料編 考古・文化財，岐阜市	岐阜県（美濃国）9
1964		滑石勾玉1・管玉1・ガラス玉1	剣1・矛1・鉄鏃7～	鉇3～・鑿4	—	—		岐阜県（美濃国）10

番号	舶倭	鏡式	出土遺跡	出土地名	遺跡内容	時期	面径(cm)	銘文	諸氏分類	編者分類・時期
87	倭	四神二獣鏡	岩野田2号墳	岐阜市粟野字丸山	円墳(12)・礫槨	古墳中期	10.0	—	—	二神二獣鏡Ⅱ系	前(新)
88	倭	細線式渦文鏡	金池古墳	山県市佐賀字金池〔山県郡高富町〕	円墳(16)・横穴式石室	古墳後期	8.0	—	特殊文鏡（細線渦文鏡）（樋口79）／獣形文鏡類四獣鏡C-2型（小林82・10）／S字文鏡（赤塚04b）	—	—
89	舶	龍氏作神人龍虎画象鏡	岩野田（伝）	岐阜市岩崎・粟野・三田洞（伝）	不明	不明	19.4	「龍氏作竟兮真大好　上有東王父西王母　仙人子高赤甫子辟邪□□長保二親兮保孫子□」	—	—	—
90	?	不明	東洞古墳	岐阜市山県岩	古墳	円墳(約6)	古墳	不明	—	—	—
91	舶	三角縁吾作徐州銘四神四獣鏡	内山1号墳	岐阜市太郎丸字内山	前方後円墳(45)・粘土槨	古墳前期	20.6	「吾作明竟　幽律三剛　銅出徐州　潤錬文章　配徳君子　清而且明　左龍右甫　傳世右名　取者大吉　保子宜孫」	目録番号37・同笵鏡番号20・配置A・表現⑭	—	—
92	舶	三角縁天王日月・二神二獣鏡					不明	「天王日月」	—	—	—
93	?	〔五獣鏡〕	東北浦1号墳	岐阜市太郎丸字東北浦	古墳	円墳(20)・粘土槨	古墳	不明	—	—	—
94	舶	海獣葡萄鏡	上加納山遺跡	岐阜市上加納山	祭祀	不明	奈良	7.0	—	—	—
95	舶	画文帯環状乳四神四獣鏡	佐波古墳	岐阜市柳津町佐波字六反田〔羽島郡柳津町〕	古墳	前方後円墳・竪穴式石槨？	古墳前期	16.2	「吾作□□　□□□□　□□□□□□　□□□□□□　□□□□□□　□□□□」	Ⅱ（樋口79）／画Bb4（村瀬14）	—	—
96	倭	鼉龍鏡					17.5	—	—	鼉龍鏡A系	前(中)
97	倭	捩文鏡	佐波古墳（出目地山?）				8.0	—	—	類捩文鏡系	前(中?)
97-1	倭	九乳文鏡	朝倉（伝）	岐阜市？朝倉（伝）	不明	不明	不明	11.0	—	—	〔乳脚文鏡〕	中期？
62	倭	人物禽獣文鏡	宝珠古墳	本巣市文殊字上新村〔本巣郡本巣町〕	古墳	前方後円墳(48)・粘土槨	古墳前期	11.5	—	直弧文系倣製鏡（池上91）／人物禽獣文鏡Ⅰ類（赤塚95）／絵画文鏡Ⅰ類（赤塚00）	〔人物禽獣文鏡〕	前期
63	倭	四獣鏡					11.4	—	C類獣頭（冨田89）／獣形文鏡ⅡE類（赤塚98b）／斜縁四獣鏡A系（森下02）	獣像鏡Ⅰ系	前(古)
64	舶	上方作浮彫式一仙三獣鏡					11.6	「上方作…宜子」	半肉彫獣帯鏡C四像式（樋口79）／四像式（岡村92）／四像Ⅱ式（Ⅰb系）（實盛15）	—	—
65	倭	対置式神獣鏡					16.2	—	四神四獣鏡（樋口79）／画文帯神獣鏡（系）A型（小林82・10）／対置式系倭鏡Ⅰ類（林02）	対置式神獣鏡A系	前(中)
66	倭	六弧内行花文鏡	船来山24号墳（桑山5号墳）墳頂部	本巣市郡府字桑山〔本巣郡糸貫町〕	古墳	円墳？(20)・粘土槨	古墳前期	11.5	—	六弧（樋口79）／B類3式（清水94）／穂積鏡系（赤塚98a）／内行花紋鏡D系（森下02）／六花文鏡（小林10）	内行花文鏡B式	前(中)
67	倭	六神像鏡					16.4	—	神像鏡六神式（樋口79）／神像鏡（小林82・10）／ⅠAc類（荻野82）／C類獣頭（冨田89）／神像式倭鏡（林02）	神像鏡Ⅰ系	前(中)
68	倭	六神像鏡					12.4	—	神像鏡六頭式（樋口79）／獣形文鏡類六獣鏡（小林82・10）／ⅡBa類（荻野82）／神頭式倭鏡（林02）／兜山鏡系（赤塚04a）	神像鏡Ⅱ系	前(中)
69	倭	鼉龍鏡	船来山27号墳（桑山2号墳）	本巣市郡府字桑山〔本巣郡糸貫町〕	古墳	円墳	古墳前期	15.2	—	Ⅲ型（樋口79）／画文帯神獣鏡（系）A型（小林82・10）／単頭双胴神鏡b系（森下91）／D群9段階（池上92）／省略系-2（新井95）／第一同工統D（車崎95）／Ⅰ群B系②（辻田00）／Ⅰ類単胴系（林00）／鼉龍鏡b系（森下02）／Ⅰ群Bb系②（辻田07）	鼉龍鏡B系	前(古)
98・99	倭	捩文鏡	加佐美古墳（佐波古墳?）	各務原市蘇原古市場町	古墳	不明	古墳後期	6.2	—	獣帯鏡類C型（小林82・10）	捩文鏡C系	前(中)
100	倭	唐草文鏡	行念寺3号墳	各務原市蘇原野口町	古墳	円墳(15)	古墳	7.0	—	—	—	前期

岐阜

発見年	所蔵（保管）者	共伴遺物					文献	備考
		石製品・玉類	武具・武器・馬具	ほか金属器	土器類	その他		
不明	所在不明	玉類	―	―	土師器	―	八賀晋・中井正幸・岩本崇 1998「美濃における古墳出土鏡集成」東海考古学フォーラム岐阜大会実行委員会編『第6回東海考古学フォーラム岐阜大会 土器・墓が語る 美濃の独自性～弥生から古墳へ～』東海考古学フォーラム岐阜大会実行委員会	岐阜県（美濃国）13
1968	山県市教育委員会	―	鉄鏃	―	須恵器（杯・提瓶3）	―	岐阜市編 1979『岐阜市史』史料編 考古・文化財, 岐阜市	岐阜県（美濃国）18
不明	所在不明	―	―	―	―	―	岐阜市編 1979『岐阜市史』史料編 考古・文化財, 岐阜市	―
明治	所在不明	玉類	刀	―	土師器	―	岐阜市編 1979『岐阜市史』史料編 考古・文化財, 岐阜市	岐阜県（美濃国）19
1822(1883?)	所在不明（個人旧蔵）	勾玉・管玉・小玉	刀	―	―	―	三宅米吉 1897「古鏡」『考古学会雑誌』第1編第5号, 考古学会	漢式鏡452／岐阜県（美濃国）12-1／文政4年に5面発掘したとの伝えあり
								漢式鏡453／岐阜県（美濃国）12-2
明治	所在不明	玉類	刀・槍	―	―	―	楢崎彰一他 1972『岐阜県史』通史編 原始, 岐阜県	岐阜県（美濃国）11
大正	個人	―	―	刀子2	須恵器（杯1）	土製小塔2	小川貴司編 2005『弘版 美濃古鏡鑑』美濃百踏記 資料編 第1巻, 美濃百踏記刊行会	―
1926	個人	石釧2・紡錘車形石製品2・勾玉4・管玉21・小玉	刀	斧1	―	―	可児郷土歴史館編 2000『特別展 前波の三ツ塚とその前後』可児郷土歴史館	岐阜県（美濃国）28-1
								―
								岐阜県（美濃国）28-2
不明	所在不明	―	―	―	―	―	小川貴司編 2005『弘版 美濃古鏡鑑』美濃百踏記 資料編 第1巻, 美濃百踏記刊行会	―
不明	個人	石釧1・紡錘車形石製品2・硬玉勾玉・碧玉管玉19	―	―	―	―	岐阜市編 1979『岐阜市史』史料編 考古・文化財, 岐阜市	―
1967	東京国立博物館(J38333-5)	石釧3・碧玉管玉188・ガラス玉298	刀7・剣13～・矛1・銅鏃30～	鎌2・鋸1・鑿2・錐1・鉈1・刀子2	―		楢崎彰一他 1972『岐阜県史』通史編 原始, 岐阜県	岐阜県（美濃国）78-1
	東京国立博物館(J38333-1)							552g／岐阜県（美濃国）78-4
	東京国立博物館(J38333-4)							岐阜県（美濃国）78-2
	東京国立博物館(J38333-3)							501g／岐阜県（美濃国）78-3
	東京国立博物館(J38333-2)							222g／岐阜県（美濃国）78-5
不明	個人	―	―	―	―	―		岐阜県（美濃国）79
不明	所在不明	―	―	―	須恵器（杯）	―	楢崎彰一他 1972『岐阜県史』通史編 原始, 岐阜県	岐阜県（美濃国）20
明治	所在不明	―	―	―	―	―	八賀晋・中井正幸・岩本崇 1998「美濃における古墳出土鏡集成」東海考古学フォーラム岐阜大会実行委員会編『第6回東海考古学フォーラム岐阜大会 土器・墓が語る 美濃の独自性～弥生から古墳へ～』東海考古学フォーラム岐阜大会実行委員会	―

番号	舶倭	鏡式	出土遺跡	出土地名	遺跡内容	時期	面径(cm)	銘文	諸氏分類	編者分類・時期
101	倭	七弧内行花文鏡					9.6	—	七花文鏡（小林82·10）／B類3式（清水94）	内行花文鏡B式	前（中）
102	倭	四獣鏡？	野田古墳（野田東島円墳）	各務原市蘇原東島町野田	古墳	円墳（10）	古墳	9.8	—	乳文鏡Ⅱ類？（樋口79）	—	—
103	舶	三角縁波文帯四神二獣鏡	一輪山古墳	各務原市鵜沼西町1丁目	古墳	円墳（9～28）	古墳前期	21.9	—	目録番号85・同笵鏡番号46・配置H・表現⑧		
104	？	不明	鵜沼（伝）	各務原市鵜沼字伺畑（伝）	不明	不明	不明	—	—	—	—
105	？	不明					不明	—	—	—	—
106	倭	七乳文鏡	跡部古墳（南山古墳）	関市武芸川町跡部〔武儀郡武芸川町〕	古墳	円墳	古墳	9.2	—	乳文鏡類（小林82·10）	〔乳脚文鏡〕	後期
107	倭	珠文鏡	陽徳寺裏山1号墳	関市千疋字裏山	古墳	帆立（12）・横穴式石室	古墳後期	7.8	—	珠文鏡Ⅳ類（樋口79）／乳文鏡類（小林82·10）／Ⅳ類（中山他94）	〔珠文鏡〕	—
108	倭	〔鈴獣形鏡〕	糠塚古墳（伝）	関市下有知字糠塚（伝）	古墳	円墳	古墳	不明	—	—	—	—
109	倭	乳文鏡	平賀（土蔵倉古墳）（伝）	関市平賀町（伝）	古墳	円墳（約15）・横穴式石室	古墳後期	8.5	—	乳文鏡Ⅱ類（樋口79）／獣帯鏡類D型（小林82·10）	〔乳脚文鏡〕	後期
162	舶	方格規矩四神鏡 or 細線式獣帯鏡	砂行遺跡SBE01住居跡	関市下有知	集落	竪穴住居	弥生末期	約18	「…真…」	—		
163	倭	四神像鏡	砂行1号墳〔第2主体部〕	関市下有知	古墳	円墳（22）・木棺直葬	古墳中期	11.1	—	—	類神像鏡Ⅰ系？	前（中～）
163-1	舶	内行花文鏡？	大杉遺跡第16次調査竪穴住居	関市大杉・西田原	集落	竪穴住居	古墳前期	12.0	—	—		
110	舶	王氏作流雲文縁方格規矩四神鏡	美濃観音寺山古墳	美濃市横越字観音寺	墳墓	墳丘墓（21）・組合式木棺直葬	弥生末期	23.6	「王氏作竟三夷服　多賀新家人民息　胡虜殄滅天下復　風雨時節五穀孰　官位尊顕蒙祿食　千秋万年受大福　長保二親子孫力　傳告後世樂母極兮」／「子丑寅卯辰巳午未申酉戌亥」	—		
111	倭	弥生倭製鏡					9.5	—	—	〔弥生倭製鏡？〕	弥生？
112	舶	内行花文鏡	太田大塚古墳	美濃加茂市太田町大塚	古墳	円墳（32）・粘土槨	古墳前期	16.3	—	—	—	—
113	倭	方格規矩四神鏡	鷹之巣大塚古墳	美濃加茂市加茂野町鷹之巣字三十塚	古墳	不明	古墳前期	15.9	—	—	方格規矩四神鏡A系	前（中）
114	倭	捩文鏡					11.7	—	第一型式（伊藤67）／Ⅴ型（樋口79）／捩文鏡（類）C型（小林82·10）／BⅢ型（小林83）／Ⅴ型（小沢88）／羽文鏡系（森下91）／D型式b類（水野97）／羽紋系（森下02）	捩文鏡D系	前（中）
115	倭	四獣鏡					9.3	—	四獣形鏡（樋口79）／獣形文鏡類四獣鏡C-1型（小林82·10）／獣形鏡Ⅱ類E類（赤塚98b）	類獣像鏡Ⅰ系	前（中）
116	倭	珠文鏡	前山古墳	加茂郡坂祝町黒岩	古墳	円墳	古墳前期	7.7	—	A類（小林79）／珠文鏡Ⅱ類（樋口79）／珠文鏡類A型（小林82·10）／Ⅱ類（中山他94）／区画入珠紋鏡（森下02）／D-B類（脇山13）	〔珠文鏡〕	前期
117	倭	珠文鏡					7.1	—	A類（小林79）／珠文鏡Ⅰ類（樋口79）／Ⅰ類（中山他94）／珠紋鏡系（森下02）／珠文鏡類A型（小林10）／A-B類（脇山13）	〔珠文鏡〕	前期
118	？	不明	千人塚遺物包含層（伝）	加茂郡坂祝町中切・野口（伝）	不明	遺物包含層	不明	不明	—	—	—	—
119	倭	鼉龍鏡	身隠白山古墳（陵山白山古墳）	可児市広見字陵山	古墳	円墳（42）・粘土槨	古墳前期	17.2	—	Ⅲ型（樋口79）／画文帯神獣鏡（系）B型（小林82·10）／獣形文鏡類四獣鏡B型（小林82）／C群8段階（池上92）／省略系-1（新井95）／第一群同鏡C（車崎95）／Ⅰ群B系①（辻田00）／Ⅱ類単胴系（林00）／鼉龍鏡b系（森下02）／Ⅰ群Ba系①（辻田07）	鼉龍鏡C系	前（中）
120	倭	六弧内行花文鏡					10.2	—	六弧（樋口79）／B類3式（清水94）／内行花紋鏡D系（森下02）／六花文鏡（小林10）	内行花文鏡B式	前（中）

岐阜

発見年	所蔵（保管）者	共伴遺物					文献	備考
		石製品・玉類	武具・武器・馬具	ほか金属器	土器類	その他		
不明	所在不明	—	—	—	—	—	森本六爾1926「二三鏡鑑の新例について」『考古学雑誌』第16巻第5号,考古学会	—
1799							八賀晋・中井正幸・岩本崇1998「美濃における古墳出土鏡集成」東海考古学フォーラム岐阜大会実行委員会編『第6回東海考古学フォーラム岐阜大会 土器・墓が語る 美濃の独自性～弥生から古墳へ～』東海考古学フォーラム岐阜大会実行委員会	—
不明	各務原市埋蔵文化財調査センター	—	—	—	—	—	小林行雄1976『古墳文化論考』平凡社	岐阜県（美濃国）21
不明	所在不明	—	—	—	—	—	楢崎彰一他1972『岐阜県史』通史編 原始,岐阜県	岐阜県（美濃国）23
								岐阜県（美濃国）22
不明	所在不明	—	—	—	—	—	楢崎彰一他1972『岐阜県史』通史編 原始,岐阜県	岐阜県（美濃国）77
1975	岐阜県博物館		刀・鉄鏃	—	土師器・須恵器（短頸壺・子持器台・角杯・高杯・杯・提瓶）	—	尾関章編1989『特別展 濃飛の古墳時代』岐阜県博物館	岐阜県（美濃国）25
不明	所在不明	—	—	—	—	—	岡崎敬編1978『日本における古鏡 発見地名表 東海地方』東アジアより見た日本古代墓制研究	岐阜県（美濃国）27
1929	東京国立博物館	勾玉3・管玉4・切子玉1	刀・鉄鏃・馬具片	—	土師器・須恵器		楢崎彰一他1972『岐阜県史』通史編 原始,岐阜県	岐阜県（美濃国）73
1998	財団法人岐阜県文化財保護センター				土師器（細頸壺・高杯）		成瀬正勝編2000『砂行遺跡』岐阜県文化財保護センター調査報告書第65集,財団法人岐阜県文化財保護センター	破鏡（破面研磨・1孔）／内区片
1998				鉄片3				〈62g〉／盾と刀を描出
2006	関市教育委員会	—	—	—	—	—	ジャパン通信社編2006『月刊文化財発掘出土情報』2006年5月号,ジャパン通信社	破鏡
1992	美濃市教育委員会	翡翠勾玉2・水晶小玉3・ガラス小玉18	—	—	—	—	可児郷土歴史館編2000『特別展 前波の三ツ塚とその前後』可児郷土歴史館	破砕鏡
								—
1916	南山大学人類学博物館（個人旧蔵）	—	剣・鉄鏃	斧	—	—	八賀晋・中井正幸・岩本崇1998「美濃における古墳出土鏡集成」東海考古学フォーラム岐阜大会実行委員会編『第6回東海考古学フォーラム岐阜大会 土器・墓が語る 美濃の独自性～弥生から古墳へ～』東海考古学フォーラム岐阜大会実行委員会	岐阜県（美濃国）26-2
1895	所在不明	—	巴形銅器	—	—	—	八賀晋・中井正幸・岩本崇1998「美濃における古墳出土鏡集成」東海考古学フォーラム岐阜大会実行委員会編『第6回東海考古学フォーラム岐阜大会 土器・墓が語る 美濃の独自性～弥生から古墳へ～』東海考古学フォーラム岐阜大会実行委員会	漢式鏡458／岐阜県（美濃国）26-1
不明	宮内庁書陵部〈官55〉	管玉35	—	—	—	—	宮内庁書陵部編2005『宮内庁書陵部所蔵 古鏡集成』学生社	159g／漢式鏡454／岐阜県（美濃国）72-1
	宮内庁書陵部〈官56〉							75g／漢式鏡455／岐阜県（美濃国）72-2
	宮内庁書陵部〈官57〉							60g／漢式鏡456／岐阜県（美濃国）72-3
	宮内庁書陵部〈官58〉							38g／漢式鏡457／岐阜県（美濃国）72-4
不明	所在不明	—	—	—	須恵器（伝）	—	岡崎敬編1978『日本における古鏡 発見地名表 東海地方』東アジアより見た日本古代墓制研究	岐阜県（美濃国）76
1902	東京国立博物館〈J6376〉	鍬形石4・車輪石1・筒形石製品1・剣形石製品1・紡錘車形石製品1	巴形銅器2・刀5・剣1・石製三輪玉1	斧2	—	—	柴田常恵1903「美濃国可児郡広見村伊香陵山白山社古墳」『東京人類学会雑誌』第202号,東京人類学会	漢式鏡459／岐阜県（美濃国）58-1
	東京国立博物館〈J6377〉							漢式鏡460／岐阜県（美濃国）58-2

番号	舶倭	鏡　式	出土遺跡	出土地名	遺跡内容	時　期	面径(cm)	銘　文	諸氏分類	編者分類・時期	
121	舶	長生宜子・蝙蝠座鈕八弧内行花文鏡	身隠御嶽古墳(陵山御嶽古墳)	可児市広見字陵山	古墳	円墳(36)・粘土槨	古墳前期	10.9	「長生宜子」	Bc イ式(樋口79)	—	—
122	倭	四獣鏡						9.8	—	四獣形鏡(樋口79)／獣形文鏡類四獣鏡C-1型(小林82・10)／獣形文鏡ⅢB類(赤塚98b)	夔龍鏡B系	前(古?)
123	舶	内行花文鏡						9.8	—	—	—	—
142	倭	六弧内行花文鏡						8.3	—	六弧(樋口79)／B類1式(清水94)／六花文鏡(小林10)	内行花文鏡B式	前(中)
143	倭	六弧内行花文鏡	西宮之洞(伝)(御猿様?)	可児市広見字西宮之洞(伝)	古墳	不明	古墳	8.1	—	六弧(樋口79)／B類1式(清水94)／六花文鏡(小林10)	内行花文鏡B式	前(中)
144	倭	六弧?内行花文鏡					破片	—	六弧?(樋口79)	内行花文鏡B式	前(中)
158	?	不明	村出古墳(赤塚・猿塚)(伝)	可児市広見字岩花・村出(伝)	古墳	円墳・横穴式石室	古墳後期	不明	—	—	—	—
124	舶	「仿製」三角縁獣文帯三神三獣鏡	野中古墳[第2主体部(南主体部)](伝)	可児市中恵土字野中(伝)	古墳	前方後円墳(約60)・竪穴式石槨	古墳前期	21.5	—	目録番号207・同笵鏡番号106・配置K2		
125・126	舶	三角縁吾作三神五獣鏡	可児町土田(伝)(西寺山古墳(推定))	可児市中恵土寺廻1944(伝)	古墳	前方後方墳(約60)・不明	古墳前期	22.6	「吾□□□□□□□ □□□□□□□□ □□□□王母 渇飲□沽飢食棗 □□金石」	目録番号25・同笵鏡番号12・配置B・表現⑦		
164	倭	捩文鏡	前波長塚古墳〔前方部主体部〕	可児市中恵土	古墳	前方後円墳(73)・割竹形木棺直葬	古墳前期	12.3	—	—	捩文鏡B or A系	前(古)
127	?	不明	禅台寺山古墳	可児市下恵土字城畑4721	古墳	円墳	古墳	破片	—	—	—	—
128	倭	捩文鏡	瀬田(伝)	可児市瀬田(伝)	不明	不明	不明	8.5	—	—	捩文鏡C系	前(中)
129	?	〔虺龍文鏡〕	可児郡帷子(伝)	可児市帷子地区(伝)	不明	不明	不明	不明	—	—	—	—
130	?	不明	可児郡土田(伝)	可児市土田字渡(伝)	古墳	横穴式石室(家形石棺)	古墳後期	不明	—	—	—	—
131	舶	斜縁二神二獣鏡	東寺山1号墳(伏見寺山車塚古墳・ヒョウタン塚古墳)	可児郡御嵩町伏見字土居ノ内	古墳	前方後方墳(約41)・粘土槨	古墳前期	17.2	—	—		
132	倭	五鈴六乳文鏡	天神ヶ森古墳	可児郡御嵩町中字佐渡1959・1960	古墳	円墳	古墳後期	10.0	擬銘	乳文鏡系五鈴式(樋口79)／鈴鏡類(五鈴鏡)(小林82・10)／乳文(西岡86)／獣帯文鏡類(大川97)／Ⅲ類(八木00)／乳脚文系E類(岡田05)	〔乳脚文鏡〕	後期
133	倭	捩文鏡					7.8	—	Ⅱ型(樋口79)／獣形文鏡類六獣鏡(小林82・10)	捩文鏡B系	前(中～)
134	舶	盤龍鏡	赤坂古墳	可児郡御嵩町中字赤坂2854-1	古墳	不明	古墳	13.4	—	単獣式(樋口79)／龍虎鏡類(小林82・10)／C類(辻田09)	—	—
135	倭	〔五鈴鏡〕	鈴ヶ森古墳(伝)	可児郡御嵩町中字今井(伝)	古墳	円墳	古墳	不明	—	—	—	—
136	?	不明	谷山1号墳(伝)	可児郡御嵩町谷山1072(伝)	古墳	円墳	古墳後期	不明	—	—	—	—
137	?	不明	宝塚古墳(伝)	可児郡御嵩町(伝)	古墳	円墳(42)	古墳	不明	—	—	—	—
138	?	不明	新木野古墳(伝)	可児郡御嵩町(伝)	古墳	円墳	古墳	不明	—	—	—	—
139	舶	伯牙弾琴鏡	長瀬山古墳	可児郡御嵩町	古墳	円墳・横穴式石槨?	古墳終末期	17.1	—	—	—	—
140	倭	五獣鏡	御嵩町(伝)	可児郡御嵩町(伝)	不明	不明	不明	13.6	—	—	—	—
141	倭	珠文鏡	伏見村(伝)	可児郡御嵩町伏見(伝)	不明	不明	不明	6.8	—	—	〔珠文鏡〕	

岐阜

発見年	所蔵（保管）者	共伴遺物					文献	備考
		石製品・玉類	武具・武器・馬具	ほか金属器	土器類	その他		
1839・1859	個人	石釧3・硬玉勾玉1・瑪瑙勾玉1・勾玉1・管玉128	刀片2	―	土師器片2	―	長瀬治義1996「「身隠山古墳群」覚書」『美濃の考古学』創刊号,「美濃の考古学」刊行会	漢式鏡461／岐阜県（美濃国）57-1
	個人							漢式鏡462／岐阜県（美濃国）57-2
不明	中川寺							岐阜県（美濃国）57-3
1886	東京国立博物館〈J1879〉						楢崎彰一他1972『岐阜県史』通史編 原始,岐阜県	漢式鏡462.2／岐阜県（美濃国）71-1?（82-2?）
	東京国立博物館〈J1878〉							漢式鏡462.3／岐阜県（美濃国）71-2?（82-3?）
	東京国立博物館〈J1879〉							漢式鏡462.5・6
不明	所在不明	―	―	―	須恵器	―	長瀬治義1996「「身隠山古墳群」覚書」『美濃の考古学』創刊号,「美濃の考古学」刊行会	岐阜県（美濃国）63
1944	可児市教育委員会	―					高橋克壽・魚津知克編1999『前波の三ツ塚』可児市埋文報告34,可児市教育委員会	〈473g〉／岐阜県（美濃国）52・58
1931以前?	南山大学人類学博物館						高橋克壽・魚津知克編1999『前波の三ツ塚』可児市埋文報告34,可児市教育委員会	岐阜県（美濃国）65・70
1997	可児市教育委員会	石釧1・緑色凝灰岩管玉16・琥珀丸玉35・ガラス小玉573					高橋克壽・魚津知克編1999『前波の三ツ塚』可児市埋文報告34,可児市教育委員会	212g
不明	個人						白石太一郎・設楽博己編1994『弥生・古墳時代遺跡出土鏡データ集成』(『国立歴史民俗博物館研究報告』第56集),国立歴史民俗博物館	
不明	所在不明						八賀晋・中井正幸・岩本崇1998「美濃における古墳出土鏡集成」東海考古学フォーラム岐阜大会実行委員会編『第6回東海考古学フォーラム岐阜大会 土器・墓が語る 美濃の独自性〜弥生から古墳へ〜』東海考古学フォーラム岐阜大会実行委員会	―
不明	所在不明						澄田正一1970「四螭文鏡について」末永雅雄編『日本古文化論攷』吉川弘文館	―
明治	東京国立博物館	―	―	―	須恵器（壺2・杯1）	―	白石太一郎・設楽博己編1994『弥生・古墳時代遺跡出土鏡データ集成』(『国立歴史民俗博物館研究報告』第56集),国立歴史民俗博物館	―
1893	南山大学人類学博物館	硬玉勾玉1	刀1・銅鏃4〜5	―	―	―	尾関章1990「東寺山古墳出土の鏡片について」『岐阜県博物館調査研究報告』第11号,岐阜県博物館	〈231g〉／岐阜県（美濃国）54・68／同型：大和天神山古墳（奈良100）／破面研磨
1952	御嵩町（向陽中学校旧蔵）	瑪瑙勾玉10・管玉5・ガラス玉6	―	金環1	―	―	尾関章編1989『特別展 濃飛の古墳時代』岐阜県博物館	岐阜県（美濃国）62-1・66
								岐阜県（美濃国）62-2
1952	岐阜県立東濃高等学校	―	―	―	―	―	尾関章編1989『特別展 濃飛の古墳時代』岐阜県博物館	岐阜県（美濃国）67
不明	所在不明	勾玉	刀	―	―	―	岡崎敬1978「日本における古鏡 発見地名表 東海地方」東アジアより見た日本古代墓制研究	岐阜県（美濃国）61
不明	所在不明	―	刀（伝）	―	須恵器（伝）	―	岡崎敬1978「日本における古鏡 発見地名表 東海地方」東アジアより見た日本古代墓制研究	岐阜県（美濃国）60
不明	所在不明	―	―	斧	須恵器	―	楢崎彰一他1972『岐阜県史』通史編 原始,岐阜県	岐阜県（美濃国）53
不明	所在不明	―	―	―	―	―	岡崎敬1978「日本における古鏡 発見地名表 東海地方」東アジアより見た日本古代墓制研究	―
1908	東京国立博物館	―	刀装具（伝）	―	須恵器（伝）	―	森本六爾1925「美濃に於ける仙人弾琴鏡出土の一古墳」『考古学雑誌』第15巻第11号,考古学会	岐阜県（美濃国）56?／「石室の南方口部に於て瑞花双鳳系五花鏡が存してゐた」
不明	名古屋市博物館						尾関章編1989『特別展 濃飛の古墳時代』岐阜県博物館	―
不明	所在不明						八賀晋・中井正幸・岩本崇1998「美濃における古墳出土鏡集成」東海考古学フォーラム岐阜大会実行委員会編『第6回東海考古学フォーラム岐阜大会 土器・墓が語る 美濃の独自性〜弥生から古墳へ〜』東海考古学フォーラム岐阜大会実行委員会	―

番号	舶倭	鏡　式	出土遺跡	出土地名	遺跡内容	時　期	面径(cm)	銘　文	諸氏分類	編者分類・時期	
145	倭	七鈴五獣鏡	薬師平古墳（伝）	郡上郡大和町徳永（伝）〔郡上郡大和村〕	古墳	不明	古墳後期	11.4	擬銘	獣形鏡系七鈴式（樋口79）／獣形（西岡86）／獣形文鏡類（大川97）／獣形文系B類（岡田05）	〔旋回式獣像鏡〕	後期
146	倭	六鈴四獣鏡	千田古墳群（伝）	恵那市長島町久須見	古墳	円墳・横穴式石室	古墳	完形		獣形文鏡類（大川97）	〔旋回式獣像鏡??〕	後期？
147	倭	素文鏡	冬頭王塚古墳〔2号石室〕	高山市冬頭町	古墳	円墳(22)・竪穴式石槨？	古墳中期	6.9			〔素文鏡〕	—
148	？	不明	十王堂古墳（伝）	高山市国府町広瀬町（伝）〔吉城郡国府町〕	古墳	方墳・横穴式石室	古墳後期	10.5			—	—
149	舶	夔鳳鏡（鉄鏡）	名張一之宮神社古墳（宮の前古墳）（伝）	高山市国府町名張字宮之前（伝）〔吉城郡国府町〕	古墳	不明	不明	21.2	「…宜…」	2A式（秋山98）	—	—
150	倭	素文鏡	楢本古墳	高山市国府町今字楢本〔吉城郡国府町〕	古墳	円墳・横穴式石室	古墳終末期	不明			—	—
151	倭	四獣鏡	袈裟丸（伝）	飛騨市古川町袈裟丸（伝）〔吉城郡古川町〕	不明	不明	不明	7.7			鳥頭獣像鏡A系？	前（古〜）
153	倭	珠文鏡	蘆ヶ洞（小鷹利村）（伝）	飛騨市古川町上野（伝）〔吉城郡古川町〕	不明	不明	不明	7.9		珠文鏡Ⅲ類（樋口79）／Ⅲ類（中山他94）	〔珠文鏡〕	—
152	？	〔四乳獣帯鏡〕	飛騨（伝）	岐阜県（伝）	不明	不明	不明	11.8			—	—
154	？	〔夔鳳鏡？〕	山畑遺跡	中津川市神坂字山畑	祭祀	不明	不明	不明			—	—
155	倭	六獣鏡	岐阜県（伝）	岐阜県（伝）	不明	不明	不明	完形			二神二獣鏡ⅠB系	前（中）
156	舶	方格T字鏡	岐阜県（伝）	岐阜県（伝）	不明	不明	不明	8.9	—	Ⅴ類（樋口79）／方格規矩文鏡類G型（小林82・10）／博局T字鳥文鏡Ca4S類（高木91・93）／SAa1式（松浦94）／丁群（森下98）	—	—
157	舶	方格T字鏡	岐阜県（伝）	岐阜県（伝）	不明	不明	不明	完形	—	Ⅴ類（樋口79）／方格規矩文鏡類G型（小林82・10）／SAa1式（松浦94）／丁群（森下98）	—	—
157-1	舶	方格T字鏡	岐阜県（伝）	岐阜県（伝）	不明	不明	不明	8.3	—		—	—
159	？	不明	飛騨（伝）	岐阜県（伝）	不明	不明	不明	9.2			—	—
160	舶	夔鳳鏡	象鼻山1号墳	養老郡養老町橋爪	古墳	前方後方墳(40)・組合式木棺直葬	古墳前期	11.7	「君宜高官」／「□□大□」	2A式（秋山98）	—	—

静岡

番号	舶倭	鏡　式	出土遺跡	出土地名	遺跡内容	時　期	面径(cm)	銘　文	諸氏分類	編者分類・時期	
1	舶	光氏作盤龍鏡	橘逸勢墓（伝）	浜松市北区三ヶ日町本坂字関屋（伝）〔引佐郡三ヶ日町〕	不明	不明	不明	12.8	「光氏作竟四夷服　多賀君家人民息　胡羗除滅天下復　風雨時節五穀熟　官位尊蒙　禄食　長保二親子孫兮」		—	—
2	倭	六獣鏡	三ヶ日町（伝）	浜松市北区三ヶ日町（伝）〔引佐郡三ヶ日町〕	不明	不明	不明	16.3	擬銘	—	二神二獣鏡ⅠA系	前（中）
3	倭	捩文鏡	陣座ヶ谷古墳	浜松市北区細江町中川字庚申山〔引佐郡細江町〕	古墳	前方後円墳(55)・粘土槨	古墳中期？	8.4	—	捩文鏡（類）B型（小林82・10）／BⅠ（小林83）／Ⅳ型（小沢88）／C型d類（水野97）	捩文鏡C系	前（中）

岐阜・静岡

発見年	所蔵（保管）者	共伴遺物					文献	備考
		石製品・玉類	武具・武器・馬具	ほか金属器	土器類	その他		
1974	徳永多賀神社	—	—	—	須恵器（杯身・蓋）	—	八賀晋・中井正幸・岩本崇 1998「美濃における古墳出土鏡集成」東海考古学フォーラム岐阜大会実行委員会編『第6回東海考古学フォーラム岐阜大会 土器・墓が語る 美濃の独自性～弥生から古墳へ～』東海考古学フォーラム岐阜大会実行委員会	—
不明	所在不明	—	—	—	—	—	恵那市史編纂委員会編 1983『恵那市史』通史編第1巻, 恵那市	—
1970	高山市教育委員会	管玉2・瑪瑙丸玉1・ガラス丸玉3・ガラス小玉1	剣1・矛1・鉄鏃約27	—	—	—	紅村弘編 1971『冬頭王塚発掘調査報告』高山市教育委員会	岐阜県（飛騨国）2
不明	所在不明	碧玉管玉5・切子玉1・ガラス小玉3	—	—	—	—	白石太一郎・設楽博己編 1994『弥生・古墳時代遺跡出土鏡データ集成』（『国立歴史民俗博物館研究報告』第56集）, 国立歴史民俗博物館	—
不明	名張一之宮神社	—	鉄鏃30・轡	金環6・銅鈴3～・鎌1・刀子3	須恵器（伝）	—	車崎正彦編 2002『考古資料大観』第5巻 弥生・古墳時代 鏡, 小学館	—
1885	個人	勾玉2・管玉10数個	—	—	—	—	白石太一郎・設楽博己編 1994『弥生・古墳時代遺跡出土鏡データ集成』（『国立歴史民俗博物館研究報告』第56集）, 国立歴史民俗博物館	岐阜県（飛騨国）4
1886以前	名古屋市博物館	—	—	—	—	—	名古屋市博物館編 1982『館蔵品図録』I, 名古屋市博物館	—
不明	五島美術館〈M200〉	—	—	—	—	—	白石太一郎・設楽博己編 1994『弥生・古墳時代遺跡出土鏡データ集成』（『国立歴史民俗博物館研究報告』第56集）, 国立歴史民俗博物館	—
不明	神通寺	—	—	—	—	—	白石太一郎・設楽博己編 1994『弥生・古墳時代遺跡出土鏡データ集成』（『国立歴史民俗博物館研究報告』第56集）, 国立歴史民俗博物館	岐阜県（飛騨国）1・6／「白川村出土」
1968	所在不明	石製模造品（有孔円板片86・滑石有孔円板・剣194・臼玉233）	—	—	—	—	白石太一郎・設楽博己編 1994『弥生・古墳時代遺跡出土鏡データ集成』（『国立歴史民俗博物館研究報告』第56集）, 国立歴史民俗博物館	岐阜県（美濃国）80
不明	個人	—	—	—	—	—	八賀晋・中井正幸・岩本崇 1998「美濃における古墳出土鏡集成」東海考古学フォーラム岐阜大会実行委員会編『第6回東海考古学フォーラム岐阜大会 土器・墓が語る 美濃の独自性～弥生から古墳へ～』東海考古学フォーラム岐阜大会実行委員会	—
不明	所在不明	—	—	—	—	—	楢崎彰一他 1972『岐阜県史』通史編 原始, 岐阜県	岐阜県（美濃国）82-2?
不明		—	—	—	—	—		
不明	東京国立博物館	—	—	—	—	—	岡崎敬編 1978『日本における古鏡 発見地名表 東海地方』東アジアより見た日本古代墓制研究	漢式鏡 462.6／岐阜県（美濃国）82-1／岐阜 156か157の可能性
不明	高山市郷土館	—	—	—	—	—	白石太一郎・設楽博己編 1994『弥生・古墳時代遺跡出土鏡データ集成』（『国立歴史民俗博物館研究報告』第56集）, 国立歴史民俗博物館	—
1997	養老町教育委員会	琴柱形石製品3	刀2・剣6・鉄鏃53	—	土師器（二重口縁壺・S字甕・小形器台・高杯）	—	宇野隆夫・田中幸生・山崎雅恵編 1997『象鼻山1号古墳―第2次発掘調査の成果―』養老町埋蔵文化財調査報告第2冊, 富山大学人文学部考古学研究室	135g
1805	所在不明	—	—	—	—	—	後藤粛堂 1916「橘逸勢社古鏡に就て」『考古学雑誌』第6巻第7号, 考古学会	漢式鏡 360／静岡県（遠江国）1／愛知89（愛知県（三河国）5）と同一品
不明	埼玉県立歴史と民俗の博物館	—	—	—	—	—	埼玉県立博物館編 1980『埼玉県立博物館有資料目録II』埼玉県立博物館	375g／静岡県（遠江国）2／銀座の骨董商から購入
1915	浜松市姫街道と銅鐸の歴史民俗資料館	—	刀	—	—	—	鈴木敏則 2001「写真（鏡）」静岡県教育委員会編『静岡県の前方後円墳―資料編―』静岡県文化財調査報告書第55集, 静岡県教育委員会	静岡県（遠江国）3-1

番号	舶倭	鏡式	出土遺跡	出土地名	遺跡内容	時期	面径(cm)	銘文	諸氏分類	編者分類・時期	
4	舶	画文帯同向式神獣鏡	馬場平1号墳	浜松市北区引佐町井伊谷字上野〔引佐郡引佐町〕	前方後円墳(48)・粘土槨	古墳前期	20.7	擬銘	—	—	—
5	倭	五弧内行花文鏡					7.5	—	内行花紋鏡D系(森下02)	内行花文鏡B式	前(中)
6	倭	八獣鏡	馬場平3号墳	浜松市北区引佐町井伊谷字上野〔引佐郡引佐町〕	前方後円墳・粘土槨	古墳前期	13.6	擬銘	—	類対置式神獣鏡B系	前(中)
7	倭	六弧内行花文鏡					10.8	—	B類3式(清水94)／内行花紋鏡C系(森下91)／内行花紋鏡D系(森下02)	内行花文鏡B式	前(中)
7-1	倭	内行花文鏡	井通遺跡	浜松市北区	不明	不明	破片	—	—	内行花文鏡B式	前(中)?
7-2	倭	六獣鏡	三方原(伝)	浜松市北区三方原(伝)	不明	不明	7.5	—	—	—	後期?
8	倭	珠文鏡	聾学校内1号墳	浜松市中区幸	古墳	不明	古墳後期	7.8	—	—	〔珠文鏡〕	
9	?	不明	狐塚古墳	浜松市中区富塚町西平	古墳	円墳(21)	古墳後期	不明	—	—	—
10	倭	七鈴四獣鏡	学園内4号墳	浜松市東区有玉西町	古墳	円墳(25)・木棺直葬	古墳中期～	12.0	擬銘	獣形文鏡類(大川97)／旋回式獣像鏡系(森下02)／獣形文系B類(岡田05)	〔旋回式獣像鏡〕	後期
11	倭	四乳文鏡	根本山古墳群(根本山古墳)	浜松市西区深萩町	古墳	円墳・横穴式石室	古墳後期	7.4	—	乳文鏡類(小林82・10)／乳脚紋鏡e系(森下02)	〔乳脚文鏡〕	後期
12	倭	五鈴六乳文鏡	御山塚古墳	浜松市西区村櫛町太田	古墳	円墳・横穴式石室	古墳後期	9.7	—	乳文鏡系五鈴式(樋口79)／鈴鏡類(五鈴鏡)(小林82・10)／乳文(西岡86)	〔乳脚文鏡〕	後期
13	倭	神獣鏡?	幸町(神明社上付近)	浜松市中区幸	古墳	不明	古墳後期	10.0	—	—	〔後期型神獣鏡?〕	後期?
14	倭	四神像鏡	内野二本谷積石塚B1号墳南石囲〔第1主体部〕	浜松市浜北区内野字二本谷〔浜北市〕	古墳	円墳(14)・石囲	古墳後期	10.2	—	—	—	中期～
15	舶	細線式鳥文鏡	神明社上1号墳〔1号棺〕	浜松市浜北区内野台〔浜北市〕	古墳	円墳(27)・組合式箱形木棺直葬	古墳中期	10.7	—	鳥紋鏡(A式)(馬淵15b)	—	—
16	倭	乳文鏡?	神明社上1号墳〔2号棺〕			円墳(27)・組合式箱形木棺直葬	古墳中期	8.4	—	—	—	—
17	舶	三角縁天王日月・唐草文帯四神四獣鏡	赤門上古墳	浜松市浜北区内野〔浜北市〕	古墳	前方後円墳(56)・割竹形木棺直葬	古墳前期	23.7	「天王日月」	目録番号44・同笵鏡番号25・配置A・表現④	—	—
18	倭	乳文鏡?	於呂村所在古墳(天竜市於保古墳?)	浜松市浜北区於呂〔浜北市〕	古墳	不明	古墳	10.1	—	—	—	—
19	倭	五獣鏡	神明社付近古墳	浜松市浜北区内野〔浜北市〕	古墳	不明	古墳	8.0	—	—	分離式神獣鏡系	前(新)
20	倭	八神像鏡	赤門上古墳〔前方部外付近〕	浜松市浜北区内野〔浜北市〕	古墳	不明	古墳	10.4	—	—	神像鏡Ⅰ系?	前(新)
21	?	〔内行花文鏡?〕	二俣町	浜松市天竜区二俣町〔天竜市〕	不明	不明	不明	—	—	—	—	—
22	?	不明	百々原古墳群	浜松市天竜区渡ヶ島〔天竜市〕	不明	不明	不明	—	—	—	—	—
23	倭	〔珠文鏡〕	百古里	浜松市天竜区横川字百古里〔天竜市〕	古墳	円墳	古墳?	約7	—	—	—	—
23-1	?	不明					不明	—	—	—	—	
23-2	倭	四神四獣鏡	川合所在古墳	浜松市天竜区川合〔磐田郡佐久間町〕	古墳	不明	古墳	17.0	—	四神四獣鏡(樋口79)／四神四獣鏡系(小林82・10)	〔中期型神獣鏡〕	中期
24	倭	珠文鏡	大道西C5号墳(大藤12区古墳)	磐田市藤上原字大道西	古墳	円墳(20)	古墳	6.7	—	Ⅰ類(中山他94)／AC-D類(脇山13)	〔珠文鏡〕	
25	舶	三角縁日・月・獣文帯三神三獣鏡	寺谷銚子塚古墳	磐田市寺谷字丁子塚	古墳	前方後円墳(109)・礫槨or粘土槨	古墳前期	17.0	「日月」	目録番号110・同笵鏡番号63・配置L1・表現⑤	—	—

静岡

発見年	所蔵（保管）者	共伴遺物 石製品・玉類	共伴遺物 武具・武器・馬具	共伴遺物 ほか金属器	共伴遺物 土器類	共伴遺物 その他	文献	備考
昭和以降	浜松市博物館	管玉10	剣・銅鏃3・鉄鏃9	—	—	—	鈴木敏則2001「写真（鏡）」静岡県教育委員会編『静岡県の前方後円墳―資料編―』静岡県文化財調査報告書第55集,静岡県教育委員会	926g／静岡県（遠江国）4-1
								静岡県（遠江国）4-2
昭和以降		勾玉	銅鏃2	—	—	—		205g／静岡県（遠江国）5-1
								静岡県（遠江国）5-2
不明	静岡県教育委員会	—	—	—	—	—	水野敏典編2010『考古資料における三次元デジタルアーカイブの活用と展開』平成18年度～平成21年度科学研究費補助金基盤研究（A）研究成果報告書,奈良県立橿原考古学研究所	現存長3.5cm
不明	個人〈仿製6〉	—	—	—	—	—	磐田市教育委員会文化財課編2005『古代鏡の美―渡辺晁啓コレクション―』平成17年度磐田市埋蔵文化財センター収蔵品展	〈46g〉
不明	所在不明	—	—	—	—	—	鈴木敏則2001「写真（鏡）」静岡県教育委員会編『静岡県の前方後円墳―資料編―』静岡県文化財調査報告書第55集,静岡県教育委員会	—
不明	所在不明	勾玉	—	—	須恵器	—	岡崎敬編1978『日本における古鏡 発見地名表 東海地方』東アジアより見た日本古代墓制研究	—
1978	浜松市博物館	碧玉管玉2	刀1	鹿角装刀子片1	—	—	渡辺康弘・鈴木敏則編1986『静岡県埋蔵文化財発掘調査報告書 小笠町朝日神社古墳 浜松市三方原学園内4号墳』静岡県文化財調査報告書第36集,静岡県教育委員会	205g／墳丘付近に露出していたものを採集
不明	所在不明（浜松市博物館・個人旧蔵）	—	—	—	—	—	鈴木敏則編1988『根本山古墳群Ⅱ』財団法人浜松市文化協会	静岡県（遠江国）7
1907	東京国立博物館〈J5027〉	勾玉8・棗玉1・切子玉1・小玉14	刀装具	金環・銀環	高杯1・甌1・提瓶1	—	高橋勇他1930「静岡県の遺蹟」『静岡県史』第1巻,静岡県	〈81g〉／漢式鏡350／静岡県（遠江国）6
不明	浜松市立曳馬中学校	丸玉・小玉	—	—	—	—	鈴木敏則2001「写真（鏡）」静岡県教育委員会編『静岡県の前方後円墳―資料編―』静岡県文化財調査報告書第55集,静岡県教育委員会	静岡県（遠江国）8
1954	静岡県立浜名高等学校	ガラス丸玉2	—	—	—	—	高藤昇・下津谷達男1957「静岡県北浜町内野二本谷積石塚古墳とその背景（予報）」『上代文化』第27輯,國學院大學考古学会	静岡県（遠江国）9
1967(1958?)	静岡県立浜名高等学校	勾玉・管玉・ガラス小玉	剣	—	—	—	鈴木敏則2001「写真（鏡）」静岡県教育委員会編『静岡県の前方後円墳―資料編―』静岡県文化財調査報告書第55集,静岡県教育委員会	静岡県（遠江国）11-1
		管玉・ガラス小玉	斧	—	—	—		静岡県（遠江国）11-2
1961	浜松市教育委員会	管玉6	刀1・剣1・銅鏃30・鉄鏃11	斧3・鉇2・刀子1・不明鉄器2	—	—	静岡県立浜名高等学校・静岡県立浜北市教育委員会編1966『遠江赤門上古墳』浜北市史資料1,静岡県立浜名高等学校・静岡県立浜北市教育委員会編	1218g／静岡県（遠江国）10
明治？	所在不明	勾玉5（碧玉・水晶・瑪瑙）・管玉2・ガラス小玉1	—	—	—	—	八木奘三郎1901「遠江国発見の古鏡と玉類」『東京人類学会雑誌』第178号,東京人類学会	漢式鏡339／静岡県（遠江国）18／歴博集成では城山古墳（長野43）と混同／静岡16の可能性
不明	浜松市博物館（浜松市立郷土博物館）	—	—	—	—	—	鈴木敏則2001「写真（鏡）」静岡県教育委員会編『静岡県の前方後円墳―資料編―』静岡県文化財調査報告書第55集,静岡県教育委員会	静岡県（遠江国）12
1980頃	浜松市教育委員会	ガラス小玉	—	—	—	—	鈴木敏則2001「写真（鏡）」静岡県教育委員会編『静岡県の前方後円墳―資料編―』静岡県文化財調査報告書第55集,静岡県教育委員会	—
不明	個人旧蔵	—	—	—	—	—	後藤守一1926『漢式鏡』日本考古学大系,雄山閣	漢式鏡338／静岡県（遠江国）13
不明	所在不明	—	—	—	—	—	岡崎敬編1978『日本における古鏡 発見地名表 東海地方』東アジアより見た日本古代墓制研究	—
不明	所在不明（個人旧蔵）	—	—	—	—	—	西郷藤八1931「遠江考古資料四件」『考古学雑誌』第18巻第2号,考古学会	静岡県（遠江国）14
不明	所在不明	—	—	—	—	—		—
不明	個人旧蔵	—	—	—	—	—	後藤守一1942『古鏡聚英』上篇 秦鏡と漢六朝鏡,大塚巧芸社	静岡69か
不明	個人	—	—	—	—	—	磐田市史編さん委員会編1992『磐田市史』資料編1考古・古代・中世,磐田市	静岡県（遠江国）19
1879	東京国立博物館〈J178〉	切子玉	巴形銅器1・銅鏃2	—	—	—	高橋勇他1930「静岡県の遺蹟」『静岡県史』第1巻,静岡県	672g／漢式鏡335／静岡県（遠江国）21

番号	舶倭	鏡式	出土遺跡	出土地名	遺跡内容	時期	面径(cm)	銘文	諸氏分類	編者分類・時期
26	舶	蝙蝠座鈕八弧内行花文鏡	銚子塚10号墳（寺谷銚子塚古墳付近）	磐田市寺谷	古墳 不明	古墳中期〜	11.6	「位至公侯」	―	―
27	舶	三角縁吾作四神四獣鏡	新豊院山D2号墳〔後円部主体部〕	磐田市向笠竹之内字新豊院山	前方後円墳（28）・竪穴式石槨？（石囲木槨？）	古墳前期	21.5	「吾作竟自有紀　辟去不羊宜古市　上有東王父西王母　令人長命多孫子」	目録番号50・配置A・表現⑰	―
28	倭	素文鏡					4.1	―	AⅡ類（今平90）	〔素文鏡〕
29	舶	三角縁日月日日・唐草文帯四神四獣鏡	経塚古墳（蓮城寺8号墳）	磐田市新貝字小犬間添	古墳　前方後円墳（約90）・粘土槨？	古墳前期	22.0	「日月日日」	目録番号76・同笵鏡番号41・配置F2・表現①	―
30	舶	三角縁吾作二神二獣鏡					21.3	「吾作明鏡甚獨奇　保子宜孫富無彊」／「王父」「王母」（榜題）	目録番号101・配置J2・表現他	―
31	舶	長宜子孫八弧内行花鏡					22.7	「長宜子孫」	Aaア式（樋口79）	―
32	倭	八弧内行花文鏡	松林山古墳	磐田市鎌田	前方後円墳（107）・竪穴式石槨	古墳前期	28.7	―	（八弧）（樋口79）／八花文鏡（小林82・10）／内行花文鏡A系（森下91）／A類Ⅰa式（清水94）／Ⅰ類基本系（林00）／Ⅰ式（辻田07）	内行花文鏡A式 AⅠ類	前（古）
33	倭	四獣鏡					12.1	―	四獣形鏡（樋口79）／獣形文鏡類四獣形C-1型（小林82・10）／C類獣頭（冨田89）／獣形文鏡ⅡE類（赤塚98b）／斜縁四獣鏡A系（森下02）	獣像鏡Ⅰ系	前（古）
61	倭	四獣鏡	松林山古墳〔前方部〕（伝）	磐田市鎌田（伝）	古墳　前方後円墳（107）	古墳前期	8.4	―	獣形文鏡Ⅱ類（赤塚98b）	鳥頭獣像鏡B系	前（中）
34	倭	五獣鏡	安久路3号墳〔南槨〕	磐田市西貝塚字横須賀道北	古墳　造出付円墳（27）・木棺直葬	古墳中期	11.8	―	―	分離式神獣鏡？	前（新？）
35	舶	田氏作神人龍虎画象鏡	薬師堂山古墳	磐田市東貝塚字西原	前方後円墳（113）・木棺直葬？	古墳中期	14.8	「田氏作竟真大工　上有仙人不知老　渇飲玉泉飢食棗　千秋萬歳」	Ⅲ円圏式（樋口79）	―
36	舶	八弧内行花文鏡					15.8	「位至三公」	Aaイ式？（樋口79）	―
37・48	舶	上方作系浮彫式四獣鏡？					11.2	「五月日子□王□」		
38	倭	三神三獣鏡	兜塚古墳	磐田市見付	古墳　円墳（80）・不明	古墳中期	20.1	―	三神三獣鏡（樋口79）／三神三獣鏡系（小林82・10）／対置式系倭鏡Ⅲ類（林02）／対置式神獣鏡A系（森下02）	対置式神獣鏡A系	前（中）
39	舶	三角縁張氏作三神五獣鏡	連福寺古墳	磐田市二之宮大道東	前方後円墳（約60）・不明	古墳前期	22.5	「張氏作鏡真巧　仙人王喬赤松子　師子辟邪世少有　渇飲玉泉飢食棗　生如金石天相保兮」	目録番号21・同笵鏡番号10・配置B・表現①	―
40	舶	吾作斜縁二神二獣鏡	庚申塚古墳	磐田市中泉字東町	前方後円墳（約90）・粘土槨（括れ部）	古墳前期	15.9	「吾作明竟　幽湅三商　統徳序道　配象萬京　曾年益壽　子孫番昌兮」	図像表現③（村松04）／紋様表現③（實盛09）	―
40-1	?	〔内行花文鏡〕	庚申塚古墳（伝）	磐田市中泉字東町（伝）	古墳　前方後円墳（約90）	古墳前期	不明	―	―	―
41	倭	盤龍鏡	新貝17号墳	磐田市新貝	円墳（30）・割竹形木棺直葬	古墳前期〜	15.9	―	盤龍鏡A系（森下02）	盤龍鏡Ⅱ系	前（中）
42	倭	同向式神獣鏡					16.4	―	同向式神獣鏡A系（森下02）	同向式神獣鏡系	前（中）
43	倭	不明	二ツ山古墳	磐田市三ヶ野	前方後円墳（64）・礫槨？	古墳後期	8.5	―	―	―
44	倭	四獣鏡？	御厨堂山古墳（堂山御料地古墳）	磐田市鎌田（伝）	古墳（35）	古墳中期	7.4	―	―	捩文鏡A系？	前（中）
45	倭	七弧内行花文鏡	松林山1号墳（相月氏邸内古墳）	磐田市新貝	造出付円墳（28）・木棺直葬？	古墳中期	9.2	―	七花文鏡（小林82・10）／B類2・3式（清水94）	内行花文鏡B式	前（中）
46	舶	細線式鳥文鏡					11.2	―	乳文鏡類（小林82・10）／鳥紋鏡（C式）（馬渕15b）	―
47	舶	方格T字鏡	神明社境内古墳（神明中学校運動場）	磐田市鎌田	古墳　円墳	古墳中期	10.4	―	V類（樋口79）／方格規矩文鏡類G型（小林82・10）／小型鏡A3型（北條92）／SAb2式（松浦94）／丁群（森下98）	―

静岡

発見年	所蔵（保管）者	共伴遺物					文献	備考
		石製品・玉類	武具・武器・馬具	ほか金属器	土器類	その他		
不明	個人	―	―	―	―	―	鈴木敏則 2001「写真（鏡）」静岡県教育委員会編『静岡県の前方後円墳―資料編―』静岡県文化財調査報告書第 55 集，静岡県教育委員会	静岡県（遠江国）22
1980	磐田市埋蔵文化財センター	―	刀 1・短刀 1・剣 5・銅鏃 28・鉄鏃 20 ～	不明工具（刀子？）1	―	―	佐口節司編 2006『新豊院山古墳群 D 地点の発掘調査』新豊院山遺跡発掘調査報告書Ⅲ，静岡県磐田市教育委員会	896g
								―
1885 ～86	蓮城寺	―	刀	―	―	―	竹内直文編 1999『新貝・鎌田古墳群発掘調査報告書―磐田原台地東南部における首長墓の調査―』静岡県磐田市教育委員会	1053g／静岡県（遠江国）34
1931	東京国立博物館〈J21243〉	石釧 2・琴柱形石製品 1・硬玉勾玉 2・碧玉管玉 79	革綴短甲 1・巴形銅器 3・刀 3 ～・剣 12・矛 12・銅鏃 80・鉄鏃・靫	斧 15・鎌 7・鉇・鑿・刀子	―	水字貝釧 2・砥石 2	後藤守一・内藤政光・高橋勇 1939『静岡県磐田郡松林山古墳発掘調査報告』静岡県磐田郡御厨村郷土教育研究会	1012g／静岡県（遠江国）32-1
	東京国立博物館〈J21245〉							静岡県（遠江国）32-2
	東京国立博物館〈J21244〉							静岡県（遠江国）32-3
	東京国立博物館〈J21246〉							静岡県（遠江国）32-4
1945 頃（1942?）	蓮城寺	―	―	―	―	―	鈴木敏則 2001「写真（鏡）」静岡県教育委員会編『静岡県の前方後円墳―資料編―』静岡県文化財調査報告書第 55 集，静岡県教育委員会	静岡県（遠江国）33
1983	磐田市埋蔵文化財センター・磐田市教育委員会	勾玉 1・ガラス玉 109	剣 2	刀子 1	―	竪櫛 9	車崎正彦編 2002『考古資料大観』第 5 巻 弥生・古墳時代 鏡，小学館	168g
1892	東京国立博物館（J6178）	硬玉勾玉 1・管玉多数・小玉多数	刀 1・金銅帯金具片	銅釧	―	―	鈴木敏則 2001「写真（鏡）」静岡県教育委員会編『静岡県の前方後円墳―資料編―』静岡県文化財調査報告書第 55 集，静岡県教育委員会	漢式鏡 334／静岡県（遠江国）27-1
	東京国立博物館（J19974）							静岡県（遠江国）27-2
	東京国立博物館（J19975）							静岡県（遠江国）27-3（30-1）
1944	磐田市埋蔵文化財センター	碧玉勾玉 2・管玉 30・碧玉棗玉 2・ガラス小玉 16	刀 2	―	―	―	平野和男 1960「磐田市一本松かぶと塚古墳出土遺物について」『古代学研究』第 26 号，古代学研究会	849g／静岡県（遠江国）24
1965	磐田市埋蔵文化財センター	―	―	―	―	―	平野和男 1968「遠江新発見の三角縁神獣鏡」『遠江考古学研究』第 2 号，遠江考古学研究所	静岡県（遠江国）26
明治	個人	車輪石 1・石釧 1	―	―	―	―	大村至広・竹内直文・森下章司編 2011『庚申塚古墳発掘調査報告書』静岡県磐田市教育委員会	578g／漢式鏡 340／静岡県（遠江国）25
不明	所在不明	―	―	―	―	―	徳田誠志 1993「第二のアズマの前期古墳」関西大学文学部考古学研究室編『関西大学考古学研究室開設四十周年記念考古論叢』関西大学	―
1970	磐田市埋蔵文化財センター	硬玉勾玉 2・管玉 30	刀 4・剣 4	斧 5・鎌 1・刀子 2	―	竪櫛 22	竹内直文編 1999『新貝・鎌田古墳群発掘調査報告書―磐田原台地東南部における首長墓の調査―』静岡県磐田市教育委員会	449g／静岡県（遠江国）35-1？
								464g／静岡県（遠江国）35-2？
1884 頃	個人	管玉	鈴杏葉・環鈴・馬鐸	金銅金具残片	―	―	鈴木敏則 2001「写真（鏡）」静岡県教育委員会編『静岡県の前方後円墳―資料編―』静岡県文化財調査報告書第 55 集，静岡県教育委員会	静岡県（遠江国）36／縁部と鈕のみ
1887 頃	東京国立博物館（J2288）	―	刀残欠・馬具残欠	金環・銀環	須恵器（脚付長頸坩・盤・甑・提瓶等）	―	鈴木敏則 2001「写真（鏡）」静岡県教育委員会編『静岡県の前方後円墳―資料編―』静岡県文化財調査報告書第 55 集，静岡県教育委員会	静岡県（遠江国）29
大正初年頃	個人	瑪瑙勾玉 1・緑色凝灰岩勾玉 2・緑色凝灰岩管玉 12	刀片	（鉄地金銅張耳環 2・銅環 2）	（須恵器（盤））	―	安藤寛編 2015『松林山 1 号墳―発掘調査報告書―』磐田市新貝土地区画整理組合・磐田市教育委員会	〈76g〉／静岡県（遠江国）31-2／近辺は『俚俗古墳の数が四十八基』
								172g／静岡県（遠江国）31-1
1947 頃	磐田市立神明中学校	―	―	金環	―	―	鈴木敏則 2001「写真（鏡）」静岡県教育委員会編『静岡県の前方後円墳―資料編―』静岡県文化財調査報告書第 55 集，静岡県教育委員会	静岡県（遠江国）28

番号	舶倭	鏡式	出土遺跡	出土地名	遺跡内容	時期	面径(cm)	銘文	諸氏分類	編者分類・時期	
49	?	〔変形獣文鏡〕	鎌田所在古墳(伝)	磐田市鎌田(伝)	古墳	不明	古墳	10.0	—	—	—	—
50	?	〔変形四獣鏡〕					10.5	擬銘	—	—	—
51	?	〔変形四獣鏡〕					8.5	—	—	—	—
52	?	〔八乳鏡〕					7.7	—	—	—	—
53	倭	〔重圏文鏡〕					7.3	—	—	—	—
54	倭	珠文鏡	明ヶ島古墳群(明ヶ島1号墳)(伝)	磐田市明ヶ島(伝)	円墳	古墳後期	7.7	—	D-B類(脇山13)	〔珠文鏡〕	前期
193	倭	六弧内行花文鏡	明ヶ島5号墳〔第1主体部〕	磐田市明ヶ島	古墳	方墳(18)・割竹形木棺直葬	古墳中期～	8.1	—	—	内行花文鏡B式	前期
55	倭	方格規矩(鳥文)鏡	甑塚古墳	磐田市岩井	古墳	円墳(26)・横穴式石室(箱形石棺)	古墳後期	14.8	—	TO式(田中83)／博局鳥文鏡Bb1K類(髙木91・93)／Ⅱ類鳥文系(林00)	方格規矩四神鏡C系	前(中)
56	倭	素文鏡	磐田67号墳〔第1埋葬遺構〕	磐田市寺谷	古墳	円墳(18)・木棺直葬	古墳中期	4.7	—	—	〔素文鏡?〕	—
57	倭	五獣鏡	圦下古墳付近(寺谷坂上古墳群)	磐田市寺谷	古墳	表面採集	古墳後期	12.0	—	—	分離式神獣鏡系	前(新)
58	倭	七弧内行花文鏡	大藤所在古墳	磐田市大藤	古墳	不明	古墳	7.2	—	—	内行花文鏡B式	前(中～)
59	倭	四獣鏡	匂坂新A5号墳	磐田市匂坂新字坂上	古墳	円墳・木棺直葬	古墳中期	11.3	—	斜縁四獣鏡B系(森下91)	〔中期型獣像鏡〕	中期
60	?	不明	小松原(京見塚南方)	磐田市高町小松原	古墳	円墳	古墳	不明	—	—	—	—
62	舶	青蓋作細線式獣帯鏡?	広野古墳(広野所在古墳)	磐田市加茂字東原〔磐田郡豊田町〕	古墳	円墳	古墳	14.1	「青盖作竟四夷服 多賀國家人民息 胡虜□□□□ □□□ □□□□ □□□□ □□□」	乳文鏡類(小林82・10)	—	—
63	舶	方格T字鏡					9.1	—	Ⅴ類(樋口79)／方格規矩文鏡類G型(小林82・10)／博局T字鳥文Ⅴ類(樋口79)／博局T字鳥文鏡Ca4S類(髙木91)／小型鏡A4型(北條92)／SAa1式(松浦94)／丁群(森下98)		
64	?	不明	新平山古墳群(A群)4号墳	磐田市下野部字新平山〔磐田郡豊岡村〕	古墳	不明	古墳後期	破片	—	—	—	—
65	舶	環状乳神獣鏡	神田1号墳(神田古墳)	磐田市上野部〔磐田郡豊岡村〕	古墳	円墳・横穴式石室	古墳後期～	11.6	—	—	—	—
66	倭	六鈴四獣鏡	上神増所在古墳	磐田市上神増〔磐田郡豊岡村〕	古墳	不明	古墳後期	13.5	—	獣形鏡系六鈴式(樋口79)／鈴鏡類(六鈴鏡)(小林82・10)／獣形(西岡86)／獣形文系B類(岡田05)	〔S字獣像鏡〕	後期
66-1	倭	〔珠文鏡〕	磐田古墳	磐田市?	古墳	不明	古墳	7.7	—	—	—	—
67	倭	六鈴鏡	団子塚古墳群(B群)4号墳	袋井市諸井字北山〔磐田郡浅羽町〕	古墳	不明	古墳後期	欠損	—	—	—	後期?
68	倭	三獣鏡					8.6	—	—	—	後期
69	?	不明	川会坊主山古墳	袋井市川井字谷ノ山	古墳	前方後円墳(30)・粘土槨or礫槨	古墳中期	不明	—	—	—	—
70	倭	不明					破片	—	—	—	—
71	倭	七弧内行花文鏡	久能東山6号墳〔前方部主体部3南東隅〕	袋井市久能字東山	古墳	前方後円墳(29)・木棺直葬	古墳中期	8.8	—	—	内行花文鏡B式	前(中)

発見年	所蔵（保管）者	共伴遺物					文献	備考
		石製品・玉類	武具・武器・馬具	ほか金属器	土器類	その他		
不明	所在不明（東京国立博物館?）	―	―	―	―	―	岡崎敬編 1978『日本における古鏡 発見地名表 東海地方』東アジアより見た日本古代墓制研究	静岡県（遠江国）30-2 / 静岡県（遠江国）30-3 / 静岡県（遠江国）30-4 / 静岡県（遠江国）30-5 / 静岡県（遠江国）30-6
昭和以降	東京国立博物館（J37368-3）						磐田市史編さん委員会編 1992『磐田市史』資料編1考古・古代・中世,磐田市	放射状区画（四区画）
1997	磐田市埋蔵文化財センター	―	剣1	刀子1	―		竹内直文編 2003『東部土地区画整理事業地内埋蔵文化財発掘調査報告書』写真図版,磐田市教育委員会	後次埋葬
1959	磐田市埋蔵文化財センター・磐田市教育委員会	管玉・切子玉・丸玉・ガラス玉	挂甲小札1・刀・銅製鈴付三輪玉4・矛・石突3・鉄鏃・鏡板・鞍橋1・杏葉・辻金具・兵庫鎖・金具数点	耳環	須恵器（脚付長頸壺2・脚付短頸壺1・短頸壺・壺蓋3・小形丸底壺2・高杯11・杯身45・杯蓋43・甕3・提瓶2等）		鈴木敏則 2001「写真（鏡）」静岡県教育委員会編『静岡県の前方後円墳―資料編―』静岡県文化財調査報告書第55集,静岡県教育委員会	309g／静岡県（遠江国）37
1976	磐田市埋蔵文化財センター	管玉4・滑石臼玉81・ガラス小玉333	刀片4・矛1	金銅鈴1・斧3・刀子2	―		平野和男編 1977『磐田67号墳調査報告書』磐田市立郷土館報告第Ⅲ輯,磐田市教育委員会	―
不明	磐田市埋蔵文化財センター						鈴木敏則 2001「写真（鏡）」静岡県教育委員会編『静岡県の前方後円墳―資料編―』静岡県文化財調査報告書第55集,静岡県教育委員会	197g
不明	個人						鈴木敏則 2001「写真（鏡）」静岡県教育委員会編『静岡県の前方後円墳―資料編―』静岡県文化財調査報告書第55集,静岡県教育委員会	静岡県（遠江国）20／鈕破損し再穿孔
1965	浜松市博物館（個人旧蔵）	勾玉2・ガラス玉26	刀1・剣2・鉄鏃40〜	鋤先1・斧1・鎌2・刀子5		布残片	鈴木敏則 2001「写真（鏡）」静岡県教育委員会編『静岡県の前方後円墳―資料編―』静岡県文化財調査報告書第55集,静岡県教育委員会	207g／静岡県（遠江国）23
1879頃	所在不明	―	―	金環	―		鷲山恭平 1925「梅原村古墳」静岡県編『静岡県史蹟名勝天然紀念物調査報告』第一集,静岡県	―
不明	磐田市埋蔵文化財センター（個人旧蔵）	―	刀2	―	土師器（杯）		高橋勇他 1930「静岡県の遺蹟」『静岡県史』第1巻,静岡県	静岡県（遠江国）17-2
							鈴木敏則 2001「写真（鏡）」静岡県教育委員会編『静岡県の前方後円墳―資料編―』静岡県文化財調査報告書第55集,静岡県教育委員会	〈89g〉／静岡県（遠江国）17-1
1988	磐田市教育委員会	―					静岡県磐田郡豊岡村教育委員会編 1992『新平山遺跡』静岡県磐田郡豊岡村教育委員会	―
1971	浜松市博物館	勾玉・丸玉	―		須恵器		鈴木敏則 2001「写真（鏡）」静岡県教育委員会編『静岡県の前方後円墳―資料編―』静岡県文化財調査報告書第55集,静岡県教育委員会	183g／静岡県（遠江国）16／南北朝（北周）鏡
1908	個人	―					高橋勇他 1930「静岡県の遺蹟」『静岡県史』第1巻,静岡県	静岡県（遠江国）15
不明	所在不明	―					水野敏典編 2010『考古資料における三次元デジタルアーカイブの活用と展開』平成18年度〜平成21年度科学研究費補助金基盤研究（A）研究成果報告書,奈良県立橿原考古学研究所	―
明治	東京大学総合研究博物館	―					高橋勇他 1930「静岡県の遺蹟」『静岡県史』第1巻,静岡県	静岡県（遠江国）41
昭和以降	個人	管玉10・丸玉3	刀1	―			鈴木敏則 2001「写真（鏡）」静岡県教育委員会編『静岡県の前方後円墳―資料編―』静岡県文化財調査報告書第55集,静岡県教育委員会	静岡県（遠江国）39-1
	所在不明						袋井市史編纂委員会編 1983『袋井市史』通史編,袋井市	静岡県（遠江国）39-2／「大型の鏡であったと伝えられる」
							松井一明編 1993『袋井の前方後円墳―袋井の首長墓を考える―』袋井市考古資料集第1集,袋井市教育委員会	「僅かに残る文様から、小型の珠文鏡であると考えられる」
1970	日本ロシュ株式会社袋井工場旧蔵						松井一明編 2004『地蔵ヶ谷古墳群・横穴群Ⅰ・Ⅱ』袋井市古墳資料集第4集,袋井市教育委員会	静岡県（遠江国）44?／「棺外副葬品でしかも現位置ではなく移動したものと考えられる」

番号	舶倭	鏡 式	出土遺跡	出土地名	遺跡内容	時 期	面径(cm)	銘 文	諸氏分類	編者分類・時期	
72	倭	五獣鏡	大門大塚古墳	袋井市高尾字大門776-1	円墳(25)・横穴式石室	古墳後期	13.4	—	獣形文鏡類四獣鏡C-1型(小林82・10)	〔旋回式獣像鏡〕	後期
73	倭	神獣鏡					13.3	—	—	〔後期型神獣鏡？〕	後期
74	倭	四獣鏡	渋垂神社上古墳群(天神山古墳)	袋井市高尾字東谷	古墳	円墳	12.7	—	獣形文鏡類四獣鏡C-1型(小林82・10)	〔中期型獣像鏡〕	中期
75	倭	六乳文鏡	愛野向山(B群)12号墳(愛野向山古墳)〔第2主体部〕	袋井市愛野字向山	古墳	円墳(12)・礫槨(組合式木棺)	古墳中期	7.8	擬銘	乳脚紋鏡系(森下02)	〔乳脚文鏡〕	後期
76	倭	重圏文鏡	愛野向山(B群)12号墳(愛野向山古墳)〔第1主体部〕		古墳	円墳(12)・箱形木棺	古墳中期	5.9	—	4b類(脇山15)	〔重圏文鏡〕	前期？
77	倭	五鈴六乳文鏡	愛野向山(B群)27号墳(五軒平古墳)(伝)	袋井市愛野字向山(伝)	古墳	円墳	古墳後期	8.5	擬銘	獣帯文鏡類(大川97)／乳脚紋鏡b～d系(森下02)／乳脚文系C1類(岡田05)	〔乳脚文鏡〕	後期
78	舶	流雲文縁方格規矩四神鏡	友永所在古墳(伝)	袋井市友永(伝)	古墳	不明	古墳	16.0	「子丑寅卯辰巳午未申酉戌亥」	—	—	
79	倭	九乳文鏡	石ノ形古墳〔西主体部〕	袋井市国本字石ノ形332他	古墳	円墳(27)・組合式箱形木棺直葬	古墳後期	8.2	—	乳脚紋鏡b～d系(森下02)	〔乳脚文鏡〕	後期？
80	舶	三羊作神人龍虎画象鏡	石ノ形古墳〔東主体部〕			円墳(27)・組合式箱形木棺直葬	古墳後期	18.2	「三羊作竟大工　上有山人不知老　渇飲□□飢」	—	—	
81	倭	五獣鏡	逆井京塚古墳	周智郡森町睦実字逆井	古墳	円墳・横穴式石室	古墳	15.4	—	Cb型式(加藤14)	〔旋回式獣像鏡〕	後期
82	倭	七獣鏡	文珠堂山上古墳	周智郡森町円田	古墳	円墳	古墳後期	11.3	—	獣形文鏡類六獣鏡(小林82・10)	—	前期？
83	倭	七乳文鏡	文珠堂山北山林中古墳	周智郡森町円田	古墳	円墳	古墳後期	9.6	—	獣帯鏡類D型(小林82・10)／乳脚文鏡c系(森下91)	〔乳脚文鏡〕	後期
84	？	不明	谷中二本松古墳	周智郡森町谷中	古墳	円墳	古墳	不明	—	—	—	
85	？	不明	天神山3号墳	周智郡森町中川	古墳	円墳	古墳	不明	—	—	—	
86	？	不明	宮代稲荷社址古墳	周智郡森町一宮	古墳	円墳	古墳	不明	—	—	—	
87	倭	三神三獣鏡	石佛ノ坪古墳	周智郡森町一宮字赤根	古墳	円墳(15)・横穴式石室	古墳後期	15.8	擬銘	三神三獣鏡(樋口79)／三神三獣鏡系(小林82・10)	二神二獣鏡ⅠA系	前(中)
87-1	倭	三神三獣鏡	一宮村古墳	周智郡森町一宮	古墳	不明	不明	15.9	擬銘	三神三獣鏡(樋口79)／三神三獣鏡系(小林10)	二神二獣鏡ⅠA系	前(中)
88	舶	画文帯同向式神獣鏡	岡津奥ノ原古墳(御料地内古墳)	掛川市岡津字奥ノ原御料地	古墳	円墳	古墳	20.9	「吾作明竟　幽湅三商　配像萬疆　統徳序道　敬奉賢良　彫克無祀　百牙擧樂　衆華主陽　聖徳光明　富貴安樂　子孫番昌　學者高遷　士至公卿　其師命長」	B式(樋口79)	—	
89	？	〔変形獣文鏡〕	西岡津古墳	掛川市岡津字堀江	古墳	円墳	古墳	7.2	—	—	—	
90	？	不明	向山2号墳	掛川市岡津字向山	古墳	円墳	古墳	不明	—	—	—	
90-1	倭	四獣鏡	岡津(表採)	掛川市岡津460-49	古墳(推定)	不明	不明	12.0	—	—	〔中期型獣像鏡〕	中期
91	倭	捩文鏡	山麓3号墳	掛川市中央高町	古墳	円墳・粘土槨	古墳	6.7	—	—	捩文鏡C系	前(中)
92	倭	四神四獣鏡	宇洞ヶ谷横穴墓	掛川市下俣字宇洞ヶ谷	横穴	造付or削出石棺	古墳後期	15.1	—	画文帯神獣鏡(系)D型(小林82・10)／交互式神獣鏡系(森下91・02)	〔後期型神獣鏡〕	後期
93	倭	〔乳文鏡〕	堀之内13号墳	掛川市下俣字宇洞ヶ谷921-5	古墳	円墳(約20)・木芯粘土槨	古墳後期	10.0	—	—	—	—

静岡

発見年	所蔵（保管）者	共伴遺物 石製品・玉類	共伴遺物 武具・武器・馬具	共伴遺物 ほか金属器	共伴遺物 土器類	共伴遺物 その他	文献	備考
1883	袋井市教育委員会	管玉・丸玉・蜻蛉玉・小玉・銀空玉	刀・剣・鐔・鉄鏃・f字形鏡板付轡・楕円形鏡板付轡・杏葉・辻金具・鉸具・鞍・鋅	金環・銀環・鈕・刀子	土師器（高杯・杯身・杯蓋）・須恵器（有蓋脚付短頸壺・器台・高杯・杯身・杯蓋・平瓶・横瓶・提瓶）	紡錘車・「青石ハモノ」	吉岡伸夫編1987『大門大塚古墳―昭和61年度基礎資料収集調査報告書―』静岡県袋井市教育委員会	〈104g〉／漢式鏡336?／静岡県（遠江国）40-1 〈96g〉／漢式鏡337?／静岡県（遠江国）40-2
不明	海蔵寺	管玉1	刀1	―	―	―	西郷藤八1927「遠江国堀越海蔵寺の古鏡」『考古学雑誌』第17巻第2号,考古学会	静岡県（遠江国）42
1985	袋井市教育委員会	―	刀2・鉄鏃・鉄製楕円形鏡板付轡・鉄製杏葉・木心鉄板張輪鐙・辻金具・三環鈴1	刀子	―	―	鈴木敏則2001「写真（鏡）」静岡県教育委員会編『静岡県の前方後円墳―資料編―』静岡県文化財調査報告書第55集,静岡県教育委員会	〈49g〉
1985	袋井市教育委員会	丸玉・ガラス小玉						―
1933	袋井市教育委員会（個人）	玉類	―	―	土師器・須恵器	―		93g／静岡県（遠江国）43／開墾中に発見
不明	個人旧蔵	―	―	―	―	―	梅原末治1962「日本出土の中国の古鏡（一）―特に漢中期より後半代の古鏡―」『考古学雑誌』第47巻第4号,日本考古学会	静岡県（遠江国）38
1993	袋井市教育委員会	滑石平玉1・ガラス小玉1	横矧板鋲留短甲1・刀4・剣1・蛇行剣1・矛1・鉄鏃84〜・金銅張f字形鏡板付轡1対・鉄製楕円形鏡板付轡1対・金銅張辻金具3・鉄製辻金具2・鉄製鉸具5	斧2・鈕3・刀子3・用途不明鉄製品	須恵器甕	―	白澤崇編1999『石ノ形古墳』静岡県袋井市教育委員会	36g
1993	袋井市教育委員会	緑泥片岩管玉18・ガラス丸玉75〜・ガラス小玉206〜・銀空玉3	刀1	青銅鈴釧1・刀子2	―	―		699g
不明	個人	玉類	馬鐸	鈴釧・釧・鹿角装刀子	―	―	鈴木敏則2001「写真（鏡）」静岡県教育委員会編『静岡県の前方後円墳―資料編―』静岡県文化財調査報告書第55集,静岡県教育委員会	143g／静岡県（遠江国）48
1911	個人	勾玉・管玉	刀残欠・杏葉・辻金具・雲珠	金環	須恵器（提瓶）	―	鈴木敏則2001「写真（鏡）」静岡県教育委員会編『静岡県の前方後円墳―資料編―』静岡県文化財調査報告書第55集,静岡県教育委員会	静岡県（遠江国）46-1
1872	個人	勾玉	刀	―	―	―		静岡県（遠江国）46-2
1911	所在不明	―	―	―	―	―	岡崎敬編1978『日本における古鏡 発見地名表 東海地方』東アジアより見た日本古代墓制研究	―
1950	所在不明	勾玉・管玉・切子玉・臼玉	刀3	釧・環	―	―	岡崎敬編1978『日本における古鏡 発見地名表 東海地方』東アジアより見た日本古代墓制研究	―
1928	所在不明（東京国立博物館?）	―	―	―	土器	―	高橋勇他1930「静岡県の遺蹟」『静岡県史』第1巻,静岡県	静岡県（遠江国）45
明治	個人	勾玉3・管玉6・ガラス小玉3	刀4・鐔1・鍍金馬具片4	金環2・銀環4・鈴2	須恵器（甕・脚付壺・平瓶他）	―	鈴木敏則2001「写真（鏡）」静岡県教育委員会編『静岡県の前方後円墳―資料編―』静岡県文化財調査報告書第55集,静岡県教育委員会	静岡県（遠江国）47
不明	個人	―	―	―	―	―	樋口隆康1979『古鏡』新潮社	―
1898	東京国立博物館〈J2605〉						高橋勇他1930「静岡県の遺蹟」『静岡県史』第1巻,静岡県	同型鏡群〔GD-3〕／漢式鏡328／静岡県（遠江国）53
1966	所在不明	ガラス小玉	矛	鹿角装刀子	―	―	大塚初重他1990「古墳時代の重要遺跡の解説」静岡県編『静岡県史』資料編2考古二,静岡県	静岡県（遠江国）55
不明	所在不明	―	―	―	―	―	岡崎敬編1978『日本における古鏡 発見地名表 東海地方』東アジアより見た日本古代墓制研究	―
2014	掛川市						小泉祐紀2015「掛川市岡津採集の倭鏡について」『静岡県考古学研究』No.46,静岡県考古学会	表採品
不明	所在不明						鈴木敏則2001「写真（鏡）」静岡県教育委員会編『静岡県の前方後円墳―資料編―』静岡県文化財調査報告書第55集,静岡県教育委員会	
1964	掛川市教育委員会	蜻蛉玉1・ガラス丸玉4・銀空玉4	刀4・矛1・鉄鏃229〜・轡2・鞍金具2・杏葉3・鐙2・辻金具4・金銅鈴6	金環1・刀子5	土器3・須恵器46	―	静岡県教育委員会1971『掛川市宇洞ヶ谷横穴墳発掘調査報告』静岡県文化財調査報告書第10集,静岡県文化財保存協会	437g／静岡県（遠江国）54
1992	掛川市教育委員会	ガラス勾玉2・琥珀棗玉14・ガラス小玉250・銀空玉約20	小刀1・鉄鏃40・後輪1・杏葉2・辻金具2・雲珠2	鎌1	土師器1・須恵器10	―	掛川市教育委員会1991『掛川市考古の日』記念出土文化財展』掛川市教育委員会	―

97

番号	舶倭	鏡式	出土遺跡	出土地名	遺跡内容	時期	面径(cm)	銘文	諸氏分類	編者分類・時期	
94	倭	四獣鏡	瓢塚古墳	掛川市吉岡	古墳	前方後円墳(63)・粘土槨	古墳中期	8.0	—	獣形文鏡類四獣鏡C-1型(小林82・10)	鳥頭獣像鏡A系	前(古)
95	倭	捩文鏡					11.0	—	獣形文鏡類四獣鏡C-3型(小林82・10)	類捩文鏡	前(中?)
96	倭	獣像鏡	西岡津金山社古墳(金山神社古墳)	掛川市各和	古墳	円墳・粘土床	古墳中期	16.5	擬銘	—	〔旋回式獣像鏡〕	後期
97	?	不明	西岡津東木戸大塚古墳(各和大塚古墳)	掛川市各和字西岡津	古墳	円墳・横穴式石室?	古墳	約18	—	—	—	—
98	倭	獣像鏡	高田所在古墳	掛川市高田	古墳	不明	古墳	7.5	—	—	〔旋回式獣像鏡〕	後期
99	倭	珠文鏡	玉体3号横穴	掛川市〔小笠郡大東町〕	横穴	不明	古墳	10.0	—	—	〔珠文鏡〕	—
100	倭	〔六鈴鏡〕	小笠郡某墳	掛川市?〔小笠郡〕	古墳	不明	古墳	不明	—	—	—	—
101	倭	〔鈴鏡〕					不明	—	—	—	—	
102	?	不明	山王山古墳	掛川市大坂字山王〔小笠郡大東町〕	古墳	不明	不明	不明	—	—	—	—
103	倭?	獣帯鏡	沖ノ前山1号墳(沖ノ前山古墳)(伝)	掛川市大坂字中川原(伝)〔小笠郡大東町〕	古墳	円墳	古墳	10.9	—	獣帯鏡類A型(小林82・10)	—	—
194	倭	五獣鏡	五塚山古墳〔第1主体部〕	掛川市大坂7163-3〔小笠郡大東町〕	古墳	円墳(22)・礫槨(組合式木棺)	古墳中期	13.8	—	—	〔旋回式獣像鏡〕	後期
104	舶	三角縁吾作三神五獣鏡	上平川大塚古墳	菊川市上平川〔小笠郡小笠町〕	古墳	前方後円墳(20)・礫槨?	古墳前期	22.1	「□□□□□□ □天鹿其□□ □子□□□□ □□□□ □□□□」	目録番号23・同笵鏡番号11・配置B・表現①	—	—
105	舶	三角縁天王日月・獣文帯同向式神獣鏡					23.2	「天王日月」	目録番号9・同笵鏡番号6・配置同向・表現②	—	—	
106	倭	四獣鏡					12.4	—	四獣形鏡(樋口79)／獣形文鏡類四獣鏡C-1型(小林82・10)／獣形文鏡ⅡA類(赤塚98b)／鳥頭四獣鏡系(森下02)	鳥頭獣像鏡B系	前(中)	
106-1	倭	同向式二神二獣鏡	瑞泉寺1号墳〔第2埋葬施設〕	菊川市下平川字瑞泉ヶ谷2604-1他	古墳	円墳(14)・割竹形木棺直葬	古墳中期	10.7	—	—	同向式神獣鏡Ⅱ系(類二神二獣鏡ⅠA系)	前(古)
107	舶	方格T字鏡	高根森2号墳	島田市阪本字色尾	古墳	円墳(18)・横穴式石室(箱形石棺)	古墳後期	10.3	—	乳文鏡類(小林82・10)／博局T字鳥文鏡Ca4M(高木91)／博局T字鳥文鏡Ca4M・S類(高木93)	—	—
108	舶	方格T字鏡					15.1	—	V類(樋口79)／方格規矩文鏡類G型(小林82・10)／博局T字鳥文鏡Ca3K類(高木91・93)／中型鏡2(北浦92)／MB2式(松浦94)／丙群(森下98)	—	—	
109	倭	珠文鏡	白岩寺2号墳	島田市元島田	古墳	円墳・横穴式石室(石棺)	古墳	7.6	—	Ⅳ類(中山他94)	〔珠文鏡〕	後期
109-1	舶	方格規矩(鳥文)鏡	榛原郡初倉村(伝)	島田市阪本(伝)〔榛原郡初倉村〕	不明	不明	不明	12.9	「子丑寅卯辰巳午未申酉戌亥」	—	—	—
110	倭	捩文鏡	若王子1号墳〔2号棺〕	藤枝市若王子	古墳	円墳(18)・組合式木棺直葬	古墳中期	6.0	—	AⅡ型(小林83)／Ⅲ型(小沢88)／俵紋鏡系(森下02)	捩文鏡B系	前(中)
111	倭	珠文鏡	若王子31号墳	藤枝市若王子	古墳	方墳(10)・割竹形木棺直葬	古墳中期	7.9	—	Ⅱ類(中山他94)／D-B類(脇山13)	〔珠文鏡〕	前期
112	?	不明	釣瓶落14号墳〔2号棺〕	藤枝市若王子字釣瓶落	古墳	円墳(約10)・割竹形木棺直葬	古墳中期	破片	—	—	—	—
113	倭	五鈴獣像鏡	曲山2号墳(曲山古墳)	藤枝市南新屋字機子谷	古墳	円墳・横穴式石室	古墳後期	破片	擬銘	—	〔旋回式獣像鏡〕	後期
114	倭	不明	南新屋A1号墳	藤枝市南新屋	古墳	円墳(25)・粘土槨	古墳	7.0	—	—	—	—
115	倭	珠文鏡					7.1	—	—	〔珠文鏡〕	—	
116	倭	珠文鏡	岩田山21号墳	藤枝市内瀬戸字上青島谷川沢	古墳	円墳・木棺直葬	古墳中期	不明	—	—	〔珠文鏡〕	—

静岡

発見年	所蔵（保管）者	共伴遺物					文献	備考
		石製品・玉類	武具・武器・馬具	ほか金属器	土器類	その他		
明治	個人	勾玉・管玉	剣1・鉄鏃3	刀子	―	―	鈴木敏則2001「写真（鏡）」静岡県教育委員会編『静岡県の前方後円墳―資料編―』静岡県文化財調査報告書第55集，静岡県教育委員会	漢式鏡333／静岡県（遠江国）49-2
								漢式鏡333／静岡県（遠江国）49-1
不明	個人	勾玉&管玉13	刀	―	―	―	西郷藤八1931「遠江考古資料四件」『考古学雑誌』第18巻第2号，考古学会	静岡県（遠江国）51
明治	所在不明（個人旧蔵）	管玉数個・丸玉23	刀2	―	―	―	西郷藤八1931「遠江考古資料四件」『考古学雑誌』第18巻第2号，考古学会	漢式鏡332／静岡県（遠江国）52
明治	所在不明（個人旧蔵）	―	―	―	―	―	西郷藤八1931「遠江考古資料四件」『考古学雑誌』第18巻第2号，考古学会	静岡県（遠江国）50
不明	掛川市教育委員会	―	―	―	―	―	鈴木敏則2001「写真（鏡）」静岡県教育委員会編『静岡県の前方後円墳―資料編―』静岡県文化財調査報告書第55集，静岡県教育委員会	―
不明	所在不明	―	―	―	―	―	大塚初重1990「古墳時代の重要遺物 三 銅鏡」静岡県編『静岡県史』資料編3 考古三，静岡県	―
不明	所在不明	―	―	―	―	―	岡崎敬編1978『日本における古鏡 発見地名表 東海地方』東アジアより見た日本古代墓制研究	
不明	個人旧蔵	管玉・臼玉	刀	―	―	―	高橋勇他1930「静岡県の遺蹟」『静岡県史』第1巻，静岡県	静岡県（遠江国）57
1997	掛川市教育委員会	管玉11・ガラス丸玉25・ガラス小玉145	剣1・矛1	不明垂飾金具1・刀子1	須恵器（有蓋台付四連杯1・台付三連甕1）	―	鬼澤勝人・夏目不比等編2001『五塚山古墳 発掘調査報告書』大東町教育委員会	175g
1921	東京国立博物館〈J9670〉	勾玉3（硬玉・水晶）・碧玉管玉6・ガラス小玉7	剣	―	―	―	高橋勇他1930「静岡県の遺蹟」『静岡県史』第1巻，静岡県	〈1176g〉／漢式鏡331／静岡県（遠江国）56-2
	東京国立博物館〈J9527〉							1112g／漢式鏡329／静岡県（遠江国）56-1
	東京国立博物館〈J9528〉							漢式鏡330／静岡県（遠江国）56-3
2007	静岡県教育委員会	管玉2・ガラス丸玉4・白玉1・ガラス小玉129	―	刀子1	―	竪櫛1	蔵本俊明・溝口彰啓編2009『菊川市下平川の遺跡群』静岡県埋蔵文化財調査研究所調査報告書第204集，財団法人静岡県埋蔵文化財調査研究所	135g
1915	東京国立博物館〈J8096〉	勾玉2・管玉1・棗玉3・丸玉16・ガラス玉71・土玉19	刀・刀残欠・雲珠残欠2・鞍1・馬鐸3・鈴4・馬具残欠1	金環5・銀環2・銅環1・金具残片1	須恵器（脚付盌1・杯3・蓋杯1・平瓶2・蓋1・提瓶1）	―	鈴木敏則2001「写真（鏡）」静岡県教育委員会編『静岡県の前方後円墳―資料編―』静岡県文化財調査報告書第55集，静岡県教育委員会	漢式鏡326／静岡県（遠江国）60-2
	東京国立博物館〈J8095〉						松浦宥一郎1994「日本出土の方格T字鏡」『東京国立博物館紀要』第29号，東京国立博物館	漢式鏡327／静岡県（遠江国）60-1
不明	島田市教育委員会	―	―	―	―	―	鈴木敏則2001「写真（鏡）」静岡県教育委員会編『静岡県の前方後円墳―資料編―』静岡県文化財調査報告書第55集，静岡県教育委員会	
不明	坂本不言堂	―	―	―	―	―	樋口隆康・林巳奈夫監修2002『不言堂 坂本五郎 中国青銅器清賞』日本経済新聞社	―
1981	藤枝市郷土博物館	勾玉・管玉・ガラス玉	剣	斧・鎌・鉇	土師器（壺・小形丸底壺）	砥石	藤枝市史編さん委員会2007『藤枝市史』史料編1考古，藤枝市	―
1981		―	銅鏃	鉇	―	―	藤枝市史編さん委員会2007『藤枝市史』史料編1考古，藤枝市	
1981	藤枝市郷土博物館	管玉・ガラス玉	刀	刀子	―	―	藤枝市史編さん委員会2007『藤枝市史』史料編1考古，藤枝市	鈕のみ
1813	所在不明	玉類	刀	刀子1	―	―	藤枝市史編さん委員会2007『藤枝市史』史料編1考古，藤枝市	静岡県（駿河国）3／六鈴鏡の可能性
不明	焼失	切子玉	刀	―	須恵器	―	鈴木敏則2001「写真（鏡）」静岡県教育委員会編『静岡県の前方後円墳―資料編―』静岡県文化財調査報告書第55集，静岡県教育委員会	静岡県（駿河国）2-2
								静岡県（駿河国）2-1
1967	所在不明	勾玉3・滑石臼玉1049	剣3	鉄釧1・刀子1・針1	―	黒漆塗竹櫛11	藤枝市史編纂委員会1971『藤枝市史』上巻，藤枝市	静岡県（駿河国）1

番号	舶倭	鏡式	出土遺跡	出土地名	遺跡内容	時期	面径(cm)	銘文	諸氏分類	編者分類・時期	
117	倭	珠文鏡	女池ヶ谷25号墳	藤枝市下藪田字女池ヶ谷	円墳（7）・木棺直葬	古墳中期	7.8	—	Ⅱ類（中山他94）／AC-B類（脇山13）	〔珠文鏡〕	—
118	倭	捩文鏡	女池ヶ谷26号墳	藤枝市下藪田字女池ヶ谷	円墳（8）・割竹形木棺直葬	古墳中期	6.1	—	—	捩文鏡C系	前(中〜)
119	倭	重圏文鏡					5.0	—	珠文鏡（中山他94）	〔重圏文鏡？〕	—
120	倭	六弧内行花文鏡	五鬼免1号墳〔東棺〕	藤枝市時ヶ谷字五鬼面	円墳（20）・組合式木棺？直葬	古墳中期	10.6	—	—	内行花文鏡B式	前(中)
121	倭	二神二獣鏡	西宮1号墳	藤枝市志太字西之宮	木棺直葬	古墳中期	13.0	—	—	二神二獣鏡Ⅱ系	前(中)
122	倭	珠文鏡	岩田山31号墳	藤枝市内瀬戸	円墳（45）・木棺直葬	古墳中期	6.8	—	珠文鏡（中山他94）	〔珠文鏡〕	—
123	倭	五弧内行花文鏡	向原1号墳	藤枝市岡部町三輪字向原	円墳・木棺直葬	古墳中期	不明	—	—	内行花文鏡B式	前(中)
124	倭	重圏文鏡	小深田西1号墳〔第1主体部〕	焼津市小川字小深田	方形台状墓（11）・舟形木棺？直葬	古墳前期	6.5	—	D類（林原90）／Ⅰ型（藤岡91）／Ⅰ型（林原08）／4a類（脇山15）	〔重圏文鏡〕	前期？
125	倭	五弧内行花文鏡	小深田西2号墳	焼津市小川字小深田	方形台状墓・木棺直葬	古墳前期	7.8	—	—	内行花文鏡B式	前(中)
126	倭	五獣鏡	坂本所在古墳	焼津市坂本	不明	古墳	12.3	—	二神四獣鏡系（小林82・10）／旋回式獣像鏡系（森下02）	〔旋回式獣像鏡〕	後期
127	倭	六鈴五弧内行花文鏡	猪之谷神社古墳（奥屋敷1号墳・関方1号墳）	焼津市関方	円墳・横穴式石室	古墳後期	13.8	—	内行花文鏡系六鈴式（樋口79）／鈴鏡類（六鈴鏡）（小林82・10）／内行花文（西岡86）／E類（清水94）／内行花文鏡類（大川97）／Ⅰ類-B内行花文系（八木00）／内行花文系（岡田05）	内行花文鏡B式	後期？
128	倭	重圏文鏡	小深田遺跡第7地点D-23号住居跡	焼津市小川字小深田	集落	竪穴住居・覆土中	古墳前期	3.9	—	B類Ⅰ（林原90）／Ⅱ型（藤岡91）／5類（脇山15）	〔重圏文鏡〕	—
129	倭	珠文鏡	佐渡山2号墳	静岡市駿河区丸子	古墳	方墳（28）・横穴式石室（箱形石棺）	古墳後期	7.0	—	珠文鏡（中山他94）	〔珠文鏡〕	—
130	倭	四獣鏡	賤機山1号墳（一本松古墳）	静岡市葵区宮ケ崎町	古墳	円墳・木棺直葬	古墳中期	9.7	—	獣形文鏡類四獣鏡C-1型（小林82・10）	鳥頭獣像鏡A系	前(古)
131	倭	六鈴乳文鏡	賤機山古墳群（大歳御祖神社付近古墳）	静岡市葵区宮ケ崎町	古墳	円墳（32）・横穴式石室（家形石棺）	古墳後期	11.0	—	乳文鏡系五鈴式（樋口79）／鈴鏡類（六鈴鏡）（小林82・10）／乳文（西岡86）／獣帯文鏡類（大川97）／乳脚文系E類（岡田05）	〔乳脚文鏡〕	後期
132	？	不明					不明	—	—	—	—
133	？	不明	谷津山1号墳（柚木山神古墳）	静岡市葵区沓谷他	古墳	前方後円墳（115）・竪穴式石槨	古墳前期	不明	—	—	—	—
134	？	不明					不明	—	—	—	—
135	？	不明					不明	—	—	—	—
136	？	不明					不明	—	—	—	—
137	？	不明					不明	—	—	—	—
138	倭	〔珠文鏡〕	三滝ヶ谷2号墳	静岡市葵区南沼上字薬師ヶ谷	古墳	円墳・横穴式石室	古墳後期	破片	—	—	—	—

静岡

発見年	所蔵（保管）者	共伴遺物 石製品・玉類	武具・武器・馬具	ほか金属器	土器類	その他	文献	備考
1988		勾玉・管玉・ガラス丸玉・小玉	―	―	―	―	藤枝市教育委員会編 1990『女池ヶ谷古墳群』藤枝市教育委員会	―
1988	藤枝市郷土博物館	勾玉・管玉・丸玉（計170〜）	―	刀子1	―	―	鈴木敏則 2001「写真（鏡）」静岡県教育委員会編『静岡県の前方後円墳―資料編―』静岡県文化財調査報告書第55集, 静岡県教育委員会	
1976	藤枝市郷土博物館	―	剣・鉄鏃3	斧1・鉈1	―	櫛？	鈴木敏則 2001「写真（鏡）」静岡県教育委員会編『静岡県の前方後円墳―資料編―』静岡県文化財調査報告書第55集, 静岡県教育委員会	
不明	藤枝市郷土博物館	―					鈴木敏則 2001「写真（鏡）」静岡県教育委員会編『静岡県の前方後円墳―資料編―』静岡県文化財調査報告書第55集, 静岡県教育委員会	
不明	所在不明	―	剣・槍先・鉄鏃				鈴木敏則 2001「写真（鏡）」静岡県教育委員会編『静岡県の前方後円墳―資料編―』静岡県文化財調査報告書第55集, 静岡県教育委員会	
不明	焼失	玉類	―	斧			鈴木敏則 2001「写真（鏡）」静岡県教育委員会編『静岡県の前方後円墳―資料編―』静岡県文化財調査報告書第55集, 静岡県教育委員会	
1984	焼津市歴史民俗資料館	勾玉・管玉・ガラス玉	―	―	―	―	鈴木敏則 2001「写真（鏡）」静岡県教育委員会編『静岡県の前方後円墳―資料編―』静岡県文化財調査報告書第55集, 静岡県教育委員会	
1984		勾玉・管玉・ガラス玉	―	鉄製品	―	櫛		
1886	所在不明	勾玉3・管玉6・白玉・小玉	刀・鐔・馬具	金環・金具	土師器（小形丸底壺等）	―	高橋勇他 1930「静岡県の遺蹟」『静岡県史』第1巻, 静岡県	静岡県（駿河国）5
不明	焼津市歴史民俗資料館（猪谷神社）	―	―	―	―	―	高橋勇他 1930「静岡県の遺蹟」『静岡県史』第1巻, 静岡県	353g／静岡県（駿河国）4／石丸
1981	焼津市歴史民俗資料館	―					鈴木敏則 2001「写真（鏡）」静岡県教育委員会編『静岡県の前方後円墳―資料編―』静岡県文化財調査報告書第55集, 静岡県教育委員会	
1984	静岡市教育委員会	―	刀・鉄鏃・轡・木製鐙・辻金具	金環・刀子	須恵器（甕・小長頸壺付子持器台・高杯・杯身・甑）	―	鈴木敏則 2001「写真（鏡）」静岡県教育委員会編『静岡県の前方後円墳―資料編―』静岡県文化財調査報告書第55集, 静岡県教育委員会	―
大正	個人	―	刀	―	―	石枕	鈴木敏則 2001「写真（鏡）」静岡県教育委員会編『静岡県の前方後円墳―資料編―』静岡県文化財調査報告書第55集, 静岡県教育委員会	漢式鏡 370.2／静岡県（駿河国）8
天保	静岡市文化財資料館	ガラス丸玉12・金銅空玉20・銀梔玉1	挂甲1・刀2・円頭柄頭1・円頭鞘尻2・方頭柄頭2・方頭鞘尻2・有窓倒卵形鐔4・無窓倒卵形鐔2・鉄地金銅張喰出鐔2・矛2・石突5・鉄鏃51・轡2・鞍8・杏葉2・辻金具17・雲珠6・帯飾金具15	金銅冠帽1・銅心金貼環4・斧1・刀子3・銅鈴15	須恵器約90	―	高橋勇他 1930「静岡県の遺蹟」『静岡県史』第1巻, 静岡県	〈76g〉／漢式鏡 370.1／静岡県（駿河国）7
1881？	所在不明	紡錘車形石製品・鍬形石製品	剣・矛・銅鏃・鉄鏃	斧	―	砥石	高橋勇他 1930「静岡県の遺蹟」『静岡県史』第1巻, 静岡県	漢式鏡 369.1／静岡県（駿河国）9-1／「柚木山神社境内（中略）から発見された鏡は六七面あつたらしく、山中芙氏の教示によれば、すべて三角縁系の大型の神獣鏡と推定し得られるが、明確にし難い」〔後藤 1926〕／漢式鏡 369.2／静岡県（駿河国）9-2／漢式鏡 369.3／静岡県（駿河国）9-3／漢式鏡 369.4／静岡県（駿河国）9-4／漢式鏡 369.5／静岡県（駿河国）9-5／漢式鏡 369.6／静岡県（駿河国）9-6
1980	静岡市立登呂博物館	玉類	鉄鏃	耳環・刀子	土師器・須恵器	―	中野宥編 1990『特別展 静岡・清水平野の古墳時代』静岡市立登呂博物館	―

番号	舶倭	鏡式	出土遺跡	出土地名	遺跡内容	時期	面径(cm)	銘文	諸氏分類	編者分類・時期
139	倭	素文鏡	下中林2号墳	静岡市駿河区谷田	円墳（20）・横穴式石室	古墳後期	3.3	—	—	〔素文鏡〕	—
140	倭	〔素文鏡〕	上ノ山遺跡 溝-33南側の主体部	静岡市駿河区大谷字上の山	円墳（17）・木棺直葬	古墳	破片	—	—	—	—
141	倭	四獣鏡				古墳前期	11.9	—	—	〔中期型獣像鏡？〕	中期
142	倭	六弧内行花文鏡	上ノ山1号墳（不動山古墳）	静岡市駿河区大谷字上の山	円墳・木棺直葬	古墳中期	11.4	—	—	内行花文鏡B式	前(中)
143	倭	素文鏡	元宮川神明原遺跡	静岡市駿河区高松・宮川・水上	祭祀	古墳後期	3.5	—	BI類（今平90）	〔素文鏡〕	—
144	倭	珠文鏡			不明		破片	—	III類（中山他94）	〔珠文鏡〕	—
145	倭	重圏文鏡					4.4	—	I型（藤岡91）／5類（脇山15）	〔重圏文鏡〕	—
146	倭	珠文鏡	川合遺跡低墳丘墓	静岡市葵区川合	方形墳丘墓・木棺直葬	古墳中期	5.5	—	I類（中山他94）	〔珠文鏡〕	—
147	?	不明	羽鳥古墳群	静岡市葵区羽鳥	古墳・不明	古墳	不明	—	—	—	—
148	?	不明	権現の塚	静岡市葵区井宮町内津山妙見寺境内	不明・不明	不明	不明	—	—	—	—
149	—	鏡形土製品	瀬名1号墳（まるせっこう古墳）〔第2主体部〕	静岡市葵区瀬名	円墳（31）・粘土槨	古墳中期	不明	—	—	—	—
150	倭	方格規矩四神鏡	三池平古墳	静岡市清水区原字三池〔清水市〕	前方後円墳（67）・竪穴式石槨（割竹形石棺）	古墳前期	19.5	擬銘	II類（樋口79）／方格規矩文鏡類B型（小林82・10）／JBI式（田中83）／大型鏡（北浦92）／四神鏡系I式（辻田07）	方格規矩四神鏡A系	前(古)
151	倭	四獣鏡					9.4	—	四獣形鏡（樋口79）／獣形文鏡類四獣鏡C-1型（小林82・10）／獣形文鏡IV類（赤塚98b）	類鳥頭獣像鏡系	前(中)
152	倭	方格規矩（鳥文）鏡	上嶺神明社東古墳（桑山古墳）	静岡市清水区袖師町上嶺〔清水市〕	方墳or円墳	古墳	17.8	—	III類（樋口79）／方格規矩文鏡類B型（小林82・10）／（TO式（田中83））／博局鳥文鏡Db1K類（高木91・93）	方格規矩四神鏡C系	—
153	舶	三角縁君・宜・高・官・獣文帯四神四獣鏡	午王堂山3号墳	静岡市清水区庵原町上午王堂〔清水市〕	前方後方墳（78）・粘土槨	古墳前期	22.5	「君宜高官回（符号）」	目録番号73・同笵鏡番号38・配置F1・表現⑯	—	—
154	倭	四獣鏡	午王堂山1号墳	静岡市清水区庵原町下午王堂〔清水市〕	前方後円墳（40～50）・木炭槨	古墳前期	11.2	—	—	捩文鏡A系	前(古～中)
155	舶	画文帯環状乳五神三獣鏡	イセヤ塚古墳	静岡市清水区梅ヶ谷字大反田〔清水市〕	円墳・粘土槨？	古墳中期	14.2	擬銘	II（樋口79）	—	—
156	?	不明	大日山古墳	静岡市清水区南矢部〔清水市〕	円墳・横穴式石室	古墳後期	不明	—	—	—	—
157	倭	不明（鉄鏡？）	東護古墳（草薙神社前方古墳）	静岡市清水区草薙字東護〔清水市〕	円墳・横穴式石室（箱形石棺）	古墳後期	3.1	—	—	—	—
157-1	倭	〔七鈴鏡〕	東護森古墳	静岡市清水区草薙字東護〔清水市〕	古墳・円墳	古墳後期	不明	—	—	—	—
158	倭	重圏文鏡	長崎遺跡SX510	静岡市清水区長崎字腰巻〔清水市〕	墳墓	低墳丘墓・周溝内	古墳中期	7.2	—	IIIc型（藤岡91）／2a類（脇山15）	〔重圏文鏡〕	前期
159	?	不明	草薙神社後方古墳（伝）	静岡市清水区草薙字西の原（伝）〔清水市〕	古墳・不明	古墳	不明	—	—	—	—
160	?	不明	向屋敷古墳群	静岡市	古墳・不明	古墳	不明	—	—	—	—
161	?	不明	法A4号墳（鏡塚古墳）	富士市伝法字中村	古墳・円墳	古墳	不明	—	—	—	—

静岡

発見年	所蔵（保管）者	共伴遺物 石製品・玉類	共伴遺物 武具・武器・馬具	共伴遺物 ほか金属器	共伴遺物 土器類	共伴遺物 その他	文献	備考
1962	静岡大学人文学部考古学研究室	瑪瑙勾玉2・ガラス勾玉1・勾玉1・碧玉管玉7・水晶切子玉7・凝灰岩玉10・ガラス小玉11	刀2・鉄鏃20～・轡1・鉸具1・鞍2・両頭金具7・飾金具7	耳環3・刀子4	須恵器（脚付短頸壺1・小形丸底壺1・盌1・椀1・高杯6・高杯蓋4・杯身1・杯蓋2・長頸瓶1・平瓶1・提瓶1）	—	滝沢誠編2007『有度山麓における後期古墳の研究Ⅰ』静岡大学考古学研究報告第1冊，静岡大学人文学部研究叢書11，六一書房	7g／静岡県（駿河国）10・18
1984	上ノ山遺跡調査団旧蔵	ガラス小玉65	—	刀子1	—	—	中野宥編1990『特別展 静岡・清水平野の古墳時代』静岡市立登呂博物館	—
							鈴木敏則2001「写真（鏡）」静岡県教育委員会編『静岡県の前方後円墳―資料編―』静岡県文化財調査報告書第55集，静岡県教育委員会	
不明		—	—	—	—	—	鈴木敏則2001「写真（鏡）」静岡県教育委員会編『静岡県の前方後円墳―資料編―』静岡県文化財調査報告書第55集，静岡県教育委員会	
1985	静岡県埋蔵文化財調査研究所						鈴木敏則2001「写真（鏡）」静岡県教育委員会編『静岡県の前方後円墳―資料編―』静岡県文化財調査報告書第55集，静岡県教育委員会	8世紀以降のものか
1984								倭製内行花文鏡の可能性
1985								
1986	静岡県埋蔵文化財調査研究所	勾玉2・管玉7・臼玉520・ガラス小玉110～					鈴木敏則2001「写真（鏡）」静岡県教育委員会編『静岡県の前方後円墳―資料編―』静岡県文化財調査報告書第55集，静岡県教育委員会	
不明	所在不明	玉類	刀	釧？	土器	—	中野宥編1990『特別展 静岡・清水平野の古墳時代』静岡市立登呂博物館	静岡県（駿河国）6
不明	所在不明	—	—	—	—	—	岡崎敬編1978『日本における古鏡 発見地名表 東海地方』東アジアより見た日本古代墓制研究	静岡県（駿河国）31
1970	—	石製模造品（斧・刀子）	—	—	土製模造品（鏡・玉・大刀・剣・鏃）	—	岡村渉編1986『瀬名古墳群 瀬名3号墳』静岡県中部農林事務所・静岡市教育委員会・清水市教育委員会	土製品
1958	静岡市教育委員会	車輪石1・石釧1・帆立貝形石製品4・紡錘車形石製品2・ガラス勾玉1・碧玉管玉63・ガラス小玉187	筒形銅器2・刀16・剣16・鉄鏃約100	鏃先4・斧6・鎌2・鉇8・鑿2・鑢1・刀子2			内藤晃・大塚初重編1961『三池平古墳』庵原村教育委員会	静岡県（駿河国）17-1／成人男性骨
								静岡県（駿河国）17-2
1876頃	都内某美術館（個人旧蔵）	管玉5	刀	—	—	—	高橋勇他1930「静岡県の遺蹟」『静岡県史』第1巻，静岡県	静岡県（駿河国）19／同型品あり
1973	静岡大学人文学部・静岡市教育委員会	—	—	—	—	—	杉山満編2001『午王堂山3号墳確認調査報告書（平成12年度）』清水市教育委員会	静岡県（駿河国）15
1964		ガラス小玉約40	刀1・剣4・鉄鏃6	刀子1	—	—	鈴木敏則2001「写真（鏡）」静岡県教育委員会編『静岡県の前方後円墳―資料編―』静岡県文化財調査報告書第55集，静岡県教育委員会	静岡県（駿河国）14
1881	個人	—	—	—	—	—	鈴木敏則2001「写真（鏡）」静岡県教育委員会編『静岡県の前方後円墳―資料編―』静岡県文化財調査報告書第55集，静岡県教育委員会	静岡県（駿河国）16
不明	所在不明	—	刀	—	須恵器	—	中野宥編1990『特別展 静岡・清水平野の古墳時代』静岡市立登呂博物館	—
1884	所在不明	ガラス玉	槍・轡	金環・銀環	須恵器	—	後藤守一1926『漢式鏡』日本考古学大系，雄山閣	漢式鏡368／静岡県（駿河国）12
1884	所在不明	ガラス玉	甲・刀・槍・轡	金環・銀環	須恵器	—	高橋勇他1930「静岡県の遺蹟」『静岡県史』第1巻，静岡県	静岡県（駿河国）13
1989	静岡県埋蔵文化財調査研究所	—	—	—	—	—	鈴木敏則2001「写真（鏡）」静岡県教育委員会編『静岡県の前方後円墳―資料編―』静岡県文化財調査報告書第55集，静岡県教育委員会	さらに2～3面あるらしい
不明	所在不明	玉類	刀	—	須恵器	—	高橋勇他1930「静岡県の遺蹟」『静岡県史』第1巻，静岡県	静岡県（駿河国）11
不明	所在不明	玉類	刀	—	須恵器	—	中野宥編1990『特別展 静岡・清水平野の古墳時代』静岡市立登呂博物館	—
不明	所在不明	—	—	—	—	—	静岡県吉原市教育委員会1958『吉原市の古墳』吉原市教育委員会	静岡県（駿河国）21

番号	舶倭	鏡式	出土遺跡	出土地名	遺跡内容	時期	面径(cm)	銘文	諸氏分類	編者分類・時期
162	倭	七弧内行花文鏡	東坂古墳(比奈G1号墳)	富士市比奈字大坂上	前方後円墳(約60)・粘土床	古墳前期	17.4	—	七弧(樋口79)／七花文鏡(小林82・10)／C類Ⅲ式(清水94)／Ⅲ類基本系(林00)	内行花文鏡B式	前(中)
163	倭	四獣鏡	東坂古墳(比奈G1号墳)	富士市比奈字大坂上	前方後円墳(約60)・粘土床	古墳前期	9.7	—	四獣形鏡(樋口79)／獣形文鏡四獣形B型(小林82・10)／獣形文鏡ⅡE類(赤塚98b)／四獣形鏡対置系(林02)	対置式神獣鏡B系	前(中)
164	倭	六弧内行花文鏡	富士岡F48号墳	富士市富士岡字下白沢	古墳・横穴式石室?	古墳後期	12.0	—	CAⅡ式(森70)／六弧(樋口79)／B類3式(清水94)／内行花紋鏡D系(森下02)／六花文鏡(小林10)	内行花文鏡B式	前(中)
165	倭	七乳文鏡	中里K78号墳(大塚道東アガリット古墳)	富士市中里字大塚	古墳・横穴式石室?	古墳後期	8.9	擬銘	乳文鏡Ⅱ類(樋口79)／獣帯鏡類D型(小林82・10)／乳脚紋鏡系(森下02)	〔乳脚文鏡〕	後期
166・167	倭	五乳文鏡	陣ヶ沢古墳 船津L8号墳(ふくべ塚古墳)	富士市船津字陣ヶ沢	古墳・前方後円墳(60)	古墳中期	8〜	—	乳文鏡Ⅲ類(樋口79)／獣帯鏡類D型(小林82・10)	〔乳脚文鏡〕	後期
168	倭	捩文鏡	須津山山腹古墳(ふくべ塚古墳)	富士市中里	円墳・横穴式石室	古墳	6.6	—	珠文鏡Ⅵ類(樋口79)／獣帯鏡類C型(小林82・10)	捩文鏡E系	前(新)
169	倭	〔三鈴鏡〕	今泉	富士市今泉	古墳	不明	不明	—	—	—	—
170	倭	〔五鈴鏡〕	元村山古墳	富士宮市村山	古墳	不明	不明	—	—	—	—
171	舶	「仿製」三角縁唐草文帯三神二獣鏡	道尾塚古墳(伝)	沼津市中沢田字田端(伝)	古墳	不明	20.8	—	目録番号248・配置K1変／三角縁神獣鏡類C型(小林82・10)	—	—
172	倭	四乳文鏡	清水柳北2号墳	沼津市足高字尾上	円墳(約10)・横穴式石室(箱形石棺)	古墳後期	8.7	—	—	〔乳脚文鏡〕	後期
172-1	舶	上方作浮彫式獣帯鏡	高尾山古墳	沼津市東熊堂字北方	前方後方墳(62)・舟形木棺直葬	弥生末期	13.5	「上□□竟…宜…」	六像Ⅱ式(Ⅰb系)(實盛15)	—	—
172-2	倭	重圏文鏡	土手下古墳	沼津市中沢田字土手下	石槨?	古墳	5.2	—	4b類(脇山15)	〔重圏文鏡〕	前期
172-3	倭	内行花文鏡	西ノ久保遺跡	沼津市中沢田字西ノ久保	不明	不明	破片	—	—	内行花文鏡B式?	前(中)?
173	?	不明	瓢箪山古墳	田方郡函南町平井字久保	古墳	前方後円墳?	不明	—	—	—	—
174	倭	同向式神獣鏡	多田大塚4号墳	伊豆の国市韮山多田字妹ヶ久保〔田方郡韮山町〕	古墳	円墳(20)・竪穴式石槨(割竹形木棺)	古墳中期	17.0	—	同向式神獣鏡A系(森下02)	同向式神獣鏡系	前(中)
175	倭	不明	韮山町(伝)	伊豆の国市(伝)〔田方郡韮山町〕	不明	不明	不明	—	—	—	—
176	?	不明	神明塚古墳(伝)	伊豆の国市守木神明洞(伝)〔田方郡大仁町〕	古墳	円墳・横穴式石室	古墳	不明	—	—	—	—
177	倭	四獣鏡	子神社境内古墳	伊豆市加殿〔田方郡修善寺町〕	古墳	不明	古墳	13.3	—	—	鳥頭獣像鏡A系	前(古)
178	倭	六乳文鏡	宮脇遺跡(多賀神社)	熱海市上多賀字宮脇	祭祀	磐座脇	古墳中期	7.9	擬銘	—	〔乳脚文鏡〕	後期
179	倭	素文鏡	宮脇遺跡(多賀神社)	熱海市上多賀字宮脇	祭祀	磐座脇	古墳中期	5.0	—	BⅠ類(今平90)	〔素文鏡〕	—
180	倭	素文鏡	宮脇遺跡(多賀神社)	熱海市上多賀字宮脇	祭祀	磐座脇	古墳中期	3.5	—	BⅠ類(今平90)	〔素文鏡〕	—
181	倭	素文鏡	宮脇遺跡(多賀神社)	熱海市上多賀字宮脇	祭祀	磐座脇	古墳中期	4.5	—	BⅠ類(今平90)	〔素文鏡〕	—
182	倭	素文鏡	宮脇遺跡(多賀神社)	熱海市上多賀字宮脇	祭祀	磐座脇	古墳中期	3.7	—	BⅠ類(今平90)	〔素文鏡〕	—
183	倭	素文鏡	宮脇遺跡(多賀神社)	熱海市上多賀字宮脇	祭祀	磐座脇	古墳中期	4.3	—	BⅠ類(今平90)	〔素文鏡〕	—
184	倭	素文鏡	井戸川遺跡	伊東市和田	不明	不明	不明	—	—	〔素文鏡〕	—
185	倭	珠文鏡	姫宮遺跡6次調査	賀茂郡河津町笹原	祭祀	祭祀跡	古墳中期	5.9	—	Ⅰ類(中山他94)／A-B類(脇山13)	〔珠文鏡〕	—

静岡

発見年	所蔵（保管）者	共伴遺物					文献	備考
		石製品・玉類	武具・武器・馬具	ほか金属器	土器類	その他		
1957	富士市立博物館（富士市立図書館）	石釧1・琴柱形石製品3・蛇紋岩勾玉3・蛇紋岩管玉18・蛇紋岩臼玉860〜・ガラス小玉	刀茎1・剣3・鉄鏃片	―	―	―	静岡県吉原市教育委員会1958『吉原市の古墳』吉原市教育委員会	静岡県（駿河国）22-1
								静岡県（駿河国）22-2
1955	富士市立博物館（富士市立図書館）	―	―	―	須恵器（大型甕）	―	静岡県吉原市教育委員会1958『吉原市の古墳』吉原市教育委員会	静岡県（駿河国）23
1917	東京国立博物館（J8884）		刀3・轡鉸具残片	金環	須恵器（小形丸底壺・甑）	―	静岡県吉原市教育委員会1958『吉原市の古墳』吉原市教育委員会	漢式鏡366／静岡県（駿河国）24
不明	沼津市文化財センター	刀子形石製品・ガラス玉	―	―	―	―	静岡県吉原市教育委員会1958『吉原市の古墳』吉原市教育委員会	〈39g〉／静岡県（駿河国）26
1901	所在不明（個人旧蔵？）	勾玉	刀	銀環	須恵器	―	静岡県吉原市教育委員会1958『吉原市の古墳』吉原市教育委員会	漢式鏡367／静岡県（駿河国）25・27
不明	所在不明	勾玉	―	金張銀環2・鉄器	―	―	岡崎敬編1978『日本における古鏡 発見地名表 東海地方』東アジアより見た日本古代墓制研究	静岡県（駿河国）28
不明	所在不明	―	―	―	―	―	後藤守一1926『漢式鏡』日本考古学大系, 雄山閣	静岡県（駿河国）20
明治〜大正	大中寺	―	―	―	―	―	高橋勇他1930「静岡県の遺蹟」『静岡県史』第1巻, 静岡県	漢式鏡365／静岡県（駿河国）29
1986	沼津市文化財センター	管玉・切子玉・算盤玉・丸玉・ガラス小玉	鉄鏃・刀・小刀	刀子	土師器（小形丸底壺・甕・杯）・須恵器（有蓋短頸壺・蓋杯・甑）	―	鈴木敏則2001「写真（鏡）」静岡県教育委員会編『静岡県の前方後円墳―資料編―』静岡県文化財調査報告書第55集, 静岡県教育委員会	54g／共伴遺物には追葬時の遺物を含む
2009	沼津市教育委員会	勾玉1	槍2・鉄鏃32	鉇1	土師器（壺・甕・高杯）	―	池谷信之編2012『高尾山古墳発掘調査報告書』沼津市文化財調査報告書第104集, 沼津市教育委員会	破砕鏡
不明	沼津市文化財センター	―	―	―	―	―	鈴木敏則2001「写真（鏡）」静岡県教育委員会編『静岡県の前方後円墳―資料編―』静岡県文化財調査報告書第55集, 静岡県教育委員会	―
不明	沼津市文化財センター	―	―	―	―	―	―	―
不明	所在不明	管玉	鉄鏃	―	―	―	岡崎敬編1978『日本における古鏡 発見地名表 東海地方』東アジアより見た日本古代墓制研究	静岡県（伊豆国）1
1989	伊豆の国市教育委員会		横矧板鋲留短甲1・刀1・鉄鏃23・刀金具1・f字形鏡板1	刀子2			森下章司2001「多田大塚4号墳出土の鏡」静岡県教育委員会編『静岡県の前方後円墳―個別報告編―』静岡県文化財調査報告書第55集, 静岡県文化財保存協会	―
不明	個人（伊豆の国市内）						白石太一郎・設楽博己編1994『弥生・古墳時代遺跡出土鏡データ集成』（『国立歴史民俗博物館研究報告』第56集）, 国立歴史民俗博物館	小型鏡
不明	所在不明	―	―	―	―	―	高橋勇他1930「静岡県の遺蹟」『静岡県史』第1巻, 静岡県	静岡県（伊豆国）2
1961	個人	―	―	―	―	―	鈴木敏則2001「写真（鏡）」静岡県教育委員会編『静岡県の前方後円墳―資料編―』静岡県文化財調査報告書第55集, 静岡県教育委員会	静岡県（伊豆国）3
1958	加藤学園考古学研究所	有孔円板・土玉	―	鋤先	手捏土器		大場磐雄編1972『神道考古学講座』第2巻 原始神道期一, 雄山閣出版株式会社	静岡県（伊豆国）4-1
								静岡県（伊豆国）4-2
								静岡県（伊豆国）4-3〜6
								静岡県（伊豆国）4-3〜6
								静岡県（伊豆国）4-3〜6
1983	加藤学園考古学研究所・伊東市教育委員会	―	―	―	―	―	鈴木敏則2001「写真（鏡）」静岡県教育委員会編『静岡県の前方後円墳―資料編―』静岡県文化財調査報告書第55集, 静岡県教育委員会	―
不明	河津町教育委員会	―	―	―	―	―	鈴木敏則2001「写真（鏡）」静岡県教育委員会編『静岡県の前方後円墳―資料編―』静岡県文化財調査報告書第55集, 静岡県教育委員会	

番号	舶倭	鏡式	出土遺跡	出土地名	遺跡内容		時期	面径(cm)	銘文	諸氏分類	編者分類・時期	
186	和	獣文鏡	日詰遺跡 B-4祭祀跡	賀茂郡南伊豆町 下賀茂字日詰	祭祀	祭祀跡	古墳中期	6.7	—	—	—	—
187	倭	素文鏡？	日詰遺跡 （表面採集）		祭祀	表面採集	古墳	5.7	—	—	［素文鏡？］	—
187-1	？	不明	神明境内古墳	賀茂郡松崎町雲見	古墳	不明	古墳	不明	—			
188	倭	素文鏡	洗田遺跡 C地点斜面	下田市吉佐美字洗田	祭祀	遺物包含層	古墳	4.3	—	AⅠ類（今平90）	［素文鏡］	—
189	倭	珠文鏡	洗田遺跡 C地点北側斜面		祭祀	遺物包含層	古墳	7.3	—	Ⅲ類（中山他94）／ACA-D類（脇山13）	［珠文鏡］	
190	舶？	［方格規矩鳥文鏡］	静岡県（伝）	静岡県（伝）	不明	不明	不明	12.0	—	—	—	—
191	倭	［鈴鏡］	遠江国（伝）	静岡県（伝）	不明	不明	不明	不明	—	—	—	—
192	倭	六鈴七乳文鏡	遠江国（伝）	静岡県（伝）	不明	不明	不明	10.2	—	乳文鏡系六鈴式（樋口79）／獣帯文鏡類（大川97）／獣形文系（岡田05）／鈴鏡類（六鈴鏡）（小林10）	［乳脚文鏡］	後期
192-1	倭	六鈴神獣鏡	遠江国（伝）	静岡県（伝）	不明	不明	不明	完形	—	—	分離式神獣鏡系	前（新）
192-2	倭	二神二獣鏡	静岡県（伝）	静岡県（伝）	不明	不明	不明	17.0	擬銘	二神二獣鏡（樋口79）／画文帯神獣鏡（系）A型（小林82・10）	二神二獣鏡ⅠA系	前（古）
192-3	踏	五獣鏡	遠州所在古墳（伝）	静岡県（伝）	不明	不明	—	完形		—	—	—
192-4	踏	五鈴盤龍鏡	遠州（伝）	静岡県（伝）	不明	不明		10.0		—	—	—

愛知

番号	舶倭	鏡式	出土遺跡	出土地名	遺跡内容		時期	面径(cm)	銘文	諸氏分類	編者分類・時期	
1	倭	四獣鏡						15.4		獣形文鏡類四獣鏡C-1型（小林82・10）	（盤龍鏡？）	中期？
2	舶	方格T字鏡	おつくり山古墳	名古屋市瑞穂区瑞穂町井戸田1丁目	古墳	円墳（25）・粘土槨	古墳中期	11.0		方格規矩文鏡類G型（小林82・10）／小型鏡A4型（北浦92）／SAb3式（松浦94）／丁群（森下98）／小林方格規矩文鏡類G型（小林10）	—	
3	舶	画文帯周列式仏獣鏡	大須二子山古墳	名古屋市中区門前町101他	古墳	前方後円墳（80）	古墳後期	21.5	「吾作明竟　幽凍三商 彫刻無祉　大吉曾年 益壽子孫　盈堂□升 富貴位至　三公九卿 侯□天王　百子□手 服者□□　□□□□ □孫□□　□如□□」	—		
4	舶	画文帯蟠龍乳同向式神獣鏡			古墳	前方後円墳（80）	古墳後期	19.5	「吾作明竟　幽凍萬疆 配像萬疆　統德序道 敬奉臣良　周刻無祉 衆華主陽　世徳申明 富貴安樂　子孫番昌 □者升□　學者高遷 士至公卿　其師命長」	B式（樋口79）／A形式（小山田93）	—	
5	倭	六鈴乳文鏡？	白鳥古墳	名古屋市熱田区白鳥町202	古墳	前方後円墳（100）	古墳後期	11.2		乳脚文系（岡田05）	［乳脚文鏡］	後期
5-1	舶	魌龍文鏡	高蔵遺跡 第34次 SK44	名古屋市熱田区高蔵町	集落	土壙	弥生後期	10.8		ⅡA式（岡村05）		
6	舶	三角縁波文帯三神三獣鏡						21.8		目録番号131・同笵鏡番号72・配置L1・表現⑩		
7	倭	六弧内行花文鏡	白山藪古墳	名古屋市北区楠町味鋺	古墳	前方後円墳（45）・粘土槨	古墳前期	12.4		BⅡ式（樋口79）／六弧（樋口79）／六花文鏡（小林82・10）／B類2式（清水94）	内行花文鏡B式	前（中）
8	倭	四獣鏡						10.3		異形獣鏡（樋口79）／獣形文鏡類四獣鏡C-1型（小林82・10）／獣形文鏡Ⅳ類（赤塚98b）／絵画文鏡Ⅲ類（赤塚00）	—	前期

静岡・愛知

発見年	所蔵（保管）者	共伴遺物					文献	備考
		石製品・玉類	武具・武器・馬具	ほか金属器	土器類	その他		
1975	南伊豆町教育委員会	—	—	—	土師器（壺・小形丸底壺・甕・深鉢・椀・高杯）・手捏土器	—	鈴木敏則 2001「写真（鏡）」静岡県教育委員会編『静岡県の前方後円墳—資料編—』静岡県文化財調査報告書第55集, 静岡県教育委員会	後代（奈良時代〜）の作
1976								—
江戸以前	所在不明	—	—	—	—	—	清野謙次 1955『日本考古学・人類学史』下巻, 岩波書店	おそらく古墳出土鏡ではない／「この古墳から発掘せられた古鏡は合計九面であるが、『古図類纂』には唯輪廓のみが描かれて居て、遺憾ながら文様が分からぬ。ただ径三寸五分前後の漢式鏡が六面、径二寸五分前後の漢式鏡が二面、径二寸七分の八花鏡が一面出土したのが知れる丈けである」
1938	國學院大學 or 下田市教育委員会	滑石製模造品（有孔円板4・剣2・勾玉5・管玉・臼玉1）	—	—	土師器・須恵器・手捏土器・土製模造品	—	大場磐雄・佐藤民雄・江藤千萬樹 1938「南豆洗田の祭祀遺蹟」『考古学雑誌』第28巻第3号, 考古学会	静岡県（伊豆国）5-2
1926								静岡県（伊豆国）5-1／「七個の坩が並列し、その一坩中に存したといふ」
不明	所在不明（國學院大學旧蔵？）	—	—	—	—	—	岡崎敬編 1978『日本における古鏡 発見地名表 東海地方』東アジアより見た日本古代墓制研究	静岡県（駿河国）30
不明	東京大学総合研究博物館（所在不明？）						後藤守一 1926『漢式鏡』日本考古学大系, 雄山閣	漢式鏡362／静岡県（遠江国）59
不明	所在不明（山川七左衛門旧蔵）						梅原末治 1923『梅仙居蔵日本出土漢式鏡図集』梅仙居蔵古鏡図集第一輯, 山川七左衛門	漢式鏡363／静岡県（遠江国）58
不明		—	—	—	—	—	後藤守一 1926『漢式鏡』日本考古学大系, 雄山閣	鈴はおそらく後着
不明	岡山県立博物館	—	—	—	—	—	樋口隆康 1979『古鏡』新潮社	—
不明	個人〈仿製16〉	—	—	—	—	—	—	—
不明	個人〈仿製13〉	—	—	—	—	—	—	255g

発見年	所蔵（保管）者	共伴遺物					文献	備考
		石製品・玉類	武具・武器・馬具	ほか金属器	土器類	その他		
1928	東京国立博物館（J21013）	小玉7	短甲？1・挂甲1・刀3・剣3・矛3・鉄鏃・胡籙・環鈴	銅釧1	—	—	愛知県史編さん委員会編 2005『愛知県史』資料編3 考古3 古墳, 愛知県	愛知県（尾張国）1-1
	東京国立博物館（J21014）							愛知県（尾張国）1-2
1948	名古屋市博物館	—	横矧板鋲留衝角付冑1・挂甲1・小札鐙・膝甲・f字形鏡板・剣菱形杏葉・心葉形杏葉・辻金具・雲珠	鈴釧	—	—	愛知県史編さん委員会編 2005『愛知県史』資料編3 考古3 古墳, 愛知県	同型鏡群〔GB-1〕／1340g
	南山大学人類学博物館							同型鏡群〔GD-2〕／愛知県（尾張国）3-2
1837	再埋納	勾玉・管玉・切子玉・小玉	刀4・矛1・f字形鏡板2・剣菱形杏葉8・心葉形杏葉1	—	—	—	愛知県史編さん委員会編 2005『愛知県史』資料編3 考古3 古墳, 愛知県	漢式鏡311／愛知県（尾張国）4／三重13（・14）とおそらく同一品（三重県（伊勢国）15-1,2）
2000前後	名古屋市見晴台考古資料館	—	—	—	—	—	愛知県史編さん委員会編 2005『愛知県史』資料編3 考古3 古墳, 愛知県	破鏡
1950	京都国立博物館（J甲209）	碧玉勾玉1・琥珀勾玉2・碧玉管玉31・瑪瑙管玉1・琥珀棗玉3・琥珀切子玉1・琥珀丸玉5・ガラス小玉600〜	素環頭大刀1・刀2・剣16・矛1・鉄鏃10	斧2	—	—	高橋信明・伊藤秋男編 1977『白山藪古墳発掘調査報告』人類学研究所紀要第6号, 南山大学人類学研究所	愛知県（尾張国）5-1
								愛知県（尾張国）5-2
	京都国立博物館							愛知県（尾張国）5-3

番号	舶倭	鏡式	出土遺跡	出土地名	遺跡内容	時期	面径(cm)	銘文	諸氏分類	編者分類・時期
9	倭	四獣鏡	岩窟堂壙（推定）	名古屋市北区楠町味鋺（推定）	古墳?	不明	古墳?	11.4	—	四獣形鏡（樋口79）／獣形文鏡類四獣鏡C-1型（小林82·10）／獣形文鏡Ⅱ類（赤塚98b）	類鳥頭獣像鏡B系	前(中)
10	倭	珠文鏡					5.1	—	珠文鏡類A型（小林82·10）	〔珠文鏡〕	—
11	倭	捩文鏡					6.8	—	獣帯鏡類C型（小林82·10）	捩文鏡E系	前(新)
12	倭	四獣鏡					16.4	—	獣形文鏡類四獣鏡A型（小林82·10）／C類獣頭（冨田89）／獣形文鏡ⅡC類（赤塚98b）	対置式神獣鏡B系?	前(中)
13	舶	上方作浮彫式一仙五獣鏡	笹ヶ根1号墳	名古屋市守山区吉根字笹ヶ根	円墳（20）・粘土槨	古墳中期	12.6	「上方乍竟真大工 子」	半肉彫獣帯鏡C六像式（樋口79）／六像B系（岡村92）／六像A系統Ⅳ段階（山田06）／六像Ⅱ式（Ⅰb系）（實盛15）	—	—
14	倭	渦文鏡（唐草文鏡）	松ヶ洞8号墳〔第2号棺〕	名古屋市守山区吉根字松ヶ洞3254	方墳（8）・粘土槨	古墳後期	6.7	—	特殊文鏡（唐草文鏡）（樋口79）／獣帯鏡類D型（小林82·10）／S字文鏡（赤塚04b）	—	—
15	倭	六鈴五乳文鏡	松ヶ洞8号墳〔第1号棺〕		方墳（8）・粘土槨	古墳	10.2	—	乳文鏡系六鈴式（樋口79）／鈴鏡類（六鈴鏡）（小林82·10）／乳文（西岡86）／獣帯文鏡類（大川97）／乳脚文系E類（岡田05）	〔乳脚文鏡〕	後期
16	倭	八弧内行花文鏡	富士ヶ嶺古墳（吉根古墳）（伝）	名古屋市守山区吉根字笹ヶ根3218（伝）	古墳	前方後円墳	古墳	14.1	—	（八弧）（樋口79）／A類Ⅱb式（清水94）／Ⅱ類基本系（林00）／八花鏡（小林10）	内行花文鏡A式BⅡ類	前(中)
17	倭	五鈴六乳文鏡	志段味大塚古墳	名古屋市守山区上志段味字大塚1306	古墳	帆立（52）・粘土槨?	古墳後期	11.2	—	その他鈴鏡（樋口79）／鈴鏡類（五鈴鏡）（小林82·10）／S字状繋ぎ文（西岡86）／乳文鏡類（大川97）／Ⅱ-Ac乳文鏡（八木00）／S字文鏡（赤塚04b）／乳脚文系E類（岡田05）	〔乳脚文鏡?〕	—
18	倭	七鈴神獣鏡	志段味羽根古墳	名古屋市守山区上志段味字羽根508〜510	古墳	円墳（20）	古墳後期	14.6	擬銘	獣形鏡系七鈴式（樋口79）／鈴鏡類（七鈴鏡）（小林82·10）／獣形（西岡86）／神獣文鏡類（大川97）／Ⅰ類-D神獣系（八木00）／神獣系（岡田05）	〔後期型神像鏡Ⅰ系〕	後期
19	倭	重圏文鏡	寺林1号墳	名古屋市守山区中志段味字上寺林508〜510	古墳	円墳（20）	古墳前期	5.3	—	Ⅴa型（藤岡91）／祖型グループ（中山他94）／7ii類（脇山15）	〔重圏文鏡（連珠）〕	前期
20	舶	方格規矩八鳳鏡					約15.5	「子丑申巳午未酉辰卯寅亥戌」?	博局鳥文鏡Aa3K類（髙木91·93）	—	—
21	倭	四獣鏡	今伊勢車塚古墳	一宮市今伊勢町本神戸字目久井	古墳	前方後円墳（70）	古墳前期	13.7	—	四獣形鏡（樋口79）／獣形文鏡類四獣鏡B型（小林82）／獣形文鏡ⅠB類（赤塚98b）	分離式神獣鏡系	前(新)
22	倭	捩文鏡					10.3	—	捩文鏡（類）B型（小林82·10）／BⅡ型（小林83）／C型式a類（水野97）	捩文鏡C系	前(中)
23	倭	珠文鏡?	今伊勢石戸古墳（伝）	一宮市今伊勢町馬寄字石戸2（伝）	古墳	円墳	古墳後期	不明	—	—	〔珠文鏡?〕	—
24	舶	「仿製」三角縁獣文帯三神三獣鏡					22.1		目録番号213・同笵鏡番号111・配置K2		
25	舶	「仿製」三角縁獣文帯三神三獣鏡					22.1		目録番号213・同笵鏡番号111・配置K2		
26	倭	鼉龍鏡	出川大塚古墳	春日井市不二ガ丘3-189	古墳	円墳（45）・粘土槨	古墳前期	13.3	擬銘	Ⅳ型（樋口79）／四神四獣（樋口79）／四神四獣系（小林82·10）／B群8段階（池上92）／第二群（車崎95）／Ⅱ群A系（辻田00·07）／Ⅱ類双胴系（林00）／鼉龍鏡a系（森下02）	鼉龍鏡A系	前(中)
27	倭	捩文鏡					12.1	擬銘	第一型式（伊藤67）／Ⅳ型（樋口79）／捩文鏡（類）C型（小林82·10）／BⅢ型（小林83）／Ⅳ型（小沢88）／C型式a類（水野97）／房紋鏡系（森下02）	捩文鏡C系	前(中)
28	倭	五獣鏡	山神古墳	春日井市勝川町8丁目	古墳	円墳	古墳中期	14.6	—	五獣形鏡（樋口79）／獣形文鏡類五獣鏡（小林82·10）／旋回式獣像鏡系（森下02）／Bf型式（加藤14）	〔旋回式獣像鏡〕	後期
29	倭	八弧内行花文鏡	篠木古墳群	春日井市穴橋町山本	古墳	円墳	古墳前期	12.1	—	八弧（樋口79）／八花文鏡（小林82·10）／B類（清水94）	内行花文鏡B式	前(中)
30	倭	重圏文鏡?	上条遺跡（上條遺跡）	春日井市上条町	不明	不明	不明	6.1	—	—	〔重圏文鏡?〕	—
31	舶	獣文縁浮彫式獣帯鏡	笹原古墳	春日井市勝川町6-16	古墳	不明	古墳中期	17.6	「宜子孫」	—	—	—
32	?	不明	勝川遺跡	春日井市勝川町5丁目	集落	遺物包含層	古墳後期	破片	—	—	—	—

愛知

発見年	所蔵(保管)者	共伴遺物					文献	備考
		石製品・玉類	武具・武器・馬具	ほか金属器	土器類	その他		
不明	味鋺神社	—	—	—	—	—	愛知県史編さん委員会編 2005『愛知県史』資料編3 考古3 古墳, 愛知県	愛知県(尾張国)6-2
								愛知県(尾張国)6-3
								愛知県(尾張国)6-1
1739	護国院							愛知県(尾張国)12
1964	名古屋市博物館	—	—	斧1・刀子1	—	竹櫛	愛知県史編さん委員会編 2005『愛知県史』資料編3 考古3 古墳, 愛知県	202g／愛知県(尾張国)7
1962	名古屋市博物館	管玉10・丸玉4・小玉129〜	剣1・鉄鏃9	刀子1	—	—	久永春男・田中稔編 1963『守山の古墳』守山市教育委員会	34g／愛知県(尾張国)8-2
		勾玉1・丸玉91・小玉17〜						90g／愛知県(尾張国)8-1／石丸
不明	観音寺	—	刀or剣	—	—	—	久永春男・田中稔編 1963『守山の古墳』守山市教育委員会	愛知県(尾張国)9／3孔(実験資料用の可能性もあり)／「吉根の富士ヶ嶺山の東北側の谷で拾得されたものと伝え」る
1923	京都大学総合博物館〈5321〉		挂甲1・篠籠手1・鉄鏃・鏡板2・剣菱形杏葉3・木心鉄板張輪鐙・引手・鉸具・環鈴1	帯金具	—	—	愛知県史編さん委員会編 2005『愛知県史』資料編3 考古3 古墳, 愛知県	170g／漢式鏡316／愛知県(尾張国)10
大正(1882?)	個人(名古屋市博物館)	—	—	—	須恵器	—	愛知県史編さん委員会編 2005『愛知県史』資料編3 考古3 古墳, 愛知県	299g／愛知県(尾張国)11
1937	個人	石釧1	—	—	—	—	名古屋市博物館編 1984『守山の遺跡と遺物』名古屋市博物館	愛知30と同一品の可能性
1789	所在不明(尾張徳川家旧蔵)						松平定信編1800『集古十種』(市島謙吉編1908『集古十種』国書刊行会)	漢式鏡324.2／愛知県(尾張国)23-1
	酒見神社	(勾玉2・管玉18・棗玉4)	剣6・矛6	斧1・不明鉄器1	—	—	岩野見司編 1976『愛知の古鏡』毎日新聞社	281g／漢式鏡324.4／愛知県(尾張国)23-2
	個人							漢式鏡324.3／愛知県(尾張国)23-3
1789	所在不明	—	—	—	—	—	丹羽玄塘1821『塘叢』巻十三	愛知県(尾張国)24
1900 or 1902	東京国立博物館〈J2599〉	石釧7・硬玉勾玉1・滑石勾玉8・碧玉管玉48	刀				大下武 2001「出川大塚古墳について」文化財課編『尾張古代史セミナー』(5)東海とその周辺地域, 春日井市教育委員会	985g／漢式鏡314／愛知県(尾張国)13-3
	東京国立博物館〈J2606〉							1013g／漢式鏡315.1／愛知県(尾張国)13-4
	東京国立博物館〈J2286〉							漢式鏡313／愛知県(尾張国)13-2
	東京国立博物館〈J191〉							漢式鏡315.2／愛知県(尾張国)13-1
1916	東京国立博物館〈J8904〉	—	刀剣・槍・環鈴	—	—	—	岩野見司編 1976『愛知の古鏡』毎日新聞社	380g／漢式鏡312／愛知県(尾張国)14
不明	個人	勾玉	刀剣	—	—	—	岩野見司編 1976『愛知の古鏡』毎日新聞社	愛知県(尾張国)15
不明	所在不明	石釧1	—	—	—	—	小栗鉄太郎 1929「尾張高蔵寺村附近発見の遺跡遺物」『考古学雑誌』第19巻第9号, 考古学会	愛知県(尾張国)16／愛知19と同一品の可能性
明治	個人	玉類	短甲?・鉄鏃7・馬具片	鈴釧1	小形壺	—	愛知県史編さん委員会編 2006『愛知県史』資料編3 考古3 古墳, 愛知県	同型鏡群〔UJ-1〕
1984	財団法人愛知県埋蔵文化財センター						白石太一郎・設楽博己編 1994『弥生・古墳時代遺跡出土鏡データ集成』(『国立歴史民俗博物館研究報告』第56集), 国立歴史民俗博物館	—

番号	舶倭	鏡式	出土遺跡	出土地名	遺跡内容	時期	面径(cm)	銘文	諸氏分類	編者分類・時期
33	倭	方格規矩四神鏡（鏡6・取上番号6号鏡）	東之宮古墳	犬山市犬山字北白山平7	前方後方墳（67）・竪穴式石槨（刳抜式木棺）	古墳前期	22.0	擬銘	Ⅰ類（樋口79）／方格規矩鏡類A型（小林82·10）／JBⅠ式（田中83）／大型鏡（北浦92）／四神鏡系Ⅰ式（辻田07）	方格規矩四神鏡A系 前（古）
34	舶	三角縁天・王・日・月・唐草文帯二神二獣鏡（鏡3・取上番号3号鏡）					21.4	「天王日月」	目録番号93・同笵鏡番号52・配置J1・表現④	—
35	舶	三角縁唐草文帯三神二獣鏡（鏡2・取上番号1号鏡）					23.8		目録番号89・同笵鏡番号48・配置Ⅰ'・表現④	—
36	舶	斜縁同向式二神二獣鏡（鏡1・取上番号2号鏡）					21.2	「吾作明竟四夷服　多賀國家人民息　胡虜殄滅天下復　風雨時節五穀孰　長保二親得天力　傳告後世樂無亟兮」	目録番号12（旧）・配置重列・表現他／表現A（馬渕15a）	—
37	舶	三角縁波文帯三神三獣鏡（鏡4・取上番号5号鏡）					21.4	—	目録番号123・同笵鏡番号69・配置K1・表現⑪	—
38	舶	三角縁波文帯三神三獣鏡（鏡5・取上番号10号鏡）					21.5		目録番号127・同笵鏡番号70・配置K1・表現⑫	—
39	倭	四獣鏡（鏡7・取上番号7号鏡）					11.2	—	四獣形鏡（樋口79）／獣形文鏡四獣鏡C-1型（小林82·10）／獣形鏡ⅡA類（赤塚98b）／鳥頭四獣鏡系（森下02）	鳥頭獣像鏡B系 前（古）
40	倭	人物禽獣文鏡（鏡9・取上番号11号鏡）					12.8	—	特殊文鏡（人物禽獣鏡）（樋口79）／獣形文鏡類四獣鏡B型（小林82·10）／直弧文系倣製鏡（池上91）／人物禽獣文Ⅰ類（赤塚95）／絵画文鏡Ⅰ類（赤塚00）	〔人物禽獣文鏡〕 前（古）
41	倭	人物禽獣文鏡（鏡8・取上番号8号鏡）					14.1		異形獣鏡（樋口79）／獣形文鏡類四獣鏡B型（小林82·10）／直弧文系倣製鏡（池上91）／人物禽獣文Ⅰ類（赤塚95）／絵画文鏡Ⅰ類（赤塚00）	〔人物禽獣文鏡〕 前（古）
42	倭	人物禽獣文鏡（鏡10・取上番号4号鏡）					16.2		特殊文鏡（人物禽獣鏡）（樋口79）／獣形文鏡類四獣鏡B型（小林82·10）／直弧文系倣製鏡（池上91）／人物禽獣文Ⅰ類（赤塚95）／絵画文鏡Ⅰ類（赤塚00）	〔人物禽獣文鏡〕 前（古）
43	倭	人物禽獣文鏡（鏡11・取上番号9号鏡）					16.4		特殊文鏡（人物禽獣鏡）（樋口79）／獣形文鏡類四獣鏡B型（小林82·10）／直弧文系倣製鏡（池上91）／人物禽獣文Ⅰ類（赤塚95）／絵画文鏡Ⅰ類（赤塚00）	〔人物禽獣文鏡〕 前（古）
44	倭	蟠龍乳二神四獣鏡	南大塚古墳	江南市宮後字南大塚	古墳	前方後円墳	古墳中期	14.4		獣形文鏡類六獣鏡（小林82·10）／同向式神獣鏡B系（森下02）	〔中期型神獣鏡〕（同向式神獣鏡）中期
44-1	?	不明	曽本二子山古墳	江南市布袋町	古墳	前方後円墳	古墳後期	不明	—	—	—
45	舶	「倣製」三角縁獣文帯三神三獣鏡	小木宇都宮神社古墳	小牧市小木4599	古墳	前方後方墳（62）・竪穴式石槨	古墳前期	21.8		目録番号235・同笵鏡番号118・配置K1	—
46	舶	「倣製」三角縁獣文帯三神三獣鏡	小木天王山古墳	小牧市小木字甲屋敷	古墳	不明	古墳前期	21.0		目録番号234・同笵鏡番号117・配置K1	—
47	倭	神頭鏡					11.0		獣形文鏡類六獣鏡（小林82·10）／ⅠCd類（荻野82）／三ツ山鏡系（赤塚04a）	神頭鏡系 前（中）
48	舶	三角縁波文帯三神三獣鏡	甲屋敷2号墳	小牧市小木字甲屋敷4733他	古墳	円墳（30〜35）・粘土槨	古墳前期	22.1		目録番号130・同笵鏡番号71・配置K2・表現⑫／三角縁神獣鏡類A型（小林82·10）	—
49	倭	六弧内行花文鏡	小木（伝）	小牧市小木（伝）	古墳	不明	古墳前期	8.1	—	六弧（樋口79）／B類（H類）（清水94）／小林鏡（赤塚98a）／六花文鏡（小林10）	内行花文鏡B式 前（中）
50	舶	「倣製」三角縁獣文帯三神三獣鏡	甲屋敷古墳（小木）（伝）	小牧市小木字甲屋敷（伝）	古墳	不明	古墳前期	20.8		目録番号245・配置K1／三角縁神獣鏡類C型（小林82·10）	—
51	舶	流雲文縁浮彫式獣帯鏡	三ツ山1号墳	小牧市東田中字金井戸	古墳	方墳（22）・割竹形木棺直葬	古墳前期	12.2	—	—	—
52	倭	神頭鏡	三ツ山2号墳〔第1主体部〕	小牧市東田中字金井戸	古墳	方墳（18）・割竹形木棺直葬	古墳前期	14.3		ⅠBa類（荻野82）／神頭鏡系（森下02）／三ツ山鏡系（赤塚04a）	神頭鏡系 前（中）
53	倭	捩文鏡	三ツ山2号墳〔第2主体部〕	小牧市東田中字金井戸	古墳	方墳（18）・割竹形木棺直葬	古墳前期	8.9		獣毛紋鏡系（森下02）	捩文鏡A系 前（中）
54	舶	「倣製」三角縁獣文帯三神三獣鏡	仙人塚古墳（伝）	北名古屋市熊之庄2156-3（伝）〔西春日井郡師勝町〕	古墳	不明	—	23.5		目録番号231・同笵鏡番号115・配置L2	—
55	倭	弥生倭製鏡	朝日遺跡遺物包含層	清須市朝日〔西春日井郡清洲町〕	集落	遺物包含層	弥生末期	7.1		重圏文系小形仿製鏡第3型（田尻10·12）	〔弥生倭製鏡〕弥生
55-1	舶	虺龍文鏡	朝日遺跡99Ab区SK01	清須市朝日〔西春日井郡清洲町〕	集落	土壙	弥生後期〜	7.4		ⅡB式？（岡村05）	—

発見年	所蔵（保管）者	共伴遺物					文献	備考
		石製品・玉類	武具・武器・馬具	ほか金属器	土器類	その他		
1973	京都国立博物館						渡邉樹・鈴木康高・森下章司編 2014『史跡東之宮古墳』犬山市埋蔵文化財調査報告書第12集，犬山市教育委員会	1157g／愛知県（尾張国）21-4
	京都国立博物館〈J甲426〉							917g／愛知県（尾張国）21-5
	京都国立博物館〈J甲426〉							1389g／愛知県（尾張国）21-3
	京都国立博物館							963g／愛知県（尾張国）21-1
	京都国立博物館〈J甲426〉							879g／愛知県（尾張国）21-2?
	京都国立博物館〈J甲426〉	鍬形石1・車輪石1・石釧3・合子形石製品2・翡翠勾玉3・管玉138	刀9・剣4・剣槍17・鉄鏃6	斧6・鉇1・鑿2・刀子1・針1・Y字形鉄製品2・不明鉄製品11	—			915g／愛知県（尾張国）21-6?
	京都国立博物館							199g／愛知県（尾張国）21-11
	京都国立博物館							216g／愛知県（尾張国）21-9／赤塚A鏡
	京都国立博物館							321g／愛知県（尾張国）21-10／赤塚B鏡
	京都国立博物館							395g／愛知県（尾張国）21-7?／赤塚C鏡
	京都国立博物館							368g／愛知県（尾張国）21-8?／赤塚D鏡
1917	東京国立博物館（J8148）	—	—	—	—	—	岩野見司編1976『愛知の古鏡』毎日新聞社	漢式鏡319／愛知県（尾張国）22
1887?	所在不明	管玉18・切子玉17	冑1・甲1・刀5・槍2・轡1	金環2・鉄片	須恵器		後藤守一1926『漢式鏡』日本考古学大系，雄山閣	漢式鏡320
不明	宇都宮神社（個人）	—	—	—	—	—	岩野見司編1976『愛知の古鏡』毎日新聞社	漢式鏡317?／愛知県（尾張国）17・18
不明	焼失	—	—	—	—	—	岩野見司編1976『愛知の古鏡』毎日新聞社	愛知県（尾張国）19-1
								愛知県（尾張国）19-2
1891	個人	—	—	—	—	—	岩野見司編1976『愛知の古鏡』毎日新聞社	漢式鏡318?／愛知県（尾張国）20-1
不明	個人	—	—	—	—	—	岩野見司編1976『愛知の古鏡』毎日新聞社	愛知県（尾張国）20-2
不明	個人	—	—	—	—	—	岩野見司編1976『愛知の古鏡』毎日新聞社	—
1979		—	—	手斧1・鎌1・刀子1	—	—		—
1979	小牧市教育委員会	—	剣1・槍1・銅鏃1・鉄鏃4	鏃先1・不明鉄器1			荻野繁春編1980『三ツ山古墳群発掘調査報告書』小牧市教育委員会	—
1979		—	鉄鏃1	—				
不明	個人	—	—	—	—	—	岩野見司編1976『愛知の古鏡』毎日新聞社	愛知県（尾張国）30
1986	財団法人愛知県埋蔵文化財センター						愛知県清洲貝殻山貝塚資料館編1993『青銅鏡—鏡にうつる愛知のクニ—』愛知県清洲貝殻山貝塚資料館	—
2000頃		—	—	—	—	—	愛知県史編さん委員会編2005『愛知県史』資料編3考古3古墳，愛知県	破鏡（2孔）

番号	舶倭	鏡式	出土遺跡	出土地名	遺跡内容	時期	面径(cm)	銘文	諸氏分類	編者分類・時期
56	倭	九乳文鏡	白亀塚古墳（いわき塚古墳）	丹羽郡大口町豊田字白亀82	古墳	円墳（17）	古墳後期	6.5	—	乳文鏡類（小林82・10）	［乳脚文鏡］	後期
57	倭	四神二獣鏡	石亀塚古墳	丹羽郡大口町外坪字巾上	古墳	円墳	古墳中期	13.2	—	三神三獣鏡系（小林82・10）	分離式神獣鏡系	前（新）
58	倭	弥生倭製鏡	余野清水遺跡	丹羽郡大口町余野字清水63	集落	遺物包含層	弥生末期	7.4	—	古式仿製鏡内行花文座式（樋口79）／内行花文日光鏡系仿製鏡第Ⅲ型b類（高倉85・90）／内行花文系小形仿製鏡第5型（田尻10・12）	［弥生倭製鏡］	弥生
59	舶	三角縁日・月・獣文帯四神四獣鏡					21.9	「日月」	目録番号65・同笵鏡番号34・配置D・表現他	—	—
60	舶	三角縁波文帯盤龍鏡	奥津社古墳（推定）	愛西市千引町屋敷（推定）〔海部郡佐織町〕	古墳	前方後方墳（35？）	古墳前期	24.4	—	目録番号3・同笵鏡番号4・配置盤龍・表現盤	—	—
61	舶	三角縁張氏作四神四獣鏡					23.8	「張氏作竟真大巧 上有仙人赤松子 神玄辟邪□□□ □飲玉泉飢食棗 生如金石不知老兮」	目録番号34・同笵鏡番号18・配置A・表現①	—	—
62	倭	鼉龍鏡	浄賢寺蔵鏡	不明	不明	不明	不明	21.7	—	省略系-1（新井95）／第一群（車崎95）／Ⅰ群B系①（辻田00）／鼉龍鏡b系（森下02）／Ⅰ群Ba系①（辻田07）	鼉龍鏡C系	前（中）
63	舶	「仿製」三角縁獣文帯三神三獣鏡					22.3	—	目録番号217・配置K2	—	—
64	倭	神頭鏡	兜山古墳	東海市名和町欠下55	古墳	円墳（45）・粘土槨	古墳前期	16.2	—	獣形文鏡類六獣鏡（小林82・10）／ⅡBb類（荻野82）／神像式倭鏡（林02）／神頭鏡系（森下02）／兜山鏡系（赤塚04a）	神像鏡Ⅱ系	前（中）
65	倭	捩文鏡					9.4	—	Ⅴ型（樋口79）／捩文鏡（類）C型（小林82・10）／BⅢ型（小林83）	捩文鏡E系	前（新）
66	倭？	内行花文鏡					11.0	—	—	内行花文鏡B式？	前期？
67	舶	鼉龍文鏡	兜山古墳？（伝）	東海市名和町欠下55（伝）				9.2	—	—	—	—
68	舶	画文帯同向式神獣鏡	亀山2号墳	岡崎市丸山町亀山17	古墳	横穴式石室	古墳後期	20.8	「吾作明竟 幽湅三商 配像萬疆 統徳序道 敬奉賢良 彫刻無祉 百牙擧樂 衆華主陽 聖徳光明 富貴安樂 子孫番昌 學者高遷 士至公卿 其師命長」	B式（樋口79）	—	—
69	倭	珠文鏡					7.7	—	A-B類（脇山13）	［珠文鏡］	—
70	倭	乳文鏡	宇頭王塚古墳（薬王寺古墳）	岡崎市宇頭北町1丁目	古墳	前方後円墳（70）	古墳中期	8.6	擬銘	獣帯鏡類C型（小林82・10）	［乳脚文鏡］	後期
71	舶	飛禽鏡	岩津1号墳	岡崎市岩津町西ノ坂55-84	古墳	円墳（11）・横穴式石室	古墳後期	8.3	—	半肉彫獣帯鏡B四獣式（樋口79）／獣形文鏡類四獣鏡C-1型（小林82・10）／B式（實盛15）	—	—
72	倭	捩文鏡	栗林古墳	岡崎市明大寺町栗林	古墳	円墳（12）・粘土槨	古墳前期	11.8	—	房文鏡系（森下91）／C型式a類（水野97）／房紋鏡系（森下02）	捩文鏡C系	前（中）
73	倭	珠文鏡（唐草文鏡）	岡崎市付近	岡崎市付近（伝）	不明	不明	不明	9.2	—	乳文鏡類（小林82・10）	［珠文鏡］	—
74	倭	六弧内行花文鏡	八ツ塚古墳	安城市東町向田	古墳	不明	古墳前期	11.0	擬銘	B類（H類）（清水94）／小木鏡系（赤塚98a）／六花文鏡（小林10）	内行花文鏡B式	前（中？）
88	倭	六弧内行花文鏡	北本郷古墳	安城市和泉町北本郷2	古墳	不明	古墳中期	9.0	—	—	内行花文鏡B式	前（中）
75	倭	［珠文鏡？］	岩谷1号墳	西尾市吉良町岡山字岩谷山4-2〔幡豆郡吉良町〕	古墳	円墳（14）・横穴式石室	古墳後期	不明	—	—	—	—
76	倭	四獣鏡	若宮1号墳	西尾市吉良町岡山字若宮前7〔幡豆郡吉良町〕	古墳	円墳（26）	古墳後期	11.6	—	—	—	—
77	?	不明	中ノ郷古墳（伝）	西尾市西幡豆町中野郷（伝）〔幡豆郡幡豆町〕	古墳	横穴式石室	古墳後期	9.0	—	—	—	—
78	?	不明	中之浜古墳（伝）	西尾市東幡豆町中ノ浜75（伝）〔幡豆郡幡豆町〕	古墳	円墳	古墳後期	不明	—	—	—	—

愛知

発見年	所蔵（保管）者	共伴遺物					文献	備考
		石製品・玉類	武具・武器・馬具	ほか金属器	土器類	その他		
1952	個人	―	刀2・槍2・鉄鏃7	―	須恵器（高杯6・杯身1・杯蓋2）	―	愛知県史編さん委員会編2005『愛知県史』資料編3 考古3 古墳,愛知県	〈32g〉／愛知県（尾張国）26
1871～72	個人	―	短甲・刀1	―	―	―	岩野見司編1976『愛知の古鏡』毎日新聞社	愛知県（尾張国）27
1873	個人	―	―	―	―	―	愛知県清洲貝殻山貝塚資料館編1993『青銅鏡―鏡にうつる愛知のクニ―』愛知県清洲貝殻山貝塚資料館	愛知県（尾張国）28／「十」字文鏡
不明	奥津社	―	―	―	―	―	岩野見司1976「愛知県海部郡佐織町奥津社の三角縁神獣鏡について」『考古学雑誌』第62巻第2号,日本考古学会	愛知県（尾張国）30-1
								愛知県（尾張国）30-2
								愛知県（尾張国）30-3
不明	浄賢寺	―	―	―	―	―	車崎正彦編2002『考古資料大観』第5巻 弥生・古墳時代 鏡,小学館	伝世品
1880	名古屋市博物館	石釧9・合子形石製品1・坩形石製品1・器台形石製品1・管玉150	―	鉄片7	―	―	小栗鐵次郎1930「上野村名和に於ける古墳」『愛知県史蹟名勝天然紀念物調査報告』第八,愛知県	漢式鏡321～324／愛知県（尾張国）29-1
	所在不明							漢式鏡321～324／愛知県（尾張国）29-2
								漢式鏡321～324／愛知県（尾張国）29-4
	個人							漢式鏡321～324／愛知県（尾張国）29-3／破片
不明	名古屋市博物館							―
1958(1968?)	岡崎市教育委員会	―	刀1・轡金具	刀子1	甕1		岩野見司編1976『愛知の古鏡』毎日新聞社	同型鏡群〔GD-3〕／愛知県（三河国）1
1958								―
1616(1912?)	薬王寺	土製勾玉	刀	―	―	―	新編岡崎市史編纂委員会編1989『新編岡崎市史』史料 考古16,岡崎市	愛知県（三河国）2
1961	岡崎市教育委員会	勾玉2・切子玉6	三葉文環頭大刀柄頭1・鉄鏃10・轡金具	耳環5・不明鉄器	須恵器（短頸壺・装飾台付壺・高杯・甅）		岩野見司編1976『愛知の古鏡』毎日新聞社	愛知県（三河国）3
1948	個人	勾玉2・管玉3	―	―	―	竹櫛1	新編岡崎市史編纂委員会編1989『新編岡崎市史』史料 考古16,岡崎市	愛知県（三河国）4
不明	東京国立博物館(J10511)	―	―	―	―	―	後藤守一1942『古鏡聚英』上篇 秦鏡と漢六朝鏡,大塚巧芸社	愛知県（三河国）6
明治	秋葉神社・安城市歴史博物館	―	刀剣	―	―	―	赤塚次郎1998「東海の内行花文倭鏡」『考古学フォーラム』9,考古学フォーラム	愛知県（三河国）19
明和	和泉八剣神社	管玉19～・小玉8	剣1	斧1	―	―	白石太一郎・設楽博己編1994『弥生・古墳時代遺跡出土鏡データ集成』（『国立歴史民俗博物館研究報告』第56集）,国立歴史民俗博物館	―
1913	所在不明	―	刀1・鉄鏃	耳環8	須恵器（壺1・平瓶2）	―	白石太一郎・設楽博己編1994『弥生・古墳時代遺跡出土鏡データ集成』（『国立歴史民俗博物館研究報告』第56集）,国立歴史民俗博物館	愛知県（三河国）14
1914	西尾市教育委員会（紅陵園）	―	刀2・鉄鏃2	耳環1・不明鉄器1	―	石枕	愛知県清洲貝殻山貝塚資料館編1993『青銅鏡―鏡にうつる愛知のクニ―』愛知県清洲貝殻山貝塚資料館	愛知県（三河国）15
不明	幡豆歴史民俗資料館	―	刀・鉄鏃・轡？	―	―	―	白石太一郎・設楽博己編1994『弥生・古墳時代遺跡出土鏡データ集成』（『国立歴史民俗博物館研究報告』第56集）,国立歴史民俗博物館	愛知県（三河国）16?
不明	所在不明（幡豆中学校旧蔵）	―	―	―	―	―	久永春男・田中稔編1963『守山の古墳』守山市教育委員会	愛知県（三河国）17

番号	舶倭	鏡式	出土遺跡	出土地名	遺跡内容	時期	面径(cm)	銘文	諸氏分類	編者分類・時期
78-1	倭	素文鏡	後田（伝）	西尾市西幡豆町後田（伝）〔幡豆郡幡豆町〕	不明	不明	4.5	—	—	〔素文鏡〕	—
78-2	倭	素文鏡					奈良？	3.2	—	—	〔素文鏡〕	—
79	舶	三角縁吾作三神五獣鏡	百々古墳（百々町）（伝）	豊田市百々町3-49（伝）	古墳	不明	古墳前期	21.5	「吾作明竟甚大好　上有神守及龍虎　古有聖人東王父　渇飲王全肌食棗　壽如金石」	目録番号26・同笵鏡番号13・配置B・表現⑦	—
80	倭	七乳文鏡	豊田大塚古墳	豊田市河合町1-10	古墳	円墳（約38）・横穴式石室	古墳後期	10.6	擬銘	乳文鏡Ⅱ類（樋口79）／獣帯鏡類C型（小林82・10）	〔乳脚文鏡〕	後期
81	倭	六弧内行花文鏡	扶桑町付近（高橋古鼠坂）（伝）	豊田市扶桑町付近（伝）	不明	不明	不明	完形	—	小木鏡系（赤塚98a）	内行花文鏡B式	前（中？）
82	舶	長宜子孫八弧内行花文鏡	宇津木古墳	豊田市花本町宇津木107	古墳	前方後方墳（54）	古墳前期	15.9	「□□子□」／「□□金石佳且好□」	—	—
83	倭	乳文鏡	寺西1号墳	豊橋市石巻小野田町寺西	古墳	円墳（25）・横穴式石室	古墳後期	9.3	—	獣帯鏡類D型（小林82・10）	〔乳脚文鏡〕	後期
84	倭	珠文鏡	弁天塚古墳	豊橋市賀茂町天神前	古墳	円墳（44）・横穴式石室	古墳後期	8.0	—	珠文鏡類B型（小林82・10）／Ⅲ類（中山他94）	〔珠文鏡〕	—
85	舶	唐草文鏡？	東田古墳	豊橋市東田町	古墳	前方後円墳（40）	古墳中期	10.5	—	乳文鏡類（小林82・10）	—	—
86	？	不明	金沢大塚古墳	豊川市金沢町大塚10-1〔宝飯郡一宮町〕	古墳	円墳（30〜34）	古墳中期	不明	—	—	—	—
87	舶	海獣葡萄鏡	森月1号墳	豊川市大木町山ノ奥〔宝飯郡一宮町〕	古墳	円墳（10）	古墳終末期	13.8	—	—	—	—
87-1	舶	方格規矩四神鏡	石座神社遺跡竪穴住居3002SI	新城市大宮	集落	竪穴住居（焼失住居）	古墳前期？	破片	「…泉…」	—	—	—
87-2	倭	二神二獣鏡（六神二獣鏡）	三河国（伝）	愛知県（伝）	不明	不明	不明	10.4	—	—	二神二獣鏡Ⅱ系？	前期？
87-3	倭	不明	三河（伝）	愛知県（伝）	不明	不明	不明	—	約7	—	—	—
87-4	倭	不明	三河（伝）	愛知県（伝）	不明	不明	不明	—	約7	—	—	—

三重

番号	舶倭	鏡式	出土遺跡	出土地名	遺跡内容	時期	面径(cm)	銘文	諸氏分類	編者分類・時期
1	？	不明	大久保6号墳	桑名市多度町小山字西塚〔桑名郡多度町〕	古墳	円墳	古墳	不明	—	—	—
5	舶	三角縁君・宜・高・官・獣帯四神四獣鏡	桑名市（伝）（高塚山古墳？）	桑名市（伝）	不明	不明		22.7	「君宜高官回（符号）」	目録番号73・同笵鏡番号38・配置F1・表現⑯	—
6	舶	三角縁天・王・日・月・獣文帯二神二獣鏡					22.2	「天王日月」	目録番号91・同笵鏡番号50・配置J1・表現⑤	—
7	舶	三角縁天・王・日・月・獣文帯三神三獣鏡					22.1	「天王日月」	目録番号109・同笵鏡番号62・配置L1・表現⑯	—
2	？	不明	有長（築山）古墳	員弁郡東員町山田字鳥取〔員弁郡東員町〕	古墳	古墳	古墳	約12	—	—	—
3	？	不明					不明	—	—	—	—
4	？	〔四乳鏡〕	猪名部神社4号墳	員弁郡東員町北大社〔員弁郡東員町〕	古墳	前方後円墳	古墳	10.2	—	—	—
8	倭	六弧内行花文鏡	小牧町（伝）	四日市市小牧町（伝）	不明	不明	不明	7.1	—	B類2式（清水94）／内行花紋鏡D系（森下02）	内行花文鏡B式	前（中）
9	倭	内行花文鏡	志氐神社古墳	四日市市大宮町羽津田	古墳	前方後円墳	古墳前期	12.5	—	B類（清水94）	内行花文鏡B式	前（中？）

発見年	所蔵（保管）者	共伴遺物 石製品・玉類	武具・武器・馬具	ほか金属器	土器類	その他	文献	備考
不明	宮内庁書陵部〈陵65-3〉	―	―	―	―	―	宮内庁書陵部編2005『宮内庁書陵部所蔵 古鏡集成』学生社	17g
不明	宮内庁書陵部〈陵65-2〉	―	―	―	―	―		7g／「古墳時代から伝世された素文鏡が他の鏡とともに埋納されたと考えておく」〔小野本2013〕
大正？	大阪歴史博物館（旧大阪市立博物館〈考0584〉）						田端勉1977「豊田市出土「三角縁神獣鏡」について」豊田市郷土資料館編『豊田市埋蔵文化財調査集報』第三 古墳Ⅱ, 豊田市教育委員会	愛知県（三河国）10
1963	豊田市郷土資料館	勾玉3・管玉24・棗玉10・丸玉164・小玉107	刀6・責金具5・鉄鏃・轡金具1・鏡板2・鉸具4・雲珠1	耳環5・刀子4	土師器11・須恵器（長頸壺・台付短頸壺・台付壺・四連短頸壺・杯・四連杯・甑・提瓶）	土製紡錘車1	久永春男他編1966『豊田大塚古墳発掘調査報告書』豊田市教育委員会	愛知県（三河国）7
大正？	所在不明	―	―	―	―	―	赤塚次郎1998「東海の内行花文倭鏡」『考古学フォーラム』9, 考古学フォーラム	愛知県（三河国）8
1942～52（明治？）	豊田市郷土資料館	―	刀？	―	土器？	―	岩野見司編1976『愛知の古鏡』毎日新聞社	愛知県（三河国）9
1965	豊橋市美術博物館		刀12・剣1・石突・鉄鏃・馬具	耳環1・刀子	須恵器（広口壺・短頸壺・台付壺・高杯・甑・提瓶）		愛知県清洲貝殻山貝塚資料館編1993『青銅鏡─鏡にうつる愛知のクニ─』愛知県清洲貝殻山貝塚資料館	愛知県（三河国）13
1951	賀茂神社	丸玉1・小玉2	刀1・槍1・鉄鏃2・轡1		須恵器（提瓶1）		岩野見司編1976『愛知の古鏡』毎日新聞社	愛知県（三河国）11
1879～80	個人		刀1				富岡謙蔵1920『古鏡の研究』丸善	漢式鏡325／愛知県（三河国）12
1909	所在不明	勾玉・管玉	刀	―	―	貝輪？	白石太一郎・設楽博己編1994『弥生・古墳時代遺跡出土鏡データ集成』（国立歴史民俗博物館研究報告』第56集）, 国立歴史民俗博物館	愛知県（三河国）18
1960	一宮町歴史民俗資料館	―	刀1	―	―	―	水野敏典編2010『考古資料における三次元デジタルアーカイブの活用と展開』平成18年度～平成21年度科学研究費補助金基盤研究（A）研究成果報告書, 奈良県立橿原考古学研究所	―
2010	財団法人愛知県埋蔵文化財センター						早野浩二・日吉康浩2011「石座神社遺跡の遺構と遺物」『愛知県埋蔵文化財センター研究紀要』第12号, 愛知県埋蔵文化財センター	破鏡（破面研磨・2孔）
不明	五島美術館〈M250〉	―	―	―	―	―	―	155g／脇侍あり
不明	個人〈仿製8〉	―	―	―	―	―	―	加藤一郎氏教示
不明	個人〈仿製7〉	―	―	―	―	―	―	加藤一郎氏教示
明治末年	所在不明	―	―	―	―	―	三重県埋蔵文化財センター編1991『三重の古鏡』第10回三重県埋蔵文化財展, 三重県埋蔵文化財センター	三重県（伊勢国）3
不明	MOA美術館						京都国立博物館編1979『求世熱海美術館名宝展』日本経済新聞社	三重県（伊勢国）4-3?／三重県（伊勢国）4-2?／三重県（伊勢国）4-1?
不明	所在不明				横瓶5		吉村利男2001「三重県内の古鏡出土に関する覚書（その一）─関連文献の再検討を中心に─」『三重県史研究』第16号, 三重県	三重県（伊勢国）2-1?／「細片ノミニテ紋様想見スベカラズ。素縁ノ次ニ素紋帯一條アリ。其内面ニ櫛歯紋見ユ」／三重県（伊勢国）2-2?
1928	所在不明（猪名部神社旧蔵）				須恵器		吉村利男2001「三重県内の古鏡出土に関する覚書（その一）─関連文献の再検討を中心に─」『三重県史研究』第16号, 三重県	三重県（伊勢国）1／鏡片
不明	個人	小玉	―	―	―	―	三重県埋蔵文化財センター編1991『三重の古鏡』第10回三重県埋蔵文化財展, 三重県埋蔵文化財センター	三重県（伊勢国）6
1852（1956?）	志氏神社	碧玉車輪石1・硬玉勾玉1・硬玉管玉2・ガラス小玉4	―	―	―	―	三重県埋蔵文化財センター編1991『三重の古鏡』第10回三重県埋蔵文化財展, 三重県埋蔵文化財センター	三重県（伊勢国）5

番号	舶倭	鏡 式	出土遺跡	出土地名	遺跡内容	時 期	面径(cm)	銘 文	諸氏分類	編者分類・時期	
10	倭	乳文鏡？	丸山古墳（中広1号墳）	四日市市河原田町中広	古墳	円墳	古墳	破片	—	—	〔乳脚文鏡？〕	後期？
11	？	不明	茶臼山1号墳	四日市市大井手字盆ノ井	古墳	不明	古墳	不明	—	—	—	—
12	？	不明	茶臼山3号墳	四日市市大井手字盆ノ井	古墳	円墳・横穴式石室	古墳	不明	—	—	—	—
15	倭	五獣鏡	保子里1号墳	鈴鹿市国府町保子里	古墳	円墳（20）・礫槨（箱形石棺）	古墳後期	14.0	擬銘	Ⅳ型（樋口79）／異形獣文鏡（樋口79）／異形獣文鏡類五獣鏡（小林82・10）／D群12段階（池上92）／同向式神獣鏡B系（森下02）	〔中期型獣像鏡〕	中期
15-1	倭	不明	保子里古墳群	鈴鹿市国府町保子里	古墳	不明	古墳	不明	—	—	—	—
16・183	倭	獣帯鏡	東玉垣古墳群	鈴鹿市東玉垣町	古墳	不明	古墳	14.4	—	—	—	—
17	舶	画文帯対置式四神四獣鏡	塚越1号墳（岸岡山所在古墳）	鈴鹿市岸岡町塚越	古墳	不明	古墳中期	17.6	—	—	—	—
18	倭	二神四獣鏡	塚越1号墳（岸岡山所在古墳）	鈴鹿市岸岡町塚越	古墳	不明	古墳中期	11.6	—	三神三獣鏡系（小林82・10）	分離式神獣鏡系	前（新）
19	倭	捩文鏡					6.7	—	捩文鏡（類）C型（小林82・10）／BⅢ型（小林83）	捩文鏡E系	前（新）
20	倭	七鈴四獣鏡	愛宕山2号墳	鈴鹿市江島町	古墳	前方後円墳	古墳	11.8	—	獣形文系D類（岡田05）	〔旋回式獣像鏡？〕	後期
21	？	不明	御薗1号墳	鈴鹿市御薗町長広	古墳	円墳	古墳	不明	—	—	—	—
22	舶	三角縁波文帯三神三獣鏡	赤郷1号墳（アカゴ塚古墳）	鈴鹿市秋永町赤郷	古墳	前方後円墳	古墳前期	21.6	—	目録番号124・同笵鏡番号77・配置K1・表現⑪	—	—
23	？	不明	衣手山1号墳	鈴鹿市郡山町西高塚	古墳	不明	古墳	約10	—	—	—	—
24	舶	画文帯環状乳三神三獣鏡	鈴鹿市（伝）	鈴鹿市（伝）	不明	不明	不明	11.7	「吾□□□　幽□三岡　大吉辰□」	—	—	—
24-1	倭	細線式渦文鏡	鈴鹿村古墳（伝）	鈴鹿市（伝）	古墳	不明	古墳	14.9	—	—	—	中期
25	？	不明	山下古墳	亀山市山下町	古墳	前方後円墳（39）	古墳後期	不明	—	—	—	—
26	舶	獣文縁浮彫式獣帯鏡	木ノ下古墳（木下古墳）〔第2主体部〕	亀山市木下町宮ノ前	古墳	帆立（31）・粘土槨	古墳後期	17.2	「宜子孫」	—	—	—
27	舶	画文帯同向式神獣鏡	井田川茶臼山古墳〔1号棺〕	亀山市井田川町	古墳	横穴式石室（箱形石棺）	古墳後期	20.9	「吾作明竟　幽凍三商　配像萬疆　統徳序道　敬奉賢良　彫克無祉　百牙擧樂　衆華主陽　聖徳光明　富貴安樂　子孫番昌　學者高遷　士至公卿　其師命長」	B式（樋口79）	—	—
28	舶	画文帯同向式神獣鏡	井田川茶臼山古墳〔2号棺〕	亀山市井田川町	古墳	横穴式石室（箱形石棺）	古墳後期	20.8	「吾作明竟　幽凍三商　配像萬疆　統徳序道　敬奉賢良　彫克無祉　百牙擧樂　衆華主陽　聖徳光明　富貴安樂　子孫番昌　學者高遷　士至公卿　其師命長」	B式（樋口79）	—	—
29	舶	四獣鏡	上椎ノ木1号墳	亀山市川合町上椎ノ木	古墳	円墳（22）・粘土槨	古墳前期	10.4	—	—	—	—
30	？	不明	四反田1号墳（大名塚1号墳）	津市安濃町草生〔安芸郡安濃町〕	古墳	円墳？・横穴式石室	古墳後期	不明	—	—	—	—
31	？	不明	四反田1号墳（大名塚1号墳）	津市安濃町草生〔安芸郡安濃町〕	古墳	円墳？・横穴式石室	古墳後期	13.0	—	—	—	—
32	倭	四神四獣鏡	北浦（赤塚古墳）（伝）	津市安濃町東観音寺字北浦（伝）〔安芸郡安濃町〕	古墳	帆立	古墳	17.4	—	四神四獣鏡（樋口79）／四神四獣鏡系（小林82・10）	〔中期型神獣鏡〕	中期
32-1	？	不明	北浦（赤塚古墳）（伝）	津市安濃町東観音寺字北浦（伝）〔安芸郡安濃町〕	古墳	帆立	古墳	16.7	—	—	—	—

三重

発見年	所蔵（保管）者	共伴遺物 石製品・玉類	共伴遺物 武具・武器・馬具	共伴遺物 ほか金属器	共伴遺物 土器類	共伴遺物 その他	文献	備考
不明	所在不明（個人旧蔵）	―	―	―	―		三重県埋蔵文化財センター編1991『三重の古鏡』第10回三重県埋蔵文化財展，三重県埋蔵文化財センター	三重県（伊勢国）7／旋回式獣像鏡系の可能性
昭和初年	所在不明	勾玉・管玉	―	―	須恵器		吉村利男2001「三重県内の古鏡出土に関する覚書（その一）―関連文献の再検討を中心に―」『三重県史研究』第16号，三重県	三重県（伊勢国）8
1927		勾玉・管玉	―	―	須恵器			三重県（伊勢国）9
1899	東京国立博物館〈J13935〉	勾玉・管玉・棗玉・切子玉・丸玉・小玉	捩環頭大刀・鉄鏃・轡・杏葉・鉸具・兵庫鎖・銅鈴	銅製台付盤・垂飾付耳飾2・金環・鋤先・斧	須恵器（壺・器台・高杯・蓋杯・提瓶）		三重県埋蔵文化財センター編1991『三重の古鏡』第10回三重県埋蔵文化財展，三重県埋蔵文化財センター	229g／漢式鏡291／三重県（伊勢国）10
～1960	所在不明（個人旧蔵）	―	―	―	―		吉村利男2002「三重県内の古鏡出土に関する覚書（その二）―関連文献の再検討を中心に―」『三重県史研究』第17号，三重県	―
1960	三重県立博物館（個人旧蔵）						三重県編2005『三重県史』資料編 考古1，三重県	三重県（伊勢国）13
不明	個人	滑石紡錘車1・碧玉勾玉8・硬玉勾玉1・碧玉管玉22					樋本亀次郎編1954『三重考古図録』三重県教育委員会	三重県（伊勢国）12-3
							三重県埋蔵文化財センター編1991『三重の古鏡』第10回三重県埋蔵文化財展，三重県埋蔵文化財センター	三重県（伊勢国）12-1
								三重県（伊勢国）12-2
不明	江島神社	―					三重県埋蔵文化財センター編1991『三重の古鏡』第10回三重県埋蔵文化財展，三重県埋蔵文化財センター	三重県（伊勢国）11
不明	所在不明（上野神社?）						三重県埋蔵文化財センター編1991『三重の古鏡』第10回三重県埋蔵文化財展，三重県埋蔵文化財センター	三重県（伊勢国）16／破片
不明	真昌寺						網干善教編1992『紀伊半島の文化史的研究』考古学編，清文堂出版	三重県（伊勢国）14
大正	所在不明（栄小学校旧蔵）						吉村利男2001「三重県内の古鏡出土に関する覚書（その一）―関連文献の再検討を中心に―」『三重県史研究』第16号，三重県	三重県（伊勢国）17
不明	名古屋市博物館						名古屋市博物館編1982『館蔵品図録』Ⅰ，名古屋市博物館	
不明	個人						福島義一編1983『古鏡 その歴史と鑑賞』徳島県出版文化協会	
不明	所在不明						三重県埋蔵文化財センター編1991『三重の古鏡』第10回三重県埋蔵文化財展，三重県埋蔵文化財センター	三重県（伊勢国）19
1964	三重県埋蔵文化財センター	碧玉勾玉2・瑪瑙勾玉1・碧玉管玉10・滑石臼玉38・ガラス小玉56	刀1・鉄鏃27	鉇先1・斧2・鉈1・鎌1・刀子7			三重大学歴史研究会原始古代史部会1982「亀山市木ノ下古墳の発掘調査概要」『考古学雑誌』第67巻第3号，日本考古学会	同型鏡群〔UJ-1〕／510g／三重県（伊勢国）18
1972	三重県埋蔵文化財センター	ガラス小玉・棗玉・空玉	捩環頭大刀・刀・矛・鉄鏃・胡籙金具・轡・鏡板・鞍・杏葉・壺鐙・辻金具・鉸具・雲珠・銅鈴	冠帽・金環・銀環・刀子	土師器（壺・高杯）・須恵器（台付壺・短頸壺・壺・高杯・器台・杯蓋・甑）		三重県埋蔵文化財センター編1991『三重の古鏡』第10回三重県埋蔵文化財展，三重県埋蔵文化財センター	同型鏡群〔GD-3〕／三重県（伊勢国）35-1?
								同型鏡群〔GD-3〕／三重県（伊勢国）35-2?
1989	三重県埋蔵文化財センター	石釧1・滑石坩形石製品1・硬玉勾玉1・瑪瑙勾玉3・琥珀勾玉1・管玉41・ガラス小玉37	―				三重県埋蔵文化財センター編1991『三重の古鏡』第10回三重県埋蔵文化財展，三重県埋蔵文化財センター	
不明	所在不明	瑪瑙勾玉3・碧玉管玉7・水晶切子玉3・ガラス小玉	刀1	―	須恵器		三重県埋蔵文化財センター編1991『三重の古鏡』第10回三重県埋蔵文化財展，三重県埋蔵文化財センター	三重県（伊勢国）20-1?
								三重県（伊勢国）20-2?
1889頃	宮内庁書陵部〈陵66〉		甲・剣・矛				宮内庁書陵部編2005『宮内庁書陵部所蔵 古鏡集成』学生社	627g
	所在不明						吉村利男2001「三重県内の古鏡出土に関する覚書（その一）―関連文献の再検討を中心に―」『三重県史研究』第16号，三重県	「径五寸五分毀損」

番号	舶倭	鏡　式	出土遺跡	出土地名	遺跡内容	時　期	面径(cm)	銘　文	諸氏分類	編者分類・時期
34	?	不明	川方馬場山古墳	津市川方町〔久居市〕	古墳	不明	古墳	不明	—	—	—
35	?	方格規矩鏡	木造里中古墳（大塚山古墳）	津市木造町〔久居市〕	古墳	不明	古墳前期	10.1	—	—	—
36	倭	四獣鏡					15.8	擬銘	—	半肉彫獣帯鏡系	前（中）
37	倭	四獣鏡	善応寺山古墳群（浜塚）	津市戸木町善応寺山字浜塚〔久居市〕	古墳	不明	古墳	10.0	—	—	〔中期型獣像鏡〕	中期
38	舶	不明					10.0	—	—	—
39	倭	重圏文鏡					6.0	—	—	〔重圏文鏡〕	—
40	?	不明	久居市川方町（伝）	津市川方町（伝）〔久居市〕	不明	不明	不明	4.7	—	—	—
187	倭	乳文鏡	庄田2号墳	津市庄田町貝下〔久居市〕	古墳	円墳（20）・木棺直葬	古墳後期	10.0	—	—	〔乳脚文鏡〕	後期
41	?	不明	大広古墳群（八太）	津市一志町八太〔一志郡一志町〕	古墳	不明	古墳	不明	—	—	—
42	舶	宋氏作獣文縁浮彫式一仙五獣鏡	一志町（伝）	津市一志町（伝）〔一志郡一志町〕	不明	不明	不明	16.0	「宋氏作竟大母傷　朱爵玄武順陰陽　長保二親家□富　壽如大仙樂未央　子孫備具樂未央分」	—	—
43	?	〔海獣葡萄鏡〕	金比羅山（琴平山）	津市一志町其倉〔一志郡一志町〕	不明	不明	不明	—	—	—	—
44	?	不明	上野山古墳群	津市一志町高野〔一志郡一志町〕	不明	不明	不明	—	—	—	—
60	舶	「仿製」三角縁獣文帯三神三獣鏡	美杉村太郎生（伝）	津市美杉町太郎生（伝）〔一志郡美杉村〕	不明	不明	不明	21.9	—	目録番号241・配置K1	—
61	舶	「仿製」三角縁唐草文帯三神三獣鏡					21.2	—	目録番号250・同笵鏡番号＊・配置K1	—
45	?	不明	高取塚古墳	松阪市嬉野天花寺町〔一志郡嬉野町〕	古墳	粘土槨	古墳前期	不明	—	—	—
46	?	不明					不明	—	—	—
47	舶	連弧文銘帯鏡	原田山古墳（伝）	松阪市嬉野上野町（伝）〔一志郡嬉野町〕	古墳	円墳	古墳	10.6	「内而清而以而昭而明而　光而夫而日而月而」	—	—
48	?	不明	こがね塚古墳	松阪市嬉野島田町田中〔一志郡嬉野町〕	古墳	不明	古墳	不明	—	—	—
49	舶	八禽鏡	豊村山室（伝）	松阪市山室町（伝）	不明	不明	古墳	10.3	—	鋸歯文縁六像式（樋口79）／円圏鳥文鏡C（樋口79）	—
50	倭?	〔十二弧内行花文鏡〕	郡塚古墳（伝）	松阪市嬉野一志町字コヲメ830（伝）〔一志郡嬉野町〕	古墳	不明	古墳前期	破片	—	—	—
51	舶	三角縁天王日月・獣文帯三神三獣鏡	筒野1号墳	松阪市嬉野一志町字筒野〔一志郡嬉野町〕	古墳	前方後方墳（40）・粘土槨	古墳前期	22.3	「天王日月」	目録番号104・同笵鏡番号59・配置K1・表現③	—
52	舶	三角縁波文帯三神三獣鏡					21.7	—	目録番号132・同笵鏡番号73・配置L2・表現⑬	—
53	倭	四神二獣鏡					11.2	—	二神二獣鏡（樋口79）／四神獣鏡（樋口79）／二神二獣鏡系（小林82・10）	類獣像鏡Ⅰ系	前（古）
54	舶	双頭龍文鏡					10.5	「□至三□」	Ⅲ式（樋口79）／Ⅲ式（西村83）	—
55	倭	六弧内行花文鏡	向山古墳	松阪市嬉野上野町〔一志郡嬉野町〕	前方後方墳（71）・粘土槨	古墳前期	6.9	—	B類（清水94）／六花文鏡（小林10）	内行花文鏡B式	前（中）
56・59	倭	重圏文鏡					6.2	—	1類（脇山15）	〔重圏文鏡?〕	前期
57	倭	捩文鏡?					5.9	—	獣形文鏡類六獣鏡（小林10）	捩文鏡B系?	前（中）～
58	?	不明					約23	—	—	—
62	舶	「仿製」三角縁獣文帯三神三獣鏡					20.9	—	目録番号252・配置K1変／三角縁神獣鏡類C型（小林82・10）	—
63	舶	長宜子孫八弧内行花文鏡	清生茶臼山古墳	松阪市清生町茶臼山	円墳（55）・粘土槨	古墳前期	20.3	「□宜子孫」／「壽如金石佳且好」	Aaア式（樋口79）	—
64	?	〔内行花文鏡〕					不明	—	—	—

三重

発見年	所蔵（保管）者	共伴遺物					文献	備考
		石製品・玉類	武具・武器・馬具	ほか金属器	土器類	その他		
不明	所在不明	—	—	—	—	—	三重県埋蔵文化財センター編 1991『三重の古鏡』第10回三重県埋蔵文化財展，三重県埋蔵文化財センター	三重県（伊勢国）31
1949以前	所在不明（三重県立博物館・個人旧蔵）	硬玉管玉1・ガラス小玉4・(合子形石製品1)	刀1	—	—	—	三重県編 2005『三重県史』資料編 考古1，三重県	三重県（伊勢国）21-1
							青木達夫編1955『一志郡史』下巻，一志郡町村会	三重県（伊勢国）21-2
1961	津市教育委員会	—	—	—	—	—	三重県埋蔵文化財センター編 1991『三重の古鏡』第10回三重県埋蔵文化財展，三重県埋蔵文化財センター	—
不明	所在不明	—	—	—	—	—	三重県埋蔵文化財センター編 1991『三重の古鏡』第10回三重県埋蔵文化財展，三重県埋蔵文化財センター	三重県（伊勢国）30?
1993	津市教育委員会	ガラス玉	刀	—	—	—	三重県編 2005『三重県史』資料編 考古1，三重県	
不明	所在不明（個人旧蔵）						三重県編 2005『三重県史』資料編 考古1，三重県	三重県（伊勢国）32
昭和以降	個人						三重県埋蔵文化財センター編 1991『三重の古鏡』第10回三重県埋蔵文化財展，三重県埋蔵文化財センター	
不明	所在不明（個人旧蔵）						吉村利男2001「三重県内の古鏡出土に関する覚書（その一）—関連文献の再検討を中心に—」『三重県史研究』第16号，三重県	三重県（伊勢国）28?
不明	所在不明						吉村利男2001「三重県内の古鏡出土に関する覚書（その一）—関連文献の再検討を中心に—」『三重県史研究』第16号，三重県	三重県（伊勢国）34／出土の情報なし
1930以前	所在不明（個人？・廣瀬都巽旧蔵）						樋口隆康2000『三角縁神獣鏡新鑑』学生社	三重県（伊勢国）29
							林新兵衛商店他1932『京都大仏広瀬都巽軒愛蔵品入札』京都鈴木尚美社印刷所	三重県（伊勢国）29
不明	所在不明	車輪石・玉類	—	—	—	—	青木達夫編1955『一志郡史』下巻，一志郡町村会	三重県（伊勢国）33-1?
								三重県（伊勢国）33-2?
不明	所在不明（個人旧蔵）	—	—	—	—	—	三重県編 2005『三重県史』資料編 考古1，三重県	三重県（伊勢国）24
不明	所在不明	—	—	—	—	—	三重県埋蔵文化財センター編 1991『三重の古鏡』第10回三重県埋蔵文化財展，三重県埋蔵文化財センター	三重県（伊勢国）25
不明	黒川古文化研究所	硬玉勾玉					梅原末治1951『古鏡図鑑』黒川古文化研究所収蔵品図録第一冊，黒川古文化研究所	三重県（伊勢国）26／三重県（伊勢国）36
1919	東京国立博物館（J9747）	—	鉄鏃19	—	—	—	東京国立博物館編1988『東京国立博物館図版目録』古墳遺物篇（近畿Ⅰ），東京美術	漢式鏡299／三重県（伊勢国）22
1914	東京国立博物館（J7508）	石釧2・水晶管玉2・水晶切子玉6					後藤守一1923「伊勢一志郡豊地村の二古墳」『考古学雑誌』第14巻第3号，考古学会	899g／漢式鏡295／三重県（伊勢国）23-1
	東京国立博物館（J7510）							834g／漢式鏡293／三重県（伊勢国）23-2
	東京国立博物館（J7509）							漢式鏡294／三重県（伊勢国）23-4
	東京国立博物館（J7511）							漢式鏡292／三重県（伊勢国）23-3
1914	東京国立博物館（J7467）	車輪石3・石釧11・筒形石製品2					後藤守一1923「伊勢一志郡豊地村の二古墳」『考古学雑誌』第14巻第3号，考古学会	漢式鏡296／三重県（伊勢国）27-1
	東京国立博物館（J7468）							漢式鏡297／三重県（伊勢国）27-2
	東京国立博物館（J7469）							漢式鏡298／三重県（伊勢国）27-3・4
	所在不明							—
1926	名古屋大学文学研究科・文学部	石釧2	—				松阪市史編さん委員会1978『松阪市史』第二巻 資料編 考古，松阪市	三重県（伊勢国）38-1
								三重県（伊勢国）38-2
	所在不明							三重県（伊勢国）38-3

番号	舶倭	鏡　式	出土遺跡	出土地名	遺跡内容	時　期	面径(cm)	銘　文	諸氏分類	編者分類・時期	
65	倭	四獣鏡	大塚山古墳	松阪市佐久米町字大見	古墳	前方後円墳	古墳中期	12.8	—	—	〔中期型獣像鏡〕	中期
66	倭	珠文鏡						6.5	—	A2-D類（脇山13）	〔珠文鏡〕	—
67	倭	六獣鏡						10.5	—	—	—	—
68	倭	珠文鏡	糠塚古墳	松阪市佐久米町字中川田	古墳	円墳（36）	古墳	8.9	—	Ⅳ類（中山他94）	〔珠文鏡〕	—
69	倭	〔四獣形鏡〕						9.3	—	—	—	—
70	倭	三獣鏡	朝見地区（三つ子塚古墳群？）（伝）	松阪市佐久米町（伝）	古墳	不明	古墳	9.5	—	旋回式獣像鏡系（森下02）	〔旋回式獣像鏡〕	後期
71	?	不明	三つ子塚古墳群	松阪市佐久米町	古墳	不明	古墳	不明	—	—	—	—
72	舶	吾作系斜縁二神二獣鏡	八重田1号墳〔西棺〕	松阪市八重田町	古墳	円墳（24）・組合式木棺直葬	古墳前期	16.0	—	図像表現②（村松04）／紋様表現②（實盛09）	—	—
73	倭	捩文鏡	八重田8号墳	松阪市八重田町	古墳	円墳（24）・粘土槨	古墳中期	9.1	—	—	捩文鏡C系	前（中）
74	倭	重圏文鏡 or 捩文鏡						9.1	—	—	〔重圏文鏡 or 捩文鏡〕	前期
75	舶	盤龍鏡						12.0	—	—	—	—
76	倭	五弧内行花文鏡	浅間所在古墳	松阪市立野町	古墳	不明	古墳	10.9	—	—	内行花文鏡B式	前（中）
77	倭	鼉龍鏡						13.3	—	—	鼉龍鏡B系	前（古）
78	?	〔八獣形鏡〕						不明	—	—	—	—
79	?	〔乳文鏡〕	立野	松阪市立野町	不明	不明	不明	不明	—	—	—	—
80	?	〔乳文鏡〕						不明	—	—	—	—
81	倭	四獣鏡	丹生寺1号墳	松阪市丹生寺町	古墳	不明	古墳	11.2	—	—	〔中期型獣像鏡？〕	中期？
82	?	不明						不明	—	—	—	—
83	倭	四獣鏡	山室町（宝塚古墳群？）（伝）	松阪市山室町（伝）	不明	不明	不明	8.7	—	四獣形鏡（樋口79）／獣形文鏡類四獣鏡C-1型（小林82・10）／獣形文鏡ⅡA類（赤塚98b）	鳥頭獣像鏡B系	前（中）
84	倭	四獣鏡	下村町神戸地区（伝）	松阪市下村町（伝）	不明	不明	不明	12.6	—	—	—	中期？
85	舶	蟠螭文鏡	松阪市（伝）	松阪市（伝）	不明	不明	不明	10.9	あり（不詳）	—	—	—
86	倭	十二弧内行花文鏡	下村町神戸地区（伝）	松阪市下村町（伝）	不明	不明	不明	14.9	—	十・十二花文鏡（小林82・10）／D類Ⅱ式（清水94）	内行花文鏡A式AⅠ類	前（古？）
33・87・88・89	倭	同向式神獣鏡	坊山1号墳	松阪市下村町字坊山	古墳	円墳（35）	古墳前期	15.1	—	同向式神獣鏡（樋口79）／画文帯神獣鏡（系）A型（小林82・10）／同向式神獣鏡A系（森下02）	同向式神獣鏡系	前（中）
90	舶	三角縁天王日月・獣文帯同向式神獣鏡	草山久保古墳	松阪市久保町草山1170	古墳	円墳（53）	古墳前期	23.1	「天王日月」	目録番号9・同笵鏡番号6・配置同向・表現②	—	—
91	舶	「仿製」三角縁獣文帯三神三獣鏡						21.8	—	目録番号242・配置L1	—	—
92	?	不明	高田1号墳	松阪市上川町字権現山	古墳	円墳（33）	古墳	19.8	—	—	—	—
93	?	不明						6.3	—	—	—	—
94・95	倭	六弧内行花文鏡	高田2号墳（五良谷古墳）	松阪市上川町字五良谷	古墳	円墳（27）	古墳前期	11.2	—	B類（清水94）	内行花文鏡B式	前（中）
96	倭	不明	上射和古墳	松阪市射和町	古墳	不明	古墳	破片	—	—	—	—
96-1	?	〔重圏組帯文鏡〕	小野3号墳	松阪市小野町	古墳	前方後方墳・粘土槨	古墳	不明	—	—	—	—
96-2	倭	素文鏡	朝見遺跡第5次調査大溝最下層	松阪市和屋町	集落	溝	古墳？	7.0	—	—	〔素文鏡〕	—

三重

発見年	所蔵（保管）者	共伴遺物					文献	備考
		石製品・玉類	武具・武器・馬具	ほか金属器	土器類	その他		
明治	松阪市教育委員会	硬玉勾玉1・滑石勾玉2	鉄地金銅張小札鋲留眉庇付冑1・三角板鋲留短甲?1・刀3・槍1・鉄鏃	―	―	―	松阪市史編さん委員会1978『松阪市史』第二巻 資料編 考古,松阪市	三重県（伊勢国）42-1
								65g／三重県（伊勢国）42-2
								三重県（伊勢国）42-3
不明	松阪市教育委員会	―	―	―	―	―	松阪市史編さん委員会1978『松阪市史』第二巻 資料編 考古,松阪市	三重県（伊勢国）43-1
								三重県（伊勢国）43-2
1899	所在不明（神宮徴古館農業館旧蔵）	―	―	―	―	―	松阪市史編さん委員会1978『松阪市史』第二巻 資料編 考古,松阪市	三重県（伊勢国）45／「筑前糸島郡周船寺村大字飯氏発掘」品の可能性
1957?	所在不明（神宮徴古館農業館旧蔵）	―	―	―	―	―	三重県埋蔵文化財センター編1991『三重の古鏡』第10回三重県埋蔵文化財展,三重県埋蔵文化財センター	三重県（伊勢国）55
1981	松阪市教育委員会	硬玉勾玉1・碧玉管玉3	剣1・銅鏃3・鉄鏃10	斧2・鑿1	―	―	下村登良男1981『八重田古墳群発掘調査報告書』松阪市文化財調査報告2,松阪市教育委員会	―
1981	松阪市教育委員会	―	刀1・剣2	―	土師器（S字甕）	―	下村登良男1981『八重田古墳群発掘調査報告書』松阪市文化財調査報告2,松阪市教育委員会	―
							三重県埋蔵文化財センター編1991『三重の古鏡』第10回三重県埋蔵文化財展,三重県埋蔵文化財センター	―
1913以前	焼失（神宮徴古館旧蔵）	―	―	―	―	―	後藤守一1926『漢式鏡』日本考古学大系,雄山閣	漢式鏡302／三重県（伊勢国）39（54）-1
							神宮徴古館農業館編1941『神宮徴古館陳列品図録』神宮徴古館農業館	三重県（伊勢国）39（54）-2～6／三重75～77は「松尾村大字立野浅間ト称スル丘上ノ古墳ヨリ発顕」
不明	焼失（神宮徴古館旧蔵）	―	―	―	―	―	後藤守一1926『漢式鏡』日本考古学大系,雄山閣	三重県（伊勢国）39（54）-2～6／この3面は九州出土の可能性あり
1914	所在不明（個人旧蔵）	勾玉	―	―	―	―	三重県埋蔵文化財センター編1991『三重の古鏡』第10回三重県埋蔵文化財展,三重県埋蔵文化財センター	漢式鏡303／三重県（伊勢国）40-1
							吉村利男2001「三重県内の古鏡出土に関する覚書（その一）―関連文献の再検討を中心に―」『三重県史研究』第16号,三重県	三重県（伊勢国）40-2
不明	所在不明（三重県立博物館・個人旧蔵）	―	―	―	―	―	松阪市史編さん委員会1978『松阪市史』第二巻 資料編 考古,松阪市	三重県（伊勢国）47
不明	所在不明（個人旧蔵）	―	―	―	―	―	松阪市史編さん委員会1978『松阪市史』第二巻 資料編 考古,松阪市	三重県（伊勢国）44-1
不明	所在不明（個人旧蔵）	―	―	―	―	―	松阪市史編さん委員会1978『松阪市史』第二巻 資料編 考古,松阪市	三重県（伊勢国）44-2
不明	個人	―	―	―	―	―	松阪市史編さん委員会1978『松阪市史』第二巻 資料編 考古,松阪市	漢式鏡301.2／三重県（伊勢国）41／「伊勢国神戸村発掘 古鏡 磐杵樟園蔵」
1910	東京国立博物館（J5973）	―	―	―	―	―	松阪市史編さん委員会1978『松阪市史』第二巻 資料編 考古,松阪市	434g／漢式鏡301.1／三重県（伊勢国）37・53
1912	五島美術館〈M267〉	―	―	―	―	―	下村登良男1981『八重田古墳群発掘調査報告書』松阪市文化財調査報告2,松阪市教育委員会	三重県（伊勢国）48-1?
	五島美術館〈M269〉							三重県（伊勢国）48-2?
1914	所在不明	―	―	―	―	―	三重県埋蔵文化財センター編1991『三重の古鏡』第10回三重県埋蔵文化財展,三重県埋蔵文化財センター	三重県（伊勢国）49-1
								三重県（伊勢国）49-2
不明	所在不明	石釧2	―	―	―	―	三重県編2005『三重県史』資料編 考古1,三重県	三重県（伊勢国）50
1837	所在不明	琥珀管玉1	三環鈴?2	金環1・鈴1	―	―	三重県編2005『三重県史』資料編 考古1,三重県	三重県（伊勢国）51／分離式神獣鏡系の類か
不明	所在不明	―	―	―	―	―	白石太一郎・設楽博己編1994『弥生・古墳時代遺跡出土鏡データ集成』（『国立歴史民俗博物館研究報告』第56集）,国立歴史民俗博物館	三重県（伊勢国）52
2014	三重県埋蔵文化財センター	―	―	―	土器	瑞花円鏡1・瑞花双鳥八稜鏡1	三重県埋蔵文化財センター2014「朝見遺跡（第5次）発掘調査で出土した鏡について」	大溝の上層から平安後期（10世紀後半）の和鏡が出土／奈良時代以降の可能性もあり

番号	舶倭	鏡式	出土遺跡	出土地名	遺跡内容	時期	面径(cm)	銘文	諸氏分類	編者分類・時期
97	舶	画文帯同向式神獣鏡	神前山1号墳	多気郡明和町岩内	造出付円墳（38）	古墳中期	20.8	「吾作明竟　幽凍三商／配像萬疆　統徳序道／敬奉賢良　彫克無祉／百牙擧樂　衆華主陽／聖徳光明　富貴安樂／子孫番昌　學者高遷／士至公卿　其師命長」	B式（樋口79）	―
98	舶	画文帯同向式神獣鏡					21.0	「吾作明竟　幽凍三商／配像萬疆　統徳序道／敬奉賢良　彫克無祉／百牙擧樂　衆華主陽／聖徳光明　富貴安樂／子孫番昌　學者高遷／士至公卿　其師命長」	B式（樋口79）	―
99	舶	画文帯同向式神獣鏡					20.3	不明（「吾作明竟　幽凍三商／配像萬疆　統徳序道／敬奉賢良　彫克無祉／百牙擧樂　衆華主陽／聖徳光明　富貴安樂／子孫番昌　學者高遷／士至公卿　其師命長」）	B式（樋口79）	―
100	倭	十三乳文鏡	かまくら1号墳	多気郡明和町上村字かまくら	古墳	円墳（27）	古墳	9.2	―	珠文鏡（中山他94）	〔乳脚文鏡〕後期
101	?	不明	斎宮字金剛坂（伝）	多気郡明和町斎宮字金剛坂（伝）	不明	不明	約8	―	―	―
102	舶	尚方作流雲文縁方格規矩四神鏡	斎宮付近（伝）	多気郡明和町斎宮（伝）	不明	不明	22.4	「尚方作竟大母傷　巧工刻之成文章　左龍右虎辟非羊　朱□□武主四彭　子孫備具居中央　長保二親樂富□」／「子丑寅卯辰巳午未申酉戌亥」	―	―
103・108	倭	神獣鏡	佐八町（旧宮本村）（伝） or 斎宮（伝）	伊勢市佐八町（伝）	不明	不明	16.7	―	画文帯神獣鏡（系）B型（小林82・10）	分離式神獣鏡系 前（新）
108-1	?	四獣鏡	斎宮地区（伝）	多気郡明和町斎宮（伝）	不明	不明	14.0	―	―	〔旋回式獣像鏡〕後期
104	?	〔獣形鏡〕	鴨塚古墳	多気郡明和町上村	古墳	不明	古墳	破片	―	―
105	?	不明	権現山1号墳	多気郡明和町土羽字大谷	古墳	方墳（32×28）	古墳	不明	―	―
106	?	不明	野篠大塚古墳	度会郡玉城町野篠	古墳	不明	古墳	不明	―	―
107	倭	九乳文鏡	南山古墳	伊勢市鹿海町南山	古墳	円墳（18）・組合式木棺直葬	古墳後期	9.0	―	〔乳脚文鏡〕後期
109	倭	五鈴五神像鏡	伊勢市（伝）	伊勢市（伝）	不明	不明	―	13.2	―	神像文鏡類（大川97）／神像文系（岡田05）	―
110	踏	方格規矩	伊勢市（伝）	伊勢市（伝）	不明	不明	―	13.7	「子丑寅卯辰巳午未申酉戌亥」	―	―
111	舶	星雲文鏡	伊勢国（伝）	三重県（伝）	不明	不明	12.4	―	―	―
112	舶	「仿製」三角縁獣文帯三神三獣鏡	錦（向井古墳？）（伝）	度会郡大紀町錦（伝）〔度会郡紀勢町〕	古墳	不明	古墳	23.0	―	目録番号221a・配置K2	―
113	倭	不明	錦（九十九叶越2号墳・吐越南古墳）（伝）	度会郡大紀町錦（伝）〔度会郡紀勢町〕	古墳	不明	古墳	9.6	―	―	中期〜
114	倭	珠文鏡	錦大明神地区（九十九叶越3号墳）（伝）	度会郡大紀町錦（伝）〔度会郡紀勢町〕	不明	不明	7.3	―	Ⅲ類（中山他94）	〔珠文鏡〕
115	倭	不明	向井（山）古墳	度会郡大紀町錦字向井〔度会郡紀勢町〕	古墳	不明	古墳	11.8	―	―	前期

三重

発見年	所蔵（保管）者	共伴遺物					文献	備考
		石製品・玉類	武具・武器・馬具	ほか金属器	土器類	その他		
1905	黒川古文化研究所						梅原末治1951『古鏡図鑑』黒川古文化研究所収蔵品図録第一冊,黒川古文化研究所	同型鏡群〔GD-3〕／三重県（伊勢国）58-1
	京都国立博物館〈J甲331〉	勾玉	刀	―	土器・陶器	―	下村登良男1973『三重県多気郡明和町大字上村 神前山1号墳発掘調査報告書』明和町文化財調査報告2,明和町郷土文化を守る会	同型鏡群〔GD-3〕／漢式鏡304／三重県（伊勢国）58-2
	所在不明							同型鏡群〔GD-3〕／三重県（伊勢国）58-3
不明	所在不明（三重県立博物館旧蔵）	管玉9・切子玉1	―	―	―	―	三重県埋蔵文化財センター編1991『三重の古鏡』第10回三重県埋蔵文化財展,三重県埋蔵文化財センター	三重県（伊勢国）57
不明	所在不明	―	―	―	―	―	吉村利男2001「三重県内の古鏡出土に関する覚書（その一）―関連文献の再検討を中心に―」『三重県史研究』第16号,三重県	三重県（伊勢国）59?
不明	個人（富岡益太郎旧蔵）	―	―	―	―	―	後藤守一1942『古鏡聚英』上篇 秦鏡と漢六朝鏡,大塚巧芸社	漢式鏡305／三重県（伊勢国）56
不明	大阪歴史博物館（旧大阪市立博物館〈考0595〉）（廣瀬都巽旧蔵）						林新兵衛商店他1932『京都大仏広瀬都巽軒愛蔵品入札』京都鈴木尚美社印刷所	344g／漢式鏡306／三重県（伊勢国）62
～1914	所在不明	―	―	―	―	―	吉村利男2002「三重県内の古鏡出土に関する覚書（その二）―関連文献の再検討を中心に―」『三重県史研究』第17号,三重県	―
不明	所在不明	―	―	―	―	―	三重県埋蔵文化財センター編1991『三重の古鏡』第10回三重県埋蔵文化財展,三重県埋蔵文化財センター	三重県（伊勢国）60
～1954	所在不明	壺形石製品・勾玉	―	―	―	―	多気町教育委員会1986『河田古墳群発掘調査報告書Ⅲ』多気町教育委員会	三重県（伊勢国）61
不明	所在不明	―	―	―	―	―	吉村利男2002「三重県内の古鏡出土に関する覚書（その二）―関連文献の再検討を中心に―」『三重県史研究』第17号,三重県	三重県（紀伊国）6／鏡の出土は怪しい
1979	伊勢市教育委員会	ガラス勾玉1・碧玉管玉3・埋木棗玉1・ガラス小玉109・銀丸玉1	刀	銀環2	須恵器（短頸壺・高杯・蓋杯）		三重県埋蔵文化財センター編1991『三重の古鏡』第10回三重県埋蔵文化財展,三重県埋蔵文化財センター	―
不明	所在不明（個人旧蔵）	―	―	―	―	―	三重県埋蔵文化財センター編1991『三重の古鏡』第10回三重県埋蔵文化財展,三重県埋蔵文化財センター	三重県（伊勢国）63／三重123の可能性
不明	所在不明（個人旧蔵）	―	―	―	―	―		三重県（伊勢国）64
不明	所在不明（山川七左衛門旧蔵）	―	―	―	―	―	梅原末治1923『梅仙居蔵日本出土漢式鏡図集』梅仙居蔵古鏡図集第一輯,山川七左衛門	漢式鏡307／三重県（伊勢国）65
不明		―	―	―	―	―	網干善教編1992『紀伊半島の文化史的研究』考古学編,清文堂出版	三重県（紀伊国）1-1
不明	大紀町教育委員会	―	―	―	―	―	網干善教編1992『紀伊半島の文化史的研究』考古学編,清文堂出版	三重県（紀伊国）4
不明		―	―	―	―	―	三重県埋蔵文化財センター編1991『三重の古鏡』第10回三重県埋蔵文化財展,三重県埋蔵文化財センター	三重県（紀伊国）5
明治	東京国立博物館〈J1877〉	玉類	―	―	―	―	東京国立博物館編1988『東京国立博物館図版目録』古墳遺物篇（近畿Ⅰ）,東京美術	三重県（紀伊国）2

番号	舶倭	鏡式	出土遺跡	出土地名	遺跡内容	時期	面径(cm)	銘文	諸氏分類	編者分類・時期
116	舶	海獣葡萄鏡	ユルベ浜	度会郡大紀町錦（伝）〔度会郡紀勢町〕	不明	不明	9.5	—	—	—
117	舶	海獣葡萄鏡					不明	—		
118	舶	海獣葡萄鏡	向山の浜				12.0	—		
119	?	不明	南勢町（伝）	度会郡南伊勢町迫間字浦道瀬（伝）	不明	不明	不明	—	—	—
119-1	倭	珠文鏡	東宮（伝）	度会郡南伊勢町東宮（伝）〔度会郡南島町〕	不明	不明	9.5	—	—	〔珠文鏡〕 —
119-2	?	不明	向井山古墳	度会郡南伊勢町礫浦字向井	古墳	前方後円墳 古墳	12.2	—	—	—
120	倭	乳文鏡	答志町大答志（伝）	鳥羽市答志町大答志（伝）	不明	不明	6.1	—	—	〔乳脚文鏡〕 後期？
121	舶	画文帯同向式神獣鏡	神島（伝）	鳥羽市神島町（伝）	祭祀	不明	20.7	「吾作明竟　幽凍三商　配像萬疆　統徳序道　敬奉賢良　彫克無祉　百牙擧樂　衆華主陽　聖徳光明　富貴安樂　子孫番昌　學者高遷　士至公卿　其師命長」	B式（樋口79）	—
122	和?	二神二獣鏡	神島（伝）	鳥羽市神島町（伝）	祭祀	不明	11.6	擬銘	—	—
184	舶	海獣葡萄鏡	神島	鳥羽市神島町	不明	不明	10.8	—	—	—
123	倭	五鈴五神像鏡	志島3号墳（車坂古墳）	志摩市阿児町志島字布海苔〔志摩郡阿児町〕	古墳	不明	—	10.9	—	神像文鏡類（大川97）／神像文系（岡田05）	〔後期型神像鏡Ⅱ系〕
124	倭	珠文鏡	志島10号墳（屋上山古墳）	志摩市阿児町志島字布海苔〔志摩郡阿児町〕	古墳	円墳・横穴式石室（箱形石棺）	古墳後期	12.8	—	珠文鏡類B型（小林82・10）／Ⅳ類?（中山他94）／珠紋鏡系（森下02）	〔珠文鏡〕 後期？
125	舶	方格規矩鏡	志島11号墳（おじょか古墳）	志摩市阿児町志島字布海苔〔志摩郡阿児町〕	古墳	横穴式石室	古墳中期	14.8	「…有□人不…」	—	—
126	倭	珠文鏡			古墳			6.4	—	Ⅲ類（中山他94）／A-D類（脇山13）	〔珠文鏡〕
127	倭	五獣鏡	志島12号墳（鏡塚古墳）	志摩市阿児町志島字布海苔〔志摩郡阿児町〕	古墳	不明	古墳	18.0	—	—	〔中期型獣像鏡〕 中期
128	?	不明	志島古墳群	志摩市阿児町志島字布海苔〔志摩郡阿児町〕	古墳	不明	古墳	不明	—	—	—
129	倭	五鈴六乳文鏡	泊古墳（泊山所在古墳・洞山所在古墳）	志摩市大王町畔名字泊山〔志摩郡大王町〕	古墳	前方後円墳（32）・横穴式石室	古墳後期	11.0	—	その他鈴鏡（樋口79）／鈴鏡類（五鈴鏡）（小林82・10）／S字状繋ぎ文（西岡86）／Ⅱ類-Ac乳文鏡（八木00）／S字文鏡（赤塚04b）／乳脚文系E類（岡田05）	〔乳脚文鏡？〕
130	?	不明	清水古墳	志摩市大王町畔名字清水〔志摩郡大王町〕	古墳	円墳	古墳	不明	—	—	—
131	?	不明					不明	—	—	—
132	舶	画文帯環状乳四神四獣鏡	波切塚原古墳	志摩市大王町波切〔志摩郡大王町〕	古墳	円墳（約20）	古墳	15.3	「吾作明竟　幽凍三商　周刻無祉　配像萬疆　白牙作樂　□□□□　百精並存　天禽四守　富貴安樂　子孫番昌　曾年益壽　其師命長」	Ⅱ（樋口79）	—
133	倭	乳文鏡	キラ土古墳	伊賀市佐那具町円徳院内飛地吉良土〔上野市〕	古墳	前方後円墳（50）	古墳後期	9.1	擬銘	—	〔乳脚文鏡〕 後期
134	?	〔獣形鏡〕	大江辻古墳	伊賀市大江〔阿山郡阿山町〕	古墳	不明	古墳	8.9	—	—	—
135	舶	吾作系斜縁四獣鏡	東山古墳	伊賀市円徳院字東山〔阿山郡阿山町〕	古墳	円墳（21×17）・割竹形木棺直葬	古墳前期	13.7	「□□□竟自有紀　青龍在左白虎居石　東王公西王母　長保…」	斜縁四獣鏡表現B類（實盛12）	—

三重

発見年	所蔵（保管）者	共伴遺物 石製品・玉類	共伴遺物 武具・武器・馬具	共伴遺物 ほか金属器	共伴遺物 土器類	共伴遺物 その他	文献	備考
1902	大紀町教育委員会（個人旧蔵）	—	—	—	—	—	三重県埋蔵文化財センター編 1991『三重の古鏡』第10回三重県埋蔵文化財展，三重県埋蔵文化財センター	—
	所在不明（錦神社旧蔵）	—	—	—	—	—	吉村利男 2002「三重県内の古鏡出土に関する覚書（その二）―関連文献の再検討を中心に―」『三重県史研究』第17号，三重県	—
1879	所在不明（錦小学校旧蔵）							
不明	所在不明（礫小学校旧蔵）	—	—	—	—	—	三重県埋蔵文化財センター編 1991『三重の古鏡』第10回三重県埋蔵文化財展，三重県埋蔵文化財センター	—
1971頃	個人	—	—	—	—	—	三重県編 2005『三重県史』資料編 考古1，三重県	—
1908	東京国立博物館〈J1877〉	—	—	—	—	—	後藤守一 1926『漢式鏡』日本考古学大系，雄山閣	漢式鏡721／歴博集成では和歌山52
不明	所在不明（個人旧蔵）	—	—	—	—	—	三重県埋蔵文化財センター編 1991『三重の古鏡』第10回三重県埋蔵文化財展，三重県埋蔵文化財センター	三重県（志摩国）11
不明?		—	—	—	—	—	網干善教編 1992『紀伊半島の文化史的研究』考古学編，清文堂出版	同型鏡群〔GD-3〕／漢式鏡310／三重県（志摩国）9
不明	神島八代神社	—	—	—	—	—	実盛良彦 2011「三重県神島八代神社所蔵二神二獣鏡について―室町期銅鏡製作の可能性を探る―」『広島大学考古学研究室紀要』第3号，広島大学大学院文学研究科考古学研究室	三重県（志摩国）10／室町期の鏡の可能性
不明		—	—	—	—	—	三重県立美術館編 1986『三重の美術風土を探る―古代・中世の宗教と造型』三重県立美術館	伝世品
1919	所在不明	—	—	—	—	—	三重県埋蔵文化財センター編 1991『三重の古鏡』第10回三重県埋蔵文化財展，三重県埋蔵文化財センター	三重県（志摩国）3
1917	東京国立博物館〈J8838〉	—	刀・轡・鏡板2・雲珠2・銅鈴1	銅製品	須恵器	—	三重県埋蔵文化財センター編 1991『三重の古鏡』第10回三重県埋蔵文化財展，三重県埋蔵文化財センター	〈214g〉／漢式鏡309／三重県（志摩国）2
1967	志摩市教育委員会	勾玉4・管玉多数・丸玉多数・臼玉多数	三角板鋲留短甲1・刀14・剣3・矛1・槍2・鉄鏃56	斧5・鎌2・刀子1・半球形飾金具3・鉤状鉄製品5・不明鉄製品1	—	櫛多数・埴製枕	三好元樹 2016「おじょか古墳（志島古墳群11号墳）発掘調査報告」志摩市埋蔵文化財調査報告4，志摩市教育委員会	三重県（志摩国）1-1
								三重県（志摩国）1-2
1815	個人	—	—	—	—	—	三重県埋蔵文化財センター編 1991『三重の古鏡』第10回三重県埋蔵文化財展，三重県埋蔵文化財センター	三重県（志摩国）4
不明	所在不明（個人旧蔵）	—	—	—	—	—	吉村利男 2002「三重県内の古鏡出土に関する覚書（その二）―関連文献の再検討を中心に―」『三重県史研究』第17号，三重県	三重県（志摩国）5
1911	東京国立博物館〈J6848〉	瑪瑙丸玉	刀・鉄鏃・鉄地銀張杏葉1	—	須恵器	—	三重県埋蔵文化財センター編 1991『三重の古鏡』第10回三重県埋蔵文化財展，三重県埋蔵文化財センター	180g／漢式鏡308／三重県（志摩国）6
不明	所在不明	管玉2	—	—	—	—	三重県埋蔵文化財センター編 1991『三重の古鏡』第10回三重県埋蔵文化財展，三重県埋蔵文化財センター	三重県（志摩国）8-1？／小型鏡
								三重県（志摩国）8-2？／小型鏡
1925	個人	勾玉・管玉	剣	—	—	—	網干善教編 1992『紀伊半島の文化史的研究』考古学編，清文堂出版	同型鏡群〔GK-2〕／502g／三重県（志摩国）7
1962?	伊賀市教育委員会（伊賀市在住者旧蔵）	—	轡・f字形鏡板・剣菱形杏葉	—	須恵器	—	三重県埋蔵文化財センター編 1991『三重の古鏡』第10回三重県埋蔵文化財展，三重県埋蔵文化財センター	
1962	所在不明（府中小学校旧蔵）	—	—	—	—	—	吉村利男 2002「三重県内の古鏡出土に関する覚書（その二）―関連文献の再検討を中心に―」『三重県史研究』第17号，三重県	三重県（伊賀国）20／三重133と同一鏡の可能性が高い
1986	三重県埋蔵文化財センター	—	剣1・銅鏃3・鉄鏃1	不明鉄製品2	土師器（高杯1・器台1）	砥石1	車崎正彦編 2002『考古資料大観』第5巻 弥生・古墳時代 鏡，小学館	破鏡（破面研磨）

番号	舶倭	鏡式	出土遺跡	出土地名	遺跡内容	時期	面径(cm)	銘文	諸氏分類	編者分類・時期	
136	舶	方格規矩鏡	久米山6号墳	伊賀市久米町〔上野市〕	古墳	不明	古墳	16.5	—	方格規矩文鏡類D型（小林82・10）	—	—
137	倭	十三乳文鏡						8.3	—	—	〔乳脚文鏡〕	中期
138	舶	三角縁唐草文帯三神二獣鏡	山神寄建神社古墳（山神古墳）	伊賀市山神字東出〔上野市〕	古墳	円墳or前方後円墳（50？）・不明	古墳	23.3	擬銘	目録番号87・配置Ⅰ・表現④	—	—
139	倭	十三弧内行花文鏡						11.2	—	—	内行花文鏡	前(中)
140	倭	六鈴四神像鏡	浅間山古墳	伊賀市千歳〔上野市〕	古墳	円墳	古墳	14.2	—	鈴鏡類（六鈴鏡）（小林82・10）／神獣（西岡86）／神像文鏡類（大川97）／Ⅰ類-C神像文系（八木00）／神像文系（岡田05）	〔後期型神像鏡Ⅰ系〕	後期
141	倭	六神像鏡	丹那山古墳	伊賀市千歳〔上野市〕	古墳	円墳・粘土槨	古墳	11.2	—	乳文鏡類（小林82・10）	—	前(中～)
142	倭	捩文鏡						8.2	—	捩文鏡（類）C型（小林82・10）／BⅢ型（小林83）	捩文鏡E系	前(新)
143	倭	不明						8.4	—	—	—	—
144	舶	方格T字鏡	野添古墳	伊賀市千歳〔上野市〕	古墳	不明	古墳	10.6	「子卯辰巳午未戌亥」	博局T字鳥文鏡Ca4M類（高木91・93）／小型鏡A3型（北浦92）／SAb1式（松浦94）／丁群（森下98）	—	—
145	倭	〔方格規矩鏡〕						11.2	—	—	—	—
146	倭	〔四弧内行花文鏡〕						10.0	—	—	—	—
147	倭	〔五弧内行花文鏡〕						破片	—	—	—	—
148・179	倭	六弧内行花文鏡						8.6	—	B類1式（清水94）	内行花文鏡B式	前(中)
149	倭	捩文鏡						7.9	—	—	捩文鏡E系	前(新)
150	？	不明	つかなびらき古墳	伊賀市千歳〔上野市〕	古墳	不明	古墳	不明	—	—	—	—
151・154	舶	四禽鏡	二ノ谷古墳（堂の谷古墳）	伊賀市一之宮字二ノ谷〔上野市〕	古墳	円墳（9？）・粘土槨？	古墳中期	7.8	—	獣形文鏡類四獣鏡C-1型（小林82・10）	—	—
152・155	倭	四神四獣鏡						14.1	—	四神四獣鏡系（小林82・10）／D類獣頭（冨田89）／分離式神獣鏡系（森下02）	分離式神獣鏡系	前(新)
153	？	〔内行花文鏡〕	宮ノ谷古墳	伊賀市一之宮〔上野市〕	古墳	円墳	古墳	11.0	—	—	—	—
156	倭	〔乳文鏡〕	正法師古墳（ハブセ古墳？）	伊賀市寺田字宮之西〔上野市〕	古墳	円墳・横穴式石室	古墳後期	10.0	—	—	—	—
157	倭	四獣鏡	イト塚古墳	伊賀市岩倉〔上野市〕	古墳	横穴式石室	古墳後期	10.0	—	—	〔旋回式獣像鏡〕	後期
158	倭	四獣鏡	伊予之丸古墳	伊賀市上野丸之内〔上野市〕	古墳	方墳	古墳中期	13.9	擬銘	獣形文鏡類四獣鏡B型（小林82・10）	〔中期型獣像鏡〕	中期
159	倭	同向式神獣鏡	高猿1号墳	伊賀市喰代〔上野市〕	古墳	円墳（21）	古墳後期	14.5	—	画文帯神獣鏡（系）A型（小林82・10）／同向式神獣鏡A系（森下02）	同向式神獣鏡系	前(中)
160	倭	五獣鏡						11.5	—	五獣形鏡（樋口79）／獣形文鏡類五獣鏡（小林82・10）／旋回式獣像鏡系（森下02）	〔旋回式獣像鏡〕	後期
161	倭	珠文鏡						8.2	—	珠文鏡類B型（小林82・10）／Ⅱ類（中山他94）／A-B類（脇山13）	〔珠文鏡〕	—
162	倭	四神四獣鏡	高猿6号墳〔第1主体部〕	伊賀市喰代〔上野市〕	古墳	方墳（18）・組合式木棺直葬	古墳中期	10.9	—	—	〔中期型獣像鏡〕	中期

三重

発見年	所蔵（保管）者	共伴遺物					文献	備考
		石製品・玉類	武具・武器・馬具	ほか金属器	土器類	その他		
1964	三重県埋蔵文化財センター	—	—	—	—	—	三重県埋蔵文化財センター編 1991『三重の古鏡』第10回三重県埋蔵文化財展，三重県埋蔵文化センター	三重県（伊賀国）13-1
								三重県（伊賀国）13-2
1920 (1910頃?)	東京国立博物館〈J9046〉	硬玉勾玉1・勾玉1・管玉39	剣片22	斧1・刀子片7	—	—	東京国立博物館 1988『東京国立博物館図版目録』古墳遺物篇（近畿Ⅰ），東京美術	1349g／漢式鏡289／三重県（伊賀国）4-1
	東京国立博物館〈J9047〉							漢式鏡290／三重県（伊賀国）4-2
1866	個人	管玉21	—	—	—	—	樋本亀次郎編1954『三重考古図録』三重県教育委員会	漢式鏡284／三重県（伊賀国）2
江戸〜明治中頃	個人	勾玉・滑石臼玉・小玉	—	—	—	—	樋本亀次郎編1954『三重考古図録』三重県教育委員会	漢式鏡285／三重県（伊賀国）3-1
							三重県埋蔵文化財センター編 1991『三重の古鏡』第10回三重県埋蔵文化財展，三重県埋蔵文化センター	漢式鏡286／三重県（伊賀国）3-2
								漢式鏡287／三重県（伊賀国）3-3／外区片
1883	菅原神社（個人旧蔵）	—	—	—	—	—	三重県埋蔵文化財センター編 1991『三重の古鏡』第10回三重県埋蔵文化財展，三重県埋蔵文化センター	漢式鏡279／三重県（伊賀国）1-1
								漢式鏡280／三重県（伊賀国）1-2
	所在不明							漢式鏡281／三重県（伊賀国）1-5／「略図だけでは内行花文鏡と判断するのは難しく，鏡式不明」
								漢式鏡283／三重県（伊賀国）1-3
	菅原神社（個人旧蔵）							漢式鏡282／三重県（伊賀国）1-4・23／一部欠損
1888	名古屋市博物館（個人旧蔵）							三重県（伊賀国）1-6／「伝伊賀」とすべきか
1914	所在不明	—	—	—	—	—	三重県埋蔵文化財センター編 1991『三重の古鏡』第10回三重県埋蔵文化財展，三重県埋蔵文化センター	三重県（伊賀国）14
1915	東京国立博物館〈J9673〉	勾玉134・管玉265・滑石臼玉60〜・小玉類50〜	刀剣		須恵器?	—	三重県埋蔵文化財センター編 1991『三重の古鏡』第10回三重県埋蔵文化財展，三重県埋蔵文化センター	漢式鏡277／三重県（伊賀国）6（15）-1
	東京国立博物館〈J9674〉							261g／漢式鏡278／三重県（伊賀国）6（15）-2
不明	所在不明	玉類	刀剣・鏃	斧・不明鉄器	須恵器	—	吉村利男2002「三重県内の古鏡出土に関する覚書（その二）—関連文献の再検討を中心に—」『三重県史研究』第17号，三重県	三重県（伊賀国）7
不明	所在不明	—	—	—	—	—	吉村利男2002「三重県内の古鏡出土に関する覚書（その二）—関連文献の再検討を中心に—」『三重県史研究』第17号，三重県	三重県（伊賀国）16
1885	春日神社	—	—	—	須恵器	—	三重県埋蔵文化財センター編 1991『三重の古鏡』第10回三重県埋蔵文化財展，三重県埋蔵文化センター	三重県（伊賀国）11
1938	伊賀市教育委員会	—	刀・剣・鉄鏃	—	須恵器	—	三重県埋蔵文化財センター編 1991『三重の古鏡』第10回三重県埋蔵文化財展，三重県埋蔵文化センター	三重県（伊賀国）10
不明	東京国立博物館〈J7588〉						三重県埋蔵文化財センター編 1991『三重の古鏡』第10回三重県埋蔵文化財展，三重県埋蔵文化センター	漢式鏡274／三重県（伊賀国）5-1
1911	東京国立博物館〈J7587〉	玉類			須恵器			漢式鏡275／三重県（伊賀国）5-3
	東京国立博物館〈J7589〉						樋本亀次郎編1954『三重考古図録』三重県教育委員会	漢式鏡276／三重県（伊賀国）5-2
1980	三重県埋蔵文化財センター	—	刀2・剣2・鉄鏃5	銀環1・鋳造鉄斧1・斧4・鑿・刀子6・蕨手刀子2	—	砥石2	三重県埋蔵文化財センター編 1991『三重の古鏡』第10回三重県埋蔵文化財展，三重県埋蔵文化センター	

番号	舶倭	鏡式	出土遺跡	出土地名	遺跡内容	時期	面径(cm)	銘文	諸氏分類	編者分類・時期
163	舶	三角縁神獣鏡	石山古墳〔中央槨？〕	伊賀市才良字片畑〔上野市〕	前方後円墳（120〜）・表面採集	古墳前期	破片	—	—	—
164	舶	八弧内行花文鏡	石山古墳〔東槨〕		前方後円墳（120〜）・粘土槨	古墳前期	10.2	不詳	—	—
165	倭	三神三獣鏡	石山古墳〔西槨〕		前方後円墳（120〜）・粘土槨	古墳前期	15.4	擬銘	対置式系倭鏡Ⅲ類（林02）	対置式神獣鏡A系 前(中)
166	倭	不明					5.0	—	—	—
167・168	倭	五獣鏡	八王子神社跡古墳	伊賀市上神戸字中出〔上野市〕	古墳	不明	11.3	—	Cb型式（加藤14）	〔旋回式獣像鏡〕後期
169	倭	四獣鏡	わき塚1号墳	伊賀市上神戸字深狭間〔上野市〕	方墳（24）・木棺直葬	古墳中期	9.1	—	—	〔中期型獣像鏡〕中期
170	倭	十乳文鏡	鳴塚古墳	伊賀市鳳凰寺〔阿山郡大山田村〕	前方後円墳（37）・横穴式石室（箱形石棺）	古墳後期	9.9	—	乳文鏡Ⅱ類（樋口79）／獣帯鏡類C型（小林82・10）／乳脚紋鏡系（森下02）	〔乳脚文鏡〕後期
171	?	不明	名賀郡青山町（伝）	伊賀市（伝）〔名賀郡青山町〕	不明	不明	破片	—	—	—
185	?	〔内行花文鏡〕	北門遺跡	伊賀市大谷字北門〔上野市〕	古墳	円墳（23）古墳中期	破片	—	—	—
185-1	倭	四獣鏡	東条1号墳〔埋葬施設2〕	伊賀市東条字屋敷ノ下〔上野市〕	古墳	円墳（11）・割竹形木棺直葬 古墳後期	11.8	—	—	〔旋回式獣像鏡〕
172	倭	四神四獣鏡	尻矢2号墳〔東槨〕	名張市赤目町星川字尻矢	円墳（17）・箱形木棺直葬	古墳後期	9.7	—	—	〔後期型神獣鏡〕後期
173	倭	五獣鏡	尻矢2号墳〔西槨〕		円墳（17）・割竹形木棺直葬		11.8	—	旋回式獣像鏡系（森下02）	〔旋回式獣像鏡〕後期
174	?	不明	星川（伝）（星川1号墳？）	名張市赤目町星川（伝）	古墳	円墳	古墳	不明	—	—	—
175	倭	六獣鏡	井手古墳（井出古墳・坂ノ下所在古墳）	名張市安部田字坂ノ下	古墳	不明	古墳	16.0	—	獣形文鏡ⅠC類（赤塚98b）	分離式神獣鏡系 前(新)
176	倭	六獣鏡					16.0	—	—	分離式神獣鏡系？ 前(新)？
177	倭	四獣鏡	土山遺跡	名張市青蓮寺字土山	祭祀	不明	8.0	—	—	分離式神獣鏡系？ 前(新)
178	倭	素文鏡					3.3	—	6類（脇山15）	〔素文鏡？〕—
188	倭	七乳文鏡	横山13号墳〔北槨〕	名張市赤目町檀字横山	古墳	円墳（16）・割竹形木棺直葬 古墳後期	8.3	—	—	〔乳脚文鏡〕後期
189	倭	珠文鏡	横山14号墳	名張市赤目町檀字横山	古墳	円墳（12）・割竹形木棺直葬 古墳中期	9.5	—	—	〔珠文鏡〕
180	倭	細線式鏡		三重県（伝）			18.4	—	—	〔細線式獣帯鏡〕中期
181	舶	魍龍文鏡	菅原神社蔵鏡（伝伊賀国）	三重県（伝）	不明	不明	10.1	—	—	—
182	舶	八禽鏡		三重県（伝）			9.3	—	—	—
186	舶	「仿製」三角縁獣文帯三神三獣鏡	伊勢（伝）	三重県（伝）	不明	不明	21.6	—	目録番号207・同笵鏡番号106・配置K2	—

滋賀

番号	舶倭	鏡式	出土遺跡	出土地名	遺跡内容	時期	面径(cm)	銘文	諸氏分類	編者分類・時期
1	倭	櫛歯文鏡	蛍谷遺跡	大津市石山寺辺町	貝塚	遺物包含層	不明	3.9	—	—	〔櫛歯文鏡〕—
2	舶	三角縁新作徐州銘四神四獣鏡	織部山古墳（織部古墳）	大津市瀬田南大萱町	古墳	円墳（約30）・粘土槨？	古墳前期	23.1	「新作明竟 幽律三剛 配德君子 清而且明 銅出徐州 師出洛陽 淵文刻鏤 皆作文章 取者大吉 宜子孫」	目録番号18・同笵鏡番号75・配置C・表現⑭	—
3	舶	方格規矩鏡	上高砂遺跡	大津市高砂町		遺物包含層	不明	破片	「…□□…」	—	—
4	?	不明	木ノ岡古墳群（木岡陵付近）（伝）	大津市下阪本（伝）	古墳？	不明	古墳	不明	—	—	—

三重・滋賀

発見年	所蔵（保管）者	共伴遺物 石製品・玉類	共伴遺物 武具・武器・馬具	共伴遺物 ほか金属器	共伴遺物 土器類	共伴遺物 その他	文献	備考
1985	三重県埋蔵文化財センター	（石製模造品（剣1・斧39・鎌11・刀子52～））	（小札革綴冑1・巴形銅器1・鉄鏃数本・革盾2）	（鎌11～・鉇3・鑿6・刀子8）	―	―	吉水康夫・穂積裕昌 2007「伊賀市石山古墳出土の三角縁神獣鏡について」『研究紀要』第16-1号, 三重県埋蔵文化財センター	墳頂部で表面採集
1951	京都大学総合博物館	琴柱形石製品・石製模造品（斧11・鎌3・鉇1・鑿2・刀子124）・勾玉・管玉・棗玉・滑石小玉等	長方板革綴短甲1・刀・剣・銅鏃・鉄鏃・靫・弓・盾	鍬先・斧・鉇	―	櫛	京都大学文学部考古学研究室編 1993『紫金山古墳と石山古墳』京都大学文学部博物館図録第6冊, 京都大学文学部博物館	三重県（伊賀国）8-1
1951	京都大学総合博物館	鍬形石10・車輪石44・石釧13・琴柱形石製品・異形石製品・石製模造品（斧17・鎌3・鑿1・刀子55）・勾玉・管玉・小玉・滑石小玉	刀・剣・鉄鏃	斧・鎌・鑿・刀子	―	―		三重県（伊賀国）8-2
1951								三重県（伊賀国）8-3
1914	東京国立博物館〈J7518〉	管玉4	甲片・刀剣3	―	土器類	―	東京国立博物館編 1988『東京国立博物館図版目録』古墳遺物篇（近畿I）, 東京美術	138g／漢式鏡273／三重県（伊賀国）9-1／もう1面出土か（三重県（伊賀国）9-2）
1962	個人	滑石双孔円板5・滑石臼玉21	三角板革綴衝角付冑1・長方板革綴短甲1・頸甲1・肩甲1・剣5・鉄鏃124	鍬先3・斧9・鉇1・鋸2・刀子3	―	櫛13	森浩一・森川桜男・石部正志・田中英夫・堀田啓一 1973「三重県わき塚古墳の調査」『古代学研究』第66号, 古代学研究会	三重県（伊賀国）12・19
1883	鳳凰寺区	勾玉3・管玉5・丸玉7・小玉1	―	―	須恵器	―	三重県埋蔵文化財センター編 1991『三重の古鏡』第10回三重県埋蔵文化財展, 三重県埋蔵文化財センター	漢式鏡288／三重県（伊賀国）21
不明	所在不明（個人旧蔵）	―	―	―	―	―	三重県埋蔵文化財センター編 1991『三重の古鏡』第10回三重県埋蔵文化財展, 三重県埋蔵文化財センター	三重県（伊賀国）22
1991	伊賀市教育委員会	―	―	―	―	―	三重県編 2005『三重県史』資料編 考古1, 三重県	研磨痕
2012	三重県埋蔵文化財センター	翡翠勾玉2・碧玉管玉16・ガラス勾玉4・ガラス管玉9・ガラス丸玉125・重層ガラス丸玉1・ガラス小玉358	―	銅釧1・鹿角装刀子1	須恵器（壺1・杯蓋4・杯身3・提瓶1・横瓶1・甑2）	―	伊藤裕偉・相場さやか編 2015『東条1号墳・屋敷の下遺跡』三重県埋蔵文化財調査報告360, 三重県埋蔵文化財センター	190g
1980	名張市教育委員会	―	刀1・剣1	刀子1	須恵器	―	門田了三編 1995『尻矢古墳群』名張市遺跡調査会	106g／副次埋葬
1980	名張市教育委員会	ガラス勾玉2・ガラス小玉122	刀1・剣1・鉄鏃約80	斧2・刀子1	土師器・須恵器	―		189g／中心埋葬
不明	所在不明	―	―	―	―	―	吉村利男 2002「三重県内の古鏡出土に関する覚書（その二）―関連文献の再検討を中心に―」『三重県史研究』第17号, 三重県	三重県（伊賀国）18
不明	個人	―	―	―	―	―	三重県埋蔵文化財センター編 1991『三重の古鏡』第10回三重県埋蔵文化財展, 三重県埋蔵文化財センター	三重県（伊賀国）17-1
不明	個人							三重県（伊賀国）17-2
1977	名張市教育委員会	―	―	―	―	―	三重県埋蔵文化財センター編 1991『三重の古鏡』第10回三重県埋蔵文化財展, 三重県埋蔵文化財センター	―
1993	名張市教育委員会	勾玉2・棗玉5・丸玉4・臼玉8・小玉2・ガラス51	刀1	―	―	―	門田了三編 1999『横山古墳群』名張市遺跡調査会	60g／「南棺の埋め戻し後に造られた埋葬施設」
1993	名張市教育委員会	勾玉20・管玉11・棗玉1・ガラス小玉44	刀2	刀子2・蕨手刀子1	―	―		104g
不明	菅原神社（個人旧蔵）	―	―	―	―	―	三重県埋蔵文化財センター編 1991『三重の古鏡』第10回三重県埋蔵文化財展, 三重県埋蔵文化財センター	三重県（伊賀国）24
不明	菅原神社（個人旧蔵）							三重県（伊賀国）25
不明	菅原神社（個人旧蔵）							三重県（伊賀国）26
不明	京都国立博物館	―	―	―	―	―	八賀晋 1984「仿製三角縁神獣鏡の研究―同笵鏡にみる笵の補修と補刻―」『学叢』第6号, 京都国立博物館	

発見年	所蔵（保管）者	石製品・玉類	武具・武器・馬具	ほか金属器	土器類	その他	文献	備考
1982	滋賀県教育委員会	―	―	―	―	―	西田弘 1990「近江の古鏡IV」『文化財教室シリーズ』111, 滋賀県文化財保護協会	浚渫工事中に発見
1912	東京国立博物館〈J7202〉	―	剣片4	斧3	高杯？	―	後藤守一 1921「近江国栗太郡瀬田村大字南大萱字織部古墳伴出遺物」『考古学雑誌』第12巻第3号, 考古学会	1251g／漢式鏡401／滋賀県（近江国）1
1988	大津市教育委員会	―	―	―	―	―	西田弘 1990「近江の古鏡IV」『文化財教室シリーズ』111, 滋賀県文化財保護協会	破砕鏡
不明	所在不明	―	―	―	―	―	西田弘 1990「近江の古鏡IV」『文化財教室シリーズ』111, 滋賀県文化財保護協会	―

番号	舶倭	鏡　式	出土遺跡	出土地名	遺跡内容	時　期	面径(cm)	銘　文	諸氏分類	編者分類・時期
22	舶	青盖作盤龍鏡	和邇大塚山古墳〔後円部第1主体部〕	大津市小野〔滋賀郡志賀町〕	前方後円墳（72）・竪穴式石槨？	古墳前期	13.0	「青盖作竟四夷服　多賀國家人民息　胡虜殄滅天下復　風雨時節五穀孰　長保二親得天力」	両頭式（樋口79）／A類（辻田09）	―	―
89	倭	捩文鏡	真野古墳	大津市真野町6-19-1	円墳（20）・割竹形木棺直葬	古墳中期	12.2	―	羽紋鏡系（森下02）	捩文鏡D系	前(中)
5	?	不明	正法寺古墳？	彦根市正法寺町	横穴式石室	古墳後期	不明	―	―	―	―
6	倭	素文鏡	松原内湖遺跡	彦根市松原町	集落	遺物包含層	古墳	3.2	―	Ⅱ型（藤岡91）	〔素文鏡〕	―
7	倭	五獣鏡	垣籠古墳（垣籠王塚古墳）	長浜市垣籠町	前方後円墳（50）・竪穴式石槨	古墳中期	14.1	―	―	〔旋回式獣像鏡〕	後期
73	?	不明	今荘古墳群（伝）	長浜市今荘町（伝）〔東浅井郡浅井町〕	古墳	不明	古墳	不明	―	―	―	―
74	倭	六弧内行花文鏡	塚原古墳群（伝）	長浜市醍醐町（伝）〔東浅井郡浅井町〕	古墳	不明	古墳	9.4	―	―	内行花文鏡B式？	前(中?)
75	倭	四獣鏡	雲雀山3号墳	長浜市山ノ前町〔東浅井郡浅井町〕	古墳	円墳（12）	古墳後期	10.7	―	旋回式獣像鏡系（森下91）／Bd型式（加藤14）	〔旋回式獣像鏡〕	後期
76	倭	五獣鏡	雲雀山2号墳	長浜市山ノ前町〔東浅井郡浅井町〕	古墳	円墳（17）・竪穴式石槨	古墳後期	11.8	―	獣形文鏡類四獣鏡C-1型（小林82・10）／旋回式獣像鏡系（森下91・02）／Bi型式（加藤14）	〔旋回式獣像鏡〕	後期
77	倭	珠文鏡	田川禿山古墳（田川古墳群）	長浜市田川町〔東浅井郡浅井町〕	古墳	不明	古墳	7.5	―	Ⅳ類（中山他94）	〔珠文鏡〕	前期
78	舶	方格規矩鏡 or 細線式獣帯鏡	三川丸山古墳	長浜市三川町〔東浅井郡虎姫町〕	古墳	円墳・木棺直葬	弥生末期	11.5	―	―	―	―
79	倭	四神像鏡	種路古墳	長浜市湖北町山本〔東浅井郡湖北町〕	古墳	不明	古墳	8.6	―	神像鏡四像式（樋口79）／神像鏡（小林82・10）	―	前(中?)
80	?	〔四獣鏡〕	東浅井郡（伝）	長浜市（伝）〔東浅井郡〕	不明	不明	不明	―	―	―	―
81	倭	十乳文鏡	涌出山古墳	長浜市高月町唐川〔伊香郡高月町〕	古墳	円墳（12）・竪穴式石槨（割竹形木棺）	古墳中期	8.1	―	Ⅰ類（中山他94）	〔珠文鏡？〕	―
81-1	舶	八弧内行花文鏡	古保利小松古墳	長浜市高月町西野・熊野・片山〔伊香郡高月町〕	前方後方墳（約60）・木棺直葬	弥生末期	21.1	「□宜□□」	―	―	―
81-2	舶	方格規矩鏡					13.8	あり（不詳）	―	―	―
82	?	不明	大音古墳群（伝）	長浜市木之本町大音（伝）〔伊香郡木ノ本町〕	古墳	横穴式石室	古墳	不明	―	―	―	―
83	倭	四獣鏡	古橋（伝）	長浜市木之本町大音古橋（伝）〔伊香郡木ノ本町〕	不明	不明	不明	15.3	―	―	―	前期
88	倭	弥生倭製鏡	鴨田遺跡旧河道最下層	長浜市大戌亥町	集落？	旧河道最下層	古墳前期	6.7	―	―	〔弥生倭製鏡〕	弥生
92	舶	唐草文縁細線式獣帯鏡	北山古墳	長浜市中野町〔東浅井郡虎姫町〕	古墳	前方後円墳（43）・割竹形木棺直葬	古墳中期	13.6	「長□子孫」？	―	―	―
8	舶	四禽鏡	車塚古墳（上野車塚古墳）	近江八幡市上野町	古墳	横穴式石室？	古墳後期	7.1	―	―	―	―
9	?	不明	供養塚古墳（伝）	近江八幡市千僧供町（伝）	古墳	帆立（50）・竪穴式石槨	古墳中期	不明	―	―	―	―

滋賀

発見年	所蔵（保管）者	共伴遺物					文献	備考
		石製品・玉類	武具・武器・馬具	ほか金属器	土器類	その他		
1907	所在不明（京都国立博物館・個人旧蔵）	異形勾玉1・管玉13	甲冑・刀・剣・銅鏃5	斧2	―	―	梅原末治1937「近江和邇大塚山古墳」『近畿地方古墳墓の調査』二，日本古文化研究所	漢式鏡400／滋賀県（近江国）6
1996	大津市教育委員会	滑石琴柱形石製品1・碧玉勾玉1・瑪瑙勾玉2・緑色凝灰岩勾玉24・緑色凝灰岩管玉31・緑色凝灰岩臼玉8	小形三角板革綴衝角付冑1・小型長方板革綴短甲1・刀8・剣4	鍬先2・斧2・鎌2・刀子2・蕨手刀子9	埴製舟形容器1・埴製桶形容器1	―	栗本政志編2016『真野遺跡発掘調査報告書Ⅱ』大津市埋蔵文化財調査報告書（100），大津市教育委員会	208g
1907	所在不明（個人旧蔵？）	―	刀・馬具	―	須恵器	―	西田弘1982「滋賀県下の古墳出土鏡について（補遺）」『滋賀文化財だより』No.62，財団法人滋賀県文化財保護協会	古墳の特定不可能
1987	滋賀県教育委員会	―	―	―	―	―	西田弘1990「近江の古鏡Ⅳ」『文化財教室シリーズ』111，滋賀県文化財保護協会	―
1902	宮内庁書陵部	勾玉1・管玉10・小玉70	刀1・剣1・矛1	花形金具1・鉄棒数十	―	―	西田弘1990「近江の古鏡Ⅳ」『文化財教室シリーズ』111，滋賀県文化財保護協会	204g／漢式鏡421／滋賀県（近江国）5／加藤一郎氏教示
不明	所在不明	―	―	―	―	―	白石太一郎・設楽博己編1994『弥生・古墳時代遺跡出土鏡データ集成』（『国立歴史民俗博物館研究報告』第56集），国立歴史民俗博物館	―
不明	浅井中学校（浅井町歴史資料館）	―	―	―	―	―	西田弘1990「近江の古鏡Ⅳ」『文化財教室シリーズ』111，滋賀県文化財保護協会	―
1950		―	剣1・鉄鏃約20	―	須恵器（小形丸底壺1）	―	直木孝次郎・藤原光輝1953「滋賀県東浅井郡湯田村雲雀山古墳群調査報告」大阪市立大学文学部歴史学教室紀要第一冊，大阪市立大学文学部歴史学教室	147g／滋賀県（近江国）32?
1950	大阪市立大学	瑪瑙勾玉1・ガラス勾玉1・ガラス丸玉114・ガラス小玉18	三角板鋲留短甲1・刀2・剣3・三輪玉約3・矛1・鉄鏃約35	鎌1・刀子1・鉄製品片4	土師器（小形丸底壺1）・須恵器（小形丸底壺・有蓋高杯）	櫛3片		153g／滋賀県（近江国）32?
1914	東京国立博物館〈J8505〉	勾玉5・管玉6	―	―	―	―	西田弘1990「近江の古鏡Ⅳ」『文化財教室シリーズ』111，滋賀県文化財保護協会	漢式鏡423／滋賀県（近江国）31
1978	滋賀県教育委員会	―	剣・銅鏃	―	土師器（鉢・高杯）	―	西田弘1990「近江の古鏡Ⅳ」『文化財教室シリーズ』111，滋賀県文化財保護協会	―
1871	東京国立博物館〈J190〉	勾玉1・管玉2	―	金環1	―	―	西田弘1990「近江の古鏡Ⅳ」『文化財教室シリーズ』111，滋賀県文化財保護協会	漢式鏡422／滋賀県（近江国）30
不明	所在不明	―	―	―	―	―	富岡謙蔵1920『古鏡の研究』丸善	―
1979	滋賀県教育委員会	瑪瑙勾玉4・碧玉管玉12・ガラス小玉82	刀1	刀子片2	―	―	田中勝弘編1982『北陸自動車道関連遺跡発掘調査報告書Ⅷ──高月町涌出山古墳』滋賀県教育委員会・財団法人滋賀県文化財保護協会	―
1998	長浜市教育委員会	―	―	銅鏃4・鉄鏃15～・削刀子2～・刀子3～・針状鉄器5～・魚扠?1・不明鉄器5～	土器	―	黒坂秀樹編2001『古保利古墳群』古保利古墳群第1次確認調査報告書〈本文編〉，高月町埋文調査報告第5集，高月町教育委員会	―
不明	所在不明	―	―	―	―	―	白石太一郎・設楽博己編1994『弥生・古墳時代遺跡出土鏡データ集成』（『国立歴史民俗博物館研究報告』第56集），国立歴史民俗博物館	―
不明	敦賀郷土博物館	―	―	―	―	―	西田弘1990「近江の古鏡Ⅳ」『文化財教室シリーズ』111，滋賀県文化財保護協会	〈233g〉
1992	滋賀県教育委員会	―	―	―	―	―	三宅弘編1994『鴨田遺跡発掘調査報告書Ⅲ──長浜市大戌亥町所在──』滋賀県教育委員会文化部文化財保護課	穿孔2／鈕破損
1996	滋賀県教育委員会	―	変形横矧板鋲留短甲1・剣1	刀子1	―	―	重田勉編1998『虎御前山遺跡──東浅井郡虎姫町中野所在──』滋賀県教育委員会事務局文化財保護課	319g
1912	近江八幡市立郷土資料館	刀		鍬	―	釘	西田弘1990「近江の古鏡Ⅳ」『文化財教室シリーズ』111，滋賀県文化財保護協会	滋賀県（近江国）3
寛文	所在不明	水晶玉	横矧板鋲留短甲・刀5・剣5	鉄板片	土師器・須恵器	―	木村政司1936『滋賀県史蹟名勝天然紀念物概要』滋賀県史蹟名勝天然紀念物調査会	滋賀県（近江国）4／「土俗云、惟喬親王の墓なり。（中略）。寛文年中（中略）此事を聞て土民をして供養塚をひらかしむるに（中略）果して石櫃あり。（中略）白骨あり。傍に古き鏡一面、太刀一振、数珠粒の如くなる水晶多くこれありて、余物なし」（『近江国輿地誌略』巻60）

番号	舶倭	鏡式	出土遺跡	出土地名	遺跡内容	時期	面径(cm)	銘文	諸氏分類	編者分類・時期
57	倭	[七鈴鏡]	沙々貴山（伝）常楽寺付近（伝）	近江八幡市安土町[蒲生郡安土町]	墳墓?	不明	不明	—	—	—
58	舶	夔鳳鏡	安土瓢箪山古墳[中央石槨]	近江八幡市安土町桑実寺[蒲生郡安土町]	前方後円墳(134)・堅穴式石槨（割竹形木棺）	古墳前期	15.0	「保子宜孫」	A平素縁式（樋口79）／Ⅲ A1bイ型式（岡内96）／2A式（秋山98）	—
59	倭	四神二獣鏡					13.5	—	二神二獣鏡（樋口79）／二神二獣鏡系（小林82・10）／斜縁神獣鏡B系（森下91・02）／斜縁神獣倭鏡（林02）	二神二獣鏡 前(中)
59-1	倭	弥生倭製鏡	九里氏館遺跡	近江八幡市西本郷	集落	不明	弥生末期〜	完形	—	[弥生倭製鏡] 弥生
59-2	倭	不明	南田遺跡	近江八幡市土田町・堀上町	集落	自然河川跡	弥生後期〜	不明	—	—
10	倭	十弧内行花文鏡〈1号鏡〉					23.6	—	内行花文鏡A系（森下91）／A類Ⅱa式（清水94）／Ⅰ類基本系（林00）／内行花紋鏡A系（森下02）／AaⅠ式（辻田07）	内行花文鏡A式AⅠ類 前(古)
11	倭	鼉龍鏡〈2号鏡〉					26.0	—	単頭双胴神鏡系b系（森下91）／A群3段階（池上92）／省略系-1（新井95）／第一群同工鏡AⅠ（車崎95）／Ⅰ群A系①（辻田00・07）／Ⅰ類単胴系（林00）／鼉龍鏡b系（森下02）	鼉龍鏡B系 前(古)
12	舶	三角縁波文帯盤龍鏡〈3号鏡〉	雪野山古墳	東近江市上羽田町西山[八日市市]	前方後円墳(70)・堅穴式石槨（舟形木棺）	古墳前期	24.7	—	目録番号5・同笵鏡番号＊・配置盤龍・表現盤	
13	舶	三角縁天王日月・唐草文帯四神四獣鏡〈4号鏡〉					24.1	「天王日月」	目録番号44・同笵鏡番号25・配置A・表現④	
14	舶	三角縁新出四神四獣鏡〈5号鏡〉					24.2	「亲出竟右文章 明如日月昭天梁 長保子宜孫富如天 位至三公爲矦王 左龍右虎 辟非羊 朱鳥玄武掌彭 元得老受王父母 服者長生 賈者受金 石 竟市」	目録番号39・同笵鏡番号＊・配置A・表現⑭（④）	
62	?	不明	猪子所在古墳（伝）	東近江市猪子町（伝）[神崎郡能登川町]	古墳	横穴式石室?	古墳後期	不明	—	—
63	倭	捩文鏡	斗西遺跡自然河川跡	東近江市神郷町[神崎郡能登川町]	集落	自然河川跡	古墳前期	6.0	—	C型式B類（水野97）	捩文鏡E系 前(新)
64	舶	内行花文鏡	斗西遺跡自然河川跡SD02-4区下層	東近江市神郷町[神崎郡能登川町]	集落	自然河川跡	古墳前期	10.2	「□宜□□」	—	—
65	倭	四獣鏡?	伊庭遺跡	東近江市伊庭町[神崎郡能登川町]	散布地	遺物包含層	古墳	約10	—	—	—
15	?	不明	追分古墳（伝）	草津市追分町中尾（伝）	古墳	円墳(38)・粘土槨	古墳前期	不明	—	—	—
16	倭	方格規矩四神鏡	北谷11号墳	草津市山寺町	古墳	円墳(45) or 前方後円墳(105)・粘土槨	古墳前期	23.8	—	Ⅱ類（樋口79）／JC式（田中83）／大型鏡（北浦92）／Ⅱ類変容系Ⅰ式（林00）／方格規矩文鏡類A型（小林10）	方格規矩四神鏡B系 前(中)
17	倭	素文鏡	北萱遺跡B2地区遺物包含層	草津市御倉町	集落	遺物包含層	不明	2.4	—	—	[素文鏡] —
17-1	倭	素文鏡	中沢遺跡A6落込最下層	草津市西渋川2丁目248-1他	集落	落込	古墳前期	2.4	—	—	[素文鏡] —
18	倭	弥生倭製鏡（七弧内行花文鏡）	服部遺跡C地区溝	守山市服部町	集落	溝	古墳前期	7.8	—	内行花文日光鏡系仿製鏡第Ⅲa類（高倉85・90）／内行花文系小形仿製鏡第3型b類（田尻10・12）	[弥生倭製鏡] 弥生
19	倭	素文鏡	下長遺跡溝SD-5	守山市古高町	集落	溝	古墳中期	2.6	—	AⅡ類（今平90）	[素文鏡] —
20	倭	素文鏡	下長遺跡土壙SK-1	守山市古高町	集落	土壙	古墳中期	3.7	—	AⅡ類（今平90）	[素文鏡] —
20-1	倭	重圏文鏡	下長遺跡第17次旧河道	守山市古高町	集落	旧河道	古墳前期	4.3	—	4a類（脇山15）	[重圏文鏡] 〜前期
21	倭	珠文鏡	服部・金森西遺跡	守山市金森町	集落	不明	古墳	5.0	—	珠紋鏡系（森下02）／D-B類（脇山13）	[珠文鏡] 前期
90	倭	素文鏡	伊勢・大洲遺跡土壙	守山市阿村町	集落	土壙（径13cm・深さ10cm）	古墳前期	3.0	—	—	[素文鏡]

滋賀

発見年	所蔵（保管）者	共伴遺物 石製品・玉類	共伴遺物 武具・武器・馬具	共伴遺物 ほか金属器	共伴遺物 土器類	共伴遺物 その他	文献	備考
江戸以前	所在不明（沙々貴神社旧蔵）	—	—	—	—	—	西田弘 1990「近江の古鏡Ⅳ」『文化財教室シリーズ』111, 滋賀県文化財保護協会	—
1936	京都大学総合博物館〈5351〉	鍬形石1・車輪石1・石釧2・管玉約23	方形板革綴短甲1・筒形銅器2・刀3・剣14・銅鏃30・鉄鏃23	鎌1・斧7・鎌3・鉇4・異形鉄器1			梅原末治 1938「安土瓢箪山古墳」『滋賀県史蹟調査報告』第七冊, 滋賀県	滋賀県（近江国）25-1
	京都大学総合博物館〈5352〉							263g／滋賀県（近江国）25-2
不明	近江八幡市教育委員会	—	—	—	—	—	—	2孔
2002	所在不明	—	—	—	土器	木製農具	—	—
1989	東近江市教育委員会	鍬形石1・琴柱形石製品1・紡錘車形石製品2・碧玉管玉1・ガラス小玉2	小札革綴冑1・木製短甲?1・刀2・剣5・剣装具片4～・槍3・槍長柄3・銅鏃96・鉄鏃43・矢鏃?6・矢柄本刻52～・矢柄末刻約24・靫2・盾?1	鎌2・鉇2・鑿1・刀子5～・針状鉄製品3・魚抉9～11以上・鉄小片10数片	土師器（壺1）	堅櫛26・木製合子1・漆塗半円形木製品1・菱形文様付木製品1・革製品1・漆塗製品1	福永伸哉・杉井健編 1996『雪野山古墳の研究』雪野山古墳発掘調査団	1291g
								1432g
								1146g
								1337g
								1617g
不明	所在不明	—	—	—	土器	—	遠山荒次 1916「滋賀県の古墳」『人類学雑誌』第31巻第1号, 東京人類学会	—
1990	東近江市教育委員会	—	—	—	—	—	植田文雄編 1993『斗西遺跡（2次調査）』能登川町埋蔵文化財調査報告書第27集, 能登川町教育委員会	—
1986		—	—	—	—	—	西田弘 1990「近江の古鏡Ⅳ」『文化財教室シリーズ』111, 滋賀県文化財保護協会	破砕鏡
1984	滋賀県教育委員会	—	—	—	—	—	西田弘 1990「近江の古鏡Ⅳ」『文化財教室シリーズ』111, 滋賀県文化財保護協会	—
1926	所在不明（東京国立博物館?）	—	刀3・剣2・銅鏃12・鉄鏃10余	斧3・鉄器残片	—	—	木村政司 1936『滋賀県史蹟名勝天然紀念物概要』滋賀県史蹟名勝天然紀念物調査会	鏡出土を否定する説あり
1960	滋賀県教育委員会	鍬形石5	刀1・剣28・鉄鏃9	手斧2・鑿2・鎌1・鉇5・刀子2	—	—	滋賀県教育委員会事務局社会教育課編 1961『草津市山寺町北谷古墳群発掘調査概報』滋賀県教育委員会事務局社会教育課	滋賀県（近江国）2
1988	滋賀県教育委員会	—	—	—	—	—	三宅弘編 1994『北萱遺跡発掘調査報告書―草津川改修事業に伴う発掘調査報告書―』滋賀県教育委員会文化部文化財保護課	—
2011～12	草津市教育委員会	—	—	—	土器・土製品	石器・木器	小島孝修編 2013『中沢遺跡』草津市文化財調査報告書97, 草津市教育委員会事務局文化財保護課	3g
1976	守山市立埋蔵文化財センター	—	—	—	—	—	西田弘 1989「近江の古鏡Ⅲ」『文化財教室シリーズ』107, 滋賀県文化財保護協会	—
1983		—	—	—	土師器・須恵器	木器	西田弘 1989「近江の古鏡Ⅲ」『文化財教室シリーズ』107, 滋賀県文化財保護協会	—
1983	守山市教育委員会	—	—	—	—	—		鈕孔摺り切れる
1997		—	—	—	—	—	文化庁編 1998『発掘された日本列島 '98 新発見考古速報』朝日新聞社	—
不明	個人	—	—	—	—	—	西田弘 1982「滋賀県下の古墳出土鏡について（補遺）」『滋賀文化財だより』No.62, 財団法人滋賀県文化財保護協会	—
1995	守山市教育委員会	勾玉9・管玉10・棗玉7・臼玉60	—	—	—	—	滋賀県埋蔵文化財センター編 1995『滋賀埋文ニュース』第184号, 滋賀県埋蔵文化財センター	破砕鏡

番号	舶倭	鏡式	出土遺跡	出土地名	遺跡内容	時期	面径(cm)	銘文	諸氏分類	編者分類・時期	
90-1	倭	弥生倭製鏡	金森遺跡 SR1	守山市金森町	集落	旧河道	古墳前期	7.7	—	—	〔弥生倭製鏡〕	弥生
23	?	不明	灰塚山古墳群 (伝)	栗東市川辺 (伝) 〔栗太郡栗東町〕	古墳	不明	古墳	不明	—	—	—	—
23-1	倭	六弧内行花文鏡	南平1号墳	栗東市川辺152-1 他 〔栗太郡栗東町〕	古墳	前方後方墳 (約50)・粘土槨	古墳前期	9.0	—	—	内行花文鏡B式	前(中)
24	倭	六弧内行花文鏡	下味古墳 〔第1主体部〕		円墳 (35)・粘土槨	古墳中期	9.3	—	AⅡ亜式 (森70) ／六弧 (樋口79) ／B類1式 (清水94) ／六花文鏡 (小林10)	内行花文鏡B式	前(中)	
25	倭	重圏文鏡	下味古墳 〔第2主体部〕	栗東市川辺字下味 〔栗太郡栗東町〕	古墳	円墳 (35)・粘土槨	古墳中期	6.6	—	重圏文鏡類 (小林82・10) ／Ⅰ型 (藤岡91) ／7ⅰ類 (脇山15)	〔重圏文鏡〕	前期
26	舶	唐草文鏡	安養寺 (薬師谷) 〔栗太郡栗東町〕	栗東市安養寺 (薬師谷)	古墳?	不明	不明	11.2	—	—	—	—
27	倭	捩文鏡	新開1号墳 〔北棺〕		円墳 (35)・組合式木棺直葬	古墳中期	8.4	—	Ⅱ型 (樋口79) ／獣形文鏡類五獣鏡 (小林82・10) ／Ⅱ型 (小沢88) ／B型式a類 (水野97)	捩文鏡B系	前(中)	
28	倭	盤龍鏡					13.7	擬銘	盤龍形鏡 (樋口79) ／龍虎鏡類 (小林82・10)	盤龍鏡Ⅰ系	前(中)	
29	倭	画象鏡	新開1号墳 〔南棺〕	栗東市安養寺字新開 〔栗太郡栗東町〕	古墳	円墳 (35)・組合式木棺直葬	古墳中期	19.5	—	画象鏡 (樋口79) ／画像鏡類 (小林82・10) ／神獣車馬画象鏡系 (森下02)	画象鏡系	前(中)
30	倭	素文鏡					6.2	—	—	〔素文鏡〕	—	
31	舶	吾作斜縁 二神二獣鏡	安養寺大塚越古墳	栗東市安養寺 〔栗太郡栗東町〕	古墳	前方後円墳 (75)・粘土槨	古墳前期	14.2	「吾作明竟 幽凍三商 競徳序道 配像萬彊 子孫番昌」	図像表現③ (村松04) ／紋様表現③ (實盛09)	—	—
32	舶	吾作斜縁 二神二獣鏡	安養寺山ノ上古墳	栗東市安養寺字山ノ上 〔栗太郡栗東町〕	古墳	粘土槨	古墳中期	18.1	「吾作明竟 幽凍三商 統徳序道 曾年益壽 子」	図像表現③ (村松04) ／紋様表現③ (實盛09)	—	—
33	倭	細線式鏡	毛刈古墳	栗東市安養寺字毛刈 〔栗太郡栗東町〕	古墳	円墳 (10)・木棺直葬	古墳中期	9.0	—	特殊文鏡 (細線渦文鏡) (樋口79) ／乳文鏡類 (小林82・10)	〔細線式獣像鏡〕	前(新)
34	舶	盤龍鏡					11.1	—	—	—	—	
35	舶	三角縁天王日月・獣文帯三神三獣鏡	岡山古墳 (六地蔵岡山古墳)	栗東市六地蔵 〔栗太郡栗東町〕	古墳	円墳 (〜20)・粘土槨?	古墳前期	22.1	「天王日月」	目録番号104・同笵鏡番号59・配置K1・表現③	—	—
36	舶	「仿製」三角縁獣文帯三神三獣鏡	出庭亀塚古墳	栗東市出庭 〔栗太郡栗東町〕	古墳	前方後円墳 (44〜)・粘土槨?	古墳前期	21.6	—	目録番号207・同笵鏡番号106・配置K2	—	—
37	倭	重圏文鏡	高野遺跡	栗東市高野 〔栗太郡栗東町〕	集落	堅穴住居	古墳中期	7.1	—	—	〔重圏文鏡〕	前期
37-1	舶	内行花文鏡?	十里遺跡 大溝101	栗東市十里397-1 他 〔栗太郡栗東町〕	集落	旧河道	弥生末期	19.0	—	—	—	—
37-2	倭	捩文鏡?	辻遺跡	栗東市辻 〔栗太郡栗東町〕	古墳	円墳	不明	11.8	—	—	捩文鏡系?	前(古)?
37-3	舶	連弧文昭明鏡	下鈎遺跡 溝3	栗東市中沢・苅原 〔栗太郡栗東町〕	集落	河川状溝跡	弥生	8.0	「…以昭…」	—	—	—

滋賀

発見年	所蔵（保管）者	共伴遺物					文献	備考
		石製品・玉類	武具・武器・馬具	ほか金属器	土器類	その他		
2001～05	守山市立埋蔵文化財センター	—	—	—	土器	石杵	大岡由記子編2005『金森東遺跡（第30次）・金森遺跡（第2次）発掘調査概要報告書』守山市教育委員会	45g
寛政	所在不明	勾玉	—	—	—	—	木村政司1936『滋賀県史蹟名勝天然紀念物概要』滋賀県史蹟名勝天然紀念物調査会	出土古墳は特定不可能
2012	栗東市教育委員会	—	剣5	斧・鉇・鋸	—	—		—
1960	滋賀県教育委員会	石釧2～・硬玉勾玉1・水晶勾玉1・碧玉管玉18	剣4～	刀子3・斧1・鉇2	—	—		滋賀県（近江国）18-1
		石釧2～・硬玉勾玉1・碧玉勾玉1・水晶勾玉1・滑石勾玉1・碧玉管玉63・瑪瑙棗玉1・琥珀小玉1・ガラス小玉109	刀1・剣1	斧?1・鉇1・刀子1	—	櫛1	鈴木博司・近江昌司1961「下味古墳」『滋賀県史跡調査報告』第12冊,滋賀県教育委員会	滋賀県（近江国）18-2
1950頃	京都国立博物館〈09-457〉・東山安養寺	—	—	銅釧	—	—	西田弘1989「近江の古鏡Ⅱ」『文化財教室シリーズ』106,滋賀県文化財保護協会	滋賀県（近江国）21
1959		滑石有孔円板1・碧玉勾玉1・瑪瑙勾玉・碧玉管玉21・ガラス小玉464・滑石小玉356	刀4・剣2	刀子2	—	櫛1		滋賀県（近江国）16-1
								482g／滋賀県（近江国）16-2
1959	滋賀県教育委員会	碧玉管玉5・滑石小玉1866	三角板革綴衝角付冑1・竪矧板鋲留眉庇付冑2・小札鋲留眉庇付冑2・三尾鉄・三角板革綴短甲1・長方板革綴短甲1・変形鋲留短甲1・三角板鋲留短甲1・頸甲2・肩甲1対・臑当前板2・脇当・半截筒形鉄器2・鍬先形不明鉄器1・刀5・剣7・矛4・剣or槍2・鉄石突1・鉄鏃80・盾3・鉄地金銅透彫鏡板付轡1・鉄板装木製鞍1・木心鉄板張輪鐙2組・辻金具12・金銅鋲具3・鉄鉸具12・青銅環鈴2・青銅馬鐸2・有翼楕円形金具1・十字形蛇行鉄器1	金銅鈩板4・鉇3・鑿1・刀子1	—	櫛1	西田弘・鈴木博司・金関恕1961「新開古墳」『滋賀県史跡調査報告』第12冊,滋賀県教育委員会	滋賀県（近江国）16-3
1933	京都大学総合博物館	琴柱形石製品1・ガラス勾玉2・滑石勾玉10・碧玉管玉45・滑石管玉90・硬玉棗玉2・滑石小玉80・滑石臼玉2160	三角板革綴短甲1・巴形銅器3・刀	斧2	—	—	京都大学総合博物館編1997『王者の武装―5世紀の金工技術―』京都大学総合博物館春季企画展示図録,京都大学総合博物館	滋賀県（近江国）19-2（20）
	京都大学総合博物館〈4487〉							464g／滋賀県（近江国）19-1（20）
1960	滋賀県教育委員会	石釧1・ガラス小玉4	剣7	—	—	—	西田弘1961「その他の古墳」『滋賀県史跡調査報告』第12冊,滋賀県教育委員会	滋賀県（近江国）23
1960	滋賀県教育委員会	石釧1・滑石勾玉2・碧玉管玉72	—	—	—	—	西田弘1961「その他の古墳」『滋賀県史跡調査報告』第12冊,滋賀県教育委員会	60g
1913	高野神社	—	—	—	—	—	木村政司1936『滋賀県史蹟名勝天然紀念物概要』滋賀県史蹟名勝天然紀念物調査会	漢式鏡405／滋賀県（近江国）22-3 漢式鏡403・404／滋賀県（近江国）22-1／三角縁神獣鏡がもう1面（滋賀県（近江国）22-2）出土している可能性〔後藤1926〕
1911	京都国立博物館〈09-456〉（個人）	—	刀1	鉄板	—	—	八賀晋1984「仿製三角縁神獣鏡の研究―同笵鏡にみる笵の補修と補刻―」『学叢』第6号,京都国立博物館	漢式鏡402／滋賀県（近江国）17・24
1984	栗東市教育委員会	—	—	—	—	—	西田弘1989「近江の古鏡Ⅱ」『文化財教室シリーズ』106,滋賀県文化財保護協会	—
2007	栗東市教育委員会	—	—	—	—	—	滋賀県埋蔵文化財センター編2007『滋賀埋文ニュース』第330号,滋賀県埋蔵文化財センター	破鏡（縁部・破面研磨・2孔）
2006	栗東市教育委員会	—	—	—	—	—	ジャパン通信社編2006『月刊文化財発掘出土情報』2006年12月号,ジャパン通信社	付近の円墳の副葬品か
2005	栗東市教育委員会	—	—	—	—	—	滋賀県埋蔵文化財センター編2005『滋賀埋文ニュース』第304号,滋賀県埋蔵文化財センター	〈3g〉

番号	舶倭	鏡式	出土遺跡	出土地名	遺跡内容	時期	面径(cm)	銘文	諸氏分類	編者分類・時期
37-4	?	不明	佐々木大塚（伝）	栗東市（伝）〔栗太郡栗東町〕	古墳	不明	不明	―	―	―
38	倭	七獣鏡	木部天神前古墳（中里古墳）	野洲市木部〔野洲郡中主町〕	円墳（約40）・横穴式石室	古墳後期	10.6	―	獣帯鏡類C型（小林82・10）／Bi型式（加藤14）	〔旋回式獣像鏡〕後期
39	舶	三角縁天・王・日・月・獣文帯二神四獣鏡					21.3	「□王日□」	目録番号96・同笵鏡番号54・配置J1変・表現⑤	―
40	舶	三角縁画象文帯盤龍鏡					24.5	欠失（「龍」榜題）	目録番号1・同笵鏡番号2・配置盤龍・表現⑧	―
41	舶	尚方作獣文縁半肉彫獣帯鏡	大岩山古墳（大岩山第二番山林古墳）	野洲市小篠原〔野洲郡野洲町〕	円墳・粘土槨	古墳前期	23.0	「□□□□□□　□工刻之成文章　白虎辟邪居中央　壽如金石佳自好　上有山人不知老兮」	―	―
42	舶	三角縁陳氏作神獣車馬鏡					25.7	「鏡　陳氏作甚大工　刑暮周刻用青同　君宜高官至海東　保子宜孫」	目録番号15・配置X・表現⑧	―
43	倭	不明					約14	―	―	―
44	倭	画象鏡 or 浮彫式獣帯鏡	天王山古墳（小篠原天王山古墳）	野洲市小篠原〔野洲郡野洲町〕	円墳？・粘土槨？	古墳前期	26.5	―	画象鏡（樋口79）／画像鏡類（小林82・10）	〔画象鏡 or 浮彫式獣帯鏡〕前（中）
45	舶	「仿製」三角縁獣文帯三神三獣鏡					21.8	―	目録番号234・同笵鏡番号117・配置K1	―
46	?	〔内行花文鏡〕	三上山麓	野洲市三上〔野洲郡野洲町〕	古墳不明	古墳	20.6	―	―	―
47	舶	尚方作浮彫式獣帯鏡	三上山下（伝）（甲山古墳？）	野洲市三上（伝）〔野洲郡野洲町〕	古墳？	古墳	22.4	「尚方作竟真大巧　上有山人不知老　渇飲玉泉飢食棗　□□孫□□□□　壽如金石□□保兮」／「宜子孫」	半肉彫獣帯鏡A七像式（樋口79）	―
48	舶	尚方作浮彫式獣帯鏡					23.0	「尚方作竟真大巧　上有山人不知老　渇飲玉泉飢食棗　□□孫□□□□　壽如金石□□保兮」／「宜子孫」	半肉彫獣帯鏡A七像式（樋口79）	―
49	倭	七乳文鏡	三上山麓（伝）	野洲市三上（伝）〔野洲郡野洲町〕	古墳？	古墳	11.2	―	乳文鏡Ⅲ類（樋口79）／乳文鏡類（小林82・10）	〔乳脚文鏡〕後期
50	倭	四神四獣鏡	大岩谷（伝）	野洲市（伝）〔野洲郡野洲町〕	古墳？	古墳	15.3	―	交互式神獣鏡系（森下02）	〔後期型神獣鏡〕後期
51	?	不明	大塚山南遺跡？（伝）	野洲市辻町（伝）〔野洲郡野洲町〕	不明	不明	不明	―	―	―
52	舶	三角縁陳氏作四神二獣鏡					21.8	「陳氏作竟甚大好　上有戯守及龍虎　身有文章□衛巨　古有聖人王父母　渇飲玉泉食棗」／「虎」（榜題）	目録番号82・同笵鏡番号45・配置H・表現⑧	―
53	舶	三角縁王氏作徐州銘四神四獣鏡	古富波山古墳	野洲市富波乙〔野洲郡野洲町〕	円墳（26～）・木棺直葬	古墳前期	21.9	「王氏作竟甚大明　同出徐州刻鏤成　師子辟邪嬈其嬰　仙人執節坐中庭　取者大吉樂未央」	目録番号79・同笵鏡番号42・配置G・表現①	―
54	舶	三角縁吾作三神五獣鏡					22.0	「□□□□□□　□□王喬以赤松　□□□□□龍　天下名好□□雙　照吾此竟壽如大□」	目録番号23・同笵鏡番号11・配置B・表現①	―
54-1	倭	不明	虫生遺跡	野洲市虫生	集落	不明	不明	―	―	―
55	倭	八弧内行花文鏡	塚の越古墳（波濤平古墳？・塚越古墳）	甲賀市水口町泉〔甲賀郡水口町〕	方墳（52）・木棺直葬	古墳中期	13.0	―	Ⅲ類基本系（林00）	内行花文鏡B式 前（中）
56	倭	鼉龍鏡	高山古墳群付近（大路山古墳群）	甲賀市水口町高山〔甲賀郡水口町〕	円墳	古墳	10.9	―	―	鼉龍鏡A系 前（新）
60	?	不明	薬師岩ヶ峯古墳？（伝）	蒲生郡竜王町薬師（伝）	不明	不明	不明	―	―	―
61	?	不明	八重谷古墳？（伝）	蒲生郡竜王町山中（伝）	古墳	円墳	古墳前期	―	―	―

滋賀

発見年	所蔵（保管）者	共伴遺物 石製品・玉類	共伴遺物 武具・武器・馬具	共伴遺物 ほか金属器	共伴遺物 土器類	共伴遺物 その他	文献	備考
1950頃	所在不明	―	―	―	―	―	西田弘 1989「近江の古鏡Ⅱ」『文化財教室シリーズ』106, 滋賀県文化財保護協会	―
1898	東京国立博物館〈J3139〉	碧玉管玉・水晶切子玉・臼玉	刀・剣・鉄鏃・鏡板付轡・杏葉・革金具・杯金具・鞍金具・輪鐙・銅鈴		須恵器（有蓋装飾脚付壺等）	―	西田弘 1989「近江の古鏡Ⅲ」『文化財教室シリーズ』107, 滋賀県文化財保護協会	123g／漢式鏡 415／滋賀県（近江国）14
1921	東京国立博物館〈J9309〉	―	剣	刀子	―	―	梅原末治 1921「近江国野洲郡小篠原大岩山の一古墳調査報告（近江に於ける主要古墳の調査録 其一）」『考古学雑誌』第12巻第1号, 考古学会	〈740g〉／漢式鏡 411／滋賀県（近江国）9-4
1921	東京国立博物館〈J9308〉・五島美術館							〈1015g〉／漢式鏡 410／滋賀県（近江国）9-2
1921	東京国立博物館〈J9307〉							漢式鏡 409／滋賀県（近江国）9-1
1921	東京国立博物館〈J9306〉							1347g／漢式鏡 408／滋賀県（近江国）9-3
1921	所在不明							破片／平縁
1874	知恩院・京都国立博物館〈J0027〉	勾玉1・管玉4・小玉	鉄鏃	―	―	―	梅原末治 1921「栗太、野洲両郡に於ける二三の古式墳墓の調査報告（近江国に於ける主要古墳の調査録 其二）」『考古学雑誌』第12巻第2号, 考古学会	漢式鏡 406／滋賀県（近江国）10-2
1874	知恩院・京都国立博物館〈J0027〉							漢式鏡 407／滋賀県（近江国）10-1
不明	所在不明（山川七左衛門旧蔵）	―	―	―	―	―	梅原末治 1962「日本出土の中国の古鏡（一）―特に漢中期より後半代の古鏡―」『考古学雑誌』第47巻第4号, 日本考古学会	滋賀県（近江国）13
1898	所在不明（山川七左衛門旧蔵）	―	―	―	―	―	梅原末治 1923『梅仙居蔵日本出土漢式鏡図集』梅仙居蔵古鏡図集第一輯, 山川七左衛門	同型鏡群〔UJ-2〕／漢式鏡 420／滋賀県（近江国）15-2
1898	所在不明（山川七左衛門旧蔵）							同型鏡群〔UJ-2〕／漢式鏡 419／滋賀県（近江国）15-1
不明	琵琶湖文化館（個人旧蔵）	―	―	―	―	―	西田弘 1989「近江の古鏡Ⅲ」『文化財教室シリーズ』107, 滋賀県文化財保護協会	―
大正～昭和初期	兵主大社	―	―	―	―	―	西田弘 1989「近江の古鏡Ⅲ」『文化財教室シリーズ』107, 滋賀県文化財保護協会	滋賀県（近江国）11
不明	所在不明（兵主大社旧蔵）	―	―	―	―	―	西田弘 1982「滋賀県下の古墳出土鏡について（補遺）」『滋賀文化財だより』No.62, 財団法人滋賀県文化財保護協会	―
1896	東京国立博物館〈J2594〉	―	―	―	―	―	梅原末治 1921「栗太、野洲両郡に於ける二三の古式墳墓の調査報告（近江国に於ける主要古墳の調査録 其二）」『考古学雑誌』第12巻第2号, 考古学会	977g／漢式鏡 412／滋賀県（近江国）12-1
1896	ベルリン国立民俗博物館						梅原末治 1933『欧米蒐儲 支那古銅精華』五 鑑鏡部二, 山中商会	漢式鏡 413／滋賀県（近江国）12-2
1896	個人						梅原末治 1921「栗太、野洲両郡に於ける二三の古式墳墓の調査報告（二完結）（近江国に於ける主要古墳の調査録 其二）」『考古学雑誌』第12巻第3号, 考古学会	漢式鏡 414／滋賀県（近江国）12-3
不明	野洲市教育委員会	―	―	―	―	―	―	―
1961	甲賀市教育委員会	碧玉勾玉1	金銅装小札鋲留眉庇付冑1・三角板革綴短甲1・三角板鋲留短甲1・頸甲2・肩甲2・鉸1・籠手1・刀5・剣3・鉄鏃11	不明鉄製品3	―	―	林修平・細川修平 2012『古代甲賀の首長と副葬品―塚越古墳出土遺物調査報告―』甲賀市史編纂叢書第八集, 甲賀市教育委員会	―
1935	所在不明	瑪瑙勾玉1・管玉・小玉	刀・剣	―	―	―	木村政司 1936『滋賀県史蹟名勝天然紀念物概要』滋賀県史蹟名勝天然紀念物調査会	―
1901	所在不明	琴柱形石製品・勾玉5	刀	―	―	―	滋賀県蒲生郡 1922『近江蒲生郡志』巻一, 蒲生郡	―
不明	所在不明（個人・東京大学人類学教室旧蔵）	琴柱形石製品・碧玉管玉	―	―	―	―	木村政司 1936『滋賀県史蹟名勝天然紀念物概要』滋賀県史蹟名勝天然紀念物調査会	―

番号	舶倭	鏡　式	出土遺跡	出土地名	遺跡内容	時　期	面径(cm)	銘　文	諸氏分類	編者分類・時期
66	舶	八弧内行花文鏡	石淵山古墳（石渕山古墳）	米原市河南〔坂田郡米原町〕	円墳・横穴式石室	古墳後期	14.8	―	八花文鏡（小林10）	―
67	倭	五鈴五乳文鏡	山津照神社古墳〔後円部石室〕	米原市能登瀬〔坂田郡米原町〕	前方後円墳（63）・横穴式石室（家形石棺？）	古墳後期	8.4	―	鈴鏡類（五鈴鏡）（小林82・10）／乳文（西岡86）／乳脚文鏡c系（森下91）／獣帯文鏡類（大川97）／Ⅱ類-Ab乳文鏡（八木00）／乳脚紋鏡b～d系（森下02）／乳脚文系D類（岡田05）	〔乳脚文鏡〕 後期
68	倭	一神五獣鏡					13.2	擬銘	獣形文鏡類六獣鏡（小林82・10）／旋回式獣像系（森下02）	〔旋回式神獣鏡〕 後期
69	倭	六弧内行花文鏡	山津照神社古墳〔「西ノ方岡山土中」〕		前方後円墳（63）		7.1	―	―	内行花文鏡B式？ ―
70	倭	重圏文鏡	高溝遺跡 大溝	米原市高溝〔坂田郡近江町〕	集落	溝状遺構	古墳前期	3.7	―	Ⅱ型（藤岡91）／6類（脇山15）	〔重圏文鏡〕
71	倭	素文鏡					3.3	―	―	〔素文鏡〕
72	倭	四神四獣鏡	塚の越古墳（伝）	米原市新庄字塚の越（伝）〔坂田郡近江町〕	古墳	前方後円墳（40）・横穴式石室	古墳後期	完形	―	―	〔後期型神獣鏡〕 後期
84	?	〔神獣鏡？〕	円山塚古墳（円山古墳・丸山古墳）	高島市今津町弘川字堀切〔高島郡今津町〕	古墳	不明	古墳	12.1	―	―	―
85	?	不明	南古賀古墳群（冠掛古墳）	高島市安曇川町南古賀〔高島郡安曇川町〕	古墳	不明	古墳	不明	―	―	―
86	倭	神獣鏡	田中古墳群（伝）	高島市安曇川町田中（伝）〔高島郡安曇川町〕	古墳	不明	古墳	10.5	―	分離式神獣鏡系	前（新）
87	舶	八弧内行花文鏡	鴨稲荷山古墳	高島市鴨〔高島郡高島町〕	古墳	前方後円墳？・横穴式石室（家形石棺）	古墳後期	15.6	「□□□公」	―	―
91	倭	珠文鏡	木曽遺跡 SH24	犬上郡多賀町木曽	集落	堅穴住居	古墳中期	5.4	―	―	〔珠文鏡〕 前期
91-1	倭	五鈴鏡	不明	不明	不明	不明	不明	―	―	―
91-2	?	不明	個人蔵鏡	不明	不明	不明	不明	―	―	―

京都

番号	舶倭	鏡　式	出土遺跡	出土地名	遺跡内容	時　期	面径(cm)	銘　文	諸氏分類	編者分類・時期
1	舶？	不明	権現山古墳 GM05	京丹後市久美浜町品田字ユリ〔熊野郡久美浜町〕	古墳	方墳（50）・組合式木棺直葬	古墳前期	破片	―	―	―
261	倭	乳文鏡	南谷3号墳	京丹後市久美浜町壱分〔熊野郡久美浜町〕	古墳	円墳（7）・組合式木棺直葬	古墳後期	7.5	―	―	〔乳脚文鏡〕 後期
262	倭	捩文鏡 or 珠文鏡	谷垣18号墳	京丹後市久美浜町永留〔熊野郡久美浜町〕	古墳	方墳（40×32）・組合式木棺直葬	古墳	8.5	―	捩文鏡B系	前（中）
263	倭	珠文鏡					6.8	―	D-B類（脇山13）	〔珠文鏡〕 前期
272	倭	捩文鏡	天王山A17号墳	京丹後市久美浜町鹿野字天王山〔熊野郡久美浜町〕	古墳	円墳（16）・割竹形木棺直葬	古墳	6.4	―	捩文鏡C系	前（新）
2	倭	四獣鏡	産土山古墳	京丹後市丹後町竹野字宮ノ越〔竹野郡丹後町〕	古墳	円墳（56）・長持形石棺直葬	古墳中期	12.5	―	四獣形鏡（樋口79）／二神四獣鏡系（小林82・10）	前（新）～
3	?	不明	願興寺1号墳（伝）	京丹後市丹後町宮字赤山（伝）〔竹野郡丹後町〕	古墳	方墳（20）・箱形石棺	古墳中期	不明	―	―	―
4	?	不明	舟岡古墳（伝）	京丹後市弥栄町芋野字舟岡（伝）〔竹野郡弥栄町〕	古墳	円墳・横穴式石室	古墳後期	不明	―	―	―

滋賀・京都

発見年	所蔵（保管）者	共伴遺物					文　献	備　考
		石製品・玉類	武具・武器・馬具	ほか金属器	土器類	その他		
1918	個人	―	刀1・馬具片	金環2	須恵器	―	西田弘 1990「近江の古鏡Ⅳ」『文化財教室シリーズ』111, 滋賀県文化財保護協会	漢式鏡416／滋賀県（近江国）28
1882	山津照神社・県立琵琶湖文化館		刀4・水晶三輪玉5・轡1・鞍橋覆輪1・杏葉2・輪鐙1・壺鐙1組・辻金具2・雲珠1・釣金具・金銅製品片	金銅冠1・鹿角装刀子1・刀子2	土師器（高杯3）・須恵器（壺3・台付壺1・器台2・杯身6・杯蓋6・提瓶1）	―	京都大学文学部考古学研究室編 1995『琵琶湖周辺の6世紀を探る』平成6年度科学研究費補助金一般研究B調査成果報告書, 京都大学文学部考古学研究室	92g／漢式鏡417／滋賀県（近江国）26-1
								183g／漢式鏡418.1／滋賀県（近江国）26-3
			剣1	―	―	―		漢式鏡418.2／滋賀県（近江国）26-2
1987	米原市教育委員会	―	―	―	―	―	西田弘 1990「近江の古鏡Ⅳ」『文化財教室シリーズ』111, 滋賀県文化財保護協会	1孔？
								―
1885	所在不明（新庄薬師講旧蔵）	勾玉	馬具 or 甲冑	―	―	―	平川喜代郎他編 1913『坂田郡志』滋賀県坂田郡役所	漢式鏡421.2／滋賀県（近江国）29／交互式神獣鏡
1886	所在不明	―	甲・刀剣	―	―	―	木村政司 1936『滋賀県史蹟名勝天然紀念物概要』滋賀県史蹟名勝天然紀念物調査会	「径四寸で裏に人物模様がある」
不明	所在不明（再埋納？）	―	刀	―	須恵器	―	西田弘 1990「近江の古鏡Ⅳ」『文化財教室シリーズ』111, 滋賀県文化財保護協会	漢式鏡425／滋賀県（近江国）8
1944	田中神社	―	刀3〜	―	―	―	宮崎雅充・白井忠雄・来見久美子編 2013『田中古墳群分布測量調査報告書』高島市文化財調査報告書第20集, 高島市教育委員会	〈51g〉
1902	京都大学総合博物館〈5393〉	琥珀棗玉12・瑪瑙算盤玉8・水晶算盤玉2・瑪瑙切子玉6・水晶切子玉26	環頭大刀1・鹿角装刀2・鹿角装短刀2?・金銅三輪玉7・半球状金具6・鉄石突2・鉄地金銅張飾板付鉄轡1・辻金具2・雲珠1・鉄地金銅張杏葉8?・壺鐙1・鉸具3・鉄地金銅張雲珠2・辻金具4・銅鈴3・円形金具片3	金銅冠1・金銅双魚佩1・金銅杏1対・半筒形金銅製品2・金製垂飾付耳飾1対・斧2	須恵器（広口壺2・有蓋台付壺1・器台1・高杯1・蓋杯1・𤭯1）	―	京都大学文学部考古学研究室編 1995『琵琶湖周辺の6世紀を探る』平成6年度科学研究費補助金一般研究B調査成果報告書, 京都大学文学部考古学研究室	漢式鏡424／滋賀県（近江国）7
1996	滋賀県教育委員会	―	―	―	土師器（小形丸底壺3・甕3・高杯6）	砥石1	堀真人編 1999『木曽遺跡Ⅲ』滋賀県教育委員会・財団法人滋賀県文化財保護協会	破砕鏡
不明	坂田神明宮	―	―	―	―	―	黒坂秀樹編 2001『古保利古墳群』古保利古墳群第1次確認調査報告書〈本文編〉, 高月町埋文調査報告書第5集, 高月町教育委員会	
不明	個人	―	―	―	―	―	黒坂秀樹編 2001『古保利古墳群』古保利古墳群第1次確認調査報告書〈本文編〉, 高月町埋文調査報告書第5集, 高月町教育委員会	6面あるという

発見年	所蔵（保管）者	共伴遺物					文　献	備　考
		石製品・玉類	武具・武器・馬具	ほか金属器	土器類	その他		
1983	京丹後市教育委員会	―	―	―	壺1・鼓形器台1	―	長谷川達編 1999『丹後発掘』特別展図録30, 京都府立丹後郷土資料館	縁部片
1995	京丹後市教育委員会	玉類	鉄鏃	―	―	―	長谷川達編 1999『丹後発掘』特別展図録30, 京都府立丹後郷土資料館	―
1997	京丹後市教育委員会	玉類	―	斧・鉇	土師器（鼓形器台）	―	長谷川達編 1999『丹後発掘』特別展図録30, 京都府立丹後郷土資料館	―
1996	財団法人京都府埋蔵文化財調査研究センター	勾玉1・管玉3・ガラス小玉107	鉄鏃1	―	―	―	長谷川達編 1999『丹後発掘』特別展図録30, 京都府立丹後郷土資料館	―
1939	京都大学総合博物館〈5676〉	勾玉7・管玉53・ガラス小玉10・異形飾玉1	三角板革綴衝角付冑1・三角板革綴短甲1・頸甲1・刀3・剣4・槍1・鉄鏃2・木弓2	鉇7〜8・素環頭刀子1・刀子5	―	堅櫛3	梅原末治 1955「竹野郡竹野産土山古墳の調査（下）」『京都府文化財調査報告』第21冊, 京都府教育委員会	213g／京都府（丹後国）12
不明	所在不明	勾玉・管玉	剣	金銅製品	―	―	同志社大学考古学研究会編 1973『同志社考古』第10号, 同大考古学研究会出版局	京都府（丹後国）13
不明	所在不明	―	刀?	―	―	―	岡崎敬編 1977『日本における古鏡発見地名表 近畿地方Ⅱ』東アジアより見た日本古代墓制研究	京都府（丹後国）14

番号	舶倭	鏡式	出土遺跡	出土地名	遺跡内容	時期	面径(cm)	銘文	諸氏分類	編者分類・時期
250	舶	画文帯環状乳三神三獣鏡	大田南2号墳	京丹後市弥栄町和田野字大田〔竹野郡弥栄町〕	方墳(22)・組合式木棺直葬	古墳前期	14.8	「吾作今明　□竟□□日□□□　好幽合三□□□□□□□□　□□□□□□□□　□□□□」	画Ab4(村瀬14)	―
258	?	不明	溝谷2号墳	京丹後市弥栄町溝谷〔竹野郡弥栄町〕	円墳(28)・木棺直葬	古墳中期?	9.6	―	―	―
260	舶	青龍三年顔氏作方格規矩四神鏡	大田南5号墳〔第1主体部〕	京丹後市弥栄町和田野字大田・峰山町矢田字坂尾〔竹野郡弥栄町・中郡峰山町〕	方墳(19×12)・箱形石棺	古墳前期	17.4	「青龍三年　顔氏作竟成文章　左龍右虎辟不詳　朱爵玄武順陰陽　八子九孫治中央　壽如金石宜侯王」	甲群(森下98)	―
264	舶	斜縁四獣鏡	愛宕神社1号墳	京丹後市弥栄町堤字屋ヶ谷〔竹野郡弥栄町〕	方墳(20)・組合式木棺直葬	古墳前期	12.8	「…自有…」	―	―
265	舶	不明					約13			
266	倭	重圏文鏡?	菩提東古墳〔第1主体部〕	京丹後市弥栄町吉沢字菩提〔竹野郡弥栄町〕	方墳?(20×16)・木棺直葬	古墳中期	4.6	―	―	[重圏文鏡?]	―
273	倭	珠文鏡	奈具岡北1号墳括れ部流土	京丹後市弥栄町溝谷字奈具岡〔竹野郡弥栄町〕	前方後円墳(60)・括れ部表土	古墳中期	3.8	―	―	[珠文鏡]	前期
5	倭	方格渦文鏡	カジヤ古墳〔第1主体部〕	京丹後市峰山町杉谷字カジヤ〔中郡峰山町〕	円墳(73)・竪穴式石槨(割竹形木棺)	古墳前期	13.5	―	方格規矩文鏡類E型(小林82・10)／中型鏡1-1(北浦92)	類方格規矩四神鏡系	前(中)
6	倭	五乳文鏡	桃谷1号墳	京丹後市峰山町新治字桃谷〔中郡峰山町〕	円墳・横穴式石室	古墳後期	8.6	―	乳文鏡II類(樋口79)／獣帯鏡類D型(小林82・10)／乳脚文鏡c系(森下91)／乳脚紋鏡b〜d系(森下02)	[乳脚文鏡]	後期
7	?	不明	桃山1号墳(伝)	京丹後市峰山町内記字高山(伝)〔中郡峰山町〕	円墳(19)・組合式木棺直葬	古墳中期	不明	―	―	―
7-1	倭	四神二獣鏡	千束5号墳	京丹後市峰山町石丸字千束谷〔中郡峰山町〕	円墳(13)・組合式木棺直葬	古墳中期	10.5	―	―	二神二獣鏡II系	前(新)
8	倭	捩文鏡	大谷古墳〔第1主体部〕	京丹後市大宮町谷内字大谷〔中郡大宮町〕	前方後円墳(32)・箱形石棺	古墳	10.8	―	IV型(小沢88)／C型式a類(水野97)／房紋鏡系(森下02)	捩文鏡C系	前(中)
259	倭	捩文鏡	左坂C21号墳	京丹後市大宮町周枳字左坂〔中郡大宮町〕	円墳(20)・組合式木棺直葬	古墳	9.0	―	―	捩文鏡D系	前(中)
256	倭	重圏文鏡	離湖古墳〔第2主体部〕	京丹後市網野町小浜字離山〔竹野郡網野町〕	方(43×34)・組合式箱形木棺直葬	古墳中期	7.5	―	2b類(脇山15)	[重圏文鏡]	前期
9	舶	田生作神人車馬画象鏡	岩滝丸山古墳	与謝郡与謝野町岩滝字大風呂〔与謝郡岩滝町〕	円墳(30)・箱形石棺	古墳前期	21.4	「田生作竟四□服　多□□□人民息　胡虜殄威天下復　風雨時節□□執　長保二親」	I広画面式(樋口79)	―
10	?	不明	法王寺古墳(伝)	与謝郡与謝野町男山字法王寺(伝)〔与謝郡岩滝町〕	前方後円墳(74)・長持形石棺直葬	古墳中期	不明	―	―	―
11	倭	四獣鏡	日ノ内古墳〔第1主体部〕	与謝郡与謝野町岩滝字日ノ内〔与謝郡岩滝町〕	方墳・組合式木棺直葬	古墳前期	10.0	―	獣形文鏡II A類(赤塚98b)	鳥頭獣像鏡B系	前(古)
12	倭	七乳文鏡	千原1号墳(表面採集)	与謝郡与謝野町岩滝字千原〔与謝郡岩滝町〕	円墳・横穴式石室	古墳後期	6.8	擬銘	―	[乳脚文鏡]	後期
13	倭	六弧内行花文鏡	枝山古墳	与謝郡与謝野町明石字枝山〔与謝郡加悦町〕	円墳(23)・箱形石棺	古墳前期	11.8	―	B類3式(清水94)	内行花文鏡B式	前(中)
14	舶	八弧内行花文鏡	蛭子山1号墳〔第1主体部〕	与謝郡与謝野町明石字藤野〔与謝郡加悦町〕	前方後円墳(145)・舟形石棺直葬	古墳前期	15.1	―	Caイ・ウ式(樋口79)	―
15	倭	四獣鏡	作り山1号墳〔後円部主体部〕	与謝郡与謝野町明石字作り山〔与謝郡加悦町〕	前方後円墳(45)・箱形石棺	古墳前期	9.1	―	四獣形鏡(樋口79)／獣形文鏡類四獣鏡C-1型(小林82・10)	鳥頭獣像鏡B系	前(中〜)

京都

発見年	所蔵（保管）者	共伴遺物 石製品・玉類	武具・武器・馬具	ほか金属器	土器類	その他	文献	備考
1990	京丹後市教育委員会	―	剣	不明鉄器	土師器（甕・台付鉢・器台・高杯）	不明木器	長谷川達編 1999『丹後発掘』特別展図録 30, 京都府立丹後郷土資料館	獣鈕
1993	財団法人京都府埋蔵文化財調査研究センター	―	―	―	―	―	白石太一郎・設楽博己編 1994『弥生・古墳時代遺跡出土鏡データ集成』（『国立歴史民俗博物館研究報告』第56集）, 国立歴史民俗博物館	伝世品
1994	京丹後市教育委員会	―	刀 1	―	土師器（壺・鼓形器台・台付鉢・高杯）	―	岡林峰夫編 1998『大田南古墳群／大田南遺跡／矢田城跡 第2次～第5次発掘調査報告書』京都府峰山町埋蔵文化財調査報告書第18集, 峰山町教育委員会	570g／同型：安満宮山古墳（大阪 257）・個人蔵鏡
1997	財団法人京都府埋蔵文化財調査研究センター	勾玉 4・管玉 18・ガラス小玉	刀 9・剣	斧・鎌・刀子 3	―	竪櫛 12	竹井治雄 1998「愛宕神社古墳群」『京都府遺跡調査概報』第83冊, 財団法人京都府埋蔵文化財調査研究センター	縁部のみ
1997	財団法人京都府埋蔵文化財調査研究センター	板状勾玉・管玉・小玉	―	―	―	―	長谷川達編 1999『丹後発掘』特別展図録 30, 京都府立丹後郷土資料館	
1996	財団法人京都府埋蔵文化財調査研究センター	―	―	―	―	―	長谷川達編 1999『丹後発掘』特別展図録 30, 京都府立丹後郷土資料館	
1972	京丹後市教育委員会・京都府立丹後郷土資料館	車輪石 1・石釧 2・碧玉管玉 6	筒形銅器 1・剣 3	鍬先 1・鉈 1・刀子 1	―	―	坪倉利正・釋龍雄・杉原和雄・林和広編 1972「カジヤ古墳発掘調査報告書」京都府峰山町文化財調査報告第1集, 峰山町教育委員会	京都府（丹後国）9
1951	京都大学総合博物館	水晶勾玉 2・瑪瑙勾玉 10・碧玉管玉 9・水晶切子玉 3・ガラス丸玉 33・ガラス小玉 161・滑石小玉 1・土玉 474・金銅空玉 1・ガラス耳璫 1	金銅装圭頭大刀 1・金銅装大刀 1・刀 5～6・鉄鏃 30 数本・鞍金具・轡金具・辻金具 4・革金具 7	金環 8・刀子 11	土師器（壺 1）・須恵器（杯 21・杯蓋 15・有蓋高杯 10・無蓋高杯 6・長頸壺 2・壺 1・甑 4・提瓶 1・盌 3・蓋 2）	鉈 3	樋口隆康 1961「峰山桃谷古墳」『京都府文化財調査報告』第22冊, 京都府教育委員会	〈50g〉／京都府（丹後国）10
不明	所在不明	勾玉・管玉・ガラス玉	刀・鏃・轡	刀子	須恵器（高杯・杯・甑）	―	岡崎敬編 1977『日本における古鏡 発見地名表 近畿地方Ⅱ』東アジアより見た日本古代墓制研究	京都府（丹後国）11
2007	財団法人京都府埋蔵文化財調査研究センター	翡翠勾玉 2・碧玉勾玉 2・碧玉管玉 12・緑色凝灰岩管玉 29・蛇紋岩管玉 3・碧玉棗玉 1・蛇紋岩臼玉 3・滑石臼玉 106・ガラス小玉 3		刀子 or 鎌形鉄製品 1	―	―	引原茂治・森島康雄・黒坪一樹 2008「千束古墳群発掘調査報告」『京都府遺跡調査報告集』第130冊, 財団法人京都府埋蔵文化財調査研究センター	―
1986	京丹後市教育委員会	硬玉勾玉 1・ガラス小玉 33	短剣 1	斧 1・刀子 1	―	―	奥村清一郎編 1987『大谷古墳』大宮町文化財調査報告第4集, 大宮町教育委員会	「熟年前半」の女性骨
1998	財団法人京都府埋蔵文化財調査研究センター	玉類	―	斧・鎌	―	竪櫛	長谷川達編 1999『丹後発掘』特別展図録 30, 京都府立丹後郷土資料館	―
1991	京丹後市教育委員会	石釧 1・勾玉 10・管玉 33・ガラス小玉 29	刀 1・剣 1・矛 1・鉄鏃 3	銅釧 2	―	竪櫛 2・漆膜	網野町教育委員会編 1993『離山古墳・離湖古墳発掘調査概要』京都府網野町文化財調査報告第7集, 網野町教育委員会	―
1946	宮津市妙立寺・京都府立丹後郷土資料館	―	素環頭大刀 1・銅鏃 16	―	―	―	堤圭三郎 1970「法王寺・岩滝丸山両古墳発掘調査概要」京都府教育庁指導部文化財保護課編『埋蔵文化財発掘調査概報（1970）』京都府教育委員会	京都府（丹後国）7-1／全部で3面出土か
不明	所在不明	―	刀剣	―	―	石枕	梅原末治 1923「男山法王寺ノ古墳」『京都府史蹟勝地調査会報告』第五册, 京都府	京都府（丹後国）8／「石唐櫃ヨリ男女二人ノ骨ヲ見出シテ, 鏡ト刀剣ノ類ヲモ存セリト伝フ」
1984	与謝野町教育委員会	勾玉・管玉・算盤玉	剣	鉈・鑿・刀子	―	―	長谷川達編 1999『丹後発掘』特別展図録 30, 京都府立丹後郷土資料館	―
1978 頃	与謝野町教育委員会	―	―	―	須恵器（横瓶）	―	長谷川達編 1999『丹後発掘』特別展図録 30, 京都府立丹後郷土資料館	外区に1孔／古墳下の崖下で表面採集
昭和以降	京都府立加悦谷高等学校						長谷川達編 1999『丹後発掘』特別展図録 30, 京都府立丹後郷土資料館	
1929	東京国立博物館（J21783）	―	三葉環頭大刀 1・刀 5・剣 19・槍 4・鉄鏃 19	斧 4	土師器	―	梅原末治 1933「桑飼村蛭子山・作り山両古墳の調査（下）」『京都府史蹟名勝天然紀念物調査報告』第十四冊, 京都府	京都府（丹後国）3
1929	東京国立博物館（J21791）	石釧 2・碧玉勾玉 2・管玉 35・ガラス小玉 約500	剣 12	斧 2・鎌 1・鉈 1・刀子 4	―	―	梅原末治 1933「桑飼村蛭子山・作り山両古墳の調査（下）」『京都府史蹟名勝天然紀念物調査報告』第十四冊, 京都府	京都府（丹後国）2／熟年男性骨

番号	舶倭	鏡式	出土遺跡	出土地名	遺跡内容	時期	面径(cm)	銘文	諸氏分類	編者分類・時期	
16	倭？	八弧内行花文鏡	愛宕山3号墳〔第1主体部〕	与謝郡与謝野町明石字裏ノ谷〔与謝郡加悦町〕	古墳	円墳(27)・箱形石棺	古墳前期	7.5	—	AⅡ亜式（森70）／円座Ⅰ型c類（山本78）／八弧（樋口79）／八花文鏡（小林82・10）／B類(H類)（清水94）／Ⅲ類省略系（林00）	内行花文鏡B式	前(中)
17	舶	三角縁天・王・日・月・獣文帯二神三獣一虫鏡？	加悦丸山古墳（温江丸山古墳）	与謝郡与謝野町温江字谷垣〔与謝郡加悦町〕	古墳	円墳(65)・竪穴式石槨(石棺)	古墳前期	22.2	欠失（「天王日月」）	目録番号113・配置K1?・表現⑤	—	—
18	倭	方格規矩四神鏡						28.8	—	Ⅱ類（樋口79）／方格規矩文鏡類B型（小林82・10）／JBⅡ式（田中91）／方格規矩四神鏡系（森下91）／大型鏡（北浦92）／四神鏡系Ⅰ式（辻田07）	方格規矩四神鏡A系	前(古)
19	？	不明	白米山1号墳（伝）	与謝郡与謝野町後野字白米山（伝）〔与謝郡加悦町〕	古墳	前方後円墳(92)	古墳前期	不明	—	—	—	—
249	倭	六弧内行花文鏡	作山5号墳（作り山1号墳）〔前方部主体部〕	与謝郡与謝野町明石字作り山〔与謝郡加悦町〕	古墳	方墳(or前方後円墳)(45)・割竹形木棺直葬	古墳前期	10.5	—	内行花紋鏡D系（森下02）	内行花文鏡B式	前(中)
20	倭	重圏文鏡or珠文鏡	志高遺跡	舞鶴市志高字舟戸	集落	遺物包含層	弥生末期～古墳前期	6.0	—	Ⅴb型（藤岡91）／Ⅰ類（中山他94）／珠紋鏡系（森下02）／Ⅴ型（林原08）／7ⅳ類（脇山15）	〔重圏文鏡（連珠）〕	～前期
268	舶	上方作系浮彫式獣帯鏡？	千歳下遺跡A-SK08	舞鶴市千歳	祭祀	土壙	古墳前期	14.6	「…宜孫子…」	六像Ⅱ式（Ⅰb系）（實盛15）	—	—
269	舶	不明	千歳下遺跡A調査区東側排水溝		祭祀	包含層		11.2	—	—	—	—
257	倭	七弧内行花文鏡	高津神社古墳（伝）	宮津市獅子崎（伝）	古墳	石棺直葬or組合式木棺直葬？	古墳中期？	11.2	—	—	内行花文鏡B式	前(中)
257-1	倭	重圏文鏡	須津東禪寺1号墳	宮津市須津字東禪寺	古墳	円墳	古墳	3.8	—	4類（脇山15）	〔重圏文鏡〕	前期
21	倭	八鈴四神四獣鏡	弁財1号墳	福知山市牧字弁財	古墳	円墳(25)・横穴式石室	古墳後期	13.9	—	神獣鏡系鈴鏡（樋LI79）／鈴鏡類（八鈴鏡）（小林82・10）／四神四獣（西岡86）／神獣文鏡類（大川97）／Ⅰ類-D神獣文（八木00）／神獣文系（岡田05）	〔後期型神獣鏡〕	後期
22	倭	十一乳文鏡	奉安塚古墳	福知山市報恩寺字佐賀	古墳	円墳・横穴式石室	古墳後期	8.3	—	珠文鏡Ⅰ類（樋口79）／乳脚文鏡c系（森下91）／Ⅰ類（中山他94）／乳脚紋鏡系（森下02）	〔乳脚文鏡〕	後期
23	倭	四獣鏡	八ヶ谷古墳〔第3主体部〕	福知山市前田字八ヶ谷	古墳	方墳(23)・箱形石棺	古墳中期	8.9	—	—	〔中期型獣像鏡〕	中期
24	倭	六弧内行花文鏡	谷尾谷1号墳	福知山市笹尾字谷尾谷	古墳	円墳(14)・組合式木棺直葬	古墳前期	8.5	—	内行花紋鏡D系（森下02）	内行花文鏡B式	前(中)
25	舶	上方作系浮彫式獣帯鏡？	狸谷17号墳（豊富17号墳）	福知山市半田字狸谷	古墳	方墳(14)・割竹形木棺直葬	古墳前期	11.0	「…□…」	四像式（岡村92）／四像式A系統Ⅱ段階（山田06）／四像Ⅱ式（Ⅰb系）（實盛15）	—	—
26	舶	不明					9.4	—	—	—	—
27	舶	景初四年陳是作盤龍鏡	広峯15号墳	福知山市天田字広峯	古墳	前方後円墳(42)・組合式木棺直葬	古墳前期	16.8	「景初四年五月丙午之日 陳是作鏡 吏人詔之 位至三公 母人詔之 保子宜孫 壽如金石兮」	倣古鏡（辻田09）	—	—
28	舶	方格規矩鏡	寺ノ段2号墳〔第5主体部〕	福知山市天田字寺ノ段	古墳	方墳(15)・木棺直葬	古墳前期	17.0	—	—	—	—
29	舶	内行花文鏡	寺ノ段2号墳〔第4主体部〕		古墳	方墳(15)・木棺直葬		17.0	—	—	—	—
30	？	不明	武者ヶ谷2号墳〔第3主体部〕	福知山市堀	古墳	円墳(15)・組合式木棺直葬	古墳後期	8.7	—	—	—	—
270	倭	六弧内行花文鏡	武者ヶ谷1号墳〔第1主体部〕	福知山市堀	古墳	方墳(20)・割竹形木棺直葬	古墳中期	8.1	—	—	内行花文鏡B式	前(中)
270-1	倭	弥生倭製鏡	石原遺跡SHa001円形住居跡埋土	福知山市石原	集落	竪穴住居	弥生後期	6.8	—	内行花文系小形仿製鏡第5型（田尻10・12）	〔弥生倭製鏡〕	弥生
246	舶	盤龍鏡	ヌクモ2号墳	福知山市石原	古墳	方墳(10)・組合式木棺直葬	古墳中期	11.5	—	C類（辻田09）	—	—

京都

発見年	所蔵（保管）者	共伴遺物					文献	備考
		石製品・玉類	武具・武器・馬具	ほか金属器	土器類	その他		
1965	丹後郷土資料館	勾玉・管玉・ガラス小玉	剣	鎌・鉇	土師器	―	長谷川達編1999『丹後発掘』特別展図録30, 京都府立丹後郷土資料館	京都府（丹後国）4
1957	京都大学総合博物館	―	刀1	―	―	―	横山浩一1961「加悦丸山古墳」『京都府文化財調査報告』第22冊, 京都府教育委員会	〈344g〉／京都府（丹後国）5-1
								京都府（丹後国）1,5-2
不明	所在不明	―	―	―	―	―	白石太一郎・設楽博己編1994『弥生・古墳時代遺跡出土鏡データ集成』(『国立歴史民俗博物館研究報告』第56集), 国立歴史民俗博物館	京都府（丹後国）6
1989	与謝野町教育委員会	石釧・勾玉・管玉	―	―	―	―	長谷川達編1999『丹後発掘』特別展図録30, 京都府立丹後郷土資料館	―
1985〜86	財団法人京都府埋蔵文化財調査研究センター	―	―	―	土師器	―	樋口隆康1991「京都府下近年出土の鏡に就いて（2）」『京都府埋蔵文化財論集』第2集 創立十周年記念誌, 財団法人京都府埋蔵文化財調査研究センター	―
1998	舞鶴市教育委員会	緑色凝灰岩管玉2	―	鉄鋌1・鉄製模造品4	―	―	野島永・脇山佳奈編2012『千歳下遺跡発掘調査報告書』広島大学大学院文学研究科考古学研究室報告第2冊・舞鶴市文化財調査報告第46集, 広島大学大学院文学研究科考古学研究室	〈46g〉／破鏡（縁部・破面研磨・3孔）
								〈16g〉／穿孔／縁部片
江戸以前	高津神社・京都府立丹後郷土資料館	―	甲（伝）	―	―	―	長谷川達編1999『丹後発掘』特別展図録30, 京都府立丹後郷土資料館	伝世品
1990年代	財団法人京都府埋蔵文化財調査研究センター	―	―	―	―	―	財団法人京都府埋蔵文化財調査研究センター編2001『20年のあゆみ 1981-2001』財団法人京都府埋蔵文化財調査研究センター	―
1953	京都国立博物館〈J甲253〉	―	刀・矛・鏃・金銅馬具・金銅鈴	刀子	須恵器（台付長頸壺・高杯）・鋺	―	樋口隆康1979『古鏡』新潮社	239g／京都府（丹波国）14
1950	京都府立福知山高等学校	ガラス勾玉	素環頭大刀・鏃・金銅鏡板・杏葉・雲珠	金環・刀子	―	砥石・釘	高橋美久二編1987『鏡と古墳―景初四年鏡と芝ヶ原古墳―』京都府立山城郷土資料館・京都府立丹後郷土資料館	京都府（丹波国）13
1961	福知山市教育委員会	琴柱形石製品・勾玉・管玉・算盤玉・丸玉・ガラス玉	刀	刀子	―	櫛	高橋美久二編1987『鏡と古墳―景初四年鏡と芝ヶ原古墳―』京都府立山城郷土資料館・京都府立丹後郷土資料館	京都府（丹波国）15
1981	京都府埋蔵文化財事務所	―	剣・鏃	鉇	土師器（小形丸底壺）	―	高橋美久二編1987『鏡と古墳―景初四年鏡と芝ヶ原古墳―』京都府立山城郷土資料館・京都府立丹後郷土資料館	―
1981	京都府埋蔵文化財事務所	―	―	―	土師器（壺・甕・高杯）	―	高橋美久二編1987『鏡と古墳―景初四年鏡と芝ヶ原古墳―』京都府立山城郷土資料館・京都府立丹後郷土資料館	破鏡（破面研磨）
1986	福知山市教育委員会	碧玉管玉2	剣1・槍1	斧1・鉇1	―	―	田中琢1991「「景初四年」銘鏡と三角縁神獣鏡」『辰馬考古資料館 考古学研究紀要』2, 財団法人辰馬考古資料館	同型；持田古墳群（推定）（宮崎45）
1986	福知山市教育委員会	ガラス管玉	―	―	土師器（壺・高杯）	―	樋口隆康1991「京都府下近年出土の鏡に就いて（2）」『京都府埋蔵文化財論集』第2集 創立十周年記念誌, 財団法人京都府埋蔵文化財調査研究センター	―
1986		―	―	―	土師器（壺）	―		破鏡（破面研磨）
1976	福知山市教育委員会	―	刀1・鉄鏃7	―	―	―	渡辺誠・鈴木忠司編1977『京都府福知山市武者ヶ谷遺跡発掘調査報告書』福知山市教育委員会	「外縁内・外面ともになんらの文様もなく, 形式上如何なる銅鏡であるかは明確でない」
1998	福知山市教育委員会	瑪瑙勾玉2・碧玉管玉3・琥珀丸玉2・ガラス小玉148	―	―	―	―	八瀬正雄1999『福知山市文化財調査報告書』第38集, 福知山市教育委員会生涯学習課	―
2000〜01	福知山市教育委員会	―	―	―	弥生土器	―	八瀬正雄・永谷隆夫編2001『福知山市文化財調査報告書』第40集, 福知山市教育委員会	―
1989	財団法人京都府埋蔵文化財調査研究センター	勾玉・管玉・臼玉・ガラス小玉	―	―	―	竪櫛	樋口隆康1991「京都府下近年出土の鏡に就いて（2）」『京都府埋蔵文化財論集』第2集 創立十周年記念誌, 財団法人京都府埋蔵文化財調査研究センター	―

番号	舶倭	鏡式	出土遺跡	出土地名	遺跡内容	時期	面径(cm)	銘文	諸氏分類	編者分類・時期
31	倭	神獣鏡	聖塚古墳	綾部市多田町取畦	古墳	方墳(54)・粘土槨	古墳中期	13.6	—	三神三獣鏡系(小林82・10)／対置式系倭鏡Ⅲ類(林02)	二神二獣鏡Ⅲ系	前(新)
32	舶	飛禽鏡	成山2号墳	綾部市小西町中山	古墳	方墳(18)・割竹形木棺直葬	古墳前期	9.5	—	(一)(樋口79)／B式(實盛15)	—	—
33	倭	六弧内行花文鏡	荒神塚古墳(三宅1号墳)	綾部市豊里町三宅	古墳	円墳(15)・粘土槨	古墳後期	9.2	—	六弧(樋口79)／B類3式(清水94)	内行花文鏡B式	前(中)
34	倭	四獣鏡	大畠古墳	綾部市大畠町	古墳	円墳?	古墳	10.0	擬銘	V型?(樋口79)／四獣形鏡(樋口79)／獣形文鏡類四獣C-1型(小林82・10)／同向式神獣鏡B系(森下02)	—	後期
35	倭	八乳文鏡					9.8	—	乳文鏡Ⅱ類(樋口79)／獣帯鏡類D型(小林82・10)／Ⅳ類(中山他94)	〔乳脚文鏡〕	後期
243	倭	不明	福垣北2号墳〔第4主体部〕	綾部市豊里町福垣	古墳	方墳(17)・組合式木棺直葬	古墳中期	8.2	—	—	—	—
244	倭	不明	私市円山古墳〔第1主体部〕	綾部市私市町円山	古墳	造出付円墳(80)・組合式木棺直葬	古墳中期	8.7	—	—	—	—
245	倭	捩文鏡	私市円山古墳〔第2主体部〕		古墳	造出付円墳(80)・組合式木棺直葬	古墳中期	9.1	—	羽紋鏡系(森下02)	捩文鏡E系	前(新)
245-1	倭	不明	久田山B2号墳	綾部市里町久田	古墳	円墳(約20)・横穴式石室	古墳後期	完形	—	—	—	—
39	倭	六乳文鏡	宮ノ口古墳(採集品)	南丹市園部町上木崎町宮ノ口〔船井郡園部町〕	古墳	円墳(7)	古墳	9.0	—	乳文鏡Ⅰ類(樋口79)	〔乳脚文鏡〕	後期
40	舶	盤龍鏡〈6号鏡〉	園部垣内古墳	南丹市園部町内林町東畑〔船井郡園部町〕	古墳	前方後円墳(82)・粘土槨	古墳前期	14.3	「□氏作□四夷□ □□□□□□ □□□□□節五穀孰 長保□ □□□ 傳告後世」	両頭式(樋口79)／A類(辻田09)	—	—
41	舶	「仿製」三角縁獣文帯三神三獣鏡〈4号鏡〉					24.0	—	目録番号216・同笵鏡番号112・配置K2	—	—
42	倭	画象鏡or浮彫式獣帯鏡〈5号鏡〉					20.8	擬銘	画象鏡(樋口79)／獣帯鏡類A型(小林82・10)	〔画象鏡or浮彫式獣帯鏡〕	前(中)
43	舶	三角縁櫛歯文帯三仏三獣鏡〈3号鏡〉					20.5	—	目録番号122・同笵鏡番号68・配置K1・表現⑮	—	—
44	舶	三角縁吾作四神三獣博山炉鏡〈2号鏡〉					20.0	「吾作明竟甚大好 長保二親宜子孫 宇由天下至四海 君宜高官号」	目録番号54・同笵鏡番号*・配置A変・表現⑥	—	—
45	倭	四獣鏡〈1号鏡〉					18.7	—	四獣形鏡(樋口79)／獣形文鏡類四獣形鏡B型(小林82・10)／四獣形鏡対置系(林02)	類対置式神獣鏡系?	前(中)
251	舶	双頭龍文鏡	黒田古墳	南丹市園部町黒田〔船井郡園部町〕	古墳	前方後円墳(52)・割竹形木棺?直葬	弥生末期	12.0	「位至三公 君宜官」	—	—	—
271	舶	神獣鏡	徳雲寺北6号墳〔第1主体部〕	南丹市園部町小山東町〔船井郡園部町〕	古墳	方墳(12×7)・組合式木棺直葬	古墳後期	10.0	—	—	—	—
271-1	舶	長宜子孫蝙蝠座鈕八弧内行花文鏡	今林6号墳	南丹市園部町内林町今林〔船井郡園部町〕	古墳	方墳(22×15)・箱形木棺直葬	古墳中期	10.6	「長宜子孫」	—	—	—
271-2	倭	四獣鏡	今林8号墳	南丹市園部町内林町今林〔船井郡園部町〕	古墳	方墳(19×15)・刳抜式木棺?直葬	弥生末期〜	10.6	—	—	類捩文鏡A系?	前(古?)
271-3	倭	四獣鏡	平山古墳	南丹市園部町瓜生野〔船井郡園部町〕	古墳	円墳(17×14)・割竹形木棺直葬	古墳前期	8.8	—	—	鳥頭獣像鏡B系	前(中)
271-4	舶	長宜子孫八弧内行花文鏡	園部町(伝)	南丹市園部町(伝)〔船井郡園部町〕	不明	不明	不明	22.0	「長宜子孫」	—	—	—
271-5	倭	十一弧内行花文鏡	蒲生野古墳群	船井郡京丹波町蒲生字蒲生野〔船井郡丹波町〕	古墳	木棺直葬	古墳前期	完形	—	—	内行花文鏡B式	前(中)
46	倭	六弧内行花文鏡	拝田10号墳	亀岡市千代川町拝田	古墳	円墳(25)・組合式木棺直葬	古墳中期	8.6	—	—	内行花文鏡B式	前(中?)

京都

発見年	所蔵（保管）者	共伴遺物 石製品・玉類	共伴遺物 武具・武器・馬具	共伴遺物 ほか金属器	共伴遺物 土器類	共伴遺物 その他	文献	備考
1891	京都大学総合博物館〈5710〉	勾玉・ガラス玉	鋲留衝角付冑1・革綴短甲1・刀・剣・槍・矛・鉄鏃	銛	—	—	阪口英毅他2013「綾部市聖塚古墳出土遺物報告—京都大学総合博物館所蔵資料—」『古代学研究』第197号，古代学研究会	漢式鏡607／京都府（丹波国）11
1965	丹後郷土資料館（成田霊光館旧蔵）	ガラス小玉・石小玉	—	—	—	—	樋口隆康1979『古鏡』新潮社	京都府（丹波国）9
1961	綾部市教育委員会	—	横矧板鋲留短甲1・刀・鏃・金銅馬具	鋤先・斧・鎌・鉇・鑿・刀子	土師器・須恵器（子持壺・高杯・杯）	—	高橋美久二編1987『鏡と古墳—景初四年鏡と芝ヶ原古墳—』京都府立山城郷土資料館，京都府立丹後郷土資料館	京都府（丹波国）12
不明	京都国立博物館〈09-0040〉						梅原末治1920「以久田村群集墳」『京都府史蹟勝地調査会報告』第二冊，京都府	93g／漢式鏡608／京都府（丹波国）10-1
不明	京都国立博物館							123g／漢式鏡609／京都府（丹波国）10-2
1987	財団法人京都府埋蔵文化財調査研究センター	勾玉3・管玉9・ガラス小玉20	—	—	須恵器	—	石井清司1988「福垣北古墳群」『京都府遺跡調査概報』第31冊，財団法人京都府埋蔵文化財調査研究センター	
1988	財団法人京都府埋蔵文化財調査研究センター	瑪瑙勾玉2・緑色凝灰岩管玉4・熔結凝灰岩管玉4・水晶棗玉1・水晶小玉16・ガラス小玉26	三角板革綴衝角付冑1・三角板革綴短甲1・頸甲1・肩甲1・草摺1・鹿角装剣1・鉄鏃38・鉄地金銅張胡籙1・金銅鉸具1・金銅方形金具1	—	—	竪櫛11	鍋田勇他1989「私市円山古墳」『京都府遺跡調査概報』第36冊，財団法人京都府埋蔵文化財調査研究センター	
		瑪瑙勾玉1・緑色凝灰岩勾玉3・熔結凝灰岩勾玉2・緑色凝灰岩管玉38・熔結凝灰岩管玉1・滑石臼玉165・ガラス小玉7	三角板革綴衝角付冑1・三尾鉄・三角板革綴短甲1・板鋲1・刀3・鉄鏃60	鍬先4・斧7・鎌5・手鎌5・鉇2・鑿?2・刀子11	—	竪櫛9		
2007～09	綾部市教育委員会	管玉・切子玉・臼玉・ガラス小玉	刀4・短刀2・轡・鏡板・辻金具	帯金具・斧2・鎌1	土師器・須恵器	二枚貝1	三好博喜編2010『久田山古墳群B支群調査報告』綾部市文化財調査報告第40集，綾部市教育委員会	小型
昭和以降	個人	—	—	—	—	—	高橋美久二編1987『鏡と古墳—景初四年鏡と芝ヶ原古墳—』京都府立山城郷土資料館，京都府立丹後郷土資料館	京都府（丹波国）8／古墳下方の谷で採集
								京都府（丹波国）7-1
								京都府（丹波国）7-2
1972	南丹市教育委員会	車輪石9・石釧3・鍬形石製品17・勾玉4・管玉125	方形板革綴短甲1・鉄引合板有機質短甲1・刀（剣?）14・短刀10・剣17・短剣31・槍23・銅鏃15・鉄鏃125	鍬＆鋤先4・斧2・鎌8・鉇4・鑿32・刀子12・針5・有孔鉄板2	—	—	森浩一・寺沢知子編1990『園垣内古墳』同志社大学文学部考古学調査報告第6冊，同志社大学文学部文化学科内考古学研究室	京都府（丹波国）7-3
								京都府（丹波国）7-4
								京都府（丹波国）7-5
								京都府（丹波国）7-6
1990	南丹市教育委員会	碧玉管玉	鉄鏃数本	不明鉄製品	土師器（壺・高杯）	漆塗製品	車崎正彦編2002『考古資料大観』第5巻 弥生・古墳時代 鏡，小学館	破砕鏡
1996	南丹市教育委員会	瑪瑙勾玉2・ガラス小玉95	刀1	鎌1・曲刀子1・刀子4	—	—	辻健二郎編1997『徳雲寺谷遺跡群』園部町文化財調査報告第13号，園部町教育委員会	—
2000	財団法人京都府埋蔵文化財調査研究センター	凝灰岩勾玉4・凝灰岩管玉7〜・ガラス平玉1・ガラス小玉77〜・凝灰岩垂飾1	長方形板革綴短甲1・刀2・剣2・矛1・鉄鏃14	斧2・鎌1・鉇1・鋸状鉄器1・錐1・刀子2	—	竪櫛約20	引原茂治・福島孝行編2001『京都府遺跡調査概報』第97冊，財団法人京都府埋蔵文化財調査研究センター	
2000		ガラス管玉8	槍1	方形鍬or鋤先1・タビ1・鉇1	壺・高杯	—		
2000	財団法人京都府埋蔵文化財調査研究センター	瑪瑙勾玉1	—	斧1・鉇1・刀子1・針1	土師器（壺1）	—	引原茂治・福島孝行編2001『京都府遺跡調査概報』第97冊，財団法人京都府埋蔵文化財調査研究センター	
不明	個人	—	—	—	—	—		
2012	京丹波町教育委員会	緑色凝灰岩石釧2・滑石石釧1・管玉7・ガラス玉約100	—	斧2・鉇2	—	—	京丹波町企画政策課編2012『広報京丹波』No.80，京丹波町	
1977	財団法人京都府埋蔵文化財調査研究センター	ガラス勾玉・小玉・臼玉	刀1・鹿角装剣1・剣1・鉄鏃十数点	鹿角装刀子2・刀子1	—	釘3	高橋美久二編1987『鏡と古墳—景初四年鏡と芝ヶ原古墳—』京都府立山城郷土資料館，京都府立丹後郷土資料館	

番号	舶倭	鏡式	出土遺跡	出土地名	遺跡内容	時期	面径(cm)	銘文	諸氏分類	編者分類・時期	
47	倭	四神四獣鏡	坊主塚古墳	亀岡市馬路町池尻	古墳	方墳(38)・組合式木棺直葬	古墳中期	14.2	—	一式	〔中期型神獣鏡〕	中期
48	倭	八乳文鏡	保津山古墳(案察使2号墳)	亀岡市保津町案察使字火無	古墳	円墳(12)・箱形石棺	古墳中期	10.1	—	獣帯鏡類D型(小林82・10)	〔乳脚文鏡〕	中期
49	倭	四神四獣鏡	滝の花塚古墳(野篠古墳)	亀岡市篠町野条字イカノ辻北	古墳	方墳(30)・割竹形木棺直葬	古墳中期	13.6	—	四神四獣鏡系(小林82・10)	〔中期型神獣鏡〕	中期
50	倭	不明					9.0	—	—	—	—
51	倭	四獣鏡	桝塚古墳	亀岡市篠町野条字下西裏	古墳	方墳(33)・木棺直葬	古墳中期	12.6	擬銘	—	—	前(新?)
52	倭	内行花文鏡					10.1	—	—	内行花文鏡B式?	—
53	舶	画文帯環状乳三神三獣鏡	三ツ塚2号墳(浄土寺古墳?)	亀岡市篠町王子字門田	古墳	円墳(27)・堅穴式石槨		11.8	「吾作明竟 幽凍三商 大吉長壽」	画Aa1(村瀬14)	—	—
54	倭?	獣帯鏡	向山古墳	亀岡市篠町王子字向山5	古墳	円墳(32)	古墳前期	破片	—	—	—	前(中)
54-1	倭	捩文鏡	篠村	亀岡市篠町〔南桑田郡篠村〕	古墳?	不明	古墳?	12.4	擬銘	—	捩文鏡D系(C系?)	前(中)
54-2	倭	不明	余部遺跡	亀岡市余部町	墳墓	木棺直葬	古墳中期〜	6.7	—	—	—	—
36	倭	六獣鏡	愛宕山古墳(愛宕山1号墳)	京都市右京区京北塔町愛宕谷〔北桑田郡京北町〕	古墳	方墳(20)・割竹形木棺直葬	古墳中期	12.6		獣形文鏡ⅢA類(赤塚98b)	対置式神獣鏡B系	前(中)
37	倭	神頭鏡					12.0		神頭式倭鏡(林02)／神頭鏡系(森下02)／三ツ山鏡系(赤塚04a)	神頭鏡系	前(中)
38	倭	捩文鏡					10.2		Ⅳ型(小沢88)／三日月文鏡系(森下91)／C型式(a類)(水野97)／三日月紋鏡系(森下02)	捩文鏡E系	前(中)
56	?	画文帯同向式神獣鏡	天塚古墳	京都市右京区太秦松本町	古墳	前方後円墳(71)・横穴式石室	古墳後期	破片	「吾作明竟 幽凍三商 配像萬疆 統徳序道 敬奉賢良 彫克無祉 百牙擧樂 衆華主陽 聖徳光明 富貴安樂 子孫番昌 學者高遷 士至公卿 其師命長」	—	—	—
57	?	不明					破片		—	—	—
57-1	倭	五獣鏡					17.7				
58	舶	王氏作神人龍虎画象鏡	鏡塚古墳	京都市西京区松尾	古墳	不明	古墳	20.6	「王氏作竟佳且好 明而日月世之保 服此竟者不知老 壽向東王公西王母 山人子高赤松 長保二親宜□□」	Ⅲ円圏式(樋口79)	—	—
59	倭	三神三獣鏡	松尾下山田	京都市西京区下山田	古墳?	不明	古墳?	15.5	—	三神三獣鏡(樋口79)	対置式神獣鏡A系	前(中)
60	舶	画文帯神獣鏡	穀塚古墳	京都市西京区山田葉室町	古墳	前方後円墳(41)・堅穴式石槨	古墳後期	18.1	あり(不詳)	—	—	—
61	舶	三角縁天・王・日・月・獣文帯二神二獣鏡	百々ヶ池古墳(百々池古墳)	京都市西京区樫原百々ヶ池	古墳	円墳(50)・堅穴式石槨	古墳前期	22.3	「天王日月」	目録番号92・同笵鏡番号51・配置J1・表現⑤	—	—
62	舶	三角縁櫛歯文帯三仏三獣鏡					20.5		目録番号122・同笵鏡番号68・配置K1・表現⑮	—	—
63	舶	画文帯蟠龍乳神獣鏡					13.5	「□作□□ □□□□ 長□子孫」	B式(樋口79)／C形式(小山田93)	—	—
64	倭	方格規矩四神鏡					24.4		Ⅱ類(樋口79)／方格規矩文鏡類B型(小林82・10)／JC(田中83)／大型鏡(北ania92)／Ⅱ類変容系Ⅰ式(林00)	方格規矩四神鏡B系	前(古〜中)
65	倭	細線式獣帯鏡					21.6	—	細線式獣帯鏡(樋口79)	細線式獣帯鏡系	前(古〜中)
66	舶	「仿製」三角縁唐草文帯三神三獣鏡					24.2		目録番号204・同笵鏡番号103・配置K2	—	—
67	舶	上方作浮彫式一仙五獣鏡					13.3	「上方作□竟自有道 青龍在左白虎居右 長宜子孫」	半肉彫獣帯鏡C六像式(樋口79)／六像B式(岡村92)／六像式B系統Ⅱ段階(山田06)／六像Ⅱ式(Ⅰa系)(實盛15)	—	—
68	舶	「仿製」三角縁獣帯三神三獣鏡					22.3	「陳氏」	目録番号211・同笵鏡番号110・配置K2	—	—

発見年	所蔵（保管）者	共伴遺物 石製品・玉類	共伴遺物 武具・武器・馬具	共伴遺物 ほか金属器	共伴遺物 土器類	共伴遺物 その他	文献	備考
1956	亀岡市教育委員会	―	横矧板鋲留衝角付冑1・三角板鋲留短甲1・頸甲・肩甲・篠籠手・草摺・刀4～・剣3・矛1・鉄鏃16	―	―	―	高橋美久二編1987『鏡と古墳―景初四年鏡と芝ヶ原古墳―』京都府立山城郷土資料館・京都府立丹後郷土資料館	京都府（丹波国）6
1937	東京国立博物館〈J34332〉	勾玉1・管玉1	剣3・鉄鏃6	斧2・鎌1・鉇1	須恵器片（高杯等）		高橋美久二編1987『鏡と古墳―景初四年鏡と芝ヶ原古墳―』京都府立山城郷土資料館・京都府立丹後郷土資料館	139g／京都府（丹波国）5
1918	所在不明（個人旧蔵）	―	挂甲1・刀4・剣1	―	―	―	梅原末治1920「篠村ノ古墳」『京都府史蹟勝地調査会報告』第二冊，京都府	漢式鏡605／京都府（丹波国）1-1
								京都府（丹波国）1-2／破片
1957	個人	―	挂甲片1・刀片1・鉄鏃30	刀子2・鑿2	―	―	高橋美久二編1987『鏡と古墳―景初四年鏡と芝ヶ原古墳―』京都府立山城郷土資料館・京都府立丹後郷土資料館	京都府（丹波国）2-1
								京都府（丹波国）2-2
1879～80	東京大学総合研究博物館	滑石勾玉・管玉1・硬玉棗玉1・滑石棗玉2・ガラス小玉100余	刀5～6	―	―	―	梅原末治1920「篠村ノ古墳」『京都府史蹟勝地調査会報告』第二冊，京都府	漢式鏡606／京都府（丹波国）3
不明	東京国立博物館〈J10165〉	車輪石2・石釧3	甲冑（伝）・刀1・剣2・銅鏃5・鉄鏃4	斧4・鑿1・鉄板1	―	―	東京国立博物館編1988『東京国立博物館図版目録』古墳遺物篇（近畿Ⅰ），東京美術	京都府（丹波国）4
不明	京都国立博物館〈E甲17-1〉（廣瀬都巽旧蔵）							
2012	亀岡市教育委員会	勾玉12・管玉24	―	―	―	―	ジャパン通信社編2012『月刊文化財発掘出土情報』2012年7月号，ジャパン通信社	1孔（内区外周）
1982	京都市教育委員会	硬玉勾玉4・瑪瑙勾玉4・水晶勾玉3・管玉84・碧玉棗玉2・水晶算盤玉1・琥珀小玉11～・ガラス小玉225～	剣2・鉄鏃5	斧1・鉇1	土師器片1	―	奥村清一郎編1983『愛宕山古墳発掘調査概報』京都府京北町埋蔵文化財調査報告書第2集，京北町教育委員会	―
1887?(1945?)	京都大学総合博物館	勾玉1・管玉9・水晶小玉11・ガラス小玉418・碧玉玉類92・鍍金丸玉7	挂甲・捩環頭大刀1・鍍金刀類2・刀7片・剣1片・鉄鏃50片・轡片1・鉄地金銅張f字形鏡板・剣菱形杏葉・変形剣菱形杏葉・辻金具・鞍金具・馬具片1等	金銅装身具片20	須恵器（広口壺1・器台1・不明1）		後藤守一1926『漢式鏡』日本考古学大系，雄山閣	同型鏡群〔GD-3〕／漢式鏡14／京都府（山城国）11-2
	京都大学総合博物館							漢式鏡15／京都府（山城国）11-3／「五獣鏡一面及び漢式鏡二面とがあつたといわれる」
	不明							漢式鏡13／京都府（山城国）11-1／「鈕の周囲に櫛歯文帯を繞らし，内区に変形の五獣を配せる」
不明	五島美術館	―	―	―	―	―	高橋美久二編1987『鏡と古墳―景初四年鏡と芝ヶ原古墳―』京都府立山城郷土資料館・京都府立丹後郷土資料館	同型鏡群〔RG-1〕／漢式鏡16／京都府（山城国）12
1950頃	京都国立博物館〈09-0134〉・個人						岡崎敬編1977『日本における古鏡 発見地名表 近畿地方Ⅱ』東アジアより見た日本古代墓制研究	京都府（山城国）13／松の根元から出土したという
1914	東京国立博物館〈J9759〉・京都大学総合博物館〈5194〉		銀象嵌素環頭大刀1・刀3～・剣1～・矛2・鉄製楕円形鏡板付轡1・五鈴杏葉2・辻金具・鉸具・木心鉄板張輪鐙・格子目文付青銅製品1・銅鈴約10	斧3・刀子1・金銅製帯金具一括	須恵器（壺・甕・高杯・蓋杯・𤭯等）		梅原末治1920「松尾村穀塚」『京都府史蹟勝地調査会報告』第二冊，京都府	漢式鏡12／京都府（山城国）14-1
1900	東京国立博物館〈J2613〉	車輪石3 石釧15 紡錘車形石製品1・硬玉勾玉1・勾玉1・碧玉管玉65	刀・剣・槍・刀装具	―	―		梅原末治1920「川岡村岡ノ占墳」『京都府史蹟勝地調査会報告』第二冊，京都府	〈843g〉／漢式鏡8／京都府（山城国）16-8
	東京国立博物館〈J2592〉							887g／漢式鏡2／京都府（山城国）16-2
	東京国立博物館〈J2611〉							漢式鏡7／京都府（山城国）16-3
	東京国立博物館〈J2600〉							漢式鏡6／京都府（山城国）16-4
	東京国立博物館〈J2607〉							漢式鏡5／京都府（山城国）16-5
	東京国立博物館〈J2590〉							1173g／漢式鏡1／京都府（山城国）16-1
	東京国立博物館〈J2598〉							漢式鏡3／京都府（山城国）16-7
	東京国立博物館〈J2601〉							975g／漢式鏡4／京都府（山城国）16-6？

番号	舶倭	鏡式	出土遺跡	出土地名	遺跡内容	時期	面径(cm)	銘文	諸氏分類	編者分類・時期	
69	舶	尚方作盤龍座獣帯鏡					23.1	「尚方□竟大母傷 巧工刻之成文□ □盾師子居中央 壽如金石佳自好 上有山人不知□□」	盤龍座獣帯鏡半肉彫式（樋口79）	—	—
70	倭	夔龍鏡	一本松塚古墳	京都市西京区樫原大亀谷他	古墳	前方後円墳(100)・堅穴式石槨	古墳前期	17.8	—	V型（樋口79）／画文帯神獣鏡（系）A型（小林82・10）／D群9段階（池上92）／省略系-2（新井95）／第一群（車崎95）／I群B系（辻田00）／I類単胴系（林00）／I群Bb系（辻田07）	夔龍鏡B系	前(古)
71	倭	不明					11.6	—	—	獣像鏡I系？	前(古)
72	倭	四獣鏡	鏡山古墳	京都市西京区大原野上里北ノ町	古墳	円墳（30）・粘土槨	古墳中期	9.3	—	異形獣文鏡（樋口79）／獣形文鏡類四獣鏡C-1型（小林82・10）	—	—
73	倭	捩文鏡	牛廻古墳	京都市西京区大原野上里北ノ町	古墳	円墳（40）	古墳前期	8.0	—	IV型（樋口79）／獣帯鏡類C（小林82・10）／IV型（小沢88）／C型式a類（水野97）	捩文鏡C系	前(中)
74	倭	夫火竟銘四獣鏡	幡枝古墳	京都市左京区岩倉幡枝町410	古墳	円墳？・粘土槨？	古墳中期	20.2	「夫火竟」（周縁に追刻）	四獣形鏡（樋口79）／獣形文鏡類四獣鏡C-1型（小林82・10）	〔中期型獣像鏡〕	中期
74-1	舶	蝙蝠座鈕八弧内行花文鏡	平安京左京九条二坊土壙SK52	京都市南区西九条鳥居口町1	攪乱	土壙	近世末〜近代	10.7	「長生宜子」	—	—	—
74-2	舶	吾作系斜縁神獣鏡or方格規矩鏡	東土川遺跡井戸SE334007a	京都市南区東土川町金井田・正登	都城	井戸	長岡京期	11.3	「…孫…」	—	—	—
75	舶	盤龍鏡	醍醐経塚（伝）	京都市伏見区醍醐（伝）	古墳？	不明	古墳？	14.0	「吾□□□ □□三□ □□□道 配像萬彊 子孫番昌」	両頭式（樋口79）／A類（辻田09）	—	—
76	倭	獣像鏡					12.3	—	—	—	前(中)
77	舶	唐草文鏡（芝草文鏡）	仁明陵北方	京都市伏見区深草瓦町	古墳	不明	古墳前期	13.4	「青同之竟 長宜子孫」	—	—	—
78	舶	吾作斜縁神獣鏡	稲荷山三ノ峯古墳（稲荷山3号墳）	京都市伏見区深草稲荷町	古墳	円墳？（50）・堅穴式石槨？	古墳前期	15.5	「吾作明竟 幽湅三商 竟徳序道 配像萬彊 曾年益壽 子孫番昌」	図像表現④（村松04）／紋様表現④（實吉09）		
79	倭	捩文鏡					13.2	—	II型（樋口79）／III型（小沢88）／俵文鏡系（森下91）／B型式b類（水野97）／俵紋鏡系（森下02）	捩文鏡B系	前(古)
80	倭	方格規矩四神鏡	稲荷藤原古墳（稲荷山2号墳）	京都市伏見区深草稲荷町	古墳	前方後円墳？（70）・堅穴式石槨？	古墳前期	23.7	—	II類（樋口79）／方格規矩鏡類B型（小林82・10）／JDⅡ式（田中83）／大型鏡（北浦92）	方格規矩四神鏡A系	前(中)
81	倭	方格規矩四神鏡					25.9	—	I類（樋口79）／JA式（田中83）／方格規矩四神鏡系（森下91）／大型鏡（北浦92）／四神鏡系I式（辻田07）	方格規矩四神鏡A系	前(古)
82	？	唐草文鏡	小栗栖（伝）	京都市伏見区小栗栖（伝）	古墳	不明	古墳	不明	—	—	—	—
83	倭	夔龍鏡	淀藩主後裔稲葉正和旧蔵鏡	京都市伏見区淀付近（推定）	不明	不明	不明	22.3	—	II型（樋口79）／A群4段階（池上92）／基本系-2（新井95）／第一群同工鏡B（車崎95）／I群A系②（辻田00・07）／II類双胴系（林00）／夔龍鏡a系（森下02）／画文帯神獣鏡系A型？（小林10）	夔龍鏡A系	前(中)
84	倭	方格規矩四神鏡					24.0	—	II類（樋口79）／方格規矩鏡類B型（小林82・10）／JC式（田中83）／大型鏡（北浦92）／III類変容系（林00）	方格規矩四神鏡B系	前(中)
85	倭	細線式四獣鏡	恵美須山古墳	向日市物集女町	古墳	円墳（15）・粘土槨	古墳前期〜	13.8	—	細線式獣形鏡（樋口79）／特殊文鏡（細線渦文鏡）（樋口79）／獣形文鏡類四獣鏡C-2型（小林82・10）／R式（田中83）	細線式獣帯鏡系	
86	倭	内行花文鏡	恵美須山（伝）	向日市物集女町（伝）古墳		不明	古墳	不明	—	—	—	—

発見年	所蔵(保管)者	共伴遺物					文献	備考
		石製品・玉類	武具・武器・馬具	ほか金属器	土器類	その他		
1901	京都大学総合博物館〈5666〉						梅原末治1920「川岡村岡ノ古墳」『京都府史蹟勝地調査会報告』第二冊,京都府	漢式鏡9／京都府(山城国)15-1
	京都大学総合博物館〈5667〉	―	剣残欠	斧1	―	―		漢式鏡10／京都府(山城国)15-2
	京都大学総合博物館〈5668〉						近藤喬一・都出比呂志監修2004『向日丘陵の前期古墳』開館20周年記念特別展示図録,向日市文化資料館	漢式鏡11／京都府(山城国)15-3
明治	東京国立博物館〈J2701〉	碧玉勾玉2・石製模造品(紡錘車2・鏡1・斧4・鎌1・杵1・履3対・刀子3・臼1・勾玉138)	―	銅釧1			高橋美久二編1987『鏡と古墳―景初四年鏡と芝ヶ原古墳―』京都府立山城郷土資料館・京都府立丹後郷土資料館	漢式鏡17／京都府(山城国)17
1950	東京国立博物館〈J20896〉	―	―	―	―	―	梅原末治1931「乙訓郡にて新に発掘せられたる二古墳」『京都府史蹟名勝天然紀念物調査報告』第十二冊,京都府	京都府(山城国)18
1955頃	個人・山城郷土資料館	管玉	剣	―	―	―	高橋美久二1987「京都市左京区幡枝古墳とその出土品」『京都考古』第44号,京都考古刊行会	915g／京都府(山城国)1
1993	財団法人京都市埋蔵文化財研究所						財団法人京都市埋蔵文化財研究所資料課編1996『平成5年度京都市埋蔵文化財調査概要』財団法人京都市埋蔵文化財研究所	―
1994	財団法人京都府埋蔵文化財調査研究センター	―					野島永他編2000『長岡京跡左京二条三・四坊・東土川遺跡』京都府遺跡調査報告書第28冊,財団法人京都府埋蔵文化財調査研究センター	縁部片
不明	個人	―					高橋美久二編1987『鏡と古墳―景初四年鏡と芝ヶ原古墳―』京都府立山城郷土資料館・京都府立丹後郷土資料館	京都府(山城国)3-1
								京都府(山城国)3-2
1854	善福寺・京都国立博物館	車輪石・(石釧・紡錘車形石製品)	銅鏃	鉄器	―	―	高橋美久二編1987『鏡と古墳―景初四年鏡と芝ヶ原古墳―』京都府立山城郷土資料館・京都府立丹後郷土資料館	漢式鏡23／京都府(山城国)4・5／「谷口町民家東有古塚慶長年中造称天皇塚後称山伏塚其東岑崩？出銅鏃并古玉古鏡外ニ鉄器ノ類尺破砕 慶応元年五月 深草瓦町村字嘉祥寺山善福寺良寛蔵」／『撥雲餘興』第二集(1877)の「六花鑑」の可能性
1893	稲荷大社・京都国立博物館	勾玉・管玉・切子玉	―	―	―	―	高橋美久二編1987『鏡と古墳―景初四年鏡と芝ヶ原古墳―』京都府立山城郷土資料館・京都府立丹後郷土資料館	京都府(山城国)6-1
								京都府(山城国)6-2
不明	五島美術館〈M270〉						樋口隆康1979『古鏡』新潮社	京都府(山城国)8
	五島美術館・天理大学附属天理参考館	―	―	―	―	―	田中琢1979『古鏡』日本の原始美術8,講談社	1581g／京都府(山城国)8
不明	所在不明	―	―	―	―	―	樋口隆康1979『古鏡』新潮社	京都77か／京都府(山城国)9
不明	宮城県塩竈神社	石製品？	―	―	―	―	樋口隆康1979『古鏡』新潮社	京都府(山城国)10／山城国淀藩主の後裔稲葉正和が明治21年に奉納
1913〜14	京都国立博物館〈09-0340〉(平泉為造旧蔵)						梅原末治1919「物集女ノ群集墳」『京都府史蹟勝地調査会報告』第一冊,京都府	漢式鏡20／京都府(山城国)27-1
	京都国立博物館〈09-0340〉(平泉為造旧蔵)							京都85に錆着／漢式鏡21／京都府(山城国)27-2
不明	所在不明(杉浦丘園旧蔵)						富岡謙蔵1920『古鏡の研究』丸善	漢式鏡22／京都府(山城国)29

番号	舶倭	鏡式	出土遺跡	出土地名	遺跡内容	時期	面径(cm)	銘文	諸氏分類	編者分類・時期
87・55	倭	捩文鏡	恵美須山(天塚？)	向日市 or 京都市	古墳	円墳・粘土槨	古墳	7.1	—	獣帯鏡類C型（小林82・10）	捩文鏡C系	前(中〜)
88	舶	三角縁天王日月・唐草文帯四神四獣鏡	寺戸大塚古墳〔後円部主体部〕	向日市寺戸町芝山	前方後円墳(98)・竪穴式石槨(割竹形木棺)	古墳前期	21.6	欠失（「天王日月」）	目録番号45・同笵鏡番号26・配置A・表現⑤	—	—
89	舶	三角縁櫛歯文帯三仏三獣鏡					20.3	—	目録番号122・同笵鏡番号68・配置K1・表現⑮	—	—
90	舶	獣文縁半肉彫七獣帯鏡					17.7	「宜子孫」	—	—	—
91	倭	方格規矩四神鏡	寺戸大塚古墳〔前方部主体部〕		前方後円墳(98)・竪穴式石槨(割竹形木棺)	古墳前期	15.7	擬銘	Ⅱ類（樋口79）／方格規矩文鏡類E型（小林82・10）／JDⅡ式（田中83）／中型鏡1-1（北浦92）／四神鏡系Ⅱ式（辻田07）	方格規矩四神鏡A系	前(中)
92	舶	「仿製」三角縁獣文帯三神三獣鏡					22.0	—	目録番号224・配置K2	—	—
93	舶	画文帯環状乳四神四獣鏡	芝山古墳(芝山ノ内古墳)	向日市寺戸町芝山	古墳	円墳(20)・粘土槨？	古墳前期	16.1	「天王日月」	Ⅱ（樋口79）／画Bb4（村瀬14）	—	—
94	舶	「仿製」三角縁獣文帯三神三獣鏡	妙見山古墳〔前方部主体部〕	向日市寺戸町芝山	前方後円墳(114)・粘土槨	古墳前期	22.0	—	目録番号230・同笵鏡番号114・配置K2	—	—
95	舶	三角縁新作徐州銘四神四獣鏡	北山古墳	向日市向日町北山	前方後円墳(約60)・竪穴式石槨	古墳前期	22.7	「新作明竟 幽律三剛 配徳君子 清而且明 銅出徐州 師出洛陽 洞夷刻鏤 皆作文章 取者大吉 宜子孫」	目録番号18・同笵鏡番号75・配置C・表現⑭	—	—
96	？	〔画文帯四神四獣鏡〕	寺戸町（伝）	向日市寺戸町（伝）	不明	不明	不明	—	—	—	—
97	舶	「仿製」三角縁獣文帯三神三獣鏡	寺戸町（伝）	向日市寺戸町（伝）	不明	不明	21.8	—	目録番号210・同笵鏡番号109・配置K2	—	—
98	倭	六神像鏡	向日町（伝）	向日市向日町（伝）	不明	不明	16.5	—	ⅠAa類（荻野82）／神像式倭鏡（林02）／伝向日市鏡系（赤塚04a）／神像鏡（小林10）	神像鏡Ⅰ系	前(中)
99	倭	方格規矩(鳥文)鏡	向日町（伝）	向日市向日町（伝）	不明	不明	16.0	—	Ⅲ類（樋口79）／方格規矩文鏡類B型（小林82・10）／TO式（田中83）／博局鳥文鏡Db1K類（高木91・93）／Ⅱ類鳥文系（林00）	方格規矩四神鏡C系	前(中)
99-1	倭	夔龍鏡	乙女塚（伝）	向日市向日町（伝）	古墳	不明	古墳	23.0	—	—	夔龍鏡C系	前(中)
100	倭	環状乳神獣鏡	天狗塚古墳（伝）	向日市寺戸町天狗塚（伝）	古墳	不明	古墳	11.8	—	—	環状乳神獣鏡系	前(古？)
101	倭	〔結び紐文鏡〕	物集女町付近（伝）	向日市物集女町付近（伝）	不明	不明	18.1	—	獣形文鏡類六獣鏡（小林10）	—	前(中)
102	舶	三角縁天王日月・獣文帯三神三獣鏡	物集女町付近（伝）	向日市物集女町付近（伝）	不明	不明	22.6	「天王日月」	目録番号104・同笵鏡番号59・配置K1・表現③	—	—
103	倭	方格規矩四神鏡？	今里車塚古墳〔後円部〕	長岡京市今里4丁目	古墳	前方後円墳(74)・墳頂部現代攪乱土壙	古墳中期	約22	—	大型鏡（北浦92）	方格規矩四神鏡B系？	前(中？)
104	舶	長宜子孫八弧内行花文鏡〈5号鏡〉					13.1	「長宜子孫」	Acイ式（樋口79）	—	—
105	舶	青盖作盤龍鏡〈6号鏡〉					11.7	「青盖作竟四夷服 多賀國家人民息 胡虜殄滅天下復 風雨時節五穀孰 長樂已」	両頭式（樋口79）／A類（辻田09）	—	—
106	舶	三角縁天王日月・鋸歯文帯四神四獣鏡〈4号鏡〉	長法寺南原古墳	長岡京市長法寺南原	古墳	前方後方墳(62)・竪穴式石槨(割竹形木棺)	古墳前期	23.0	「天王日月」	目録番号80・同笵鏡番号43・配置G'・表現③	—	—
107	舶	三角縁君・宜・高・官・獣文帯三神三獣鏡〈3号鏡〉					22.7	「君高宜官」	目録番号103・同笵鏡番号58・配置K1・表現⑯	—	—
108	舶	三角縁天・王・日・月・唐草文帯二神二獣鏡〈1号鏡〉					21.5	「天王日月」	目録番号93・同笵鏡番号52・配置J1・表現④	—	—
109	舶	三角縁天・王・日・月・唐草文帯二神二獣鏡〈2号鏡〉					21.5	「天王日月」	目録番号93・同笵鏡番号52・配置J1・表現④	—	—

京都

発見年	所蔵（保管）者	共伴遺物					文献	備考
		石製品・玉類	武具・武器・馬具	ほか金属器	土器類	その他		
1917	京都大学総合博物館〈3736〉	石釧?・管玉	—	—	—	—	梅原末治1922「大枝村妙見山古墳ノ調査」『京都府史蹟勝地調査会報告』第三冊,京都府	漢式鏡19／京都府（山城国）28／天塚出土とする見解あり
1967	京都大学総合博物館	石釧8・硬玉勾玉1・碧玉管玉19	素環頭大刀1・刀8〜10・剣4・鉄鏃多数	斧4〜5・鎌5〜6・鉇・刀子5		埴製合子3	近藤喬一・都出比呂志監修2004『向日丘陵の前期古墳』開館20周年記念特別展示図録,向日市文化資料館	〈141g〉／京都府（山城国）20-1
							近藤喬一・都出比呂志（京都大学文学部考古学研究室向日丘陵古墳群調査団）1971「京都向日丘陵の前期古墳群の調査」『史林』第54巻第6号,史学研究会	803g／京都府（山城国）20-2
1942	京都大学総合博物館〈4775〉	琴柱形石製品1・紡錘車形石製品1・碧玉管玉9	刀5・剣12・槍2・銅鏃13・鉄鏃22〜	斧2・鎌2・鉇4〜・刀子1・棒状鉄製品1〜	—	—	梅原末治1955「乙訓郡寺戸大塚古墳」『京都府文化財調査報告』第21冊,京都府教育委員会	645g／京都府（山城国）20-3
	京都大学総合博物館〈4501〉							416g／京都府（山城国）20-4
	京都大学総合博物館〈4389〉							736g／京都府（山城国）20-5
1930	東京国立博物館〈J20805〉	—	—	—	—	—	梅原末治1931「乙訓郡にて新に発掘せられたる二古墳」『京都府史蹟名勝天然紀念物調査報告』第十二冊,京都府	京都府（山城国）21／「向日町大字寺戸小字芝山（俗称）五ツ耳」
1949	京都大学総合博物館〈4793〉	—	—	—	—	—	梅原末治1955「向日町妙見山古墳」『京都府文化財調査報告』第21冊,京都府教育委員会	758g／京都府（山城国）19・24
1883	所在不明	—	刀剣2（+13片）	—	—	—	梅原末治1920「向日町向神社附近ノ古墳」『京都府史蹟勝地調査会報告』第二冊,京都府	漢式鏡18／京都府（山城国）26
不明	所在不明	—	—	—	—	—	岡崎敬編1977「日本における古鏡 発見地名表 近畿地方Ⅱ」東アジアより見た日本古代墓制研究	京都府（山城国）22／京都93か
不明	京都大学総合博物館〈4842〉（個人旧蔵）	—	—	—	—	—	小野山節・都出比呂志・黒川富美子編1968『京都大学文学部博物館考古学資料目録』第2部 日本歴史時代,京都大学文学部	〈730g〉／京都府（山城国）23
不明	個人	—	—	—	—	—	梅原末治1951『古鏡図鑑』黒川古文化研究所収蔵品図録一,黒川古文化研究所	京都府（山城国）30
不明	黒川古文化研究所〈鏡84〉	—	—	—	—	—	梅原末治1951『古鏡図鑑』黒川古文化研究所収蔵品図録一,黒川古文化研究所	京都府（山城国）31
不明	愛知県美術館〈M345〉（木村定三旧蔵）	—	—	—	—	—	鯨井秀伸編2011『木村定三コレクション研究紀要』2011年度,愛知県美術館	979g
昭和以降	岡崎治	—	—	—	—	—	高橋美久二編1987『鏡と古墳―景初四年鏡と芝ヶ原古墳―』京都府立山城郷土資料館・京都府立丹後郷土資料館	—
不明	所在不明	—	—	—	—	—	高橋美久二編1987『鏡と古墳―景初四年鏡と芝ヶ原古墳―』京都府立山城郷土資料館・京都府立丹後郷土資料館	京都府（山城国）32／獣毛乳（環状乳）が異形化した主像8体
不明	明治大学考古学博物館〈A-81〉	—	—	—	—	—	黒沢浩編1988『鏡』明治大学考古学博物館蔵品図録1,明治大学考古学博物館	京都府（山城国）33
1979	京都府埋蔵文化財事務所	—	—	—	—	—	京都府教育庁指導部文化財保護課編1980『埋蔵文化財発掘調査概報1980-2』京都府教育委員会	縁部片
1934	東京国立博物館〈J22534〉	硬玉勾玉6・碧玉管玉19・ガラス小玉287	刀1・剣(槍)7・銅鏃2・鉄鏃123	斧12・鉇約12・鑿1?・刀子約10・棒状鉄製品3	—	石臼2・石杵1	都出比呂志・福永伸哉編1992『長法寺南原古墳の研究』大阪大学文学部考古学研究報告第2冊（長岡京市文化財調査報告書第30冊別刷）,大阪大学南原古墳調査団	京都府（山城国）34-1
	東京国立博物館〈J22535〉							京都府（山城国）34-2
	東京国立博物館〈J22530〉							943g／京都府（山城国）34-3
	東京国立博物館〈J22533〉							1263g／京都府（山城国）34-4
	東京国立博物館〈J22531〉							929g／京都府（山城国）34-5?
	東京国立博物館〈J22532〉							862g／京都府（山城国）34-6?

番号	舶倭	鏡式	出土遺跡	出土地名	遺跡内容	時期	面径(cm)	銘文	諸氏分類	編者分類・時期
110	舶	三角縁新作徐州銘?四神四獣鏡	長岡近郊古墳(伝)	長岡京市(伝)	古墳?	古墳前期	18.0	「…潤文刻鏤 皆作文章 左龍右虎 傳世有名…」	目録番号20・配置C変・表現⑭	—
111	舶	吾作系斜縁二神二獣鏡					14.2	あり(不詳)	図像表現③(村松04)/紋様表現③(實盛09)	—
112	倭	方格規矩四神鏡					15.4	—	方格規矩文鏡類B型(小林82・10)/JDⅡ式(田中83)/中型鏡1-1(北浦92)	方格規矩四神鏡A系 前(中)
113	舶	「仿製」三角縁獣文帯三神三獣鏡					21.0	—	目録番号218・配置K2変/三角縁神獣鏡類C型(小林82・10)	—
114	倭	不明					8.8	—	—	前期
242	倭	珠文鏡	馬場遺跡SX17643(17643号墓)	長岡京市馬場図所	方形周溝墓(10)・割竹形or組合式木棺直葬	弥生末期	7.0	—	珠文鏡系1式(森下91)/Ⅰ類(中山他94)/珠紋鏡系(森下02)/D-B類(脇山13)	[珠文鏡] 前期
242-1	倭	重圏文鏡	雲宮遺跡SD2250	長岡京市神足寺田	集落 溝	古墳前期	6.6	—	—	[重圏文鏡] 前期
242-2	舶?	不明	長岡京跡右京第730次(7ANKNC-5地区)	長岡京市天神2丁目13-1他	不明	不明	10.6	—	—	—
242-3	倭	神獣鏡?	天神山2号墳	長岡京市天神2丁目130他	古墳(推定)	古墳	10.7	—	—	[旋回式獣像鏡?] 後期
115	舶	環状乳神獣鏡	鳥居前古墳	乙訓郡大山崎町円明寺	帆立(60)・竪穴式石槨(割竹形木棺)	古墳前期	破片	—	—	—
116	倭	四獣鏡	五ヶ庄二子塚古墳(ダンノ山)	宇治市五ヶ庄大林	前方後円墳(105)・横穴式石室?	古墳後期	12.0	—	—	[中期型獣像鏡] 中期
117	倭	神獣鏡	宇治二子山北墳〔西槨〕	宇治市宇治山本	円墳(42)・粘土槨	古墳中期	13.0	—	環状乳神獣鏡(樋口79)/獣形文鏡ⅠC類(赤塚98b)	分離式神獣鏡系 前(新)
118	倭	四葉座細線式鏡	宇治二子山南墳	宇治市宇治山本	方墳(36)・組合式木棺直葬	古墳中期	11.0	—	特殊文鏡(葉文鏡)(樋口79)/変形文鏡類(小林82・10)	中期〜
119	倭	四(八)獣鏡	宇治丸山古墳(擂鉢山古墳)	宇治市宇治琵琶	前方後円墳(40)・粘土槨	古墳中期	12.1	—	異形獣文鏡(樋口79)/獣形文鏡類四獣鏡C-1型(小林82・10)	—
120	舶	不明	一本松古墳	宇治市広野町八軒屋谷	円墳(35)・竪穴式石槨(割竹形木棺)	古墳前期	11.3	—	—	—
121	舶	吾作斜縁二神二獣鏡	金比羅山古墳〔第一槨〕	宇治市広野町寺山	円墳(40)・粘土槨	古墳前期	15.7	「吾作明竟自有紀 令人長命宜孫子 大吉」	図像表現②(村松04)/紋様表現②(實盛09)	—
267	倭	対置式四神四獣鏡	庵寺山古墳	宇治市広野町寺山	円墳(56)・粘土槨	古墳前期	16.7	—	対置式系倭鏡Ⅰ類(林02)/対置式神獣鏡A系(森下02)	対置式神獣鏡A系 前(中)
122	舶	三角縁陳・是・作・竟・四神四獣鏡	西山2号墳〔中央主体部〕	城陽市久世字下大谷	方墳(25)・粘土槨	古墳前期	22.2	「陳是作竟」/「王父」「王母」(榜題)	目録番号33・同笵鏡番号17・配置E・表現⑦	—
123	倭	四獣鏡	西山2号墳〔西主体部〕	城陽市久世字下大谷	方墳(25)・粘土槨	古墳前期	11.4	—	四獣形鏡(樋口79)/獣形文鏡類四獣鏡C-1型(小林82・10)/鳥頭四獣鏡(森下91)/ⅠA類(赤塚98b)/鳥頭四獣鏡系(森下02)	鳥頭獣像鏡A系 前(古〜)
124	舶	画文帯四神四獣鏡	西山4号墳〔西主体部〕	城陽市久世字下大谷	円墳(25)・粘土槨	古墳前期	14.1	「吾作明竟 幽湅三商 影刻無祉 配象□□ 統徳序道 □□□□ □□□□ □□□□ □□□□ 其師命長」	—	—
125	倭	六弧内行花文鏡					8.7	—	CAⅡ式(森70)/六弧(樋口79)/B類3式(清水94)	内行花文鏡B式 前(中)

京都

発見年	所蔵（保管）者	共伴遺物					文献	備考
		石製品・玉類	武具・武器・馬具	ほか金属器	土器類	その他		
1943～45頃	京都国立博物館〈J甲288-1〉	石釧5・滑石石釧1・硬玉勾玉3・碧玉管玉18	刀1	—	—	—	梅原末治1955「附 乙訓郡西南部発見の古墳遺物」『京都府文化財調査報告』第21冊，京都府教育委員会	京都府（山城国）35-1
	京都国立博物館〈J甲288-2〉							京都府（山城国）35-2
	京都国立博物館〈J甲288-4〉							京都府（山城国）35-3
	京都国立博物館〈J甲288-3〉							京都府（山城国）35-4
	京都国立博物館〈J甲288-5〉							京都府（山城国）35-5／外区片
1988	財団法人長岡京市埋蔵文化財センター	—	—	—	土師器（壺・甕・器台）	—	樋口隆康1991「京都府下近年出土の鏡に就いて（2）」『京都府埋蔵文化財論集』第2集 創立十周年記念誌，財団法人京都府埋蔵文化財調査研究センター	—
1997	公益財団法人古代学協会	—	—	—	—	—	桐山秀穂編2013『雲宮遺跡・長岡京左京六条二坊跡発掘調査報告書』古代学協会研究報告第10輯，公益財団法人古代学協会	47g
2002	財団法人長岡京市埋蔵文化財センター	—	—	—	—	—	山本輝雄編2003『長岡京市埋蔵文化財センター年報』平成13年度，財団法人長岡京市埋蔵文化財センター	縁部片
1995	財団法人長岡京市埋蔵文化財センター	—	—	—	—	—	木村泰彦編1997『長岡京市埋蔵文化財センター年報』平成7年度，財団法人長岡京市埋蔵文化財センター	「画文帯仏獣鏡を原鏡として製作された仿製画文帯仏獣鏡の同型鏡群の範疇に入るものとみられる」
1969	山城郷土資料館	硬玉勾玉3・碧玉管玉27	三角板革綴短甲片・巴形銅器8・刀・短刀5・剣・短剣23・鉄鏃7〜	斧・鉇・刀子	—	—	杉原和雄1970「鳥居前古墳発掘調査概要」『京都府教育庁指導部文化財保護課編 埋蔵文化財発掘調査概報（1970）』京都府教育委員会	内区片
不明	所在不明	—	—	—	—	—	高橋美久二編1987『鏡と古墳―景初四年鏡と芝ヶ原古墳―』京都府立山城郷土資料館・京都府立丹後郷土資料館	—
1968	宇治市教育委員会	碧玉勾玉6・滑石勾玉67・碧玉管玉17・瑪瑙切子玉2・ガラス小玉77・滑石臼玉1491	三角板革綴衝角付冑1・長方板革綴短甲1・頸甲1・肩甲1・刀2・短刀1・剣2・槍2・鉄鏃17・盾1	斧1・手斧1・鎌2・鉇4・刀子8	—	堅櫛26	杉本宏編1991『宇治二子山古墳発掘調査報告』宇治市文化財調査報告書第2冊，宇治市教育委員会	217g／京都府（山城国）36
1968	宇治市教育委員会	硬玉勾玉2・滑石勾玉3・碧玉管玉38・滑石臼玉2348	横矧板鋲留衝角付冑1・三角板鋲留短甲1・横矧板鋲留短甲1・挂甲1・頸甲2・肩甲2組・籠手2組・刀3・剣2・矛1・石突1・鉄鏃約120・胡籙金具1・盾1・轡1式・輪鐙2・杏葉1・鞍金具2・辻金具8・鉸具3〜・雲珠1・三環鈴1・不明馬具1	斧3・鎌5・鉇2・蕨手刀子4〜・刀子7・鹿角製品・針8〜・不明鉄器・鉄片	—	—	杉本宏編1991『宇治二子山古墳発掘調査報告』宇治市文化財調査報告書第2冊，宇治市教育委員会	153g／京都府（山城国）37
1912	東京国立博物館〈J7102〉	—	刀2・剣1・鉄鏃50〜	斧1・鉄棒1	土師器・須恵器（伝）	—	梅原末治1923「宇治町丸山古墳」『京都府史蹟勝地調査会報告』第四冊，京都府	漢式鏡24／京都府（山城国）40
1965	京都府立城南菱創高等学校	管玉	剣	斧・鉇・刀子・異形工具	土師器（壺）	—	高橋美久二編1987『鏡と古墳―景初四年鏡と芝ヶ原古墳―』京都府立山城郷土資料館・京都府立丹後郷土資料館	京都府（山城国）39／縁部片
1964	山城郷土資料館	硬玉勾玉2・碧玉勾玉2・碧玉管玉約20・ガラス小玉約30	刀1・剣15	農工具約50	—	堅櫛5	吉本堯俊1965「金比羅山古墳発掘調査概要」『京都府教育庁文化財保護課編 埋蔵文化財発掘調査概報1965』京都府教育委員会	453g／京都府（山城国）38
1996	宇治市教育委員会	—	刀9・剣2	鍬鋤先3・斧5・鎌7・手鎌18・鉇3・鑿3・錐2・刀子11・魚叉1・釣針3・不明工具1	—	—	荒川史・魚津知克・内田真雄1998「京都府宇治市庵寺山古墳の発掘調査」『古代』第105号，早稲田大学考古学会	894g
1961	同志社大学歴史資料館	—	—	鍬先1・斧1・鉇1	—	—	樋口隆康1961「西山古墳群出土鏡鑑について」『第一トレンチ』京都大学考古学研究会	京都府（山城国）41-1
		石釧1	—	斧1・鎌1・刀子1・不明鉄器1	—	—	樋口隆康1979『古鏡』新潮社	京都府（山城国）41-2
1961	京都大学総合博物館	勾玉・管玉・小玉	槍2	鉇	土師器（壺）	—	樋口隆康1979『古鏡』新潮社	442g／京都府（山城国）42-1
								京都府（山城国）42-2

番号	舶倭	鏡式	出土遺跡	出土地名	遺跡内容	時期	面径(cm)	銘文	諸氏分類	編者分類・時期	
126	舶	盤龍鏡	西山古墳群（伝）	城陽市久世字下大谷（伝）	古墳・粘土槨？	古墳前期？	13.2	—	B類？（辻田09）	—	—
230	舶	長宜子孫八弧内行花文鏡	西山6号墳（山城南部（伝））	城陽市久世字下大谷	古墳・円墳（10）	古墳	18.0	「長宜子孫」／「壽如金石」	—	—	—
230-1	倭	不明				不明	—	—	—	—	
230-2	?	不明				不明	—	—	—	—	
230-3	倭	不明	西山7号墳	城陽市久世字下大谷	古墳・円墳？	古墳	約9～12	—	—	—	—
127	舶	夔鳳鏡	上大谷6号墳	城陽市久世字上大谷	古墳	方墳（15）・組合式木棺直葬	古墳前期	11.3	「長宜子孫」	A 平素縁式（樋口79）／I A1b イ型式（岡内96）／3A式（秋山98）	—	—
128	倭	夔龍鏡	上大谷9号墳	城陽市久世字上大谷	古墳	方墳（16）・粘土槨	古墳前期	11.8	—	V型（樋口79）／D群12段階（池上92）／第二群（車崎95）／II群B系（辻田00）／III類単胴系（林00）／I 群?Ba系（辻田00・07）／夔龍鏡b系（森下02）	夔龍鏡B系	前（中）
129	倭	珠文鏡？	上大谷13号墳	城陽市久世字上大谷	古墳	円墳or方墳・粘土槨	古墳前期	7.4	—	—	〔珠文鏡〕	前期
130	舶	飛禽鏡	上大谷15号墳	城陽市久世字上大谷	古墳	方墳（11）・粘土槨	古墳前期	9.6	—	（二）（A）（樋口79）／B式（實盛15）	—	—
131	舶	三角縁天王・日月・獣文帯四神四獣鏡	久津川箱塚古墳〔前方部主体部？〕	城陽市平川字古宮	古墳	前方後円墳（100）・粘土槨？	古墳前期～	23.6	「天王日月」	目録番号77・配置F2・表現②	—	—
132	舶	画文帯対置式四獣鏡					12.7	「吾作明竟 □□三商 □□萬疆 統徳 公侯 其師命長」	方銘獣文鏡D 画文帯四獣鏡（樋口79）	—	
133	倭	四獣鏡	久津川青塚古墳〔西槨〕	城陽市平川字室木	古墳	方墳（49）・粘土槨	古墳中期	11.2	—	異形獣文鏡（樋口79）／獣形文鏡類四獣鏡C-1型（小林82・10）	—	中期
134	倭	十一乳文鏡					11.3	—	乳文鏡II類（樋口79）／獣帯鏡類C型（小林82・10）／乳脚紋鏡a系（森下02）	〔乳脚文鏡〕	中期
135	舶	画文帯同向式神獣鏡					16.1	「吾作明竟 幽凍三商 配象萬疆 統徳序道 敬奉賢良 彫刻無祉 百牙擧樂 見容衆神 福祿光明 安寧富貴 益壽曾年 侯王長富 子孫番昌 學者高遷 公卿士至 其師命長」	A式（樋口79）／Ab形式（小山田93）	—	
136	舶	三角縁唐草文帯四神四獣鏡	久津川車塚古墳	城陽市平川字車塚	古墳	前方後円墳（183）・長持形石棺＆竪穴式小石槨	古墳中期	22.2	「日而月而美哉 日月天下之明」	目録番号41・同笵鏡番号22・配置A・表現④	—	
137	倭	四獣鏡					13.7	擬銘		〔中期型獣像鏡〕	中期
138	倭	四獣鏡					14.1	擬銘	四獣形鏡（樋口79）／獣形文鏡類四獣鏡A型（小林82・10）／斜縁四獣鏡B系（森下91・02）／獣形文鏡I D類（赤塚98b）	〔中期型獣像鏡〕	中期
139	倭	四獣鏡					13.9	擬銘		〔中期型獣像鏡〕	中期
140	倭	四獣鏡					13.7	擬銘		〔中期型獣像鏡〕	中期
141	倭	画文帯環状乳神獣鏡					17.6	—	環状乳神獣鏡（樋口79）／画文帯神獣鏡（系）A型（小林82・10）	類環状乳神獣鏡系	前（古）
142	舶	「仿製」三角縁獣文帯三神三獣鏡	久津川車塚古墳（伝）	城陽市平川字車塚（伝）	古墳	前方後円墳（183）・不明	古墳中期	21.5	—	目録番号235・同笵鏡番号118・配置K1	—	—
143	舶	三角縁吾作三神四獣鏡	芝ヶ原11号墳〔第1主体部〕	城陽市久世字芝ヶ原	古墳	帆立（58）・粘土槨	古墳中期	22.1	「吾作明竟甚大好 上右百鳥不知老 今爲青竟日出卯兮」	目録番号40・同笵鏡番号21・配置A変・表現④	—	—
144	倭	四獣鏡	芝ヶ原古墳（12号墳）	城陽市寺田字大谷	古墳	前方後方墳（21～）・組合式木棺直葬	弥生末期～	12.0	—	獣形文鏡IV類（赤塚98b）／絵画文鏡I類（赤塚00）	—	

京都

発見年	所蔵（保管）者	共伴遺物 石製品・玉類	共伴遺物 武具・武器・馬具	共伴遺物 ほか金属器	共伴遺物 土器類	共伴遺物 その他	文献	備考
1961頃？	所在不明（個人旧蔵）	—	—	—	—	—	高橋美久二編 1987『鏡と古墳―景初四年鏡と芝ヶ原古墳―』京都府立山城郷土資料館・京都府立丹後郷土資料館	京都府（山城国）46／西山7号墳（前方後円墳・60）出土か
1914	京都大学総合博物館〈5527〉	鍬形石2〜3・石釧7〜8	—	—	—	—	高橋美久二編 1987『鏡と古墳―景初四年鏡と芝ヶ原古墳―』京都府立山城郷土資料館・京都府立丹後郷土資料館	漢式鏡 63.1／京都府（山城国）72-1
1914	所在不明						鐘方正樹 2010「大正の墳墓盗掘事件と裁判記録」（第79回古墳時代研究会レジュメ）	「漢式鏡、日本ニ於イテ古ク模造セラレタル」／「小ナルモノ1面ハ、近ク古墳ヨリ発掘セラレタルモノニ非ズト認ム」
1915	所在不明	石釧	—	—	—	—	鐘方正樹 2010「大正の墳墓盗掘事件と裁判記録」（第79回古墳時代研究会レジュメ）	「直径四寸位」or「直径三寸位」
1978	城陽市歴史民俗資料館	—	—	斧・手斧・鑿	土師器（高杯）	—	財団法人元興寺文化財研究所考古学研究室編 1979『京都府城陽市 上大谷古墳群の調査―発掘調査概要―』財団法人元興寺文化財研究所考古学研究室	—
1978	城陽市歴史民俗資料館	—	—	斧	—	—	高橋美久二編 1987『鏡と古墳―景初四年鏡と芝ヶ原古墳―』京都府立山城郷土資料館・京都府立丹後郷土資料館	
1978	城陽市歴史民俗資料館	—	—	刀子	土師器	釘	高橋美久二編 1987『鏡と古墳―景初四年鏡と芝ヶ原古墳―』京都府立山城郷土資料館・京都府立丹後郷土資料館	—
1978	城陽市歴史民俗資料館	硬玉勾玉2・碧玉管玉8・算盤玉1・ガラス小玉多数	—	刀子	—	竪櫛	財団法人元興寺文化財研究所考古学研究室編 1979『京都府城陽市 上大谷古墳群の調査―発掘調査概要―』財団法人元興寺文化財研究所考古学研究室	
昭和以降	京都大学総合博物館	—	—	—	—	—	樋口隆康 1979『古鏡』新潮社	1188g／京都府（山城国）43-1 ／ 〈268g〉／京都府（山城国）43-2
1961	山城郷土資料館	勾玉・管玉・棗玉・ガラス小玉	横矧板鋲留衝角付冑1・三角板革綴短甲1・頸甲1・肩甲1・刀1・鉄鏃50〜	刀子2	—	—	堤圭三郎 1964「青塚古墳発掘調査概要」京都府教育庁文化財保護課編『埋蔵文化財発掘調査概報1964』京都府教育委員会	161g／京都府（山城国）44-1 ? ／ 159g／京都府（山城国）44-2 ?／椰外出土
1894	泉屋博古館〈M109〉	滑石合子形石製品1・滑石盤形石製品1・滑石刀子40〜・硬玉勾玉2・碧玉勾玉5000〜・碧玉管玉20〜・滑石臼玉数十・ガラス小玉53〜	三角板革綴衝角付冑2・竪矧細板鋲留衝角付冑1・小札鋲留衝角付冑2・三角板革綴短甲5・挂甲1・頸甲3・肩甲4〜・篠籠手1・手甲1・刀56〜・剣11〜・槍1〜・鉄鏃50〜	鋤先1・斧2・鎌3・鑿2・刀子29	—	—	梅原末治 1920『久津川古墳研究』関信太郎	650g／漢式鏡25／京都府（山城国）45-1
1894	泉屋博古館〈M112〉							1240g／漢式鏡26／京都府（山城国）45-2
1894	泉屋博古館〈M110〉							489g／漢式鏡28〜31／京都府（山城国）45-3〜6
1894	泉屋博古館〈M113〉							460g／漢式鏡28〜31／京都府（山城国）45-3〜6
1894	泉屋博古館〈M114〉							448g／漢式鏡28〜31／京都府（山城国）45-3〜6
1894	泉屋博古館〈M115〉							544g／漢式鏡28〜31／京都府（山城国）45-3〜6
1894	泉屋博古館〈M111〉							612g／漢式鏡27／京都府（山城国）45-7
不明	正木美術館	—	—	—	—	—	高橋美久二編 1987『鏡と古墳―景初四年鏡と芝ヶ原古墳―』京都府立山城郷土資料館・京都府立丹後郷土資料館	「山城久津川車塚出土」（箱書）
1984	城陽市歴史民俗資料館	刀子形石製品	長方板革綴短甲1	斧・鑿・刀子・針	—	—	近藤義行 1986「芝ヶ原10号・11号墳発掘調査概報」『城陽市埋蔵文化財調査報告書』第15集, 城陽市教育委員会	
1986	城陽市歴史民俗資料館	翡翠勾玉8・碧玉管玉20・緑色凝灰岩管玉167・ガラス小玉1264	鉄鏃1	銅釧2・鑿1・刺突具（魚抉）	土師器（二重口縁壺・高杯）	—	小泉裕司編 2014『芝ヶ原古墳発掘調査・整備報告書』城陽市埋蔵文化財調査報告書第68集, 城陽市教育委員会	242g

番号	舶倭	鏡式	出土遺跡	出土地名	遺跡内容	時期	面径(cm)	銘文	諸氏分類	編者分類・時期
234	倭	対置式二神四獣鏡	尼塚4号墳(山城南部(伝))	城陽市寺田尼塚(伝)	古墳	前方後円墳(35)古墳	15.5	—	対置式系倭鏡Ⅱ類(林02)/対置式神獣鏡A系(森下02)	対置式神獣鏡A系	前(中)
240	舶	長宜子孫八弧内行花文鏡					17.0	「長宜子孫」/「壽如金石佳且好兮」	—	—
145	倭	櫛歯文鏡	長池古墳付近	城陽市富野字長池	不明	不明	7.0	—	—	〔櫛歯文鏡〕	—
145-1	舶	方格規矩四神鏡	八幡車塚古墳(伝)	城陽市平川(伝)	古墳	不明	古墳	14.3			
146	舶	画文帯同向式神獣鏡	石不動古墳〔南主体部〕	八幡市八幡石不動	前方後円墳(88)・粘土槨	古墳前期	19.2	「吾作明竟　幽湅三商　配像萬疆　統□序道　□□□□　□□□□　白牙擧樂　百精□駕　衆華主陽　學者高遷　士至公卿　富貴安樂　子孫番昌　其師命長」	B式(樋口79)/Bb形式(小山田93)	—
147	舶	上方作画文帯環状乳四神四獣鏡	石不動古墳(伝)	八幡市八幡石不動(伝)	前方後円墳(88)		13.6	「上方作竟自有紀　辟去不羊古市　□□□　□西王母　令人長命　□□紀　天孫吉兮　君宜子兮　長宜官王」	—	—
148	倭	六獣鏡	八幡西車塚古墳	八幡市八幡大芝	古墳	前方後円墳(115)・竪穴式石槨	古墳前期	24.5	擬銘	獣形文鏡類六獣鏡(小林82・10)/西車塚系(赤塚98b)/六獣式倭鏡(林02)	—	前(新)
149	倭	方格規矩四神鏡					22.4	擬銘	Ⅳ類(樋口79)/JK式(田中83)/Ⅲ類渦文系(林00)/方格規矩文鏡類D型(小林10)	方格規矩四神鏡D系	前(新)
150	舶	画文帯環状乳四神四獣鏡					14.2	「□作□竟　□湅□商　周刻無昌　□□□□　白牙作樂　衆神見容　□□□守　□□于□　夫士吉羊　□□于□　位至□□　其師命長」	Ⅱ(樋口79)/画Bb4(村瀬14)	—
151	倭	盤龍鏡					10.3	—	両頭式(樋口79)/盤龍形鏡(樋口79)/龍虎鏡類(小林82・10)/C類(辻田09)	盤龍鏡Ⅰ系	前(新)
152	舶	三角縁天・王・日・月・唐草文帯二神二獣鏡					21.7	「天王日月」	目録番号93・同笵鏡番号52・配置J1・表現④	—	—
153	倭	六神像鏡	八幡東車塚古墳〔後円部主体部〕	八幡市八幡女郎花	前方後円墳(94)・粘土槨	古墳前期	16.7	—	神像鏡六神像式(樋口79)/神像鏡(小林82・10)/ⅡAa類(荻野82)/神像式倭鏡(林02)/東車塚鏡系(赤塚04a)	神像鏡Ⅱ系	前(中)
154	舶	長宜子孫八弧内行花文鏡					22.3	「長宜子孫」	—	—
155	倭	夔龍鏡					21.5	—	画文帯神獣鏡(系)B型(小林82・10)/C群7段階(池上92)/省略系-2(新井95)/第二群同工鏡G(車崎95)/Ⅰ群B系(辻田00)/Ⅱ類単胴系(林00)/Ⅰ群Ba系(辻田07)	夔龍鏡C系	前(中)
156	舶	三角縁尚方作二神二獣鏡	八幡東車塚古墳〔前方部主体部〕		前方後円墳(94)・木棺直葬?	古墳前期	22.5	「尚方作竟佳且好　明而日月　□□有　刻治今守悉皆右　長保二親宜孫子　冨至三公　利古市　告后世」	目録番号100・同笵鏡番号56・配置J2・表現③	—	—
157	?	不明	東二子塚(伝)	八幡市志水西垣内?(伝)	円墳(約10)・礫床	古墳中期	11.3	—	—	—
158	舶	上方作浮彫式一仙三獣鏡	西の口古墳	八幡市美濃山西ノ口	古墳	不明	古墳中期	11.2	—	半肉彫獣帯鏡B四獣式(樋口79)/四像Ⅱ式(Ⅰb系)(實盛15)	—	—
159	倭	〔獣形鏡〕	西陣塚芝(伝)	八幡市西陣字芝塚?(伝)	古墳	不明	古墳	不明	—	—	—
160	舶	三角縁張是作六神四獣鏡	内里古墳	八幡市内里	古墳	円墳?・粘土槨?	古墳前期	22.4	「張是作竟甚大好　上戯守及龍虎　身有文章口飲巨　古有聖人　東王父　渇飲泉肌　/「君」「宜」「高」「官」(方格銘)	目録番号62・同笵鏡番号*・配置A'・表現⑨	—	—
161	舶	画文帯環状乳四神四獣鏡	内里(伝)	八幡市内里(伝)	不明	不明	不明	21.0	「天王日月」	Ⅱ(樋口79)	—	—

京都

発見年	所蔵（保管）者	共伴遺物 石製品・玉類	共伴遺物 武具・武器・馬具	共伴遺物 ほか金属器	共伴遺物 土器類	共伴遺物 その他	文献	備考
1914	京都大学総合博物館〈5526〉	石釧2～6・勾玉1・管玉14～50・ガラス玉多数	―	―	―	―	高橋美久二編1987『鏡と古墳―景初四年鏡と芝ヶ原古墳―』京都府立山城郷土資料館・京都府立丹後郷土資料館	482g／京都府（山城国）72-5／鈕頂に十字形の突線
	所在不明（個人旧蔵）							―
1954	山城郷土資料館（天理大学旧蔵）	―	―	―	―	―	白木原和美1965「長池古墳発掘調査概要」京都府教育庁文化財保護課編『埋蔵文化財発掘調査概報1965』京都府教育委員会	京都府（山城国）47／「西側の墳丘上の南よりに発見されたもの」
不明	八王子市郷土資料館（個人旧蔵）	―	―	―	―	―	小川貴司編1988『井上コレクション 弥生・古墳時代資料図録』言叢社	有名古墳の所在地と名称が混同されていて、出土地に疑いあり
1943	京都大学総合博物館〈5704〉	石釧3・碧玉管玉40・滑石棗玉29	長方板革綴短甲1・短刀1・剣1	鉇先1・刀子19～	―	―	梅原末治1955「八幡石不動古墳」『京都府文化財調査報告』第21冊，京都府教育委員会	〈768g〉／京都府（山城国）48-1
1915	奈良国立博物館	勾玉2・管玉・小玉	―	―	―	―		京都府（山城国）48-2
1902	東京国立博物館〈J13171〉	鍬形石2・車輪石10・石釧3・合子形石製品1・硬玉勾玉1・碧玉勾玉4・瑪瑙勾玉3・滑石勾玉3・碧玉管玉122・水晶丸玉1・ガラス小玉71	刀・剣7～	―	―	―	梅原末治1919「八幡町西車塚」『京都府史蹟勝地調査会報告』第一冊，京都府	漢式鏡36／京都府（山城国）52-1
	東京国立博物館〈J13172〉							漢式鏡37／京都府（山城国）52-2
	東京国立博物館〈J13173〉							漢式鏡38／京都府（山城国）52-3
	東京国立博物館〈J13174〉							漢式鏡39／京都府（山城国）52-4
	東京国立博物館〈J13175〉							861g／漢式鏡40／京都府（山城国）52-5
1897	泉屋博古館〈M117〉	翡翠勾玉2	冑・甲・素環頭大刀3・刀・剣・鉄鏃	斧2	―	―	梅原末治1920『久津川古墳研究』関信太郎	505g／漢式鏡35／京都府（山城国）51-1
	京都大学総合博物館〈1225〉							漢式鏡33／京都府（山城国）51-2
	國學院大學考古学資料館							1056g／漢式鏡34／京都府（山城国）51-3
	泉屋博古館〈M116〉	―	剣1	―	―	―		1030g／漢式鏡32／京都府（山城国）51-4
不明	所在不明	―	刀3・鉄鏃若干	―	須恵器3	―	島田貞彦1919「山城綴喜郡二子塚古墳」『考古学雑誌』第9巻第5号，考古学会	京都府（山城国）50・58／京都158と同一品か
1916	東京国立博物館〈J9822〉	紡錘車形石製品	刀・剣・銅鏃・鉄鏃・杏葉・辻金具	斧	―	―	車崎正彦2002『考古資料大観』第5巻 弥生・古墳時代 鏡，小学館	漢式鏡54／京都府（山城国）57／美濃山？
不明	所在不明	―	―	―	―	―	岡崎敬編1977『日本における古鏡 発見地名表 近畿地方Ⅱ』東アジアより見た日本古代墓制研究	京都府（山城国）49
不明	耕三寺博物館（山川七左衛門旧蔵）	―	―	―	―	―	梅原末治1923『梅仙居蔵日本出土漢式鏡図集』梅仙居蔵古鏡図集第一輯，山川七左衛門	漢式鏡55／京都府（山城国）59-1
	―	―	―	―	―	―		同型鏡群〔GK-3〕／漢式鏡56／京都府（山城国）59-2

番号	舶倭	鏡式	出土遺跡	出土地名	遺跡内容	時期	面径(cm)	銘文	諸氏分類	編者分類・時期	
162	舶	夔鳳鏡	美濃山王塚古墳？（「城州八幡みの山掘出古鏡」）	八幡市美濃山大塚	古墳	前方後円墳（76〜）・粘土床	古墳中期	12.7	「長宜子孫」	D（樋口79）／ⅡA1a型式（岡内96）／1式（秋山98）	—	—
163	舶	蝙蝠座鈕八弧内行花文鏡					11.5	「君□高官」	蝙蝠座Ⅰ型（山本78）／Bbイ式（樋口79）	—	—
164	倭	八弧内行花文鏡					19.7	—	八弧（樋口79）／A類Ⅱc式（清水94）／Ⅱ類逆転系（林00）／八花文鏡（小林10）	内行花文鏡A式BⅡ類	前（中）
165	倭	六弧内行花文鏡					10.6	—	BⅡ式（森70）／六弧（樋口79）／B類（清水94）／六花鏡（小林10）	内行花文鏡B式	前（中）
166	倭	方格規矩（鳥文）鏡					16.7	—	Ⅲ類（樋口79）／TO式（田中83）／博局鳥文鏡Bb1K類（高木91・93）／中型鏡1-1（北浦92）／Ⅱ類鳥文系（林00）／方格規矩文鏡類D型（小林10）	方格規矩四神鏡C系	前（中）
167	舶	複波文縁方格規矩四獣鏡					10.6	—	凹帯縁四神鏡（樋口79）／方格規矩文鏡類F型（小林82・10）	—	—
168	倭	細線式獣像鏡					13.5	—	特殊文鏡（細線渦文鏡）（樋口79）／獣帯鏡類B型（小林82・10）		前期？
169	倭	細線式獣像鏡					13.5	—	特殊文鏡（細線渦文鏡）（樋口79）／獣帯鏡類B型（小林82・10）		前期？
170	倭	神獣鏡					16.4	—	画文帯神獣鏡（系）B型（小林82・10）	類二神二獣鏡系	前（新）
171	倭	鼉龍鏡					16.3	—	B群11段階（池上92）／第二群同工鏡H（車崎95）／ⅠB系（辻田00）／Ⅱ類単胴系（林00）／ⅠBa系（辻田07）／画文帯神獣鏡系B型（小林10）	鼉龍鏡C系	前（新）
172	倭	盤龍鏡					12.6	擬銘	盤龍形鏡（樋口79）／二神二獣鏡系（小林82・10）	盤龍鏡Ⅱ系	前（中？）
173	倭	四神像鏡					10.9	—	四神四獣鏡系（小林82・10）	—	前（新？）
174	舶	吾作系斜縁二神二獣鏡	美濃山王塚古墳（伝）				13.6	「…竟真大…佳且…」	—	—	—
247	舶	方格規矩鏡？	ヒル塚古墳〔第1主体部〕	八幡市美濃山ヒル塚	古墳	方墳（52）・粘土槨	古墳前期	破片	「…人民…節…」	—	—	—
248	舶	方格T字鏡	ヒル塚古墳〔第2主体部〕			方墳（52）・粘土槨	古墳前期	14.4	—	博局T字鳥文鏡Aa3K類（高木91・93）／ME式（松浦94）／丙群（森下98）	—	—
175	舶	画文帯神獣鏡	八幡町（伝）	八幡市（伝）	不明	不明	18.9	—	—	—	—
176	?	不明	西山1号墳（伝）	京田辺市薪西山（伝）〔綴喜郡田辺町〕	古墳	円墳・横穴式石室	古墳後期	不明		—	—	—
177	倭	内行花文鏡	興戸2号墳（寿命寺古墳）				12.0	—	—	内行花文鏡	前期
179	倭	六弧内行花文鏡		京田辺市興戸御垣内〔綴喜郡田辺町〕	古墳	円墳（28）・粘土槨	古墳前期	12.0	—	BⅡ式（森70）／六弧（樋口79）／B類2式（清水94）／内行花紋鏡C系（森下02）／六花文鏡（小林10）	内行花文鏡B式	前（中）
178	倭	七弧内行花文鏡	興戸2号墳（寿命寺古墳）（推定）				12.2	—	CBⅡ式（森70）／七弧（樋口79）／七花文鏡（小林82・10）／B類3式（清水94）／Ⅲ類省略系（林00）／内行花紋鏡C系（森下02）	内行花文鏡B式	前（中）

京都

発見年	所蔵（保管）者	共伴遺物					文献	備考
		石製品・玉類	武具・武器・馬具	ほか金属器	土器類	その他		
1835	所在不明 （谷井済一旧蔵？）							漢式鏡41／京都府（山城国）60-1
								漢式鏡42／京都府（山城国）60-2
								漢式鏡45／京都府（山城国）60-3
								漢式鏡46／京都府（山城国）60-4
								漢式鏡43／京都府（山城国）60-5
	所在不明	石製模造品・ガラス小玉	刀・剣・銅鏃・鉄鏃・（三角板革綴衝角付冑1・縦長板革綴冑1・三尾鉄・長方板革綴短甲1・三角板革綴短甲1・錣・頸甲1・肩甲1・鉄草摺・膝当・筒形銅器）	斧・（鍬鋤先・鎌・鉇・鑿・刀子・棒状鉄製品）			梅原末治1920「美濃山ノ古墳」『京都府史蹟勝地調査会報告』第二冊，京都府	漢式鏡44／京都府（山城国）60-6／「我ガ鏡作部ノ模作ナルコト殆ド疑ヲ容ル、ノ余地ナシ」
								漢式鏡47／京都府（山城国）60-7?／京都169と同型か
								漢式鏡48／京都府（山城国）60-8?／京都168と同型か
								漢式鏡51／京都府（山城国）60-9?／鳥頭獣像あり
								漢式鏡50／京都府（山城国）60-10?
								漢式鏡49／京都府（山城国）60-11／傘松に近い表現
								漢式鏡52／京都府（山城国）60-12?
1915	京都大学総合博物館						梅原末治1938『支那考古学論攷』弘文堂書房	漢式鏡53／京都府（山城国）61／「讃岐国香川郡鶴市御殿山ノ積石塚ヨリ出土セル獣形鏡ト同一ノ手法ヨリ成リ、支那ノ製作ナルヲ示ス銘文アリ」「大正五六年の頃南山城某地の古塚から発掘せられたと伝へ、背面に朱が附着してゐて、本邦古墳出土品たるを裏書きするものがある」
1989	八幡市教育委員会	—	刀・剣・渦巻飾付剣1・槍49〜・鉄鏃3	針状鉄製品・鉄製工具	—	—	桝井豊成編1990『ヒル塚古墳発掘調査概報』八幡市教育委員会	盗掘穴から破片で見つかる／樋口隆康は画象鏡か獣帯鏡と推測
		—	刀1・剣2・槍38・鉄鏃15	斧4・鎌2・鉇2〜・蕨手刀子1・鑿1	—	—		—
不明	京都大学総合博物館	—	—	—	—	—	岡崎敬編1977『日本における古鏡 発見地名表 近畿地方Ⅱ』東アジアより見た日本古代墓制研究	京都府（山城国）53／破片
不明	所在不明	—	甲・剣	—	土師器	—	白石太一郎・設楽博己編1994『弥生・古墳時代遺跡出土鏡データ集成』（『国立歴史民俗博物館研究報告』第56集），国立歴史民俗博物館	京都府（山城国）63
1914・43	京都大学総合博物館〈1018〉							京都府（山城国）56-1／伝南山城として京大の所有に帰したものが、1943年の調査で出土した破片と接合
	京都大学総合博物館〈1019/5669〉	鍬形石・車輪石・石釧・管玉	剣	—	—	—	梅原末治1955「田辺町興戸の古墳」『京都府文化財調査報告』第21冊，京都府教育委員会	京都府（山城国）56-2
	京都大学総合博物館〈1018〉							京都府（山城国）56-3／伝南山城とされていたが、京都177が興戸古墳出土と判明し、本鏡も当墳出土と推測可能

番号	舶倭	鏡　式	出土遺跡	出土地名	遺跡内容	時　期	面径(cm)	銘　文	諸氏分類	編者分類・時期	
180	舶	尚方作獣文縁神人歌舞画象鏡					19.9	「尚方作竟自有紀　辟去羊宜古市　上有東王父西王母　令君陽遂多孫子兮」	Ⅲ円圏式（樋口79）	―	―
181	舶	成氏作神人車馬画象鏡	トヅカ（十塚・トツカ）古墳	京田辺市飯岡小山〔綴喜郡田辺町〕	古墳	円墳（25）・竪穴式石槨	古墳後期	22.6	「成氏作鏡四夷　多賀國家人民息　胡虜殄威天下復　風雨時節五穀孰　長保二親得天力　傳告後世樂無亟　乘雲驅馳　參駕四馬　道從縶神　宜孫子公」	Ⅰ広画面式（樋口79）	―	―
182	倭	一神四獣鏡					16.2	擬銘	画文帯神獣鏡（系）D型（小林82・10）／旋回式獣像鏡系（森下02）	〔旋回式神獣鏡〕	後期
183	?	不明	弥陀山古墳（伝）	京田辺市飯岡中峯（伝）〔綴喜郡田辺町〕	古墳	円墳（25）	古墳	不明	―	―	―
184	?	不明	二ツ塚古墳（伝）	京田辺市（伝）〔綴喜郡田辺町〕	古墳	不明	古墳	不明	―	―	―
184-1	舶	方格規矩鏡	井手村（伝）	綴喜郡井手町（伝）	不明	不明	不明	完形	「□羊作竟甚□□　長宜子孫□□」	―		
185	舶	長宜子孫八弧内行花文鏡					27.8	「長宜子孫」	Aaア式（樋口79）	―	―
186	舶	方格規矩四神鏡					18.3	「羊作同竟甚大工　上有山向不知老　服者長生買主壽」	複波鋸歯文縁四神鏡Ⅱ式（樋口79）／甲群（森下98）	―	―
187	舶	画文帯対置式神獣鏡					13.8	「九子作　明如光　服者侯王」		―	―
188	舶	三角縁張氏作三神五獣鏡〈M21〉					22.6	「張氏作鏡真巧　仙人王喬赤松子　師子辟邪世少有　渇飲玉泉飢食棗　生如金石天相保兮」	目録番号21・同笵鏡番号10・配置B・表現①	―	―
189	舶	三角縁吾作三神五獣鏡〈M32〉					22.5	「吾作明竟甚大好　上有神守及龍虎　身有文章口銜巨　古有聖人東王父西王母　渇飲玉淦飢食棗　壽如金石」	目録番号25・同笵鏡番号12・配置B・表現⑦	―	―
190	舶	三角縁張是作四神四獣鏡〈M6〉					21.8	「張是作竟甚大好　上有山句□□□　□□□□□□□□宜孫位至侯王　買竟者富且昌」	目録番号53・同笵鏡番号＊・配置A・表現⑨	―	―
191	舶	三角縁吾作徐州銘四神四獣鏡〈M5〉	椿井大塚山古墳	木津川市山城町椿井字三階〔相楽郡山城町〕	古墳	前方後円墳(175)・竪穴式石槨（割竹形木棺）	古墳前期	22.4	「吾作明竟　幽律三剛　銅出徐州　潤鏡文章　配徳君子　清而且明　左龍右虎　傳世右名　取者大吉　保子宜孫」	目録番号37・同笵鏡番号20・配置A・表現⑭	―	―
192	舶	三角縁陳是作四神二獣鏡〈M23〉					22.0	「陳是作竟甚□□□　□□父母　左有倉龍右白虎　宜遠道相保」	目録番号16・同笵鏡番号9・配置X（H）・表現④	―	―
193	舶	三角縁吾作四神四獣鏡〈M33〉					22.6	「吾作明竟甚大好　上有神守及龍虎　身有文章口銜巨　古有聖人東王父西王母　渇飲玉淦　五男二女長相保　吉昌」（銘帯）／「東王父」「西王母」（榜題）	目録番号32・同笵鏡番号16・配置E・表現⑦	―	―
194	舶	三角縁吾作三神五獣鏡〈M31〉					21.5	「吾作明竟甚大好　上有神守及龍虎　古有聖人東王父　渇飲玉全肌食棗　壽如金石」	目録番号26・同笵鏡番号13・配置B・表現⑦	―	―
195	舶	三角縁吾作三神五獣鏡〈M20〉					21.5	「吾作明竟甚大好　上有神守及龍虎　古有聖人□□□　渇飲玉全肌食棗　壽如金石」	目録番号26・同笵鏡番号13・配置B・表現⑦	―	―
196	舶	三角縁吾作五神四獣鏡（対置式）〈M22〉					21.9	「吾作明竟甚大好　上有東王父西母　仙人王喬赤松子　渇飲玉泉飢食棗　千秋萬歳不知老兮」	目録番号28・同笵鏡番号14・配置U'・表現①	―	―
197	舶	三角縁張氏作四神四獣鏡〈M4〉					23.8	「□□□竟□大巧　有仙人赤松□　神玄□□□□有　渇飲玉泉飢食□　生□□□□知老兮」	目録番号34・同笵鏡番号18・配置A・表現①	―	―
198	舶	三角縁吾作四神四獣鏡〈M8〉					19.8	「□□明竟甚大工　□□□赤松　天應其祥龍　□下名好世無□」	目録番号35・同笵鏡番号19・配置A・表現①	―	―

京都

発見年	所蔵（保管）者	共伴遺物					文献	備考
		石製品・玉類	武具・武器・馬具	ほか金属器	土器類	その他		
1874	京都国立博物館〈J甲31〉	勾玉・管玉・小玉	刀・剣・轡・杏葉・鏡板	—	—	—	梅原末治1938「山城飯岡トヅカ古墳」『近畿地方古墳墓の調査』三，日本古文化研究所	同型鏡群〔KG-1〕／漢式鏡58／京都府（山城国）54-1
	京都国立博物館〈J甲31〉							同型鏡群〔SG-1〕／漢式鏡57／京都府（山城国）54-2
	京都国立博物館〈J甲31〉							566g／漢式鏡59／京都府（山城国）54-3
不明	所在不明	—	—	—	—	—	白石太一郎・設楽博己編1994『弥生・古墳時代遺跡出土鏡データ集成』(『国立歴史民俗博物館研究報告』第56集)，国立歴史民俗博物館	京都府（山城国）55
不明	再埋納	—	—	—	—	—	白石太一郎・設楽博己編1994『弥生・古墳時代遺跡出土鏡データ集成』(『国立歴史民俗博物館研究報告』第56集)，国立歴史民俗博物館	京都府（山城国）62
不明	大阪市立美術館	—	—	—	—	—		京都235か
1953	京都大学総合博物館	—	小札革綴冑1・竪矧板冑（冠?）1・鉄引合板有機質短甲1・刀7〜・剣約10・槍7・鉄石突1・銅鏃14・鉄鏃約200	斧10・鎌3・鉇7〜・刀子17・彫刻具16・弓形工具2・魚抜片16・釣針1・棒状鉄器片20	—	—	樋口隆康1998『昭和28年 椿井大塚山古墳発掘調査報告』京都府山城町埋蔵文化財調査報告書第20集，真陽社	京都府（山城国）64-1
								621g／京都府（山城国）64-2
								413g／京都府（山城国）64-3
								1135g?／京都府（山城国）64-4
	京都大学総合博物館〈4966〉							1364g／京都府（山城国）64-10
								〈906g〉／京都府（山城国）64-6
	京都大学総合博物館							1477g／京都府（山城国）64-7
								918g／京都府（山城国）64-8
	京都大学総合博物館〈4964〉							1099g／京都府（山城国）64-9
	京都大学総合博物館〈4965〉							1179g／京都府（山城国）64-11
								〈1075g〉／京都府（山城国）64-13?
	京都大学総合博物館							1215g／京都府（山城国）64-12
								1415g／京都府（山城国）64-5?
								966g／京都府（山城国）64-14

番号	舶倭	鏡式	出土遺跡	出土地名	遺跡内容	時期	面径(cm)	銘文	諸氏分類	編者分類・時期	
199	舶	三角縁吾作四神四獣鏡〈M7〉					19.8	「吾作明竟甚大工 □□王喬以赤松 師子天鹿其粦龍 天下名好世無雙」	目録番号35・同笵鏡番号19・配置A・表現①	―	―
200	舶	三角縁画文帯五神四獣鏡〈M11〉					21.8	―	目録番号56・同笵鏡番号30・配置A'・表現⑥	―	―
201	舶	三角縁天王日月・唐草文帯四神四獣鏡〈M3〉					23.7	「天王日月」	目録番号44・同笵鏡番号25・配置A・表現④	―	―
202	舶	三角縁天王日月・獣文帯三神三獣鏡〈M19〉					22.5	「天王日月」	目録番号105・同笵鏡番号60・配置K1・表現③	―	―
203	舶	三角縁天王日月・獣文帯四神四獣鏡〈M13〉					22.3	「天王日月」	目録番号46・同笵鏡番号27・配置A・表現②	―	―
204	舶	三角縁天王日月・獣文帯四神四獣鏡〈M15〉					22.3	「天王日月」	目録番号46・同笵鏡番号27・配置A・表現②	―	―
205	舶	三角縁天王日月・獣文帯四神四獣鏡〈M14〉					22.3	「天王日月」	目録番号46・同笵鏡番号27・配置A・表現②	―	―
206	舶	三角縁天王日月・獣文帯四神四獣鏡〈M17〉					22.7	「天王日月」	目録番号81・同笵鏡番号44・配置G'・表現③	―	―
207	舶	三角縁天王日月・獣文帯四神四獣鏡〈M12〉					22.4	「天王日月」	目録番号43・同笵鏡番号24・配置A・表現⑤	―	―
208	舶	三角縁天王日月・獣文帯四神四獣鏡〈M34〉					23.3	「天王日月」	目録番号68・同笵鏡番号35・配置F1・表現②	―	―
209	舶	三角縁天王日月・獣文帯同向式神獣鏡〈M25〉	椿井大塚山古墳	木津川市山城町椿井字三階〔相楽郡山城町〕	古墳	前方後円墳(175)・竪穴式石槨(割竹形木棺)	古墳前期	23.4	「天王日月」	目録番号9・同笵鏡番号6・配置同向・表現②／C形式(小山田93)	―	―
210	舶	三角縁天王日月・鋸歯文帯四神四獣鏡〈M18〉					23.2	「天王日月」	目録番号80・同笵鏡番号43・配置G'・表現③	―	―
211	舶	三角縁天・王・日・月・獣文帯二神二獣鏡〈M24〉					22.0	「天王日月」	目録番号92・同笵鏡番号51・配置J1・表現⑤	―	―
212	舶	三角縁天・王・日・月・獣文帯四神四獣鏡〈M16〉					23.4	「天王日月」	目録番号75・同笵鏡番号40・配置F2・表現②	―	―
213	舶	三角縁天・王・日・月・獣文帯四神四獣鏡〈M36〉					23.4	「天王日月」	目録番号69・同笵鏡番号36・配置F1・表現②	―	―
214	舶	三角縁櫛歯文帯四神四獣鏡〈M9〉					22.1	―	目録番号42・同笵鏡番号23・配置A・表現①	―	―
215	舶	三角縁櫛歯文帯四神四獣鏡〈M10〉					22.1	―	目録番号42・同笵鏡番号23・配置A・表現①	―	―
216	舶	三角縁波文帯盤龍鏡〈M35〉					24.5	―	目録番号3・同笵鏡番号4・配置盤龍・表現盤	―	―
217	舶	三角縁天王日月・獣文帯同向式神獣鏡片〈M28〉					破片	「天王日月」	目録番号10・配置同向・表現②	―	―
218	舶	三角縁陳氏作四神二獣鏡〈M27〉					破片	「…御巨 古有…」	目録番号82・同笵鏡番号45・配置H・表現⑧	―	―
219	舶	三角縁天・王・日・月・獣文帯三神三獣鏡〈M26〉					21.5	欠失(「天王日月」)	目録番号109・同笵鏡番号62・配置L1・表現⑯	―	―
220	舶	内行花文鏡〈M30〉					破片	―	―	―	―
220-1	舶	三角縁神獣鏡〈M29〉					破片	―	―	―	―
220-2	舶	三角縁神獣鏡〈M29〉					破片	―	―	―	―
255	舶	三角縁吾作三神五獣鏡	椿井大塚山古墳(伝)				22.0	欠失(「吾作明竟甚大工 上有王喬以赤松 師子天鹿其粦龍 天下名好世無雙 照吾此竟壽如大山」)	目録番号23・同笵鏡番号11・配置B・表現①	―	―
221	倭	方格規矩四神鏡	平尾城山古墳	木津川市山城町平尾字城山〔相楽郡山城町〕	古墳	前方後円墳(110)・竪穴式石槨(割竹形木棺)	古墳前期	16.7	―	II類(樋口79)／方格規矩文鏡類B型(小林82・10)／JDII式(田中83)／中型鏡1-1(北浦92)	方格規矩四神鏡A系	前(中)
222	舶	「仿製」三角縁獣文帯三神三獣鏡？					破片	―	目録番号215a・同笵鏡番号＊？・配置K2？	―	―
223	舶	「仿製」三角縁獣文帯三神三獣鏡	平尾稲荷山古墳	木津川市山城町北河原北谷〔相楽郡山城町〕	古墳	円墳(30)・竪穴式石槨？	古墳前期	22.2	―	目録番号213・同笵鏡番号111・配置K2	―	―
225	舶	(元康□年)対置式神獣鏡	上狛古墳(伝)	木津川市山城町上狛(伝)〔相楽郡山城町〕	古墳	不明	古墳	13.0	不詳(「元康□年十一月二十五日作鏡…」)	―	―	―
225-1	倭	五獣鏡	上狛天竺堂1号墳	木津川市山城町上狛天竺堂〔相楽郡山城町〕	古墳	前方後円墳(27)・横穴式石室(木棺)	古墳後期	11.4	―	Bi型式(加藤14)	[旋回式獣像鏡]	後期

京都

発見年	所蔵（保管）者	共伴遺物					文献	備考
		石製品・玉類	武具・武器・馬具	ほか金属器	土器類	その他		
1953	京都大学総合博物館		小札革綴冑1・堅矧板冑（冠？）1・鉄引合板有機質短甲1・刀7～・剣約10・槍7・鉄石突1・銅鏃14・鉄鏃約200	斧10・鎌3・鉇7～・刀子17・彫刻具16・弓形工具2・魚抉片16・釣針1・棒状鉄器片20			樋口隆康1998『昭和28年 椿井大塚山古墳発掘調査報告』京都府山城町埋蔵文化財調査報告書第20集,真陽社	928g／京都府（山城国）64-15
	京都大学総合博物館							921g／京都府（山城国）64-16
	京都大学総合博物館							1462g／京都府（山城国）64-17
	京都大学総合博物館							946g／京都府（山城国）64-24
	京都大学総合博物館							1328g／京都府（山城国）64-19～20?
	京都大学総合博物館・井手町							1241g／京都府（山城国）64-19～20?
	京都大学総合博物館							1175g／京都府（山城国）64-19～20?
	京都大学総合博物館							806g／京都府（山城国）64-21～23?
	京都大学総合博物館							1149g／京都府（山城国）64-21～23?
	京都大学総合博物館〈4963〉							1425g／京都府（山城国）64-21～23?
	京都大学総合博物館							1091g／京都府（山城国）64-25
	京都大学総合博物館							953g／京都府（山城国）64-26
	京都大学総合博物館							918g／京都府（山城国）64-27
	京都大学総合博物館							1229g／京都府（山城国）64-28
	京都大学総合博物館							1313g／京都府（山城国）64-29?
	京都大学総合博物館							1072g／京都府（山城国）64-30～31?
	京都大学総合博物館							〈1082g〉／京都府（山城国）64-30～31?
	京都大学総合博物館〈4962〉							1590g／京都府（山城国）64-32
	京都大学総合博物館							京都府（山城国）64-33
	京都大学総合博物館・山城郷土資料館							〈9g〉／京都府（山城国）64-34
	京都大学総合博物館							縁部～外区
	京都大学総合博物館							京都府（山城国）64-1'
	京都大学総合博物館							捩座乳／同型鏡あり
	京都大学総合博物館							羽人等
	京都教育大学						岸本直文1990「京都教育大学所蔵の「伝」椿井三角縁神獣鏡」『京都考古』第53号,京都考古刊行会	─
1903	所在不明（東京大学人類学教室旧蔵）	石釧6・（採集品：車輪石2～・石釧7～・杵形石製品4・硬玉勾玉3・瑪瑙勾玉1・管玉・臼玉・ガラス小玉3)	刀1・剣13～・鉄鏃44・（採集品：剣数十）	斧1・鉇片7・鑿8・錐片5	─	─	梅原末治1922「棚倉村平尾ノ古墳」『京都府史蹟勝地調査会報告』第三冊,京都府	漢式鏡60／京都府（山城国）65
1976	京都文化博物館						近藤喬一編1990『京都府平尾城山古墳』古代学研究所研究報告第一輯,財団法人古代學協會	─
昭和以降	鳥取県立博物館（安富寛兵衛旧蔵）	─	─	─	─	─	鳥取県立博物館編1995『鳥取県立博物館 安富コレクション目録』鳥取県立博物館	834g／京都府（山城国）7／発見地名表では｜伏見区深草・稲荷山三の峯 藤原古墳」
不明	五島美術館（M33）	管玉・臼玉・ガラス小玉					高橋美久二編1987『鏡と古墳―景初四年鏡と芝ヶ原古墳―』京都府立山城郷土資料館・京都府立丹後郷土資料館	260g／京都府（山城国）74
1999	木津川市教育委員会	玉類	短剣・剣菱形杏葉・馬具	刀子	土師器（台付壺・小形丸底壺・杯身・杯蓋）・須恵器（有蓋高杯蓋・甕）	─	高松雅文編2007『横穴式石室誕生 黄泉国の成立』大阪府立近つ飛鳥博物館図録45,大阪府立近つ飛鳥博物館	91g

番号	舶倭	鏡式	出土遺跡	出土地名	遺跡内容	時期	面径(cm)	銘文	諸氏分類	編者分類・時期
227	倭	鼉龍鏡	吐師七ツ塚2号墳	木津川市吐師中ノ中条〔相楽郡木津町〕	前方後円墳(40)・組合式木棺直葬	古墳中期	13.8	—	V型(樋口79)／四神四獣鏡系(小林82・10)／単頭双胴神獣鏡系b系(森下91)／B群10段階(池上92)／第二群(車崎95)／ⅡB系(辻田00・07)／Ⅱ類単胴系(林00)／鼉龍鏡b系(森下02)	鼉龍鏡C系	前(新)
252	倭	細線式四獣(?)鏡	瓦谷古墳〔第2主体部〕	木津川市市坂字瓦谷〔相楽郡木津町〕	前方後円墳(51)・組合式箱式木棺直葬	古墳前期	11.6	—	—	〔細線式獣帯鏡〕	前(中〜)
252-1	舶	細線式獣帯鏡	木津城山遺跡	木津川市木津片山〔相楽郡木津町〕	墳墓	方形台状墓	弥生後期	破片	—	—	—
252-2	倭	素文鏡	木津城山遺跡住居跡	木津川市木津片山〔相楽郡木津町〕	集落	住居	弥生後期	4.4	—	—	〔素文鏡〕	—
226	倭	鼉龍鏡	大福寺古墳(鞍岡山3号墳?)	相楽郡精華町下狛字大福寺	古墳	円墳(40)	古墳前期	13.4	擬銘	Ⅱ型(樋口79)／四神四獣鏡系(小林82・10)／B群7段階(池上92)／第二群(車崎95)／ⅡA系(辻田00・07)／Ⅲ類双胴系(林00)／鼉龍鏡a系(森下02)	鼉龍鏡A系	前(中)
226-1	倭	四獣鏡	鞍岡山2号墳〔東棺〕	相楽郡精華町下狛字大福寺・長芝	古墳	円墳(約25)・割竹形木棺直葬	古墳前期	7.4	—	—	—	—
228	倭	八弧内行花文鏡	三本柿ノ塚古墳	相楽郡和束町門前44	円墳(20)・粘土槨?	古墳中期	13.9	—	Aaイ式(樋口79)／A類Ⅰa式(清水94)／Ⅰ類基本系(林00)／八花文鏡(小林10)	内行花文鏡A式BⅠ類	前(中)
229	倭	四獣鏡	原山西手古墳	相楽郡和束町原山字西手	円墳(13)・木棺直葬?	古墳中期	10.0	擬銘	—	—	前(新)
231	舶	内行花文鏡	山城南部(伝)	京都府南部(伝)	不明	不明	19.0	「壽如金石」	—	—	—
232	倭	珠文鏡	山城南部(伝)	京都府南部(伝)	不明	不明	7.2	—	—	〔珠文鏡〕	—
233	倭	捩文鏡	山城南部(伝)	京都府南部(伝)	不明	不明	7.0	—	Ⅳ型(小沢88)／C型式a類(水野97)	捩文鏡C系	前(中〜)
235	舶	尚方作方格規矩四神鏡	山城南部(伝)	京都府南部(伝)	不明	不明	22.0	「尚方作…」	—	—	—
236	倭	鼉龍鏡	山城南部(伝)	京都府南部(伝)	不明	不明	17.3	—	Ⅳ型(樋口79)／画文帯神獣鏡(系)D型(小林82・10)／単頭双胴神獣鏡系a系(森下91)／B群9段階(池上92)／第二群(車崎95)／Ⅰ群A系②(辻田00・07)／Ⅱ類双胴系(林00)／鼉龍鏡a系(森下02)	鼉龍鏡A系	前(中)
238	倭	二神二獣鏡	山城南部(伝)	京都府南部(伝)	不明	不明	完形	擬銘	—	対置式神獣鏡A系	前(中)
239	?	〔四龍鏡〕	山城南部(伝)	京都府南部(伝)	不明	不明	不明	—	—	—	—
241	舶	三角縁獣文帯三神三獣鏡	京都府南部(伝)	京都府南部(伝)	不明	不明	22.1	—	目録番号114・同笵鏡番号65・配置K1・表現⑪	—	—
241-1	舶	重圏銘帯鏡	京都府南部(伝)	京都府(伝)	古墳	不明	11.2	—	—	—	—
253	舶	連弧文昭明鏡	籠神社海部家伝世品	不明	不明	不明	9.5	「内而清質以而昭而明而光而夫而日而月」	—	—	—
254	舶	長宜子孫八弧内行花文鏡	籠神社海部家伝世品				17.5	「長宜子孫」	—	—	—

大阪

番号	舶倭	鏡式	出土遺跡	出土地名	遺跡内容	時期	面径(cm)	銘文	諸氏分類	編者分類・時期
1	舶	三角縁天・王・日・月・獣文帯二神四獣鏡	横起山古墳(横山古墳)	池田市古江町	古墳	不明	古墳	21.5	「□□日□」	目録番号96・同笵鏡番号54・配置J1変・表現⑤	—
2	舶	画文帯環状乳四神四獣鏡	娘三堂古墳	池田市綾羽2丁目	古墳	円墳(30)・竪穴式石槨(割竹形木棺)	古墳前期	14.2	「天王日月」	画Bb4(村瀬14)	—
3	倭	方格規矩四神鏡	豊中大塚古墳〔第2主体部東槨〕	豊中市中桜塚4丁目	古墳	円墳(56)・粘土槨	古墳中期	18.1	—	中型鏡1-1(北浦92)	方格規矩四神鏡A系	前(中)
4	倭	六獣鏡	御獅子塚古墳〔第1主体部〕	豊中市南桜塚2丁目	古墳	前方後円墳(55)・粘土槨	古墳中期	18.3	—	—	対置式神獣鏡B系	前(中)

京都・大阪

発見年	所蔵（保管）者	共伴遺物					文献	備考
		石製品・玉類	武具・武器・馬具	ほか金属器	土器類	その他		
1933	京都大学総合博物館〈5332〉	ガラス玉丸約40・臼玉約300	刀5・馬鐸1	—	—	—	梅原末治1933「吐師七つ塚古墳発見品（相楽郡）」『京都府史蹟名勝天然記念物調査報告』第十四冊, 京都府	230g／京都府（山城国）67
1990	財団法人京都府埋蔵文化財調査研究センター	ガラス小玉5	有機質漆塗短甲1・有機質漆塗草摺?1・刀2・剣1・矛2・槍4・銅鏃1・鉄鏃40・漆塗靫	斧1・刀子状鉄器1・針状鉄器1	—	竪櫛19～	樋口隆康1991「京都府下近年出土の鏡に就いて（2）」『京都府埋蔵文化財論集』第2集 創立十周年記念誌, 財団法人京都府埋蔵文化財調査研究センター	—
1997	財団法人京都府埋蔵文化財調査研究センター	—	—	—	—	—	財団法人京都府埋蔵文化財調査研究センター編1998『第16回 小さな展覧会』財団法人京都府埋蔵文化財調査研究センター	破鏡
1997		—	—	—	—	—		—
不明	個人	—	—	—	—	—	樋口隆康1979『古鏡』新潮社	京都府（山城国）71
2009	財団法人京都府埋蔵文化財調査研究センター	勾玉4・滑石勾玉4・緑色凝灰岩管玉10・緑色凝灰岩棗玉2・滑石臼玉214・ガラス小玉2					財団法人京都府埋蔵文化財調査研究センター調査第1課資料係編2010『京都府遺跡調査報告集』第140冊, 財団法人京都府埋蔵文化財調査研究センター	—
1958	京都大学総合博物館	碧玉管玉1	剣1・矛1・鉄鏃23	—	須恵器（壺1・杯身1）	—	樋口隆康1961「和束三本柿ノ塚」『京都府文化財調査報告』第22冊, 京都府教育委員会	京都府（山城国）68
1907	京都国立博物館〈J甲48〉		横矧板鋲留衝角付冑1・横矧板鋲留短甲1・素環頭大刀・矛・鉄鏃				森郁夫・難波洋三編1994『京都国立博物館蔵品目録 考古編』京都国立博物館	漢式鏡62／京都府（山城国）70
1915～16	京都大学総合博物館						岡崎敬編1977『日本における古鏡 発見地名表 近畿地方Ⅱ』東アジアより見た日本古代墓制研究	漢式鏡63.2／京都府（山城国）72-2
不明	京都大学総合博物館〈5523〉	—	—	—	—	—	高橋美久二編1987『鏡と古墳―景初四年鏡と芝ヶ原古墳―』京都府立山城郷土資料館・京都府立丹後郷土資料館	52g／京都府（山城国）72-3
不明	京都大学総合博物館〈5524〉	—	—	—	—	—		京都府（山城国）72-4
不明	個人旧蔵	—	—	—	—	—	梅原末治1962「日本出土の中国の古鏡（一）―特に漢中期より後半代の古鏡―」『考古学雑誌』第47巻第4号, 日本考古学会	京都府（山城国）72-1
不明	五島美術館〈M213〉						樋口隆康1979『古鏡』新潮社	京都府（山城国）73-2
不明	所在不明（桑名鉄城旧蔵）	—	—	—	—	—	西陣織物館編1922『綾錦』古鏡号, 芸艸堂	小合友之助摸写／番号との対応不確実
不明	所在不明	—	—	—	—	—	岡崎敬編1977『日本における古鏡 発見地名表 近畿地方Ⅱ』東アジアより見た日本古代墓制研究	京都府（山城国）75-1
不明	倉敷考古館	—	—	—	—	—	間壁忠彦・間壁葭子1986「鉛同位体比測定青銅器の資料解説」『倉敷考古館研究集報』第19号, 倉敷考古館	京都府（山城国）73-1／岡山213と同一品
不明	個人	—	—	—	—	—	福島義一編1983『古鏡 その歴史と鑑賞』徳島県出版文化協会	—
不明	宮津市籠神社	—	—	—	—	—	樋口隆康1991「京都府下近年出土の鏡に就いて（2）」『京都府埋蔵文化財論集』第2集 創立十周年記念誌, 財団法人京都府埋蔵文化財調査研究センター	伝世品
								伝世品
1801	伊居太神社	—	—	—	—	—	池田市史編纂委員会編1967『池田市史』資料編① 原始・古代・中世, 大阪府池田市役所	漢式鏡250／大阪府（摂津国）1・29
1897	池田市立歴史民俗資料館（個人旧蔵）	碧玉石釧1・碧玉管玉4	刀6・剣2	斧4・刀子・不明鉄器1	土師器（甕1）	—	田上雅則編1992『娯三堂古墳』池田市文化財調査報告第14集, 池田市教育委員会	382g／漢式鏡249／大阪府（摂津国）2
1983	豊中市教育委員会	—	三角板革綴衝角付冑2・三尾鉄1・長方板革綴襟付短甲1・三角板革綴襟付短甲2・板鎧1・頸甲1・肩甲1・革草摺1・刀11・剣8・槍3・革盾2	—	—	竪櫛5	柳本照男編1987『摂津豊中 大塚古墳』豊中市文化財調査報告第20集, 豊中市教育委員会社会教育課文化係	654g
1990	豊中市教育委員会	有孔円板・緑色凝灰岩平玉・緑色凝灰岩勾玉・緑色凝灰岩管玉・滑石平玉・ガラス小玉	小札鋲留衝角付冑1・三角板鋲留短甲1・頸甲1・三尾鉄・三角板鋲留衝甲1・剣・鉄鏃39・革盾2・鞍・杏葉・雲珠	鍬先or手鎌1・斧4～5・鉇2・鑿10・刀子3	—	鎹18	柳本照男編1990『御獅子塚古墳』豊中市教育委員会	487g／後次埋葬

番号	舶倭	鏡式	出土遺跡	出土地名	遺跡内容	時期	面径(cm)	銘文	諸氏分類	編者分類・時期
5	倭	六獣鏡	南天平塚古墳〔第1主体部〕	豊中市南桜塚3丁目	円墳(20)・割竹形木棺直葬	古墳	18.1	—	—	対置式神獣鏡B系	前(中)
6	倭	方格規矩四神鏡	南天平塚古墳〔第2主体部〕	豊中市南桜塚3丁目	円墳(20)・割竹形木棺直葬	古墳中期	21.2	—	Ⅱ類(樋口79)／JDⅡ式(田中83)／大型鏡(北浦92)	方格規矩四神鏡A系	前(中)
7	舶	四獣鏡	狐塚古墳〔東半主体部〕	豊中市南桜塚3丁目	古墳	前方後円墳?・粘土槨	古墳中期	13.0	—	—	—	—
8	倭	細線式渦文鏡	女塚古墳	豊中市桜塚1丁目	古墳	円墳(27)	古墳中期	14.2	—	獣帯鏡類B型(小林82・10)		中期?
9	倭	一神五獣鏡	桜塚古墳群内	豊中市岡町～南桜塚	古墳	不明	古墳	11.7	擬銘	—	対置式神獣鏡B系	前(中)
10	倭	四獣鏡	桜塚古墳群御位塚古墳	豊中市岡町～南桜塚	古墳	不明	古墳	10.6	—	—	鳥頭獣像鏡B系	前(中)
11	舶	銅燦作鋸歯文縁細線式獣帯鏡	桜塚古墳群	豊中市岡町～南桜塚	古墳	不明	古墳	22.7	「銅燦作竟四夷服　多賀國家人民息　胡虜殄滅天下復　風雨時節五穀熟　長保二親得天力　樂号」	四葉座七乳式(樋口79)	—	—
12	倭	弥生倭製鏡	山ノ上遺跡(第6次調査)SB2埋土	豊中市宝山町	集落	溝	弥生後期	6.1	—	重圏文系小形仿製鏡第3型(田尻10・12)	〔弥生倭製鏡〕	弥生
13	舶	唐草文縁神獣鏡	待兼山古墳	豊中市待兼山町775-25付近	古墳	前方後円墳・粘土槨?	古墳前期	14.5	—	—	—	—
14	舶	「仿製」三角縁獣文帯三神三獣鏡	麻田御神山古墳(長塚古墳)	豊中市蛍池南町2丁目	古墳	前方後円墳(80?) or 円墳	古墳前期	22.2	—	目録番号220・配置K2	—	—
251	倭	重圏文鏡	利倉南遺跡遺構第2面基盤層	豊中市利倉3丁目	集落	遺物包含層	不明	6.0	—	—	〔重圏文鏡〕	—
15	舶?	海獣葡萄鏡	古江台(伝)	吹田市古江台6丁目(伝)	不明	不明	不明	14.0	—	—	—	—
252	倭	方格規矩四神鏡 or 夔龍鏡	垂水遺跡落込み3	吹田市垂水町1-731	集落	落ち込み	古墳前期	27.8	—	—	方格規矩四神鏡系 or 夔龍鏡系	前(古)
252-1	鋳	弥生倭製鏡(鋳型)	垂水遺跡	吹田市垂水町	集落	表面採集	不明	7.6	—	—	〔弥生倭製鏡(鋳型)〕	弥生
16	舶	三角縁(惟念此銘)唐草文帯二神二獣鏡	茨木将軍山古墳付近(推定)	茨木市西安威2丁目(推定)	古墳	(前方後円墳(107)・竪穴式石槨)	古墳前期	24.1	—	目録番号97・同笵鏡番号55・配置J1・表現④	—	—
17	舶	上方作浮彫式一仙五獣鏡	安威0号墳〔1号粘土槨〕		円墳(15)・粘土槨	古墳前期	12.3	「上方乍竟真大工　青龍」	六像B式(岡村92)／六像式A系統Ⅲ段階(山田06)／六像Ⅱ式(Ⅰb系)(實盛15)	—	
18	舶	吾作系斜縁四獣鏡	安威0号墳〔2号粘土槨〕	茨木市安威	古墳	円墳(15)・粘土槨	古墳前期	14.1	「□氏作竟自有道　明而日月世少有　□治今守悉皆在　東王母王公　青龍在左白虎居右　長保二親宜孫子」	斜縁四獣鏡表現B類(實盛12)	—	
31	倭	弥生倭製鏡	東奈良遺跡小川水路		集落	溝(採集)	不明	6.0	—	—	〔弥生倭製鏡〕	弥生
32	倭	弥生倭製鏡(六弧内花文鏡)	東奈良遺跡遺物包含層上面	茨木市東奈良	集落	遺物包含層	弥生	8.8	—	内行花文日光鏡系仿製鏡第Ⅲ型b類(高倉85・90)／内行花文系小形仿製鏡第5型(田尻10・12)	〔弥生倭製鏡〕	弥生
32-1	舶	方格規矩鏡	東奈良遺跡大溝SD1	茨木市東奈良3丁目	集落	溝	弥生後期～古墳初頭	11.9	—	—	—	—
33	舶	獣文縁細線式七獣帯鏡	海北塚古墳	茨木市西福井1丁目	古墳	円墳・横穴式石室(箱形石棺)	古墳後期	16.1	—	獣文縁連弧文座七乳式(樋口79)	—	—
34	舶	画文帯環状乳四神四獣鏡	青松塚古墳	茨木市室山1丁目	円墳(20)・横穴式石室	古墳後期	14.8	あり(不詳)	Ⅱ(樋口79)	—	
35	倭	乳文鏡					8.0	—	—	〔乳脚文鏡?〕	—

大阪

発見年	所蔵（保管）者	共伴遺物 石製品・玉類	武具・武器・馬具	ほか金属器	土器類	その他	文献	備考
1937	京都大学総合博物館	—	短甲1・刀・剣・鉄鏃・弓3・環鈴1	—	—	櫛	原口正三編2005『新修 豊中市史』第4巻 考古, 豊中市	大阪府（摂津国）6-1
		—	衝角付冑1・短甲2・刀・剣・矛・鉄鏃・革盾・轡・鞍・杏葉・鐙	—	—	儀仗		大阪府（摂津国）6-2
1935	京都大学総合博物館	—	刀1・剣1・盾3	—	—	櫛	原口正三編2005『新修 豊中市史』第4巻 考古, 豊中市	209g／大阪府（摂津国）7
1917	東京国立博物館〈J8541〉	—	小札鋲留眉庇付冑1・鉄地金銅張挂甲1・横矧板鋲留短甲1・頸甲・剣1・矛9・鉄鏃	—	—	—	原口正三編2005『新修 豊中市史』第4巻 考古, 豊中市	〈227g〉／漢式鏡 251／大阪府（摂津国）5
不明	個人	—	—	—	—	—	原口正三編2005『新修 豊中市史』第4巻 考古, 豊中市	192g／大阪府（摂津国）4／11.7cm?
不明	原田神社	—	—	—	—	—	森下章司1995「前方後方墳出土の鏡」第3回考古学フォーラム三重実行委員会編『第3回考古学フォーラム 前方後方墳を考える』	—
不明	アメリカ流出（個人旧蔵）	—	—	—	—	—	原口正三編2005『新修 豊中市史』第4巻 考古, 豊中市	同型鏡群〔SJ-1〕／大阪府（摂津国）3
1985	豊中市教育委員会	—	—	—	—	—	田上雅則・山元建編1986『豊中市埋蔵文化財発掘調査概要』豊中市文化財調査報告第15集, 豊中市教育委員会	40g／「十」字文鏡
大正	豊中市教育委員会（個人旧蔵）	鍬形石1・車輪石3・石釧1	—	—	—	—	原口正三編2005『新修 豊中市史』第4巻 考古, 豊中市	274g／大阪府（摂津国）9／同型：巽山古墳（徳島10）
明治初年	京都国立博物館〈09-389〉（平泉為造旧蔵）	車輪石2	—	—	—	—	原口正三編2005『新修 豊中市史』第4巻 考古, 豊中市	大阪府（摂津国）8
1996	豊中市教育委員会	—	—	—	—	—	豊中市教育委員会社会教育課文化財保護係編1997『豊中市埋蔵文化財発掘調査概要—阪神淡路大震災復旧・復興事業に伴う発掘調査—』豊中文化財調査報告書第40集, 豊中市教育委員会	36g
不明	個人	—	—	—	—	—	斉藤孝1961「大阪府吹田市山田町上出土鸞獣葡萄鏡について」『大和文化研究』第六巻第五号, 大和文化研究会	同型品あり
1998	吹田市教育委員会	—	—	—	—	—	堀口健二編2005『垂水遺跡発掘調査報告書Ⅰ—垂水遺跡第24次発掘調査—』吹田市教育委員会	〈53g〉／「鏡を割りルツボに入れて溶解する途中、何らかの理由で中断された状態とみられる。また付着物に酸化ケイ素が含まれており、鋳潰すのに用いたルツボの一部の可能性がある」
昭和30年代	個人	—	—	—	—	—	増田真木2004「垂水遺跡出土鏡范の概要」『鏡范研究』Ⅰ, 奈良県立橿原考古学研究所・二上古代鋳金研究会	—
1734?	阿為神社	（鍬形石製品1・硬玉勾玉6・ガラス小玉4）	（方形板革綴短甲1・刀1・剣7・銅鏃19?・鉄鏃53?）	（釣針?1）	—	—	廣瀬覚編2005『将軍山古墳Ⅰ—考古学資料調査報告集1—』新修 茨木市史 史料集8, 茨木市	漢式鏡248／大阪府（摂津国）13／安威鎌足塚出土と伝える
1983	茨木市教育委員会	滑石勾玉1・管玉17・ガラス小玉10	—	斧・鎌・鉇・刀子	—	—	茨木市教育委員会編1990『わがまち茨木 古墳編』茨木市教育委員会	252g
		石釧2・勾玉9・管玉30・ガラス丸玉48・ガラス小玉76	—	鉄製工具	—	—		347g
1972	個人	—	—	—	—	—	田代克己・奥井哲秀編1979『東奈良遺跡発掘調査概報』Ⅰ, 東奈良遺跡調査会	縁部片
不明		—	—	—	—	—	菱田哲郎責任編集2014『新修 茨木市史』第七巻 史料編 考古, 茨木市	
2006	茨木市教育委員会	—	—	—	土器	石剣・石斧・木器等	浅川宏志2007「東奈良遺跡」宮脇薫他編『大阪府茨木市平成18年度発掘調査概報』茨木市教育委員会	〈23g〉／破鏡（破面研磨・1孔）／2片
1908	東京国立博物館〈J5669〉・京都大学総合博物館〈3845〉・東京国立博物館5656～5671	勾玉	刀	金環	坩・高杯・甑	—	後藤守一1942『古鏡聚英』上篇 秦鏡と漢六朝鏡, 大塚巧芸社	漢式鏡237／大阪府（摂津国）12
1947	京都大学総合博物館	切子玉7・平玉1・小玉7・銀空玉2	刀2・矛1・鉄鏃62・轡2・杏葉・鐙1対・辻金具6・雲珠1・馬鐸2	銀環2・鍬1・斧1・鑿1	土師器7・須恵器74	—	高槻市立埋蔵文化財調査センター編1998『市制施行55周年記念歴史シンポジウム 検証邪馬台国—安満宮山古墳をめぐって—』高槻市立埋蔵文化財調査研究センター	大阪府（摂津国）10-1
								大阪府（摂津国）10-2

番号	舶倭	鏡 式	出土遺跡	出土地名	遺跡内容	時 期	面径(cm)	銘 文	諸氏分類	編者分類・時期
19	倭	勾玉文鏡（勾玉文縁画象鏡）〈1号鏡／鏡ⅩⅡ〉	紫金山古墳	茨木市室山1丁目	古墳	前方後円墳（約110）・竪穴式石槨（割竹形木棺）	古墳前期	35.9	—	神獣鏡特殊型（樋口79）／二神四獣鏡系（小林82・10）	類画象鏡系	前(中)
20	舶	三角縁長・宜・子・孫・獣文帯三神三獣鏡〈10号鏡／鏡Ⅱ〉					22.6	「長宜子孫」	目録番号102・同范鏡番号57・配置K1・表現⑯	—	
21	舶	「仿製」三角縁唐草文帯三神二獣鏡〈7号鏡／鏡Ⅲ〉					21.6	—	目録番号201・同范鏡番号101・配置Ⅰ		
22	舶	「仿製」三角縁唐草文帯三神三獣鏡〈6号鏡／鏡Ⅴ〉					24.4	—	目録番号204・同范鏡番号103・配置K2		
23	舶	「仿製」三角縁唐草文帯三神三獣鏡〈11号鏡／鏡Ⅵ〉					24.2	—	目録番号204・同范鏡番号103・配置K2		
24	舶	「仿製」三角縁鳥文帯三神三獣鏡〈4号鏡／鏡Ⅳ〉					24.0	—	目録番号205・同范鏡番号104・配置K2		
25	舶	「仿製」三角縁獣文帯三神三獣鏡〈5号鏡／鏡Ⅸ〉					21.6	—	目録番号206・同范鏡番号105・配置K2		
26	舶	「仿製」三角縁獣文帯三神三獣鏡〈8号鏡／鏡Ⅹ〉					21.7	—	目録番号206・同范鏡番号105・配置K2		
27	舶	「仿製」三角縁獣文帯三神三獣鏡〈9号鏡／鏡ⅩⅠ〉					21.7	—	目録番号207・同范鏡番号106・配置K2		
28	舶	「仿製」三角縁獣文帯三神三獣鏡〈2号鏡／鏡Ⅷ〉					22.0	—	目録番号230・同范鏡番号114・配置K2		
29	舶	「仿製」三角縁獣文帯三神三獣鏡〈3号鏡／鏡Ⅶ〉					24.6	—	目録番号232・配置L2		
30	舶	流雲文縁方格規矩四神鏡〈12号鏡／鏡Ⅰ〉					23.8	「新有善同出丹陽　湅沿銀錫清而明　尚方御竟大母傷　巧工刻之成文章　左龍右虎辟不羊　朱鳥玄武順陰陽　子孫備具居中央　長保二親樂富昌　壽敝金石如矦王」／「子丑寅卯辰巳午未申酉戌亥」	流雲文縁四神鏡Ⅰ式（樋口79）	—	
259	倭	素文鏡	溝咋遺跡 8面穴1738	茨木市学園町	集落	柱穴	古墳前期	2.9	—	6類（脇山15）	〔素文鏡〕	—
259-1	倭	重圏文鏡	郡遺跡 土器棺墓2	茨木市畑田町173・183	墳墓	土器棺	古墳前期	12.0	—	—	〔重圏文鏡〕	～前期
259-2	倭	重圏文鏡？	安威城跡 17-2区	茨木市東安威	集落	土壙	古墳前期	完形	—	—	〔重圏文鏡？〕	—
36	舶	騶氏作神人龍虎画象鏡	三島郡（伝）	旧三島郡（伝）	不明	不明	不明	19.1	「騶氏作竟四夷服　多賀國家人民息　胡□□□□□　□□時節五穀孰　長保二親得天力　傳告亏」	Ⅲ円圏式（樋口79）	—	
63	倭	六弧内行花文鏡	三島郡（伝）	旧三島郡（伝）	不明	不明	不明	12.6	—	六弧（樋口79）	内行花文鏡B式	前(中)
37	倭	五乳文鏡	土保山古墳（土山古墳）〔第1主体部〕	高槻市土室町343	古墳	円墳（30）・竪穴式石槨（割竹形木棺）	古墳中期	9.5	擬銘	乳文鏡Ⅰ類（樋口79）／特殊文鏡（葉文鏡）（樋口79）／乳文鏡類（小林82・10）	〔乳脚文鏡？〕	中期
38	舶	獣文縁方格規矩四神鏡	芥川遺跡 住居跡1溝内	高槻市紫町2-1	集落	竪穴住居	弥生後期	11.5	—	—	—	
39	倭	不明	萩之庄1号墳	高槻市萩之庄	古墳	前方後円墳（20）・粘土槨	古墳前期	6.0	—	—	—	
40	倭	五弧内行花文鏡	紅茸山C3号墳〔1号棺〕	高槻市紅茸町	古墳	円墳（18）・割竹形木棺直葬	古墳前期～	9.3	—	五弧（樋口79）／五花文鏡（小林82・10）／B類2式（清水94）／内行花文D系（森下02）	内行花文鏡B式	前(中)
41	倭	六弧内行花文鏡					9.7	—	六弧（樋口79）／B類3式（清水94）／六花文鏡（小林10）	内行花文鏡B式	前(中)
42	倭	四獣鏡	奥坂古墳群	高槻市別所本町	古墳	不明	古墳	9.9	—	四獣形鏡（樋口79）／獣形文鏡類四獣鏡C-3型（小林82・10）	鳥頭獣像鏡B系	前(古)
43	舶	唐草文縁神獣鏡					9.3	—	変形文鏡類（小林82・10）		
44	倭	六神像鏡					11.8	—	神像鏡四像式（樋口79）／二神二獣鏡系（小林82・10）／獣形文鏡類四獣鏡C-1型（小林82・10）	神像鏡Ⅰ系	前(新)
45	倭	六弧内行花文鏡					8.4	—	B類（清水94）／六花文鏡（小林10）	内行花文鏡B式	前(中)

大阪

発見年	所蔵（保管）者	共伴遺物 石製品・玉類	武具・武器・馬具	ほか金属器	土器類	その他	文献	備考
1947	京都大学総合博物館	鍬形石6・車輪石1・紡錘車形石製品3・勾玉4・管玉20・棗玉4	竪矧板革綴短甲1・籠手1・筒形銅器1・刀37・短刀4・剣&槍33・鉄鏃165	又鍬1・鋤先1・斧6・鎌4・鉇3・鋸1・鉈2・鑿4・錐1・銛17・不明工具1	―	貝輪3	阪口英毅編2005『紫金山古墳の研究―古墳時代前期における対外交渉の考古学的研究―』平成14〜16年度科学研究費補助金（基盤研究（B）(2)研究成果報告書，京都大学大学院文学研究科	3930g／大阪府（摂津国）11-2
								1050g／大阪府（摂津国）11-3
								1144g／大阪府（摂津国）11-9
								1386g／大阪府（摂津国）11-11
								1219g／大阪府（摂津国）11-12
								1145g／大阪府（摂津国）11-10
								986g／大阪府（摂津国）11-6?
								980g／大阪府（摂津国）11-7?
								949g／大阪府（摂津国）11-8
								1027g／大阪府（摂津国）11-4
								1613g／大阪府（摂津国）11-5
								1011g／大阪府（摂津国）11-1
1997	財団法人大阪府文化財調査研究センター	―	―	―	―	―	合田幸美編2000『溝咋遺跡（その1・2）』財団法人大阪府文化財調査研究センター調査報告書第49集，財団法人大阪府文化財調査研究センター	―
1999	茨木市教育委員会	碧玉管玉・緑色凝灰岩管玉・ガラス小玉	―	―	―	―	茨木市教育委員会編2000『平成11年度発掘調査概報』茨木市教育委員会	36g
2005	大阪府教育委員会	―	―	―	土師器（小形丸底壺・甕）	―	奥和之編2007『安威城跡』大阪府埋蔵文化財調査報告2007-1，大阪府教育委員会	―
不明	溝咋神社	―	―	―	―	―	若杉智宏編2008『将軍山古墳群Ⅱ―考古学資料調査報告集2―』新修 茨本市史 史料集12，茨木市	大阪府（摂津国）28
不明	京都国立博物館〈J甲264〉（個人旧蔵）	―	―	―	―	―	森郁夫・難波洋三編1994『京都国立博物館蔵品目録 考古編』京都国立博物館	大阪府（摂津国）27
1959	京都大学総合博物館	ガラス小玉500数十	横矧板鋲留短甲2・直弧文把頭・矛3・鉄鏃・盾2・馬具	鉇	―	竪櫛58	陳顕明1960『土保山古墳発掘調査概報』郷土高槻叢書第14集，高槻市教育委員会	大阪府（摂津国）14
1990	高槻市教育委員会	―	―	―	―	―	森井貞雄編1997『平成9年度秋季特別展 卑弥呼誕生 邪馬台国は畿内にあった?』大阪府立弥生文化博物館15，大阪府立弥生文化博物館	破片
1968	高槻市教育委員会	車輪石・石釧・碧玉製品	―	―	―	―	原口正三他編1973『高槻市史』第6巻 考古編，高槻市役所	内区欠失
1970	高槻市教育委員会	勾玉・管玉・滑石小玉・小玉	―	斧	―	―	原口正三他編1973『高槻市史』第6巻 考古編，高槻市役所	84g／大阪府（摂津国）26-1?
								100g／大阪府（摂津国）26-2?
1916	東京国立博物館〈J8566〉						橋本久和編1976『奥坂古墳群発掘調査報告書』高槻市文化財調査報告書第9冊，高槻市教育委員会	漢式鏡241／大阪府（摂津国）25-4
	東京国立博物館〈J8567〉							漢式鏡242／大阪府（摂津国）25-2
	東京国立博物館〈J8568〉							漢式鏡243／大阪府（摂津国）25-3
	東京国立博物館〈J8569〉							漢式鏡244／大阪府（摂津国）25-1

番号	舶倭	鏡式	出土遺跡	出土地名	遺跡内容	時期	面径(cm)	銘文	諸氏分類	編者分類・時期	
46	倭	三神三獣鏡	伊勢寺古墳	高槻市奥天神町1丁目	古墳 不明	古墳	15.5	擬銘	三神三獣鏡系（小林82・10）／獣形文鏡類六獣鏡（小林82・10）	二神二獣鏡ⅠA系	前(中)
47	倭	八弧内行花文鏡	慈願寺山古墳群	高槻市月見町	古墳 不明	古墳	22.2	―	（八弧）（樋口79）／AⅡaa式（清水94）／Ⅱ類基本系（林00）／内行花紋鏡C類（森下02）／八花文鏡（小林10）	内行花文鏡A式BⅡ類	前(中)
48	舶	方格規矩渦文鏡					11.1	―	V類（樋口79）	―	
49	舶	〔神獣鏡〕					約11				
50	舶	波文縁方格規矩四神鏡	前塚古墳	高槻市岡本町	古墳	前方後円墳・長持形石棺	古墳中期	約18			
51	舶	銅擊作鋸歯文縁細線式獣帯鏡	土室石塚古墳	高槻市土室町	古墳 不明	古墳	22.7	「銅擊作竟四夷服 多賀國家人民息 胡虜殄滅天下復 風雨時節五穀孰 長保二親 得天力 樂兮」	四葉座七乳式（樋口79）	―	
52	？	不明					破片				
53	舶	流雲文縁鏡	塚原遺跡	高槻市塚原2丁目	集落 不明	不明	22.0	―	―		
54	舶	「仿製」三角縁獣文帯三神三獣鏡	塚原古墳群〔阿武山〕	高槻市阿武野1丁目	古墳 不明	古墳	22.1		目録番号221・配置K2		
55	舶	「仿製」三角縁獣文帯三神三獣鏡					21.8		目録番号234・同笵鏡番号117・配置K1		
56	倭	内行花文鏡	弁天山B2号墳〔東槨〕	高槻市南平台3丁目	円墳（20）・粘土槨	古墳前期	9.8		B類（清水94）	内行花文鏡B式	前(中)
57	舶	方格八禽鏡					10.2		方格規矩鳥文鏡八乳式（樋口79）／方格規矩文鏡類G型（小林82・10）／博局T字鳥文鏡CaIM類（高木91・93）		
58	倭	珠文鏡	弁天山B4号墳	高槻市南平台3丁目	古墳	割竹形木棺直葬	古墳中期	6.6	―	珠文鏡Ⅰ類（樋口79）／珠文鏡系2式（森下91）／Ⅰ類（中山他94）／珠文鏡A（森下02）／D-B類（脇山13）	〔珠文鏡〕	前期
59	倭	捩文鏡	弁天山C1号墳〔粘土槨〕		前方後円墳（73）・粘土槨	古墳前期	10.4		第二型式（伊藤67）／Ｖ型（樋口79）／捩文鏡（類）C型（小林82・10）／AⅠ型（小林83）／V型（小沢88）／D型式a類（水野97）／羽状鏡系（森下02）	捩文鏡D系	前(中)
60	舶	三角縁波文帯三神三獣鏡	弁天山C1号墳	高槻市南平台5丁目	古墳	前方後円墳（73）・竪穴式石槨（割竹形木棺）	古墳前期	21.5		目録番号127・同笵鏡番号70・配置K1・表現⑫	―	
61	倭	八獣鏡	弁天山C1号墳〔後円部竪穴式石槨〕				13.2		Ⅳ型（樋口79）／獣形文鏡類四獣鏡B型（小林82）／B類獣頭（富田89）／D型11段階（池上92）／獣形文鏡ⅡE類（赤塚98b）	類獣像鏡Ⅰ系or類龍鏡B系	前(古)
62	舶	吾作斜縁二神二獣鏡					14.6	「吾作明竟自有孫子 大吉利 宜子孫」	図像表現②（村松04）／紋様表現②（實盛09）	―	
244	倭	珠文鏡	梶原D-1号墳	高槻市梶原1丁目	古墳	円墳（25）・横穴式石室（家形石棺）	古墳後期	9.0		A-B類（脇山13）	〔珠文鏡〕	
258	倭	四獣鏡	郡家車塚古墳〔第2主体部〕	高槻市岡本町34-2	古墳	前方後円墳（86）・割竹形木棺直葬	古墳前期	12.4	―		獣像鏡Ⅰ系	前(古)
253	舶	三角縁吾作四神四獣鏡（環状乳式）〈1号鏡〉	安満宮山古墳	高槻市安満御所の町	古墳	方墳（21）・割竹形木棺直葬	古墳前期	21.8	「吾作明竟 練取好同文章皆□師甚工 上有東王父王西母 師子辟邪甚口巨 □□ □□□呆子 吏人得之 位至三公 甚樂兮」	目録番号29a・配置環状・表現他	―	
254	舶	三角縁天・王・日・月・吉・獣文帯四神四獣鏡〈3号鏡〉					22.5	「天王日月吉」	目録番号48・同笵鏡番号＊・配置A・表現⑤		
255	舶	吾作斜縁二神二獣鏡〈4号鏡〉					15.8	「吾作明竟自有己 青龍白虎居左右 令人長命宜子孫 作吏高遷車生榮耳 作師長命吉」	図像表現②（村松04）／紋様表現②（實盛09）		
256	舶	陳是作同向式神獣鏡〈5号鏡〉					17.6	「陳是作鏡 君宜高官 保子宜孫 萬年」	―		
257	舶	青龍三年顔氏作方格規矩四神鏡〈2号鏡〉					17.4	「青龍三年 顔氏作竟成文章 左龍右虎辟不詳 朱爵玄武隂陽 八子九孫治中央 壽如金石宜疾王」	甲群（森下98）		

大阪

発見年	所蔵（保管）者	共伴遺物					文献	備考
		石製品・玉類	武具・武器・馬具	ほか金属器	土器類	その他		
1615	伊勢寺	－	－	－	－	－	原口正三他編 1973『高槻市史』第6巻 考古編, 高槻市役所	漢式鏡247／大阪府（摂津国）17／「往年高槻城主伊勢姫墓造立之時、於土中得之云」
不明	国際仏教大学（個人旧蔵）						原口正三他編 1973『高槻市史』第6巻 考古編, 高槻市役所	大阪府（摂津国）16-1
	所在不明（梅原末治旧蔵?）							大阪府（摂津国）16-2?
								大阪府（摂津国）16-3?
1899頃	所在不明（梅原末治・杉浦丘園旧蔵）	－	刀・矛	－	－	－	梅原末治 1962「日本出土の中国の古鏡（一）－特に漢中期より後半代の古鏡－」『考古学雑誌』第47巻第4号, 日本考古学会	漢式鏡240／大阪府（摂津国）24／「内区の構図は簡単化しているが、またあまり手なれのないよい鋳上りを示す」／9cm程度の倭製鏡の可能性もあり
1892～93頃	個人	－	刀・剣				富岡謙蔵 1920『古鏡の研究』丸善	同型鏡群〔SJ-1〕／漢式鏡245／大阪府（摂津国）15
	所在不明						梅原末治 1914「摂津の古墳墓」『考古学雑誌』第4巻第8号, 考古学会	漢式鏡246
不明	所在不明（個人採集）						原口正三他編 1973『高槻市史』第6巻 考古編, 高槻市役所	大阪府（摂津国）19-3／破鏡（縁部）
1917	東京国立博物館（J8468）						原口正三他編 1973『高槻市史』第6巻 考古編, 高槻市役所	907g／漢式鏡239／大阪府（摂津国）18
	東京国立博物館（J8114）							959g／漢式鏡238／大阪府（摂津国）19-1
1963	帝塚山考古学研究所	碧玉石釧1	刀2・剣1	斧2・鎌1・鉇2・刀子1				大阪府（摂津国）20-2
								大阪府（摂津国）20-1／同型鏡あり
1963	帝塚山考古学研究所	ガラス小玉29	－	斧1・鎌1	－	－	堅田直・原口正三・西谷正・田代克己・北野耕平 1967『弁天山古墳群の調査』大阪府文化財調査報告第17輯, 大阪府教育委員会	大阪府（摂津国）21
1951	個人	－						大阪府（摂津国）22-4・23
1963	高槻市教育委員会	車輪石4・石釧5・合子形石製品1・筒形石製品1・硬玉勾玉9・碧玉管玉145	刀2・銅鏃31	斧2・鎌4・鉇2・鋸1・刀子3				大阪府（摂津国）22-3
								314g／大阪府（摂津国）22-1
								大阪府（摂津国）22-2
1991	財団法人名神遺跡調査会	ガラス丸玉11・滑石臼玉6・ガラス小玉34・銀空玉4	鉄鏃5・十字文楕円形鏡板付轡1・三葉文楕円形杏葉4・鉄地金銅張双葉剣菱形杏葉1・辻金具7	金環1・銀環1・銅心銀張環2・金銅透彫金具1	須恵器（台付壺3・長頸壺蓋1・短頸壺蓋1・甕1・高杯5・杯蓋6・杯身7・提瓶1）		川端博明編 1998『梶原古墳群発掘調査報告書』名神高速道路内遺跡調査会調査報告書第4輯, 名神高速道路内遺跡調査会	－
1995	高槻市教育委員会	硬玉勾玉1・碧玉勾玉1・緑色凝灰岩勾玉14・碧玉管玉4・緑色凝灰岩管玉5・碧玉棗玉1・碧玉＆緑色凝灰岩算盤玉18・碧玉＆緑色凝灰岩小玉227・ガラス玉26				堅櫛	森田克行・橋本久和他編 1996『嶋上遺跡群』20, 高槻市文化財調査概要22, 高槻市立埋蔵文化財調査センター	－
1997	高槻市教育委員会	ガラス小玉1641	刀1	斧2・鎌1・鉇2・鑿1・刀子2	－	布	鐘ヶ江一朗編 2000『安満宮山古墳―発掘調査・復元整備事業報告書―』高槻市文化財調査報告書第21冊, 高槻市教育委員会	1100g
								1175g
								438g
								714g
								545g／同型：大田南5号墳（京都260）・個人蔵鏡

番号	舶倭	鏡　式	出土遺跡	出土地名	遺跡内容	時　期	面径(cm)	銘　文	諸氏分類	編者分類・時期
257-1	舶	三角縁櫛歯文帯神獣鏡	闘鶏山古墳〔後円部堅穴式石槨〕	高槻市氷室町6-1-3他	前方後円墳(86)・堅穴式石槨(割竹形木棺)	古墳前期	完形	―	―	―
257-2	舶	三角縁神獣鏡					完形	―	―	―
257-3	舶	方格規矩鏡？					完形	―	―	―
257-4	倭	六鈴捩文鏡	摂州高槻武烈御陵（伝）	高槻市（伝）	不明	不明	8.7	―	その他鈴鏡(樋口79)／ＢⅢ型(小林83)／Ｄ型式a類(水野97)／捩文鏡類(大川97)／Ⅱ類-B捩文鏡(八木00)／鈴鏡類(六鈴鏡)(小林10)	捩文鏡Ｄ系〈前(中)〉
257-5	?	不明	今城塚古墳（推定）	高槻市郡家新町（推定）	前方後円墳(190)・横穴式石室	古墳後期	不明	―	―	―
64	舶	龍氏作盤龍鏡	摂津北部（伝）	兵庫南東部or大阪北部（伝）	不明	不明	13.6	「龍氏作竟四夷服　多賀君家人民息　□□　□□天下復　風雨時節五穀孰□」	Ｂ類(辻田09)	―
65	舶	獣文縁盤龍鏡座獣帯鏡					20.2	「尚方作竟大母傷　□　□刻之成文　白虖辟邪居中　壽金如石任佳自好　上有山人不知老兮」	盤龍座獣帯鏡半肉彫式(樋口79)	―
66	舶	獣文縁獣帯鏡					18.0	―	半肉彫獣帯鏡Ａ(樋口79)	―
67	舶	三角縁日月日日・唐草文帯四神四獣鏡					21.9	「日月日日」	目録番号76・同笵鏡番号41・配置F2・表現①	―
68	舶	三角縁陳是作六神四獣鏡	万年山古墳（万年寺山古墳）	枚方市枚方上之町	前方後円墳(100？)・粘土槨？	古墳前期	22.0	「陳是作竟甚大好　上□□守及龍虖　身有文章□□□　□□□東王父　渇飲王□飢食棗」（方格銘）	目録番号58・同笵鏡番号＊・配置A'・表現⑥	―
69	舶	三角縁君・宜・官・獣文帯三神三獣鏡					22.0	「君宜高□」	目録番号111・同笵鏡番号64・配置L2・表現⑤	―
70	舶	三角縁吾作四神四獣鏡					20.1	「吾作明竟甚大工　上有王喬以赤松　師子天鹿其粦龍　天下名好世無雙」	目録番号35・同笵鏡番号19・配置A・表現①	―
71	舶	三角縁波文帯盤龍鏡					22.0	―	目録番号2・同笵鏡番号3・配置盤龍・表現盤	―
72	舶	三角縁獣文帯三神三獣鏡					23.3	―	目録番号118・同笵鏡番号67・配置K1・表現⑫	―
72-1	舶	三角縁神獣鏡？					破片	―	―	―
73	倭	五弧内行花文鏡	樟葉古墳〔埴製円筒棺〕	枚方市樟葉美咲	円墳(20)・埴輪棺	古墳中期	7.2	―	六弧(樋口79)	内行花文鏡B式〈前(中)〉
74	舶	顔氏作画文帯環状乳四神四獣鏡	藤田山古墳〔中央槨〕	枚方市香里ヶ丘1丁目	円墳？(25)・粘土槨	古墳前期	13.1	「顔氏作自右己　東王父西王母」	Ⅱ(樋口79)／画Ba1(村瀬14)	―
75	倭	重圏文鏡（弥生倭製鏡）	鷹塚山遺跡B地区	枚方市高塚町	集落	遺物包含層	弥生後期	6.9	―	古式仿製鏡重圏文鏡(樋口79)／重圏文鏡類(小林82・10)／重圏文鏡(高倉85・90)／F類Ⅱ1(林原90)／Ⅲa型(藤岡91)／Ⅲ型(林原08)／重圏文日光鏡系仿製鏡う-2b類(松本08)／1類(脇山15)	〔重圏文鏡〕弥生
75-1	倭	重圏文鏡	小倉東遺跡第32次調査E1号墳	枚方市小倉東町	墳墓	箱形石棺	古墳前期	6.1	―	7ⅱ類(脇山15)	〔重圏文鏡〕～前期
75-2	?	不明					不明	―	―	―
75-3	?	不明					不明	―	―	―
75-4	?	不明	赤塚山古墳（赤塚山所在古墳）	枚方市小倉東町	古墳	木棺or石棺	古墳前期	不明	―	―	―
75-5	?	不明					不明	―	―	―
75-6	?	不明					不明	―	―	―
75-7	?	不明					不明	―	―	―

大阪

発見年	所蔵（保管）者	共伴遺物 石製品・玉類	共伴遺物 武具・武器・馬具	共伴遺物 ほか金属器	共伴遺物 土器類	共伴遺物 その他	文献	備考
2002	埋葬施設内遺存	鍬形石1・琴柱形石製品1・紡錘車形石製品?1	刀2・短剣1・銅鏃	―	―	ゴホウラ貝1	高橋公一・鐘ヶ江一朗編 2007『闘鶏山古墳石榔画像・環境調査報告書』高槻市文化財調査報告書第25冊, 高槻市教育委員会	― ― ―
不明	愛知県美術館〈M336〉（木村定三旧蔵）（『梅仙居蔵日本出土漢式鏡図集』所載鏡）	―	―	―	―	―	鯨井秀伸編 2011『木村定三コレクション研究紀要』2011年度, 愛知県美術館	76g／鈴（鉛製）は後世の贋造
1288	所在不明	ガラス玉	挂甲・刀装具	―	―	―	西園寺公衡（今江広道・橋本義彦校訂）1968-79『公衡公記』続群書類従完成会	「召取山陵犯人〈継体天皇、摂津国島上陵〉（中略）、贓物〈御鏡以下〉持来之（後略）」（『公衡公記』弘安11（1288）年2月）
不明	五島美術館〈M177〉	―	―	―	―	―	白石太一郎・設楽博己編 1994『弥生・古墳時代遺跡出土鏡データ集成』（『国立歴史民俗博物館研究報告』第56集）, 国立歴史民俗博物館	575g
1904	東京大学総合研究博物館〈10436〉	(玉類)	刀2	―	―	―	梅原末治 1916「河内枚方町字萬年山の遺蹟と発見の遺物に就きて」『考古学雑誌』第7巻第2号, 考古学会	漢式鏡220.2／大阪府（河内国）1-6
1904	東京大学総合研究博物館〈10437〉							漢式鏡221／大阪府（河内国）1-7
1904	愛知県美術館（木村定三旧蔵）							漢式鏡222／大阪府（河内国）1-4
1904	東京大学総合研究博物館〈10440〉							漢式鏡223／大阪府（河内国）1-3
1904	東京大学総合研究博物館							漢式鏡224／大阪府（河内国）1-2
1904	東京大学総合研究博物館〈10439〉							漢式鏡225.1／大阪府（河内国）1-1
1904	東京大学総合研究博物館〈10438〉							漢式鏡225.2／大阪府（河内国）1-5
1904	東京大学総合研究博物館〈10438〉							漢式鏡225.3／大阪府（河内国）1-8
1904	東京大学総合研究博物館							鈕のみ
1967	枚方市教育委員会	碧玉管玉1・滑石小玉1	―	―	―	―	岩本崇 2009「交野ヶ原の銅鏡と古墳時代前期」枚方市教育委員会・財団法人枚方市文化財研究調査会編『交野ヶ原の前期古墳』枚方市教育委員会・財団法人枚方市文化財研究調査会	大阪府（河内国）4
1957	交野市教育委員会	鍬形石製品2	銅鏃6	斧・鑿1	―	―	岩本崇 2009「交野ヶ原の銅鏡と古墳時代前期」枚方市教育委員会・財団法人枚方市文化財研究調査会編『交野ヶ原の前期古墳』枚方市教育委員会・財団法人枚方市文化財研究調査会	240g／大阪府（河内国）2・3／同型：中西尾6号墳（鳥取112）
1968	枚方市教育委員会	―	―	―	―	―	樋口隆康 1979『古鏡』新潮社	36g／大阪府（河内国）5
2004	枚方市教育委員会	―	―	―	―	―	岩本崇 2009「交野ヶ原の銅鏡と古墳時代前期」枚方市教育委員会・財団法人枚方市文化財研究調査会編『交野ヶ原の前期古墳』枚方市教育委員会・財団法人枚方市文化財研究調査会	32g
江戸以前	所在不明	石釧1・管玉・臼玉	剣・筒形銅器1・巴形銅器1	斧1	土器	―	三浦蘭坂 1806『川内㧾古小識』	「小倉村赤家山出陶器銅器刀鏡等数枚其木棺化為石」／「三浦家文書」により詳細な記載あり

番号	舶倭	鏡式	出土遺跡	出土地名	遺跡内容	時期	面径(cm)	銘文	諸氏分類	編者分類・時期
76	舶	吾作系斜縁四獣鏡	交野東車塚古墳〔第1号棺〕	交野市寺南野	前方後円墳(65〜)・割竹形木棺直葬	古墳前期	12.2	「□□□□道 明如日月世少有 刻治□□□皆在 長保二親 吉□」	斜縁四獣鏡表現A類（實盛12）	—
77	倭	四獣鏡					8.9	—	—	鳥頭獣像鏡B系 前(新)
78	舶	盤龍鏡					9.9			
78-1	?	不明	森1号墳（雷塚古墳）	交野市森	前方後円墳(106)	古墳前期	約21	—		
78-2	?	不明					約21	—		
79	倭	六鈴五獣鏡	太秦古墳群（伝）	寝屋川市太秦高塚町（伝）	古墳	不明	12.8		獣形鏡系六鈴式（樋口79）／鈴鏡類（六鈴鏡）（小林82・10）／獣形（西岡86）／獣形文鏡類（大川97）／獣形文系（岡田05）／Ca型式（加藤14）	〔旋回式獣像鏡〕 後期
79-1	踏	方格規矩四獣鏡					9.9	—	—	—
80	倭	不明	堂山下古墳	大東市寺川	古墳	円墳	古墳後期	不明	—	—
81	舶	三角縁天王日月・獣文帯四神四獣鏡					22.4	「天王日月」	目録番号43・同笵鏡番号24・配置A・表現⑤	—
82	舶	三角縁天・王・日・月・唐草文帯二神二獣鏡					21.9	「天王日月」	目録番号93・同笵鏡番号52・配置J1・表現④	—
83	舶	三角縁（惟念此銘）唐草文帯二神二獣鏡					24.0	「惟念此竟有文章 賣者老壽爲侯王 上有申鳥在中央」	目録番号97・同笵鏡番号55・配置J1・表現④	—
84	舶	画文帯蟠龍乳神獣鏡					15.7	「吾作明竟自有紀 令人長命宜孫子」	C形式（小山田93）	—
85	舶	青盖作斜縁四獣鏡					14.8	「青盖作竟自有紀 明而日月□少有 刻治今守悉皆在 長保二親宜孫子 大吉昌宜矣王兮」	斜縁四獣鏡表現A類（實盛12）	—
86	舶	尚方作浮彫式一仙五獣鏡	石切周辺古墳（石切剣箭神社付近古墳）（推定）	東大阪市東石切町（推定）	古墳	不明	古墳前期	15.1	「尚方作竟真大巧 上右仙人不知老兮」	六像Ⅰ式（Ⅰb系）（實盛15）	—
87	倭	盤龍鏡					16.3	擬銘	盤龍鏡B系（森下02）	盤龍鏡Ⅰ系? 前(中)
88	舶	吾作斜縁二神二獣鏡					14.5	「吾□明竟 幽凍三□ □德序道 曽□□□ 宜子」	図像表現③（村松04）／紋様表現③（實盛09）	—
89	舶	吾作系斜縁二神二獣鏡					15.6	「□作明竟 幽凍三商 競德序□ 配…子孫□昌 宜侯王兮」	—	—
90	舶	吾作斜縁二神四獣鏡					18.2	「吾作明□ 自…子大工」	—	—
91	倭	環状乳神獣鏡					15.1	—	—	環状乳神獣鏡系 前(古?)
92	舶?	内行花文鏡					破片			
93	倭	珠文鏡	千手寺山遺跡（第2次）第6層	東大阪市東石切町3-372・375	集落	遺物包含層	不明	4.5	—	Ⅰ類（中山他94）／D-D類（脇山13） 〔珠文鏡〕 —
94	倭	珠文鏡					4.5	—	Ⅰ類（中山他94）／D-D類（脇山13） 〔珠文鏡〕 —
95	倭	素文鏡	西ノ辻遺跡	東大阪市西石切町1丁目	集落	水利施設	古墳後期	2.5	—	〔素文鏡〕 —
96	和	海獣葡萄鏡			集落	河川跡	奈良	6.3	—	—
97	?	海獣葡萄鏡	不明	不明	不明	不明	10.9	—	—	—
247	舶	内行花文鏡?	池島遺跡（IKS91-2区）167土壙	東大阪市池島町5丁目他	集落	土壙	古墳前期	8.9			
260	舶	方格規矩鏡	池島・福万寺遺跡遺物包含層	東大阪市池島町5丁目他	集落	遺物包含層	古墳前期	破片			
261	舶	画文帯神獣鏡?			集落	遺物包含層	古墳前期	破片	「天□日□」		
261-1	倭	櫛歯文鏡	池島・福万寺遺跡06-2調査区第10層	東大阪市池島町地内	集落	遺物包含層	古墳前期	3.6	—	—	〔櫛歯文鏡〕

大阪

発見年	所蔵（保管）者	共伴遺物					文 献	備 考
		石製品・玉類	武具・武器・馬具	ほか金属器	土器類	その他		
1988	交野市教育委員会	琴柱形石製品5・石釧1・翡翠勾玉4・碧玉管玉53・緑色凝灰岩管玉18・結晶片岩管玉23・翡翠棗玉4・水晶棗玉2・緑色凝灰岩棗玉1・片岩白玉2525〜	三角板革綴衝角付冑1・三角板革綴襟付短甲1・鏃1・筒形銅器1・巴形銅器2・刀4・剣6	鍬&鋤先8・斧17・鎌22・手鎌9・鑿&鉇31・錐9・鋸2・蕨手刀子9・刀子14・鑷子状鉄製品3・簪状鉄製品1・棒状鉄製品1	不明土製品	—	奥野和夫・小川暢子編2000『交野東車塚古墳〔調査編〕』交野市埋蔵文化財発掘調査報告1999-Ⅰ, 交野市教育委員会	341g
								88g
								198g
1915	所在不明	石釧・管玉	—	—	—	—	鐘方正樹2010「大正の墳墓盗掘事件と裁判記録」（第79回古墳時代研究会レジュメ）	「直径七寸位・一面ハ十個以上ニ他ノ一面ハ五六個ニ毀ハレ中央ノ紐通シカナクナッテ居リ、何レモ漢鏡デ相当ノ品」
不明	辰馬考古資料館〈M517〉（廣瀬都巽旧蔵）	—	—	—	—	—	寝屋川市史編纂委員会編1998『寝屋川市史』第1巻, 寝屋川市	263g／漢式鏡226／大阪府（河内国）6
	個人							—
不明	所在不明（四条小学校旧蔵）	—	—	—	—	—	大東市教育委員会編1973『大東市史』大東市教育委員会	—
不明	石切劔箭神社	鍬形石1・車輪石1・石釧3・鏃形石製品8・管玉24・棗玉1	銅剣1・(巴形銅器5)	—	—	—	樋口隆康2000『三角縁神獣鏡新鑑』学生社	1059g
							中原斉1988「特集 会見町普段寺1号墳出土の三角縁神獣鏡」『鳥取埋文ニュース』No.19, 鳥取県埋蔵文化財センター	780g
							樋口隆康2000『三角縁神獣鏡新鑑』学生社	1436g
							車崎正彦編2002『考古資料大観』第5巻 弥生・古墳時代 鏡, 小学館	391g
								610g
								506g
								487g
								—
							石切劔箭神社編2015『図録 石切劔箭神社 御神宝』石切劔箭神社	—
								—
							車崎正彦編2002『考古資料大観』第5巻 弥生・古墳時代 鏡, 小学館	321g
							石切劔箭神社編2015『図録 石切劔箭神社 御神宝』石切劔箭神社	—
1988	財団法人東大阪市文化財協会	—	—	—	—	—	財団法人東大阪市文化財協会編1989『千手寺山遺跡第2次発掘調査概報』財団法人東大阪市文化財協会	15g／大阪94と同笵か
								13g／大阪93と同笵か／鈕破損／1孔
1985	財団法人東大阪市文化財協会	—	—	—	—	—	大阪府立近つ飛鳥博物館編1997『まつるかたち―古墳・飛鳥の人と神―』大阪府立近つ飛鳥博物館図録11, 大阪府立近つ飛鳥博物館	—
1986								—
不明	財団法人東大阪市文化財協会	—	—	—	—	—	東大阪市文化財協会編1989『東大阪市文化財協会ニュース』Vol.4,No.2・3, 東大阪市文化財協会	伝世品
1991		—	—	—	—	—	白石太一郎・設楽博己編1994『弥生・古墳時代遺跡出土鏡データ集成』（『国立歴史民俗博物館研究報告』第56集）, 国立歴史民俗博物館	破鏡（破面研磨・1孔）
1994	財団法人大阪府文化財調査研究センター	—	—	—	—	—	森井貞雄編1997『平成9年度秋季特別展 卑弥呼誕生 邪馬台国は畿内にあった?』大阪府立弥生文化博物館図録15, 大阪府立弥生文化博物館	—
1994		—	—	—	—	—		破鏡
2007		—	—	—	弥生土器・土師器・須恵器・製塩土器	—	飯田浩光2009『池島・福万寺遺跡9』（財）大阪府文化財センター調査報告書第196集,（財）大阪府文化財センター	9g／鈕孔なく代わりに縁部に1孔

番号	舶倭	鏡式	出土遺跡	出土地名	遺跡内容	時期	面径(cm)	銘文	諸氏分類	編者分類・時期
98	舶	尚方作獣文縁神人歌舞画象鏡			前方後円墳(60)・横穴式石室(組合式木棺)	古墳後期	20.6	「尚方作竟自有紀　辟去羊宜古市　上有東王父西王母　令君陽遂多孫子兮」	Ⅲ円圏式(樋口79)	―
99	倭	四獣鏡	郡川西塚古墳	八尾市郡川	古墳		21.2	―	四獣形鏡(樋口79)／獣形文鏡類四獣鏡A型(小林82・10)／獣形文鏡類四獣鏡C-1型(小林82・10)	〔中期型獣像鏡〕中期
100	?	不明				不明		―	―	―
101	舶	画文帯同向式神獣鏡	郡川東塚古墳	八尾市郡川	古墳	前方後円墳(50)・横穴式石室	古墳中期	完形	「吾作明竟　幽凍三商　配像萬疆　統徳序道　敬奉賢良　彫克無社　百牙攀樂　衆華主陽　聖徳光明　富貴安樂　子孫番昌　學者高遷　士至公卿　其師命長」	B式(樋口79)	―
102	舶?	三角縁神獣鏡?	西ノ山古墳	八尾市楽音寺	古墳	前方後円墳(55)・石棺or竪穴式石槨	古墳前期	不明	―	―	―
103	?	不明				破片			―	―
103-1	?	不明	花岡山古墳(伝)	八尾市楽音寺(伝)	古墳	前方後円墳(50)	古墳前期	不明	―	―	―
104	倭	弥生倭製鏡?	萱振遺跡第9層	八尾市萱振町7丁目	集落	遺物包含層	弥生後期	7.5	―	―	〔弥生倭製鏡?〕弥生?
105	舶	「仿製」三角縁獣文帯三神三獣鏡	矢作神社境内(伝)	八尾市南本町6丁目(伝)	不明	不明	22.2	―	目録番号213・同笵鏡番号111・配置K2	―
106	倭	六獣鏡?	矢作遺跡SD13	八尾市高美町3丁目	集落	溝	弥生末期～	8.0	―	―	～前期
107	倭	弥生倭製鏡	亀井遺跡NR3001河床	八尾市亀井町	集落	河川内	弥生後期	5.4	―	重圏文日光鏡系仿製鏡第Ⅲ型b類(高倉85・90)／重圏文日光鏡系仿製鏡い類(松本08)／重圏文系小形仿製鏡第3型(田尻10・12)	〔弥生倭製鏡〕弥生
108	倭	素文鏡(鉄鏡)	亀井古墳〔第1主体部〕	八尾市南亀井町	古墳	方墳(7)・組合式木棺直葬	古墳中期	3.1	―	―	〔素文鏡〕
109	倭	弥生倭製鏡(内行花文鏡)	八尾南遺跡	八尾市若林町	集落	遺物包含層	弥生後期	8.4	―	内行花文日光鏡系仿製鏡第Ⅲ型b類(高倉85・90)／内行花文系小形仿製鏡第5型(田尻10・12)	〔弥生倭製鏡〕弥生
110	舶	尚方作獣文縁神人歌舞画象鏡	高安村郡川(伝)	八尾市山本高安町(伝)	古墳	不明	古墳	19.9	「尚方作竟自有紀　辟去羊宜古市　上有東王父西王母　令君陽遂多孫子兮」	―	―
245	倭	重圏文鏡	久宝寺遺跡住居3(第9次調査)	八尾市北亀井町3丁目	集落	竪穴住居	古墳前期	7.0	―	4a類(脇山15)	〔重圏文鏡〕前期
246	倭	素文鏡	久宝寺遺跡住居4(第9次調査)		集落	竪穴住居	古墳前期	2.5	―	―	〔素文鏡〕
262	倭	重圏文鏡	田井中遺跡	八尾市空港1丁目	集落	遺物包含層	不明	7.8	―	重圏文系小形仿製鏡第3型(田尻10・12)	〔重圏文鏡〕前期
262-1	舶	夔鳳鏡	心合寺山古墳〔西槨〕	八尾市大竹5・6丁目	古墳	前方後円墳(157)・粘土槨	古墳中期	16.3	「□宜孫子」	―	―
262-2	倭	五弧内行花文鏡	小阪合遺跡第41次調査河川跡	八尾市若草町1-10	集落	河川跡	古墳前期	6.9	―	重圏文系小形仿製鏡第3型(田尻10)	内行花文鏡B式 前(中)
111	舶	方格規矩鏡	瓜破遺跡方形周溝墓SX12遺物包含層	大阪市平野区瓜破	墳墓	方形周溝墓上の遺物包含層	弥生末期	破片	―	―	―
112	舶	内行花文鏡				破片		―	―	―
113	舶	連弧文清白鏡?	瓜破北遺跡	大阪市平野区瓜破	集落	遺物包含層	弥生後期	破片	「…□永而思…」		

大阪

発見年	所蔵（保管）者	共伴遺物					文献	備考
		石製品・玉類	武具・武器・馬具	ほか金属器	土器類	その他		
1902	東京国立博物館〈J12992〉	勾玉・管玉・小玉	槍	金環・銀環・金銅金具	須恵器	―	大田区立郷土博物館編 1995『武蔵国造の乱』東京美術	同型鏡群〔KG-1〕／997g／漢式鏡 218／大阪府（河内国）7-1
	東京国立博物館〈J12993〉						樋口隆康 1979『古鏡』新潮社	1163g／漢式鏡 219／大阪府（河内国）7-3～5
	所在不明						清原得巌 1976「高安の遺跡と私」『大阪文化誌』第 2 巻第 2 号, 財団法人大阪文化財センター	漢式鏡 219.2-4／大阪府（河内国）7-3～5／「実際発掘されたのは五面以上であったらしい」〔後藤 1926〕
1897	個人	勾玉 5・管玉 32・棗玉 1・水晶切子玉 30・水晶玉 1・ガラス玉 84	挂甲・刀剣 40～50	金環 2	壺	―	清原得巌 1976「高安の遺跡と私」『大阪文化誌』第 2 巻第 2 号, 財団法人大阪文化財センター	同型鏡群〔GD-3〕／大阪府（河内国）7-2?
1881	東京国立博物館？	勾玉 1・管玉 2・小玉（臼玉）96	刀・銅鏃 58			―	八尾市史編纂委員会編 1988『増補版 八尾市史』（前近代）本文編, 八尾市役所	漢式鏡 220-1／大阪府（河内国）8 ―
不明	所在不明	―	―	―	―	―	原田修・久貝健・島田和子 1976「高安の遺跡と遺物」『大阪文化誌』第 2 巻第 2 号, 財団法人大阪文化財センター	
1983	大阪府教育委員会	―	―	―	―	―	広瀬雅信編 1992『萱振遺跡』大阪府文化財調査報告書第 39 輯, 大阪府教育委員会	縁部のみ
1853	矢作神社・大阪市立美術館（個人旧蔵）						梅原末治 1944「上代鋳鏡に就いての一所見」『考古学雑誌』第 34 巻第 2 号, 日本考古学会	
1986	八尾市教育委員会	―	―	―	壺・小形丸底壺		米田敏幸編 1987『八尾市内遺跡昭和 61 年度発掘調査報告書Ⅱ』八尾市文化財調査報告 15, 八尾市教育委員会	68g／「獣は、身体部分を半肉彫りで表現され（中略）それぞれ龍、鳥、その他 2 動物を表していると解釈され」る
1982	財団法人大阪文化財センター	―	―	―	―	―	小田富士雄・藤丸詔八郎・武末純一編 1991『弥生古鏡を掘る―北九州の国々と文化―』北九州市立考古博物館	43g／「十」字文鏡
1978		―	―	―	―	櫛	財団法人大阪文化財センター編 1980『亀井・城山』財団法人大阪文化財センター	―
1984	八尾市立歴史民俗資料館	―	―	―	―	―	成海佳子・原田昌則編 1985『昭和 59 年度事業概要報告』財団法人八尾市文化財調査研究会報告 7, 財団法人八尾市文化財調査研究会	破鏡（穿孔）／「十」字文鏡
不明	和泉市久保惣記念美術館	―	―	―	―	―	中野徹編 1985『和泉市久保惣記念美術館 蔵鏡図録』和泉市久保惣記念美術館	同型鏡群〔KG-1〕
1991	財団法人八尾市文化財調査研究会	―	―	―	―	―	八尾市立歴史民俗資料館編 1992『特別記念展 八尾を掘る―10 年の歩み―』八尾市立歴史民俗資料館	65g
1991							八尾市立歴史民俗資料館編 1992『特別記念展 八尾を掘る―10 年の歩み―』八尾市立歴史民俗資料館	
1995	財団法人大阪府文化財調査研究センター	―	―	―	―	―	財団法人大阪府文化財調査研究センター編 1996『大阪府立近つ飛鳥博物館平成 7 年度冬季企画展図録 発掘速報展大阪'96』大阪府立近つ飛鳥博物館	
1999	八尾市教育委員会	翡翠勾玉 2・碧玉管玉 32	三角板革綴衝角付冑 1・三角板革綴短甲 1・三葉環頭大刀 1・短刀 1・鹿角装剣 1・剣 1・短剣 1・刀剣茎片 1	針状鉄製品 7～	土師器片	竪櫛 10	吉田野乃編 2001『史跡 心合寺山古墳発掘調査概要報告書』八尾市文化財調査報告 45, 八尾市教育委員会	470g
2007	財団法人八尾市文化財調査研究会	有孔円板 4・勾玉 2・管玉 1	鹿角装刀 1・鹿角装剣 1・オ 2		ミニチュア土器	木製品	樋口薫「小阪合遺跡の発掘調査」	―
1978	財団法人大阪市文化財協会						小田富士雄・藤丸詔八郎・武末純一編 1991『弥生古鏡を掘る―北九州の国々と文化―』北九州市立考古博物館	鈕付近のみ残存 破鏡（2 孔）
1980	財団法人大阪市文化財協会	―	―	―	―	―		

番号	舶倭	鏡　式	出土遺跡	出土地名	遺跡内容	時　期	面径(cm)	銘　文	諸氏分類	編者分類・時期	
114	舶	内行花文鏡	加美遺跡 2号墓	大阪市平野区加美東	墳墓 組合式木棺直葬	弥生末期	12.0	—	—	—	—
115	倭	櫛歯文鏡	加美遺跡 KM-15号墓		墳墓 方形周溝墓（8）・組合式木棺直葬	弥生末期	4.4	—	—	〔櫛歯文鏡〕	—
116	倭	弥生倭製鏡 （内行花文鏡）	加美遺跡 KM-1大溝		集落 溝	弥生末期	5.0	—	内行花文日光鏡系仿製鏡第Ⅰ型b類（高倉85・90）／連弧紋鏡系小形仿製鏡第Ⅰ型b類①（高木02）／内行花文系小形仿製鏡第2型a類（田尻10・12）	〔弥生倭製鏡〕	弥生
117	舶	多鈕細文鏡	高尾山遺跡 （大県遺跡）	柏原市平野字高尾山	不明	弥生	21.7	—	第三型式（森本35）／CIa型式（宇野77）／Ⅲ精式（樋口79）／精紋鏡第Ⅲ型式（甲元90）／精紋鏡第Ⅲ形式（甲元06）	—	—
118	?	不明	東ノ大塚古墳	柏原市国分市場	古墳 円墳（約30）	古墳前期	不明	—	—	—	—
119	舶?	不明	松岳山古墳	柏原市国分市場	前方後円墳（140）・竪穴式石槨（長持形石棺）	古墳	約22	—	—	—	—
120	?	不明				古墳前期	不明	—	—	—	—
121	舶	三角縁神獣鏡?					破片	—	—	—	—
122	舶	「仿製」三角縁獣文帯三神三獣鏡	国分茶臼塚古墳	柏原市国分1655	古墳 方墳（22×16）・竪穴式石槨（割竹形木棺）	古墳前期	21.9	—	目録番号225・同范鏡番号＊・配置K2	—	—
123	倭	四獣鏡					13.2	—	斜縁四獣鏡A系（森下02）	獣像鏡Ⅰ系	前（古）
124	舶	三角縁新作徐州銘四神四獣鏡	国分茶臼山古墳（伝）	柏原市国分市場（伝）	古墳 不明	古墳前期	23.2	「新作明竟 幽律三剛 銅出徐州 師出洛陽 澗文刻鏤 皆作文章 配徳君子 清而且明 左龍右虎 轉世有名 師子辟邪 集會并□ 王父王母 游戯間□ □□宜子孫」	目録番号18・同范鏡番号75・配置C・表現⑭	—	—
125	舶	青蓋作盤龍鏡					13.9	「青蓋作竟四夷服 多賀國家人民息 胡虜殄威天下復 風雨時節五穀孰 長保二親得天力 傳告后世樂毋亟」	両頭式（樋口79）／A類（辻田09）	—	—
126	舶	三角縁吾作四神二獣鏡					22.3	「吾作明竟真大好 浮由天下□四海 用青同至海東」／「君宜高官」（方格銘）	目録番号17・配置X（H）・表現⑧	—	—
127	舶	「仿製」三角縁吾作三神三獣鏡〈2号鏡〉	国分ヌク谷北塚古墳	柏原市国分市場	古墳 古墳（～25）・粘土槨	古墳前期	21.2	「吾作明竟甚獨 保子宜孫富無瞽 奇」	目録番号233・同范鏡番号116・配置K1／三角縁神獣鏡類B型（小林82・10）	—	—
128	舶	「仿製」三角縁吾作三神三獣鏡〈3号鏡〉					21.2	「吾作明竟甚獨 保子宜孫富無瞽 奇」	目録番号233・同范鏡番号116・配置K1／三角縁神獣鏡類B型（小林82・10）	—	—
129	舶	吾作系斜縁二神二獣鏡〈1号鏡〉					15.9	「□□明□　□□三 □吉□　宜□□　□ □□　宜□□　□ □」	図像表現①（村松04）／紋様表現①（實盛09）	—	—
130	舶	画文帯環状乳四神四獣鏡	玉手山6号墳〔中央石槨〕	柏原市旭ヶ丘	前方後円墳（60）・竪穴式石槨（割竹形木棺）	古墳前期	12.7	擬銘	画Bb4（村瀬14）	—	—
130-1	舶	画文帯神獣鏡					16.8	不詳	—	—	—
131	倭	六弧内行花文鏡	玉手山6号墳〔東石槨〕		前方後円墳（60）・竪穴式石槨（割竹形木棺）	古墳前期	11.3	—	CAⅡ式（森70）／六弧（樋口79）	内行花文鏡B式	前（中）
132	倭	四獣鏡	玉手山西山古墳	柏原市円明町	竪穴式石槨	古墳前期	16.3	—	四獣形鏡（樋口79）／獣形文鏡類四獣鏡C-1型（小林82・10）／斜縁四獣鏡A系（森下02）	獣像鏡Ⅰ系	前（古）
133	倭	捩文鏡	北玉山古墳（玉手山10号墳）〔前方部主体部〕	柏原市円明町ジャリエ842	前方後円墳（51）・粘土槨	古墳前期	10.1	—	第二型式（伊772）／V型（樋口79）／捩文鏡（類）C型（小林82・10）／BⅢ型（小林83）／D型式b類（水野97）／羽紋鏡系（森下02）	捩文鏡D系	前（中）

大阪

発見年	所蔵（保管）者	共伴遺物					文献	備考
		石製品・玉類	武具・武器・馬具	ほか金属器	土器類	その他		
1984		碧玉管玉	―	―	―	―		破鏡（破面研磨）
1984	財団法人大阪市文化財協会	鏃形石製品・ガラス玉	―	―	―	―	小田富士雄・藤丸詔八郎・武末純一編1991『弥生古鏡を掘る―北九州の国々と文化―』北九州市立考古博物館	―
1984		―	―	―	―	―		1孔／鈕孔破損
1924	東京国立博物館〈J20188〉	―	―	―	―	―	車崎正彦編2002『考古資料大観』第5巻 弥生・古墳時代 鏡, 小学館	937g／大阪府（河内国）16
1877	所在不明	―	―	―	―	―	梅原末治1916「河内国分松岳山船氏墳墓の調査報告」『歴史地理』第28巻第6号, 日本歴史地理学会	大阪府（河内国）11／「古鏡カケ三ツ四ツ出申シ候」（『堅山家文書』）
1877	所在不明	車輪石・石釧・硬玉勾玉1・碧玉管玉	刀・剣・銅鏃・鉄鏃	鍬・鎌	―	―	安村俊史2012「続・税所篤と松岳山古墳群―堅山家文書の再発見―」『柏原市立歴史資料館報』24, 柏原市立歴史資料館	漢式鏡215.1・2／『堅山家文書』に略図
1955	京都大学総合博物館						梅原末治1916「河内国分松岳山船氏墳墓の調査報告」『歴史地理』第28巻第6号, 日本歴史地理学会	―
							小林行雄1957『河内松岳山古墳の調査』大阪府文化財調査報告書第5輯, 大阪府教育委員会	大阪府（河内国）10／外区片と内区片
1984	柏原市教育委員会	鍬形石6・車輪石7・石釧41	短刀2・剣	斧1・鎌1・鉇2	―	―	柏原市教育委員会歴史資料館編1985『特別展 茶臼塚古墳出土品』柏原市教育委員会歴史資料館	893g
							竹下賢編1986『柏原市埋蔵文化財発掘調査概報1985年度』柏原市文化財概報1985-Ⅰ, 柏原市古文化研究会	243g
1629	国分神社・大阪市立美術館						梅原末治1916「河内国分松岳山船氏墳墓の調査報告」『歴史地理』第28巻第6号, 日本歴史地理学会	942g／漢式鏡212／大阪府（河内国）9-2
								664g／漢式鏡214／大阪府（河内国）9-1
								942g／漢式鏡213／大阪府（河内国）9-3
1961	大阪大学大学院文学研究科考古学研究室	石釧5・栓形石製品1・硬玉勾玉6・碧玉管玉110	刀片5	斧1・鑿状鉄器1	―	―	藤直幹・井上薫・北野耕平編1964『河内における古墳の調査』大阪大学文学部国史研究室研究報告第一冊, 大阪大学	789g／大阪府（河内国）15-1?
								大阪府（河内国）15-2?
								大阪府（河内国）15-3
1960	関西大学文学部	管玉	小札革綴冑1・刀・剣・銅鏃・鉄鏃				市村慎太郎・関本優美子編2013『百舌鳥・古市古墳群出現前夜』大阪府立近つ飛鳥博物館図録60, 大阪府立近つ飛鳥博物館	大阪府（河内国）13-2／内区外周に獣像
							村津弘明1960「玉手山古墳調査概報」『史泉』第20・21合併号, 関西大学文学部	大破
		勾玉・管玉	銅鏃・鉄鏃	―	―	―	安村俊史編2003『開館十周年記念企画展 玉手山古墳群を探る』柏原市立歴史資料館	178g／大阪府（河内国）13-1
1928	東京国立博物館〈J20205〉	―	剣	―	―	―	小川五郎・水野清一1929「河内国玉手山西山古墳調査報告」『考古学雑誌』第19巻第8号, 考古学会	486g／大阪府（河内国）12
1966	大阪府教育委員会	―	剣1	不明鉄製品3	―	―	井藤徹1966『北玉山前方後円墳発掘調査概報―第2次調査―』大阪府文化財調査概要1966, 大阪府教育委員会	60g

番号	舶倭	鏡 式	出土遺跡	出土地名	遺跡内容	時 期	面径(cm)	銘 文	諸氏分類	編者分類・時期
134	舶	王氏作神人龍虎画象鏡	高井田山古墳（高井田第2支群56号）	柏原市高井田	円墳（22）・横穴式石室（組合式木棺）	古墳後期	20.6	「王氏作竟佳且好　明而日月世之保　服此竟者不知老　壽而東王公西王母　山人子高赤松　長保二親宜□□」	—	—
134-1	舶	「仿製」三角縁獣文帯二神三獣鏡	河内黄金塚古墳（伝）	柏原市？（伝）	古墳	不明	20.5	—	目録番号255・同范鏡番号＊・配置K1変	—
135	舶	尚方作獣文縁神人歌舞画象鏡	長持山古墳（具足塚古墳）（伝）	藤井寺市沢田3丁目（伝）	円墳（40）・竪穴式石槨（家形石棺）	古墳中期	20.0	「尚方作竟自有紀　辟去羊宜古市　上有東王父西王母　令君陽遂多孫子兮」	Ⅲ円圏式（樋口79）	—
136	倭	四獣鏡〈1号鏡〉	岡古墳	藤井寺市藤井寺4丁目	古墳	方墳（32）・粘土槨	古墳中期	12.6	—	獣形文鏡ⅢB類（赤塚98b）／四獣形鏡対置系（林02）	—	前期
137	倭	四獣鏡〈2号鏡〉					11.9	—	獣形文鏡ⅠC類（赤塚98b）／分離式神獣鏡系（森下02）	分離式神獣鏡系	前（新）
138	倭	細線式鳥文鏡〈3号鏡〉					11.5	—	—	細線式獣帯鏡系	前（中）
139・147	舶	吾作系斜縁二神四獣鏡	津堂城山古墳	藤井寺市津堂	前方後円墳(210)・竪穴式石槨（長持形石棺）	古墳前期	17.9	「□□□竟　幽凍三□　□□□□　配象萬疆曾…」	図像表現③（村松04）／紋様表現③（實盛09）	—
140・147	舶	吾作斜縁二神四獣鏡					18.0	「吾□□□　…亦王母□　鷟鳳□□昌□」	図像表現③（村松04）／紋様表現③（實盛09）	—
141	倭	神獣鏡					15.0	擬銘	—	類龍鏡A系	前（新）
142	倭	盤龍鏡					13.3	擬銘	盤龍形鏡（樋口79）／龍虎鏡類（小林82・10）	盤龍鏡Ⅰ系	前（新？）
143	倭	盤龍鏡					12.0	—	—	〔盤龍鏡？〕	前（新？）
144	倭	不明					12.0	—	—	—	—
145	倭	不明					12.0	—	—	分離式神獣鏡系？	前（新）
146	倭	不明					破片	—	—	—	前（新？）
146-1	倭	方形銅板					破片	—	—	—	—
148	舶	複波文縁方格規矩八禽鏡	珠金塚古墳〔北槨〕	藤井寺市道明寺6丁目	古墳	方墳（28）・粘土槨	古墳中期	14.3	「宜長子孫　至□□三」	複波鋸歯文縁四神鏡Ⅱ or Ⅲ式（樋口79）／方格規矩鳥文鏡無乳式（樋口79）／博局T字鳥文鏡Ca3K類（高木91・93）／中型鏡1-1（北浦92）	—
149	舶	画文帯環状乳三神三獣鏡					14.1	「吾作明竟　幽凍三商　長樂未央」	Ⅱ（樋口79）	—
150	倭	四獣鏡	珠金塚古墳〔南槨〕		方墳（28）・粘土槨	古墳中期	12.0	—	四獣形鏡（樋口79）／斜縁四獣鏡B系（森下02）	〔中期型獣像鏡〕	中期
151	倭	四獣鏡					12.0	擬銘	四獣形鏡（樋口79）	〔中期型獣像鏡〕	中期
152	倭	方格規矩（鳥文）鏡	鞍塚古墳	藤井寺市道明寺6丁目	円墳（約40）・組合式木棺直葬	古墳中期	14.1	—	方格規矩鳥文鏡四乳式（樋口79）／Ⅲ類（樋口79）／TO式（田中83）／博局鳥文鏡Bb1K類（高木91・93）／中型鏡1-1（北浦92）／Ⅱ類鳥文系（林00）	方格規矩四神鏡C系	前（中）
153	倭	六獣鏡	盾塚古墳	藤井寺市道明寺	古墳	帆立（64）・粘土槨	古墳中期	20.5	—	六獣形鏡（樋口79）／六獣式倭鏡（林02）	対置式神獣鏡B系	前（中）

大阪

発見年	所蔵(保管)者	共伴遺物					文献	備考
		石製品・玉類	武具・武器・馬具	ほか金属器	土器類	その他		
1991	柏原市教育委員会	—	横矧板鋲留衝角付冑1・横矧板鋲留短甲1・挂甲1・頸甲・肩甲1・草摺・刀・剣・矛・鉄製石突・鉄鏃	熨斗・金環1対	須恵器(高杯・甑)	—	安村俊史・桑野一幸編1986『高井田山古墳』柏原市文化財概報1995-Ⅱ,柏原市教育委員会	同型鏡群〔RG-1〕／1272g
不明	坂本不言堂	—	—	—	—	—	樋口隆康2000『三角縁神獣鏡新鑑』学生社	—
明治	ボストン美術館	—	横矧板鋲留衝角付冑1・短甲1・挂甲1・小札鋲・襟甲・肩甲・篠籠手・膝甲・臑当	—	—	—	梅原末治1933『欧米蒐儲 支那古銅精華』五 鑑鏡部二,山中商会	同型鏡群〔KG-1〕／大阪府(河内国)17
1980	藤井寺市教育委員会	—					天野末喜編1989『岡古墳—古市古墳群の調査研究報告Ⅰ—』藤井寺市文化財報告第5集,藤井寺市教育委員会事務局	239g
								127g
								165g
1912	宮内庁書陵部〈陵178-1/72〉・関西大学博物館	車輪石2・石製模造品(鏃1・剣1・刀子2)・石製品1・勾玉3・滑石管28・管玉51・棗玉1・丸玉1・滑石小玉42	三角板革綴短甲・巴形銅器10・三葉環頭大刀1・刀・素環頭剣1・剣・鉄鏃・銅製弭1・鉄製矢筈5	不明円形銅製品1	—	—	山田幸弘編2013『津堂城山古墳』古市古墳群の調査研究報告Ⅳ,藤井寺市文化財報告第33集,藤井寺市教育委員会事務局	〈605g+〉／漢式鏡203／大阪府(河内国)22-2～9
	宮内庁書陵部〈陵178-2/73〉・関西大学博物館							〈602g+〉／漢式鏡204／大阪府(河内国)22-2～9
	宮内庁書陵部〈陵180-1/74〉							〈79g〉／漢式鏡208／大阪府(河内国)22-2～9
	宮内庁書陵部〈陵179-2/75〉							190g／漢式鏡206／大阪府(河内国)22-1
	宮内庁書陵部〈陵179-1/76〉							〈46g〉／漢式鏡207／大阪府(河内国)22-2～9
	宮内庁書陵部〈陵180-2/77〉							〈21g〉／漢式鏡209／大阪府(河内国)22-2～9／外区片
	宮内庁書陵部〈陵180-3/78〉							〈34g〉／漢式鏡210／大阪府(河内国)22-2～9
	宮内庁書陵部〈陵180-4/79〉							漢式鏡211／大阪府(河内国)22-2～9／3片は接合せず面数不明
	宮内庁書陵部・東京大学総合研究博物館							銅板／長径22.2cm(復元値)
1955	関西大学文学部	翡翠勾玉1・翡翠棗玉1・琥珀棗玉8～・琥珀丸玉1・ガラス丸玉41・ガラス平玉19・滑石臼玉123・環状ガラス玉5・ガラス小玉1534・金箔ガラス玉10～・金空玉12	三角板鋲留短甲1・刀2・剣3・鉄鏃76	鍬(鋤)先3・斧3・鎌2・手鎌1・鑿6・刀子2・蕨手刀子6・針状鉄製品7	—	—	末永雅雄編1991『盾塚 鞍塚 珠金塚古墳』由良大和古代文化研究会	大阪府(河内国)19-1
								493g／大阪府(河内国)19-2
		翡翠勾玉5・ガラス勾玉5～・滑石勾玉47・管玉193・翡翠棗玉4・滑石臼玉2・ガラス玉4605	小札鋲留衝角付冑2・三角板鋲留衝角付冑1・錣1・三尾鉄1・三角板革綴短甲2・三角板鋲留短甲1・革綴短甲1・頸甲1・肩甲2・刀3・剣10・鉄鏃5群	鍬(鋤)先1・斧7・鑿10・手鎌4・鑿1・鹿角装刀子6・刀子形工具1・鑿頭状長柄鉄製品1	—	堅櫛10～		222g／大阪府(河内国)19-3?
								311g／大阪府(河内国)19-4
1955	関西大学文学部	緑色凝灰岩勾玉6・管玉42・ガラス平玉75・滑石臼玉2180・ガラス小玉1003	三角板鋲留衝角付冑1・三尾鉄1・錣1・頬当1対・三角板革綴短甲1・頸甲1・肩甲1・脇当1・刀4・剣1・矛2・鉄鏃163～・鏡板付轡・鞍金具・木心鉄板張輪鐙2・辻金具・鉸具1・雲珠・異形鉄器	鉄鋌5・斧2・鎌1・鉇1・軸状鉄器2・鉤状鉄器1・隅金具1	—	砥石2	末永雅雄編1991『盾塚 鞍塚 珠金塚古墳』由良大和古代文化研究会	大阪府(河内国)20
1955	関西大学文学部	石釧1・碧玉勾玉4・緑色凝灰岩勾玉2・管玉77・翡翠棗玉2・碧玉棗玉5	三角板革綴衝角付冑1・錣1・三尾鉄1・頬当1対・長方板革綴短甲1・三角板革綴短甲1・頸甲1・肩甲1・頬当1・筒形銅器1・刀11・剣10・鉄鏃375～・盾11	銅釧1・銅環2・銅鈴1・斧10・鑿10・手鎌12・鉇11・鑿13・錐7・刀子約16・蕨手刀子9・鑷子状鉄製品2	—	堅櫛150		末永雅雄編1991『盾塚 鞍塚 珠金塚古墳』由良大和古代文化研究会	756g／大阪府(河内国)21

番号	舶倭	鏡式	出土遺跡	出土地名	遺跡内容	時期	面径(cm)	銘文	諸氏分類	編者分類・時期	
154	倭	四獣鏡	大鳥塚古墳（伝）	藤井寺市古室（伝）	古墳	古墳中期	11.0	—	獣形文鏡類四獣鏡C-1型（小林82・10）	〔中期型獣像鏡？〕	中期
155	舶	双頭龍文鏡	大鳥塚古墳？(or 大塚山古墳・大鳥郡)（伝）		古墳	前方後円墳(109)	古墳	8.3	「位至三公」	Ⅲ式（樋口79）	—	—
156	舶	方格規矩八禽鏡	駒ヶ谷北古墳	羽曳野市駒ヶ谷	古墳	前方後円墳(50)・粘土槨	古墳前期	16.0	「君宜高官 保子宜孫」	甲群（森下98）	—	—
157	倭	弥生倭製鏡？（内行花文鏡）	駒ヶ谷宮山古墳〔前方部1号主体部〕	羽曳野市駒ヶ谷	古墳	前方後円墳(65)・粘土槨	古墳前期	9.8	—	B類（清水94）	〔弥生倭製鏡？〕	弥生？
158	舶	「仿製」三角縁獣文帯三神三獣鏡	駒ヶ谷宮山古墳〔前方部2号主体部〕		古墳	前方後円墳(65)・粘土槨	古墳前期	21.1	—	目録番号238・配置K1	—	—
159	舶	画文帯周列式仏獣鏡	駒ヶ谷（伝）（金剛輪寺旧蔵鏡）	羽曳野市駒ヶ谷（伝）	不明	不明	不明	24.1	「吾作明竟 幽凍三商 彫刻無□ 大吉曾年 子孫盈堂 仕官至皇 天王侯相 百子□乎 長生富貴 壽如□□ 明□□□ 立得申仙」	—	—	—
160	倭	五鈴五獣鏡	駒ヶ谷（伝）（金剛輪寺旧蔵鏡）	羽曳野市駒ヶ谷（伝）	不明	不明	不明	10.3	—	鈴鏡類（五鈴鏡）（小林82・10）／乳文（西岡86）／獣形文系E類（岡田05）	—	後期
250	舶	吾作系斜縁四獣鏡	駒ヶ谷（伝）（金剛輪寺旧蔵鏡）	羽曳野市駒ヶ谷（伝）	不明	不明	不明	14.4	「…長保二親…」	—	—	—
250-1	舶	画文帯環状乳神獣鏡	駒ヶ谷（伝）（金剛輪寺旧蔵鏡）	羽曳野市駒ヶ谷（伝）	不明	不明	不明	完形	不詳	—	—	—
161	舶	画文帯同向式神獣鏡	城山所在古墳（安閑陵付近）（伝）	羽曳野市古市2丁目（伝）	古墳	不明	古墳後期	16.8	あり（不詳）	B式（樋口79）	—	—
162	倭	細線式八獣鏡〈C-1〉					18.7	—	細線式獣形鏡（樋口79）／獣帯鏡類B型（小林82・10）／JBⅡ式（田中83）	細線式獣帯鏡系	前（中）
163	舶	「仿製」三角縁獣文帯三神三獣鏡〈C-2〉					22.0	—	目録番号226・配置K2	—	—
164	舶	「仿製」三角縁獣文帯三神三獣鏡〈C-3〉					21.8	—	目録番号223・配置K2	—	—
165	舶	「仿製」三角縁獣文帯三神三獣鏡〈C-4〉					22.0	「陳氏」（榜題）	目録番号227・配置K2	—	—
166	舶	「仿製」三角縁唐草文帯三神三獣鏡〈C-5〉					24.0	—	目録番号204・同笵鏡番号103・配置K2	—	—
167	倭	六弧内行花文鏡〈SE-2(a)〉	壺井御旅山古墳（推定）	羽曳野市壺井（推定）	古墳	前方後円墳(50)・粘土槨	古墳前期	9.3	—	CAⅡ亜2式（森70）／六弧（樋口79）／B類2式（清水94）／内行花文鏡D系（森下02）／六花文鏡（小林10）	内行花文鏡B式	前（中）
168	倭	六弧内行花文鏡〈NW-1(a)〉					9.3	—	CAⅡ亜2式（森70）／六弧（樋口79）／B類2式（清水94）／六花文鏡（小林10）	内行花文鏡B式	前（中）
169	倭	六弧内行花文鏡〈SW-4(a)〉					9.3	—	CAⅡ亜2式（森70）／六弧（樋口79）／B類2式（清水94）／六花文鏡（小林10）	内行花文鏡B式	前（中）
170	倭	六弧内行花文鏡〈SE-5(c)〉					8.6	—	AⅡ式（森70）／六弧（樋口79）／B類1式（清水94）／六花文鏡（小林10）	内行花文鏡B式	前（中）
171	倭	六弧内行花文鏡〈NE-1(c)〉					8.6	—	AⅡ式（森70）／六弧（樋口79）／B類1式（清水94）／内行花文鏡D系（森下02）／六花文鏡（小林10）	内行花文鏡B式	前（中）
172	倭	六弧内行花文鏡〈SW-2(c)〉					8.5	—	AⅡ式（森70）／六弧（樋口79）／B類1式（清水94）／六花文鏡（小林10）	内行花文鏡B式	前（中）
173	倭	六弧内行花文鏡〈SW-1(d)〉					8.2	—	BⅡ式（森70）／六弧（樋口79）／B類1式（清水94）／内行花文鏡D系（森下02）／六花文鏡（小林10）	内行花文鏡B式	前（中）
174	倭	六弧内行花文鏡〈SW-5(d)〉					8.2	—		内行花文鏡B式	前（中）

大阪

発見年	所蔵（保管）者	共伴遺物					文　献	備　考
		石製品・玉類	武具・武器・馬具	ほか金属器	土器類	その他		
不明	宮内庁書陵部〈官93〉		刀剣・鉄鏃	—	—	—	宮内庁書陵部編 2005『宮内庁書陵部所蔵 古鏡集成』学生社	153g／漢式鏡201／大阪府（河内国）23
不明	所在不明（杉山壽栄男旧蔵）	—		—	—	—	樋口隆康 1979『古鏡』新潮社	大阪府（河内国）18?・（和泉国）10
1964	個人	—	刀2・短剣3	—	—	—	大阪府立泉北考古資料館編 1987『泉北考古資料館だより』No.31 冬季特別展 大阪府の古鏡展，大阪府立泉北考古資料館	426g／大阪府（河内国）27
1962	大阪大学大学院文学研究科考古学研究室	—	刀2・剣1	斧1	—	—	藤直幹・井上薫・北野耕平編 1964『河内における古墳の調査』	87g／大阪府（河内国）25-1／2孔（内区外周）／鈕孔破損
1962		—	刀1	—	—	—	大阪大学文学部国史研究室研究報告第一冊，大阪大学	687g／大阪府（河内国）25-2
天明以前	京都国立博物館〈J甲320〉（金剛輪寺旧蔵）	—	—	—	—	—	樋口隆康 1979『古鏡』新潮社	同型鏡群〔GB-2〕／1850g／大阪府（河内国）24・28
江戸以前	白鶴美術館（金剛輪寺旧蔵・嘉納治兵衛旧蔵）	—	—	—	—	—	大阪府立泉北考古資料館編 1987『泉北考古資料館だより』No.31 冬季特別展 大阪府の古鏡展，大阪府立泉北考古資料館	134g／漢式鏡194／奈良県（伝）（奈良384）と同一品
江戸以前	白鶴美術館（金剛輪寺旧蔵）	—	—	—	—	—	西岡巧次 2012「白鶴美術館蔵金剛輪寺旧蔵資料の研究―四獣形鏡―」龍谷大学考古学論集刊行会編『龍谷大学考古学論集』Ⅱ 網干善教先生追悼論文集，龍谷大学考古学論集刊行会	
江戸以前	所在不明（金剛輪寺旧蔵）	—	—	—	—	—	瀬川芳則 1985「三浦蘭坂の金石好古研究」森浩一編『考古学の先覚者たち』中央公論社	—
明治	個人	—	金装大刀片	金銅飾履残欠	—	—	大阪府立泉北考古資料館編 1987『泉北考古資料館だより』No.31 冬季特別展 大阪府の古鏡展，大阪府立泉北考古資料館	大阪府（河内国）29
1736-40（1967）	大阪府教育委員会	—	刀・剣・銅鏃20・鉄鏃	斧	—	—	田代克己・井藤徹・谷本武編 1970『南河内・石川流域における古墳の調査』大阪府文化財調査報告第22輯，大阪府教育委員会	720g／大阪府（河内国）26-1／本墳の22面は元文年間に掘られ、宝暦4年に凝灰岩製の石櫃に納め再埋納
								1000g／大阪府（河内国）26-2〜4
								965g／大阪府（河内国）26-2〜4
								966g／大阪府（河内国）26-2〜4
								1284g／大阪府（河内国）26-5
								大阪府（河内国）26-7or15or20
								大阪府（河内国）26-9or10or12or17〜19
								大阪府（河内国）26-8or21

番号	舶倭	鏡 式	出土遺跡	出土地名	遺跡内容	時 期	面径(cm)	銘 文	諸氏分類	編者分類・時期	
175	倭	六弧内行花文鏡〈SE-3（b）〉					8.6	—	BⅡ式（森70）／六弧（樋口79）／B類1式（清水94）／内行花文鏡D系(森下02)／六花文鏡(小林10)	内行花文鏡B式	前(中)
176	倭	六弧内行花文鏡〈SW-3（b）〉					8.6	—	BⅡ式（森70）／六弧（樋口79）／B類1式（清水94）／六花文鏡（小林10)	内行花文鏡B式	前(中)
177	倭	六弧内行花文鏡〈SE-6（h）〉					6.1	—	AⅡ式（森70）／六弧（樋口79）／B類1式（清水94）／内行花文鏡D系(森下02)／六花文鏡(小林10)	内行花文鏡B式	前(中)
178	倭	六弧内行花文鏡〈NE-2（f）〉					8.1	—	AⅡ式（森70）／六弧（樋口79）／B類1式（清水94）／内行花文鏡D系(森下02)／六花文鏡(小林10)	内行花文鏡B式	前(中)
179	倭	九弧内行花文鏡〈NE-3（g）〉	壺井御旅山古墳（推定）	羽曳野市壺井（推定）	前方後円墳（50）・粘土槨	古墳前期	8.4	—	AⅡ亜式（森70）／九弧（樋口79）／B類1式（清水94）／Ⅲ類省略系（林00）／九花文鏡(小林10)	内行花文鏡B式	前(中)
180	倭	六弧内行花文鏡〈SE-4（e）〉					8.3	—	BⅡ式（森70）／六弧（樋口79）／B類1式（清水94）／内行花文鏡D系(森下02)／六花文鏡(小林10)	内行花文鏡B式	前(中)
181	倭	重圏文鏡〈NW-2〉					6.8	—	珠文鏡Ⅳ類（樋口79）／重圏文鏡類（小林82・10）／F類Ⅰ（林原90）	〔重圏文鏡？〕	前期
182	倭	珠文鏡（唐草文鏡）〈SE-1〉					9.3	—	特殊文鏡（唐草文鏡）（樋口79）／獣形文鏡類四獣鏡C-2型（小林82・10）	〔珠文鏡？〕	前期
183	倭	珠文鏡〈SW-6〉					6.7	—	A類（小林79）／珠文鏡Ⅰ類（樋口79）／珠文鏡類A型（小林82・10）／Ⅰ類（中山他94）／珠紋鏡系（森下02）	〔珠文鏡〕	前期
183-1	舶	三角縁吾作四神四獣鏡	庭鳥塚古墳	羽曳野市東阪田	前方後方墳（50）・粘土槨	古墳前期	21.5	「吾作竟自有紀 辟去不羊宜古市 上有東王父西王母 令人長命多孫子」	目録番号50・配置A・表現⑰	—	—
183-2	舶？	夔鳳鏡 or 獣首鏡？	峯ヶ塚古墳	羽曳野市軽里2丁目	前方後円墳（96）・竪穴式石槨（舟形石棺）	古墳後期	破片	—	—	—	—
184	舶	海獣葡萄鏡	孝徳陵古墳陪冢（伝）	南河内郡太子町山田（伝）	古墳	不明	不明	11.5	—	—	—
185	舶	平縁四神二獣鏡	寛弘寺10号墳	南河内郡河南町寛弘寺	古墳	前方後円墳（45）・刳抜式木棺直葬	古墳前期	12.5	「上方乍□真大□ □ □子孫吉」	—	—
186	舶	盤龍鏡	寛弘寺12号墳	南河内郡河南町寛弘寺	古墳	円墳（12）	古墳前期	10.7	—	C類（辻田09）	—
187	倭	珠文鏡					10.8	—		〔珠文鏡〕	前期
188	倭	珠文鏡	寛弘寺27号墳	南河内郡河南町寛弘寺	古墳	方墳（15）・粘土槨	古墳中期	7.6	—	珠紋鏡系（森下02）	〔珠文鏡〕	前期
189	倭	珠文鏡	神山丑神遺跡	南河内郡河南町神山	不明	遺物包含層	古墳	6.7	—	—	〔珠文鏡〕	—
190	舶	不明					14.8	—	—	—	—
263	倭	重圏文鏡？	東山遺跡〔1号土壙墓〕	南河内郡河南町東山	墳墓	土壙墓・組合式木棺	古墳前期	6.5	—	—	〔重圏文鏡（連珠）〕	前期
264	倭	四弧内行花文鏡	東山遺跡〔2号土壙墓〕		土壙墓・組合式木棺	古墳前期	8.1	—	—	内行花文鏡B式	前(中?)

184

大阪

発見年	所蔵（保管）者	共伴遺物					文献	備考
		石製品・玉類	武具・武器・馬具	ほか金属器	土器類	その他		
1736-40 (1967)	大阪府教育委員会	—	刀・剣・銅鏃20・鉄鏃	斧	—	—	田代克己・井藤徹・谷本武編 1970『南河内、石川流域における古墳の調査』大阪府文化財調査報告第22輯，大阪府教育委員会	大阪府（河内国）26-9or10or12or17～19
								大阪府（河内国）26-11
								大阪府（河内国）26-13
								大阪府（河内国）26-14?
								大阪府（河内国）26-9or17
								大阪府（河内国）26-22
								大阪府（河内国）26-16
								48g／大阪府（河内国）26-6
2005	羽曳野市教育委員会	翡翠勾玉1	篠籠手1・筒形銅器2・刀3・剣3・短剣1・槍3・銅鏃54・鉄鏃126・靱1・弓?1	斧4・鎌1・鋸	—	—	河内一浩編 2010『庭鳥塚古墳発掘調査報告書』羽曳野市埋蔵文化財報告書66，羽曳野市教育委員会	697g
1991	羽曳野市教育委員会？	滑石勾玉1・碧玉管玉76・滑石臼玉245・ガラス玉1・ガラス小玉669・銀空玉78	挂甲小札100・刀15～・金銅三輪玉4・銀製刀装具5～・鹿角製刀装具13・鞘・鉄鏃245・盛矢具・盾1・轡1・木心鉄板張壺鐙1・鞍金具4・辻金具1・革帯飾金具2・金銅鈴1・鉸具1・馬具片・鉄鋲671	冠帽・円形歩揺5・帯金具・垂飾付耳飾・ガラス玉付金銅製品684・ガラス玉付銀製品3・金銅製品片・銀製品片・三叉形垂飾付耳飾21（ガラス小玉318・歩揺44）・金銅花形飾25・銀花形飾99・金銅魚佩3組・銅鈴8・金銅玉7・両頭金具4・鋏1・鉇1・刀子4	—	—	下山恵子・吉澤則男編 2002『史跡古市古墳群 峯ヶ塚古墳後円部発掘調査報告書』羽曳野市埋蔵文化財調査報告書48，羽曳野市教育委員会	3片／壮年～熟年前半頃の男性人骨
不明	個人	—	—	—	—	—	大阪府立泉北考古資料館編 1987『泉北考古資料館だより』No.31 冬季特別展 大阪府の古鏡展，大阪府立泉北考古資料館	—
1982	大阪府立近つ飛鳥博物館・大阪府教育委員会	—	剣1	蛭鎌1・鑿1・刀子1	—	—	山本彰他編 1983『寛弘寺古墳群発掘調査概要Ⅰ』大阪府教育委員会	260g
1982	大阪府教育委員会	石釧・勾玉・管玉	—	—	—	—	山本彰他編 1983『寛弘寺古墳群発掘調査概要Ⅰ』大阪府教育委員会	—
不明	大阪府教育委員会	ガラス玉	—	—	—	—	大阪府教育委員会編 1986『寛弘寺遺跡発掘調査概要』Ⅳ，大阪府教育委員会	50g
1991	大阪府教育委員会	—	—	斧	—	—	大阪府教育委員会編 1992『神山丑神遺跡発掘調査概要』Ⅰ，大阪府教育委員会	鋳掛け
1990		—	—	—	—	—		縁部～外区片
1997	河南町教育委員会	—	—	—	土師器		財団法人大阪府文化財調査研究センター編 1998『大阪府立近つ飛鳥博物館平成9年度冬季企画展図録 発掘速報展大阪'98』大阪府立近つ飛鳥博物館	—
		—	剣	斧・鉇			財団法人大阪府文化財調査研究センター編 1998『大阪府立近つ飛鳥博物館平成9年度冬季企画展図録 発掘速報展大阪'98』大阪府立近つ飛鳥博物館	内区を十文字に区切る

番号	舶倭	鏡式	出土遺跡	出土地名	遺跡内容	時期	面径(cm)	銘文	諸氏分類	編者分類・時期
201	倭	六獣鏡	御旅所古墳(伝)	南河内郡千早赤阪村森屋(伝)	方墳(13)・横穴式石室	古墳後期	16.8	擬銘	六獣形鏡(樋口79)	対置式神獣鏡B系 前(中)
202	倭	四獣鏡					10.3	擬銘	—	対置式神獣鏡B系? 前(中〜)
203	倭	捩文鏡					7.9	—	—	捩文鏡B系 前(中〜)
191	?	不明	美具久留御魂神社裏山1号墳(宮神社裏山1号墳)	富田林市宮町3丁目	古墳	前方後円墳(58)	古墳	不明	—	—	—
192	舶	三角縁獣文帯三神三獣鏡	真名井古墳	富田林市南旭ヶ丘町	古墳	前方後円墳(60)・粘土槨	古墳前期	22.1		目録番号114、同笵鏡番号65・配置K1・表現⑪	—
193	舶	画文帯神獣鏡?					約18		—	—
194・198	倭?	不明	鍋塚古墳(伝)	富田林市宮町3丁目(旭ヶ丘付近)(伝)	古墳	前方後円墳(55)・組合式木棺直葬	古墳中期	9.1	—	—	—
195	倭	重圏文鏡	板持3号墳	富田林市山手町	古墳	前方後方墳(40)・木棺直葬	古墳前期〜	16.3	—	特殊文鏡(重圏文鏡)(樋口79)／重圏文鏡類(小林82・10)／7類(脇山15)	[重圏文鏡(連珠)] 前期
196	倭	三神三獣鏡	板持丸山古墳	富田林市東板持町	古墳	円墳(35)・木棺直葬	古墳前期〜	16.3	—	三神三獣鏡(樋口79)／画文帯神獣鏡(系)B型(小林82・10)／対置式系倭鏡Ⅲ類(林02)／対置式神獣鏡A系(森下02)	対置式神獣鏡A系 前(中)
197	?	不明	廿山古墳(二本木古墳)	富田林市廿山	古墳	前方後円墳(50)	古墳前期	20.2	—	—	—
199	倭	不明	喜志所在古墳	富田林市喜志町	古墳	不明	古墳	不明	—	—	—
200	倭	八弧内行花文鏡	大師山古墳	河内長野市日東町萩ノ前	古墳	前方後円墳(52)・粘土槨	古墳前期	16.1	—	八弧(樋口79)／AⅡb式(清水94)／Ⅱ類基本系(林00)／内行花紋鏡C'系(森下02)	内行花文鏡A式BⅡ類 前(中)
204	倭	神獣鏡	河内国(伝)	大阪府(伝)	不明	不明	16.5	擬銘	—	—	前(中)
205	舶	青蓋作鋸歯文縁細線式獣帯鏡	大仙古墳(仁徳陵古墳)(伝)	堺市堺区大仙町(伝)	古墳	前方後円墳(486〜)	古墳中期	23.5	「青蓋作竟大母傷 巧工刻之成文章 左龍右甫辟不羊 朱鳥玄武順陰陽 長保二親樂富昌」	四葉座七乳式(樋口79)	—
206	舶	鉄鏡					14.5		—	—
207	倭	対置式二神四獣鏡	百舌鳥大塚山古墳〔1号槨〕		前方後円墳(168)・粘土槨	古墳中期	19.6	—	二神四獣鏡(樋口79)／二神四獣鏡系(小林82・10)／三神三獣鏡系(小林82・10)／対置式系倭鏡Ⅱ類(林02)／対置式神獣鏡A系(森下02)	対置式神獣鏡A系 前(中)
208	舶	双頭龍文鏡?		堺市西区上野芝町	古墳			9.2	—	—	—
209	倭	神獣鏡	百舌鳥大塚山古墳〔7号槨〕			前方後円墳(168)・粘土槨	古墳中期	13.1	擬銘	—	[中期型神獣鏡] 中期
210	倭	三神四獣鏡					12.7	—	—	分離式神獣鏡系 前(新)
211	倭	素文鏡	カトンボ山古墳	堺市北区百舌鳥赤畑町373	古墳	円墳(50)・粘土槨	古墳中期	4.5	—	AⅡ類(今平90)	[素文鏡] —
212	舶	双頭龍文鏡					8.1	「位至□□」	Ⅲ式(樋口79)／獣帯鏡類B型(小林82・10)／Ⅲ式(西村83)	—
213	舶	斜縁四獣鏡	塚廻古墳	堺市堺区百舌鳥夕雲町	古墳	円墳(35)・木棺	古墳中期	13.2	—	獣形文鏡類四獣鏡A型(小林82・10)	—
214	倭	五獣鏡					13.9	—	五獣形鏡(樋口79)／獣形文鏡類五獣(小林82・10)	[中期型獣像鏡] 中期
215	倭	六獣鏡	湯の山古墳	堺市北区百舌鳥陵南町2-200	古墳	円墳(20)・粘土槨	古墳中期	11.3	—	—	[中期型獣像鏡] 中期
216	倭	[乳文鏡]	陶器千塚	堺市中区辻之	古墳	不明	古墳	不明	—	—	—
217	倭	六獣鏡	泉ヶ丘町(狐塚古墳・陶器千塚)(伝)	堺市中区辻之(伝)	古墳	不明	古墳	12.3	—	獣形文鏡類六獣鏡(小林82・10)	浮彫式獣帯鏡系 前(中?)
218	倭	弥生倭製鏡(十一弧内行花文鏡)	陶器千塚(泉ヶ丘町)	堺市中区辻之	古墳	不明	古墳	6.3	—	内行花文日光鏡系倣製鏡第Ⅱ型a類(高倉85・90)／内行花文系小形倣製鏡第2型a類(田尻10・12)	[弥生倭製鏡] 弥生
219	倭	結び紐文鏡	土師狐塚古墳(陶器村?)	堺市堺区百舌鳥夕雲町2-262	古墳	円墳	古墳中期	17.8	—	画文帯神獣鏡(系)D型(小林82・10)	前(中)

大阪

発見年	所蔵(保管)者	共伴遺物 石製品・玉類	武具・武器・馬具	ほか金属器	土器類	その他	文献	備考
不明	泉屋博古館〈M39〉	—	—	—	—	—	泉屋博古館編 2004『泉屋博古鏡鑑編』財団法人泉屋博古館	410g／漢式鏡 216?／大阪府(河内国) 37-1
	泉屋博古館〈M123〉	—	—	—	—	—		111g／漢式鏡 217.1?／大阪府(河内国) 37-2
	泉屋博古館〈M124〉	—	—	—	—	—		39g／漢式鏡 217.2?／大阪府(河内国) 37-3
1930	所在不明	—	—	—	—	—	富田林市史編集委員会編 1985『富田林市史』第1巻 本文編Ⅰ, 富田林市	—
1961	大阪大学大学院文学研究科考古学研究室	紡錘車形石製品3・碧玉管玉2	刀身状利器2・鉄鏃24	斧2・鉇3・錐1・刀子3・棒状利器2	土師器(甕1)	—	藤直幹・井上薫・北野耕平編 1964『河内における古墳の調査』大阪大学文学部国史研究室研究報告第一冊, 大阪大学	大阪府(河内国) 34-1 / 大阪府(河内国) 34-2／外区片
昭和初期	関西大学博物館	石釧・有孔石製品・刀子形石製品	長方板革綴短甲1・鉄鏃27	—	—	—	関西大学博物館編 2010『関西大学博物館本山彦一蒐集資料目録』関西大学博物館	大阪府(河内国) 32／「径三寸余 内部を欠損し外区の鋸歯文のみ見ゆ」
1967	大阪府教育委員会	—	短剣2・銅鏃10数本・鉄鏃10数本	斧1・刀子1	土師器(坩数片)	—	富田林市教育委員会編 1967『富田林市板持古墳群調査概報』富田林市教育委員会	大阪府(河内国) 35
1903	東京国立博物館〈J13191〉	—	素環頭状鉄製品	—	—	—	樋口隆康 1979『古鏡』新潮社	405g／漢式鏡 200／大阪府(河内国) 33
1883	所在不明	—	刀・剣・銅鏃・鉄鏃	—	—	—	後藤守一 1926『漢式鏡』日本考古学大系, 雄山閣	漢式鏡 202／大阪府(河内国) 30
不明	京都大学総合博物館	—	—	—	—	—	小野山節・都出比呂志・黒川冨美子編 1968『京都大学文学部博物館考古学資料目録』第2部 日本歴史時代, 京都大学文学部	大阪府(河内国) 31／京大目録のものは小野王塚古墳鏡(兵庫 96)
1931	東京国立博物館〈J23856〉	鍬形石1・車輪石15〜16・石釧16〜17・紡錘車形石製品4・管玉8〜9	剣3〜	刀子1	—	—	網干善教編 1977『河内長野 大師山』関西大学文学部考古学研究第5冊, 関西大学	大阪府(河内国) 36-1／もう1面出土したと伝える(大阪府(河内国) 36-2)
不明	五島美術館〈M209〉	—	—	—	—	—	車崎正彦編 2002『考古資料大観』第5巻 弥生・古墳時代 鏡, 小学館	〈535g〉
江戸以前(1872?)	ボストン美術館	—	—	—	—	—	梅原末治 1954「伝仁徳陵出土の鏡と刀柄」『大和文化研究』第2巻第5号, 大和文化研究会	同型鏡群〔SJ-2〕／漢式鏡 227／大阪府(和泉国) 6
1950	関西大学博物館	勾玉3・管玉57・棗玉2・算盤玉2・ガラス丸玉247・ガラス小玉530・臼玉1700	三角板革綴衝角付冑1・三角板革綴襟付短甲1・刀8・剣8・矛1・槍3・鉄鏃3群	手斧13・刀子3	—	櫛1	末永雅雄 1975『古墳の航空大観』学生社	444g／大阪府(和泉国) 8-2 / 612g／大阪府(和泉国) 8-1／関西大学発行の図録では出土地不明 / —
	森浩一旧蔵	管玉	冑?受鉢1・剣1	手斧	—	—	樋口吉文編 2005『百舌鳥古墳群と黒姫山古墳』堺市博物館	229g / 203g
1949	東京国立博物館〈J36628-2〉	滑石勾玉725・滑石子持勾玉4・滑石臼玉約20000・石製模造品(双孔円板1・斧6・鎌13・刀子360・鏃1)	刀4・剣7・矛1・鉄鏃20	斧59・刀子4・蜘蛛手形鉄器2	—	—	森浩一・宮川徙 1953『堺市百舌鳥赤畑町 カトンボ山古墳の研究』古代学叢刊第1冊, 古代学研究会	大阪府(和泉国) 5-2
	東京国立博物館〈J36628-1〉							大阪府(和泉国) 5-1
1912	宮内庁書陵部〈陵 90-1〉	勾玉7・管玉70・棗玉4・ガラス小玉約1000・滑石臼玉数百	刀2〜3・剣1	—	—	—	宮内庁書陵部編 2005『宮内庁書陵部所蔵 古鏡集成』学生社	〈150g〉／漢式鏡 229／大阪府(和泉国) 7-2
	宮内庁書陵部〈陵 90-2〉							324g／漢式鏡 228／大阪府(和泉国) 7-1
1976	堺市教育委員会	—	剣2	鍬状鉄器15・斧2or3・鎌18・鉇・鏨・蕨手刀子18	須恵器片	—	森村健一編 1976『土師遺跡発掘調査報告書 その1—新日鉄研究センター・鉄滓の科学的分析—付 湯の山古墳発掘調査概要』堺市教育委員会社会教育課文化財保護係	180g
1945〜50頃	所在不明	—	—	—	—	—	森浩一 1950「大阪府泉北郡陶器千塚22号墳」日本考古学協会編『日本考古学年報』3(昭和25年度), 誠文堂新光社	—
不明	個人	—	—	—	—	—	大阪府立泉北考古資料館編 1987『泉北考古資料館だより』No.31 冬季特別展 大阪府の古鏡展, 大阪府立泉北考古資料館	165g／漢式鏡 233／大阪府(和泉国) 3-2
不明	所在不明	—	—	—	—	—	富岡謙蔵 1920『古鏡の研究』丸善	漢式鏡 232／大阪府(和泉国) 3-1
不明	個人	—	—	—	—	—	車崎正彦編 2002『考古資料大観』第5巻 弥生・古墳時代 鏡, 小学館	漢式鏡 231／大阪府(和泉国) 3-3／獣毛乳の異形化した主像

番号	舶倭	鏡式	出土遺跡	出土地名	遺跡内容	時期	面径(cm)	銘文	諸氏分類	編者分類・時期
220	?	不明	城ノ山古墳	堺市北区百舌鳥西之町	前方後円墳(77)・竪穴式石槨	古墳中期	約9	―	―	―
221	?	不明					破片			
222	?	不明					破片			
223	?	鉄鏡	百舌鳥古墳群	堺市	古墳 不明	古墳	5.0			
224	?	不明	百舌鳥古墳群	堺市	古墳 不明	古墳	破片			
225	舶	双頭龍文鏡	高月2号墳	堺市西区浜寺船尾町西	古墳 礫床	古墳後期	8.1	「位至三公」	Ⅲ式(樋口79)／Ⅲ式(西村83)	―
226	舶	双頭龍文鏡	塔塚古墳	堺市西区浜寺元町	方墳(45)・初期横穴式石室(組合式木棺)	古墳中期	9.1	「位至三公」	Ⅲ式(樋口79)／Ⅲ式(西村83)	―
227	舶	〔方格規矩八乳鏡〕					9.7			
228	倭	乳文鏡	経塚古墳〔北側or南側木棺〕	堺市西区浜寺南町304・305番地	古墳 帆立(55)・木棺直葬	古墳中期	11.2		珠文鏡Ⅳ類(樋口79)／乳文鏡類(小林82・10)／Ⅳ類(中山他94)	〔乳脚文鏡〕 中期
229	倭	四獣鏡				古墳中期	12.0	―	―	〔中期型獣像鏡〕 中期
230	倭	〔変形獣形鏡〕	経塚古墳〔北側木棺〕				欠損			
231	倭	神頭鏡					11.2		乳文鏡Ⅱ類(樋口79)	神頭鏡系 前(中)
232	倭	〔変形獣形鏡〕					完形			
233	倭	五乳文鏡	牛石3号墳	堺市南区桃山台	古墳 円墳(22)・横穴式石室	古墳後期	不明		乳文鏡Ⅲ類(樋口79)	〔乳脚文鏡〕 後期
234	倭	〔変形四獣鏡〕	牛石7号墳	堺市南区桃山台	前方後円墳(40)・横穴式石室(組合式木棺)	古墳後期	9.7			
235	倭	鼉龍鏡	大野寺跡	堺市中区土塔町	古墳 円墳?	不明	17.6		画文帯神獣鏡(系)B型(小林82・10)／B群8段階(池上92)／第二群(車崎95)／Ⅰ群A系(辻田00・07)／Ⅱ類双胴系(林02)	鼉龍鏡A系 前(中)
235-1	倭	方格規矩四神鏡	堺掘地所得鏡	堺市(伝)	古墳? 不明	古墳?	約23	擬銘	―	方格規矩四神鏡A系 前(中)
236	舶	景初三年陳是作画文帯同向式神獣鏡	和泉黄金塚古墳〔中央主体部〕		前方後円墳(94)・粘土槨	古墳前期	23.3	「景初三年 陳是作詔之保子宜孫」	A式(樋口79)／Ab形式(小山田93)	―
237	舶	周是作斜縁二神二獣鏡					17.3	「周是作竟自有紀 令人長命宜孫子 五男二女 … 天王日月子」	図像表現②(村松04)／紋様表現②(實盛09)	―
238	舶	三角縁波文帯盤龍鏡					24.5		目録番号3・同笵鏡番号4・配置盤龍・表現盤	―
239	舶	上方作画文帯環状乳四神四獣鏡	和泉黄金塚古墳〔東主体部〕	和泉市上代町	古墳 前方後円墳(94)・粘土槨	古墳前期	15.2	「上方作竟自有紀 徐去不羊宜□□ □西王母 □人昌平不知□ □□ 上方作竟自有紀 徐去不羊宜古市 上□□□」	Ⅱ(樋口79)／画Bb4(村瀬14)	―
240	舶	画文帯環状乳四神四獣鏡					14.3	「吾作明竟 幽凍三商 周刻無祉 配像萬疆 白牙擧樂 衆神見容 天禽四首 衛持維岡 □從富貴安樂 子孫番昌 大吉 其師命長」	Ⅱ(樋口79)／画Bb4(村瀬14)	―
241	舶	画文帯同向式神獣鏡	和泉黄金塚古墳〔西主体部〕		前方後円墳(94)・粘土槨	古墳前期	18.7	「吾作明鏡 幽凍三剛 統徳 富 壽長」		
242	舶	吾作系斜縁二神二獣鏡	馬子塚古墳	岸和田市摩湯町	古墳 方墳(30)	古墳前期	13.7	「…孫子…」	図像表現③(村松04)／紋様表現③(實盛09)	―

大阪

発見年	所蔵（保管）者	共伴遺物					文献	備考
		石製品・玉類	武具・武器・馬具	ほか金属器	土器類	その他		
1950	同志社大学考古学資料室	硬玉勾玉1・ガラス勾玉17・管玉21・平玉3・算盤玉1・ガラス小玉1・ガラス棒2	眉庇付冑1・鋲留衝角付冑・短甲2・挂甲小札2束・頸甲1・肩甲1・襟甲・刀15・短刀3・剣9・矛4・石突・鉄鏃・盾2・鞍2	金銅帯金具2・不明隅金具1		櫛・鉤状鉄製品1	森浩一2004「百舌鳥城ノ山古墳の調査」『堺市博物館館報』第23号, 堺市博物館	大阪府（和泉国）9／「3.6×2.6cmの流雲文のある外区の部分の鏡片で、径9cmほどの中型鏡」／「1.5cm×1.0cmの縁の部分の破片で、平縁の中型鏡」／「2.0cm×1.4cmの鋸歯文のある部分の破片で、小型鏡」
不明	個人（堺市博物館）	―					白石太一郎・設楽博己編1994『弥生・古墳時代遺跡出土鏡データ集成』（『国立歴史民俗博物館研究報告』第56集）, 国立歴史民俗博物館	―
不明	個人（堺市博物館）	―					白石太一郎・設楽博己編1994『弥生・古墳時代遺跡出土鏡データ集成』（『国立歴史民俗博物館研究報告』第56集）, 国立歴史民俗博物館	―
1947	同志社大学歴史資料室	琥珀棗玉1	刀3	―	須恵器（壺1・台付壺1・提瓶1）		森浩一1951「和泉国高月古墳調査報告」『古代学研究』第5号, 古代学研究会	80g／大阪府（和泉国）4
1960	個人	玉類	短甲・刀剣？	刀子？			白石太一郎・設楽博己編1994『弥生・古墳時代遺跡出土鏡データ集成』（『国立歴史民俗博物館研究報告』第56集）, 国立歴史民俗博物館	大阪225と同一品か
1961	京都大学総合博物館（所在不明？）	ガラス玉（北棺・南棺）	刀・鉄鏃（北棺）／刀・鉄鏃・弓・馬具（南棺）	鋤（北棺）			樋口隆康1979『古鏡』新潮社	
							堅田直『大阪・堺市浜寺 経塚古墳を写真で読む』堅田考古学研究所	
		ガラス玉	刀・鉄鏃・弓・馬具	鍬・斧・鎌				
							小葉田淳編1971『続篇堺市史』第1巻, 堺市役所	
1955	泉大津高校	―	刀	金環・銀環	須恵器	―	森浩一1956「大阪府泉北郡牛石3号古墳」日本考古学協会編『日本考古学年報』9（昭和31年度）, 誠文堂新光社	大阪府（和泉国）11
不明	大阪府教育委員会	小玉・空玉	刀・鉄鏃・胡籙・杏葉	銀環・鑿	須恵器		白石太一郎・設楽博己編1994『弥生・古墳時代遺跡出土鏡データ集成』（『国立歴史民俗博物館研究報告』第56集）, 国立歴史民俗博物館	―
1737	大野寺（個人旧蔵）						木崎愛吉1914『摂河泉金石文』郷土史研究会	595g／漢式鏡230／大阪府（和泉国）2／堂宇建立の際に出土したと伝える
江戸以前	所在不明	―					松平定信編1800『集古十種』（市島謙吉編1908『集古十種』国書刊行会）	―
1951	東京国立博物館〈J36931-1〉	車輪石1・石釧1・筒形石製品1・硬玉勾玉9・碧玉勾玉3・滑石勾玉17・碧玉管玉85・硬玉棗玉5・滑石棗玉多数・滑石白玉多数・ガラス小玉若干	刀9・剣1・短剣8	斧9・鎌7・刀子1・工具若干	―		末永雅雄・嶋田暁・森浩一編1954『和泉黄金塚古墳』綜藝舎	1513g／大阪府（和泉国）1-4
	東京国立博物館〈J36931-2〉							大阪府（和泉国）1-5
	東京国立博物館〈J36931-23〉							1695g／大阪府（和泉国）1-1／「青年期より壮年期初期」の男性骨
	東京国立博物館〈J36931-24〉	鍬形石1・筒形石製品2・紡錘車形石製品1・硬玉勾玉4・碧玉管玉68・硬玉棗玉2・水晶切子玉1・ガラス小玉972	三角板革綴衝角付冑1・三角板革綴短甲・頸甲1・肩甲1対・革草摺1・巴形銅器3・刀2・剣4・矛1・槍3・鉄鏃110・盾2	斧12・鎌2・鉇1・鋸1・鑿2・錐1・刀子6・刀子状工具1・刺突具1		五銖銭1		大阪府（和泉国）1-3
	東京国立博物館〈J36931-25〉							大阪府（和泉国）1-2／同型：上牧久渡3号墳（奈良284-5）
	東京国立博物館〈J36931-54〉	硬玉勾玉2・滑石勾玉1・碧玉管玉88・硬玉棗玉3	三角板革綴衝角付冑1・長方板革綴短甲・頸甲1・肩甲1・刀1・剣4					大阪府（和泉国）1-6
1958	大阪府教育委員会	管玉15	―	―	―	―	上林史郎編1998『摩湯山古墳』大阪府埋蔵文化財調査報告1997-2, 大阪府教育委員会	大阪府（和泉国）13

番号	舶倭	鏡式	出土遺跡	出土地名	遺跡内容	時期	面径(cm)	銘文	諸氏分類	編者分類・時期
248・265	舶	画文帯同向式神獣鏡	風吹山古墳〔北主体部〕	岸和田市池尻町	古墳	帆立(71)・粘土槨	古墳中期	15.3	「吾作明竟 □□□／□□世京 □□□□／□□□□ □身□□／衆事主□ □□□□／世□光明 □□□昌／士至三公 其□□長」	―	―
266	?	不明	風吹山古墳				約20	―	―	―
266-1	倭?	不明	風吹山古墳		帆立(71)・表面採集	古墳中期	破片	―	―	―
266-2	舶	画文帯同向式神獣鏡	久米田貝吹山古墳〔後円部主体部〕	岸和田市池尻町	古墳	前方後円墳(130)・竪穴式石槨(割竹形石棺)	古墳前期	破片	―	―	―
243	倭	盤龍鏡	和泉国(伝)	大阪府(伝)	不明	不明	12.4	―	盤龍形鏡(樋口79)／龍虎鏡類(小林82・10)	盤龍鏡II系?	前(新?)~
249	倭	弥生倭製鏡?	上田町遺跡SK01土壙	松原市上田4丁目	集落	土壙	弥生後期	破片	―	〔弥生倭製鏡?〕	弥生?
249-1	踏	神人龍虎画象鏡	北河内(伝)	大阪府(伝)	不明	不明	―	19.4	―	―	―
249-2	踏	銘南文縁細線式七獣帯鏡	河内某古墳(伝)	大阪府(伝)	古墳	不明	―	20.2	―	―	―

兵庫

番号	舶倭	鏡式	出土遺跡	出土地名	遺跡内容	時期	面径(cm)	銘文	諸氏分類	編者分類・時期
1	舶	重圏銘帯鏡	森北町遺跡	神戸市東灘区森北町6丁目	集落	遺物包含層	弥生後期	9.2	「‥‥心忽‥‥」	―	―
2	舶	夔鳳鏡〈6号鏡〉					14.6	「□宜高□」	内行花文縁糸巻形四葉文A式(樋口79)／III A1a型式(岡内96)／2A式(秋山98)	―	―
3	舶	画文帯環状乳四神四獣鏡〈4号鏡〉					11.2	「□□□竟 幽□□□／□□□長」	II(樋口79)／画Ba1(村瀬14)	―	―
4	舶	吾作斜縁二神二獣鏡〈3号鏡〉	ヘボソ塚古墳	神戸市東灘区岡本1丁目	古墳	前方後円墳(63)・竪穴式石槨	古墳前期	15.2	「吾作明竟 幽凍三商／統徳序道 配象萬彊／曾年益□ 子孫番昌」	図像表現③(村松04)／紋様表現③(實盛09)	―	―
5	舶	上方作系浮彫式獣帯鏡〈5号鏡〉					15.9	あり(不詳)	六像A式(岡村92)／六像I式(III系)(實盛15)	―	―
6	舶	三角縁天・王・日・月・唐草文帯二神二獣鏡〈1号鏡〉					21.4	「天王日月」	目録番号93・同笵鏡番号52・配置J1・表現④	―	―
7	舶	三角縁唐草文帯三神二獣鏡〈2号鏡〉					21.5	―	目録番号88・同笵鏡番号47・配置I・表現④	―	―
9	舶	八弧内行花文鏡〈6号鏡〉					18.6	―	―	―	―
10	舶	画文帯四神四獣鏡〈5号鏡〉					17.6	「天王日月」	画B?4(村瀬14)	―	―
11	舶	三角縁天・王・日・月・獣文帯三神三獣鏡〈1号鏡〉	東求女塚古墳〔後円部主体部〕	神戸市東灘区住吉宮町1丁目	古墳	前方後円墳(80)・竪穴式石槨	古墳前期	22.2	「天王日月」	目録番号109・同笵鏡番号62・配置L1・表現⑯	―	―
12	舶	三角縁天王日月・唐草文帯四神四獣鏡〈3号鏡〉					21.9	「天王日月」	目録番号45・同笵鏡番号26・配置A・表現⑤	―	―
13	舶	三角縁天・王・日・月・獣文帯二神三獣一虫鏡〈2号鏡〉					22.1	「天王日月」	目録番号112・配置K1・表現⑤	―	―
14	舶	三角縁天王日月・獣文帯四神四獣鏡〈4号鏡〉					21.5	「天王日月」	―	―	―
8	舶	六弧内行花文鏡〈7号鏡〉					15.5	―	―	―	―
15	舶	方格規矩鏡or獣帯鏡〈8号鏡〉	東求女塚古墳〔前方部主体部〕			前方後円墳(80)・竪穴式石槨	古墳前期	14.4	―	―	―	―
16	舶	不明〈10号鏡〉					破片	―	―	―	―
17	舶	不明〈9号鏡〉					破片	―	―	―	―
17-1	倭	素文鏡	北青木遺跡第3次調査	神戸市東灘区北青木1丁目	集落	湿地	弥生or奈良	3.8	―	〔素文鏡〕	―
17-2	倭	素文鏡	北青木遺跡第3次調査SK237		集落	土壙	弥生or奈良	破片	―	〔素文鏡〕	―

大阪・兵庫

発見年	所蔵(保管)者	共伴遺物					文献	備考
		石製品・玉類	武具・武器・馬具	ほか金属器	土器類	その他		
1994	岸和田市教育委員会	翡翠勾玉・碧玉勾玉・緑色凝灰岩勾玉・ガラス勾玉・ガラス棗玉	刀	鉇・刀子・針	―	堅櫛	虎間英喜編 2014『久米田古墳群発掘調査報告 風吹山古墳・無名塚古墳・持ノ木古墳の調査』岸和田市埋蔵文化財調査報告書12, 岸和田市教育委員会	451g
	所在不明							発掘調査で痕跡のみ検出
1989	岸和田市教育委員会	―	―	―	―	―		〈18g〉／鈕のみ／上段基底部北東斜面で採集
1996	岸和田市教育委員会	鍬形石2・車輪石片5・石釧1・管玉49～・ガラス小玉1	小札革綴冑1・刀2～・剣&槍8～・銅鏃13～・鉄鏃10～	斧4・柄付手斧1・刀子2	―	―	南部裕樹編 2013『久米田古墳群発掘調査報告1―貝吹山古墳の調査―』岸和田市埋蔵文化財調査報告書11, 岸和田市教育委員会	―
不明	五島美術館〈M237〉	―	―	―	―	―	樋口隆康 1979『古鏡』新潮社	242g
1990	所在不明	―	―	―	―	―	伝丹比柴籬宮跡・上田町遺跡発掘調査団編 1991『伝丹比柴籬宮跡上田町遺跡発掘調査報告書』関西プロセス	縁部片
不明	五島美術館〈M199〉	―	―	―	―	―	―	―
不明	個人	―	―	―	―	―	福島義一編 1983『古鏡 その歴史と鑑賞』徳島県出版文化協会	―

発見年	所蔵(保管)者	共伴遺物					文献	備考
		石製品・玉類	武具・武器・馬具	ほか金属器	土器類	その他		
1986	神戸市教育委員会	―	―	―	―	―	兵庫県史編纂委員会編 1992『兵庫県史』考古資料編, 兵庫県	破鏡／内区破片／研磨
1895	東京国立博物館〈J2261〉	石釧2・硬玉勾玉1・琥珀勾玉1・碧玉管玉13・琥珀棗玉1・硬玉小玉1・ガラス小玉120			土師器1		梅原末治 1925「武庫郡本山村マンパイのヘボソ塚古墳」『兵庫県史蹟名勝天然紀念物調査報告書』第二輯, 兵庫県	漢式鏡253／兵庫県（摂津国）5-5
	東京国立博物館〈J2265〉							漢式鏡257／兵庫県（摂津国）5-3
	東京国立博物館〈J2260〉							漢式鏡252／兵庫県（摂津国）5-4
	東京国立博物館〈J2262〉							〈330g〉／漢式鏡254／兵庫県（摂津国）5-6
	東京国立博物館〈J2263〉							776g／漢式鏡255／兵庫県（摂津国）5-1
	東京国立博物館〈J2264〉							917g／漢式鏡256／兵庫県（摂津国）5-2
1870	所在不明	車輪石1・勾玉	刀1	―	―	―	梅原末治 1925「武庫郡住吉町呉田の求女塚」『兵庫県史蹟名勝天然紀念物調査報告書』第二輯, 兵庫県	漢式鏡260／兵庫県（摂津国）4-1／縁部片
	東京国立博物館〈J6776〉							漢式鏡261／兵庫県（摂津国）4-2／外区片
	東京国立博物館〈J6775〉							〈1053g〉／漢式鏡259.1／兵庫県（摂津国）4-3
	東京国立博物館〈J6777〉							1315g／漢式鏡258／兵庫県（摂津国）4-4
	所在不明（住吉町役場旧蔵）							1059g／漢式鏡259.2／兵庫県（摂津国）4-5?
								漢式鏡262／兵庫県（摂津国）4-6?
1903～04	個人	―	―	―	―	―		破片
								外区片
								鈕破片
								縁部片
1993～94	神戸市教育委員会	―	―	―	―	―	菅本宏明・石島三和編 1999『北青木遺跡発掘調査報告書―第3次調査―』神戸市教育委員会文化財課	7g
								〈1g〉

番号	舶倭	鏡式	出土遺跡	出土地名	遺跡内容	時期	面径(cm)	銘文	諸氏分類	編者分類・時期	
18	舶	獣帯鏡〈1号鏡〉					破片	—	—	—	—
19	舶	三角縁吾作四神四獣鏡〈2号鏡〉					22.4	「吾作明竟甚大好 上有神守及龍虎 身有文章口銜巨 古有聖人東王父西王母 渇飲玉泫飢食棗 壽如金石長相保」	目録番号67・同笵鏡番号＊・配置D・表現⑦		
20	舶	三角縁吾作三神五獣鏡〈3号鏡〉					22.6	「吾作明竟甚大好 上有神守及龍虎 身有文章口銜巨 古有聖人東王父西王母 渇飲玉泫飢食棗 壽如金石」	目録番号25・同笵鏡番号12・配置B・表現⑦		
21	舶	三角縁吾作三神四獣鏡〈4号鏡〉					破片	欠失（「吾作明竟甚大好 上右百鳥不知老 今爲青竟日出卯兮」）	目録番号40・同笵鏡番号21・配置A変・表現④		
22	舶	三角縁陳是作五神四獣鏡〈5号鏡〉					21.9	「陳是作竟甚大好 上有神守及龍虎 身有文章口銜巨 古有聖人東王父西王母 渇飲玉泫飢食棗 長相保」／「君宜高官」(方格銘)	目録番号59・同笵鏡番号＊・配置A'・表現⑥		
23	舶	画文帯環状乳四神四獣鏡〈6号鏡〉	西求女塚古墳	神戸市灘区都通3丁目	古墳	前方後方墳(98)・竪穴式石槨	古墳前期	15.4	「吾作明竟 幽凍三岡 配像世京 天王日月 天王日月 統徳序道 敬奉臣良 彫刻無祉 白牙作樂 衆華主陽 生如金石 士至三公 其師命長」	画Bb4（村瀬14）		
24	舶	田氏作神人龍虎画象鏡〈7号鏡〉					18.5	「田氏作明竟□□□有服者男爲公卿 女爲諸王 曾年益壽 子孫着昌 千秋萬歳不知老 長宜買市兮」／「大王公」(榜題)	—		
25	舶	三角縁吾作四神四獣鏡〈8号鏡〉					19.8	「吾作明竟甚大工 上有王喬以赤松 師子天鹿其麟龍 天下名好世無雙」	目録番号35・同笵鏡番号19・配置A・表現①		
26	舶	三角縁吾作徐州銘四神四獣鏡〈9号鏡〉					22.4	「吾作明竟 幽律三剛 銅出徐州 潤鍊文章 配徳君子 清而且明 左龍右虎 傳世右名 取者大吉 保子宜孫」	目録番号37・同笵鏡番号20・配置A・表現⑭		
27	舶	三角縁吾作三神五獣鏡〈10号鏡〉					破片	「…西王母…飢食…」	目録番号25・同笵鏡番号12・配置B・表現⑦		
28	舶	画文帯環状乳四神四獣鏡〈11号鏡〉					17.1	「天王日月」	画Bb4（村瀬14）		
29	舶	浮彫式獣帯鏡〈12号鏡〉					14.2	「□□作鏡真大巧 上有□人不知□□」／「□宜子孫」	六像式C系統Ⅰ段階（山田06）／六像Ⅰ式（Ⅲ系）（實盛15）		
30	舶	唐草文鏡	一王山十善寺古墳	神戸市灘区一王山町	古墳	円墳・木棺直葬？	古墳中期	10.2	—	変形文鏡類（小林82・10）		
31	倭	四獣鏡					9.2	—	獣形文鏡類四獣鏡C-1型（小林82・10）		中期
238	倭	弥生倭製鏡	篠原遺跡第12次調査大溝SD01	神戸市灘区篠原中町2丁目	集落	溝	弥生後期	9.0	—	内行花文系小形仿製鏡第5型（田尻10・12）	〔弥生倭製鏡〕	弥生
32	舶	吾作重列式神獣鏡	夢野丸山古墳	神戸市兵庫区北山町	古墳	円墳(18)・竪穴式石槨	古墳前期	12.6	「吾作竟…子…丁卯…辛□子…甲戊」	—		
33	舶	内行花文鏡？	会下山二本松古墳	神戸市兵庫区湊川町10丁目	古墳	前方後円墳(55)・竪穴式石槨	古墳前期	15.5	—	—		
33-1	舶？	不明	上沢遺跡第33次調査井戸SE201底面	神戸市兵庫区上沢通8丁目～長田区五番町	集落	井戸	奈良	15.5	—	—		
34	倭	珠文鏡	三番町遺跡	神戸市長田区三番町4丁目	集落	溝内	不明	4.9	—	A-D類（脇山13）	〔珠文鏡〕	
239	倭	弥生倭製鏡（重圏文鏡）	長田神社境内遺跡第10次調査13号竪穴住居跡	神戸市長田区六番町8-3	集落	竪穴住居	弥生後～末期	6.2	—	—	〔弥生倭製鏡〕	弥生
35	舶	長宜子孫八弧内行花文鏡					15.4	「長宜子孫」？	Aaイ式（樋口79）／A類Ⅱa式（清水94）		
36	舶	画文帯同向式神獣鏡	得能山古墳	神戸市須磨区板宿町3丁目	古墳	円墳・竪穴式石槨	古墳前期	14.6	「吾作明竟 宜子宜吉大 侯□」	B式（樋口79）／Ba異式（小山田93）		
36-1	？	不明					不明	—	—	—	—

兵庫

発見年	所蔵（保管）者	共伴遺物					文献	備考
		石製品・玉類	武具・武器・馬具	ほか金属器	土器類	その他		
1986・2009								〈13g+〉／採集資料
								1337g
								1432g
								〈44g〉
								1052g
1993	神戸市教育委員会	紡錘車形石製品1	小札革綴冑1・刀1・剣2・短剣28〜・槍11・鉄鏃56	斧10〜・鉇8〜・鑿4〜・魚扠2〜・不明鉄製品	土師器（小形丸底壺・鼓形器台等）		安田滋編2004『西求女塚古墳発掘調査報告書』神戸市教育委員会	569g
								701g
								1036g
								1435g
								〈228g〉
								676g
								408g
1915	東京国立博物館〈J9213〉	碧玉勾玉31・ガラス勾玉4・滑石勾玉8・碧玉管玉31・水晶小玉7・ガラス小玉229	冑残片・甲残片・槍残欠2・鉄鏃13（+残欠7）〜	鍬残欠	—	—	兵庫県史編纂委員会1992『兵庫県史』考古資料編,兵庫県	168g／漢式鏡263／兵庫県（摂津国）7-1
	東京国立博物館〈J9214〉							132g／漢式鏡264／兵庫県（摂津国）7-2
1995	神戸市教育委員会	—	—	—	土器	—	菅本宏明・佐伯二郎編1998『平成7年度 神戸市埋蔵文化財年報』神戸市教育委員会文化財課	〈32g〉
1923	所在不明	—	刀5・剣6・矛1・銅鏃31・鉄鏃数十	斧2・鎌1	土師器	—	樋口隆康1979『古鏡』新潮社	漢式鏡236／兵庫県（摂津国）2
1927	所在不明	琴柱形石製品1	刀3〜・剣2・鉄鏃2	斧2・刀子3	—	—	兵庫県史編纂委員会1992『兵庫県史』考古資料編,兵庫県	兵庫県（摂津国）3
1998	神戸市教育委員会	—	—	—	—	—	樋本誠一2002『兵庫県の出土古鏡』学生社	破鏡（破面研磨）／「井戸の底面で出土しているため井戸を構築した際の祭祀に使用された可能性がある」
不明	神戸市教育委員会・妙見山麓遺跡調査会	—	—	—	—	—	兵庫県史編纂委員会1992『兵庫県史』考古資料編,兵庫県	14g
1997	神戸市教育委員会	—	—	—	土器	—	樋本誠一2002『兵庫県の出土古鏡』学生社	—
1923	所在不明	—			—	—	森本六爾1924「得能山古墳」『考古学雑誌』第14巻第13号,考古学会	漢式鏡234／兵庫県（摂津国）1-2／「五十歳前後」の女性骨
	東京国立博物館〈J9997〉		刀・剣・鉄鏃					漢式鏡235／兵庫県（摂津国）1-1
	所在不明						樋本誠一2002『兵庫県の出土古鏡』学生社	—

番号	舶倭	鏡式	出土遺跡	出土地名	遺跡内容	時期	面径(cm)	銘文	諸氏分類	編者分類・時期
68	倭	五獣鏡	鬼神山古墳〔南主体部〕	神戸市西区伊川谷町北別府	円墳（14）・組合式木棺？直葬	古墳後期	12.9	—	旋回式獣像鏡系（森下91・02）／Ca型式（加藤14）	〔旋回式獣像鏡〕 後期
69	倭	不明	金棒池1号墳	神戸市西区神出町五百蔵	前方後円墳（31）・竪穴式石槨？	古墳後期	9.6	—	—	—
70	舶	内行花文鏡	吉田南遺跡5号住居	神戸市西区玉津町枝吉	集落	竪穴住居	弥生末期	破片	「□□子□」	—	—
71	倭	素文鏡	吉田南遺跡溝	神戸市西区玉津町枝吉	集落	溝	弥生末期	2.9	—	6類（脇山15）	〔素文鏡〕 —
72	倭	弥生倭製鏡	青谷遺跡	神戸市西区伊川谷町	集落	表面採集	不明	7.4	—	重圏文系小形仿製鏡第3型（田尻10・12）	〔弥生倭製鏡〕 弥生
73	倭	弥生倭製鏡（十弧内行花文鏡）	玉津田中遺跡SH54006	神戸市西区玉津町田中	集落	竪穴住居	弥生後期	7.4	—	内行花文系小形仿製鏡第2型b類（田尻10・12）	〔弥生倭製鏡〕 弥生
74	舶	飛禽鏡	堅田神社1号墳（堅田神社古墳）〔2号主体部〕	神戸市西区平野町堅田	方墳（18）・割竹形木棺直葬	古墳後期？	9.1	—	B式（實盛15）	—
75	舶	八禽鏡	天王山4号墳〔西主体部〕	神戸市西区伊川谷町天王山24	方墳（19）・割竹形木棺直葬	古墳前期	9.5	—	—	—
241	倭	弥生倭製鏡	表山遺跡環壕内	神戸市西区伊川谷町上脇	集落	溝の陸橋状遺構	弥生後期	4.7	—	内行花文系小形仿製鏡第2型a類（田尻10・12）	〔弥生倭製鏡〕 弥生
241-1	舶	画文帯蟠龍乳神獣鏡	白水瓢塚古墳〔第1主体部〕	神戸市西区伊川谷町潤和字シント	前方後円墳（56）・粘土槨	古墳前期	16.2	「吾作明竟自有紀　令人長命宜孫子」	—	—
241-2	舶	六獣鏡？	伊川谷小学校裏山	神戸市西区伊川谷町	不明	古墳？	破片	—	六像Ⅱ式（實盛15）	—
240	倭	弥生倭製鏡 or 重圏文鏡	松本遺跡	神戸市西区櫨谷町松本	集落	遺物包含層	弥生後期	6.8	—	4a類（脇山15）	〔重圏文鏡？〕 —
242	倭	捩文鏡	高津橋大塚古墳	神戸市西区玉津町高津橋	円墳（16）・粘土床（割竹形木棺直葬）	古墳中期	7.8	—	—	捩文鏡E系 前（中）
243	倭	弥生倭製鏡	新方遺跡（野出西方地区）第4遺構面　溝状遺構SX401	神戸市西区玉津町新方字西方・西河原字野手	集落	溝状遺構	弥生	5.6	—	内行花文系小形仿製鏡第2型a類（田尻10・12）	〔弥生倭製鏡〕 弥生
243-1	倭	弥生倭製鏡	小山遺跡第4次調査	神戸市西区玉津町小山字屋寺	集落	遺物包含層	古墳前期	破片	—	—	〔弥生倭製鏡〕 弥生
243-2	舶	三角縁天王日月・獣文帯三仏三獣鏡	塩田北山東古墳〔第1主体部〕	神戸市北区道場町塩田字川北	前方後円墳（35）・粘土槨	古墳前期	22.5	「天王日月」	目録番号120a・配置F1変・表現⑮？	—
67	倭	櫛歯文鏡？	大歳山古墳	神戸市垂水区西舞子	粘土槨	古墳前期	6.3	—	—	〔櫛歯文鏡？〕 —
37	倭	重圏文鏡	下坂部遺跡	尼崎市下坂部3丁目	集落	遺物包含層	古墳前期	3.7	—	古式仿製鏡重圏文鏡（樋口79）／重圏文鏡類（高倉85・90）／A類Ⅰ（林原90）／Ⅱ型（藤岡91）／Ⅱ型（林原08）／5類（脇山15）	〔重圏文鏡〕 前期？
38	倭	五鈴細線式鏡	園田大塚山古墳（天狗塚古墳）	尼崎市南清水	前方後円墳（44）・木棺直葬（粘土槨？）	古墳後期	10.2	—	鈴鏡類（五鈴鏡）（小林82・10）／神獣（西岡86）／神獣文系（岡田05）	— 後期
39	舶	画象鏡	池田山古墳	尼崎市塚口町6丁目	前方後円墳（71）・竪穴式石槨？	古墳前期	19.4	「…羊…」	Ⅲ円圏式（樋口79）	—
40	舶	内行花文鏡					18.1	—	Aaア式（樋口79）	—
41	舶	〔斜縁神獣鏡〕					14.8	—	—	—
42	舶	三角縁吾作三神四獣鏡	水堂古墳	尼崎市水堂町1丁目	前方後円墳（60）・粘土槨	古墳中期	22.9	「吾作明竟甚大好　上有百鳥不知老　今爲青竟日出呵兮」	目録番号40・同笵鏡番号21・配置A変・表現④	—
237	倭	不明	田能高田遺跡	尼崎市田能2丁目3-1他	集落	遺物包含層	古墳前期	8.8	—	—	—

発見年	所蔵(保管)者	共伴遺物					文献	備考
		石製品・玉類	武具・武器・馬具	ほか金属器	土器類	その他		
1966	神戸市立博物館・神戸市教育委員会	ガラス勾玉1・小玉5	刀3・鉄鏃70～80・鉄地金銅張楕円形鏡板付轡1・鉄地金銅張心葉形杏葉3・留金具4	銅釧2・鉇9・刀子3	須恵器(短頸壺1・杯身4・杯蓋3・提瓶1)		兵庫県史編纂委員会編1992『兵庫県史』考古資料編, 兵庫県	194g
1883	宮内庁書陵部〈官121〉	—	杏葉	—	須恵器		兵庫県史編纂委員会編1992『兵庫県史』考古資料編, 兵庫県	〈41g〉/漢式鏡646/外縁のみ
1980	神戸市教育委員会・神戸市埋蔵文化財センター	—	—	—	—		兵庫県史編纂委員会編1992『兵庫県史』考古資料編, 兵庫県	破鏡(破面研磨・穿孔)
1977	神戸市教育委員会・神戸市埋蔵文化財センター	—	—	—	—			6g
1980	神戸市博物館(個人)	—	—	—	—		兵庫県史編纂委員会編1992『兵庫県史』考古資料編, 兵庫県	「十」字文鏡
1990	兵庫県教育委員会	ガラス小玉	—	—	—		兵庫県史編纂委員会編1992『兵庫県史』考古資料編, 兵庫県	57g
不明	神戸市立博物館(神戸市教育委員会)	碧玉管玉1・ガラス小玉	剣1	鉇1	—		兵庫県史編纂委員会編1992『兵庫県史』考古資料編, 兵庫県	—
1980	神戸市立博物館	管玉5・ガラス小玉16	—	斧1・鉇2	—		兵庫県史編纂委員会編1992『兵庫県史』考古資料編, 兵庫県	208g
1995	兵庫県教育委員会	—	—	—	弥生土器		樋本誠一2002『兵庫県の出土古鏡』学生社	12g
2003	神戸市教育委員会	車輪石4・石釧9・翡翠勾玉5・琥珀勾玉1・石製管玉58・ガラス小玉1820～・不明ガラス製品1	素環頭刀1・槍3	刀子1・鉄製品1～			安田滋編2008『白水瓢塚古墳発掘調査報告書』神戸市教育委員会	314g
不明	伊川谷小学校	—	—	—	—		樋本誠一2002『兵庫県の出土古鏡』学生社	—
1995	神戸市教育委員会	—	—	—	弥生土器		菅本宏明・佐伯二郎編1998『平成7年度 神戸市埋蔵文化財年報』神戸市教育委員会文化財課	37g
1996	神戸市教育委員会	滑石勾玉2・管玉30・臼玉289～	—	—	—		安田滋編2000『白水遺跡第3次・第6次・第7次 高津橋大塚遺跡第1次・第2次発掘調査報告書』神戸市白水特定土地区画整理事業に伴う埋蔵文化財発掘調査報告書その2, 神戸市教育委員会文化財課	50g
1996	神戸市教育委員会	—	—	—	—		阿部敬生編2002『平成11年度神戸市埋蔵文化財年報』神戸市教育委員会文化財課	—
2000	神戸市教育委員会	—	—	—	—		阿部敬生編2002『平成11年度神戸市埋蔵文化財年報』神戸市教育委員会文化財課	
2006	神戸市教育委員会	碧玉管玉8・ガラス小玉68	—	斧1・鉇1・刀子1			中村大介編2008『塩田北山東古墳発掘調査報告書』神戸市教育委員会	1087g
1958	神戸市立博物館	石釧1・碧玉勾玉2・管玉19・ガラス小玉42	—	—	—		丸山潔編2011『明石の古墳 発掘された明石の歴史展』発掘された明石の歴史展実行委員会	—
1956	尼崎市教育委員会	—	—	—	—		兵庫県史編纂委員会編1992『兵庫県史』考古資料編, 兵庫県	8g/兵庫県(摂津国)11
1927	京都大学総合博物館〈5434〉	碧玉管玉2・ガラス蜻蛉玉1	刀3	—	—		兵庫県史編纂委員会編1992『兵庫県史』考古資料編, 兵庫県	兵庫県(摂津国)10
1912	所在不明(個人旧蔵)						兵庫県史編纂委員会編1992『兵庫県史』考古資料編, 兵庫県	漢式鏡270/兵庫県(摂津国)9-2
	個人	—	刀・剣・鉄鏃	—	土師器	—		漢式鏡271/兵庫県(摂津国)9-1
	所在不明(個人旧蔵)						梅原末治1925「川辺郡塚口池田山古墳」『兵庫県史蹟名勝天然紀念物調査報告書』第二輯, 兵庫県	漢式鏡272/兵庫県(摂津国)9-3/報文では二神二獣鏡とし, 類例にヘボソ塚古墳鏡をあげる
1962	尼崎市教育委員会	—	刀3・剣1・槍1・胡籙1	斧2・鉇1・刀子1	土師器(丸底壺1)	堅櫛1	村川行弘1967「兵庫県尼崎市水堂古墳」日本考古学協会編『日本考古学年報』15(昭和37年度), 誠文堂新光社	兵庫県(摂津国)8
1992	兵庫県教育委員会	石釧1	—	—	土器		甲斐昭光編1997『田能高田遺跡―園田競馬場厩舎改築事業に伴う発掘調査報告書―』兵庫県文化財調査報告第166冊, 兵庫県教育委員会	〈11g〉/破鏡(縁部・破面研磨)

番号	舶倭	鏡式	出土遺跡	出土地名	遺跡内容	時期	面径(cm)	銘文	諸氏分類	編者分類・時期
43	舶	長宜子孫八弧内行花文鏡〈1号鏡〉	阿保親王塚古墳(推定)	芦屋市翠ヶ丘町(推定)	円墳 (36)	古墳前期	16.4	「□宜子□」／「壽如金石」	―	―
44	舶	三角縁陳孝然作波文帯四神三獣博山炉鏡〈4号鏡〉					21.4	「陳孝然作竟」(榜題)	目録番号136・配置特殊・表現⑩	―
45	舶	三角縁波文帯三神二獣博山炉鏡〈2号鏡〉					21.3	―	目録番号134・同笵鏡番号74・配置M・表現⑩	―
46	舶	三角縁神獣鏡〈3号鏡〉					21.8	―	―	―
47	舶	三角縁波文帯神獣鏡〈4号鏡〉					22.1	―	―	―
47-1	?	不明					不明	―	―	―
47-2	?	不明					不明	―	―	―
48	舶	夔龍文鏡					14.1	―	―	―
49	倭	捩文鏡	八州嶺古墳？(万籟山古墳(伝))	宝塚市切畑	前方後円墳 (54)・竪穴式石槨	古墳前期	12.2	―	第一型式（伊藤67）／V型（樋口79）／捩文鏡（類）C型（小林82・10）／BⅢ型（小林83）／V型（小沢88）／D型式a類（水野97）	捩文鏡D系 前(中)
51	舶	赤烏七年対置式神獣鏡	安倉高塚古墳	宝塚市安倉南1丁目	円墳 (17)・竪穴式石槨	古墳	17.0	「赤烏七年太歳在丙午時加日中　造作明竟　百湅幽漳　服者富貴　長樂未英　子孫番昌　可以昭明…」／「……」	―	―
52	倭	六弧内行花文鏡					10.9	―	B類（清水94）	内行花文鏡B式 前(中)
50	倭	四獣鏡	雲雀ヶ丘古墳群	川西市雲雀ヶ丘	古墳	不明	16.4	―	四獣形鏡（樋口79）／獣形文鏡ⅢA類（赤塚98b）	対置式神獣鏡B系 前(中)
53	舶	画文帯同向式神獣鏡	勝福寺旧北墳〔後円部第1石室〕	川西市火打2丁目393	前方後円墳 (41)・横穴式石室	古墳後期	20.9	「吾作明竟　幽湅三商　配像萬疆　統徳序道　敬奉賢良　彫克無祉　百牙同樂　衆華主陽　聖徳光明　富貴安樂　子孫番昌　學者高遷　士至公卿　其師命長」	B式（樋口79）	―
54	倭	六鈴五獣鏡	勝福寺旧南墳〔前方部北棺〕		前方後円墳 (41)・木棺直葬	古墳後期	10.9	擬銘	獣形鏡系六鈴式（樋口79）／獣形（西岡86）／獣形文鏡類（大川97）／ⅠーE半肉彫式獣文系（八木00）／獣形文系B類（岡田05）／Cb型式（加藤14）	〔旋回式獣像鏡〕後期
55	倭	五獣鏡					11.4	擬銘	五獣形鏡（樋口79）／Bh型式（加藤14）	〔旋回式獣像鏡〕後期
56	倭	六弧内行花文鏡	火打所在古墳(雲雀ヶ丘古墳群？)	川西市火打2丁目	古墳	不明	9.0	―	B類（清水94）	内行花文鏡B式 前(中)
57	倭	神頭鏡					9.4	―	神頭鏡系（森下02）／三ツ山鏡系（赤塚04a）	神頭鏡系 前(中)
57-1	舶?	不明	加茂遺跡	川西市加茂1丁目・南花屋敷2丁目他	集落	不明	9.5	―	―	―
57-2	倭	重圏文鏡	西畦野下ノ段・井戸遺跡柱跡	川西市西畦野	集落	鎌倉	4.0	―	―	〔重圏文鏡〕
57-3	倭	櫛歯文鏡or重圏文鏡	萬代2号墳(万代2号墳)	三田市福島	円墳 (20)・割竹形木棺	古墳	4.7	―	―	〔重圏文鏡？？〕前期
57-4	?	不明	王子ヶ丘	西宮市	古墳	横穴式石室	不明	―	―	―
57-5	?	不明	摂津国清水村掘地所得鏡(松山塚)	川辺郡猪名川町清水	不明	古墳	完形	―	―	―
57-6	?	不明					不明	―	―	―
57-7	?	不明					不明	―	―	―
58	舶	三角縁吾作三神五獣鏡	コヤダニ古墳	洲本市下加茂	円墳？・竪穴式石槨	古墳前期	21.9	「吾作明竟甚大工　上有王喬以赤松　師子天鹿其蕃龍　天下名好世無雙　照吾此竟壽□□□」	目録番号23・同笵鏡番号11・配置B・表現①	―
58-1	?	不明					不明	―	―	―
59	倭	弥生倭製鏡					3.8	―	―	〔弥生倭製〕弥生
59-1	?	不明	宇山牧場1号墳(宇山牧場古墳)	洲本市宇山2丁目	古墳	不明	10.6?	―	―	―
59-2	?	不明					10?	―	―	―
59-3	?	不明					10?	―	―	―
60	?	不明	鳥飼(奥の下遺跡)	洲本市五色町鳥飼浦〔津名郡五色町〕	不明	不明	8.9	―	―	―
60-1	?	不明	筑穴古墳	洲本市五色町〔津名郡五色町〕	古墳	古墳	不明	―	―	―
61	倭	四獣鏡	ハバ古墳	南あわじ市志知南〔三原郡西淡町〕	古墳	古墳	9.1	―	―	〔S字獣像鏡〕中期～

兵庫

発見年	所蔵（保管）者	共伴遺物					文献	備考
		石製品・玉類	武具・武器・馬具	ほか金属器	土器類	その他		
不明	阿保山親王寺						村川行弘 1979「親王塚・親王寺所蔵遺物の再検討」『考古学雑誌』第 65 巻第 3 号, 日本考古学会	出土地異なる可能性
元禄 (or 1713?)	所在不明 （個人旧蔵）							漢式鏡 265／兵庫県（摂津国）6-1
	阿保山親王寺	―	―	―	―	―	梅原末治 1925「武庫郡精道村打出発見の古鏡」『兵庫県史蹟名勝天然紀念物調査報告書』第二輯, 兵庫県	800g／漢式鏡 266／兵庫県（摂津国）6-2
								漢式鏡 267?／兵庫県（摂津国）6-3
								漢式鏡 268?／兵庫県（摂津国）6-4
	所在不明						村川行弘 1979「親王塚・親王寺所蔵遺物の再検討」『考古学雑誌』第 65 巻第 3 号, 日本考古学会	10 面出土とも伝える／「正徳三年五月七日打出村高麗掘り出ス　鏡六面、内七寸一面　陳孝然作　外二一面九寸三分、出所不知」（『古図類纂』乾巻）
1934	京都国立博物館 〈J234〉	碧玉管玉 10・瑪瑙小玉 4・(車輪石 1（伝）・石釧 4（伝）・琴柱形石製品 1（伝))	(鉄鏃 1（伝）)	斧?片 2・棒状鉄製品片 1	―	―	直宮憲一 1975『摂津万籟山古墳』宝塚市文化財調査報告第 7 集, 宝塚市教育委員会	528g／兵庫県（摂津国）12-2
	京都国立博物館 〈09-0234〉							245g／兵庫県（摂津国）12-1
1937	兵庫県立博物館 （個人旧蔵）	碧玉管玉 3・ガラス小玉 2	刀 2・矛片 5	鍬先 1・鉇 2	―	―	梅原末治 1939「川辺郡小浜村赤鳥七年鏡出土の古墳」『兵庫県史蹟名勝天然紀念物調査報告書』第 14 輯, 兵庫県	〈440g〉／兵庫県（摂津国）13-1
								兵庫県（摂津国）13-2
不明	五島美術館 〈M210〉	―	―	―	―	―	兵庫県史編纂委員会編 1992『兵庫県史』考古資料編, 兵庫県	385g
1929	所在不明 （個人旧蔵）	碧玉管玉 4・土玉 24	象嵌大刀・刀 4〜・短刀 1・石突 1・環状鏡板付轡 1・轡片 1・鞍・馬具片	斧 1・鹿角装刀子柄 1・刀子 1・鉄器片 2	須恵器（有脚長頸壺・短頸壺・甕・杯身・杯蓋・無蓋高杯・平瓶・𤭯）	釘 8	福永伸哉編 2007『勝福寺古墳の研究』大阪大学文学研究科考古学研究報告第 4 冊, 大阪大学勝福寺古墳発掘調査団	同型鏡群〈GD-3〉／1262g／兵庫県（摂津国）14-1
	勝福寺・ 川西市教育委員会							146g／兵庫県（摂津国）14-2
	川西市教育委員会	―	鹿角刀装具片 1・刀子 5	―	―	―		110g
不明	池田市歴史民俗資料館（個人）	―	―	―	―	―	兵庫県史編纂委員会編 1992『兵庫県史』考古資料編, 兵庫県	55g
								80g／漢式鏡 269?
不明	個人	―	―	―	―	―	樋本誠一 2002『兵庫県の出土古鏡』学生社	〈8g〉／縁部片
2013	兵庫県教育委員会	―	―	―	―	―		―
不明	三田市教育委員会	―	―	―	―	―	樋本誠一 2002『兵庫県の出土古鏡』学生社	11g
不明	所在不明	―	―	―	―	―	樋本誠一 2002『兵庫県の出土古鏡』学生社	
1798	所在不明	車輪石・石製品					松平定信編 1800『集古十種』（市島謙吉編 1908『集古十種』国書刊行会）	―
							清野謙次 1955『日本考古学・人類学史』下巻, 岩波書店	『古図類纂』に記載あり
1925 頃 (推定)	淡路文化史料館 （個人旧蔵）	玉	剣	―	須恵器		兵庫県史編纂委員会編 1992『兵庫県史』考古資料編, 兵庫県	1360g／兵庫県（淡路国）1
	所在不明						樋本誠一 2002『兵庫県の出土古鏡』学生社	―
1931	個人・ 淡路文化史料館	―	―	銅棒 5	―	五銖銭	兵庫県史編纂委員会編 1992『兵庫県史』考古資料編, 兵庫県	13g／通有の素文鏡と異なる
								―
	所在不明						樋本誠一 2002『兵庫県の出土古鏡』学生社	―
不明	個人・ 五色町教育委員会	―	―	―	―	―	兵庫県史編纂委員会編 1992『兵庫県史』考古資料編, 兵庫県	〈68g〉／宋鏡?
不明	所在不明	―	―	―	―	―	樋本誠一 2002『兵庫県の出土古鏡』学生社	―
不明	西淡路町教育委員会	―	―	―	―	―	兵庫県史編纂委員会編 1992『兵庫県史』考古資料編, 兵庫県	

番号	舶倭	鏡式	出土遺跡	出土地名	遺跡内容	時期	面径(cm)	銘文	諸氏分類	編者分類・時期	
62	倭	弥生倭製鏡（六弧内行花文鏡）	鋲田遺跡 D11区溝 NSD1	南あわじ市志知鋲字高所〔三原郡西淡町〕	集落・溝	弥生後期	8.5	—	内行花文日光鏡系仿製鏡第Ⅱ型a類（高倉85・90）／B類（清水94）	〔弥生倭製鏡〕	弥生
63	倭	八弧内行花文鏡	倭文古墳（倭文委文古墳）	南あわじ市倭文委文〔三原郡三原町〕	石棺？	古墳	9.0	—	B類2式（清水94）／倭文鏡系（赤塚98a）／Ⅲ類基本系（林00）	内行花文鏡B式	前（中）
64	倭	六鈴五獣鏡	佐礼尾古墳	南あわじ市志知佐礼尾〔三原郡三原町〕	円墳（15）・竪穴式石槨（箱形石棺？）	古墳中期	11.2	—	獣形鏡六鈴鏡類（樋口79）／鈴鏡類（六鈴鏡）（小林82・10）／獣形（西岡86）／獣形文鏡B類（大川97）／獣形文系B類（岡田05）	〔旋回式獣像鏡〕	後期
64-1	?	不明				不明	—	—	—	—	
65	倭	珠文鏡	戒壇寺	南あわじ市八木養宜中〔三原郡三原町〕	不明	不明	8.5	—	ACA-D類（脇山13）	〔珠文鏡〕	—
66	倭						破片	—	—	—	—
66-1	倭	〔鈴鏡？〕	神代社家	南あわじ市神代社家〔三原郡三原町〕	不明	不明	不明	—	—	—	—
66-2	?	不明	野田山古墳	南あわじ市賀集字野田〔三原郡南淡町〕	円墳・竪穴式石槨	古墳	不明	—	—	—	—
66-3	舶?	不明	舟木遺跡	淡路市舟木	集落・不明	弥生後期	破片	—	—	—	—
76	舶	内行花文鏡	大中遺跡 7号A住居跡	加古郡播磨町大中	集落・住居跡	弥生後期	破片	—	Aaア式（樋口79）	—	—
77	舶	長宜子孫八弧内行花文鏡	西条52号墓	加古川市神野町西条	墳墓・前方後円形墳墓（35？）・竪穴式石槨	弥生末期	18.4	「□□金□」／「□宜□□」	Aaイ式（樋口79）	—	—
78	?	不明				不明	—	—	—	—	
79	倭	七獣鏡					13.4	—	七獣形鏡（樋口79）／獣形文鏡類四獣鏡C-1型（小林82・10）	分離式神獣鏡系	前（新）
80	舶	方格T字鏡	日岡東車塚古墳	加古川市加古川町大野	古墳	円墳（28）・粘土槨？	古墳前期～	9.2	—	Ⅴ類（樋口79）／博局T字鳥文鏡Ca4S類（高木91）／小型鏡A4型（北浦92）／SAa2式（松浦94）／丁群（森下98）	—
81	舶	三角縁唐草文帯三神二獣鏡					21.2	—	目録番号88・同范鏡番号47・配置Ⅰ・表現④	—	
82	舶	「仿製」三角縁獣文帯三神三獣鏡	南大塚古墳〔前方部石槨〕	加古川市加古川町大野	前方後円墳（90）・竪穴式石槨（割竹形木棺）	古墳前期	破片	—	目録番号208・同范鏡番号107・配置K2	—	
83	舶	「仿製」三角縁獣文帯三神三獣鏡	勅使塚古墳（伝）（南大塚古墳〔前方部石槨〕？）	加古川市加古川町大野	前方後円墳（55）	古墳前期	22.0	—	目録番号210・同范鏡番号109・配置K2	—	
84	舶	長宜子孫八弧内行花文鏡	長慶寺山1号墳	加古川市上荘町薬栗	前方後円墳（35）・竪穴式石槨（割竹形木棺）	古墳前期	21.0	「長宜子孫」	Aaア式（樋口79）	—	—
85	舶	上方作系浮彫式獣帯鏡	天坊山古墳〔第1主体部〕	加古川市上荘町小野	円墳（16）・竪穴式石槨（箱形石棺？）	古墳前期	14.0	あり？（不詳）	獣形文鏡類六獣鏡（小林82・10）／獣像B類（岡村92）／獣像Ⅱ式（實盛15）	—	—
86	舶	画文帯神獣鏡	天坊山古墳〔第2主体部〕		円墳（16）・竪穴式石槨（箱形木棺）	古墳前期	12.6	「吾作明竟…子孫番昌…」	—	—	—
87	倭	四獣鏡	カンス塚古墳	加古川市平荘町池尻	古墳	帆立（30）・竪穴式石槨（組合式木棺）	古墳中期	9.8	—	獣形文鏡類四獣鏡C-3型（小林82・10）	鳥頭獣像鏡B系	前（中～）
88	倭	六鈴四獣鏡	天神山5号墳（上の山古墳）	加古川市志方町西飯坂	古墳	円墳・横穴式石室	古墳後期	12.1	—	鈴鏡類（六鈴鏡）（小林82・10）／神獣（西岡86）／獣形文鏡類（大川97）／Ⅰ類-E半肉彫式獣像系（八木00）／旋回式獣像鏡系（森下02）／獣形系B類（岡田05）／Bh型式（加藤14）	〔旋回式獣像鏡〕	後期
88-1	?	不明				不明	—	—	—	—	
88-2	?	不明	天神山1号墳	加古川市志方町西飯坂	古墳	円墳（16）・横穴式石室	古墳後期	不明	—	—	—
88-3	?	不明	天神山4号墳	加古川市志方町西飯坂	古墳	円墳・横穴式石室	古墳後期	不明	—	—	—
89	舶	唐草文鏡（芝草文鏡）	宮山古墳群（伝）	加古川市志方町（伝）	古墳	円墳・横穴式石室	古墳	15.0	—	獣帯鏡類B型（小林82・10）	—	—
253	舶	画文帯同向式神獣鏡	里古墳	加古川市平荘町里	前方後円墳（45）・竪穴式石槨	古墳後期	20.9	「吾作明竟　幽涷三商　配像萬疆　統徳序道　敬奉賢良　彫克無祉　百牙擧樂　衆華主陽　聖徳光明　富貴安樂　子孫番昌　學者高遷　士至公卿　其師命長」	—	—	—
90	舶	三角縁陳是作五神四獣鏡	牛谷天神山古墳	高砂市北浜町牛谷	古墳	円墳（30）・竪穴式石槨？	古墳	21.7	「陳是作竟甚大好　上有神守及龍虎　身有文章口衛巨　古有聖人東王父西王母　渇飲玉泉飢食棗　長相保」／「君」「宜」「高」「官」（方格銘）	目録番号59・同范鏡番号*・配置A'・表現⑥	—	—
90-1	?	不明					15?	—	—	—	—

兵庫

発見年	所蔵（保管）者	共伴遺物					文献	備考
		石製品・玉類	武具・武器・馬具	ほか金属器	土器類	その他		
1983	兵庫県教育委員会	—	斧1・不明鉄製品1	鉄鏃1	—	—	吉識雅仁編1990『鈩田遺跡』兵庫県文化財調査報告第78冊, 兵庫県教育委員会	80g／鈕破損後, 鈕の側面から1孔
1943	個人						兵庫県史編纂委員会編1992『兵庫県史』考古資料編, 兵庫県	—
1955	三原町教育委員会・淡路人形浄瑠璃資料館	—	刀3・矛1・鉄鏃2	斧1・刀子1			兵庫県史編纂委員会編1992『兵庫県史』考古資料編, 兵庫県	〈146g〉／兵庫県（淡路国）2
	所在不明						櫃本誠一2002『兵庫県の出土古鏡』学生社	
不明	個人	—	—	—	—	—	兵庫県史編纂委員会編1992『兵庫県史』考古資料編, 兵庫県	〈56g〉
不明	所在不明	—	—	—	—	—	櫃本誠一2002『兵庫県の出土古鏡』学生社	〈20g〉
不明	所在不明	—	—	—	—	—	櫃本誠一2002『兵庫県の出土古鏡』学生社	—
1991or94	淡路市教育委員会	—	—	—	—	—		鈕の破片
1963	播磨町郷土資料館	—	—	—	—	—	兵庫県史編纂委員会編1992『兵庫県史』考古資料編, 兵庫県	兵庫県（播磨国）7／破鏡（破面研磨・2孔）
1964	西条会館	—	剣1	—	土器（壺・高杯）	—	西条古墳群発掘調査団（松本正信・加藤史郎）2009「西条52号墓発掘調査の記録」第9回播磨考古学研究集会実行委員会編『弥生墓からみた播磨＝第9回播磨考古学研究集会の記録＝』第9回播磨考古学研究集会実行委員会	兵庫県（播磨国）1
	所在不明							発見時に全壊して散逸
1950	加古川市教育委員会・総合文化センター	石釧2	—	—	—	—	西谷眞治1996「東車塚古墳」加古川市編『加古川市史』第4巻 資料編1, 加古川市	250g／兵庫県（播磨国）6-2
								〈95g〉／兵庫県（播磨国）6-3
								960g／兵庫県（播磨国）6-1
1976	個人	—	—	—	—	—	北山惇1989「加古川南大塚古墳の前方後円部石室と出土の三角縁神獣鏡について」『神戸古代史』No.8, 間島一雄書店	—
1969	加古川市教育委員会・総合文化センター						北山惇1989「加古川南大塚古墳の前方後円部石室と出土の三角縁神獣鏡について」『神戸古代史』No.8, 間島一雄書店	〈826g〉／兵庫県（播磨国）5
1955	加古川市教育委員会・総合文化センター	—	刀1・剣3・鏃50	斧2	—	—	兵庫県史編纂委員会編1992『兵庫県史』考古資料編, 兵庫県	804g／兵庫県（播磨国）2
1968	加古川市教育委員会・総合文化センター	—	刀1・剣2・槍1・銅鏃3・鉄鏃3	斧2・鎌1・鉇1・鑿1・錐1・刀子1	土師器片1	—	松本正信・加藤史郎・岸本雅敏1970「天坊山古墳」加古川市文化財調査報告5, 加古川市教育委員会	340g／兵庫県（播磨国）3-2／壮年男性骨
		碧玉管玉1	剣1・銅鏃1・鉄鏃1	斧1・工具片1	—	—		〈95g〉／兵庫県（播磨国）3-1
1966	加古川市教育委員会・総合文化センター	管玉14・ガラス小玉多数	横矧板鋲留短甲1・頸甲1・草摺?・刀9・剣1・矛3・鉄鏃7群・胡籙金具2対・鈹具2	垂飾付耳飾1対・鉗1・錘1・斧1・鎌4・鉇2・鑿1・鏨1・錐1・刀子2	土師器（壺1）・須恵器（壺3・把手付椀1・高杯3・𤭯1）	砥石1	櫃本誠一2002『兵庫県の出土古鏡』学生社	125g／兵庫県（播磨国）4／天井石上から出土
1910	東京国立博物館〈J6067〉	紡錘車形石製品・勾玉	—	—	須恵器（高杯等）	—	兵庫県史編纂委員会編1992『兵庫県史』考古資料編, 兵庫県	227g／漢式鏡650／兵庫県（播磨国）11
							櫃本誠一2002『兵庫県の出土古鏡』学生社	—
不明	所在不明	—	—	—	—	—	櫃本誠一2002『兵庫県の出土古鏡』学生社	—
不明	志方公民館（八幡神社旧蔵）	—	—	—	—	—	兵庫県史編纂委員会編1992『兵庫県史』考古資料編, 兵庫県	—
1997	加古川市教育委員会	碧玉管玉1					車崎正彦編2002『考古資料大観』第5巻 弥生・古墳時代 鏡, 小学館	同型鏡群〔GD-3〕／1160g
1811	蓮教寺・京都国立博物館	ガラス製品	刀				樋口隆康1979『古鏡』新潮社	983g／漢式鏡651／兵庫県（播磨国）8
	所在不明						櫃本誠一2002『兵庫県の出土古鏡』学生社	—

番号	舶倭	鏡式	出土遺跡	出土地名	遺跡内容	時期	面径(cm)	銘文	諸氏分類	編者分類・時期
91	舶	七弧内行花文鏡	竜山5号墳	高砂市米田町島字山ノ下	前方後円墳(36)・竪穴式石槨(割竹形木棺)	古墳前期	9.1	—	円座I型c類(山本78)／B類(H類)(清水94)	— —
92	倭	四獣鏡	小松原	高砂市荒井町小松原	不明	不明	9.1	—	変形文鏡類(小林82·10)／獣形文鏡IV類(赤塚98b)／絵画文鏡III類(赤塚00)	— 前期？
92-1	?	不明	豆崎古墳	高砂市豆崎	古墳	円墳(25)	古墳	不明	—	— —
93	倭	四獣鏡	高木古墳群(西)(高木西部古墳群)	三木市別所町高木字大山	古墳	円墳・竪穴式石槨	古墳	13.4	—	獣形文鏡類四獣鏡C-1型(小林82·10)	対置式神獣鏡B系 前(中)
94	倭	十四乳文鏡					7.5	—	獣帯鏡類C型(小林82·10)	〔乳脚文鏡〕中期〜
95	倭	〔獣形〕	高木古墳群(東)(下石野大塚古墳)	三木市別所町高木字大山(下石野)	古墳	円墳・竪穴式石槨	古墳	破片	—	— —
254	舶	斜縁四獣鏡	年ノ神6号墳(年の神6号墳)	三木市鳥町年ノ神	古墳	方墳(13×10)・割竹形木棺直葬	古墳中期	11.4	—	— —
254-1	倭	〔珠文鏡〕	細目古墳群	三木市志染町細目	古墳	円墳	古墳	不明	—	— —
254-2	?	不明	吉田古墳群	三木市志染町吉田	古墳	円墳？	古墳	不明	—	— —
96	倭	六獣鏡	小野王塚古墳	小野市王子町宮山	古墳	円墳(45)・竪穴式石槨(割竹形木棺)	古墳中期	16.8	—	六獣形鏡(樋口79)／獣形文鏡類六獣鏡(小林82·10)／獣形文鏡IIIA類(赤塚98b)	対置式神獣鏡B系 前(中)
97	倭	四神像鏡(十二神像鏡)	阿形甕塚古墳(阿形山古墳)	小野市阿形町	古墳	前方後円墳(24)・竪穴式石槨	古墳中期	16.1	—	画文帯神獣鏡(系)C型(小林82·10)	— 前(中？)
98	倭	七乳文鏡					7.5	—	獣帯鏡類D型(小林82·10)	〔乳脚文鏡〕後期
98-1		五鈴鏡？					不明	—	—	— —
99	倭	八弧内行花文鏡	王子宮山古墳(大部宮山古墳)	小野市王子町宮山	古墳	円墳・粘土槨	古墳	9.7	—	八花文鏡(小林82·10)／B類2式(清水94)／III類基本系(林00)	内行花文鏡B式 前(中)
100	倭	四獣鏡	敷地大塚古墳	小野市敷地町宮林	古墳	円墳(47)・粘土槨？	古墳中期	16.2	—	四獣鏡(樋口79)／獣形文鏡類四獣鏡B型(小林82)／獣形文鏡IIIA類(赤塚98b)	対置式神獣鏡B系 前(中)
101	舶	流雲文縁方格規矩四神鏡					15.3	あり(不詳)	—	— —
102	舶	鋸歯文縁方格規矩四神鏡					15.4	—	中型鏡1-2(北浦92)	— —
103	倭	珠文鏡					6.6	—	A類(小林79)／珠文鏡類A型(小林82·10)／I類(中山他94)／D-B類(脇山13)	〔珠文鏡〕前期
104	倭	珠文鏡					6.0	—	A類(小林79)／珠文鏡類A型(小林82·10)／I類(中山他94)／A-B類(脇山13)	〔珠文鏡〕
105	倭	捩文鏡					6.6	—	捩文鏡(類)B型(小林82·10)／BII型(小林83)／C型式a類(水野97)／房紋鏡系(森下02)	捩文鏡C系 前(中)
106	舶？	内行花文鏡					15〜16	あり？(不詳)	—	— —
106-1	?	不明	船木所在古墳(妙見塚古墳？)	小野市船木町	古墳	前方後円墳(35)	古墳	不明	—	— —
106-2	?	不明	黒坂	小野市	不明	不明	不明	—	—	— —
107	舶	長宜子孫八弧内行花文鏡	滝ノ上20号墳	西脇市上比延町芦谷滝ノ上	古墳	方墳(16)・箱形石棺(竪穴式石槨)	古墳前期	15.1	—	—	— —
112	舶	方格T字鏡	喜多天神前古墳	西脇市黒田庄町喜多字天神前〔多可郡黒田庄町〕	古墳	円墳(20)・竪穴式石槨or箱形石棺	古墳後期	10.6	—	方格規矩文鏡類G型(小林82·10)／小型鏡A4型(北浦92)／SAa1式(松浦94)／丁群(森下98)	— —
112-1	?	不明	西脇小学校付近	西脇市西脇	不明	不明	不明	—	—	— —
112-2	?	不明	富吉東山地	西脇市富吉	不明	不明	不明	—	—	— —
108	舶	同向式神獣鏡	亀山古墳〔第1主体部〕	加西市笹倉町亀山	古墳	帆立(45)・石蓋土壙墓	古墳中期	14.7	「五乍□□　□□□□　□□□昌　吉利金石」	画文帯神獣鏡(系)B型(小林82·10)	— —
109	倭	珠文鏡	亀山古墳〔第2主体部〕		古墳	帆立(45)・石蓋土壙墓	古墳中期	6.1	—	珠文鏡類B型(小林82·10)／III類(中山他94)／B-A類(脇山13)	〔珠文鏡〕—
109-1	?	不明	皇塚	加西市上野町	古墳	円墳(16)・竪穴式石槨	不明	不明	—	— —
110	倭	夔龍鏡	山国南山2号墳(東実古墳)	加東市山国	古墳	石室？	古墳中期	14.3	—	夔龍鏡a系(森下02)／II群A系(辻田07)	夔龍鏡A系 前(新)
113	倭	素文鏡？	相坂古墳(狐塚古墳・香呂古墳・柏尾古墳)	姫路市香寺町相坂字柏尾〔神崎郡香寺町〕	古墳	円墳・箱形石棺(木棺直葬？)		3.4	—	—	〔素文鏡？〕—
114	倭	七弧内行花文鏡					12.5	—	七弧(樋口79)／七花鏡(小林82·10)／B類3式(清水94)／内行花紋鏡D系(森下02)	内行花文鏡B式 前(中)

兵庫

発見年	所蔵（保管）者	共伴遺物					文献	備考
		石製品・玉類	武具・武器・馬具	ほか金属器	土器類	その他		
1975	高砂市教育センター	ガラス小玉7	刀1・剣1・槍1	鍬先1・斧1	—	—	山本三郎編1978『播磨・竜山5号墳発掘調査報告』高砂市教育委員会	97g
1930	所在不明（個人旧蔵）	—	—	—	—	—	鎌谷木三次1973『播磨出土漢式鏡の研究』鎌谷古文化財研究室	兵庫県（播磨国）10
不明	所在不明	—	—	—	—	—	櫃本誠一2002『兵庫県の出土古鏡』学生社	兵庫県（播磨国）9
1951	個人	勾玉2	—	—	—	—	兵庫県史編纂委員会編1992『兵庫県史』考古資料編,兵庫県	〈230g〉／兵庫県（播磨国）54-1 59g／兵庫県（播磨国）54-2
1956	所在不明（個人旧蔵）	管玉1・丸玉2・小玉40	—	—	—	—	鎌谷木三次1973『播磨出土漢式鏡の研究』鎌谷古文化財研究室	兵庫県（播磨国）55
1994	兵庫県教育委員会	硬玉勾玉1・ガラス小玉190〜	三角板革綴短甲1・頸甲1・肩甲1・刀2・剣2・鉄鏃数十	鋤先1・斧2・鎌1・鉇1	韓式土器	竪櫛3・不明漆塗製品	櫃本誠一2002『兵庫県の出土古鏡』学生社	130g
不明	所在不明	—	—	—	—	—	櫃本誠一2002『兵庫県の出土古鏡』学生社	
不明	所在不明	—	—	—	—	—	櫃本誠一2002『兵庫県の出土古鏡』学生社	
1952	小野市教育委員会	—	金銅装小札鋲留眉庇付冑1・長方板革綴短甲1・三角板鋲留短甲1・頸甲1・肩甲1・錣1・刀3・剣3・碧玉三輪玉5・矛1・鉄鏃76〜	蕨手刀子10〜・刀子2・魚抉3	—	釘1・鋌3〜	西田猛・阪口英毅編2006『小野王塚古墳 出土遺物保存処理報告書』小野市文化財調査報告,兵庫県小野市教育委員会	535g／兵庫県（播磨国）16
1901	東京国立博物館〈J2152〉	勾玉2・管玉26・ガラス小玉525	刀残片	—	須恵器（小形丸底壺1・杯蓋2）	—	兵庫県史編纂委員会編1992『兵庫県史』考古資料編,兵庫県	漢式鏡648／兵庫県（播磨国）14-1
	東京国立博物館〈J2151〉							30g／漢式鏡647／兵庫県（播磨国）14-2
	所在不明						櫃本誠一2002『兵庫県の出土古鏡』学生社	
1951	個人	—	銅鏃2	—	—	—	兵庫県史編纂委員会編1992『兵庫県史』考古資料編,兵庫県	兵庫県（播磨国）15
1939	東京国立博物館〈J34439〉	管玉15・ガラス小玉5	—	—	—	—	兵庫県史編纂委員会編1992『兵庫県史』考古資料編,兵庫県	392g／兵庫県（播磨国）12-1
	東京国立博物館〈J34440〉							454g／兵庫県（播磨国）12-2?
	東京国立博物館〈J34441〉							450g／兵庫県（播磨国）12-3?
	東京国立博物館〈J34443〉							兵庫県（播磨国）12-4
	東京国立博物館〈J34444〉							兵庫県（播磨国）12-5?
	東京国立博物館〈J34442〉							〈30g〉／兵庫県（播磨国）12-4
	東京国立博物館〈J34445〉							兵庫県（播磨国）12-6?
不明	所在不明	—	—	—	—	—	櫃本誠一2002『兵庫県の出土古鏡』学生社	兵庫県（播磨国）17?
不明	所在不明	—	—	—	—	—	櫃本誠一2002『兵庫県の出土古鏡』学生社	兵庫県（播磨国）13
1967	西脇市教育委員会	—	銅鏃6・鉄鏃6	鍬先1	—	—	兵庫県史編纂委員会編1992『兵庫県史』考古資料編,兵庫県	兵庫県（播磨国）21・23
1914（1917〜18?）	東京国立博物館〈J8803〉	勾玉1	剣・槍先・鉄鏃	斧・鎌1・刀子	須恵器（甕・高杯・杯・𤭯）	—	兵庫県史編纂委員会編1992『兵庫県史』考古資料編,兵庫県	漢式鏡649／兵庫県（播磨国）52
不明	所在不明	—	—	—	—	—	櫃本誠一2002『兵庫県の出土古鏡』学生社	
不明	所在不明	—	—	—	—	—	櫃本誠一2002『兵庫県の出土古鏡』学生社	
1937	東京国立博物館〈J34410〉	—	横矧板鋲留眉庇付冑1・横矧板鋲留短甲1・篠籠手残欠・草摺・小札一括・刀1・剣7・槍1・鉄鏃1束	異形鉄製金具片2	—	—	立花聡・森幸三編2006『玉丘古墳群Ⅱ』亀山古墳2・笹塚古墳,加西市埋蔵文化財調査報告57,加西市教育委員会	472g／兵庫県（播磨国）18／縁部を加工した踏み返し鏡か
	所在不明		横矧板鋲留短甲1・刀1・剣3・鉄鏃1束				兵庫県史編纂委員会編1992『兵庫県史』考古資料編,兵庫県	兵庫県（播磨国）19
不明	所在不明	勾玉	剣	—	土器	—	櫃本誠一2002『兵庫県の出土古鏡』学生社	兵庫県（播磨国）20
不明	個人	—	—	—	—	—	兵庫県史編纂委員会編1992『兵庫県史』考古資料編,兵庫県	256g
1901	東京国立博物館〈J187〉	—	刀・鉄鏃	—	—	—	兵庫県史編纂委員会編1992『兵庫県史』考古資料編,兵庫県	漢式鏡658／兵庫県（播磨国）24-2
	東京国立博物館〈J194〉							漢式鏡659／兵庫県（播磨国）24-1

番号	舶倭	鏡式	出土遺跡	出土地名	遺跡内容	時期	面径(cm)	銘文	諸氏分類	編者分類・時期
115	倭	七弧内行花文鏡	北川古墳(香呂古墳)	姫路市香寺町香呂字北川〔神崎郡香寺町〕	円墳(7?)・箱形石棺	古墳	12.3	—	D類Ⅱ式(清水94)	内行花文鏡B式	前(中)
116	舶	三角縁波文帯三神三獣鏡	御旅山3号墳	姫路市白浜町境・飾磨区妻鹿	円墳(8)・割竹形木棺	古墳前期	21.8	—	目録番号131・同笵鏡番号72・配置L1・表現⑩	—	—
117	倭	四獣鏡	御旅山1号墳	姫路市白浜町境・飾磨区妻鹿	円墳・箱形石棺	古墳中期	12.5	—	四獣形鏡(樋口79)／獣形文鏡類四獣鏡 C-1型(小林82・10)	〔中期型獣像鏡〕	中期
255	倭	珠文鏡	御旅山13号墳	姫路市飾磨区妻鹿	円墳(15)	古墳中期	6.9	—	A-B類(脇山13)	〔珠文鏡〕	—
256	倭	四獣鏡					9.3	—	—	〔中期型獣像鏡〕	中期
118	舶	三角縁天・王・日・月・吉・獣文帯四神四獣鏡	安田古墳	姫路市安田字神楽田	円墳	古墳前期	23.0	「天王日月吉」	目録番号48・同笵鏡番号＊・配置A・表現⑤	—	—
119	倭	神獣鏡	苫編古墳(伯母ヶ谷古墳)	姫路市苫編字伯母ヶ谷	古墳 不明	古墳	18.8	—	神像鏡(小林82・10)／斜縁神獣鏡B系(森下02)	〔中期型神獣鏡〕	中期
119-1	倭	六弧内行花文鏡					8.2	—	B類1式(清水94)	内行花文鏡B式	前(中)
120	倭	五獣鏡	打越山古墳	姫路市北原字打越山	円墳・(60or約20?)・竪穴式石槨	古墳中期?	12.1	—	五獣形鏡(樋口79)／獣形文鏡類五獣鏡(小林82・10)	〔中期型獣像鏡〕	中期
121	舶	獣文縁半肉彫獣帯鏡?	山の越古墳(山之越古墳)	姫路市御国野町国分寺	円墳(50)or方墳(56)・長持形石棺	古墳中期	16.6	—	Ⅲ円圏式(樋口79)	—	—
122	倭	六弧内行花文鏡	人見塚古墳	姫路市白国	円墳(20)・粘土槨	古墳	12.5	—	六弧(樋口79)／B類(清水94)	内行花文鏡B式	前(中?)
123	舶	夔鳳鏡	奥山大塚古墳	姫路市奥山	円墳(15)・竪穴式石槨or粘土槨	古墳中期	19.0	「□宜□□」	E(樋口79)／ⅣB2bイ型式(岡内96)／4A式(秋山98)	—	—
124	倭	珠文鏡	八代山1号墳(芝崎山1号墳・柴崎山1号墳)	姫路市八代	円墳・箱形石棺	古墳中期	8.0	—	珠文鏡類B型(小林82・10)／Ⅲ類(中山他94)	〔珠文鏡〕	—
125	倭	九弧内行花文鏡	手柄山北丘西丘陵	姫路市西延末字手柄山	円墳?	古墳	11.0	—	九弧(樋口79)／九花文鏡(小林82・10)／B類3式(清水94)／Ⅲ類省略系(林00)	内行花文鏡B式	前(中)
127	舶	内行花文鏡					破片	—	—	—	—
126	倭?	不明					8.6	—	—	—	—
127-1	?	不明	手柄山	姫路市西延末字手柄山	円墳?	古墳	不明	—	—	—	—
127-2	?	不明					不明	—	—	—	—
128	倭	六鈴五獣鏡	東阿保古墳群	姫路市四郷町東阿保	円墳?・竪穴式石槨?	古墳後期?	11.4	—	鈴鏡類(六鈴鏡)(小林82・10)／獣形文鏡類(大川97)／獣形文系B類(岡田05)	〔旋回式獣像鏡〕	後期
129	舶	虺龍文鏡	宮山古墳〔第2主体部〕	姫路市四郷町坂本	円墳(30)・竪穴式石槨(組合式木棺)	古墳中期	10.2	—	獣帯鏡類B型(小林82・10)	—	—
130	舶	画文帯環状乳三神三獣鏡	宮山古墳〔第3主体部〕		円墳(30)・竪穴式石槨(組合式木棺)	古墳中期	11.8	「□□□□ □凍三□ 大吉昌」	Ⅱ(樋口79)／画Aa1(村瀬14)	—	—
130-1	?	〔獣形鏡〕	見野長塚古墳	姫路市四郷町見野字長塚	前方後円墳(34)・横穴式石室	古墳後期	破片	—	—	—	—
130-2	倭	内行花文鏡					9.2	—	—	内行花文鏡	前期?
171	倭	素文鏡	長越遺跡大溝	姫路市飯田字長越	集落 溝	弥生?	3.7	—	BⅡ類?(今平90)	〔素文鏡〕	—
171-1	?	不明	宮山1号墳	姫路市夢前町杉之内字宮山	円墳(40)・竪穴式石槨	古墳	不明	—	—	—	—
171-2	?	不明	壇場山古墳	姫路市御国野町国分寺	前方後円墳(141)・長持形石棺	古墳	不明	—	—	—	—
171-3	?	不明	木庭山古墳群(木場山古墳群)	姫路市木場	円墳・竪穴式石槨	古墳	不明	—	—	—	—
111	踏	周仲作神人車馬画象鏡	笹山経塚(舎利田山経塚)(伝)	たつの市誉田町(伝)〔龍野市〕	経塚	平安	21.6	「周仲作竟四夷服 多賀家人民息 胡虜殄威天下復 風雨時節五穀孰 長保二親 得天力 呉胡傷里」	—	—	—
133	舶	長生宜子八弧内行花文鏡	岩見北山1号墳	たつの市御津町岩見〔揖保郡御津町〕	円墳(18)・竪穴式石槨	古墳前期	19.4	「長生宜子」	—	—	—
134	倭	二神二獣鏡	荒神山古墳	たつの市御津町黒崎〔揖保郡御津町〕	円墳?	古墳	15.6	—	二神二獣鏡(樋口79)／画文帯神獣(鏡系)C型(小林82・10)／斜縁神獣鏡A系(森下02)	二神二獣鏡Ⅱ系	前(中)
135	倭	五獣鏡					8.4	—	—	分離式神獣鏡系	前(新)
136	倭	珠文鏡	権現山梶山9号墳(権現山9号墳)	たつの市御津町中島〔揖保郡御津町〕	方墳(15×9)・竪穴式石槨	古墳中期	5.5	—	Ⅰ類(中山他94)	〔珠文鏡〕	前期?
137	倭	六獣鏡	小丸山古墳〔前方部主体部〕	たつの市御津町中島〔揖保郡御津町〕	前方後円墳・横穴式石室	古墳後期	13.6	—	獣形文鏡類六獣鏡(小林82・10)	〔旋回式獣像鏡〕	後期

兵庫

発見年	所蔵（保管）者	共伴遺物 石製品・玉類	武具・武器・馬具	ほか金属器	土器類	その他	文献	備考
1930	所在不明（鎌谷木三次旧蔵）	―	―	―	―	土器転用枕	兵庫県史編纂委員会編 1992『兵庫県史』考古資料編，兵庫県	兵庫県（播磨国）25
1970	姫路市教育委員会	ガラス小玉12	剣1・銅鏃4・鉄鏃16	刀子1	―	―	松本正信・加藤史郎・石橋正樹編 1971『御旅山3号墳発掘調査報告書』姫路市文化財調査報告Ⅱ，姫路市教育委員会	843g
1948	経念寺（教念寺）	―	―	―	―	―		兵庫県（播磨国）22
1993	姫路市教育委員会	硬玉勾玉1・ガラス小玉266	鉄鏃1	刀子4・不明鉄器1	須恵器	―	樋本誠一 2002『兵庫県の出土古鏡』学生社	―
明治	焼失（某所蔵）（個人旧蔵）	―	―	―	―	―	鎌谷木三次 1973『播磨出土漢式鏡の研究』鎌谷古文化財研究室	兵庫県（播磨国）38
1915	ギメー博物館（東京国立博物館旧蔵〈J7916〉）	―	―	―	―	―	兵庫県史編纂委員会編 1992『兵庫県史』考古資料編，兵庫県	漢式鏡652／兵庫県（播磨国）37
1922	東京国立博物館〈J9715〉	坩形石製品・碧玉勾玉12・瑪瑙勾玉15・切子玉2・丸玉2	刀片・槍	―	―	―	兵庫県史編纂委員会編 1992『兵庫県史』考古資料編，兵庫県	（205g）／漢式鏡655／兵庫県（播磨国）39
1897	姫路市教育委員会（個人旧蔵）	勾玉3・管玉数個・棗玉2	刀13・剣1	―	―	―	兵庫県史編纂委員会編 1992『兵庫県史』考古資料編，兵庫県	漢式鏡656／兵庫県（播磨国）34
1897	ベルリン博物館	勾玉2・管玉1	甲冑片・刀3・剣3・槍1	鋤2・斧1・刀子1	―	―	兵庫県史編纂委員会編 1992『兵庫県史』考古資料編，兵庫県	漢式鏡657／兵庫県（播磨国）36
1934	東京国立博物館〈J23001〉	管玉5・瑪瑙丸玉228・ガラス小玉2000	三角板鋲留短甲1・刀3・槍3・鉄鏃一括・轡・鞍	金環1対・鍬・鎌	―	鋧	兵庫県史編纂委員会編 1992『兵庫県史』考古資料編，兵庫県	同型鏡群〔KH-1〕／551g／兵庫県（播磨国）40
1951	所在不明（広峯中学校旧蔵）	―	剣1	斧1・刀子1	―	石枕	兵庫県史編纂委員会編 1992『兵庫県史』考古資料編，兵庫県	兵庫県（播磨国）41
1966頃	所在不明（姫路市教育委員会旧蔵）	―	刀	―	―	―	兵庫県史編纂委員会編 1992『兵庫県史』考古資料編，兵庫県	―
1953	個人	―	―	―	―	―		兵庫県（播磨国）42／破鏡（研磨）
1966頃	所在不明（姫路市教育委員会旧蔵）	―	刀	―	―	―		
不明	所在不明	―	―	―	―	―	樋本誠一 2002『兵庫県の出土古鏡』学生社	―
不明		―	―	―	―	―		
1958	所在不明？（個人旧蔵）	―	―	轡・鉄器	須恵器	―	兵庫県史編纂委員会編 1992『兵庫県史』考古資料編，兵庫県	
1969	姫路市教育委員会	勾玉6・管玉9・ガラス小玉7000	挂甲1・頸甲1・肩甲1・板籠手1・臑当1・篠状鉄板・環頭大刀・鉄鏃4群	帯金具・垂飾付耳飾1対・金環1対・鉄鋌1・鍬7・ミニチュア鍬・手斧・ミニチュア鎌・蛭鎌・刀子	土師器（壺）・須恵器（有蓋高杯）	砥石	兵庫県史編纂委員会編 1992『兵庫県史』考古資料編，兵庫県	―
		管玉2・玉類数千個	横矧板衝角付冑1・三尾鉄・三角板鋲留短甲1・頸甲1・肩甲1・刀13・剣4・矛5・鉄鏃約80・轡1	垂飾付耳飾1対・不明棒状金銅製品1・金銅指輪1・鍬先1・手斧鍬4・鎌1・刀子1・鉄鋌9	土師器（壺2）・須恵器（広口壺1・器台1・高杯2・杯1・甕1）	鋧6	宮山古墳第2次発掘調査団編 1972『宮山古墳 第2次発掘調査概報』姫路市文化財保護協会	―
不明	個人	―	―	―	―	―	樋本誠一 2002『兵庫県の出土古鏡』学生社	―
	姫路市教育委員会							
1971	瀬戸内考古学研究所	―	―	―	―	―	兵庫県史編纂委員会編 1992『兵庫県史』考古資料編，兵庫県	6g／2孔／取手鈕
不明	所在不明	―	―	―	―	―	樋本誠一 2002『兵庫県の出土古鏡』学生社	―
不明	所在不明	―	―	―	―	―	樋本誠一 2002『兵庫県の出土古鏡』学生社	―
不明	所在不明	―	―	―	―	―	樋本誠一 2002『兵庫県の出土古鏡』学生社	兵庫県（播磨国）35
1689	斑鳩寺	―	―	―	―	経筒	樋本誠一 2002『兵庫県の出土古鏡』学生社	―
1958	個人	―	―	―	―	―	兵庫県史編纂委員会編 1992『兵庫県史』考古資料編，兵庫県	―
1739	徳善寺・御津町図書館	勾玉・小玉	刀2	―	―	―	兵庫県史編纂委員会編 1992『兵庫県史』考古資料編，兵庫県	430g／兵庫県（播磨国）29
								62g
不明	個人	―	―	―	―	―	兵庫県史編纂委員会編 1992『兵庫県史』考古資料編，兵庫県	―
不明	所在不明	―	―	―	須恵器（小形丸底壺）	―	兵庫県史編纂委員会編 1992『兵庫県史』考古資料編，兵庫県	―

番号	舶倭	鏡 式	出土遺跡	出土地名	遺跡内容	時 期	面径(cm)	銘 文	諸氏分類	編者分類・時期
138	舶	三角縁天・王・日・月・吉・獣文帯四神四獣鏡〈1号鏡〉	権現山51号墳	たつの市御津町中島〔揖保郡御津町〕	前方後円墳(43)・竪穴式石槨(割竹形木棺)	古墳前期	22.4	「天王日月吉」	目録番号48a・配置A・表現⑤	―	―
139	舶	三角縁張氏作三神五獣鏡〈2号鏡〉					22.7	「張氏作鏡真巧 仙人王喬赤松子 師子辟邪世少有 渇飲玉泉飢食棗 生如金石天相保兮」	目録番号21・同笵鏡番号10・配置B・表現①	―	―
140	舶	三角縁吾作三神五獣鏡〈3号鏡〉					21.5	「吾作明竟甚大好 上有神守及龍虎 古有聖人東王父 渇飲玉全肌食棗 壽如金石」	目録番号26・同笵鏡番号13・配置B・表現⑦	―	―
141	舶	三角縁陳是作四神二獣鏡〈4号鏡〉					21.9	「陳是作竟甚大好 上有王父母 左有倉龍右白虎 宜遠道相保」	目録番号16・同笵鏡番号9・配置X(H)・表現④	―	―
142	舶	三角縁波文帯四神二獣鏡〈5号鏡〉					22.2	―	目録番号86・同笵鏡番号*・配置H'・表現⑧	―	―
142-1	舶	画文帯環状乳三神三獣鏡	綾部山39号墓〔第1主体部〕	たつの市御津町黒崎字綾部〔揖保郡御津町〕	不定形墳(10～15)・石積囲い竪穴式石槨(組合式木棺)	墳墓 弥生末期	11.0	「□□明竟 幽涑□□□□□」	画Aa1(村瀬14)	―	―
142-2	舶?	〔三角縁神獣鏡〕	興塚古墳(伝)	たつの市御津町黒崎(伝)〔揖保郡御津町〕	前方後円墳(110)・竪穴式石槨	古墳中期	不明	―	―	―	―
143	倭	弥生倭製鏡	半田山1号墓〔第1主体部〕	たつの市揖保川町半田字半田山〔揖保郡揖保川町〕	円墳(16) or 方墳?・木棺直葬	弥生後～末期	5.3	―	重圏文系小形仿製鏡第1型う類(田尻10・12)	〔弥生倭製鏡〕	弥生
144	倭	四獣鏡	養久山1号墓〔第1主体部〕	たつの市揖保川町本條〔揖保郡揖保川町〕	前方後円墳(32)・竪穴式石槨(組合式木棺)	古墳前期	9.2	―	四像式(岡村92)／獣形文鏡ⅠA類(赤塚98b)	鳥頭獣像鏡A系?	前(古)
170	倭	素文鏡	壇特山2号墳(壇壇山古墳)	たつの市揖保川町二塚〔揖保郡揖保川町〕	前方後円墳・箱形石棺	不明	8.6	―	―	〔素文鏡〕	―
170-1	?	不明	蓮部山古墳	たつの市揖保川町本條字蓮部〔揖保郡揖保川町〕	古墳 箱形石棺?	不明	不明	―	―	―	―
170-2	?	不明				不明	不明	―	―	―	―
145	倭	弥生倭製鏡	白鷺山1号墓〔2号棺〕	たつの市龍野町日山〔龍野市〕	箱形石棺	墳墓 弥生末期	7.7	―	内行花文日光鏡系仿製鏡第Ⅱ型a類(高倉85・90)／内行花文系小形仿製鏡第2型b類(田尻10・12)	〔弥生倭製鏡〕	弥生
146	舶	蝙蝠座鈕八弧内行花文鏡	白鷺山1号墓〔1号棺〕		箱形石棺	弥生末期	10.0	「位□□公」／「□□金石」	Bcイ式(樋口79)	―	―
151	倭	〔獣像鏡〕	西宮山古墳	たつの市揖西町小神五月台山〔龍野市〕	前方後円墳(35)・横穴式石室	古墳後期	12.0	―	特殊文鏡(唐草文鏡)(樋口79)	―	後期?
147	舶	三角縁波文帯三神三獣鏡	龍子三ツ塚1号墳	たつの市揖西町龍子〔龍野市〕	前方後円墳(36)・竪穴式石槨	古墳前期	21.5	―	目録番号123・同笵鏡番号69・配置K1・表現⑪	―	―
148	舶	三角縁波文帯三神三獣鏡					22.2	―	目録番号130・同笵鏡番号71・配置K2・表現⑫	―	―
149	舶	夔鳳鏡	龍子三ツ塚2号墳	たつの市揖西町龍子〔龍野市〕	円墳(17)・竪穴式石槨	古墳前期	11.7	―	内行花文縁糸巻形四葉文A式(樋口79)／ⅢA1a型式(岡内96)／2A式(秋山98)	―	―
150	舶	上方作系浮彫式四獣鏡					11.0	「…三…」	半肉彫獣帯鏡C四像式(樋口79)／獣形文鏡類四獣鏡A型(小林82・10)	―	―
172	倭	四獣鏡	鳥坂3号墳	たつの市揖西町龍子字堂ノ奥・水谷の境〔龍野市〕	円墳(12)・粘土槨	古墳前期～	10.0	―	獣形文鏡ⅡA類(赤塚98b)／鳥頭四獣鏡系(森下02)	鳥頭獣像鏡B系	前(中)
152	舶	三角縁吾作四神四獣?鏡	吉島古墳	たつの市新宮町吉島字新山〔揖保郡新宮町〕	前方後円墳(30)・竪穴式石槨(割竹形木棺)	古墳前期	18.0	「吾作明竟甚大工 上有王喬以赤松 師子□鹿其□龍 天…」	目録番号36・配置A?・表現①	―	―
153	舶	三角縁天王日月・唐草文帯四神四獣鏡					23.4	「天王日月」	目録番号44・同笵鏡番号25・配置A・表現④	―	―
154	舶	三角縁天王日月・唐草文帯四神四獣鏡					23.4	「天王日月」	目録番号44・同笵鏡番号25・配置A・表現④	―	―
155	舶	三角縁波文帯盤龍鏡					22.3	―	目録番号2・同笵鏡番号3・配置盤龍・表現盤	―	―
156	舶	八弧内行花文鏡					19.5	「□宜□□」	―	―	―
157	舶	尚方作盤龍座半肉彫獣帯鏡					23.0	「尚方作竟大母傷 巧工刻□□□章 白虎師子居中央 壽如金石佳且好 上有山人不知老兮」	盤龍座獣帯鏡半肉彫式(樋口79)	―	―
158	舶	方格規矩鏡	吉島古墳(松山)(伝)	たつの市新宮町吉島字新山(伝)〔揖保郡新宮町〕			15.4	「子丑寅卯辰巳午未申酉戌亥」	Ⅴ類(樋口79)	―	―

兵庫

発見年	所蔵（保管）者	共伴遺物					文献	備考
		石製品・玉類	武具・武器・馬具	ほか金属器	土器類	その他		
1989	岡山大学文学部考古学研究室	ガラス小玉約220	剣1・槍4・槍状鉄器1・石突1・銅鏃6・鉄鏃7	斧3・鎌1・鋸1・鑿10	—	紡錘車形貝製品1・形態不明貝製品1・砥石1	近藤義郎編1991『権現山51号墳』『権現山51号墳』刊行会	1219g／「30歳から60歳あたり」の男性骨
								1375g
								1250g
								859g
								918g
2003	たつの市教育委員会	碧玉管玉4	—	鉇1	—	砥石4・石杵1	芝香寿人・中溝康則他編2005『綾部山39号墓発掘調査報告書』御津町埋蔵文化財調査報告書5, 揖保郡御津町教育委員会	—
不明	所在不明	玉多数	刀	—	—	—	樋本誠一2002『兵庫県の出土古鏡』学生社	三角縁神獣鏡が3面ほど出土したと伝える
1984	兵庫県教育委員会埋蔵文化財事務所	—	剣1・銅鏃1	—	—	—	兵庫県史編纂委員会編1992『兵庫県史』考古資料編, 兵庫県	第1主体部の棺上遺物か
1967	たつの市教育委員会	—	剣2・鉄鏃3	鉇1	—	—	近藤義郎1985『養久山墳墓群』兵庫県揖保川町教育委員会	兵庫県（播磨国）30／上方作系浮彫式獣帯鏡の倭製
不明	神戸星城高等学校	—	—	—	—	—	樋本誠一2002『兵庫県の出土古鏡』学生社	—
不明	所在不明	碧玉勾玉2・ガラス勾玉1・小玉33	刀	—	—	—	樋本誠一2002『兵庫県の出土古鏡』学生社	漢式鏡660.1
不明								漢式鏡660.2
1961	たつの市教育会・歴史文化資料館	勾玉7	—	手斧1	—	—	兵庫県史編纂委員会編1992『兵庫県史』考古資料編, 兵庫県	72g
		—	剣1	斧1・板状鉄器1	—	—		⟨71g⟩／破鏡（破面研磨）／壮年男性骨
1954	京都国立博物館〈J甲-216〉	琥珀棗玉2・琥珀小玉1・ガラス小玉156・銀空玉3	剣2・金銅三輪玉1・石突1・鉄鏃22〜・胡籙金具・鉄地金銅張鞍金具一式・鉄地金銅張杏葉4・鉄製輪鐙1・木心鉄板張壺鐙1・鉄製環状雲珠2・辻金具1・鉄地金銅張釣舌金具片7・鉄地金銅張足金具4・鉄地金銅張飾金具75・鉸具9	冠帽?・垂飾付耳飾1・銅製花形飾1・鍬先1・刀子4	土師器・須恵器（脚付装飾壺3・脚付子持壺1・脚付広口壺1・器台広口壺セット5・甕・高杯4・杯蓋19・杯身27・甑1・提瓶1）	釘9・鋲2	八賀晋編1982『富雄丸山古墳 西宮山古墳 出土遺物』京都国立博物館	⟨25g⟩／兵庫県（播磨国）33
1931	東京国立博物館〈J21173〉	翡翠勾玉1・管玉6	刀4・剣3〜・鉄鏃16〜	斧3・鎌2・鉇1〜	—	—	岩本崇・河野正訓・奥山貴編2010『龍子三ツ塚古墳群の研究―播磨揖保川流域における前期古墳群の調査―』大手前大学史学研究所オープン・リサーチ・センター研究報告第9号, 大手前大学史学研究所・龍子三ツ塚古墳調査団	898g／兵庫県（播磨国）31-1
	東京国立博物館〈J21172〉							845g／兵庫県（播磨国）31-2
1931	東京国立博物館〈J21175〉	ガラス勾玉1						兵庫県（播磨国）32-1／破鏡（破面研磨）
	東京国立博物館〈J21174〉							兵庫県（播磨国）32-2
1982	たつの市教育委員会・歴史文化資料館	勾玉2・管玉33・ガラス小玉2	刀3	鉇1・針?	—	堅櫛3	市村高規他編1984『鳥坂古墳群』龍野市文化財調査報告書V, 兵庫県龍野市教育委員会	101g
1897 (+1966)	東京国立博物館〈J2616〉	ガラス小玉89〜	刀1	—	土師器（壺2・甕1・高杯4〜）	—	梅原末治1925「揖保郡香島村吉島古墳」『兵庫県史蹟名勝天然紀念物調査報告書』第二輯, 兵庫県	⟨512g⟩／漢式鏡666／兵庫県（播磨国）26-3
	東京国立博物館〈J2620〉							⟨1210g⟩／漢式鏡668／兵庫県（播磨国）26-5?
	東京国立博物館〈J2621〉							⟨1205g⟩／漢式鏡667／兵庫県（播磨国）26-4?
	東京国立博物館〈J2614〉							漢式鏡664／兵庫県（播磨国）26-6
	東京国立博物館〈J2615〉							漢式鏡665／兵庫県（播磨国）26-1
	東京国立博物館〈J2603〉							漢式鏡662／兵庫県（播磨国）26-7
不明	関西大学文学部						関西大学文学部編1973『考古資料図鑑』関西大学	兵庫県（播磨国）27／吉島古墳出土と伝えるが不詳／鍍金か

番号	舶倭	鏡式	出土遺跡	出土地名	遺跡内容	時期	面径(cm)	銘文	諸氏分類	編者分類・時期
131	舶	吾作斜縁二神二獣鏡	松田山古墳	揖保郡太子町佐用岡	円墳・竪穴式石槨(割竹形木棺)	古墳前期	13.6	「吾乍明竟　幽湅□□競徳序道　配□□□曾年益壽　□孫番□兮」	図像表現③(村松04)／紋様表現③(實盛09)	― ―
132	倭	鼉龍鏡	黒岡山古墳	揖保郡太子町黒岡	箱形石棺?	古墳	12.6	―	獣形文鏡類四獣鏡C-3型(小林82·10)／第一群同工鏡E(車崎95)／Ⅱ類単胴式(林00)／鼉龍鏡b系(森下02)／Ⅰ群Bb系③(辻田07)	鼉龍鏡B系	前(古)
159	舶	上方作浮彫式獣帯鏡	塚ノ元古墳(墳丘経塚)	宍粟市山崎町〔宍粟郡山崎町〕	経塚	再利用品	不明	11.0	「上方作竟真大□□□□□冝孫子」	四像式(岡村92)／四像Ⅱ式(Ⅰb系)(實盛15)	― ―
160	倭	六弧内行花文鏡	五十波4号墳(大畑古墳)(五十波古墳)	宍粟市山崎町五十波〔宍粟郡山崎町〕	円墳(15)・木棺直葬	古墳	8.4	―	六弧(樋口79)／B類1式(清水94)／六花文鏡(小林10)	内行花文鏡B式	前(中)
160-1	?	不明				不明	―	―	―	―
161	倭	乳文鏡	安黒古墳(池岩8号墳?)	宍粟市一宮町安黒〔宍粟郡一宮町〕	円墳・竪穴式石槨?	古墳後期	7.8	―	乳文鏡Ⅱ類(樋口79)／獣帯鏡類D型(小林82·10)	〔乳脚文鏡〕	後期
162	舶	方格T字鏡	伊和中山1号墳	宍粟市一宮町伊和字上ヘ中山・中野	前方後円墳(62)・竪穴式石槨(割竹形木棺)	古墳前期	11.8	―	博局T字鳥文鏡Aa4M類(髙木91·93)／SCc式(松浦94)／丁群(森下98)	― ―
162-1	?	不明	伊和8号墳	宍粟市一宮町伊和字上ヘ中山・中野〔宍粟郡一宮町〕	円墳・横穴式石室	古墳後期	不明	―	―	― ―
162-2	?	不明	御山5号墳	宍粟市一宮町安黒字御山〔宍粟郡一宮町〕	円墳(5?)・粘土槨?	古墳	7.7	―	―	― ―
163	?	不明	狐塚古墳	相生市陸本町	横穴式石室	古墳後期	不明	―	―	― ―
163-1	?	不明	下田西山古墳	相生市矢野町下田545	円墳・箱形石棺	古墳中期	不明	―	―	― ―
164	倭	弥生倭製鏡(九弧?内行花文鏡)	奥山遺跡(有年原)	赤穂市有年原字奥山	不明	不明	8.5	―	古式仿製鏡内行花文帯式(樋口79)／内行花文日光鏡系仿製鏡第Ⅱ型a類(高倉85·90)／内行花文系小形仿製鏡第2型b類(田尻10·12)	〔弥生倭製鏡〕	弥生
164-1	倭	素文鏡	有年牟礼・井田遺跡	赤穂市有年横尾・有年牟礼	集落	土壙状遺構	古墳前期	3.5	―	―	〔素文鏡〕	―
165	倭	珠文鏡	円応寺2号墳	佐用郡佐用町円應寺	円墳(19)・箱形石棺(竪穴式石槨?)	古墳後期	6.1	―	A類(小林79)／珠文鏡Ⅰ類(樋口79)／珠文鏡類A型(小林82·10)／Ⅰ類(中山他94)	〔珠文鏡〕	前期
166	?	不明	宮5号墳	佐用郡佐用町土井字寺の内〔佐用郡南光町〕	古墳	不明	古墳	不明	―	―	― ―
166-1	舶	内行花文鏡	西ノ土居遺跡	佐用郡佐用町	墳墓(14×8)・竪穴式石槨	弥生?	18.8	―	―	― ―
167	倭	十四乳文鏡	西野山5号墳	赤穂郡上郡町西野山	円墳(12)	古墳	7.1	―	獣帯鏡類C型(小林82·10)	〔乳脚文鏡〕	中期
168	舶	三角縁唐草文帯四神四獣鏡	西野山3号墳	赤穂郡上郡町西野山	円墳(17)・粘土槨	古墳前期	22.2	「日而月而美哉　日月天下之明」	目録番号41・同笵鏡番号22・配置A・表現④	― ―
169	倭	四獣鏡	西野山1号墳	赤穂郡上郡町西野山	円墳(17)・箱形石棺	古墳前期	8.9	―	―	鳥頭獣像鏡B系	前(新)
257	舶	内行花文鏡	井の端7号墳〔箱形石棺〕	赤穂郡上郡町山野里字大酒・猪之鼻	方墳(16×10)・箱形石棺	古墳前期	13.7	―	―	― ―
258	倭	重圏文鏡	井の端7号墳〔木棺墓〕		方墳(16×10)・組合式木棺直葬	古墳前期	7.9	―	4a類(脇山15)	〔重圏文鏡〕	前期
173	舶	「仿製」三角縁獣文帯三神三獣鏡	氷上親王塚古墳	丹波市氷上町北野〔氷上郡氷上町〕	円墳(42)・竪穴式石槨?	古墳前期	21.5	―	目録番号206・同笵鏡番号105・配置K2	― ―
174	倭	一神五獣鏡	池ノ川古墳(池の川古墳)	丹波市氷上町石生〔氷上郡氷上町〕	円墳?	古墳後期	13.1	―	獣形文鏡類五獣鏡(小林82·10)／Ba型式(加藤14)	〔旋回式神獣鏡〕	後期
175	倭	珠文鏡	油利百塚古墳群の一古墳	丹波市氷上町油利〔氷上郡氷上町〕	円墳?	古墳後期	7.6	―	珠文鏡Ⅱ類(樋口79)／Ⅱ類(中山他94)／AC-D類(脇山13)	〔珠文鏡〕	―
175-1	倭	珠文鏡	絹山高谷遺跡	丹波市氷上町絹山字高谷〔氷上郡氷上町〕	散布地	遺物包含層	古墳	8.3	―	―	〔珠文鏡〕	―
176	倭	捩文鏡	久良部1号墳	丹波市島町上垣〔氷上郡市島町〕	円墳(10)・竪穴式石槨	古墳中期	9.2	―	D型式b類(水野97)／羽紋鏡系(森下02)	捩文鏡D系	前(中)
177	倭	六獣鏡	沖田1号墳	丹波市柏原町下町字沖田〔氷上郡柏原町〕	円墳・横穴式石室	古墳	17.1	―	獣形文鏡Ⅲ A類(赤塚98b)	対置式神獣鏡B系	前(中)
178	?	〔方格規矩鏡〕	萱刈坂古墳	丹波市柏原町〔氷上郡柏原町〕	古墳	不明	古墳	不明	―	―	― ―

発見年	所蔵（保管）者	共伴遺物					文献	備考
		石製品・玉類	武具・武器・馬具	ほか金属器	土器類	その他		
1961	太子町教育委員会（個人）	勾玉・管玉	筒形銅器1・剣3・銅鏃8・鉄鏃30	斧1	—	—	兵庫県史編纂委員会編1992『兵庫県史』考古資料編,兵庫県	兵庫県（播磨国）28
1961頃	太子町歴史民俗資料館	—	剣1・槍2・鉄鏃19	鉈2・刀子1・棒状鉄製品1	—	—	兵庫県史編纂委員会編1992『兵庫県史』考古資料編,兵庫県	303g
1917	東京国立博物館（J8808）	—	—	—	—	—	兵庫県史編纂委員会編1992『兵庫県史』考古資料編,兵庫県	漢式鏡670／兵庫県（播磨国）50／経筒の蓋として再利用
1917	キヨッソーネ東洋美術館？（東京国立博物館旧蔵（J8572））	管玉	刀・刀装具・鉄鏃・轡	金環・銀環	陶器？	—	兵庫県史編纂委員会編1992『兵庫県史』考古資料編,兵庫県	漢式鏡669／兵庫県（播磨国）49
	所在不明						樋本誠一2002『兵庫県の出土古鏡』学生社	—
1951	所在不明？（個人旧蔵）	—	—	—	—	—	兵庫県史編纂委員会編1992『兵庫県史』考古資料編,兵庫県	兵庫県（播磨国）51
1985	一宮町教育委員会	碧玉勾玉1・勾玉1・碧玉管玉3・滑石小玉120	素環頭大刀1・剣2・槍1・鉄鏃19〜	斧1・鉈1・鑿1・刀子1・棒状鉄器1	—	堅櫛8	兵庫県史編纂委員会編1992『兵庫県史』考古資料編,兵庫県	224g
不明	所在不明	—	—	—	—	—	樋本誠一2002『兵庫県の出土古鏡』学生社	—
不明	個人	—	—	—	—	—	樋本誠一2002『兵庫県の出土古鏡』学生社	縁部のみ
不明	所在不明	勾玉・小玉	挂甲・刀・剣・矛・鏃・杏葉・輪鐙・銅鈴	刀子	須恵器	砥石？	白石太一郎・設楽博己編1994『弥生・古墳時代遺跡出土鏡データ集成』（『国立歴史民俗博物館研究報告』第56集）,国立歴史民俗博物館	
不明	所在不明	—	鉄鏃	鉈	須恵器	—	樋本誠一2002『兵庫県の出土古鏡』学生社	—
1948	有年考古館	—	—	—	—	—	兵庫県史編纂委員会編1992『兵庫県史』考古資料編,兵庫県	59g／兵庫県（播磨国）45／2孔／鈕孔破損
2011	有年考古館	—	—	—	—	—	兵庫県立考古博物館編2011『ひょうごの遺跡』80号,兵庫県立考古博物館	—
1906	佐用町教育委員会	管玉・小玉	刀剣	—	須恵器	—	兵庫県史編纂委員会編1992『兵庫県史』考古資料編,兵庫県	24g
1923	所在不明（個人旧蔵）	—	—	—	—	—	佐用町史編さん委員会編1975『佐用町史』上巻,佐用町	—
不明	佐用町教育委員会	—	—	—	—	—	樋本誠一2002『兵庫県の出土古鏡』学生社	〈150g〉／破鏡（研磨）／縁部
1950	所在不明（有年考古館旧蔵）	—	剣	—	—	—	兵庫県史編纂委員会編1992『兵庫県史』考古資料編,兵庫県	兵庫県（播磨国）48
1951	有年考古館	硬玉勾玉1・ガラス勾玉1・碧玉管玉90〜・水晶切子玉6・水晶丸玉2・ガラス小玉5	漆塗有機質製短甲1・剣2・槍1・銅鏃4・鉄鏃6	刀子3・鉈1・斧1	—	—	楢崎彰一・上田宏範・島田清・川端眞治1952『兵庫県赤穂郡西野山第三号墳』有年考古館研究報告第一輯,有年考古館	兵庫県（播磨国）46
1947	個人	—	—	—	—	石枕	兵庫県史編纂委員会編1992『兵庫県史』考古資料編,兵庫県	105g／兵庫県（播磨国）47
1993	上郡町郷土資料館	碧玉管玉1・ガラス小玉2	剣1	鉈1	—	—	島田拓編2009『井の端古墳群（調査編）』上郡町埋蔵文化財発掘調査報告1,上郡町教育委員会	〈48g〉／破鏡（研磨）／成人男性骨
		—	—	刀子1	—	—		43g
1899	東京国立博物館（J2604）	—	—	—	—	—	兵庫県史編纂委員会編1992『兵庫県史』考古資料編,兵庫県	783g／漢式鏡617／兵庫県（丹波国）1-1
1899頃	東京国立博物館（J2618）	—	冑残欠・刀片・金銅鏡板・金銅杏葉	—	須恵器	—	兵庫県史編纂委員会編1992『兵庫県史』考古資料編,兵庫県	〈183g〉／漢式鏡616／兵庫県（丹波国）1-2
1927以前	個人	—	—	—	—	—	兵庫県史編纂委員会編1992『兵庫県史』考古資料編,兵庫県	63g／兵庫県（丹波国）2
不明	丹波市教育委員会	—	—	—	—	—	樋本誠一2002『兵庫県の出土古鏡』学生社	〈15g〉／破鏡（研磨）
1985	上垣市島公民館	—	—	—	—	—	兵庫県史編纂委員会編1992『兵庫県史』考古資料編,兵庫県	75g
不明	個人	—	—	—	—	—	兵庫県史編纂委員会編1992『兵庫県史』考古資料編,兵庫県	478g
不明	所在不明	勾玉	甲冑片・刀	斧	—	—	樋本誠一2002『兵庫県の出土古鏡』学生社	—

番号	舶倭	鏡式	出土遺跡	出土地名	遺跡内容	時期	面径(cm)	銘文	諸氏分類	編者分類・時期
179	舶	斜縁四獣鏡	丸山1号墳〔南主体部〕	丹波市山南町野坂〔氷上郡山南町〕	前方後円墳(48)・竪穴式石槨(割竹形木棺)	古墳前期	13.0	—	獣形文鏡類四獣鏡A型(小林82・10)／獣形文ⅠD類(赤塚98b)	— —
180	倭	六弧内行花文鏡	丸山1号墳〔北主体部〕		前方後円墳(48)・竪穴式石槨(組合式木棺)	古墳前期	6.4	—	B類1式(清水94)	内行花文鏡B式 前(中)
180-1	倭	珠文鏡	中佐治5号墳	丹波市青垣町中佐治〔氷上郡青垣町〕	円墳(19×13)・竪穴系横口式石室	古墳中期	8.9	—	AC-B類(脇山13)／充填系B群(岩本14)	〔珠文鏡〕 —
181	舶	青羊作画文帯対置式四神四獣鏡	よせわ1号墳	篠山市菅〔多紀郡篠山町〕	円墳(5?)・粘土槨?	古墳中期	20.1	「青羊作□ □□□□□西王 東父□□□□□昌 □牙□□遷人見容 □□□□□□□遷 作吏高官□宜侯王 子□□昌」	—	— —
182	倭	七鈴五神像鏡	宝地山2号墳(平田山古墳)	篠山市上宿〔多紀郡篠山町〕	円墳(19)	古墳後期	16.3	—	獣形鏡系七鈴式(樋口79)／鈴鏡類(七鈴鏡)(小林82・10)／獣形(西岡86)／獣形文系A類(岡田05)	〔後期型神像鏡Ⅱ系〕 後期
183	?	〔四獣鏡〕	ひもつ谷古墳(堂山4号墳)	篠山市野々垣字ひもつ谷〔多紀郡篠山町〕	横穴式石室	古墳後期	不明	—	—	— —
184	倭	九乳文鏡	宮田山1号墳(宮田1号墳)	篠山市宮田〔多紀郡西紀町〕	円墳(13)・木棺直葬	古墳	7.1	—	—	〔乳脚文鏡〕 後期
185	倭	珠文鏡	大師山6号墳	篠山市下板井〔多紀郡西紀町〕	円墳(10)・割竹形木棺直葬	古墳	6.1	—	—	〔珠文鏡〕 —
186	倭	六弧内行花文鏡	上板井2号墳	篠山市上板井〔多紀郡西紀町〕	円墳(13)・組合式木棺直葬	古墳中期	7.6	—	B類3式(清水94)	内行花文鏡B式 前(中)
187	倭	重圏文鏡	大滝2号墳〔第1主体部〕	篠山市大山下〔多紀郡丹南町〕	前方後円墳(20)・組合式木棺直葬	古墳中期	5.0	—	3b類(脇山15)	〔重圏文鏡〕 —
188	倭	珠文鏡	宿1号墳(北野今寺1号墳)	篠山市北野字今寺〔多紀郡丹南町〕	円墳(12)・木棺直葬	古墳後期	5.6	—	Ⅰ類(中山他94)	〔珠文鏡〕 —
189	倭	八弧内行花文鏡	掛内山遺跡(北山遺跡)	篠山市真南条上〔多紀郡丹南町〕	山頂から単独出土	古墳	14.8	—	A類Ⅱb式(清水94)／Ⅱ類基本系(林00)	内行花文鏡A式BⅡ類 前(中)
190	?	不明	峠尻2号墳	篠山市長安寺〔多紀郡丹南町〕	前方後円墳(30)・横穴式石室	古墳後期	不明	—	—	— —
191	?	不明					不明	—	—	— —
192	?	不明	山田2号墳	篠山市大山〔多紀郡丹南町〕	円墳・横穴式石室	古墳後期	不明	—	—	— —
193	舶	唐草文縁方格規矩鏡	森尾古墳〔第1主体部〕	豊岡市森尾字市尾	方墳(35×24)・竪穴式石槨	古墳前期	12.9	「泰言之紀鏡始 蒼龍在左虎右」	—	— —
194	舶	三角縁正始元年陳是作同向式神獣鏡	森尾古墳〔第3主体部〕		方墳(35×24)・竪穴式石槨	古墳前期	22.7	「□□□□ 陳是作鏡自有経□ 本自荊師杜地所出 壽□金石保子宜孫」	目録番号8・同笵鏡番号5・配置同向・表現他	— —
195	舶	三角縁新作徐州銘四神四獣鏡	森尾古墳〔第2主体部〕		方墳(35×24)・竪穴式石槨	古墳前期	25.8	「新作大竟 幽律三剛配徳君子 清而且明銅出徐州 師出洛陽潤而刻鏤 皆作文章左龍右虎 師子有名取者大吉 宜子孫」	目録番号19・同笵鏡番号*・配置C・表現⑭	— —
196	舶	三角縁波文帯三神三獣鏡	小見塚古墳	豊岡市城崎町今津字小見塚〔城崎郡城崎町〕	円墳・粘土槨	古墳	21.3	—	目録番号131・同笵鏡番号72・配置C・表現⑩	— —
197	倭	細線式獣帯鏡					18.7	擬銘	細線式獣形類(樋口79)／獣帯鏡類B型(小林82・10)／JC式(田中83)	細線式獣帯鏡系 前(古)
198	倭	乳文鏡	エノ田1号墳	豊岡市香住	円墳(12)・木棺直葬	不明	11.5	—	乳脚紋鏡b～d系(森下02)	〔乳脚文鏡〕 ～後期
199	倭	珠文鏡	カチヤ古墳(半坂峠古墳)	豊岡市三宅字カチヤ	円墳(19)・箱形石棺	古墳前期～	6.4	—	Ⅱ類(中山他94)	〔珠文鏡〕 —
200	倭	珠文鏡	北浦18号墳	豊岡市森尾字北浦	円墳(20)・木棺直葬	古墳	9.7	—	乳文鏡類(小林82・10)／V(中山他94)／2 C(吉田99)／区画入珠紋鏡(森下02)	〔珠文鏡〕 前期
201	倭	乳文鏡	北浦28-3号墳(北浦28号地点3号墳)	豊岡市森尾字北浦	円墳?(11)・木棺直葬?	古墳中期～	7.6	—	—	〔乳脚文鏡〕 後期
202	倭	六獣鏡	立石107-1号墳	豊岡市立石	円墳(12)・組合式木棺直葬	古墳中期～	12.3	—	獣形文鏡ⅢA類(赤塚98b)	対置式神獣鏡B系 前(中)
203	舶	四葉座鈕内行花文鏡	中ノ郷・深谷1号墳〔第2主体部〕	豊岡市中郷字深谷	方墳(20)・箱形石棺	古墳前期	破片	「長□子□」	—	— —
204	倭	五弧内行花文鏡	中ノ郷・深谷1号墳〔第4主体部〕		方墳(20)・組合式石棺	古墳前期	9.5	—	B類2式(清水94)／内行花文鏡D系(森下02)	内行花文鏡B式 前(中)

兵庫

発見年	所蔵（保管）者	共伴遺物 石製品・玉類	武具・武器・馬具	ほか金属器	土器類	その他	文献	備考
1975	山南町歴史資料館	―	剣2・矛1・鉄鏃41	鍬先2・斧2・鎌1・鉇2・鋸1・鑿1・錐1・刀子1	―	―	山本三郎・井守徳男編1977『丸山古墳群―調査の概要―』山南町	208g／同型：鏡塚古墳（茨城9）・エゲ古墳（福岡285）
		車輪石1・ガラス小玉17	―	―	―	―		24g
2003	兵庫県教育委員会	―	剣1・鉄鏃23	鋤（鍬）先1・斧1・鎌1・刀子1	須恵器（短頸壺・杯蓋・杯身）	―	別府洋二編2009『中佐治古墳群』兵庫県文化財調査報告第359冊，兵庫県教育委員会	―
1962（元文?）	菅金照寺・篠山市立歴史美術館	―	鏡板1対・三環鈴1	鉄製品多数	―	―	兵庫県史編纂委員会1992『兵庫県史』考古資料編，兵庫県	同型鏡群〔GT-1〕／1320g／兵庫県（丹波国）3
1973	篠山市立歴史美術館	―	―	―	須恵器片	―	樋口隆康1979『古鏡』新潮社	470g／兵庫県（丹波国）5環状乳神獣鏡か鼉龍鏡の倭製
1914	所在不明（個人?）	―	―	―	―	―	櫃本誠一2002『兵庫県の出土古鏡』学生社	―
不明	篠山市教育委員会	―	―	―	―	―	兵庫県史編纂委員会1992『兵庫県史』考古資料編，兵庫県	37g
不明	篠山市教育委員会	―	―	―	―	―	兵庫県史編纂委員会1992『兵庫県史』考古資料編，兵庫県	31g
1983	兵庫県教育委員会	水晶勾玉1・碧玉管玉1・石英管玉1・ガラス小玉29	―	刀子1	―	―	市橋重喜編1986『上板井古墳群』兵庫県文化財調査報告書第34冊，兵庫県教育委員会	48g
1978	篠山市教育委員会	瑪瑙勾玉1・ガラス小玉91	刀2・剣1・鉄鏃15～・轡・鏡板1・鈴金具等	斧1・鎌2・鉇1・刀子1	須恵器（短頸壺・高杯・杯）	―	兵庫県史編纂委員会1992『兵庫県史』考古資料編，兵庫県	12g
1960	財団法人大山振興会・大山小学校	―	刀2	刀子1	須恵器（短頸壺1・有蓋高杯1・杯1）	―	兵庫県史編纂委員会1992『兵庫県史』考古資料編，兵庫県	15g
1958	個人	―	―	―	―	―	兵庫県史編纂委員会1992『兵庫県史』考古資料編，兵庫県	240g／兵庫県（丹波国）4
1917	所在不明	勾玉・管玉・切子玉	金銅冑・刀2・金銅馬具	―	須恵器	―	櫃本誠一2002『兵庫県の出土古鏡』学生社	―
								―
1960	所在不明	―	金銅装環頭大刀・刀2	―	須恵器	―	櫃本誠一2002『兵庫県の出土古鏡』学生社	―
1917	個人（豊岡市出土文化財管理センター）	（出土主体部不明：石杵1・硬玉勾玉1・ガラス勾玉2・碧玉管玉25・ガラス小玉12）	刀剣・銅鏃・鉄鏃・釵?	（出土主体部不明：斧1・鉇1）	―	―	梅原末治1925「出石村神美村の古墳」『兵庫県史蹟名勝天然紀念物調査報告書』第二輯，兵庫県	漢式鏡624／兵庫県（但馬国）1-3
	京都大学総合博物館〈5661〉		刀剣類		―	―		〈1397g〉／漢式鏡623／兵庫県（但馬国）1-1
	東京国立博物館〈J9171〉（個人寄贈）	勾玉・管玉・（出土主体部不明：石杵1・硬玉勾玉1・ガラス勾玉2・碧玉管玉25・ガラス小玉12）	―		―	―		〈2007g〉／漢式鏡622／兵庫県（但馬国）1-2
1914	東京国立博物館〈J8030〉	滑石紡錘車形石製品1・滑石勾玉5	冑?・刀・剣・鉄鏃	―	―	―	梅原末治1925「城崎郡今津の小見塚古墳」『兵庫県史蹟名勝天然紀念物調査報告書』第二輯，兵庫県	〈757g〉／漢式鏡619／兵庫県（但馬国）3-1
	東京国立博物館〈J8029〉							漢式鏡620／兵庫県（但馬国）3-2
不明	豊岡市出土文化財管理センター・豊岡市教育委員会	―	―	―	―	―	兵庫県史編纂委員会1992『兵庫県史』考古資料編，兵庫県	193g
1981	兵庫県教育委員会	碧玉勾玉11・碧玉管玉21・滑石臼玉247・ガラス小玉5	剣1	刀子1・針状鉄製品3	―	―	山本三郎・渡辺昇編1983『半坂峠古墳群 辻遺跡』兵庫県文化財調査報告第18集，兵庫県教育委員会	熟年女性骨
1979	豊岡市出土文化財管理センター・豊岡市教育委員会	―	―	刀子	―	転用土器枕（器台）	兵庫県史編纂委員会1992『兵庫県史』考古資料編，兵庫県	82g／放射状区画（八区画）
1983		瑪瑙勾玉・ガラス小玉48	―	―	―	―	兵庫県史編纂委員会1992『兵庫県史』考古資料編，兵庫県	〈51g〉
1982	豊岡市出土文化財管理センター・豊岡市教育委員会	―	―	刀子1	―	―	兵庫県史編纂委員会1992『兵庫県史』考古資料編，兵庫県	360g
1983	豊岡市出土文化財管理センター・豊岡市教育委員会	―	―	針状鉄製品1	―	石枕1	兵庫県史編纂委員会1992『兵庫県史』考古資料編，兵庫県	破鏡（研磨）
				刀子1				―

番号	舶倭	鏡式	出土遺跡	出土地名	遺跡内容	時期	面径(cm)	銘文	諸氏分類	編者分類・時期	
205	倭	不明	長谷・ハナ1号墳	豊岡市長谷字ハナ	古墳	(10)・木棺直葬	古墳	9.6	—	—	—	—
206	倭	珠文鏡	長谷・ハナ4号墳〔第3主体部〕	豊岡市長谷字ハナ	古墳	方墳（11×7）・木棺直葬	古墳	5.2	—	珠紋鏡系（森下02）	〔珠文鏡〕	—
208	倭	四獣鏡	久斗	豊岡市日高町久斗〔城崎郡日高町〕	古墳?	不明	古墳?	11.5	—	獣形文鏡類四獣鏡C-1型（小林82・10）	—	—
209	倭	乳文鏡?	シゲリ谷古墳群（シゲリ谷3号墳?）	〔城崎郡日高町〕	古墳	円墳・横穴式石室	古墳後期	4.8	—	—	〔乳脚文鏡?〕	—
210	倭	珠文鏡	法尺谷3号墳	豊岡市日高町日置〔城崎郡日高町〕	古墳	円墳（20）・木棺直葬	古墳	5.7	—	珠紋鏡系（森下02）	〔珠文鏡〕	前期
211	倭	珠文鏡	太田谷（楢縫古墳群?）	豊岡市日高町鶴岡〔城崎郡日高町〕	古墳	円墳?・横穴式石室?	古墳	3.5	—	珠文鏡類A型（小林82・10）	〔珠文鏡〕	—
212	倭	素文鏡						3.1	—		〔素文鏡〕	—
212-1	倭	捩文鏡?	小山2号墳	豊岡市日高町〔城崎郡日高町〕	古墳	円墳（15）・木棺直葬	古墳	7.3	—	—	捩文鏡?	—
213	倭	四獣鏡	下安良城山古墳〔2号石棺〕	豊岡市出石安良〔出石郡出石町〕	古墳	円墳（23）・箱形石棺	古墳前期	12.0	—	四獣形鏡（樋口79）／獣形文鏡ⅡA類（赤塚98b）／鳥頭四獣鏡系（森下02）	鳥頭獣像鏡B系	前(中)
214	倭	獣像鏡	箱根山6（ロ）号墳（箱根山3号墳）	豊岡市出石町伊豆字箱根山〔出石郡出石町〕	古墳	円墳	古墳	8.7	—	—	—	前期
215	舶	方銘四獣鏡	入佐山3号墳〔第1主体部〕	豊岡市出石町下谷〔出石郡出石町〕	古墳	方墳（36×23）・組合式木棺直葬	古墳前期	12.3	「君宜高官」	—	—	—
216	倭	四獣鏡（捩文鏡）						8.5	—	獣毛紋鏡系（森下02）	捩文鏡A系?	前(古〜中)
217	倭	捩文鏡	御座敷遺跡〔1号竪穴式石槨〕（御屋敷古墳〔2号竪穴式石槨〕）	豊岡市出石町宮内〔出石郡出石町〕	古墳	円墳?（15×23）・竪穴式石槨	古墳	9.7	—	A型式b類（水野97）	捩文鏡A系	前(古)
218	倭	四獣鏡	御座敷遺跡〔2号竪穴式石槨〕（御屋敷古墳〔3号竪穴式石槨〕）			円墳?（15×23）・竪穴式石槨		9.9	—	獣形文鏡ⅡA類（赤塚98b）	鳥頭獣像鏡B系	前(中)
219	倭	珠文鏡	鶏塚古墳	豊岡市出石町谷山〔出石郡出石町〕	古墳	円墳（25）・横穴式石室	古墳後期	8.7	—	珠文鏡類B型（小林82・10）／Ⅲ類（中山他94）／AC-D類（脇山13）／充填系D群（岩本14）	〔珠文鏡〕	—
220	倭	五弧内行花文鏡	田多地3号墳〔第1主体部〕	豊岡市出石町田多地〔出石郡出石町〕	古墳	方墳（30or20）・木棺直葬	古墳前期	6.6	—	B類3式（清水94）	内行花文鏡B式	前(中)
221	倭	珠文鏡	田多地引谷5号墳	豊岡市出石町田多地〔出石郡出石町〕	古墳	方墳（20）・木棺直葬	古墳前期	7.3	—	珠文鏡系（森下02）	〔珠文鏡〕	—
221-1	舶	不明〈M1〉	鳥居遺跡	豊岡市出石町鳥居	散布地	現河床	不明	破片	—	—	—	—
221-2	舶	不明〈M2〉	鳥居遺跡					破片	—	—	—	—
207	倭	八乳文鏡	ヘタバナ遺跡（勢多端古墳）	美方郡香美町香住区下岡〔城崎郡香住町〕	不明	不明	古墳	8.4	—	乳文鏡Ⅰ類（樋口79）	〔乳脚文鏡〕	後期
222	倭	珠文鏡	文堂古墳	美方郡香美町村岡区寺河内531〔美方郡村岡町〕	古墳	円墳（15）・横穴式石室	古墳終末期	8.2	—	珠紋鏡系（森下02）／BC-D類（脇山13）／充填系E群（岩本14）	〔珠文鏡〕	—
223	倭	珠文鏡?	八幡山6号墳	美方郡香美町村岡区福岡字八幡〔美方郡村岡町〕	古墳	円墳（21）・竪穴系横口式石室	古墳後期	6.6	—	—	〔珠文鏡?〕	—
223-1	?	不明	無南垣丸山1号墳	美方郡香美町香住区無南垣〔城崎郡香住町〕	古墳	不明	古墳	不明	—	—	—	—
224	倭?	不明	田井松村遺跡（戸田忠霊塔古墳?）	美方郡新温泉町田井〔美方郡浜坂町〕	古墳	不明	古墳	11.1	—	—	—	—
224-1	倭	六弧内行花文鏡	小坂谷1号墳	美方郡新温泉町対田字小坂谷〔美方郡浜坂町〕	古墳	円墳（10）・木棺直葬	古墳中期	8.1	—	—	内行花文鏡B式	—
225	倭	六獣鏡	世賀居塚古墳（世賀居鏡塚古墳）	養父市八鹿町坂本字世賀居〔養父郡八鹿町〕	古墳	円墳（10?）・横穴式石室	古墳後期	13.5	—	四獣形鏡（樋口79）／獣形文鏡類六獣鏡（小林82・10）／Bd型式（加藤14）	〔旋回式獣像鏡〕	後期

兵庫

発見年	所蔵（保管）者	共伴遺物 石製品・玉類	共伴遺物 武具・武器・馬具	共伴遺物 ほか金属器	共伴遺物 土器類	共伴遺物 その他	文献	備考
1981	豊岡市出土文化財管理センター・豊岡市教育委員会	―	槍1・鉄鏃1	―	―	―	兵庫県史編纂委員会1992『兵庫県史』考古資料編, 兵庫県	縁部片
1982	豊岡市出土文化財管理センター・豊岡市教育委員会	碧玉管玉1・ガラス小玉2	―	―	―	―	兵庫県史編纂委員会1992『兵庫県史』考古資料編, 兵庫県	10g
1920	廣瀬都巽旧蔵	―	―	―	―	―	兵庫県史編纂委員会1992『兵庫県史』考古資料編, 兵庫県	漢式鏡618／4
1905	個人	―	―	―	―	―	兵庫県史編纂委員会1992『兵庫県史』考古資料編, 兵庫県	―
不明	豊岡市教育委員会	―	―	―	―	―	兵庫県史編纂委員会1992『兵庫県史』考古資料編, 兵庫県	―
不明	京都大学総合博物館〈730〉						兵庫県史編纂委員会1992『兵庫県史』考古資料編, 兵庫県	兵庫県（但馬国）6-2
不明	京都大学総合博物館〈730〉						兵庫県史編纂委員会1992『兵庫県史』考古資料編, 兵庫県	7g／兵庫県（但馬国）6-1
不明	豊岡市教育委員会	―	―	―	―	―	櫃本誠一2002『兵庫県の出土古鏡』学生社	―
1966	豊岡市教育委員会・出石史料館	―	―	―	―	石枕1	兵庫県史編纂委員会1992『兵庫県史』考古資料編, 兵庫県	207g／兵庫県（但馬国）9
1961	豊岡市教育委員会・出石史料館	勾玉・管玉	―	―	―	―	兵庫県史編纂委員会1992『兵庫県史』考古資料編, 兵庫県	74g／兵庫県（但馬国）10／初現期倭製鏡
1987	豊岡市教育委員会・出石史料館	ガラス小玉1	刀2・剣2・槍1・鉄鏃15	斧1・鎌1・鉇1	―	砂鉄150g	兵庫県史編纂委員会1992『兵庫県史』考古資料編, 兵庫県	〈176g〉
								108g
不明	豊岡市教育委員会・出石史料館						兵庫県史編纂委員会1992『兵庫県史』考古資料編, 兵庫県	〈106g〉
								124g
1917	東京国立博物館（J8857）（個人寄贈）	―	雲珠残欠	―	―	砥石	兵庫県史編纂委員会1992『兵庫県史』考古資料編, 兵庫県	漢式鏡621／兵庫県（但馬国）2
1980	豊岡市教育委員会・出石史料館	―	―	―	―	―	兵庫県史編纂委員会1992『兵庫県史』考古資料編, 兵庫県	40g
1991	豊岡市教育委員会・出石史料館	―	―	―	―	―	兵庫県史編纂委員会1992『兵庫県史』考古資料編, 兵庫県	63g／壮年女性骨
2007	兵庫県立考古博物館魚住分館	―	―	―	土器	―	小川弦太編2012『鳥居遺跡』兵庫県文化財調査報告第423冊, 兵庫県教育委員会	「近隣の古墳から流出したものとも考えられるが、実態は不明」／破鏡（破面研磨・1孔）
								「近隣の古墳から流出したものとも考えられるが、実態は不明」／破鏡（破面研磨・1孔）
1982	香美町教育委員会・香住区中央公民館（個人）	―	―	―	―	―	兵庫県史編纂委員会1992『兵庫県史』考古資料編, 兵庫県	100g／八乳文と四乳
1970	香美町教育委員会・村岡民俗資料館まほろば	勾玉1・ガラス丸玉3	金銅装双龍環頭大刀1・金銅装頭椎大刀1・圭頭大刀柄頭1・銀装大刀2・金属装大刀1・刀4・刀装具片・鉄鏃31～・心葉形鏡板付轡1・杏葉5・辻金具6・雲珠1・鞍金具3・釣金具2・鉸具4・鋲状金具2・脚金具1・円形金具3・方形金具8・金銅製品片	耳環1	土師器（高杯1）・須恵器（杯蓋31・杯身43・蓋2・高杯蓋1・高杯10・壺7・𤭯3・横瓶1）	釘	櫃本誠一・森下章司編2014『兵庫県香美町村岡 文堂古墳』大手前大学史学研究所研究報告第13号, 大手前大学史学研究所	68g／兵庫県（但馬国）12
不明	香美町教育委員会・村岡民俗資料館まほろば	―	―	―	土師器（舟形高杯等）・須恵器（高杯・革袋形提瓶等）	―	兵庫県史編纂委員会1992『兵庫県史』考古資料編, 兵庫県	兵庫県（但馬国）11
不明	所在不明	―	―	―	―	―	櫃本誠一2002『兵庫県の出土古鏡』学生社	―
不明	新温泉町教育委員会	―	―	―	―	―	櫃本誠一2002『兵庫県の出土古鏡』学生社	縁部片
2013	兵庫県教育委員会	玉78（臼玉・ガラス小玉）	刀1・鉄鏃約18	―	―	―	新温泉町役場編2013『広報しんおんせん』Vol.97, 新温泉町役場編	34g
1912	東京国立博物館〈J6955〉	―	刀残欠・轡	―	須恵器（壺・高杯）	―	兵庫県史編纂委員会1992『兵庫県史』考古資料編, 兵庫県	204g／漢式鏡625／兵庫県（但馬国）8

番号	舶倭	鏡式	出土遺跡	出土地名	遺跡内容	時期	面径(cm)	銘文	諸氏分類	編者分類・時期
226	倭	珠文鏡	源氏山4号墳〔第3主体部〕	養父市八鹿町宿南〔養父郡八鹿町〕	古墳	方墳(14)・木棺直葬	古墳中期	5.9	―	―	〔珠文鏡〕	―
226-1	倭	夔龍鏡	沖田1号墳〔第1主体部〕	養父市八鹿町九鹿字片山〔養父郡八鹿町〕	古墳	円墳(23)・箱形石棺	古墳前期	17.1	―	―	夔龍鏡A系	前(中)
226-2	舶	方格規矩八禽鏡	沖田11号墳〔第2主体部〕	養父市八鹿町九鹿字片山〔養父郡八鹿町〕	古墳	箱形石棺	古墳前期	完形	―	―	―	―
227	倭？	不明	ユウ山1号墳(ユウヤマ1号墳)	養父市堀畑〔養父郡養父町〕	古墳	円墳(19)・横穴式石室	古墳	8.6	―	―	―	―
259	倭	八弧内行花文鏡	西家の上山頂古墳	養父市八鹿町小山字西家ノ上〔養父郡八鹿町〕	墳墓	不明	古墳前期	10.0	―	―	内行花文鏡A式 BⅠ類？	前(中？)
259-1	？	不明	吉井15号墳	養父市関宮〔養父郡関宮町〕	古墳	箱形石棺	不明	不明	―	―	―	―
228	舶	三角縁獣文帯三神三獣鏡〈1号鏡〉	城の山古墳	朝来市和田山町東谷〔朝来郡和田山町〕	古墳	円墳(36)・箱形木棺直葬	古墳前期	24.1	―	目録番号117・同笵鏡番号(*)・配置K1・表現⑪	―	―
229	舶	三角縁獣文帯三神三獣鏡〈2号鏡〉					22.1	―	目録番号115・同笵鏡番号66・配置K1・表現⑪	―	―
230	舶	三角縁波文帯三神三獣鏡〈3号鏡〉					21.6	―	目録番号129・同笵鏡番号*・配置K1・表現⑫	―	―
231	舶	青盖作斜縁四獣鏡〈4号鏡〉					14.8	「青盖作竟□□□ 青龍居□白□□□ 長□□□□□ 辟不羊富貴吉昌」	半肉彫獣帯鏡C四像式(樋口79)/斜縁四獣鏡表現B類(實盛12)	―	―
232	舶	唐草文鏡(芝草文鏡)〈5号鏡〉					15.4	―	特殊文鏡(唐草文鏡)(樋口79)/重圏文鏡類(小林82・10)	―	―
233	舶	方格規矩八禽鏡〈6号鏡〉					15.4	「子丑寅卯辰巳午未申西戌亥」	方格規矩鳥文鏡四乳式(樋口79)/方格規矩文鏡類D型(小林82・10)/博局鳥文鏡Aa1K類(高木91・93)/甲群(森下98)	―	―
234	倭	六弧内行花文鏡	筒江中山23号墳	朝来市和田山町筒江〔朝来郡和田山町〕	古墳	円墳(27)・組合式木棺直葬	古墳前期	11.7	―	B類(清水94)	内行花文鏡B式	前(中)
235	舶	円座鈕八弧内行花文鏡	向山2号墳〔第2主体部〕	朝来市和田山町加都字向山・安井字矢別〔朝来郡和田山町〕	古墳	方墳(11×7)・竪穴式石槨	古墳前期	10.2	―	B類(H類)(清水94)	―	―
235-1	倭	盤龍鏡〈1号鏡〉					16.2	―	―	盤龍鏡Ⅰ系	前(新)
235-2	倭	対置式二神四獣鏡〈2号鏡〉	茶すり山古墳〔第1主体部〕	朝来市和田山町筒江字梨ヶ谷〔朝来郡和田山町〕	古墳	円墳(90)・粘土槨	古墳中期	15.9	擬銘	―	対置式神獣鏡A系	前(中)
235-3	舶	八弧内行花文鏡〈3号鏡〉					16.6	―	―	―	―
235-4	倭	二神四獣鏡	茶すり山古墳〔第2主体部〕			円墳(90)・組合式木棺直葬	古墳中期	14.8	―	―	浮彫式獣帯鏡系	前(中)
235-5	倭	四乳文鏡	梅田1号墳	朝来市和田山町久留引字梅田・加都字向山〔朝来郡和田山町〕	古墳	円墳(約28)・組合式木棺直葬	古墳中期	10.1	―	―	〔乳脚文鏡？〕	中期
235-6	倭	六乳文鏡	梅田3号墳〔第1主体部〕	朝来市和田山町久留引字梅田・加都字向山〔朝来郡和田山町〕	古墳	円墳(約10)・木棺直葬	古墳後期	9.1	―	―	〔乳脚文鏡〕	後期
236	舶	方格規矩八禽鏡	馬場19号墳	朝来市山東町柿坪〔朝来郡山東町〕	木棺直葬		古墳	15.8	「子□□□□未丑□□□戌亥」	甲群(森下98)	―	―
236-1	舶	飛禽鏡〈1号鏡〉	若水A11号墳〔第1主体部〕	朝来市山東町粟鹿〔朝来郡山東町〕	古墳	円墳(41×36)・組合式箱形木棺直葬	古墳前期	9.1	―	B式(實盛15)	―	―
236-2	舶？	八弧内行花文鏡〈2号鏡〉					14.1	―	―	―	―
236-3	倭	重圏文鏡	新堂見尾1号墳〔第1主体部〕	朝来市山東町新堂〔朝来郡山東町〕	古墳	円墳(25)・竪穴式石槨	古墳前期	5.7	―	―	〔重圏文鏡〕	―
236-4	倭	珠文鏡	東南山2号墳	朝来市山東町諏訪〔朝来郡山東町〕	古墳	円墳(16)・竪穴式石槨	古墳	6.0	―	―	〔珠文鏡〕	前期
236-5	？	不明	西田原？	神崎郡福崎町西田原	不明	不明	不明	不明	―	―	―	―

兵庫

発見年	所蔵（保管）者	共伴遺物					文献	備考
		石製品・玉類	武具・武器・馬具	ほか金属器	土器類	その他		
不明	養父市教育委員会	碧玉管玉2	鉄鏃	斧1	土師器（鼓形器台1）	―	兵庫県史編纂委員会編1992『兵庫県史』考古資料編，兵庫県	―
2002	朝来市埋蔵文化財センターあさご館	石釧等	―	―	―	―	ジャパン通信社編2002『月刊文化財発掘出土情報』2002年10月号，ジャパン通信社	箱形石棺の蓋石の上で石釧と共伴
2000年代	朝来市埋蔵文化財センターあさご館	―	―	―	―	―	森下章司編2010『弥生・古墳時代銅鏡出土状況資料集』大手前大学史学研究所	―
不明	養父市教育委員会	―	―	―	―	―	兵庫県史編纂委員会編1992『兵庫県史』考古資料編，兵庫県	縁部片
不明	養父市教育委員会	―	―	―	―	―	樋本誠一2002『兵庫県の出土古鏡』学生社	―
不明	所在不明	―	―	―	―	―	樋本誠一2002『兵庫県の出土古鏡』学生社	―
1971	朝来市埋蔵文化財センターあさご館	石釧4・合子形石製品1・琴柱形石製品1・硬玉勾玉5・琥珀勾玉3～・ガラス勾玉30（+8片）・碧玉管玉91	刀2・剣1	斧1・鉇8・刀子8	―	―	樋本誠一編1972『城の山・池田古墳』和田山町・和田山町教育委員会	1475g／兵庫県（但馬国）13-1
								1230g／兵庫県（但馬国）13-2
								990g／兵庫県（但馬国）13-3
								545g／兵庫県（但馬国）13-4
								300g／兵庫県（但馬国）13-5
								340g／兵庫県（但馬国）13-6
1977	兵庫県教育委員会	―	剣・鉄鏃	斧・鉇	―	―	兵庫県史編纂委員会編1992『兵庫県史』考古資料編，兵庫県	130g
1991	兵庫県教育委員会	―	―	鉇2	―	―	中村弘編1999『向山古墳群・市乗寺古墳群・一乗寺経塚・矢別遺跡』兵庫県文化財調査報告第191冊，兵庫県教育委員会	「熟年（40-60歳）程度」の女性骨
2002	朝来市埋蔵文化財センターあさご館	碧玉勾玉1・管玉33・ガラス小玉1207～	堅矧板鋲留衝角付冑1・三角板革綴衝角付冑1・三尾鉄1・三段鋲1・一枚板鋲1・三角板革綴襟付短甲1・長方板革綴短甲1・頚甲1・肩甲1・草摺1・素環頭刀1・刀29・剣17・蛇行剣2・矛19・槍15・鉄鏃389・弓1・革盾7	斧4・鉄柄付手斧2・鉄柄付刀子1・刀子5・針1～・棒状鉄製品7	―	堅櫛14	岸本一宏編2010『史跡 茶すり山古墳』兵庫県文化財調査報告第83冊，兵庫県教育委員会	363g
								396g
								366g
2002		勾玉2・管玉14・ガラス小玉698	刀2・鉄鏃14	鋤先3・斧10・鎌11・手鎌9・鉇3・鑿4・刀子7・針9	―	堅櫛2		425g
1997?	兵庫県教育委員会埋蔵文化財調査事務所	琴柱形石製品4・碧玉勾玉3・滑石勾玉88・碧玉管玉8・緑色凝灰岩管玉20・滑石臼玉263	刀2・鉄鏃30	斧1・鎌1・手鎌9・刀子2・針21	土師器（二重口縁壺1・高杯3）	堅櫛7	菱田淳子2002『梅田古墳群Ⅰ』兵庫県文化財調査報告第240冊，兵庫県教育委員会	190g
1997?		―	刀1・鉄鏃9	刀子1	須恵器	―		62g
不明	朝来市教育委員会	―	―	―	―	―	兵庫県史編纂委員会編1992『兵庫県史』考古資料編，兵庫県	470g
2001	兵庫県立考古博物館魚住分館	―	―	鉇3・針6・不明鉄器1	―	木製合子1	岸本一宏編2009『若水古墳群・城跡』兵庫県文化財調査報告第364冊，兵庫県教育委員会	149g
								429g
2004	朝来市教育委員会	ガラス玉約5	剣	鉇	―	―	片山一道・森本直記・中島雄二・日下宗一郎2008「新堂見尾一号古墳被葬者人骨の形態学的分析」『橿原考古学研究所論集』第十五，八木書店	「一八歳～二五歳の年齢で死亡したものと推定できる」男性骨と不明骨／鏡は初葬の不明骨にともなう
不明	朝来市教育委員会	―	―	―	―	―		
不明	所在不明	―	―	刀3	陶器1	―	樋本誠一2002『兵庫県の出土古鏡』学生社	漢式鏡660

番号	舶倭	鏡式	出土遺跡	出土地名	遺跡内容	時期	面径(cm)	銘文	諸氏分類	編者分類・時期	
244	倭	櫛歯文鏡 or 重圏文鏡〈1号鏡〉	藤江別所遺跡	明石市藤江字別所	祭祀	素掘り井戸の砂礫層	古墳前期	3.9	—	4b類（脇山15）	〔重圏文鏡〕	前期
245	倭	櫛歯文鏡〈2号鏡〉					4.2	—	—	〔櫛歯文鏡〕	前期
246	倭	櫛歯文鏡 or 重圏文鏡〈3号鏡〉					4.1	—	4b類（脇山15）	〔重圏文鏡〕	前期
247	倭	珠文鏡〈4号鏡〉					6.5	—	D-B類（脇山13）	〔珠文鏡〕	前期
248	倭	素文鏡〈5号鏡〉					4.0	—	D-B類（脇山13）	〔素文鏡〕	—
249	倭	珠文鏡〈6号鏡〉					5.1	—	—	〔珠文鏡〕	前期
250	倭	素文鏡〈7号鏡〉					3.0	—	6類（脇山15）	〔素文鏡〕	—
251	倭	素文鏡〈8号鏡〉					2.6	—	—	〔素文鏡〕	—
252	倭	重圏文鏡〈9号鏡〉					3.3	—	5類（脇山15）	〔重圏文鏡〕	前期？
252-1	舶	三角縁吾作四神四獣鏡	播磨（伝）	兵庫県（伝）	不明	不明	不明	22.3	「吾作明竟甚大好　上有仙大不知老　古有神守及龍虎　身有文章口銜巨　古有聖人東王父西王母　渇飲玉泉飢食棗」	目録番号32a・配置E・表現⑦	—	—

奈良

番号	舶倭	鏡式	出土遺跡	出土地名	遺跡内容	時期	面径(cm)	銘文	諸氏分類	編者分類・時期	
1	舶	三角縁吾作四神四獣鏡（環状乳式）	富雄丸山古墳（伝）	奈良市大和田町丸山（伝）	古墳	古墳前期	21.5	「吾作明竟甚大好　上有仙人不知老　渇飲玉泉飢食　不由天下至四海　樂未央年壽長　保子宜孫兮」	目録番号30・同笵鏡番号15・配置環状・表現①	—	—
2	舶	三角縁画文帯五神四獣鏡					21.7	—	目録番号56・同笵鏡番号30・配置A'・表現⑥	—	—
3	舶	三角縁画象文帯盤龍鏡					24.6	「龍」（榜題）	目録番号1・同笵鏡番号2・配置盤龍・表現⑧	—	—
4	舶	三角縁吾作二神二獣鏡					21.7	「吾作明竟真大好　除去不□宜古市　上有東王父西王母　渇飲玉泉飢食棗」	目録番号98・同笵鏡番号＊・配置J1・表現⑰	—	—
5	倭	方格規矩四神鏡	佐紀陵山古墳（日葉酢媛命陵）	奈良市山陵町御陵前	古墳	前方後円墳(207)・堅穴式石槨	古墳前期	32.7	—	Ⅱ類（樋口79）／方格規矩文鏡類A型（小林82・10）／JDⅠ式（田中83）／大型鏡（北浦92）	方格規矩四神鏡A系	前(中)
6	倭	方格規矩四神鏡					34.9	—	Ⅱ類（樋口79）／方格規矩文鏡類A型（小林82・10）／JBⅡ式（田中83）／大型鏡（北浦92）	方格規矩四神鏡A系	前(古)
7	倭	直弧文縁八弧内行花文鏡					34.3	擬銘	（八弧）（樋口79）／八花鏡（小林82・10）／直弧文系倣製鏡（池上91）／DⅡ式（清水94）／Ⅱ類省略系（林00）／Ab系Ⅱ式（辻田07）	内行花文鏡A'式A'Ⅱ類	前(古)
8	倭	四獣鏡					14〜15	—	獣形鏡ⅠD類（赤塚98b）	〔中期型獣像鏡〕	中期
9	？	不明	佐紀石塚山古墳（成務陵）	奈良市山陵町御陵前	古墳	前方後円墳(218)	古墳前期	不明	—	—	—	—
11	倭	八弧内行花文鏡〈a鏡〉	マエ塚古墳	奈良市山陵町御陵前	古墳	円墳(48)・粘土槨	古墳前期	17.6	—	（八弧）（樋口79）／C類Ⅲ式（清水94）／Ⅲ類省略系（林00）／八花鏡（小林10）	内行花文鏡B式	前(中)
12	倭	四獣鏡〈b鏡〉					15.8	—	四獣形鏡（樋口79）／獣形文鏡類四獣鏡A型（小林82・10）／A類獣頭（冨田89）／獣形鏡ⅡE類（赤塚98b）／斜縁四獣鏡A系（森下02）	獣像鏡Ⅰ系	前(古)
13	倭	七弧内行花文鏡〈c鏡〉					17.2	—	七弧（樋口79）／七花鏡（小林82・10）／C類Ⅲ式（清水94）／Ⅲ類省略系（林00）	内行花文鏡B式	前(中)
14	倭	七弧内行花文鏡〈d鏡〉					17.4	—	七弧（樋口79）／七花鏡（小林82・10）／C類Ⅲ式（清水94）／Ⅲ類省略系（林00）	内行花文鏡B式	前(中)
15	倭	八獣鏡〈e鏡〉					13.9	—	八獣形鏡（樋口79）／獣帯鏡類A型（小林82・10）／獣形文鏡ⅢB類？（赤塚98b）	—	前(中)
16	倭	六葉文（柊文）鏡〈f鏡〉					11.0	—	変形文鏡類（小林82・10）	類内行花文鏡	前(古)
17	倭	四獣鏡〈g鏡〉					11.8	—	四獣形鏡（樋口79）／獣形文鏡類四獣鏡A型（小林82・10）	鳥頭獣像鏡A系？	前(古)
18	倭	四獣鏡〈h鏡〉					9.9	—	四獣形鏡（樋口79）／獣形文鏡類四獣鏡A型（小林82・10）／獣形文鏡Ⅱ類？（赤塚98b）	鳥頭獣像鏡B系	前(古)
19	倭	四獣鏡〈i鏡〉					15.4	—	四獣形鏡（樋口79）／獣形文鏡類四獣鏡A型（小林82・10）／獣形文鏡ⅡE類（赤塚98b）	獣像鏡Ⅰ系	前(古)

兵庫・奈良

発見年	所蔵（保管）者	共伴遺物 石製品・玉類	共伴遺物 武具・武器・馬具	共伴遺物 ほか金属器	共伴遺物 土器類	共伴遺物 その他	文献	備考
1994	明石市教育委員会・明石市立文化博物館	車輪石1・滑石勾玉1・蛇紋岩垂玉1		銅鏃1	弥生土器&土師器（壺・甕・鉢・高杯・注口土器・ミニチュア土器）・須恵器（壺・横瓶・𤭯）		稲原昭嘉編1996『藤江別所遺跡』明石市文化財調査報告第2冊, 明石市教育委員会	11g
								16g
								15g
								44g
								14g
								27g
								6g
								6g
								9g
戦前	たつの市立龍野歴史文化資料館（個人旧蔵）	―	―	―	―	―	岸本直文2012「兵庫県たつの市で確認された三角縁神獣鏡の新資料」『考古学雑誌』第96巻第3号, 日本考古学会	
明治	天理参考館	鍬形石2・合子形石製品2・琴柱形石製品12・鏃形石製品1・石製模造品（斧9・鉇1・鑿1・刀子6）・碧玉管玉22・碧玉臼玉3	篠籠手・筒形銅器1・巴形銅器1・刀片27・剣片76・槍若干・銅鏃9・鉄鏃片26	銅釧1・銅板2・不明銅製品1・鍬先2・鉇1・斧1・鎌1・鋸1・鑿&錐9・刀子3・魚扠片16	―	―	川戸喜作編1967『奈良市史』考古編, 吉川弘文館	1130g／奈良県（大和国）15-1
明治								1079g／奈良県（大和国）15-2
明治								1601g／奈良県（大和国）15-3
～1834	弥勒寺						鐘方正樹2012「弥勒寺蔵 三角縁吾作銘二神二獣鏡について」『奈良市埋蔵文化財調査年報』平成21（2009）年度, 奈良市教育委員会	941g／奈良県（大和国）15-4／同墳出土の他3面と別地出土の可能性大
1916（1887頃?）	再埋納	鍬形石3・車輪石3・石釧1・琴柱形石製品2・椅子形石製品1・高杯形石製品2・合子形石製品蓋1・臼形石製品1・貝殻形石製品1・斧形石製品1・刀子形石製品3・不明石製品片2・管玉1	―	―	―	―	石田茂輔1967「日葉酢媛命御陵の資料について」『書陵部紀要』第19号, 陵墓課	奈良県（大和国）6-2／鏡は7～8面出土したらしい
								奈良県（大和国）6-1
								奈良県（大和国）6-3
	所在不明							奈良県（大和国）6-4／北和城南古墳鏡（伝）（奈良372）と同一品の可能性大
18世紀後半頃	所在不明	勾玉50・管玉68+数十	刀・短刀	―	―	―	秋里籬島1791『大和名所図会』巻三	奈良県（大和国）6-7／康平六（1063）年5月に興福寺の僧静範らが「宝物」を掠奪（『扶桑略記』）／近年に里人が石棺を掘りあて、中に大刀・短刀・鏡があったという（『大和名所図会』）
1965	国立歴史民俗博物館	石釧10・合子形石製品2・坩形石製品1	刀24・槍119	鍬先9・斧9・鎌10・刀子2・不明鉄製品8	―	―	小島俊次1968『マエ塚古墳』奈良県史跡名勝天然記念物調査報告第24冊, 奈良県教育委員会	奈良県（大和国）9-9
								奈良県（大和国）9-8
								奈良県（大和国）9-6?／奈良14と同范か
								奈良県（大和国）9-7?／奈良13と同范か
								奈良県（大和国）9-5
								奈良県（大和国）9-4
								奈良県（大和国）9-3
								奈良県（大和国）9-1
								奈良県（大和国）9-2

番号	舶倭	鏡式	出土遺跡	出土地名	遺跡内容	時期	面径(cm)	銘文	諸氏分類	編者分類・時期	
20	舶	画文帯環状乳四神四獣鏡					16.0	あり(不詳)	Ⅱ(樋口79)／画Bb4(村瀬14)	—	—
10・21	倭	二神二獣鏡					15.7	擬銘	二神二獣鏡(樋口79)／二神二獣鏡系(小林82・10)／斜縁神獣倭鏡(林02)	—	前(中)
22	倭	対置式二神四獣鏡					22.2	—	二神四獣鏡(樋口79)／画文帯神獣鏡(系)A型(小林82・10)／対置式系倭鏡Ⅱ類(林02)／対置式神獣鏡A系(森下02)	対置式神獣鏡A系	前(中)
23	倭	対置式二神四獣鏡					22.1	—		対置式神獣鏡A系	前(中)
24	倭	対置式二神四獣鏡					22.3	—		対置式神獣鏡A系	前(中)
25	倭	四獣鏡					12.8	—	四獣形鏡(樋口79)／獣形文鏡ⅢA類(赤塚98b)／四獣形鏡対置系(林02)	類対置式神獣鏡B系	前(中)
26	倭	四獣鏡	佐紀丸塚古墳(衛門戸丸塚古墳)	奈良市佐紀町衛門戸	円墳(約50？)・粘土槨	古墳前期	16.1	—	四獣形鏡(樋口79)／獣形文鏡四獣形B型(小林82・10)／獣形文鏡ⅢA類(赤塚98b)／四獣形鏡対置系(林02)	類対置式神獣鏡B系	前(中)
27	倭	六弧内行花文鏡					10.1	—	AⅡ式(森70)／六弧(樋口79)／B類(清水94)／六花文鏡(小林10)	内行花文鏡B式	前(中)
28	倭	八弧内行花文鏡					12.0	—	BⅡ式(森70)／八弧(樋口79)／八花文鏡(小林82・10)／B類2式(清水94)／Ⅲ類省略系(林00)	内行花文鏡B式	前(中)
29	倭	八弧内行花文鏡					12.0	—		内行花文鏡B式	前(中)
30	倭	八弧内行花文鏡					12.0	—	BⅡ式(森70)／八弧(樋口79)／八花文鏡(小林82・10)／B類2式(清水94)／Ⅲ類省略系(林00)／内行花紋鏡C系(森下02)	内行花文鏡B式	前(中)
31	倭	八弧内行花文鏡					12.0	—	BⅡ式(森70)／八弧(樋口79)／八花文鏡(小林82・10)／B類2式(清水94)／Ⅲ類省略系(林00)	内行花文鏡B式	前(中)
32	倭	八弧内行花文鏡					12.0	—		内行花文鏡B式	前(中)
33	倭	八弧内行花文鏡					12.0	—		内行花文鏡B式	前(中)
33-1	倭	素文鏡	佐紀町遺構溝SD8520	奈良市佐紀町	不明	不明	2.8	—	AⅡ類(今平90)	〔素文鏡〕	—
34	倭	六弧内行花文鏡	鶯塚古墳〔前方部裾〕	奈良市春日野町	古墳	前方後円墳(103)・古墳前期	9.5	—	AⅡ式(森70)／六弧(樋口79)／B類1式(清水94)／内行花文鏡D系(森下02)／六花文鏡(小林10)	内行花文鏡B式	前(中？)
35	？	不明	野神古墳(大安寺墓の前古墳)	奈良市南京終町野神	古墳	前方後円墳？・竪穴式石槨(家形石棺)	古墳後期	約30	—	—	—	—
36	？	不明					約30	—	—	—	—
37	舶	銅槃作鋸歯文縁細線式獣帯鏡	大安寺古墳(杉山古墳or墓山古墳)(伝)	奈良市大安寺4丁目(伝)	古墳	不明	古墳	22.3	「銅槃作竟四夷服 多賀國家人民息 胡虜殄滅天下復 風雨時節五穀孰 長保二親得天力 樂兮」	四葉座七乳式(樋口79)	—	—
38	舶	画文帯環状乳四神四獣鏡	吉備塚古墳〔第1主体部〕	奈良市高畑町奈良教育大学構内	古墳	円墳(25〜)or前方後円墳(40)・箱形木棺直葬	古墳後期	14.8	「天王日月」	—	—	—
39	舶	吾作斜縁二神二獣鏡					16.8	「吾作明竟 幽練三商 □□序道 配象萬彊 曾年益壽 子孫番昌 功成事見 其師命長」／「王女」(榜題)	図像表現⑤(村松04)／紋様表現⑤(實盛09)	—	—
40	舶	長宜子孫八弧内行花文鏡	古市方形墳〔東槨〕	奈良市古市町車塚	古墳	方墳(32)・粘土槨	古墳前期	19.1	「長宜子孫」	Aaイ式(樋口79)	—	—
41	倭	七弧内行花文鏡					10.2	—	AⅠ式(森70)／七弧(樋口79)／七花文鏡(小林82・10)／B類2式(清水94)／倭文鏡系(赤塚98a)／Ⅲ類基本系(林00)	内行花文鏡B式	前(中)
42	舶	画文帯神獣鏡					14.3	「吾作明竟自有□ □ □長命宜孫子 大吉」	—	—	—
43	倭	盤龍鏡					18.3	擬銘	盤龍形鏡(樋口79)／龍虎鏡類(小林82・10)／盤龍鏡A系(森下02)	盤龍鏡Ⅱ系	前(中)
44	倭	珠文鏡	大柳生天井山1号墳(伝)	奈良市大柳生町ヲカノカワ(伝)	古墳	円墳(13)	古墳中期	7.4	—	—	〔珠文鏡〕	—
45	？	不明					不明	—	—	—	—
46	倭？	〔方格規矩鏡〕	帯解丸山古墳(柴屋町なまり塚丸山古墳)	奈良市柴屋町字ナマリ塚	古墳	円墳(32)・割竹形木棺直葬	古墳中期	破片	—	—	—	—
46-1	？	不明	帯解黄金塚古墳(伝)	奈良市窪之庄町上ノロ(伝)	古墳	方墳(27)・横穴式石室	古墳終末期	不明	—	—	—	—

奈良

発見年	所蔵（保管）者	共伴遺物					文献	備考
		石製品・玉類	武具・武器・馬具	ほか金属器	土器類	その他		
1913	宮内庁書陵部〈陵166〉	琴柱形石製品3	銅鏃19・刀剣18	—	—	—	川戸喜作編1967『奈良市史』考古編，吉川弘文館	470g／漢式鏡77／奈良県（大和国）5-11
	宮内庁書陵部〈陵165〉							391g／漢式鏡76／奈良県（大和国）5-9／佐紀猫塚古墳鏡〈奈良10・奈良県（大和国）8〉と同一品
	宮内庁書陵部〈陵169〉							1050g／漢式鏡80／奈良県（大和国）5-12～14
	宮内庁書陵部〈陵167〉							1080g／漢式鏡78／奈良県（大和国）5-12～14
	宮内庁書陵部〈陵168〉							945g／漢式鏡79／奈良県（大和国）5-12～14
	宮内庁書陵部〈陵171〉							209g／漢式鏡75／奈良県（大和国）5-8
	宮内庁書陵部〈陵172〉							493g／漢式鏡74／奈良県（大和国）5-10
	宮内庁書陵部〈陵175〉							147g／漢式鏡73／奈良県（大和国）5-7
	宮内庁書陵部〈陵162-1〉							166g／漢式鏡67～72／奈良県（大和国）5-1～6
	宮内庁書陵部〈陵162-2〉							178g／漢式鏡67～72／奈良県（大和国）5-1～6
	宮内庁書陵部〈陵164〉							180g／漢式鏡67～72／奈良県（大和国）5-1～6
	宮内庁書陵部〈陵173〉							121g／漢式鏡67～72／奈良県（大和国）5-1～6
	宮内庁書陵部〈陵174〉							143g／漢式鏡67～72／奈良県（大和国）5-1～6
	宮内庁書陵部〈陵170〉							169g／漢式鏡67～72／奈良県（大和国）5-1～6
不明	所在不明	—	—	—	—	—	—	—
1953	奈良国立博物館	斧形石製品・勾玉	銅鏃	—	—	—	末永雅雄1961『日本の古墳』朝日新聞社	奈良県（大和国）1
1876	所在不明	—	刀3・鞍金具・剣菱形金具	—	—	—	小泉顕夫1954「大安寺字野神古墳発掘見分書」『大和文化研究』第二巻第四号，大和文化研究会	奈良県（大和国）11-1?／堺県令税所篤に宛てた見聞報告書に「古鏡 径一尺 二面」とある
								奈良県（大和国）11-2?
不明	五島美術館〈M91〉	—	—	—	—	—	川戸喜作編1967『奈良市史』考古編，吉川弘文館	同型鏡群〔SJ-1〕／奈良県（大和国）10
1986・2002	橿原考古学研究所・奈良教育大学	ガラス小玉	—	—	—	—	金原正明編2006『吉備塚古墳の調査』奈良教育大学	同型鏡群〔GK-1〕
1965	東京国立博物館〈J38331-4〉	琴柱形石製品4・硬玉勾玉3・碧玉管玉152・滑石棗玉490・滑石臼玉37・ガラス小玉307	剣2	斧4・鎌3・鑿9・刀子32	—	—	川戸喜作編1967『奈良市史』考古編，吉川弘文館	奈良県（大和国）16-1
	東京国立博物館〈J38331-2〉							奈良県（大和国）16-2
	東京国立博物館〈J38331-3〉							奈良県（大和国）16-3
	東京国立博物館〈J38331-1〉							奈良県（大和国）16-4
	東京国立博物館〈J38331-5〉							奈良県（大和国）16-5
不明	夜支布山口神社	勾玉・管玉	刀・剣	—	—	—	川戸喜作編1967『奈良市史』考古編，吉川弘文館	56g／奈良県（大和国）21-1?
								奈良県（大和国）21-2?
1955	橿原考古学研究所	ガラス勾玉1	横矧板鋲留短甲片・刀2・矛片1・鉄鏃若干・鉸具片	銀釧片2・鹿角装刀子1	—	—	川戸喜作編1967『奈良市史』考古編，吉川弘文館	奈良県（大和国）2／「平縁の鏡片で、その文様の残存部から仿製の方格規矩四神鏡の類であったと思われる」
明治維新期	所在不明	「珠玉」	—	—	—	—	奈良県立橿原考古学研究所編2005『陵墓等関係文書目録』末永雅雄先生旧蔵資料集第1集，社団法人橿原考古学協会	

番号	舶倭	鏡式	出土遺跡	出土地名	遺跡内容	時期	面径(cm)	銘文	諸氏分類	編者分類・時期
47	舶	三角縁獣文帯三神三獣鏡	円照寺墓山1号墳	奈良市山町字裏山1	円墳(15)・粘土槨?	古墳中期	22.0	—	目録番号115・同笵鏡番号66・配置K1・表現⑪	—
48	舶	方格T字鏡					11.9	—	—	—
49	倭	方格規矩四神鏡					27.6	—	Ⅱ類(樋口79)／方格規矩文鏡類A型(小林82・10)／JC式(田中83)／大型鏡(北浦92)／Ⅱ類変容系Ⅰ式(林00)	方格規矩四神鏡B系 前(中)
50	倭	神獣鏡					14.4	—	—	分離式神獣鏡系 前(新)
51	舶	三角縁櫛歯文帯四神四獣鏡	円照寺裏山古墳	奈良市山町字裏山	古墳	古墳	22.2	—	目録番号42・同笵鏡番号23・配置A・表現①	—
52	舶	吾作盤龍座獣帯画象鏡	帯解町山村(円照寺裏山古墳?)(伝)	奈良市山町(伝)	古墳	古墳	21.4	「吾作竟有文章 … 東王父西王母 令長宜子孫兮」	—	—
53	倭	六鈴七乳文鏡	帯解町山村(伝)	奈良市山町(伝)	不明	不明	10.9	—	乳文鏡系六鈴式(樋口79)／鈴鏡類(六鈴鏡)(小林82・10)／乳文(西岡86)／獣帯文鏡類(大川97)／乳脚文系C1類(岡田05)	[乳脚文鏡] 後期
54	?	不明	法華寺町	奈良市法華寺町	不明	不明	不明	—	—	—
55	舶?	[三角縁四神四獣鏡]	法蓮町付近(伝)	奈良市法蓮町(伝)	不明	不明	不明	—	—	—
56	?	[半円方形帯四神四獣鏡]	法蓮寺山付近古墳(伝)	奈良市法蓮町(伝)	不明	不明	不明	—	—	—
56-1	倭	四獣鏡	聖武陵付近(伝)	奈良市法蓮町付近(伝)	古墳	古墳	16.6	—	—	獣像鏡Ⅰ系 前(古)
56-2	?	不明	不退寺裏山2号墳	奈良市法蓮町山畑	円墳(約20)	古墳	不明	—	—	—
57	?	[内行花文鏡]	平城(伝)	奈良市(伝)	不明	不明	不明	—	—	—
58	倭	珠文鏡	あやめ池(伝)	奈良市(伝)?	不明	不明	7.6	—	珠文鏡Ⅴ類(樋口79)／珠文鏡類B型(小林82・10)／Ⅴ類(中山他94)／3類A(吉田99)／D-B類(脇山13)	[珠文鏡] 前期
59	舶	[四乳渦文鏡]					7.2			
60	舶	連弧文精白鏡	西の京付近(伝)	奈良市西ノ京町(伝)	不明	不明	16.3	「絜而精而白而事而君而…」	—	—
61	倭	四獣鏡	宝来山古墳(垂仁陵)(伝)	奈良市尼ケ辻町西池(伝)	前方後円墳(227)	古墳前期	12.6	—	獣形文鏡類六獣鏡(小林82・10)	類揖文鏡A系 前(古)
354	舶	三角縁君・宜・高・官・獣帯三神三獣鏡	白石所在古墳(伝)	奈良市都祁白石町(伝)[山辺郡都祁村]	古墳	古墳	22.8	「君高宜官」	目録番号103・同笵鏡番号58・配置K1・表現⑯	—
355	舶	画文帯環状乳四神四獣鏡	白石所在古墳(伝)	奈良市都祁白石町(伝)[山辺郡都祁村]	古墳	古墳	21.3	「天王日月」	—	—
356	倭	揖文鏡	旧都祁村白石周辺(伝)	奈良市都祁白石町(伝)[山辺郡都祁村]	不明	不明	12.8	—	Ⅱ型(樋口79)／揖文鏡(類)AⅠ型(小林83)／Ⅲ型(小沢88)／B型式a類(水野97)／俵紋鏡系(森下02)	揖文鏡B系 前(古)
357	倭	揖文鏡	旧都祁村白石周辺(伝)(紀伊?)	奈良市都祁白石町(伝)[山辺郡都祁村](和歌山?)	不明	不明	11.0	—	Ⅳ型(樋口79)／揖文鏡(類)AⅠ型(小林83)／Ⅲ型(小沢88)／B型式c類(水野97)／俵紋鏡系(森下02)	揖文鏡B系 前(古)
358	舶	三角縁吾作九神三獣鏡	白石光伝寺後方古墳(伝)	奈良市都祁白石町(伝)[山辺郡都祁村]	古墳	古墳	21.8	「吾作明竟甚大好 長保二親宜子孫 浮由天下敷四海 君宜高官」	目録番号108・同笵鏡番号61・配置L1・表現他	—
359	倭	揖文鏡	旧都祁村白石光伝寺裏(伝)	奈良市都祁白石町(伝)[山辺郡都祁村]	不明	不明	9.4	—	—	揖文鏡B系 前(古)
370	倭	揖文鏡	旧都祁村白石周辺(山辺郡)(伝)	奈良市都祁白石町(伝)[山辺郡都祁村]	不明	不明	11.8	—	Ⅱ型(樋口79)／獣形文鏡類四獣鏡C-3型(小林82・10)／C型式a類(水野97)	揖文鏡C系 前(古)
370-1	倭	環状乳神獣鏡	旧都祁村白石(伝)	奈良市都祁白石町(伝)[山辺郡都祁村]	不明	不明	20.9	—	—	環状乳神獣鏡系 前(古)

奈良

発見年	所蔵（保管）者	共伴遺物					文献	備考
		石製品・玉類	武具・武器・馬具	ほか金属器	土器類	その他		
1927	東京国立博物館〈J21184〉		小札鋲留衝角付冑3・横矧板鋲留衝角付冑1・小札鋲留眉庇付冑4?・縦長板革綴冑1・三角板革綴襟付短甲5～・三角板鋲留短甲1・挂甲1・襟甲1・頭甲3・肩甲3・筒籠手1・鉄草摺1・膾当・鉄製平札・小札・刀・剣・鉄鏃・素環鏡板付轡・木心鉄板張輪鐙・鉸具	刀子		釘	末永雅雄1930「添上郡帯解町山村円照寺墓山第一号墳調査」『奈良県史蹟名勝天然紀念物調査報告』第十一冊，奈良県	川戸喜作編1967『奈良市史』考古編，吉川弘文館 ／1344g／奈良県（大和国）17-1
	東京国立博物館〈J21182〉							奈良県（大和国）17-2
	東京国立博物館〈J21181〉							奈良県（大和国）17-3
	東京国立博物館〈J21183〉							287g／奈良県（大和国）17-4
不明	円照寺・橿原考古学研究所	―	―	―	―	―	伊達宗泰編1971『大和考古資料目録』第1集，奈良県立橿原公苑考古博物館	1199g／奈良県（大和国）18
不明	五島美術館	―	―	―	―	―	川戸喜作編1967『奈良市史』考古編，吉川弘文館	奈良県（大和国）19-1
不明	五島美術館〈M194〉	―	―	―	―	―		241g／奈良県（大和国）19-2
不明	所在不明	硬玉勾玉・管玉	銅鏃				後藤守一1926『漢式鏡』日本考古学大系，雄山閣	漢式鏡64／「古墳そのものに就いても，将また鏡に就いても知られてゐない」
不明	所在不明	―	―	―	―	―	岡崎敬編1978「日本における古鏡 発見地名表 近畿地方Ⅲ」東アジアより見た日本古代墓制研究	奈良県（大和国）3
不明	所在不明	―	―	―	―	―	岡崎敬編1978「日本における古鏡 発見地名表 近畿地方Ⅲ」東アジアより見た日本古代墓制研究	奈良県（大和国）4
1832	個人旧蔵	―	―	―	―	―	澤田秀実・齋藤努他2005「岡山県津山市 斎藤 厳氏蔵 倭製四獣鏡」『くらしき作陽大学・作陽短期大学 研究紀要』第38巻第2号，くらしき作陽大学・作陽短期大学	「大和国於聖武天皇御陵辺土人鑿出之時天保壬辰五月朔日也」（箱書）
1916	所在不明	―	刀2	―	―	―	鐘方正樹2010「大正の墳墓盗掘事件と裁判記録」（第79回古墳時代研究会レジュメ）	奈良55or56と重複の可能性
不明	所在不明	―	―	―	―	―	岡崎敬編1978「日本における古鏡 発見地名表 近畿地方Ⅲ」東アジアより見た日本古代墓制研究	奈良県（大和国）12
不明	五島美術館〈M252〉	―	―	―	―	―	梅原末治1925『桃陰廬和漢古鑑図録』関信太郎	奈良県（大和国）13-1／放射状区画（八区画）
	五島美術館〈M251〉	―	―	―	―	―	川戸喜作編1967『奈良市史』考古編，吉川弘文館	奈良県（大和国）13-2
不明	所在不明（内藤虎次郎旧蔵）	―	―	―	―	―	後藤守一1926『漢式鏡』日本考古学大系，雄山閣	漢式鏡81／奈良県（大和国）14
嘉永	個人	―	―	―	―	―	後藤守一1926『漢式鏡』日本考古学大系，雄山閣	漢式鏡65／奈良県（大和国）20
不明	福井県立博物館（京都国立博物館J800（個人旧蔵）?）	―	―	―	―	―	樋口隆康2000『三角縁神獣鏡新鑑』学生社	奈良県（大和国）100-1
不明	京都国立博物館〈J801〉（池田庄太郎旧蔵）（福井県立博物館?）	―	―	―	―	―	田中琢1979『古鏡』日本の原始美術8，講談社	同型鏡群〔GK-3〕／20.0cm²／奈良県（大和国）104-2
不明	五島美術館（個人旧蔵）	―	―	―	―	―	樋口隆康1979『古鏡』新潮社	―
不明	五島美術館〈M217〉（『桃陰廬和漢古鑑図録』所載鏡）	―	―	―	―	―	田中琢1979『古鏡』日本の原始美術8，講談社	伝和歌山県（伝紀伊）出土とする文献もあり
不明	名古屋市立博物館（山川七左衛門旧蔵）	―	―	―	―	―	樋口隆康2000『三角縁神獣鏡新鑑』学生社	1075g／漢式鏡89／奈良県（大和国）107-1
不明	五島美術館〈M240〉	―	―	―	―	―	都祁村史刊行会編1985『都祁村史』都祁村史刊行会	奈良県（大和国）107-2
不明	大阪市立美術館（個人旧蔵）	―	―	―	―	―	樋口隆康1979『古鏡』新潮社	漢式鏡95.1／奈良県（大和国）105
不明	坂本不言堂 M157	―	―	―	―	―	樋口隆康・林巳奈夫監修2002『不言堂 坂本五郎 中国青銅器清賞』日本経済新聞社	―

番号	舶倭	鏡　式	出土遺跡	出土地名	遺跡内容	時　期	面径(cm)	銘　文	諸氏分類	編者分類・時期	
360	?	不明	三陵墓東・西古墳(伝)	奈良市都祁白石町(伝)〔山辺郡都祁村〕	古墳	不明	古墳中期	不明	—	—	—	—
360-1	?	不明	三陵墓東古墳(伝)	奈良市都祁白石町(伝)〔山辺郡都祁村〕	古墳	前方後円墳(100)・粘土槨	古墳中期	不明	—	—	—	—
360-2	?	不明					不明	—	—	—	—
361	舶	連弧文明光鏡	都祁村甲岡(伝)	奈良市都祁甲岡町(伝)〔山辺郡都祁村〕	不明	不明	9.7	「内而清而以而日而明而光而象而光而日而月而不」	—	—	—
362	舶	夔龍文鏡	都祁村野村・観音山(伝)	奈良市都祁野村(伝)〔山辺郡都祁村〕	不明	不明	11.7	—	—	—	—
363	舶	双頭龍文鏡	都祁村(伝)	奈良市(伝)〔山辺郡都祁村〕	不明	不明	不明	—	Ⅲ式(樋口79)	—	—
364	倭	画象鏡	都介野(伝)	奈良市都祁南之庄町(伝)〔山辺郡都祁村〕	古墳?	不明	古墳?	20.6	—	画像鏡類(小林82・10)	画象鏡系	前(中〜)
365	倭	方格規矩四神鏡					20.6	—	方格規矩文鏡類B型(小林82・10)／JDⅡ式(田中83)	方格規矩四神鏡A系	前(中)
366	倭	捩文鏡?					16.6	—	獣形文鏡類五獣鏡(小林82・10)	類捩文鏡系	前(中)
367	倭	夔龍鏡					17.9	—	獣形文鏡類四獣鏡B型(小林82・10)／第二群同工鏡G(車崎95)	夔龍鏡C系	前(中)
368	?	〔獣首鏡〕	都祁村(伝)	奈良市(伝)〔山辺郡都祁村〕	不明	不明	不明	—	—	—	—
368-1	舶	三角縁吾作五神四獣鏡(対置式)	都祁村(伝)	奈良市(伝)〔山辺郡都祁村〕	不明	不明	21.7	「吾作明竟甚大好　上有東王父西母　仙人王喬赤松子　渇飲玉泉飢食棗　千秋萬歳不知老兮」	目録番号28・同笵鏡番号14・配置U'・表現①	—	—
62	舶	長宜子孫八弧内行花文鏡	竹林寺古墳	生駒市有里町文珠山	古墳	前方後円墳(45)・堅穴式石槨?	古墳前期	不明	「長□子孫」	—	—	—
63	舶	画文帯環状乳四神四獣鏡〈2号鏡〉	藤ノ木古墳	生駒郡斑鳩町法隆寺西2丁目	古墳	円墳(48)・横穴式石室(家形石棺)	古墳後期	21.6	「天王日月」	—	—	—
64	倭	四神四獣鏡〈3号鏡〉					16.0	—	交互式神獣鏡系(森下91)	〔画文帯同向式神獣鏡?〕	後期
65	舶	獣文縁浮彫式獣帯鏡〈1号鏡〉					17.9	「宜子孫」	—	—	—
66	倭	五獣鏡〈4号鏡〉					16.7	—	交互式神獣鏡系(森下02)	〔後期型神獣鏡〕	後期
67	舶	吾作斜縁二神二獣鏡	斑鳩大塚古墳	生駒郡斑鳩町五百井大塚	古墳	円墳(33)・粘土槨	古墳中期	15.3	「吾作明竟　幽凍三商統徳序道　曾年益壽宜子」	図像表現③(村松04)／紋様表現③(實盛09)	—	—
68	倭	四獣鏡					14.5	—	—	〔S字獣像鏡〕	中期
69	倭	四獣鏡	烏土塚古墳	生駒郡平群町西宮	古墳	前方後円墳(61)・横穴式石室(家形石棺)〔後円部主体部〕	古墳後期	13.7	—	特殊文鏡(細線渦文鏡)(樋口79)／獣形文鏡類六獣鏡(小林82・10)／交互式神獣鏡系(森下91・02)	〔旋回式獣像鏡?〕	後期
70	舶	「仿製」三角縁獣文帯三神三獣鏡	龍田(伝)	生駒郡斑鳩町(伝)	不明	不明	不明	21.5	—	目録番号239・同笵鏡番号＊・配置K1	—	—
71	倭	神獣鏡	生駒郡(伝)	生駒郡(伝)	不明	不明	不明	17.0	擬銘(鍵手)	画文帯神獣鏡系C型(小林10)	環状乳神獣鏡系	前(中)
72	舶	方格T字鏡					15.5	—	Ⅳ類(樋口79)／博局T字鳥文鏡Ca3K類(高木91・93)／中型鏡1-1(北浦92)／MA2式(松浦94)／丙群(森下98)	—	—
73	舶	不明					11.2	—	—	—	—
74	舶	上方作系浮彫式獣帯鏡					10.6	あり(不詳)	半肉彫獣帯鏡B四像式(樋口79)	—	—
75	倭	捩文鏡	生駒郡(伝)(平尾山所在古墳?)	生駒郡(伝)(木津川市山城町平尾?)			8.0	—	A型(小林82・10)／AⅡ型(小林83)／Ⅱ型(小沢88)／B型式b類(水野97)／俵紋鏡系(森下02)	捩文鏡B系	前(中)
76	倭	盤龍鏡	生駒郡(伝)(旧南生駒村)	生駒郡(伝)	不明	不明	12.7	擬銘	盤龍形鏡(樋口79)／龍虎鏡類(小林82・10)／盤竜鏡A系(森下91)／盤龍鏡A系(森下02)	盤龍鏡Ⅰ系	前(新)
77	舶?	盤龍鏡	生駒郡(伝)	生駒郡(伝)	不明	不明	10.0	—	—	—	—
77-1	倭	六鈴方格規矩(鳥文)鏡	生駒郡(伝)(旧南生駒村)	不明	不明	—	17.8	—	方格規矩文鏡系鈴鏡(樋口79)／(TO式(田中83)／Ⅰ類-A方格規矩文系(八木00)	(方格規矩四神鏡C系)	—

奈良

発見年	所蔵（保管）者	共伴遺物					文献	備考
		石製品・玉類	武具・武器・馬具	ほか金属器	土器類	その他		
1951?	所在不明	―	―	―	―	―	岡崎敬編1978『日本における古鏡 発見地名表 近畿地方Ⅲ』東アジアより見た日本古代墓制研究	奈良県（大和国）108
明治末	所在不明	玉類	武器	工具類			泉森皎編2003『大和の古墳Ⅰ』新近畿日本叢書 大和の考古学第二巻, 人文書院	―
								―
不明	京都大学総合博物館〈4701〉（三彩堂旧蔵）	―	―	―	―	―	小野山節・都出比呂志・黒川富美子編1968『京都大学文学部博物館考古資料目録』第2部 日本歴史時代, 京都大学文学部	奈良県（大和国）109
1866	奈良国立博物館（個人旧蔵）	―	―	―	―	―	白石太一郎・設楽博己編1994『弥生・古墳時代遺跡出土鏡データ集成』（『国立歴史民俗博物館研究報告』第56集）, 国立歴史民俗博物館	奈良県（大和国）116
不明	所在不明（小川白楊旧蔵）	―	―	―	―	―	都祁村史刊行会編1985『都祁村史』都祁村史刊行会	漢式鏡90／奈良県（大和国）110
不明	所在不明（個人旧蔵）	―	―	―	―	―	末永雅雄1952「伝都介野古墳出土遺物」『奈良県綜合文化調査報告書 都介野地区』奈良県教育委員会	奈良県（大和国）111
								奈良県（大和国）112
								奈良県（大和国）113-1
								奈良県（大和国）113-2
不明	所在不明（東京国立博物館?）						岡崎敬編1978『日本における古鏡 発見地名表 近畿地方Ⅲ』東アジアより見た日本古代墓制研究	奈良県（大和国）114
不明	埼玉県立歴史と民俗の博物館						樋口隆康2000『三角縁神獣鏡新鑑』学生社	―
1939	所在不明（唐招提寺旧蔵）	石釧7〜	刀・剣	―	―	釘11	末永雅雄1941「生駒郡南生駒村有里 竹林寺古墳」『奈良県史蹟名勝天然紀念物調査会抄報』第二輯, 奈良県	奈良県（大和国）22
1988	文化庁	ガラス小玉11058〜・ガラス玉4795〜・ガラス丸玉68・ガラス粟玉103〜・ガラス棗玉10・ガラス足玉18・銀製鍍金梔子形空玉54・銀製鍍金大型空丸玉24・銀製鍍金有段空玉48・銀製半球形空玉57・銀製鍍金小型空丸玉47・銀製鍍金空勾玉127・管玉形装飾品11	挂甲1・襟甲1・篠籠手1・篠状鉄札・玉纏大刀2・単頭大刀1・刀2・剣1・鉄鏃・馬具3セット分	金銅冠1・金銅大帯1・金銅履2対・金銅筒形品2・金銅剣菱形飾金具11〜・銀製剣菱形飾金具20〜・銀製垂飾金具1対・銀製飾金具25・銀心金貼耳環1対・金銅花弁形飾金具1・金銅花弁形歩揺803〜・金銅円形飾金具200〜・刀子6	土師器・須恵器	撥形木製品2・繊維	前園実知雄編1993『斑鳩 藤ノ木古墳 第二・三次調査報告書』調査報告篇・考察篇・図版篇, 奈良県立橿原考古学研究所	同型鏡群〔GK-3〕／1095g／「壮年（20〜40歳）」男性骨と「17歳から25歳の範囲内」の男性骨
								601g／同型鏡群の模作か
								同型鏡群〔UJ-1〕／533g
								417g
1954	橿原考古学研究所	石釧・管玉	三角板革綴短甲1・頸甲1・肩甲1・筒形銅器・刀				千賀久編1992『大和の古墳の鏡』橿原考古学研究所附属博物館考古資料集第1冊, 奈良県立橿原考古学研究所附属博物館	528g／奈良県（大和国）23-1
								372g／奈良県（大和国）23-2
1969	橿原考古学研究所	ガラス小玉	刀・矛・鉄鏃・弓・鞆・鞍金具・壺鐙	耳環・鈍・鋸・刀子	土師器・須恵器		伊達宗泰・岡幸二郎編1972『鳥土塚古墳』奈良県史跡名勝天然記念物調査報告第27冊, 奈良県教育委員会	296g／奈良県（大和国）25
不明	所在不明（個人旧蔵）						樋口隆康2000『三角縁神獣鏡新鑑』学生社	漢式鏡66.1／奈良県（大和国）24
不明	五島美術館〈M257〉（杉浦丘園旧蔵）						田中琢1979『古鏡』日本の原始美術8, 講談社	405g／奈良県（大和国）26-1／奈良71〜75は一括出土品
不明	五島美術館〈M258〉						松浦宥一郎1994「日本出土の方格T字鏡」『東京国立博物館紀要』第29号, 東京国立博物館	奈良県（大和国）26-2
不明	五島美術館〈M259?〉						岡崎敬編1978『日本における古鏡 発見地名表 近畿地方Ⅲ』東アジアより見た日本古代墓制研究	奈良県（大和国）26-3／奈良74と同一品の可能性
不明	五島美術館〈M260〉							奈良県（大和国）26-4／おそらく奈良73と同一品
明治?	五島美術館〈M261〉（個人旧蔵）						樋口隆康1979『古鏡』新潮社	京都224（京都府（山城国）66）と同一品／漢式鏡61／奈良県（大和国）26-5
1883	五島美術館〈M232〉							奈良県（大和国）27
不明	個人旧蔵	―	―	―	―	―	後藤守一1926『漢式鏡』日本考古学大系, 雄山閣	漢式鏡66.2
不明	五島美術館〈M198〉	―	―	―	―	―	樋口隆康1979『古鏡』新潮社	同型品あり

番号	舶倭	鏡式	出土遺跡	出土地名	遺跡内容	時期	面径(cm)	銘文	諸氏分類	編者分類・時期
78	舶？	〔獣形鏡〕	小泉狐塚古墳	大和郡山市小泉町	古墳	古墳(約22)・横穴式石室	古墳後期	10.5	—	—	—
79	舶？	不明					破片	—	—	—
80	舶	長宜子孫八弧内行花文鏡					19.8	「長宜子孫」	—	—
81	舶	八弧内行花文鏡					15.0	—	—	—
82	舶	上方作系浮彫式二仙四獣鏡					13.4	あり（不詳）	六像B式（岡村92）／六像式A系統Ⅱ段階（山田06）／六像Ⅱ式（Ⅰb系）（實盛15）	—
391	舶	不明	小泉大塚古墳	大和郡山市小泉町大塚1701	古墳	前方後円墳(88)・竪穴式石槨（割竹形木棺）	古墳前期	約16	—	—	—
392	舶	画文帯神獣鏡					破片	—	—	—
393	舶	獣首鏡					約16	「…師…」	—	—
394	舶	内行花文鏡					約13	—	—	—
395	舶	内行花文鏡					約13	—	—	—
396	舶	画文帯神獣鏡					破片	—	—	—
397	舶	不明					破片	—	—	—
83	倭	三神一獣鏡	割塚古墳	大和郡山市千日町東山	古墳	円墳(49)・横穴式石室（家形石棺）	古墳後期	15.1		特殊文鏡（獣首神獣鏡）（樋口79）／二神四獣鏡系（小林82・10）	〔中期型神獣鏡〕 中期
84	倭	二神三獣鏡	額田部狐塚古墳〔北槨〕	大和郡山市額田部南町小山	古墳	前方後円墳(50)・粘土槨	古墳後期	18.3		—	〔後期型神獣鏡〕 後期
85	倭	八弧内行花文鏡	柳本大塚古墳	天理市柳本町大塚	古墳	前方後円墳(92)・小石室	古墳前期	39.7	—	（八弧）（樋口79）／八花文鏡（小林82・10）／A類Ⅰa式（清水94）／Ⅰ類基本系（林00）／Aa系Ⅰ式（辻田07）	内行花文鏡A式AⅠ類 前（古）
86	舶	流雲文縁方格規矩四神鏡〈1号鏡〉	大和天神山古墳	天理市柳本町天神	古墳	前方後円墳(113)・竪穴式石槨（木櫃？）	古墳前期	23.4	「…棗 由天下敷三海 …長宜孫子□□」／「子丑寅卯辰巳午未申酉戌亥」	流雲文縁四神鏡Ⅰ式（樋口79）	—
87	舶	画文帯環状乳四神四獣鏡〈2号鏡〉					13.8	「天王日月」	Ⅱ（樋口79）／画Bb4（村瀬14）	—
88	舶	八弧内行花文鏡〈3号鏡〉					19.7	「長□宜□」	Aaア式（樋口79）	—
89	舶	長宜子孫八弧内行花文鏡〈4号鏡〉					20.4	「長□子孫」／「□□□石」	Aaア式（樋口79）	—
90	舶	斜縁二神二獣鏡〈5号鏡〉					17.2	—	三角縁神獣鏡類E型（小林10）	—
91	舶	画文帯蟠龍乳四神四獣鏡〈6号鏡〉					16.3	「□作□□自□紀□人長□□□」	C形式（小山田93）	—
92	倭	四獣鏡〈7号鏡〉					16.7	—	獣形文鏡ⅠA類（赤塚98b）／鳥頭四獣鏡系（森下02）	鳥頭獣像鏡A系 前（古）
93	舶	尚方作流雲文縁方格規矩四神鏡〈8号鏡〉					20.3	「尚方作竟真大巧 上有仙人不知老 渇飲玉泉飢食棗 浮游天下敷三海兮」／「子丑寅卯辰巳午未申酉戌亥」	流雲文縁四神鏡Ⅰ式（樋口79）	—
94	舶	尚方作流雲文縁方格規矩四神鏡〈9号鏡〉					20.8	「尚方作竟大□ □□仙人不知老 渇飲玉泉飢食□ □□□三海 壽如金石國□保兮」／「子丑寅卯辰巳午未申酉戌亥」	流雲文縁四神鏡Ⅰ式（樋口79）	—
95	舶	劉氏作斜縁二神二獣鏡〈10号鏡〉					16.8	「劉氏作明竟 自有善同出丹陽 □師得同合諫五金 服者敬奉臣良 巧刻」／「西王母」「玉女」（榜題）	Ⅲ円圏式（樋口79）	—
96	舶	神人龍虎画象鏡〈11号鏡〉					18.7	「□□□□□□ 上有東王□□王母 □ □□□□□□ 辟邪 □□在兮」	Ⅲ円圏式（樋口79）	—
97	舶	画文帯求心式神獣鏡〈12号鏡〉					12.9	—	—	—
98	倭	四獣鏡〈13号鏡〉					13.1	—	獣形文鏡類四獣鏡A型？（小林10）	獣像鏡Ⅰ系？ 前（古）
99	舶	画文帯環状乳四神四獣鏡〈14号鏡〉					16.6	「天王日月」	Ⅱ（樋口79）／画Bb4（村瀬14）	—
100	舶	斜縁二神二獣鏡〈15号鏡〉					17.4	—	三角縁神獣鏡類E型（小林10）	—
101	舶	尚方作複波文縁方格規矩四神鏡〈16号鏡〉					15.9	「尚方作竟真大巧 上有仙人不知老 渇飲□□飢食□ □由天下兮」	複波鋸歯文縁四神鏡Ⅱ式（樋口79）	—
102	舶	長宜子孫八弧内行花文鏡〈17号鏡〉					15.4	「長宜□□」	Aaア式（樋口79）	—

奈良

発見年	所蔵（保管）者	共伴遺物					文献	備考
		石製品・玉類	武具・武器・馬具	ほか金属器	土器類	その他		
1962	橿原考古学研究所	―	轡	耳環	土師器・須恵器	―	千賀久編1992『大和の古墳の鏡』橿原考古学研究所附属博物館考古資料集第1冊，奈良県立橿原考古学研究所附属博物館	奈良県（大和国）28 外区片／大型鏡
1962								597g／奈良県（大和国）29-1
								378g／奈良県（大和国）29-2
								171g／奈良県（大和国）29-3
1996	橿原考古学研究所	―	短刀1・剣1	斧1・鉇1・鑿1・刀子2	土師器（壺1）	―	河上邦彦・西藤清秀・入倉徳裕編1997『島の山古墳 調査概報付．小泉大塚古墳調査報告』学生社	―
								―
								―
								―
								鈕のみ
1968	橿原考古学研究所	管玉・水晶切子玉	挂甲・鉄鏃・馬具（杏葉等）	垂飾付耳飾	須恵器	―	千賀久編1992『大和の古墳の鏡』橿原考古学研究所附属博物館考古資料集第1冊，奈良県立橿原考古学研究所附属博物館	奈良県（大和国）30
1966	橿原考古学研究所	琥珀棗玉・銀空玉	挂甲・刀・剣・鉄鏃・轡	冠・耳環	須恵器	―	千賀久編1992『大和の古墳の鏡』橿原考古学研究所附属博物館考古資料集第1冊，奈良県立橿原考古学研究所附属博物館	奈良県（大和国）31
1918	宮内庁書陵部〈陵94〉	―	銅鏃	鉄片	―	―	梅原末治・森本六爾1923「大和磯城郡柳本大塚古墳調査報告」『考古学雑誌』第13巻第8号，考古学会	4375g／漢式鏡 88.1／奈良県（大和国）36
1960	奈良国立博物館	―	刀3・剣4・鉄鏃5	鎌1・鉇1・刀子1・楔形鉄器1	―	―	伊達宗泰・小島俊次・森浩一1963『大和天神山古墳』奈良県史跡名勝天然記念物調査報告第22冊，奈良県教育委員会	〈675g〉／奈良（大和国）40-1
								390g／奈良県（大和国）40-2
								580g／奈良県（大和国）40-3
								759g／奈良県（大和国）40-4
								503g／奈良県（大和国）40-5
								428g／奈良県（大和国）40-6
								505g／奈良県（大和国）40-7
								649g／奈良県（大和国）40-8
								594g／奈良県（大和国）40-9
								406g／奈良県（大和国）40-10
								725g／奈良県（大和国）40-11
								〈328g〉／奈良県（大和国）40-12
								〈210g〉／奈良県（大和国）40-13
								509g／奈良県（大和国）40-14
								382g／奈良県（大和国）40-15／同型：東寺山1号墳（岐阜131）
								284g／奈良県（大和国）40-16
								303g／奈良県（大和国）40-17

番号	舶倭	鏡式	出土遺跡	出土地名	遺跡内容	時期	面径(cm)	銘文	諸氏分類	編者分類・時期
103	倭	四獣鏡〈18号鏡〉	大和天神山古墳	天理市柳本町天神	古墳	前方後円墳(113)・竪穴式石槨(木櫃?)	古墳前期	18.3	擬銘?	四獣形鏡(樋口79)／獣形文鏡類四獣鏡A型(小林82・10)／A類獣頭(富田89)／獣形文鏡ⅡE類(赤塚98b)／斜縁四獣鏡A系(森下02)	獣像鏡Ⅰ系	前(古)
104	舶	鋸歯文縁方格規矩四神鏡〈19号鏡〉					16.0	「□□竟真大□　□□□□□□　□□　□□□□□□　□兮」	―	―	―
105	舶	長宜子孫八弧内行花文鏡〈20号鏡〉					23.8	「長宜子孫」／「壽如石金佳且好兮」	Aaア式(樋口79)	―	―
106	舶	素縁方格規矩四神鏡〈21号鏡〉					14.0	―	―	―	―
107	倭	人物鳥獣文鏡〈22号鏡〉					15.1	―	特殊文鏡(人物禽獣文鏡)(樋口79)／人物禽獣文Ⅱ類(赤塚95)／絵画文鏡Ⅱ類(赤塚00)／三角縁神獣鏡類E型(小林10)		～前期
108	舶	上方作系浮彫式六獣鏡〈23号鏡〉					13.6	「□□□□有己　青龍…」	半肉彫獣帯鏡C六像式(樋口79)／六像B式(岡村92)／六像Ⅱ式(Ⅰb系)(實盛15)		
111	倭	乳文鏡	山田千塚山古墳	天理市柳本町山田	古墳	不明	古墳	7.5	―	乳文鏡Ⅱ類(樋口79)	〔乳脚文鏡〕	後期
111-1	倭	六弧内行花文鏡(銅板)	行燈山古墳(崇神陵古墳)周濠(伝)	天理市柳本町行燈	古墳	前方後円墳(240)・周濠	古墳前期	70.0×53.8		D類Ⅰ式(清水94)／(Ab系Ⅰ式)(辻田07)	内行花文鏡A式B類	前(中)
401	舶	三角縁張是作六神四獣鏡〈1号鏡〉	黒塚古墳	天理市柳本町黒塚	古墳	前方後円墳(130)・竪穴式石槨(割竹形木棺)	古墳前期	22.9	「張是作竟甚大好　上□守及龍唏　身有文章口銜巨　古有聖子東王父　渇飲泉飢」／「君宜高官」(方格銘)	目録番号62・同笵鏡番号＊・配置A'・表現⑨	―	―
402	舶	三角縁天王・日月・獣文帯四神四獣鏡〈2号鏡〉					23.8	「天王日月」	目録番号74・同笵鏡番号39・配置F2・表現②	―	―
403	舶	三角縁新作徐州銘四神四獣鏡〈3号鏡〉					23.2	「新作明竟　幽律三剛　配徳君子　清而且明　銅出徐州　師出洛陽　潤文刻鏤　皆作文章　取者大吉　宜子孫」	目録番号18・同笵鏡番号75・配置C・表現⑭	―	―
404	舶	三角縁吾作四神四獣鏡〈4号鏡〉					20.0	「吾作明竟甚大工　上有王喬以赤松　師子天鹿其麟龍　天下名好世無雙」	目録番号35・同笵鏡番号19・配置A・表現①	―	―
405	舶	三角縁天王・日月・獣文帯五神四獣鏡〈5号鏡〉					22.5	「天王日月」	目録番号57・同笵鏡番号31・配置A'・表現⑥	―	―
406	舶	三角縁陳是作四神四獣鏡〈6号鏡〉					22.0	「陳是作竟甚大好　上有仙人不知老　古有聖人及龍唏　身有文章口銜巨兮」／「位至三公」(方格銘)／「王父」「母」「仙」(榜題)	目録番号52・同笵鏡番号＊・配置A・表現⑦	―	―
407	舶	三角縁陳・是・作・竟・四神四獣鏡〈7号鏡〉					22.3	「陳是作竟」(方格銘)／「王父」「王母」(榜題)	目録番号33・同笵鏡番号17・配置E・表現⑦	―	―
408	舶	三角縁神人龍虎画象鏡〈8号鏡〉					22.3	「仙」(榜題)	目録番号100b・配置J1・表現他		
409	舶	三角縁天王日月・獣文帯四神四獣鏡〈9号鏡〉					23.3	「天王日月」	目録番号68・同笵鏡番号35・配置F1・表現②	―	―
410	舶	三角縁吾作三神四獣鏡〈10号鏡〉					22.1	「吾作明竟甚大好　上有百鳥不知老　今爲青竟日出叩兮」	目録番号40・同笵鏡番号21・配置A変・表現④	―	―
411	舶	三角縁吾作四神四獣鏡〈11号鏡〉					22.0	「吾作明竟甚大好　上有仙人不知老　渇飲玉泆飢食棗　五男二女長相　壽如金石兮」／「位至三公」(方格銘)	目録番号52a・同笵鏡番号＊・配置A・表現⑦	―	―
412	舶	三角縁吾作四神四獣鏡〈12号鏡〉					21.8	「吾作明鏡甚高□　佳哉青龍有文章　呆子宜樂未英　位至三公宜侯王　富且昌」	目録番号36a・同笵鏡番号＊・配置A・表現①	―	―
413	舶	三角縁張是作四神四獣鏡〈13号鏡〉					21.8	「張是作竟甚大好　上有山旬不知老　渇飲礼泉飢食棗　保子宜孫位至侯王　買竟者富且昌」	目録番号53・同笵鏡番号＊・配置A・表現⑨	―	―

奈良

発見年	所蔵（保管）者	共伴遺物					文献	備考
		石製品・玉類	武具・武器・馬具	ほか金属器	土器類	その他		
								535g／奈良県（大和国）40-18
								〈307g〉／奈良県（大和国）40-19
1960	奈良国立博物館	―	刀3・剣4・鉄鏃5	鎌1・鉇1・刀子1・楔形鉄器1	―		伊達宗泰・小島俊次・森浩一1963『大和天神山古墳』奈良県史跡名勝天然記念物調査報告第22冊,奈良県教育委員会	1549g／奈良県（大和国）40-20
								〈252g〉／奈良県（大和国）40-21
								311g／奈良県（大和国）40-22
								〈214g〉／奈良県（大和国）40-23
不明	國學院大學	―	鉄鏃・杏葉	斧	須恵器		白石太一郎・設楽博己編1994『弥生・古墳時代遺跡出土鏡データ集成』（『国立歴史民俗博物館研究報告』第56集）,国立歴史民俗博物館	〈42g〉／奈良県（大和国）37
1865	所在不明	―	―	―	―	―	高橋健自1901「崇神陵発見の金属板」『考古界』第壹篇第六号,考古学会	奈良県（大和国）38／約22875g／「元治弐年乙丑ノ四月三日山陵御普請所南側御堀ヨリ笠村人足掘出之 目方六貫百目堅壱尺七寸八分横弐尺三分厚サ三分半」
								1126g
								1212g
								1264g
								941g
								1050g
								1052g
1997	橿原考古学研究所	―	小札革綴冑1・刀1・剣1・刀剣類25～・鉄鏃170～・盾?	斧8・鉇・刀子状鉄製品1・U字形鉄製品1・Y字状鉄製品2・棒状鉄製品9			河上邦彦編1999『黒塚古墳調査概報』大和の前期古墳Ⅲ,学生社	1267g
								1115g
								1321g
								1181g
								957g
								1045g
								1110g

番号	舶倭	鏡 式	出土遺跡	出土地名	遺跡内容	時 期	面径(cm)	銘 文	諸氏分類	編者分類・時期
414	舶	三角縁画文帯六神三獣鏡〈14号鏡〉					21.8	―	目録番号55・同笵鏡番号29・配置A'・表現⑥	―	―
415	舶	三角縁天・王・日・月・吉・獣文帯四神四獣鏡〈15号鏡〉					22.2	「天王日月吉」	目録番号60・同笵鏡番号＊・配置A'?・表現⑥	―	―
416	舶	三角縁張氏作三角五獣鏡〈16号鏡〉					22.7	「張氏作鏡真巧　仙人王喬赤松子　師子辟邪世少有　渇飲玉泉飢食□　□如金石天相保兮」	目録番号21・同笵鏡番号10・配置B・表現①	―	―
417	舶	三角縁波文帯盤龍鏡〈17号鏡〉					24.7	―	目録番号3・同笵鏡番号4・配置盤龍・表現盤	―	―
418	舶	三角縁張氏作三角五獣鏡〈18号鏡〉					22.6	「張氏作鏡真巧　仙人王喬赤松子　師子辟邪世少有　渇飲玉泉飢食棗　生如金石天相保兮」	目録番号21・同笵鏡番号10・配置B・表現①	―	―
419	舶	三角縁吾作四神四獣鏡〈19号鏡〉					22.3	「吾作明竟甚大好　上有神守及龍甫　身有文章口銜巨　古有聖人東王父西王母　楊飲玉飢淫食棗　壽如金石長相保」	目録番号67・同笵鏡番号＊・配置D・表現⑦	―	―
420	舶	三角縁王氏作徐州銘四神四獣鏡〈20号鏡〉					22.3	「王氏作竟甚大明　同出徐州刻鏤成　師子辟邪嬈其嬰　仙人埶節坐中庭　取者大吉樂未央」	目録番号79・同笵鏡番号42・配置G・表現①	―	―
421	舶	三角縁張氏作四神四獣鏡〈21号鏡〉					23.7	「張氏作竟真大巧　上有仙人赤松子　神玄辟邪世少有　渇飲玉泉飢食棗　生如金石不知老兮」	目録番号34・同笵鏡番号18・配置A・表現①	―	―
422	舶	三角縁吾作徐州銘四神四獣鏡〈22号鏡〉					22.5	「吾作明竟　幽律三剛銅出徐州　潤鏤文章配德君子　清而且明　左龍右甫　傳世有名　取者大吉　保子宜孫」	目録番号37・同笵鏡番号20・配置A・表現⑭	―	―
423	舶	三角縁吾作三角五獣鏡〈23号鏡〉					21.9	「吾作明竟甚大工　上有王喬以赤松　師子天鹿其辥龍　天下名好世無雙　照吾此竟　壽如大山」	目録番号23・同笵鏡番号11・配置B・表現①	―	―
424	舶	三角縁天王日月・唐草文帯四神四獣鏡〈24号鏡〉	黒塚古墳	天理市柳本町黒塚	古墳	前方後円墳(130)・竪穴式石槨(割竹形木棺)	古墳前期	23.7	「天王日月」	目録番号44・同笵鏡番号25・配置A・表現④	―	―
425	舶	三角縁吾作四神四獣鏡〈25号鏡〉					22.0	「吾作明竟甚大好　上有仙人不知老　渇飲玉淫飢食棗　五男二女長相　壽如金石兮」／「位至三公」(方格銘)	目録番号52a・同笵鏡番号＊・配置A・表現⑦	―	―
426	舶	三角縁張是作四神四獣鏡〈26号鏡〉					21.8	「張是作竟甚大好　上有山旬不知老　曷飲礼泉飢食棗　保子宜孫位至侯王　買竟者富且昌」	目録番号53・同笵鏡番号＊・配置A・表現⑨	―	―
427	舶	三角縁天王・日月・獣文帯四神四獣鏡〈27号鏡〉					23.4	「天王日月」	目録番号74・同笵鏡番号39・配置F2・表現②	―	―
428	舶	三角縁天王日月・獣文帯四神四獣鏡〈28号鏡〉					22.5	「天王日月」	目録番号43・同笵鏡番号24・配置A・表現⑤	―	―
429	舶	三角縁天王・日月・獣文帯四神四獣鏡〈29号鏡〉					22.0	「天王日月」	目録番号70・同笵鏡番号37・配置F1・表現②	―	―
430	舶	三角縁天王・日月獣文帯四神四獣鏡〈30号鏡〉					22.0	「天王日月」	目録番号70・同笵鏡番号37・配置F1・表現②	―	―
431	舶	三角縁吾作四神四獣鏡〈31号鏡〉					22.0	「吾作明鏡甚高□　佳哉青龍有文章　呆子宜孫樂夫英　位至三公宜侯王　富且昌」	目録番号36a・同笵鏡番号＊・配置A・表現①	―	―
432	舶	三角縁王氏作徐州銘四神四獣鏡〈32号鏡〉					22.3	「王氏作竟甚大明　同出徐州刻鏤成　師子辟邪嬈其嬰　仙人埶節坐中庭　取者大吉樂未央」	目録番号79・同笵鏡番号42・配置G・表現①	―	―
433	舶	三角縁天王・日月・獣文帯四神四獣鏡〈33号鏡〉					23.7	「天王日月」	目録番号74・同笵鏡番号39・配置F2・表現②	―	―
400	舶	画文帯蟠龍龍乳四神四獣鏡〈34号鏡〉					13.5	「吾作明鏡自有紀　□□公宜子」	―	―	―

発見年	所蔵(保管)者	共伴遺物					文献	備考
		石製品・玉類	武具・武器・馬具	ほか金属器	土器類	その他		
								1063g
								1051g
								1204g
								1487g
								1151g
								1225g
								1244g
								1436g
								1500g
1997	橿原考古学研究所	―	小札革綴冑1・刀1・剣1・刀剣類25～・鉄鏃170～・盾?	斧8・鉇・刀子状鉄製品1・U字形鉄製品1・Y字状鉄製品2・棒状鉄製品9	―	―	河上邦彦編1999『黒塚古墳調査概報』大和の前期古墳Ⅲ,学生社	1351g
								1355g
								938g
								1132g
								1284g
								1211g
								990g
								914g
								1131g
								1233g
								1265g
								336g

番号	舶倭	鏡　式	出土遺跡	出土地名	遺跡内容	時　期	面径(cm)	銘　文	諸氏分類	編者分類・時期	
109	倭	七弧内行花文鏡	旧山辺郡（伝）	天理市渋谷町（伝）	不明	不明	10.3	—	—	内行花文鏡B式	前(中～)
109-1	倭	重圏文鏡	旧山辺郡（伝）	天理市（伝）	不明	不明	4.2	—	—	〔重圏文鏡〕	前期
110	倭	方格規矩(鳥文)鏡	柳本（伝）	天理市渋谷町（伝）	不明	不明	—	17.8	—	Ⅲ類（樋口79）／（TO式（田中83））／博局鳥文鏡Db1K類（高木91・93）／中型鏡1-1（北浦92）／方画規矩文系（岡田05）	〔方格規矩四神鏡C系〕	—
110-1	舶	三角縁波文帯三神二獣博山炉鏡	渋谷（伝）	天理市渋谷町（伝）	古墳?	不明	古墳?	21.6	—	目録番号134・同笵鏡番号74・配置M・表現⑩	—	—
112	倭	六鈴鏡	星塚2号墳(星塚古墳)	天理市二階堂上ノ庄町	古墳	円墳（40）・横穴式石室(家形石棺?)	古墳後期	10.0	—	—	—	後期
113	—	不明	東大寺山古墳	天理市櫟本町高塚	古墳	前方後円墳(140)・粘土槨	古墳前期	—	—	—	—	—
114	倭	不明	東大寺山6号墳(北高塚古墳)	天理市櫟本町入道原	古墳	円墳・横穴式石室	古墳後期	破片	—	—	—	—
115	倭	四獣鏡(四神四獣鏡?)	豊田ホリノヲ1号墳(ホリノヲ尾1240山林)	天理市豊田町ホリノヲ	古墳	円墳（25）・横穴式石室(組合式木棺)	古墳後期	13.5	擬銘	旋回式獣像鏡系（森下02）／Cb型式（加藤14）	〔旋回式神獣鏡〕	後期
115-1	倭	四獣鏡	豊田山古墳	天理市豊田町西ノ森	古墳	封土中	古墳	9.1	—	—	〔旋回式神獣鏡〕	後期
115-2	倭	五獣鏡	豊田狐塚古墳	天理市豊田町	古墳	円墳（約20）・横穴式石室	古墳後期	9.0	—	—	〔旋回式獣像鏡〕	後期
116	?	神獣鏡	西山古墳（伝）	天理市杣之内町（伝）	古墳	前方後方墳(185)・竪穴式石槨?	古墳前期	不明	—	—	—	—
117	?	不明					不明	—	—	—	—	—
118	倭	〔五鈴鏡〕	萱生町	天理市萱生町	不明	不明	不明	—	—	—	—	—
119	倭	五鈴珠文鏡	萱生町（伝）	天理市萱生町（伝）				7.0	—	珠文鏡系五鈴式（樋口79）／鈴鏡類（五鈴鏡）（小林82・10）／珠文（西岡86）／珠文鏡系（大川97）／Ⅱ類-C珠文鏡（八木00）／珠文系（岡田05）	〔珠文鏡〕	後期
120	倭	五獣鏡	山辺郡朝和村(伝)	天理市（伝）〔山辺郡朝和村〕	不明	不明	完形	擬銘	—	〔旋回式獣像鏡〕	後期
369	倭	八弧内行花文鏡	山辺郡朝和村(伝)	天理市（伝）〔山辺郡朝和村〕	不明	不明	19.4	擬銘	A類Ⅱb式（清水94）／八花文鏡（小林10）	内行花文鏡A式AⅠ類	前(古)
369-1	倭	六神像鏡	山辺郡（伝）	旧山辺郡（伝）	不明	不明	約15	—	神像鏡六神像式（樋口79）	神像鏡Ⅱ系	前(中)
398	倭	八弧内行花文鏡	下池山古墳	天理市成願寺町川下り	古墳	前方後方墳(125)・小石室	古墳前期	37.6	—	Ⅰ類基本系（林00）／A系Ⅰ式（辻田07）	内行花文鏡A式AⅠ類	前(古)
399	舶	上方作系浮彫式獣帯鏡	中山大塚古墳	天理市中山町大塚	古墳	前方後円墳(132)・竪穴式石槨(割竹形木棺)	古墳前期	破片	「…方…」	六像式A系統（山田06）／Ⅰb系（實盛15）	—	—
399-1	倭	細線式鏡	布留遺跡	天理市布留町	集落	不明	完形	—	特殊文鏡（細線渦文鏡）（樋口79）	—	後期
399-2	倭	細線式渦文鏡	丹波市村（伝）	天理市丹波市町（伝）	不明	不明	16.5	—	—	—	中期

奈良

発見年	所蔵（保管）者	共伴遺物					文献	備考
		石製品・玉類	武具・武器・馬具	ほか金属器	土器類	その他		
不明	京都国立博物館〈E甲17-3〉（廣瀬都巽旧蔵）	—	—	—	—	—	後藤守一1926『漢式鏡』日本考古学大系，雄山閣	漢式鏡87／奈良県（大和国）34
不明	京都国立博物館〈E甲17-7〉（廣瀬都巽旧蔵）	—	—	—	—	—	林新兵衛商店他（札元）1932『京都大仏 広瀬都巽軒愛蔵品入札』京都鈴木尚美社印刷所	—
不明	奈良国立博物館	—	—	—	—	—	樋口隆康1979『古鏡』新潮社	奈良県（大和国）35／同型品あり
不明	京都国立博物館	—	—	—	—	—	樋口隆康2000『三角縁神獣鏡新鑑』学生社	—
1952	奈良国立博物館	ガラス勾玉4・瑪瑙管玉8・蜻蛉玉2・滑石臼玉2・ガラス製金張丸玉1・ガラス小玉315	刀3・円頭把頭1・水晶三輪玉4・石突1・鉄鏃約20・武器残欠・金銅辻金具6・銅製鋲具1・座金具付鋲具1・鉄製鋲具4・鉄地銀張金具1・鉄製鋲留金具20・鉄製環8・銅製鋲3	銅鋺蓋1・垂飾付金製耳環1・金製耳環1・刀子2・不明鉄製品1	土師器・須恵器	雲母片・石鏃1・釘2	小島俊次編1955『奈良県天理市上之庄 星塚古墳』奈良県史跡名勝天然記念物調査抄報第七輯，奈良県記念物調査報告発行会	奈良県（大和国）33
1961	—	鍬形石26・車輪石23・石釧2・坩形石製品13・筒形石製品1・鏃形石製品48・不明石製品1・勾玉7・管玉49・棗玉5・小玉1	革製短甲2・革製草摺1・巴形銅器7・素環頭大刀1・青銅製環頭大刀5・木製柄頭体8・剣15～・槍10～・銅鏃261・鉄鏃約70・盾1	鉄製工具類片約22	—	板石1	小田木治太郎・藤原郁代編2010『東大寺山古墳の研究―初期ヤマト王権の対外交渉と地域間交流の考古学的研究―』東大寺山古墳研究会，天理大学・天理大学附属天理参考館	奈良県（大和国）39／各種報告文に鏡出土の記載なし
1969	橿原考古学研究所	玉	鞍金具・杏葉・壺鐙	金環	土師器・須恵器		白石太一郎・設楽博己編1994『弥生・古墳時代遺跡出土鏡データ集成』（『国立歴史民俗博物館研究報告』第56集），国立歴史民俗博物館	奈良県（大和国）32
1930	東京国立博物館（J22238）	勾玉・琥珀棗玉・管玉・ガラス小玉	刀1・鉄鏃15・轡・杏葉・壺鐙・雲珠	金環・鎌1・刀子	土師器・須恵器		車崎正彦編2002『考古資料大観』第5巻 弥生・古墳時代 鏡，小学館	142g／奈良県（大和国）41
1984	天理大学附属天理参考館	—	—	—	—	—	藤原郁代編2011『古代日本の鏡』天理ギャラリー第144回展，天理大学附属天理参考館	79g
2016	天理市教育委員会	水晶管玉・水晶切子玉・丸玉・ガラス小玉・琥珀扁平玉・銀空玉・土製丸玉100～等	刀・鉄鏃・環状鏡板付轡2・金銅装三葉文楕円形杏葉1・雲珠1・辻金具5等		土師器（直口壺等）・須恵器50～（有蓋台付長頸壺・高杯・無蓋高杯・甑・杯身・杯蓋等）		天理市教育委員会文化財課編2016『天理市豊田町 豊田狐塚古墳発掘調査 現地説明会資料』天理市教育委員会文化財課	—
不明	所在不明（天理教会旧蔵）	鏃形石製品片2・管玉	刀	鉄片1	—	—	置田雅昭1974「大和の前方後方墳」『考古学雑誌』第59巻第4号，日本考古学会	漢式鏡96／奈良県（大和国）43-1／「鏡片は鈕と縁の部分で，仏像状の文様と鋸歯文があったというから，波文帯の神獣鏡であろう」
不明	所在不明（個人旧蔵）						後藤守一1926『漢式鏡』日本考古学大系，雄山閣	漢式鏡97／奈良県（大和国）43-2
不明	所在不明						後藤守一1926『漢式鏡』日本考古学大系，雄山閣	漢式鏡93／奈良県（大和国）42-2／萱生千塚からは5面の鏡（奈良県（大和国）42-1～5）が出土しているという
不明	所在不明（個人旧蔵）						後藤守一1942『古鏡聚英』上篇 秦鏡と漢六朝鏡，大塚巧芸社	奈良県（大和国）42-5／奈良118と同一品か
不明	所在不明（大阪歴史博物館？）						後藤守一1926『漢式鏡』日本考古学大系，雄山閣	漢式鏡94／奈良県（大和国）42-3？
不明	五島美術館〈M212〉（廣瀬都巽旧蔵）						林新兵衛商店他（札元）1932『京都大仏 広瀬都巽軒愛蔵品入札』京都鈴木尚美社印刷所	漢式鏡95／奈良県（大和国）42-4・115
不明	所在不明（廣瀬都巽旧蔵）						林新兵衛商店他（札元）1932『京都大仏 広瀬都巽軒愛蔵品入札』京都鈴木尚美社印刷所	奈良県（大和国）42-1？
1996	橿原考古学研究所	（石釧1・翡翠勾玉2・碧玉管玉7・ガラス小玉44）	（刀・剣or槍10）	（鏃片20・魚抉2・針状鉄器片7・棒状鉄器2・鉄板2）	—	—	卜部行弘編2008『下池山古墳の研究』奈良県立橿原考古学研究所研究成果第9冊，奈良県立橿原考古学研究所	4880g
1994	橿原考古学研究所	—	刀剣片23・槍1・鉄鏃13				河上邦彦・豊岡卓之・卜部行弘・坂靖編1996『中山大塚古墳 附編 葛本弁天塚古墳 上の山古墳』奈良県立橿原考古学研究所調査報告第82冊，奈良県教育委員会	（2g）／2片
不明	天理参考館	—	—	—	—	—	—	—
明治？	早稲田大学會津八一記念博物館						持田大輔2008『服部コレクション 鏡の世界』早稲田大学會津八一記念博物館	529g／町田久成が南都を訪れた際に大和国丹波市村から出土したもので，佐々井半平，松浦武四郎らを介して，柏原孝章の手に至った（箱書）

番号	舶倭	鏡式	出土遺跡	出土地名	遺跡内容	時期	面径(cm)	銘文	諸氏分類	編者分類・時期	
399-3	倭	方格規矩四神鏡	石上神宮（伝）	天理市（伝）	不明	不明	16.0	—	—	方格規矩四神鏡B系	前(中)
121	舶	画文帯同向式神獣鏡	ホケノ山古墳（豊家の山古墳）（伝）	桜井市箸中636（伝）	前方後円墳(86)・木槨	弥生末期	17.5	—	B式（樋口79）／Ba形式（小山田93）	—	—
121-1	舶	長宜子孫八弧内行花文鏡					23.2	「長宜子孫」	—	—	—
121-2	舶	画文帯同向式神獣鏡	ホケノ山古墳（豊家の山古墳）	桜井市箸中636			19.1	「吾作明竟　幽凍三岡　配像世京　統德序道　敬奉臣良　周刻無祉　百牙攀樂　衆華主陽　世德光明　富吉安樂　子孫番昌　士至高升　生如金石　其師命長」	—	—	—
121-3	舶	画文帯神獣鏡					破片	「…宜…」	—	—	—
121-4	舶	内行花文鏡					26.3	—	—	—	—
122	舶	画文帯同向式神獣鏡	箸中	桜井市箸中	古墳?	不明	古墳?	15.4	あり（不詳）	A式（樋口79）／Ab形式（小山田93）	—	—
123	倭	素文鏡	山ノ神遺跡	桜井市馬場字山神	祭祀	磐座	古墳中期	3.0	—	BⅡ類（今平90）	〔素文鏡〕	—
124	倭	素文鏡	山ノ神遺跡（伝）	桜井市馬場字山神（伝）			約3?	—	—	〔素文鏡〕	—
125	?	不明					不明	—	—	—	—
126	舶	環状乳神獣鏡					破片	—	—	—	—
127	舶	画文帯同向式神獣鏡					破片	—	—	—	—
128	舶	画文帯同向式神獣鏡					破片	—	—	—	—
129	舶	画文帯神獣鏡					破片	—	—	—	—
130	舶	三角縁波文帯四神二獣鏡	桜井茶臼山古墳	桜井市外山字外山谷	前方後円墳（約200）・竪穴式石槨（割竹形木棺）	古墳前期	内区片	—	目録番号84・配置H?・表現⑤?	—	—
131	舶	三角縁天王日月・獣文帯神獣鏡					外区片	欠失（「天王日月」）	—	—	—
132	舶	三角縁天王・日月・獣文帯五神四獣鏡					内区片	欠失（「天王日月」）	目録番号57・同笵鏡番号31・配置A'・表現⑥	—	—
133	舶	三角縁天・王・日・月・獣文帯三神三獣鏡					内区片	欠失（「天王日月」）	目録番号109・同笵鏡番号62・配置L1・表現⑯	—	—
134	舶	三角縁天王日月・鋸歯文帯四神四獣鏡					23.2	欠失（「天王日月」）	目録番号80・同笵鏡番号43・配置G'・表現③	—	—
135	舶	三角縁画文帯六神三獣鏡					内区片	—	目録番号55・同笵鏡番号29・配置A'・表現⑥	—	—
136	舶	三角縁天王日月・獣文帯四神四獣鏡					内区片	欠失（「天王日月」）	目録番号81・同笵鏡番号44・配置G'・表現③	—	—
137	舶	三角縁陳氏作六神三獣鏡					銘帯片	「…好上有…」	目録番号61・同笵鏡番号32・配置A'・表現⑧	—	—
138	舶	三角縁正始元年陳是作同向式神獣鏡					破片	「…是…」	目録番号8・同笵鏡番号5・配置同向・表現他	—	—
139	舶	三角縁神獣鏡（外区片その2）					約22	—	—	—	—
140	舶	吾作系斜縁二神二獣鏡					破片	「…孫…」	紋様表現③（實盛09）	—	—
141	倭	八弧?内行花文鏡					30〜	—	内行花文鏡A系（森下）／A類Ⅰa式（清水94）／Ⅰ類基本系（林00）／内行花紋鏡A系（森下02）	内行花文鏡A式A類	前(古)
142	倭	八弧内行花文鏡					30〜	—	—	内行花文鏡A式A類	前(古)
143	倭	八弧?内行花文鏡					30〜	—	—	内行花文鏡	前(古)
144	舶	夔鳳鏡					破片	—	—	—	—

奈良

発見年	所蔵（保管）者	共伴遺物					文献	備考
		石製品・玉類	武具・武器・馬具	ほか金属器	土器類	その他		
不明	愛知県美術館〈M346〉（木村定三旧蔵）	―	―	―	―	―	鯨井秀伸編2011『木村定三コレクション研究紀要』2011年度，愛知県美術館	393g
不明	國學院大學考古學資料室						金子皓彦編1972『國學院大學考古學資料室要覧1972』國學院大學考古學資料室	奈良県（大和国）46-1
	大神神社（近年奉納）							「古鏡 大和国内織田藩領 著中村豊家の山古塚 より所掘 中山平八郎旧蔵」
1999	橿原考古学研究所		素環頭大刀・刀・剣・槍・銅鏃70・鉄鏃74	鉈2・鑿1・鏟形鉄製品1・「へ」字形鉄製品23・棒状鉄器（柄?）4・不明青銅製品2・青銅滓片3	壺形土器・小形丸底土器		岡林孝作・水野敏典編2008『ホケノ山古墳の研究』奈良県立橿原考古学研究所研究成果第10冊，奈良県立橿原考古学研究所	773g
								〈11g〉
								〈95g〉
明治	國學院大學考古學資料室	―	―	―	―	―	内川隆志・北澤宏明編2013『平成二十五年度特別展 神々の光彩 鏡と信仰 服部和彦氏寄贈和鏡を中心として』國學院大學博物館	奈良県（大和国）46-2
1918	東京国立博物館〈J9263〉	石製模造品（有孔円板・剣形・勾玉100余・管玉100余・臼玉）・子持勾玉1			土製模造品（盤・箕・案・臼・杵・柄杓・匙形・円板）・壺・高杯・杯・手捏土器等		樋口清之1928「奈良県三輪町山ノ神遺蹟研究」『考古学雑誌』第18巻第12号，考古学会	漢式鏡88.2／奈良県（大和国）44-1
不明	所在不明（樋口清之旧蔵）						森本六爾1926「二三鏡鑑の新例について」『考古学雑誌』第16巻第5号，考古学会	奈良県（大和国）44-2?
	所在不明						樋口清之1928「奈良県三輪町山ノ神遺蹟研究」『考古学雑誌』第18巻第12号，考古学会	奈良県（大和国）44-3?
1949	橿原考古学研究所	鍬形石1・車輪石2・石釧2・玉杖3～・玉葉3・五輪塔形石製品1・斧形石製品1・鳴鏑形石製品2・用途不明石製品4・硬玉勾玉1・碧玉管玉6・ガラス管玉2～・ガラス玉類若干・勾玉形石製飾	刀片2・剣片3・銅鏃2・鏃形鉄製品1・鉄鏃124～	斧2・鉈2～・刀子3～・鉄製利器1・鉄製工具・用途不明棒状品1・不明鉄製品52～	―	―	上田宏範・中村春寿1961『桜井茶臼山古墳 附櫛山古墳』奈良県史跡名勝天然記念物調査報告，奈良県教育委員会	奈良県（大和国）49-11or14or15or17?／獣像の環状体節部分のみ／「明治時代の盗掘の際、鏡を横浜の外人に売却したという話がのこっている処をみると、盗掘の際には完形品もあつたものと思われる」
								奈良県（大和国）49-11or14or15or17?／内区の蟠龍のみ
								奈良県（大和国）49-11or14or15or17?／走獣の一部等
								奈良県（大和国）49-11or14or15or17?／鈕と半円
								〈6g〉／奈良県（大和国）49-1or12?
								奈良県（大和国）49-2or5or8or9／外区片
								〈51g〉／奈良県（大和国）49-4
								〈8g〉／奈良県（大和国）49-2or5or8or9
								〈103g〉／奈良県（大和国）49-2
								〈33g〉／奈良県（大和国）49-6
								〈23g〉／奈良県（大和国）49-2or5or8or9
								〈6g〉／奈良県（大和国）49-10
								〈11g〉／奈良県（大和国）49-1or12?
								〈111g〉／奈良県（大和国）49-1or12?
								奈良県（大和国）49-13?
								個体識別困難／奈良県（大和国）49-7・20～24
								奈良県（大和国）49-18or19?

番号	舶倭	鏡 式	出土遺跡	出土地名	遺跡内容	時 期	面径(cm)	銘 文	諸氏分類	編者分類・時期	
145	舶	獣帯鏡					破片	—	—	—	—
146	舶	方格規矩鏡					破片	—	—	—	—
146-1	舶	三角縁陳是作四神二獣鏡					破片	欠失	同笵(型)鏡あり	—	—
146-2	舶	三角縁張氏作三神五獣鏡					破片	欠失	同笵(型)鏡あり	—	—
146-3	舶	三角縁吾作三神五獣鏡					破片	欠失	同笵(型)鏡あり	—	—
146-4	舶	三角縁張氏作四神四獣鏡					破片	欠失	同笵(型)鏡あり	—	—
146-5	舶	三角縁吾作四神四獣鏡					破片	欠失	同笵(型)鏡あり	—	—
146-6	舶	三角縁唐草文帯四神四獣鏡					破片	欠失	同笵(型)鏡あり	—	—
146-7	舶	三角縁櫛歯文帯四神四獣鏡					破片	—	同笵(型)鏡あり	—	—
146-8	舶	三角縁吾作四神四獣鏡					破片	欠失	同笵(型)鏡あり	—	—
146-9	舶	三角縁天王日月・獣文帯四神四獣鏡					破片	欠失	同笵(型)鏡あり	—	—
146-10	舶	三角縁吾作四神四獣鏡					破片	欠失	同笵(型)鏡あり	—	—
146-11	舶	三角縁天王日月・獣文帯四神四獣鏡					破片	欠失	同笵(型)鏡あり	—	—
146-12	舶	三角縁吾作神獣鏡					破片	「吾作明‥‥二親大貴昌」	—	—	—
146-13	舶	三角縁唐草文帯神獣鏡					破片	—	—	—	—
146-14	舶	三角縁波文帯神獣鏡					破片	—	—	—	—
146-15	舶	三角縁神獣鏡(外区片)					破片	—	—	—	—
146-16	舶	三角縁神獣鏡					破片	—	—	—	—
146-17	倭	内行花文鏡	桜井茶臼山古墳	桜井市外山字外山谷	古墳	前方後円墳(約200)・竪穴式石槨(割竹形木棺)	古墳前期	約38	—	内行花文鏡	前(古)
146-18	倭	内行花文鏡					破片	—	内行花文鏡	前(古)	
146-19	倭	内行花文鏡					破片	—	内行花文鏡	前(古)	
146-20	倭	内行花文鏡					破片	—	内行花文鏡	前(古)	
146-21	倭	内行花文鏡					破片	—	内行花文鏡	前(古)	
146-22	倭	内行花文鏡					破片	—	内行花文鏡	前(古)	
146-23	倭	内行花文鏡					破片	—	内行花文鏡	前(古)	
146-24	倭	鼉龍鏡					27～	—	鼉龍鏡系	前(古)	
146-25	倭	鼉龍鏡					破片	—	鼉龍鏡系	前(古)	
146-26	倭	鼉龍鏡					破片	—	鼉龍鏡系	前(古)	
146-27	倭	鼉龍鏡					破片	—	鼉龍鏡系	前(古)	
146-28	舶	内行花文鏡					破片	—	—	—	—
146-29	舶	内行花文鏡					破片	—	—	—	—
146-30	舶	内行花文鏡					破片	—	—	—	—
146-31	舶	内行花文鏡					破片	—	—	—	—
146-32	舶	内行花文鏡					破片	—	—	—	—
146-33	舶	内行花文鏡					破片	—	—	—	—
146-34	舶	内行花文鏡					破片	—	—	—	—
146-35	舶	内行花文鏡					破片	—	—	—	—
146-36	舶	内行花文鏡					破片	—	—	—	—
146-37	舶	方格規矩四神鏡					破片	—	—	—	—
146-38	舶	盤龍鏡					破片	—	—	—	—
146-39	舶	吾作系斜縁神獣鏡					破片	—	—	—	—
146-40	舶	吾作系斜縁神獣鏡					破片	—	—	—	—

発見年	所蔵（保管）者	共伴遺物					文 献	備 考
		石製品・玉類	武具・武器・馬具	ほか金属器	土器類	その他		
								奈良県（大和国）49-18or19
								奈良県（大和国）49-16
								―
								―
								―
								―
								―
								―
								―
								―
								―
								―
								―
								―
								―
2009他	橿原考古学研究所	鍬形石1・車輪石2・石釧2・玉杖3〜・玉葉3・五輪塔形石製品1・弭形石製品1・鳴鏑形石製品2・用途不明石製品4・硬玉勾玉1・碧玉管玉6・ガラス管玉2〜・ガラス玉類若干・勾玉形石製飾	刀片2・剣片3・銅鏃2・鏃形鉄製品1・鉄鏃124〜	斧2・鉇2〜・刀子3〜・鉄製利器1・鉄製工具・用途不明棒状品1・不明鉄製品52〜	―	―	東影悠編2011『東アジアにおける初期都宮および王墓の考古学的研究』平成19年度〜平成22年度科学研究費補助金基盤研究（A）（課題番号19202025）研究成果報告書,奈良県立橿原考古学研究所	―
								―
								―
								―
								―
								―
								―
								―
発見年	所蔵（保管）者	石製品・玉類	武具・武器・馬具	ほか金属器	土器類	その他	文 献	備 考
								―
								奈良県（大和国）49-18or19
								奈良県（大和国）49-16
								―

番号	舶倭	鏡式	出土遺跡	出土地名	遺跡内容	時期	面径(cm)	銘文	諸氏分類	編者分類・時期
146-41	舶	上方作系浮彫式獣帯鏡	桜井茶臼山古墳	桜井市外山字外山谷	古墳		破片	—	—	—
146-42	舶	上方作系浮彫式獣帯鏡					破片	—	—	—
146-43	舶	上方作系浮彫式獣帯鏡					破片	—	—	—
146-44	舶	上方作系浮彫式獣帯鏡					破片	—	—	—
146-45	舶	画文帯環状乳神獣鏡					破片	—	—	—
146-46	舶	画文帯環状乳神獣鏡					破片	—	—	—
146-47	舶	画文帯環状乳神獣鏡					破片	—	—	—
146-48	舶	画文帯(同向式・蟠龍乳)神獣鏡					破片	—	—	—
146-49	舶	画文帯(同向式・蟠龍乳)神獣鏡					破片	—	—	—
146-50	舶	画文帯(同向式・蟠龍乳)神獣鏡					破片	—	—	—
146-51	舶	画文帯(同向式・蟠龍乳)神獣鏡			前方後円墳(約200)・竪穴式石槨(割竹形木棺)	古墳前期	破片	—	—	—
146-52	舶	画文帯(同向式・蟠龍乳)神獣鏡					破片	—	—	—
146-53	舶	画文帯(同向式・蟠龍乳)神獣鏡					破片	—	—	—
146-54	舶	画文帯(同向式・蟠龍乳)神獣鏡					破片	—	—	—
146-55	舶	画文帯(同向式・蟠龍乳)神獣鏡					破片	—	—	—
146-56	舶	画文帯(同向式・蟠龍乳)神獣鏡					破片	—	—	—
146-57	舶	細線式獣帯鏡					破片	—	—	—
146-58	舶	細線式獣帯鏡					破片	—	—	—
146-59	舶	細線式獣帯鏡					破片	—	—	—
146-60	舶	斜縁同向式神獣鏡					破片	—	—	—
147	舶	八弧内行花文鏡	池ノ内1号墳〔東棺〕	桜井市池之内字大福山	古墳	円墳(13)・割竹形木棺直葬	古墳前期	11.7	—	円座Ⅰ型c類(山本78)／Caイ・ウ式(樋口79)／B類(H類)(清水94)／八花文鏡(小林10)	—
148	倭	四区渦文鏡	池ノ内1号墳〔西棺〕		古墳	円墳(13)・割竹形木棺直葬	古墳前期	12.6	—	特殊文鏡(細線渦文鏡)(樋口79)／変形文鏡類(小林82・10)	前期
149	倭	神獣鏡	池ノ内5号墳〔第1棺〕	桜井市池之内字長馬	古墳	円墳(16)・組合式木棺直葬	古墳前期	13.0	—	環状乳神獣鏡(樋口79)／獣形文鏡類六獣鏡(小林82・10)／E類獣頭(冨田89)／獣形文鏡ⅠC類(赤塚98b)	分離式神獣鏡系 前(新)
150	舶	三角縁波文帯盤龍鏡	池ノ内5号墳〔第2棺〕		古墳	円墳(16)・組合式木棺直葬	古墳前期	22.1	—	目録番号2・同笵鏡番号3・配置盤龍・表現盤	—
151	倭	珠文鏡	池ノ内5号墳〔第4棺〕			円墳(16)・組合式木棺直葬	古墳前期	5.6	—	珠文鏡Ⅱ類(樋口79)／珠文鏡類B型(小林82・10)／Ⅱ類(中山他94)／A-D(脇山13)	〔珠文鏡〕 —
152	舶	三角縁吾作徐州銘四神四獣鏡?					20〜	—	目録番号38・配置A?・表現⑭	—
153	舶	長宜子孫八弧内行花文鏡	メスリ山古墳〔主室〕	桜井市高田字堂垣内他	古墳	前方後円墳(224)・竪穴式石槨	古墳前期	26〜	「□□□孫」	—	—
154	舶	内行花文鏡					約16	—	—	—
155	倭	鋸歯文鏡	大福遺跡J44地区	桜井市大福	集落	遺物包含層	古墳	3.5	—	—	—
156	和	海獣葡萄鏡	安倍寺跡	桜井市阿部	寺跡	遺物包含層	古墳	4.5	—	—	—
157	倭	五獣鏡	阿部(安倍)(城山古墳)(伝)	桜井市阿部(伝)	古墳	不明	古墳	10.9	—	獣形文鏡類五獣鏡(小林82・10)／Ca型式(加藤14)	〔旋回式獣像鏡〕 後期
158	倭	八乳文鏡	阿部(安倍)(伝)	桜井市阿部(伝)	不明	不明	11.4	—	獣帯鏡類D型(小林82・10)	〔乳脚文鏡〕 後期
159	舶	三角縁天・王・日・月・獣文二神二獣鏡	金崎古墳(金ヶ崎)	桜井市金崎	古墳	不明	古墳前期	20.8	「天王□月」	目録番号95・同笵鏡番号53・配置J1・表現⑤	—

奈良

発見年	所蔵（保管）者	共伴遺物 石製品・玉類	共伴遺物 武具・武器・馬具	共伴遺物 ほか金属器	共伴遺物 土器類	共伴遺物 その他	文献	備考
2009他	橿原考古学研究所	鍬形石1・車輪石2・石釧2・玉杖3〜・玉葉3・五輪塔形石製品1・靫形石製品1・鳴鏑形製品2・用途不明石製品4・硬玉勾玉1・碧玉管玉6・ガラス管玉2〜・ガラス玉類若干・勾玉形石製飾	刀片2・剣片3・銅鏃2・鏃形鉄製品1・鉄鏃124〜	斧2・鉇2〜・刀子3〜・鉄製利器1・鉄製工具・用途不明棒状品1・不明鉄製品52〜	―		東影悠編 2011『東アジアにおける初期都宮および王墓の考古学的研究』平成19年度〜平成22年度科学研究費補助金基盤研究（A）（課題番号 19202025）研究成果報告書, 奈良県立橿原考古学研究所	―
1970		石釧3・碧玉管玉22・ガラス小玉760	―	斧1	―	―		258g／奈良県（大和国）53-1
1970		石釧2・石杵1・勾玉2・管玉48・琥珀棗玉1・ガラス小玉109	―	鏃先3・鉇1・刀子1	土師器（小形丸底壺1）	―		265g／奈良県（大和国）53-2
1970	橿原考古学研究所	石釧1・滑石勾玉2・滑石棗玉19・滑石切子玉53・滑石臼玉227	長方板革綴短甲1・刀1・鉄鏃20	斧2・刀子1	―	櫛1	泉森皎編 1973『磐余・池ノ内古墳群』奈良県史跡名勝天然記念物調査報告第28冊, 奈良県教育委員会	202g／奈良県（大和国）54-1
1970		瑪瑙勾玉2・碧玉管玉1・滑石臼玉40	刀1・剣1・鉄鏃約7	―	―	櫛約5		968g／奈良県（大和国）54-2／「男性の可能性も考えられる」「青年期からやや壮年期にかかる年令」の歯
		―	刀1・剣1	―	―	―		〈5g〉／奈良県（大和国）54-3
1959〜60	橿原考古学研究所	鍬形石2〜3・車輪石片5・石釧片26・合子形石製品2・椅子形石製品1・櫛形石製品2・刀装具形石製品1・棒状石製品1・硬玉勾玉6・碧玉管玉55	刀5〜・剣4〜				伊達宗泰編 1977『メスリ山古墳』奈良県史跡名勝天然記念物調査報告第35冊, 奈良県教育委員会	奈良県（大和国）50-3
								奈良県（大和国）50-1or2
								奈良県（大和国）50-1or2
1974	橿原考古学研究所	―	―	―	―	―	亀田博他編 1978『大福遺跡』奈良県史跡名勝天然記念物調査報告第36冊, 奈良県教育委員会	奈良県（大和国）55
1965	橿原考古学研究所						奈良県立橿原考古学研究所編 1970『安倍寺跡環境整備事業報告 発掘調査報告書』桜井市	奈良県（大和国）51
不明	京都国立博物館〈E甲17-4〉（廣瀬都巽旧蔵）						後藤守一 1926『漢式鏡』日本考古学大系, 雄山閣	102g／漢式鏡91／奈良県（大和国）52-1
不明	京都国立博物館〈E甲17-5〉（廣瀬都巽旧蔵）						樋口隆康 1979『古鏡』新潮社	94g／漢式鏡92／奈良県（大和国）52-2
1900	東京国立博物館〈J2591〉（個人旧蔵）	―	剣1	―	―	―	樋口隆康 1992『三角縁神獣鏡綜鑑』新潮社	871g／漢式鏡82／奈良県（大和国）45

番号	舶倭	鏡式	出土遺跡	出土地名	遺跡内容	時期	面径(cm)	銘文	諸氏分類	編者分類・時期
160	倭	八弧内行花文鏡	山高（宮ノ谷）	桜井市外山字外山谷	古墳?	不明	8.4	—	B類1式（清水94）／八花文鏡（小林10）	内行花文鏡B式 前(中)
161	倭	一神六獣鏡	外山森谷山9913	桜井市外山字森谷山9913	古墳?	不明	12.5	擬銘	四神二獣鏡（樋口79）／四神四獣鏡系（小林82·10）	分離式神獣鏡系 前(新)
162	倭	四獣鏡					12.4	—	四獣形鏡（樋口79）／獣形文鏡類四獣鏡C-1型（小林82·10）	〔中期型獣像鏡〕 中期
163	舶	画文帯環状乳神獣鏡	金ヶ崎（伝）	桜井市金ヶ崎（伝）	不明	不明	20.9	「天王日月」	—	—
163-1	倭	十二弧内行花文鏡〈1号鏡〉	赤尾熊ヶ谷2号墳〔1号棺〕	桜井市赤尾	古墳	方墳(16)・割竹形木棺直葬	古墳前期	12.6	—	—	内行花文鏡A式BⅡ類 前(中)
163-2	倭	六弧内行花文鏡〈2号鏡〉					9.9	—	—	内行花文鏡B式 前(中)
163-3	倭	重圏文鏡	赤尾崩谷1号墳〔埋葬施設3〕	桜井市赤尾	古墳	方墳(16)・割竹形木棺直葬	古墳中期	6.0	—	—	〔重圏文鏡〕 前期?
163-4	倭	珠文鏡					7.4	—	—	〔珠文鏡〕
163-5	倭	素文鏡	松之本遺跡第4次調査落ち込みSX1	桜井市粟殿1000	集落	落ち込み	古墳後期〜飛鳥末	2.1	—	—	〔素文鏡〕
163-6	倭	素文鏡					1.9	—	—	〔素文鏡〕
163-7	?	不明	椋橋山	桜井市倉橋	不明	不明	51.5	—	—	—
164	舶	三角縁唐草文帯三神二獣鏡	鏡作神社蔵鏡	不明	不明	不明	破片	—	目録番号89・同笵鏡番号48・配置Ⅰ'・表現④	—
165	倭	神獣鏡	八尾	磯城郡田原本町八尾681	不明	不明	19.4	—	画文帯神獣鏡（系）D型（小林82·10）／交互式神獣鏡系（森下02）	〔後期型神獣鏡〕 後期
165-1	倭	素文鏡	唐古・鍵遺跡第14次調査南西部居住区	磯城郡田原本町鍵306	集落	遺物包含層	中世	3.9	—	—	〔素文鏡〕
165-2	舶	不明（前漢鏡?）	清水風遺跡	磯城郡田原本町唐古	集落	遺物包含層	弥生中期	6.7	—	—	—
165-3	倭	櫛歯文鏡or重圏文鏡	十六面・薬王寺遺跡第31次調査大溝	磯城郡田原本町十六面	集落	溝	古墳中期	約6	—	—	〔重圏文鏡〕
165-4	倭	弥生倭製鏡	多遺跡	磯城郡田原本町	集落	表面採集	弥生	3.7	—	櫛歯文鏡（高倉85·90）	〔弥生倭製鏡〕 弥生
166	?	〔内行花文鏡〕	結崎（伝）	磯城郡川西町結崎（伝）	不明	不明	8.5	—	—	—
434	倭	四獣鏡〈M1〉	島の山古墳〔前方部主体部〕	磯城郡川西町唐院	古墳	前方後円墳(190)・粘土槨	古墳中期	13.9	—	—	中期
435	倭	四獣鏡〈M2〉					14.2	—	—	〔中期型獣像鏡〕 中期
436	倭	四獣鏡〈M3〉					14.1	—	獣形文鏡ⅡG類（赤塚98b）	〔中期型獣像鏡〕 中期
436-1	倭	神獣鏡?	片山家（川西町結崎）蔵鏡	不明	不明	不明	8.8	—	—	前期?〜
167	倭	四獣鏡	新沢48号墳〔北槨〕	橿原市川西町	古墳	方墳(17)・粘土槨	古墳中期	10.9	—	獣形文鏡類四獣鏡C-1型（小林82·10）	〔S字獣像鏡〕 中期〜
168	倭	捩文鏡					12.4	—	獣帯鏡類C型（小林82·10）／C型式c類（水野97）	捩文鏡E系 前(新)
169	倭	捩文鏡					6.8	—	獣帯鏡類C型（小林82·10）／Ⅳ型（小沢88）／C型式c類（水野97）	捩文鏡E系 前(新)
170	倭	珠文鏡	新沢48号墳〔南槨〕			方墳(17)・粘土槨	古墳中期	5.7	—	Ⅰ類（中山他94）	〔珠文鏡〕 —

奈良

発見年	所蔵（保管）者	共伴遺物 石製品・玉類	共伴遺物 武具・武器・馬具	共伴遺物 ほか金属器	共伴遺物 土器類	共伴遺物 その他	文献	備考
1899	東京国立博物館〈J2187〉	—	—	—	—	—	白石太一郎・設楽博己編1994『弥生・古墳時代遺跡出土鏡データ集成』（『国立歴史民俗博物館研究報告』第56集），国立歴史民俗博物館	漢式鏡84／奈良県（大和国）48
不明	東京国立博物館〈J9315〉	勾玉・小玉	剣・三輪玉	—	—	—	後藤守一1942『古鏡聚英』上篇 秦鏡と漢六朝鏡，大塚巧芸社	261g／漢式鏡85／奈良県（大和国）47-1
	東京国立博物館〈J9314〉							257g／漢式鏡86／奈良県（大和国）47-2
嘉暦	等彌神社	—	—	—	—	—	森本六爾1926「二三鏡鑑の新例について」『考古学雑誌』第16巻第5号，考古学会	奈良県（大和国）56／「発掘の際は他にも鏡があつたらしい」
2002	桜井市埋蔵文化財センター	翡翠勾玉1・緑色凝灰岩管玉17・ガラス小玉37	—	鉇1	—	—	橋本輝彦編2008『赤尾熊ヶ谷古墳群』桜井市内埋蔵文化財2002年度発掘調査報告書5，財団法人桜井市文化財協会	188g／鈕座は六葉座
								93g
2000年代	桜井市埋蔵文化財センター	翡翠勾玉3・ガラス勾玉14・碧玉管玉12・水晶算盤玉・琥珀臼玉1・滑石臼玉29・琥珀玉55・瑪瑙玉3・ガラス玉201・ガラス小玉3126〜・銀空玉・金銅空玉4	剣1	垂飾付耳飾1対・金環1対・銅環1・刀子3	須恵器（広口壺・把手付脚付杯）	—	大阪府立近つ飛鳥博物館編2004『平成16年度秋季特別展（開館10周年記念）今来才伎 古墳・飛鳥の渡来人』大阪府立近つ飛鳥博物館図録36，大阪府立近つ飛鳥博物館	—
								—
2011〜12	橿原考古学研究所	有孔円板6・子持勾玉5・勾玉6・臼玉108	—	—	—	—	中野咲編2014『松之本遺跡 第4次調査』奈良県文化財調査報告書第163集，奈良県立橿原考古学研究所	3g
								3g
869	所在不明	—	—	—	—	—	森浩一1993『日本神話の考古学』朝日新聞社	「大和国十市郡椋橋山河岸崩裂。高二丈。深一丈二尺。其中有鏡一。広一尺七寸。採而獻之。」（『日本三代実録』貞観11（869）年7月）／弥生・古墳時代の鏡とはかぎらない
不明	鏡作坐天照御魂神社（田原本町）	—	—	—	—	—	樋口隆康1992『三角縁神獣鏡綜鑑』新潮社	奈良県（大和国）57／内区のみ現存（現径13.9cm）
1922	東京国立博物館〈J9828〉	—	馬具	—	須恵器	—	車崎正彦編2002『考古資料大観』第5巻 弥生・古墳時代 鏡，小学館	〈883g〉／漢式鏡83／奈良県（大和国）58
1982	田原本町教育委員会	—	—	—	—	—	藤田三郎編1983『田原本町埋蔵文化財調査概要』昭和57年度 唐古・鍵遺跡第13・14・15次発掘調査概報，田原本町教育委員会	—
1990年代	田原本町教育委員会	—	—	—	—	—	森井貞雄編1997『平成9年度秋季特別展 卑弥呼誕生 邪馬台国は畿内にあった？』大阪府立弥生文化博物館図録15，大阪府立弥生文化博物館	破鏡
2013	田原本町教育委員会	—	—	—	—	—	文化財保存課2013「十六面・薬王寺遺跡第31次調査現地説明会」総務部秘書広報課広報統計係編『広報たわらもと』Vol.501，田原本町役場	—
1981	橿原考古学研究所	—	—	—	—	—	高倉洋彰1990『日本金属器出現期の研究』学生社	
不明	東京国立博物館〈J2187〉	—	—	—	—	—	岡崎敬編1978『日本における古鏡 発見地名表 近畿地方Ⅲ』東アジアより見た日本古代墓制研究	奈良県（大和国）59
1996	橿原考古学研究所	鍬形石21・車輪石80・石釧32・合子形石製品3・琴柱形石製品1・滑石勾玉・管玉・滑石管玉・大型管玉状石製品・弧状管玉・六角柱ペンダントトップ・滑石棗玉・算盤玉・扁平丸玉・滑石臼玉・ガラス玉	小刀5・剣1	刀子4	—	竪櫛1	河上邦彦・西藤清秀・入倉徳裕編1997『島の山古墳 調査概報 付．小泉大塚古墳調査報告』学生社	—
								—
不明	個人	—	—	—	—	—	岡林孝作・清水康二1996「奈良県磯城郡川西町結崎，片山家所蔵のコレクション（一）」『青陵』第91号，奈良県立橿原考古学研究所	〈56g〉／行基寺古墳鏡（岐阜3）が類鏡という
1964	橿原考古学研究所	石製双孔円板2・硬玉勾玉・滑石勾玉14・碧玉管玉・硬玉棗玉8・琥珀丸玉1・水晶丸玉7・ガラス小玉1・ガラス粟玉229・滑石臼玉307	素環頭刀1・刀1・剣1・矛1・鉄鏃11	斧2・鉇1	—	—	伊達宗泰編1981『新沢千塚古墳群』奈良県史跡名勝天然記念物調査報告書第39冊，奈良県教育委員会	194g／奈良県（大和国）62-1
								213g
		滑石勾玉22・管玉・小玉						53g／奈良県（大和国）62-2
								〈13g〉／奈良県（大和国）62-3

番号	舶倭	鏡式	出土遺跡	出土地名	遺跡内容	時期	面径(cm)	銘文	諸氏分類	編者分類・時期
171	舶	画文帯同向式神獣鏡	新沢109号墳	橿原市川西町	前方後方墳(28)・割竹形木棺直葬	古墳中期	21.1	「吾作竟　幽涷三商　配像萬疆　統徳序道　敬奉賢良　彫克無祉　百牙攀樂　衆華主陽　聖徳光明　富貴安樂　子孫番昌　學者高遷　士至公卿　其師命長」	B式（樋口79）	—
172	倭	珠文鏡					7.2	—	Ⅱ類（中山他94）／A-B類（脇山13）	［珠文鏡］ —
173	倭	神獣鏡					12.1	擬銘	獣形文鏡類六獣鏡（小林82・10）／獣形文鏡ⅠC類（赤塚98b）	分離式神獣鏡系 前(新)
174	倭	二神三獣鏡	新沢115号墳	橿原市川西町	円墳(18)・組合式木棺直葬	古墳中期	11.5	—	獣形文鏡類四獣鏡C-1型（小林82・10）	［中期型神獣鏡］ 中期
175	倭	五鈴五乳文鏡					8.7	—	鈴鏡類（五鈴鏡）（小林82・10）／乳文（西岡86）／乳文鏡類（大川97）／Ⅱ類-E葉文鏡（八木00）／乳文系（岡田05）	［乳脚文鏡？］ 中期
176	倭	素文鏡	新沢126号墳	橿原市川西町	方墳(24×15)・割竹形木棺直葬	古墳中期	6.4	—	—	［素文鏡］ —
177	倭	六弧内行花文鏡	新沢129号墳	橿原市川西町北ノ脇	円墳(15)・組合式木棺直葬	古墳中期	12.9	—	E類（清水94）	内行花文鏡 中期
178	舶	尚方作獣文縁浮彫式獣帯鏡	新沢173号墳	橿原市川西町外山	円墳(14)・組合式木棺直葬	古墳	20.3	「尚方乍竟真大巧　上又山人不知老　渇飲玉泉飢食棗　長保二亲宜孫子　壽」「東王父西王母兮」／「宜子孫」	—	—
179	舶	吾作斜縁二神二獣鏡					13.3	「吾作明竟自有道　東王公西王母　青龍在左白虎居右　宜子」	図像表現③（村松04）／紋様表現③（實盛09）	—
180	倭	三獣鏡	新沢213号墳	橿原市川西町道山	前方後円墳(26)・粘土槨	古墳前期	8.3	—	獣形文鏡類四獣鏡C-1型（小林82・10）／獣形文鏡ⅡA類（赤塚98b）／鳥頭四獣鏡系（森下02）	鳥頭獣像鏡A系 前(古)
181	倭	六弧内行花文鏡					10.0	—	AⅡ式（森下70）／B類1式（清水94）／内行花文鏡D系（森下02）	内行花文鏡B式 前(中)
182	舶	細線式鳳文鏡					9.4	—	獣形文鏡類四獣鏡C-2型（小林82・10）	—
183	倭	六獣鏡	新沢312号墳	橿原市川西町ロン正	円墳(18)・割竹形木棺直葬	古墳後期	12.7	—	旋回式獣像鏡系（森下02）／Bh型式（加藤14）	［旋回式獣像鏡］ 後期
184	倭	八弧内行花文鏡〈鏡4号〉					17.9	—	A類Ⅱa式（清水94）／Ⅱ類基本系（林00）	内行花文鏡A式BⅡ類 前(中)
185	舶	八弧内行花文鏡〈鏡5号〉					15.3	—	Caイ・ウ式（樋口79）	—
186	舶	「仿製」三角縁獣文帯三神三獣鏡〈鏡1号〉	新沢500号墳〔後円部副槨〕	橿原市一町東常門字茶臼	前方後円墳(62)・粘土槨	古墳前期	24.4	—	目録番号216・同笵鏡番号112・配置K2	—
187	舶	方格規矩鏡〈鏡3号〉					13.0	—	Ⅳ類（樋口79）	—
188	倭	方格規矩四神鏡〈鏡2号〉					27.9	—	Ⅱ類（樋口79）／JDⅡ式（田中83）／大型鏡（北浦92）	方格規矩四神鏡A系 前(中)
189	倭	八ツ手葉形銅製品					5.7	—	—	［類重圏文鏡］ —
190	舶	「仿製」三角縁獣文帯三神三獣鏡	観音寺町古作（新沢500号墳付近）	橿原市観音寺町古作	古墳?	不明	古墳前期?	22.2	—	目録番号213・同笵鏡番号111・配置K2	—
191	?	不明	イツブシ古墳	橿原市川西町イツブシ	円墳?・竪穴式石槨?	古墳中期	破片	—	—	—
192	倭	四獣鏡	新沢千塚（高塚ノ内千塚山）	橿原市川西町高塚	古墳 不明	古墳	15.0	—	—	対置式神獣鏡B系 前(中)
193	?	不明	市の山古墳（伝）	橿原市北越智町市の山（伝）	古墳 不明	古墳中期	10.6	—	—	—
193-1	倭	八弧内行花文鏡	菖蒲池古墳（伝）〔高市郡畝傍町〕	橿原市五条野町（伝）	円墳・横穴式石室（家形石棺）	古墳後期	9.1	—	—	内行花文鏡B式 前(中)
193-2	舶	細線式鳥文鏡					10.6	—	鳥紋鏡B式（馬渕15b）	—
193-3	倭	弥生倭製鏡	四分遺跡	橿原市四分町	集落 不明	弥生後期	4.2	—	重圏文系小形仿製鏡第1型う類（田尻10・12）	［弥生倭製鏡］ 弥生
193-4	倭	五獣鏡	八木町（伝）	橿原市八木町（伝）	不明 不明	不明	16.7	—	五獣形鏡（樋口79）／絵画文鏡Ⅰ類（赤塚00）／獣形文鏡類五獣鏡（小林10）	獣像鏡Ⅱ系 前(中)
193-5	舶	蝙蝠座鈕内行花文鏡	藤原宮南東官衙溝	橿原市高殿町高所寺池	都宮 溝	不明	破片	「長宜□□」／「…明…」	—	—

奈良

発見年	所蔵（保管）者	共伴遺物					文献	備考
		石製品・玉類	武具・武器・馬具	ほか金属器	土器類	その他		
1964	橿原考古学研究所	滑石双孔円板1・石製臼玉約10・ガラス小玉約300	横矧板鋲留短甲1・挂甲1・刀6・剣2・槍1・矛2・石突・鉄鏃5群・三環鈴1	金製垂飾付耳飾1対・鈿1	—	—	伊達宗泰編1981『新沢千塚古墳群』奈良県史跡名勝天然記念物調査報告第39冊，奈良県教育委員会	同型鏡群〔GD-3〕／1268g／奈良県（大和国）63-1
								49g／奈良県（大和国）63-3
								174g／奈良県（大和国）63-2
1964		勾玉1・管玉・ガラス玉954	横矧板鋲留衝角付冑1・三角板鋲留短甲1・肩甲1・頭甲1・刀3・剣1・鉄鏃48	斧1・刀子1	—	—		204g／奈良県（大和国）64-2
								156g／奈良県（大和国）64-1
1963	東京国立博物館〈J37190〉	翡翠勾玉4・滑石勾玉1・ガラス丸玉649・金箔入ガラス丸玉1・ガラス雁木玉2・ガラス粟玉321・ガラス小玉8・金空玉2・銀空玉40・滑石臼玉361・ガラス椀1・ガラス皿1		刀3	冠飾金製方形板1・金製螺旋状垂飾2・金製垂飾付耳飾2・金製腕輪1・銀製腕輪2・金製指輪5・銀製指輪3・鋳帯鉸具1・金製歩揺382・青銅製熨斗1	漆盤3	森浩一・網干善教・伊達宗泰1977『新沢千塚126号墳』奈良県教育委員会	奈良県（大和国）65
1963		ガラス小玉4	刀1	—	須恵器（杯身2・杯蓋5・甑1・器台1)			233g／奈良県（大和国）66
1964	橿原考古学研究所	臼玉13	横矧板鋲留短甲1・刀1・矛1・鉄鏃21				伊達宗泰編1981『新沢千塚古墳群』奈良県史跡名勝天然記念物調査報告第39冊，奈良県教育委員会	同型鏡群〔UJ-5〕／1067g／奈良県（大和国）67
1965		石釧1・勾玉3・管玉32・ガラス小玉10	刀1・剣1	鏃先1・斧2・鎌6・鉇2・刀子6	—	—		355g／奈良県（大和国）68-1
								73g／奈良県（大和国）68-2
								85g／奈良県（大和国）68-3
								161g／奈良県（大和国）68-4
1965	橿原考古学研究所	管玉13・ガラス玉795	刀1・轡・辻金具	銀環・刀子1	須恵器（壺・提瓶）	—		224g／奈良県（大和国）69
1962		鍬形石1・車輪石3・石釧1・坩形石製品1・紡錘車形石製品1・鏃形石製品7	方形板革綴短甲1・筒形銅器5・刀23・剣4・矛1・槍8・銅鏃27・鉄鏃1	銅釧1・鏃先21・斧10・鎌18・鉇16・鑿5・刀子29				562g／奈良県（大和国）70-4
								330g／奈良県（大和国）70-3
								1199g／奈良県（大和国）70-5
								384g／奈良県（大和国）70-2
								1706g／奈良県（大和国）70-1
								124g／奈良県（大和国）70-6
不明	橿原考古学研究所	—	—	—	—	—	千賀久編1992『大和の古墳の鏡』橿原考古学研究所附属博物館考古資料集第1冊，奈良県立橿原考古学研究所附属博物館	〈305g〉／奈良県（大和国）71
不明	東京国立博物館〈J9177〉	勾玉1・管玉4	刀5・鉄鏃	—	—	—	後藤守一1926『漢式鏡』日本考古学大系，雄山閣	漢式鏡104／奈良県（大和国）61
1900	東京国立博物館〈J2193〉	刀子形石製品・勾玉・管玉	鉄鏃	斧・鉄器	—	—	白石太一郎・設楽博己編1994『弥生・古墳時代遺跡出土鏡データ集成』（『国立歴史民俗博物館研究報告』第56集），国立歴史民俗博物館	504g／漢式鏡103／奈良県（大和国）60
不明	個人	勾玉10〜	—	—	須恵器	—	高市郡役所編1923『奈良県高市郡古墳誌』高市郡役所	奈良県（大和国）72
1895頃	所在不明（個人旧蔵）	—	—	—	—	（銅矛1)	吉田宇太郎1932「大和菖蒲池古墳出土鏡と銅鋒に就いて」『考古学雑誌』第22巻第11号，考古学会	—
不明	所在不明	—	—	—	—	—	森井貞雄編1997『平成9年度秋季特別展 卑弥呼誕生 邪馬台国は畿内にあった？』大阪府立弥生文化博物館15，大阪府立弥生文化博物館	—
不明	五島美術館〈M207〉（廣瀬都巽旧蔵）	—	—	—	—	—	樋口隆康1979『古鏡』新潮社	—
不明	橿原考古学研究所？	—	—	—	—	—		

番号	舶倭	鏡式	出土遺跡	出土地名	遺跡内容	時期	面径(cm)	銘文	諸氏分類	編者分類・時期	
193-6	倭?	不明	かん山古墳（築山児童公園古墳）〔第1主体部〕	大和高田市築山487	古墳	円墳（約50）・割竹形木棺直葬	古墳中期	破片	―	―	―	―
194	倭	七鈴五獣鏡	三倉堂遺跡〔2号木棺〕	大和高田市西三倉堂・中三倉堂	古墳	組合式木棺直葬	古墳後期	12.2	擬銘	獣形鏡系七鈴式（樋口79）／鈴鏡類（七鈴鏡）（小林82・10）／獣形（西岡86）／旋回式獣像鏡系（森下91・02）／獣形文鏡類（大川97）／Ⅰ類-E 半肉彫式獣文系（八木00）／獣形文系C類（岡田05）／Ca型式（加藤14）	[旋回式獣像鏡]	後期
194-1	舶	尚方作細線式獣帯鏡	三倉堂（伝）	大和高田市三倉堂（伝）	不明	不明	不明	16.0	「尚方作鏡甚奇□ 倉龍在左白虎在右 朱鳥玄武辟去凶名 子孫翁翁冝父母 家中富昌貴且」	―	―	―
195	舶	尚方作神人車馬画象鏡〈1号鏡〉					21.1	「尚方作竟佳且好 明而日月世少有 刻治今守悉皆右 長保二親冝孫子 富至三公利古市 傳告后世樂無已」	Ⅲ円圏式（樋口79）	―	―
196	倭	神人車馬画象鏡〈2号鏡〉					20.8	―	画象鏡（樋口79）／画像鏡類（小林82・10）／神獣車馬画象鏡系（森下02）	画象鏡系	前（中）
197	倭	家屋文鏡〈3号鏡〉					22.9	―	特殊文鏡（家屋文鏡）（樋口79）／変形文鏡類（小林82・10）	類鼉龍鏡系	前（中）
198	舶	三角縁陳氏作六神三獣鏡〈4号鏡〉					21.9	「陳氏作竟甚大好 上有戯守及龍虎 身有文章口銜巨 古有聖人東王父西王母 楊飲玉泉」	目録番号61・同笵鏡番号32・配置A'・表現⑧	―	―
199	舶	三角縁吾作六神四獣鏡（対置式）〈5号鏡〉					21.8	「吾作明竟□□□ □□東王□西王母 仙□□□□□子 □滄玉泉飢食棗 千秋萬歳不老沑由天下由四海兮」	目録番号29・配置U・表現①	―	―
200	舶	三角縁陳氏作神獣車馬鏡〈6号鏡〉					25.8	「陳氏作鏡甚大好 上有仙人不知老 君冝高官 保子冝孫 壽如金石」	目録番号14・同笵鏡番号8・配置X・表現⑧	―	―
201	舶	三角縁新作徐州銘四神四獣鏡〈7号鏡〉					26.0	「新作大竟 幽律三剛 配徳君子 清而且明 銅出徐州 師出洛陽 潤文刻鏤 □作文章 左龍右虎 師子有名 取者大吉 冝子孫」	目録番号19・同笵鏡番号*・配置C・表現⑭	―	―
202	舶	三角縁吾作徐州銘四神四獣鏡〈9号鏡〉	佐味田宝塚古墳	北葛城郡河合町佐味田	古墳	前方後円墳(112)・粘土槨	古墳前期	22.6	「吾作明竟 幽律三剛 銅出徐州 潤鏤文章 配□君子 清而且明 左龍右虎 傳世有名 取者大吉 保子冝孫」	目録番号37・同笵鏡番号20・配置A・表現⑭	―	―
203	舶	三角縁天王日月・唐草文帯四神四獣鏡〈9号鏡〉					23.9	「天王日月」	目録番号44・同笵鏡番号25・配置A・表現④	―	―
204・209	舶	三角縁天・王・日・月・吉・獣文帯四神四獣鏡〈10号鏡・15号鏡〉					22.7	「□王□□吉」	目録番号60・同笵鏡番号*・配置A'?・表現⑥	―	―
205	舶	三角縁君・冝・官・獣文帯三神三獣鏡〈11号鏡〉					22.1	「君冝高□」	目録番号111・同笵鏡番号64・配置L2・表現⑤	―	―
206	舶	三角縁波文帯三神二獣博山炉鏡〈12号鏡〉					21.8	―	目録番号134・同笵鏡番号74・配置M・表現⑩	―	―
207	舶	三角縁波文帯三神三獣鏡〈13号鏡〉					21.8	―	目録番号125・配置K1?・表現⑪	―	―
208	舶	「仿製」三角縁獣文帯三神三獣鏡〈14号鏡〉					21.2	―	目録番号229・同笵鏡番号113・配置K2	―	―
210	舶	吾作斜縁二神二獣鏡〈16号鏡〉					17.1	「吾作明竟 幽凍三商 大吉 至位高官□□ 侯 長冝子孫」	図像表現①（村松04）／紋様表現①（實盛09）	―	―
211	舶	吾作斜縁二神二獣鏡〈17号鏡〉					14.6	「吾作明竟 幽凍三商 統徳序道 配象萬疆 曾年益 孫子」	図像表現③（村松04）／紋様表現③（實盛09）	―	―
212	倭	三神三獣鏡〈18号鏡〉					20.9	擬銘	三神三獣鏡（樋口79）	二神二獣鏡ⅠA系	前（中）

奈良

発見年	所蔵（保管）者	共伴遺物					文献	備考
		石製品・玉類	武具・武器・馬具	ほか金属器	土器類	その他		
2004～5	大和高田市教育委員会	碧玉勾玉1・碧玉管玉1	刀・剣・鉄鏃・革盾	刀子	—	—	大和高田市教育委員会編 2006『2005年度 国庫・県費補助事業 かん山古墳4次調査』大和高田市教育委員会	「倣製と思われる銅鏡の、鏡面と鏡背の模様それぞれが写し取られた粘土押型」「鏡は平縁の外縁に2重の鋸歯文とその内側に波状文がめぐっている」
1928～29	東京国立博物館〈J20640〉	管玉10・切子玉3・小玉2	刀1・短刀1・鉄鏃2	耳環2・刀子1	—	—	車崎正彦編 2002『考古資料大観』第5巻 弥生・古墳時代 鏡，小学館	180g／奈良県（大和国）73
不明	出光美術館	—					出光美術館編 1989『中国の工芸』出光美術館蔵品図録，出光美術館	「大和国北葛城郡浮穴村三倉堂出土」(箱書)／『鏡研搨本』所載鏡と同一ないし同型
1881	東京国立博物館〈J176〉	鍬形石2・車輪石1・石釧2・合子形石製品1・琴柱形石製品1・滑石製模造品（紡錘車3・剣2・斧1・鎌2・鑿1・刀子34）・硬玉勾玉8・滑石勾玉10・碧玉管玉48・滑石管玉15		巴形銅器2・剣2・銅鏃28	—	—	梅原末治 1921『佐味田及新山古墳研究』岩波書店	1144g／漢式鏡107／奈良県（大和国）80-1
	宮内庁書陵部〈陵140〉							1120g／漢式鏡126／奈良県（大和国）80-20
	宮内庁書陵部〈陵99〉							1170g／漢式鏡127／奈良県（大和国）80-3
	東京国立博物館〈J2602〉							〈972g〉／漢式鏡119／奈良県（大和国）80-4
	東京国立博物館〈J2268〉							〈1048g〉／漢式鏡111／奈良県（大和国）80-5
	奈良国立博物館							漢式鏡128／奈良県（大和国）80-8
	東京国立博物館〈J2623〉							〈1398g〉／漢式鏡124／奈良県（大和国）80-6
	東京国立博物館〈J2609〉							1448g／漢式鏡120／奈良県（大和国）80-7
	東京国立博物館〈J2595〉							1337g／漢式鏡116／奈良県（大和国）80-10
	東京国立博物館〈J2269〉・河合小学校							〈595g〉／漢式鏡112／奈良県（大和国）80-11
	東京国立博物館〈J2617〉							935g／漢式鏡122／奈良県（大和国）80-12
	東京国立博物館〈J2597〉							〈1014g〉／漢式鏡117／奈良県（大和国）80-14or15
	東京国立博物館〈J2272〉							〈772g〉／漢式鏡115／奈良県（大和国）80-14or15
	奈良国立博物館							漢式鏡130／奈良県（大和国）80-16or17
	東京国立博物館〈J2610〉							漢式鏡121／奈良県（大和国）80-13
	東京国立博物館〈J179〉							漢式鏡109／奈良県（大和国）80-9
	奈良国立博物館							838g／漢式鏡129／奈良県（大和国）80-16or17

番号	舶倭	鏡式	出土遺跡	出土地名	遺跡内容	時期	面径(cm)	銘文	諸氏分類	編者分類・時期
213	舶	三角縁天・王・日・月・唐草文帯二神二獣鏡〈19号鏡〉					破片	「□□□月」	目録番号93・同笵鏡番号52・配置J1・表現④	― ―
214	舶	流雲文縁方格規矩四神鏡〈20号鏡〉					22.2	「…竟大□工 …昌 …□□五□…」	流雲文縁四神鏡Ⅱ式（樋口79）	― ―
215	舶	方格規矩鏡〈21号鏡〉					破片	―	―	― ―
216	倭	方格規矩四神鏡〈22号鏡〉					23.9	擬銘	Ⅱ類（樋口79）／方格規矩文鏡類A型（小林82・10）／JDⅠ式（田中83）／大型鏡（北浦92）	方格規矩四神鏡A系 前(古)
217	倭	方格規矩四神鏡〈23号鏡〉					22.2	擬銘	Ⅱ類（樋口79）／方格規矩文鏡類B型（小林82・10）／JC式（田中83）／大型鏡（北浦92）／Ⅱ類変容系Ⅰ式（林00）	方格規矩四神鏡B系 前(古)
218	倭	細線式獣帯鏡〈24号鏡〉					25.2	―	細線式獣形鏡（樋口79）／獣帯鏡類B型（小林82・10）／JBⅠ式（田中83）	細線式獣帯鏡系 前(古)
219	倭	夔龍鏡〈25号鏡〉	佐味田宝塚古墳	北葛城郡河合町佐味田	古墳	前方後円墳(112)・粘土槨	古墳前期	22.4	―	Ⅱ型（樋口79）／画文帯神獣鏡(系)A型（小林82・10）／C類獣頭（冨田89）／B群7段階（池上92）／基本系-1（新井95）／第一群同工鏡AⅣ（車崎95）／Ⅰ群A系①（辻田00・07）／Ⅰ類双胴系（林00）／夔龍鏡a系（森下02）	夔龍鏡A系 前(中)
220	舶	方格規矩鏡〈26号鏡〉					15.7	「子辰巳午未丑寅申酉□戌亥」	Ⅳ類（樋口79）／方格規矩文鏡類D型（小林82・10）／博局鳥文鏡Aa3K類（高木91・93）	― ―
221	倭	方格規矩四神鏡〈27号鏡〉					17.6	―	Ⅱ類（樋口79）／中型鏡1-1（北浦92）／方格規矩文鏡類B型（小林82・10）／JDⅡ式（田中83）	方格規矩四神鏡A系 前(中)
222	倭	六獣鏡〈28号鏡〉					15.3	擬銘	六獣形鏡（樋口79）／獣形鏡類六獣鏡（小林82・10）／獣形文鏡ⅠB類（赤塚98b）／分離式神獣鏡系（森下02）	分離式神獣鏡系 前(新)
223	舶	三角縁神獣鏡？					破片	―	―	― ―
224	舶	三角縁神獣鏡？					破片	―	―	― ―
225	舶？	不明					破片	―	―	― ―
226	舶	三角縁神獣鏡？					破片	―	―	― ―
227	舶	不明					破片	―	―	― ―
228	舶	不明					破片	―	―	― ―
229	?	不明					不明	―	―	― ―
230	?	不明					不明	―	―	― ―
231	倭	九弧内行花文鏡					21.4	―	九弧（樋口79）／九花文（小林82・10）／B類2式（清水94）／Ⅲ類省略系（林00）／内行花紋鏡A系（森下02）	内行花文鏡B式 前(中)
232	倭	四弧内行花文鏡					17.2	―	四弧（樋口79）／乳文鏡類（小林82・10）／E類（清水94）	内行花文鏡B式 前(中)
233	倭	八弧内行花文鏡					12.1	―	八弧（樋口79）／八花鏡（小林82・10）／B類（清水94）／Ⅲ類省略系（林00）	内行花文鏡B式 前(中)
234	倭	夔龍鏡	佐味田貝吹古墳（貝吹山1号墳）	北葛城郡河合町佐味田	古墳	前方後円墳？(60〜)・竪穴式石槨？	古墳前期	22.7	―	Ⅱ型（樋口79）／画文帯神獣鏡(系)A型（小林82・10）／B類獣頭（冨田89）／単頭双胴神獣系a系（森下91）／A群6段階（池上92）／基本系-1（新井95）／第一群同工鏡AⅤ（車崎95）／Ⅰ群A系①（辻田00・07）／Ⅰ類双胴系（林00）／夔龍鏡a系（森下02）	夔龍鏡A系 前(中)
235	倭	六獣鏡					21.5	―	六獣形鏡（樋口79）／画文帯神獣鏡(系)B型（小林82・10）／獣形文鏡類六獣鏡（小林82・10）／獣形文鏡ⅠB類（赤塚98b）／分離式神獣鏡系（森下02）	分離式神獣鏡系 前(新)
236	倭	夔龍鏡					15.7	―	Ⅴ型（樋口79）／獣形文鏡類四獣鏡B型（小林82・10）／B群11段階（池上92）／第二群同工鏡H（車崎95）／Ⅰ群B系（辻田00）／Ⅱ類単胴系（林00）／夔龍鏡b系（森下02）／Ⅰ群Ba系（辻田07）	夔龍鏡C系 前(新)
237	舶	三角縁波文帯三神二獣博山炉鏡					21.6	―	目録番号134・同笵鏡番号74・配置M・表現⑩	― ―
238	舶	「仿製」三角縁獣文帯三神三獣鏡	佐味田付近（伝）	北葛城郡河合町佐味田付近（伝）	不明	不明	23.4	―	目録番号231・同笵鏡番号115・配置L2	― ―
239	?	不明	佐味田狐塚古墳〔盗掘壙内〕	北葛城郡河合町佐味田	古墳	帆立(86)・粘土槨	古墳中期	破片	―	―	― ―

奈良

発見年	所蔵（保管）者	共伴遺物					文献	備考
		石製品・玉類	武具・武器・馬具	ほか金属器	土器類	その他		
1881	東京国立博物館〈J2270・J1876〉							漢式鏡113
	東京国立博物館〈J2271〉							漢式鏡114／奈良県（大和国）80-2
	東京国立博物館？							―
	東京国立博物館〈J177〉							漢式鏡108／奈良県（大和国）80-18
	東京国立博物館〈J2600〉							漢式鏡118
	宮内庁書陵部〈官50〉						梅原末治1921『佐味田及新山古墳研究』岩波書店	1382g／漢式鏡132／奈良県（大和国）80-21
	宮内庁書陵部〈官90〉	鍬形石2・車輪石1・石釧2・合子形石製品1・琴柱形石製品1・滑石製模造品（紡錘車3・剣2・斧1・鎌2・鑿1・刀子34）・硬玉勾玉8・滑石勾玉10・碧玉管玉48・滑石管玉15	巴形銅器2・剣2・銅鏃28	―				1163g／漢式鏡130／奈良県（大和国）80-22
	宮内庁書陵部〈陵96〉							412g／漢式鏡133／奈良県（大和国）80-24
	宮内庁書陵部〈陵98〉							312g／漢式鏡134／奈良県（大和国）80-25
	宮内庁書陵部〈陵97〉							304g／漢式鏡131／奈良県（大和国）80-23
	東京国立博物館						河上邦彦編2002『馬見古墳群の基礎資料』橿原考古学研究所研究成果第5冊,奈良県立橿原考古学研究所	―
								―
								―
	東京国立博物館？							鈕片
								鈕片
	所在不明						梅原末治1921『佐味田及新山古墳研究』岩波書店	―
								―
1885	宮内庁書陵部〈官132〉	―	刀若干	―	―	―	河上邦彦編2002『馬見古墳群の基礎資料』橿原考古学研究所研究成果第5冊,奈良県立橿原考古学研究所	811g／漢式鏡136／奈良県（大和国）82-1
	宮内庁書陵部〈官130〉							508g／漢式鏡139／奈良県（大和国）82-4
	宮内庁書陵部〈官127〉							143g／漢式鏡151／奈良県（大和国）82-7
	宮内庁書陵部〈官133〉							1134g／漢式鏡137（152）／奈良県（大和国）82-2・8
	宮内庁書陵部〈官129〉							862g／漢式鏡140／奈良県（大和国）82-5
	宮内庁書陵部〈官128〉							326g／漢式鏡150／奈良県（大和国）82-6
	宮内庁書陵部〈官131〉							914g／漢式鏡138／奈良県（大和国）82-3
不明	國學院大學考古学資料館	―	―	―	―	―	金子皓彦1972『國學院大學考古学資料室要覧1972』國學院大學考古學資料室	奈良県（大和国）83
1975	橿原考古学研究所	―	―	刀子片	―	―	泉森皎編1977『佐味田狐塚古墳（付 黒石4号墳・小池寺石棺）調査報告』奈良県文化財調査報告書第29集,奈良県教育委員会	奈良県（大和国）81／「突線で描かれた文様が残っているが,細片のため,鏡式は不明」

番号	舶倭	鏡式	出土遺跡	出土地名	遺跡内容	時期	面径(cm)	銘文	諸氏分類	編者分類	時期
240	倭	直弧文鏡〈八弧内行花文鏡〉〈18号鏡〉					28.0	—	特殊鏡（直弧文鏡）（樋口79）／変形鏡類（小林82・10）／直弧文系倣製鏡（池上91）／D類Ⅱ式（清水94）／内行花紋鏡B系（森下02）／Ab系Ⅱ式（辻田07）	内行花紋鏡AB式BⅡ類	前(中)
241	倭	直弧文鏡〈八弧内行花文鏡〉〈20号鏡〉					21.0	—	特殊鏡（直弧文鏡）（樋口79）／変形鏡類（小林82・10）／直弧文系倣製鏡（池上91）／D類Ⅱ式（清水94）／内行花紋鏡B系（森下02）／Ab系Ⅱ式（辻田07）	内行花紋鏡AB式BⅡ類	前(中)
242	倭	直弧文鏡〈19号鏡〉					26.4	—	特殊鏡（直弧文鏡）（樋口79）／変形鏡類（小林82・10）／直弧文系倣製鏡（池上91）／内行花紋鏡B系（森下02）	類内行花文鏡	前(中)
243	舶	三角縁尚方作二神二獣鏡〈4号鏡〉					22.4	「尚方作竟佳且好　明而日月世少有　刻治今守悉皆右　長保二親宜孫子　富至三公利古市　告后世」	目録番号100・同笵鏡番号56・配置J2・表現③	—	—
244	舶	三角縁獣文帯三仏三獣鏡〈5号鏡〉					21.2	—	目録番号121・配置K1・表現⑮	—	—
245	舶	「倣製」三角縁獣文帯三神三獣鏡〈6号鏡〉					21.6	—	目録番号206・同笵鏡番号105・配置K2	—	—
246	舶	「倣製」三角縁獣文帯三神三獣鏡〈7号鏡〉					21.5	—	目録番号229・同笵鏡番号113・配置K2	—	—
247	舶	三角縁獣文帯三神三獣鏡〈8号鏡〉					22.1	—	目録番号114・同笵鏡番号65・配置K1・表現⑪	—	—
248	舶	三角縁波文帯三神三獣鏡〈9号鏡〉					22.1	—	目録番号128・配置K1・表現⑫	—	—
249	舶	三角縁天王・日月・獣文帯四神四獣鏡〈10号鏡〉					22.1	「天王日月」	目録番号71・配置F1・表現②	—	—
250	舶	三角縁吾作四神四獣鏡〈11号鏡〉	新山古墳	北葛城郡広陵町大塚	古墳	古墳前期	22.6	「吾作明竟甚大好　上有神守與龍席　身有文章口衛巨　古有聖人東王父西王母　楊飲玉泲　五男二女長相保　吉昌」（銘帯）／「東王父」「西王母」（榜題）	目録番号32・同笵鏡番号16・配置E・表現⑦	—	—
251	舶	三角縁天王・日月・獣文帯四神四獣鏡〈12号鏡〉					23.5	「天王日月」	目録番号74・同笵鏡番号39・配置F2・表現②	—	—
252	舶	画文帯環状乳四神四獣鏡〈2号鏡〉					13.2	「吾作明竟　幽凍三岡　天王日月」	Ⅱ（樋口79）／画Ba1（村瀬14）	—	—
253	舶	画文帯環状乳四神四獣鏡〈1号鏡〉					13.3	「吾乍明竟　幽凍三岡　大吉利兮」	Ⅱ（樋口79）／画Ba1（村瀬14）	—	—
254	舶	画文帯同向式神獣鏡〈7号鏡〉					15.1	擬銘	B式（樋口79）／Ba異式（小山田93）	—	—
255	倭	鼉龍鏡〈17号鏡〉					27.2	—	Ⅰ型（樋口79）／画文帯神獣鏡(系)A型（小林82・10）／A類獣頭（冨田89）／A群1段階（池上92）／基本系-1（新井95）／第一群同工鏡AⅠ（車崎95）／Ⅰ群A系①（辻田00・07）／Ⅰ類双胴系（林00）／鼉龍鏡a系（森下02）	鼉龍鏡A系	前(古)
256	倭	方格規矩四神鏡〈14号鏡〉					20.5	擬銘	Ⅰ類（樋口79）／方格規矩文鏡類A型（小林82・10）／JC式（田中83）／大型鏡（北浦92）／Ⅱ類変容系Ⅰ式（林00）／JC系（辻田07）	方格規矩四神鏡A系	前(古)
257	倭	方格規矩四神鏡〈15号鏡〉					24.3	—	Ⅱ類（樋口79）／方格規矩文鏡類A型（小林82・10）／JBⅡ式（田中83）／大型鏡（北浦92）／四神鏡系Ⅰ式（辻田07）	方格規矩四神鏡B系	前(古)
258	倭	方格規矩四神鏡〈16号鏡〉					27.3	—	Ⅱ類（樋口79）／方格規矩文鏡類F型（小林82・10）／JDⅡ式（田中83）／大型鏡（北浦92）	方格規矩四神鏡A系	前(中)
259	倭	方格規矩四神鏡〈13号鏡〉					29.2	擬銘	Ⅰ類（樋口79）／方格規矩文鏡類C型（小林82・10）／直模式（田中83）／大型鏡（北浦92）／Ⅰ類直模系（林00）／四神鏡系Ⅰ式（辻田07）	方格規矩四神鏡A系	前(古)
260	倭	六弧内行花文鏡〈21-34号鏡〉					11.9	—	AⅡ式（森70）／六弧（樋口79）／B類3式（清水94）／内行花紋鏡D系（森下02）	内行花文鏡B式	前(中)

奈良

発見年	所蔵（保管）者	共伴遺物					文献	備考
		石製品・玉類	武具・武器・馬具	ほか金属器	土器類	その他		
	宮内庁書陵部〈官53〉							1896g／漢式鏡169／奈良県（大和国）74-20
	宮内庁書陵部〈官73〉							814g／漢式鏡170／奈良県（大和国）74-19
	宮内庁書陵部〈官95〉							1571g／漢式鏡171／奈良県（大和国）74-18
	宮内庁書陵部〈官69〉							1198g／漢式鏡156／奈良県（大和国）74-3
	宮内庁書陵部〈官91〉							927g／漢式鏡157／奈良県（大和国）74-11
	宮内庁書陵部〈官70〉							951g／漢式鏡162／奈良県（大和国）74-9
	宮内庁書陵部〈官71〉							926g／漢式鏡160／奈良県（大和国）74-10
	宮内庁書陵部〈陵158〉							1123g／漢式鏡153／奈良県（大和国）74-8
	宮内庁書陵部〈官52〉							1060g／漢式鏡163／奈良県（大和国）74-12
	宮内庁書陵部〈官59〉							1261g／漢式鏡154／奈良県（大和国）74-5
1885	宮内庁書陵部〈陵141〉	鍬形石1・車輪石6・石釧9・椅子形石製品1・台座形石製品2・鏃形石製品1・鎌形石製品5・斧形石製品1・刀子形石製品1・勾玉127・碧玉管玉20	刀45・剣19	帯金具一式・刀子	―	―	梅原末治1921『佐味田及新山古墳研究』岩波書店	1407g／漢式鏡155／奈良県（大和国）74-7
	宮内庁書陵部〈官96〉							1381g／漢式鏡161／奈良県（大和国）74-6
	宮内庁書陵部〈官63〉							352g／漢式鏡158／奈良県（大和国）74-1
	宮内庁書陵部〈官92〉							325g／漢式鏡186／奈良県（大和国）74-2
	宮内庁書陵部〈官65〉							448g／漢式鏡159／奈良県（大和国）74-4
	宮内庁書陵部〈官54〉							2291g／漢式鏡168／奈良県（大和国）74-17
	宮内庁書陵部〈官94〉							903g（修補）／漢式鏡167／奈良県（大和国）74-14
	宮内庁書陵部〈官72〉							1307g／漢式鏡166／奈良県（大和国）74-15
	宮内庁書陵部〈官60〉							1939g／漢式鏡164／奈良県（大和国）74-16
	宮内庁書陵部〈官61〉							2559g／漢式鏡165／奈良県（大和国）74-13
	宮内庁書陵部〈官51-1〉							216g／漢式鏡173／奈良県（大和国）74-34

番号	舶倭	鏡 式	出土遺跡	出土地名	遺跡内容	時 期	面径(cm)	銘 文	諸氏分類	編者分類・時期
261	倭	八弧内行花文鏡〈21-34号鏡〉					16.2	—		内行花文鏡A式BⅠ類	前(中)
262	倭	八弧内行花文鏡〈21-34号鏡〉					16.2	—	（八弧）（樋口79）／A類Ⅱb式（清水94）／Ⅰ類基本系（林00）／八花文鏡（小林10）	内行花文鏡A式BⅠ類	前(中)
263	倭	八弧内行花文鏡〈21-34号鏡〉					16.2	—		内行花文鏡A式BⅠ類	前(中)
264	倭	八弧内行花文鏡〈21-34号鏡〉					16.2	—		内行花文鏡A式BⅠ類	前(中)
265	倭	八弧内行花文鏡〈21-34号鏡〉					16.3	—	（八弧）（樋口79）／内行花文鏡C系（森下91）／A類Ⅱb式（清水94）／Ⅰ類基本系（林00）／八花文鏡（小林10）	内行花文鏡A式BⅠ類	前(中)
266	倭	八弧内行花文鏡〈21-34号鏡〉					16.5	—	（八弧）（樋口79）／A類Ⅱb式（清水94）／Ⅰ類基本系（林00）／八花文鏡（小林10）	内行花文鏡A式BⅠ類	前(中)
267	倭	八弧内行花文鏡〈21-34号鏡〉	新山古墳	北葛城郡広陵町大塚	古墳	前方後方墳(137)・竪穴式石槨	古墳前期	16.5	—		内行花文鏡A式BⅠ類	前(中)
268	倭	八弧内行花文鏡〈21-34号鏡〉					16.5	—		内行花文鏡A式BⅠ類	前(中)
269	倭	八弧内行花文鏡〈21-34号鏡〉					16.5	—		内行花文鏡A式BⅠ類	前(中)
270	倭	八弧内行花文鏡〈21-34号鏡〉					16.7	—	（八弧）（樋口79）／A類Ⅱb式（清水94）／Ⅰ類基本系（林00）／八花文鏡（小林10）	内行花文鏡A式BⅠ類	前(中)
271	倭	八弧内行花文鏡〈21-34号鏡〉					16.7	—		内行花文鏡A式BⅠ類	前(中)
272	倭	八弧内行花文鏡〈21-34号鏡〉					16.7	—		内行花文鏡A式BⅠ類	前(中)
273	倭	八弧内行花文鏡〈21-34号鏡〉					17.0	—		内行花文鏡A式BⅠ類	前(中)
274	?	不明					不明	—	—	—	—
275	?	不明	巣山古墳	北葛城郡広陵町三吉	古墳	前方後円墳(220)・竪穴式石槨	古墳前期	不明	—	—	—
276	?	不明					不明	—	—	—	—
276-1	?	不明					不明	—			
276-2	?	不明					不明	—			
276-3	?	不明	三吉村所在古墳	北葛城郡広陵町三吉赤部カニガ谷	古墳	不明	古墳	不明	—		
276-4	?	不明					不明	—			
276-5	?	不明					不明	—			
276-6	?	不明					不明	—			
277	舶?	不明	池上2号墳	北葛城郡広陵町大野	古墳	円墳(25)・粘土槨	古墳中期	破片	—	—	—
278	舶	神人龍虎画象鏡					12.4	「…□…（欠失）」	—	—	—
279	舶	袁氏作神人龍虎画象鏡	黒石5号墳（黒石山古墳）	北葛城郡広陵町大塚字黒石	古墳	前方後方墳(50)・粘土槨	古墳前期	20.8	「袁氏作竟世少有　□□□□西母　仙人子喬赤誦子　辟邪□□左右　長保二親□□□□」	Ⅲ円圏式（樋口79）		
280	倭	五獣鏡					15.6	—	五獣形鏡（樋口79）／獣形文鏡類五獣鏡（小林82・10）／D類獣頭（冨田89）／獣形文鏡ⅡF類（赤塚98b）	獣像鏡Ⅱ系	前(中)
282	?	不明	讃岐神社境内古墳（伝）	北葛城郡広陵町三吉（伝）	古墳	不明	古墳	22.5	—	—	—
283	倭	四獣鏡	三吉馬々崎	北葛城郡広陵町三吉字馬崎	不明	不明	不明	8.1	—	獣形文鏡類四獣鏡B型（小林82・10）	〔中期型獣像鏡〕	中期
284	倭	八神四獣鏡	疋相西方（伝）	北葛城郡広陵町疋相（伝）	不明	不明	不明	15.4	—	四神四獣鏡（樋口79）／画文帯神獣鏡（系）D型（小林82・10）／交互式神獣鏡系（森下02）	〔後期型神獣鏡〕	後期
284-1	舶	画文帯環状乳神獣鏡					13.2	「…　士□大吉　□□□三□　□□□□…」	—	—	—
284-2	倭	六獣鏡	道入（伝）	北葛城郡広陵町安部字道入（伝）	不明	不明	不明	9.6	—	—	—
284-3	倭	神獣鏡					破片	擬銘	—		前(中)〜

奈良

発見年	所蔵（保管）者	共伴遺物 石製品・玉類	武具・武器・馬具	ほか金属器	土器類	その他	文献	備考
1885	宮内庁書陵部〈官68〉	鍬形石1・車輪石6・石釧9・椅子形石製品1・台座形石製品2・鑢形石製品1・鍬形石製品5・斧形石製品1・刀子形石製品1・勾玉127・碧玉管玉20	刀45・剣19	帯金具一式・刀子	—	—	梅原末治1921『佐味田及新山古墳研究』岩波書店	413g／漢式鏡172or174-185／奈良県（大和国）74-21〜33
	宮内庁書陵部〈官64〉							353g／漢式鏡172or174-185／奈良県（大和国）74-21〜33
	宮内庁書陵部〈陵104〉							398g／漢式鏡172or174-185／奈良県（大和国）74-21〜33
	宮内庁書陵部〈陵105〉							340g／漢式鏡172or174-185／奈良県（大和国）74-21〜33
	宮内庁書陵部〈陵103〉							393g／漢式鏡172or174-185／奈良県（大和国）74-21〜33
	宮内庁書陵部〈陵101〉							425g／漢式鏡172or174-185／奈良県（大和国）74-21〜33
	宮内庁書陵部〈官66〉							432g／漢式鏡172or174-185／奈良県（大和国）74-21〜33
	宮内庁書陵部〈官51-2〉							402g／漢式鏡172or174-185／奈良県（大和国）74-21〜33
	宮内庁書陵部〈官62〉							372g／漢式鏡172or174-185／奈良県（大和国）74-21〜33
	宮内庁書陵部〈陵106〉							351g／漢式鏡172or174-185／奈良県（大和国）74-21〜33
	宮内庁書陵部〈官67〉							322g／漢式鏡172or174-185／奈良県（大和国）74-21〜33
	宮内庁書陵部〈陵100〉							303g／漢式鏡172or174-185／奈良県（大和国）74-21〜33／鋳掛け痕？
	宮内庁書陵部〈陵102〉							403g／漢式鏡172or174-185／奈良県（大和国）74-21〜33
不明	所在不明	鍬形石4・車輪石3・石釧・刀子形石製品11・勾玉36・管玉63・棗玉3	—	冠（伝）・銅釧1（伝）	—	—	史蹟名勝天然紀念物保存協会編1927『奈良県に於ける指定史蹟』第一冊, 史蹟調査報告第三, 刀江書院	奈良県（大和国）77-1〜3／埋葬施設が複数あり、遺物の共伴関係は不明
〜1887	所在不明	「石質輪」3・勾玉2・管玉12	—	—	—	—	奈良県立橿原考古学研究所編2005『陵墓等関係文書目録』末永雅雄先生旧蔵資料集第1集, 社団法人橿原考古学協会	拾得品／北に新木山古墳が隣接／276-6は「破レ古鏡」
1990	橿原考古学研究所	管玉20	—	—	—	—	千賀久編1992『大和の古墳の鏡』橿原考古学研究所附属博物館考古資料集第1冊, 奈良県立橿原考古学研究所附属博物館	鈕のみ
不明	宮内庁書陵部〈官120〉	勾玉・管玉・ガラス小玉	銅鏃・弭金具	—	—	—	宮内庁書陵部編2005『宮内庁書陵部所蔵 古鏡集成』学生社	〈145g〉／漢式鏡189／奈良県（大和国）76-2
	宮内庁書陵部〈官126〉							1041g／漢式鏡187／奈良県（大和国）76-1
	宮内庁書陵部〈官125〉							357g／漢式鏡188／奈良県（大和国）76-3
不明	不明（高橋健自旧蔵?）	紺形石製品・琴柱形石製品・玉	刀・剣	—	—	—	岡崎敬編1978『日本における古鏡 発見地名表 近畿地方Ⅲ』東アジアよりみた日本古代墓制研究	奈良県（大和国）79
1918	東京国立博物館〈J8598〉	—	—	—	—	—	後藤守一1926『漢式鏡』日本考古学大系, 雄山閣	漢式鏡105／奈良県（大和国）78
1900	東京国立博物館〈J2183〉	—	—	—	—	—	車崎正彦編2002『考古資料大観』第5巻 弥生・古墳時代 鏡, 小学館	389g／漢式鏡106／奈良県（大和国）75
1892	個人	硬玉勾玉1・滑石勾玉6・管玉9・算盤玉7・臼玉22等	—	—	—	—	河上邦彦編2002『馬見古墳群の基礎資料』橿原考古学研究所研究成果第5冊, 奈良県立橿原考古学研究所	—
								—

番号	舶倭	鏡式	出土遺跡	出土地名	遺跡内容	時期	面径(cm)	銘文	諸氏分類	編者分類・時期
284-4	倭	珠文鏡	箸尾遺跡 第13次調査 N地区	北葛城郡広陵町 沢・萱野	集落	不明	古墳中期	破片	—	—	[珠文鏡]	—
284-5	舶	画文帯環状乳 四神四獣鏡	上牧久渡3号墳〔第1埋葬施設〕	北葛城郡上牧町 上牧字久渡83-1	古墳	方墳(15) or 前方後方墳(20)・組合式木棺直葬	古墳前期	14.2	「吾作明竟　幽凍三商 周刻無祉　配像萬疆 白牙擧樂　衆神見容 天禽四首　銜持維岡 □從富貴安樂　子孫 番昌　大吉　其師命 長」	画Bb4（村瀬14）	—
284-6	舶	不明（吾作系斜縁神獣鏡？）	上牧久渡5号墳 第4トレンチ（墳丘周溝落ち込み内）	北葛城郡上牧町 上牧字久渡	古墳	円墳(18)	古墳？	約15	—	—	—
281	倭	珠文鏡	長谷山古墳〔南棺〕	香芝市瓦口	古墳	円墳(10)・割竹形木棺直葬	古墳中期	7.9	—	II類？（中山他94）／D-B類（脇山13）	[珠文鏡]
281-1	舶	吾作系斜縁神獣鏡	別所城山2号墳	香芝市真美ヶ丘4丁目	古墳	円墳(21)・粘土槨	古墳前期	破片	—	紋様表現②（實盛09）	—
285	倭	五獣鏡	兵家1号墳	葛城市兵家〔北葛城郡當麻町〕	古墳	円墳(16)・組合式木棺直葬	古墳中期	12.8	—	獣形文鏡IB類（赤塚98b）	分離式神獣鏡系	前（新）
286	倭	捩文鏡？					8.3	—	—	類捩文鏡系	前期
287	舶	方格T字鏡	兵家5号墳	葛城市兵家〔北葛城郡當麻町〕	古墳	方墳(10)・粘土槨	古墳中期	8.3	—	博局T字鳥文鏡Ca4S類（高木91）／小型鏡A3型（北浦92）／博局T字鳥文鏡Ca4M・S類（高木91）／SAb2式（松浦94）／丁群（森下98）	—
288	倭	四獣鏡	兵家6号墳	葛城市兵家〔北葛城郡當麻町〕	古墳	方墳(13)・竪穴式石槨	古墳中期	11.2	—	—	[中期型獣像鏡]	中期
289	倭	画文帯四神四獣鏡	平林古墳〔後円部石室〕	葛城市兵家〔北葛城郡當麻町〕	古墳	前方後円墳(55)・横穴式石室（組合式木棺）・家形石棺？	古墳後期	21.5	—	交互式神獣鏡系（森下02）	[後期型神獣鏡]	後期
290	倭	四獣鏡	一楽古墳	葛城市竹内〔北葛城郡當麻町〕	古墳	前方後円墳(30〜40)	古墳中期〜	17.9	—	—	[中期型獣像鏡]	中期
291	倭	捩文鏡	的場池3号墳〔西主体部〕	葛城市竹内字的場〔北葛城郡當麻町〕	古墳	円墳(9)・組合式木棺直葬	古墳中期〜	6.1	—	B型式b類（水野97）	捩文鏡B系	前（新？）
292	倭	八乳文鏡	的場池3号墳〔東主体部〕	葛城市竹内字的場〔北葛城郡當麻町〕	古墳	円墳(9)・組合式木棺直葬	古墳中期〜	8.4	—	C型式c類（水野97）	—
293	倭	四獣鏡	小山古墳	葛城市太田〔北葛城郡當麻町〕	古墳	前方後円墳(35)	古墳中期	13.1	—	四獣形鏡（樋口79）／獣形文鏡類四獣形C-1型（小林82・10）／獣形文鏡類五獣鏡（小林82・10）／獣形文鏡III A類（赤塚98b）	類対置式神獣鏡B系？	前（中〜）
293-1	倭	六獣鏡	太田4号墳	葛城市太田〔北葛城郡當麻町〕	古墳	円墳(23)・横穴式石室（家形石棺）	古墳終末期	11.0	—	—	—
294	倭	捩文鏡	火野谷山2号墳	葛城市寺口〔北葛城郡新庄町〕	古墳	円墳(14)・組合式木棺直葬	古墳中期	8.8	—	C型式b類（水野97）	捩文鏡D系	前（中〜）
295	倭	四神四獣鏡	寺口和田1号墳〔南棺〕	葛城市寺口字和田〔北葛城郡新庄町〕	古墳	円墳(24)・粘土槨	古墳中期	14.0	—	—	[中期型神獣鏡（同向式神獣鏡）]	中期
296	倭	神獣鏡	寺口和田1号墳〔北棺〕	葛城市寺口字和田〔北葛城郡新庄町〕	古墳	円墳(24)・粘土槨	古墳中期	13.7	—	—	盤龍鏡II系？	前（新）
297	倭	七乳文鏡	寺口和田4号墳〔北棺〕	葛城市寺口字和田〔北葛城郡新庄町〕	古墳	円墳(16)・組合式木棺直葬	古墳中期	8.8	—	—	[乳脚文鏡]	後期？
298	倭	七弧内行花文鏡	寺口・平和田（伝）	葛城市寺口（伝）〔北葛城郡新庄町〕	不明	不明	不明	12.8	—	—	内行花文鏡B式	前（中）
298-1	倭	四獣鏡	島ノ山2号墳	葛城市山田字小島ノ山321〔北葛城郡新庄町〕	古墳	帆立(17)・木棺直葬	古墳中期	完形	—	—	[中期型獣像鏡]	中期
299	倭	十二乳文鏡	ヘン塚古墳（伝）	御所市小林（伝）	古墳	横穴式石室？	古墳中期？〜	9.1	—	獣帯鏡類C型（小林82・10）	[乳脚文鏡]	中期
300	倭	珠文鏡 or 乳文鏡	ヘン塚古墳（伝）	御所市小林（伝）	古墳	横穴式石室？	古墳中期？〜	8.7	—	I類（中山他94）	[乳脚文鏡？]	—
301	舶	石氏作細線式獣帯鏡	西浦古墳	御所市三室	古墳	円墳(24)・粘土槨	古墳前期〜	14.8	「石氏作竟真大工　上有…知老兮」	流雲文縁六像式（樋口79）	—

奈良

発見年	所蔵（保管）者	共伴遺物					文献	備考
		石製品・玉類	武具・武器・馬具	ほか金属器	土器類	その他		
1990頃	橿原考古学研究所	―	―	―	―	―	奈良県立橿原考古学研究所1993『箸尾遺跡を掘る』奈良県立橿原考古学研究所	―
2012	上牧町教育委員会？	―	剣or槍2〜・鉄鏃4	―	土師器（壺・甕）		関川尚功編2015『上牧久渡古墳群古墳群発掘調査報告書』上牧町文化財調査報告第2集，上牧町教育委員会	511g／同型：和泉黄金塚古墳（大阪240）／発掘時に破砕
2012〜13	上牧町教育委員会？	―	鉄鏃1	刀子2	―			5号墳以外からの出土が考えられる
1970	橿原考古学研究所	管玉2	―	―	―	―	千賀久編1992『大和の古墳の鏡』橿原考古学研究所附属博物館考古資料集第1冊，奈良県立橿原考古学研究所附属博物館	68g／奈良県（大和国）84
1997	橿原考古学研究所	―	小札甲1・筒形銅器1・刀2・剣1・短剣形鉄製品6・鉄鏃15	斧1・鉇or鑿			實盛良彦2012「斜縁神獣鏡・斜縁四獣鏡の製作」『考古学研究』第59巻第3号，考古学研究会	破片3点を公園の整備工事の際に発見
1972		瑪瑙勾玉2・ガラス小玉104	刀3・剣1・鉄鏃117	刀子1				339g／奈良県（大和国）90
1972	橿原考古学研究所	紡錘車形石製品2・勾玉9・管玉44・滑石臼玉171・ガラス小玉3	刀1	斧1・鎌3・刀子1			千賀久編1992『大和の古墳の鏡』橿原考古学研究所附属博物館考古資料集第1冊，奈良県立橿原考古学研究所附属博物館	44g／奈良県（大和国）91-1
								44g／奈良県（大和国）91-2
1972		勾玉6・管玉50・滑石臼玉1682・ガラス小玉71	三角板革綴短甲1・頸甲1・肩甲1・刀1・剣4・矛1・鉄鏃11〜	鋳造鉄斧1・斧1・刀子2				177g／奈良県（大和国）92
1958	橿原考古学研究所・葛城市教育委員会	ガラス玉	鞍金具・杏葉・壺鐙	金環	土師器・須恵器		千賀久編1992『大和の古墳の鏡』橿原考古学研究所附属博物館考古資料集第1冊，奈良県立橿原考古学研究所附属博物館	(1199g)／奈良県（大和国）87
昭和以降	奈良文化高等学校（個人旧蔵）	―	―	―	須恵器（高杯蓋・杯身・杯蓋）		松田直子編2013『奈良文化高等学校所蔵考古資料目録―伊庭敏郎コレクション―』学校法人奈良学園奈良文化高等学校	766g／奈良県（大和国）89
1979	橿原考古学研究所	―	―	―			千賀久編1992『大和の古墳の鏡』橿原考古学研究所附属博物館考古資料集第1冊，奈良県立橿原考古学研究所附属博物館	30g
				鎌1				93g
不明	宮内庁書陵部〈陵95〉	瑪瑙勾玉・管玉・棗玉・算盤玉・水晶垂玉					宮内庁書陵部編2005『宮内庁書陵部所蔵 古鏡集成』学生社	335g／漢式鏡190.13／奈良県（大和国）93・88？
2015	葛城市教育委員会	―	馬具	金銅耳環			葛城市教育委員会・葛城市歴史博物館編2015『太田古墳群―現地説明会資料―』葛城市教育委員会，葛城市歴史博物館	盤龍鏡か（加藤一郎氏教示）
1973	橿原考古学研究所	石製双孔円板1・ガラス小玉1	剣2	手鎌2・刀子4・針状鉄器1・不明鉄製品3		堅櫛13	松田真一編1979『新庄火野谷山古墳群』奈良県文化調査報告書第31集，奈良県立橿原考古学研究所	72g／奈良県（大和国）86／鈕摺り切れる
1979	橿原考古学研究所	管玉・臼玉	剣・鉄鏃	斧	―	櫛	千賀久編1992『大和の古墳の鏡』橿原考古学研究所附属博物館考古資料集第1冊，奈良県立橿原考古学研究所附属博物館	271g
		合子形石製品1・管玉・臼玉	剣	―				272g
1980		ガラス玉	刀	鋤先・斧・鎌・鉇・刀子	―	―		59g
不明	東京国立博物館〈J10071〉	―	―				奈良県立橿原考古学研究所附属博物館1981『特別展 葛城の古墳と古代寺院』奈良県立橿原考古学研究所附属博物館	奈良県（大和国）85
不明	所在不明	―	小札鋲留眉庇付冑1	―			奈良県立橿原考古学研究所附属博物館1981『特別展 葛城の古墳と古代寺院』奈良県立橿原考古学研究所附属博物館	―
不明	東京国立博物館〈J2185〉						後藤守一1926『漢式鏡』日本考古学大系，雄山閣	88g／漢式鏡192／奈良県（大和国）95-1
	所在不明	―	甲冑	金環1・斧1		釘	中山清隆・林原利明1994「小型仿製鏡の基礎的集成（1）―珠文鏡の集成―」『地域相研究』第21号，地域相研究会	奈良県（大和国）95-2／奈良299と同一品の可能性
明治	所在不明（個人旧蔵）	勾玉	筒形銅器・刀・剣・鉄鏃				後藤守一1942『古鏡聚英』上篇 秦鏡と漢六朝鏡，大塚巧芸社	漢式鏡190.1／奈良県（大和国）97

番号	舶倭	鏡式	出土遺跡	出土地名	遺跡内容	時期	面径(cm)	銘文	諸氏分類	編者分類・時期	
301-1	舶	三角縁波文帯三神四獣鏡〈棺外3号鏡〉	鴨都波1号墳	御所市御所469	方墳(20×16)・粘土槨	古墳前期	20.7	—	目録番号138・同范鏡番号＊・配置特殊	—	—
301-2	舶	三角縁波文帯三神三獣鏡〈棺外2号鏡〉					21.4	—	目録番号127・同范鏡番号70・配置K1・表現⑫	—	—
301-3	舶	三角縁神人龍虎画象鏡〈棺外1号鏡〉					21.0	—	目録番号100c・同范鏡番号＊・配置J1・表現他	—	—
301-4	舶	三角縁吾有好同三神三獣鏡〈棺内〉					18.5	「吾有好同青旦明 神守仙人居中央 今世以孫宜□侯王」	目録番号98a・配置J変・表現他	—	—
302	舶	多鈕細文鏡	名柄遺跡(名柄銅鐸出土地)	御所市名柄	集落	不明	弥生後期	15.6	—	第三型式(森本35)／CII型式(宇野77)／Ⅲ精文式(樋口79)／精紋鏡第Ⅱ型式(甲元90)／精紋鏡第Ⅱ形式(甲元06)	—	—
303	舶	三角縁天・王・日・月・唐草文帯二神二獣鏡？	室大墓古墳(室宮山古墳)〔後円部南主体部〕		前方後円墳(238)・竪穴式石槨(長持形石棺)	古墳中期	破片	「天□□□」	目録番号94・配置J1?・表現④	—	—
304	舶	〔画文帯神獣鏡？〕		御所市室	古墳		12.9	—	—	—	—
305	舶	〔画文帯神獣鏡？〕					不明	—	—	—	—
306	舶	〔三角縁神獣鏡？〕					約21	—	—	—	—
307	倭	〔神頭鏡？〕					不明	—	—	神頭鏡系？	—
308	?	不明	室大墓古墳(室宮山古墳)〔前方部主体部〕(伝)		前方後円墳(238)・割竹形木棺直葬	古墳中期	約15	—	—	—	—
309	?	不明					破片	—	—	—	—
310	?	不明					破片	—	—	—	—
311	?	不明					破片	—	—	—	—
312	?	不明					破片	—	—	—	—
313	?	不明					破片	—	—	—	—
314	?	不明					破片	—	—	—	—
314-1	?	不明	室みやす塚古墳(伝)	御所市室字ミヤス692(伝)	円墳(47×35)	古墳中期	不明	—	—	—	—
315	倭	三神二獣鏡	巨勢山墳谷2号墳〔北棺〕	御所市室境字谷	円墳(10～14)・割竹形木棺直葬	古墳中期	13.5	擬銘	獣形文鏡類五獣鏡(小林82・10)	類二神二獣鏡系	前(中)
316	倭	珠文鏡					6.2	—	珠文鏡Ⅱ類(樋口79)／珠文鏡類B型(小林82・10)／Ⅱ類(中山他94)	〔珠文鏡〕	前期?
317	?	不明	オサカケ古墳(伝)	御所市柏原(伝)	古墳	前方後円墳・粘土槨	古墳前期	不明	—	—	—	—
318	倭	捩文鏡	ガクオン寺古墳(学音寺古墳)(伝)	御所市本馬町本馬(伝)	古墳	不明	不明	—	B型式a類(水野97)	捩文鏡B系(D系?)	前(中)
319	倭	六神像鏡	秋津村付近(伝)	御所市(伝)	不明	不明	9.0	擬銘	神像鏡(小林82・10)	〔後期型神像鏡Ⅱ系?〕	後期
319-1	舶	流雲文縁方格規矩四神鏡	御所町付近古墳	御所市(伝)	古墳	古墳	20.0	「…玉泉飢食棗…」	—	—	—
319-2	舶	環状乳神獣鏡	葛宮宮下	御所市	不明	不明	約20	—	—	—	—
320	舶	銅繫作鋸歯文縁細線式獣帯鏡	今井1号墳〔第1主体部〕	五條市今井町上垣内	前方後円墳(31)・竪穴式石槨(割竹形木棺)	古墳中期	22.6	「銅繫作竟四夷服 多賀家人民息 胡虜殄滅天下復 風雨時節五穀孰 長保二親 得天力 樂兮」	—	—	—
321	倭	四獣鏡	近内4号墳(向山古墳)	五條市近内町	円墳(15)・礫槨	古墳中期	15.0	—	四獣形鏡(樋口79)／獣形文鏡類四獣鏡C-1型(小林82・10)／斜縁四獣鏡B系(森下02)	〔中期型獣像鏡〕	中期
322	倭	珠文鏡	五條猫塚古墳	五條市西河内町	古墳	方墳(32)・竪穴式石槨	古墳中期	9.2	—	珠紋鏡系(森下02)／充填系A群(岩本14)	〔珠文鏡〕	中期

奈良

発見年	所蔵（保管）者	共伴遺物					文献	備考
		石製品・玉類	武具・武器・馬具	ほか金属器	土器類	その他		
2000	御所市教育委員会	紡錘車形石製品2・硬玉勾玉5・碧玉管玉8・ガラス小玉44	方形板革綴短甲1・刀2〜・剣5〜・槍・鉄鏃35・盾?1・靫2	斧3・鉇約5・不明鉄製品1	―	漆塗杖状木製品1	御所市教育委員会編2001『鴨都波1号墳調査概報』学生社	808g
								836g
								892g
								755g
1918	東京国立博物館（J8667）	―	―	銅鐸1	―	―	車崎正彦編2002『考古資料大観』第5巻 弥生・古墳時代 鏡, 小学館	漢式鏡191／奈良県（大和国）94
1950	橿原考古学研究所	滑石製模造品（斧1・杵1・刀子16・棒状2・異形1）・琴柱形石製品1・翡翠勾玉1・碧玉勾玉2・瑪瑙勾玉3・滑石勾玉623・管玉23・滑石管玉90・硬玉棗玉5・ガラス臼玉39・緑色凝灰岩原石	三角板革綴衝角付冑1・三尾鉄・三角板革綴短甲1・刀1・剣7	刀子3・銅器片1			秋山日出雄・網干善教編1959『室大墓』奈良県史跡名勝天然記念物調査報告第18冊, 奈良県教育委員会	〈34g〉
1908頃	所在不明	滑石刀子・勾玉・管玉・棗玉・ガラス小玉					梅原末治1922「大和御所町附近の遺蹟（南葛城郡三室と秋津村との古墳）」『歴史地理』第39巻第4号, 日本歴史地理学会	縁部2片／漢式鏡190-3／奈良県（大和国）96-1?
								小片2／漢式鏡190-4／奈良県（大和国）96-2?
								縁部2片／漢式鏡190-2／奈良県（大和国）96-3
								漢式鏡190-8〜12／奈良県（大和国）96-4
								縁部片2／漢式鏡190.5／奈良県（大和国）96-5〜12／吾作系斜縁神獣鏡の類か
								複線波文と鋸歯文の破片1／漢式鏡190.6／奈良県（大和国）96-5〜12
								漢式鏡190-7／奈良県（大和国）96-5〜12
								漢式鏡190-8〜12／奈良県（大和国）96-5〜12
不明	所在不明	勾玉1	―	―	―	―	御所市史編纂委員会編1965『御所市史』御所市役所	「漢式鏡」
1973	橿原考古学研究所	勾玉約60・管玉4・算盤玉約30					久野邦雄編1974『大和巨勢山古墳群（境谷支群）―昭和48年度発掘調査概報―』奈良県教育委員会	507g／奈良県（大和国）99-1／吾作系斜縁神獣鏡の直模
								43g／奈良県（大和国）99-2
明治	所在不明（個人旧蔵）	車輪石・合子形石製品1・琴柱形石製品7〜8・勾玉	刀・剣				島本一1938「琴柱形石製品の新例」『考古学雑誌』第28巻第6号, 考古学会	奈良県（大和国）100
不明	所在不明	勾玉・管玉・棗玉・小玉	―	金環・鋤・鎌			御所市史編纂委員会編1965『御所市史』御所市役所	奈良県（大和国）98
不明	所在不明（個人旧蔵）	―	―	―	―	―	後藤守一1926『漢式鏡』日本考古学大系, 雄山閣	漢式鏡193／写真は鶴巻所在古墳（千葉13）のもの
不明	所在不明						梅原末治1923『梅仙居蔵日本出土漢式鏡図集』梅仙居蔵古鏡図集第一輯, 山川七左衛門	―
不明	所在不明（個人旧蔵）							南北朝（北周）鏡／類鏡：神田1号墳鏡（静岡65）
1983	橿原考古学研究所	勾玉・管玉・算盤玉・臼玉・ガラス小玉	刀	―			千賀久編1992『大和の古墳の鏡』橿原考古学研究所附属博物館考古資料集第1冊, 奈良県立橿原考古学研究所附属博物館	同型鏡群〔SJ-1〕
1948	橿原考古学研究所	玉	刀・剣			櫛	千賀久編1992『大和の古墳の鏡』橿原考古学研究所附属博物館考古資料集第1冊, 奈良県立橿原考古学研究所附属博物館	304g／奈良県（大和国）101
1958	奈良国立博物館	ガラス小玉3	金銅装小札鋲留庇付冑・三角板革綴短甲2・挂甲3・頸甲1・篠籠手・臑当・環頭剣1・矛4・鉄鏃	帯金具2種・斧8・鎌2・鉇4・鑿3・鑽8・鉗2・鉄鋸3・鉄床1	―	埴製枕1・砥石6	網干善教1962『五条猫塚古墳』奈良県史跡名勝天然記念物調査報告書第20冊, 奈良県教育委員会	100g／奈良県（大和国）103

番号	舶倭	鏡式	出土遺跡	出土地名	遺跡内容	時期	面径(cm)	銘文	諸氏分類	編者分類・時期
323	倭	乳文鏡?	犬飼大師塚古墳	五條市犬飼町転法輪寺内	円墳(12)・組合式木棺直葬?	古墳後期	9.5	—	—	[乳脚文鏡?] 後期?
323-1	舶	画文帯蟠龍乳神獣鏡	五条山中	五條市?	不明	不明	完形	不詳	—	—
324	舶	海獣葡萄鏡	高松塚古墳	高市郡明日香村平田字高松444	円墳(20〜25)・横口式石槨(漆塗組合式木棺)	古墳終末期	16.8	—	—	—
324-1	舶?	不明	飛鳥池遺跡	高市郡明日香村飛鳥	都城	工房	飛鳥	11.5	—	—	—
325	舶	銀象嵌鉄鏡	松山古墳(呑谷古墳)	高市郡高取町	方墳(10)・切石石室	古墳終末期	13.2	—	—	—
326	舶	海獣葡萄鏡					9.8	—	—	—
327	舶	吾作斜縁二神四獣鏡	タニグチ1号墳	高市郡高取町谷田字タニグチ	円墳(20)・粘土槨	古墳前期	18.2	「吾作明竟 幽練三商 統徳序道 配象萬疆 曾年益壽 子孫番昌 樂未央」	図像表現④(村松04)／紋様表現④(實盛09)	—
437	舶	方格T字鏡	観覚寺向山1号墳	高市郡高取町観覚寺	円墳(20)・割竹形木棺直葬	古墳前期	10.1	—	—	—
438	倭	四獣鏡					約8	—	—	—
438-1	倭	四獣鏡?	薩摩5号墳	高市郡高取町薩摩	方墳(14)	古墳中期	9.7	—	—	前(新)
438-2	舶	方格規矩鏡	薩摩11号墳〔東主体部〕	高市郡高取町薩摩	前方後円墳(28)・割竹形木棺直葬	古墳前期	15.6	—	—	—
438-3	倭	珠文鏡	薩摩11号墳〔西主体部〕		前方後円墳(28)・割竹形木棺直葬	古墳前期	7.0	—	—	[珠文鏡] 前期
438-4	倭	不明	薩摩11号墳〔遺構外〕		不明	不明	10.9	—	—	—
438-5	舶	「仿製」三角縁獣文帯三神三獣鏡					22.2	—	目録番号213・同笵鏡番号111・配置K2	—
438-6	舶	「仿製」三角縁獣文帯三神三獣鏡	高市郡(伝)	高市郡(伝)	不明	不明	21.8	—	目録番号215・同笵鏡番号＊・配置K2	—
438-7	舶	「仿製」三角縁獣文帯三神三獣鏡					21.8	—	目録番号215・同笵鏡番号＊・配置K2	—
328	舶	画文帯環状乳神獣鏡	澤ノ坊2号墳	宇陀市榛原笠間〔宇陀郡榛原町〕	前方後円墳(30〜)	古墳前期	破片	—	—	—
329	倭	不明					破片	—	—	—
330	倭	六弧内行花文鏡	谷畑古墳	宇陀市榛原萩原〔宇陀郡榛原町〕	円墳(27)・組合式木棺直葬	古墳	8.9	—	六弧(樋口79)／B類1式(清水94)／内行花文鏡D系(森下02)／六花鏡(小林10)	内行花文鏡B式 前(中)
331	舶	王氏作神人龍虎画象鏡	上井足米山古墳(愛宕山古墳)	宇陀市榛原上井足字米山〔宇陀郡榛原町〕	前方後円墳(37)・堅穴式石槨?	古墳中期	20.6	「王氏作竟佳且好 明而日月世之保 服此竟者不知老 壽而東王公西王母 山人子高赤松 長保二親宜孫子」	III円圏式(樋口79)	—
332	倭	四獣鏡					15.1	—	獣形文鏡類四獣鏡C-1型(小林82・10)	[中期型獣像鏡?] 中期?
333	倭	四獣鏡	下井足1号墳〔第5主体部(第4主体部?)〕	宇陀市榛原下井足〔宇陀郡榛原町〕	円墳(20)・割竹形木棺直葬	古墳中期	5.9	—	四獣形鏡(樋口79)	鳥頭獣像鏡B系? 前(中)
334	倭	珠文鏡	下井足1号墳〔第4主体部(第5主体部?)〕		円墳(20)・組合式木棺直葬	古墳中期	4.0	—	—	[珠文鏡]
335	倭	不明	下井足遺跡(C2区)	宇陀市榛原下井足〔宇陀郡榛原町〕	土壙	中世	5.0	—	—	—
336	倭	八乳文鏡	大王山1号墳〔北棺〕	宇陀市榛原下井足〔宇陀郡榛原町〕	前方後円墳(26)・組合式木棺直葬	古墳中期	11.2	—	獣帯鏡類D型(小林82・10)／乳脚紋鏡b〜d系(森下02)	[乳脚文鏡] 後期
337	倭	珠文鏡	篠楽向山古墳	宇陀市榛原篠楽〔宇陀郡榛原町〕	円墳(15)・組合式木棺直葬	古墳中期	6.6	—	—	[珠文鏡]
338	倭	八乳文鏡	ヲトンダ4号墳〔1号木棺〕	宇陀市榛原上井足〔宇陀郡榛原町〕	円墳(11〜16)・木棺直葬	古墳後期	9.2	—	乳脚紋鏡b〜d系(森下02)	[乳脚文鏡] 後期
339	舶	方格T字鏡					10.3	—	SD1式(松浦94)／丁群(森下98)	—
340	倭	六弧内行花文鏡	高山1号墳	宇陀市榛原池上〔宇陀郡榛原町〕	方墳(23)・割竹形木棺直葬	古墳中期	8.7	—	B類(清水94)	内行花文鏡B式 前(中)
341	倭	十一乳文鏡					10.6	—	乳脚紋鏡a系(森下02)	[乳脚文鏡] 中期

奈良

発見年	所蔵（保管）者	共伴遺物					文献	備考
		石製品・玉類	武具・武器・馬具	ほか金属器	土器類	その他		
1941	所在不明（橿原考古学研究所？）	玉	刀1・短刀1・鉄鏃・辻金具	銅釧1・刀子1	土師器・須恵器	釘	末永雅雄1956「宇智郡阪合部村大字大剣転法輪寺境内大師塚古墳」『奈良県史跡名勝天然記念物調査抄報』第9輯，奈良県教育委員会	奈良県（大和国）102
江戸以前	所在不明	—	—	—	—	—	瀬川芳則1985「三浦蘭坂の金石好古研究」森浩一編『考古学の先覚者たち』中央公論社（三浦蘭坂『金石古文摸勒帳』）	
1972	国立飛鳥資料館	琥珀丸玉2〜・ガラス丸玉6〜・ガラス粟玉936〜	銀装唐様大刀・大刀飾金具	—	—	棺飾金具	橿原考古学研究所編1972『壁画古墳 高松塚』奈良県教育委員会・奈良県明日香村	1220g／同型品あり
1998	奈良文化財研究所	—	—	—	—	—	奈良国立文化財研究所飛鳥資料館編2000『飛鳥池遺跡』飛鳥資料館図録第36冊，明日香村・奈良国立文化財研究所飛鳥資料館	外区片／工房でリサイクルに供されたか
1899	東京国立博物館	—	—	—	—	棺飾金具	奈良国立文化財研究所飛鳥資料館編1979『飛鳥時代の古墳』飛鳥資料館図録第6冊，奈良国立文化財研究所飛鳥資料館	銀象嵌の文様あり
	東京国立博物館〈J4866〉	—	—	—	—	—		—
1983	高取町教育委員会	—	方形板革綴短甲1・筒形銅器2・素環頭大刀1・刀1・小刀3・剣1・矛2・槍5・鉄鏃19	鍬先1・斧4・鎌2・手鎌2・鉇4・鑿4・錐1・刀子6・針2	—	—	河上邦彦・西藤清秀編1996『タニグチ古墳群（付タニグチ墳墓群）』高取町文化財調査報告書第17冊，高取町教育委員会	864g
1998	高取町教育委員会	管玉・小玉	刀・短剣・鉄鏃	鉇・刀子	—	竪櫛	高取町教育委員会編1999『向山1号墳』高取町教育委員会	—
2004	橿原考古学研究所	—	革綴短甲1・錣?・刀1・鉄鏃1	曲刃鎌1・鉇2?・刀子3・鑷子状鉄製品1・不明鉄製品4	—	—	北山峰生編2014『薩摩遺跡Ⅰ』高取バイパス建設に伴う調査報告書4，奈良県立橿原考古学研究所調査報告書第116冊，奈良県立橿原考古学研究所	95g
2006		蛇紋岩勾玉6・ガラス小玉1	—	蕨手刀子1	—	—	北山峰生編2012『薩摩11号墳』高取バイパス建設に伴う調査報告書2，奈良県文化財調査報告書第152集，奈良県立橿原考古学研究所	431g
2007	橿原考古学研究所	ガラス小玉35	剣1	方形刃先1・鎌	—	—		15g
2007		石釧1・剣形石製模造品1・蛇紋岩勾玉23・碧玉管玉4・滑石臼玉2・ガラス小玉14	—	—	土師器（壺）	—		縁部片／「本来は後円部を含むいずれかの主体部へ納められた副葬品であった可能性が高」い
不明	坂本不言堂	—	—	—	—	—	樋口隆康・林巳奈夫監修2002『不言堂 坂本五郎 中国青銅器清賞』日本経済新聞社	—
1990	橿原考古学研究所	勾玉20・管玉220・棗玉・ガラス小玉	銅鏃	—	—	—	千賀久編1992『大和の古墳の鏡』橿原考古学研究所附属博物館考古資料集第1冊，奈良県立橿原考古学研究所附属博物館	縁部片
1972	関西大学	石釧2	筒形銅器1・素環頭大刀1・刀1・剣1・槍1	斧1・鎌1・鉇1・鑿1・錐1・刀子1	—	—	友成誠司他編1974『谷畑古墳』奈良県宇陀郡榛原町教育委員会	奈良県（大和国）117
1899	東京国立博物館〈J2593〉	滑石勾玉1・ガラス小玉250	甲片・刀1〜2・矛2・鉄鏃?2	刀子1	須恵器（短頸壺3・有蓋高杯・杯身）	—	友成誠司他編1974『谷畑古墳』奈良県宇陀郡榛原町教育委員会	同型鏡群〔RG-1〕／漢式鏡100／奈良県（大和国）118-1
	東京国立博物館〈J2192〉	—	—	—	—	—		〈265g〉／漢式鏡99／奈良県（大和国）118-2
1986	橿原考古学研究所	—	—	—	—	—	伊藤裕偉編1987『下井足遺跡群』奈良県史跡名勝天然記念物調査報告第52冊，奈良県教育委員会	28g
		—	—	斧1	—	—		〈4g〉
1985〜86		—	—	—	瓦器碗・青磁碗・緑釉皿・中世土器	—	伊藤裕偉編1987『下井足遺跡群』奈良県史跡名勝天然記念物調査報告第52冊，奈良県教育委員会	縁部片
1972	宇陀市教育委員会	紡錘車形石製品1・管玉15・琥珀玉2・滑石臼玉12・ガラス小玉223	刀2	銀指輪4	須恵器（壺・杯）	—	千賀久編1992『大和の古墳の鏡』橿原考古学研究所附属博物館考古資料集第1冊，奈良県立橿原考古学研究所附属博物館	奈良県（大和国）120
1972	橿原考古学研究所	勾玉2・管玉2・ガラス小玉7	刀1・鉄鏃14〜	刀子1	—	—	千賀久編1992『大和の古墳の鏡』橿原考古学研究所附属博物館考古資料集第1冊，奈良県立橿原考古学研究所附属博物館	奈良県（大和国）119
1989〜90	橿原考古学研究所	埋木棗玉・水晶切子玉	鉄鏃	—	須恵器	—	千賀久編1992『大和の古墳の鏡』橿原考古学研究所附属博物館考古資料集第1冊，奈良県立橿原考古学研究所附属博物館	34g
1988	橿原考古学研究所	勾玉2・管玉16・ガラス120・滑石小玉1	三角板革綴短甲2・刀3・剣4・鉄鏃60・胡籙金具	鉄鋌7・斧4・鎌2・鉇1・鑿1・刀子4	—	—	千賀久編1992『大和の古墳の鏡』橿原考古学研究所附属博物館考古資料集第1冊，奈良県立橿原考古学研究所附属博物館	117g
								61g
								143g

番号	舶倭	鏡式	出土遺跡	出土地名	遺跡内容	時期	面径(cm)	銘文	諸氏分類	編者分類・時期
342	倭	六弧内行花文鏡	野山2号墳〔北棺〕	宇陀市榛原澤〔宇陀郡榛原町〕	円墳(12)・割竹形木棺直葬	古墳中期	10.5	—	B類（清水94）	内行花文鏡B式	前(中)〜
343	倭	四獣鏡？					6.8	—	—	〔中期型獣像鏡？〕	中期
344	倭	不明	野山9号墳〔南棺〕	宇陀市榛原澤〔宇陀郡榛原町〕	円墳(13)・割竹形木棺直葬	古墳中期	破片	—	—	—	—
345	倭	弥生倭製鏡（八弧内行花文鏡）	池殿奥4号墳〔東棺〕	宇陀市榛原澤〔宇陀郡榛原町〕	円墳(14)・組合式木棺直葬	古墳中期	9.6	—	内行花文日光鏡系仿製鏡第Ⅱ型a類（高倉85・90）／連弧紋鏡系小形仿製鏡第Ⅱ型a類2（高木02）／内行花文系Ⅱ型Ba類（南07a）／内行花文系小形仿製鏡第2型b類（田尻10・12）	〔弥生倭製鏡〕	弥生
346	倭	六弧内行花文鏡	丸尾5号台状墓	宇陀市榛原澤〔宇陀郡榛原町〕	方形台状墓(7)・組合式木棺直葬	古墳前期	10.2	—	B類3式（清水94）／内行花紋鏡D系（森下02）	内行花文鏡B式	前(中)
347	倭	重圏文鏡or珠文鏡	見田大沢2号墳	宇陀市菟田野見田・菟田野大澤〔宇陀郡菟田野町〕	方墳(14)・割竹形木棺直葬	古墳前期	4.2	—	A類Ⅱ（林90）／Ⅰ型（藤岡91）／4類（脇山15）	〔重圏文鏡〕	前期
348	倭	四獣鏡	見田大沢4号墳	宇陀市菟田野見田・菟田野大澤〔宇陀郡菟田野町〕	方墳(17)・割竹形木棺直葬	古墳前期	9.5	—	獣形文鏡ⅠA類（赤塚98b）	鳥頭獣像鏡A系	前(古)
349	舶	驕氏作盤龍座神人龍虎画象鏡	下芳野(伝)	宇陀市菟田野下芳野(伝)〔宇陀郡菟田野町〕	不明	不明	19.5	「驕氏作竟自有紀 辟去不羊宜孫子 上有東王公西王母兮」	Ⅲ円圏式（樋口79）	—	—
349-1	倭	画文帯同向式神獣鏡	古宮谷1号墳〔第2号主体部〕	宇陀市菟田野古市場字古宮谷〔宇陀郡菟田野町〕	円墳(20〜25)or前方後円墳・割竹形木棺直葬	古墳前期	16.1	—	—	〔同向式神獣鏡〕	前(古〜)
350	倭	七弧内行花文鏡	北原西古墳	宇陀市大宇陀野依〔宇陀郡大宇陀町〕	前方後円墳(31)・割竹形木棺直葬	古墳中期	11.4	—	Ⅲ類基本系（林00）	内行花文鏡B式	前(中)
351	倭	五獣鏡	後出3号墳〔第2主体部〕	宇陀市大宇陀守道〔宇陀郡大宇陀町〕	円墳(13)・割竹形木棺直葬	古墳中期	17.0	—	獣形文鏡ⅡC類（赤塚98b）	二神二獣鏡ⅠB系	前(中)
352	舶	虁龍文鏡？	後出20号墳〔第1主体部〕	宇陀市大宇陀守道〔宇陀郡大宇陀町〕	円墳(15)・割竹形木棺直葬	古墳中期	8.3	—	—	—	—
353	倭	六獣鏡					11.5	—	—	—	—
353-1	倭	珠文鏡	黒木西城遺跡1号台状墓	宇陀市大宇陀黒木〔宇陀郡大宇陀町〕	墳墓	不明	古墳前期	完形	—	—	〔珠文鏡（連珠）〕	前期
353-2	倭	素文鏡	黒木西城跡4号台状墓周溝上面	宇陀市大宇陀黒木〔宇陀郡大宇陀町〕	墳墓	不明	古墳前期	完形	—	—	〔素文鏡〕	—
353-3	?	不明	三光塚古墳（三ツ子塚古墳？）	宇陀市大宇陀平尾〔宇陀郡大宇陀町〕	古墳	不明	古墳	不明	—	—	—	—
353-4	舶	三角縁神人龍虎画象鏡	大和国帝王陵付近？（畝傍東北陵付近）(伝)	畝傍地方(伝)	古墳	不明	古墳？	20.6	—	目録番号100c・同笵鏡番号＊・配置J1・表現他	—	—
353-5	倭	四獣鏡	畝傍(伝)	畝傍地方(伝)	不明	不明	13.2	—	—	〔中期型獣像鏡〕	中期？
371	倭	虁龍鏡	北和城南古墳(伝)	奈良北部or京都南部(伝)	古墳	不明	古墳前期〜	24.3	—	第二群同工鏡F（車崎95）／Ⅰ群B系（辻田00）／Ⅱ類単胴系（林00）／Ⅰ群Ba系（辻田07）	虁龍鏡A系	前(中)
372	倭	四獣鏡					13.8	—	獣形文鏡ⅠD類（赤塚98b）／斜縁四獣鏡表現B類（實盛12）	〔中期型獣像鏡〕	中期
373	舶	三角縁新作徐州銘四神四獣鏡					25.8	「新作大竟 幽律三剛 配徳君子 清而且明 銅出徐州 師出洛陽 潤文刻鏤 皆作文章 左龍右虎 師子有名 取者大吉 宜子孫」	目録番号19・同笵鏡番号＊・配置C・表現⑭	—	—
374	舶	画文帯環状乳四神四獣鏡					14.2	あり(不詳)	Ⅱ（樋口79）／画Bb4（村瀬14）	—	—
375	舶	「仿製」三角縁獣文帯三神三獣鏡	南都御陵之所(伝)	奈良県(伝)	古墳	不明	古墳	22.1	—	目録番号230・同笵鏡番号114・配置K2	—	—
376	倭	七鈴四神四獣鏡	奈良県(伝)	奈良県(伝)	不明	不明	10.8	—	その他鈴鏡類（樋口79）／仏獣鏡類（大川97）／Ⅰ類-D神獣文系（八木00）／神獣文系（岡田05）／鈴鏡類（七鈴鏡）（小林10）	〔後期型神獣鏡〕	後期
377	倭	六鈴方格規矩鏡	奈良県(伝)	奈良県(伝)	不明	不明	11.3	—	方格規矩文鏡系鈴鏡（樋口79）／方格規矩文鏡類（大川97）／Ⅰ類-A方格規矩文系（八木00）／方画規矩文系（岡田05）／鈴鏡類（六鈴鏡）（小林10）	—	—

奈良

発見年	所蔵(保管)者	共伴遺物					文献	備考
		石製品・玉類	武具・武器・馬具	ほか金属器	土器類	その他		
1983	橿原考古学研究所	―	鉄鏃 6	鎌 1・刀子 1	―	―	井上義光・仲富美子編 1988『野山遺跡群 I』奈良県史跡名勝天然記念物調査報告第 56 冊, 奈良県教育委員会	126g
1984		勾玉 4・管玉 11・棗玉 7・臼玉 113	刀 3・剣 2・鉄鏃 25	斧 2・鎌 1・刀子 3	土師器(壺・高杯)・須恵器(高杯・杯・杯蓋)	櫛		34g 小型鏡／「細片化して」おり「鈕を中心とする部位が認められるものの、鏡式、大きさなど不明」
1983	橿原考古学研究所	紡錘車形石製品・ガラス小玉 16	剣 1・鉄鏃 9	斧 1・鎌 2・刀子 2	土師器(杯)・須恵器(杯)	―	中井一夫・清水克朗・清水康二 2002「伝世鏡の再検討 II―福岡県宮原遺跡および奈良県池殿奥 4 号墳出土倣製内行花文鏡について―」『橿原考古学研究所紀要 考古学論攷』第 25 冊, 奈良県立橿原考古学研究所	122g／同笵：宮原遺跡 1 号石棺(福岡 557)
1986	橿原考古学研究所	―	―	斧 1・刀子 1	土師器(壺)	―	千賀久編 1992『大和の古墳の鏡』橿原考古学研究所附属博物館考古資料集第 1 冊, 奈良県立橿原考古学研究所附属博物館	―
1980	橿原考古学研究所	琥珀勾玉 1・緑色凝灰岩管玉 7・ガラス小玉 2	―	鉇 1	土師器(壺)	―	亀田博編 1982『見田・大沢古墳群』奈良県史跡名勝天然記念物調査報告第 44 冊, 奈良県教育委員会	6g
1980		翡翠勾玉 1・緑色凝灰岩管玉 7	短剣 1	鉇 1	土師器(壺 1)	―		89g
不明	所在不明(山川七左衛門旧蔵)	―	―	―	―	―	後藤守一 1942『古鏡聚英』上篇 秦鏡と漢六朝鏡, 大塚巧芸社	漢式鏡 98／奈良県(大和国) 121-1
2001	橿原考古学研究所	碧玉勾玉・滑石勾玉・管玉・臼玉	刀 4・剣 3	斧 1・鉇・刀子 4	―	―	米川仁一編 2005『古宮谷遺跡群 菟田野町統合小学校建設工事に伴う埋蔵文化財発掘調査報告書』菟田野町埋蔵文化財調査報告第 1 集, 菟田野町教育委員会	436g
1987	橿原考古学研究所	勾玉 30・管玉 23・棗玉 7・ガラス玉 17・臼玉 1554	剣 1・鉄鏃 2	鍬先 1・斧 2・鎌 2・手鎌 2・鉇 3・鑿 1・刀子 4・針 11～	―	―	千賀久編 1992『大和の古墳の鏡』橿原考古学研究所附属博物館考古資料集第 1 冊, 奈良県立橿原考古学研究所附属博物館	157g
1985～86	橿原考古学研究所	―	横矧板鋲留短甲 1・三角板及横矧板併用鋲留短甲 1・刀 4・蛇行剣 1・槍 1・鉄鏃 68・弓金具 1	刀子 1・不明鉄器 4	土師器(壺 1・高杯 3)	竪櫛 12	西藤清秀・吉村和昭・佐々木直編 2003『後出古墳群』奈良県史跡名勝天然記念物調査報告第 61 冊, 奈良県教育委員会	493g
1986		瑪瑙勾玉 2・琥珀勾玉 1・琥珀棗玉 3・琥珀丸玉 1・滑石臼玉 19	刀 3・剣 2・矛 1・鉄鏃 30	斧 1・鎌 1・鑿 1・刀子 4	―	竪櫛 6		98g
								187g
不明		―	―	―	―	―	―	珠文は連珠
不明	宇陀市教育委員会							―
1889	所在不明	―	剣 1	―	―	―	奈良県立橿原考古学研究所編 2005『陵墓等関係文書目録』末永雅雄先生旧蔵資料集第 1 集, 社団法人橿原考古学協会	
1930年代以前	個人	―	―	―	―	―	渡辺兼庸編 1994『東洋文庫所蔵梅原考古資料目録』日本之部・朝鮮之部・中国之部 III, 財団法人東洋文庫	―
不明	大和文庫〈鏡 6-29〉	―	―	―	―	―	―	―
1935 頃	奈良国立博物館	鍬形石 9・車輪石 17・石釧 29・鍬形石製品 1・紡錘車形石製品 4・碧玉管玉 87・ガラス管玉 1・滑石棗玉 89・ガラス小玉約 240	―	金製耳環 1	―	―	井口喜晴 2004「一資料紹介―北和城南古墳出土品(奈良国立博物館蔵)」『鹿園雑集』第 6 号, 奈良国立博物館	1140g／奈良県(大和国) 125-1
1935 頃								408g／奈良県(大和国) 125-2／佐紀陵山古墳鏡(奈良 8)と同一品の可能性大
不明								奈良県(大和国) 125-3
1916以前								奈良県(大和国) 125-4
1850 頃	五島美術館〈M202〉(守屋孝蔵旧蔵)	―	―	―	―	―	樋口隆康 2000『三角縁神獣鏡新鑑』学生社	奈良県(大和国) 128／「距今五十余年前南都御陵之所発掘」
不明	五島美術館〈M195〉(守屋孝蔵旧蔵)						田中琢 1981『古鏡』日本の美術第 178 号, 至文堂	211g／奈良県(大和国) 126／交互式神獣鏡
不明	五島美術館〈M196〉(守屋孝蔵旧蔵)(『桃陰廬和漢古鑑図録』所載鏡)	―	―	―	―	―	梅原末治 1925『桃陰廬和漢古鑑図録』関信太郎	149g／奈良県(大和国) 127

番号	舶倭	鏡式	出土遺跡	出土地名	遺跡内容	時期	面径(cm)	銘文	諸氏分類	編者分類・時期
378	倭	四神像鏡	北和城南（伝）	奈良北部or京都南部（伝）	不明	不明	20.4	擬銘	神像鏡四像式（樋口79）／ⅠAb類（荻野82）／神像鏡（小林10）	神像鏡Ⅰ系 前(中)
379	舶？	〔流雲文縁七乳七獣鏡〕	奈良県（伝）	奈良県（伝）	不明	不明	13.9	―	―	―
380	倭	六弧内行花文鏡	奈良県（伝）	奈良県（伝）	不明	不明	12.4	―	―	内行花文鏡B式 前(中)
381	倭	斜角雲雷文鏡	奈良県（伝）	奈良県（伝）	不明	不明	8.5	―	―	類内行花文鏡 前(中?)
382	？	〔変形獣文鏡〕	奈良県（伝）	奈良県（伝）	不明	不明	12.1	―	―	―
383	舶	〔虺龍文鏡〕	奈良県（伝）	奈良県（伝）	不明	不明	不明	―	―	―
385	倭	十鈴神獣鏡	奈良県（伝）	奈良県（伝）	不明	不明	16.4	―	獣形鏡系十鈴式（樋口79）／神獣鏡系鈴鏡（樋口79）／鈴鏡類（八鈴鏡）（小林82・10）／獣形（西岡86）／神獣文鏡類（大川97）／神獣文系（岡田05）／Ba型式（加藤14）	〔旋回式神獣鏡〕 後期
386	舶	「仿製」三角縁鳥文帯三神三獣鏡	大和国（伝）	奈良県（伝）	古墳？	不明	古墳？	24.2	―	目録番号205・同笵鏡番号104・配置K2	―
387	舶	三角縁画象文帯盤龍鏡	奈良県（伝）	奈良県（伝）	不明	不明	21.8	「龍」（榜題）	目録番号1・同笵鏡番号2・配置盤龍・表現⑧	―
388	？	〔方格規矩鏡〕	奈良県（伝）	奈良県（伝）	不明	不明	不明	―	―	―
389	舶	獣文縁浮彫式獣帯鏡	奈良県（伝）	奈良県（伝）	不明	不明	19.4	あり（不詳）	―	―
390	舶	〔「仿製」三角縁神獣鏡？〕	奈良県（伝）	奈良県（伝）	不明	不明	不明	―	―	―
390-1	倭	六獣鏡	大塚山古墳（伝）	奈良県（伝）	古墳	不明	古墳	14.6	擬銘	―	二神二獣鏡ⅠB系 前(中)
390-2	倭	四獣鏡	奈良県（伝）	奈良県（伝）	不明	不明	11.1	―	―	類対置式神獣鏡B系？ 前(中～)
390-3	倭	神獣鏡	奈良県（伝）	奈良県（伝）	不明	不明	15.3	擬銘	神像鏡八神式（樋口79）	分離式神獣鏡系 前(新)
390-4	倭	虺龍鏡	奈良県（伝）	奈良県（伝）	不明	不明	15.0	擬銘	―	虺龍鏡A系 前(中)
390-5	舶	四神四獣鏡	奈良県（伝）	奈良県（伝）	不明	不明	11.3	―	―	―
390-6	舶	「仿製」三角縁唐草文帯三神二獣鏡	奈良県（伝）	奈良県（伝）	不明	不明	21.7	―	目録番号201・同笵鏡番号101・配置Ⅰ	―
390-7	倭	五鈴揳文鏡	奈良県（伝）	奈良県（伝）	不明	不明	11.4	―	B型式b類（水野97）／揳文鏡類（大川97）	(揳文鏡B系) 〈前(古)〉
390-8	倭	八神像鏡	奈良県（伝）	奈良県（伝）	不明	不明	―	14.7	―	―	(類虺龍鏡系) 〈前(古)〉
390-9	舶	方格四獣鏡	奈良県（伝）	奈良県（伝）	不明	不明	完形	―	―	―
390-10	倭	四獣鏡	大和国（伝）	奈良県（伝）	不明	不明	14.2	―	―	〔中期型獣像鏡〕 中期
390-11	舶	「仿製」三角縁獣文帯三神三獣鏡	奈良県（伝）	奈良県（伝）	不明	不明	21.6	―	目録番号207・同笵鏡番号106・配置K2	―
390-12	倭	虺龍鏡	大和帝王陵傍土中（伝）（『鏡研撮本』所載鏡？）	奈良県（伝）	古墳	不明	古墳	24.2	―	第一群（車崎95）	虺龍鏡C系 前(中)
390-13	舶	「仿製」三角縁獣文帯三神三獣鏡	奈良県（伝）	奈良県（伝）	不明	不明	21.5	―	目録番号256	―
390-14	舶	「仿製」三角縁獣文帯三神三獣鏡	奈良県（伝）	奈良県（伝）	不明	不明	―	21.5	―	配置K1	―
390-15	舶	画文帯環状乳四神四獣鏡	甑塚付近（伝）（『和漢稀世泉譜』所載鏡）	奈良県（伝）	古墳	不明	不明	約23	「天王日月」	―	―

奈良

発見年	所蔵（保管）者	共伴遺物 石製品・玉類	武具・武器・馬具	ほか金属器	土器類	その他	文献	備考
不明	五島美術館〈M208〉（守屋孝蔵旧蔵）（『桃陰廬和漢古鑑図録』所載鏡）	—	—	—	—	—	梅原末治1925『桃陰廬和漢古鑑図録』関信太郎	758g／奈良県（大和国）129？／「山城国南部或ハ大和国北部出土」〔後藤1942〕
不明	五島美術館（守屋孝蔵旧蔵）						岡崎敬編1978『日本における古鏡 発見地名表 近畿地方Ⅲ』東アジアより見た日本古代墓制研究	奈良県（大和国）130
不明	五島美術館〈M233〉（守屋孝蔵旧蔵）						白石太一郎・設楽博己編1994『弥生・古墳時代遺跡出土鏡データ集成』（『国立歴史民俗博物館研究報告』第56集），国立歴史民俗博物館	奈良県（大和国）131？
不明	五島美術館〈M241〉（守屋孝蔵旧蔵）							奈良県（大和国）132？
不明	所在不明						岡崎敬編1978『日本における古鏡 発見地名表 近畿地方Ⅲ』東アジアより見た日本古代墓制研究	奈良県（大和国）122／小川五郎の拓本のみ現存
不明							澄田正一1970「四螭文鏡について」末永雅雄編『日本古文化論攷』吉川弘文館	奈良県（大和国）124
不明	東京大学総合研究博物館（M15）						後藤守一1942『古鏡聚英』上篇 秦鏡と漢六朝鏡，大塚巧芸社	〈163g〉／漢式鏡195／奈良県（大和国）123
不明	所在不明（山川七左衛門旧蔵）						梅原末治1923『梅仙居蔵日本出土漢式鏡図集』梅仙居蔵古鏡図集第一輯，山川七左衛門	漢式鏡196
不明	和泉市久保惣記念美術館（富岡益太郎旧蔵）						中野徹編1985『和泉市久保惣記念美術館 蔵鏡図録』和泉市久保惣記念美術館	漢式鏡197
不明	所在不明（住友吉左衛門旧蔵）						後藤守一1926『漢式鏡』日本考古学大系，雄山閣	漢式鏡198
不明	泉屋博古館（M19）（住友吉左衛門旧蔵）						富岡謙蔵1920『古鏡の研究』丸善	同型鏡群〔UJ-4〕／漢式鏡199.1
不明	所在不明（下郷共済会旧蔵）						後藤守一1926『漢式鏡』日本考古学大系，雄山閣	漢式鏡199.2／「富岡謙蔵氏遺品の神獣鏡（中略）と、今下郷共済会蔵となつてゐる神獣鏡（中略）は、共に大和国発見を伝へ、獣帯式三神三獣鏡の型式に属するが、後者は（中略）座光寺村（中略）発見神獣鏡（中略）に似た表現の背文を持つてゐる」
不明	大阪歴史博物館（旧大阪市立博物館〈考0590〉）	—	—	—	—	—	大阪市立博物館編1970『大阪市立博物館蔵品目録』大阪市立博物館	390g
不明	五島美術館〈M222〉	—	—	—	—	—	—	244g／生駒郡付近のものか
不明	五島美術館〈M254〉	—	—	—	—	—	—	455g
不明	五島美術館〈M255〉	—	—	—	—	—	—	—
不明	五島美術館	—	—	—	—	—	車崎正彦編2002『考古資料大観』第5巻 弥生・古墳時代 鏡，小学館	—
不明	泉屋博古館〈M118〉	—	—	—	—	—	泉屋博古館編2004『泉屋博古鏡鑑編』財団法人泉屋博古館	1020g
不明	和泉久保惣記念美術館						中野徹編1985『和泉市久保惣記念美術館 蔵鏡図録』和泉市久保惣記念美術館	鈴は後着
不明								—
不明	天理参考館						—	—
不明	所在不明（廣瀬都巽旧蔵）						林新兵衛商店他1932『京都大仏広瀬都巽軒愛蔵品入札』京都鈴木尚美社印刷所	—
不明	所在不明（宝竟斎旧蔵）						富岡謙蔵1920『古鏡の研究』丸善	—
江戸以前	所在不明						市河米庵1848『小山林堂書画文房図録』辛	約1400g（37両2分）
不明	個人						—	—
不明	個人						福島義一編1983『古鏡 その歴史と鑑賞』徳島県出版文化協会	—
江戸以前	所在不明	—	—	—	—	—	杉本欣久2016「江戸時代における古美術コレクションの一様相」『古文化研究』第15号，黒川古文化研究所	1200g

番号	舶倭	鏡式	出土遺跡	出土地名	遺跡内容	時期	面径(cm)	銘文	諸氏分類	編者分類・時期	
和歌山											
1	倭	素文鏡〈Mc1〉	大谷古墳	和歌山市大谷824	古墳	前方後円墳（70）・家形石棺直葬	古墳後期	2.6	—	BⅡ類（今平90）	〔素文鏡〕	—
2	倭	素文鏡〈Mc12〉						2.6	—		〔素文鏡〕	—
3	倭	素文鏡〈Mc20〉						2.6	—		〔素文鏡〕	—
4	倭	素文鏡〈Mc28〉						2.6	—		〔素文鏡〕	—
5	倭	素文鏡〈Mc2〉						3.1	—		〔素文鏡〕	—
6	倭	素文鏡〈Mc4〉						3.1	—		〔素文鏡〕	—
7	倭	素文鏡〈Mc9〉						3.4	—	BⅠ類（今平90）	〔素文鏡〕	—
8	倭	素文鏡〈Mc23〉						3.4	—		〔素文鏡〕	—
9	倭	素文鏡〈Mc35〉						3.4	—		〔素文鏡〕	—
10	倭	四鈴素文鏡〈Mc3・Mc15〉						2.8	—		〔素文鏡〕	—
11	倭	四鈴素文鏡〈Mc26・Mc18〉						2.8	—	素文（西岡86）／素文鏡類（大川97）／Ⅳ類（八木00）／素文系（岡田05）	〔素文鏡〕	—
12	倭	四鈴素文鏡〈Mc13・Mc14・Mc16〉						2.8	—		〔素文鏡〕	—
13	倭	四鈴素文鏡〈Mc24・Mc27・Mc29・Mc30〉						5.5	—		〔素文鏡〕	—
14	倭	四鈴素文鏡〈Mc19・Mc17・Mc33・Mc5〉						6.0	—		〔素文鏡〕	—
15	?	〔内行花文鏡〕	八王子山1号墳	和歌山市黒岩	古墳	円墳	古墳	不明	—	—	—	—
16	倭	複合鋸歯文鏡	八王子山8号墳（橘谷遺跡8号地点）	和歌山市弘西字橘谷	古墳	円墳（35）・組合式木棺直葬	古墳中期	5.4	—	—	—	—
17	倭	七弧内行花文鏡	府中八幡神社古墳（府中八幡山古墳）	和歌山市直川	古墳	不明	古墳	12.4	—	—	内行花文鏡A式	前（中?）
18	倭	重圏文鏡	北田井遺跡35号住居跡	和歌山市北	集落	竪穴住居	弥生後～末期	4.5	—	古式仿製鏡重圏文鏡（樋口79）／重圏文鏡類（小林82·10）／重圏文鏡（高倉85·90）／B類Ⅱ1（林原90）／Ⅰ型（藤岡91）／4a類（脇山15）	〔重圏文鏡〕	前期
23	舶	虺龍文鏡	滝ヶ峰遺跡（薬勝寺遺跡）	和歌山市薬勝寺・海南市多田	高地性集落	表面採集	弥生後期	破片	—	—	—	—
24	舶	内行花文鏡	太田黒田遺跡	和歌山市太田・黒田	集落	溝	弥生	9.0	—	円座Ⅱ型（山本78）	—	—
25	舶	虺龍文鏡	岩橋千塚古墳群（伝）	和歌山市鳴神・岩橋（伝）	古墳	不明	古墳	8.6	—	—	—	—
25-1	舶	虺龍文鏡	岩橋千塚古墳群（伝）	和歌山市鳴神・岩橋（伝）	古墳	不明	古墳	11.6?	—	—	—	—
26	舶	三角縁波文帯三神三獣鏡	岩橋千塚古墳群（花山古墳群）	和歌山市鳴神・岩橋	古墳	不明	古墳前期	22.1	—	目録番号130・同笵鏡番号71・配置K2・表現⑫	—	—
27	舶	三角縁獣文帯三神三獣鏡						24.1	—	目録番号116・配置K1・表現⑪	—	—
28	倭	神獣鏡						12.7	—	—	分離式神獣鏡系	前（新）
28-1	?	不明						不明	—	—	—	—
29	倭	五鈴七乳文鏡	岩橋千塚古墳群	和歌山市岩橋	古墳	不明	古墳	8.2	—	乳文鏡系五鈴式（樋口79）／鈴鏡類（五鈴鏡）（小林82·10）／乳文（西岡86）／獣帯文鏡類（大川97）	〔乳脚文鏡〕	後期
30	倭	四神四獣鏡	大日山35号墳（岩橋千塚古墳群内）	和歌山市井辺	古墳	前方後円墳・横穴式石室	古墳後期	15.5	—	Ⅱ（樋口79）	〔中期型神獣鏡〕	中期
31	舶?	不明	岩橋千塚古墳群	和歌山市岩橋	古墳	不明	古墳	9.5	—	—	—	—
32	?	〔内行花文鏡〕	岩橋千塚古墳群（伝）	和歌山市岩橋（伝）	古墳	不明	古墳	7.4	—	—	—	—
33	舶	〔内行花文鏡〕	岩橋千塚古墳群	和歌山市岩橋	古墳	不明	古墳	破片	—	—	—	—
34	?	不明	小山古墳	和歌山市吉里	古墳	前方後円墳・竪穴式石槨	古墳	約9	—	—	—	—

和歌山

発見年	所蔵（保管）者	共伴遺物 石製品・玉類	共伴遺物 武具・武器・馬具	共伴遺物 ほか金属器	共伴遺物 土器類	共伴遺物 その他	文献	備考
1957	文化庁美術工芸課	滑石有孔方板1・ガラス勾玉21・碧玉管玉18・ガラス棗玉1・ガラス丸玉221・ガラス小玉10192・滑石玉230	横矧板鋲留衝角付冑1・横矧板鋲留短甲1・襟甲・挂甲1・刀6・剣2〜・矛5・鉄鏃多数・馬冑1・馬甲1・鏡板付轡1・金銅装鞍2・鈴付杏葉3・輪鐙1対・壺鐙1対・辻金具4・雲珠2・鉸具3・銅鈴3・馬鈴4・面繋付金具12	垂飾付耳飾5〜・帯金具・銀製四葉形飾金具50〜・鉇先8・手斧15・鎌10〜・鉈10〜・鑿約18・刀子約5	須恵器片1	—	樋口隆康・西谷真治・小野山節1959『大谷古墳』京都大学文学部考古学研究室	和歌山県（紀伊国）1-1〜4／「二、三〇才の成年」の歯
								和歌山県（紀伊国）1-5〜6
								和歌山県（紀伊国）1-7〜9
								和歌山県（紀伊国）1-10〜12
								和歌山県（紀伊国）1-13
								和歌山県（紀伊国）1-14
不明	所在不明	—	—	—	—	—	白石太一郎・設楽博己編1994『弥生・古墳時代遺跡出土鏡データ集成』（『国立歴史民俗博物館研究報告』第56集），国立歴史民俗博物館	和歌山県（紀伊国）4
1976	関西大学考古学研究室	琴柱形石製品・瑪瑙勾玉1・碧玉管玉4・水晶丸玉2・滑石小玉34	剣1・槍・鏃	鎌・刀子1	—	—	白石太一郎・設楽博己編1994『弥生・古墳時代遺跡出土鏡データ集成』（『国立歴史民俗博物館研究報告』第56集），国立歴史民俗博物館	和歌山県（紀伊国）3?
1923	東京国立博物館（J9996）（個人旧蔵）	—	—	—	—	—	白石太一郎・設楽博己編1994『弥生・古墳時代遺跡出土鏡データ集成』（『国立歴史民俗博物館研究報告』第56集），国立歴史民俗博物館	漢式鏡715／和歌山県（紀伊国）2
1970	和歌山県立紀伊風土記の丘管理事務所	—	—	—	弥生土器・古式土師器	—	林原利明1990「弥生時代終末〜古墳時代前期の小形仿製鏡について—小形重圏文仿製鏡の様相—」『東国史論』第5号，群馬考古学研究会	和歌山県（紀伊国）11
1971	和歌山市教育委員会	—	—	鉄製不明品	—	貝輪・土器片紡錘車・石包丁・砥石・磨石	和歌山県史編さん委員会編1983『和歌山県史』考古資料，和歌山県	和歌山県（紀伊国）12・14／破鏡
不明	和歌山市教育委員会	—	—	—	—	—	和歌山県史編さん委員会編1983『和歌山県史』考古資料，和歌山県	和歌山県（紀伊国）13／破鏡（破面研磨・2孔）
不明	和歌山大学	—	—	—	—	—	田澤金吾1921「岩橋千塚第一期調査」『和歌山県史蹟名勝天然紀念物調査会報告』第一輯，和歌山県	和歌山県（紀伊国）8-1
不明		—	—	—	—	—		和歌山県（紀伊国）8-2?
明治〜大正	所在不明（個人旧蔵→売却）						田澤金吾1921「岩橋千塚第一期調査」『和歌山県史蹟名勝天然紀念物調査会報告』第一輯，和歌山県	漢式鏡717／和歌山県（紀伊国）6-2・9
	個人							—
	所在不明（個人旧蔵→売却）							漢式鏡718
	所在不明							—
明治〜大正	個人	—	—	—	—	—		漢式鏡716／和歌山県（紀伊国）6-3
1932	所在不明（東京国立博物館）（J211816）	—	挂甲・刀・杏葉4	斧	土師器・須恵器（杯・甕）	—	藤田良太郎1933「大日ノ古墳」『和歌山県史蹟名勝天然紀念物調査会報告』第12輯，和歌山県	和歌山県（紀伊国）5
不明	和歌山大学	—	—	—	—	—	白石太一郎・設楽博己編1994『弥生・古墳時代遺跡出土鏡データ集成』（『国立歴史民俗博物館研究報告』第56集），国立歴史民俗博物館	破鏡（外区片・2孔）
不明	所在不明（和歌山大学）		—	—	—	—		和歌山県（紀伊国）8-3?
大正〜昭和	所在不明（個人旧蔵）						梅原末治1962「日本出土の中国の古鏡（一）—特に漢中期より後半代の古鏡—」『考古学雑誌』第47巻第4号，日本考古学会	和歌山県（紀伊国）6-1／破鏡（縁部片・2孔）
1950頃	所在不明（売却）				須恵器		白石太一郎・設楽博己編1994『弥生・古墳時代遺跡出土鏡データ集成』（『国立歴史民俗博物館研究報告』第56集），国立歴史民俗博物館	和歌山県（紀伊国）10

番号	舶倭	鏡式	出土遺跡	出土地名	遺跡内容	時期	面径(cm)	銘文	諸氏分類	編者分類・時期	
57	和	海獣葡萄鏡	西庄遺跡	和歌山市西庄	集落	製塩遺跡・遺物包含層	—	14.1	—	—	—	—
19	舶？	半円方形帯四獣鏡？	陵山古墳	橋本市古佐田314	古墳	円墳（56）・横穴式石室（石棺？）	古墳後期	不明	あり（不詳）	—	—	—
20	倭	癸未年人物画象鏡	妻古墳？（伝）（隅田八幡神社蔵鏡）	橋本市妻（伝）	古墳	前方後円墳・竪穴式木槨（石棺？）	古墳後期	19.9	「癸未年八月 日十大王年 孚弟王在意柴沙加宮時 斯麻念長奉 遣開中費直穢人今州利二人等 所白上同二百旱取此竟」	画象鏡（樋口79）／画像鏡類（小林82・10）	〔神人歌舞画象鏡〕	後期
58	舶	海獣葡萄鏡	隅田八幡神社経塚第2経塚（下層）	橋本市隅田町垂井	経塚	経塚	平安	6.3	—	—	—	—
21	舶	画文帯蟠龍乳同向式神獣鏡	高野山金剛峯寺蔵鏡	不明	不明	不明	不明	16.4	「天王日月」	B式（樋口79）	—	—
22	倭	四獣鏡	高野山金剛峯寺蔵鏡	不明	不明	不明	不明	14.1	—	四獣形鏡（樋口79）	対置式神獣鏡B系	前（中）
35	舶	虺龍文鏡	椒古墳（椒浜古墳）	有田市初島町浜978	古墳	前方後円墳・横穴式石室（箱形石棺）	古墳後期	11.8	—	—	—	—
36	倭	複合鋸歯文鏡	箕島2号墳（野丁古墳）	有田市箕島字一本松	古墳	不明	古墳後期	9.7	—	—	—	後期
37	舶	長生宜子八弧内行花文鏡	円満寺古墳	有田市宮原町東	古墳	不明	古墳	17.3	「長生宜子」	Aaイ式（樋口79）	—	—
38	舶	六弧内行花文鏡	円満寺古墳	有田市宮原町東	古墳	不明	古墳	19.0	—	—	—	—
39	舶	画文帯環状乳四神四獣鏡	山田原古墳	有田市山田原	古墳	古墳	古墳	14.0	「吾作明竟　幽凍三商　周刻無祉　□□□□　白牙作樂　衆神見容　百精並存　福禄是從　富貴安寧　子孫番昌　□□□昌　其師長命」	II（樋口79）／画Bb4（村瀬14）	—	—
39-1	倭	四神四獣鏡？	箕島	有田市箕島	不明	不明	不明	12.7	—	四神四獣鏡（樋口79）	〔旋回式神獣鏡〕	後期
40	倭	内行花文鏡	鷹島遺跡（唐尾）	有田郡広川町唐尾	墳墓	古墳	10.0	—	B類（清水94）	内行花文鏡	—	—
40-1	倭	弥生倭製鏡	旧吉備中学校校庭遺跡堅穴住居11	有田郡有田川町下津野	集落	堅穴住居	弥生後期	6.0	—	内行花文系小形仿製鏡第2型a類（田尻10・12）	〔弥生倭製鏡〕	弥生
41	倭	捩文鏡	岩内3号墳〔第1主体部〕	御坊市岩内字平田	古墳	円墳（28）・割竹形木棺直葬	古墳中期	9.3	—	II型（小沢88）／B型式b類（水野97）／俵紋鏡系（森下02）	捩文鏡B系	前（中）
42	倭	五神像鏡	尾ノ崎遺跡3号方形周溝墓	御坊市塩屋町南塩屋	墳墓	方形周溝墓・組合式木棺直葬	古墳中期	9.8	—	東車塚鏡系（赤塚04a）	神像鏡II系	前（中）
43	倭	珠文鏡	尾ノ崎遺跡15号方形周溝墓	御坊市塩屋町南塩屋	墳墓	方形周溝墓・竪穴式石槨	古墳中期	9.2	—	V類（中山他94）／4類A（吉田99）／区画入珠紋鏡（森下02）／A-B類（脇山13）	〔珠文鏡〕	前期
44	？	不明	熊野古墳	御坊市岩内	古墳	不明	古墳	不明	—	—	—	—
45	？	不明	熊野古墳	御坊市岩内	古墳	不明	古墳	不明	—	—	—	—
46	倭	二神四獣鏡	阪東丘1号墳（坂東丘1号墳）	御坊市藤田町吉田	古墳	竪穴式石槨（箱形石棺）	古墳中期	14.5	—	二神四獣鏡（樋口79）／二神四獣鏡系（小林82・10）／分離式神獣鏡系（森下02）	分離式神獣鏡系	前（新）
47	倭	四神二獣鏡	阪東丘2号墳（坂東丘2号墳）	御坊市藤田町吉田	古墳	竪穴式石槨	古墳中期～	13.0	—	二神二獣鏡（樋口79）	—	前（中？）
48	倭	四獣鏡	南部城山古墳	日高郡みなべ町山内	古墳	箱形石棺	古墳中期	15.1	—	四獣形鏡（樋口79）／獣形文鏡類四獣鏡C-1型（小林82・10）／獣形文鏡IIB類（赤塚98b）／鳥頭四獣鏡系（森下02）	鳥頭獣像鏡B系	前（古）
49	？	不明	城山2号墳	日高郡みなべ町山内	古墳	不明	古墳	11.6	—	—	—	—
50	？	不明	下里古墳（伝）	東牟婁郡那智勝浦町下里（伝）	古墳	前方後円墳・竪穴式石槨	古墳前期	不明	—	—	—	—
50-1	倭	五鈴四獣鏡	糠塚古墳	西牟婁郡上富田町朝来	古墳	不明	古墳	8.7	—	獣形鏡系五鈴式（樋口79）／獣形（西岡86）／獣形文鏡類（大川97）／鈴鏡類（五鈴鏡）（小林10）	鳥頭獣像鏡B系	—
51	倭	三神三獣鏡	熊野本宮大社蔵鏡	不明	不明	不明	17.0	擬銘	六獣形鏡（樋口79）	二神二獣鏡IA系	前（中）
53	踏	虺龍文鏡	熊野本宮大社蔵鏡	不明	不明	不明	—	完形	—	—	—	—
54	踏	方格規矩四神鏡	熊野本宮大社蔵鏡	不明	不明	不明	—	完形	あり（不詳）	—	—	—
55	倭	重圏文鏡	熊野那智大社蔵鏡	不明	不明	不明	6.0	—	4類（脇山15）	〔重圏文鏡〕	前期

和歌山

発見年	所蔵（保管）者	共伴遺物					文献	備考
		石製品・玉類	武具・武器・馬具	ほか金属器	土器類	その他		
1997	財団法人和歌山県文化財センター	—	—	—	—	—	ジャパン通信情報センター編 1997『月刊文化財発掘出土情報』1997年12月号，ジャパン通信社	同型品あり
1903	所在不明（売却）	硬玉勾玉・碧玉管玉・ガラス小玉	鉄地金銅張挂甲・頸甲1・刀・剣・矛・槍・鏃	斧	土師器（壺・高杯）・須恵器（壺・器台・高杯・杯・甑）		和歌山県立紀伊風土記の丘資料館編 1976『特別展紀伊国 古墳時代の生活と文化』和歌山県立紀伊風土記の丘資料館	和歌山県（紀伊国）22／和歌山県（伝）（和歌山56-2）と同一品か
不明	隅田八幡神社・東京国立博物館	—	刀	—	土器	—	高橋健自1914「在銘最古日本鏡」『考古学雑誌』第5巻第2号，考古学会	1434g／和歌山県（紀伊国）21
1998	橋本市教育委員会	—	—	—	—	—	橋本市教育委員会1999『橋本市埋蔵文化財調査概報』第28集，橋本市教育委員会	—
不明	高野山金剛峯寺	—	—	—	—	—	巽三郎1970「高野山の古鏡」『高野山八葉学会会報』第3号，八葉学会	伝世品（奉納品）／やや疑問品
不明		—	—	—	—	—		伝世品（奉納品）
1908	東京国立博物館〈J5459〉	管玉	縦長板釘結冑1・挂甲1・刀・矛・鏃	斧	土師器（壺・高杯）	石枕	和歌山県史編さん委員会編1983『和歌山県史』考古資料，和歌山県	漢式鏡714／和歌山県（紀伊国）15
昭和以降（1915?）	個人	勾玉・管玉	—	銅釧	土器（伝）	—	和歌山県史編さん委員会編1983『和歌山県史』考古資料，和歌山県	和歌山県（紀伊国）16
1868	円満寺	—	—	—	—	—	樋口隆康1979『古鏡』新潮社	和歌山県（紀伊国）18-1
		—	—	—	—	—	和歌山県史編さん委員会編1983『和歌山県史』考古資料，和歌山県	和歌山県（紀伊国）18-2
明治末頃	個人	—	—	—	—	—	和歌山県史編さん委員会編1983『和歌山県史』考古資料，和歌山県	和歌山県（紀伊国）17
不明	立神社	—	—	—	—	—	—	—
1966	和歌山県教育委員会	滑石十字頭勾玉・碧玉管玉	—	—	—	—	巽三郎・中村貞史1969『鷹島遺跡発掘調査報告書』熊野路考古第5号，南紀考古同好会	和歌山県（紀伊国）24
2007	有田川町教育委員会	—	—	—	土器（高杯）	—	ジャパン通信社編2007『月刊文化財発掘出土情報』2007年3月号，ジャパン通信社	
1979	御坊市教育委員会	碧玉勾玉1・滑石勾玉27・管玉11・ガラス小玉314・滑石小玉136	巴形銅器1・刀2・剣4・槍or矛1・鉄鏃65	銅釧3・鉄釧2・鋤先4・斧4・鎌5～・手鎌5・鉇6・錐1・刀子12・針5・不明鉄器5	—	竪櫛約36	岩井顕彦2014『和歌山県御坊市 岩内3号墳―日高川流域の中期古墳―』『岩内3号墳』刊行会	
1979		ガラス小玉2	—	—	—	—	久貝健編1981『尾ノ崎遺跡』御坊市埋蔵文化財調査報告書第1集，御坊市遺跡調査会	
1979	御坊市教育委員会	勾玉2・碧玉管玉25・ガラス小玉63	剣1	鉇1	—	—		放射状区画（四区画）
1803	所在不明	白玉2	刀	—	—	—	仁井田好古他編1910『紀伊続風土記』第二輯 伊都・有田・日高・牟婁，帝国地方行政会出版部出版	—
1874	東京国立博物館〈J2267〉	碧玉勾玉・瑪瑙勾玉・滑石勾玉・ガラス小玉	刀・環頭柄	銅釧	—	—	車崎正彦編2002『考古資料大観』第5巻 弥生・古墳時代 鏡，小学館	208g／漢式鏡719／和歌山県（紀伊国）19
1952	和歌山県教育委員会	ガラス勾玉4・琥珀丸玉10	刀3・鉄鏃	—	須恵器（椀）	—	樋口隆康1979『古鏡』新潮社	和歌山県（紀伊国）20
1915	東京国立博物館〈J8018〉	—	刀・銅鏃7	—	—	—	後藤守一1942『古鏡聚英』上篇 秦鏡と漢六朝鏡，大塚巧芸社	漢式鏡720／和歌山県（紀伊国）23／鍍金か
1987頃	南部町教育委員会	剣2	—	—	—	—	白石太一郎・設楽博己編1994『弥生・古墳時代遺跡出土鏡データ集成』（『国立歴史民俗博物館研究報告』第56集），国立歴史民俗博物館	外区のみ
明治中頃	所在不明	玉杖（管玉部分）・碧玉管玉4～・ガラス小玉56	剣	—	—	—	白石太一郎・設楽博己編1994『弥生・古墳時代遺跡出土鏡データ集成』（『国立歴史民俗博物館研究報告』第56集），国立歴史民俗博物館	和歌山県（紀伊国）25
不明	明治大学考古学博物館〈A-120〉	—	—	—	—	—	黒沢浩編1988『鏡』明治大学考古学博物館蔵品図録1，明治大学考古学博物館	—
江戸以前？		—	—	—	—	—		『集古十種』所載鏡と同一鏡の可能性大
不明	熊野本宮大社	—	—	—	—	—	安藤精一編1982『和歌山県の文化財』第3巻，清文堂出版株式会社	
不明		—	—	—	—	—		伝世品（奉納品）
不明	熊野那智大社	—	—	—	—	—		

番号	舶倭	鏡式	出土遺跡	出土地名	遺跡内容	時期	面径(cm)	銘文	諸氏分類	編者分類・時期	
56	倭	八獣鏡	岡崎（朝末）所在古墳（伝）	海南市岡崎（伝）	古墳	不明	古墳	12.0	—	四獣形鏡（樋口79）	分離式神獣鏡系	前（新）
56-1	倭	八弧内行花文鏡	和歌山県（伝）	和歌山県（伝）	不明	不明	不明	18.4	—	A類Ⅱc式（清水94）／内行花紋鏡B系（森下02）	内行花文鏡A式BⅡ類	前（中）
56-2	舶	半円方形帯四獣鏡？	和歌山県（伝）	和歌山県（伝）	古墳	不明	古墳	12.3	—	—	—	—
56-3	倭	神頭鏡	和歌山県（伝）	和歌山県（伝）	不明	不明	不明	13.4	—	ⅠCa類（荻野82）／神頭鏡系（森下91・02）／三ツ山鏡系（赤塚04a）	神頭鏡系	前（中）
56-4	倭	複合鋸歯文鏡？						12.4	—	—	〔複合鋸歯文鏡？〕	前期
56-5	倭	四獣鏡						13.2	—	—	鳥頭獣像鏡B系	前（中）
56-6	倭	捩文鏡						10.8	—	Ⅰ型（小沢88）／A型式b類（水野97）／獣毛紋鏡系（森下02）	捩文鏡A系	前（古）
56-7	倭	四神四獣鏡	和歌山県（伝）	和歌山県（伝）	不明	不明	不明	13.2	—	—	〔中期型神獣鏡〕	中期

近畿

番号	舶倭	鏡式	出土遺跡	出土地名	遺跡内容	時期	面径(cm)	銘文	諸氏分類	編者分類・時期	
1	舶	新有善銅流雲文縁方格規矩四神鏡	『撥雲餘興』所載鏡	畿内（推定）	不明	不明	不明	16.5	「新有善同出丹羊 和以銀錫清且明 左龍右虎主三彭 八子九孫治中央」	—	—	—
2	舶	吾作系斜縁二神二獣鏡	京都国立博物館蔵鏡	畿内（推定）	不明	不明	不明	15.5	「…自有道 尚有東王公西王母 師子白虎居左右□ …」	図像表現③（村松04）／紋様表現③（實盛09）	—	—

鳥取

番号	舶倭	鏡式	出土遺跡	出土地名	遺跡内容	時期	面径(cm)	銘文	諸氏分類	編者分類・時期	
1	倭	八ツ手葉形銅製品	古郡家1号墳〔中央棺〕	鳥取市古郡家字上ノ山555-21他	古墳	前方後円墳（93）・礫敷組合式箱形木棺？	古墳前期	5.5	—	—	〔類重圏文鏡〕	前期
2	倭	重圏文鏡	古郡家1号墳〔北棺〕	鳥取市古郡家字上ノ山555-21他	古墳	前方後円墳（93）・組合箱形石棺	古墳前期	8.7	—	重圏文鏡類（小林82・10）／7ⅰ類（脇山15）	〔重圏文鏡〕	前期
3	倭	神頭鏡	六部山3号墳〔前方部石櫃状遺構〕	鳥取市久末字平474 570他	古墳	前方後円墳（66）・組合石櫃状遺構	古墳前期	11.1	—	神像鏡六頭式（樋口79）／ⅠCc類（荻野82）／神頭鏡系（森下02）／三ツ山鏡系（赤塚04a）	神頭鏡系	前（中）
4	倭	珠文鏡	六部山21号墳（加納林古墳）	鳥取市久末字長谷527の3	古墳	円墳（〜10）・箱形石棺	古墳前期	6.6	—	珠文鏡Ⅲ類（樋口79）／3類（今井91）／Ⅲ類（中山94）／D-B類（脇山13）	〔珠文鏡〕	前期？
130	倭	四獣鏡	六部山45号墳〔第1主体部〕	鳥取市広岡字西矢谷	古墳	円墳（18）・箱形石棺	古墳前期	10.8	—	鳥頭四獣鏡系（森下02）	鳥頭獣像鏡A系	前（古）
5	舶	上方作系浮彫式獣帯鏡？	伊勢谷遺跡Ⅱ区包含層	鳥取市古郡家字伊勢谷	不明	不明	古墳前期	13.4	—	六像Ⅱ式（實盛15）	—	—
6	舶	長宜子孫八弧内行花鏡	桂見2号墳〔第1主体部〕	鳥取市桂見字下地谷	古墳	方墳（28×22）・組合式木棺直葬	古墳前期	20.2	「長宜子孫」／「□□□石」	—	—	—
7	舶	上方作系浮彫式二仙四獣鏡	桂見2号墳〔第1主体部〕	鳥取市桂見字下地谷	古墳	方墳（28×22）・組合式木棺直葬	古墳前期	14.6	「吾作明竟自有紀 令人長命宜子」「天王日月」	六像A式（岡村92）／六像式A系統Ⅰ段階（山田06）／六像Ⅰ式（Ⅰb系）（實盛15）	—	—
8	舶	八弧内行花文鏡	面影山74号墳〔第1主体部〕	鳥取市正蓮寺字小丸山	古墳	方墳（20×16）・組合式木棺直葬	古墳中期	16.0	「□□子□」	—	—	—
9	倭	五弧内行花文鏡	生山28号墳〔第1主体部〕	鳥取市生山字芋谷	古墳	円墳（20）・粘土槨	古墳前期	8.6	—	—	内行花文鏡B式	前（中）
10	舶	四葉座鈕内行花文鏡	秋里遺跡（西皆竹）SD09	鳥取市江津・秋里	集落	溝状遺構	弥生後期〜	約17	「□宜□□」	—	—	—
11	倭	六弧内行花文鏡	広岡81号墳〔第1主体部〕	鳥取市広岡	古墳	円墳（11）・組合式木棺直葬	古墳前期	9.5	—	—	内行花文鏡B式	前（中）
12	倭	〔珠文鏡〕	広岡88号墳	鳥取市船木	古墳	方墳（9）・組合式木棺直葬	古墳	7.5	—	—	—	—
129	倭	珠文鏡	美和34号墳〔第2主体部〕	鳥取市美和字湯谷	古墳	方墳（13）・土器棺	古墳前期	7.5	—	—	〔珠文鏡〕	前期
131	倭	不明	古海40号墳〔第1主体部〕	鳥取市古海	古墳	円墳（20）・配石組合式木棺	古墳前期	9.4	—	—	—	前期
131-1	舶	不明	古海61号墳	鳥取市古海	古墳	不明	古墳前期	破片	—	—	—	—

和歌山・近畿・鳥取

発見年	所蔵（保管）者	共伴遺物					文献	備考
		石製品・玉類	武具・武器・馬具	ほか金属器	土器類	その他		
不明	個人	―	―	―	―	―	白石太一郎・設楽博己編1994『弥生・古墳時代遺跡出土鏡データ集成』（『国立歴史民俗博物館研究報告』第56集）, 国立歴史民俗博物館	―
不明	熱田神宮宝物館	―	―	―	―	―	田中琢1979『古鏡』日本の原始美術8, 講談社	―
不明	個人	―	―	―	―	―	福島義一編1983『古鏡 その歴史と鑑賞』徳島県出版文化協会	陵山古墳鏡（和歌山19）と同一品か
不明	五島美術館〈M214〉	―	―	―	―	―	田中琢1979『古鏡』日本の原始美術8, 講談社	
	五島美術館〈M215〉	―	―	―	―	―	―	205g（56-6）／これら四面は同じ箱書
	五島美術館〈M216〉	―	―	―	―	―		
	五島美術館〈M217〉	―	―	―	―	―	田中琢1979『古鏡』日本の原始美術8, 講談社	
不明	五島美術館〈M218〉	―	―	―	―	―	―	228g
不明	静嘉堂（松浦武四郎旧蔵）						公益財団法人静嘉堂編2013『静嘉堂蔵 松浦武四郎コレクション』公益財団法人静嘉堂	470g／鏡面にもう1面銹着した痕跡
不明	京都国立博物館（J甲306）（神田喜一郎旧蔵）						森郁夫・難波洋三編1994『京都国立博物館蔵品目録 考古編』京都国立博物館	「神田喜一郎氏襲蔵のほぼ同大の整形の鏡は畿内地方の出土と認められるもの」〔梅原1962〕／摩滅著しい
1957	鳥取県立博物館	翡翠勾玉1・管玉19	剣片1	―	土師器枕（甕1・高杯1）		高田健一・東方仁史編2013『古郡家1号墳・六部山3号墳の研究―出土品再整理報告書―』鳥取県	（81g）／鳥取県（因幡国）2-1
		―	長方板革綴短甲1・剣5・鉄鏃24	鉇3・鑿1・刀子3	土師器枕（壺1）	堅櫛4		鳥取県（因幡国）2-2／壮年男性骨
1921	鳥取県立博物館						高田健一・東方仁史編2013『古郡家1号墳・六部山3号墳の研究―出土品再整理報告書―』鳥取県	鳥取県（因幡国）1
1969		―	―	―	―	―		―
1993	鳥取市教育委員会	碧玉管玉4	―	環状鉄製品1	土師器（高杯1）	―	谷口恭子・前田均1994『六部山古墳群』鳥取市教育福祉振興会	20代後半の女性骨
1974	鳥取市教育委員会	―	―	―	―	―	水村直人編2012『海を渡った鏡と鉄』青谷上寺地遺跡フォーラム2012, 鳥取県埋蔵文化財センター	試掘中に出土／破鏡
1983	鳥取市教育委員会	―	刀1	鎌状鉄製品・鉇2・刀子2・針状鉄製品	―	―	船井武彦他編1984『桂見墳墓群』鳥取市文化財報告書18, 鳥取市教育委員会	破砕鏡

287g |
1986	鳥取市教育委員会	翡翠勾玉1・碧玉管玉30・翡翠棗玉2	―	―	―	―	平川誠編1987『面影山古墳群・吉岡遺跡発掘調査概要報告書』鳥取市文化財報告書22, 鳥取市教育委員会	―
1984	鳥取市教育委員会	―	剣2	―	―	―	佐伯純也編2009『山陰の古墳出土鏡』第37回山陰考古学研究集会事務局	―
1989	鳥取県埋蔵文化財センター	―	―	―	土器	―	山枡雅美・原田雅弘1990『秋里遺跡（西皆竹）』鳥取県教育文化財団報告書25, 財団法人鳥取県教育文化財団	破鏡（破面研磨）
1989	鳥取市教育委員会	―	―	―	鼓形器台1	―	佐伯純也編2009『山陰の古墳出土鏡』第37回山陰考古学研究集会事務局	二段掘り墓壙隅のテラス屈曲部から出土
1989		―	―	不明鉄器1	器台1	―		―
1993	鳥取市教育委員会	ガラス小玉	―	―	―	―	山田真宏他1994『平成4・5年度美和古墳群発掘調査報告書―美和31・32・33・34・37・43・44号墳の調査―山ヶ鼻遺跡Ⅱ』財団法人鳥取市教育福祉振興会	―
1992		―	―	鎌1・鉇1	高杯1	―	谷口恭子他1996『山ヶ鼻遺跡Ⅱ』財団法人鳥取市教育福祉振興会	報告書では「獣形鏡」
不明	鳥取市教育委員会	―	―	―	―	―	水村直人編2012『海を渡った鏡と鉄』青谷上寺地遺跡フォーラム2012, 鳥取県埋蔵文化財センター	破鏡

番号	舶倭	鏡式	出土遺跡	出土地名	遺跡内容	時期	面径(cm)	銘文	諸氏分類	編者分類・時期	
131-2	舶	飛禽鏡	篠田6号墳〔第1主体部〕	鳥取市篠田	古墳	円墳（14×12）・木棺直葬	古墳前期	9.3	—	B式（實盛15）	—	—
131-3	舶	唐草文縁獣帯鏡	里仁36号墳	鳥取市里仁	古墳	円墳・木棺直葬？	古墳前期	破片	—	—	—	—
131-4	舶	不明	横枕23号墳	鳥取市横枕・上味野	古墳	方墳（14）・墳裾表土中	古墳前期	11.0	—	—	—	—
131-5	舶	内行花文鏡	横枕22号墳〔第1主体部〕	鳥取市横枕・上味野	古墳	方墳（11）・土壙	古墳前期	9.9	—	—	—	—
131-6	舶	芝草文鏡	横枕73号墳〔第1主体部〕	鳥取市横枕・上味野	古墳	円墳（15）・木棺直葬	古墳中期	11.6	—	—	—	—
131-7	倭	捩文鏡	服部18号墳〔第1主体部〕	鳥取市本高・服部	古墳	円墳（17）・木棺直葬	古墳前期	7.8	—	—	捩文鏡C系	前(中)
131-8	倭	六弧内行花文鏡	本高14号墳〔埋葬施設3（前方部）〕	鳥取市本高 字神子ヶ谷ノ一	古墳	前方後円墳（64）・割竹形木棺直葬	古墳前期	8.0	—	—	内行花文鏡B式	前(中)
131-9	舶	方格規矩四神鏡	秋里遺跡	鳥取市江津	集落	集落	弥生後期	破片	「…壽如…」	—	—	—
131-10	倭	重圏文鏡	松原田中遺跡	鳥取市松原字田中	集落	布堀建物付近	古墳前期	5.3	—	—	〔重圏文鏡〕	前期
13	?	〔細線渦文鏡〕	宮下46号墳（亀金丘古墳・宇部神社境内）〔岩美郡国府町〕	鳥取市国府町宮下	古墳	円墳（14）・竪穴式石槨	古墳前期	不明	—	—	—	—
14	?	不明					不明	—	—	—	—	
15	倭	細線式鏡					9.7	—	特殊文鏡（細線渦文鏡）（樋口79）／獣形文鏡類四獣鏡C-2型（小林82・10）	〔細線式獣帯鏡〕	—	
21	倭	〔盤龍鏡〕	山手1号墳（天神山古墳）	鳥取市河原町山手字下土居〔八頭郡河原町〕	古墳	不明	古墳	不明	—	—	—	—
22	倭	盤龍鏡	山手7号墳（若宮古墳、オオカミ山頂古墳）	鳥取市河原町山手字木戸口〔八頭郡河原町〕	古墳	円墳（24）	古墳	15.2	擬銘	盤龍形鏡（樋口79）	盤龍鏡Ⅰ系	前(中)
24	倭	一神七獣鏡	谷奥1号墳	鳥取市気高町勝見字福田〔気高郡気高町〕	古墳	円墳・横穴式石室	古墳後期	12.5	—	獣帯鏡類A型？（小林10）	〔旋回式神獣鏡〕	後期
25	倭	捩文鏡	勝見17号墳	鳥取市気高町勝見字清乗谷〔気高郡気高町〕	古墳	不明	古墳	10.0	—	V型（樋口79）／D型式a類（水野97）／羽紋鏡系（森下02）	捩文鏡D系（E系？）	前(中)～
26	倭	〔四獣鏡〕	阿古山所在古墳	鳥取市青谷町青谷字阿古山〔気高郡青谷町〕	古墳	不明	古墳	不明	—	—	—	—
27	倭	六獣鏡	阿古山所在古墳（伝）	鳥取市青谷町青谷字阿古山（伝）〔気高郡青谷町〕	古墳	箱形石棺	古墳	9.3	—	六獣形鏡（樋口79）	分離式神獣鏡系	前(新)
28	倭	七獣鏡					8.9	—	七獣形鏡（樋口79）	〔旋回式獣像鏡〕	後期	
29	?	不明	青谷1号墳	鳥取市青谷町青谷〔気高郡青谷町〕	古墳	円墳	古墳	不明	—	—	—	—
29-1	舶	星雲文鏡〈Br1〉	青谷上寺地遺跡12次 SD33-1埋土		集落	溝	弥生後～末期	6.9	—	—	—	—
29-2	舶	八禽鏡〈Br2〉	青谷上寺地遺跡県道5区Ⅰ層		集落	遺物包含層	弥生中期～奈良	破片	—	—	—	—
29-3	舶	八禽鏡〈Br3〉	青谷上寺地遺跡11次 SD11埋土上層	鳥取市青谷町青谷・吉川〔気高郡青谷町〕	集落	溝	弥生後期	9.6	—	—	—	—
29-4	倭	重圏文鏡〈Br4〉	青谷上寺地遺跡国道1区Ⅰ層		集落	遺物包含層	弥生後期～奈良	9.0	—	2a類（脇山15）	〔重圏文鏡〕	前期
29-5	舶	内行花文鏡〈Br5〉	青谷上寺地遺跡国道2区Ⅰ層		集落	遺物包含層	弥生後期～古墳初頭	破片	—	—	—	—
29-6	倭	弥生倭製鏡（四弧内行花文鏡）〈Br6〉	青谷上寺地遺跡県道4区2層相当		集落	遺物包含層	弥生後期～古墳前期	8.7	—	内行花文系小形仿製鏡第5型？（田尻10・12）	〔弥生倭製鏡〕	弥生

鳥取

発見年	所蔵（保管）者	共伴遺物					文献	備考
		石製品・玉類	武具・武器・馬具	ほか金属器	土器類	その他		
2002	鳥取市教育委員会	碧玉管玉3	剣1	―	土師器（高杯2）	―	藤本隆之編2004『篠田古墳群』中国横断自動車道姫路鳥取線整備促進関連事業に係る篠田5～11号墳の発掘調査報告書, 財団法人鳥取市文化財団	―
2008	鳥取市教育委員会	―	剣1	鉇1	―	―	水村直人編2012『海を渡った鏡と鉄』青谷上寺地遺跡フォーラム2012, 鳥取県埋蔵文化財センター	破鏡（破面研磨）
2001		―	―	―	―	―		縁部片
2001	鳥取市教育委員会	―	剣1	―	土師器（鼓形器台・高杯）	―	水村直人編2012『海を渡った鏡と鉄』青谷上寺地遺跡フォーラム2012, 鳥取県埋蔵文化財センター	―
2001		琥珀勾玉2・碧玉管玉25・翡翠棗玉4・琥珀棗玉1・滑石臼玉3・ガラス小玉274	刀1・剣2	斧1・刀子3・針状製品1	土師器（高杯6）・須恵器（壺1）	―		
1998	鳥取市教育委員会	―	―	刀子3	土師器（鼓形器台2）	―	谷口恭子編2001『服部墳墓群』財団法人鳥取市文化財団	37g／「埋土上層から（中略）出土（中略）。埋葬後の最終段階で置かれたものとみられる」
2009	鳥取県埋蔵文化財センター	水晶勾玉1・緑色凝灰岩管玉11	―	―	―	―	大川泰広編2010『本高古墳群』鳥取県文化財調査報告書21, 鳥取県教育委員会	
2016	鳥取県埋蔵文化財センター	―	―	―	―	―		破鏡／縁部～外区
2015	鳥取県埋蔵文化財センター						公益財団法人鳥取県教育文化財団調査室編2015『松原田中遺跡現地説明会資料』公益財団法人鳥取県教育文化財団調査室	
1942	再埋納	管玉2	槍or剣数本・鉄鏃	鉄製品数点	―	―	鳥取県編1972『鳥取県史』第1巻 原始古代, 鳥取県	鳥取県（因幡国）4-2?
								鳥取県（因幡国）4-3?
1945	宇倍神社							鳥取県（因幡国）4-1／収蔵庫付近で発見
大正	所在不明	勾玉1	鉄鏃1	―	―	―	気高町教育委員会1977『気高町誌』気高町	―
1954	所在不明（個人旧蔵）	―	―	―	―	―		京都の蒐集家の手に渡り行方不明
1911	所在不明（個人旧蔵）	―	金銅鐔・刀金具類・馬鐸	銅鏃・金環	須恵器	―	鳥取県埋蔵文化財センター編1986『鳥取県の古墳』鳥取県埋蔵文化財センター	―
1962	鳥取県立博物館	―	―	―	土師器	―	鳥取県立科学博物館編1963『考古資料目録（1955-1963）』鳥取県立科学博物館所蔵目録1, 鳥取県立科学博物館	放射状区画（四区画）／内区外周に二列珠文
不明	所在不明						樋口隆康1979『古鏡』新潮社	―
不明	鳥取県立博物館（個人旧蔵）	―	刀	―	須恵器	―	鳥取県立博物館1995『鳥取県立博物館 安富コレクション目録』鳥取県立博物館	〈77g〉
	鳥取市教育委員会						鳥取県埋蔵文化財センター編1986『鳥取県の古墳』鳥取県埋蔵文化財センター	鳥取県（因幡国）5
大正	所在不明	勾玉	―	―	―	―	気高町教育委員会1977『気高町誌』気高町	―
2010		―	―	―	―	―	水村直人編2011『金属器』青谷上寺地遺跡出土品調査研究報告6, 鳥取県埋蔵文化財センター調査報告39, 鳥取県埋蔵文化財センター	破鏡
1998～2001							湯村功編2002『青谷上寺地遺跡4』鳥取県教育文化財団調査報告書74, 財団法人鳥取県教育文化財団	破鏡
2009	鳥取県教育文化財団						水村直人編2011『金属器』青谷上寺地遺跡出土品調査研究報告6, 鳥取県埋蔵文化財センター調査報告39, 鳥取県埋蔵文化財センター	破鏡
1998～1999							北浦弘人2001『青谷上寺地遺跡3』鳥取県教育文化財団調査報告書72, 財団法人鳥取県教育文化財団	破鏡
1998～1999		―	―	―	―	―		破鏡（破面研磨）
1998～2001							湯村功編2002『青谷上寺地遺跡4』鳥取県教育文化財団調査報告書74, 財団法人鳥取県教育文化財団	破鏡／弧状部分研磨／四区画

番号	舶倭	鏡式	出土遺跡	出土地名	遺跡内容		時期	面径(cm)	銘文	諸氏分類	編者分類・時期	
29-7	倭	素文鏡（Br7）	青谷上寺地遺跡4次1層		集落	遺物包含層	弥生中期～奈良	2.3	―	―	〔素文鏡〕	―
29-8	倭	素文鏡（Br8）	青谷上寺地遺跡県道6区1層	鳥取市青谷町青谷・吉川〔気高郡青谷町〕	集落	遺物包含層	弥生中期～奈良	3.4	―	無文鏡（田尻10・12）	〔素文鏡〕	―
29-9	倭	素文鏡（Br9）	青谷上寺地遺跡国道4区SD38-2		集落	溝	弥生後期	4.9	―	―	〔素文鏡〕	―
30	倭	複合鋸歯文鏡	大口10号墳〔第4主体部〕	鳥取市青谷町大口〔気高郡青谷町〕	古墳	方墳（15）・組合式箱形木棺直葬	古墳前期	7.5	―	―	（複合鋸歯文鏡）	前期
30-1	舶	八禽鏡	乙亥正屋敷廻遺跡	鳥取市鹿野町乙亥正〔気高郡鹿野町〕	集落	不明	弥生後期～古墳初頭	約9	―	―	―	―
16	舶	上方作系浮彫式獣帯鏡	郡家町（伝）	八頭郡八頭町（伝）〔八頭郡郡家町〕	不明	不明	不明	11.0	―	半肉彫獣帯鏡C六像式（樋口79）	―	―
17	倭	捩文鏡	郡家町（伝）	八頭郡八頭町（伝）〔八頭郡郡家町〕	不明	不明	不明	7.1	―	Ⅲ型（樋口79）／捩文鏡（類）B型（小林82・10）／BⅡ型（小林83）／Ⅲ型（小沢88）／B型式c類（水野97）	捩文鏡D系	前（中）
18	倭	四神四獣鏡	稲荷12号墳脇	八頭郡八頭町稲荷字千谷上平〔八頭郡郡家町〕	古墳	墳丘脇	古墳	10.6	―	―	対置式神獣鏡A系	前（中）
19	倭	細線式鏡？	坂田1号墳（伝）（下荒神古墳）	八頭郡八頭町坂田字奥土井（伝）〔八頭郡船岡町〕	古墳	方墳（29×22）	古墳	8.2	―	―	―	中期？
20	？	不明	水無遺跡	八頭郡八頭町見槻中字水無谷〔八頭郡船岡町〕	集落	不明	不明	不明	―	―	―	―
23	倭	方格規矩（鳥文）鏡	重枝古墳	八頭郡八頭町重枝字院ノ山〔八頭郡八東町〕	古墳	不明	古墳前期	15.7	―	TO式（田中83）／博局鳥文鏡Bb1K類（高木91・93）／方格規矩鳥文鏡系（森下91）／中型鏡1-1（北浦92）／Ⅱ類鳥文系（林00）	方格規矩四神鏡C系	前（中）
31	舶	夔鳳鏡						20.0	「長宜子孫」／「□如日月」	内行花文縁糸巻形四葉文A式（樋口79）／D（樋口79）／ⅢA1a型式（岡内96）／2A式（秋山98）	―	
32	舶	三角縁天・王・日・月・獣文帯三神四獣鏡	国分寺古墳〔第1主体部〕	倉吉市国府字東前	古墳	前方後方墳（60）・粘土槨	古墳前期	22.4	「天王日月」	目録番号47・同范鏡番号28・配置A変・表現⑤	―	
33	舶	連弧文縁同向式二神二獣鏡						14.9	「吾作明竟大好　上有東王父西王母　宜子孫□□分」	―	―	
34	舶	「仿製」三角縁獣文帯三神三獣鏡	上神大将塚古墳	倉吉市上神字柴栗	古墳	円墳（27）・箱形石棺	古墳前期	22.4	―	目録番号213・同范鏡番号111・配置K2	―	
35・36	倭	六獣鏡						17.0	―	四獣形鏡（樋口79）／画文帯神獣鏡（系）B型（小林82・10）	対置式神獣鏡B系	前（中）
37	倭	珠文鏡	上神字猫山山頂（伝）	倉吉市上神字猫山（伝）	古墳	箱形石棺？	古墳	8.8	―	珠文鏡Ⅴ類（樋口79）／2類（今井91）	〔珠文鏡〕	前期
38	倭	六弧内行花文鏡	上神字小狭間所在古墳（伝）	倉吉市上神字小狭間（伝）	古墳	円墳・箱形石棺	古墳	7.6	―	六弧（樋口79）	内行花文鏡B式	前（中）
39	倭	五弧内行花文鏡	上神（伝）	倉吉市上神（伝）	不明	不明	不明	9.5	―	五花鏡（小林82・10）／B類3式（清水94）	内行花文鏡B式	前（中）
40	倭	〔五弧内行花文鏡〕	上神（伝）	倉吉市上神（伝）	不明	不明	不明	9.1	―	―	―	―
41	倭	四獣鏡	上神（伝）	倉吉市上神（伝）	不明	不明	不明	9.1	―	四獣形鏡（樋口79）／獣形文鏡類四獣鏡C-1型（小林82・10）	鳥頭獣像鏡B系？	前（新）～
42・45	舶	画文帯環状乳四神四獣鏡	上神（伝）	倉吉市上神（伝）	不明	不明	不明	14.3	―	Ⅱ（樋口79）	―	―
43	舶	三角縁天王・日月・獣文帯四神四獣鏡	旧社村付近（伝）	倉吉市上神（伝）	不明	不明	不明	23.6	「天王日月」	目録番号75・同范鏡番号40・配置F2・表現②	―	
44	舶	三角縁天王日月・獣文帯四神四獣鏡						22.1	「天王日月」	目録番号64・同范鏡番号33・配置D・表現②	―	
46	舶	〔画文帯四神四獣鏡〕	上神付近（伝）	倉吉市上神付近（伝）	不明	不明	不明	23.5	―	―	―	―
46-1	舶	長宜子孫蝙蝠座鈕八弧内行花文鏡	上神（伝）	倉吉市上神（伝）	不明	不明	不明	16.4	「長宜子孫」	―	―	―
46-2	倭	乳文鏡？	上神（伝）	倉吉市上神（伝）	不明	不明	不明	完形	―	―	―	―
47	倭	櫛歯文鏡？	屋喜山6号墳	倉吉市和田字屋喜山	古墳	円墳・箱形石棺	古墳	8.4	―	特殊文鏡（櫛目文鏡）（樋口79）	〔櫛歯文鏡〕	―

鳥取

発見年	所蔵（保管）者	共伴遺物					文献	備考
		石製品・玉類	武具・武器・馬具	ほか金属器	土器類	その他		
2000年代		―	―	―	―	―	水村直人編 2011『金属器』青谷上寺地遺跡出土品調査研究報告 6, 鳥取県埋蔵文化財センター調査報告 39, 鳥取県埋蔵文化財センター	―
1998～2001	鳥取県教育文化財団						湯村功編 2002『青谷上寺地遺跡 4』鳥取県教育文化財団調査報告書 74, 財団法人鳥取県教育文化財団	
1998～1999							北浦弘人 2001『青谷上寺地遺跡 3』鳥取県教育文化財団調査報告書 72, 財団法人鳥取県教育文化財団	
1988	鳥取市教育委員会	碧玉管玉 4・滑石管玉 1・ガラス臼玉 4・ガラス小玉 30			壺形器台		佐伯純也編 2009『山陰の古墳出土鏡』第 37 回山陰考古学研究集会事務局	―
2014	鳥取県埋蔵文化財センター	―						
不明	鳥取県立博物館						気高町教育委員会編 1977『気高町誌』気高町	
不明	鳥取県立博物館（個人旧蔵）						鳥取県立博物館編 1995『鳥取県立博物館 安富コレクション目録』鳥取県立博物館	49g
1972	個人	―	―	―	―	―	中野知照・中原斉 1990「郡家町稲荷古墳群出土の四神四獣鏡」『鳥取埋文ニュース』No.28, 鳥取県埋蔵文化財センター	―
不明	鳥取県立博物館	―	刀？	―	土器	―	山桝雅美編 1986『奈免羅・西の前遺跡』船岡町教育委員会	―
不明	所在不明						気高町教育委員会編 1977『気高町誌』気高町	
1978	八頭町教育委員会	―					鳥取県埋蔵文化財センター編 1986『鳥取県の古墳』鳥取県埋蔵文化財センター	―
1922	伯耆国分寺・個人	―	刀 1・剣 3～・鉄鏃 2	鍬鋤先 2～・斧 3・鎌 3～・鉇 5～・鑿 3・刀子 1	―		岩本崇 2006「伯耆国分寺古墳の再検討」『大手前大学史学研究所紀要 オープン・リサーチ・センター報告』第 6 号, 大手前大学史学研究所	漢式鏡 633／鳥取県（伯耆国）6-1
								漢式鏡 634／鳥取県（伯耆国）6-2
								漢式鏡 635／鳥取県（伯耆国）6-3
1916	東京国立博物館（J9891）	鍬形石 1・滑石琴柱形石製品 4・滑石管玉 32・滑石臼玉 32	刀 1・剣 5・槍 1・鉄鏃 1	斧 2			梅原末治 1923『因伯二国に於ける古墳の調査』鳥取県史蹟勝地調査報告第二冊, 鳥取県	943g／漢式鏡 627／鳥取県（伯耆国）4-1
不明	山陰徴古館（個人旧蔵）							漢式鏡 628／鳥取県（伯耆国）4-2
不明	所在不明	翡翠勾玉 1・管玉 1	―	―	―	―	名越勉 1973「古墳時代」『倉吉市史』原始・古代, 倉吉市	放射状区画（四区画）
1967	倉吉博物館	勾玉 1・管玉 28	―	刀子 1	―	―	倉吉博物館編 1978『伯耆・因幡の文化遺産 市制 25 周年記念特別展』倉吉博物館	鳥取県（伯耆国）8
不明	所在不明（個人旧蔵）	勾玉	―	―	―	―	富岡謙蔵 1920『古鏡の研究』丸善	漢式鏡 629
不明	所在不明（個人旧蔵）	―	―	―	―	―	梅原末治 1923『因伯二国に於ける古墳の調査』鳥取県史蹟勝地調査報告第二冊, 鳥取県	漢式鏡 630
不明	米子歴史資料館？（山陰徴古館旧蔵）							「翻刻鏡」か
不明	大阪市立美術館（個人旧蔵？）	―	―	―	―	―	樋口隆康 1979『古鏡』新潮社	鳥取県（伯耆国）5
不明	大阪市立美術館（山川七左衛門旧蔵）						梅原末治 1923『梅仙居蔵日本出土漢式鏡図集』梅仙居蔵古鏡図集第一輯, 山川七左衛門	漢式鏡 631
	所在不明（山川七左衛門旧蔵）						米子市史編さん協議会編 1999『新修 米子市史』第 7 巻 資料編 考古 原始・古代・中世	漢式鏡 632
不明	大阪市立美術館（個人旧蔵）						岡崎敬編 1977『日本における古鏡 発見地名表 中国地方』東アジアより見た日本古代墓制研究	鳥取県（伯耆国）7?
不明	個人						倉吉博物館編 1983『古墳時代―伯耆国―』倉吉博物館	
不明	所在不明	―	―	―	―	―		
1972～74	倉吉博物館	翡翠勾玉 1・瑪瑙勾玉・滑石勾玉・ガラス小玉					倉吉博物館編 1978『伯耆・因幡の文化遺産 市制 25 周年記念特別展』倉吉博物館	鳥取県（伯耆国）9／「内行花文鏡」〔岡崎 1977〕

番号	舶倭	鏡式	出土遺跡	出土地名	遺跡内容	時期	面径(cm)	銘文	諸氏分類	編者分類・時期
48	倭	不明	イザ原6号墳	倉吉市大谷字イザ原	円墳(14)・箱形石棺	古墳中期	6.1	—	—	—	—
49	倭	神獣鏡					11.7	—	—	神像鏡Ⅰ系	前(新)
50	倭	〔乳文鏡〕	清水谷1号墳	倉吉市津原字清水谷	円墳	古墳	7.4	—	乳文鏡Ⅱ類(樋口79)	分離式神獣鏡系?	前(新)
51	倭	内行花文鏡	家ノ後口1号墳(ごりょう塚古墳・岩倉家ノ後1号墳)	倉吉市岩倉字家ノ後口	円墳(15)・横穴式石室	古墳後期	7.4	—	七弧(樋口79)	内行花文鏡B式?	前期?
52	?	〔盤龍鏡〕	下田中(伝)	倉吉市下田中(伝)	不明	不明	10.5	—	—	—	—
53	倭	〔珠文鏡〕	猫山遺跡 第1方形周溝墳墓	倉吉市上神字猫山	方形周溝墓(6)	古墳中期	4.8	—	—	—	—
54	?	不明	向山宮ノ峰13号墳	倉吉市小田字宮ノ峰	方墳(20)・組合式木棺直葬	古墳前期	破片	—	—	—	—
55	倭	珠文鏡					7.2	—	D-B2類(脇山13)	〔珠文鏡〕	—
56	倭	珠文鏡	向山宮ノ峰14号墳〔第1主体部〕	倉吉市小田字宮ノ峰	方墳(13)・組合式木棺直葬	古墳前期	6.2	—	列状系(岩本14)	〔珠文鏡〕	前期
57	倭	珠文鏡	向山宮ノ峰18号墳	倉吉市小田字宮ノ峰	方墳(17)・組合式木棺直葬	古墳前期	5.9	—	列状系(岩本14)	〔珠文鏡〕	前期
58	?	不明	向山宮ノ峰21号墳	倉吉市小田字宮ノ峰	円墳(30)・竪穴式石槨(箱形石棺)	古墳前期	破片	—	—	—	—
59	倭	六弧内行花文鏡	向山宮ノ峰23号墳〔第1主体部〕	倉吉市小田字宮ノ峰	円墳(24)・組合式木棺直葬	古墳前期	6.9	—	—	内行花文鏡B式	—
60	?	不明	向山宮ノ峰遺跡	倉吉市小田字宮ノ峰	集落	不明	古墳	破片	—	—	—
132	倭	四獣鏡	沢べり5号墳	倉吉市不入岡字沢べり	帆立(20)・周溝外攪乱土	古墳中期	13.0	—	—	〔中期型獣像鏡〕	中期
132-1	舶	流雲文縁鏡	高原遺跡10号住居	倉吉市大谷字高原	集落	竪穴住居(焼失住居)	弥生後期	約14	—	—	—
132-2	舶	位至三公鏡	四宝寺山頂(伝)	倉吉市(伝)	不明	不明	—	完形	「位至公三」	—	—
132-3	倭	五鈴五獣鏡	倉吉市付近(伝)	倉吉市(伝)	不明	不明	—	完形	—	—	—
61	舶	三角縁波文帯三神二獣博山炉鏡					21.6	—	目録番号135・配置M'・表現⑩	—	—
62	倭	画文帯蟠龍乳神獣鏡					19.5	—	同向式神獣鏡(樋口79)／画文帯神獣鏡(系)A型(小林82・10)	〔同向式神獣鏡〕	前(中)
63	舶	方格規矩八禽鏡	馬山4号墳(橋津4号墳)〔後円部第1主体部〕	東伯郡湯梨浜町上橋津字小塚916〔東伯郡羽合町〕	前方後円墳(約100)・竪穴式石槨(割竹形木棺)	古墳前期	15.2	「吾作大竟好且明 上有神守文章□ 去不羊 子□千人□□王樂未□□」	方格規矩鳥文鏡四乳式(樋口79)／博局鳥文鏡AaK類(高木91・93)／甲群(森下98)	—	—
64	倭	七弧内行花文鏡					12.0	—	BⅡ式(森70)／七弧(樋口79)／七花文鏡(小林82・10)／B類2式(清水94)／倭文鏡(系)(赤塚98a)／Ⅲ類基本系(林00)／B系(辻田07)	内行花文鏡B式	前(中)
65	倭	盤龍鏡					11.4	擬銘	盤龍形鏡(樋口79)／龍虎鏡類(小林82・10)／盤龍鏡B系(森下02)	盤龍鏡Ⅰ系	前(新)
66	倭	環状乳神獣鏡	馬山4号墳(橋津4号墳)〔第1箱式石棺〕		前方後円墳(約100)・竪穴式石槨(箱形石棺)	古墳前期	14.1	—	Ⅳ型(樋口79)／環状乳神獣鏡(樋口79)／四神四獣鏡系(小林82・10)	類鼉龍鏡系	前(中)
67	倭	六弧内行花文鏡	馬山4号墳(橋津4号墳)〔第1埴製円筒棺〕		前方後円墳(約100)・埴輪円筒棺	古墳前期	11.5	—	AⅢ式(森70)／B類3式(清水94)	内行花文鏡B式	前(中)
68	倭	捩文鏡	馬山13号墳(橋津13号墳)	東伯郡湯梨浜町上橋津字岡の上623〔東伯郡羽合町〕	円墳(25)・組合式木棺直葬	古墳前期	9.8	—	Ⅴ型(樋口79)／Ⅴ型(小沢88)／D型式b類(水野97)	捩文鏡D系	前(中)

鳥取

発見年	所蔵（保管）者	共伴遺物					文献	備考
		石製品・玉類	武具・武器・馬具	ほか金属器	土器類	その他		
1972	倉吉博物館	碧玉勾玉3・瑪瑙勾玉2・滑石勾玉20・碧玉管玉66・滑石小玉214	剣1	鏃1	土師器（甕）	―	根鈴輝雄他編1983『イザ原古墳群・小林古墳群』倉吉市文化財調査報告書第25集, 倉吉市教育委員会	―
不明	倉吉博物館	瑪瑙勾玉・管玉	刀2	斧1・鎌	―	―	倉吉博物館編1978『伯耆・因幡の文化遺産 市制25周年記念特別展』倉吉博物館	―
1978	倉吉博物館	碧玉勾玉1・水晶勾玉1・瑪瑙勾玉1・滑石勾玉1・碧玉管玉11・水晶切子玉6・水晶丸玉2・水晶玉1・ガラス小玉5	刀2	金環1・刀子3	須恵器（高杯1・杯11・提瓶1）	―	倉吉博物館編1978『伯耆・因幡の文化遺産 市制25周年記念特別展』倉吉博物館	―
1899	所在不明（個人旧蔵）	―	―	―	―	―	梅原末治1923「因伯二国に於ける古墳の調査」鳥取県史蹟勝地調査報告第二冊, 鳥取県	漢式鏡636
1984	倉吉博物館	―	―	―	―	―	倉吉市教育委員会1985『猫山遺跡 第3次発掘調査概報』倉吉市教育委員会	―
1989		―	―	―	―	―	白石太一郎・設楽博己編1994『弥生・古墳時代遺跡出土鏡データ集成』（『国立歴史民俗博物館研究報告』第56集）, 国立歴史民俗博物館	―
1989		―	―	―	―	―	岩本崇2014「銅鏡副葬と山陰の後・終末期古墳―文堂古墳出土鏡の年代的・地域的位置の検討―」櫃本誠一・森下章司編『兵庫県香美町村岡 文堂古墳』大手前大学史学研究所研究報告第13号, 大手前大学史学研究所	―
1989	倉吉博物館	―	―	―	―	―		―
1989		―	―	―	―	―	白石太一郎・設楽博己編1994『弥生・古墳時代遺跡出土鏡データ集成』（『国立歴史民俗博物館研究報告』第56集）, 国立歴史民俗博物館	―
1989		―	―	―	―	―		―
1989		―	―	―	―	―		―
1994	倉吉博物館	―	―	―	―	―	松田潔編1995『不入岡遺跡群発掘調査概報 不入岡遺跡・沢ベリ遺跡2次調査』倉吉市文化財調査報告書第83集, 倉吉市教育委員会	―
2000～2002	倉吉市教育委員会	ガラス小玉2	―	―	弥生土器（壺・甕）	安山岩質剥片1・敲石1・磨石1	岡本智則編2002『高原遺跡発掘調査報告書 一般県道津原穴沢線地方特定道路整備工事に伴う埋蔵文化財発掘調査』倉吉市文化財調査報告書第113集, 倉吉市教育委員会	破砕鏡／「鋸歯文と流雲文と思われる文様が一部認められる」
不明	個人	―	―	―	―	―	―	―
不明	所在不明	―	―	―	―	―	―	―
1956	東京国立博物館〈J37063〉	車輪石3・石釧12・硬玉勾玉1・碧玉管玉17	刀2・剣1	斧1・鋸1・鏃2	―	―	佐々木謙1961『馬山古墳群 鳥取県東伯郡羽合町橋津馬山古墳群調査概要』佐々木古代文化研究室記録第2, 稲葉書房	959g／鳥取県（伯耆国）2-1
1956	東京国立博物館〈J37064〉							775g／鳥取県（伯耆国）2-2
1956	東京国立博物館〈J37065〉・鳥取県立博物館							〈210g〉／鳥取県（伯耆国）2-3
1956	東京国立博物館〈J37068〉							210g／鳥取県（伯耆国）2-5
1956	東京国立博物館〈J37067〉							290g／鳥取県（伯耆国）2-4
1956	東京国立博物館〈J37076〉	硬玉勾玉2・碧玉管玉5	刀1	―	―	―		275g／鳥取県（伯耆国）2-6／「多分女性」の「成人骨」
1956	文化庁（湯梨浜町保管）	―	―	―	―	―		鳥取県（伯耆国）2-7
1958	東京国立博物館	硬玉勾玉2・碧玉管玉5	剣	斧	―	―	大村俊夫編1978『山陰の前期古墳文化の研究』I 東伯耆I・東郷池周辺, 山陰考古学研究所記録第2, 山陰考古学研究所	75g／鳥取県（伯耆国）2-1

番号	舶倭	鏡式	出土遺跡	出土地名	遺跡内容		時期	面径(cm)	銘文	諸氏分類	編者分類・時期	
69	倭	素文鏡	長瀬高浜遺跡 15I-SP01		集落	祭祀遺構	古墳前期	2.7	—	AⅡ類（今平90）	〔素文鏡〕	—
70	倭	素文鏡			集落	祭祀遺構	古墳前期	2.6	—	AⅡ類（今平90）	〔素文鏡〕	—
71	倭	素文鏡						2.4	—	BⅡ類（今平90）	〔素文鏡〕	—
72	倭	素文鏡	長瀬高浜遺跡 16L-SK01		集落	土壙（竪穴住居？）	古墳中期	3.0	—	—	〔素文鏡〕	—
73	倭	素文鏡	長瀬高浜遺跡 SI-138		集落	前方後方形建物付近	古墳中期	3.2	—	—	〔素文鏡〕	—
74	倭	素文鏡	長瀬高浜遺跡 SI-100		集落	竪穴住居	古墳中期	2.6	—	—	〔素文鏡〕	—
75	倭	素文鏡	長瀬高浜遺跡 SI-60付近（13E-Ⅱ-d地区）		集落	不明	古墳	1.9	—	—	〔素文鏡〕	—
76	倭	素文鏡	長瀬高浜遺跡 10-I（SB40付近）		集落	不明	古墳	2.1	—	—	〔素文鏡〕	—
77	倭	珠文鏡	長瀬高浜遺跡 SD-02		集落	溝	古墳後期〜	3.7	—	櫛歯文鏡（高倉85・90）	〔珠文鏡〕	—
78	倭	不明	長瀬高浜10号墳	東伯郡湯梨浜町長瀬字高浜〔東伯郡羽合町〕	古墳	円墳（12）・石立木棺墓（木棺直葬）	古墳中期	3.5	—	—	—	—
79	倭	捩文鏡	長瀬高浜遺跡 SI-63直上		集落	不明	古墳	7.1	—	Ⅲ型（小沢88）／B型式c類（水野97）	捩文鏡D系	前（中）
80	倭	不明	長瀬高浜遺跡		集落	不明	古墳	破片	—	—	—	—
81	倭	〔素文鏡〕	長瀬高浜遺跡		集落	不明	不明		—	—	—	—
82	舶	八弧？内行花文鏡	長瀬高浜遺跡 E3土器群		集落	土器群	古墳前期	破片	—	—	—	—
135	倭	放射状区画細線式鏡	長瀬高浜遺跡 遺構外10-Oグリッド		集落	遺構外	古墳	7.4	—	—	—	前期
136	倭	重圏文鏡	長瀬高浜遺跡 SI249		集落	竪穴住居	古墳前期	4.3	—	5類（脇山15）	〔重圏文鏡〕	前期
83	倭	四獣鏡	尾尻古墳	東伯郡湯梨浜町石脇字尾尻〔東伯郡泊村〕	古墳	前方後円墳（33）・粘土槨	古墳前期	14.7	—	四獣形鏡（樋口79）／獣形鏡ⅡD類（赤塚98b）	獣像鏡Ⅱ系	前（中）
84	舶	尚方作盤龍鏡	北山1号墳（北山古墳）〔第2主体部〕	東伯郡湯梨浜町野花字北山〔東伯郡東郷町〕	古墳	前方後円墳（110）・箱形石棺	古墳前期	13.8	「尚方作竟大母傷 巧工刻之成文章 □□□□□□ □□□□□□兮」	両頭式（樋口79）／A類（辻田09）	—	—
85	倭	四神四獣鏡	北山27号墳	東伯郡湯梨浜町野花字北山581-1〔東伯郡東郷町〕	古墳	円墳（22）	古墳中期	12.6	—	D類獣頭（冨田89）／分離式神獣鏡系（森下91）／獣形鏡ⅠC類（赤塚98b）	分離式神獣鏡系	前（新）
86	？	不明	引地2号墳（伝）	東伯郡湯梨浜町引地（伝）〔東伯郡東郷町〕	古墳	円墳（24）・箱形石棺	古墳	不明	—	—	—	—
87	舶	夔龍文鏡	宮内（伝）	東伯郡湯梨浜町宮内（伝）〔東伯郡東郷町〕	不明	不明	不明	11.0	—	—	—	—
88	倭	十三乳文鏡	一の宮（伝）	東伯郡湯梨浜町宮内（伝）〔東伯郡東郷町〕	墳墓	不明	古墳	9.9	—	乳文鏡Ⅱ類（樋口79）	〔乳脚文鏡〕	中期
133	倭	弥生倭製鏡（六弧内行花文鏡）	宮内第1遺跡（D地区）SI01住居埋土	東伯郡湯梨浜町宮内字雲山〔東伯郡東郷町〕	集落	竪穴住居	弥生後期	7.8	—	内行花文系小形仿製鏡第5型（田尻10・12）	〔弥生倭製鏡〕	弥生
89	倭	六弧内行花文鏡	東郷町（伝）	東伯郡湯梨浜町（伝）〔東伯郡東郷町〕	不明	不明	不明	7.8	—	六弧（樋口79）／B類3式（清水94）	内行花文鏡B式	前（中〜）
90	踏	唐草文縁方格四獣鏡	高辻（伝）	東伯郡湯梨浜町高辻（伝）〔東伯郡東郷町〕	墳墓	箱形石棺	—	11.2	—	—	—	—
128	舶？	内行花文鏡？	南谷大山遺跡 B区SI23	東伯郡湯梨浜町南谷字大山〔東伯郡羽合町〕	集落	竪穴住居	弥生後期	破片	—	—	—	—

鳥取

発見年	所蔵（保管）者	共伴遺物 石製品・玉類	共伴遺物 武具・武器・馬具	共伴遺物 ほか金属器	共伴遺物 土器類	共伴遺物 その他	文献	備考
1979		ガラス小玉2	剣先形鉄製品	短冊形鉄製品	―	―	清水眞一他編1981『長瀬高浜遺跡発掘調査報告書』Ⅲ,鳥取県教育文化財団調査報告書8,財団法人鳥取県教育文化財団	5g
								4g
								4g
1980		―	剣	―	土師器（小形丸底壺・甕・高杯）	―	清水眞一1999「鳥取県羽合町・長瀬高浜遺跡の祭祀遺構と儀鏡」『考古学ジャーナル』No.446,ニュー・サイエンス社	―
1982		土玉	鉄鏃	鉇・刀子？・針状鉄製品・板状鉄製品	土師器（壺・甕・器台・高杯・低脚杯）	―		―
1980		勾玉・碧玉管玉・ガラス小玉	鉄鏃	釣針・棒状鉄製品・舌状鉄製品	土師器（壺・甕・器台・高杯）	砥石・磨石・敲石・軽石・線刻石		―
1979	湯梨浜町教育委員会	―	―	―	―	―	清水眞一他編1981『長瀬高浜遺跡発掘調査報告書』Ⅲ,鳥取県教育文化財団調査報告書8,財団法人鳥取県教育文化財団	―
1981		―	―	―	―	―	西村彰滋他編1983『長瀬高浜遺跡発掘調査報告書』Ⅵ,鳥取県教育文化財団報告書14,財団法人鳥取県教育文化財団	―
1981		―	―	―	―	―		―
1979		管玉	鉄鏃	―	土師器（壺・甕・鉢・高杯）・須恵器（蓋杯）	―		―
1979		―	―	―	―	―	清水眞一他編1981『長瀬高浜遺跡発掘調査報告書』Ⅲ,鳥取県教育文化財団調査報告書8,財団法人鳥取県教育文化財団	―
1979～83		―	―	―	―	―	西村彰滋他編1983『長瀬高浜遺跡発掘調査報告書』Ⅵ,鳥取県教育文化財団報告書14,財団法人鳥取県教育文化財団	―
1979～83	所在不明（湯梨浜町教育委員会?）	―	―	―	―	―		―
1983	湯梨浜町教育委員会	勾玉	鉄鏃	刀子・不明鉄器	土師器（小形丸底壺・甕・器台・椀・高杯・低脚杯・甑形土器）・弥生土器	砥石・敲石・台石	国田修二郎編1984『長瀬高浜遺跡発掘調査報告書』羽合町教育委員会	破鏡（破面研磨）
1996		―	―	―	―	―	八峠興編1997『長瀬高浜遺跡発掘調査報告書』Ⅶ,鳥取県教育文化財団調査報告書49,鳥取県教育文化財団	71g／放射状区画（四区画）／「付近に古墳が存在していた可能性がある」
1998	鳥取県埋蔵文化財センター	土玉1	鉄鏃1・剣先形鉄製品1	鎌1・不明鉄製品1	土師器（直口壺5・小形丸底壺18・小形壺3・壺9・甕146・鼓形器台10・小形器台10・椀8・高杯72・低脚杯5・甑1）	砥石1・敲石1	牧本哲雄・井上達也・岩崎康子・岡野雅則編1999『長瀬高浜遺跡Ⅷ 園第6遺跡』鳥取県教育文化財団調査報告書61,財団法人鳥取県教育文化財団	14g／「鏡面鋳掛けの痕跡有り」
1957	湯梨浜町教育委員会	―	―	―	土師器（器台）	―	大村俊夫編1978『山陰の前期古墳文化の研究』Ⅰ東伯耆Ⅰ・東郷池周辺,山陰考古学研究所記録第2,山陰考古学研究所	〈310g〉／鳥取県（伯耆国）11
1883	山陰考古学研究所	翡翠勾玉1・水晶勾玉1・瑪瑙勾玉1・碧玉管玉67・蛇紋岩系棗玉1	刀6	斧1・不明鉄器1	―	―	大村俊夫編1978『山陰の前期古墳文化の研究』Ⅰ東伯耆Ⅰ・東郷池周辺,山陰考古学研究所記録第2,山陰考古学研究所	445g
1976	湯梨浜町教育委員会・倉吉博物館	―	―	―	―	―		180g
不明	所在不明	勾玉	―	―	―	―	大村俊夫編1978『山陰の前期古墳文化の研究』Ⅰ東伯耆Ⅰ・東郷池周辺,山陰考古学研究所記録第2,山陰考古学研究所	伝世品
不明	鳥取県立博物館	―	―	―	―	―	大村俊夫編1978『山陰の前期古墳文化の研究』Ⅰ東伯耆Ⅰ・東郷池周辺,山陰考古学研究所記録第2,山陰考古学研究所	真贋不明
不明	個人	―	―	―	―	―	大村俊夫編1978『山陰の前期古墳文化の研究』Ⅰ東伯耆Ⅰ・東郷池周辺,山陰考古学研究所記録第2,山陰考古学研究所	―
1995	鳥取県教育委員会	―	―	鉇1	壺3・甕8	―	原田雅弘編1996『宮内第1遺跡・宮内第4遺跡・宮内第5遺跡・宮内2,63,64,65号墳』鳥取県教育文化財団調査報告書48,財団法人鳥取県教育文化財団	―
大正	個人	―	―	―	―	―	大村俊夫編1978『山陰の前期古墳文化の研究』Ⅰ東伯耆Ⅰ・東郷池周辺,山陰考古学研究所記録第2,山陰考古学研究所	―
不明	個人	勾玉	―	―	―	―	大村俊夫編1978『山陰の前期古墳文化の研究』Ⅰ東伯耆Ⅰ・東郷池周辺,山陰考古学研究所記録第2,山陰考古学研究所	―
1992	湯梨浜町教育委員会	土玉	―	鉇	土器	―	米田規人1993『南谷大山遺跡 南谷ヒジリ遺跡 南谷22・24～28号墳』鳥取県教育文化財団調査報告書32,財団法人鳥取県教育文化財団	重圏文鏡か

番号	舶倭	鏡式	出土遺跡	出土地名	遺跡内容	時期	面径(cm)	銘文	諸氏分類	編者分類・時期
92	倭	鈴鏡	土下11号墳（金い谷古墳）	東伯郡北栄町土下〔東伯郡北条町〕	円墳（15）・箱形石棺	古墳	破片	—	—	後期？
93	？	不明	曲65号墳	東伯郡北栄町曲〔東伯郡北条町〕	円墳（8）	古墳	不明	—	—	—
93-1	倭	素文鏡？	島7号墳〔第1埋葬施設〕	東伯郡北栄町島字岩山〔東伯郡北条町〕	円墳（20）・箱形石棺（木棺）	古墳中期	5.7	—	—	〔素文鏡？〕	—
93-2	？	不明	江北浜北野神社付近	東伯郡北栄町江北〔東伯郡北条町〕	不明	不明	不明	—	—	—
94	倭	四獣鏡	逢束双子塚古墳	東伯郡琴浦町逢束（伝）〔東伯郡東伯町〕	円墳（20）	古墳中期	9.9	—	—	〔中期型獣像鏡〕	中期
95	踏	唐草文縁方格規矩四神鏡	逢束双子塚古墳（伝）				10.0	—	—	—	—
96	舶	〔日光〕	東伯郡（推定）	東伯郡（推定）	不明	不明	7.4	「見日之光 天下大明」	—	—	—
97	？	不明	丸山1号墳	東伯郡琴浦町箆津〔東伯郡赤碕町〕	古墳	円墳	不明	—	—	—
91・125	倭	珠文鏡	国信1号墳（国信神社境外古墳）	西伯郡大山町国信	古墳	不明	古墳	7.3	—	A類（小林79）／珠文鏡 I 類（樋口79）／珠文鏡類A型（小林82・10）／ I 類（中山他94）	〔珠文鏡〕	前期
122	？	不明	平狐塚古墳（平6号墳）（伝）	西伯郡大山町平字後平（伝）	古墳	前方後円墳（33）・竪穴式石槨（竪穴系横口式石室？）	古墳	不明	—	—	—
123	？	不明	長田7号墳（伝）	西伯郡大山町長田字下細田（伝）	古墳	不明	古墳	不明	—	—	—
124	舶	神獣鏡	末吉所在古墳（伝）	西伯郡大山町末吉（伝）	古墳	箱形石棺	古墳	11.3	—	変形文鏡類（小林82・10）	—	—
126	倭	七神像鏡	福尾1号墳（弁天塚）	西伯郡大山町福尾字弁天の前	古墳	箱形石棺	古墳	11.4	—	—	神像鏡 I 系	前（新）
126-1	倭	不明	福尾鍛冶屋敷遺跡	西伯郡大山町福尾	集落	散布地	不明	破片	—	—	—
126-2	舶	不明（内行花文鏡？）	妻木晩田遺跡松尾頭地区 SI45	西伯郡大山町	集落	竪穴住居	弥生後期	10.0	—	—	—
126-3	舶	四葉座鈕内行花文鏡	妻木晩田遺跡松尾城地区 SI11		集落	竪穴住居	弥生後期	破片	—	—	—
126-4	倭	不明	妻木晩田遺跡妻木山地区 SI119		集落	竪穴住居	不明	8.0	—	—	—
105	舶	三角縁惟念此銘唐草文帯二神二獣鏡	普段寺1号墳	西伯郡南部町寺内〔西伯郡会見町〕	古墳	前方後方墳（25）・木棺直葬	古墳前期	23.5	「惟念此竟有文章 賣者老壽爲侯王 上有申鳥在中央」	目録番号97・同笵鏡番号55・配置J1・表現④	—	—
106	舶	三角縁珠文帯四神四獣鏡	普段寺2号墳	西伯郡南部町寺内〔西伯郡会見町〕	古墳	円墳（約20）・木棺直葬？	古墳前期	21.7	—	目録番号49・同笵鏡番号76・配置A・表現⑤	—	—
107	舶	画文帯環状乳四神四獣鏡	浅井11号墳	西伯郡南部町浅井〔西伯郡会見町〕	古墳	前方後円墳（46）・竪穴式石槨	古墳前期	15.6	「作尚方明竟 買者長宜官 位至」	II（樋口79）／反画Bb1（村瀬14）	—	—
134	倭	弥生倭製鏡（内行花文鏡）	田住松尾平遺跡B区第4ベルト	西伯郡南部町田住字松尾平〔西伯郡会見町〕	集落	遺構外	弥生後期	5.7	—	内行花文系小形仿製鏡第5型（田尻10・12）	〔弥生倭製鏡〕	弥生
108	倭	五獣鏡	長者原所在古墳	西伯郡伯耆町坂長字長者原〔西伯郡岸本町〕	古墳	箱形石棺	古墳	12.7	—	五獣形鏡（樋口79）／獣形文鏡類五獣鏡（小林10）	対置式神獣鏡B系	前（中～）
108-1	倭	珠文鏡	越敷山古墳群44号遺構	西伯郡伯耆町坂長字長者原〔西伯郡岸本町〕	墳墓	周溝墓？・箱形石棺？	古墳前期	7.0	—	—	〔珠文鏡〕	前期
108-2	倭	六弧内行花文鏡	越敷山古墳群62号遺構	西伯郡伯耆町坂長字長者原〔西伯郡岸本町〕	墳墓	周溝墓？	古墳前期	8.0	—	—	内行花文鏡B式	前（中～）
98	倭	八神像鏡	水道山古墳	米子市観音寺	古墳	箱形石棺？	古墳	13.5	—	神像鏡八神式（樋口79）／神像鏡（小林82・10）／伝向日市鏡系（赤塚04a）	神像鏡 I 系	前（中）
99	舶	上方作系浮彫式獣帯鏡？	石州府119号墳〔第2主体部〕	米子市石州府	古墳	方墳（23×16）・割竹形木棺直葬	古墳前期	10.8	—	—	—	—
100	倭	珠文鏡	新山山田7号墳	米子市新山字山田	古墳	円墳（11）・組合式木棺直葬	古墳中期	7.5	—	A-B類（脇山13）／列状系（岩本14）	〔珠文鏡〕	前期

鳥取

発見年	所蔵（保管）者	共伴遺物 石製品・玉類	武具・武器・馬具	ほか金属器	土器類	その他	文献	備考
不明	個人	管玉4・ガラス玉15	—	—	—	—	北條町誌編纂委員会編 1974『北條町誌』北條町	鳥取県（伯耆国）3／一鈴と外縁部のみ
不明	所在不明	—	—	—	—	—	気高町教育委員会編 1977『気高町誌』気高町	伝世品
1999	北栄町教育委員会	—	剣1	斧1・刀子1	土師器（器台1）	—	八峠興・岡野雅則編 2000『島古墳群 米里三ノ嵜遺跡 北尾釜谷遺跡（北尾古墳群）』鳥取県教育文化財団調査報告書 64, 財団法人鳥取県教育文化財団	14g／「当初は木棺の蓋上面に置かれていたものが棺の腐朽により落下した蓋然性が高い」
不明	所在不明	—	甲片	—	土師器・須恵器	土馬	清水直樹編 2001『鳥取県東伯郡北条町 町内遺跡発掘調査報告書』第 10 集, 北条町埋蔵文化財報告書 30, 北条町教育委員会	河川工事の際に出土したという
不明	東京国立博物館〈J13388〉	—	—	—	—	—	梅原末治 1923「因伯二国に於ける古墳の調査」鳥取県史蹟勝地調査報告第二冊, 鳥取県	漢式鏡 626／鳥取県（伯耆国）10
	琴浦町歴史民俗資料館						気高町教育委員会編 1977『気高町誌』気高町	—
不明	個人	—	—	—	—	—	気高町教育委員会編 1977『気高町誌』気高町	—
不明	所在不明	—	—	—	—	—	気高町教育委員会編 1977『気高町誌』気高町	「山林地を畑地に開墾中銅鏡が出たが崖下に投下」
1883	東京国立博物館〈J4859〉	勾玉・管玉	剣	—	—	—	梅原末治 1923「因伯二国に於ける古墳の調査」鳥取県史蹟勝地調査報告第二冊, 鳥取県	漢式鏡 637／鳥取県（伯耆国）1
不明	所在不明	—	鉄鏃	—	—	—	鳥取県編 1972『鳥取県史』第1巻 原始古代, 鳥取県	—
不明	所在不明	勾玉	刀	—	—	—	白石太一郎・設楽博己編 1994『弥生・古墳時代遺跡出土鏡データ集成』（『国立歴史民俗博物館研究報告』第56集）, 国立歴史民俗博物館	—
大正	北平国立歴史博物館（山陰徴古館旧蔵）	碧玉勾玉・瑪瑙勾玉・碧玉？管玉・水晶平玉	—	—	—	—	米子市史編さん協議会編 1999『新修 米子市史』第7巻 資料編 考古 原始・古代・中世, 米子市	漢式鏡 638／鳥取県（伯耆国）12・13?
1919	個人	勾玉2	刀1	—	—	—	米子市史編さん協議会編 1999『新修 米子市史』第7巻 資料編 考古 原始・古代・中世, 米子市	鏡は加茂神社に奉納
不明	鳥取県立博物館	—	—	—	—	—	米子市史編さん協議会編 1999『新修 米子市史』第7巻 資料編 考古 原始・古代・中世, 米子市	—
2000年代？	鳥取県教育委員会	—	—	—	—	—	水村直人編 2012『海を渡った鏡と鉄』青谷上寺地遺跡フォーラム 2012, 鳥取県埋蔵文化財センター	破鏡
2000年代？		—	—	—	—	—		鈕のみ
2000年代？		—	—	—	—	—	岩田文章・岩田珠美・植野浩三編 2000『妻木晩田遺跡 洞ノ原地区・晩田山古墳群発掘調査報告』淀江町埋蔵文化財調査報告書第 50 集, 淀江町教育委員会	—
1952	大安寺	碧玉管玉	剣1	—	—	—	樋口隆康 1952「同型鏡の二三について—鳥取県普段寺山古墳新出鏡を中心として」『古文化』第1巻第2号, 日本古文化研究会	鳥取県（伯耆国）21
1921	個人	—	—	—	—	—	富樫卯三郎・高木恭二 1982「熊本県城ノ越古墳出土の三角縁神獣鏡について—鳥取県普段寺2号墳出土鏡との比較—」『考古学雑誌』第67巻第3号, 日本考古学会	漢式鏡 641.5／鳥取県（伯耆国）22
不明	個人	—	剣	鉄製品	—	—	米子市史編さん協議会編 1999『新修 米子市史』第7巻 資料編 考古 原始・古代・中世, 米子市	620g
1995	南部町教育委員会	—	—	—	—	—	米子市史編さん協議会編 1999『新修 米子市史』第7巻 資料編 考古 原始・古代・中世, 米子市	—
1887頃	所在不明（個人旧蔵）	—	鏃	—	朱入壺	—	梅原末治 1923「因伯二国に於ける古墳の調査」鳥取県史蹟勝地調査報告第二冊, 鳥取県	漢式鏡 641.6／鳥取県（伯耆国）23
2014	米子市文化財団埋蔵文化財調査室	勾玉2・管玉8・小玉2	—	—	—	—	米子市文化財団埋蔵文化財調査室 2014『越敷山古墳群・金廻芦谷平清跡発掘調査現地説明会資料』	—
2014		—	—	—	—	—		—
不明	鳥取県立博物館（個人旧蔵）	—	—	—	—	—	米子市史編さん協議会編 1999『新修 米子市史』第7巻 資料編 考古 原始・古代・中世, 米子市	水道工事中に出土
1984	米子市教育委員会	—	剣	—	土師器	—	米子市史編さん協議会編 1999『新修 米子市史』第7巻 資料編 考古 原始・古代・中世, 米子市	破鏡か／内区と鈕座の一部のみ
1989	米子市教育委員会	—	—	—	土師器	—	米子市史編さん協議会編 1999『新修 米子市史』第7巻 資料編 考古 原始・古代・中世, 米子市	—

番号	舶倭	鏡　式	出土遺跡	出土地名	遺跡内容	時　期	面径(cm)	銘　文	諸氏分類	編者分類・時期
101	舶	上方作浮彫式一仙三獣鏡	石州府29号墳〔第2主体部〕	米子市石州府字寺挙處ノ参	円墳（16）・組合式木棺直葬	古墳前期	10.8	「上方乍竟真□□ 宜子」	四像式（岡村92）／四像式A系統Ⅲ段階（山田06）／四像Ⅱ式（Ⅰb系）（實盛15）	—
102	倭	不明	福市遺跡 吉塚31号住居跡	米子市福市字吉塚	堅穴住居（壁際埋土上層）	弥生末期〜古墳前期	破片	—	—	—
103	倭	六弧内行花文鏡	青木遺跡 FSX07（F区7号墳〔第1主体部〕）	米子市永江	方墳（10）・組合式木棺直葬	弥生末期〜古墳前期	11.3	—	六弧（樋口79）	内行花文鏡B式 前（中）
104	舶	八禽鏡	青木遺跡 HSI60（H地区60号堅穴住居）		堅穴住居（床面ピット中央付近）	弥生後期	8.3	—	円圏鳥文鏡A平素縁四乳八禽式（樋口79）	—
137	倭	珠文鏡	長砂第3遺跡	米子市長砂町20	堆積層（遺構外）	古墳	9.0	—	—	〔珠文鏡〕
138	倭	不明	新山山田遺跡1区古代流路	米子市新山字山田他	集落 流路	不明	6.7	—	—	—
109	倭	六弧内行花文鏡	西尾原（伝）	米子市淀江町西尾原（伝）〔西伯郡淀江町〕	不明	不明	9.0	—	六弧（樋口79）／B類1式（清水94）／六花文鏡（小林10）	内行花文鏡B式 前（中）
110	倭	捩文鏡	小波字下原田所在古墳（伝）	米子市淀江町小波字下原田（伝）〔西伯郡淀江町〕	古墳 箱形石棺	古墳	10.9	—	V型（樋口79）／捩文鏡（類）C型（小林82·10）／BⅢ型（小林83）／V型（小沢88）／C型式c類（水野97）	捩文鏡E系 前（新）
111	倭	五弧内行花文鏡	小波（伝）	米子市淀江町小波（伝）〔西伯郡淀江町〕	不明	不明	9.5	—	五弧（樋口79）	内行花文鏡B式 前（中）
111-1	倭	六弧内行花文鏡	小波（伝）	米子市淀江町小波（伝）〔西伯郡淀江町〕	不明	不明	9.0	—	六弧（樋口79）	内行花文鏡B式 前（中）
112	舶	顔氏作画文帯環状乳四神四獣鏡	中西尾6号墳（西尾5号墳）	米子市淀江町中西尾字東ヤブコウジ〔西伯郡淀江町〕	古墳 円墳（18）・横穴式石室	古墳後期	12.7	「顔氏作自右己 東王父西王母」	Ⅱ（樋口79）／画Ba1（村瀬14）	—
113	倭	八弧内行花文鏡	上ノ山古墳（小枝山4号墳）〔第2石槨〕	米子市淀江町福岡〔西伯郡淀江町〕	古墳 帆立（35）・堅穴式石槨	古墳中期	8.9	—	八弧（樋口79）	内行花文鏡B式 前（中）
114	倭	四獣鏡	福岡所在古墳（伝）	米子市淀江町福岡（伝）〔西伯郡淀江町〕	古墳 箱形石棺	古墳	9.1	—	四獣形鏡（樋口79）／獣形文鏡類四獣鏡C-1型（小林82·10）	鳥頭獣像鏡B系 前（新）
115	?	不明	晩田山3号墳（伝）	米子市淀江町（伝）〔西伯郡淀江町〕	古墳 前方後円墳（38）	古墳	不明	—	—	—
116	倭	四神二獣鏡	宇田川〜百塚原付近（伝）	米子市淀江町（伝）〔西伯郡淀江町〕	不明	不明	12.1	—	—	二神二獣鏡Ⅱ系 前（新）
117	倭	珠文鏡	宇田川〜百塚原付近（伝）	米子市淀江町（伝）〔西伯郡淀江町〕	不明	不明	4.9	—	—	〔珠文鏡〕
118	倭	捩文鏡	宇田川〜百塚原付近（伝）	米子市淀江町（伝）〔西伯郡淀江町〕	不明	不明	6.6	—	BⅢ型（小林83）	捩文鏡C系 前（中）
119	倭	四獣鏡	宇田川〜百塚原付近（伝）	米子市淀江町（伝）〔西伯郡淀江町〕	不明	不明	6.7	—	四獣形鏡（樋口79）	〔中期型獣像鏡〕 中期
120	倭	六弧内行花文鏡	淀江町（伝）	米子市淀江町（伝）〔西伯郡淀江町〕	不明	不明	8.7	—	—	内行花文鏡B式 前（中）
121	倭	五獣鏡	淀江町（伝）	米子市淀江町（伝）〔西伯郡淀江町〕	不明	不明	完形	—	五獣形鏡（樋口79）	— 中期
121-1	倭	四獣鏡	泉原所在古墳（伝）	米子市淀江町泉原（伝）〔西伯郡淀江町〕	古墳 不明	古墳	12.8	—	—	類対置式神獣鏡B系? 前（中〜）
121-2	倭	櫛歯文鏡?	博労町遺跡5区SD03		集落 溝状遺構	古墳前期?	3.4	—	—	〔重圏文鏡?〕 —
121-3	倭	素文鏡	博労町遺跡2区包含層	米子市博労町4-220	集落 遺物包含層	弥生〜古代	3.2	—	—	〔素文鏡〕 —
121-4	倭	重圏文鏡	博労町遺跡5区包含層		集落 遺物包含層	弥生〜古代	6.0	—	4b類（脇山15）	〔重圏文鏡〕 前期
121-5	倭	珠文鏡	吉谷12号墳〔埋葬施設6（中心主体部）〕	米子市吉谷字中馬場山	古墳 円墳（21）・土壙?	古墳前期	7.8	—	—	〔珠文鏡〕 前期?
127	倭	珠文鏡	名土古墳	日野郡日南町矢戸字名土	古墳 箱形石棺	古墳中期〜	8.8	—	珠文鏡Ⅱ類（樋口79）／珠文鏡類B型（小林82·10）／3類（今井91）／Ⅱ類（中山他94）／珠紋鏡系（森下02）／AC-B類（脇山13）／充填系A群（岩本14）	〔珠文鏡〕 中期
127-1	倭	内行花文鏡	霞17号墳〔後円部主体部〕	日野郡日南町霞字妙見谷599-1	古墳 前方後円墳（20）・堅穴式石槨	古墳前期	8.5	—	—	内行花文鏡B式 前（中?）

鳥取

発見年	所蔵（保管）者	共伴遺物					文献	備考
		石製品・玉類	武具・武器・馬具	ほか金属器	土器類	その他		
1990	米子市教育委員会	―	剣3	刀子1	―	―	米子市史編さん協議会編1999『新修 米子市史』第7巻 資料編 考古 原始・古代・中世, 米子市	―
1967	米子市教育委員会（個人・福市考古資料館）	―	―	不明鉄製品	―	―	米子市史編さん協議会編1999『新修 米子市史』第7巻 資料編 考古 原始・古代・中世, 米子市	鳥取県（伯耆国）26／鈕のみ
1971	米子市教育委員会（福市考古資料館）	―	―	―	―	―	米子市史編さん協議会編1999『新修 米子市史』第7巻 資料編 考古 原始・古代・中世, 米子市	―
1972		管玉	―	不明鉄製品	弥生土器	―		鳥取県（伯耆国）27／破鏡か
1998	米子市教育委員会	―	―	―	―	―	平木裕子編1999『長砂第3遺跡』財団法人米子市教育文化事業団文化財発掘調査報告書29, 財団法人米子市教育文化事業団	重圏文鏡との関係深し
1989	米子市教育委員会	―	―	―	―	―	米子市史編さん協議会編1999『新修 米子市史』第7巻 資料編 考古 原始・古代・中世, 米子市	―
大正	所在不明	―	―	―	―	―	佐々木謙1964『福岡古墳群』佐々木古代文化研究室記録第3, 稲葉書房	漢式鏡641.4／鳥取県（伯耆国）17
明治～大正	所在不明（足立正・山陰徴古館旧蔵）	―	―	―	―	―	梅原末治1923『因伯二国に於ける古墳の調査』鳥取県史蹟勝地調査報告第二冊, 鳥取県	漢式鏡639／鳥取県（伯耆国）20
不明	所在不明（鳥取科学博物館？）	―	―	―	―	―		
不明	所在不明	―	―	―	―	―		―
1902～03頃	所在不明（谷尾範吾旧蔵→売却）	硬玉勾玉2・瑪瑙勾玉1・切子玉5・ガラス玉50・小玉多数	刀剣5	金環40・斧若干	須恵器多数	―	米子市史編さん協議会編1999『新修 米子市史』第7巻 資料編 考古 原始・古代・中世, 米子市	漢式鏡640／鳥取県（伯耆国）18／同型：藤田山古墳（大阪74）
1960	佐々木古代文化研究室	勾玉4・滑石勾玉296・碧玉管玉14・滑石小玉215	刀1	―	―	―	佐々木謙1964『福岡古墳群』佐々木古代文化研究室記録第3, 稲葉書房	鳥取県（伯耆国）14・24
不明	淀江歴史民俗資料館（山陰徴古館旧蔵）	勾玉	刀剣	―	―	―	梅原末治1923『因伯二国に於ける古墳の調査』鳥取県史蹟勝地調査報告第二冊, 鳥取県	漢式鏡641.3
不明	所在不明	―	―	―	―	―	佐々木謙1964『福岡古墳群』佐々木古代文化研究室記録第3, 稲葉書房	「「昔、掘つたら鏡が出た。」と伝えられる」
不明		―	―	―	―	―	梅原末治1923『因伯二国に於ける古墳の調査』鳥取県史蹟勝地調査報告第二冊, 鳥取県	漢式鏡641.1？／鳥取県（伯耆国）19-4
不明	所在不明（個人旧蔵）	―	―	―	―	―	米子市史編さん協議会編1999『新修 米子市史』第7巻 資料編 考古 原始・古代・中世, 米子市	鳥取県（伯耆国）19-1
不明		―	―	―	―	―	梅原末治1923『因伯二国に於ける古墳の調査』鳥取県史蹟勝地調査報告第二冊, 鳥取県	鳥取県（伯耆国）19-2
不明		―	―	―	―	―	米子市史編さん協議会編1999『新修 米子市史』第7巻 資料編 考古 原始・古代・中世, 米子市	漢式鏡641.2？／鳥取県（伯耆国）19-3
不明	所在不明（山陰徴古館旧蔵）	―	―	―	―	―	米子市史編さん協議会編1999『新修 米子市史』第7巻 資料編 考古 原始・古代・中世, 米子市	鳥取県（伯耆国）16／拓本では完形
不明	所在不明	―	―	―	―	―	白石太一郎・設楽博己編1994『弥生・古墳時代遺跡出土鏡データ集成』（『国立歴史民俗博物館研究報告』第56集）, 国立歴史民俗博物館	
不明	島根県立博物館	―	―	―	―	―	米子市史編さん協議会編1999『新修 米子市史』第7巻 資料編 考古 原始・古代・中世, 米子市	―
2009		―	―	―	―	―	濱野浩美編2011『博労町遺跡』財団法人米子市教育文化事業団文化財発掘調査報告書64, 財団法人米子市教育文化事業団	〈3g〉
2008	米子市教育委員会	―	―	―	―	―		8g
2009		―	―	―	―	―		〈2g〉／破鏡（破面研磨・2孔）
2001	鳥取県埋蔵文化財センター	水晶勾玉1・ガラス勾玉1・勾玉1・碧玉管玉13・ガラス管玉1・ガラス小玉151	―	不明鉄製品1	土師器（直口壺）	―	濱隆造編2003『吉谷遺跡群』鳥取県教育文化財団調査報告書84, 財団法人鳥取県教育文化財団	―
1907	東京国立博物館（J5442）	切子玉1・ガラス玉28	刀剣2（伝）	―	脚付小形丸底壺・高杯	―	米子市史編さん協議会編1999『新修 米子市史』第7巻 資料編 考古 原始・古代・中世, 米子市	漢式鏡642／鳥取県（伯耆国）25
2000	日南町教育委員会	翡翠勾玉3・ガラス勾玉1	刀1・剣1・鉄鏃2	不明鉄製品1	土師器（高杯1）	―	濱隆造・中森祥・森田結城編2001『霞遺跡群』鳥取県教育文化財団調査報告書73, 財団法人鳥取県教育文化財団	―

島根

番号	舶倭	鏡式	出土遺跡	出土地名	遺跡内容	時期	面径(cm)	銘文	諸氏分類	編者分類・時期
1	舶	三角縁（惟念此銘）唐草文帯二神二獣鏡	大成古墳	安来市荒島町大成2946 他	古墳	方墳（約60）・竪穴式石槨	古墳前期	23.9	—	目録番号97・同范鏡番号55・配置J1・表現④	— —
2	舶	方格規矩鏡	造山1号墳〔第1主体部〕	安来市荒島町造山2042	古墳	方墳（60）・竪穴式石槨	古墳前期	17.1	「□乍竟真大好 上右山人不老 昜欠玉泉」／「子丑寅卯辰巳午未申酉戌亥」	V類（樋口79）／中型鏡1-2（北浦92）／甲群（森下98）／方格規矩文鏡類D型（小林82・10）	— —
3	舶	「仿製」三角縁獣文帯三神三獣鏡	造山1号墳	安来市荒島町造山	古墳			24.0	—	目録番号231・同范鏡番号115・配置L2・三角縁神獣鏡類A型（小林82・10）	— —
4	舶	方格規矩鏡	造山1号墳〔第2主体部〕			方墳（60）・竪穴式石槨	古墳前期	18.9	「吾作明竟甚大工 刑母雕刻用青同 保子宜孫」／「子丑寅卯辰巳午未申酉戌亥」	中型鏡1-2（北浦92）／甲群（森下98）	— —
5	舶	吾作斜縁二神二獣鏡	造山3号墳	安来市荒島町造山2073	古墳	方墳（39×32）・竪穴式石槨（割竹形木棺）	古墳前期	15.4	「吾作明竟自有紀 令人長命宜孫子 作家高遷車生茭耳 宜□」	図像表現②（村松04）／紋様表現②（實盛09）	— —
6	倭	弥生倭製鏡（六弧内行花文鏡）	小谷遺跡〔第1主体部〕	安来市切川町小谷1728-1	古墳？	方墳（15 ?）・箱形木棺直葬	古墳前期	8.2	—	BⅠ式（森70）／古式仿製鏡内行花文座式（樋口79）／内行花文日光鏡系仿製鏡第Ⅲ型b類（高倉85・90）／内行花文系小形仿製鏡第4型（田尻10・12）	〔弥生倭製鏡〕	弥生
7	倭	六弧内行花文鏡	今若峠1号墳	安来市飯生町	古墳	円墳（30）・長持系石棺	古墳中期？	約10	—	六弧（樋口79）	内行花文鏡B式	前(中)
8	倭	珠文鏡	鷺の湯病院跡横穴（植田横穴）	安来市植田町	横穴	家形石棺	古墳後期	7.8	—	珠文鏡Ⅲ類（樋口79）／珠文鏡類B型（小林82・10）／3類（今井91）／珠文鏡4a式（森下91）／Ⅲ類（中山94）／珠紋鏡系（森下02）／D-B2類（脇山13）／充填系F群（岩本14）	〔珠文鏡〕	後期
43	舶	不明	大原遺跡G13区遺物包含層第4層	安来市植田町	集落	遺物包含層	弥生後期	7.8	—	—	—	—
45	倭	重圏文鏡	五反田1号墳（門生黒谷Ⅲ遺跡）〔第1主体部〕	安来市門生町	古墳	方墳（25）・竪穴式石槨	古墳前期	5.6	—	—	〔重圏文鏡〕	前期
46	倭	珠文鏡	小馬木2号墳	安来市黒井田町小馬木	古墳	円墳（11）・木棺直葬	古墳中期	7.0	—	充填系C群（岩本14）	〔珠文鏡〕	
47	倭	乳文鏡	月坂放レ山5号墳	安来市月坂町802-1 他	古墳	方墳（14）・木棺直葬	古墳中期	7.8	—	—	〔乳脚文鏡？〕	後期？
9	舶	神人龍虎画象鏡	寺床遺跡1号墳〔第1主体部〕	松江市東出雲町揖屋字寺床2925-1 他〔八束郡東出雲町〕	古墳	方墳（33×21）・礫と砂の槨（割竹形木棺）	古墳前期	13.0	「劉□鏡□奇 □□□ □ □□無傷 □□知老 呆二神得天□」		— —
10	舶	八弧内行花文鏡	古城山古墳	松江市東出雲町出雲郷〔八束郡東出雲町〕	古墳	方墳（20）・刳抜式木棺直葬	古墳前期	16.3	「位至三□」		— —
11	倭	素文鏡？	鳥越山遺跡	松江市東出雲町出雲郷字鳥越山〔八束郡東出雲町〕	不明	不明	不明	5.0	—	内行花文日光鏡系仿製鏡（高倉85・90）	〔素文鏡？〕	
11-1	?	不明	姫津遺跡（春日遺跡？）	松江市東出雲町出雲郷字姫津1389番地外〔八束郡東出雲町〕	散布地	不明	不明	不明	—	—	—	—
12	舶	三角縁波文帯四神二獣鏡	八日山1号墳	松江市新庄町八日山1339-1・2	古墳	方墳（24）	古墳前期？	21.9	—	目録番号85・同范鏡番号46・配置H・表現⑧	— —
13	倭	九乳文鏡	客山古墳	松江市新庄町1522	古墳	方墳（12×9）・木棺直葬	古墳中期	9.2	—	—	〔乳脚文鏡〕	後期
14	倭	五弧内行花文鏡	金崎1号墳	松江市西川津町金崎	古墳	前方後方墳（32）・竪穴式石槨 or 竪穴系横口式石室		6.8	—	五弧（樋口79）／E類（清水94）	内行花文鏡後期型	後期
15	倭	乳文鏡	薬師山古墳	松江市西川津町前菅田974	古墳	箱形石棺？	古墳中期	9.5	—	乳文鏡類？（小林10）	〔乳脚文鏡〕	後期
15-1	倭	捩文鏡	苅捨古墳〔第1主体部〕	松江市西川津町	古墳	円墳（22）・粘土槨	古墳前期	9.0	—	—	捩文鏡D系	前(中)
15-2	舶	夔龍文鏡						11.0	—	—	—	—

276

島根

発見年	所蔵（保管）者	共伴遺物					文献	備考
		石製品・玉類	武具・武器・馬具	ほか金属器	土器類	その他		
1911・97	東京国立博物館〈J6604〉・安来市教育委員会	—	素環頭大刀1・刀2・剣3	—	土師器（小形丸底壺3・低脚杯2）	—	渡辺貞幸・金山尚志編『大成古墳第4・5次発掘調査』島根大学考古学研究室・安来市教育委員会	〈1254g〉／漢式鏡645／島根県（出雲国）6
1936	東京国立博物館〈J33868〉	ガラス管玉4〜	刀	刀子	—	—	車崎正彦編2002『考古資料大観』第5巻 弥生・古墳時代 鏡,小学館	島根県（出雲国）7-2
	東京国立博物館〈J33867〉						樋口隆康2000『三角縁神獣鏡新鑑』学生社	1431g／島根県（出雲国）7-1
1938	東京国立博物館〈J34485〉	碧玉紡錘車形石製品1	刀残欠・剣6	刀子2・金具1	土師器片42	—	車崎正彦編2002『考古資料大観』第5巻 弥生・古墳時代 鏡,小学館	島根県（出雲国）7-3
1965	島根県立八雲立つ風土記の丘資料館	大型碧玉管玉22・細型碧玉管玉8・ガラス小玉33	—	鉇1・刀子1	土師器（無頸壺・小形丸底壺・甕・器台・低脚杯）	—	山本清1967『造山第三号墳調査報告』島根県教育委員会	島根県（出雲国）8
1964	島根県立八雲立つ風土記の丘資料館	ガラス小玉	剣形鉄製品	刀子・針	土師器（脚付小形丸底壺・高杯2・低脚杯7・脚片1）	—	樋口隆康1979『古鏡』新潮社	島根県（出雲国）10
1918	個人？	勾玉3・管玉28	刀3・鏃若干	—	—	—	樋口隆康1979『古鏡』新潮社	島根県（出雲国）12
不明	東北大学	琥珀棗玉数個体分・ガラス臼玉68・金銅空玉13・針金繋金銅棗玉形空玉21	単竜環頭大刀?頭1・金銅装円頭1・大刀1・銀装大刀残欠1・金銅装?・大刀残欠1・轡残欠・鉄地金銅張鐙金具1具分・鉄地金銅張辻金具2・鉄地金銅張雲珠残欠1	金銅冠立飾1・金銅太形中空耳環1対・鍍金環鍍銀環交叉品1対・鍍銀環2対・直弧文鹿角装刀子1・刀子7	—	—	樋口隆康1979『古鏡』新潮社	島根県（出雲国）11／ハバキ痕
1992	島根県教育委員会	—	—	—	弥生土器	—	佐伯純也編2009『山陰の古墳出土鏡』第37回山陰考古学研究集会事務局	縁部片
1994	島根県教育委員会・島根県埋蔵文化財調査センター	硬玉勾玉2・碧玉及緑色凝灰岩管玉18	—	鉇状鉄器	—	—	佐伯純也編2009『山陰の古墳出土鏡』第37回山陰考古学研究集会事務局	捩文鏡と関連
1997	安来市教育委員会	—	—	—	—	—	水口晶郎・山内英樹編1998『小馬木古墳群』安来市埋蔵文化財調査報告書第26集,安来市教育委員会	ハバキ痕
1998	安来市教育委員会	—	横矧板鋲留短甲1・刀&剣3・檜1・鉄鏃23〜・漆膜柄	—	—	—	水口晶郎2004「月坂放レ山5号墳（島根県安来市）」『島根考古学会誌』第20・21集合併号,島根考古学会	—
1980	東出雲町教育委員会	硬玉勾玉1	刀1・剣1	魚扠状鉄製品3	土師器（器台・高杯）	—	車崎正彦編2002『考古資料大観』第5巻 弥生・古墳時代 鏡,小学館	—
1969	島根県立八雲立つ風土記の丘資料館	—	—	—	土師器（鼓形器台）	—	佐伯純也編2009『山陰の古墳出土鏡』第37回山陰考古学研究集会事務局	島根県（出雲国）15
1960〜63	島根県立八雲立つ風土記の丘資料館	—	—	—	—	—	九州考古学会事務局・九州考古学会第5回夏期大会佐賀県実行委員会編2013『平成25年度九州考古学会大会 弥生時代後期青銅鏡を巡る諸問題』九州考古学会	—
不明	所在不明	—	—	—	—	—	—	小型鏡
1977	島根県立八雲立つ風土記の丘資料館	—	—	—	—	—	岡崎雄二郎・原田律夫・松本岩雄1978「出雲における同笵鏡の新例―島根県八日山1号墳出土の三角縁神獣鏡をめぐる二・三の問題―」『考古学雑誌』第63巻第4号,日本考古学会	—
1980	松江市教育委員会	管玉9・ガラス小玉6	—	刀子2	土師器（甕）	堅櫛4	島根県教育委員会編1981『島根県埋蔵文化財調査報告書』第Ⅷ集,島根県教育委員会	—
1947	京都大学総合博物館・島根大学・松江市教育委員会	碧玉勾玉5・瑪瑙勾玉6・ガラス勾玉1・滑石子持勾玉2・碧玉管玉4・水晶垂玉1・滑石臼玉多数・ガラス小玉多数	刀1・剣1・矛1	紡錘車様青銅品・鋤先1・刀子1	須恵器（長頸壺1・脚付壺1・異形連管小壺1・筒形器台1・有蓋高杯2・無蓋高杯5・甑4）	—	樋口隆康1979『古鏡』新潮社	島根県（出雲国）3
1922	島根大学考古学研究室	有孔円板4・剣形石製品1	刀2・鉄鏃10〜	—	土師器（小形丸底壺1・高杯4）・須恵器（短頸壺1・壺1・甕1・高杯3・蓋杯16・甑2）	—	渡辺貞幸・石田為成他編2002『松江市手間古墳発掘調査報告 薬師山古墳出土遺物について』島根大学法文学部考古学研究室	島根県（出雲国）4
2007	島根県埋蔵文化財調査センター	水晶勾玉1・碧玉管玉2・ガラス小玉74	—	—	—	—	内田律雄・稲田陽介・浪形早季子・渡辺正巳編2011『苅捨古墳・西川津遺跡』主要地方道松江島根線改築工事に伴う発掘調査報告書1,島根県教育委員会	90g／〈80g〉／破鏡（縁部）

番号	舶倭	鏡式	出土遺跡	出土地名	遺跡内容	時期	面径(cm)	銘文	諸氏分類	編者分類・時期
16	舶	盤龍鏡	月廻古墳（番外3号墳）	松江市法吉町久米704	古墳	方墳(23)・木棺直葬	古墳中期?	10.5	—	両頭式（樋口79）／B類（辻田09）	—
16-1	倭	神頭鏡	塚山古墳	松江市法吉町721-1番地外	古墳	方墳(33)・礫床(舟形木棺)	古墳中期	12.1	—	—	神頭鏡系	前(中〜)
17	倭	五獣鏡（一神四獣鏡）	古天神古墳	松江市大草町杉谷1169	古墳	前方後方墳(27)・横穴式石室	古墳後期	13.6	—	獣形文鏡類五獣鏡（小林82・10）／旋回式獣像鏡系（森下02）／Bh型式（加藤14）	〔旋回式獣像鏡〕	後期
18	倭	珠文鏡	御崎山古墳	松江市大草町御崎	古墳	前方後方墳(40)・横穴式石室(家形石棺)	古墳後期	8.2	—	珠文鏡Ⅲ類（樋口79）／3類（今井91）／Ⅲ類?（中山他94）／珠紋鏡系（森下02）／BC-D類（脇山13）／充填式E群（岩本14）	〔珠文鏡〕	—
19	舶	長宜子孫編蝠座鈕八弧内行花文鏡	岡田山1号墳	松江市大草町岡田844-3他	古墳	前方後方墳(23)・横穴式石室(家形石棺)	古墳後期	10.5	「長宜子孫」	Bc エ式（樋口79）	—
20	舶	夔龍文鏡	小屋谷3号墳〔第1主体部〕	松江市八雲町日吉字小屋谷〔八束郡八雲村〕	古墳	方墳(19×15)・組合式木棺直葬	古墳前期	9.5	—	—	—
21	舶	双頭龍文鏡	玉造築山古墳	松江市玉湯町玉造〔八束郡玉湯町〕	古墳	円墳(16)・舟形石棺	古墳中期	8.0	「位至三公」?	Ⅲ式（樋口79）／Ⅲ式（西村83）	—
22	倭	珠文鏡	奥才12号墳〔第3主体部〕	松江市鹿島町名分字奥才1460他〔八束郡鹿島町〕	古墳	方墳(19)・組合式木棺直葬	古墳前期	6.7	—	1類（今井91）／I類（中山他94）	〔珠文鏡〕	前期
23	倭	八弧内行花文鏡	奥才14号墳〔第1主体部〕	松江市鹿島町名分字奥才1460他〔八束郡鹿島町〕	古墳	円墳(18)・箱形石棺	古墳前期	17.9	—	A類Ⅱa式（清水94）／Ⅱ類基本系（林00）／内行花紋鏡C系（森下02）／A系Ⅱ式（辻田07）	内行花文鏡A式BⅡ類	前(中)
24	舶	方格T字鏡					11.0	「子□□□巳午未□」	博局T字鳥文鏡Ca4M類（高木91・93）／小型鏡A3型（北浦92）／SAb1式（松浦94）／丁群（森下98）	—
25	倭	捩文鏡	奥才34号墳	松江市鹿島町名分字奥才1460他〔八束郡鹿島町〕	古墳	方墳(11)・土師器壺棺	古墳前期	7.8	—	C型式(a類)（水野97）／羽紋鏡系（森下02）	捩文鏡D系	前(中)
44	倭	六弧内行花文鏡	釜代1号墳〔第2主体部〕	松江市西浜佐陀町	古墳	円墳(20×16)・粘土槨	古墳前期	11.4	—	—	内行花文鏡B式	前(中)
44-1	倭	珠文鏡	北小原3号墳	松江市西浜佐陀町	古墳	方墳(9)・礫床箱形石棺	古墳前期	9.0	—	区画入珠紋鏡（森下02）	〔珠文鏡〕	前期
44-2	倭	五弧内行花文鏡	石田古墳	松江市浜佐田町	古墳	方墳(12)・木棺直葬	古墳前期	9.8	—	—	内行花文鏡B式	前(中)
48	倭	四神二獣鏡（六神二獣鏡）	上野1号墳〔第1主体部〕	松江市宍道町佐々布2608-1〔八束郡宍道町〕	古墳	円墳(39)・粘土槨	古墳前期	17.4	擬銘	斜縁神獣鏡A系（森下02）	二神二獣鏡Ⅱ系	前(中)
48-1	倭	珠文鏡	社日2号墳〔第1主体部〕	松江市竹矢町1538-1	古墳	方墳(12)・木棺直葬	古墳前期	6.4	—	D-B類（脇山13）／列状系（岩本14）	〔珠文鏡〕	前期
26	舶	三角縁景初三年陳是作同向式神獣鏡	神原神社古墳	雲南市加茂町神原2071・1436〔大原郡加茂町〕	古墳	方墳(30)・堅穴式石槨(割竹形木棺)	古墳前期	23.0	「景初三年 陳是作鏡 自有経述 本是京師 杜地正出 吏人詔之 位至三公 母人詔之 保子宜孫 壽如金石 兮」	目録番号7・配置同向・表現他／B形式（小山田93）	—
26-1	舶	不明	土井・砂1号墳〔第2主体部〕	雲南市加茂町神原〔大原郡加茂町〕	古墳	方墳(10)・刳抜式木棺直葬	古墳前期	17.7	—	—	—
27	舶	上方作系浮彫式一仙五獣鏡	松本1号墳〔第1主体部〕	雲南市三刀屋町給下〔飯石郡三刀屋町〕	古墳	前方後方墳(50)・粘土槨	古墳前期	13.0	「…子孫…」	半肉彫獣帯鏡C六像式（樋口79）／六像B式（岡村92）／六像式A系統Ⅲ段階（山田06）／六像Ⅱ式（Ⅰb系）（實盛15）	—
27-1	倭	重圏文鏡?	馬場遺跡	雲南市三刀屋町給下〔飯石郡三刀屋町〕	集落	不明	古墳前期?	7.7	—	—	〔重圏文鏡?〕	—
27-2	倭	重圏文鏡	三刀屋熊谷2号墳〔第1主体部〕	雲南市三刀屋町下熊谷〔飯石郡三刀屋町〕	古墳	方墳(10〜)・箱形木棺直葬	古墳前期	4.7	—	—	〔重圏文鏡〕	前期

島根

発見年	所蔵（保管）者	共伴遺物					文献	備考
		石製品・玉類	武具・武器・馬具	ほか金属器	土器類	その他		
1972	島根県教育委員会・島根県立八雲立つ風土記の丘資料館	碧玉管玉3	―	―	―	―	佐伯純也2009『山陰の古墳出土鏡』第37回山陰考古学研究集会事務局	島根県（出雲国）5
2001	島根県教育庁埋蔵文化財センター	ガラス小玉3・滑石臼玉94〜	三角板鋲留短甲1・刀1・剣4	鹿角装刀子数本・不明鉄器			熱田貴保・深田浩・東山信治他編2002『田中谷遺跡 塚山古墳 下がり松遺跡 角谷遺跡』法吉団地建設に伴う埋蔵文化財発掘調査報告書,島根県教育委員会	98g
1915	東京国立博物館（J8428）	―	円頭大刀1・刀・雲珠	金環3・銀環3	須恵器（蓋及脚付壺1・高杯1・提瓶2・𤭯1・蓋5）		車崎正彦編2002『考古資料大観』第5巻 弥生・古墳時代 鏡,小学館	190g／漢式鏡643／島根県（出雲国）2
1972	東京国立博物館・島根教育委員会		獅噛環頭大刀1・大刀2・鉄鏃一括・靫1・轡1・杏葉1・辻金具1・雲珠1・菱形金具2・金銅鈴4	金環1対・銀環1対・刀子2	土師器（小形丸底壺1）・須恵器（大壺1・長頸壺2・有蓋小形丸底壺1・脚付小形丸底壺1・大甕・有蓋高杯1・高杯2・杯蓋6・𤭯2・提瓶5）	釘2・鋲1	車崎正彦編2002『考古資料大観』第5巻 弥生・古墳時代 鏡,小学館	―
1915	六所神社・島根県立八雲立つ風土記の丘資料館	金銅丸玉16〜	鉄地銀象嵌円頭大刀1・銀金銅装円頭大刀1・金銅装三葉環頭大刀1・鉄鏃数百・大飾金具・轡鏡板1対・鞍1個体分・雲珠2・辻金具4・鉄環2・馬鈴6	金環2・刀子2・鉇1	須恵器（短頸壺1・高杯1・𤭯1・提瓶2）		松本岩雄編1987『出雲岡田山古墳』島根県教育委員会	漢式鏡644.1／島根県（出雲国）1
1980	八雲町教育委員会	―	―	刀子1			宮本徳昭編1981『御崎谷遺跡・小屋谷古墳群』八雲村教育委員会	―
安政末〜万延	忌部神社（玉湯町立出雲玉作資料館）	―	横矧板鋲留短甲片・鉄鏃1束				佐伯純也2009『山陰の古墳出土鏡』第37回山陰考古学研究集会事務局	漢式鏡644.2?／島根県（出雲国）14
1982		碧玉管玉2・緑色凝灰岩管玉1	―					
1982	松江市教育委員会	紡錘車形石製品1	素環頭大刀1・剣1・槍1・鉄鏃1	鉇1・刀子2・用途不明鉄器1			三宅博士・赤沢秀則・広江耕史編1985『奥才古墳群』鹿島町教育委員会	「壮年者」の骨
1982		石釧1・碧玉勾玉1・琥珀勾玉1		針状鉄製品				石釧の環内に琥珀勾玉を入れ鏡で蓋をし、礫を肩部まで詰めた土師器甕内に収納
1993	松江市教育委員会	碧玉勾玉1・ガラス小玉67	―	―	―	―	飯塚康行編1994『釜代1号墳外発掘調査報告書1』財団法人松江市教育文化振興事業団文化財調査報告書第1集,財団法人松江市教育文化振興事業団	
2000	松江市教育委員会	―	剣or槍1	―			財団法人松江市教育文化振興事業団編2001『埋蔵文化財課年報』Ⅴ,財団法人松江市教育文化振興事業団	細線と房状表現で放射状区画（四区画）
2002〜03	松江市教育委員会	勾玉4・管玉5・ガラス丸玉1・小玉160・垂飾石4					佐伯純也編2009『山陰の古墳出土鏡』第37回山陰考古学研究集会事務局	―
1997	島根県教育庁埋蔵文化財調査センター	翡翠勾玉1・瑪瑙勾玉1・ガラス勾玉1・碧玉管玉30・緑色凝灰岩管玉11	剣2・槍1	刀子5			林健亮・原田敏照編2001『上野遺跡・竹ノ崎遺跡』中国横断自動車道尾道松江線建設予定地内埋蔵文化財発掘報告書9,日本道路公団中国支社・島根県教育委員会	―
1999	島根県教育庁埋蔵文化財調査センター	緑色凝灰岩管玉1	―	―	―	―	大庭俊次編2000『社日古墳』一般国道松江道路建設予定地内埋蔵文化財発掘調査報告書12,建設省松江国道工事事務所・島根県教育委員会	
1972	島根県立八雲立つ風土記の丘資料館		素環頭大刀1・刀1・剣1・槍（剣?）1・鉄鏃片36・矢羽根漆膜	鍬先1・斧1・鎌1・鉇1・鑿1・錐2・鉄器残欠	土師器（壺・甕・器台）		蓮岡法暲・勝部昭・松本岩雄・宮沢明久・西尾克己・山崎修編2002『神原神社古墳』加茂町教育委員会	1292g／島根県（出雲国）19
1999	島根県教育委員会	―	―	鉄器			佐伯純也編2009『山陰の古墳出土鏡』第37回山陰考古学研究集会事務局	破鏡（縁部片）
1962	島根県教育委員会・島根県立八雲立つ風土記の丘資料館	ガラス小玉54	剣形鉄器1	刀子3・針1束			山本清編1963『松本古墳調査報告』島根県教育委員会	島根県（出雲国）16
1999〜2000	島根県教育庁埋蔵文化財調査センター						佐伯純也編2009『山陰の古墳出土鏡』第37回山陰考古学研究集会事務局	―
1999	島根県埋蔵文化財調査センター	瑪瑙勾玉1	―	刀子1			林健亮編2001『熊谷遺跡・要害遺跡』中国横断自動車道尾道松江線建設予定地内埋蔵文化財発掘報告書13,日本道路公団中国支社・島根県教育委員会	―

番号	舶倭	鏡　式	出土遺跡	出土地名	遺跡内容	時　期	面径(cm)	銘　文	諸氏分類	編者分類・時期	
41	倭	細線式鳥文鏡	斐伊中山2号墳〔第Ⅳ主体部〕	雲南市木次町里方〔大原郡木次町〕	方墳(15)・粘土床(割竹形木棺)	古墳前期	12.1	—	—	細線式獣帯鏡系	前(中)
42	倭	五獣鏡	神代古墳	雲南市大東町下佐世〔大原郡大東町〕	円墳(8)・箱形石棺?	古墳後期	7.2	—	—	類揆文鏡A系	前(中?)
42-1	?	不明	奥川井所在横穴	雲南市大東町奥川井〔大原郡大東町〕	横穴	不明	古墳?	不明	—	—	—
28	倭	五鈴珠文鏡	上島古墳	出雲市国富町〔平田市〕	円墳(15)・家形石棺	古墳後期	9.1	—	鈴鏡類(五鈴鏡)(小林82・10)／珠文(西岡86)／珠文鏡類(大川97)／珠文系(岡田05)／充填系F群(岩本14)	〔珠文鏡〕	—
28-1	倭	珠文鏡	中村1号墳	出雲市国富町	古墳	円墳(30〜)・横穴式石室	古墳後期	7.6	—	BC-D類(脇山13)／充填系E群(岩本14)	〔珠文鏡〕	後期
29	倭	不明	今市大念寺古墳	出雲市今市町鷹の沢	古墳	前方後円墳(91)・横穴式石室(家形石棺)	古墳後期	12.5	—	—	—	—
30	倭	二神二獣鏡	山地古墳〔第1主体部〕		円墳(24)・木棺直葬	古墳前期	12.6	擬銘(鍵手)	斜縁神獣鏡A系(森下02)	二神二獣鏡Ⅱ系	前(中)
31	倭	珠文鏡	山地古墳〔第2主体部〕	出雲市神西沖町2589	古墳	円墳(24)・礫敷箱形木棺直葬	古墳前期	8.0	—	2類(今井91)／Ⅱ類(中山他94)／区画入珠紋鏡(森下02)／A-B類(脇山13)	〔珠文鏡〕	前期
31-1	倭	不明	池田古墳SX01	出雲市上塩冶町3179番地外	古墳	方墳(約18)・箱形石棺	古墳中期	破片	—	—	—	—
31-2	倭	不明	中野清水遺跡	出雲市中野町	集落	遺物包含層	〜古墳前期	9.0	—	—	—	—
32	?	不明	明神古墳	大田市仁摩町仁万1616-9・10〔邇摩郡仁摩町〕	古墳	円墳(20)・横穴式石室(家形石棺)	古墳後期	破片	—	—	—	—
32-1	舶	八禽鏡	庵寺1-B号墳〔第1主体部〕	大田市仁摩町大国〔邇摩郡仁摩町〕	古墳	方墳(12)・箱形石棺	古墳前期	9.6	—	—	—	—
33	倭	重圏文鏡	斐伊中山古墳群D地区(大峠山2号墳)(伝)	雲南市木次町中野地区・井原地区(伝)〔大原郡木次町〕	古墳	箱形石棺?	古墳	6.3	—	4類(脇山15)	〔重圏文鏡〕	前期
34	倭	弥生倭製鏡(七弧内行花文鏡)	周布町周布川の河原	浜田市周布町	不明	表面採集	不明	7.6	—	内行花文系小形仿製鏡第2型b類(田尻10・12)	〔弥生倭製鏡〕	弥生
35	倭	七乳文鏡	めんぐろ古墳	浜田市治和町三宅ロ139	古墳	円墳?(〜20?)・横穴式石室	古墳後期	8.8	—	獣帯鏡類D型(小林82・10)	〔乳脚文鏡〕	後期
36	倭	乳文鏡	鵜ノ鼻50号墳	益田市遠田町4158	古墳	方墳(15)・横穴式石室	古墳終末期	8.0	—	—	〔乳脚文鏡〕	後期
37	舶	三角縁神獣鏡(外区・鈕片)	四塚山古墳群(下本郷町所在古墳)	益田市下本郷町四塚山(ひばりが丘団地)	箱形石棺	古墳前期?	21.5	欠失(「天王日月」)	目録番号93・同笵鏡番号52・配置J1・表現④	—	—	
38	倭	珠文鏡	小丸山古墳	益田市乙吉町	古墳	前方後円墳(49)	古墳後期	7.4	—	充填系C群?(岩本14)	〔珠文鏡〕	—
39	倭	乳文鏡	苗代田東方丘陵南古墳(向山南古墳)	隠岐郡隠岐の島町小路〔隠岐郡五箇村〕	古墳	円墳(13)・箱形石棺	古墳	10.5	—	珠文鏡(中山他94)	〔乳脚文鏡〕	後期
40	倭?	不明	丸山1号墳	隠岐郡隠岐の島町〔隠岐郡五箇村〕	古墳	円墳?	古墳前期?	8.0	—	—	—	—
40-1	?	不明	中山古墳	仁多郡奥出雲町〔仁多郡仁多町〕	古墳	不明	古墳	不明	—	—	—	—
40-2	?	不明	仙人塚古墳	鹿足郡吉賀町向山〔鹿足郡六日市町〕	古墳	不明	古墳	不明	—	—	—	—

島根

発見年	所蔵（保管）者	共伴遺物					文献	備考
		石製品・玉類	武具・武器・馬具	ほか金属器	土器類	その他		
1991	雲南市教育委員会	—	—	鉇？・刀子2	—	—	杉原清一・藤原友子編1993『斐伊中山古墳群―西支群―』木次町教育委員会	—
1971	雲南市教育委員会	—	刀2	—	須恵器片1	—	佐伯純也編2009『山陰の古墳出土鏡』第37回山陰考古学研究集会事務局	—
不明	所在不明	—	—	—	土師器	—	岡崎敬編1977『日本における古鏡 発見地名表 中国地方』東アジアより見た日本古代墓制研究	島根県（出雲国）18
1949	所在不明（個人旧蔵）	瑪瑙管玉9・ガラス丸玉22・ガラス小玉152	刀1	鈴釧1・銀環1・金銅金具6・刀子2・針状鉄片2	須恵器（蓋杯3組）	—	池田満穂1954「出雲上島古墳調査報告」『古代学研究』第10号，古代学研究会	島根県（出雲国）13
2003	出雲市教育委員会	ガラス勾玉1・ガラス丸玉1・ガラス小玉1	金銅装大刀1・圭頭大刀1・倭装大刀1・鉄鏃60・轡3・杏葉65・辻金具6～・鐙吊金具・鉸具7・鞖具1～・雲珠2・鞍金具12	金環1・銀環1・金銅鈴4・刀子3	須恵器61（直口壺・短頸壺・短頸壺蓋・台付有蓋長頸壺・台付有蓋長頸壺蓋・壺・台付有蓋椀蓋・有蓋台付椀蓋・有蓋高杯蓋・有蓋高杯身・無蓋高杯・杯身・杯蓋・横瓶・𤭯）		坂本豊治編2012『中村1号墳』出雲市の文化財報告15，出雲市教育委員会	—
1983	出雲市教育委員会	丸玉	金銅装大刀1・刀4・矛2・鉄鏃数本・素環轡？・f字形鏡板・輪宝形鏡板・扁平形鏡板・杏葉・辻金具・雲珠・鞖金具・馬鐸・金銅鈴	金銅履・金環2・鹿角装刀子			岩本崇2012「中村1号墳出土珠文鏡と出雲地域の銅鏡出土後期古墳」坂本豊治編『中村1号墳』出雲市の文化財報告15，出雲市教育委員会	縁部片
1985	出雲市教育委員会	碧玉管玉17	筒形銅器1	鉄製品1	—	—	出雲市教育委員会編1986『山地古墳発掘調査報告』出雲市教育委員会	—
		—	筒形銅器1	—	—	—	中山清隆・林原利明1994「小型仿製鏡の基礎的集成（1）―珠文鏡の集成―」『地域相研究』第21号，地域相研究会	—
2000	出雲市教育委員会	臼玉約78～・ガラス小玉73	剣1	鉄器片1	—	—	米田美江子編2001『池田古墳』出雲市教育委員会	—
2003	島根県教育委員会	—	—	—	—	—	佐伯純也編2009『山陰の古墳出土鏡』第37回山陰考古学研究集会事務局	—
1984	大田市教育委員会	—	金銅装円頭大刀1・大刀残片・鐔・小刀1・鉄鏃7	銅釧1・耳環1・斧1・鎌1・刀子1	須恵器（高台付壺1・蓋杯1・𤭯1・提瓶2）	—	島根県文化財愛護協会編1987『季刊文化財』第57号，島根県文化財愛護協会	—
2008	島根県教育庁埋蔵文化財調査センター	碧玉管玉1	—	—	—	—	大庭俊次編2010『梨ノ木坂遺跡・庵寺古墳群・庵寺遺跡Ⅱ』一般国道9号仁摩温泉津道路建設予定地内埋蔵文化財発掘調査報告書3，国土交通省中国地方整備局，島根県教育委員会	201g／破砕鏡／「壮年後期から熟年期」の歯
昭和以降	雲南市教育委員会？	—	—	—	—	—	中田健一編1994『中山古墳群―平成5年度実態調査概要報告書―』石見町文化財調査報告書第7集，石見町教育委員会	—
1966	個人	—	—	—	—	—	佐伯純也編2009『山陰の古墳出土鏡』第37回山陰考古学研究集会事務局	—
1949	個人	水晶切子玉1・ガラス小玉1	刀6～・剣1・三輪玉形銅製品4・矛2・鉄鏃8・石突・f字形鏡板付轡1・環状鏡板付轡1・剣菱形杏葉3・木心鉄装壺鐙2・辻金具1・鉸具6・雲珠1・馬鐸3・三環鈴1	鈴釧1・鋸1・鹿角装刀子2・刀子1	須恵器（装飾付子持壺1・広口壺1・短頸小形丸底壺1・高杯1・杯身7・蓋杯5・𤭯1・提瓶2）	—	松尾充品編2009『めんぐろ古墳の研究』島根県古代文化センター調査報告書42，島根県古代文化センター・島根県埋蔵文化財調査センター	島根県（石見国）1
1984	益田市教育委員会	—	刀・鉄鏃	金環2	須恵器（蓋杯等）	—	佐伯純也編2009『山陰の古墳出土鏡』第37回山陰考古学研究集会事務局	—
1972	益田市教育委員会	—	—	—	—	—	岩本崇2011「島根県益田市四塚山古墳群出土の三角縁神獣鏡と「同笵鏡」」『島根大学法文学部紀要』社会文化学科編 社会学論集第7号，島根大学法文学部	—
1989	益田市教育委員会	—	刀片・鈴杏葉・辻金具・馬鐸	鉇？	須恵器（蓋杯等）	—	佐伯純也編2009『山陰の古墳出土鏡』第37回山陰考古学研究集会事務局	—
不明	所在不明（個人旧蔵）	—	—	—	—	—	佐伯純也編2009『山陰の古墳出土鏡』第37回山陰考古学研究集会事務局	島根県（隠岐国）1
不明	所在不明（個人旧蔵）	—	—	斧1	—	砥石1	佐伯純也編2009『山陰の古墳出土鏡』第37回山陰考古学研究集会事務局	縁部と鈕
不明	所在不明	瑪瑙勾玉	—	—	杯	—	岡崎敬編1977『日本における古鏡 発見地名表 中国地方』東アジアより見た日本古代墓制研究	島根県（出雲国）17
不明	所在不明	—	刀	—	—	—	岡崎敬編1977『日本における古鏡 発見地名表 中国地方』東アジアより見た日本古代墓制研究	島根県（石見国）5

番号	舶倭	鏡式	出土遺跡	出土地名	遺跡内容	時期	面径(cm)	銘文	諸氏分類	編者分類・時期
岡山										
1	倭	珠文鏡	横田遺跡 4区	新見市哲西町矢田字横田〔阿哲郡哲西町〕	墳墓	溝と土壙の中間付近の表土中	不明	6.2	—	—	〔珠文鏡〕	前期
2	倭	珠文鏡	光坊寺1号墳〔第V主体部〕	新見市哲西町矢田字二野〔阿哲郡哲西町〕	古墳	円墳(14)・組合式木棺直葬	古墳中期	7.8	—	2類(今井91)／Ⅱ類(中山他94)／珠紋鏡系(森下02)／A-B類(脇山13)／列状系(岩本14)	〔珠文鏡〕	前期
3	?	不明	瓢塚古墳(ひさご塚)	新見市哲西町上神代字西江〔阿哲郡哲西町〕	古墳	前方後円墳・横穴式石室?	古墳後期	不明	—	—	—	—
4	倭	櫛歯文鏡	横見11号墳墓〔第3主体部掘方正面〕	新見市上市字横見	墳墓	方形周溝墓(8)・組合式木棺直葬	弥生末期	5.3	—	—	〔櫛歯文鏡〕	前期
5	舶	不明	桃山遺跡2区2層	真庭市下箔部字桃山〔上房郡北房町〕	集落	攪乱層	不明	9.0	—	—	—	—
216	倭	素文鏡	谷尻遺跡17号住居跡	真庭市上水田字赤茂〔上房郡北房町〕	集落	竪穴住居	古墳前期	3.0	—	AⅡ類(今平90)	〔素文鏡〕	—
212	倭	五獣鏡	四つ塚13号墳〔B主体部〕	真庭市蒜山下長田〔真庭郡八束村〕	古墳	円墳(35)・組合式木棺直葬	古墳後期	9.5	—	獣形文鏡類四獣鏡C-1型(小林82・10)／旋回式獣像鏡系(森下91・02)	〔旋回式獣像鏡〕	後期
212-1	?	不明	オンベンの塚(伝)	真庭市蒜山東茅部字間谷(伝)〔真庭郡川上村〕	古墳	円墳(10)	古墳	不明	—	—	—	—
212-2	?	不明	富山古墳〔後円部〕(伝)	真庭市蒜山(伝)〔真庭郡中和村〕	古墳	前方後円墳・箱形石棺	古墳	不明	—	—	—	—
231	舶	上方作系浮彫式獣帯鏡?	川東車塚古墳	真庭市田原・西原〔真庭郡落合町〕	古墳	前方後円墳(59)・粘土槨	古墳前期	11.8	—	四像Ⅱ式(實盛15)	—	—
231-1	倭	素文鏡	下湯原B遺跡9号竪穴住居	真庭市下湯原〔真庭郡湯原町〕	集落	竪穴住居	古墳後期	4.3	—	—	〔素文鏡〕	—
6	舶	吾作斜縁二神二獣鏡	木之子町(伝)	井原市木之子町(伝)	墳墓	不明	古墳	16.7	「吾作明竟　幽凍三商　統徳序道　配像萬彊　曾年益壽　子孫番昌号」	図像表現③(村松04)／紋様表現③(實盛09)	—	—
7	倭	珠文鏡	江良奥山長谷	小田郡矢掛町江良字奥山	墳墓	箱形石棺	古墳	8.0	—	A類(小林79)／珠文鏡Ⅰ類(樋口79)／珠文鏡A型(小林82・10)／Ⅰ類(中山他94)／A2-B類(脇山13)	〔珠文鏡〕	前期
8	舶	上方作系浮彫式一仙三獣鏡	天狗山古墳〔中央主体部〕	倉敷市真備町下二万・川辺〔吉備郡真備町〕	古墳	帆立(57)・竪穴式石槨(組合式木棺)	古墳後期	11.2	—	—	—	—
8-1	倭	四獣鏡	勝負砂古墳	倉敷市真備町下二万〔吉備郡真備町〕	古墳	帆立(43)・竪穴式石槨	古墳中期	約13	—	—	鼉龍鏡?	前(新)〜
9	倭	珠文鏡	妙見1号墳	倉敷市真備町岡田字山之谷東〔吉備郡真備町〕	古墳	円墳(14)・箱形石棺	古墳中期	9.0	—	4類(今井91)／V類(中山他94)／4類B(吉田99)／A-B類(脇山13)	〔珠文鏡〕	前期
10	倭	〔珠文鏡〕	上二万	倉敷市真備町上二万〔吉備郡真備町〕	不明	箱形石棺	不明	完形	—	—	—	—
11	舶	盤龍鏡	辻田所在古墳	倉敷市真備町辻田〔吉備郡真備町〕	古墳	円墳・木棺直葬	古墳	9.4	—	三頭式B(樋口79)	—	—
16	倭	四獣鏡	ヒサゴ塚(矢部)(伝)	倉敷市矢部(伝)	古墳	前方後円墳・竪穴式石槨	古墳	10.5	—	—	対置式神獣鏡B系?	前(中)
16-1	?	不明	矢部南向遺跡44号住居	倉敷市矢部字南向	集落	竪穴住居	不明	破片	—	—	—	—

岡山

発見年	所蔵（保管）者	共伴遺物 石製品・玉類	共伴遺物 武具・武器・馬具	共伴遺物 ほか金属器	共伴遺物 土器類	共伴遺物 その他	文献	備考
1976	岡山県古代吉備文化財センター	—	—	—	—	—	岡田博他1978「横田遺跡」『岡山県埋蔵文化財発掘調査報告書』23,岡山県教育委員会	古墳と土壙墓が群在する丘陵部から出土
1975	岡山県古代吉備文化財センター	ガラス小玉4	—	—	—	—	高畑知功・福田正継1977「二野遺跡・光坊寺古墳群」岡山県教育委員会編『中国縦貫自動車道建設に伴う発掘調査』9,岡山県埋蔵文化財発掘調査報告15,岡山県文化財保護協会	39g
不明	所在不明	—	刀1	—	須恵器	—	白石太一郎・設楽博己編1994『弥生・古墳時代遺跡出土鏡データ集成』（『国立歴史民俗博物館研究報告』第56集）,国立歴史民俗博物館	岡山県（備中国）47
1975	岡山県古代吉備文化財センター	—	—	—	高杯	—	下澤公明・友成誠司1977「横見墳墓群」岡山県教育委員会編『中国縦貫自動車道建設に伴う発掘調査』9,岡山県埋蔵文化財発掘調査報告15,岡山県文化財保護協会	掘り方内の礫付近から出土
1974	岡山県古代吉備文化財センター	—	—	—	—	—	田仲満雄・二宮治夫・竹田勝1976「桃山遺跡」岡山県文化財保護協会編『岡山県埋蔵文化財発掘調査報告』12,中国縦貫自動車道建設に伴う発掘調査7,岡山県文化財保護協会	破鏡（縁部・2孔）
1983	真庭市教育委員会	—	—	—	壺・甕・高杯	—	森田友子・岩崎仁司編1986『谷尻遺跡 赤茂地区』北房町埋蔵文化財発掘調査報告4,北房町教育委員会	—
1952	蒜山郷土博物館	—	鉄鏃?1	刀子1	須恵器7	櫛2・漆製品1	近藤義郎1954『蒜山原—その考古学的調査第1回—』岡山県	岡山県（美作国）26
1910	所在不明	—	—	—	—	—	真庭郡編1923『真庭郡誌 全』真庭郡役所	「鏡は発掘後再び墳頂に埋めておいたが、後それを探そうとしたが、盗難に遭ったもののようでついに見出せなかった」
不明	所在不明	—	—	—	—	—	近藤義郎1954『蒜山原—その考古学的調査第1回—』岡山県	「かつて盗掘の際、鏡が出土した」
1998	東京都立大学考古学研究室	—	—	刀子3	—	—	倉林眞砂斗・澤田秀実・君嶋俊行編2004『川東車塚古墳の研究』美作地方における前方後円墳秩序の構造的研究Ⅱ,吉備人出版	〈16g〉／主体部南側のトレンチの攪乱土中で検出されたが、中心主体にともなう副葬品と推定／破鏡ではない
2000	岡山県古代吉備文化財センター	—	—	刀子1	土師器（甑）・須恵器（杯身・杯蓋）・鏡形土製品1	砥石1	内藤善史・中野雅美・白石純編2002『下湯原B遺跡・藪溢山城跡』岡山県埋蔵文化財発掘調査報告166,岡山県教育委員会	—
不明	五島美術館〈M272〉（守屋孝蔵旧蔵）	—	銅鏃29	—	—	—	樋口隆康1979『古鏡』新潮社	686g／岡山県（備中国）12
不明	個人	—	—	鉄器	—	—	岡山県立博物館編1974『岡山県の原始・古代』岡山県立博物館	岡山県（備中国）33
大正末～昭和初	東京国立博物館	—	挂甲1・筒籠手1対・刀2・剣1・鉄鏃100〜・金銅胡籙1・f字形鏡板付轡1・鞍1・杏葉3・木心鉄板覆輪鐙1・鉸具3・雲珠1	鋤先1・刀子3	—	鋌20	松木武彦・和田剛・寺村裕史編2014『天狗山古墳』岡山大学考古学研究室・天狗山古墳発掘調査団	岡山県（備中国）28／「獣像は2体が向き合う配置である」
2007	岡山大学文学部考古学研究室	琥珀玉・滑石臼玉178	横矧板鋲留短甲1・刀2・矛2・鉄鏃約100・胡籙1・轡1・鞍1・鈴杏葉1・鐙1・鉸具4・環状雲珠1・方形金具・責金具・爪金具・両頭金具形骨角製品2	鋤先3・斧5・鎌3・鑿9・刀子6・針1・刺突漁具3〜	土師質小壺2	砥石5・漆製品・鋌6・不明鉄製品（棺金具?）4	片山健太郎・松木武彦他編2009『勝負砂古墳 調査概報』学生社	漆間横穴墓群3号墓鏡（大分45-1）に趣が似る
1936	個人	ガラス丸玉2・ガラス小玉8	—	—	—	—	平井勝1987「真備町妙見1号墳の珠文鏡」『古代吉備』第9集,古代吉備研究会	放射状区画（四区画）
昭和以降	倉敷考古館	—	刀	—	—	—	岡崎敬編1977「日本における古鏡 発見地名表 中国地方」東アジアより見た日本古代墓制研究	岡山県（備中国）31
不明	五島美術館〈M266〉	—	刀2・鉄鏃2	—	—	—	遠山荒次1925「岡山県の古墳（其三）」『考古学雑誌』第15巻第8号,考古学会	岡山県（備中国）29
不明	所在不明（個人旧蔵）	—	—	—	—	—	倉敷市史研究会編1996『新修倉敷市史』第一巻 考古,倉敷市	岡山県（備中国）20／矢部集落南西の年守池付近出土と伝える
不明	所在不明	—	—	—	—	—	草原孝典・寒川史也編2013『東山（市道）遺跡—吉備中枢地における集落遺跡の発掘調査報告一』岡山市教育委員会	—

283

番号	舶倭	鏡　式	出土遺跡	出土地名	遺跡内容	時　期	面径(cm)	銘　文	諸氏分類	編者分類・時期	
215	舶	画文帯周列式仏獣鏡	王墓山古墳（赤井西1号墳）	倉敷市日畑字赤井	円墳or方墳(25)・横穴式石室？（家形石棺）	古墳後期	21.5	「吾作明竟　幽凍三商　彫刻無祉　大吉曾年　益壽子孫　盈堂□升　富貴位至　三公九卿　侯□天王　百子□乎　服者□□　□□□□　□孫□□　□如□□」	―	―	
215-1	?	不明	辻山田遺跡北地点土壙墓10	倉敷市西尾字辻山田	墳墓　土壙墓	弥生末期	鏡片	―	―	―	
12	舶	細線式鳳文鏡	押撫古墳	笠岡市押撫	古墳　前方後円墳	古墳	9.4	―	特殊文鏡（細線渦文鏡）（樋口79）／獣形文鏡類四獣鏡C-2型（小林82・10）	―	
13	倭	五獣鏡	東塚（長福寺裏山古墳群）〔前方部竪穴式石槨〕	笠岡市山口	古墳　前方後円墳(50)・竪穴式石槨（組合式木棺）	古墳中期	9.0	―	獣形文鏡類五獣鏡（小林82・10）	〔旋回式獣像鏡？〕	後期
14	舶	唐草文鏡（芝草文鏡）	双つ塚古墳（長福寺裏山古墳群）〔後円部攪乱穴中〕	笠岡市山口	古墳　前方後円墳(62)	古墳中期	11.8	―	特殊文鏡（唐草文鏡）（樋口79）／特殊文鏡（細線渦文鏡）（樋口79）／変形文鏡類（小林82・10）	―	
15	倭	不明	本庄（本庄の坪）	浅口市鴨方町本庄〔浅口郡鴨方町〕	不明	不明	約10	―	―	―	
17	倭	七獣鏡	大平古墳	総社市宿〔都窪郡山手村〕	円墳（約35）・竪穴式石槨	古墳	16.7	―	獣形文鏡類六獣鏡（小林82・10）／旋回式獣像鏡系（森下02）／Be型式（加藤14）	〔旋回式獣像鏡〕	後期
18・20	倭	四神四獣鏡	宿寺山古墳〔後円部中央主体部〕	総社市宿〔都窪郡山手村〕	前方後円墳(118)・竪穴式石槨	古墳中期	12.0	―	四神四獣鏡（樋口79）／四神四獣鏡系（小林82・10）	〔中期型神獣鏡〕	中期
19	舶	黄羊作獣文縁盤龍鏡					13.8	「黄羊作竟四夷服　多賀國家人民息　胡虜殄威天下復　風雨時節五穀孰　長保二親得天力　傳告后世樂無亟」	両頭式（樋口79）／A類（辻田09）	―	
21	舶	三角縁天王・日月・獣文帯四神四獣鏡	秦上沼古墳	総社市秦	古墳　不明	古墳前期	23.3	「天王日月」	目録番号69・同笵鏡番号36・配置F1・表現②	―	
22	倭	六弧内行花文鏡	伊与部山2号墳〔埋葬施設〕	総社市下原字伊与部山	方墳（14×10）・粘土床・組合式木棺	古墳前期～	9.2	―	内行花文鏡D系（森下02）	内行花文鏡B式	前(中)
23	倭	素文鏡	伊与部山2号墳（表面採集）		方墳（14×10）・墳丘斜面（表面採集）	古墳前期～	4.2	―	―	〔素文鏡〕	
24	舶	飛禽鏡	宮山墳丘墓〔中央石槨〕	総社市三輪	前方後円墳(38)・竪穴式石槨（組合式木棺）	弥生末期	10.0	―	B式（寳盛15）	―	
25	舶	蟠龍文鏡	鋳物師谷1号墳墓〔A主体部〕	総社市清音三因字鋳物谷〔都窪郡清音村〕	方形周溝墓（20）・竪穴式石槨（組合式木棺）	弥生末期	9.6	―	―	―	
26	倭	六弧内行花文鏡	殿山9号墳〔第1主体部〕	総社市三輪	方墳（14）・組合式箱形木棺直葬	古墳前期	9.0	―	―	内行花文鏡B式	前(中)
27	倭	珠文鏡	殿山10号墳〔第1主体部〕	総社市三輪	方墳（15）・組合式木棺直葬	古墳前期	5.1	―	1類（今井91）／I類（中山他94）／珠紋鏡系（森下02）／D-B類（脇山13）	〔珠文鏡〕	前期
28	倭	捩文鏡	殿山11号墳〔第4主体部〕	総社市三輪	方墳（15）・組合式箱形木棺直葬	古墳前期	9.2	―	AⅡ型（小林83）／Ⅲ型（小沢88）／C型式a類（水野97）／房紋鏡系（森下02）	捩文鏡C系	前(中)
32	倭	四獣鏡	江崎古墳	総社市上林字江崎	前方後円墳(45)・横穴式石室	古墳後期	14.1	―	―	〔旋回式獣像鏡？〕	後期
33	倭	七弧内行花文鏡	江崎古墳（江崎D）	総社市上林字江崎	円墳？・箱形石棺	古墳	9.4	―	B類（清水94）	内行花文鏡B式	前(中)
34・35	舶	獣文縁盤龍鏡	法蓮古墳（蝙蝠塚古墳）	総社市上林字法蓮	前方後円墳・横穴式石室	古墳後期	13.9	―	A類（辻田09）	―	―
36	倭	細線式渦文鏡	江崎	総社市上林字江崎	墳墓　箱形石棺	古墳	8.2	―	特殊文鏡（細線渦文鏡）（樋口79）	―	
225	倭	重圏文鏡	山屋敷遺跡	総社市上林	集落　竪穴住居	弥生	5.3	―	―	〔重圏文鏡〕	
37	倭	珠文鏡	福砂古墳	総社市山田	古墳　円墳	古墳後期	10.0	―	珠文鏡Ⅳ類（樋口79）／Ⅳ類（中山他94）	〔珠文鏡〕	―

岡山

発見年	所蔵（保管）者	共伴遺物					文献	備考
		石製品・玉類	武具・武器・馬具	ほか金属器	土器類	その他		
1909	東京国立博物館〈J7728〉	ガラス小玉	竪矧広板鋲留衝角付冑1・挂甲1・矛1・石突1・圭頭様素環頭柄頭1・鉄鏃6・鞍磯金具残欠・杏葉・轡・雲珠	金環・銀環・刀子2	須恵器（小形丸底壺・盌・脚付盤・高杯・蓋・𤭯・提瓶）	砥石・釘2	車崎正彦2002『考古資料大観』第5巻 弥生・古墳時代 鏡, 小学館	同型鏡群〔GB-1〕／漢式鏡685／岡山県（備中国）17
1972	所在不明	硬玉勾玉4・碧玉管玉8・水晶玉3〜・ガラス小玉10〜・ガラス栗玉70〜	—	—	—	—	間壁忠彦・間壁霞子1974「辻山田遺跡」倉敷市教育委員会編『王墓山遺跡群』倉敷市教育委員会	—
不明	五島美術館〈M236〉（弘津史文旧蔵）	勾玉・管玉	—	—	土器片	—	遠山荒次1925「岡山県の古墳（其二）」『考古学雑誌』第15巻第7号, 考古学会	岡山県（備中国）3／同型：南京市鎮向陽村1号墓
1961	倉敷考古館	勾玉1・滑石臼玉4	刀3〜・剣1・鉄鏃50〜・轡1	鋤先1・斧10・鎌3・鉇3〜		砥石2・鋌8	近藤義郎責任編集1986『岡山県史』第18巻 考古資料, 岡山県	岡山県（備中国）1
1961	倉敷考古館・笠岡市教育委員会	—	—	—	—	—	車崎正彦2002『考古資料大観』第5巻 弥生・古墳時代 鏡, 小学館	岡山県（備中国）2
昭和以降	個人	—	—	—	—	—	鴨方町史編纂委員会編1990『鴨方町史』本編, 鴨方町	報文では乳文鏡
大正以前	大阪歴史博物館（旧大阪市立博物館〈考0598〉）	硬玉勾玉2・硬玉棗玉7・碧玉管玉17・ガラス小玉1127・銀銅空玉12	刀4	斧3・鉄器	—	—	遠山荒次1925「岡山県の古墳（其一）」『考古学雑誌』第15巻第2号, 考古学会	430g／岡山県（備中国）20
1887	東京国立博物館〈J193〉	勾玉・ガラス小玉	刀・剣10数本・鉄鏃	釵			後藤守一1942『古鏡聚英』上篇 秦鏡と漢六朝鏡, 大塚巧芸社	206g／漢式鏡689.1／岡山県（備中国）16-2
	五島美術館（守屋孝蔵旧蔵）							漢式鏡689.2／岡山県（備中国）16-1
1931	倉敷考古館（個人旧蔵）	硬玉勾玉1（伝）・水晶勾玉1（伝）・ガラス小玉14（伝）	—	—	—	—	総社市史編さん委員会1987『総社市史』考古資料編, 総社市	岡山県（備中国）10
1966	総社市教育委員会	石釧1・勾玉1	—	斧1・鉇1・刀子1・不明鉄器2	—	—	総社市史編さん委員会1987『総社市史』考古資料編, 総社市	—
		—	—	—	—	—		
1963	岡山県立博物館	ガラス小玉1	刀1・剣1・銅鏃1・鉄鏃3		—	—	高橋護・鎌木義昌・近藤義郎1987「宮山墓墳群」総社市史編さん委員会編『総社市史』考古資料編, 総社市	岡山県（備中国）11
1965（1961?）	岡山大学文学部考古学研究室	勾玉4・管玉38・ガラス小玉665〜	—	—	—	—	春成秀爾他1969「備中清音村鋳物師谷1号墳墓調査報告」『古代吉備』第6集, 古代吉備研究会	岡山県（備中国）18
1980		水晶算盤玉1・ガラス小玉28		鉇2・刀子1	—	—		
1980	岡山県古代吉備文化財センター	緑色凝灰岩管玉1・ガラス小玉2	剣1	鉇	—	—	平井勝編1982『殿山遺跡 殿山古墳群』岡山県埋蔵文化財発掘調査報告47, 岡山県文化財保護協会	16g
1980		翡翠勾玉2・碧玉管玉1・緑色凝灰岩管玉15・ガラス管玉2・ガラス小玉4	刀1・剣1	—	—	—		90g
1984	総社市教育委員会	ガラス小玉110	刀5・鉄鏃132・轡・鞍・辻金具・雲珠・飾金具	耳環4・刀子4	土師器（壺・小形椀・高杯）・須恵器（台付長頸壺・壺・器台・有蓋高杯・高杯・杯身・杯蓋）	—	総社市史編さん委員会1987『総社市史』考古資料編 総社市	
不明	所在不明	硬玉勾玉1・緑色凝灰岩管玉17	—	—	—	—	遠山荒次1926「岡山県の古墳（其四）」『考古学雑誌』第16巻第3号, 考古学会	113g／岡山県（備中国）8／「五十歳に満たぬ婦人」の歯
不明	所在不明（個人旧蔵）	玉	刀	—	—	—	鎌木義昌1964『岡山の古墳』岡山文庫④, 日本文教出版株式会社	岡山県（備中国）4・7
不明	個人旧蔵	—	—	—	—	—	梅原末治1952「岡山県下の古墳発見の古鏡」『吉備考古』第85号, 吉備考古学会	岡山県（備中国）9／「小さなその鏡の主文は線表出のなり異形化したものであるが、それを繞る連続S字形文帯ははつきりとしてゐて珍らしい」
1993	総社市教育委員会	—	—	—	—	—	平井典子編1994『総社市埋蔵文化財調査年報』4（平成5年度）, 総社市教育委員会	「住居（中略）埋土の最上面」から出土／「住居の廃棄あるいはこの弥生集落の廃時に箱のようなものに入ったままであやまって捨てられたものであろうか」
不明	倉敷考古館	勾玉2・管玉8・切子玉4・ガラス丸玉17・ガラス小玉2		斧	須恵器	—	白石太一郎・設楽博己編1994『弥生・古墳時代遺跡出土鏡データ集成』（『国立歴史民俗博物館研究報告』第56集）, 国立歴史民俗博物館	岡山県（備中国）5

番号	舶倭	鏡 式	出土遺跡	出土地名	遺跡内容	時 期	面径(cm)	銘 文	諸氏分類	編者分類・時期
38	舶	双頭龍文鏡	随庵古墳〔中央石槨〕	総社市西阿曽	古墳	帆立（40）・竪穴式石槨（割竹形木棺）	古墳中期	9.8	「位至三公」	Ⅲ式（樋口79）／Ⅲ式（西村83）	―	―
39	舶	八禽鏡	総社市（伝）	総社市（伝）	不明	不明	8.7	―	―		
41	倭	四獣鏡	総社市（伝）	総社市（伝）	不明	不明	10.3	―	獣形文鏡類四獣鏡C-1型（小林82・10）	対置式神獣鏡B系？	前（中？）
55	倭	五鈴珠文鏡	賀陽郡八田部村掘地	総社市総社	古墳	不明	古墳	約8	―	〔珠文鏡〕	―
220	倭	〔内行花文鏡〕	鋳物師奥1号墳	総社市清音三因字鋳物師〔都窪郡清音村〕	古墳	方墳（16）・箱形石棺	古墳前期	7.2	―	―	
224	?	不明	横寺遺跡	総社市新本	集落	竪穴住居	古墳前期	破片	―	―	
224-1	舶	内行花文鏡	刑部遺跡	総社市刑部	集落	竪穴住居	弥生末期	破片	―	―	
29	倭	三神三獣鏡	榊山古墳	岡山市北区新庄下	古墳	円墳（35）・粘土槨	古墳中期	14.4	擬銘	三神三獣鏡（樋口79）／対置式系倭鏡Ⅲ類（林02）／対置式神獣鏡A系（森下02）／神像鏡？（小林10）	対置式神獣鏡A系	前（中）
30	倭	五獣鏡	千足古墳	岡山市北区新庄下字千足	古墳	帆立（81）・横穴式石室	古墳中期	12.1	―	五獣形（樋口79）／獣形文鏡類五獣（小林82・10）／獣形文鏡ⅠB類（赤塚98b）／分離式神獣鏡系（森下02）	分離式神獣鏡系	前（新）
31	倭	五獣鏡					17.1	擬銘	五獣形（樋口79）／獣形文鏡類五獣（小林82・10）／獣形文鏡ⅢA類（赤塚98b）	対置式神獣鏡B系	前（新）
233	倭	捩文鏡	千足古墳（伝）				12.4	―	―	捩文鏡A系	前（古）
40	舶	複波文縁方格規矩鏡	東山古墳（伝）	岡山市北区吉備津（伝）	古墳	不明	古墳	11.3	―	方格規矩文鏡類G型（小林82・10）	―	―
42	倭？	四葉座鈕内行花文鏡	川入遺跡H-4（法万寺）	岡山市北区川入字法万寺	集落	竪穴住居	古墳前期	破片	―	―	内行花文鏡？	
43	倭	弥生倭製鏡？（内行花文鏡）	東山遺跡Ⅱ区南壁第3層	岡山市北区川入618付近	集落	遺物包含層	弥生後期～古墳前期	6.4	―	―	〔弥生倭製鏡？〕	弥生？
44	舶	不明	雲山鳥打2号墳丘墓	岡山市北区津寺	墳墓	方形台状墓（20）	弥生末期	破片	―	―		
45	舶	八弧内行花文鏡	津寺A遺跡4号墳	岡山市北区津寺	古墳	方形周溝墓（8）・組合式木棺	古墳前期	14.4	―	―		
46	倭	弥生倭製鏡	足守川加茂B遺跡土壙84	岡山市北区加茂	集落	土壙	弥生末期	6.7	―	内行花文日光鏡系仿製鏡第Ⅲ型b類（高倉85・90）／連弧紋鏡系小形仿製鏡第Ⅲ型b類（高木02）／重圏日光鏡系仿製鏡い類（松本08）／重圏文系小形仿製鏡第3型（田尻10・12）	〔弥生倭製鏡〕	弥生
47	倭	弥生倭製鏡	足守川加茂B遺跡住居跡89		集落	竪穴住居	弥生末期	4.4	―	重圏文日光鏡系仿製鏡第Ⅰ型b類（高倉85・90）／重圏紋鏡系小形仿製鏡第Ⅰ型b類（高木02）／重圏文系小形仿製鏡第1型う類（田尻10・12）	〔弥生倭製鏡〕	弥生
48	倭	重圏文鏡	津寺遺跡O17区竪穴住居218	岡山市北区津寺	集落	竪穴住居	古墳前期	10.2	―	―	〔重圏文鏡〕	前期
49	倭	重圏文鏡	津寺遺跡P18区竪穴住居310	岡山市北区津寺字中屋	集落	竪穴住居	古墳前期	6.6	―	重圏文日光鏡系仿製鏡う-3b類（松本08）／7i類（脇山15）	〔重圏文鏡〕	前期
50	倭	重圏文鏡	津寺遺跡土壙110		集落	土壙	古墳前期	5.9	―	7i類（脇山15）	〔重圏文鏡〕	前期
51	舶	銘帯対置式神獣鏡	庚申山古墳	岡山市北区新庄上	古墳	不明	古墳	12.0	「…壽…羊九公…大…」／「宜□至三九侯十二大」	―	―	―
52	倭	捩文鏡	見坂山向山所在古墳（見阪向山）	岡山市北区下足守字見坂山	古墳	円墳（14）・箱形石棺	古墳	9.4	―	―	捩文鏡C系	前（中）
53	舶	上方作系浮彫式獣帯鏡	籠山古墳〔西主体部〕	岡山市北区吉字磯尾		前方後円墳・竪穴式石槨	古墳前期	10.8	「…青…」	半肉彫獣帯鏡C四像式（樋口79）／四像式（岡村92）／四像Ⅱ式（Ⅰb系）（實盛15）	―	―
53-1	倭	捩文鏡	籠山古墳〔東主体部〕			前方後円墳・竪穴式石槨	古墳前期	10.3	―	―	捩文鏡A系	前（古～中）

岡山

発見年	所蔵（保管）者	共伴遺物					文献	備考
		石製品・玉類	武具・武器・馬具	ほか金属器	土器類	その他		
1958	総社市教育委員会	有孔円板6・水晶勾玉2・滑石勾玉1・白玉7・ガラス小玉8	横矧板鋲留衝角付冑1・三角板鋲留短甲1・肩甲1・刀1・剣4・矛2・槍1・鉄鏃12・尖頭器4・轡1・鐙2・鉸具6	金環2・鉗1・鉄鎚1・鉄床1・斧5・鉇5・鋸2・鑿2・錐5・刀子7・魚扠2・鉆4		砥石1・鋋1	樋口隆康1979『古鏡』新潮社	岡山県（備中国）6
不明	岡山県立博物館（個人旧蔵）	―	―	―	―	―	田中琢1977『鐸 剣 鏡』日本原始美術大系4,講談社	岡山県（備中国）15
不明		―	―	―	―	―	岡山県立博物館編1974『岡山県の原始・古代』岡山県立博物館	岡山県（備中国）13
江戸以前	所在不明	―	―	―	―	―	松平定信『集古十種』（市島謙吉編1908『集古十種』第二,国書刊行会）	岡山県（備中国）32
1992	総社市教育委員会	勾玉・管玉・臼玉	―	刀子	―	―	白石太一郎・設楽博己編2002「弥生・古墳時代遺跡出土鏡データ集成 補遺1」『国立歴史民俗博物館研究報告』第97集,国立歴史民俗博物館	―
1993	総社市教育委員会	―	―	―	土師器	―	白石太一郎・設楽博己編2002「弥生・古墳時代遺跡出土鏡データ集成 補遺1」『国立歴史民俗博物館研究報告』第97集,国立歴史民俗博物館	破鏡（破面研磨）
2014	岡山県古代吉備文化財センター						渡邉恵里子2014「刑部遺跡・神明遺跡」『所報吉備』第57号,岡山県古代吉備文化財センター	破鏡（破面研磨）
1922	宮内庁書陵部〈陵163-3〉	碧玉製卵形製品2・ガラス小玉12	刀剣多数・槍1	銅製龍文金具2・銅鈴8・環状銅製品1・馬形帯鉤6・金銅多孔鈴1・斧多数		砥石1	西田和浩編2015『千足古墳―第1～第4次発掘調査報告書―』岡山市教育委員会	313g／漢式鏡688／岡山県（備中国）25
1912	宮内庁書陵部〈陵163-1〉	管玉・ガラス小玉・（瑪瑙勾玉・碧玉棗玉）	革綴甲冑1・巴形銅器12・刀・鉄鏃2	斧			西田和浩編2015『千足古墳―第1～第4次発掘調査報告書―』岡山市教育委員会	157g／漢式鏡686／岡山県（備中国）24-1
	宮内庁書陵部〈陵163-2〉							603g／漢式鏡687／岡山県（備中国）24-2
	岡山市教育委員会						安川満編2000『造山第2号古墳』岡山市教育委員会生涯学習部文化課	―
不明	岡山県立博物館（個人旧蔵）	―	―	―	―	―	岡山県立博物館編1974『岡山県の原始・古代』岡山県立博物館	岡山県（備中国）14・23
1975	岡山県古代吉備文化財センター				小形丸底壺・甕・台付鉢・鉢・器台・高杯		柳瀬昭彦編1977『川入・上東』岡山県埋蔵文化財発掘調査報告16,岡山県教育委員会	小林行雄の鑑定では、径20cm前後の倭製内行花文鏡／鈕のみ
1989	岡山市教育委員会	―	―	―	―	―	草原孝典・寒川史也編2013『東山（市道）遺跡―吉備中枢地における集落遺跡の発掘調査報告―』岡山市教育委員会	―
1983	岡山大学文学部考古学研究室							
1987	岡山県古代吉備文化財センター	管玉1					車崎正彦編2002『考古資料大観』第5巻 弥生・古墳時代 鏡,小学館	破鏡（破面研磨・2孔）
1984	岡山県古代吉備文化財センター	―	―	―	―	―	小田富士雄・藤丸詔八郎・武末純一編1991『弥生古鏡を掘る―北九州の国々と文化―』北九州市立考古博物館	33g／「十」字文鏡
1984		―	―	―	―	―	車崎正彦編2002『考古資料大観』第5巻 弥生・古墳時代 鏡,小学館	10g
1989		―		鉄器4	土師器482（壺・甕・鉢・高杯・手捏土器・製塩土器等）・土錘12	砥石5	高畑知功・中野雅美編1998『津寺遺跡5』岡山県埋蔵文化財発掘調査報告127,日本道路公団中国支社津山工事事務所・岡山県教育委員会	〈18g〉／破鏡（破面研磨）
1990	岡山県古代吉備文化財センター				土器類（二重口縁壺・壺・甕・鉢・高杯）・土錘			―
1990							車崎正彦編2002『考古資料大観』第5巻 弥生・古墳時代 鏡,小学館	
不明	岡山シティミュージアム（個人旧蔵）						車崎正彦編2002『考古資料大観』第5巻 弥生・古墳時代 鏡,小学館	254g／岡山県（備中国）19
1924	東京国立博物館〈J20796orJ20804〉	碧玉勾玉・瑪瑙勾玉・碧玉管玉・瑪瑙管玉・ガラス小玉	刀				永山卯三郎1937『備中国吉備郡史』上巻,吉備郡教育委員会	漢式鏡691／岡山県（備中国）26・30
1923(1922?)	東京国立博物館〈J9827〉	勾玉・管玉・ガラス小玉					後藤守一1942『古鏡聚英』上篇 秦鏡と漢六朝鏡,大塚巧芸社	漢式鏡690／岡山県（備中国）27
1929	所在不明	碧玉勾玉・瑪瑙勾玉・粘板岩勾玉5・管玉・臼玉30・翡翠小玉3・小玉1・ガラス小玉	刀				永山卯三郎1937『備中国吉備郡史』上巻,吉備郡教育委員会	―

番号	舶倭	鏡式	出土遺跡	出土地名	遺跡内容	時期	面径(cm)	銘文	諸氏分類	編者分類・時期
53-2	舶	上方作系浮彫式獣帯鏡?	一国山3号墳	岡山市北区下足守624 他	方墳(8～)・箱形石棺	古墳前期	約12	—	—	—
80	舶	三角縁獣文帯三仏三獣鏡	一宮天神山1号墳	岡山市北区西辛川字蓮光寺	前方後方墳?・竪穴式石槨	古墳前期	23.0	—	目録番号120・配置K2変・表現⑮	—
81	倭	獣像鏡	一宮天神山2号墳〔A主体部〕	岡山市北区西辛川字蓮光寺	前方後円墳(60)・竪穴式石槨	古墳前期	12.0	—	—	獣像鏡Ⅰ系or鳥頭獣像鏡A系?	前(古)
82	倭	捩文鏡	一宮天神山2号墳〔B主体部〕	岡山市北区西辛川字蓮光寺	前方後円墳(60)・竪穴式石槨	古墳前期	10.4	—	Ⅲ型(樋口79)／捩文鏡(類)A型(小林82・10)／AⅠ型(小林83)／Ⅲ型(小沢88)／B型式c類(水野97)／俵紋鏡系(森下02)	捩文鏡B系	前(古)
83	倭	重圏文鏡					6.0	—	特殊文鏡(櫛目文鏡)(樋口79)／Ⅰ型(藤岡91)／4b類(脇山15)	〔重圏文鏡〕	前期
84	舶	三角縁波文帯三神四獣鏡	一宮(伝)(吉備津彦神社付近)	岡山市北区一宮地域(伝)	不明	不明	20.6	—	目録番号138・同范鏡番号＊・配置特殊	—	—
84-1	?	不明	一宮(伝)(吉備津彦神社付近)	岡山市北区一宮地域(伝)	不明	不明	不明	—	—	—	—
84-2	舶	海獣葡萄鏡	和田塚口	岡山市北区一宮地域	墳墓(推定)石室(推定)	不明	14.0	—	—	—	—
84-3	舶	画文帯蟠龍乳四神四獣鏡	吉備津社近村(伝)	岡山県北区(伝)	不明	不明	16.3	「天王日月」	—	—	—
85	倭	神獣鏡	猪ノ坂東古墳〔第1主体部〕	岡山市北区津高	円墳(15)・組合式木棺直葬	古墳中期	10.0	—	—	分離式神獣鏡系?	前(新)?
86	舶	夔鳳鏡	七つ坑1号墳〔後方部第1石槨〕	岡山市北区津島字西坂	前方後方墳(45)・竪穴式石槨(割竹形木棺)	古墳前期	破片	—	—	—	—
87	舶	方格規矩鏡	七つ坑1号墳〔後方部第1石槨〕	岡山市北区津島字西坂	前方後方墳(45)・竪穴式石槨(割竹形木棺)	古墳前期	破片	「□□□□辰□□□□□」	—	—	—
88	倭	四獣鏡	七つ坑1号墳〔後方部第2石槨〕		前方後方墳(45)・竪穴式石槨(組合式木棺)		9.0	—	獣形文鏡Ⅳ類(赤塚98b)	—	前(古)
89	?	不明	七つ坑1号墳(推定)	岡山市北区津島字西坂(推定)	古墳	不明	古墳前期	破片	—	—	—
90	舶	吾作斜縁二神二獣鏡	七つ坑7号墳	岡山市北区津島字西坂	方墳(14×9)・組合式木棺直葬	古墳	15.1	「吾作明竟自有道 東王西王母 曾年益壽 子孫番昌兮」	図像表現③(村松04)／紋様表現③(實盛09)	—	—
91・93	倭	四獣鏡	津島福居塚ノ本塚古墳(お塚様古墳)	岡山市北区津島字塚の本	前方後円墳(40)・竪穴式石槨?	古墳中期	14.5	擬銘	—	〔旋回式獣像鏡〕	後期
92・94	倭	捩文鏡	津島福居塚ノ本塚古墳(お塚様古墳)	岡山市北区津島字塚の本	前方後円墳(40)・竪穴式石槨?	古墳中期	9.7	—	—	捩文鏡A系	前(古)
95	舶	不明	津島福居南塚古墳(お塚様古墳)	岡山市北区津島字塚の本	円墳(18)	古墳	9.7	—	—	—	—
226	舶	方格規矩鏡	矢藤治山墳丘墓	岡山市北区西花尻	前方後円墳(36)・竪穴式石槨	弥生末期	16.4	—	—	—	—
227	舶	獣帯鏡or内行花文鏡	宗形神社古墳	岡山市北区大窪193	円墳(14)・箱形石棺	古墳前期	破片	—	—	—	—
228	倭	捩文鏡?	北方薮ノ内遺跡包含層水田1	岡山市北区中井町1丁目	集落 中世の水田層	室町	約8.5	—	—	捩文鏡系?	前(～中)

岡山

発見年	所蔵(保管)者	共伴遺物					文献	備考
		石製品・玉類	武具・武器・馬具	ほか金属器	土器類	その他		
2005	岡山市埋蔵文化財センター	碧玉管玉 2	—	鉄器 1	—	石杵 1	神谷正義・河田健司・西田和浩編 2006『南坂 8 号墳・一国山城跡・一国山古墳群』下足守地内遺跡発掘調査等事業に伴う発掘調査,岡山市教育委員会文化財課・岡山市埋蔵文化財センター	破鏡
1967		—	刀	—	土師器	—	樋口隆康 2000『三角縁神獣鏡新鑑』学生社	岡山県(備前国)45
1967	岡山理科大学	—	刀・剣・銅鏃	斧	—	—	鎌木義昌・亀田修一 1986「一宮天神山古墳群」近藤義郎責任編集『岡山県史』第 18 巻 考古資料,岡山県	岡山県(備前国)46-1
		硬玉勾玉・碧玉管玉	剣・槍・鉄鏃	斧・鎌・刀子	—	—		岡山県(備前国)46-2
								岡山県(備前国)46-3
1928	個人・吉備津彦神社	—	—	—	—	—	樋口隆康 2000『三角縁神獣鏡新鑑』学生社	岡山県(備前国)5
1928	所在不明	—	—	—	—	—	岡山市教育委員会・吉備中山総合調査委員会編 1975『吉備中山総合調査報告』岡山市教育委員会・吉備中山総合調査委員会編	—
1962	個人旧蔵	—	—	—	—	—	岡山市教育委員会・吉備中山総合調査委員会編 1975『吉備中山総合調査報告』岡山市教育委員会・吉備中山総合調査委員会編	畑を耕作中に発見
1804 頃	所在不明(柏原学而旧蔵)	—	—	—	—	—	杉本欣久 2016「江戸時代における古美術コレクションの一様相」『古文化研究』第 15 号,黒川古文化研究所	—
1990	岡山市教育委員会	ガラス小玉約 150	刀 1・剣 1〜	刀子 5	—	鋺 4	岡山市埋蔵文化財センター編 2011『平成 23 年度岡山市埋蔵文化財センター企画展「発掘されたアクセサリー」』岡山市教育委員会	—
1982	岡山大学文学部考古学研究室	碧玉管玉 1	刀・鉄鏃	斧 2・鎌 5・鋸 3・刀子 4・針状鉄器	—	—	近藤義郎・高井健司編 1987『七つ坑古墳群』七つ坑古墳群発掘調査団	副葬品は第 2 石榔と区別困難
		—	剣 1	斧 2・鎌 1・鋸 1・刀子 1	—	—		鈕を欠失
1682	所在不明	—	—	—	—	—		岡山県(備前国)1-1〜3／「破鏡三面、くろがねの長さ一尺二三寸のもの一つあり、くろがねのさびにや、赤き土のごとき物少し残れり」(『吉備温古秘録』)
1988	岡山大学文学部考古学研究室	ガラス勾玉 1・碧玉管玉 21・ガラス小玉 75	剣 1	—	—	—	車崎正彦編 2002『考古資料大観』第 5 巻 弥生・古墳時代 鏡,小学館	—
1930	所在不明(個人旧蔵)	—	甲冑 1・刀 1・三環鈴 2・(銅鏃・鉄鏃)	—	—	—	永山卯三郎他 1936『岡山市史』第一,岡山市役所	岡山県(備前国)2(4-1〜3)／放射状区画(四区画)／西都原 265 号墳(船塚)(宮崎 53)と一脈通ずる
	國學院大學?(個人旧蔵)							岡山県(備前国)3(4-1〜3)
不明	所在不明	—	—	—	—	—	永山卯三郎他 1936『岡山市史』第一,岡山市役所	岡山県(備前国)4-1〜3
1991	岡山大学文学部考古学研究室	硬玉獣形勾玉 1・ガラス小玉 50	—	斧 1	—	網状炭化物	近藤義郎 1995『岡山市 矢藤治山弥生墳丘墓』矢藤治山弥生墳丘墓発掘調査団	破砕鏡
1997	岡山市教育委員会	硬玉勾玉 1・ガラス勾玉 1・碧玉管玉 5・ガラス小玉 4	—	鍬先 1・斧 1・鎌 1・刀子 2・不明鉄器 2	—	—	乗岡実・安川滿編 1999『宗形神社古墳』岡山市教育委員会(生涯学習部文化課)	破鏡(鏡面研磨)／「壮年期の後半」の男性骨と「壮年の前半」の女性骨／鏡は女性骨(初葬)にともなう
1997	岡山県古代吉備文化財センター	—	—	—	—	—	髙田恭一郎編 2000『北方地蔵遺跡 2・北方藪ノ内遺跡』岡山県埋蔵文化財発掘調査報告 149,岡山県教育委員会	—

番号	舶倭	鏡式	出土遺跡	出土地名	遺跡内容	時期	面径(cm)	銘文	諸氏分類	編者分類・時期
96	舶	長生宜子八弧内行花文鏡					19.4	「長生宜子」	Aa イ式（樋口79）	― ―
97	舶	画文帯同向式神獣鏡					20.6	「吾作明竟　幽凍三商　配像萬疆　統徳序道　敬奉賢良　□克無杜　百牙擧樂　衆華主陽　聖徳光明　富貴安樂　子孫番昌　學者高遷　士至公卿　其命命長」	B式（樋口79）／Bb形式（小山田93）	― ―
98	舶	三角縁波文帯六神四獣鏡					25.0		目録番号63・配置A'・表現⑨	― ―
99	舶	三角縁吾作二神六獣鏡					22.2	「吾作明竟　練取好同　文章皆□師甚工　上有東王父王西母　師子辟邪甚曰巨　□□　□□□呆子　吏人得之位至三公　甚樂兮」	目録番号31・同笵鏡番号＊・配置特殊・表現①	― ―
100	舶	三角縁画象文帯盤龍鏡					25.0	「龍」（榜題）	目録番号1・同笵鏡番号2・配置盤龍・表現⑧	― ―
101	舶	三角縁画文帯五神四獣鏡					22.0	―	目録番号56・同笵鏡番号30・配置A'・表現⑥	― ―
102	舶	三角縁天王日月・獣文帯同向式神獣鏡	湯迫車塚古墳（備前車塚古墳）	岡山市中区四御神・湯迫	古墳	前方後方墳(48)・竪穴式石槨（割竹形木棺）	古墳前期	23.4	「天王日月」	目録番号9・同笵鏡番号6・配置同向・表現②	― ―
103	舶	三角縁陳氏作神獣車馬鏡					25.5	「陳氏作鏡甚大好　上有仙人不知老　君宜高官　保子宜孫　壽如金石」	目録番号14・同笵鏡番号8・配置X・表現⑧	― ―
104	舶	三角縁陳氏作神獣車馬鏡					22.2	「陳氏作鏡用青同　上有仙人不知　君宜高官　保□□□　□□」	目録番号13・同笵鏡番号7・配置X・表現⑧	― ―
105	舶	三角縁陳是作四神二獣鏡					22.0	「陳是作竟甚大好　上有王父母　左有倉龍　右白虎　宜遠道相保」	目録番号16・同笵鏡番号9・配置X（H）・表現④	― ―
106	舶	三角縁陳是作四神二獣鏡					22.0	「陳是作竟甚大好　上有王父母　左有倉龍　右□虎　宜遠□□□保」	目録番号16・同笵鏡番号9・配置X（H）・表現④	― ―
107	舶	三角縁新作徐州銘四神四獣鏡					23.2	「新作明竟　幽律三剛　配徳君子　清而且明　銅出徐州　師出洛陽　潤文刻鏤　皆作文章　取者大吉　宜子孫」	目録番号18・同笵鏡番号75・配置C・表現⑭	― ―
108	舶	三角縁天王・日月・獣文帯四神四獣鏡					23.6	「天王日月」	目録番号74・同笵鏡番号39・配置F2・表現②	― ―
109	舶	内行花文鏡	頭高山古墳	岡山市中区土田	古墳	箱形石棺	古墳前期	破片	―	―	―
110	倭?	不明	雄町遺跡第4調査区1号住居跡	岡山市中区雄町	集落	竪穴住居	古墳前期	破片	―	―	―
111	倭	弥生倭製鏡（五弧内行花文鏡）	百間川原尾島遺跡土壙4	岡山市中区原尾島	集落	土壙	弥生末期	8.7	―	内行花文日光鏡系仿製鏡第Ⅲ型b類（高倉85・90）／連弧紋鏡系小形仿製鏡第Ⅲ型b類（高木02）／内行花日光鏡系仿製鏡C-2類（松本08）／内行花文系小形仿製鏡第5型（田尻10・12）	〔弥生倭製鏡〕 弥生
112	倭	素文鏡	百間川沢田遺跡竪穴住居21	岡山市中区沢田字高縄手	集落	竪穴住居	古墳前期	3.0	―	AⅡ類（今平90）	〔素文鏡〕 ―
222	倭	素文鏡	百間川沢田遺跡土壙18	岡山市中区沢田	集落	土壙	古墳前期	3.0	―	6類（脇山15）	〔素文鏡〕 ―
223	倭?	不明	百間川兼基遺跡305-O区	岡山市中区兼基	集落	遺物包含層	古墳中期	破片	―	―	―
113	舶	方格T字鏡	金蔵山古墳〔刳抜式石槨付近（上面）〕	岡山市中区沢田	古墳	前方後円墳(165)・中央石槨上面	古墳前期	9.2	―	V類（樋口79）／方格規矩文鏡類G型（小林82・10）／博局T字鳥文鏡Ca4S類（高木91・93）／小型鏡A4型（北浦92）／SAa2式（松浦94）／丁群（森下98）	― ―
114	倭	四神二獣鏡	金蔵山古墳〔南石槨〕		古墳	前方後円墳(165)・竪穴式石槨（割竹形木棺）	古墳前期	18.3	擬銘	四神二獣鏡（樋口79）／二神四獣鏡系（小林82・10）／斜縁神獣鏡B系（森下02）	二神二獣鏡Ⅲ系 前（新）
114-1	?	不明（5～6面）	金蔵山古墳〔中央石槨〕（伝）	岡山市中区沢田（伝）	古墳	前方後円墳(165)・竪穴式石槨（割竹形木棺）	古墳前期	不明	―	―	― ―

岡山

発見年	所蔵（保管）者	共伴遺物					文献	備考
		石製品・玉類	武具・武器・馬具	ほか金属器	土器類	その他		
1956	東京国立博物館		刀1～・剣1～・矛片20・鉄鏃7～・靫片	斧1～・鉇・鉄棒残片			鎌木義昌 1962「備前車塚古墳」岡山市史編集委員会編『岡山市史』古代編，岡山市役所	岡山県（備前国）8-1
	東京国立博物館〈J37171〉							岡山県（備前国）8-2
	東京国立博物館〈J37182〉							1335g／岡山県（備前国）8-3
	東京国立博物館〈J37177〉							1175g／岡山県（備前国）8-4
	東京国立博物館〈J37172〉							〈1348g〉／岡山県（備前国）8-5
	東京国立博物館〈J37181〉							969g／岡山県（備前国）8-6
	東京国立博物館〈J37179〉							〈891g〉／岡山県（備前国）8-7
	東京国立博物館〈J37173〉							1487g／岡山県（備前国）8-8
	東京国立博物館〈J37174〉							819g／岡山県（備前国）8-9
	東京国立博物館〈J37175〉							862g／岡山県（備前国）8-10？
	東京国立博物館〈J37176〉							841g／岡山県（備前国）8-11？
	東京国立博物館〈J37178〉							1112g／岡山県（備前国）8-12
	東京国立博物館〈J37180〉							1301g／岡山県（備前国）8-13
不明	所在不明	小玉10数個（伝）	—	—	—	—	草原孝典・寒川史也編 2013『東山（市道）遺跡―吉備中枢地における集落遺跡の発掘調査報告―』岡山市教育委員会	破鏡（縁部・破面研磨・非穿孔）／大型鏡
1969	岡山県古代吉備文化財センター	—	—	刀子状鉄器1	土器片	—	岡山県教育委員会編 1972『埋蔵文化財発掘調査報告―山陽新幹線建設に伴う調査―』岡山県教育委員会	縁部片
1981		—	—	鉇	壺・甕・高杯	—	小田富士雄・藤丸詔八郎・武末純一編 1991『弥生古鏡を掘る―北九州の国々と文化―』北九州市立考古博物館	〈78g〉
1980	岡山県古代吉備文化財センター	滑石臼玉	—	—	小形丸底壺・甕・高杯	—	二宮治夫他編 1985『百間川沢田遺跡2 百間川長谷遺跡2』岡山県埋蔵文化財発掘調査報告59，岡山県教育委員会	—
1986		—	—	—	土師器	—	草原孝典・寒川史也編 2013『東山（市道）遺跡―吉備中枢地における集落遺跡の発掘調査報告―』岡山市教育委員会	—
1991		—	—	—	—	—	柳瀬昭彦・澤山孝之他編『百間川兼基遺跡3 百間川今谷遺跡3 百間川沢田遺跡4』岡山県埋蔵文化財発掘調査報告書119，岡山県教育委員会	—
1953	倉敷考古館	—	—	—	土師器（壺1・高杯35～・靫形土器5）	—		岡山県（備前国）7-1
		滑石勾玉72・碧玉管玉35・琥珀丸玉9	革綴短甲1・刀2～・剣2～・鉄鏃36	鉇2～・鑿2・針残片	—	櫛1	西谷眞治・鎌木義昌編 1959『金蔵山古墳』倉敷考古館研究報告第1冊，倉敷考古館	岡山県（備前国）7-2
1884頃	所在不明	—	—	—	—	—		「明治十七年頃、当時の上道郡々長穂所信篤氏が発掘し、鏡五、六面、勾玉、管玉など多数を得たことが伝えられている」

番号	舶倭	鏡式	出土遺跡	出土地名	遺跡内容	時期	面径(cm)	銘文	諸氏分類	編者分類・時期	
114-2	舶	三角縁張是作神獣鏡	平井村操山古墳（操山109号墳？）	岡山市中区平井	古墳	古墳	不明	「張是作竟甚大好　上戯□…　古有聖□　東王父　渇飲泉飢」	—	—	
114-3	舶	三角縁天王日月・唐草文帯四神四獣鏡					不明	「天王日月」	—	—	
114-4	舶	不明					不明	「□□□竟甚大上好」	—	—	
114-5	?	不明					不明	—	—	—	
114-6	?	不明					不明	—	—	—	
114-7	?	不明					不明	—	—	—	
114-8	?	不明					不明	—	—	—	
114-9	?	不明					不明	—	—	—	
115	倭	重圏文鏡	備前高島遺跡岩磐山山頂	岡山市南区宮浦字高島	祭祀	石群間	古墳後期	欠損	—	〔重圏文鏡〕	—
116	倭	倭製鏡	塚段古墳〔第1石室（前方部）〕	岡山市東区上道北方字塚段	古墳	前方後円墳（約33）・横穴式石室	古墳後期	8.0	—	—	—
117	舶	細線式獣帯鏡	浦間茶臼山古墳	岡山市東区浦間	古墳	前方後円墳(138)・竪穴式石槨（割竹形木棺）	古墳前期	18.2〜18.6	—	—	—
118	?	不明	浦間字北山	岡山市東区浦間字北山	不明	不明	不明	—	—	—	
118-1	?	不明	浦間字西部	岡山市東区浦間字西部	古墳	円墳（5）	古墳	約6	—	—	—
119	?	不明	佐古山古墳	岡山市東区上道	古墳	竪穴式石槨（割竹形木棺？）	古墳中期	完形	—	—	—
120	倭	七弧内行花文鏡	浅川3号墳	岡山市東区浅川	古墳	円墳？（6？）・箱形石棺	古墳前期	8.3	—	—	内行花文鏡B式	前（中）
121	倭	六弧内行花文鏡	向山1号墳	岡山市東区久保字鴨越	古墳	箱形石棺	古墳中期	約10	—	—	内行花文鏡B式	前（中）
122	倭	珠文鏡					約8	—	1類（今井91）／I類（中山他94）	〔珠文鏡〕	—
230	倭	不明	楢原1号墳	岡山市東区楢原1031	古墳	円墳（16）・竪穴式石槨	古墳前期	約10	—	—	—	
54	?	不明	高塚古墳	加賀郡吉備中央町吉川字東刈尾3937〔上房郡賀陽町〕	古墳	帆立（26）	古墳	不明	—	—	—	
56	倭	〔三神三獣鏡〕	八幡社側古墳	和気郡和気町米澤〔和気郡佐伯町〕	古墳	不明	古墳	12.7	擬銘	—	—	
57	舶	上方作系浮彫式獣帯鏡？	森古墳	赤磐市由津里〔赤磐郡赤坂町〕	古墳	土壙墓（箱形石棺）	古墳前期	11.9	—	四像式（岡村92）	—	
58	?	不明	可真丸山古墳	赤磐市弥上字畑〔赤磐郡熊山町〕	古墳	前方後円墳（33）・横穴式石室	古墳後期	12.0	—	—	—	
59	倭	鼉龍鏡	川面村可真（伝）	赤磐市可真上？（伝）〔赤磐郡熊山町〕	古墳？	不明	古墳？	12.9	—	IV型（樋口79）／第二群同工鏡I（車崎95）	鼉龍鏡A系	前（新）
60	倭	八弧内行花文鏡	川面村可真（伝）	赤磐市可真上？（伝）〔赤磐郡熊山町〕	古墳？	不明	古墳？	11.8	—	八弧（樋口79）／B類3式（清水94）／内行花紋鏡D系（森下02）／八花文鏡（小林10）	内行花文鏡B式	前（中）
60-1	倭	捩文鏡	川面村（伝）	赤磐市（伝）〔赤磐郡熊山町〕	古墳？	不明	古墳？	7.5	—	III型（樋口79）	捩文鏡D系	前（中）

岡山

発見年	所蔵（保管）者	共伴遺物					文献	備考
		石製品・玉類	武具・武器・馬具	ほか金属器	土器類	その他		
1806	所在不明	勾玉類	—	—	—	—	ジャパン通信社編 2015『月刊文化財発掘出土情報』2015年12月号, ジャパン通信社	三角縁張是作六神四獣鏡（目録62）の可能性／古文書に出土の伝えと鏡3枚の図と銘文を記載／魏代の小型鏡の可能性／「文化三丙寅二月中浣上道郡平井邑之内於操山古鏡八面勾玉之類及朱砂…」
1967	瀬戸内考古学研究所	石製模造品（有孔円板2・勾玉1・剣1・模造勾玉3）	鉄鏃1	—	土師器（小形丸底壺）・須恵器（杯）	—	鎌木義昌 1969「備前高島遺跡について―第一次発掘調査概要―」『サヌカイト』創刊号, 岡山理科大学考古学部	岡山県（備前国）6
1985	岡山市教育委員会	硬玉勾玉2・瑪瑙勾玉1・碧玉管玉1・水晶切子玉1・瑪瑙丸玉1・ガラス蜻蛉玉8・ガラス丸玉13・ガラス小玉551・銀装ガラス玉4・銀空玉6・埋木棗玉2・土玉25	鉄鏃57・弓金具・楕円形鏡板・環状鏡板・磯金具・鉸具・鞍金具・飾金具	耳環12・鎌1・刀子11・帯金具・尾錠	土師器（高杯等）・須恵器（有蓋高杯・高杯・杯・壺・椀・無頸壺・鉢・器台・提瓶・平瓶等）	釘・鎹	草原孝典編 2016『塚段古墳・坂口古墳』岡山市教育委員会	—
1988	岡山大学文学部考古学研究室	勾玉	小札（革綴冑）・刀片12・剣片49・銅鏃19・鉄鏃42	鍬先（鍬先）片3・斧片4・鎌片6・鎚片1・鑿片9・錐片3・刀子片9・魚扠4～・銛片14・刺突漁具片2・不明鉄製品	—	—	近藤義郎・新納泉編 1991『岡山市 浦間茶臼山古墳』浦間茶臼山古墳発掘調査団	破片2片／戦前にも出土したという
不明	所在不明（個人旧蔵）	—	—	—	—	—	後藤守一 1926『漢式鏡』日本考古学大系, 雄山閣	漢式鏡 684.4／岡山県（備前国）49
20世紀前半	所在不明	—	—	—	—	—	清野謙次 1943『増補 日本原人之研究』荻原星文堂	岡山 118か／「直径二寸許の小漢鏡の破片」
1958	所在不明（盗難）	—	刀・剣・銅鏃22・鉄鏃	斧・鎚	—	—	鎌木義昌 1964『岡山の古墳』岡山文庫④, 日本文教出版株式会社	岡山県（備前国）9／「翌日現地におもむいたところ（中略）鏡はすでに盗難にあい、その鏡式などを知ることができなかった。しかし発見した人々によると、平縁の鏡であったようで（後略）」／男性骨
1990	岡山県古代吉備文化財センター	—	筒形銅器1・剣1	—	—	—	内藤善史編 1998『高下遺跡・浅川古墳群ほか、楢原古墳群・根岸古墳』岡山県埋蔵文化財発掘調査報告123, 建設省岡山国道工事事務所・岡山県教育委員会	壮年前半の男性骨
1966	瀬戸内考古学研究所	硬玉勾玉1・管玉9・ガラス丸玉1・ガラス小玉1	鉄鏃?1	刀子3	—	—	今井堯 1992「小形倭鏡の再検討Ⅱ―中・四国地方古墳出土内行花文鏡―」『古代吉備』第14集, 古代吉備研究会	岡山県（備前国）48-1
							岡崎敬編 1977『日本における古鏡 発見地名表 中国地方』東アジアより見た日本古代墓制研究	岡山県（備前国）48-2?
1994	岡山県古代吉備文化財センター	緑色凝灰岩管玉1	—	—	—	—	内藤善史編 1998『高下遺跡・浅川古墳群ほか、楢原古墳群・根岸古墳』岡山県埋蔵文化財発掘調査報告123, 建設省岡山国道工事事務所・岡山県教育委員会	縁部片
不明	所在不明	勾玉・管玉	—	—	—	—	岡崎敬編 1977『日本における古鏡 発見地名表 中国地方』東アジアより見た日本古代墓制研究	岡崎1977の備中32との関係不明
不明	妙覚寺	—	—	—	—	—	梅原末治 1952「岡山県下の古墳発見の古鏡」『吉備考古』第85号, 吉備考古学会	岡山県（備前国）44
不明	岡山大学文学部考古学研究室	—	—	—	—	—	岡崎敬編 1977『日本における古鏡 発見地名表 中国地方』東アジアより見た日本古代墓制研究	岡山県（備前国）25／破鏡（破面研磨・2孔）
1897	所在不明	管玉数個（伝）	—	金環2・銀環2（伝）	須恵器（長頸小形丸底壺・台付壺）	—	岡崎敬編 1977『日本における古鏡 発見地名表 中国地方』東アジアより見た日本古代墓制研究	鍍金
不明	五島美術館〈M231〉	—	—	—	—	—	岡崎敬編 1977『日本における古鏡 発見地名表 中国地方』東アジアより見た日本古代墓制研究	漢式鏡 676.1／岡山県（備前国）23?
不明	東京大学総合研究博物館〈10323〉	—	—	—	—	—	田中琢 1977『鐸 剣 鏡』日本原始美術大系4, 講談社	放射状区画（八区画）／漢式鏡 676.2／岡山県（備前国）24?
不明	五島美術館〈M242〉	—	—	—	—	—	—	—

番号	舶倭	鏡　式	出土遺跡	出土地名	遺跡内容	時　期	面径(cm)	銘　文	諸氏分類	編者分類・時期
229	舶	〔四獣鏡〕	前内池墳墓群	赤磐市穂田〔赤磐郡熊山町〕	古墳	方墳（10）・竪穴式石槨	古墳前期	7.3	―	―	―
61	倭	画象鏡	正崎2号墳〔第1主体部〕	赤磐市正崎字浦山1368〔赤磐郡山陽町〕	古墳	円墳（20×16）・組合式木棺直葬	古墳中期	21.4	―	神獣車馬画象鏡系（森下02）	画象鏡系	前（中）
62	舶	方格規矩八禽鏡	吉原6号墳〔赤磐郡山陽町〕	赤磐市上二保字向山	古墳	前方後円墳（45）	古墳前期	13.5	―	Ⅳ類（樋口79）	―	―
63	舶	上方作浮彫式一仙五獣鏡					12.4	「上方作竟真大工　宜子」	半肉彫獣帯鏡B六像式（樋口79）／六像式A系統Ⅳ段階（山田06）／六像Ⅱ式（Ⅰb系）（實盛15）	―	―
64	倭	弥生倭製鏡（五弧内行花文鏡）	便木山遺跡A溝状遺構付近	赤磐市河本字便木山〔赤磐郡山陽町〕	墳墓	溝状遺構付近	弥生末期	7.3	―	古式仿製鏡内行花文座式（樋口79）／内行花文日光鏡系仿製鏡第Ⅲ型b類（高倉85・90）／内行花文系小形仿製鏡第5型（田尻10・12）	〔弥生倭製鏡〕	弥生
65	倭	弥生倭製鏡（九弧内行花文鏡）	用木2号墳〔第3主体部〕（裾土壙墓）	赤磐市河本字野山65〔赤磐郡山陽町〕	墳墓	方形台状墓（22）・土壙墓	弥生末期	6.0	―	内行花文日光鏡系仿製鏡第Ⅱ型a類（高倉85・90）／内行花文系小形仿製鏡第2型b類（田尻10・12）	〔弥生倭製鏡〕	弥生
66	舶	方格規矩鏡	用木2号墳〔第1主体部〕	赤磐市河本字野山65〔赤磐郡山陽町〕	墳墓	方形台状墓（22）・組合式箱形木棺直葬	弥生末期	9.8	―	―	―	―
67	倭	八弧内行花文鏡	用木15号墳〔第1主体部〕	赤磐市河本字野山65〔赤磐郡山陽町〕	古墳	円墳（12）・組合式木棺直葬	古墳前期～	9.2	―	B類1式（清水94）／Ⅲ基本系（林00）	内行花文鏡B式	前（中）
68	舶	尚方作浮彫式四獣鏡（禽獣画象鏡）	用木1号墳〔第1主体部〕	赤磐市河本字野山65〔赤磐郡山陽町〕	古墳	円墳（32×26）・割竹形木棺直葬	古墳前期	16.3	「尚方作竟真大巧　上有仙人不知老　渇飲玉泉飢食棗兮」	Ⅲ円圏式（樋口79）	―	―
69	倭	四獣鏡	用木3号墳〔第1主体部〕	赤磐市河本字野山65〔赤磐郡山陽町〕	古墳	前方後方墳（42）・粘土槨	古墳前期	15.3	―	A類獣頭（冨田89）／獣形文鏡ⅡE類（赤塚98b）／斜縁四獣鏡A系（森下02）	獣像鏡Ⅰ系	前（古）
70	倭	乳文鏡？					9.3	―	―	〔乳脚文鏡？〕	―
71	？	不明	岩田1号墳周溝（攪乱）	赤磐市河本字大久保120〔赤磐郡山陽町〕	古墳	円墳（17）	古墳後期	破片	―	―	―	―
71-1	？	不明	岩田3号墳（伝）	赤磐市河本字大久保（伝）〔赤磐郡山陽町〕	古墳	方墳（21）・竪穴式石槨	古墳中期	不明	―	―	―	―
72	倭	弥生倭製鏡（六弧内行花文鏡）	さくら山方形台状墓西溝状遺構（攪乱・主体部間）	赤磐市河本字石井谷124〔赤磐郡山陽町〕	墳墓	方形周溝墓（10）	弥生末期	7.2	―	内行花文日光鏡系仿製鏡第Ⅱ型a類（高倉85・90）／内行花文系小形仿製鏡第2型b類（田尻10・12）	〔弥生倭製鏡〕	弥生
73	舶	飛禽鏡	桜山2号墳	赤磐市河本字石井谷〔赤磐郡山陽町〕	墳墓	方形周溝墓・組合式木棺直葬	弥生末期	9.2	―	B式（實盛15）	―	―
74	倭	〔内行花文鏡〕					5.8	―	―	―	―
75	倭	〔四獣鏡〕	東山	赤磐市和田字東山〔赤磐郡山陽町〕	墳墓	不明	古墳	10.3	―	―	―	―
76	舶	尚方作獣文縁神人歌舞画象鏡	朱千駄古墳〔後円部中央主体部〕	赤磐市穂崎字阿部〔赤磐郡山陽町〕	古墳	前方後円墳（65）・長持形石棺	古墳中期	20.0	「尚方作竟自有紀　辟去羊宜古市　上有東王父西王母　令君陽遂多孫子兮」	Ⅲ円圏式（樋口79）	―	―
77	？	不明					不明	―	―	―	―
77-1	？	不明	柴草山	赤磐市穂崎字天神の木〔赤磐郡山陽町赤穂崎〕	不明	不明	不明	不明	―	―	―	―

岡山

発見年	所蔵(保管)者	共伴遺物					文献	備考
		石製品・玉類	武具・武器・馬具	ほか金属器	土器類	その他		
1997	岡山県古代吉備文化財センター	—	—	—	—	—	内藤善史編 2003『前内池遺跡・前内池古墳群・佐古遺跡』岡山県埋蔵文化財発掘調査報告 174, 岡山県教育委員会	破鏡(破面研磨)
1987	赤磐市教育委員会	管玉6	小札鋲留衝角付冑1・横矧板鋲留短甲1・板錣1・頸甲1・肩甲1・刀1・剣2・矛1・鉄鏃45・鉄製鏡板付轡1・鉸具片・三環鈴1・留金具8	鎌1	土師器(壺1)	鎹11	宇垣匡雅・高畑富子編 2004『正崎2号墳』山陽町文化財調査報告第1集, 山陽町教育委員会	—
1971	赤磐市教育委員会	勾玉・管玉・小玉	—	—	—	—	車崎正彦編 2002『考古資料大観』第5巻 弥生・古墳時代 鏡, 小学館	岡山県(備前国)19-2
							埋蔵文化財研究会編 1994『倭人と鏡―日本出土中国鏡の諸問題―』第2分冊 九州、四国、中国Ⅱ, 第36回埋蔵文化財研究集会, 埋蔵文化財研究会	岡山県(備前国)19-1
1970	赤磐市教育委員会(個人旧蔵)	—	—	—	—	—	高倉洋彰 1990『日本金属器出現期の研究』学生社	岡山県(備前国)13
1970		—	—	—	—	—		岡山県(備前国)14-2／破損した鈕孔に再穿孔を試みる
1970		—	—	—	—	—	神原英朗編 1975『用木古墳群 他 調査経過総括・地理的歴史的環境』岡山県営山陽新住宅市街地開発事業用地内埋蔵文化財発掘調査概報(1), 岡山県山陽町教育委員会	178g／岡山県(備前国)14-1／鈕孔破損
1974	赤磐市教育委員会	—	—	—	—	—		岡山県(備前国)17
1970		—	刀1・剣3・銅鏃37	斧2・鉈1	—	—		岡山県(備前国)15／〔梅原1952〕では飛禽鏡
1970		—	—	斧3・鉈1	—	—		岡山県(備前国)16
1974	赤磐市教育委員会	勾玉2・管玉3・ガラス小玉73・石製小玉3・土玉60	刀1・鉄鏃10・鞍片・杏葉2・辻金具2・鉸具片1・飾金具2	金環1・銀環2・鈍・刀子?1	須恵器(台付子持壺62)	釘3	神原英朗編 1976『岩田古墳群』岡山県営山陽新住宅市街開発事業用地内埋蔵文化財発掘調査概報第6集, 山陽町教育委員会	横穴式石室を破壊し、遺物を周溝へ投棄したものか／「内区部の破片で一端に鋸歯文状の文様と、部分的に唐草文を見せるが、細片のため詳細については一切不明である。前者に比して銅質がよく(後略)」
1910頃	所在不明(再埋納)	玉類	—	鉄器片	—	—	神原英朗編 1971『便木山遺跡発掘調査報告 惣図遺跡発掘調査概報 岩田第3・5号墳発掘調査概報』岡山県営山陽新住宅市街地開発事業用地内埋蔵文化財発掘調査概報(2), 山陽団地埋蔵文化財発掘調査団	報告者は和田字東山古墳出土の2面(岡山74・75)が同地出土の可能性を推定
1972	赤磐市教育委員会	管玉2	—	—	—	—	神原英朗編 1973『四辻土壙墓遺跡・四辻古墳群 他 方形台状墓発掘調査概報3編』岡山県営山陽新住宅市街地開発事業用地内埋蔵文化財発掘調査概報(3), 山陽団地埋蔵文化財発掘調査団	岡山県(備前国)18／破鏡(2孔)／第2主体と第3主体の間の溝底から出土
1975	赤磐市教育委員会	管玉1・ガラス小玉2	剣2・銅鏃7・鉄鏃14	斧1	—	—	正岡睦夫 1979「鏡片副葬について」『古代学研究』第90号, 古代学研究会	破鏡(破面研磨・1孔)
								岡山県(備前国)20-2
不明	個人旧蔵	—	—	—	—	—	梅原末治 1952「岡山県下の古墳発見の古鏡」『吉備考古』第85号, 吉備考古学会	岡山県(備前国)20-1／「外区には二重の鋸歯文帯を続らしその内に稍並行に近い放射線の一圏があり、内区にはハート形の輪郭の中に両眼と鼻口だけを表はしたる一対と、龍の頭部を表はしたもの一対と相対している。その間に各一つあて渦文を配している」⇒夔龍鏡C系か
不明	個人旧蔵						鎌木義昌 1964『岡山の古墳』岡山文庫④, 日本文教出版株式会社	同型鏡群〔KG-1〕／岡山県(備前国)22
1870	所在不明	勾玉・管玉・小玉	槍・蛇行状鉄器	—	—	—	梅原末治 1924「備前国西高月村の古墳(岡山県下に於ける主要古墳の調査録、其一)」『歴史と地理』第13巻第4号, 史学地理学同攷会	小さな鏡であったらしい
1885	所在不明	—	—	—	—	—	後藤守一 1926『漢式鏡』日本考古学大系, 雄山閣	漢式鏡675／岡山県(備前国)21

番号	舶倭	鏡式	出土遺跡	出土地名	遺跡内容	時期	面径(cm)	銘文	諸氏分類	編者分類・時期	
221	倭	珠文鏡	斎富遺跡	赤磐市斎富〔赤磐郡山陽町〕	集落	竪穴式住居	古墳中期	6.4	—	I類（中山他94）	〔珠文鏡〕	前期
78	倭	〔珠文鏡〕	高陽中学校蔵鏡	不明	不明	不明	不明	完形	—	—	—	—
79	?	〔細線式獣形鏡〕						欠損		—	—	—
123	倭	八弧内行花文鏡〈1号鏡〉	鶴山丸山古墳	備前市畠田	古墳	円墳 (68)・竪穴式石槨 (家形石棺)	古墳前期	27.1	—	（八弧）（樋口79）／A類Ⅱa式（清水94）／I類基本系（林00）／八花文鏡（小林10）	内行花文鏡A式AⅡ類	前(古)
124	倭	八弧内行花文鏡〈2号鏡〉					20.8	—	内行花紋鏡C'系（森下02）	内行花文鏡A式BⅡ類	前(中)
125	倭	八弧内行花文鏡〈3号鏡〉					20.6	—	（八弧）（樋口79）／A類Ⅱa式（清水94）／Ⅱ類基本系（林00）／内行花紋鏡C'系（森下02）／八花文鏡（小林10）	内行花文鏡A式BⅡ類	前(中)
126	倭	七弧内行花文鏡〈4号鏡〉					20.8	—	—	内行花文鏡A式BⅡ類	前(中)
127	倭	九弧内行花文鏡〈5号鏡〉					14.9	—	九弧（樋口79）／九花鏡（小林82・10）／C類Ⅲ式（清水94）／Ⅲ類省略系（林00）／内行花紋鏡C'系（森下02）	内行花文鏡B式	前(中)
128	倭	六弧内行花文鏡〈6号鏡〉					17.3	—	六弧（樋口79）／六花文鏡（小林82・10）／B類2式（清水94）／内行花紋鏡C'系（森下02）	内行花文鏡B式	前(中)
129	倭	方格規矩四神鏡〈7号鏡〉					19.7	—	JBⅠ式（田中83）／大型鏡（北浦92）	方格規矩四神鏡A系	前(古)
130	倭	方格規矩四神鏡〈8号鏡〉					17.0	—	Ⅱ類（樋口79）／方格規矩文鏡類A型（小林82・10）／JDⅡ式（田中83）／中型鏡1-1（北浦92）	方格規矩四神鏡A系	前(中)
131	倭	方格規矩四神鏡〈9号鏡〉					12.7	—	—	方格規矩四神鏡?	—
132	倭	方格規矩四神鏡〈10号鏡〉					13.0	—	JE式（田中83）／方格規矩四神鏡系（森下91）／中型鏡1-1（北浦92）／方格規矩文鏡類D型（小林10）	方格規矩四神鏡A系	前(中)
133	倭	方格規矩四神鏡〈11号鏡〉					16.7	—	Ⅳ類（樋口79）／方格規矩文鏡類D型（小林82・10）／JF式（田中83）／方格規矩四神鏡系（森下91）／中型鏡1-1（北浦92）	方格規矩四神鏡A系	前(中〜)
134	倭	方格（鳥文）鏡〈12号鏡〉					16.5	—	博局方格鳥文鏡Bb1類（高木91・93）／Ⅱ類鳥文系（林00）／方格規矩文鏡類D型（小林10）	方格規矩四神鏡C系	前(中)
135	倭	細線式鳥文鏡〈13号鏡〉					15.3	—	細線式獣鏡類B型（樋口79）／獣鏡類（小林82・10）／TM式（田中83）／中型鏡1-1（北浦92）	細線式獣帯鏡系	前(古)
136	舶	「仿製」三角縁唐草文帯三神二獣鏡〈14号鏡〉					21.7	—	目録番号201・同范鏡番号101・配置I	—	—
137	舶	「仿製」三角縁唐草文帯三神二獣鏡〈15号鏡〉					21.4	—	目録番号203・同范鏡番号102・配置J1／三角縁神獣鏡類D型（小林82・10）	—	—
138	倭	三角縁唐草文帯二神二獣鏡〈16号鏡〉					16.7	—	—	〔三角縁神獣鏡〕	前(中)
139	倭	盤龍鏡〈17号鏡〉					16.7	—	盤龍形鏡（樋口79）／龍虎鏡類（小林82・10）	盤龍鏡Ⅰ系	前(中)
140	倭	盤龍鏡〈18号鏡〉					13.6	—	盤龍形鏡（樋口79）／龍虎鏡類（小林82・10）	盤龍鏡Ⅰ系?	前(中〜)
141	倭	盤龍鏡〈19号鏡〉					16.9	—	四獣形鏡?（樋口79）／獣形文鏡類四獣鏡A型（小林82・10）／獣形文鏡ⅡG類（赤塚98b）	〔盤龍鏡〕	前(中)
142	倭	盤龍鏡〈20号鏡〉					16.6	—	四獣形鏡?（樋口79）／獣形文鏡類六獣鏡（小林82・10）／獣形文鏡ⅡG類（赤塚98b）	〔盤龍鏡〕	前(中)
143	倭	環状乳神獣鏡〈21号鏡〉					14.4	擬銘	環状乳神獣鏡（樋口79）／四神四獣鏡（小林82・10）	環状乳神獣鏡系	前(中)
144	倭	鼉龍鏡〈22号鏡〉					17.3	—	画文帯神獣鏡（系）A型（小林82・10）／A群6段階（池上92）／I群B系①（辻田00）／I類単胴系（林00）／鼉龍鏡b系（森下02）／I群Ba系①（辻田07）	鼉龍鏡C系	前(中)
145	倭	鼉龍鏡〈23号鏡〉					17.3	—	Ⅱ型（樋口79）／基本系-1（新井95）／第一群同工鏡C（車崎95）／鼉龍鏡a系（森下02）／I群A系（辻田07）	鼉龍鏡A系	前(中)

岡山

発見年	所蔵（保管）者	共伴遺物					文献	備考
		石製品・玉類	武具・武器・馬具	ほか金属器	土器類	その他		
1991	岡山県古代吉備文化財センター	—	—	—	土師器・陶質土器	—	下澤公明編 1996『斎富遺跡』岡山県埋蔵文化財発掘調査報告105,岡山県教育委員会	—
不明	赤磐市立高陽中学校	—	—	—	—	—	白石太一郎・設楽博己編 1994『弥生・古墳時代遺跡出土鏡データ集成』(『国立歴史民俗博物館研究報告』第56集),国立歴史民俗博物館	—
1936	東京国立博物館〈J33958〉	合子形石製品1・四脚盤形石製品1・坩形石製品2・器台形石製品2・勾玉2	刀・剣・鉄鏃	斧1	—	—	梅原末治 1938「備前和気郡鶴山丸山古墳」『近畿地方古墳墓の調査』三,日本古文化研究所	1628g／岡山県（備前国）10-1
	東京国立博物館〈J33959〉							岡山県（備前国）10-2
	岡山県立博物館（個人旧蔵）						岡山県立博物館編 1991『岡山県立博物館開館20周年記念展 邪馬台国へのみち』岡山県立博物館	岡山県（備前国）10-3／岡山124と同一品の可能性
	メトロポリタン美術館							岡山県（備前国）10-4
	東京国立博物館〈J33961〉						梅原末治 1938「備前和気郡鶴山丸山古墳」『近畿地方古墳墓の調査』三,日本古文化研究所	270g／岡山県（備前国）10-5
	東京国立博物館〈J33960〉							386g／岡山県（備前国）10-6
	メトロポリタン美術館						梅原末治 1952「岡山県下の古墳発見の古鏡」『吉備考古』第85号,吉備考古学会	岡山県（備前国）10-7
	東京国立博物館〈J33963〉						梅原末治 1938「備前和気郡鶴山丸山古墳」『近畿地方古墳墓の調査』三,日本古文化研究所	294g／岡山県（備前国）10-8／獣脚文縁
	個人旧蔵						梅原末治 1952「岡山県下の古墳発見の古鏡」『吉備考古』第85号,吉備考古学会	岡山県（備前国）10-9
	個人						田中琢 1977『鐸 剣 鏡』日本原始美術大系4,講談社	岡山県（備前国）10-10
	東京国立博物館〈J33962〉						梅原末治 1938「備前和気郡鶴山丸山古墳」『近畿地方古墳墓の調査』三,日本古文化研究所	岡山県（備前国）10-11／卍状の方格矩文
	岡山県立博物館（個人旧蔵）						車崎正彦編 2002『考古資料大観』第5巻 弥生・古墳時代 鏡,小学館	岡山県（備前国）10-12
	東京国立博物館〈J33964〉							264g／岡山県（備前国）10-13
	東京国立博物館〈J33965〉						梅原末治 1938「備前和気郡鶴山丸山古墳」『近畿地方古墳墓の調査』三,日本古文化研究所	1033g／岡山県（備前国）10-14
	東京国立博物館〈J33966〉							822g／岡山県（備前国）10-15
	岡山県立博物館（個人旧蔵）						岡山県立博物館編 1991『岡山県立博物館開館20周年記念展 邪馬台国へのみち』岡山県立博物館	岡山県（備前国）10-16／獣像及び外区構成（特に斜弧）は同墳出土四禽鏡（岡山141・142）に似る／三角縁神獣鏡目録番号90の倭製
	東京国立博物館〈J33970〉							371g／岡山県（備前国）10-17
	東京国立博物館〈J33971〉							〈289g〉／岡山県（備前国）10-18?
	東京国立博物館〈J33972〉							428g／岡山県（備前国）10-19?／「変形四禽鏡」／外区のモチーフは三角縁唐草文神獣鏡
	東京国立博物館〈J33973〉						梅原末治 1938「備前和気郡鶴山丸山古墳」『近畿地方古墳墓の調査』三,日本古文化研究所	382g／岡山県（備前国）10-20?／「変形四禽鏡」／外区のモチーフは三角縁唐草文神獣鏡
	東京国立博物館〈J33967〉							221g／岡山県（備前国）10-21
	東京国立博物館〈J33969〉							461g／岡山県（備前国）10-22
	岡山県立博物館（個人旧蔵）						岡山県立博物館編 1991『岡山県立博物館開館20周年記念展 邪馬台国へのみち』岡山県立博物館	岡山県（備前国）10-23

番号	舶倭	鏡式	出土遺跡	出土地名	遺跡内容	時期	面径(cm)	銘文	諸氏分類	編者分類・時期	
146	倭	三神三獣鏡〈24号鏡〉	鶴山丸山古墳				14.8	擬銘	三神三獣鏡（樋口79）／三神三獣鏡系（小林82・10）／対置式系倭鏡Ⅲ類（林02）	対置式神獣鏡A系	前(中)
147	倭	五獣鏡〈25号鏡〉					14.5	—	五獣形鏡（樋口79）／二神四獣系（小林82・10）／獣形文鏡ⅠB類（赤塚98b）	分離式神獣鏡系	前(新)
155	?	〔神獣鏡〕					約15	—	—	—	—
148	倭	方格規矩四神鏡〈10-11号鏡〉		備前市畠田	古墳	古墳前期	13.0	—	—	方格規矩四神鏡A系	前(中)
149	倭	六神像鏡					16.8	擬銘	—	神像鏡Ⅱ系	前(中)
150	倭	四獣鏡			円墳（68）・竪穴式石槨（家形石棺）		12.1	—	四獣形鏡対置系（林02）	類龍鏡	前(中)
151	舶	三角縁唐草文帯四神四獣鏡	鶴山丸山古墳（推定）				完形	「日日日日」	—	—	
152	舶	「仿製」三角縁獣文帯三神三獣鏡					21.6	—	目録番号207・同笵鏡番号106・配置K2	—	
153	舶	三角縁唐草文帯二神二獣鏡					21.6	—	目録番号90・同笵鏡番号49・配置J1・表現④	—	
154	倭	〔方格規矩鏡?〕					不明	—	—	—	
154-1	舶	三角縁天・王・日・月・吉・獣文帯四神四獣鏡	香登（鶴山丸山古墳）（伝）				22.5	「天王日月吉」	目録番号48・同笵鏡番号＊・配置A・表現⑤	—	
156	倭	〔四獣鏡〕	坂上古墳	備前市宝万	古墳	不明	古墳	10.9	—	—	—	
157	舶	画文帯環状乳三神三獣鏡	新庄所在古墳（長尾山古墳orお荒神山古墳?）	備前市新庄	古墳	不明	古墳	11.2	「吾作明竟　幽凍三剛大吉」	画Aa1（村瀬14）	—	
177	倭	〔内行花文鏡〕	蜂の頭1号墳	備前市日生町日生字鴻島〔和気郡日生町〕	古墳	箱形石棺?		8.3	—	—	—	
158	舶	「仿製」三角縁獣文帯三神三獣鏡	花光寺山古墳	瀬戸内市長船町服部〔邑久郡長船町〕	古墳	前方後円墳（約87）・長持形石棺	古墳前期	21.8	—	目録番号230・同笵鏡番号114・配置K2	—	
159	舶	長宜子孫八弧内行花文鏡					24.5	「長宜子孫」	Aaア式（樋口79）	—	
160	舶	〔三角縁神獣鏡〕	金鶏塚古墳	瀬戸内市長船町西須恵字亀ヶ原〔邑久郡長船町〕	古墳	前方後円墳（35）・竪穴系横口式石槨	古墳	不明	—	—	—	
161	舶	画文帯同向式神獣鏡	牛文茶臼山古墳	瀬戸内市長船町牛文〔邑久郡長船町〕	古墳	帆立（48）・竪穴式石槨	古墳中期	20.9	「吾作明竟　幽凍三商　配像萬疆　統徳序道　敬奉賢良　彫克無祉　百牙攀樂　衆華主陽　聖德光明　富貴安樂　子孫番昌　學者高遷　士至公卿　其師命長」	B式（樋口79）	—	
162	舶	王氏作神人龍虎画象鏡	築山古墳	瀬戸内市長船町西須恵〔邑久郡長船町〕	古墳	前方後円墳（82）・竪穴式石槨（家形石棺）	古墳中期	20.3	「王氏作竟佳且好　明而日月世之保　服此竟者不知老　壽而東王公西王母　山人之高赤松　長保二親宜□□」	Ⅲ円圏式（樋口79）	—	
163	?	〔変形文鏡〕	西須恵字井飯井	瀬戸内市長船町飯井〔邑久郡長船町〕	不明	不明		6.6	—	—	—	
165	?	不明	船山古墳	瀬戸内市長船町長船字舟山〔邑久郡長船町〕	古墳	前方後円墳（約60）	古墳	不明	—	—	—	
166	?	不明					不明	—	—	—	
164	倭	神頭鏡	旧美和村	瀬戸内市邑久町〔邑久郡邑久町〕	古墳?	円墳?・横穴式石室?	古墳?	10.4	—	—	神頭鏡系	前(中)
167・169	舶	連弧文銘帯鏡	山手・亀ヶ原（伝）	瀬戸内市邑久町山手字亀ヶ原（伝）〔邑久郡邑久町〕	古墳	前方後円墳の封土中か?	古墳	6.8	「見日之光　天下大明」	—	—	

298

岡山

発見年	所蔵（保管）者	共伴遺物					文献	備考
		石製品・玉類	武具・武器・馬具	ほか金属器	土器類	その他		
1936	東京国立博物館〈J33968〉	合子形石製品1・四脚盤形石製品1・坩形石製品2・器台形石製品2・勾玉2	刀・剣・鉄鏃	斧1			梅原末治1938「備前和気郡鶴山丸山古墳」『近畿地方古墳墓の調査』三,日本古文化研究所	326g／岡山県（備前国）10-24
	東京国立博物館〈J33974〉							284g／岡山県（備前国）10-25
	焼失（岡山大学旧蔵）						梅原末治1952「岡山県下の古墳発見の古鏡」『吉備考古』第85号,吉備考古学会	「岡山大学の藤井駿教授の話では、以前に水原岩太郎氏から、本古墳出土のこの位の大きさの破損した神獣鏡一面を第六高等学校の標本として譲り受けたが、同校が戦災にあうて焼失し去つたとの事である」
	サンフランシスコ・アジア美術館（Brundage〈B65B1〉）（個人旧蔵）						Kakudo, Y. 1991. *The Art of Japan: masterworks in the Asian Art Museum of San Francisco.* San Francisco.	岡山県（備前国）10-26
	サンフランシスコ・アジア美術館（Brundage〈B65B54〉）						梅原末治1952「岡山県下の古墳発見の古鏡」『吉備考古』第85号,吉備考古学会	岡山県（備前国）10-27
	所在不明							岡山県（備前国）10-28
	所在不明							—
	天理参考館						天理大学附属天理参考館編1990『古代中国の鏡―鏡のなかの神がみ―』第10回企画展,天理大学出版部	—
	個人						樋口隆康2000『三角縁神獣鏡新鑑』学生社	岡山県（備前国）10-31
	所在不明（個人旧蔵）						梅原末治1952「岡山県下の古墳発見の古鏡」『吉備考古』第85号,吉備考古学会	—
1936?	所在不明						梅原末治1938「備前和気郡鶴山丸山古墳」『近畿地方古墳墓の調査』三,日本古文化研究所	—
不明	個人	—	—	—	—	—	梅原末治1952「岡山県下の古墳発見の古鏡」『吉備考古』第85号,吉備考古学会	岡山県（備前国）12／「四個の円座乳の間に配した主文たる四獣形は仿製品としては整ふた方であるが、此の内区を繞る銘帯は全く文様化してゐる。尤も鋳上り佳良で、質も白銅のように見える」
1938～39	岡山県立博物館（個人旧蔵）	—	—	—	—	—	小松原基弘2000「岡山県立博物館所蔵の古鏡について（一）」『研究報告』20,岡山県立博物館	岡山県（備前国）11／丘陵鞍部で木の根元に2～3面の鏡があったらしい
昭和以降	日生町教育委員会	—	—	—	—	—	日生町教育委員会編1965『鹿久居島の歴史』日生町文化財資料第2輯,日生町教育委員会	3面出土か〔岡崎1977〕
1935	東京国立博物館〈J33915〉		素環頭大刀1・刀3・剣4・槍4・銅鏃17・鉄鏃57	斧1・鉇5・鋸1・刀子1		布製袋様品1	梅原末治1937「備前行幸村花光寺山古墳」『近畿地方古墳墓の調査』二,日本古文化研究所	1006g／岡山県（備前国）36-2
	東京国立博物館〈J33914〉							岡山県（備前国）36-1
1895	所在不明	—	—	—	—	—	後藤守一1926「漢式鏡」日本考古学大系,雄山閣	漢式鏡683／岡山県（備前国）39
1912	東京国立博物館〈J8272〉		鋲留冑?・挂甲・刀4・馬具	金銅獅噛文帯金具12・小鈴付金銅獅噛文帯金具1	須恵器（甕）	貝釧1	長船町史編纂委員会編1998『長船町史』史料編（上）考古・古代・中世,長船町	同型鏡群〔GD-3〕／漢式鏡684.1／岡山県（備前国）40
1907	東京国立博物館〈J39212〉	ガラス勾玉1・管玉14	冑・横矧板鋲留短甲・挂甲・刀1・剣1・矛1・鉄鏃4・轡1・杏葉2	斧20	—	—	川西宏幸2004『同型鏡とワカタケル古墳時代国家論の再構築―』同成社	同型鏡群〔RG-1〕／漢式鏡681／岡山県（備前国）38
不明	個人旧蔵		—				岡崎敬編1977『日本における古鏡発見地名表 中国地方』東アジアより見た日本古代墓制研究	漢式鏡682／岡山県（備前国）41／「出土地怪しい」〔遠山1927〕
江戸以前	所在不明	—	—	—	—	—	後藤守一1926「漢式鏡」日本考古学大系,雄山閣	漢式鏡684.2／岡山県（備前国）37-1 漢式鏡684.3／岡山県（備前国）37-2
不明	所在不明	—	—	—	—	—	遠山荒次1931「岡山県邑久郡美和村の獣带鏡」『考古学雑誌』第21巻第8号,考古学会	105g／岡山県（備前国）42
昭和以降	個人旧蔵	玉	銅鏃	—	—	—	後藤守一1926「漢式鏡」日本考古学大系,雄山閣	漢式鏡679／岡山県（備前国）30・32／出土地怪しい〔遠山1927〕

番号	舶倭	鏡式	出土遺跡	出土地名	遺跡内容	時期	面径(cm)	銘文	諸氏分類	編者分類	時期
168	舶	画文帯環状乳四神四獣鏡	瓢塚古墳（伝）	瀬戸内市邑久町山手字亀ヶ原（釜ヶ原）（伝）	古墳	不明	古墳	20.6	「天王日月」	—	—	—
170	舶	画文帯環状乳四神四獣鏡	西郷免	瀬戸内市邑久町山田庄字西郷免〔邑久郡邑久町〕	墳墓	不明	古墳後期	15.1	「天王日月」	—	—	—
171	倭	四獣鏡	焼山古墳（伝）	瀬戸内市邑久町山手字焼山（伝）〔邑久郡邑久町〕	古墳	円墳	古墳	9.5	—	四獣形鏡（樋口79）／獣形文鏡類四獣鏡C-1型（小林82・10）	対置式神獣鏡B系	前(中)
172	倭	捩文鏡					6.9	—	第二型式（伊藤67）／V型（樋口79）／捩文鏡（類）C型（小林82・10）／BⅢ型（小林83）／D型式a類（水野97）	捩文鏡D系	前(中)～
173	倭	六弧内行花文鏡	八木山	瀬戸内市邑久町山手〔邑久郡邑久町〕	墳墓	不明	古墳	9.6	—	—	内行花文鏡B式	前(中)
174	倭	重圏文鏡	忠明古墳（虫明）	瀬戸内市邑久町〔邑久郡邑久町〕	古墳	不明	古墳	6.8	—	A類（小林79）／重圏文鏡類（小林82・10）／D類（林原90）／2類（今井91）／Ⅴa型（藤岡91）／祖型グループ（中山他94）	〔重圏文鏡〕	前期
175	倭	六弧内行花文鏡	邑久町北池古墳（伝）	瀬戸内市邑久町北池（伝）〔邑久郡邑久町〕	円墳？・竪穴式石槨	古墳		11.3	—	六弧（樋口79）／B類2式（清水94）／六花文鏡（小林10）	内行花文鏡B式	前(中)
176	倭	六弧内行花文鏡	邑久町八木山山頂古墳（伝）	瀬戸内市邑久町（伝）〔邑久郡邑久町〕	円墳？・竪穴式石槨	古墳		破片	—	六弧（樋口79）／B類3式（清水94）／六花文鏡（小林10）	内行花文鏡B式	前(中)
178	舶	方格T字鏡	天神原遺跡天満神社支群4号墳（天満神社4号墳）	津山市河辺	円墳（8）・組合式木棺直葬	古墳中期		9.1	—	Ⅴ類（樋口79）／方格規矩文鏡類G型（小林82・10）／博局T字鳥文鏡Ca4S類（髙木91・93）／小型鏡B4型（北浦92）／SBa式（松浦94）／丁群（森下98）	—	—
202	?	不明	畝山大塚	津山市河辺字川上	古墳	不明	古墳	不明	—	—	—	—
179	倭	複合鋸歯文鏡	樋ノ内池南遺跡（大篠桶内）	津山市大篠	集落	弥生		8.3	—	特殊文鏡（星形鏡）（樋口79）／変形文鏡類（小林82・10）／位至三公鏡系（高倉85・90）	—	～前期
180	舶	連弧文銘帯鏡	外道山遺跡J地点（下道山）	津山市総社字外道山	墳墓	表面採集	弥生	13.6	「…□□…」	—	—	—
181・200	舶	〔半円方形帯神獣鏡〕	正仙塚古墳（竹塚古墳）〔後円部主体部〕	津山市高野山西字正仙塚1866	古墳	前方後円墳（56）・長持形石棺直葬	古墳前期	11.7	あり（不詳）	—	—	—
182	倭	四獣鏡（盤龍鏡？）					10.1	—	獣形文鏡類四獣鏡C-1型（小林82・10）	盤龍鏡？	前(中?)
183	倭?	弥生倭製鏡	田邑丸山1号墳	津山市下田邑字平尾	円墳（36×30）・竪穴式石槨	古墳中期	9.8	—	変形文鏡類（小林82・10）	〔弥生倭製鏡〕	弥生
184	舶	三角縁波文帯三神二獣博山炉鏡			前方後方墳（約40）・竪穴式石槨	古墳中期	21.3	—	目録番号134・同笵鏡番号74・配置M・表現⑩	—	—
185	?	不明（大型鏡）	田邑丸山2号墳	津山市下田邑字平尾			不明	—	—	—	—
217	?	不明					不明	—	—	—	—
218	?	不明					不明	—	—	—	—
186	倭	神獣鏡	根の山古墳	津山市中原字根の山524	帆立（21）	古墳	9.0	—	—	分離式神獣鏡系	前(新)
187	倭	四獣鏡	兼田丸山古墳〔第2主体部〕	津山市川崎字兼田276	方墳（24）・組合式箱形石棺 or 小型竪穴式石槨	古墳	8.2	—	四獣形鏡（樋口79）／獣形文鏡類四獣鏡C-1型（小林82・10）	獣像鏡Ⅲ系？	前(中?)
188	?	〔五獣鏡〕	日上畝山58号墳（旧51号墳）	津山市日上	前方後円墳（34）・竪穴式石槨	古墳中期	15.2	—	—	—	—
188-1	?	不明	日上畝山古墳群	津山市日上	不明	古墳	15.2	—	—	—	—
188-2	?	不明	日上畝山古墳群（西方畑）	津山市日上	箱形石棺	古墳	15.2	—	—	—	—
232	倭	捩文鏡	日上天王山古墳〔第2石槨〕	津山市日上417-13	前方後円墳（57）・竪穴式石槨（組合式木棺）	古墳前期	7.9	—	B型式c類（水野97）	捩文鏡B系	前(中?)
189	?	不明	河面丸山1号墳	津山市河面	方墳（21）・箱形石棺	古墳	不明	—	—	—	—
219	倭	五弧内行花文鏡	近長丸山1号墳〔第1主体部〕	津山市近長字丸山668-4	円墳（20）・粘土床（割竹形木棺）	古墳前期	9.0	—	B類（清水94）	内行花文鏡B式	—
208	倭	四獣鏡	久米三成4号墳〔第1主体部〕	津山市中北下字三成〔久米郡久米町〕	前方後方墳（35）・箱形石棺	古墳前期	11.8	擬銘	獣形文鏡類四獣鏡C-2型（小林82・10）／獣形文鏡ⅢB類（赤塚98b）	〔中期型獣像鏡〕	中期

岡山

発見年	所蔵（保管）者	共伴遺物					文献	備考
		石製品・玉類	武具・武器・馬具	ほか金属器	土器類	その他		
不明	個人旧蔵	—	—	—	—	—	永山卯三郎他1936『岡山市史』第一，岡山市役所	同型鏡群〔GK-3〕／岡山県（備前国）31
1885	東京国立博物館〈J2596〉	ガラス勾玉3・ガラス小玉多数	甲小札一括・刀3・杏葉6	銅釧1・斧1	須恵器（瓶3・杯蓋1)	釘1	川西宏幸2004『同型鏡とワカタケル—古墳時代国家論の再構築—』同成社	同型鏡群〔GK-1〕／漢式鏡680／岡山県（備前国）33
不明	瀬戸内市教育委員会	—	—	—	—	—	岡山県立博物館編1974『岡山県の原始・古代』岡山県立博物館	岡山県（備前国）26-2
								岡山県（備前国）26-1
1885	東京国立博物館〈J2266〉	硬玉勾玉1・ガラス小玉14			高杯		梅原末治1952「岡山県下の古墳発見の古鏡」『吉備考古』第85号，吉備考古学会	漢式鏡677／岡山県（備前国）27
不明	京都大学総合博物館〈4512〉	—					小野山節・都出比呂志・黒川冨美子編1968『京都大学文学部博物館考古学資料目録』第2部日本歴史時代，京都大学文学部	岡山県（備前国）34／後藤硯田収集品
不明	瀬戸内市立邑久郷土資料館（瀬戸内市教育委員会）	ガラス小玉449	剣1				岡山県立博物館編1974『岡山県の原始・古代』岡山県立博物館	岡山県（備前国）28／邑久町北池の北池古墳出土と伝える
不明	瀬戸内市立邑久郷土資料館	ガラス小玉1					岡山県立博物館編1974『岡山県の原始・古代』岡山県立博物館	岡山県（備前国）29
1971	津山市教育委員会	—	—	—	—	—	松浦宥一郎1994「日本出土の方格T字鏡」『東京国立博物館紀要』第29号，東京国立博物館	岡山県（美作国）1
1872	所在不明	玉	甲冑・鏃	金環	陶器		後藤守一1926『漢式鏡』日本考古学大系，雄山閣	漢式鏡673／岡山県（美作国）19
1955	津山郷土博物館						樋口隆康1979『古鏡』新潮社	岡山県（美作国）2
1934(1950?)	個人						御船恭平1959「美作における弥生時代の墳墓について」『古代学研究』第21・22合併号，古代学研究会	岡山県（美作国）3
明治	個人旧蔵	管玉・勾玉	—	斧	土師器		梅原末治1952「岡山県下の古墳発見の古鏡」『吉備考古』第85号，吉備考古学会	岡山県（美作国）4-1／破鏡（外区・破面研磨・2孔）／「外区の4分の1を残すにすぎない破鏡で、両面ともに著しく磨滅し両端部に尖孔がみられるという。鉛黒色を呈する銅質等から舶載鏡と考えられている」
	個人旧蔵						後藤守一1926『漢式鏡』日本考古学大系，雄山閣	漢式鏡672.2／岡山県（美作国）4-2-17／本墳出土か否か不確実
不明	東京国立博物館〈J21031〉	—	剣1	銅釧2・斧2	—	—		岡山県（美作国）5
1960頃	所在不明（個人旧蔵）	—	—	—	—	—	小郷利幸2000『田邑丸山古墳群・田邑丸山遺跡』津山総合流通センター埋蔵文化財発掘調査報告5，津山市埋蔵文化財発掘調査報告第67集，津山市教育委員会	岡山県（美作国）6-1
								岡山県（美作国）6-2?
								岡山県（美作国）6-3?
								4面の出土を伝える
不明	東京国立博物館〈J21066〉（個人）	硬玉勾玉1・ガラス丸玉	剣				後藤守一1926『漢式鏡』日本考古学大系，雄山閣	58g／岡山県（美作国）7
1910	東京国立博物館〈J6064〉（個人）	—	—	鉄片1	土師器1		本村豪章1974「美作・津山市兼田丸山古墳出土遺物の研究」『MUSEUM』No.285，東京国立博物館	漢式鏡671／岡山県（美作国）8
1966	所在不明（津山郷土館旧蔵）	琥珀勾玉1・小玉約10	鉄鏃・鉄地金銅張f字形鏡板・鉸具		土師器・須恵器（椀・高杯・杯・甑等）		小郷利幸・平岡正宏編2007『日上畝山古墳群Ⅱ』津山市埋蔵文化財発掘調査報告第78集，津山市教育委員会・津山弥生の里文化センター	岡山県（美作国）9
1872		水晶玉約20	刀剣数本・鉄鏃数十	金環3	須恵器			
1885～86		管玉・ガラス小玉	短刀1		土師器・須恵器（椀・高杯・杯・甑等）			
1994	津山弥生の里文化財センター	—	剣1・鉄鏃2	鑿1・不明鉄器1	—		近藤義郎・倉林眞砂斗・澤田秀実1997『日上天王山古墳』津山市埋蔵文化財発掘調査報告第60集，津山市教育委員会	47g
不明	所在不明	—	剣		土師器		岡崎敬編1977『日本における古鏡発見地名表 中国地方』東アジアより見た日本古代墓制研究	岡山県（美作国）10
1991	津山弥生の里文化財センター	翡翠勾玉3・碧玉管玉16	剣1				小郷利幸編1992『近長丸山古墳群』津山市埋蔵文化財発掘調査報告第41集，津山市教育委員会	初現期倭製鏡か
1978	岡山県古代吉備文化財センター	瑪瑙勾玉1	剣1	斧1			柳瀬昭彦1979「久米三成4号墳」岡山県埋蔵文化財発掘調査報告（30），岡山県文化財保護協会	成年後半～熟年前半の男性骨と成年女性骨／鏡は女性骨の頭部付近から出土

番号	舶倭	鏡式	出土遺跡	出土地名	遺跡内容	時期	面径(cm)	銘文	諸氏分類	編者分類・時期
209	倭	六弧内行花文鏡	奥の前1号墳（油木高塚古墳）〔後円部主体部〕	津山市油木北〔久米郡久米町〕	前方後円墳（70）・不明（石棺）	古墳前期	10.1	―	B類（清水94）／B系（辻田07）／六花文鏡（小林10）	内行花文鏡B式	前（中）
209-1	倭	六弧内行花文鏡	奥の前1号墳（油木高塚古墳）〔前部部第2主体部〕	津山市油木北〔久米郡久米町〕	前方後円墳（70）・木棺直葬	古墳前期	7.6	―	―	内行花文鏡B式	前（中）
190	舶	三角縁天王日月・獣文帯四神四獣鏡	郷観音山古墳	苫田郡鏡野町下原字才の瓦	前方後円墳（43）・竪穴式石槨	古墳前期	23.3	「天王日月」	目録番号51・配置A・表現⑰	―	―
191	舶	斜縁四獣鏡	郷観音山古墳	苫田郡鏡野町下原字才の瓦	前方後円墳（43）・竪穴式石槨	古墳前期	16.8	―	四獣形鏡（樋口79）／獣形鏡類四獣形鏡A型（小林82・10）	獣形文鏡ⅠD類（赤塚98a）	―
192	舶	吾作半円方形帯神獣鏡	郷観音山古墳	苫田郡鏡野町下原字才の瓦	前方後円墳（43）・竪穴式石槨	古墳前期	22.0	「吾作明竟大好　上有東王父西王母　師子辟邪居中央　甚樂兮」	画文帯神獣鏡（系）B型（小林82・10）	―	―
193	舶	青盖作盤龍鏡	赤峪古墳〔後円部埋葬施設〕	苫田郡鏡野町土居字赤峪	前方後円墳（45）・礫床（割竹形木棺）	古墳前期	12.2	「青盖作竟四夷服　多賀國家人民息　胡虜殄滅天下復　風雨時節五穀孰　長保二親得天力」	A類（辻田09）	―	―
193-1	?	不明	赤峪古墳〔前部部埋葬施設〕（伝）	苫田郡鏡野町土居字赤峪（伝）	前方後円墳（45）・竪穴式石槨	古墳前期	不明	―	―	―	―
194	舶	内行花文鏡	竹田妙見山古墳	苫田郡鏡野町竹田字妙見	前方後円墳（36）・礫床（割竹形木棺）	古墳前期	19.0	―	―	―	―
195	倭	六弧内行花文鏡	竹田9号墳〔中央棺〕	苫田郡鏡野町竹田字斎藤丸586	円墳（15）・粘土槨	古墳中期	7.2	―	B類1式（清水94）	内行花文鏡B式	前（中）
196	倭	六弧内行花文鏡	土居妙見山古墳〔A主体部〕	苫田郡鏡野町土居	前方後方墳（前方後円墳？）（25）・粘土槨	古墳中期	8.4	―	AⅡ式（森70）／B類1式（清水94）／六花文鏡（小林10）	内行花文鏡B式	前（中）
197	倭	弥生倭製鏡（六弧内行花文鏡）	土居妙見山古墳〔A主体部〕	苫田郡鏡野町土居	前方後方墳（前方後円墳？）（25）・粘土槨	古墳中期	8.8	―	AⅠ式？（森70）／B類（清水94）／六花文鏡（小林10）	〔弥生倭製鏡〕	弥生
198	?	不明	伊勢領大塚古墳（古川3号墳？）	苫田郡鏡野町古川字伊勢領	円墳（38）・箱形木棺	古墳中期	不明	―	―	―	―
199	?	不明	芳野村古川字ネムダ（?）	苫田郡鏡野町古川	石棺	不明	不明	―	―	―	―
201	倭	四獣鏡	岡高塚古墳（伝）〔後方部主体部〕	勝田郡勝央町岡（伝）	前方後方墳（51）・竪穴式石槨	古墳前期	13.2	―	―	〔旋回式獣像鏡〕	後期
201-1	舶	上方作系浮彫式獣帯鏡	宮ノ上1号墳	勝田郡勝央町小矢田	円墳（約12）・竪穴式石槨？	古墳中期	13.4	「…宜子…」	六像Ⅱ式（實盛15）	―	―
201-2	倭？	十弧内行花文鏡	宮ノ上1号墳	勝田郡勝央町小矢田	円墳（約12）・竪穴式石槨？	古墳中期	9.5	―	―	内行花文鏡B式（中国製鏡？）	前（古？）
203	倭	捩文鏡	楢原寺山古墳	美作市楢原下字寺山〔英田郡美作町〕	前方後円墳（54）・竪穴式石槨（割竹形木棺）	古墳前期	13.8	―	Ⅰ型（樋口79）／獣形文鏡類四獣鏡C-3型（小林82・10）／Ⅰ型（小沢88）／A型式a類（水野97）／獣毛紋鏡系（森下02）	捩文鏡A系	前（古）
204	?	〔四獣鏡〕	鍛冶屋峪古墳	美作市上相字鍛冶屋〔英田郡美作町〕	前方後円墳（24）・木棺直葬？	古墳	不明	―	―	―	―
211	倭	乳文鏡？	北山2号墳	美作市北山〔英田郡美作町〕	円墳（13）・組合式木棺直葬	古墳後期	6.2	―	―	〔乳脚文鏡？〕	後期？
205	舶	上方作浮彫式一仙五獣鏡	王子中古墳〔東側石槨〕	久米郡美咲町王子〔久米郡栃原町〕	円墳（40）・竪穴式石槨	古墳前期	15.8	「上方作竟…」／「宜子孫」	六像A系統Ⅰ段階（山田06）／六像Ⅰ式（Ⅰb系）（實盛15）	―	―
206	倭	珠文鏡	月の輪古墳〔中央棺〕	久米郡美咲町飯岡〔久米郡栃原町〕	円墳（61）・粘土槨	古墳	9.9	―	珠文鏡類B型（小林82・10）／3類（今井91）／Ⅲ類（中山他94）／珠紋鏡系（森下02）	〔珠文鏡〕	―
207	倭	八弧内行花文鏡	月の輪古墳〔南棺〕	久米郡美咲町飯岡〔久米郡栃原町〕	円墳（61）・粘土槨	古墳中期	9.1	―	B類（清水94）／八花文鏡（小林10）	内行花文鏡B式	前（中）
210	倭	乳文鏡	諏訪神社裏2号墳	久米郡美咲町原田〔久米郡中央町〕	円墳（10）・組合式木棺？	古墳	7.7	―	―	〔乳脚文鏡〕	後期
214	舶	三角縁陳・是・作・竟・四神四獣鏡	岡山県内（伝）	岡山県（伝）	不明	不明	22.4	「陳是作竟」（方格銘）／「王父」「王母」（榜題）	目録番号33・同笵鏡番号17・配置E・表現⑦	―	―
214-1	舶	方格規矩銘帯鏡	岡山県（伝）	岡山県（伝）	不明	不明	11.4	「□□□□　□□□□　富樂母事　□宜酒食」	―	―	―
214-2	倭	方格規矩四神鏡	美作（伝）	岡山県（伝）	不明	不明	不明	―	JDⅡ式（田中83）	方格規矩四神鏡A系	前（中）
214-3	倭	方格規矩四神鏡	美作（伝）	岡山県（伝）	不明	不明	不明	―	JE式（田中83）	方格規矩四神鏡A系	前（中）
214-4	倭	十八乳文鏡	備前国（伝）	岡山県（伝）	不明	不明	10.3	―	特殊文鏡（唐草文鏡）（樋口79）／獣帯鏡類C型（小林10）	〔乳脚文鏡？〕	前（新）

岡山

発見年	所蔵（保管）者	共伴遺物 石製品・玉類	共伴遺物 武具・武器・馬具	共伴遺物 ほか金属器	共伴遺物 土器類	共伴遺物 その他	文献	備考
不明	津山市教育委員会	硬玉勾玉1・ガラス小玉10	竪矧板革綴短甲1・剣2・銅鏃23	斧2	—	—	湊哲夫編1990『美作の鏡と古墳』津山郷土博物館特別展図録第3冊, 津山郷土博物館	岡山県（美作国）24
2001		勾玉・管玉	刀	鎌・鋤	—	—	倉林眞砂斗・澤田秀実2001『奥の前通信』No.8, 奥の前1号墳発掘調査団	—
大正	個人	—	短剣1・鉄鏃9				梅原末治1938『美作郷村観音山古墳』『近畿地方古墳墓の調査』三, 日本古文化研究所	岡山県（美作国）11-1
								岡山県（美作国）11-3
								岡山県（美作国）11-2
1960	鏡野町教育委員会	勾玉1・ガラス小玉5	—	手斧1・蛭鎌1・板状鉄器1	土師器（二重口縁壺2）	—	近藤義郎編2000『赤峪古墳』鏡野町埋蔵文化財発掘調査報告第6集, 鏡野町史編集委員会	岡山県（美作国）12
不明	所在不明	—	—	—	—	—		「鏡を含めた多くの「宝物」の如きものが持ち去られたと地元の一部で伝えられている」
昭和以降(1965?)	鏡野町教育委員会	管玉1・ガラス小玉22	—	鉄器	—	—	中島健爾・安藤武夫・土居徹他編1984『竹田墳墓群』竹田遺跡発掘調査報告第1集, 鏡野町教育委員会	岡山県（美作国）13／破鏡（破面研磨・2孔）
1971	鏡野町教育委員会	管玉2	短剣1・鉄鏃2	斧1・鎌1・刀子1	土師器（高杯）	—		二重弧文
1966	個人	—	剣2	—	—	—	湊哲夫編1990『美作の鏡と古墳』津山郷土博物館特別展図録第3冊, 津山郷土博物館	岡山県（美作国）14-1or2
								岡山県（美作国）14-1or2
江戸以前	所在不明	玉	刀	—	—	—	岡崎敬編1977『日本における古鏡 発見地名表 中国地方』東アジアより見た日本古代墓制研究	岡山県（美作国）15
明治以前	所在不明	—	—	—	—	—	光井清三郎1903『美作考古界（三）』『考古界』第二篇第八号, 考古学会	漢式鏡672.1／岡山県（美作国）16
不明	個人	玉	筒形銅器1・剣	—	土師器	—	湊哲夫編1990『美作の鏡と古墳』津山郷土博物館特別展図録第3冊, 津山郷土博物館	228g／岡山県（美作国）18／出土情報は不確か
2003	岡山県古代吉備文化財センター	—	刀（伝）	鎌1	—	石杵1	柴田英樹・柳瀬昭彦他編2006『国司尾遺跡 坂田遺跡 坂田墳墓群 宮ノ上遺跡 宮ノ上古墳群』一般国道374号（美作岡山道路）改良に伴う発掘調査1, 岡山県埋蔵文化財発掘調査報告197, 岡山県文化財保護協会	
								初現期倭製鏡か
1932〜33	個人	勾玉1	刀1・剣2・鉄鏃1	鎌1・斧2	土師器（壺）	—	湊哲夫編1990『美作の鏡と古墳』津山郷土博物館特別展図録第3冊, 津山郷土博物館	岡山県（美作国）20
不明	所在不明	—	馬具	—	須恵器	—	岡崎敬編1977『日本における古鏡 発見地名表 中国地方』東アジアより見た日本古代墓制研究	岡山県（美作国）21
1972	岡山県古代吉備文化財センター	土玉144〜	刀1・鉄鏃33・兵庫鎖貫付轡1・辻金具	刀子3	須恵器16（広口壺・短頸壺・高杯・杯身・杯蓋・𤭯・提瓶）	—	岡山県教育委員会編1974『中国縦貫自動車道建設に伴う発掘調査』岡山県埋蔵文化財発掘調査報告(4), 岡山県教育委員会	
明治・1954	東京大学総合研究博物館	ガラス小玉	—	—	土師器片	—	後藤守一1926『漢式鏡』日本考古学大系, 雄山閣	漢式鏡674／岡山県（美作国）22
1953	月の輪郷土資料館	碧玉勾玉2・管玉16	長方板革綴短甲1・頸甲1・肩甲1・革草摺1・刀1・剣13・槍1・銅鏃83・鉄鏃2束	鉇4・鑿4・小型鑿状工具4・刀子4	—	—	近藤義郎編1960『月の輪古墳』月の輪古墳刊行会	岡山県（美作国）23-1／老年男性骨
		石釧1・勾玉6・管玉32・棗玉3・ガラス小玉311・滑石小玉1048	刀4・剣3・鉄鏃?1	刀子1・針状鉄器22〜・環状鉄器	—	櫛8		岡山県（美作国）23-2／熟年女性骨
1969	美咲町教育委員会	—	—	—	須恵器	—	湊哲夫編1990『美作の鏡と古墳』津山郷土博物館特別展図録第3冊, 津山郷土博物館	岡山県（美作国）25
不明	岡山県立博物館	—	—	—	—	—	樋口隆康2000『三角縁神獣鏡新鑑』学生社	岡山県（備前国）50
不明	個人	—	—	—	—	—	鈴木仲秋・山田和夫他編1980『企画展 房総の古鏡』房総風土記の丘展示図録No.8, 千葉県立房総風土記の丘	—
不明	個人旧蔵	—	—	—	—	—	田中琢1977『鐸 剣 鏡』日本原始美術大系4, 講談社	—
不明		—	—	—	—	—		—
不明	京都国立博物館〈E甲17-8〉（廣瀬都巽旧蔵）	—	—	—	—	—	樋口隆康1979『古鏡』新潮社	140g

広島

番号	舶倭	鏡式	出土遺跡	出土地名	遺跡内容	時期	面径(cm)	銘文	諸氏分類	編者分類・時期
1	倭	六弧内行花文鏡	横路小谷1号墳	山県郡安芸太田町中筒賀〔山県郡筒賀村〕	古墳	円墳(20)・割竹形木棺直葬	古墳前期	9.5	—	—	内行花文鏡B式	前(中)
2	舶	内行花文鏡？	釜鋳谷遺跡	山県郡安芸太田町中筒賀字三谷〔山県郡筒賀村〕	古墳	箱形石棺？（遺構にともなわず）	古墳前期	18.7	—	—	—
25	舶	長宜子孫八弧内行花文鏡	壬生西谷遺跡SK33土壙墓	山県郡北広島町壬生字西谷500〔山県郡千代田町〕	墳墓	無墳丘墓・土壙墓	弥生後期	16.3	—	—	—
26	舶	連弧文昭明鏡	中出勝負峠8号墳〔SK8-1〕	山県郡北広島町丁保余原字中出〔山県郡千代田町〕	古墳	円墳(15)・組合式木棺直葬	弥生末期〜古墳前期	9.7	「内而□而□而□而召而明而 光而□而日而月而」	—	—
27	舶	内行花文鏡？	中出勝負峠8号墳墳丘裾土壙墓SK8-4	山県郡北広島町丁保余原字中出〔山県郡千代田町〕	墳墓	無墳丘墓・箱形石棺	古墳前期	19.2	—	—	—
28	?	不明	国藤古墳	山県郡北広島町丁保余原字額田部〔山県郡千代田町〕	古墳	方墳(16)・箱形石棺	古墳中期	不明	—	—	—
104	舶	連弧文銘帯鏡	京野遺跡竪穴住居SB35内P6	山県郡北広島町今田字有田〔山県郡千代田町〕	集落	竪穴住居	弥生後期	8.0	「…忠□□…」	内行花文日光鏡系仿製鏡C'-1類（松本08）	—
105	倭	弥生倭製鏡（十弧内行花文鏡）	京野遺跡段状遺構SX34	山県郡北広島町今田字有田〔山県郡千代田町〕	集落	段状遺構	弥生後期	6.4	—	内行花文日光鏡系仿製鏡A'-1b類（松本08）／内行花系小形仿製鏡第2型a類（田尻10・12）	〔弥生倭製鏡〕	弥生
3	舶	内行花文鏡？	月見城遺跡ST2古墳	広島市佐伯区倉重町字水晶尾50-1	古墳	方墳(6)・木棺直葬	古墳中期	16.2	—	—	—
4	倭	八獣鏡	高井所在古墳（伝）	広島市佐伯区五日市町高井（伝）	古墳	不明	古墳	13.4	—	—	類対置式神獣鏡B系	前(中)
5	倭	二神二獣鏡	広島女子短期大学内古墳	広島市安佐南区長束	古墳	箱形石棺	古墳	10.6	—	—	—
6	舶	長宜子孫八弧内行花文鏡	池の内遺跡第2号住居跡付近	広島市安佐南区長束字神山	集落	竪穴住居付近	弥生後期 or 古墳中期	破片	「長宜子孫」	—	—
7	倭	四獣鏡	三王原古墳	広島市安佐南区山本字三王原	古墳	円墳	古墳中期	17.0	—	四獣形鏡（樋口79）／獣形文鏡類四獣鏡C-1型（小林82・10）／F類獣頭（冨田89）	〔中期型獣像鏡〕	中期
8	倭	捩文鏡？（四獣鏡）	芳ヶ谷1号墳	広島市安佐南区南下安字芳ヶ谷	古墳	方墳？(8)・割竹形木棺直葬	古墳中期	8.0	—	—	捩文鏡？	前期？
9	舶	内行花文鏡？	神宮山1号墳	広島市安佐南区緑井	古墳	前方後円墳(28)・竪穴式石槨	古墳前期	19.7	—	—	—
10	舶	画文帯環状乳三神三獣鏡	宇那木山2号墳〔副主体部〕	広島市安佐南区緑井	古墳	前方後円墳(35)・竪穴式石槨	古墳前期	10.7	「天王日月」	Ⅱ（樋口79）／画Aa1（村瀬14）	—
10-1	倭	珠文鏡	宇那木山2号墳〔中央主体部〕	広島市安佐南区緑井	古墳	前方後円墳(35)・竪穴式石槨	古墳前期	10.2	—	A3-B類（脇山13）	〔珠文鏡〕	前期
11	倭	捩文鏡	神宮山所在古墳	広島市安佐南区緑井	古墳	不明	古墳	6.8	—	B型式c類（水野97）	捩文鏡B系	前(中)
12	倭	五獣鏡	白山所在古墳	広島市安佐南区白山	古墳	不明	古墳	10.8	擬銘	四獣形鏡？（樋口79）／獣形文鏡類五獣鏡（小林82・10）	〔旋回式獣像鏡〕	後期
98	倭	重圏文鏡	毘沙門台遺跡	広島市安佐南区毘沙門台2丁目	墳墓？	箱形石棺	弥生後〜末期	6.0	—	7ⅱ類（脇山15）	〔重圏文鏡（連珠）〕	前期
13	倭	六弧内行花文鏡	恵下1号墳	広島市安佐北区真亀町	古墳	木棺直葬	古墳中期	7.8	—	—	内行花文鏡B式	前期？
14	倭	弥生倭製鏡	真亀C地点遺跡3号住居	広島市安佐北区真亀町	集落	竪穴住居	弥生後期	6.2	—	重圏文日光鏡系仿製鏡第Ⅰ型a類（高倉85・90）／重圏紋鏡系小形仿製鏡第Ⅰ型a類（高木02）／重圏文系Ⅰ型A類ⅰ（南07a）／重圏文日光鏡系仿製鏡あ-1類（松本08）／重圏文系小形仿製鏡第1型あ類（田尻10・12）／狭縁式銘帯型（林10）	〔弥生倭製鏡〕	弥生
15	倭	捩文鏡	大久保古墳	広島市安佐北区口田南町7-571	古墳	円墳(18)・割竹形木棺直葬	古墳中期	6.9	—	C型式c類（水野97）	捩文鏡E系	前(新)

広島

発見年	所蔵（保管）者	共伴遺物					文献	備考
		石製品・玉類	武具・武器・馬具	ほか金属器	土器類	その他		
1979	広島県教育委員会	石釧1・瑪瑙勾玉1・管玉12・ガラス小玉49	ー	鉄釧1・鍬先1・刀子4	壺2・高杯3	ー	植田千佳穂編1993『考古企画展ひろしまの青銅器』広島県立歴史民俗資料館	ー
1980	広島県教育委員会	ー	ー	ー	ー	ー	高倉浩一編1981『石鎚山古墳群』財団法人広島県埋蔵文化財調査センター	〈47g〉／破鏡（破面研磨）
1988	広島県教育委員会	ー	鉄鏃1	ー	ー	ー	藤田広幸編1989『壬生西谷遺跡』広島県埋蔵文化センター調査報告書第75集, 財団法人広島県埋蔵文化財調査センター	438g
1984		碧玉管玉5・ガラス小玉3	槍2・鉄鏃12	斧1・鉇2	壺2	ー	佐々木直彦編1986『歳ノ神遺跡群 中出勝負峠墳墓群』広島県埋蔵文化財調査センター調査報告書第49集, 財団法人広島県埋蔵文化財調査センター	破砕鏡？
1984	広島県教育委員会	碧玉管玉24・ガラス小玉19	ー	ー	ー	ー		破鏡（破面研磨・1孔）／性別不明の壮年骨
1938	所在不明	管玉12	剣1	ー	ー	ー	佐々木直彦編1986『歳ノ神遺跡群 中出勝負峠墳墓群』広島県埋蔵文化財調査センター調査報告書第49集, 財団法人広島県埋蔵文化財調査センター	広島県（安芸国）10?
1994	広島県教育委員会	ー	ー	ー	甕・鉢	ー	坂本一志1998『千代田流通団地造成事業に係る埋蔵文化財発掘調査報告書』Ⅱ, 広島県埋蔵文化財センター調査報告書第160集, 財団法人広島県埋蔵文化財調査センター	破鏡（破面研磨）
1994		ー	ー	ー	壺・甕・鉢・高杯	砥石		ー
1985	広島県教育委員会	硬玉勾玉1	ー	ー	ー	ー	植田千佳穂編1993『考古企画展ひろしまの青銅器』広島県立歴史民俗資料館	破鏡（縁部・破面研磨）
明治	個人	ー	ー	ー	ー	ー	植田千佳穂編1993『考古企画展ひろしまの青銅器』広島県立歴史民俗資料館	広島県（安芸国）9
昭和以降	所在不明	玉類	ー	ー	ー	ー	石田彰紀・有谿盈雄・柳川康彦1978『空長古墳群発掘調査報告書』広島市の文化財第13集, 広島市教育委員会	広島県（安芸国）7
1984	広島市教育委員会	ー	ー	ー	ー	ー	中村眞哉・若島一則1985『池の内遺跡発掘調査報告』広島市の文化財第32集, 広島市教育委員会	〈33g〉／破鏡（破面研磨）
1928	立専寺	ガラス勾玉1・管玉3・小玉2	甲冑・刀2・剣4・矛2・鉄鏃10・金銅馬具	金銅環2・鉄鏃1	ー	ー	植田千佳穂編1993『考古企画展ひろしまの青銅器』広島県立歴史民俗資料館	広島県（安芸国）8
1983	広島市教育委員会	碧玉勾玉2・管玉21・ガラス小玉13	ー	刀子1	ー	ー	植田千佳穂編1993『考古企画展ひろしまの青銅器』広島県立歴史民俗資料館	ー
1959	広島大学文学研究科考古学研究室	碧玉管玉3・水晶算盤玉3・ガラス小玉150	ー	ー	ー	ー	高倉浩一編1981『石鎚山古墳群』財団法人広島県埋蔵文化財調査センター	〈90g〉／破鏡（縁部・破面研磨・2孔）
1959	広島大学文学研究科考古学研究室	ー	ー	ー	ー	ー	植田千佳穂編1993『考古企画展ひろしまの青銅器』広島県立歴史民俗資料館	107g／広島県（安芸国）3
2002		ー	短剣1・槍1	斧1・鉇1	ー	ー	脇山佳奈2013「珠文鏡の研究」『史學研究』第279号, 広島史学研究会	ー
不明	個人	ー	ー	ー	ー	ー	植田千佳穂編1993『考古企画展ひろしまの青銅器』広島県立歴史民俗資料館	広島県（安芸国）2
不明	個人	ー	ー	ー	ー	ー	植田千佳穂編1993『考古企画展ひろしまの青銅器』広島県立歴史民俗資料館	広島県（安芸国）6?
1982	毘沙門台遺跡発掘調査団	ー	ー	ー	ー	ー	植田千佳穂編1993『考古企画展ひろしまの青銅器』広島県立歴史民俗資料館	ー
1974	広島県教育委員会	硬玉勾玉2・瑪瑙勾玉3・管玉2・ガラス小玉159・滑石小玉24	ー	鉄釧1・鎌1	ー	ー	植田千佳穂編1993『考古企画展ひろしまの青銅器』広島県立歴史民俗資料館	広島県（安芸国）1-2?
1974	広島県教育委員会	ー	ー	ー	弥生土器（甕2）	ー	小田富士雄・藤丸詔八郎・武末純一編1991『弥生古鏡を掘る―北九州の国々と文化―』北九州市立考古博物館	広島県（安芸国）1-1
1985	広島県教育委員会	子持勾玉1	鉄鏃2	ー	ー	ー	植田千佳穂編1993『考古企画展ひろしまの青銅器』広島県立歴史民俗資料館	ー

番号	舶倭	鏡式	出土遺跡	出土地名	遺跡内容	時期	面径(cm)	銘文	諸氏分類	編者分類・時期
16	舶	上方作浮彫式一仙五獣鏡	中小田1号墳	広島市安佐北区口田南町	前方後円墳(30)・竪穴式石榔(組合式木棺)	古墳	13.0	「上方乍竟真大工 青龍白子」	半肉彫鋸歯帯鏡C六像式(樋口79)／六像B式(岡村92)／六像式A系統Ⅱ段階(山田06)／六像式Ⅱ式(Ⅰb系)(實盛15)	―
17	舶	三角縁吾作四神四獣鏡				古墳前期	20.1	「吾作明竟甚大工 上有王喬以赤松 師子天鹿其辟龍 天下名好世無雙」	目録番号35・同笵鏡番号19・配置A・表現①	―
18	倭	素文鏡	中小田2号墳	広島市安佐北区口田南町	円墳(15)・竪穴式石榔(割竹形木棺)	古墳中期	6.5	―	―	〔素文鏡〕
19	倭	珠文鏡	山武士塚2号墳	広島市安佐北区口田南町	円墳・竪穴式石榔	古墳中期	6.6	―	D-B類(脇山13)	〔珠文鏡〕 前期
20	倭	八乳細線式鏡	須賀谷1号墳	広島市東区温品町須賀谷	円墳(14)・箱形石棺	古墳中期	10.2	―	乳文鏡Ⅰ類(樋口79)／乳文鏡類(小林82・10)	〔乳脚文鏡??〕
21	倭	六獣鏡					7.1	―	―	―
22	倭	八弧内行花文鏡	丸古古墳	広島市安芸区矢野町	円墳(20)・竪穴式石榔	古墳中期	9.5	―	六弧(樋口79)	内行花文鏡B式 前(中?)
23	倭	〔内行花文鏡〕	中須賀神社境内古墳	広島市安芸畑賀	円墳	古墳	不明	―	―	―
24	倭	細線式鏡	安宿すくも塚古墳	東広島市豊栄町安宿字見土地〔賀茂郡豊栄町〕	円墳・横穴式石室?	古墳後期	7.1	―	特殊文鏡(細線渦文鏡)(樋口79)	〔細線式獣帯鏡〕 後期
29	倭	珠文鏡	三ツ城古墳〔第1主体部〕	東広島市西条町御薗字字助平	前方後円墳(91)・竪穴式石榔(外榔付箱形石棺)	古墳前期	6.5	―	珠文鏡類B型(小林82・10)／3類(今井91)／Ⅲ類(中山他94)／A2-D類(脇山13)	〔珠文鏡〕
30	倭	捩文鏡?	スクモ塚3号墳	東広島市西条町御薗字字長者原	円墳(8)・箱形石棺	古墳中期	5.9	―	―	捩文鏡系? 前(中~)
31	舶	「仿製」三角縁獣文帯三神三獣鏡	白鳥神社境内古墳	東広島市高屋町郷	円墳?	古墳前期	21.8	―	目録番号239・同笵鏡番号＊・配置K1／三角縁神獣鏡類C型(小林82・10)	―
32	倭	三神三獣鏡					16.2	―	三神三獣鏡(樋口79)／対置式神獣鏡A系(森下02)／画文帯神獣鏡系C型(小林10)	対置式神獣鏡A系 前(中)
33	倭	珠文鏡	千人塚古墳	東広島市高屋町郷	円墳(22)・箱形石棺	古墳中期	7.2	―	珠文鏡Ⅴ類(樋口79)／珠文鏡類B型(小林82・10)／3類(今井91)／Ⅴ類(中山他94)／6類A(吉田99)／D-D類(脇山13)	〔珠文鏡〕 前期
34	倭	五獣鏡(二神三獣鏡?)	夫婦茶屋古墳	東広島市西条町下三永	円墳・箱形石棺	古墳中期	12.1	―	―	類二神二獣鏡ⅠB系 前(中?)
35	舶	画文帯蟠龍乳求心式神獣鏡	鍛冶屋谷迫4号墳	三原市本郷町下北方〔豊田郡本郷町〕	前方後円墳(21)・箱形石棺	古墳前期	12.5	あり(不詳)	―	―
36	倭	不明	梨羽古墳	三原市本郷町尾原〔豊田郡本郷町〕	箱形石棺	古墳	不明	―	―	―
37	倭	不明	片山2号墳	三原市本郷町本郷〔豊田郡本郷町〕	円墳・横穴式石室	古墳後期	不明	―	―	―
37-1	舶	盤龍鏡	みたち5号墳	三原市本郷町本郷〔豊田郡本郷町〕	前方後円墳(約30)	古墳前期	13.5	―	A類(辻田09)	―
99	舶?	〔平縁式四神四獣鏡〕	峠越4号墳	三原市本郷町上北方字峠越〔豊田郡本郷町〕	前方後円墳・竪穴式石榔	古墳	不明	―	―	―
38	舶	細線式四禽鏡	江尻1号墳	三原市沼田西町小原字江尻	円墳・箱形石棺	古墳中期	9.6	―	―	―
39	倭	六弧内行花文鏡	宮ノ谷8号墳	三原市沼田東町納所字宮ノ谷	円墳(10)・木棺直葬	古墳前期	11.1	―	B類(H類)(清水94)／六花文鏡(小林10)	内行花文鏡B式 前(中)
100	舶	上方作浮彫式獣帯鏡	宮ノ谷1号墳	三原市沼田東町納所字西ノ谷	円墳・箱形石棺	古墳	11.0	「上方…□白□居□宜子…」	四像Ⅱ式(Ⅰb系)(實盛15)	―
40	舶	上方作浮彫式四獣鏡	馬場谷2号墳	三原市沼田東町納所字馬場谷	円墳(15)・粘土榔	古墳中期	10.7	「上方乍竟真大工 白子」	四像式(岡村92)／四像Ⅱ式(Ⅰb系)(實盛15)	―
41	倭	捩文鏡					8.6	―	D型式a類(水野97)	捩文鏡D系 前(中)
42	?	不明	天神山古墳	尾道市吉和町	古墳	古墳	不明	―	―	―
43	倭	捩文鏡	玉比売塚古墳(永松古墳)	尾道市西藤町馬場字向	箱形石棺?	古墳中期	6.5	―	特殊文鏡(櫛目文鏡)(樋口79)／乳文鏡類(小林82・10)	捩文鏡D系? 前(新)
44	倭	珠文鏡	松本古墳	福山市神村町松本字城ノ元	円墳(40)・竪穴式石榔	古墳	6.2	―	―	〔珠文鏡〕

広島

発見年	所蔵（保管）者	共伴遺物					文献	備考
		石製品・玉類	武具・武器・馬具	ほか金属器	土器類	その他		
1979	広島大学文学研究科考古学研究室	車輪石1・硬玉勾玉2・水晶勾玉1・碧玉管玉約30・水晶算盤玉5	―	斧2	―	―	潮見浩編1980『中小田古墳群―広島県高陽町所在―』広島市教育委員会・広島大学文学部考古学研究室	250g／広島県（安芸国）4-2
								1116g／広島県（安芸国）4-1
1962			横矧板鋲留衝角付冑1・三角板鋲留短甲1・革草摺1・刀5・剣2・蛇行剣1・鉄鏃83	斧1・鎌2・手鎌1・鑿2・刀子1・有棘錨形鉄製品2	小形丸底壺1	―		広島県（安芸国）5
1960	個人	―	剣	斧1・鑿1・刀子1・鋸1			植田千佳穂編1993『考古企画展ひろしまの青銅器』広島県立歴史民俗資料館	―
1912	東京国立博物館〈J6920〉	硬玉勾玉1・碧玉勾玉1・管玉15・瑪瑙算盤玉2・ガラス小玉96	刀片7・剣1	銅釧1			植田千佳穂編1993『考古企画展ひろしまの青銅器』広島県立歴史民俗資料館	漢式鏡695／広島県（安芸国）11
	東京国立博物館〈J6921〉							漢式鏡696／広島県（安芸国）12
不明	所在不明	管玉数個	刀3・剣2	―	―	―	植田千佳穂編1993『考古企画展ひろしまの青銅器』広島県立歴史民俗資料館	広島県（安芸国）13
不明	所在不明		刀	―	土師器・須恵器		広島市編1980『瀬野川町史』広島市	広島県（安芸国）14／中須賀神社に拓本残る
昭和以降	個人	硬玉勾玉1・水晶算盤玉1	刀1・鏃	―	須恵器（有蓋小形丸底壺2・杯身1・蓋杯5組・甌1）	―	植田千佳穂編1993『考古企画展ひろしまの青銅器』広島県立歴史民俗資料館	広島県（安芸国）26
1951	広島大学文学研究科考古学研究室	勾玉1・管玉16	刀2	―	―	―	松崎寿和・木下忠・豊元国・池田次郎1954『三ツ城古墳』広島県文化財調査報告第一輯,広島県教育委員会	広島県（安芸国）15
1930	東京国立博物館〈J20286〉	管玉2		刀子1	―	―	水野敏典編2010『考古資料における三次元デジタルアーカイブの活用と展開』平成18年度～平成21年度科学研究費補助金基盤研究（A）研究成果報告書,奈良県立橿原考古学研究所	広島県（安芸国）17／「6才未満」の骨
1910?	白鳥神社	碧玉勾玉1	素環頭大刀1	―	―	―	河瀬正利1975『賀茂カントリークラブゴルフ場内遺跡群発掘調査報告』広島県教育委員会・広島県文化財協会	780g／広島県（安芸国）19
								520g
昭和以降	所在不明	石釧1・硬玉勾玉3・管玉6					中山清隆・林原利明1994「小型仿製鏡の基礎的集成（1）―珠文鏡の集成―」『地域相研究』第21号,地域相研究会	広島県（安芸国）18／放射状区画（四区画）／若年女性骨
1973	広島県教育委員会	―	刀	―	―	―	植田千佳穂編1993『考古企画展ひろしまの青銅器』広島県立歴史民俗資料館	広島県（安芸国）16
不明	所在不明（仏通寺考古館旧蔵）	硬玉勾玉2	―	―	―	―	植田千佳穂編1993『考古企画展ひろしまの青銅器』広島県立歴史民俗資料館	広島県（安芸国）22
不明	所在不明	勾玉・管玉・小玉					白石太一郎・設楽博己編1994『弥生・古墳時代遺跡出土鏡データ集成』（『国立歴史民俗博物館研究報告』第56集）,国立歴史民俗博物館	広島県（安芸国）20
不明	所在不明	―	―	―	須恵器	―	三原市編1977『三原市史』通史編1,三原市	広島県（安芸国）21
2004・06	広島県教育委員会	玉類	―	鉄器	―	―	ジャパン通信社編2005『月刊文化財発掘出土情報』2005年7月号,ジャパン通信社	―
不明	所在不明	青瑪瑙勾玉	―	―	―	―	村上正名1957「安芸国本郷町経塚報告」『考古学雑誌』第42巻第4号,日本考古学会	広島県（安芸国）23
昭和以降	仏通寺考古館	―	―	―	―	―	植田千佳穂編1993『考古企画展ひろしまの青銅器』広島県立歴史民俗資料館	
1973	広島大学文学研究科考古学研究室	管玉6	刀1・剣1・矛1	斧1・刀子1	壺・高杯		植田千佳穂編1993『考古企画展ひろしまの青銅器』広島県立歴史民俗資料館	広島県（安芸国）25
昭和以降	個人	玉類	―	農工具類			植田千佳穂編1993『考古企画展ひろしまの青銅器』広島県立歴史民俗資料館	
昭和以降	仏通寺考古館	勾玉1・管玉51	筒形銅器1・剣1・槍1・鉄鏃		土器		植田千佳穂編1993『考古企画展ひろしまの青銅器』広島県立歴史民俗資料館	広島県（安芸国）24?
大正	所在不明	―	―	―	須恵器	―	岡崎敬編1977『日本における古鏡 発見地名表 中国地方』東アジアより見た日本古代墓制研究	広島県（備後国）2
不明	所在不明	瑪瑙勾玉2・管玉7	―	―	―	―	植田千佳穂編1993『考古企画展ひろしまの青銅器』広島県立歴史民俗資料館	広島県（備後国）1
1977	広島大学文学研究科考古学研究室	―	刀	―	―	砥石	植田千佳穂編1993『考古企画展ひろしまの青銅器』広島県立歴史民俗資料館	―

番号	舶倭	鏡式	出土遺跡	出土地名	遺跡内容	時期	面径(cm)	銘文	諸氏分類	編者分類・時期	
45	倭	六弧内行花文鏡	太田古墳	福山市赤坂町早戸字安井	箱形石棺?	古墳中期	9.5	—	CAⅡ式（森70）／六弧（樋口79）／B類3式（清水94）／六花文鏡（小林10）	内行花文鏡B式	前(中)
46	倭	重圏文鏡?	池下山2号墳	福山市瀬戸町池下山字有木山	円墳・箱形石棺	古墳中期	9.0	—	重圏文鏡（小林82・10）	〔重圏文鏡?〕	前期
47	舶	三角縁波文帯盤龍鏡	津之郷町所在古墳	福山市津之郷町津之郷字合戸	不明	古墳前期?	22.0	—	目録番号5a・配置盤龍・表現盤	—	—
55	?	不明	屋部迫古墳?	福山市芦田町上有地字屋部迫1043	円墳・横穴式石室	古墳後期	破片	—	—	—	—
110	舶?	不明	茶臼山古墳	福山市芦田町福田字才町	円墳(20)・竪穴式石槨?	古墳前期	破片	—	—	—	—
56	倭	六弧内行花文鏡	汐首C遺跡3地区SK-2	福山市新市町相方字汐首〔芦品郡新市町〕	墳墓・土壙墓	古墳前期	8.8	—	—	内行花文鏡B式	前期?
57	倭	珠文鏡	汐首C遺跡3地区SK-5	福山市新市町相方〔芦品郡新市町〕	古墳	前方後円墳?(20)・土壙墓	古墳前〜中期	4.7	—	珠紋鏡系（森下02）	〔珠文鏡〕	前期
58	?	不明	相方	福山市新市町相方〔芦品郡新市町〕	円墳	古墳	不明	—	—	—	—
59	舶	三角縁天・王・日・月・獣文帯三神四獣鏡	潮崎山古墳	福山市新市町相方〔芦品郡新市町〕	古墳	前方後円墳?(30?)	古墳前期	22.0	「天王日月」	目録番号47・同笵鏡番号28・配置A変・表現⑤	—	—
102・109	舶	円座鈕内行花文鏡	城山A遺跡埋葬施設付近(SK11付近)	福山市新市町相方字城山〔芦品郡新市町〕	墳墓・土壙墓（表土層）	弥生後期	8.7	—	—	—	—
60	倭	七弧内行花文鏡	石鎚権現5号墳	福山市駅家町大橋	古墳	前方後円墳(38)・竪穴式石槨	古墳前期	11.4	—	—	内行花文鏡B式	前(中)
61	舶	飛禽鏡	石鎚権現5号墳SK14土壙墓	福山市駅家町大橋	墳墓	木棺直葬	古墳前期	破片	—	B式（實盛15）	—	—
62	倭	素文鏡	石鎚権現7号墳	福山市駅家町大橋	古墳	方墳(7)・組合式木棺直葬	古墳前期	2.6	—	—	〔素文鏡〕	—
63	舶	上方作系浮彫式獣帯鏡?	今岡	福山市駅家町今岡	古墳	箱形石棺	古墳	13.0	—	六像B式（岡村92）／六像Ⅱ式（實盛15）	—	—
64	舶	方格規矩鏡or獣帯鏡	今岡	福山市駅家町今岡	古墳	箱形石棺	古墳	11.1	—	—	—	—
65	倭	珠文鏡	今岡小池	福山市駅家町今岡字小池	古墳	箱形石棺	古墳中期	5.4	—	珠文鏡類A型（小林82・10）／1類（今井91）／Ⅰ類（中山他94）	〔珠文鏡〕	前期
103	倭	珠文鏡	今岡所在古墳	福山市駅家町今岡	古墳	不明	古墳	7.3	—	A-B類（脇山13）	〔珠文鏡〕	前期
66	?	不明	山の神古墳	福山市駅家町法成寺字山の神	円墳・横穴式石室	古墳後期	破片	—	—	—	—
67	倭	六乳文鏡	二塚古墳	福山市駅家町法成寺字西組下	円墳・横穴式石室	古墳後期	10.5	—	乳文鏡Ⅲ類（樋口79）／特殊文鏡（細線渦文鏡）（樋口79）／乳文鏡類（小林82・10）	〔乳脚文鏡〕	後期
68	倭	鼉龍鏡	掛迫6号墳〔中央主体部〕	福山市駅家町法成寺字掛迫	古墳	前方後円墳(47)・竪穴式石槨	古墳前期	10.8	—	V型（樋口79）／獣形文鏡類四獣鏡C-3型（小林82・10）／D群12段階（池上92）／第一群同工鏡E（車崎95）／Ⅰ群Bb系③（辻田00）／Ⅱ類単胴系（林00）／鼉龍鏡b系（森下02）／Ⅰ群Bb系③（辻田07）	鼉龍鏡B系	前(古)
69	舶	三角縁波文帯三神二獣博山炉鏡	掛迫6号墳〔南主体部〕		前方後円墳(47)・竪穴式石槨	古墳前期	21.6	—	目録番号134・同笵鏡番号74・配置M・表現⑩	—	—
70	舶	吾作斜縁二神二獣鏡	石鎚山1号墳〔第1主体部〕	福山市加茂町上加茂	円墳(20)・竪穴式石槨（組合式木棺）	古墳前期	15.8	「吾作明竟　幽湅三商　統德序道　配象萬疆　曾年益壽　子孫番昌」	図像表現③（村松04）／紋様表現③（實盛09）	—	—
71	舶	円座鈕内行花文鏡?	石鎚山2号墳〔第1主体部〕	福山市加茂町上加茂	円墳(16)・組合式木棺直葬	古墳前期	破片	—	—	—	—
72	舶	蝙蝠座鈕八弧内行花文鏡		福山市加茂町上加茂			12.8	「君宜□□」／「生如□□」	—	—	—
111	倭	連弧文縁四獣鏡	正福寺裏山1号墳	福山市加茂町下加茂	円墳(16)・竪穴式石槨（組合式木棺）	古墳前期	10.4	—	—	—	—
111-1	舶	夔鳳鏡	尾ノ上古墳	福山市加茂町粟根字尾ノ上263-1	前方後円墳(約60)・竪穴式石槨（割竹形木棺?）	古墳前期	22.0	—	—	—	—
73	舶	不明	亀山遺跡SD5001溝	福山市神辺町道上字中川〔深安郡神辺町〕	集落・溝	弥生後〜末期	破片	—	—	—	—
74	舶	上方作浮彫式一仙三獣鏡	池ノ坊古墳	福山市神辺町東中条字池ノ坊〔深安郡神辺町〕	円墳・粘土槨	古墳前〜中期	10.7	「上方乍竟真□　宜孫子」	四像Ⅱ式（Ⅰa系）（實盛15）	—	—
75	倭	珠文鏡	国成古墳	福山市神辺町西中条字本谷〔深安郡神辺町〕	円墳(13)・粘土槨	古墳中期	5.6	—	珠文鏡Ⅰ類（樋口79）／1類（今井91）／Ⅰ類（中山他94）	〔珠文鏡〕	前期

広島

発見年	所蔵（保管）者	共伴遺物 石製品・玉類	武具・武器・馬具	ほか金属器	土器類	その他	文献	備考
1907	個人	碧玉勾玉1・管玉21・碧玉棗玉2	刀or剣1	—	—	—	植田千佳穂編1993『考古企画展ひろしまの青銅器』広島県立歴史民俗資料館	漢式鏡697／広島県（備後国）4
1935	所在不明	硬玉勾玉2・管玉5・琥珀棗玉1・水晶切子玉1・ガラス小玉1	—	—	土師器	—	脇坂光彦1974「福山市赤坂および津之郷周辺の古墳について」『芸備』第2集，芸備友の会	広島県（備後国）3
昭和以降	広島県立歴史博物館	—	—	—	—	—	鹿見啓太郎1988「福山市津之郷町出土の鏡片」『草戸千軒』第16巻第8号，広島県草戸千軒町遺跡調査研究所	
不明	正満寺	碧玉勾玉2・瑪瑙勾玉3・滑石勾玉1・管玉24・水晶切子玉4・水晶丸玉2	—	耳環7	須恵器	—	広島県立府中高等学校生徒会地歴部編1967『古代吉備品治国の古墳について』広島県立府中高等学校生徒会	広島県（備後国）6／鈕のみ
1996	福山市教育委員会	—	—	—	—	—	白石太一郎・設楽博己編2002「弥生・古墳時代遺跡出土鏡データ集成 補遺1」『国立歴史民俗博物館研究報告』第97集，国立歴史民俗博物館	銅質からすれば中国製鏡の可能性が高いらしい
1992	しんいち歴史民俗博物館	ガラス小玉	—	—	—	—	尾多賀晴悟・内田実・大上雅子編1996『汐首・後池』新市町文化財調査報告第8集，新市町教育委員会・新市町立歴史民俗資料館	107g／弥生倭製鏡の可能性
1992		—	剣	斧・鎌	—	—		20g
不明	所在不明	小玉	馬具	斧	—	—	岡崎敬編1977『日本における古鏡 発見地名表 中国地方』東アジアより見た日本古代墓制研究	広島県（備後国）11
1827	所在不明（個人旧蔵）	—	—	斧1	—	—	脇坂光彦1979「広島県芦品郡潮崎山古墳について」『古代学研究』第90号，古代学研究会	844g／広島県（備後国）14
1995	財団法人広島県埋蔵文化財調査センター	—	銅鏃2	—	—	—	花本哲志編1996『城山』広島県埋蔵文化財調査センター報告書第137集，財団法人広島県埋蔵文化財調査センター	〈3g〉／内区の小破片／「割れ口を研磨した痕跡は認められない」
1980		—	剣2・鉄鏃7	鉇2・鑿1	—	—	植田千佳穂編1993『考古企画展ひろしまの青銅器』広島県立歴史民俗資料館	—
1980	広島県教育委員会	—	—	—	—	—		〈12g〉
1980		—	—	—	—	—		—
不明		—	—	—	—	—		広島県（備後国）13-2／外区鏡縁部と鈕の5片が残存
不明	個人	—	—	—	—	—	植田千佳穂編1993『考古企画展ひろしまの青銅器』広島県立歴史民俗資料館	広島県（備後国）13-1
不明		—	剣	鉄環・鉇	—	—		広島県（備後国）12
不明	福山市立福山城博物館	—	—	—	—	—		
1974	個人	金銅丸玉2	鉄地金銅張鏡板・金銅杏葉・雲珠・方形飾金具	斧1	土師器・須恵器	—	岡崎敬編1977『日本における古鏡 発見地名表 中国地方』東アジアより見た日本古代墓制研究	—
1946	広島県立歴史博物館	ガラス小玉4	矛1・鉄製石突2・鉄鏃14・鞍橋覆輪金具類・杏葉1・鉸具2・雲珠3	鈴付銅釧1・耳環4・刀子3	須恵器（高杯2）	—	植田千佳穂編1993『考古企画展ひろしまの青銅器』広島県立歴史民俗資料館	広島県（備後国）10
1955	広島県立歴史博物館	—	—	斧1・鉇?1	—	—	広島県立府中高等学校生徒会地歴部1956「備後掛迫古墳」『芸備文化』第5・6合併号，広島県学生生徒地方史研究会	広島県（備後国）9-1
昭和以降	個人	硬玉勾玉1・ガラス小玉17	—	—	—	—		広島県（備後国）9-2
1979		硬玉勾玉3・琥珀勾玉2・碧玉管玉42	鉄鏃14	鉇2・刀子1	—	—	高倉浩一編1981『石鎚山古墳群』財団法人広島県埋蔵文化財調査センター	656g／壮年男性骨
1979	広島県教育委員会	—	—	鉇1・刀子1	—	—		〈27g〉／破鏡（鈕・破面研磨）／熟年男性骨
								破鏡（破面研磨・2孔）／破砕
1997	福山市教育委員会	—	—	—	—	—	福山市教育委員会編1997『福山市文化財年報1996(平成8)年度』26, 福山市教育委員会	
1999	福山市教育委員会	翡翠勾玉2・緑色凝灰岩管玉12・ガラス小玉187	—	—	—	—	福山市教育委員会編2000『福山市文化財年報1999年度（平成11年度）』29, 福山市教育委員会	
1985	広島県教育委員会	—	—	—	弥生土器・土師器	—	植田千佳穂編1993『考古企画展ひろしまの青銅器』広島県立歴史民俗資料館	〈98g〉／破鏡（鈕・破面研磨）
1991	福山市神辺歴史民俗資料館	—	剣	—	—	—	植田千佳穂編1993『考古企画展ひろしまの青銅器』広島県立歴史民俗資料館	
1963	福山市神辺歴史民俗資料館	滑石双孔円板9・勾玉1・管玉・滑石臼玉・ガラス小玉	—	手鎌1・鑿1・錐1・刀子2	—	—	植田千佳穂編1993『考古企画展ひろしまの青銅器』広島県立歴史民俗資料館	広島県（備後国）8

番号	舶倭	鏡式	出土遺跡	出土地名	遺跡内容	時期	面径(cm)	銘文	諸氏分類	編者分類・時期
76	舶	細線式獣帯鏡	神辺御領遺跡 E地点SD09溝	福山市神辺町下御領字八幡原〔深安郡神辺町〕	集落・溝	弥生後〜末期	破片	—	—	—
77	舶	不明	御領古墳	福山市神辺町下御領〔深安郡神辺町〕	古墳・箱形石棺	古墳	10.0	—	—	—
78	舶	上方作浮彫式四獣鏡	蔵王原古墳	福山市千田町千田字蔵王原	円墳?（15）	古墳	11.1	「上方□竟□大工　青白宜子」	四像式（岡村92）／四像式A系統Ⅱ段階（山田06）／四像Ⅱ式（Ⅰb系）／（實盛15）	—
48	倭	四獣鏡	尾立山古墳	府中市府中町羽中	古墳・円墳・箱形石棺	古墳中期	8.5	—	獣形文鏡類四獣鏡C-1型（小林82·10）	—
49	倭	六弧内行花文鏡〔1号箱形石棺〕	山ノ神1号墳	府中市元町山の神	円墳（12）・箱形石棺	古墳前期?	7.2	—	B類2式（清水94）	内行花文鏡B式 / 前（中）
50	倭	重圏文鏡	山ノ神1号墳〔2号箱形石棺〕	府中市元町山の神	円墳（12）・箱形石棺	古墳前期	6.4	—	Ⅰ型（藤岡91）／4b類（脇山15）	〔重圏文鏡〕 / 前期
107	倭	珠文鏡	山の神2号墳	府中市元町山の神38	方墳（12×7）・箱形石棺	古墳前期〜	4.2	—	—	〔珠文鏡〕 / 前期
108	倭	珠文鏡	山の神3号墳〔第1主体部〕	府中市元町山の神38	方墳（8）・箱形石棺	古墳前期〜	5.1	—	D-A3類（脇山13）	〔珠文鏡〕 / 前期
51	倭	神獣鏡	御旅古墳	府中市中須町寺迫字御旅	古墳・不明	古墳	10.0	—	獣形文鏡類四獣鏡C-1型（小林82·10）／獣形文鏡ⅠC類（赤塚98b）	分離式神獣鏡系 / 前（新）
52	倭	珠文鏡	寺山1号墳	府中市栗柄町登呂茂字寺山	古墳・円墳（12〜15）・箱形石棺	古墳中期	6.5	—	珠紋鏡系（森下02）	〔珠文鏡〕 / 前期
53	倭	珠文鏡	平井古墳	府中市栗柄町栗柄字平井	古墳・円墳・横穴式石室	古墳後期	完形	—	珠文鏡Ⅲ類（樋口79）／3類（今井91）／Ⅲ類（中山他94）	〔珠文鏡〕 / 前期
54	舶	獣帯鏡or方格規矩鏡	備後国府跡砂山地区401T第5層	府中市元町砂山	集落・溝	古墳	9.0	—	—	—
101	?	不明	野屋ノ木古墳	府中市土生町野屋の木	古墳・円墳・横穴式石室	古墳後期	不明	—	—	—
79	倭	〔珠文鏡〕	牛淵トンネル上古墳	三次市青河町牛淵	古墳・不明	古墳	不明	—	—	—
80	舶	画文帯同向式神獣鏡	酒屋高塚古墳〔第1主体部〕	三次市西酒屋町高塚1035-12	帆立（46）・竪穴式石槨	古墳後期	20.8	「吾作明竟　幽凍三商　配像萬疆　統徳序道　敬奉賢良　彫克無祉　百牙擧樂　衆華主陽　聖徳光明　富貴安樂　子孫番昌　學者高遷　士至公卿　其師命長」	B式（樋口79）	—
81	倭	六弧内行花文鏡	善法寺9号墳〔後円部A主体部〕	三次市西酒屋町善法寺	前方後円墳（35）・竪穴式石槨	古墳中期	7.5	—	—	内行花文鏡B式 / 前（中）
82	倭	珠文鏡	善法寺9号墳〔前方部C主体部〕	三次市西酒屋町善法寺	前方後円墳（35）・竪穴式石槨	古墳中期	6.5	—	—	〔珠文鏡〕 / 前期
83	倭	不明	太郎丸古墳	三次市四拾貫町	古墳・円墳（27）・竪穴式石槨	古墳前期	7.4	—	—	—
84	倭	珠文鏡	四拾貫小原1号墳〔A主体部〕	三次市四拾貫町小原	円墳（26）・割竹形木棺直葬?	古墳	6.8	—	A類（小林79）／珠文鏡類A型（小林82·10）／1類（今井91）／Ⅰ類（中山他94）	〔珠文鏡〕 / 前期
85	舶	上方作系浮彫式獣帯鏡	四拾貫日南9号墳	三次市四拾貫町	古墳・円墳（14）・粘土槨	古墳前期	破片	—	半肉彫獣帯鏡C六像式（樋口79）／六像A式（岡村92）／六像Ⅰ式（Ⅰb系）（實盛15）	—
86	倭	重圏文鏡	下山手5号墳周溝	三次市向江田町下山手	古墳・方墳（14）・周溝	古墳中期	5.2	—	7ⅰ類（脇山15）	〔重圏文鏡（連珠）〕 / 前期
87	倭	珠文鏡	大鳥山所在古墳	三次市秋町大鳥山	古墳・円墳・箱形石棺	古墳前期	8.2	—	A2-B類（脇山13）	〔珠文鏡〕 / 前期
88	?	不明	陳山1号墳	三次市高杉町来源	古墳・不明	古墳	不明	—	—	—
89	倭	捩文鏡	上定27号墳	三次市大田幸町上谷	古墳・円墳（11）	古墳中期	8.3	—	C型式d類（水野97）	捩文鏡D系 / 前（中〜）
90	倭	五弧内行花文鏡	畑原開山9号墳	三次市大田幸町畑原	古墳・円墳（10）・箱形石棺	古墳中期	8.1	—	AⅡ式（森70）／五弧（樋口79）／五花文鏡（小林82·10）／B類1式（清水94）	内行花文鏡B式 / 前（中）
91	倭?	〔獣文鏡or乳文鏡〕	八幡山1号墳	三次市吉舎町敷地〔双三郡吉舎町〕	帆立（45）・竪穴式石槨?	古墳中期	完形	—	—	—
92	倭	珠文鏡	三玉大塚古墳	三次市吉舎町三玉字大塚〔双三郡吉舎町〕	古墳・帆立（41）・竪穴式石槨	古墳中期	7.5	—	乳文鏡Ⅰ類（樋口79）／特殊文鏡（鋸歯文鏡）（樋口79）／乳文鏡類（小林82·10）	〔珠文鏡〕
93	倭	珠文鏡or乳文鏡	三玉大塚古墳	三次市吉舎町三玉字大塚〔双三郡吉舎町〕	古墳・帆立（41）・竪穴式石槨	古墳中期	12.6	—	珠文鏡類B型（小林82·10）／Ⅳ類（中山他94）／珠紋鏡系（森下02）	〔珠文鏡?〕

広島

発見年	所蔵（保管）者	共伴遺物 石製品・玉類	武具・武器・馬具	ほか金属器	土器類	その他	文献	備考
1979	広島県教育委員会	—	—	—	—	—	高倉浩一編1981『石鎚山古墳群』財団法人広島県埋蔵文化財調査センター	〈5g〉／破鏡（破面研磨・穿孔）
1904	所在不明	勾玉・管玉	刀	—	—	—	岡崎敬編1977『日本における古鏡 発見地名表 中国地方』東アジアより見た日本古代墓制研究	漢式鏡691.2／広島県（備後国）7
1956	福山市	—	—	—	土師器片	—	村上正名1959「備後芦田川下流域の古墳群」『古代吉備』第3集，古代吉備研究会	175g／広島県（備後国）5
不明	所在不明	—	—	刀子	—	—	植田千佳穂編1993『考古企画展 ひろしまの青銅器』広島県立歴史民俗資料館	広島県（備後国）15／破損しかけた鈕を隣接部から再穿孔
1982	府中市教育委員会	管玉2・ガラス玉36	—	—	—	—	脇坂光彦編1983『府中・山ノ神1号古墳発掘調査報告』府中市教育委員会	壮年（25〜27歳）男性骨
		水晶勾玉1・管玉8・ガラス小玉53	—	刀子2・針1	鼓形器台	—		壮年（34〜35歳）男性骨と壮年（25〜27歳）女性骨
1997	財団法人広島県埋蔵文化財調査センター	碧玉管玉1	—	鉇1・刀子1	—	—	小野悟朗編1998『山の神遺跡群・池ノ迫遺跡群』広島県埋蔵文化財調査センター報告書第165集，財団法人広島県埋蔵文化財調査センター	17g／壮年女性骨と壮年男性骨／鏡は女性骨にともなう
1997		碧玉管玉7・ガラス小玉4	—	—	—	—		24g／「7歳前後」の骨と「9歳前後」の骨
1974	個人	—	—	—	—	—	植田千佳穂編1993『考古企画展 ひろしまの青銅器』広島県立歴史民俗資料館	広島県（備後国）17
1968	所在不明	—	剣1・鉄鏃2	鉇1・鑿1	—	—	植田千佳穂編1993『考古企画展 ひろしまの青銅器』広島県立歴史民俗資料館	—
1928	所在不明	管玉7・碧玉切子玉1・水晶切子玉6・ガラス小玉2	刀3・鉄鏃14・轡（f字形鏡板等）一式	耳環1・刀子3・青銅製品・鉄片多数	土師器（高杯）・須恵器（小形丸底壺2・器台1・高杯2・蓋杯1・甕2・提瓶2）	—	植田千佳穂編1993『考古企画展 ひろしまの青銅器』広島県立歴史民俗資料館	広島県（備後国）16
1985	広島県教育委員会	—	—	—	—	—	植田千佳穂編1993『考古企画展 ひろしまの青銅器』広島県立歴史民俗資料館	縁部片
不明	所在不明	玉類	刀	—	須恵器	—	植田千佳穂編1993『考古企画展 ひろしまの青銅器』広島県立歴史民俗資料館	—
不明	所在不明	—	—	—	—	—	岡崎敬編1977『日本における古鏡 発見地名表 中国地方』東アジアより見た日本古代墓制研究	広島県（備後国）25
1940	京都大学総合博物館〈4294〉	—	刀・鉄鏃	鍬先・斧・刀子・不明鉄器	—	釘	青山透編1983『酒屋高塚古墳』広島県教育委員会	同型鏡群〔GD-3〕／広島県（備後国）18
1963	広島大学文学研究科考古学研究室	—	剣1・鉄鏃片4	斧1	—	—	植田千佳穂編1993『考古企画展 ひろしまの青銅器』広島県立歴史民俗資料館	広島県（備後国）22-1／8.6cm?
		—	—	鍬先1・鉇1	—	—		広島県（備後国）22-2
1960	三次市教育委員会	ガラス小玉1	刀1・剣2・鉄鏃38	鉇2・刀子1・不明鉄器1	—	—	植田千佳穂編1993『考古企画展 ひろしまの青銅器』広島県立歴史民俗資料館	広島県（備後国）20
1968	広島大学文学研究科考古学研究室	—	—	斧1・不明鉄器片1	土師器（高杯2）	—	植田千佳穂編1993『考古企画展 ひろしまの青銅器』広島県立歴史民俗資料館	広島県（備後国）23
1967	広島大学文学研究科考古学研究室	硬玉勾玉1・管玉1・ガラス小玉約100	—	—	土師器	—	高倉浩一編1981『石鎚山古墳群』財団法人広島県埋蔵文化財調査センター	〈45g〉／広島県（備後国）24?／破鏡（破面研磨）
1991	三次市教育委員会	—	—	—	—	—	植田千佳穂編1993『考古企画展 ひろしまの青銅器』広島県立歴史民俗資料館	鈕孔底にハバキ痕？
不明	個人	—	—	—	—	—	植田千佳穂編1993『考古企画展 ひろしまの青銅器』広島県立歴史民俗資料館	—
不明	所在不明	—	—	—	—	—	岡崎敬編1977『日本における古鏡 発見地名表 中国地方』東アジアより見た日本古代墓制研究	広島県（備後国）19
1985	広島県教育委員会	瑪瑙勾玉2・ガラス勾玉1・ガラス小玉268	—	鍬先1・手鎌1・刀子1	須恵器（甕1・無蓋高杯1・杯蓋1）	—	植田千佳穂編1993『考古企画展 ひろしまの青銅器』広島県立歴史民俗資料館	—
1952	所在不明	滑石琴柱形石製品2	刀1	—	—	—	植田千佳穂編1993『考古企画展 ひろしまの青銅器』広島県立歴史民俗資料館	広島県（備後国）21
1908	所在不明	—	甲冑・刀・剣	—	—	—	白石太一郎・設楽博己編1994『弥生・古墳時代遺跡出土鏡データ集成』（『国立歴史民俗博物館研究報告』第56集），国立歴史民俗博物館	漢式鏡694／広島県（備後国）29
1903	東京国立博物館〈J13293〉	滑石有孔円板2・水晶勾玉1・ガラス勾玉3・滑石勾玉1・滑石管玉1・滑石白玉357・ガラス小玉117	冑2・横矧板鋲留短甲1・刀2〜・矛4・筒形銅器1・石突1・鉄鏃・鞍金具・引手壺	鍬先1・鉇2・刀子1・鉄製刺突具1	—	砥石3	広島県教育委員会文化課編1983『三玉大塚古墳―調査と整備―』財団法人広島県埋蔵文化財調査センター	漢式鏡692／広島県（備後国）30-2
1903	東京国立博物館〈J13294〉							漢式鏡693／広島県（備後国）30-1

番号	舶倭	鏡式	出土遺跡	出土地名	遺跡内容	時期	面径(cm)	銘文	諸氏分類	編者分類・時期	
94	倭	捩文鏡	御堂西2号墳	庄原市板橋町御堂845	円墳（5）・組合式木棺直葬	古墳中期	7.4	—	C型式c類（水野97）	捩文鏡E系	前（新）
95	倭	〔珠文鏡〕	川手町所在古墳	庄原市川手町	古墳	不明	8.4	—	—	—	—
96	倭	七乳文鏡	新庄町所在古墳	庄原市新庄町	古墳	不明	8.0	—	—	〔乳脚文鏡〕	後期
97	舶	獣首鏡	大迫山1号墳	庄原市東城町川東字大迫山〔比婆郡東城町〕	前方後円墳（45）・竪穴式石槨（割竹形木棺）	古墳前期	14.2	—	—	—	—
97-1	倭	不明	鳴門塚古墳	庄原市東城町三坂〔比婆郡東城町〕	古墳	不明	不明	—	—	—	—
106	舶	方格規矩四神鏡	青迫遺跡2B区包含層	安芸高田市甲田町下小原字青迫〔高田郡甲田町〕	集落・遺物包含層	弥生後〜末期	17.7	「…□飲…」	—	—	—

山口

番号	舶倭	鏡式	出土遺跡	出土地名	遺跡内容	時期	面径(cm)	銘文	諸氏分類	編者分類・時期	
1	?	不明	船ヶ迫古墳	岩国市柱野字船ヶ迫	円墳	古墳	不明	—	—	—	—
8	舶?	不明	奥ヶ原遺跡Ⅰ地区竪穴住居SB-1	岩国市周東町祖生〔玖珂郡周東町〕	集落・竪穴住居（箱形石棺？）	弥生後期	11.4	—	—	—	—
2	舶	画文帯同向式神獣鏡	柳井茶臼山古墳	柳井市柳井字向山305	古墳	前方後円墳（約90）・竪穴式石槨	古墳前期	18.6	「…百身長樂…」	—	—
3	倭	鼉龍鏡					44.5	—	Ⅰ型（樋口79）／画文帯神獣鏡（系）A型（小林82・10）／A類獣頭（冨田89）／A群2段階（池上92）／基系-1（新井95）／第一群同工類AⅡ（車崎95）／Ⅰ群A系①（辻田00・07）／Ⅰ類双胴式（林00）／鼉龍鏡a系（森下02）	鼉龍鏡A系	前（古）
4	倭	鼉龍鏡					22.8	—	Ⅳ型（樋口79）／画文帯神獣鏡（系）B型（小林82・10）／C類獣頭（冨田89）／B群10段階（池上92）／Ⅰ群A系（辻田00・07）／Ⅱ類双胴式（林00）	鼉龍鏡A系	前（中）
5	倭	八弧内行花文鏡					19.5	—	八弧（樋口79）／八花文鏡（小林82・10）／D類Ⅱ式（清水94）／Ⅱ類基本系（林00）／Ab系Ⅱ式（辻田07）	内行花文鏡A式BⅡ類	前（中）
6	舶	「仿製」三角縁獣文帯三神三獣鏡	柳井茶臼山古墳（伝）				24.1	—	目録番号216a・同笵鏡番号112?・配置K2	—	—
7	?	不明	伊陸山林	柳井市伊陸	古墳	円墳	古墳	不明	—	—	—
9	倭	二神二獣鏡（四神二獣鏡）	白鳥古墳（白鳥神社古墳）	熊毛郡平生町佐賀字森ノ下	前方後円墳（約120）・箱形石棺？	古墳中期	17.6	擬銘	二神二獣鏡（樋口79）／四神四獣鏡系（小林82・10）	—	前（中）
10	倭	環状乳神獣鏡					13.4	—	画文帯神獣鏡（系）B型（小林82・10）	環状乳神獣鏡系	前（中）
11	?	不明	神花山古墳	熊毛郡平生町佐賀字田名	前方後円墳（30）・箱形石棺	古墳中期	破片	—	—	—	—
12	倭	捩文鏡	阿多田古墳	熊毛郡平生町佐賀字田名	前方後円墳（40）・竪穴式石槨	古墳中期	9.2	—	B型式c類（水野97）	捩文鏡B系	前（中）
13	舶	連弧文昭明鏡	国森古墳	熊毛郡田布施町川西字大力	方墳（30）・組合式木棺直葬	古墳前期	9.1	「内□□□□□□□□　光而夫而日而月而」	—	—	—
14	舶	八弧内行花文鏡	八代北方（伝）	周南市八代（伝）〔熊毛郡熊毛町〕	不明	弥生？	14.8	「□□子孫」	—	—	—
15	倭	弥生倭製鏡	岡山遺跡第Ⅱ地区第2号土壙墓	周南市安田〔熊毛郡熊毛町〕	墳墓・土壙墓	弥生末期	7.0	—	内行花文系小形仿製鏡第2型a類（田尻10・12）	〔弥生倭製鏡〕	弥生
16	?	不明	ゲンベイ山古墳	光市室積字西ノ庄	古墳・横穴式石室	古墳終末期	破片	—	—	—	—
17	舶	三角縁王氏作盤龍鏡	宮ノ洲古墳	下松市東豊井字宮ノ洲	円墳・竪穴式石槨	古墳前期	24.5	「王氏乍竟四夷服　多賀國家人民息　胡虜殄滅天下復　風雨時節五穀孰　長保二親得天力」	目録番号6・配置盤龍・表現盤	—
18	舶	三角縁□作同向式神獣鏡					23.5	「□作明竟佳且好　明如日月世□」	目録番号11・配置同向・表現他／C形式（小山田93）	—	—
19	舶	三角縁天・王・日・月・獣文帯二神二獣鏡					22.1	「天王日月」	目録番号91・同笵鏡番号50・配置J1・表現⑤	—	—
20	舶	八弧内行花文鏡					11.4	—	B類（H類）（清水94）／八花文鏡（小林10）	—	—
20-1	?	不明	日石下松製油所内古墳	下松市東豊井	古墳	不明	古墳	破片	—	—	—

広島・山口

発見年	所蔵（保管）者	共伴遺物					文献	備考
		石製品・玉類	武具・武器・馬具	ほか金属器	土器類	その他		
1983	広島県教育委員会	滑石勾玉1・滑石小玉18	―	―	―	―	三枝健二・辻満久編1984『御堂西古墳群発掘調査報告』財団法人広島県埋蔵文化財調査センター	―
不明	所在不明	―	―	―	―	―	岡崎敬編1977「日本における古鏡 発見地名表 中国地方」東アジアより見た日本古代墓制研究	広島県（備後国）26
不明	所在不明	―	―	―	―	―	植田千佳穂編1993『考古企画展 ひろしまの青銅器』広島県立歴史民俗資料館	広島県（備後国）27
1987	広島大学文学研究科考古学研究室	硬玉勾玉1・管玉7・ガラス小玉21	筒形銅器1・剣1・槍1・銅鏃6・鉄鏃28・靫2	鉇1	土師器（壺・器台等）	―	植田千佳穂編1993『考古企画展 ひろしまの青銅器』広島県立歴史民俗資料館	―
不明	所在不明	勾玉	刀	―	土師器・須恵器	―	岡崎敬編1977「日本における古鏡 発見地名表 中国地方」東アジアより見た日本古代墓制研究	―
1994	安芸高田市教育委員会	―	―	―	―	―	植田千佳穂編1993『考古企画展 ひろしまの青銅器』広島県立歴史民俗資料館	破鏡（破面研磨）
1807	所在不明	―	鏃2	鎌	土器	毛抜・鉄鍋3・鍋釣2	弘津史文1928『防長漢式鏡の研究』山高郷土史研究会	山口県（周防国）1
1991	山口県埋蔵文化財センター	―	鉄鏃2	―	弥生土器	石鏃1・石錘1	近藤喬一2000「鏡」山口県編『山口県史』資料編 考古1, 山口県	破鏡（縁部・破面研磨）
1892	山口県立山口博物館	勾玉3・管玉1・ガラス小玉1	刀2〜・剣2〜・矛・鉄鏃	刀子4〜	土師器（壺）	―	梅原末治1921「周防国那珂郡柳井町水口茶臼山古墳調査報告」（上）（下）『考古学雑誌』第11巻第8号・第9号, 考古学会	漢式鏡699.3／山口県（周防国）2-1
1892	東京国立博物館〈J180〉	勾玉3・管玉1・ガラス小玉1	刀2〜・剣2〜・矛・鉄鏃	刀子4〜	土師器（壺）	―	梅原末治1921「周防国那珂郡柳井町水口茶臼山古墳調査報告」（上）（下）『考古学雑誌』第11巻第8号・第9号, 考古学会	8950g／漢式鏡699.1／山口県（周防国）2-2
1892	東京国立博物館〈J171〉	勾玉3・管玉1・ガラス小玉1	刀2〜・剣2〜・矛・鉄鏃	刀子4〜	土師器（壺）	―	梅原末治1921「周防国那珂郡柳井町水口茶臼山古墳調査報告」（上）（下）『考古学雑誌』第11巻第8号・第9号, 考古学会	漢式鏡698／山口県（周防国）2-3
1892	個人	勾玉3・管玉1・ガラス小玉1	刀2〜・剣2〜・矛・鉄鏃	刀子4〜	土師器（壺）	―	梅原末治1921「周防国那珂郡柳井町水口茶臼山古墳調査報告」（上）（下）『考古学雑誌』第11巻第8号・第9号, 考古学会	542g／漢式鏡699.2／山口県（周防国）2-4
1892	所在不明	勾玉3・管玉1・ガラス小玉1	刀2〜・剣2〜・矛・鉄鏃	刀子4〜	土師器（壺）	―	柳井市教育委員会編1999『史跡柳井茶臼山古墳―保存整備事業発掘調査報告書―』柳井市埋蔵文化財調査報告, 柳井市教育委員会	漢式鏡699.4？／山口県（周防国）2-5
明治	所在不明（東京国立博物館？）	―	―	―	―	―	弘津史文1928『防長漢式鏡の研究』山高郷土史研究会	―
1749	白鳥神社	碧玉管玉12	巴形銅器5・刀1	鋤先1・斧5	―	―	弘津史文1928『防長漢式鏡の研究』山高郷土史研究会	漢式鏡710／山口県（周防国）3-1
1749	白鳥神社	碧玉管玉12	巴形銅器5・刀1	鋤先1・斧5	―	―	弘津史文1928『防長漢式鏡の研究』山高郷土史研究会	296g／漢式鏡709／山口県（周防国）3-2／やや疑問品
昭和以降	所在不明	―	―	―	―	―	平生町編1978『平生町史』平生町	壮年男性骨
不明	白鳥神社	硬玉勾玉1・管玉2	―	―	―	―	近藤喬一2000「鏡」山口県編『山口県史』資料編 考古1, 山口県	山口県（周防国）4
1987	田布施町教育委員会・田布施町郷土館	―	剣1・矛1・槍1・鉄鏃39	斧2・鉇2・鑿1・削刀子3・針状鉄製品1・魚挼状鉄製品5	―	―	乗安和二三編1988『国森古墳』田布施町教育委員会	―
不明	山口県立山口博物館	―	―	―	―	―	近藤喬一2000「鏡」山口県編『山口県史』資料編 考古1, 山口県	―
1985	山口県埋蔵文化財センター	―	―	―	―	―	近藤喬一2000「鏡」山口県編『山口県史』資料編 考古1, 山口県	12g
1916	所在不明（東京国立博物館旧蔵）	―	柄頭1	銅鏡1・金環1	小形丸底壺1・甕1・高杯1・杯1	―	山口高等学校歴史教室編1928『周防長門 遺跡遺物発見地名表』山高郷土史研究会	―
1802	東京国立博物館〈J37435〉	―	刀・鉄鏃	斧・鉇	土師器（壺）	―	梅原末治1922「周防国都濃郡下松町宮洲発見の古鏡」『歴史地理』第40巻第3号, 日本歴史地理学会	1973g／漢式鏡702.1／山口県（周防国）5-1
1802	東京国立博物館〈J37436〉	―	刀・鉄鏃	斧・鉇	土師器（壺）	―	梅原末治1922「周防国都濃郡下松町宮洲発見の古鏡」『歴史地理』第40巻第3号, 日本歴史地理学会	1426g／漢式鏡702.2／山口県（周防国）5-2
1802	東京国立博物館〈J37437〉	―	刀・鉄鏃	斧・鉇	土師器（壺）	―	梅原末治1922「周防国都濃郡下松町宮洲発見の古鏡」『歴史地理』第40巻第3号, 日本歴史地理学会	1042g／漢式鏡702.4／山口県（周防国）5-3
1802	東京国立博物館〈J37438〉（個人旧蔵）	―	刀・鉄鏃	斧・鉇	土師器（壺）	―	梅原末治1922「周防国都濃郡下松町宮洲発見の古鏡」『歴史地理』第40巻第3号, 日本歴史地理学会	漢式鏡702.3／山口県（周防国）5-4
1952	山口県立山口博物館	―	刀3・鏃	斧1	―	―	岡崎敬編1977「日本における古鏡 発見地名表 中国地方」東アジアより見た日本古代墓制研究	山口県（周防国）6

番号	舶倭	鏡式	出土遺跡	出土地名	遺跡内容	時期	面径(cm)	銘文	諸氏分類	編者分類・時期
21	舶	劉氏作神人龍虎車馬画象鏡					17.6	「劉氏作鏡　明如日月　佳且好　上有東王父西王母」	Ⅲ円圏式（樋口 79）	—
22	舶	三角縁正始元年陳是作同向式神獣鏡	竹島御家老屋敷古墳	周南市富田字竹島〔新南陽市〕	前方後円墳（56）・竪穴式石槨	古墳前期	22.8	「□始元□　□□□□　□□□述　本自荊師　杜地所出　□□金石　□□□□」	目録番号 8・同笵鏡番号 5・配置同向・表現他	—
23	舶	三角縁天王日月・獣文帯四神四獣鏡					22.3	「天王日月」	目録番号 46・同笵鏡番号 27・配置A・表現②	—
24	舶	三角縁神獣鏡					破片	—	—	—
25	?	不明	下庄八幡宮古墳	山口市徳地船路字下庄〔佐波郡徳地町〕	円墳	古墳	不明	—	—	—
30	?	不明	沖浦古墳	山口市阿知須字沖浦〔吉敷郡阿知須町〕	円墳・横穴式石室？	古墳	不明	—	—	—
31	倭	四獣鏡	赤妻古墳〔箱形石棺〕		円墳？（32）・箱形石棺	古墳中期	12.3	—	四獣形鏡（樋口79）／獣形文鏡四獣形C-1型（小林82・10）／獣形文鏡ⅡE類（赤塚98b）／斜縁四獣鏡B系（森下02）	〔中期型獣像鏡〕 中期
32	舶	双頭龍文鏡					8.9	「位至三公」	Ⅲ式（樋口79）／Ⅲ式（西村83）	—
33	倭	五弧内行花文鏡		山口市赤妻町		古墳	7.4	—	AⅡ式（森70）／五弧（樋口79）／五花文鏡（小林82・10）／B類3式（清水94）	内行花文鏡B式 前(中)
34	倭	捩文鏡	赤妻古墳〔舟形石棺〕		円墳？（32）・舟形石棺直葬	古墳中期	10.8	—	V型（樋口79）／捩文（類）C型（小林82・10）／BⅢ型（小林83）／V型（小沢88）／C型式b類（水野97）／三日月紋鏡系（森下02）	捩文鏡E系 前(中)
35	倭	六弧内行花文鏡	赤妻古墳〔舟形石棺〕（伝）				7.4	—	六弧（樋口79）／B類2式（清水94）／六花文鏡（小林10）	内行花文鏡B式 前(中)
36	倭	弥生倭製鏡（内行花文鏡）	朝田墳墓群第Ⅰ地区第13号箱形石棺	山口市朝田字勝井	墳墓	箱形石棺	弥生末期？	7.5	—	内行花文日光鏡系仿製鏡第Ⅱ型a類（高倉85・90）／内行花文日光鏡系仿製鏡B'-2a類（松本08）／内行花文系小形仿製鏡第2型b類（田尻10・12）／広縁式内行型（林10）	〔弥生倭製鏡〕 弥生
37	舶	蝙蝠座鈕八弧内行花文鏡	朝田墳墓群第Ⅱ地区第3号方形台状墓	山口市朝田字勝井	墳墓	方形台状墓（16）・石棺式石室（組合式木棺）	弥生末期	10.2	—	—	—
38	倭	弥生倭製鏡（六弧内行花文鏡）	朝田墳墓群第Ⅱ地区第7号方形台状墓〔第2主体部〕	山口市朝田字勝井	墳墓	方形台状墓（8）・箱形石棺	弥生末期	8.0	—	内行花文系小形仿製鏡第3型a類（田尻10・12）	〔弥生倭製鏡〕 弥生
39	倭	重圏文鏡	朝田墳墓群第Ⅱ地区第8号方形台状墓	山口市朝田字勝井	墳墓	方形台状墓（13）・箱形石棺	弥生末期	4.3	—	重圏文鏡（高倉85・90）／A類Ⅱ（林原90）／Ⅰ式（藤岡91）／Ⅰ型（林原08）／4b類（脇山15）	〔重圏文鏡〕 前期
40	倭	七獣鏡	兜山古墳	山口市秋穂二島字美濃ヶ浜		古墳	円墳（20）・箱形石棺	古墳中期	12.5	—	〔中期型獣像鏡？〕 中期
68	倭	重圏文鏡？	新宮山1号墳	山口市吉敷字新宮	古墳	前方後円墳（36）・石棺系竪穴式石槨	古墳中期	8.8	—	D-B類（脇山13）	〔重圏文鏡？〕 前期
68-1	舶	内行花文鏡	下東遺跡	山口市吉敷字下東	集落	河川	弥生後〜末期	破片	—	—	—
69	—	青銅製品（非鏡）	大内氏関連街並遺跡土壙SK57	山口市八幡馬場	集落	土壙墓？	弥生後期〜	破片			
26	舶	画文帯環状乳神獣鏡	塔ノ尾古墳（桑山古墳）	防府市桑山字塔ノ尾	古墳	横穴式石室	古墳後期	14.6			
27	舶？	神獣鏡					21.2			
28	倭	神頭鏡	黒山1号墳	防府市西浦字黒山	古墳	円墳・箱形石棺	古墳中期	9.5	—	神頭鏡系	前(中)
29	倭	五神像鏡	女山古墳（伝）	防府市西浦字女山（伝）	古墳	不明	—	12.7	—	神像鏡六頭式（樋口79）／二神四獣鏡系（小林82・10）	〔後期型神像鏡Ⅱ系〕
70	?	不明	切畑南遺跡第3地区表土層	防府市切畑	集落	表土層	弥生	12.0			

山口

発見年	所蔵（保管）者	共伴遺物					文献	備考
		石製品・玉類	武具・武器・馬具	ほか金属器	土器類	その他		
1888	個人	―	素環頭大刀1・剣2・銅鏃26・鉄鏃1	斧1		鉄滓片1	島田貞彦1926「周防国富田町竹島御家老屋敷古墳発見遺物」『考古学雑誌』第16巻第1号,考古学会	漢式鏡700／山口県（周防国）7-2
							西田守夫1980「竹島御家老屋敷古墳出土の正始元年三角縁階段式神獣鏡と三面の鏡—三角縁神獣鏡の同笵関係資料（五）—」『MUSEUM』No.357,東京国立博物館	
							島田貞彦1926「周防国富田町竹島御家老屋敷古墳発見遺物」『考古学雑誌』第16巻第1号,考古学会	山口県（周防国）7-1
								山口県（周防国）7-3？／内区の獣形と銘帯の破片のみ
不明	所在不明	―	刀・鉄鏃	―	陶器？	―	山口高等学校歴史教室編1928『周防長門 遺跡遺物発見地名表』山高郷土史研究会	―
明治	所在不明	勾玉	―	金環	―	―	弘津史文1928『防長漢式鏡の研究』山高郷土史研究会	―
1897	東京国立博物館〈J192〉		刀・鉄鏃・(別主体?:三角板革綴衝角付冑?1・三角板?革綴短甲1・頸甲1・肩甲1・巴形銅器2・矛等)	(別主体?:斧)	―	有孔貝製品	弘津史文1928「周防国赤妻古墳竝茶臼山古墳（其一）」『考古学雑誌』第18巻第4号,考古学会	漢式鏡704／山口県（周防国）11-2／成年男性骨
1908	東京国立博物館〈J5125〉	硬玉勾玉・瑪瑙勾玉・碧玉管玉・ガラス切子玉・ガラス小玉	刀	釣針		櫛		漢式鏡707／山口県（周防国）11-1／成年女性骨
	東京国立博物館〈J5126〉						近藤喬一2000「鏡」山口県編『山口県史』資料編 考古1,山口県	漢式鏡708／山口県（周防国）11-4
	東京国立博物館〈J5124〉						弘津史文1928「周防国赤妻古墳竝茶臼山古墳（其一）」『考古学雑誌』第18巻第4号,考古学会	漢式鏡706／山口県（周防国）11-3
1908?	東京国立博物館							―
1975		ガラス小玉85・貝小玉19	―	鎌1・素環頭刀子2			近藤喬一2000「鏡」山口県編『山口県史』資料編 考古1,山口県	50g／山口県（周防国）13
1982	山口県埋蔵文化財センター	―	―	―	―	―		
1982		―	―	―	―	―	山口県教育委員会文化課編1983『朝田墳墓群Ⅳ』山口県埋蔵文化財調査報告第69集,山口県教育委員会・建設省山口工事事務所	
1982				鉇1				11g
1960(1902?)	所在不明（個人旧蔵？）	―	剣3	斧1・手斧2・鎌5・手鎌5・刀子4	―		近藤喬一2000「鏡」山口県編『山口県史』資料編 考古1,山口県	山口県（周防国）12／成年女性骨
1995	財団法人山口県教育財団山口県埋蔵文化財センター	水晶勾玉1・水晶切子玉1・水晶算盤玉3・ガラス小玉172	―	斧2・鉄製品2	―	石杵1	近藤喬一2000「鏡」山口県編『山口県史』資料編 考古1,山口県	
不明	―							破鏡
1997	財団法人山口県教育財団山口県埋蔵文化財センター	―	―	―	―	―	村岡和雄他編1998『大内氏関連町並遺跡 総合病院山口赤十字病院増改築に伴う発掘調査報告』山口県埋蔵文化財センター調査報告第4集,山口県埋蔵文化財センター	鏡ではない
1785	所在不明（再埋納？）	剣形石製品・管玉13・小玉60〜	小札・刀3・矛5・鉄鏃13・蛇行状鉄器・轡・鏡板・覆輪・杏葉・輪鐙・辻金具・鞆・銅鈴等	金銅飾履2	土師器（高杯）・須恵器（壺・器台・甑）		清野謙次1944『日本人種論変遷史』小山書店	漢式鏡701？／山口県（周防国）8／「鏡二面は再埋葬せずして小祠の中に御神体として留めたと云ふが、早く散逸したと見え（後略）」／同型鏡群か
								860g／漢式鏡701？
1855	東京国立博物館〈J2189〉	勾玉21・管玉16・小玉	剣2				近藤喬一2000「鏡」山口県編『山口県史』資料編 考古1,山口県	漢式鏡703／山口県（周防国）9
明治	中関厳島神社	―	銅鏃3				弘津史文1928『防長漢式鏡の研究』山高郷土史研究会	山口県（周防国）10
1998	財団法人山口県教育財団山口県埋蔵文化財センター	―					財団法人山口県教育財団編1999『切畑南遺跡』山口県埋蔵文化財センター	―

番号	舶倭	鏡式	出土遺跡	出土地名	遺跡内容	時期	面径(cm)	銘文	諸氏分類	編者分類・時期	
41	倭	捩文鏡	妙徳寺山古墳	山陽小野田市郡字野中〔厚狭郡山陽町〕	前方後円墳（30）・石棺系竪穴式石槨	古墳前期	8.5	—	B型式b類（水野97）／俵紋鏡系（森下02）	捩文鏡B系	前（中～）
42	舶	「仿製」三角縁獣文帯三神三獣鏡〈1号鏡〉	長光寺山古墳〔西主体部〕	山陽小野田市郡字弥ヶ迫697-1他〔厚狭郡山陽町〕	前方後円墳（58）・竪穴式石槨（割竹形木棺）	古墳前期	21.5	—	目録番号206・同笵鏡番号105・配置K2	—	—
43	舶	「仿製」三角縁獣文帯三神三獣鏡〈2号鏡〉					21.6	—	目録番号207・同笵鏡番号106・配置K2	—	—
44	舶	「仿製」三角縁獣文帯三神三獣鏡〈3号鏡〉					21.6	—	目録番号207・同笵鏡番号106・配置K2	—	—
45	舶	八弧内行花文鏡〈4号鏡〉					8.8	—	円座Ⅱ型（山本78）／B類（H類）（清水94）	—	—
46	舶	〔斜縁神獣鏡？〕					破片	—	紋様表現不明（實盛09）	—	—
52	？	不明	大判山古墳	山陽小野田市東須恵字東高尾	前方後円墳（42）・箱形石棺	古墳中期	不明	—	—	—	—
47	？	不明	大須賀遺跡（伝）	宇部市東岐波字大須賀（伝）	墳墓・箱形石棺？	弥生末期	不明	—	—	—	—
48	？	不明	宇部新川駅前古墳	宇部市上町	円墳・横穴式石室？	古墳	不明	—	—	—	—
49	舶	「仿製」三角縁獣文帯三神三獣鏡					20.7	—	目録番号254・配置K1	—	—
50	倭	四獣鏡	松崎古墳	宇部市松崎町	円墳（28）・箱形石棺	古墳中期	14.8	—	—	鳥頭獣像鏡A系	前（古）
51	倭	六弧内行花文鏡					11.7	—	—	内行花文鏡B式	前（中）
53	？	不明	松屋古墳	下関市松屋	円墳・箱形石棺	古墳	9.0	—	—	—	—
54	倭	六弧内行花文鏡	吉田古墳（吉田八幡宮裏山古墳）	下関市吉田字馬場	円墳・箱形石棺	古墳中期	8.9	—	六弧（樋口79）／B類（清水94）／六花文鏡（小林10）	内行花文鏡B式	前（中）
55	倭	弥生倭製鏡（七弧内行花文鏡）	秋根遺跡R-XⅦ地区土壙墓LG039	下関市秋根	墳墓・土壙墓	弥生後期	6.3	—	内行花文日光鏡系仿製鏡第Ⅱ型a類（高倉85・90）／内行花文系小形仿製鏡第2型a類（田尻10・12）	〔弥生倭製鏡〕	弥生
56	舶	連弧文清白鏡	稗田地蔵堂遺跡（横尾遺跡）	下関市稗田字地蔵堂	箱形石棺	弥生中期	14.9	「絜清白□□□ □沄□之□□…澤流恐疎而日忘 □案美…外承驩之…霊京 願永思而毋絶」	—	—	—
57	倭	六鈴獣像鏡	上ノ山古墳（上の山古墳）	下関市綾羅木字上ノ山	前方後円墳（108）・横穴式石室	古墳後期	10.6	—	獣形鏡系六鈴式（樋口79）／その他鈴鏡（樋口79）／鈴鏡類（六鈴鏡）（小林82・10）／獣形（西岡86）／獣形文系E類（岡田05）	—	後期？
57-1	倭	弥生倭製鏡（九弧内行花文鏡）	延行条里遺跡H（Ⅲ）地区Ⅵ層	下関市伊倉	集落・遺物包含層	弥生？	7.5	—	—	〔弥生倭製鏡〕	弥生
58	舶	多鈕細文鏡	梶栗浜遺跡	下関市富任字梶栗浜	墳墓・箱形石棺	弥生前期～中期	8.8	—	第三型式（森本35）／CⅡ型式（宇野77）／Ⅲ精文式（樋口79）／精紋鏡第Ⅰ型式A（甲元90）／精紋鏡第Ⅰ型式A（甲元06）	—	—
59	倭	捩文鏡	上越石棺〔2号石棺〕	下関市永田郷字上越	墳墓・箱形石棺	古墳	11.5	—	—	捩文鏡D系（E系？）	前（中～）
60	舶	不明	植田遺跡	下関市豊浦町吉永字植田〔豊浦郡豊浦町〕	集落・遺物包含層	古墳後期	11.1	—	—	—	—
61	倭	弥生倭製鏡（六弧内行花文鏡）	土井ヶ浜遺跡第5次調査北方トレンチ	下関市豊北町神田上〔豊浦郡豊北町〕	墳墓・遺物包含層	弥生末期	7.7	—	古式仿製鏡重弧内行花文帯式（樋口79）／内行花文日光鏡系仿製鏡第Ⅰ型b類（高倉85・90）／内行花文系小形仿製鏡第3型a類（田尻10・12）	〔弥生倭製鏡〕	弥生
62	倭	弥生倭製鏡（綾杉文鏡）					6.5	—	古式仿製鏡綾杉文鏡（樋口79）／綾杉文鏡（高倉85・90）／重圏紋鏡系小形仿製鏡第Ⅱ型③（高木02）／重圏文日光鏡系仿製鏡う-2a類（松本08）／綾杉文鏡（田尻10・12）	〔弥生倭製鏡〕	弥生
71	舶	八弧内行花文鏡	柳瀬遺跡土壙LX007	下関市吉田地方字柳瀬他	集落・土壙	弥生後期	破片	「…且…」	—	—	—
63	舶	斜縁四獣鏡	亀山古墳（伝）	長門市油谷河原字札馬（伝）〔大津郡油谷町〕	古墳・不明	古墳	11.5	—	獣形文鏡類四獣鏡C-1型（小林82・10）	—	—

発見年	所蔵（保管）者	共伴遺物 石製品・玉類	共伴遺物 武具・武器・馬具	共伴遺物 ほか金属器	共伴遺物 土器類	共伴遺物 その他	文献	備考
1990	山口県埋蔵文化財センター	硬玉勾玉2・緑色凝灰岩勾玉3・瑪瑙勾玉2・滑石勾玉172・碧玉管玉59	—	刀子1	—	—	石井龍彦・福坂通恭・阿字雄徹編1991『妙徳寺山古墳・妙徳寺経塚・粟遺跡』山口県埋蔵文化財調査報告第134集，山口県教育委員会	成年（16〜20歳未満）骨
1881	厚狭図書館	鍬形石1・巴形石製品1	筒形銅器1・刀・剣・鉄鏃5	鑿状鉄製品1・不明鉄製品2	—	—	中司照世・小野忠凞編1977『長光寺山古墳』山口県厚狭郡山陽町埋蔵文化財調査報告第1集，山陽町教育委員会	875g／山口県（長門国）7-2〜4／鏡は最多で9面出土したらしく，1面は湖州鏡で残り3面は行方不明
								〈809g〉／山口県（長門国）7-2〜4
								〈760g〉／山口県（長門国）7-2〜4
								〈218g〉／山口県（長門国）7-1
							近藤喬一2000「鏡」山口県編『山口県史』資料編 考古1，山口県	山口県（長門国）7-5?／内区の一部のみ
1887頃	所在不明	—	剣	—	—	—	山口高等学校歴史教室編1928『周防長門 遺跡遺物発見地名表』山高郷土史研究会	山口県（長門国）9
昭和以降	所在不明	—	—	—	—	—	宇部市史編纂委員会編1966『宇部市史』通史篇，宇部市	山口県（長門国）13／「うたがわし」〔岡崎1977〕
明治	所在不明	玉	甲・刀	—	—	—	山口高等学校歴史教室編1928『周防長門 遺跡遺物発見地名表』山高郷土史研究会	山口県（長門国）12
1969	宇部市立図書館付設郷土資料館	琥珀勾玉1・滑石勾玉8・碧玉管玉14	刀3・剣?1・鉄鏃4	鍬鋤先4〜・斧4・鎌2・手鎌片4・鉇3?・鑿2	—	—	小野忠凞編1981『松崎古墳』宇部市文化財資料第1集，宇部市教育委員会	山口県（長門国）14-2or3
								山口県（長門国）14-2or3
								山口県（長門国）14-1
明治	所在不明（豊浦中学校歴史科標本室旧蔵）	—	—	鉄器	土器	—	鍵屋徳三郎1902「長門豊浦郡及び其の近傍の古墳」『考古界』第二篇第四号，考古学会	岡崎1977の中国地方I-1-8と同一品か
1927	吉田八幡宮	—	—	—	—	—	吉村次郎1965「原始・古代」『下関市史』原始―中世，下関市役所	山口県（長門国）4
1974	下関市教育委員会	ガラス小玉164	—	—	土器片数点	—	澤下孝信編1998『平成10年度企画展 下関の弥生時代―近年の発掘成果から―』下関市立考古博物館	—
1969	東京国立博物館	—	—	蓋弓帽2	—	—	近藤喬一2000「鏡」山口県編『山口県史』資料編 考古1，山口県	山口県（長門国）1
1909	東京国立博物館〈J5797〉	水晶勾玉10・瑪瑙勾玉2・水晶管玉11・瑪瑙管玉18・水晶切子玉5・ガラス小玉71	甲片・三輪玉金具5・鉄鏃1塊・轡鏡板2	銅釧2・鈴釧1・鉄器片6	—	—	近藤喬一2000「鏡」山口県編『山口県史』資料編 考古1，山口県	漢式鏡711／山口県（長門国）3／旋回式獣像鏡系か
2000	下関市教育委員会	—	—	—	—	—	濱崎真二編2011『延行条里遺跡』下関市文化財調査報告書27，下関市教育委員会	79g／「製作年代とは時間的に隔たりのある水田基盤土に混入」
1913	東京国立博物館〈J7219〉	—	細形銅剣2	—	壺	—	近藤喬一2000「鏡」山口県編『山口県史』資料編 考古1，山口県	漢式鏡712／山口県（長門国）2
1953	下関市長府博物館	勾玉・小玉25	—	—	土器片12	—	近藤喬一2000「鏡」山口県編『山口県史』資料編 考古1，山口県	山口県（長門国）5
1950年代	梅光女学院大学地域文化研究所	—	—	—	土師器・須恵器	田下駄	近藤喬一2000「鏡」山口県編『山口県史』資料編 考古1，山口県	—
1957	土井ヶ浜遺跡人類学ミュージアム	—	鉄鏃	鍬先・斧・鎌・鑿・素環頭刀子	土師器（壺・甕・器台・高杯）	—	近藤喬一2000「鏡」山口県編『山口県史』資料編 考古1，山口県	山口県（長門国）6-1
							車崎正彦編2002『考古資料大観』第5巻 弥生・古墳時代 鏡，小学館	山口県（長門国）6-2
1996	下関考古博物館	—	—	—	弥生土器	—	澤下孝信編1998『平成10年度企画展 下関の弥生時代―近年の発掘成果から―』下関市立考古博物館	—
1913	東京国立博物館〈J7507〉	—	—	—	—	—	近藤喬一2000「鏡」山口県編『山口県史』資料編 考古1，山口県	漢式鏡713／山口県（長門国）10

番号	舶倭	鏡式	出土遺跡	出土地名	遺跡内容	時期	面径(cm)	銘文	諸氏分類	編者分類・時期	
64	倭	素文鏡	稼塚横穴群	長門市東深川字田屋	横穴	不明	古墳終末期	3.9	—	—	〔素文鏡〕	—
65	舶	連弧文銘帯鏡	山口県(伝)	山口県(伝)	不明	不明	不明	9.2	—	—	—	—
66	踏?	細線式獣帯鏡	三見村	萩市三見	不明	不明	不明	8.8	—	—	—	—
67	舶?	不明	天長山古墳	萩市大井	古墳	方墳?・割竹形木棺?直葬	古墳前期	12.8	—	—	—	—

徳島

番号	舶倭	鏡式	出土遺跡	出土地名	遺跡内容	時期	面径(cm)	銘文	諸氏分類	編者分類・時期	
1	舶	〔神獣鏡〕	勢見山古墳(佐々木の抜穴)	徳島市勢見町勢見山	古墳	円墳(12) or 前方後円墳(20)・竪穴式石槨(割竹形木棺)	古墳前期	破片	—	—	—	—
1-1	舶	〔神獣鏡〕						破片	—	—	—	—
6	?	不明	津田町(津田山)	徳島市津田町	墳墓	箱形石棺	不明	不明	—	—	—	—
7	倭	珠文鏡	西名東山	徳島市名東町	不明	箱形石棺	不明	6.2	—	—	〔珠文鏡〕	前期
7-1	倭	櫛歯文鏡	名東山(伝)	徳島市名東町(伝)	不明	不明	不明	6.4	—	—	〔櫛歯文鏡〕	—
42	?	不明	地蔵山石塚	徳島市名東町	古墳	円墳・横穴式石室	古墳	不明	—	—	—	—
26	舶	上方作浮彫式四獣鏡	節句山2号墳	徳島市名東町1丁目	古墳	箱形石棺	古墳前期	10.7	「上□□□□大工 宜子」	半肉彫獣帯鏡B四像式(樋口79)／四像式(岡村92)／四像Ⅱ式(Ⅰb系)(實盛15)	—	—
8	舶	方格T字鏡	巽山古墳	徳島市上八万町星河内	古墳	円墳(約30)・竪穴式石槨	古墳前期	9.3	—	Ⅴ類(樋口79)／方格規矩文鏡類G型(小林82・10)／小型鏡A0型(北浦92)／SAc1式(松浦94)／丁群(森下98)	—	—
9	舶	細線式鳥文鏡						13.8	—	獣帯鏡類B型(小林82・10)／鳥紋鏡B式(馬渕15b)	—	—
10	舶	唐草文縁神獣鏡						14.2	—	二神四獣鏡系(小林82・10)	—	—
23	倭	五獣鏡	恵解山1号墳	徳島市八万町下福万	古墳	箱形石棺	古墳中期	12.7	—	獣形文鏡系五獣鏡(小林82・10)／獣形文鏡ⅠB類(赤塚98b)	分離式神獣鏡系	前(新)
24	倭	鼉龍鏡	恵解山2号墳〔東棺〕		古墳	円墳(25)・箱形石棺	古墳中期	13.8	—	Ⅱ型(樋口79)／四神四獣鏡系(小林82・10)／第二群同工鏡Ⅰ(車崎00・07)／Ⅲ群A系(辻田00・07)／Ⅲ類双胴系(林00)／鼉龍鏡a系(森下02)	鼉龍鏡A系	前(新)
25	倭	珠文鏡	恵解山9号墳〔南棺〕		古墳	円墳(14)・箱形石棺	古墳中期	8.7	—	2類(今井91)／Ⅱ類(中山他94)／珠紋鏡系(森下02)／AC-B類(脇山13)	〔珠文鏡〕	—
25-1	倭	捩文鏡	犬山天神山1号墳〔2号棺〕	徳島市八万町大野	古墳	方墳(16)・箱形石棺	古墳中期	完形	—	—	捩文鏡E系	前(新)
27	倭	捩文鏡	新宮塚古墳	徳島市渋野町片山谷	古墳	円墳(12)・箱形石棺	古墳中期	8.3	—	—	捩文鏡E系	前(新)
28	倭	四神像鏡						9.2	—	—	神像鏡Ⅰ系?	前(新)?
40・41	倭	十四乳文鏡	気延山古墳群(西矢野古墳・奥谷古墳)	徳島市国府町西矢野	古墳	横穴式石室	古墳後期	8.6	—	乳脚紋鏡a系(森下02)	〔乳脚文鏡〕	中期
50	舶	三角縁張是作六神四獣鏡	宮谷古墳〔前方部墳丘裾〕	徳島市国府町西矢野	古墳	前方後円墳(40)・前方部墳丘裾	古墳前期	22.4	欠失(「張是作竟甚大好 上戯守及龍虎 身有文章口衘巨 古有聖子 東王父 渇飲泉釠」／「君宜高官」(方格銘))	目録番号62・同范鏡番号*・配置A'・表現⑨	—	—
51	舶	三角縁神獣鏡(外区片)					22.2	—	—	—	—
52	舶	三角縁唐草文帯二神二獣鏡					21.7	—	目録番号90・同范鏡番号49・配置J1・表現④	—	—
53	倭	重圏文鏡	宮谷古墳		古墳	前方後円墳(40)・竪穴式石槨(割竹形木棺)	古墳前期	7.3	—	7ⅲ類(脇山15)	〔重圏文(連珠)〕	前期

山口・徳島

発見年	所蔵（保管）者	共伴遺物					文献	備考
		石製品・玉類	武具・武器・馬具	ほか金属器	土器類	その他		
1925	所在不明（大津中学校旧蔵）	—	金銅装圭頭大刀2・金銅装頭椎大刀2・鐔等・銅製壺鐙4・銅鈴1	斧2・銅針1・獣脚付鉢形銅器片	須恵器	イモガイ製腕輪1・砥石1	島田貞彦1926「長門国大津郡東深川稼塚に就て（下）」『歴史と地理』第17巻第4号，史学地理学同攷会	—
不明	祇園神社	—	—	—	—	—	岡崎敬編1977『日本における古鏡 発見地名表 中国地方』東アジアより見た日本古代墓制研究	岡崎1977では，向津久銅剣との伴出の可能性が説かれる
明治	所在不明（弘津史文旧蔵）	—	—	—	—	—	弘津史文1928『防長漢式鏡の研究』山高郷土史研究会	144g／山口県（長門国）11
1991	山口県埋蔵文化財センター	—	刀・剣	鉇	—	—	近藤喬一2000「鏡」山口県編『山口県史』資料編 考古1，山口県	—
1766	所在不明（観潮院？）	—	筒形銅器	—	—	—	鳥居龍蔵1887「阿波国二古墳ノ記」『東京人類学会報告』第17号，東京人類学会	漢式鏡722／徳島県（阿波国）6／「同形同寸ノモノ二面出土シ」／三角縁神獣鏡の可能性
明治	所在不明	—	甲・刀	—	—	—	後藤守一1926『漢式鏡』日本考古学大系，雄山閣	漢式鏡724／徳島県（阿波国）11
明治	徳島県立博物館	—	—	—	—	—	一山典編1999『いにしえの徳島—古代からのメッセージ—』徳島市立考古資料館	漢式鏡725／徳島県（阿波国）15
不明	徳島市立考古資料館	—	—	—	—	—		44g／加藤一郎氏教示
不明	所在不明	—	刀・剣	—	土器	—	白石太一郎・設楽博己編1994『弥生・古墳時代遺跡出土鏡データ集成』（『国立歴史民俗博物館研究報告』第56集），国立歴史民俗博物館	徳島県（阿波国）14
1965	徳島市教育委員会・徳島県立博物館	翡翠勾玉1	剣1	斧2・鎌1・刀子1	—	—	橋本達也2001「徳島における三角縁神獣鏡の新例と中国鏡」『徳島県立博物館研究報告』第11号，徳島県立博物館	144g／徳島県（阿波国）1／熟年男性骨
1919(1917?)	東京国立博物館〈J8686〉	鍬形石4・車輪石8～・石釧4	刀1	—	—	—	三木文雄1962「利包及び内谷組合式石棺の研究」斎藤忠・三木・内藤政恒編『石井』吉川弘文館	漢式鏡723.1／徳島県（阿波国）5-1
	東京国立博物館〈J8687〉							漢式鏡723.2／徳島県（阿波国）5-2
	東京国立博物館〈J8685〉							漢式鏡723.3／徳島県（阿波国）5-3／同型：待兼山古墳（大阪13）
1964	徳島市立考古資料館	—	堅矧板鋲留衝角付冑1・三角板鋲留短甲残欠1・頸甲残欠1・肩甲残欠1・刀2・剣2・鏃27	—	—	—	一山典編1999『いにしえの徳島—古代からのメッセージ—』徳島市立考古資料館	321g／徳島県（阿波国）2
1965	東京国立博物館（J38334-1）	勾玉3・白玉115・ガラス小玉107	刀3	斧2・鎌1・刀子1	—	竹製漆塗櫛2	近藤加代子編1993『古代の島根と四国地方』島根県立八雲立つ風土記の丘	徳島県（阿波国）3／老年女性骨
1967	徳島市教育委員会・徳島県立博物館	碧玉勾玉1・珪質砂岩勾玉1・滑石臼玉72	刀5・鉄鏃40	斧4・鎌2・刀子2	—	—	森浩一1968「徳島市恵解山第九号古墳調査報告」森編『紀淡・鳴門海峡地帯における考古学調査報告』同志社大学文学部考古学調査報告第2冊，同志社大学文学部文化学科考古学研究室	113g／徳島県（阿波国）4／「男性の可能性」がある／「青年ないし壮年期」の歯
2011	徳島県埋蔵文化財センター	水晶勾玉1・碧玉管玉10・水晶丸玉2・ガラス丸玉8	刀1	—	—	—	栗林誠治2013「徳島市大山天神山古墳」『考古学ジャーナル』No.638，ニュー・サイエンス社	隣接する石棺（老年男性）に先行
1952	徳島市立考古資料館	瑪瑙勾玉1・碧玉管玉21・棗玉2	刀2・剣2	—	—	—	一山典編1999『いにしえの徳島—古代からのメッセージ—』徳島市立考古資料館	62g
							田中英夫1968「徳島市渋野古墳群の出土品」『古代学研究』第53号，古代学研究会	65g／徳島県（阿波国）7
昭和以降	徳島市立考古資料館	勾玉1・管玉8・切子玉2	刀・剣6・鏃4	金環1・銀環2	須恵器（壺2・高杯2・杯身・杯蓋・提瓶1）	—	村田昌也2014「気延山出土遺物の調査」『徳島市立考古資料館年報』第16号，徳島市立考古資料館	72g／徳島県（阿波国）8・9
1989	徳島市立考古資料館	—	—	—	—	—	一山典・三宅良明1992「徳島県徳島市宮谷古墳」『日本考古学年報』43（1990年度版），日本考古学協会	縁部片
								内区片
1989		管玉・ガラス小玉14	剣・鉄鏃1	鉇8・鑿1	—	—		88g

番号	舶倭	鏡式	出土遺跡	出土地名	遺跡内容	時期	面径(cm)	銘文	諸氏分類	編者分類・時期	
54	倭	五神像鏡	丈領古墳(丈六寺裏山古墳)	徳島市丈六町丈領	古墳 箱形石棺	古墳中期	18.5	擬銘	—	〔後期型神像鏡I系〕	後期
55	倭	四獣鏡					12.7	—	斜縁四獣鏡B系（森下02）	〔中期型獣像鏡〕	中期
56	舶	不明	庄・蔵本遺跡(徳島大学体育館地点ア7区塹壕)	徳島市庄町	集落 攪乱層（近世）	近代	12.5	—	—	—	—
56-1	舶	連弧文銘帯鏡	庄・蔵本遺跡(中央診療棟地点)		集落 遺物包含層	弥生末期	10.2	「・・・以而光・・・」	—	—	—
56-2	倭	素文鏡	南庄遺跡	徳島市南庄町4丁目	集落 不明	古墳	4.1	—	—	〔素文鏡〕	—
61	倭	捩文鏡	三谷遺跡II区第2層	徳島市南佐古六番町	集落 遺物包含層	不明	不明	—	—	捩文鏡D系	前(中)
2	?	不明	板東平草	鳴門市大麻町板東字平草	墳墓 不明	不明	不明	—	—	—	—
5	?	不明	大塚古墳	鳴門市大麻町板東字西平草66	古墳 円墳・竪穴式石槨	古墳	不明	—	—	—	—
19	?	不明	水車小屋古墳群	鳴門市大麻町板東字西平草	古墳 円墳・横穴式石室	古墳	不明	—	—	—	—
11	倭	五獣鏡	元歩兵連隊演習場	鳴門市大麻町桧	墳墓 不明	古墳	7.7	—	—	分離式神獣鏡系	前(新)
12	倭	珠文鏡	谷口山上古墳	鳴門市大麻町桧	古墳 不明	古墳中期	7.3	—	A類（小林79）／珠文鏡類A型（小林82・10)／1類（今井91)／II類？（中山他94)／A-B類（脇山13）	〔珠文鏡〕	前期
14	?	不明	孫太郎谷古墳群	鳴門市大麻町池谷字孫太郎谷7	古墳 円墳・竪穴式石槨	古墳	破片	—	—	—	—
36	舶	吾作斜縁二神二獣鏡	天河別神社4号墳	鳴門市大麻町池谷	古墳 円墳（20～25）or 前方後円墳（35～45）・割竹形木棺直葬？	古墳前期	16.7	「吾作明竟・・・大吉□□子孫」	図像表現②（村松04）／紋様表現②（實盛09)	—	—
37	舶	上方作浮彫式獣帯鏡	天河別神社5号墳	鳴門市大麻町池谷	古墳 円墳・竪穴式石槨	古墳前期	15.3	「上方・・・工・・・□□・・・宜子孫」	半肉彫獣帯鏡C六像式（樋口79）／六像B式（岡村92)／六像II式（Ib系）（實盛15)	—	—
38	舶	吾作系斜縁神獣鏡					16.5	「・・・徳・・・像萬疆 □□・・・」	紋様表現③（實盛09)	—	—
38-1	倭	珠文鏡	天河別神社1号墳	鳴門市大麻町池谷	古墳 円墳（25）・竪穴式石槨（舟底状木棺）	古墳前期	7.0	—	—	〔珠文鏡〕	前期？
20	?	不明	宇志比古神社境内古墳群（小石塚）	鳴門市大麻町大谷字山田	積石塚 円墳	古墳	不明	—	—	—	—
60	舶	上方作浮彫式一仙五獣鏡	西山谷2号墳	鳴門市大麻町大谷字西山谷15-2他	古墳 円墳（20）・竪穴式石槨（刳抜式木棺）	弥生末期	12.5	「上方乍竟真大工 青龍白虎 子」	六像式A系統II段階（山田06）／六像II式（Ib系）（實盛15)	—	—
39	舶？	〔神獣鏡〕	ぬか塚古墳	鳴門市大麻町萩原字河原の上10	古墳 円墳（15）・横穴式石室	古墳後期	18.2	—	—	—	—
47	舶	画文帯同向式神獣鏡	萩原1号墓	鳴門市大麻町萩原字山ノ下	墳墓 突出部付円丘墓（積石墓）（27）・竪穴式石槨（組合式木棺）	弥生末期	16.1	「吾作明竟 天王日月 幽湅三商 統徳序道 配象萬疆 天王日月 敬奉賢良 天王日月 曾年益壽 子孫番昌 天王日月 興天無極 天王日月 其師命長」	Aa形式（小山田93)	—	—
47-1	舶	内行花文鏡	萩原2号墓	鳴門市大麻町萩原字山ノ下	墳墓 積石木槨	弥生末期	破片	—	—	—	—
47-2	倭	弥生倭製鏡	カネガ谷遺跡SD1001（段状遺構1）基底面	鳴門市大麻町萩原字カネガ谷4他	集落 段状遺構基底面	弥生後期	6.1	—	連弧紋放射線状紋小形仿製鏡（高木02）／放射文鏡（田尻10・12)／狭縁式特殊型（林10)	〔弥生倭製鏡〕	弥生
47-3	倭	〔獣形鏡〕	大代古墳	鳴門市大津町大代字日開谷1482-2他	前方後円墳（54）・竪穴式石槨（舟形石棺）		約13	—	—	—	前期
47-4	倭	不明				古墳中期	約8.5	—	—	—	—
47-5	倭	不明					破片	—	—	—	—

徳島

発見年	所蔵（保管）者	共伴遺物 石製品・玉類	共伴遺物 武具・武器・馬具	共伴遺物 ほか金属器	共伴遺物 土器類	共伴遺物 その他	文献	備考
1970	丈六寺宝物館（徳島県立博物館）	―	―	―	―	―	一山典編1999『いにしえの徳島―古代からのメッセージ―』徳島市立考古資料館	徳島県（阿波国）10-1
1970	丈六寺宝物館（徳島県立博物館）	―	―	―	―	―	車崎正彦編2002『考古資料大観』第5巻 弥生・古墳時代 鏡，小学館	徳島県（阿波国）10-2
1983	財団法人徳島県埋蔵文化財センター	―	―	―	―	―	定森秀夫・中村豊編2005『庄（庄・蔵本）遺跡』徳島県教育委員会・徳島大学埋蔵文化財調査室	〈6g〉／破鏡（縁部・破面研磨・2孔）／上方作系浮彫式獣帯鏡か
1990年代？	財団法人徳島県埋蔵文化財センター	―	―	―	―	―	橋本達也2001「徳島における三角縁神獣鏡の新例と中国鏡」『徳島県立博物館研究報告』第11号，徳島県立博物館	破鏡（破面研磨・1孔）
1995？	徳島市立考古資料館	―	―	―	―	―	一山典編1999『いにしえの徳島―古代からのメッセージ―』徳島市立考古資料館	―
1990	徳島市立考古資料館	―	―	―	―	―	勝浦康守編1997『三谷遺跡』徳島市埋蔵文化財発掘調査委員会	
明治	所在不明（個人旧蔵）	勾玉	刀・剣	銀環	陶器	―	郷田久米蔵・永井精浦1889「阿波古跡指明図編纂に就て」『東京人類学会雑誌』第42号，東京人類学会	漢式鏡730／徳島県（阿波国）19
明治	所在不明	―	―	―	土器	―	中井伊與太1893「阿波国板野郡板東村の古墳」『東京人類学会雑誌』第83号，東京人類学会	徳島県（阿波国）23
明治	所在不明	玉	―	―	―	―	徳島県史編さん委員会編1964『徳島県史』第一巻，徳島県	徳島県（阿波国）22／「漢鏡」
1915	東京国立博物館〈J8222〉	勾玉9・管玉1・臼玉小玉27・石製品24	柄頭1	―	―	―	後藤守一1926『漢式鏡』日本考古学大系，雄山閣	〈25g〉／漢式鏡726／徳島県（阿波国）16
1916（1915?）	東京国立博物館〈J8680〉	琴柱形石製品1	―	―	―	―	後藤守一1926『漢式鏡』日本考古学大系，雄山閣	漢式鏡727／徳島県（阿波国）17
昭和以降	所在不明	―	―	―	―	―	徳島県史編さん委員会編1964『徳島県史』第一巻，徳島県	「漢式鏡」
昭和以降・2009	徳島県立博物館（個人旧蔵）・鳴門市教育委員会	―	剣or槍4・鉄鏃3	不明鉄製品1	―	―	森清治編2011『天河別神社古墳群発掘調査報告書』鳴門市教育委員会文化財調査報告書7，鳴門市教育委員会	徳島県（阿波国）20-2・24
1927	徳島県立博物館（個人旧蔵）	勾玉・管玉	刀	―	―	―	橋本達也2001「徳島における三角縁神獣鏡の新例と中国鏡」『徳島県立博物館研究報告』第11号，徳島県立博物館	徳島県（阿波国）20-1／徳島県（阿波国）20-3
2005	鳴門市教育委員会	―	剣2	斧1・鉇1・刀子2	―	―	森清治編2011『天河別神社古墳群発掘調査報告書』鳴門市教育委員会文化財調査報告書7，鳴門市教育委員会	―
不明	所在不明	玉類	鉄鏃	―	―	―	徳島県史編さん委員会編1964『徳島県史』第一巻，徳島県	―
1998	徳島市立考古資料館	―	剣1・槍2・鉄鏃43	鉇1・斧状鉄器1・鉄片22	土師器（直口壺1・甕3）	―	原芳伸編2005『四国横断自動車道建設に伴う埋蔵文化財発掘調査報告』徳島県埋蔵文化財センター調査報告書第62集，財団法人徳島県埋蔵文化財センター	158g
1927	所在不明	玉類	刀・馬鐸・馬具	―	―	―	徳島県史編さん委員会編1964『徳島県史』第一巻，徳島県	徳島県（阿波国）21／「山城国綴喜郡八幡町東車塚古墳出土の二神二獣鏡に酷似す」
1980	徳島県教育委員会	管玉4	―	鉇片2	―	―	橋本達也2001「徳島における三角縁神獣鏡の新例と中国鏡」『徳島県立博物館研究報告』第11号，徳島県立博物館	同型鏡：平壌大同江域出土鏡／破砕鏡
2007	徳島県教育委員会	―	―	―	―	―	ジャパン通信社編2007『月刊文化財発掘出土情報』2007年8月号，ジャパン通信社	破砕鏡
2000	徳島市立考古資料館	―	―	―	―	―	原芳伸編2005『四国横断自動車道建設に伴う埋蔵文化財発掘調査報告』徳島県埋蔵文化財センター調査報告書第62集，財団法人徳島県埋蔵文化財センター	30g／紐孔のわたしの痕跡／放射状区画（十四区画）
2000	徳島県立埋蔵文化財総合センター	碧玉勾玉2・碧玉管玉1・緑色凝灰岩管玉12・滑石管玉1・滑石臼玉581	長方板革綴短甲1・刀片10・剣片30・矛片10・銅鏃6・鉄鏃20	鋤先2・斧6・鎌2・手鎌1・鉇7・鑿4・刀子9	―	―	原芳伸編2005『四国横断自動車道建設に伴う埋蔵文化財発掘調査報告』徳島県埋蔵文化財センター調査報告書第62集，財団法人徳島県埋蔵文化財センター	破片（獣像の前脚か）／縁部／―

番号	舶倭	鏡式	出土遺跡	出土地名	遺跡内容	時期	面径(cm)	銘文	諸氏分類	編者分類・時期
3	舶	画文帯神獣鏡	阿王塚古墳	板野郡板野町吹田	古墳	円墳(20)・箱形石棺	古墳前期	14.0	「吾作□□　□□□岡　如師命長兮」	C形式（小山田93）	―	―
4	舶	画文帯神獣鏡					15.5	「吾乍明竟　幽涷三岡　周刻无亟　天王日月　充之序首　天下安平　四方□兮　天王日月　土官大吉　子孫番昌　□□□□　立至三公　其市命長　天王日月」		―	―
4-1	舶	三角縁新作徐州銘四神四獣鏡	板野町吹田（推定）	板野郡板野町吹田（推定）	古墳	不明	古墳	破片	「新作・・・孫」	目録番号19・同范鏡番号＊・配置C・表現⑭	―	―
15	?	不明	松谷3号墳	板野郡板野町那東字松谷	古墳	箱形石棺	古墳	不明	―	―	―
16	?	不明	かんぞう山2号墳	板野郡板野町大寺字岡山路	古墳	円墳・竪穴式石槨?	古墳中期	不明	―	―	―
32	?	〔神獣鏡〕	大塚古墳	板野郡板野町大寺字露ノ口	古墳	円墳・横穴式石室	古墳後期	完形	―	―	―
58	倭	四神像鏡	蓮華谷2号墳	板野郡板野町犬伏字蓮華谷108-3	古墳	円墳(10)・礫敷割竹形木棺直葬（粘土槨）	古墳前期	10.2	―	獣形文鏡Ⅳ類（赤塚98b）	前（古?）
17	?	不明	山崎古墳	板野郡上板町神宅字川崎	古墳	円墳	古墳	不明	―	―	―
18	?	不明	大谷古墳群	板野郡上板町神宅字大谷	古墳	円墳?	古墳	不明	―	―	―
13	倭	六弧内行花文鏡	前山古墳	小松島市田浦町前山	古墳	円墳(15)・竪穴式石槨	古墳中期	11.0	―	BⅡ式（森70）／B類2式（清水94）	内行花文鏡B式	前（中）
21	?	不明	明神塚古墳	小松島市中田町東山43	古墳	円墳・箱形石棺	古墳後期	不明	―	―	―
22	?	不明	東禅寺古墳	吉野川市鴨島町西麻植字東禅寺〔麻植郡鴨島町〕	古墳	箱形石棺	古墳	不明	―	―	―
29	倭	八弧内行花文鏡	清成古墳	名西郡石井町清成2936	古墳	円墳(15)・竪穴式石槨（箱形石棺?）	古墳前期	12.1	―	―	内行花文鏡B式	前（中）
45	倭	四獣鏡	曽我氏神社1号墳〔第1主体部〕	名西郡石井町城ノ内字前山	古墳	円墳(11)・竪穴式石槨（割竹形木棺）	古墳前期	8.2	―	獣形文鏡ⅠA類（赤塚98b）	鳥頭獣像鏡A系	前（古）
46	倭	珠文鏡	曽我氏神社1号墳〔第2主体部〕		古墳	円墳(11)・竪穴式石槨（組合式木棺）	古墳前期	4.0	―	1類（今井91）／Ⅰ類（中山他94）	〔珠文鏡〕	前期?
57	?	〔内行花文鏡〕	高良1号墳	名西郡石井町石井字高良	古墳	円墳・竪穴式石槨	古墳中期	6.1	―	―	―
59	?	〔内行花文鏡〕	城ノ内丸山古墳	名西郡石井町石井城ノ内	古墳	不明	古墳	破片	―	―	―
48	倭	六弧内行花文鏡	長谷古墳	名西郡神山町阿野阿長谷	古墳	円墳(13)・竪穴式石槨（割竹形木棺）	古墳前期	9.3	―	内行花文鏡D系（森下02）	内行花文鏡B式	前（中）
30	舶	上方作浮彫式獣帯鏡	丹田古墳	三好郡東みよし町西庄〔三好郡三加茂町〕	前方後方墳(35)・竪穴式石槨	古墳前期	11.4	「上□□□□□　□吉□□子」	―	―	―
31	舶	虺龍文鏡	三加茂町内（推定）	三好郡東みよし町（推定）〔三好郡三加茂町〕	不明	不明	不明	10.3	―	―	―
43	舶	内行花文鏡	昼間遺跡正力地区	三好郡東みよし町昼間字正力〔三好郡三好町〕	集落	不明	弥生末期	14.6	―	―	―
33	?	〔獣帯鏡〕	西谷古墳（山王寺古墳?）	阿波市土成町高尾字西谷	古墳	竪穴式石槨	古墳前期	13.0	―	―	―
34	?	〔神獣鏡〕					12.7	―	―	―
35	?	不明	十楽寺山古墳〔1号石槨〕	阿波市土成町高尾字法教田	古墳	円墳(15)・竪穴式石槨	古墳前期	破片	―	―	―
44	舶	内行花文鏡?	寺山1号墳	海部郡海陽町野江〔海部郡海部町〕	古墳	円墳(9～12)・横穴式石室	古墳後期	破片	―	―	―
49	倭	六弧内行花文鏡	国高山古墳	阿南市内原町成松字山下21	古墳	前方後円墳(50)・竪穴式石槨（割竹形木棺）	古墳	12.5	―	―	内行花文鏡B式	前（中）

徳島

発見年	所蔵（保管）者	共伴遺物					文献	備考
		石製品・玉類	武具・武器・馬具	ほか金属器	土器類	その他		
明治	宮内庁書陵部〈官135〉	―	―	―	―	―	宮内庁書陵部編 2005『宮内庁書陵部所蔵 古鏡集成』学生社	〈228g〉／漢式鏡 728／徳島県（阿波国）18-1
	宮内庁書陵部〈官134〉	―	剣5・鏃1	―	―	―		〈372g〉／漢式鏡 729／徳島県（阿波国）18-2
1920頃	徳島市立考古資料館（個人旧蔵）	―	―	―	―	―	村田昌也 2015「平成26年度新蔵資料の紹介」『徳島市立考古資料館年報』第17号,徳島市立考古資料館	内区片
不明	所在不明	玉	―	―	―	―	徳島県史編さん委員会編 1964『徳島県史』第一巻,徳島県	―
昭和以降	所在不明	―	―	―	須恵器	―	徳島県史編さん委員会編 1964『徳島県史』第一巻,徳島県	―
不明	所在不明	玉	刀	金環・斧	須恵器（台付壺・甕・高杯・杯・提瓶）	―	徳島県史編さん委員会編 1964『徳島県史』第一巻,徳島県	―
1990	徳島市立考古資料館	翡翠勾玉1・碧玉管玉2・緑色凝灰岩管玉9	刀1・剣1	斧1・鉇1	土師器（広口壺1）	―	須崎一幸編 1994『四国縦貫自動車道建設に伴う埋蔵文化財発掘調査報告』4,徳島県埋蔵文化財センター調査報告書第4集,徳島県教育委員会・財団法人徳島県埋蔵文化財センター・日本道路公団	149g
不明	所在不明	―	―	―	土器	―	徳島県史編さん委員会編 1964『徳島県史』第一巻,徳島県	―
1887	所在不明	玉	―	―	―	―	徳島県史編さん委員会編 1964『徳島県史』第一巻,徳島県	―
1962	徳島県立博物館	―	剣2	斧2・鉇1・鑿3	―	砥石1	末永雅雄・森浩一 1963『前山古墳』徳島県文化財調査報告書第6集,徳島県教育委員会	徳島県（阿波国）12／老年男性骨
不明	所在不明	―	―	―	―	―	徳島県史編さん委員会編 1964『徳島県史』第一巻,徳島県	「和鏡1」
1881	東京国立博物館（個人旧蔵）	管玉	剣	銀環	土器	―	徳島県史編さん委員会編 1964『徳島県史』第一巻,徳島県	徳島県（阿波国）26／遺物は箱形石棺の周辺地点から出土
1968	徳島市教育委員会（個人旧蔵）	―	―	―	―	―	三好昭一郎・高橋啓 1994『図説徳島県の歴史』図説日本の歴史36,河出書房新社	徳島県（阿波国）25
1980	徳島県立博物館	石釧2・硬玉勾玉1・碧玉凝灰岩管玉16・瑪瑙管玉1・ガラス小玉7	剣1	斧1・鎌1・鉇1・刀子1	―	―	天羽利夫・岡山真知子 1982「曽我氏神社古墳群調査報告」『徳島県博物館紀要』第13集,徳島県博物館	58g
1966	石井町教育委員会	―	―	―	―	―	白石太一郎・設楽博己編 1994『弥生・古墳時代遺跡出土鏡データ集成』（『国立歴史民俗博物館研究報告』第56集）,国立歴史民俗博物館	―
不明	個人	―	―	―	―	―	石井町史編纂会編 1991『石井町史』上巻,石井町	―
1982	徳島県立博物館	翡翠勾玉1	刀片4・剣片2・短剣1・矛1・鉄鏃1	斧1・手鎌1・利鎌1・鉇片2・刀子1	―	―	車崎正彦編 2002『考古資料大観』第5巻 弥生・古墳時代 鏡,小学館	―
1968(1969?)	東みよし町立歴史民俗資料館	―	剣片2	斧1・小型鉄器片1	―	―	森浩一編 1971『丹田古墳調査報告』同志社大学文学部考古調査報告第3冊,同志社大学文学部文化学科内考古学研究室	徳島県（阿波国）27
不明	東みよし町立歴史民俗資料館	―	―	―	―	―	橋本達也 2001「徳島における三角縁神獣鏡の新例と中国鏡」『徳島県立博物館研究報告』第11号,徳島県立博物館	徳島県（阿波国）28／伝世品
1978	徳島県教育委員会	―	―	―	―	―	橋本達也 2001「徳島における三角縁神獣鏡の新例と中国鏡」『徳島県立博物館研究報告』第11号,徳島県立博物館	破鏡（破面研磨・1孔）
1929	所在不明	勾玉3・管玉22	剣3？	―	―	―	徳島県史編さん委員会編 1964『徳島県史』第一巻,徳島県	徳島県（阿波国）29-1or2／徳島県（阿波国）29-1or2／4面出土か〔岡崎1981〕
1970年代	所在不明	―	―	―	―	―	徳島県板野郡土成町史編纂委員会編 1975『土成町史』上巻,土成町	内区片？
1978	海陽町教育委員会	―	―	―	―	―	橋本達也 2001「徳島における三角縁神獣鏡の新例と中国鏡」『徳島県立博物館研究報告』第11号,徳島県立博物館	破鏡（縁部・破面研磨・1孔）
1963・82	阿南市教育委員会	滑石刀子8・石製勾玉形模造品4・丸玉1・土製勾玉4	長方板革綴短甲片30～・刀1～・剣1・槍1・鉄鏃16～	斧1・鉇	土師器片	―	河上邦彦 1999「徳島県阿南市内学国高山古墳の遺物」『青陵』第103号,奈良県立橿原考古学研究所	徳島県（阿波国）13

香川

番号	舶倭	鏡式	出土遺跡	出土地名	遺跡内容	時期	面径(cm)	銘文	諸氏分類	編者分類・時期	
1	倭	四獣鏡	亀ノ尾古墳群(伝)	小豆郡小豆島町苗羽字芦之浦(伝)〔小豆郡内海町〕	古墳	箱形石棺?	古墳	12.8	—	C類獣頭(冨田89)／獣形文鏡ⅡE類(赤塚98b)	対置式神獣鏡B系	前(中)
2	?	〔四獣鏡〕	蕪崎神鏡塚古墳	小豆郡土庄町小江字蕪崎	古墳	箱形石棺	古墳	6.5	—	—	—	—
3	倭	四獣鏡	富岡八幡神社古墳(富丘山頂古墳)	小豆郡土庄町渕崎字甲2421	古墳	円墳(25)・箱形石棺or竪穴式石槨	古墳前期	11.3	—	獣形文鏡類四獣鏡C-1型(小林82・10)	鳥頭獣像鏡A系	前(古)
4	舶	吾作斜縁二神四獣鏡	岩崎山4号墳	さぬき市津田町津田字南羽立2205〔大川郡津田町〕	古墳	前方後円墳(58)・竪穴式石槨(舟形石棺)	古墳前期	17.8	「吾□□竟 幽湅三商 統徳序道 配象萬疆 曾年益壽 宜子」	図像表現③(村松04)／紋様表現③(實盛09)	—	
5	舶	蟠龍乳同向式神獣鏡					17.6	「吾作明竟 幽湅三道 統徳□道 配像萬疆 曾年益壽 子孫番昌 樂未央」			
6	倭	八弧内行花文鏡	岩崎山5号墳	さぬき市津田町津田〔大川郡津田町〕	古墳	箱形石棺	古墳前期	11.2	—	B類(清水94)	内行花文鏡B式	前(中)
7	倭	方格規矩四神鏡	赤山古墳(雨瀧山)	さぬき市津田町鶴羽字相地395-5〔大川郡津田町〕	古墳	前方後円墳(約50)・竪穴式石槨?(割竹形石棺?)	古墳前期	23.2	—	Ⅱ類(樋口79)／方格規矩文鏡類A型(小林82・10)／JC式(田中83)／大型鏡(北浦92)／Ⅱ類変容系Ⅰ式(林00)	方格規矩四神鏡B系	前(中)
8	倭	盤龍鏡					17.2	擬銘	盤龍鏡A系(森下02)	盤龍鏡Ⅱ系	前(中)
9	?	不明(緑青片)	赤山古墳〔1号石棺〕			前方後円墳(約50)・割竹形石棺	古墳前期	破片	—	—	—	—
10	倭	夔龍鏡	北羽立峠古墳	さぬき市津田町津田字北羽立〔大川郡津田町〕	古墳	前方後円墳(42)・箱形石棺	古墳前期	10.4	—	Ⅴ型(樋口79)／B群11段階(池上92)	夔龍鏡B系	前(古)
11	倭	七弧?内行花文鏡	龍王山古墳	さぬき市津田町津田字中羽立2695-2〔大川郡津田町〕	古墳	円墳(28×23)・竪穴式石槨	古墳前期	11.5	—	B類2式(清水94)／倭文鏡系(赤塚98a)	内行花文鏡B式	前(中)
12	舶	鉄鏡					約15				
13	?	不明	けほ山古墳	さぬき市津田町鶴羽字鵜部1533-2〔大川郡津田町〕	古墳	前方後円墳(57)・竪穴式石槨(刳抜式石棺(伝))	古墳前期	不明	—	—	—	—
13-1	?	不明	一つ山古墳	さぬき市津田町鶴羽1548(伝)〔大川郡津田町〕	古墳	円墳(20)・石棺	古墳	約15	—	—	—	—
98	倭	珠文鏡	野牛古墳	さぬき市津田町津田字神野667-4他〔大川郡津田町〕	古墳	箱形石棺	古墳中期	9.6	—	—	〔珠文鏡〕	—
14	舶	三角縁張氏作三神五獣鏡	奥3号墳〔第1主体部〕	さぬき市寒川町神前字奥〔大川郡寒川町〕	古墳	前方後円墳(37)・竪穴式石槨(割竹形木棺)	古墳前期	22.7	「張氏作竟真巧 仙人王喬赤松子 師子辟邪世少有 渇飲玉泉 飢食棗 生如金石天相保兮」	目録番号21・同笵鏡番号10・配置B・表現①	—	
15	舶	画文帯環状乳四神四獣鏡	奥14号墳〔第1号竪穴式石槨〕	さぬき市寒川町神前字奥5951〔大川郡寒川町〕	古墳	前方後円墳(32)・竪穴式石槨(割竹形木棺)	古墳前期	12.9	「□乍□□ 東□□ 西象萬疆 充徳序首 □□□良 □□□ □□□陽 □□□□ □子番昌 士至高升 立至三公 其師命長」	Ⅱ(樋口79)／画Bb4(村瀬14)	—	
16	舶	画文帯環状乳四神四獣鏡	奥14号墳〔第2号竪穴式石槨〕			前方後円墳(32)・竪穴式石槨(割竹形木棺)		14.0	「吾作明竟 幽湅三岡 彫刻無祉 配像萬疆 白牙擧樂 衆神見容 百精並存 福祿是従 富貴安樂 子□番昌 曾年益壽 其師命長」	Ⅱ(樋口79)／画Bb4(村瀬14)	—	
17	舶	方格規矩八禽鏡	古枝古墳〔竪穴式石槨〕	さぬき市大川町富田西字古枝853-3〔大川郡大川町〕	古墳	前方後円墳(35)・竪穴式石槨(割竹形木棺)	古墳前期	11.2	—			
18	舶	上方作系浮彫式一仙五獣鏡	古枝古墳〔粘土槨〕			前方後円墳(35)・粘土槨		14.5	あり(不詳)	六像B式(岡村92)		
19	倭	捩文鏡	黒岩古墳	さぬき市大川町富田中字宮野〔大川郡大川町〕	古墳	円墳(6)・箱形石棺	古墳	8.0	—	第一型式(伊藤67)／BⅡ型(小林83)／Ⅳ型(小沢88)／C型式a類(水野97)	捩文鏡C系	前(中)
20	舶	上方作系浮彫式六獣鏡	大井七ツ塚5号墳	さぬき市大川町富田西701〔大川郡大川町〕	古墳	円墳(20)・竪穴式石槨	古墳後期	10.9	—	—	—	—
99	倭	弥生倭製鏡(四弧内行花文鏡)	寺田・産宮通遺跡第2低地帯河床面上	さぬき市大川町富田西字大道・寺田〔大川郡大川町〕	集落	遺物包含層(自然河川河床最深部付近)	弥生後期	7.8	—	内行花文系小形仿製鏡第5型(田尻10・12)	〔弥生倭製鏡〕	弥生

香川

発見年	所蔵（保管）者	共伴遺物 石製品・玉類	武具・武器・馬具	ほか金属器	土器類	その他	文献	備考
1843	瑠璃山常光寺	―	―	―	―	―	香川県教育委員会1983『新編香川叢書』考古篇,新編香川叢書刊行企画委員会	233g
1850	所在不明（再埋納）						白石太一郎・設楽博己編1994『弥生・古墳時代遺跡出土鏡データ集成』（『国立歴史民俗博物館研究報告』第56集）,国立歴史民俗博物館	素焼きの経筒様土器に納めて石棺に再埋納
1945 (1943?)	富丘八幡神社	ガラス小玉7	刀2・剣4・矛1・銅鏃2・鉄鏃11	斧3・鉇1・鑿1・刀子1			香川県編1987『香川県史』第13巻 資料編 考古,香川県	香川県（讃岐国）41
1951	さぬき市郷土館	車輪石1・碧玉石釧2・碧玉石釧残欠3・勾玉3・管玉36・ガラス小玉39〜	刀1・剣6・槍3・銅鏃5・鉄鏃2	斧3・鎌2・鉇4・鑿1・錐1・刀子3・有柄有孔鉄板1		貝釧約10	古瀬清秀編2002『岩崎山4号墳発掘調査報告書 快天山古墳発掘調査報告書』香川県津田町教育委員会・香川県綾歌町教育委員会	931g／香川県（讃岐国）23
1809	所在不明						斎藤忠1979『日本考古学史資料集成』1 江戸時代,斎藤考古学研究所	漢式鏡737
1982	さぬき市郷土館	硬玉勾玉1・碧玉管玉10・ガラス小玉38	―	刀子1・魚狀状鉄器	―	―	香川県編1987『香川県史』第13巻 資料編 考古,香川県	118g
1925	個人旧蔵	石釧5・勾玉・碧玉管玉12・ガラス玉94	―	―	土師器（壺・高杯）	―	香川県編1987『香川県史』第13巻 資料編 考古,香川県	香川県（讃岐国）24／出土遺物は1〜3号石棺の遺物／鈕装飾
	瀬戸内海歴史民俗資料館							645g／香川県（讃岐国）26
1924〜28	所在不明	碧玉管玉1・ガラス玉1	―	―	―	―	松本敏三・岩橋孝編1983『讃岐青銅器図録』瀬戸内海歴史民俗資料館	香川県（讃岐国）29／緑青片から推定
1879	個人	勾玉	剣	―	土器	―	松本敏三・岩橋孝編1983『讃岐青銅器図録』瀬戸内海歴史民俗資料館	香川県（讃岐国）27
不明	個人	―	刀1・鉄鏃2	鉇1・刀子1	―	―	香川県編1987『香川県史』第13巻 資料編 考古,香川県	香川県（讃岐国）28-1
								香川県（讃岐国）28-2
不明	所在不明	勾玉	刀?	―	―	―	白石太一郎・設楽博己編1994『弥生・古墳時代遺跡出土鏡データ集成』（『国立歴史民俗博物館研究報告』第56集）,国立歴史民俗博物館	香川県（讃岐国）25／伴出遺物はすべて伝承
明治	所在不明	―	刀	―	―	―	古瀬清秀編2002『岩崎山4号墳発掘調査報告書 快天山古墳発掘調査報告書』香川県津田町教育委員会・香川県綾歌町教育委員会	―
1995	財団法人香川県埋蔵文化財調査センター	翡翠勾玉1・瑪瑙勾玉1・碧玉管玉7・滑石臼玉65・ガラス小玉51〜	―	針状鉄器・魚狀状鉄器	―	―	古野徳久編2000『野牛古墳・末3号窯跡』高松東道路建設に伴う埋蔵文化財発掘調査報告書第8冊,香川県教育委員会・財団法人香川県埋蔵文化財調査センター・建設省四国地方建設局	
1972	さぬき市教育委員会	―	剣1	斧1・鉇1・刀子1	―	―		1470g／香川県（讃岐国）32
1972	さぬき市教育委員会	硬玉勾玉3・碧玉管玉12・ガラス小玉14〜	剣1	鉄片1	―	―	寒川町史編集委員会編1985『寒川町史』寒川町	304g／香川県（讃岐国）33-2
		―	―	鉄器片1	―	―		481g／香川県（讃岐国）33-1
1963	個人（さぬき市立大川第一中学校）	管玉3・ガラス小玉5	―	―	―	―	香川県編1987『香川県史』第13巻 資料編 考古,香川県	香川県（讃岐国）31-1
		管玉・小玉	鉄鏃	―	―	―		香川県（讃岐国）31-2
不明	さぬき市立大川第一中学校	硬玉勾玉2・滑石勾玉2・勾玉1・管玉21・ガラス小玉14	鉄鏃1	鉄器1	―	―	香川県編1987『香川県史』第13巻 資料編 考古,香川県	香川県（讃岐国）34
1935	所在不明（個人旧蔵）	玉類	眉庇付冑1・横矧板鋲留短甲1・刀				香川県編1987『香川県史』第13巻 資料編 考古,香川県	香川県（讃岐国）30
1995	財団法人香川県埋蔵文化財調査センター	―					西村尋文編2003『寺田・産宮通遺跡 南天枝遺跡』香川県教育委員会・財団法人香川県埋蔵文化財調査センター	「十」字文鏡

番号	舶倭	鏡式	出土遺跡	出土地名	遺跡内容		時期	面径(cm)	銘文	諸氏分類	編者分類・時期	
21	舶	三角縁波文帯神獣鏡	是行谷古墳群	さぬき市長尾東字是行谷〔大川郡長尾町〕	古墳	不明	古墳	破片	—	目録番号137	—	—
22	舶	双頭龍文鏡	是行谷古墳群		古墳	不明	古墳	約10	「位至□□」	—	—	—
23	舶	画文帯環状乳四神四獣鏡	丸井古墳〔第2主体部〕	さぬき市前山字打越2600〔大川郡長尾町〕	古墳	前方後円墳(30)・竪穴式石槨	古墳前期	14.2	「□□□竟 幽□□□ □□□□」	画Bb1(村瀬14)	—	—
24	倭	六弧内行花文鏡	羽立峠西古墳	さぬき市志度字羽立峠西〔大川郡志度町〕	古墳	不明	古墳	10.0	—	—	内行花文鏡B式	前(中)
25	?	不明	東山所在古墳	さぬき市鴨部字東山〔大川郡志度町〕	古墳?	粘土槨	古墳	破片	—	—	—	—
26	倭	六弧内行花文鏡	成山古墳(成山1号墳)	さぬき市鴨部字成山〔大川郡志度町〕	古墳	円墳(14)・箱形石棺	古墳	11.5	—	六弧(樋口79)／B類3式(清水94)／内行花紋鏡D系(森下02)	内行花文鏡B式	前(中)
27	?	不明	坂子若宮古墳群	さぬき市鴨部〔大川郡志度町〕	古墳	不明	古墳	約9	—	—	—	—
27-1	?	不明	寺尾20号墳(伝)	さぬき市鴨部字猿橋(伝)〔大川郡志度町〕	古墳	粘土槨	古墳中期	不明	—	—	—	—
28	倭	三角縁唐草文帯二神二獣鏡	大川郡内(伝)	旧大川郡(伝)	不明	不明	不明	16.9	—	—	〔三角縁神獣鏡〕	前(中)
28-1	舶	内行花文鏡	樋端遺跡SPⅢ06	東かがわ市白鳥字藤井・寺前〔大川郡白鳥町〕	集落	柱穴	弥生後期?	16.4	—	—	—	—
28-2	舶	不明	金毘羅山遺跡	東かがわ市水主〔大川郡大内町〕	墳墓	遺物包含層(石棺墓?)	弥生後期?	9.4	—	—	—	—
29	?	不明	堀切古墳(青岸山古墳)	木田郡三木町氷上字青岸	古墳	円墳(17)	古墳	不明	—	—	—	—
30	倭	捩文鏡	出作古墳(野倉1号墳)	木田郡三木町鹿庭字出作	古墳	円墳・横穴式石室	古墳後期	6.9	—	—	捩文鏡C系	前(中)
31	舶	画文帯同向式神獣鏡	高松茶臼山古墳〔第Ⅰ主体〕	高松市東山崎町・新田町・前田西町	古墳	前方後円墳(75)・竪穴式石槨	古墳前期	17.1	「天王日月」	A式(樋口79)／Ab形式(小山田93)	—	—
32	倭	素文鏡	東畑古墳	高松市前田東町東畑273-3	古墳	横穴式石室?	古墳	2.6	—	—	〔素文鏡〕	—
33	倭	神獣鏡	川東古墳(川東1号墳)	高松市池田町川東	古墳	円墳(8)・箱形石棺	古墳前期	13.6	—	獣帯鏡類A型(小林82・10)	盤龍鏡Ⅱ系?	前(新)
34	?	不明	瘤山古墳(瘤山1号墳)	高松市三谷町火山南字瘤山	古墳	前方後円墳(27)・竪穴式石槨	古墳前期	不明	—	—	—	—
35	倭	捩文鏡	円養寺遺跡C地区古墳	高松市西植田町円養寺2461-2	古墳	前方後方墳?(23)・竪穴式石槨	古墳前期	8.0	—	AⅡ型(小林83)／Ⅲ型(小沢88)／B型式c類(水野97)	捩文鏡B系	前(中)
36	?	不明	円養寺遺跡D地区古墳		古墳	前方後円墳?(25)・竪穴式石槨	古墳前期	破片	—	—	—	—
37	倭	珠文鏡〈M3〉	居石遺跡SR01内SD01取水口	高松市伏石町	祭祀	旧河道取水口付近	古墳前期	5.4	—	重圏文日光鏡系仿製鏡う-4b類(松本08)／D-B類(脇山13)	〔珠文鏡〕	前期
38	倭	素文鏡〈M2〉						3.6	—	6類(脇山15)	〔素文鏡〕	—
39	倭	素文鏡〈M1〉						2.8	—	—	〔素文鏡〕	—
40	舶	連弧文清白鏡	石清尾山猫塚古墳〔中央竪穴式石槨〕	高松市鶴市町御殿37	古墳	双方中円墳(96)・竪穴式石槨	古墳前期	16.3	「□清白而事君 怨伝之合明 伋・・・澤恐疎而日忘・・・願永思而母絶」	—	—	—
41	舶	長宜子孫蝙蝠座鈕八弧内行花文鏡						14.0	「長宜子孫」／「生如山石」	Bcイ式(樋口79)	—	—
42	舶	上方作系浮彫式一仙五獣鏡						12.7	「吾作竟 大吉宜子孫」	半肉彫獣帯鏡C六像式(樋口79)／六像B式(岡村92)／六像A系統Ⅱ段階(山田06)／六像Ⅱ式(Ⅰb系)(實盛15)	—	—
43	舶	吾作斜縁四獣鏡						13.9	「吾作明竟自有己 明而日月世少有 延年益壽兮」	半肉彫獣帯鏡C四像式(樋口79)／斜縁四獣鏡表現B類(實盛12)	—	—
44	舶	「仿製」三角縁獣文帯三神三獣鏡						22.2	—	目録番号222・配置K2	—	—
45	?	〔内行花文鏡〕	石清尾山猫塚古墳(伝)		古墳	双方中円墳(96)・不明	古墳前期	破片	—	—	—	—
46	?	〔神獣鏡〕						破片	—	—	—	—

香川

発見年	所蔵（保管）者	共伴遺物					文献	備考
		石製品・玉類	武具・武器・馬具	ほか金属器	土器類	その他		
1961	所在不明（個人旧蔵）	―	―	―	―	―	松本敏三・岩橋孝編 1983『讃岐青銅器図録』瀬戸内海歴史民俗資料館	香川県（讃岐国）35／内区片
昭和以降	所在不明	―	―	―	―	―		香川県（讃岐国）36
1981	さぬき市教育委員会						長尾町教育委員会 1991『川上古墳・丸井古墳 発掘調査報告書』長尾町教育委員会	330g
昭和以降	広島大学文学研究科考古学研究室						松本敏三・岩橋孝編 1983『讃岐青銅器図録』瀬戸内海歴史民俗資料館	―
昭和以降	個人						松本敏三・岩橋孝編 1983『讃岐青銅器図録』瀬戸内海歴史民俗資料館	―
1971	瀬戸内海歴史民俗資料館	勾玉・管玉 20	剣 1	―	―	―	香川県編 1987『香川県史』第 13 巻 資料編 考古, 香川県	190g／香川県（讃岐国）37
不明	所在不明	―	刀	―	―	―	志度町史編纂委員会編 1970『志度町史』志度町	―
不明	所在不明	碧玉管玉	―	鉄器	―	―		小型鏡
不明	個人						香川県編 1987『香川県史』第 13 巻 資料編 考古, 香川県	―
1998～99	財団法人香川県埋蔵文化財調査センター						片桐孝浩編 2002『樋端遺跡』四国横断自動車道建設に伴う埋蔵文化財発掘調査報告第 43 冊, 香川県教育委員会・財団法人香川県埋蔵文化財調査センター・日本道路公団・香川県土木部	破鏡（破面研磨・1孔）／柱穴と砂岩の間に鏡面を下に向けて出土
2000	財団法人香川県埋蔵文化財調査センター						西岡達哉編 2003『池の奥遺跡・金毘羅山遺跡Ⅱ』四国横断自動車道建設に伴う埋蔵文化財発掘調査報告第 46 冊, 香川県教育委員会・財団法人香川県埋蔵文化財調査センター・日本道路公団	破鏡（破面研磨・1孔）／石棺墓から流出したものか
不明	所在不明	―	―	―	―	―	松本敏三・岩橋孝編 1983『讃岐青銅器図録』瀬戸内海歴史民俗資料館	―
1917	東京国立博物館（J8902）	勾玉	剣	―	須恵器		香川県編 1987『香川県史』第 13 巻 資料編 考古, 香川県	漢式鏡 738／香川県（讃岐国）38
1969	瀬戸内海歴史民俗資料館・香川県教育委員会	碧玉鏃形石 2・勾玉・管玉 1・ガラス小玉 4～	刀 1・剣 2・短剣 6・槍 2・鉄鏃 4	鑿状鉄器 2・錐状鉄器 1	土師器（無頸壺 2・鉢 3）		信里芳紀編 2014『高松市茶臼山古墳』香川県埋蔵文化財センター	626g／香川県（讃岐国）8／「男性である可能性がある」「熟年以降」の人骨と「壮年期の可能性」がある人骨
不明	所在不明（個人旧蔵）	―	―	―	―	―	松本敏三・岩橋孝編 1983『讃岐青銅器図録』瀬戸内海歴史民俗資料館	―
昭和以降	所在不明	玉類	刀子 or 刀	―	土師器		香川県編 1987『香川県史』第 13 巻 資料編 考古, 香川県	香川県（讃岐国）10
不明	所在不明	―	―	―	―	―	白石太一郎・設楽博己編 1994『弥生・古墳時代遺跡出土鏡データ集成』（『国立歴史民俗博物館研究報告』第 56 集）, 国立歴史民俗博物館	―
1971	財団法人香川県埋蔵文化財調査センター	管玉 10・小玉 3	剣 1	―	―	―	香川県編 1987『香川県史』第 13 巻 資料編 考古, 香川県	香川県（讃岐国）9
1971	財団法人香川県埋蔵文化財調査センター	管玉 1					白石太一郎・設楽博己編 1994『弥生・古墳時代遺跡出土鏡データ集成』（『国立歴史民俗博物館研究報告』第 56 集）, 国立歴史民俗博物館	小片 5 個
1991	高松市教育委員会	―	―	―	弥生土器・土師器		山元敏裕編 1995『居石遺跡』高松市埋蔵文化財報告第 30 集, 高松市教育委員会・建設省四国地方建設局	23g／鈕頂研磨
								11g／鈕頂わずかに研磨
								4g
1910	東京国立博物館〈J6187〉						梅原末治 1933『讃岐高松石清尾山石塚の研究』京都帝国大学文学部考古学研究報告第 12 冊, 京都帝国大学文学部	漢式鏡 743／香川県（讃岐国）1-1
	東京国立博物館〈J6184〉							漢式鏡 742／香川県（讃岐国）1-2
	東京国立博物館〈J6183〉	石釧 1	筒形銅器 3・刀 1・銅剣 17・剣 4・銅鏃 8・鉄鏃 4	斧 1・鉇 1・鑿 1	土師器（壺 1）			漢式鏡 741／香川県（讃岐国）1-4
	東京国立博物館〈J6182〉							漢式鏡 740／香川県（讃岐国）1-3
	東京国立博物館〈J6181〉							923g／漢式鏡 739／香川県（讃岐国）1-5
不明	所在不明	―	―	―	―	―		香川県（讃岐国）1-6
								―

番号	舶倭	鏡式	出土遺跡	出土地名	遺跡内容	時期	面径(cm)	銘文	諸氏分類	編者分類・時期
47	倭	二神二獣鏡	石船塚古墳〔後円部竪穴式石槨〕	高松市峰山町1838	古墳	前方後円墳(57)・舟形石棺直葬(竪穴式石槨?)	古墳前期	9.6	—	—	二神二獣鏡ⅠA系(同向式神獣鏡Ⅱ系?) 前(中)
48	舶	漢有善銅獣文縁方格規矩四神鏡	鶴尾神社4号墳	高松市西春日町1063-7	古墳	前方後円墳(40)・竪穴式石槨	古墳前期	18.2	「漢有善銅出丹陽 取之為鏡清如明 左龍右虎備三」	獣文縁四神鏡Ⅰ式(樋口79)	—
49	倭	六弧内行花文鏡	摺鉢谷古墳(石清尾山古墳群)	高松市宮脇町	古墳	不明	古墳前期	9.5	—	CBⅡ式(森70)／六弧(樋口79)／B類2式(清水94)／六花文鏡(小林10)	内行花文鏡B式 前(中)
50	舶	方格T字鏡	石清尾山古墳群(伝)	高松市峰山町他(伝)	古墳	不明	古墳前期	10.5	「子卯辰巳午未戌亥」	Ⅴ類(樋口79)／博局T字鳥文鏡Ca4M類(高木91・93)	—
51	?	〔変形四獣鏡〕	石清尾山古墳群	高松市峰山町他	古墳	不明	古墳前期	不明	—	—	—
52	舶	上方作浮彫式一仙五獣鏡	今岡古墳〔前方部主体部〕	高松市鬼無町佐料・佐藤	古墳	前方後円墳(61)・埴質陶棺	古墳中期	13.2	「上方乍鏡真大工 青龍白虎 宜子」	半肉彫獣帯鏡C六像式(樋口79)／六像B系(岡村92)／六像A系統Ⅲ段階(山田06)／六像Ⅱ式(Ⅰb系)(實盛15)	—
52-1	倭	素文鏡	小山・南谷遺跡SD730	高松市新田町甲970-1番地外	集落	溝	奈良	3.6	—	—	〔素文鏡〕
52-2	倭	珠文鏡	栗林田中遺跡第3次調査	高松市栗林町2丁目	集落?	不明	古墳	約5	—	—	〔珠文鏡〕
53	舶	蔡氏作画文帯二神二獣鏡	弘法寺山林古墳〔北棺〕	坂出市府中町弘法寺	古墳	円墳or前方後円墳・箱形石棺	古墳前期	13.9	「蔡氏作竟 長賀君家」	—	—
54	倭	神獣鏡	弘法寺山林古墳〔中棺〕		古墳	円墳or前方後円墳・箱形石棺	古墳中期	10.9	擬銘	二神二獣鏡系(小林82・10)	類二神二獣鏡
55	倭	六弧内行花文鏡	ハカリゴーロ古墳〔後円部竪穴式石槨〕	坂出市西庄町八十場1632	古墳	前方後円墳(45)・竪穴式石槨	古墳前期	11.6	—	六弧(樋口79)／B類3式(清水94)／穂積鏡系(赤塚98a)／内行花紋鏡D系(森下02)／六花文鏡(小林10)	内行花文鏡B式 前(中)
56	倭	四弧内行花文鏡	岩下古墳	坂出市西庄町醍醐	古墳	箱形石棺	古墳	6.9	—	—	内行花文鏡B式 前(中?)
57	倭	乳文鏡	遍照院裏山古墳	坂出市高屋町	古墳	不明	古墳後期	9.2	擬銘	—	〔乳脚文鏡〕 後期
57-1	倭	珠文鏡	雄山6号墳	坂出市高屋町	古墳	円墳(12)・横穴式石室	古墳後期	5.6	—	—	〔珠文鏡〕 後期
58	倭	弥生倭製鏡	下川津遺跡SBNa11	坂出市川津町下川津	集落	竪穴住居	弥生末期	7.3	—	内行花文系小形仿製鏡第5型(田尻10・12)	〔弥生倭製鏡〕 弥生
59	舶?	不明	下川津遺跡		集落	柱穴	古墳後期〜	破片	—	—	—
59-1	舶	内行花文鏡?	川津中塚遺跡竪穴住居SHⅡ02	坂出市川津町中塚	集落	竪穴住居	弥生後期?	破片	—	—	—
59-2	?	不明	奥池の畔の古墳(金山古墳?)	坂出市川津町峠字長者原	古墳	不明	古墳	不明	—	—	—
59-3	?	不明	春日神社北側古墳	坂出市川津町	古墳	不明	古墳	不明	—	—	—
61	舶	三角縁獣文帯三神三獣鏡	蓮尺茶臼山古墳(川津茶臼山古墳)	坂出市川津町・福江町	古墳	前方後円墳	古墳前期	23.2	—	目録番号118・同笵鏡番号67・配置K1・表現⑫	—
62	倭	捩文鏡			古墳	前方後円墳	古墳前期	12.2	—	Ⅰ型(樋口79)／獣形文鏡類四獣鏡C-3型(小林82・10)／Ⅰ型式(小沢88)／A型式a類(水野97)／獣毛紋鏡系(森下02)	捩文鏡A系 前(古)
60	倭	重圏文鏡	歩渡島1号石棺	坂出市櫃石字歩渡島	墳墓	箱形石棺	古墳前期	7.1	—	Ⅴa型(藤岡91)／Ⅰ類(中山他94)／7ⅰ類(脇山15)	〔重圏文鏡?〕 前期
63	倭	六弧内行花文鏡	津頭東古墳〔第1主体部〕	綾歌郡綾川町小野字津頭〔綾歌郡綾南町〕	古墳	円墳(35)・竪穴式石槨	古墳中期	10.6	—	六弧(樋口79)／B類3式(清水94)／内行花紋鏡D系(森下02)	内行花文鏡B式 前(中)
64	倭	四獣鏡	津頭東古墳〔第6主体部〕		古墳	円墳(35)・粘土槨	古墳中期	11.5	—	獣形文鏡Ⅳ類(赤塚98b)	獣像鏡Ⅲ系? 前(中?)

香川

発見年	所蔵（保管）者	共伴遺物 石製品・玉類	共伴遺物 武具・武器・馬具	共伴遺物 ほか金属器	共伴遺物 土器類	共伴遺物 その他	文献	備考
1960～61	文化庁	―	―	―	―	―	香川県編 1987『香川県史』第13巻 資料編 考古，香川県	香川県（讃岐国）7
1923頃・1981	個人	碧玉管玉1	―	―	―	―	梅原末治 1933『讃岐高松石清尾山石塚の研究』京都帝国大学文学部考古学研究報告第12冊，京都帝国大学文学部	香川県（讃岐国）2／破鏡（8孔）
不明	京都大学総合博物館〈2100〉	管玉	―	―	―	―	梅原末治 1933『讃岐高松石清尾山石塚の研究』京都帝国大学文学部考古学研究報告第12冊，京都帝国大学文学部	漢式鏡 732／香川県（讃岐国）3
不明	五島美術館 M239（個人旧蔵）	―	―	―	―	―	車崎正彦編 2002『考古資料大観』第5巻 弥生・古墳時代 鏡，小学館	漢式鏡 731・747
不明	所在不明（守屋孝蔵旧蔵）	―	―	―	―	―	梅原末治 1933『讃岐高松石清尾山石塚の研究』京都帝国大学文学部考古学研究報告第12冊，京都帝国大学文学部	香川県（讃岐国）4
1964	瀬戸内海歴史民俗資料館	翡翠？勾玉・管玉24？	―	―	―	―	香川県編 1987『香川県史』第13巻 資料編 考古，香川県	香川県（讃岐国）6／女性骨
1995	財団法人香川県埋蔵文化財調査センター						片桐孝浩編 1997『小山・南谷遺跡Ⅰ』香川県教育委員会・財団法人香川県埋蔵文化財調査センター	―
2015	高松市埋蔵文化財センター						―	
1935	東京国立博物館〈J22973〉	硬玉勾玉2・碧玉管玉・切子玉（算盤玉？）	―	―	―	―	香川県編 1987『香川県史』第13巻 資料編 考古，香川県	香川県（讃岐国）11-1
1935	東京国立博物館〈J22974〉	滑石勾玉2・碧玉管玉・滑石切子玉（算盤玉？）	―	―	―	―	香川県編 1987『香川県史』第13巻 資料編 考古，香川県	185g／香川県（讃岐国）11-2
昭和以降	坂出市郷土資料館（個人旧蔵）	―	鉄鏃11	―	―	―	香川県編 1987『香川県史』第13巻 資料編 考古，香川県	239g／香川県（讃岐国）13
1932	所在不明	―	―	―	―	―	松本敏三・岩橋孝編 1983『讃岐青銅器図録』瀬戸内海歴史民俗資料館	―
明治	鎌田共済会郷土博物館		馬具（辻金具2等）		須恵器（短頸壺2・杯身2・杯蓋2・甌1）		香川県編 1987『香川県史』第13巻 資料編 考古，香川県	
1996	財団法人香川県埋蔵文化財調査センター	碧玉管玉10・緑色凝灰岩管玉7・ガラス小玉16・土玉11	鉄鏃25	鎌1・鉇1・刀子3	土師器（壺・椀・把手付椀）・須恵器（壺・短頸壺・甕・高杯・杯身・杯蓋・甌・提瓶）		宮﨑哲治編 2000『雄山古墳群』県道高松越坂出線道路改良事業に伴う埋蔵文化財発掘調査報告，香川県教育委員会・財団法人香川県埋蔵文化財調査センター	―
1985	財団法人香川県埋蔵文化財調査センター				鉢1・高杯1		藤田任亮・松野一博編 1986『下川津遺跡・岡宮古墳・聖通寺城跡』瀬戸大橋建設に伴う埋蔵文化財調査概報（Ⅶ），香川県教育委員会	鈕を欠失
1986	財団法人香川県埋蔵文化財調査センター						藤田任亮・松野一博編 1986『下川津遺跡・岡宮古墳・聖通寺城跡』瀬戸大橋建設に伴う埋蔵文化財調査概報（Ⅶ），香川県教育委員会	古墳後期～鎌倉時代の掘立柱建物跡の柱穴から出土
1990～91	財団法人香川県埋蔵文化財調査センター				弥生土器（壺・甕）・土製品		西岡達哉編 1994『川津中塚遺跡』四国横断自動車道建設に伴う埋蔵文化財発掘調査報告第14冊，財団法人香川県埋蔵文化財調査センター	―
不明	所在不明	―	―	―	―	―	西岡達哉編 1994『川津中塚遺跡』四国横断自動車道建設に伴う埋蔵文化財発掘調査報告第14冊，財団法人香川県埋蔵文化財調査センター	―
不明	所在不明	―	―	―	―	―	西岡達哉編 1994『川津中塚遺跡』四国横断自動車道建設に伴う埋蔵文化財発掘調査報告第14冊，財団法人香川県埋蔵文化財調査センター	―
1933	東京国立博物館〈J23660〉						香川県編 1987『香川県史』第13巻 資料編 考古，香川県	1249g／香川県（讃岐国）12-1
1933	東京国立博物館〈J23661〉	碧玉管玉4	刀？	―	土師器？	―	香川県編 1987『香川県史』第13巻 資料編 考古，香川県	香川県（讃岐国）12-2／2面が同一遺構から出土した確証はない
昭和以降	坂出市郷土資料館	―	―	鉇1	―	―	香川県編 1987『香川県史』第13巻 資料編 考古，香川県	
1970	綾南町ふるさと資料館	―	刀1・剣3・鉄鏃	斧2・鉇1	―	櫛	香川県編 1987『香川県史』第13巻 資料編 考古，香川県	137g／香川県（讃岐国）22
1970	綾南町ふるさと資料館		長方板革綴短甲1・刀・剣・鉄鏃30	鋤先1・鑿1	―		香川県編 1987『香川県史』第13巻 資料編 考古，香川県	

番号	舶倭	鏡式	出土遺跡	出土地名	遺跡内容	時期	面径(cm)	銘文	諸氏分類	編者分類・時期
65	舶	画文帯環状乳四神四獣鏡	津頭西古墳(蛇塚古墳)	綾歌郡綾川町小野字津頭〔綾歌郡綾南町〕	円墳(7？)・竪穴式石槨	古墳後期	14.8	「天王日月」	Ⅱ(樋口79)	―
65-1	舶	双頭龍文鏡	滝宮万塚1号墳〔綾歌郡綾南町〕	綾歌郡綾川町北	古墳	円墳(約10)・箱形石棺(排土中)	古墳中期？	破片	―	―
66	倭	五獣鏡	横立山経塚1号墳	丸亀市綾歌町富熊〔綾歌郡綾歌町〕	古墳	前方後円墳(37)・竪穴式石槨(伝)	古墳前期	13.5	―	五獣形鏡(樋口79)	獣像鏡Ⅲ系	前(中)
97	?	〔三角縁変形獣帯鏡〕	富熊神社古墳(伝)	丸亀市綾歌町富熊(伝)〔綾歌郡綾歌町〕	前方後円墳or円墳	古墳	不明	―	―	―
67	舶	獣文縁方格規矩四神鏡	快天山古墳〔第1号石棺〕	丸亀市綾歌町栗熊東〔綾歌郡綾歌町〕	前方後円墳(98)・竪穴式石槨(割竹形石棺)	古墳前期	18.6	「長宜子孫」/「子丑寅卯□□午未申西戌亥」	獣文縁四神鏡Ⅱ式(樋口79)	―
68	倭	六弧内行花文鏡	快天山古墳〔第2号石棺〕		前方後円墳(98)・竪穴式石槨(割竹形石棺)	古墳前期	11.6	―	AⅡ式(森70)/六弧(樋口79)/B類(清水94)/倭文鏡系(赤塚98)/六弧文鏡(小林10)	内行花文鏡B式	前(中)
69	倭	六弧内行花文鏡	快天山古墳〔第3号石棺〕		前方後円墳(98)・粘土槨(割竹形石棺)	古墳前期	9.0	―	AⅡ式(森70)/六弧(樋口79)/B類1式(清水94)/内行花文D系(森下02)/六花文鏡(小林10)	内行花文鏡B式	前(中)
70	倭	珠文鏡	快天山古墳〔前方部主体部〕		前方後円墳(98)・箱形石棺		4.5	―	1類(今井91)/Ⅲ類？(中山他94)/A-B類(脇山13)	〔珠文鏡〕	―
71	倭	捩文鏡	毘沙門山古墳	丸亀市綾歌町栗熊東字中村〔綾歌郡綾歌町〕	不明	古墳	7.2	―	AⅡ型(小林83)/Ⅳ型(小沢88)/B型式c類(水野97)	捩文鏡B系	前(中)
72	倭	珠文鏡	やくし古墳(薬師古墳)	丸亀市飯山町東坂元字三の池〔綾歌郡飯山町〕	箱形石棺	古墳前期？	7.1	―	1類？(今井91)/Ⅰ類(中山他94)	〔珠文鏡〕	前期
73	倭	同向式神獣鏡	国持古墳	丸亀市飯山町西坂元字国持〔綾歌郡飯山町〕	不明	古墳	14.5	―	―	―	前(中～)
74	倭	四獣鏡	次郎山古墳	丸亀市飯山町下法軍寺字岡〔綾歌郡飯山町〕	円墳・竪穴式石槨	古墳前期？	9.6	―	―	〔S字獣像鏡〕	中期
75	?	不明	吉岡神社古墳	丸亀市飯野町東分826	前方後円墳(52)・竪穴式石槨	古墳前期	不明	―	―	―	―
76	倭	重圏文鏡	鉢伏山古墳	善通寺市与北町字北谷	円墳・竪穴式石槨(木棺)	古墳前期	5.4	―	Ⅰ型(藤岡91)/4類(脇山15)	〔重圏文鏡〕	―
77	倭	四獣鏡	山根古墳	善通寺市与北町山根1832-2	箱形石棺	古墳前期	8.4	―	四獣形鏡(樋口79)/獣形文鏡類四獣鏡C-1型(小林82・10)/獣形鏡ⅡD類(赤塚98b)	獣像鏡Ⅱ系	前(中)
78	倭	弥生倭製鏡(十二弧内行花文鏡)	キッチョ塚古墳	善通寺市善通寺町宮ヶ尾	積石塚・組合式箱形石棺	弥生？	8.1	―	内行花文日光鏡系仿製鏡第Ⅰ型b類(高倉85・90)/内行花文日光鏡系仿製鏡B'-2a類(松本08)/内行花文系小形仿製鏡第2型a類(田尻10・12)	〔弥生倭製鏡〕	弥生
79	倭	不明	大麻山	善通寺市大麻山	古墳?	不明	不明	8.6	―	古式仿製鏡内行花文帯式(樋口79)	―	前期
80	舶	〔四葉座鈕内行花文鏡〕	旧練兵場遺跡		墳墓?	箱形石棺?	不明	不明	―	―	―
80-1	倭	弥生倭製鏡	旧練兵場遺跡IH2002 SK2004炉跡		集落	炉跡	古墳前期	7.4	―	内行花文系小形仿製鏡第3型a類(田尻10・12)	〔弥生倭製鏡〕	弥生
80-2	舶	内行花文鏡?	旧練兵場遺跡S区SH1058床面		集落	竪穴住居	弥生末期	破片	―	―	―
80-3	舶	内行花文鏡	旧練兵場遺跡L区遺構面	善通寺市仙遊町2丁目	集落	遺物包含層	弥生末期？	破片	―	―	―
80-4	舶	内行花文鏡	旧練兵場遺跡Ⅱ-4区SH4003		集落	竪穴住居	弥生末期	破片	―	―	―
80-5	舶	方格規矩鏡	旧練兵場遺跡26次SD3151b		集落	溝	古代	破片	「・・・竟・・・」	―	―
80-6	舶	不明	旧練兵場遺跡28次SD10		集落	溝	古代	破片	―	―	―
80-7	倭	弥生倭製鏡(六弧内行花文鏡)	旧練兵場遺跡28次攪乱壙		集落	攪乱壙	弥生末期？	破片	―	―	〔弥生倭製鏡〕	弥生
81	倭	弥生倭製鏡	彼ノ宗遺跡(彼ノ原)ST09	善通寺市仙遊町2丁目	集落	竪穴住居	弥生末期	8.0	―	綾杉文鏡(高倉85・90)/綾杉文鏡(田尻10・12)	〔弥生倭製鏡〕	弥生
82	舶	方格規矩鏡or獣帯鏡	稲木遺跡C地区第4層遺構面	善通寺市稲木町・下吉田町	集落	遺物包含層	古墳前期？	18.6	―	―	―
83	舶	内行花文鏡					破片	―	―	―

香川

発見年	所蔵（保管）者	共伴遺物 石製品・玉類	武具・武器・馬具	ほか金属器	土器類	その他	文　献	備　考
1917	東京国立博物館〈J9082〉	—	衝角付冑1・金銅装眉庇付冑1・横矧板鋲留短甲3・頸甲1・小札・刀・剣4・矛2・鐏1・鹿角装刀装具・鉄鏃・金銅鏡板残欠・三環鈴1	銀製垂飾付耳飾1・斧1	須恵器（高杯3・杯身2）		樋口隆康1979『古鏡』新潮社	同型鏡群〔GK-1〕／漢式鏡744／香川県（讃岐国）20
昭和30年代	所在不明（個人旧蔵）						安藤文良・渡部明夫2006「綾川町滝宮万塚1号墳採集の位至三公鏡」『香川県埋蔵文化財センター研究紀要』Ⅱ,香川県埋蔵文化財センター	外区片
不明	所在不明（個人旧蔵）						松本敏三・岩橋孝編1983『讃岐青銅器図録』瀬戸内海歴史民俗資料館	横峯2号墳出土の可能性
不明	所在不明	—	—	—	—	—	岡崎敬1981「四国における「古鏡」発見地名表」『史淵』第118輯,九州大学文学部	香川県（讃岐国）5／鏡出土の確証はない
1950	瀬戸内海歴史民俗資料館	碧玉石釧2・硬玉勾玉1・碧玉管玉2	刀4・剣5・鉄鏃20	鋤先1・斧2・鎌1・鉇1・鑿2・刀子3	—	—	古瀬清秀編2002『岩崎山4号墳発掘調査報告書 快天山古墳発掘調査報告書』香川県津田町教育委員会・香川県綾歌町教育委員会	香川県（讃岐国）21-1
		碧玉管玉2	剣3	斧1・刀子2				香川県（讃岐国）21-2／「三十歳から三十四五歳」の「女性的な感じがする」骨
		—	剣1・矛1	鎌1	土師器（壺1）			68g／香川県（讃岐国）21-3／「二十七八才位の男子」骨
1938	所在不明（久方玉村小学校旧蔵）	—	—	—	—	—	和田正夫・松浦正一1951『快天山古墳発掘調査報告書』史跡名勝天然記念物調査報告第十五,香川県教育委員会	香川県（讃岐国）21-4
1907	鎌田共済会郷土博物館	—	刀・剣	—	土器	—	香川県編1987『香川県史』第13巻 資料編 考古,香川県	—
不明	坂出市郷土資料館	—	—	—	—	—	香川県編1987『香川県史』第13巻 資料編 考古,香川県	—
不明	多和文庫	—	—	—	—	—	香川県編1987『香川県史』第13巻 資料編 考古,香川県	292g
1963	個人	—	—	—	—	—	香川県編1987『香川県史』第13巻 資料編 考古,香川県	—
不明	所在不明	硬玉勾玉1・碧玉管玉1	筒形銅器1・銅鏃21	刀子2〜	土師器（壺）	—	松本敏三・岩橋孝編1983『讃岐青銅器図録』瀬戸内海歴史民俗資料館	—
1979	善通寺市立郷土館	ガラス玉	—	斧	—	—	香川県編1987『香川県史』第13巻 資料編 考古,香川県	—
1901	東京国立博物館〈J2161〉	石釧1	鉄鏃	—	—	—	香川県編1987『香川県史』第13巻 資料編 考古,香川県	漢式鏡745／香川県（讃岐国）17
1942頃	飯田共済会郷土博物館	—	—	—	—	—	松本敏三・岩橋孝編1983『讃岐青銅器図録』瀬戸内海歴史民俗資料館	香川県（讃岐国）15
1955	善通寺市立郷土館	—	—	—	—	—	松本敏三・岩橋孝編1983『讃岐青銅器図録』瀬戸内海歴史民俗資料館	—
1900	所在不明	—	—	—	—	—	後藤守一1926『漢式鏡』日本考古学大系,雄山閣	漢式鏡736／香川県（讃岐国）14
2002	財団法人香川県埋蔵文化財調査センター	—	—	—	—	—	信里芳紀編2013『旧練兵場遺跡Ⅲ』独立行政法人国立病院機構善通寺病院統合事業に伴う埋蔵文化財発掘調査報告第3冊,香川県教育委員会・独立行政法人国立病院機構善通寺病院	—
2003		—	—	—	—	—		破面研磨なし
2004		—	—	—	—	—		破面研磨なし
2004		—	—	—	—	—		破鏡（破面研磨・1孔）
2008		—	—	—	—	—		
2010		—	—	—	—	—		
2010		—	—	—	—	—		
1984	善通寺市立郷土館	土玉1	—	—	甕・鉢	—	笹川龍一編1985『彼ノ宗遺跡』善通寺市教育委員会	破鏡（破面研磨・2孔）
1983	財団法人香川県埋蔵文化財調査センター				弥生土器・土師器・須恵器		西岡達哉編1989『稲木遺跡』四国横断自動車道建設に伴う埋蔵文化財発掘調査報告第6冊,香川県教育委員会・財団法人香川県埋蔵文化財調査センター	縁部片

番号	舶倭	鏡式	出土遺跡	出土地名	遺跡内容	時期	面径(cm)	銘文	諸氏分類	編者分類・時期
83-1	舶	不明	甲山北遺跡	善通寺市弘田町甲山	表面採集	不明	破片	―	―	―
84	倭	捩文鏡	北浦山古墳	仲多度郡多度津町奥白方	円墳・箱形石棺	古墳前期？	7.9	―	II型（小沢88）／B型式c類（水野97）	捩文鏡B系 前(中)
85	舶	張氏作画文帯環状乳四神四獣鏡	かんす塚古墳（盛土山古墳）	仲多度郡多度津町奥白方字東	円墳（約40）・箱形石棺	古墳中期	19.0	「張子作□□…□□」	―	―
86	舶	三角縁張氏作四神四獣鏡	西山古墳	仲多度郡多度津町奥白方字西山	円墳？(前方後円墳？)	古墳前期	完形	「張氏作竟真大□ □ 有仙人赤松子 神玄辟邪世少有 □□□ □飢食棗 □□金石不知老兮」	目録番号34・同笵鏡番号18・配置A・表現①	―
87	倭	素文鏡	船越八幡遺跡	三豊市詫間町大浜字船越〔三豊郡詫間町〕	祭祀	表面採集	古墳後期？	約4	―	―	〔素文鏡〕 ―
88	?	不明	よしたけの塚（西岡古墳群）	三豊市豊中町岡本字西岡3027〔三豊郡豊中町〕	古墳	不明	古墳後期？	不明	―	―	―
95	舶?	不明	知行寺山古墳	三豊市山本町大野字山下37-4〔三豊郡山本町〕	古墳	堅穴式石槨	古墳	破片	―	―	―
89	舶	不明(内行花文鏡？)	一の谷遺跡群平塚地区ス34区	観音寺市古川町・本大町・中田井町	集落	遺物包含層	古墳〜	16.1	―	―	―
90	舶	方格規矩鏡？	鹿隈古墳群	観音寺市流岡町・高屋町	古墳	不明	古墳前期	13.0	―	―	―
91	倭	重圏文鏡	鹿隈古墳群		古墳	不明	古墳前期	4.9	―	I型（藤岡91）	〔重圏文鏡〕 前期
92	舶	不明	鹿隈鑓子塚古墳	観音寺市流岡町鹿隈2589	古墳	円墳（28）・表面採集	古墳前期	破片	「…王…」	―	―
93	倭	六弧内行花文鏡	鹿隈前の原7号石棺	観音寺市高屋町岡東字前の原2592-8	墳墓	箱形石棺	古墳前期	7.5	―	B類1式（清水94）	内行花文鏡B式 前(中)
94	?	不明	母神山古墳群	観音寺市木之郷町・池之尻町・粟井町	古墳	不明	古墳	不明	―	―	―
96	倭?	不明	赤岡山3号墳	観音寺市大野原町中姫字赤岡38-5〔三豊郡大野原町〕	古墳	円墳（23）・箱形石棺or小型堅穴式石槨	古墳前期？	10.2	―	―	― 前期
96-1	倭	珠文鏡？	縁塚11号墳	観音寺市大野原町丸井・福田原〔三豊郡大野原町〕	古墳	円墳（11）・横穴式石室	古墳後期	破片	―	―	〔珠文鏡？〕 ―
96-2	舶	三角縁吾作二神二獣鏡	香川県（伝）	香川県（伝）	不明	不明	不明	21.6	「吾作明竟真大好 除去不□宜生市 上有東王父西王母 渇飲玉泉飢食棗」	目録番号98・同笵鏡番号＊・配置J1・表現⑰	―

四国

番号	舶倭	鏡式	出土遺跡	出土地名	遺跡内容	時期	面径(cm)	銘文	諸氏分類	編者分類・時期
1	舶	三角縁天・王・日・月・獣文帯二神四獣鏡	四国（伝）	四国（伝）	不明	不明	21.3	「天王日月」	目録番号96・同笵鏡番号54・配置J1変・表現⑤	―

愛媛

番号	舶倭	鏡式	出土遺跡	出土地名	遺跡内容	時期	面径(cm)	銘文	諸氏分類	編者分類・時期
1	倭	鈴鏡	四ツ手山古墳	四国中央市下柏町〔伊予三島市〕	古墳	円墳（15）・横穴式石室	古墳後期	12.7	―	―	― 後期？
2	倭	弥生倭製鏡	瓢箪山遺跡〔第2号土壙墓〕	四国中央市川之江町瓢箪山943-1〔川之江市〕	墳墓	土壙墓	弥生末期〜古墳前期	8.9	―	内行花文日光鏡系仿製鏡第II型b類（高倉85・90）／内行花文系小形仿製鏡第3型a類（田尻10・12）	〔弥生倭製鏡？〕 弥生？
3	舶	長宜子孫蝙蝠座鈕八弧内行花文鏡	東宮山古墳	四国中央市妻鳥町2256-2〔川之江市〕	古墳	円墳（14）・堅穴系横口式石室	古墳後期	9.6	「長宜□孫」	Bcエ式（樋口79）	―
4	舶	青羊作画文帯対置式神獣鏡	金子山古墳	新居浜市西之土居町金子	古墳	円墳（25）・堅穴式石槨	古墳中期	21.0	「青羊作□ □□□ □日西王 東父□ □□□昌 □牙□ 遷人見容 □□□ □□□遷 作吏高官 □宜侯王 子□□昌」	―	―
5	倭	四鈴珠文鏡					12.7	―	珠文鏡系四鈴式（樋口79）／鈴鏡類（四鈴鏡）（小林82・10）／珠文（西岡86）／珠文鏡類（大川97）／珠文系（岡田05）	〔珠文鏡〕 ―
6	倭	六弧内行花文鏡	大日裏山1号墳	西条市小松町南川〔周桑郡小松町〕	古墳	円墳・堅穴式石槨	古墳前〜中期	11.1	―	B類3式（清水94）	内行花文鏡B式 前(中)
7	倭	十四乳文鏡	大日裏山4号墳（大日裏山1号墳？）	西条市小松町南川〔周桑郡小松町〕	古墳	円墳	古墳	7.5	―	―	〔乳脚文鏡〕 後期

香川・四国・愛媛

発見年	所蔵（保管）者	共伴遺物					文献	備考
		石製品・玉類	武具・武器・馬具	ほか金属器	土器類	その他		
不明	瀬戸内歴史民俗資料館	—	—	—	—	—	香川県編1987『香川県史』第13巻 資料編 考古,香川県	破鏡か／縁部片
1931	東京国立博物館（J20877）	勾玉	—	—	—	—	香川県編1987『香川県史』第13巻 資料編 考古,香川県	香川県（讃岐国）40
1915	東京国立博物館（J7793）（個人旧蔵）	硬玉勾玉2・瑪瑙勾玉1・碧玉管玉17・蜻蛉玉1・雁木玉1・ガラス小玉59	刀片1・銅鈴1	—	—	—	香川県編1987『香川県史』第13巻 資料編 考古,香川県	漢式鏡746／香川県（讃岐国）16・39
不明	所在不明	—	—	—	—	—	岡田唯吉1932『郷土博物館第7回陳列品目録』鎌田共済会	—
不明	所在不明	—	—	—	—	—	亀井正道1971「祭祀遺跡—製塩に関連して—」大場磐雄・八幡一郎・内藤政恒監修『新版考古学講座』第8巻 特論（上），雄山閣出版株式会社	—
不明	所在不明	勾玉	—	金環	須恵器	—	松本敏三・岩橋孝編1983『讃岐青銅器図録』瀬戸内海歴史民俗資料館	—
1957	三豊中学校	—	—	—	—	—	香川県編1987『香川県史』第13巻 資料編 考古,香川県	破鏡（破面研磨）／鈕と内区の一部の小片
1986	財団法人香川県埋蔵文化財調査センター				弥生土器・土師器・須恵器		西岡達哉編1990『一の谷遺跡群』四国横断自動車道建設に伴う埋蔵文化財発掘調査報告第7冊，財団法人香川県埋蔵文化財調査センター	破鏡（破面研磨・4孔）
1938	個人						香川県編1987『香川県史』第13巻 資料編 考古,香川県	香川県（讃岐国）19／破鏡（2孔）
1938								鹿隈鑓子塚古墳からの出土か
1978	観音寺市郷土資料館	翡翠勾玉	—	鉇	—	—	香川県編1987『香川県史』第13巻 資料編 考古,香川県	破片／遺物はすべて採集品
1964		碧玉管玉1	—	刀子1	鼓形器台残欠1	—	香川県編1987『香川県史』第13巻 資料編 考古,香川県	成人女性骨
不明	所在不明（個人旧蔵）	—	—	—	—	—	松本敏三・岩橋孝編1983『讃岐青銅器図録』瀬戸内海歴史民俗資料館	—
1950	観音寺市立大野原中学校	管玉	—	—	—	—	松本敏三・岩橋孝編1983『讃岐青銅器図録』瀬戸内海歴史民俗資料館	—
1985	観音寺市教育委員会	水晶切子玉1・ガラス小玉2	鉄鏃	耳環1・斧2・鎌1	須恵器（壺・杯身・杯蓋・提瓶）		中西昇1991『椀塚古墳群Ⅰ』大野原町教育委員会	
不明	高松市歴史資料館（個人）	—	—	—	—	—	鐘方正樹2012「弥勒寺蔵 三角縁吾作銘二神二獣鏡について」『奈良市埋蔵文化財調査年報』平成21（2009）年度,奈良市教育委員会	939g

発見年	所蔵（保管）者	石製品・玉類	武具・武器・馬具	ほか金属器	土器類	その他	文献	備考
不明	個人	—	—	—	—	—	樋口隆康2000『三角縁神獣鏡新鑑』学生社	—

発見年	所蔵（保管）者	石製品・玉類	武具・武器・馬具	ほか金属器	土器類	その他	文献	備考
1982	愛媛県教育委員会・愛媛県歴史文化博物館・慈眼寺	勾玉5・棗玉5・切子玉16・算盤玉9・平玉1・丸玉1	挂甲・刀・矛・鉄鏃・素環鏡板付轡1・鏡板1・辻金具3・鉸具2・雲珠	耳環6・刀子	須恵器		小笠原善治編2002『伊豫の鏡』松山市教育委員会・松山市考古館	外区片
1974	かわのえ高原ふるさと館？・四国中央市教育委員会	—	—	—	—	—	遺跡発行会1985『遺跡』第27号,遺跡発行会	—
1894	宮内庁書陵部（陵70）	碧玉管玉3・琥珀棗玉・水晶切子玉7・銀平玉2	横矧板鋲留衝角付冑1・三葉環頭大刀頭・馬鐸・銅小鈴・鹿角舌	金銅透彫帯冠1・金環2	土師器・須恵器		宮内庁書陵部編2005『宮内庁書陵部所蔵 古鏡集成』学生社	（121g）／漢式鏡750／愛媛県（伊予国）47
1950	慈眼寺	勾玉・管玉・棗玉・平玉・丸玉・臼玉・小玉・真珠玉	刀・剣・鉄鏃・鞦	金銅製長鎖付耳飾・銅釧	—		遺跡発行会1985『遺跡』第27号,遺跡発行会	同型鏡群〔GT-1〕／愛媛県（伊予国）46-1
								愛媛県（伊予国）46-2
1907頃	高鴨神社（個人旧蔵）・西条市教育委員会	—	—	—	—	—	遺跡発行会1985『遺跡』第27号,遺跡発行会	愛媛県（伊予国）43
1932	小松公民館・西条市教育委員会	—	—	—	—	—		愛媛県（伊予国）44

番号	舶倭	鏡式	出土遺跡	出土地名	遺跡内容	時期	面径(cm)	銘文	諸氏分類	編者分類・時期	
8	倭	珠文鏡	甲賀神社境内古墳(甲賀原古墳群)	西条市上市〔東予市〕	横穴式石室？	古墳後期	6.0	—	—	〔珠文鏡〕	前期
9	倭	珠文鏡	円満寺古墳	西条市旦之上〔東予市〕	箱形石棺	古墳後期	7.2	—	A-B類(脇山13)	〔珠文鏡〕	前期
10	倭	珠文鏡	東予楠地区(伝)	西条市楠(伝)〔東予市〕	不明	不明	9.0	—	2類(今井91)／Ⅳ類(中山他94)	〔珠文鏡〕	中期
92	倭	弥生倭製鏡(八弧？内行花文鏡)	小池遺跡A4区17層下遺物包含層	西条市上市甲971〔東予市〕	遺物包含層	弥生後期	6.0	—	内行花文日光鏡系仿製鏡B'-2b類(松本08)／内行花文系小形仿製鏡第2型b類(田尻10・12)	〔弥生倭製鏡〕	弥生
11	舶	斜縁禽獣画象鏡					12.6	「□□作竟真大□ □ □」	半肉彫獣帯鏡B四像式(樋口79)	—	—
12	倭	四獣鏡	相の谷1号墳	今治市湊町2丁目	前方後円墳(81)・竪穴式石槨	古墳前期	11.6	—	D群11段階(池上92)／第一群(車崎95)／ⅠB系③(辻田00)／Ⅱ類単胴系(林00)／Ⅰ群Bb系③(辻田07)	類捩文鏡A系	前(古)
13	舶	流雲文縁細線式獣帯鏡(方格規矩四神鏡？)	相の谷9号墓〔1号主体部〕	今治市近見町	台状墓・箱形石棺	古墳前期	17.0	—	—	—	—
14	倭	重圏文鏡	雄之尾1号墳	今治市古国分	前方後円墳(31)・木棺直葬	弥生末期～古墳前期	5.7	—	Ⅰ型(藤岡91)	〔重圏文鏡〕	前期
15	舶	内行花文鏡？	雄之尾2号墳	今治市古国分	方墳？・箱形石棺	古墳	15.8	—	—	—	—
16	倭	四神像鏡	雄之尾3号墳	今治市古国分	方墳(17)・粘土槨	古墳中期	10.1	擬銘	—	類神像鏡Ⅰ系？	前(新？)
20	舶	三角縁吾作九神三獣鏡	国分古墳	今治市古国分	前方後円墳(44)・竪穴式石槨	古墳前期	21.8	「吾作明竟甚大好 長保二親宜子孫 浮由天下敖四海 君宜高官」	目録番号108・同笵鏡番号61・配置L1・表現他	—	—
21	舶	尚方作獣文縁四獣鏡					11.8	「尚□□□□□ □□在左白虎居右 曾年益壽 長宜孫子」	四像式A系統Ⅰ段階(山田06)／四像Ⅱ式(Ⅰb系)(實盛15)	—	—
26	舶	浮彫式獣帯鏡	姫路山古墳	今治市古国分字姫路山	方墳(17)・粘土槨？	古墳中期	16.0	あり(不詳)	—	—	—
27	倭	四獣鏡					10.2	—	—	〔S字獣像鏡〕	中期～
28	倭	六？獣鏡	唐子山古墳	今治市古国分字唐子山	古墳 不明	古墳	16.3	—	—	—	中期？
82	？	不明					破片	—	—	—	—
17	倭	〔神獣鏡〕	久保山(お茶屋池)古墳	今治市唐子台西	前方後円墳(49)・竪穴式石槨	古墳中期	破片	—	—	—	—
18	倭？	不明					9～11	—	—	—	—
19	？	不明	唐子台又エ門谷上古墳	今治市唐子台西	古墳？	古墳？	14.5	—	—	—	—
22	倭	不明	唐子台No.8	今治市唐子台西	円墳・箱形石棺	古墳前～中期	完形	—	—	—	—
23	倭	重圏文鏡	唐子台第5丘7号墓	今治市唐子台西	土壙墓	弥生末期～古墳前期	6.2	—	重圏文鏡(高倉85・90)／B類Ⅱ2(林原90)／Ⅴa型(藤岡91)／Ⅴ型(林原08)／7ⅰ類(脇山15)	〔重圏文鏡(連珠)〕	前期
24	倭	弥生倭製鏡？(七弧内行花文鏡)	唐子台14丘墓	今治市唐子台西	土壙墓	弥生末期～古墳前期	12.5	—	内行花文日光鏡系仿製鏡第Ⅲ型b類(高倉85・90)	〔弥生倭製鏡？？〕	弥生？
25	舶	内行花文鏡	治平谷7号墳	今治市唐子台西	方墳？・粘土槨	古墳前期	13.2	—	—	—	—
81	？	不明	唐子台No.68(伝)	今治市唐子台西(伝)	墳墓 箱形石棺	不明	—	—	—	—	
29	倭	四乳文鏡	鷹取山西方尾根(伝)	今治市新谷(伝)	不明	不明	7.6	—	—	〔乳脚文鏡〕	後期
30	倭	重圏文鏡	鷹取山西方尾根新谷	今治市新谷	不明	不明	6.0	—	C類(林原90)／2b類(脇山15)	〔重圏文鏡〕	—
30-1	舶	方格規矩鏡	新谷森ノ前遺跡2次	今治市新谷	集落 柱穴	古代	破片	—	—	—	—
31	倭	四神四獣鏡	根上り松古墳	今治市山口〔越智郡朝倉村〕	古墳 不明	古墳	14.9	—	—	〔中期型神獣鏡〕	中期
32	舶	獣文縁細式獣帯鏡	樹之本古墳	今治市朝倉〔越智郡朝倉村〕	円墳(30)・竪穴式石槨	古墳中期	23.6	「長相思母忘 長樂未央」	獣文縁八像式(樋口79)	—	—
93	倭	弥生倭製鏡	野々瀬Ⅳ遺跡B2区土器溜り最下部	今治市朝倉南丙130-3～19・乙229～458〔越智郡朝倉村〕	集落 土器溜まり	弥生後期	約8	—	内行花文日光鏡系仿製鏡B'-2a類(松本08)／内行花文系小形仿製鏡第2型a類(田尻10・12)	〔弥生倭製鏡〕	弥生
94	？	不明	野々瀬Ⅳ遺跡5次調査BⅠ-5～6グリッド包含層	今治市朝倉南乙322〔越智郡朝倉村〕	集落 遺物包含層	弥生後期	破片	—	—	—	—

愛媛

発見年	所蔵（保管）者	共伴遺物					文　献	備　考
		石製品・玉類	武具・武器・馬具	ほか金属器	土器類	その他		
不明	所在不明	―	―	―	―	―	愛媛県編1986『愛媛県史』資料編考古, 愛媛県	―
不明	所在不明	―	―	―	―	―	愛媛県編1986『愛媛県史』資料編考古, 愛媛県	―
1907	個人	―	―	―	―	―	遺跡発行会編1985『遺跡』第27号, 遺跡発行会	愛媛県（伊予国）45
1998	西条市教育委員会	―	―	―	弥生土器	―	九州考古学会事務局・九州考古学会第5回夏期大会佐賀県実行委員会編2013『平成25年度九州考古学会大会 弥生時代後期青銅鏡を巡る諸問題』九州考古学会	
1965	愛媛県教育委員会・愛媛県歴史文化博物館	―	刀5・剣4	斧3・鉈1・鑿2・円錐筒形銅器・鉄器片	土師器	―	小笠原善治編2002『伊豫の鏡』松山市教育委員会・松山市考古館	愛媛県（伊予国）30-1
								190g／愛媛県（伊予国）30-2／獣毛乳を主像化
1966	愛媛県教育委員会	勾玉1・管玉2・ガラス小玉17	―	―	―	―	遺跡発行会編1985『遺跡』第27号, 遺跡発行会	愛媛県（伊予国）31／破鏡（縁部・2孔）
1965	個人	―	刀1・剣2・鉄鏃13	斧1・鉈1・針状鉄器3	土師器	櫛	愛媛県編1986『愛媛県史』資料編考古, 愛媛県	愛媛県（伊予国）32
1965		管玉	―	―	―	―	遺跡発行会編1985『遺跡』第27号, 遺跡発行会	愛媛県（伊予国）33
1969	愛媛県歴史文化博物館・愛媛県教育委員会	―	―	斧	土師器	―		〈52g〉／愛媛県（伊予国）34
不明	個人	翡翠勾玉1・硬玉管玉2・ガラス小玉1	刀1・剣3・銅鏃36・鉄鏃1	鍬鋤先1・斧1・刀子1	土師器	―	遺跡発行会1985『愛媛県出土古鏡図録』『遺跡』第27号, 遺跡発行会	愛媛県（伊予国）36-1
							名本二六雄1991「今治市国分古墳出土の四獣鏡について」『遺跡』第33号, 遺跡発行会	愛媛県（伊予国）36-2
1968	個人？	―	刀1	―	―	―	愛媛県編1986『愛媛県史』資料編考古, 愛媛県	愛媛県（伊予国）35
不明	今治明徳高等学校						愛媛県編1986『愛媛県史』資料編考古, 愛媛県	愛媛県（伊予国）37-1
	所在不明							愛媛県（伊予国）37-2
							岡崎敬1981「四国における「古鏡」発見地名表」『史淵』第118輯, 九州大学文学部	愛媛県（伊予国）37-3
1972	所在不明	―	剣1？	―	―	―	井出耕二1985「今治市久保山古墳出土の銅鏡片」『遺跡』第27号, 遺跡発行会	内区片
1980								縁部片（1孔）
不明	所在不明	―	―	―	―	―	遺跡発行会編1985『遺跡』第27号, 遺跡発行会	縁部の鏡片1/4弱
不明	所在不明	―	―	―	―	―	遺跡発行会編1985『遺跡』第27号, 遺跡発行会	
1972	今治市教育委員会	勾玉2・管玉4・ガラス小玉7	―	鉄器片	―	―	今治市教育委員会1974『唐子台遺跡群』今治市教育委員会	愛媛県（伊予国）38
1972		勾玉1・管玉12・棗玉1・丸玉37	刀1・剣1	―	―	―		愛媛県（伊予国）39／中国製鏡か
1972	今治市教育委員会	―	剣1	刀子1	―	―	今治市教育委員会1974『唐子台遺跡群』今治市教育委員会	愛媛県（伊予国）40
不明	所在不明	―	―	―	―	―	遺跡発行会編1985『遺跡』第27号, 遺跡発行会	小型鏡
不明	個人	―	―	―	―	―	遺跡発行会編1985『遺跡』第27号, 遺跡発行会	愛媛県（伊予国）41-1
不明		―	―	―	―	―		愛媛県（伊予国）41-2
不明	所在不明	―	―	―	―	―	―	鈕の破片
1981	今治市教育委員会	小玉	―	―	須恵器	―	小笠原善治編2002『伊豫の鏡』松山市教育委員会・松山市考古館	―
1907	東京国立博物館〈J5097〉	勾玉・管玉	刀・槍	―	―	砥石	愛媛県編1986『愛媛県史』資料編考古, 愛媛県	同型鏡群〔SJ-5〕／漢式鏡749／愛媛県（伊予国）42／鍍金
1995	今治市教育委員会	―	―	―	―	―	小笠原善治編2002『伊豫の鏡』松山市教育委員会・松山市考古館	余剰の突起（湯道の痕跡）あり
1995	所在不明	―	―	―	―	―	森光晴編1997『野々瀬五次発掘調査』朝倉村文化財調査報告書17, 朝倉村教育委員会	弥生後期の土器とともに「平縁の鋸歯文を配する青銅鏡細片が出土した。（現不明）」

番号	舶倭	鏡式	出土遺跡	出土地名	遺跡内容	時期	面径(cm)	銘文	諸氏分類	編者分類・時期
33	舶	浮彫式獣帯鏡	藤崎古墳付近	今治市吉海町八幡字藤崎〔越智郡吉海町〕	円墳（20）・横穴式石室	古墳後期	11.9	あり（不詳）	―	―
80	倭	重圏文鏡	火内遺跡	今治市吉海町椋名〔越智郡吉海町〕	集落 不明	古墳前～中期	5.3	―	4b類（脇山15）	〔重圏文鏡〕前期
83	舶	不明（痕跡）	妙見山1号墳〔1号石槨〕	今治市大西町宮脇〔越智郡大西町〕	前方後円墳（55）・竪穴式石槨（刳抜式木棺）	古墳前期	16～18.5	―	―	―
88	舶	上方作浮彫式四獣鏡	妙見山1号墳〔2号石槨〕		前方後円墳（55）・竪穴式石槨（刳抜式木棺）	古墳前期	11.4	「上方乍竟真大工　青□」	四像Ⅱ式（Ⅰb系）（實盛15）	―
91	舶	不明	高橋湯ノ窪遺跡第4層・第5層	今治市別宮町1丁目4-1	集落 遺物包含層	弥生	16.0	―	―	―
91-1	倭	鼉龍鏡	別名一本松古墳〔第1主体部〕	今治市別名・矢田乙	前方後円墳（31）・組合式木棺直葬	古墳前期	11.0	―	―	鼉龍鏡C系 前（中）
91-2	舶	八弧内行花文鏡	別名一本松古墳〔第2主体部〕		前方後円墳（31）・木棺直葬	古墳前期	14.4	「長宜子孫」	―	―
91-3	倭	弥生倭製鏡（五弧内行花文鏡）	高橋山崎遺跡5区自然流路NR01遺物集中SU01	今治市高橋	集落 自然流路	弥生後期	5.8	―	内行花文日光鏡系倣製鏡B'-3b類（松本08）	〔弥生倭製鏡〕弥生
91-4	倭	素文鏡	高橋仏師2号墳	今治市高橋乙87他	円墳（10）・横穴式石室	古墳後期	2.7	―	―	〔素文鏡〕
91-5	倭	内行花文鏡	高橋仏師4号墳〔第1主体部〕	今治市高橋乙57	円墳（18）or突出付円墳（23）・組合式箱形木棺（+木槨？）	古墳前期	14.8	―	―	内行花文鏡
91-6	倭	重圏文鏡	松木広田遺跡SK18	今治市松木241-1	集落 不明	不明	破片	―	4b類（脇山15）	〔重圏文鏡〕古墳
34	倭	櫛歯文鏡？	魚島大木遺跡	越智郡上島町魚島〔越智郡魚島村〕	祭祀 遺物包含層	古墳後期	4.0	―	Ⅱ型（藤岡91）	〔櫛歯文鏡？〕
35	舶	重圏銘帯鏡	若草町遺跡土壙SK3	松山市若草町	集落 土壙	弥生中～後期	8.6	「見日之光　長母忘君」	―	―
36	倭	素文鏡	若草町遺跡SK057		集落 遺物包含層	弥生後期	3.9	―	無文鏡？（田尻10・12）	〔素文鏡〕
37	倭	不明	若草町遺跡B5		集落 不明	不明	8.2	―	―	―
38	舶	不明	文京遺跡（第10次調査）	松山市文京町	集落 遺物包含層	弥生中～後期	破片	―	―	―
38-1	舶	不明	文京遺跡（第24次調査）SX10		集落 堆積	弥生？	16.1	―	六像Ⅰ式（實盛15）	―
41	舶	内行花文鏡	塔ノ口山古墳	松山市和気町坂浪	古墳 円墳？・石室？	古墳	破片	「□□子□」	―	―
42	舶	不明					14.6	―	―	―
43	倭	重圏文鏡	一助山古墳（三津北山平風山付近）	松山市新浜町北山	古墳 箱形石棺	古墳	6.6	―	Ⅰ型（藤岡91）	〔重圏文鏡〕前期
44	倭	六乳文鏡	弁天山古墳（岩子山古墳？）	松山市北斎院町(or別府町)	古墳 不明	古墳	9.4	―	―	〔乳脚文鏡〕後期
45	倭	五鈴珠文鏡					8.4	擬銘	珠文鏡類（大川97）／珠文系（岡田05）	〔珠文鏡〕
46	倭	一神四獣鏡	津田山古墳（垣生山古墳）	松山市北斎院町	古墳 箱形石棺	古墳前～中期	12.2	―	―	浮彫式獣帯鏡系 前（中）
47	舶	尚方作流雲文縁方格規矩四神鏡	御幸寺山古墳（伝）	松山市御幸町（伝）	横穴式石室	古墳	14.2	「尚方作竟佳大好　上有仙人不知老　渇飲玉泉飢棗　壽如金石之天保　樂未央兮」	流雲文縁四神鏡Ⅱ式（樋口79）	―
48	舶	方格T字鏡	伊佐爾波神社裏山古墳	松山市道後湯之町	古墳	古墳	8.3	―	小型鏡B3型（北浦92）／SBb式（松浦94）／丁群（森下98）	―

発見年	所蔵（保管）者	共伴遺物					文献	備考
		石製品・玉類	武具・武器・馬具	ほか金属器	土器類	その他		
不明	大亀八幡神社	玉類	剣	斧・刀子	須恵器		愛媛県編1986『愛媛県史』資料編考古, 愛媛県	高麗鏡の可能性あり
1995	愛媛県埋蔵文化財調査センター・愛媛県教育委員会	―	―	鉄鋌・刀子・鉄鈴	須恵器・製塩壺		小笠原善治編2002『伊豫の鏡』松山市教育委員会・松山市考古館	―
昭和以降	所在不明	―	剣1〜	斧1・鉇2・鑿1・刀子2	―		下條信行編2008『妙見山一号墳—西部瀬戸内における初期前方後円墳の研究—』報告・論考編, 真陽社	盗掘を受けており、鏡は2〜3面出土しているという／粘土床上面で鏡の痕跡を検出
1993	今治市教育委員会	―	―	鉇1・棒状鉄製品1・不明鉄製品片2	―			183g
1995	今治市教育委員会	―	―	―	土器	―	九州考古学会事務局・九州考古学会第5回夏期大会佐賀県実行委員会編2013『平成25年度九州考古学会大会 弥生時代後期青銅鏡を巡る諸問題』九州考古学会	―
1998	愛媛県教育委員会・愛媛県歴史文化博物館	ガラス小玉7	剣3・槍1	―	―		山内英樹編2008『別名一本松古墳・矢田長尾1号墳・矢田長尾Ⅰ遺跡・高橋佐夜ノ谷遺跡・高橋向谷2号墳・高橋仏師1〜4号墳』埋蔵文化財発掘調査報告書第146集, 財団法人愛媛県埋蔵文化財調査センター	183g
		緑色凝灰岩管玉4・ガラス小玉24	剣1	鉇3	―			―
2000年代	所在不明	―	―	―	―		九州考古学会事務局・九州考古学会第5回夏期大会佐賀県実行委員会編2013『平成25年度九州考古学会大会 弥生時代後期青銅鏡を巡る諸問題』九州考古学会	―
2004	愛媛県埋蔵文化財調査センター	水晶勾玉1・赤瑪瑙勾玉1・碧玉管玉11・緑色凝灰岩管玉3・水晶丸玉2・ガラス丸玉4・滑石臼玉3・ガラス小玉13・ガラス粟玉1	鉄鏃2・轡2	刀子6	須恵器（壺・壺蓋・杯・杯蓋・𤭯・提瓶）		山内英樹編2008『別名一本松古墳・矢田長尾1号墳・矢田長尾Ⅰ遺跡・高橋佐夜ノ谷遺跡・高橋向谷2号墳・高橋仏師1〜4号墳』埋蔵文化財発掘調査報告書第146集, 財団法人愛媛県埋蔵文化財調査センター	―
2004		碧玉管玉5・緑色凝灰岩管玉1・ガラス小玉14	―	鉇1	土師器（二重口縁壺・直口壺・低脚高杯）	石杵2		破鏡（破面研磨・2孔）／縁部片
不明	今治市教育委員会？	―	―	―	―		九州考古学会事務局・九州考古学会第5回夏期大会佐賀県実行委員会編2013『平成25年度九州考古学会大会 弥生時代後期青銅鏡を巡る諸問題』九州考古学会	
1974	上島町教育委員会	滑石有孔円板・滑石臼玉	―	鉄鋌	製塩土器・小形模造土器		小笠原善治編2002『伊豫の鏡』松山市教育委員会・松山市考古館	―
1989	松山市埋蔵文化財センター・松山市教育委員会	―	―	―	―		栗田茂敏編1991『平成元年〜2年度 松山市埋蔵文化財調査年報Ⅲ』松山市教育委員会文化教育課・松山市立埋蔵文化財センター	〈54g〉
1989		―	―	―	―		小笠原善治編2002『伊豫の鏡』松山市教育委員会・松山市考古館	8g
1989		―	―	―	―			〈9g〜〉
1988	愛媛大学埋蔵文化財調査室	―	―	―	―		宮本一夫編1991『文京遺跡第10次調査』愛媛大学埋蔵文化財調査報告Ⅲ, 愛媛大学埋蔵文化財調査室	鈕のみ
2001		―	―	―	―		吉田広編2004『愛媛大学埋蔵文化財調査室年報—2001・2002年度—』愛媛大学埋蔵文化財調査室	破鏡（縁部・1孔）／縁部のみ／上方作系浮彫式獣帯鏡の可能性
1915頃	個人	切子玉1	刀1	―	須恵器		愛媛県編1986『愛媛県史』資料編考古, 愛媛県	愛媛県（伊予国）29-1
								愛媛県（伊予国）29-2／獣帯鏡の類か
不明	個人	―	―	―	―		愛媛県編1986『愛媛県史』資料編考古, 愛媛県	愛媛県（伊予国）28
不明	松山市考古館	―	―	―	―		小笠原善治編2002『伊豫の鏡』松山市教育委員会・松山市考古館	〈77g〉／愛媛県（伊予国）25-2
								〈54g〉／愛媛県（伊予国）25-1
1969	愛媛県教育委員会・愛媛県歴史文化博物館						小笠原善治編2002『伊豫の鏡』松山市教育委員会・松山市考古館	285g／愛媛県（伊予国）26／上方作系浮彫式獣帯鏡の倭製
1946頃	所在不明（個人旧蔵）	―	素環頭大刀1・刀・鉄鏃数十・馬具	金環10・斧1	須恵器		愛媛県編1986『愛媛県史』資料編考古, 愛媛県	愛媛県（伊予国）27
不明	所在不明	碧玉管玉	―	―	―		愛媛県編1986『愛媛県史』資料編考古, 愛媛県	愛媛県（伊予国）24

番号	舶倭	鏡式	出土遺跡	出土地名	遺跡内容	時期	面径(cm)	銘文	諸氏分類	編者分類・時期	
49・50・84	倭	五鈴六乳文鏡	溝辺横谷古墳（丸塚古墳）	松山市湯山字横谷	古墳・横穴式石室	古墳後期	9.1	—	鈴鏡類（五鈴鏡）（小林82・10）／乳文（西岡86）／獣帯文鏡類（大川97）／乳脚文系B2類（岡田05）	〔乳脚文鏡〕	後期
51	倭	乳文鏡	湯山横谷（湯ノ山村横谷）	松山市湯山字横谷	不明	不明	完形	—	—	〔乳脚文鏡〕	後期
52	倭	捩文鏡	鷹子柳ヶ谷古墳	松山市鷹子町	古墳・横穴式石室？	古墳後期	7.0	—	Ⅳ型（小沢88）	捩文鏡D系	前（中）
53	舶	方格T字鏡	小野山（久米大池東北古墳）	松山市平井町今吉	古墳？	不明	古墳	11.2	「子卯辰巳午未戌亥」	博局T字鳥文鏡Ca4M類（高木91・93）／小型鏡A3型（北浦92）／SBb式（松浦94）／丁群（森下98）	—	—
54・86	倭	五鈴六乳文鏡	大池東北（空田池中島）古墳	松山市平井町	古墳	不明	古墳	9.5	—	乳文鏡系五鈴式（樋口79）／獣帯文鏡類（大川97）／乳脚文系D類（岡田05）	〔乳脚文鏡〕	後期
55	?	不明	平井町谷	松山市平井町谷	古墳	円墳・横穴式石室	古墳後期	17.0	—	—	—	—
56	倭	捩文鏡	かいなご1号墳	松山市平井町	古墳	方墳・横穴式石室	古墳終末期	7.1	—	—	捩文鏡B系	前（中）
57	舶	環状乳五神五獣鏡	天山1号墳	松山市天山町294	古墳	円墳（23）・横穴式石室	古墳後期	19.3	「□□□□發陽 覽覩四方昭中英 左龍右虎辟不詳 朱鳥玄武順陰陽 服之富…」／「宜天王□侯伯子□」	—	—	—
58	舶	不明（内行花文鏡？）	東山鳶ヶ森6号墳	松山市東山町	古墳	円墳（19）・横穴式石室	古墳終末期	10.2	—	—	—	—
59	倭	六乳文鏡	星ノ岡西山古墳	松山市星岡町	古墳	石室？	古墳後期	9.2	—	—	〔乳脚文鏡〕	後期
60	倭	弥生倭製鏡（八弧内行花文鏡）	居相遺跡（石井・土井田）（伝）	松山市居相（伝）	集落？	不明	弥生後期	7.5	—	古式仿製鏡内行花文帯式（樋口79）／内行花文日光鏡系仿製鏡第Ⅱ型a類（高倉85・90）／内行花文系小形仿製鏡第2型b類（田尻10・12）	〔弥生倭製鏡〕	弥生
61	舶	方格渦文鏡	土壇原Ⅵ遺跡38号土壙墓	松山市上野町高尾田	墳墓	土壙墓	弥生後期	8.2	—	—	—	—
62	倭	珠文鏡	土壇原5号墳	松山市上野町高尾田	古墳	方墳（20）・竪穴式石槨	古墳前期	10.0	—	AC-B類（脇山13）	〔珠文鏡〕	—
63	?	不明	西野Ⅲ遺跡第1号土壙墓	松山市上野町	墳墓	土壙墓	弥生後期	破片	—	—	—	—
39	舶	尚方作二禽二獣鏡〈1号鏡〉	朝日谷2号墳〔A主体部〕	松山市朝日ヶ丘1丁目	古墳	前方後円墳（26）・舟形木棺直葬	古墳前期	18.7	「尚方作竟大無傷 巧工刻之成文章 和以銀錫青且明 長保二親樂未央兮」	—	—	—
40	舶	吾作斜縁二神二獣鏡〈2号鏡〉					15.2	「吾□□□ □□商競德序道 配像萬疆 曾年益□ 子孫番昌 楽未央□」	図像表現③（村松04）／紋様表現③（實盛09）	—	—
85	舶?	不明	ツルガオカ（鶴ヶ峠？）	松山市石風呂町鶴ヶ峠？	不明	不明	不明	不明	—	—	—	—
89	舶	不明	束本遺跡第4次調査3区SB302	松山市束本4丁目	集落	竪穴住居	弥生後～末期	14.2	—	—	—	—
90	舶	内行花文鏡？	釜ノ口遺跡第8次調査SD3	松山市小坂4丁目28-1-1	集落	溝	弥生末期	8.7	—	—	—	—
90-1	倭	神獣鏡	祝谷6号墳〔第1石室〕	松山市祝谷	古墳	墳形不明（24）・横穴式石室	古墳後期	8.6	—	—	分離式神獣鏡系	前（新）
90-2	舶	内行花文鏡？	北井門遺跡3次SR1	松山市北井門	集落	自然流路	弥生後期	9.2	—	—	—	—
90-3	舶	前漢鏡	大相院遺跡5区自然流路SR001	松山市善応寺・常保免・別府〔北条市〕	集落	自然流路	弥生後～末期	破片	—	—	—	—

愛媛

発見年	所蔵（保管）者	共伴遺物					文献	備考
		石製品・玉類	武具・武器・馬具	ほか金属器	土器類	その他		
不明	松山市考古館（個人旧蔵）	小玉約40	刀1	─	須恵器1	─	小笠原善治2002『伊豫の鏡』松山市教育委員会・松山市考古館	54g／愛媛県（伊予国）20・21
不明	所在不明	─	─	─	─	─	景浦勉編1987『松山市史料集』第二巻 考古2・古代～中世・近世・文化編, 松山市役所	愛媛県（伊予国）23
1934以前	松山市考古館（個人旧蔵）	─	刀1	─	須恵器片	─	小笠原善治2002『伊豫の鏡』松山市教育委員会・松山市考古館	29g／愛媛県（伊予国）15
1955	松山市立埋蔵文化財センター・松山市教育委員会（個人旧蔵）	─	─	─	─	─	遺跡発行会編1985『遺跡』第27号, 遺跡発行会	〈150g〉／愛媛県（伊予国）14
大正初年頃	松山市考古館（個人旧蔵）	─	─	─	─	─	小笠原善治2002『伊豫の鏡』松山市教育委員会・松山市考古館	〈67g〉／愛媛県（伊予国）11
不明	所在不明	管玉・小玉	─	─	須恵器	─	岡崎敬1981「四国における「古鏡」発見地名表」『史淵』第118輯, 九州大学文学部	愛媛県（伊予国）12
1972	松山市考古館	─	─	金環2・鉄鎚1	須恵器3	─	森光晴編1975『かいなご・松ヶ谷古墳』松山市文化財報告書第6集, 松山市教育委員会	〈18g〉／愛媛県（伊予国）13
1971	松山市立埋蔵文化財センター	管玉10・銀空玉5	剣1・鉄鏃30数本・鏡板1	斧1・刀子6	須恵器	釘36	長井数秋・森光晴・岸郁男・矢野完・西尾幸則1973『天山・桜谷遺跡発掘報告書』松山市文化財報告書Ⅱ, 松山市教育委員会	810g／愛媛県（伊予国）18
1978	松山市立埋蔵文化財センター・松山市教育委員会	棗玉2・切子玉1・丸玉3・小玉2	鉄鏃18	耳環4・鎌1・刀子9	須恵器	─	田辺昭三・西尾幸則・池田学編1981『東山・鳶が森古墳群調査報告書』松山市文化財調査報告書15, 松山市教育委員会	〈14g〉／縁部片／男性骨
1918	個人	滑石紡錘車・管玉・小玉	三累環頭頭柄頭	銅釧・鈴釧・金環・銀環	須恵器	─	愛媛県編1986『愛媛県史』資料編考古, 愛媛県	愛媛県（伊予国）17
不明	個人	─	─	─	弥生土器	─	景浦勉編1987『松山市史料集』第二巻 考古2・古代～中世・近世・文化編, 松山市役所	愛媛県（伊予国）16
1977	愛媛県教育委員会	─	─	─	─	─	小笠原善治2002『伊豫の鏡』松山市教育委員会・松山市考古館	─
1976		─	刀・剣	─	─	─	愛媛県編1986『愛媛県史』資料編考古, 愛媛県	─
1976	愛媛県教育委員会	─	─	刀子・環状鉄器・錐状鉄器	─	釘	白石太一郎・設楽博己編1994『弥生・古墳時代遺跡出土鏡データ集成』(『国立歴史民俗博物館研究報告』第56集), 国立歴史民俗博物館	─
1989	松山市考古館	ガラス小玉4	刀1・短剣or槍5・茎片1・銅鏃44・鉄鏃22	斧2・鉈1・刀子1	─	─	梅木謙一編1998『朝日谷2号墳』松山市文化財調査報告書第63集, 松山市教育委員会・財団法人松山市生涯学習振興財団埋蔵文化財センター	666g
								565g
不明	所在不明	─	─	─	─	─	岡崎敬1981「四国における「古鏡」発見地名表」『史淵』第118輯, 九州大学文学部	愛媛県（伊予国）19
1994	財団法人松山市生涯学習振興財団埋蔵文化財センター・松山市教育委員会	ガラス小玉6	鉄鏃1	三角形鉄片1	弥生土器	打製石鏃1	高尾和長編1996『東本遺跡4次調査・枝谷遺跡4次調査』松山市文化財調査報告書第54集, 財団法人松山市生涯学習振興財団埋蔵文化財センター	〈20g〉／破鏡（縁部・破面研磨）
1995	財団法人松山市生涯学習振興財団埋蔵文化財センター・松山市教育委員会	ガラス小玉2・土玉1	─	─	弥生土器	サヌカイト製石鏃1	高尾和長編1997『釜ノ口遺跡Ⅱ－6・7・8次調査』松山市文化財調査報告書第60集, 松山市教育委員会・財団法人松山市生涯学習振興財団埋蔵文化財センター	〈12g〉／破鏡（縁部・1孔）
2012	松山市考古館	瑪瑙勾玉・碧玉管玉・棗玉・水晶丸玉・ガラス小玉	刀・鉄鏃・轡・辻金具・鉸具・革金具	銀環・耳環・鍬(鋤)先・斧・鎌・鑿・刀子	須恵器（広口壺・短頸壺・脚付直口壺・器台・杯身・杯蓋・蓋・横瓶・提瓶）	─	公益財団法人松山市文化・スポーツ振興財団埋蔵文化財センター編2013『祝谷大地ヶ田遺跡3次調査・祝谷6号墳 現地説明会資料』公益財団法人松山市文化・スポーツ振興財団埋蔵文化財センター	44g
不明	所在不明	─	─	─	─	─	九州考古学会事務局・九州考古学会第5回夏期大会佐賀県実行委員会編2013『平成25年度九州考古学会大会 弥生時代後期青銅鏡を巡る諸問題』九州考古学会	破鏡（破面研磨）
2002	愛媛県教育委員会	─	─	─	須恵器	─	小笠原善治2002『伊豫の鏡』松山市教育委員会・松山市考古館	破鏡（鈕座）

番号	舶倭	鏡式	出土遺跡	出土地名	遺跡内容	時期	面径(cm)	銘文	諸氏分類	編者分類・時期	
90-4	舶	上方作系浮彫式獣帯鏡？	大相院遺跡6区溝SD001	松山市善応寺・常保免・別府〔北条市〕	集落	溝	中世	16.5	「・・・長宜・・・」	紋様表現不明（實盛09）／六像Ⅰ式（實盛15）	―	―
90-5	倭	乳文鏡	味生	松山市別府町味生	不明	不明	不明	9.3	―	―	〔乳脚文鏡〕	後期
90-6	舶	不明	古照遺跡（第1次調査）	松山市南江戸4丁目	集落	不明	弥生	13.4	―	―	―	―
90-7	倭	三神三獣鏡	三本木（伝）	松山市中野町三本木（伝）	古墳	円墳？（約10）	古墳	15.4	―	―	対置式神獣鏡A系	前(中)
79	倭	五鈴一神六獣鏡	温泉郡（伝）	松山市（伝）	不明	不明	不明	8.7	擬銘	獣形文鏡類（大川97）／獣形文系B類（岡田05）	〔旋回式獣像鏡〕	後期
79-1	舶	八弧内行花文鏡	松山市（観音山古墳）（伝）	松山市（伝）	不明	不明	不明	12.2	―	―	―	―
79-2	？	不明	熊野神社跡古墳（伝）	松山市（伝）	古墳	横穴式石室	古墳	不明	―	―	―	―
64	舶	不明	水満田遺跡E12区5層	伊予郡砥部町麻生	集落	遺物包含層	弥生末期～古墳前期	12.6～13.0	―	―	―	―
65	倭	捩文鏡	三角1号墳	伊予郡砥部町三角	古墳	円墳（15～20）・竪穴式石槨？	古墳中期？	8.0	―	Ⅱ型（小沢88）／B型式a類（水野97）	捩文鏡B系	前(中)
66	倭	四獣鏡	三角（原町）付近	伊予郡砥部町三角	不明	不明	不明	12.5	―	―	獣像鏡Ⅰ系？	前(中)
67	倭	方格四獣鏡	吹上の森1号墳	伊予市上野字宮ノ下	古墳	前方後円墳（40）・石室？	古墳前期	16.8	―	―	―	―
68	舶？	不明	兎渡護古墳	伊予市上野字兎渡護2853	古墳	円墳・横穴式石室	古墳後期	11.3	―	―	―	―
69	倭	一神四獣鏡？	春戸口古墳	伊予市上三谷字春戸口	古墳	円墳・竪穴式石槨	古墳後期	13.5	―	―	〔旋回式神獣鏡？〕	後期
70	舶	三角縁天王日月・獣文帯四神四獣鏡	広田神社上古墳（嶺昌寺古墳）	伊予市上三谷字客池	古墳	不明	古墳前期	23.0	「天王日月」	目録番号81・同笵鏡番号44・配置G'・表現③	―	―
71	舶	三角縁天王日月・獣文帯四神四獣鏡					破片	欠失（「天王日月」）	目録番号81・同笵鏡番号44・配置G'・表現③	―	―
72	倭	四神四獣鏡	塩塚古墳	伊予市上三谷字塩塚	古墳	方墳（29）・横穴式石室	古墳後期	10.0	―	交互式神獣鏡系（森下91）	〔後期型神獣鏡〕	後期
72-1	倭	神獣鏡	猿ヶ谷2号墳〔前方部第3主体部〕	伊予市上三谷猿ヶ谷乙11	古墳	前方後円墳（39）・箱形石棺	古墳中期	13.5	―	―	―	―
73	？	不明	尊霊社古墳	伊予市下三谷字西原	古墳	箱形石棺	古墳	12.5	―	―	―	―
74	？	不明	日の神古墳	伊予市大平字曽根	古墳	円墳	古墳	不明	―	―	―	―
75	舶	方格規矩鳳文鏡	安養寺裏山古墳	西予市宇和町岩木〔東宇和郡宇和町〕	古墳	石室？	古墳	16.3	―	―	―	―
76	倭	六弧内行花文鏡	長作森古墳	西予市宇和町清沢〔東宇和郡宇和町〕	古墳	箱形石棺？	古墳前期～	8.5	―	B類1式（清水94）	内行花文鏡B式	前(中)
77	倭	珠文鏡	粟尻1号墳	西予市宇和町東山田〔東宇和郡宇和町〕	古墳	円墳（16）・横穴式石室	古墳後期	6.4	―	獣帯鏡類B型（小林82・10）／3類（今井91）／Ⅲ類（中山他94）	〔珠文鏡〕	―
78	倭	捩文鏡	大塚穴古墳群（坂戸古墳群）	西予市宇和町坂戸〔東宇和郡宇和町〕	古墳	円墳・横穴式石室	古墳後期	6.2	―	Ⅳ型（小沢88）	捩文鏡E系	前(新)
87	？	不明	坂戸古墳群	西予市宇和町坂戸〔東宇和郡宇和町〕	墳墓	不明	古墳	完形	―	―	―	―
87-1	舶	連弧文銘帯鏡	坪栗遺跡SD04	西予市宇和町山田〔東宇和郡宇和町〕	集落	溝状遺構	弥生後期	9.0	「・・・光而日而月而□・・・」	―	―	―

発見年	所蔵(保管)者	共伴遺物					文献	備考
		石製品・玉類	武具・武器・馬具	ほか金属器	土器類	その他		
2002	愛媛県教育委員会	―	―	―	―	―	小笠原善治編 2002『伊豫の鏡』松山市教育委員会・松山市考古館	破鏡(縁部)
不明	所在不明	―	―	―	―	―	愛媛県編 1986『愛媛県史』資料編考古, 愛媛県	―
不明	松山市教育委員会	―	―	―	―	―	小笠原善治編 2002『伊豫の鏡』松山市教育委員会・松山市考古館	〈8g〉/縁部
不明	愛媛県埋蔵文化財調査センター	―	―	―	―	―	岡田敏彦 2012「三本木集落南丘陵出土の鏡について」『愛比売』平成23(2011)年度年報, 公益財団法人愛媛県埋蔵文化センター	277g
不明	耕三寺博物館	―	―	―	―	―	小笠原善治編 2002『伊豫の鏡』松山市教育委員会・松山市考古館	―
不明	松山市教育委員会	―	―	―	―	―	小笠原善治編 2002『伊豫の鏡』松山市教育委員会・松山市考古館	
不明	所在不明	―	―	―	―	―		「大型の青銅鏡」
1990	砥部町教育委員会	―	―	―	弥生土器・古式土師器	―	小笠原善治編 2002『伊豫の鏡』松山市教育委員会・松山市考古館	破鏡(縁部・破面研磨)
不明	愛媛県教育委員会	―	―	鉄器	土器	―	小笠原善治編 2002『伊豫の鏡』松山市教育委員会・松山市考古館	―
不明	個人旧蔵	―	―	―	―	―	愛媛県編 1986『愛媛県史』資料編考古, 愛媛県	愛媛県(伊予国)9
不明	所在不明	紡錘車形石製品3	筒形銅器2・刀・剣	―	―	―	相田則美 1984「愛媛県伊予市吹上の森1号墳の出土遺物」『社会科』学研究』第8号,「社会科」学研究会	やや疑問品
不明	個人	勾玉1・管玉24・棗玉1・切子玉2・丸玉6・小玉59	刀	金環2・銀環13	須恵器	―	愛媛県編 1986『愛媛県史』資料編考古, 愛媛県	愛媛県(伊予国)4
1950頃	所在不明(個人旧蔵)	玉類	剣	刀子	須恵器	―	愛媛県編 1986『愛媛県史』資料編考古, 愛媛県	愛媛県(伊予国)7
1969	愛媛県歴史文化博物館・愛媛県教育委員会						遺跡発行会 1985「愛媛県出土古鏡図録」『遺跡』第27号, 遺跡発行会	愛媛県(伊予国)6 ―
1986	愛媛県教育委員会・愛媛県歴史文化博物館	ガラス丸玉18	圭頭大刀1	銀製帯?1・耳環4	土師器・須恵器	―	小笠原善治編 2002『伊豫の鏡』松山市教育委員会・松山市考古館	〈128g〉
1993	所在不明	―	刀	―	―	―	伊予市誌編さん会編 2005『伊予市誌 増補改定版』伊予市	―
嘉永	所在不明(容器のみ残存)	―	―	―	―	―	岡崎敬 1981「四国における「古鏡」発見地名表」『史淵』第118輯, 九州大学文学部	愛媛県(伊予国)5
不明	所在不明						白石太一郎・設楽博己編 1994『弥生・古墳時代遺跡出土鏡データ集成』(『国立歴史民俗博物館研究報告』第56集), 国立歴史民俗博物館	愛媛県(伊予国)8
1918	宇和歴史民俗資料館・西予市教育委員会	―	刀1	―	―	―	名本二六雄 1987「宇和町安養寺裏山古墳出土の方格八鳳鏡」『遺跡』第30号, 遺跡発行会	愛媛県(伊予国)1/「六朝代、それも銅鏡衰退期の舶載鏡として改めて評価し直すべき」
不明	宇和歴史民俗資料館・西予市教育委員会(個人旧蔵)	―	―	―	―	―	名本二六雄 2002「宇和・長作森古墳の小型倣製内行花文鏡の意義」下條信行・新東晃一・出原恵三編『犬飼徹夫先生古稀記念論集 四国とその周辺の考古学』犬飼徹夫先生古稀記念論文集刊行会	愛媛県(伊予国)2
1907	所在不明(個人旧蔵)	ガラス勾玉1・管玉・小玉	刀	金環1・銀環4	―	―	遺跡発行会 1985『遺跡』第27号, 遺跡発行会	漢式鏡751/愛媛県(伊予国)3
不明	所在不明	勾玉1	甲冑・刀・轡?	金環5・銀環3・鈴?1	土師器・須恵器	―	小笠原善治編 2002『伊豫の鏡』松山市教育委員会・松山市考古館	―
不明	所在不明	―	―	―	―	―	宇和町教育委員会編 1973『宇和の古墳』宇和町教育委員会	
2007	西予市教育委員会	―	―	―	弥生土器	木器	高木邦宏 2009『坪栗遺跡』西予埋蔵文化財調査報告書第1集, 愛媛県西予市教育委員会	―

番号	舶倭	鏡　式	出土遺跡	出土地名	遺跡内容	時　期	面径(cm)	銘　文	諸氏分類	編者分類・時期	
87-2	倭	神頭鏡	愛媛県？（伝）	愛媛県？（伝）	不明	不明	不明	—	—	神頭鏡系	前(中)
87-3	倭	五獣鏡					9.1	—	—	〔旋回式獣像鏡〕	後期
87-4	倭	珠文鏡					6.9	—	—	〔珠文鏡〕	前期
87-5	倭	珠文鏡					7.1	—	—	〔珠文鏡〕	前期
87-6	倭	捩文鏡					6.6	—	—	捩文鏡C系（D系？）	前(中)

高知

番号	舶倭	鏡　式	出土遺跡	出土地名	遺跡内容	時　期	面径(cm)	銘　文	諸氏分類	編者分類・時期	
1	？	不明	徳善天王古墳	香南市香我美町徳王子1365-2他〔香美郡香我美町〕	古墳	円墳	古墳中期	不明	—	—	—	—
1-1	舶	不明	北地遺跡竪穴住居跡ST1	香南市野市町下井551-1他	集落	竪穴住居	弥生後期	10.2	—	—	—	—
2	舶	獣首鏡	曽我山古墳	宿毛市平田町戸内字曽我山	古墳	前方後円墳(60)・礫槨	古墳中期	約15	—	—	—	—
3	倭	捩文鏡					10.4	—	捩文鏡（類）A型（小林82・10）／AI型（小林83）／獣毛紋鏡系（森下02）	捩文鏡A系	前(古)
4	舶	連弧文銘帯鏡	高岡山2号墳	宿毛市平田町戸内字高岡山	古墳	円墳(18)・礫槨	古墳前期	9.4	「・・・日而月・・・」	—	—	—
5	舶	方格規矩四神鏡	田村遺跡群Loc45 ST1	南国市田村田中	集落	竪穴住居	弥生後期	16.4	「・・・竟真大・・・」	—	—	—
6	舶	方格規矩四神鏡	田村遺跡群Loc34B SP1		集落	自然流路（水溜状遺構）	弥生後期	15.3	—	—	—	—
8	舶	内行花文鏡？	田村遺跡群E1竪穴住居ST102		集落	竪穴住居	弥生後期	8.4	—	—	—	—
7	舶	内行花文鏡？	西分増井遺跡群ST5	高知市春野町西分増井〔吾川郡春野町〕	集落	竪穴住居	古墳前期	破片	—	—	—	—
7-1	倭	弥生倭製鏡	西分増井遺跡ⅠA区包含層		集落	包含層	弥生末期〜古墳初頭	7.8	—	内行花文日光鏡系仿製鏡B'-5a類（松本08）／内行花文系小形仿製鏡第3型a類（田尻10・12）	〔弥生倭製鏡〕	弥生
7-2	舶	内行花文鏡？	西分増井遺跡ⅠA区包含層（内行花文鏡？）		集落	包含層	弥生後期	破片	—	—	—	—
7-3	舶	不明	西分増井遺跡ⅠA区土器集中3		集落	土器集中区	弥生後期	破片	—	—	—	—
7-4	舶	内行花文鏡？	馬場末遺跡ⅡB区SD1検出面	吾川郡春野町西分字馬場末〔吾川郡春野町〕	集落	溝	古代	破片	—	—	—	—
9	舶	内行花文鏡	介良遺跡SD1	高知市介良字乙	集落	溝	弥生後期	破片	「・・・□・・・」	—	—	—
9-1	舶	虁龍文鏡	土佐（伝）	高知県（伝）	不明	不明	不明	完形	—	—	—	—
9-2	舶	家常貴富鏡	土佐（伝）	高知県（伝）	不明	不明	不明	完形	「家常貴富」	—	—	—

福岡

番号	舶倭	鏡　式	出土遺跡	出土地名	遺跡内容	時　期	面径(cm)	銘　文	諸氏分類	編者分類・時期	
1	舶	神人車馬画象鏡	津和崎権現古墳	糸島市志摩津和崎字権現〔糸島郡志摩町〕	古墳	前方後円墳(33)・箱形石棺	古墳	16.0	—	画像鏡類（小林82・10）	—	—
2	倭	二神二獣鏡（四神二獣鏡）	四反田2号墳	糸島市志摩津和崎字権現〔糸島郡志摩町〕	古墳	円墳(10)・小型竪穴式石槨	古墳中期	12.8	—	二神二獣鏡（樋口79）／二神二獣鏡系（小林82・10）／斜縁神獣鏡B系（森下02）	二神二獣鏡Ⅲ系	前(新)
3	舶	八弧内行花文鏡	井田原開古墳（開1号墳）	糸島市志摩井田原152番地他〔糸島郡志摩町〕	古墳	前方後円墳(90)・不明	古墳中期	13.7	—	—	—	—

愛媛・高知・福岡

発見年	所蔵（保管）者	共伴遺物					文献	備考
		石製品・玉類	武具・武器・馬具	ほか金属器	土器類	その他		
不明	坂本不言堂〈M82〉	―	―	―	―	―	樋口隆康・林巳奈夫監修2002『不言堂 坂本五郎 中国青銅器清賞』日本経済新聞社	内区と内区外周のみ
	坂本不言堂〈M88〉							―
	坂本不言堂〈M91〉	―	―	―	―	―		放射状区画（八区画）
	坂本不言堂〈M92〉							―
	坂本不言堂〈M216〉							48g
江戸末期	所在不明	勾玉・管玉	―	―	―	―	岡本健児1966『高知県の考古学』郷土考古学叢書2, 吉川弘文館	高知県（土佐国）1／開墾中に発見（破砕）
2003	香南市文化財センター	―	―	―	弥生土器	石剣・石包丁・敲石	松村信博編2011『北地遺跡』高知県香南市発掘調査報告書第5集, 高知県香南市教育委員会	破鏡（破面塗彩）
1948	宿毛市立中央公民館	―	剣1・矛1	―	土師器（高杯）	―	岡本健児1966『高知県の考古学』郷土考古学叢書2, 吉川弘文館	高知県（土佐国）2-1
								高知県（土佐国）2-2
1984	宿毛市立中央公民館	石釧1・勾玉5・管玉14・小玉26	―	―	土師器	敲石	山本哲也編1985『高岡山古墳群発掘調査報告書』高知県教育委員会	主体部床面から散在した状態で出土
1982	高知県立歴史民俗資料館	―	―	―	土師器（壺・甕）	―	出原恵三編1986『田村遺跡群』高知県教育委員会	破鏡（破面研磨）
1982		―	―	―	土師器（壺・甕）	―		「破砕鏡であるが（中略）全く調整を加えていないものである」
1997	財団法人高知県文化財団埋蔵文化財センター	―	―	―	弥生土器	―	財団法人高知県文化財団埋蔵文化財センター編2004『田村遺跡群』II, 高知県埋蔵文化財センター発掘調査報告書第85集, 財団法人高知県文化財団埋蔵文化財センター	破片
1989		―	―	―	土師器（壺・甕・鉢・高杯）	―	出原恵三編1990『西分増井遺跡群発掘調査報告書』春野町教育委員会	破鏡（花文・破面研磨）
2001	高知県教育委員会	―	―	―	―	―	出原恵三編2004『西分増井遺跡II』高知県埋蔵文化財センター発掘調査報告書第83集, 財団法人高知県文化財団 埋蔵文化センター	―
2002		―	―	―	―	―		破鏡（1孔）
2002		―	―	―	―	―		縁部
2002	高知県埋蔵文化財センター	―	―	―	―	―	出原恵三編2004『馬場末遺跡』高知県埋蔵文化財センター発掘調査報告書第84集, 財団法人高知県文化財団埋蔵文化財センター	破鏡（破面研磨・1孔）
1996	財団法人高知県文化財団埋蔵文化財センター	―	―	―	弥生土器	―	坂本憲昭・田坂京子編1997『介良遺跡』高知県埋蔵文化財センター発掘調査報告書第30集, 財団法人高知県文化財団埋蔵文化財センター	銘と鈕座の一部
不明	所在不明	―	―	―	―	―	―	後世の踏返しの可能性
不明		―	―	―	―	―		―
1947	個人	―	刀剣・鉄鏃	―	―	―	前原町教育委員会編1992『伊都―古代の糸島―』前原市立伊都歴史資料館	福岡県（筑前国）1-1
1947?	個人	―	―	―	―	―	車崎正彦編2002『考古資料大観』第5巻 弥生・古墳時代 鏡, 小学館	福岡県（筑前国）1-2
1967・2010-11	福岡市博物館（個人旧蔵）・糸島市教育委員会	―	―	―	―	―	河合修編2012『井田原開古墳』糸島市文化財調査報告書第9集, 糸島市教育委員会	福岡県（筑前国）2

番号	舶倭	鏡式	出土遺跡	出土地名	遺跡内容	時期	面径(cm)	銘文	諸氏分類	編者分類・時期
4	踏	単圈昭明鏡	船越	糸島市志摩久家字船越〔糸島郡志摩町〕	不明	不明	7.8	「内而□而以而昭而明而光而日而月而」	—	—
4-1	舶	内行花文鏡？	御床松原遺跡	糸島市志摩御床字松原〔糸島郡志摩町〕	集落	住居（+遺物包含層）	古墳前期	16.4	—	—	—
4-2	舶	不明			集落	遺物包含層	古墳前期	破片	—	—	—
5	舶	流雲文縁方格規矩四神鏡	一貴山銚子塚古墳	糸島市二丈田中字大塚〔糸島郡二丈町〕	古墳	前方後円墳(103)・竪穴式石槨（組合式木棺）	古墳前期	21.2	「子丑寅卯辰巳午未申酉戌亥」	流雲文縁四神鏡Ⅱ式（樋口79）	—
6	舶	長宜子孫八弧内行花文鏡					21.7	「長宜子孫」	Aaア式（樋口79）	—
7	舶	「仿製」三角縁獣文帯三神三獣鏡〈N3号鏡〉					22.0	—	目録番号208・同笵鏡番号107・配置K2	—
8	舶	「仿製」三角縁獣文帯三神三獣鏡〈N4号鏡〉					22.0	—	目録番号208・同笵鏡番号107・配置K2	—
9	舶	「仿製」三角縁獣文帯三神三獣鏡〈S2号鏡〉					22.0	—	目録番号209・同笵鏡番号108・配置K2	—
10	舶	「仿製」三角縁獣文帯三神三獣鏡〈S3号鏡〉					22.0	—	目録番号209・同笵鏡番号108・配置K2	—
11	舶	「仿製」三角縁獣文帯三神三獣鏡〈N1号鏡〉					22.2	—	目録番号210・同笵鏡番号109・配置K2	—
12	舶	「仿製」三角縁獣文帯三神三獣鏡〈S1号鏡〉					22.3	—	目録番号212・配置K2	—
13	舶	「仿製」三角縁吾作三神三獣鏡〈N2号鏡〉					21.2	「吾作明竟甚獨　保子宜孫冨無訾　奇」	目録番号233・同笵鏡番号116・配置K1／三角縁神獣鏡類B型（小林82・10）	—
14	舶	「仿製」三角縁吾作三神三獣鏡〈S4号鏡〉					21.2	「吾作明竟甚獨　保子宜孫冨無訾　奇」	目録番号233・同笵鏡番号116・配置K1／三角縁神獣鏡類B型（小林82・10）	—
15	舶	夔鳳鏡	長須隈古墳（長浦出土）	糸島市二丈鹿家字長須隈〔糸島郡二丈町〕	古墳	円墳(21)・舟形石棺直葬	古墳中期	約17	「長□□□」	内行花文縁糸巻形四葉文A式（樋口79）／ⅢA1a式（岡内96）／2A式（秋山98）	—
16	倭	七弧内行花文鏡	森園箱形石棺（満吉3号遺跡）	糸島市二丈満吉字森園〔糸島郡二丈町〕	墳墓	箱形石棺	古墳	10.2	—	七弧（樋口79）	内行花文鏡B式（+捩文鏡C系）	前（中）
598	舶	内行花文鏡？	吉井水付遺跡第五地点遺物包含層	糸島市二丈吉井字水付3940-1他〔糸島郡二丈町〕				破片(10.0)	—	—	—
599	？	不明			集落	遺物包含層	弥生後期	破片	—	—	—
600	倭	不明						破片	—	—	—
600-1	舶	「仿製」三角縁獣文帯三神二獣鏡	二丈町付近（伝）	糸島市付近（伝）〔糸島郡二丈町〕	不明	不明	不明	20.4	—	目録番号246・配置K1変	—
17	倭	四獣鏡	糸島郡妙原村	糸島市〔糸島郡前原町〕	不明	不明	不明	11.5	—	獣形文鏡類四獣鏡C-1型（小林82・10）	鳥頭獣像鏡B系 前（新）
18	舶	三角縁吾作二神六獣鏡	大日古墳（大日山古墳）	糸島市泊一区〔糸島郡前原町〕	古墳	円墳・箱形石棺？	古墳	22.0	「吾作明竟 練取好同文章皆□師甚工　上有東王父王西母　師子辟邪甚口巨　□□□□□呆子　更人得之位至三公　甚樂兮」	目録番号31・同笵鏡番号＊・配置特殊・表現①	—
19	舶	三角縁吾作二神六獣鏡					22.0	「吾作明竟 練取好同文章皆□師甚工　上有東王父王西母　師子辟邪甚口巨　□□□□□呆子　更人得之位至三公　甚樂兮」	目録番号31・同笵鏡番号＊・配置特殊・表現①	—
19-1	舶	獣文縁半肉彫獣帯鏡	泊一区（伝）	糸島市泊一区（伝）〔糸島郡前原町〕	墳墓	箱形石棺	古墳	17.7	—	—	—
20	倭	五乳文鏡	大門古墳（陣之内古墳）	糸島市大門字辻〔糸島郡前原町〕	古墳	円墳	古墳後期	9.2	—	獣帯鏡類D型（小林82・10）	〔乳脚文鏡〕 後期

344

福岡

発見年	所蔵（保管）者	共伴遺物 石製品・玉類	共伴遺物 武具・武器・馬具	共伴遺物 ほか金属器	共伴遺物 土器類	共伴遺物 その他	文献	備考
江戸以前	所在不明（法正寺旧蔵）	―	―	―	―	―	後藤直 1983「青柳種信の考古資料（二）」『福岡市立歴史資料館研究報告』第7集, 福岡市立歴史資料館	福岡県（筑前国）3
1982	糸島市教育委員会	―	―	―	土師器片	石鎚・砥石	井上裕弘編 1983『御床松原遺跡』志摩町文化財調査報告書第2集, 志摩町教育委員会	破鏡（縁部・破面研磨）
1982	糸島市教育委員会	―	―	―	―	―		破鏡（破面研磨）
1950	京都大学総合博物館〈5272〉	硬玉管玉2・碧玉管玉33	素環頭大刀3・刀3・短刀1・剣6・剣形槍身14・鉄鏃14	―	土師器	―	小林行雄 1952『福岡県糸島郡一貴山村田中銚子塚古墳の研究』日本考古学協会古墳調査特別委員会	福岡県（筑前国）4-1／鍍金
1950	京都大学総合博物館〈5273〉							福岡県（筑前国）4-2
1950	京都大学総合博物館〈5278〉							932g／福岡県（筑前国）4-7
1950	京都大学総合博物館〈5279〉							980g／福岡県（筑前国）4-8
1950	京都大学総合博物館〈5280〉							1056g／福岡県（筑前国）4-9
1950	京都大学総合博物館〈5281〉							961g／福岡県（筑前国）4-10
1950	京都大学総合博物館〈5276〉							1007g／福岡県（筑前国）4-5
1950	京都大学総合博物館〈5277〉							福岡県（筑前国）4-6
1950	京都大学総合博物館〈5274〉							福岡県（筑前国）4-3
1950	京都大学総合博物館〈5275〉							1001g／福岡県（筑前国）4-4
不明	唐津市役所？（所在不明？）	―	―	―	―	―	埋蔵文化財研究会編 1994『倭人と鏡―日本出土中国鏡の諸問題―』第2分冊 九州、四国、中国Ⅱ, 第36回埋蔵文化財研究集会, 埋蔵文化財研究会	福岡県（筑前国）5／破片
不明	福岡県立糸島高校	―	―	―	―	―	江野道和編 2006『大鏡が映した世界 平原遺跡出土品国宝指定記念特別展』伊都国歴史博物館図録3, 伊都国歴史博物館	福岡県（筑前国）6／内区に捩文鏡（C系）の簡略化した主像を配す
1995	糸島市教育委員会	―	―	―	―	―	西谷正編 2012『伊都国の研究』学生社	破鏡（破面研磨）／縁部片
1994	糸島市教育委員会	―	―	―	―	―		―
								縁部片／弥生倭製鏡の可能性
不明	名古屋市立博物館	―	―	―	―	―	岩本崇 2001「伝福岡県二丈町付近出土の仿製三角縁神獣鏡」『古代文化』第53巻第6号, 財団法人古代学協会	528g
不明	京都国立博物館〈E甲17-6〉（廣瀬都巽旧蔵）	―	―	―	―	―	後藤守一 1926『漢式鏡』日本考古学大系, 雄山閣	121g／漢式鏡788／福岡県（筑前国）7
1909	所在不明（桂木寺旧蔵）	勾玉1・管玉15	素環頭大刀2	―	―	―	後藤守一 1926『漢式鏡』日本考古学大系, 雄山閣	漢式鏡770／福岡県（筑前国）8-1？
								漢式鏡771／福岡県（筑前国）8-2？
不明	福岡県立糸島高校	―	―	―	―	―	岡部裕俊 2007「泊一区出土の獣帯鏡」『伊都国歴史博物館紀要』第2号, 伊都国歴史博物館	
1913	東京国立博物館（J7290）	―	刀剣片	金製垂飾付耳飾・金環・小玉・鉄片	須恵器	―	後藤守一 1926『漢式鏡』日本考古学大系, 雄山閣	〈50g〉／漢式鏡769／福岡県（筑前国）9

番号	舶倭	鏡式	出土遺跡	出土地名	遺跡内容	時期	面径(cm)	銘文	諸氏分類	編者分類・時期
21	舶	重圏彩画鏡〈1号鏡〉					27.3	―	―	―
22	舶	四乳羽状獣文地雷文鏡〈2号鏡〉					19.3	―	―	―
23	舶	連弧文清白鏡〈3号鏡〉					16.4	「絜清白而事君 惌㳙之合明 㶋玄而流澤 恐疎而日忘 美之外承可兌 永思而母絶」	―	―
24	舶	連弧文清白鏡〈4号鏡〉					18.2	「清白‥‥流澤‥‥不」	―	―
25	舶	連弧文清白鏡〈5号鏡〉					16.4	「清白而事君 惌㳙之合明 □玄錫而澤‥‥」	―	―
26	舶	連弧文清白鏡〈6号鏡〉					18.0	「‥‥玄錫而流澤‥‥」	―	―
27	舶	連弧文清白鏡〈7号鏡〉					18.8	「‥‥明‥‥流而澤 恐而疎而‥‥」	―	―
28	舶	連弧文銘帯鏡〈8号鏡〉					破片	―	―	―
29	舶	連弧文銘帯鏡〈9号鏡〉					16.4		―	―
30	舶	連弧文銘帯鏡〈10号鏡〉					16.4	「‥‥白‥‥」	―	―
31	舶	連弧文銘帯鏡〈11号鏡〉					16.4	「‥‥而玄錫而‥‥」	―	―
32	舶	連弧文銘帯鏡〈12号鏡〉					破片	「‥‥白而事君 惌而‥‥」	―	―
33	舶	連弧文銘帯鏡〈13号鏡〉					約17	「‥‥錫而流澤‥‥」	―	―
34	舶	連弧文銘帯鏡〈14号鏡〉					約18	「‥‥而‥‥」	―	―
35	舶	連弧文清白鏡〈15号鏡〉					16.7	「絜清白而事君 惌㳙之弇明 㶋玄錫而流澤 恐疎而日忘 美之 外承可兌 而母絶□」	―	―
36	舶	連弧文銘帯鏡〈16号鏡〉					破片	―	―	―
37	舶	連弧文銘帯鏡〈17号鏡〉	三雲遺跡南小路地区(三雲南小路遺跡)1号甕棺墓	糸島市三雲字南小路〔糸島郡前原町〕	墳墓	甕棺	弥生中期	破片	―	―	―
38	舶	連弧文銘帯鏡〈18号鏡〉					破片	―	―	―
39	舶	重圏精白鏡〈19号鏡〉					18.2	「絜精□事君 惌驩之合明 㶋玄錫之澤 忘疎曰忘 懐美之窮 禮承驩之説 思夑靈之京 願思而母絶」(外銘)/「内精質昭明 光輝象夫日月 心忽揚而願忠 壅塞而不泄」(内銘)	―	―
40	舶	重圏清白鏡〈20号鏡〉					16.0	「絜而清白而事君 惌而㳙‥‥□而永思□□母而絶□」(外銘)/「内清而以昭而明 光‥‥然壅塞而不泄」(内銘)	―	―
41	舶	重圏銘帯鏡〈21号鏡〉					16.0	「‥‥忽揚而忠 然雍塞‥‥」	―	―
42	舶	重圏?銘帯鏡〈22号鏡〉					16.0	「‥‥而疏遠‥‥」	―	―
43	舶	重圏?銘帯鏡〈23号鏡〉					16.3	「‥‥而流‥‥」	―	―
44	舶	異体字銘帯鏡〈24号鏡〉					破片	「‥‥惌㳙之‥‥之‥‥」	―	―
45	舶	異体字銘帯鏡?〈25号鏡〉					約16	―	―	―
46	舶	異体字銘帯鏡?〈26号鏡〉					約16	―	―	―
47	舶	異体字銘帯鏡?〈27号鏡〉					約16	―	―	―
48	舶	異体字銘帯鏡?〈28号鏡〉					破片	―	―	―
49	舶	異体字銘帯鏡?〈29号鏡〉					約15	―	―	―
50	舶	異体字銘帯鏡?〈30号鏡〉					約16	―	―	―
51	舶	異体字銘帯鏡?〈31号鏡〉					破片	―	―	―
52	舶	異体字銘帯鏡?〈32号鏡〉					破片	―	―	―
53	舶	異体字銘帯鏡?〈33号鏡〉					破片	―	―	―
54	舶	異体字銘帯鏡?〈34号鏡〉					破片	―	―	―

福岡

発見年	所蔵（保管）者	共伴遺物					文献	備考
		石製品・玉類	武具・武器・馬具	ほか金属器	土器類	その他		
1822・1975	福岡県教育委員会							漢式鏡778／福岡県（筑前国）10-1
	京都国立博物館・福岡県教育委員会							漢式鏡779／福岡県（筑前国）10-2
								漢式鏡782／福岡県（筑前国）10-3／同型：泉屋博古館蔵鏡
								―
								―
								同型：立岩遺跡35号甕棺（福岡385）
								―
								―
	福岡県教育委員会							―
								―
1975								―
								―
								―
	所在不明							福岡県（筑前国）10-5？
								―
		ガラス璧8～・ガラス勾玉3・ガラス管玉60～	有柄中細銅剣1・細形銅矛1・中細銅矛1・中細銅戈1	金銅四葉飾金具8		朱入小壺	―	柳田康雄編1985『三雲遺蹟 南小路地区編』福岡県文化財調査報告書第69集，福岡県教育委員会	―
1822・1975								漢式鏡780
								漢式鏡781？
								―
								―
	福岡県教育委員会							―
								銘帯のみ2片出土
								縁部片
								縁部片
								縁部片
1975								縁部片／27号鏡と同一個体の可能性
								縁部片
								縁部片
								縁部片
								縁部片
								鈕片
								鈕片

番号	舶倭	鏡式	出土遺跡	出土地名	遺跡内容	時期	面径(cm)	銘文	諸氏分類	編者分類・時期
55	舶	星雲文鏡〈1号鏡〉					7.4	—	—	— —
56	舶	連弧文昭明鏡〈2号鏡〉					8.3	「内而清而以而昭而明光而···」	—	— —
57	舶	連弧文昭明鏡〈3号鏡〉					8.3	「···而···清···」	—	— —
58	舶	連弧文昭明鏡〈4号鏡〉					8.0	「···昭而明光而···」	—	— —
59	舶	連弧文昭明鏡〈5号鏡〉					6.2	「···内而···夫···」	—	— —
60	舶	重圏昭明鏡〈6号鏡〉					11.4	「···月···」	—	— —
61	舶	単圏銘帯鏡?〈7号鏡〉					7.6	—	—	— —
62	舶	連弧文日光鏡〈8号鏡〉					6.4	「見日之光 天下大明」	—	— —
63	舶	連弧文日光鏡〈9号鏡〉					6.5	「□□之光 天下大明」	—	— —
64	舶	連弧文日光鏡〈10号鏡〉	三雲遺跡 南小路地区(三雲南小路遺跡)2号甕棺墓	糸島市三雲字南小路〔糸島郡前原町〕	墳墓	甕棺	弥生中期	7.2	「□日之光 天下□□」	—	— —
65	舶	連弧文日光鏡〈11号鏡〉					7.4	「□□□□ □下大□」	—	— —
66	舶	連弧文日光鏡〈12号鏡〉					6.5	「□□□□ □下大□」	—	— —
67	舶	連弧文日光鏡〈13号鏡〉					6.5	「見日之□ □□□□」	—	— —
68	舶	連弧文日光鏡〈14号鏡〉					6.4	「□□□□ □下□□」	—	— —
69	舶	連弧文?日光鏡〈15号鏡〉					6.5	「見□之光 □□□□」	—	— —
70	舶	連弧文?日光鏡〈16号鏡〉					6.5	「見□□□ □□□□」	—	— —
71	舶	連弧文日光鏡?〈17号鏡〉					7.5	—	—	— —
72	舶	異体字銘帯鏡〈18号鏡〉					8.2	—	—	— —
73	舶	異体字銘帯鏡〈19号鏡〉					6.0	—	—	— —
74	舶	異体字銘帯鏡〈20号鏡〉					6.5	—	—	— —
75	舶	異体字銘帯鏡?〈21号鏡〉					7.0	—	—	— —
76	舶	異体字銘帯鏡?〈22号鏡〉					7.0	—	—	— —
77	舶	方格規矩鏡	三雲遺跡 加賀石地区 S108-E56第3層	糸島市三雲字加賀石〔糸島郡前原町〕	集落?	遺物包含層	弥生後期~	破片	—	—	— —
78	舶?	不明	三雲遺跡 番上地区 Ⅰ-2・3区溝2	糸島市三雲字番上〔糸島郡前原町〕	集落	溝(住居に伴うものか)	平安末~鎌倉	約12	—	—	— —
79	舶	方格規矩鏡	三雲遺跡 深町-15地区	糸島市三雲字深町〔糸島郡前原町〕	不明	遺物包含層(二次堆積層)	弥生~古墳	破片	—	—	— —
80	倭	弥生倭製鏡(六弧内行花文鏡)	三雲遺跡 端山古墳周溝内	糸島市三雲字塚廻り〔糸島郡前原町〕	古墳	周壕内	古墳前期	8.1	—	内行花文日光鏡系仿製鏡第Ⅱ型b類(高倉85・90)/内行花文系小形仿製鏡第3型a類(田尻10・12)	〔弥生倭製鏡〕 弥生
81	倭	弥生倭製鏡(九弧内行花文)	三雲遺跡 八反田地区 Ⅰ-1大溝	糸島市三雲字八反田〔糸島郡前原町〕	集落	溝	鎌倉(13世紀頃)	7.6	—	内行花文日光鏡系仿製鏡第Ⅰ型b類(高倉85・90)/内行花文系小形仿製鏡第2型a類(田尻10・12)	〔弥生倭製鏡〕 弥生
82	舶	内行花文鏡	三雲遺跡 イフ地区 4号石棺墓	糸島市三雲字イフ〔糸島郡前原町〕	墳墓	箱形石棺	弥生末期	破片	—	—	— —
83	舶	蝙蝠座鈕八弧内行花文鏡	三雲遺跡 寺口地区 2号石棺墓	糸島市三雲字寺口〔糸島郡前原町〕	墳墓	箱形石棺	弥生末期	13.8	「長□子孫」	—	— —
84	舶	不明	三雲遺跡 上覚地区	糸島市井原字上覚〔糸島郡前原町〕	不明	遺物包含層	弥生後期~古墳前期	9.5	—	—	— —
84-1	倭	弥生倭製鏡	三雲・井原遺跡	糸島市井原〔糸島郡前原町〕	集落	水路	古墳前期	約5	—	—	〔弥生倭製鏡〕 弥生

福岡

発見年	所蔵（保管）者	共伴遺物					文献	備考
		石製品・玉類	武具・武器・馬具	ほか金属器	土器類	その他		
								福岡県（筑前国）11-15／22面の他に個体識別不可能な細片40以上
								福岡県（筑前国）11-1~14,11-16-19（以下同）
								―
								―
								33g
								―
								―
1975	福岡県教育委員会	硬玉勾玉1・ガラス勾玉12・ガラス垂飾1	―	―	―	―	柳田康雄編1985『三雲遺蹟 南小路地区編』福岡県文化財調査報告書第69集, 福岡県教育委員会	―
								―
								―
								―
								―
								―
								―
1976		―	―	―	弥生土器	―	柳田康雄編1980『三雲遺蹟』Ⅰ, 福岡県文化財調査報告書第58集, 福岡県教育委員会	内区片
1977		―	―	―	―	―		縁部片
1978	福岡県教育委員会	滑石勾玉	―	―	弥生土器	紡錘車・石包丁・砥石	柳田康雄・小池史哲編1981『三雲遺蹟』Ⅱ, 福岡県文化財調査報告書第60集, 福岡県教育委員会	鈕のみ
1974		―	―	―	土師器	―	柳田康雄・小池史哲編1982『三雲遺蹟』Ⅲ, 福岡県文化財調査報告書第63集, 福岡県教育委員会	福岡県（筑前国）12／古墳の周壕内に混入
1974		―	―	―	陶磁器	打製石鏃・石包丁・砥石		福岡県（筑前国）13
1978	福岡県教育委員会	―	鉄鏃1	鎌1	弥生土器	―	柳田康雄・小池史哲編1982『三雲遺蹟』Ⅲ, 福岡県文化財調査報告書第63集, 福岡県教育委員会	福岡県（筑前国）11-1？／同墓に確実にともなうか否か不明
1978		碧玉管玉1	鉄鏃1	―	―	―	小池史哲編1983『三雲遺蹟』Ⅳ, 福岡県文化財調査報告書第65集, 福岡県教育委員会	鏡片副葬ではなく「完形鏡として副葬されたことは、磨滅痕がないことからも明らか」
不明	伊都歴史資料館	―	―	―	―	―	西谷正編2012『伊都国の研究』学生社	破鏡（縁部・縁辺を研磨加工）
2013	糸島市教育委員会	―	―	―	―	―	―	最古の弥生倭製鏡

番号	舶倭	鏡式	出土遺跡	出土地名	遺跡内容	時期	面径(cm)	銘文	諸氏分類	編者分類・時期	
85	舶	流雲文縁方格規矩四神鏡〈10-1号鏡〉					17.0	—	流雲文縁四神鏡Ⅱ式（樋口79）	—	—
86	舶	流雲文縁方格規矩四神鏡〈7号鏡〉					15.6	「・・・武順除陽・・・」	第六式（Ⅳ）or（Ⅴ）（山越74）／流雲文縁四神鏡Ⅱ式（樋口79）	—	—
87	舶	唐草文縁方格規矩四神鏡〈6号鏡〉					14.2	「新有・・・」	唐草文縁四神鏡Ⅱ式（樋口79）	—	—
88	舶	流雲文縁方格規矩四神鏡〈1号鏡〉					14.1	「黍言之紀・・・盾居右孫子」	第六式（Ⅲa）（山越74）／流雲文縁四神鏡Ⅱ式（樋口79）	—	—
89	舶	鋸歯文縁方格規矩四神鏡〈5号鏡〉					14.1	「・・・飲豊潔 駕・・・」	第七式（Ⅱ）（山越74）	—	—
90	舶	唐草文縁方格規矩四神鏡〈9号鏡〉					14.1	「・・・□□□・・・」	唐草文縁四神鏡Ⅱ式（樋口79）	—	—
91	舶	獣文縁方格規矩四神鏡〈3号鏡〉					14.1	「漢有善・・・・・明□・・・」	第六式（Ⅰ）（山越74）／獣文縁四神鏡Ⅱ式（樋口79）	—	—
92	舶	複波文縁方格規矩四神鏡〈13号鏡〉					14.0	—	方格規矩獣文鏡（樋口79）	—	—
93	舶	唐草文縁方格規矩四神鏡〈11号鏡〉					13.8	—	唐草文縁四神鏡Ⅱ式（樋口79）	—	—
94	舶	唐草文縁方格規矩四神鏡〈4号鏡〉	井原鑓溝遺跡	糸島市井原〔糸島郡前原町〕	墳墓	甕棺	弥生中期	13.8	「玉央 飲澧泉・・・・・保子孫」	第七式（Ⅱ）（山越74）／唐草文縁四神鏡Ⅱ式（樋口79）	—	—
95	舶	菱形文縁方格規矩四神鏡〈14号鏡〉					13.8	—	方格規矩獣文鏡？（樋口79）	—	—
96	舶	流雲文縁方格規矩四神鏡〈10-2号鏡〉					13.8	—	流雲文縁四神鏡Ⅱ式（樋口79）	—	—
97	舶	唐草文縁方格規矩四神鏡〈9号鏡〉					13.8	あり（不詳）	唐草文縁四神鏡Ⅱ式（樋口79）	—	—
98	舶	唐草文縁方格規矩四神鏡〈9号鏡〉					13.2	不詳	唐草文縁四神鏡Ⅱ式（樋口79）	—	—
99	舶	唐草文縁方格規矩四神鏡〈2号鏡〉					13.2	「漢有善銅出丹・・・大富昌 宜・・・王如日月光」	第六式（Ⅳ）（山越74）／唐草文縁四神鏡Ⅱ式（樋口79）／方格規矩獣文鏡（樋口79）	—	—
100	舶	唐草文縁方格規矩四神鏡〈8号鏡〉					13.2	「・・・□□□・・・」	唐草文縁四神鏡Ⅱ式（樋口79）	—	—
100-1	舶	唐草文縁方格規矩四神鏡〈8号鏡〉					13.7	—	第八式（Ⅱ）（山越74）／唐草文縁四神鏡Ⅱ式（樋口79）	—	—
101	舶	唐草文縁方格規矩四神鏡〈12号鏡〉					13.2	—	唐草文縁四神鏡Ⅱ式（樋口79）	—	—
102	舶	複波文縁方格規矩四神鏡〈13号鏡〉					12.8	—	—	—	—
103	舶	複波文縁方格規矩四神鏡〈13号鏡〉					12.8	—	—	—	—
103-1	舶	尚方作方格規矩四神鏡	井原鑓溝2582・2583番地6号木棺墓	糸島市三雲字ヤリミゾ2582・2583〔糸島郡前原町〕	墳墓	木棺直葬	弥生後期	18.6	「尚方作竟真大巧 上有□人不□□ □□玉泉□□棗兮」／「子丑寅卯辰巳午未申酉戌亥」	—	—	—
103-2	舶	内行花文鏡	井原鑓溝2582・2583番地1号木棺墓		墳墓	木棺直葬	弥生後期	17.0	—	—	—	—
103-3	舶	内行花文鏡	井原鑓溝2582・2583番地7号木棺墓		墳墓	木棺直葬	弥生後期	約12	—	—	—	—
103-4	舶	不明	三雲下西526-1番地2号甕棺墓	糸島市三雲字下西526-1〔糸島郡前原町〕	墳墓	甕棺	弥生後期	6.6	—	—	—	—
104	舶	連弧文銘帯鏡	平原3番地（平原遺跡5号墓？）	糸島市有田3番地〔糸島郡前原町〕	不明	表面採集	不明	破片	—	—	—	—
104-1	舶	不明					破片	—	—	—	—

発見年	所蔵（保管）者	共伴遺物					文献	備考
		石製品・玉類	武具・武器・馬具	ほか金属器	土器類	その他		
1781〜88	所在不明	―	巴形銅器 3	―	―	―	梅原末治 1931「筑前国井原発見鏡片の復原」『史林』第 16 巻第 3 号, 史学研究会	福岡県（筑前国）14-1
								福岡県（筑前国）14-2
								福岡県（筑前国）14-3
								漢式鏡 785／福岡県（筑前国）14-4
								福岡県（筑前国）14-5
								福岡県（筑前国）14-6
								福岡県（筑前国）14-7
								福岡県（筑前国）14-8
								福岡県（筑前国）14-9
								漢式鏡 783／福岡県（筑前国）14-10
								福岡県（筑前国）14-11
								漢式鏡 786／福岡県（筑前国）14-12
								福岡県（筑前国）14-13
								福岡県（筑前国）14-14
								漢式鏡 784／福岡県（筑前国）14-15
								漢式鏡 787 ?／福岡県（筑前国）14-16
								漢式鏡 787 ?
								福岡県（筑前国）14-17
								福岡県（筑前国）14-18
								福岡県（筑前国）14-19
2005		ガラス小玉 177	―	―	―	―		破砕鏡
2005	伊都国歴史博物館	―	―	―	壺 2	―	江﨑靖隆・楢﨑直子編 2006『三雲・井原遺跡』前原市文化財調査報告書第 92 集, 前原市教育委員会	破鏡の破砕鏡
2005		ガラス小玉 2685〜	―	―	―	―		―
2004		ガラス小玉 2685〜	―	―	―	―		破鏡／飛禽鏡か
1972	伊都歴史資料館（原田大六旧蔵）	―	―	―	―	―	柳田康雄編 2000『平原遺跡』前原市文化財調査報告書第 70 集, 前原市教育委員会	福岡県（筑前国）15 ?
								鈕のみ

番号	舶倭	鏡　式	出土遺跡	出土地名	遺跡内容	時　期	面径(cm)	銘　文	諸氏分類	編者分類・時期	
105	舶	長宜子孫八弧内行花文鏡〈16号鏡〉					18.8	「長宜子孫」	Aaア式（樋口79）	―	―
106	舶	八葉座八弧内行花文鏡〈10号鏡〉					46.5	―			
107	舶	八葉座八弧内行花文鏡〈11号鏡〉					46.4	―			
108	舶	八葉座八弧内行花文鏡〈12号鏡〉					46.5	―	D類Ⅰ式（清水94）	―	―
109	舶	八葉座八弧内行花文鏡〈13号鏡〉					46.5	―			
109-1	舶	八葉座八弧内行花文鏡〈14号鏡〉					46.5	―			
110	舶	大宜子孫八弧内行花文鏡〈15号鏡〉					27.1	「大宜子孫」	Aaア式（樋口79）	―	―
111	舶	尚方作流雲文縁方格規矩四神鏡〈1号鏡〉					23.3	「尚方作竟真大□　□有仙人不知老　□飲王□飢食棗　□□天下敖四海　壽敞金石」／「子丑寅卯辰巳午未申酉戌亥」	―	―	―
112	舶	尚方作流雲文縁方格規矩四神鏡〈2号鏡〉					21.0	「尚方作竟真大□　上有仙□不知老　渇飲玉泉飢食棗　非回名山□□草　壽如今□兮」／「子丑寅卯辰巳午未申酉戌亥」	―	―	―
113	舶	尚方作流雲文縁方格規矩四神鏡〈3号鏡〉					21.0	「尚方作真仙大巧　上有仙仙不知□　□飲玉泉飢食□　浮游天下敖四海　壽如金石之國保」／「子丑寅卯辰巳午未申酉戌亥」	―	―	―
114	舶	尚方作流雲文縁方格規矩四神鏡〈4号鏡〉	平原墳墓	糸島市有田1番地他〔糸島郡前原町〕	墳墓	方形周溝墓(18×14)・割竹形木棺直葬	弥生末期	20.9	「尚方作竟□大巧　上有仙仙不知老　□飲玉泉飢食□　□□天□□□□　□□保」／「子丑□□□□□□西戌亥」	―	―	―
115	舶	尚方作？流雲文縁方格規矩四神鏡〈5号鏡〉					18.4	「□□□竟真大巧　渇飲王泉飢食棗　□□□□□□」／「□丑寅卯辰巳□□□□□」	―	―	―
116	舶	尚方作流雲文縁方格規矩四神鏡〈6号鏡〉					18.5	「尚方□□□大□　有□人不知老　渇飲泉飢食棗　□游□□□四海　□」／「子丑寅卯辰巳午未申酉戌亥」	―	―	―
117	舶	尚方作流雲文縁方格規矩四神鏡〈7号鏡〉					16.1	「尚方作竟真大巧　上□仙人不知老　渇飲王泉飢食棗　□」	―	―	―
118	舶	尚方作流雲文縁方格規矩四神鏡〈8号鏡〉					16.1	「尚方作真大巧　□有□□□知□　渇飲王泉飢食棗　保」	―	―	―
119	舶	尚方作流雲文縁方格規矩四神鏡〈9号鏡〉					16.1	「尚方作竟真□□　□□□不知老　渇□□□□□　□」	―	―	―
120	舶	尚方作鋸歯文縁方格規矩四神鏡〈18号鏡〉					16.1	「尚方□竟□巧　上有仙人不知□　渇飲王泉食棗」	―	―	―
121	舶	尚方作鋸歯文縁方格規矩四神鏡〈19号鏡〉					15.9	「尚方佳真大好　上有仙人不知老　渇飲王泉飢食棗　兮」	―	―	―
122	舶	尚方作鋸歯文縁方格規矩四神鏡〈20号鏡〉					18.5	「尚□作竟真□巧　上有仙人不知□　□飲泉飢食棗　浮游天下敖四海　□」／「子丑寅卯辰巳午未申□酉戌亥」	複波鋸歯文縁四神鏡Ⅱ式（樋口79）	―	―
123	舶	尚方作鋸歯文縁方格規矩四神鏡〈21号鏡〉					20.7	「尚方佳竟真大□　□有□□不知老　渇飲王泉飢□□　浮游□敖四海　壽如金石之國　□□」／「子丑寅卯辰巳午未申酉戌亥」	―	―	―

福岡

発見年	所蔵（保管）者	共伴遺物					文献	備考
		石製品・玉類	武具・武器・馬具	ほか金属器	土器類	その他		
								616g／福岡県（筑前国）16-1
								7950g／福岡県（筑前国）16-2？／11・12・13・14号鏡と同型
								7950g／福岡県（筑前国）16-3？／10・12・13・14号鏡と同型
								福岡県（筑前国）16-4？／10・11・13・14号鏡と同型／破片
								福岡県（筑前国）16-5？／10・11・12・14号鏡と同型／破片
								10・11・12・13号鏡と同型
								1672g／福岡県（筑前国）16-6
								福岡県（筑前国）16-8~38（福岡143以外、以下同）
								―
								742g／4号鏡と同型
1965	文化庁	ガラス勾玉3・琥珀管玉1・瑪瑙管玉12・ガラス管玉20～・琥珀丸玉600～・瑪瑙小玉1・ガラス小玉400～	素環頭大刀1	刀子1	―	―	柳田康雄編 2000『平原遺跡』前原市文化財調査報告書第70集，前原市教育委員会	3号鏡と同型
								―
								―
								514g／8・9号鏡と同型
								480g／7・9号鏡と同型
								7・8号鏡と同型
								571g
								519g
								―
発見年	所蔵（保管）者	石製品・玉類	武具・武器・馬具	ほか金属器	土器類	その他	文献	備考
								―

353

番号	舶倭	鏡式	出土遺跡	出土地名	遺跡内容	時期	面径(cm)	銘文	諸氏分類	編者分類・時期	
124	舶	尚方作鋸歯文縁方格規矩四神鏡〈22号鏡〉					18.7	「尚方作□□□巧　上□仙人不知□　渇飲王泉飢食棗　壽如今之□□」／「子丑寅□辰巳午未申酉戌亥」		―	―
125	舶	尚方作鋸歯文縁方格規矩四神鏡〈23号鏡〉					18.5	「尚□□□真大好　上有仙人□□□　渇飲王泉飢食棗　□游夫下敖三海　壽如今石之國保兮」／「子丑寅□辰巳午未申酉戌亥」		―	―
126	舶	尚方作鋸歯文縁方格規矩四神鏡〈24号鏡〉					18.8	「尚□□□真□□　□□□□□　渇飲□□□□□　□□□□　石之國保」／「子丑寅□□□午□申酉戌亥」		―	―
127	舶	尚方作鋸歯文縁方格規矩四神鏡〈25号鏡〉					18.8	「尚方作竟真大巧　上有仙人不知老　渇飲王泉飢食棗　壽□今石之國保□」／「子丑寅卯辰巳午未申酉戌亥」		―	―
128	舶	尚方作鋸歯文縁方格規矩四神鏡〈26号鏡〉					18.8	「尚方作□真大巧　上有仙人不知□　渇□□□飢食　壽□□□國保」／「子□寅卯□巳午未申酉戌亥」		―	―
129	舶	尚方作鋸歯文縁方格規矩四神鏡〈27号鏡〉					15.8	「尚方佳竟□□□□仙人不知老　渇飲王泉飢食棗兮」		―	―
130	舶	尚方作鋸歯文縁方格規矩四神鏡〈28号鏡〉					18.6	「尚□□□□好　□□□人不□老　渇飲王泉飢食棗」／「子丑寅卯辰巳午未□西戌亥」		―	―
131	舶	尚方作鋸歯文縁方格規矩四神鏡〈29号鏡〉	平原墳墓	糸島市有田1番地他〔糸島郡前原町〕	墳墓	方形周溝墓(18×14)・割竹形木棺直葬	弥生末期	16.6	「□□佳竟真大好　上有仙人不知老　□泉□棗　壽□□□」	複波鋸歯文縁四神鏡Ⅱ式（樋口79）	―	―
132	舶	鋸歯文縁方格規矩四神十二支鏡〈30号鏡〉					18.7	「□□佳□□□　□□□□□　□□□□棗　浮游□下敖三海　壽如今石之國□」／「□□□卯辰巳午未申酉戌□」		―	―
133	舶	陶氏作鋸歯文縁方格規矩四神鏡〈31号鏡〉					18.8	「陶氏□竟□□巧　上有仙人不知老　渇□□泉飢食棗　□如今石之國保兮」／「子丑寅卯辰□□□申酉戌亥」		―	―
134	舶	陶氏作鋸歯文縁方格規矩四神鏡〈32号鏡〉					18.8	「陶氏作竟真大巧　上有仙人不知老　渇飲王泉飢食棗　壽如今石之國□　宜古市」／「子丑寅卯辰巳□□申酉戌亥」		―	―
135	舶	陶氏作鋸歯文縁方格規矩四神鏡〈33号鏡〉					18.8	「陶氏作竟大巧　上有仙人不知□　□飲王泉飢食棗　壽如今石之國保　宜古市」／「子丑寅卯辰巳□未申酉戌亥」		―	―
136	舶	陶氏作鋸歯文縁方格規矩四神鏡〈34号鏡〉					16.6	「陶氏作竟真大巧　上□仙人不□□　渇飲王泉飢食棗　壽如今石　相保」		―	―
137	舶	陶氏作鋸歯文縁方格規矩四神鏡〈35号鏡〉					16.6	「陶氏作竟真大巧　有仙□不知老　渇飲王泉飢食棗　壽如今石　相□」		―	―
138	舶	陶氏作鋸歯文縁方格規矩四神鏡〈36号鏡〉					16.2	「陶□作竟真大巧　上有仙人不知老　渇飲王泉飢食棗　□□□　石之□」		―	―
139	舶	陶氏作鋸歯文縁方格規矩四神鏡〈37号鏡〉					16.4	「陶氏作竟真□□　□仙人□知老　渇飲王泉□食棗　壽如金石」		―	―

福岡

発見年	所蔵(保管)者	共伴遺物					文献	備考
		石製品・玉類	武具・武器・馬具	ほか金属器	土器類	その他		
								—
								—
								25・26号鏡と同型
								24・26号鏡と同型
								24・25号鏡と同型
								—
								—
1965	文化庁	ガラス勾玉3・琥珀管玉1・瑪瑙管玉12・ガラス管玉20〜・琥珀丸玉600〜・瑪瑙小玉1・ガラス小玉400〜	素環頭大刀1	刀子1	—	—	柳田康雄編2000『平原遺跡』前原市文化財調査報告書第70集, 前原市教育委員会	—
								—
								—
								33号鏡と同型
								32号鏡と同型
								35号鏡と同型
								34号鏡と同型
								〈560g〉
								—
発見年	所蔵(保管)者	石製品・玉類	武具・武器・馬具	ほか金属器	土器類	その他	文献	備考

番号	舶倭	鏡式	出土遺跡	出土地名	遺跡内容	時期	面径(cm)	銘文	諸氏分類	編者分類・時期
140	舶	陶氏作鋸歯文縁方格規矩四神鏡〈38号鏡〉	平原墳墓	糸島市有田1番地他〔糸島郡前原町〕	墳墓	方形周溝墓(18×14)・割竹形木棺直葬	弥生末期	18.4	「□氏作竟真大巧 上有□□不□老 渇飲王泉飢食棗 壽如今石□□保 大吉」／「子丑寅卯辰巳午未申酉戌□」	複波鋸歯文縁四神鏡Ⅱ式(樋口79)	—	—
141	舶	陶氏作鋸歯文縁方格規矩四神鏡〈39号鏡〉					18.4	「陶氏作竟真大巧 上有仙人不知老 渇飲王泉飢食棗 壽如今石之國保 大吉」／「子丑寅卯辰巳午未申酉戌亥」		—	—
142	舶	複波文縁方格規矩四神鏡〈40号鏡〉					11.7	—	—	—	—
143	舶	虺龍文鏡〈17号鏡〉					16.5	—	—	—	—
144	倭	細線式鏡	坂元2号墳	糸島市富字坂元〔糸島郡前原町〕	古墳	円墳(15)・竪穴系横口式石室	古墳後期	10.3	—	—	細線式獣帯鏡系？	前期
145・603	舶	方格T字鏡	東真方C-1号墳(東真方1号墳)	糸島市東字真方〔糸島郡前原町〕	古墳	円形周溝墓(8)・組合式箱形石棺	古墳前期	9.2	—	小型鏡A4型(北浦92)／博局T字鳥文鏡Ca4S類(高木93)／SAa1式(松浦94)／丁群(森下98)	—	—
601	倭	重圏文鏡	坂の下祭祀遺跡	糸島市荻浦字坂の下〔糸島郡前原町〕	祭祀	花崗岩露頭	古墳後期	5.6	—	2b類(脇山15)	〔重圏文鏡〕	
602	舶	方格T字鏡	荻浦立石1号墳	糸島市荻浦字立石〔糸島郡前原町〕	古墳	円墳(30)(前方後円墳？)・割竹形木棺直葬？	古墳前期	9.1	—	博局T字鳥文鏡Ca4S類(高木93)／SAa1式(松浦94)／丁群(森下98)	—	—
602-1	舶	蝙蝠座鈕八弧内行花文鏡	潤地頭給遺跡木棺墓	糸島市潤〔糸島郡前原町〕	墳墓	木棺直葬	弥生後期	10.2	「□至□□」	—	—	—
602-2	舶	双頭龍文鏡	正恵古墳(安養寺1号墳)	糸島市瑞梅寺字正恵〔糸島郡前原町〕	古墳	不明	古墳	9.8	「位至三公」	—	—	—
602-3	舶	円座鈕内行花文鏡	本林崎古墳〔西裾〕	糸島市本林崎〔糸島郡前原町〕	古墳	前方後円墳・箱形石棺	古墳前期	17.3	—	—	—	—
146	?	不明	糸島郡(伝)	糸島市(伝)〔糸島郡〕	不明	不明	不明	不明	—	—	—	—
568	舶	双頭龍文鏡	筑前国(伝)(三雲？)	糸島市？(伝)〔糸島市前原町〕	不明	不明	不明	7.9	「位至三公」	—	—	—
569	倭	八乳文鏡	筑前国(伝)(三雲？)	糸島市？(伝)〔糸島市前原町〕	不明	不明	不明	約9	—	—	〔乳脚文鏡〕	後期
147	舶	八弧内行花文鏡	飯氏遺跡群Ⅱ区7号甕棺墓	福岡市西区飯氏字馬場	墳墓	甕棺	弥生後期	18.0	—	—	—	—
148	舶	内行花文鏡	飯氏遺跡群Ⅱ区8号甕棺墓		墳墓	甕棺	弥生後期	破片	—	—	—	—
149	倭	弥生倭製鏡(十弧内行花文鏡)	飯氏馬場遺跡3号石棺墓	福岡市西区飯氏字馬場	墳墓	箱形石棺	弥生後期	7.9	—	古式仿製鏡内行花文帯式(樋口79)／内行花文日光鏡系仿製鏡第Ⅱ型a類(高倉85・90)／連弧紋鏡系小形仿製鏡第Ⅱ型a類2(高木02)／内行花文系Ⅱ型B類b(南07a)／内行花文系小形仿製鏡第2型b類(田尻10・12)／広縁式内行(林10)	〔弥生倭製鏡〕	弥生
150	倭	六鈴六乳文鏡	飯氏所在古墳(伝)	福岡市西区飯氏(伝)	古墳	不明	古墳	10.8	—	乳文鏡系六鈴式(樋口79)／鈴類(六鈴鏡)(小林82・10)／乳文(西岡86)／獣帯文鏡類(大川97)／Ⅱ類-Ab乳鏡(八木00)／乳脚文系C1類(岡田05)	〔乳脚文鏡〕	後期
158	?	不明	飯氏A1号墳(松尾兜塚古墳？)	福岡市西区飯氏字マツヲ	古墳	円墳(30)・横穴式石室	古墳中期	不明	—	—	—	—
151	倭？	〔方格規矩鏡〕	周船寺(伝)	福岡市西区周船寺(伝)	不明	不明	不明	不明	—	—	—	—

福岡

発見年	所蔵（保管）者	共伴遺物 石製品・玉類	武具・武器・馬具	ほか金属器	土器類	その他	文献	備考
1965	文化庁	ガラス勾玉3・琥珀管玉1・瑪瑙管玉12・ガラス管玉20〜・琥珀丸玉600〜・瑪瑙小玉1・ガラス小玉400〜	素環頭大刀1	刀子1	—	—	柳田康雄編2000『平原遺跡』前原市文化財調査報告書第70集，前原市教育委員会	39号鏡と同型
								38号鏡と同型
								—
								福岡県（筑前国）16-7
1979	糸島市教育委員会	碧玉管玉9・ガラス小玉4	鉄鏃17	銅釧2・鎌1・鑿1・刀子1・鑢1	土師器（高杯・杯身）・須恵器（壺・小形丸底壺蓋・甕・高杯・杯身・杯蓋・甑・提瓶）		川村博編1980『坂元古墳群』前原町文化財調査報告書第1集，前原町教育委員会	鳥文？
1988	糸島市教育委員会	ガラス玉1	—	刀子1	—		車崎正彦編2002『考古資料大観』第5巻 弥生・古墳時代 鏡，小学館	同型：良洞里441号墳
1992	伊都国歴史博物館	—	素環鏡板付轡金具1組・轡引手金具2・鐙金具1・鋲具片3		土師器・須恵器		岡部裕俊編2008『荻浦 集落・祭祀・生産遺構編』前原市文化財調査報告書第100集，前原市教育委員会	
1992	伊都歴史資料館						白石太一郎・設楽博己編2002「弥生・古墳時代遺跡出土鏡データ集成 補遺1」『国立歴史民俗博物館研究報告』第97集，国立歴史民俗博物館	
不明	糸島市教育委員会	—	—	—	—	—	—	破砕鏡の可能性あり
不明	個人	—	—	—	—	—	前原町教育委員会編1992『伊都―古代の糸島―』前原市立伊都歴史資料館	—
不明	福岡県立糸島高校	—	—	—	—	—	江野道和編2006『大鏡が映した世界 平原遺跡出土品国宝指定記念特別展』伊都国歴史博物館図録3，伊都国歴史博物館	破鏡（破面研磨）
不明	個人	—	—	—	—	—	白石太一郎・設楽博己編1994『弥生・古墳時代遺跡出土鏡データ集成』（『国立歴史民俗博物館研究報告』第56集），国立歴史民俗博物館	
江戸以前	聖福寺	—	—	—	—	—	高橋健自1916「銅鉾銅剣考（二）」『考古学雑誌』第6巻第12号，考古学会	福岡県（筑前国）17／福岡570と同一品の可能性
江戸以前		—	—	—	—	—		伝世品
1990		—	—	—	—	—	松村道博編1994『飯氏遺跡群2』福岡市埋蔵文化財調査報告書第390集，福岡市教育委員会	破砕鏡か
1990	福岡市教育委員会							「段状部の破砕された甕棺片の上から平縁の舶載鏡片が出土した」とあるが図面も写真もない
1970		—	—	刀子1	—	—	柳田康雄編1971『今宿バイパス関係埋蔵文化財調査報告』第2集，福岡県教育委員会	59g／棺外出土であるが，遺構破壊時に流出したものと考えられる
江戸以前	神宮徴古館（江藤正澄旧蔵）						神宮徴古館農業館編1941『神宮徴古館陳列品図録』神宮徴古館農業館	漢式鏡777／福岡県（筑前国）18
江戸以前	所在不明	—	甲金具（伝）	—	—	—	岡崎敬編1979『日本における古鏡 発見地名表 九州地方Ⅱ』東アジアより見た日本古代墓制研究	福岡県（筑前国）23
不明	所在不明	—	—	—	—	—	岡崎敬編1979『日本における古鏡 発見地名表 九州地方Ⅱ』東アジアより見た日本古代墓制研究	漢式鏡774／福岡県（筑前国）19

番号	舶倭	鏡式	出土遺跡	出土地名	遺跡内容	時期	面径(cm)	銘文	諸氏分類	編者分類・時期
152	倭	二神二獣鏡(二神六獣鏡)	丸隈山古墳	福岡市西区周船寺251-1他	前方後円墳(85)・横穴式石室(箱形石棺)	古墳中期	17.3	—	二神二獣鏡(樋口79)／二神六獣鏡系(小林82・10)／斜縁神獣鏡A系(森下02)	二神二獣鏡Ⅱ系	前(中)
153	倭	六獣鏡					22.1	—	六獣形鏡(樋口79)／画文帯神獣鏡(系)B型(小林82・10)／B類獣頭(冨田89)／獣形文鏡ⅡC類(赤塚98b)／六獣式倭鏡(林02)	対置式神獣鏡B系	前(中)
154	?	不明					約15	—	—	—	—
155	?	不明	かなえ塚	福岡市西区徳永字池の上	古墳 石棺	古墳	不明	—	—	—	—
156	舶	三角縁□是作二神二獣鏡	若八幡宮古墳〔中心・主体部〕	福岡市西区徳永字下引地	古墳	前方後円墳(48)・舟形木棺直葬	古墳前期	22.5	「□是作竟大好 上右□儔父母□ 位至三公冝子孫 長保二親利古市 買者富貴不知老」	目録番号99・配置J1・表現③	
205	舶	半肉彫獣帯鏡？	山ノ鼻1号墳〔後円部攪乱土層中〕	福岡市西区徳永	古墳	前方後円墳(50)・竪穴式石槨(割竹形木棺)？	古墳前期	破片	—	—	—
157	舶	方格規矩八禽鏡	長垂山	福岡市西区今宿青木	墳墓	箱形石棺	古墳前期	12.5	「子丑寅卯辰巳午未申酉戌亥」	博局鳥文鏡BaL類(髙木91)／第九式(山越74)	
159	倭	四獣鏡	鋤崎古墳〔1号埋葬施設1号棺副室〕			前方後円墳(62)・横穴式石室(箱形石棺)		11.8	—	獣形文鏡ⅡE類(赤塚98b)	類対置式神獣鏡B系	前(中)
160	倭	珠文鏡					9.3	—	Ⅰ類(中山他94)／D-B類(脇山13)／列状系(岩本14)	[珠文鏡]	前期
161	倭	捩文鏡	鋤崎古墳〔1号埋葬施設2号棺棺内〕	福岡市西区今宿青木字鋤崎424-5・6	古墳	前方後円墳(62)・横穴式石室(箱形埋棺)	古墳前期	9.7	—	俵文鏡系(森下91)／B型式a類(水野97)／俵紋鏡系(森下02)	捩文鏡B系	前(中)
162	舶	八弧内行花文鏡	鋤崎古墳〔1号埋葬施設2号棺棺外〕					14.8	—	—	—	—
163	倭	四獣鏡	鋤崎古墳〔1号埋葬施設3号棺棺外〕			前方後円墳(62)・横穴式石室(組合式木棺)		11.5	—	獣形文鏡ⅡC類(赤塚98b)	獣像鏡Ⅲ系	前(古)
164	舶	双頭龍文鏡	鋤崎古墳〔1号埋葬施設羨道床面〕			前方後円墳(62)・横穴式石室(羨道部)		11.8	「位至三公」	—	—	—
164-1	舶	内行花文鏡	大塚遺跡第11次調査SD65東端	福岡市西区今宿地内	集落	環濠	弥生後期	16.2	—	—	—	—
164-2	舶	飛禽鏡	今宿五郎江遺跡第10次		集落	遺物包含層？	弥生後期	8.4	—	—	—	—
164-3	舶	内行花文鏡	今宿五郎江遺跡第11次		集落	遺物包含層？	弥生後期	破片	—	—	—	—
164-4	倭	弥生倭製鏡	今宿五郎江遺跡第11次	福岡市西区今宿地内	集落	遺物包含層？	弥生後期	12.5	—	内行花文日光鏡系仿製鏡C-3類(松本08)	[弥生倭製鏡]	弥生
164-5	倭	弥生倭製鏡	今宿五郎江遺跡第11次		集落	遺物包含層？	弥生後期	完形	—	—	[弥生倭製鏡]	弥生
164-6	舶	不明	今宿五郎江遺跡谷4-1層		集落	遺物包含層	不明	9.3	—	—	—	—
165	舶	吾作斜縁二神二獣鏡	五島山古墳(五塔山古墳)	福岡市西区姪の浜字五島山	古墳	円墳・箱形石棺	古墳前期	14.1	「吾作明竟自有真 青龍在左白虎居右 東王父西王母 長宜孫子大吉」	図像表現③(村松04)／紋様表現③(實盛09)	—
166	舶	吾作斜縁二神二獣鏡					12.1	「吾作明竟 幽湅三商 曾年益壽 子孫番昌」	図像表現③(村松04)／紋様表現③(實盛09)	—
167	舶	上方作系浮彫式獣帯鏡	野方中原遺跡1号石棺墓	福岡市西区野方字中原	墳墓	箱形石棺	古墳前期	9.5	あり(不詳)	四像式(岡村92)／四像式A系統Ⅱ段階(山田06)／四像Ⅱ式(Ⅰa系)(實盛15)	—
168	舶	蝙蝠座鈕八弧内行花文鏡	野方中原遺跡3号石棺墓		墳墓	箱形石棺	古墳前期	10.6	—	—	—
169	倭	珠文鏡	野方塚原所在古墳(伝)	福岡市西区野方字塚原(伝)	古墳	不明	古墳後期	6.1	—	珠文鏡類A型(小林82・10)／Ⅰ類(中山他94)	[珠文鏡]	前期
170	舶	上方作系浮彫式獣帯鏡	野方塚原遺跡1号箱式石棺墓	福岡市西区野方字塚原	墳墓	箱形石棺	弥生末期	11.2	—	四像式(岡村92)	—
171	倭	五鈴六乳文鏡	夫婦塚1号墳	福岡市西区金武1663	古墳	円墳・横穴式石室(羨道部)	古墳後～終末期	9.5	—	乳脚文鏡c系(森下91)／獣帯文鏡類(大川97)／乳脚文系B1類(岡田05)	[乳脚文鏡]	後期
171-1	舶	青同作細線式獣帯鏡	金武城田1号墳	福岡市西区金武字城田	古墳	円墳(16)・竪穴式石槨	古墳前期	11.7	「青同□竟甚大好 買者受」	—	—

福岡

発見年	所蔵（保管）者	共伴遺物 石製品・玉類	共伴遺物 武具・武器・馬具	共伴遺物 ほか金属器	共伴遺物 土器類	共伴遺物 その他	文献	備考
1629 or 1639	妙正寺	硬玉勾玉2・碧玉管玉7・ガラス小玉71	巴形銅器2・刀2・剣3・鉄鏃7	―	―	―	柳沢一男編1986『丸隈山古墳Ⅱ』福岡市埋蔵文化財調査報告書第146集, 福岡市教育委員会	漢式鏡772／福岡県（筑前国）20-1／熟年男性骨
								漢式鏡773／福岡県（筑前国）20-2
	所在不明							福岡県（筑前国）20-3／『筑前国続風土記』には3面出土したとある
天明の3年前	所在不明	―	―	―	―	―	岡崎敬編1979『日本における古鏡 発見地名表 九州地方Ⅱ』東アジアより見た日本古代墓制研究	福岡県（筑前国）21
1970	九州歴史資料館	碧玉管玉14・ガラス小玉2	方形板革綴短甲1・三葉環頭大刀2・剣1・鉄鏃19	斧1・鑿1・刀子1	―	―	柳田康雄編1971『今宿バイパス関係埋蔵文化財調査報告』第2集, 福岡県教育委員会	910g／福岡県（筑前国）22
1989	福岡市埋蔵文化財センター	―	―	―	土師器（小形丸底壺1・鼓形器台1）	―	小林義彦1992『山ノ鼻1号墳』福岡市埋蔵文化財調査報告書第309集, 福岡市教育委員会	―
1940	所在不明（個人旧蔵）	―	―	―	―	―	九州考古学会編1951『北九州古文化図鑑』福岡県高等学校教職員組合	福岡県（筑前国）24
1983	福岡市教育委員会	―	刀3・剣1・矛1	鹿角装刀子1・蕨手刀子3・刀子8・針筒3	―	―	杉山富雄編2002『鋤崎古墳―1981～1983年調査報告―』福岡市埋蔵文化財調査報告書第730集, 福岡市教育委員会	157g／四獣を対置配置
		―			―	―		63g／棺内から剣1・銅釧2・櫛1・勾玉・管玉・ガラス玉・滑石臼玉・素環頭大刀
		―	素環頭大刀1・刀1	斧1・刀子1・針筒2・不明鉄器1	―	―		86g
		―			―	―		(248g)
		―	長方板革綴短甲1・刀1・矛1	斧1・鎌1・刀子1	―	―		206g
		―	―	―	―	―		129g
2007	福岡市教育委員会	―	―	―	―	―	―	破鏡（破面研磨）
2000年代	福岡市埋蔵文化財センター						森本幹彦2008「福岡市西区今宿五郎江・大塚遺跡」嶺南考古学会・九州考古学会編『日・韓交流の考古学』嶺南考古学会・九州考古学会第8回合同考古学大会, 嶺南考古学会・九州考古学会	―
2007								破鏡（破面研磨）
2007								―
2007								―
2003		―	―	―	―	―	杉山富雄編2007『今宿五郎江6』福岡市埋蔵文化財調査報告書第924集, 福岡市教育委員会	縁部片
1914	福岡市博物館（個人旧蔵）	硬玉勾玉2・碧玉管玉3・ガラス小玉2	剣4・銅鏃9・鉄鏃？一塊		―	―	亀井明徳1970「福岡市五島山古墳と発見遺物の考察」『九州考古学』第38号, 九州考古学会	437g／漢式鏡791／福岡県（筑前国）25-1
							赤坂亨2014「五島山古墳出土資料の再検討」『福岡市博物館研究紀要』第24号, 福岡市博物館	331g／漢式鏡792／福岡県（筑前国）25-2
1963	福岡市埋蔵文化財センター	勾玉1・管玉7	刀1	素環頭刀子1	―	―	車崎正彦編2002『考古資料大観』第5巻 弥生・古墳時代 鏡, 小学館	福岡県（筑前国）26／破鏡
1963	福岡市教育委員会	勾玉1・管玉1・ガラス小玉2			―	―	小田富士雄・藤丸詔八郎・武末純一編1991『弥生古鏡を掘る―北九州の国々と文化―』北九州市立考古博物館	福岡県（筑前国）27
不明	福岡市立壱岐小学校						高倉洋彰1968「野方発見の珠文鏡」九州大学部学部考古学研究室編『有田遺跡』福岡市教育委員会	福岡県（筑前国）28
1975	福岡市教育委員会	―					小田富士雄・藤丸詔八郎・武末純一編1991『弥生古鏡を掘る―北九州の国々と文化―』北九州市立考古博物館	福岡県（筑前国）29／破鏡
1978	福岡市博物館	―		金環・飾金具・鎌・刀子	土師器・須恵器	釘	小笠原善治編2002『伊豫の鏡』松山市教育委員会・松山市考古館	(43g)／福岡県（筑前国）30
2003	福岡市埋蔵文化財センター	石製小玉589	―	鉄釧4・刀子1	―	―	蔵冨士寛編2005『金武2』福岡市埋蔵文化財調査報告書第866集, 福岡市教育委員会	177g／報告書では踏み返しと判断

番号	舶倭	鏡式	出土遺跡	出土地名	遺跡内容		時期	面径(cm)	銘文	諸氏分類	編者分類・時期	
172	舶	多鈕細文鏡	吉武高木遺跡3号木棺墓	福岡市西区吉武字高木	墳墓	組合式木棺直葬	弥生中期	11.0	—	精紋鏡第Ⅳ型式（甲元90）／精紋鏡第Ⅳ形式（甲元06）	—	—
173	舶	単圏日光鏡	吉武樋渡遺跡62号甕棺墓	福岡市西区吉武字桜町	墳墓	甕棺	弥生中期	8.6	「見日之光　久不相見長毋相忘」	—	—	—
174	舶	方格規矩鏡	飯盛谷B遺跡	福岡市西区飯盛	墳墓	方形周溝墓・周溝	古墳前期	破片	—	—	—	—
183	舶	細線式鳥文鏡	重留箱式石棺墓	福岡市西区重留字浦田	墳墓	箱形石棺	古墳前期	14.0	—	円圏鳥文鏡C（樋口79）／獣帯鏡類B型（小林82・10）／鳥紋鏡B式（馬渕15b）	—	—
604	舶	菱雲文鏡	桑原金屎古墳	福岡市西区桑原字金屎	古墳	前方後円墳（24）・粘土槨	古墳前期	13.0	—	—	—	—
605	舶	芝草文鏡（唐草文鏡）						11.6	—	—	—	—
606	舶	八弧内行花文鏡	羽根戸南G-3号墳〔1号主体部〕	福岡市西区羽根戸	古墳	前方後円墳（20）・割竹形木棺直葬	古墳前期	16.0	「□□子孫」	—	—	—
606-1	舶	双頭龍文鏡	羽根戸南G-2号墳〔1号主体部〕	福岡市西区羽根戸	古墳	前方後円墳（26）・箱形石棺	古墳前期	8.9	「位至三公」	—	—	—
606-2	舶	方格T字鏡	元岡E-1号墳	福岡市西区元岡字小坂	古墳	前方後円墳（35）・粘土槨	古墳前期	9.2	—	—	—	—
606-3	倭	弥生倭製鏡（八弧内行花文鏡）	元岡・桑原遺跡群42次SD-02	福岡市西区元岡	集落	流路	弥生後期	9.3	—	—	〔弥生倭製鏡〕	弥生
606-4	倭	弥生倭製鏡（内行花文鏡）	元岡・桑原遺跡群42次SD		集落	流路	弥生後期	9.0	—	—	〔弥生倭製鏡〕	弥生
606-5	倭	弥生倭製鏡	元岡・桑原遺跡群42次SD		集落	流路	弥生後期	4.0	—	—	〔弥生倭製鏡〕	弥生
606-6	倭	弥生倭製鏡	元岡・桑原遺跡群42次SD		集落	流路	弥生後期	約4	—	—	〔弥生倭製鏡〕	弥生
606-7	?	不明	元岡G1号墳	福岡市西区元岡	古墳	方墳（18）・横穴式石室	古墳終末期	不明	—	—	—	—
606-8	舶	不明	橋本一丁田遺跡SD020	福岡市西区福重2丁目463-1他	集落	溝	不明	11.5	—	—	—	—
175	舶	三角縁波文帯盤龍鏡	藤崎遺跡第1地点	福岡市早良区藤崎1丁目14	墳墓	方形周溝墓・箱形石棺	古墳前期	24.5	—	目録番号5・同笵鏡番号＊・配置盤龍・表現盤	—	—
176	舶	方格渦文鏡	藤崎遺跡第2地点	福岡市早良区藤崎1丁目1	墳墓	箱形石棺	不明	9.1	—	方格規矩渦文鏡F（樋口79）／SD3式（松浦94）／丁群（森下98）	—	—
176-1	倭	弥生倭製鏡	藤崎遺跡第3次調査	福岡市早良区藤崎	集落	土壙（現代）	現代	6.2	—	内行花文系小形仿製鏡第2型a類（田尻10・12）	〔弥生倭製鏡〕	弥生
177	舶	三角縁陳氏作神獣車馬鏡	藤崎遺跡第6号方形周溝墓	福岡市早良区百道2丁目2-871	墳墓	方形周溝墓（22）・組合式木棺直葬	古墳前期	22.3	「陳氏作鏡用青同　上有仙人不知　君宜高官　保子宜孫　長壽」	目録番号13・同笵鏡番号7・配置X・表現⑧	—	—
178	倭	珠文鏡	藤崎遺跡第7号方形周溝墓		墳墓	方形周溝墓（21）・周溝	古墳前期	7.0	—	珠文鏡系3式（森下91）／Ⅱ類（中山他94）／珠紋鏡系（森下02）／珠文鏡類B型？（小林10）／列状系（岩本14）	〔珠文鏡〕	前期
179	倭	珠文鏡（唐草文鏡）	藤崎遺跡第10号方形周溝墓	福岡市早良区百道2丁目	墳墓	方形周溝墓・組合式木棺直葬	古墳前期	5.8	—	—	〔珠文鏡？？〕	—
607	舶	単圏銘帯鏡	有田遺跡群第177次調査区ST001甕棺墓	福岡市早良区小田部5丁目	墳墓	無墳丘墓・土器棺	弥生中期	7.6	「内日月　心忽而不泄」	—	—	—
608	倭	弥生倭製鏡	有田遺跡群第177次調査区ST002甕棺墓		墳墓	無墳丘墓・土器棺	弥生中期	5.1	—	重圏紋鏡系小形仿製鏡第Ⅰ型b類（高木02）／重圏文系小形仿製鏡第1型う類（田尻10・12）	〔弥生倭製鏡〕	弥生

福岡

発見年	所蔵（保管）者	共伴遺物 石製品・玉類	武具・武器・馬具	ほか金属器	土器類	その他	文献	備考
1983	福岡市博物館（文化庁）	勾玉1・管玉95	細形銅剣2・細形銅矛1・細形銅戈1	—	—	—	小田富士雄・藤丸詔八郎・武末純一編1991『弥生古鏡を掘る―北九州の国々と文化―』北九州市立考古博物館	—
1983	福岡市教育委員会	—	素環頭大刀1	—	—	—	小田富士雄・藤丸詔八郎・武末純一編1991『弥生古鏡を掘る―北九州の国々と文化―』北九州市立考古博物館	—
不明	福岡市教育委員会	滑石石釧1	—	—	—	—	小田富士雄・藤丸詔八郎・武末純一編1991『弥生古鏡を掘る―北九州の国々と文化―』北九州市立考古博物館	
1952	九州大学大学院人文科学研究院考古学研究室	管玉4	—	—	—	—	森貞次郎・佐野一1968「重留箱式石棺」九州大学部学部考古学研究室編『有田遺跡』福岡市教育委員会	福岡県（筑前国）35／熟年男性骨と熟年女性骨／鏡は女性骨にともなう
1996	福岡市埋蔵文化財センター						久住猛雄編2006『元岡・桑原遺跡群』6, 九州大学統合移転用地内埋蔵文化財発掘調査報告書6, 福岡市埋蔵文化財調査報告書第909集, 福岡市教育委員会	217g / 131g
1998	福岡市教育委員会	—	剣・矛	—	甕	—	米倉秀紀編2001『羽根戸南古墳群』福岡市埋蔵文化財調査報告書第661集, 福岡市教育委員会	破鏡（2孔）の破砕副葬／「1/2の状態の時に弦側の割れ口を丁寧に磨き, 2箇所穿孔を行ったのち, 3片に分割」
1998		—	—	刀子1	—	—		—
1998	福岡市埋蔵文化財センター						星野惠美編2005『九州大学統合移転用地内埋蔵文化財発掘調査報告書 元岡・桑原遺跡群―第13・17・25・29・37次調査の報告―』福岡市埋蔵文化財調査報告書第861集, 福岡市教育委員会	〈38g〉
2007～08	福岡市教育委員会	—	—	—	—	—	西谷正編2012『伊都国の研究』学生社	
2010	福岡市埋蔵文化財センター	硬玉勾玉・水晶勾玉・碧玉管玉・琥珀棗玉・水晶切子玉・水晶丸玉・ガラス丸玉・瑪瑙小玉・ガラス小玉・銀空玉・土玉	装飾付圭頭大刀1・刀4・鉄鏃多数・胡籙・馬具	耳環・銅釧	土師器（椀）・須恵器（台付有蓋壺・杯・提瓶）	—	吉留秀敏2010「福岡市元岡古墳群G1号墳の発掘調査」九州考古学会編『平成22年度九州考古学会総会研究発表資料集』九州考古学会	—
2001～02	福岡市埋蔵文化財センター	—	—	—	須恵器（杯類）	—	池田祐司・阿部泰之編2004『橋本一丁田遺跡4』福岡市埋蔵文化財調査報告書第816集, 福岡市教育委員会	非破鏡／縁部（斜縁）のみ
1912	東京国立博物館（J6736）	—	素環頭大刀1	刀子	—	—	嶋田寅次郎1924「藤崎の石棺」『福岡県史跡名勝天然紀念物調査報告書』第1輯, 福岡県	1368g／漢式鏡789／福岡県（筑前国）33
1917(1918?)	九州大学大学院人文科学研究院考古学研究室	—	—	—	—	—	小田富士雄・藤丸詔八郎・武末純一編1991『弥生古鏡を掘る―北九州の国々と文化―』北九州市立考古博物館	漢式鏡790／福岡県（筑前国）32
不明		—	—	—	—	—	田尻義了2007「弥生時代小形仿製鏡の保有者と使用方法」『古代文化』第59巻第1号, 財団法人古代学協会	鈕欠損／2孔
1980	福岡市教育委員会	—	素環頭大刀1・鉄鏃1	鋸1・刀子1	—	—	浜石哲也編1982『福岡市西区藤崎遺跡』福岡市埋蔵文化財調査報告書第80集, 福岡市教育委員会	1058g
1980					土師器（高杯35）			—
1980		管玉1	—	—	—	—		壺井御旅山古墳鏡（大阪182）に類似
1994	福岡市埋蔵文化財センター・福岡市教育委員会						榎本義嗣編1997『有田・小田部28』福岡市埋蔵文化財調査報告書第513集, 福岡市教育委員会	58g
1994							車崎正彦編2002『考古資料大観』第5巻 弥生・古墳時代 鏡, 小学館	16g

番号	舶倭	鏡 式	出土遺跡	出土地名	遺跡内容	時 期	面径(cm)	銘 文	諸氏分類	編者分類・時期
609	倭	四獣鏡	有田・小田部遺跡群 第178次 円形周溝墓SO120	福岡市早良区南庄3丁目214他	墳墓	円形周溝墓(14)・組合式木棺直葬	古墳前期	6.8	—	—	—
609-1	倭	五弧内行花文鏡	有田・小田部遺跡群 第201次 方形周溝墓SO01	福岡市早良区南庄3丁目255他	墳墓	方形周溝墓(15)・箱形石棺	古墳前期	7.0	—	—	内行花文鏡B式	前(中)
609-2	倭	素文鏡	西新遺跡 第17次調査 1号竪穴住居	福岡市早良区西新6丁目1-10	集落	竪穴住居	古墳前期	3.2	—	—	[素文鏡]	—
609-3	鋳	弥生倭製鏡(鋳型)	飯倉D遺跡 SC246号住居跡	福岡市早良区飯倉	集落	住居	弥生後期	7.2	—	内行花文系Ⅱ型B類b(南07a)	[弥生倭製鏡(鋳型)]	弥生
609-4	鋳	弥生倭製鏡(鋳型)	飯倉D遺跡 溝SD023		集落	溝	弥生後期	7～7.5	—	—	[弥生倭製鏡(鋳型)]	弥生
180	舶	連弧文日光鏡〈1号鏡〉						5.0	「□□□光 天下大明」	—	—	—
181	舶	連弧文日光鏡〈2号鏡〉	丸尾台遺跡	福岡市城南区堤2丁目	墳墓	甕棺	弥生中期	5.0	「□日□光 □下大□」	—	—	—
182	舶	連弧文日光鏡〈3号鏡〉						5.0	「□日□□ □□大□」	—	—	—
184	舶	方格T字鏡〔1号石室〕	老司古墳			前方後円墳(75)・竪穴系横口式石室	古墳中期	11.4	—	V類(樋口79)/方格規矩文鏡類G型(小林82・10)/SD4式(松浦94)/丁群(森下98)	—	—
185	舶	芝草文鏡(唐草文鏡)	老司古墳〔2号石室〕			前方後円墳(75)・竪穴系横口式石室	古墳中期	11.5	—	変形文鏡類(小林82・10)	—	—
186	舶	三角縁王氏作徐州銘四神四獣鏡〈1号鏡〉						22.4	「王氏作竟甚大明同・・・」	目録番号79・同笵鏡番号42・配置G・表現①	—	—
187	舶	君宜高官蝙蝠座鈕八弧内行花文鏡〈2号鏡〉						12.8	「君宜高官」	蝙蝠座Ⅰ型(山本78)/Bbイ式(樋口79)	—	—
188	舶	方格規矩鏡〈3号鏡〉		福岡市南区老司571	古墳			13.0	—	方格規矩文鏡類E型(小林82・10)	—	—
189	舶	複波文縁方格規矩四神鏡〈4号鏡〉				前方後円墳(75)・竪穴系横口式石室	古墳中期	12.5	—	複波鋸歯文縁四神鏡Ⅱ or Ⅲ式(樋口79)/方格規矩文鏡類F型(小林82・10)/小型鏡(北浦92)	—	—
190	倭	捩文鏡〈5号鏡〉	老司古墳〔3号石室〕					7.9	—	重圏文鏡類(小林82・10)/F類Ⅱ2(林原90)/B型式c類(水野97)	捩文鏡B系	前(中)
191	舶	方格T字鏡〈6号鏡〉						9.2	—	博局T字鳥文鏡Ca4S類(高木91・93)/小型鏡A4型(北浦92)/SAa1式(松浦94)/丁群(森下98)/小林方格規矩文鏡類G型(小林10)	—	—
192	倭	七弧内行花文鏡〈7号鏡〉						9.4	—	七弧(樋口79)/七花文鏡(小林82・10)/B類2式(清水94)/倭鏡系(赤塚98a)/Ⅲ類基本系(林00)/内行花紋鏡D系(森下02)	内行花文鏡B式	前(中)
193	倭	五弧内行花文鏡〈8号鏡〉						9.2	—	五花文鏡(小林82・10)/B類2式(清水94)	内行花文鏡B式	前(中)
194	舶	「仿製」三角縁獣文帯三神三獣鏡	卯内尺古墳(辻山古墳)(伝)	福岡市南区老司3-665(伝)	古墳	前方後円墳?(73～78)・竪穴式石槨?	古墳	21.9	—	目録番号225・同笵鏡番号*・配置K2	—	—
195	倭	弥生倭製鏡(九弧内行花文鏡)	弥永原遺跡 2号竪穴住居跡	福岡市南区警弥郷字原	集落	竪穴住居	弥生後期	7.1	—	古式仿製鏡内行花文帯式(樋口79)/内行花文日光鏡系仿製鏡第Ⅱ型a類(高倉85・90)/連弧紋鏡系小形仿製鏡第Ⅱ型a類4(高木02)/内行花文系Ⅱ型B類a(南07a)/内行花文小形仿製鏡第2型b類(田尻10・12)	[弥生倭製鏡]	弥生
196	舶	長宜子孫八弧内行花文鏡	日佐原遺跡E群 15号石蓋土壙墓	福岡市南区日佐原	墳墓	石蓋土壙墓	弥生後期	13.5	「長宜子□」	Aaイ式(樋口79)	—	—
198	舶	八弧内行花文鏡	野多目前田遺跡第Ⅰ調査区第3号溝状遺構	福岡市南区野多目字前田・古屋敷	集落	溝	中世	18.1	「天□□□」	—	—	—
198-1	倭	弥生倭製鏡(十一弧内行花文鏡)	井尻B遺跡 17次C区SE05井戸	福岡市南区井尻1丁目	集落	井戸	弥生後期	7.4	—	内行花文系小形仿製鏡第2型a類(田尻12)	[弥生倭製鏡]	弥生

発見年	所蔵（保管）者	共伴遺物					文献	備考
		石製品・玉類	武具・武器・馬具	ほか金属器	土器類	その他		
1995	福岡市埋蔵文化財センター・福岡市教育委員会	管玉・勾玉・小玉	―	―	―	―	白井克也編1997『有田・小田部27』福岡市埋蔵文化財調査報告書第512集，福岡市教育委員会	―
2001	福岡市埋蔵文化財センター	―	―	―	―	―	米倉秀紀編2003『有田・小田部38』福岡市埋蔵文化財調査報告書第735集，福岡市教育委員会	―
2003	九州歴史資料館・福岡県教育庁文化財保護課	―	―	刀子1・棒状鉄製品2	土師器（二重口縁壺・壺・小形丸底壺・脚付小形丸底壺・甕・鉢・脚付鉢・鼓形器台・器台・小形台・高杯）・半島系土器・蛸壺	石器	重藤輝行編2006『西新町遺跡Ⅶ』福岡県文化財調査報告書第208集，福岡県教育委員会	報告者は山陰からもたらされた可能性が高いとする
1992	福岡市埋蔵文化財センター	―	―	―	―	―	比佐陽一郎2004「福岡市域出土鏡笵の概要」『鏡笵研究』Ⅰ，奈良県立橿原考古学研究所・二上古代鋳金研究会	〈340g〉
1992	福岡市埋蔵文化財センター	―	―	―	―	―		―
1963(1973?)	福岡市博物館	―	―	刀子1	―	―	小田富士雄・藤丸詔八郎・武末純一編1991『弥生古鏡を掘る―北九州の国々と文化―』北九州市立考古博物館	福岡県（筑前国）34-1
								福岡県（筑前国）34-2or3
								福岡県（筑前国）34-2or3
1966	九州大学大学院人文科学研究院考古学研究室	硬玉勾玉2・滑石勾玉23・碧玉管玉47・滑石小玉多数	刀3・剣3・鏃70～	鍬・鋤先1・斧3・曲刃鎌1・手鎌1・鉇4・鑿3・刀子34・不明鉄器1	器台1	櫛1・砥石1		122g／福岡県（筑前国）37-1
1966	所在不明（盗難）	―	三角板革綴短甲1・剣3・鉄鏃61・鉸具1	鋲状鉄器2	―	―		福岡県（筑前国）37-2／「大学紛争時に考古学研究室を占拠した学生によって3号石室出土の6・8号鏡とともに持ち去られ，所在不明」／成年後半～熟年前半の男性骨と成人男性骨
1967	九州大学大学院人文科学研究院考古学研究室	硬玉勾玉7・碧玉管玉125・ガラス管玉1・硬玉棗玉1・小玉1	三尾鉄1・肩甲1対・籠手1対・鉄草摺1・素環頭大刀1・環頭大刀1・刀4～・剣6・矛4・捩金具1・鉄鏃104～・轡4・鞍橋金具	金環2・鋤先4・鋤先1・斧11・鎌3・鉇11・鋸2・鑿6・刀子19・蕨手刀子8・鑷子2・針形鉄器2・不明鉄器24	盤状土器1	櫛1・砥石1・土器片枕1	山口譲治・吉留秀敏・渡辺芳郎編1989『老司古墳』福岡市埋蔵文化財調査報告書第209集，福岡市教育委員会	〈388g〉／福岡県（筑前国）37-6／「女性の可能性が強い」「成年」骨
								190g／福岡県（筑前国）37-3
								〈227g〉／福岡県（筑前国）37-4
								318g／福岡県（筑前国）37-5
								73g／福岡県（筑前国）37-8
	九州国立博物館（個人旧蔵）							113g／福岡県（筑前国）37-7
	九州大学大学院人文科学研究院考古学研究室							128g／福岡県（筑前国）37-9
	所在不明（盗難）							福岡県（筑前国）37-10
1887	東京国立博物館（J39134）	―	剣1・銅鏃1	―	―	―	吉留秀敏編2001『卯内尺古墳』福岡市埋蔵文化財調査報告書第690集，福岡市教育委員会	福岡県（筑前国）36
1966	福岡市博物館	―	―	―	弥生土器（壺）	石鏃	小田富士雄・藤丸詔八郎・武末純一編1991『弥生古鏡を掘る―北九州の国々と文化―』北九州市立考古博物館	福岡県（筑前国）38／同笵：タカマツノダン遺跡（長崎12）・方保田東原遺跡（熊本21）？
1958	大埋参考館（九州大学大学院人文科学研究院考古学研究室）	勾玉2・管玉15・小玉22	―	―	―	―	小田富士雄・藤丸詔八郎・武末純一編1991『弥生古鏡を掘る―北九州の国々と文化―』北九州市立考古博物館	福岡県（筑前国）39
1979	福岡市教育委員会	―	―	―	―	青白磁（13～14世紀）・奈良時代～縄文時代の遺物	埋蔵文化財研究会編1994『倭人と鏡―日本出土中国鏡の諸問題―』第2分冊 九州、四国、中国Ⅱ，第36回埋蔵文化財研究集会，埋蔵文化財研究会	破鏡（破面研磨）
2002	福岡市教育委員会	―	―	―	土器	土製鋳型（ガラス勾玉用）	横山邦継編2007『井尻B遺跡』15，福岡市埋蔵文化財調査報告書918集，福岡市教育委員会	―

番号	舶倭	鏡式	出土遺跡	出土地名	遺跡内容	時期	面径(cm)	銘文	諸氏分類	編者分類・時期	
198-2	鋳	弥生倭製鏡（鋳型）	井尻B遺跡 第6次調査 住居跡土壙10	福岡市南区井尻	集落	竪穴住居・土壙	弥生後期	約10	—	連弧紋鏡系小形仿製鏡第Ⅱ型a類2（高木02）	〔弥生倭製鏡（鋳型）〕	弥生
197	舶	三角縁画文帯五神四獣鏡	那珂八幡古墳〔2号主体部〕	福岡市博多区那珂宮の脇1-44	古墳	前方後円墳（75～）・割竹形木棺直葬	古墳前期	21.8	—	目録番号56・同笵鏡番号30・配置A'・表現⑥	—	—
199	舶	連弧文昭明鏡	宝満尾遺跡 4号土壙墓	福岡市博多区下月隈字宝満尾250他	墳墓	土壙墓	弥生後期	10.6	「内而青而以而召而明而　光而夫而日而」	—	—	—
610	舶	夔鳳鏡？	東那珂遺跡 竪穴住居SC-01	福岡市博多区東那珂1丁目423	集落	竪穴住居	古墳前期	9.4	—	—	—	—
610-1	舶	長宜子孫八弧内行花文鏡	那珂遺跡群 第69次SC041	福岡市博多区那珂1丁目590-1他	集落	竪穴住居	弥生後期	約15	「□□子孫」	—	—	—
610-2	舶？	不明	那珂遺跡群 第23次SD96	福岡市博多区那珂1丁目	集落	溝	不明	破片	—	—	—	—
611	倭	弥生倭製鏡（十弧内行花文鏡）	雀居遺跡 環壕包含層3層（SD002）	福岡市博多区雀居（福岡空港内）	集落	溝	弥生後期	9.1	—	内行花文日光鏡系仿製鏡A-2類（松本08）／内行花文系小形仿製鏡第2型b類（田尻10・12）	〔弥生倭製鏡〕	弥生
611-1	舶	上方作系浮彫式獣帯鏡？	博多遺跡群 第147次2区4面上包含層	福岡市博多区祇園町4-9	集落	遺物包含層	不明	8.2	—	—	—	—
611-2	倭	素文鏡	博多遺跡群 第203次	福岡市博多区祇園町	集落	不明	古墳	2.1	—	—	〔素文鏡〕	—
611-3	倭	弥生倭製鏡（七弧内行花文鏡）	比恵遺跡 第91次調査Ⅱ区現代基礎攪乱	福岡市博多区博多駅南4丁目168-1・2	集落	攪乱	現代	6.9	—	内行花文日光鏡系仿製鏡B-3a①類（松本08）／内行花文系小形仿製鏡第2型c類（田尻10・12）	〔弥生倭製鏡〕	弥生
611-4	舶	不明	東平尾大谷遺跡 A区南側斜面	福岡市博多区東平尾	集落	遺物包含層	弥生後期	12～13	—	—	—	—
611-5	踏	盤龍鏡	文珠谷共有山林	福岡市博多区立花寺字文殊谷	不明	不明	不明	8.7	—	—	—	—
200	舶	方格規矩鏡	蒲田水ヶ元遺跡 住居跡柱穴	福岡市東区蒲田字水ヶ元	集落	竪穴住居（柱穴）	弥生～古墳	10.5	—	—	—	—
201	舶	三角縁天王日月・獣文帯三神三獣鏡	天神森古墳	福岡市東区蒲田字天神森1620	古墳	前方後円墳・不明	古墳	22.6	「天王日月」	目録番号105・同笵鏡番号60・配置K1・表現③	—	—
202	舶	盤龍鏡					9.9	—	単頭式（辻田09）	—	—
203	舶	三角縁天・王・日・月・獣文帯二神二獣鏡	香住ヶ丘3丁目古墳（香住ヶ丘古墳）	福岡市東区香住ヶ丘3丁目	古墳	粘土槨	古墳	21.0	「天王日月」	目録番号95・同笵鏡番号53・配置J1・表現⑤	—	—
204	舶	三角縁吾作九神三獣鏡	名島古墳	福岡市東区名島4丁目	古墳	前方後円墳（30）・木棺直葬？	古墳前期	22.2	「吾作□□□□　長保二親宜子孫　浮由天下敷□海　君宜高官」	目録番号108・同笵鏡番号61・配置L1・表現他	—	—
204-1	倭	不明	鴻臚館跡 6次調査	福岡市中央区城内	古墳	前方後円墳（30）・木棺直葬？	古墳	破片	—	—	—	—
206	舶？	円座鈕七弧内行花文鏡	原門遺跡 第8号土壙墓	大野城市瓦田字原門487	墳墓	土壙墓	不明	9.8	—	円座Ⅰ型c類（山本78）／七弧（樋口79）／B類（H類）（清水94）	—	—
307	倭	〔弥生倭製鏡〕	原門遺跡	大野城市瓦田字原門	墳墓	不明	弥生中～後期	7.5	—	—	—	—
207	舶	三角縁天王・日月・獣文帯四神四獣鏡	御陵古墳群赤坂山支群（御陵古墳・韓人池古墳）（推定）	大野城市中字御陵（推定）	古墳	円墳・箱形石棺？	古墳前期	21.9	「天王日月」	目録番号70・同笵鏡番号37・配置F1・表現②	—	—
282	舶	長宜子孫八弧内行花文鏡	御陵6号墳〔第2主体部〕	大野城市中字御陵	古墳	組合式木棺直葬	古墳前期	約13	「長□□孫」	—	—	—
283	舶	〔方格規矩鏡〕	御陵古墳群（伝）	大野城市中字御陵（伝）	古墳	不明	古墳	不明	—	—	—	—

発見年	所蔵（保管）者	共伴遺物					文献	備考
		石製品・玉類	武具・武器・馬具	ほか金属器	土器類	その他		
1995	福岡市埋蔵文化財センター	―	―	―	―	―	比佐陽一郎 2004「福岡市域出土鏡笵の概要」『鏡笵研究』Ⅰ，奈良県立橿原考古学研究所・二上古代鋳金研究会	12.1×4.6×2.2cm
1985	福岡市教育委員会	硬玉勾玉1・碧玉管玉2・ガラス小玉1	―	―	―	―	井沢洋一・米倉秀紀編 1986『那珂八幡古墳 昭和59・60年度の重要遺跡確認調査及び緊急調査概報』福岡市埋蔵文化財調査報告書第141集，福岡市教育委員会	1059g
1972	福岡市博物館（福岡市立歴史資料館旧蔵）	―	―	―	―	―	小田富士雄・藤丸詔八郎・武末純一編 1991『弥生古鏡を掘る―北九州の国々と文化―』北九州市立考古博物館	福岡県（筑前国）40
1993	福岡市埋蔵文化財センター・福岡市教育委員会	―	―	―	土師器・須恵器	―	吉武学編 1995『福岡市 東那珂遺跡1』福岡市埋蔵文化財調査報告書第400集，福岡市教育委員会	破鏡（1孔）
1999	福岡市埋蔵文化財センター	―	―	―	椀・器台	―	長家伸編 2004『那珂34―那珂遺跡群第69次調査報告―』福岡市埋蔵文化財調査報告書第800集，福岡市教育委員会	破面研磨の可能性／住居内に人為的に埋納したもの
不明	福岡市埋蔵文化財センター	―	―	―	―	―	福岡市教育委員会編 1991『那珂遺跡 那珂遺跡群第23次調査の報告その1』福岡市埋蔵文化財調査報告書第254集，福岡市教育委員会	縁部片／加藤一郎氏教示
1993	福岡市教育委員会	―	―	―	土器	木製品多数（短甲1・盾2・案等）	松村道博編 1995『雀居遺跡3』福岡市埋蔵文化財調査報告書第407集，福岡市教育委員会	141g
2004	福岡市埋蔵文化財センター	―	―	―	―	―	大塚紀宜編 2006『博多106』福岡市埋蔵文化財調査報告書第892集，福岡市教育委員会	破鏡（2孔）
2015	福岡市埋蔵文化財センター						ジャパン通信社編 2015『月刊文化財発掘出土情報』2015年4月号，ジャパン通信社	―
2004	福岡市埋蔵文化財センター						山崎龍雄編 2006『比恵42』福岡市埋蔵文化財調査報告書第898集，福岡市教育委員会	74g
1984	福岡市教育委員会				弥生土器		大庭康時・力武卓治・田崎博之 1990『席田遺跡群』Ⅳ，福岡市埋蔵文化財調査報告書第218集，福岡市教育委員会	縁部片／洗浄時に発見
1902	東京国立博物館〈J2184〉	―	―	―	―	―	後藤守一 1926『漢式鏡』日本考古学大系，雄山閣	漢式鏡753
1984	福岡市教育委員会	―	―	―	土器	―	小田富士雄・藤丸詔八郎・武末純一編 1991『弥生古鏡を掘る―北九州の国々と文化―』北九州市立考古博物館	福岡県（筑前国）42／研磨
昭和以降（1970?）	福岡市博物館	―	―	―	―	―	下條信行 1977「考古学・粕屋平野―新発見の鋳型と鏡の紹介をかねて―」『福岡市立歴史資料館研究報告』第1集，福岡市立歴史資料館	福岡県（筑前国）41-1／福岡県（筑前国）41-2
1956	香椎宮						三島格他編 1973『展示品図録（1）』福岡市立歴史博物館	福岡県（筑前国）43
1978	福岡市博物館	―	剣or槍2～3	―	―	―	池崎譲二編 1990『名島古墳調査報告』福岡市立歴史資料館研究報告第14集，福岡市立歴史資料館	福岡県（筑前国）44
不明	福岡市教育委員会	―	―	―	―	―	福岡市教育委員会編 2012『史跡鴻臚館跡 南館部分の調査』福岡市埋蔵文化財調査報告書第1175・1213・1248集，福岡市教育委員会	縁部片／加藤一郎氏教示
1958	個人	―	―	鋲	―	―	鈴木基親・渡辺正気 1958「福岡県筑紫郡大野町原門所在箱式石棺群出土の内行花文鏡」『九州考古学』第5・6号，九州考古学会	福岡県（筑前国）53
昭和以降	福間町歴史資料館						白石太一郎・設楽博己編 1994『弥生・古墳時代遺跡出土鏡データ集成』（『国立歴史民俗博物館研究報告』第56集），国立歴史民俗博物館	―
1802	大野城市教育委員会	―	刀	―	―	―	舟山良一編 1984『御陵古墳群』大野城市文化財調査報告書第13集，大野城市教育委員会	福岡県（筑前国）54
1981	大野城市教育委員会	翡翠勾玉1	剣1	―	―	―	太宰府市史編集委員会編 1992『太宰府市史』考古資料編，太宰府市	割れ口は古い／破鏡か
不明	所在不明						白石太一郎・設楽博己編 1994『弥生・古墳時代遺跡出土鏡データ集成』（『国立歴史民俗博物館研究報告』第56集），国立歴史民俗博物館	鍍金と伝える

番号	舶倭	鏡式	出土遺跡	出土地名	遺跡内容	時期	面径(cm)	銘文	諸氏分類	編者分類・時期	
210	?	〔内行花文鏡〕	釜蓋?（伝）	大野城市大城（伝）	墳墓	土壙墓	弥生	不明	―		―	―
284	舶	〔内行花文鏡?〕	平ノ隈遺跡（伝）	大野城市（伝）	墳墓	箱形石棺	弥生後期	不明	―		―	―
288	舶	不明	仲島遺跡（51）7区 SK287	大野城市仲畑2丁目185	集落	土壙	弥生後期～	8～9	―		―	―
288-1	舶	四禽鏡	古野遺跡8号墳	大野城市乙金		円墳（8）・竪穴系横口式石室	古墳中期	7.0	―		―	―
288-2	舶	六弧内行花文鏡	幣ノ隈箱形石棺	大野城市	墳墓	箱形石棺	古墳	9.8	―		―	―
208	舶	星雲文鏡	峯遺跡	筑紫野市	墳墓	甕棺	弥生中期	10.3	―		―	―
209	舶	不明	針摺峠山遺跡1号墳	筑紫野市針摺東字峠山	墳墓	方形周溝墓（12）・壺棺	古墳前期	破片	―		―	―
211	舶	双頭龍文鏡?	鷺田山遺跡中世土壙	筑紫野市武蔵字鷺田山	土壙	中世土壙	中世	7.1	「位至三公」	III式（樋口79）	―	―
212	倭	弥生倭製鏡（八弧内行花文鏡）	八隈8号墳	筑紫野市武蔵字八隈	古墳	円墳（9）・墓道埋土中	不明	7.6	―	内行花文日光鏡系仿製鏡第II型a類（高倉85・90）／内行花文系小形仿製鏡第2型b類（田尻10・12）	〔弥生倭製鏡〕	弥生
213	舶	三角縁長・宜・子・孫・獣文帯三神三獣鏡						22.6	「長宜子孫」	目録番号102・同笵鏡番号57・配置K1・表現⑯	―	―
214	舶	三角縁天・王・日・月・獣文帯三神三獣鏡	原口古墳	筑紫野市武蔵字原口	古墳	前方後円墳（81）・木棺直葬 or 粘土槨	古墳前期	21.9	「天王日月」	目録番号109・同笵鏡番号62・配置L1・表現⑯	―	―
215	舶	三角縁天王日月・獣文帯三神三獣鏡						22.6	「天王日月」	目録番号105・同笵鏡番号60・配置K1・表現③	―	―
216	舶	蝙蝠座鈕八弧内行花文鏡	御笠地区遺跡F地区70号トレンチ（3号住居跡）	筑紫野市阿志岐字ナタ田	集落	竪穴住居	弥生末期	13.6	「長宜□□」	―	―	―
217	倭	弥生倭製鏡	御笠地区32号住居跡（御笠地区遺跡G地区 SX32）	筑紫野市阿志岐字上島	集落	竪穴住居	弥生末期	4.4	―	重圏文系小形仿製鏡第1型え類（田尻10・12）	〔弥生倭製鏡〕	弥生
292	舶	蝙蝠座鈕式鏡	阿志岐B24号墳	筑紫野市阿志岐	古墳	方墳（8）・粘土槨	古墳前期	11.0	―	―	―	―
305	舶	重圏昭明鏡	隈・西小田遺跡第13地点第23号甕棺墓	筑紫野市西小田	墳墓	墳墓・大形甕棺	弥生中期	9.9	「内青質以昭明　光夫日　心忽揚而願忠　壅塞而不泄」（外銘）／「見久相見　長母相忘」（内銘）			
310	?	不明	隈・西小田地区遺跡第10地点5号墳	筑紫野市隈	古墳	方墳・石棺	古墳前期	不明	―	―	―	―
616	倭	弥生倭製鏡	貝元遺跡312号住居	筑紫野市古賀字ヘボノ木88-1他	集落	竪穴住居	弥生後期	8.4	擬銘	内行花文系小形仿製鏡第1型（田尻10・12）	〔弥生倭製鏡〕	弥生
617	倭	弥生倭製鏡	貝元遺跡13号溝		集落	溝	奈良	7.1	―	内行花文系小形仿製鏡第2型（田尻10・12）	〔弥生倭製鏡〕	弥生
617-1	倭	弥生倭製鏡（七弧内行花文鏡）	日焼遺跡3号住居跡	筑紫野市岡田	集落	竪穴住居	弥生後期	6.8	―	内行花文系小形仿製鏡第3型a類（田尻10・12）	〔弥生倭製鏡〕	弥生
218	舶	内行花文鏡	油田1号墳	筑紫郡那珂川町後野字大万寺裏	古墳	円墳（20）・組合式木棺直葬	古墳前期	9.0	―	B類（清水94）	―	―
219	倭	珠文鏡	恵子若山古墳	筑紫郡那珂川町恵子字若山	古墳	円墳（17）・粘土槨	古墳前期	7.2	―	珠文鏡類A型（小林82・10）／I類（中山他94）／珠紋鏡系（森下02）	〔珠文鏡〕	前期?
220	舶	三角縁陳是作六神四獣鏡	妙法寺2号墳〔第1主体部〕	筑紫郡那珂川町恵子字妙法寺	古墳	前方後方墳（18）・粘土槨	古墳前期	21.9	「陳是作竟甚大好　上有戲守及龍虎　身有文章口衛巨　古有聖人東王父　渇飲玉漿飢食棗」／「君」「宜」「高」「官」（方格銘）	目録番号58・同笵鏡番号＊・配置A'・表現⑥	―	―

福岡

発見年	所蔵（保管）者	共伴遺物 石製品・玉類	武具・武器・馬具	ほか金属器	土器類	その他	文献	備考
不明	所在不明	―	―	―	―	―	岡崎敬編1979『日本における古鏡 発見地名表 九州地方Ⅱ』東アジアより見た日本古代墓制研究	福岡県（筑前国）55
不明	所在不明	―	―	―	―	―	舟山良一編1984『御陵古墳群』大野城市文化財調査報告書第13集，大野城市教育委員会	―
1986	大野城市教育委員会	―	―	―	壺・鉢	―	向直也編1993『仲島遺跡Ⅺ』大野城市文化財調査報告書第37集，大野城市教育委員会	破片／「断面形と直径から考えると，新しい型式の方格規矩鏡あるいは獣帯鏡であろうという」
2011	大野城市教育委員会	ガラス小玉100〜	剣・鉄鏃	鋤先・鎌・銅鈴	須恵器（壺）	―	ジャパン通信社編2012『月刊文化財発掘出土情報』2012年2月号，ジャパン通信社	―
不明	所在不明	―	―	―	―	―	―	―
1857	所在不明（太宰府神社旧蔵）	―	中細銅剣1	―	―	―	青柳種信・鹿島九平太1976『柳園古器略考・鉾の記』（復刻版）文献出版	福岡県（筑前国）56
1972	九州歴史資料館	ガラス小玉	―	鎌	―	―	柳田康雄1982「三・四世紀の土器と鏡―「伊都」の土器からみた北部九州―」森貞次郎博士古稀記念論文集刊行会編『森貞次郎博士古稀記念 古文化論集』下巻，森貞次郎博士古稀記念論文集刊行会	福岡県（筑前国）57／破鏡（縁部・3孔）／上方作系浮彫式獣帯鏡か
1972	福岡県教育委員会	―	―	―	―	―	岡崎敬編1979『日本における古鏡 発見地名表 九州地方Ⅱ』東アジアより見た日本古代墓制研究	福岡県（筑前国）58
1974	ふるさと館筑紫野	―	―	―	弥生土器	―	酒井仁夫・松村一良編1976『九州縦貫自動車道関係埋蔵文化財調査報告』Ⅶ，福岡県教育委員会	福岡県（筑前国）59
1932	東京国立博物館〈J21811〉	管玉&丸玉5	刀2	斧4	―	―	嶋田寅次郎1935「異例の古墳」『福岡県史蹟名勝天然紀念物調査報告書』第十輯，福岡県	858g／福岡県（筑前国）60-1
1932	東京国立博物館〈J21812〉							954g／福岡県（筑前国）60-2
	個人							福岡県（筑前国）60-3
1977	筑紫野市教育委員会	―	―	―	壺・鉢・高杯	―	小田富士雄・藤丸詔八郎・武末純一編1991『弥生古鏡を掘る―北九州の国々と文化―』北九州市立考古博物館	福岡県（筑前国）64 ?／破鏡（破面研磨）
1981・82	筑紫野市教育委員会	―	―	―	―	―		―
1981	筑紫野市教育委員会	―	―	―	―	―	山野洋一編1982『阿志岐古墳群（阿志岐古墳群B群第21〜25号墳の調査）』筑紫野市文化財調査報告書第7集，筑紫野市教育委員会	破鏡（破面研磨・1孔）
1988	筑紫野市教育委員会	―	銅剣1・矛1	―	―	ゴホウラ貝輪38	筑紫野市立歴史民俗資料館編1988『特別企画展 弥生の地宝を掘る―筑紫野の首長墓と銅戈群―』筑紫野市立歴史民俗資料館	―
1986	筑紫野市教育委員会	―	―	―	―	―	白石太一郎・設楽博己編1994『弥生・古墳時代遺跡出土鏡データ集成』（『国立歴史民俗博物館研究報告』第56集），国立歴史民俗博物館	―
1995〜96	福岡県教育委員会	―	―	―	壺・甕	―	中間研志編1998『貝元遺跡Ⅱ』上巻，福岡県教育委員会	―
1995〜96	福岡県教育委員会	―	―	―	―	―		―
不明	筑紫野市教育委員会？	―	―	―	土器	―	筑紫野市史編さん委員会編2001『筑紫野市史』資料編（上）考古資料，筑紫野市	―
1968	所在不明（福岡県教育委員会？）	―	鉄鏃片2	―	土師器片	―	渡辺正気・柳田康雄編1969『油田古墳群』福岡県文化財調査報告第42集，福岡県教育委員会	福岡県（筑前国）65／4分の1程度の破片
1974	九州大学大学院人文科学研究院考古学研究室	ガラス小玉1	―	―	―	―	岩崎二郎編1975『恵子若山遺跡 福岡県筑紫郡那珂川町恵子所在墳墓群の調査』東洋開発株式会社	〈48g〉／福岡県（筑前国）66
1980	那珂川町教育委員会	碧玉勾玉1・碧玉管玉4・ガラス小玉7	―	斧1・鉇1・刀子1	―	―	沢田康夫編1981『妙法寺古墳群』那珂川町文化財調査報告書第7集，那珂川町教育委員会	―

番号	舶倭	鏡式	出土遺跡	出土地名	遺跡内容	時期	面径(cm)	銘文	諸氏分類	編者分類・時期	
285	舶	斜縁四獣鏡	エゲ古墳	筑紫郡那珂川町松木字エゲ	方墳(15)・粘土槨	古墳前期	12.9	—	獣形文鏡ⅠD類(赤塚98b)	—	—
612	舶	四葉座鈕内行花文鏡	仲遺跡	筑紫郡那珂川町仲268-1	集落	田の床土(包含層)	古墳	破片	—	—	—
221	倭	珠文鏡	成屋形遺跡B号石棺	太宰府市水城字成屋形	墳墓	低墳丘墓・竪穴式石槨(石棺?)	古墳中期	7.0	—	珠文鏡Ⅱ類(樋口79)／珠文鏡類B型(小林82・10)／Ⅱ類(中山他94)	〔珠文鏡〕	前期
222	倭	珠文鏡	成屋形遺跡C号石棺	太宰府市水城字成屋形	墳墓	低墳丘墓・竪穴式石槨	古墳中期	7.1	—	珠文鏡Ⅰ類(樋口79)／獣帯鏡類C型(小林82・10)／Ⅰ類(中山他94)／珠紋鏡系(森下02)	〔珠文鏡〕	前期?
223	舶	方格規矩鏡	菖蒲浦1号墳〔1号主体部〕	太宰府市高雄字菖蒲浦	古墳	円墳or方墳・粘土槨	古墳中期	14.4	あり(不詳)	—	—	—
224	踏	長宜子孫内行花文鏡	太宰府市太宰府町(伝)	太宰府市(伝)	不明	不明	—	不明	「長宜子孫」	—	—	—
225	舶	太山作唐草文縁浮彫式獣帯鏡	宮ノ本12号墳	太宰府市向佐野字前田	古墳	円墳(16)・粘土槨	古墳前期	12.9	「太山作竟真大巧　上有仙人不知老　渇飲玉泉飢食棗」	—	—	—
302	倭	珠文鏡	宮ノ本5号墳〔第1主体部〕	太宰府市向佐野字宮ノ本・長浦・日焼	古墳	方墳(9)・木蓋土壙墓	古墳前〜中期	4.8	—	珠文鏡系2式(森下91)／Ⅰ類(中山他94)／珠紋鏡系(森下02)	〔珠文鏡〕	前期
302-1	倭	弥生倭製鏡	宮ノ本遺跡第6次調査SI045内土壙	太宰府市向佐野字宮ノ本197他	集落	住居内土壙	弥生後期	7.0	—	内行花文系小形仿製鏡第2型a類(田尻10・12)	〔弥生倭製鏡〕	弥生
615	倭	〔弥生倭製鏡〕	前田遺跡住居跡屋内ピット	太宰府市大佐野字前田	集落	ピット	弥生後期	完形	—	—	—	—
226	舶	〔内行花文鏡〕	金塚(伝)	太宰府市(伝)	墳墓	土器棺	弥生後期	13.0	—	—	—	—
227	舶	草葉文鏡	筑紫郡(伝)	太宰府市(伝)	不明	不明	13.8	「見日之日　長樂未央」	—	—	—	
227-1	舶	方格規矩鏡	太宰府市?(九州(伝))	太宰府市?(九州(伝))	不明	採集品	不明	13.9	—	—	—	—
227-2	倭	珠文鏡	太宰府市?(九州(伝))	太宰府市?(九州(伝))	不明	採集品	不明	9.2	—	Ⅳ類(中山他94)	〔珠文鏡〕	—
227-3	倭	珠文鏡	太宰府市?	太宰府市?	不明	採集品	不明	6.4	—	Ⅱ類(中山他94)	〔珠文鏡〕	—
227-4	倭	珠文鏡	太宰府市?	太宰府市?	不明	採集品	不明	6.0	—	Ⅰ類(中山他94)	〔珠文鏡〕	—
227-5	倭	捩文鏡	太宰府市?	太宰府市?	不明	採集品	不明	7.1	—	Ⅰ型(藤岡91)	捩文鏡B系?	前(中)
227-6	倭	十三乳文鏡	太宰府市?	太宰府市?	不明	採集品	不明	9.1	—	Ⅰ類?(中山他94)	〔乳脚文鏡〕	後期
227-7	倭	弥生倭製鏡(九弧内行花文鏡)	太宰府市?	太宰府市?	不明	採集品	不明	7.7	—	内行花文日光鏡系仿製鏡第Ⅱ型a類(高倉85・90)／内行花文小形仿製鏡第2型b類(田尻10・12)	〔弥生倭製鏡〕	弥生
227-8	倭	夔龍鏡	不明	不明	不明	不明	不明	17.5	—	—	夔龍鏡A系	前(中)
228	倭	弥生倭製鏡(六弧内行花文鏡)	酒殿宮崎遺跡	糟屋郡粕屋町酒殿字宮崎	墳墓	箱形石棺	弥生後期	7.2	—	古式仿製鏡重弧内行花文帯式(樋口79)／内行花文日光鏡系仿製鏡第Ⅱ型b類(高倉85・90)／内行花文小形仿製鏡第3型a類(田尻10・12)	〔弥生倭製鏡〕	弥生
229	舶	獣首鏡					10.7	「位□□公」	Ⅲ式(樋口79)	—	—
230	倭	重圏文鏡	鬼の首古墳(鬼首古墳)	糟屋郡粕屋町仲原字鬼首	古墳	円墳・箱形石棺	古墳前〜中期?	7.5	—	重圏文鏡類(小林82・10)／C類(林原90)／Ⅰ型(藤岡91)／3b類(脇山15)	〔重圏文鏡〕	前期
231	舶	蝙蝠座鈕八弧内行花文鏡	上大隈平塚古墳	糟屋郡粕屋町大隈字上大隈	古墳	円墳(18)・箱形石棺	弥生末期	13.6	「□□子□」	—	—	—
232	倭	〔珠文鏡〕	大隈・大間(焼池山古墳)(伝)	糟屋郡粕屋町大隈・大間(伝)	古墳?	不明	古墳	9.5	—	—	—	—
233	倭	七弧内行花文鏡	七夕池古墳	糟屋郡志免町田富字七夕谷511-1	古墳	円墳(29)・竪穴式石槨(組合式木棺)	古墳中期	12.2	—	E類(清水94)	内行花文鏡B式	中期

発見年	所蔵（保管）者	共伴遺物 石製品・玉類	武具・武器・馬具	ほか金属器	土器類	その他	文献	備考
1988	那珂川町教育委員会・九州国立博物館	翡翠勾玉1・ガラス小玉7	剣3・鉄鏃約30	斧1・鉇3・鋸1・錐1・小形鑿状工具1・不明工具2	―	―	宮原千佳子他編1990『カクチガ浦遺跡群』那珂川町文化財調査報告書第23集，那珂川町教育委員会	230g／同型：鏡塚古墳（茨城9）・丸山1号墳（兵庫179）
1995	那珂川町教育委員会文化財調査事務所	―	―	―	―	―	茂和敏編1996『仲遺跡Ⅱ』那珂川町文化財調査報告書第38集，那珂川町教育委員会	破鏡（破面研磨）
1930	九州大学大学院人文科学研究院考古学研究室	―	―	―	―	―	佐賀県立博物館編1979『鏡・玉・剣―古代九州の遺宝―』佐賀県立博物館	福岡県（筑前国）67-1
1930		―	―	―	―	―		福岡県（筑前国）67-2
1975	九州歴史資料館	滑石勾玉1・滑石臼玉多数	刀1・剣1	鋤先1・斧1・鉇1・刀子1・針1	―	櫛7	太宰府市史編集委員会1992『太宰府市史』考古資料編，太宰府市	福岡県（筑前国）65／「規矩のうち矩だけしかなく、四神・四獣もない」
不明	個人	―	―	―	―	―	岡崎敬編1979『日本における古鏡 発見地名表 九州地方Ⅱ』東アジアより見た日本古代墓制研究	福岡県（筑前国）66
1991	太宰府市教育委員会	―	―	刀子	土師器（杯）	―	太宰府市史編集委員会1992『太宰府市史』考古資料編，太宰府市	―
1979		―	―	―	―	―		―
不明	太宰府市教育委員会？	―	―	―	―	―	九州考古学会事務局・九州考古学会第5回夏期大会佐賀県実行委員会編2013『平成25年度九州考古学会大会 弥生時代後期青銅鏡を巡る諸問題』九州考古学会	
不明	太宰府市教育委員会	―	―	―	―	―	太宰府市史編集委員会1992『太宰府市史』考古資料編，太宰府市	―
不明	所在不明（梅原末治旧蔵）	―	―	―	―	―	梅原末治1962「日本出土の中国の古鏡（一）―特に漢中期より後半代の古鏡―」『考古学雑誌』第47巻第4号，日本考古学会	福岡県（筑前国）67
不明	八王子市郷土資料館（個人旧蔵）						小川貴司編1988『井上コレクション 弥生・古墳時代資料図録』言叢社	289g／福岡県（筑前国）68
不明	九州歴史資料館（個人旧蔵）							
不明								
不明							横田義章他編1982『九州歴史資料館収蔵資料目録』1，九州歴史資料館資料館普及会	―
不明								
不明								
不明							横田義章他編1982『九州歴史資料館収蔵資料目録』1，九州歴史資料館資料館普及会	
不明	太宰府神社宝物殿？	―	―	―	―	―	―	―
1953	九州大学大学院人文科学研究院考古学研究室	勾玉1・管玉2・小玉20	―	―	―	―	高倉洋彰1990『日本金属器出現期の研究』学生社	福岡県（筑前国）69-1
							小田富士雄・藤丸詔八郎・武末純一編1991『弥生古鏡を掘る―北九州の国々と文化―』北九州市立考古博物館	福岡県（筑前国）69-2
1913	東京国立博物館〈J7617〉	硬玉管玉1・碧玉管玉8・管玉17	―	刀子片	―	綜麻石1？	林原利明1990「弥生時代終末～古墳時代前期の小形仿製鏡について―小形重圏文仿製鏡の様相―」『東国論』第5号，群馬考古学研究会	漢式鏡752／福岡県（筑前国）70
1953	九州大学大学院人文科学研究院考古学研究室	碧玉管玉17	―	―	―	―	小田富士雄・藤丸詔八郎・武末純一編1991『弥生古鏡を掘る―北九州の国々と文化―』北九州市立考古博物館	福岡県（筑前国）71／割れ口は耕しい
不明	所在不明	―	―	―	―	―	岡崎敬編1979『日本における古鏡 発見地名表 九州地方Ⅱ』東アジアより見た日本古代墓制研究	福岡県（筑前国）72
1973	志免町歴史資料館	滑石琴柱形石製品2・硬玉勾玉1・碧玉勾玉2・滑石臼玉3048～・滑石管玉6・ガラス小玉2	刀1	銅環1・鉄環1・刀子1・蕨手刀子1・針2	―	堅櫛6	橋口達也・佐々木隆彦他編2001『国指定史跡 七夕池古墳』志免町文化財調査報告書第12集，志免町教育委員会	福岡県（筑前国）73／老年女性骨

番号	舶倭	鏡式	出土遺跡	出土地名	遺跡内容	時期	面径(cm)	銘文	諸氏分類	編者分類・時期	
290	倭	四獣鏡	萱葉1号墳	糟屋郡志免町志免	円墳(20)・組合式木棺直葬(礫床付)	古墳中期	10.4	―	―	獣像鏡Ⅲ系	前(中)
234	倭	盤龍鏡	乙植木3号墳	糟屋郡須恵町植木字山城戸	円墳(18)・横穴式石室(組合式木棺)	古墳中～後期?	11.7	―	変形文鏡類(小林82・10)／盤龍鏡B系(森下02)	盤龍鏡Ⅰ系	前(新)～
235	倭	珠文鏡					8.4	―	珠文鏡類B型(小林82・10)／珠文鏡系4b式(森下91)／AC-D類(脇山13)	〔珠文鏡〕	―
236	倭	〔獣形鏡〕	鹿部(伝)	糟屋郡古賀町鹿部(伝)	不明	古墳	11.0	―	―	―	―
237	舶	長宜子孫蝙蝠座鈕八弧内行花文鏡	神領2号墳	糟屋郡宇美町宇美字西明寺	円墳(30)・粘土槨	古墳前期	11.6	「長宜子孫」	―	―	―
287	倭	〔七弧内行花文鏡〕	正籠3号墳	糟屋郡宇美町宇美字正籠	前方後円墳(33)・横穴式石室(組合式木棺)	古墳後期	7.4	―	―	―	―
631	倭	弥生倭製鏡(六弧内行花文鏡)	夜臼三代地区遺跡群(耳代貝塚・立花貝塚)包含層	糟屋郡新宮町三代字大森	集落 遺物包含層	弥生後期	8.2	―	内行花文系Ⅳ型B類(南07a)／内行花文小形仿製鏡第4型(田尻10・12)	〔弥生倭製鏡〕	弥生
631-1	倭	四獣鏡?	人丸古墳	糟屋郡新宮町下府	円墳(20)・箱形石棺	古墳	10.8	―	―	―	―
241・286	舶	細線式獣帯鏡	立石遺跡	春日市春日	墳墓 大形甕棺	弥生後期	12.0	―	―	―	―
241-1	舶	不明	立石遺跡円墳盗掘孔	春日市春日	円墳(10)・横穴式石室	古墳後期	12.5	―	―	―	―
308	倭	複線波文鏡	向谷1号墳〔1号主体部〕	春日市春日字向谷	方墳(15)・割竹形木棺直葬	古墳中期	6.3	―	―	―	前期
309	倭	捩文鏡	向谷1号墳〔2号主体部〕		方墳(15)・割竹形木棺直葬	古墳中期	9.5	―	―	捩文鏡C系	前(新?)
242	倭	獣像鏡	日拝塚古墳	春日市下白水	前方後円墳(35)・横穴式石室(組合式木棺)	古墳後期	13.0	―	Bf型式(加藤14)	〔旋回式獣像鏡〕	後期
242-1	舶	内行花文鏡	天神ノ木遺跡	春日市上白水	集落 竪穴住居	弥生後期	13.9	―	―	―	―
255	舶	内行花文鏡?	昇町遺跡(日佐原遺跡)(伝)	春日市昇町(伝)	不明	弥生後期?	12.9	―	―	―	―
256	舶	連弧文日光鏡	須玖岡本遺跡B地点	春日市岡本5丁目	墳墓 大形甕棺	弥生中期	7.9	「見□之□ 長□□忘」	―	―	―
257	舶	方格規矩鏡			墳墓 甕棺	弥生中期	13.9	「日有熹月有富 □□ □□□□ □□ □□ 憂患樂巳未央」	第四式(Ⅱ)(山越74)／方格規矩博文鏡(樋口79)	―	―
258	倭	弥生倭製鏡(内行花文鏡)	須玖岡本遺跡B地点(採集)		不明	弥生後期	7.8	―	古式仿製鏡内行花文帯式(樋口79)／内行花文日光鏡仿製鏡第Ⅱ型a類(高倉85・90)／内行花文系小形仿製鏡第2型b類(田尻10・12)	〔弥生倭製鏡〕	弥生
259	倭	〔弥生倭製鏡〕	須玖岡本遺跡B地点(伝)	春日市岡本5丁目(伝)	不明	弥生	不明	―	内行花文日光鏡系仿製鏡(高倉85・90)	〔弥生倭製鏡?〕	弥生?
259-1	舶	不明	須玖岡本遺跡D地点	春日市岡本5丁目	不明	弥生中～後期	破片	―	―	―	―
260	舶	夔鳳鏡	須玖岡本遺跡D地点(伝)	春日市岡本5丁目(伝)	墳墓 大形甕棺・支石墓	弥生中～後期	14.3	「位至三公」／「君宜市」	AA平素縁式(樋口79)／ⅠA1bイ型式(岡内96)／3A式(秋山98)	―	―

発見年	所蔵（保管）者	共伴遺物 石製品・玉類	共伴遺物 武具・武器・馬具	共伴遺物 ほか金属器	共伴遺物 土器類	共伴遺物 その他	文献	備考
1981	所在不明	―	剣1・鉄鏃2	鎌1・鉇1・刀子3・針3？	―	竪櫛12	柳田康雄編1984『萱葉古墳群』志免町文化財調査報告第2集，志免町教育委員会	―
1972	須恵町教育委員会	ガラス丸玉49・ガラス小玉28・ガラス栗玉296	剣3・鉄鏃15〜	銅釧1・鍬2・手斧・刀子2・鑷子1	須恵器（甕2）	釘12	石山勲1977『九州縦貫自動車道関係埋蔵文化財調査報告』X 粕屋郡須恵町所在遺跡群の調査，福岡県教育委員会	福岡県（筑前国）74-2 福岡県（筑前国）74-1
不明	個人	―	剣・鉄鏃	耳環	―	―	岡崎敬編1979『日本における古鏡 発見地名表 九州地方Ⅱ』東アジアより見た日本古代墓制研究	福岡県（筑前国）75
1978（1984?）	福岡県教育委員会	碧玉勾玉2・白瑪瑙勾玉2・滑石勾玉1・管玉16・棗玉1・白玉1000〜・ガラス玉約100	―	銅環1・刀子1・針3・鈴2	―	櫛12	平ノ内幸治編1984『神領古墳群』宇美町教育委員会	福岡県（筑前国）76
1988	宇美町教育委員会（宇美町歴史民俗資料館）	ガラス勾玉1・碧玉管玉1・水晶管玉5・水晶算盤玉1・平玉1・ガラス丸玉22・臼玉10・小玉1	素環頭大刀1・刀1・小刀2・矛1・鉄鏃21・轡10・杏葉3・鉄製輪鐙2・木心鉄板張輪鐙2・辻金具3・鉸具2	斧9・鉇1・刀子7	須恵器（短頸壺1・杯身2・杯蓋3・平瓶3・𤭯2）	―	白石太一郎・設楽博己編1994『弥生・古墳時代遺跡出土鏡データ集成』（『国立歴史民俗博物館研究報告』第56集），国立歴史民俗博物館	―
1994	新宮町教育委員会	―	―	鉄製紡錘車	―	―	西田大輔編1994『夜臼・三代地区遺跡群』新宮町埋蔵文化財調査報告書第8集，新宮町教育委員会	―
1988	新宮町立歴史資料館	琴柱形石製品・白玉	刀・剣・鉄鏃	刀子	―	竪櫛2・革製品	―	―
1934	東京国立博物館〈J36784〉（個人旧蔵）	―	―	青銅鋤先1	―	―	境靖紀編2002『立石遺跡』春日市文化財調査報告書第34集，春日市教育委員会	福岡県（筑前国）45
2000	奴国の丘歴史資料館	―	―	―	―	―		〈12g〉／縁部片／「古墳への副葬品ではなく，本来円墳周辺の弥生時代墳墓に副葬されていたものが混入した可能性が高い」
1982	春日市教育委員会	―	素環頭大刀1・剣2・鉄鏃2	斧1・鉇3・鋸1・刀子1	―	―	春日市教育委員会編1987『春日地区遺跡群Ⅴ 福岡県春日市大字春日所在遺跡の調査』春日市文化財調査報告書第17集，春日市教育委員会	―
		硬玉勾玉1・碧玉管玉2	―	鉇1・工具状鉄器1	―	―		―
1929	東京国立博物館	水晶切子玉5・琥珀棗玉3・埋木切子玉1・ガラス丸玉138・滑石臼玉12・ガラス小玉1120・銀打製棗形玉26	鍍金環頭大刀柄頭1・刀2・刀茎部4・鹿角柄短刀2・柄間装具銀線片7・矛1・石突切先片1・帯状薄金板残欠5・銀薄板1・鉄製鈴留金具53	金製垂飾付耳飾1・金環4・銀環・刀子切先片1・鉄鏃91・鉄製轡2・鉄製輪鐙6・鉄製金銅張鍍金雲珠3・青銅馬鈴3・兵庫鎖6	広口壺3・脚付壺2・高杯形器台2・高杯3・蓋1・提瓶1	―	中山平次郎・玉泉大梁・島田寅次郎1930「日拝塚」『福岡県史蹟名勝天然紀念物調査報告書』第五輯，福岡県	〈94g〉／福岡県（筑前国）47
不明	奴国の丘歴史資料館	―	―	―	―	―	―	鏡縁のみを竪穴住居内に廃棄
不明	九州歴史資料館（個人旧蔵）	―	―	―	―	―	九州歴史資料館編1989『九州歴史資料館年報 昭和63年度』九州歴史資料館	福岡県（筑前国）46／破鏡（破面研磨）
1917頃	韓国国立中央博物館	―	―	―	―	―	小田富士雄・藤丸詔八郎・武末純一編1991『弥生古鏡を掘る―北九州の国々と文化―』北九州市立考古博物館	漢式鏡767／福岡県（筑前国）48-1
1917頃		―	―	―	―	―	車崎正彦編2002『考古資料大観』第5巻 弥生・古墳時代 鏡，小学館	漢式鏡766／福岡県（筑前国）48-2
不明	九州大学玉泉館旧蔵	―	―	―	―	―	小田富士雄・藤丸詔八郎・武末純一編1991『弥生古鏡を掘る―北九州の国々と文化―』北九州市立考古博物館	福岡県（筑前国）49
不明	所在不明	―	―	―	―	―	高倉洋彰1972「弥生時代小形仿製鏡について」『考古学雑誌』第58巻第3号，日本考古学会	福岡県（筑前国）50？
不明	所在不明	―	―	―	―	―	島田貞彦1930『筑前須玖先史時代遺跡の研究』京都帝国大学文学部考古学研究報告第11冊，刀江書院	復元個体と重複の可能性あり／数面分
不明	東京国立博物館〈J20085〉（二条基弘銅駝坊陳列館旧蔵）	―	（異形銅剣1）	―	―	―		漢式鏡754／福岡県（筑前国）52

番号	舶倭	鏡式	出土遺跡	出土地名	遺跡内容	時期	面径(cm)	銘文	諸氏分類	編者分類・時期	
261	舶	円圏草葉文鏡					23.6	—	内行花文系小形仿製鏡第2型a類	—	—
262	舶	円圏草葉文鏡					23.0	—	—	—	—
263	舶	草葉文鏡					23.6	「・・・母・・・」	—	—	—
264	舶	連弧文清白鏡					17.3	「絜清白而・・・□□□□・・・外丞可説思・・・」	—	—	—
265	舶	連弧文清白鏡					破片	「・・・□□・・・□□□□□□□・・・□□・・・□□・・・□」	—	—	—
266	舶	連弧文清白鏡					16.7	「・・・□□□□□□□□・・・」	—	—	—
267	舶	連弧文昭明鏡？					破片	「・・・内清・・・」	—	—	—
268	舶	連弧文昭明鏡？					破片	「・・・而以・・・之・・」	—	—	—
269	舶	重圏精白鏡					約17.2	「・・・永思而母紀□・・・」（外銘）／「・・・明光・・・而日月心忽・・・」（内銘）	—	—	—
270	舶	重圏清白鏡					約17.2	「絜清白而・・・玄錫之流澤・・・遠而日忘□・・・」（外銘）／「・・・以昭月心・・・願忠然・・・」（内銘）	—	—	—
271	舶	重圏清白鏡					約17.2	「・・・□□而・・・」（外銘）／「・・・不泄□・・・」（内銘）	—	—	—
272	舶	重圏精白鏡					9.8	「・・・之・・・於之重・・・」	—	—	—
273	舶	重圏清白鏡	須玖岡本遺跡D地点	春日市岡本5丁目	墳墓	不明	弥生中期	破片	「・・・清白而・・・流澤・・・」（外銘）／「・・・□□□・・・」（内銘）	—	—	—
274	舶	重圏日光鏡					15.2	「・・・光・・・長・・・」	—	—	—
275	舶	重圏日光鏡					7.6	「・・・見・・・」	—	—	—
276	舶	単圏日光鏡					破片	「・・・忘・・・」	—	—	—
277	舶	星雲文鏡					15.9	—	—	—	—
278	舶	星雲文鏡					15.9	—	—	—	—
279	舶	星雲文鏡					破片	—	—	—	—
279-1	舶	星雲文鏡					破片	—	—	—	—
280	舶	星雲文鏡					15.9	—	—	—	—
281	舶	星雲文鏡					17.1	—	—	—	—
281-1	舶	星雲文鏡					不明	—	—	—	—
281-2	舶	連弧文蟠螭文鏡					10.6	—	—	—	—
281-3	舶	草葉文鏡					破片	—	—	—	—
281-4	舶	連弧文清白鏡					破片	—	—	—	—
281-5	舶	清白鏡					9.8	—	—	—	—
281-6	舶	清白鏡					破片	—	—	—	—
281-7	舶	清白鏡					破片	—	—	—	—
281-8	舶	清白鏡					7.7	—	—	—	—
281-9	舶	不明					破片	—	—	—	—
281-10	舶	不明					破片	—	—	—	—
281-11	舶	虺龍文鏡	須玖岡本遺跡	春日市岡本5丁目	不明	不明	不明	完形	—	—	—	—
613	倭	〔弥生倭製鏡〕	須玖岡本遺跡土壙墓	春日市岡本町7丁目	墳墓	地下式横穴（中世）埋土	中世	破片	—	—	〔弥生倭製鏡？〕	弥生？
613-1	倭	弥生倭製鏡	須玖岡本遺跡坂本地区第4次調査P27	春日市岡本1丁目79	集落	土壙	弥生	約8	—	内行花文系小形仿製鏡第2型a類（田尻12）	〔弥生倭製鏡〕	弥生

発見年	所蔵（保管）者	共伴遺物					文献	備考
		石製品・玉類	武具・武器・馬具	ほか金属器	土器類	その他		
1899	春日市教育委員会							福岡県（筑前国）1or2
	所在不明							
	東京大学総合研究博物館・京都大学総合博物館・中山平次郎・和田千吉・古谷清旧蔵							漢式鏡 765／福岡県（筑前国）3
	所在不明							漢式鏡 759〜761／福岡県（筑前国）9〜13
	九州大学（東京大学人類学教室旧蔵）						島田貞彦編 1930『筑前須玖先史時代遺跡の研究』京都帝国大学文学部考古学研究報告第 11 冊，刀江書院	
	京都大学（東京大学人類学教室旧蔵）							
	九州大学（中山平次郎採集）							漢式鏡 755〜758／福岡県（筑前国）4〜8
	所在不明	ガラス璧片 2・ガラス勾玉 1・ガラス管玉 12	中細銅剣 1・細形銅矛 4・中細銅矛 1・中細銅戈 1	―		―		
	所在不明（東京帝国大学旧蔵）							漢式鏡 755〜758／福岡県（筑前国）14〜16
	京都大学（島田採集）・九州大学（中山平次郎採集）							
	所在不明							福岡県（筑前国）14〜16
	所在不明（京都大学・九州大学・春日市資料館のいずれか）							
	所在不明						八木奘三郎 1910『考古精説』嵩山房	漢式鏡 762〜763／福岡県（筑前国）17〜22
	所在不明（京都大学・九州大学・春日市資料館のいずれか）							
	所在不明（許斐儀七旧蔵）							―
								―
							島田貞彦編 1930『筑前須玖先史時代遺跡の研究』京都帝国大学文学部考古学研究報告第 11 冊，刀江書院	漢式鏡 759〜761
								―
	所在不明							―
								鏡片
								鏡片
不明	所在不明	―	―	―	―	―	樋口隆康 1979『古鏡』新潮社	当遺跡出土の確証なし
不明	春日市教育委員会	―	―	―	―	―	丸山康晴他編 1995『須玖岡本遺跡』春日市文化財調査報告書第 23 集，春日市教育委員会	―
1992	春日市教育委員会	―	―	―	―	―	平田定幸編 2011『須玖岡本遺跡 4』春日市文化財調査報告書第 61 集，春日市教育委員会	福岡 613 か

番号	舶倭	鏡式	出土遺跡	出土地名	遺跡内容		時期	面径(cm)	銘文	諸氏分類	編者分類・時期	
613-2	鋳	弥生倭製鏡(鋳型)	須玖岡本遺跡坂本地区1次調査21号溝Ⅰ区	春日市岡本1丁目	集落	溝	弥生	7.7	—	連弧紋鏡系小形仿製鏡第Ⅱ型a類5(高木02)	〔弥生倭製鏡(鋳型)〕	弥生
613-3	鋳	弥生倭製鏡(鋳型)	須玖岡本遺跡坂本地区試掘調査Cトレンチ		集落	遺物包含層	弥生	8.7	—		〔弥生倭製鏡(鋳型)〕	弥生
613-4	鋳	弥生倭製鏡(鋳型)	須玖坂本遺跡B地点2次調査P15	春日市坂本	集落	溝？	弥生中期〜古墳初頭	約6	—	内行花文系Ⅱ型B類(南07a)	〔弥生倭製鏡(鋳型)〕	弥生
613-5	鋳	弥生倭製鏡(鋳型)	須玖永田A遺跡1次調査溝7		集落	遺物包含層	弥生後〜末期	約8	—		〔弥生倭製鏡(鋳型)〕	弥生
613-6	鋳	弥生倭製鏡(鋳型)	須玖永田A遺跡4次調査Ⅰ区包含層	春日市日の出町	集落	遺物包含層	弥生後期	8.5	—		〔弥生倭製鏡(鋳型)〕	弥生
613-7	鋳	多鈕細文鏡(鋳型)	須玖タカウタ遺跡	春日市須玖南	集落？	甕棺墓壙？	弥生中期	破片	—		—	—
303	舶	不明	須玖唐梨遺跡調査区西隅第9層	春日市須玖北	集落？	遺物包含層	不明	約10			—	—
303-1	鋳	弥生倭製鏡(鋳型)	野藤遺跡第4次調査	春日市須玖北8-87	集落？	溝状遺構？	中近世以降	破片	—		〔弥生倭製鏡(鋳型)〕	弥生
306	倭	弥生倭製鏡	駿河A遺跡12号住居跡	春日市原町3丁目	集落	堅穴住居	弥生後期	7.5	—	内行花文系小形仿製鏡第2型(田尻10・12)	〔弥生倭製鏡〕	弥生
614	倭	弥生倭製鏡	小倉池ノ下遺跡堅穴住居跡	春日市小倉297-1	集落	堅穴住居	弥生	7.6	—	内行花文系小形仿製鏡第2型b類(田尻10・12)	〔弥生倭製鏡〕	弥生
614-1	舶	内行花文鏡	松添遺跡	春日市小倉東	不明	水田砂層上	中世以後	11.5	—	—	—	—
614-2	舶	尚方作方格規矩四神鏡	松添遺跡	春日市小倉東	不明	水田砂層上	中世以後	15.8	「尚方作竟真大巧・・・泉飢食棗」			
248	倭	神頭鏡	上高宮古墳	宗像市田島字上高宮〔宗像郡玄海町〕	古墳	箱形石棺	古墳中期	11.6	—	神像鏡四頭式(樋口79)	神頭鏡系	前(中)
250	舶？	四獣鏡	沖ノ島宗像神社辺津宮第三宮址	宗像市田島〔宗像郡玄海町〕	祭祀	祭祀	古墳中〜後期	8.5	—	—	—	—
251	舶	細線式鳥文鏡						15.1	—	鳥紋鏡A式？(馬渕15b)	—	—
249	倭？	不明	不動塚古墳付近(伝)	宗像市吉田(伝)〔宗像郡玄海町〕	不明	不明	不明	不明	—		—	—
252	？	不明						10.9	—	—	—	—
253	？	不明	真塚古墳(伝)	宗像市牟田尻(伝)〔宗像郡玄海町〕	古墳	不明	古墳	13.6	—	—	—	—
254	？	不明						14.2	—	—	—	—
289	舶	君宜高官編蝠座鈕八弧内行花文鏡	久原遺跡Ⅲ-4号墳	宗像市久原〔宗像郡宗像町〕	古墳	粘土槨	古墳前期	12.8	「君宜高□」/「□□山石」			
293	舶	四葉座内行花文鏡	徳重高田16号墳墳丘下(Dトレンチ)	宗像市徳重字高田〔宗像郡宗像町〕	古墳	前方後円墳基底面(古墳に伴わない)	不明	破片	「君宜□□」			
637	倭	〔弥生倭製鏡〕	徳重高田16号石棺墓	宗像市徳重字高田23-2他〔宗像郡宗像町〕	墳墓	無墳丘・箱形石棺	弥生末期	7.3	—			
637-1	倭	〔獣形鏡〕	徳重本村2号墳〔後円部盛土中〕	宗像市徳重227-3〔宗像郡宗像町〕	古墳	前方後円墳(19)・後円部盛土中	古墳前期	8.7	—			
633	倭	捩文鏡	大井池ノ谷3号墳〔第2主体部〕	宗像市大井字池ノ谷562-1他	古墳	円墳(15)・箱形石棺	古墳中期	7.7	—		捩文鏡B系？	前(中)
634	倭	捩文鏡	田熊下平井1号墳〔第1主体部〕	宗像市田熊字下平井	古墳	円墳(15)・箱形石棺	古墳中期	8.2	—		捩文鏡E系？	前(新？)
635	舶	内行花文鏡？	稲元久保14号墳	宗像市稲元字久保1304〔宗像郡〕	古墳	円墳(14)or前方後円墳？(30？)・割竹形木棺直葬or粘土槨or割竹形石棺	古墳中期	14.7	—		—	—

福岡

発見年	所蔵（保管）者	共伴遺物 石製品・玉類	武具・武器・馬具	ほか金属器	土器類	その他	文献	備考
1990	文化庁	―	―	―	―	―	井上義也 2004「須玖遺跡群出土鏡鋳型の概要」清水康二編『鏡范研究』Ⅰ，奈良県立橿原考古学研究所・二上古代鋳金研究会	再加工・転用
1999	春日市教育委員会	―	―	―	―	―		転用の可能性
不明	春日市教育委員会	―	―	―	―	―		裏面に鹿の刻線
1985	春日市教育委員会	―	―	―	―	―		内行花文鏡
1996	春日市教育委員会	―	―	―	―	―		裏面に小銅鐸の型が彫りこまれている
2014	春日市教育委員会	―	―	―	―	―	―	〈39g〉／5.1×2.5cm
1986	春日市教育委員会	―	―	―	―	―	平田定幸・中村昇平編 1988『須玖唐梨遺跡』春日市文化財調査報告書第 19 集，春日市教育委員会	〈29g〉／破鏡（破面研磨・2 孔）
2004	春日市教育委員会	―	―	―	―	―	井上義也 2004「須玖遺跡群出土鏡鋳型の概要」清水康二編『鏡范研究』Ⅰ，奈良県立橿原考古学研究所・二上古代鋳金研究会	砥石に転用された可能性
1989	春日市教育委員会	ガラス小玉 1	―	不明鉄器 1・鉄片 1	複合口縁壺・壺・甕・鉢	台石	吉田佳広編 2015『駿河 A 遺跡―1 次調査―』春日市文化財調査報告書第 74 集，春日市教育委員会	―
不明	春日市教育委員会	―	―	―	―	―	井上義也 2004「須玖遺跡群出土鏡鋳型の概要」清水康二編『鏡范研究』Ⅰ，奈良県立橿原考古学研究所・二上古代鋳金研究会	
2001		―	―	―	―	―	―	もとは墳墓副葬鏡か
2001	奴国の丘歴史資料館						本田浩二郎・木下博文・森本幹彦編 2015『新・奴国展―ふくおか創世記―』特別展「新・奴国展」実行委員会	もとは墳墓副葬鏡か
1926	個人旧蔵	勾玉 20・碧玉管玉 11	長方板革綴短甲・刀 2・剣 4～・銅鏃 6・鉄鏃 40	蕨手刀子 2・刀子 2・斧 2	―		岡崎敬編 1979『宗像 沖ノ島』宗像大社復興期成会	福岡県（筑前国）84-1／1650（慶安 3）年に 12 面の円鏡（福岡県（筑前国）84-1～12）が出土したと伝えるが，1926 年の再発掘では 1 面が発見されたのみ
1937	宗像大社	滑石短甲	―	―	須恵器（平瓶等）		宗像神社復興期成会編 1961『続沖ノ島 宗像神社沖津宮祭祀遺跡』宗像神社復興期成会	福岡県（筑前国）86-2
1939								福岡県（筑前国）86-1
不明	所在不明	―	―	―	―	―	岡崎敬編 1979『日本における古鏡 発見地名表 九州地方Ⅱ』東アジアより見た日本古代墓制研究	福岡県（筑前国）85
1756	所在不明	―	刀	―	―	―	岡崎敬編 1979『日本における古鏡 発見地名表 九州地方Ⅱ』東アジアより見た日本古代墓制研究	福岡県（筑前国）87-3
								福岡県（筑前国）87-2
								福岡県（筑前国）87-1
1985～86	宗像市教育委員会	―	―	斧 1・刀子 1	―	―	清水比呂之編 1988『久原遺跡』宗像市文化財調査報告書第 19 集，宗像市教育委員会	破鏡
1984	宗像市教育委員会						埋蔵文化財研究会編 1994『倭人と鏡―日本出土中国鏡の諸問題―』第 2 分冊 九州、四国、中国Ⅱ，第 36 回埋蔵文化財研究集会，埋蔵文化財研究会	破鏡（破面研磨・穿孔）／古墳築造時の地山成形による混入か
1985							宗像市史編纂委員会編 1997『宗像市史』通史編第 1 巻	―
1998	宗像市教育委員会	―	―	―	―	―	熊代昌之編 2002『徳重本村』宗像市文化財調査報告書第 52 集，宗像市教育委員会	―
1996	宗像市教育委員会	―	―	刀子	―	竪櫛 2・革製品	福岡教育委員会編 1999『福岡県埋蔵文化財発掘調査年報―平成 8 年度―』福岡教育委員会	30 歳以上の女性骨
1995	宗像市文化財事務所・宗像市教育委員会	―	鉄鏃	―	―	竪櫛 2	福岡教育委員会編 1998『福岡県埋蔵文化財発掘調査年報―平成 7 年度―』福岡教育委員会	―
1985	宗像市教育委員会	水晶勾玉 1・碧玉管玉 1・切子玉 1	―	―	―	革製品	埋蔵文化財研究会編 1994『倭人と鏡―日本出土中国鏡の諸問題―』第 2 分冊 九州、四国、中国Ⅱ，第 36 回埋蔵文化財研究集会，埋蔵文化財研究会	破鏡（1 孔）／縁部片

番号	舶倭	鏡式	出土遺跡	出土地名	遺跡内容	時期	面径(cm)	銘文	諸氏分類	編者分類・時期	
636	倭	弥生倭製鏡(内行花文鏡)	朝町竹重遺跡 SK185	宗像市朝町字竹重2464-2	墳墓	土壙墓	弥生後期	6.5	—	内行花文系小形仿製鏡第3型a類(田尻10・12)	〔弥生倭製鏡〕	弥生
238	舶	夔鳳鏡					約18	—		ⅣB2bロ型式(岡内96)／4C式(秋山98)	—	—
239	倭	方格規矩四神鏡					約14	—			方格規矩四神鏡A系	前(中)
240	舶	画文帯同向式神獣鏡	宮地嶽付近古墳(伝)(沖ノ島遺跡(推定))	宗像市大島字沖ノ島(推定)〔宗像郡大島村〕	古墳	不明	古墳	20.7	「吾作明竟　幽凍三商　配像萬疆　統徳序道　敬奉賢良　彫克無祉　百牙舉樂　衆華主陽　聖徳光明　富貴安樂　子孫番昌　學者高遷　士至公卿　其師命長」	—	—	
240-1	倭	画象鏡					18.2	—			〔画象鏡or浮彫式獣帯鏡〕	前(中)
240-2	倭	十弧内行花文鏡	宮地嶽神社境内(伝)(沖ノ島遺跡?)	福津市宮司元町(宗像市大島字沖ノ島?)〔宗像郡福間町or宗像郡大島村〕	不明	不明	不明	20.5	—		内行花文鏡A式BⅡ類	前(中)
311	舶	三角縁波文帯三神三獣鏡〈伝-3〉					21.7	—		目録番号124・同笵鏡番号77・配置K1・表現⑪	—	—
312	舶	尚方作獣文縁方格規矩四神鏡					18.0	「尚方乍竟真大巧　上有□□□□　□□玉漿飢食棗」／「子□□□□□□□□戊亥」	獣文縁四神鏡Ⅱ式(樋口79)	—	—
313	倭	乳文鏡	沖ノ島4号遺跡(御金蔵)(伝)	宗像市大島字沖ノ島(伝)〔宗像郡大島村〕	祭祀	洞穴	古代〜	11.2	擬銘	—	〔乳脚文鏡〕	後期
314	倭	〔四神四獣鏡〕〈伝-8-1〉					8.9	—	乳文鏡Ⅲ類(樋口79)／獣帯鏡類D型(小林82・10)	—	後期	
315	倭	七乳文鏡〈伝-8-2〉					9.3	—	乳文鏡Ⅱ類(樋口79)／獣帯鏡類D型(小林82・10)	〔乳脚文鏡〕	後期	
316	倭	六獣鏡〈伝-8-3〉					12.2	擬銘	獣形文鏡類六獣鏡(小林82・10)	〔旋回式獣像鏡〕	後期	
316-1	倭	不明〈4-1-1〉	沖ノ島4号遺跡(御金蔵)	宗像市大島字沖ノ島〔宗像郡大島村〕				破片	—	—	—	—
316-2	倭	不明〈4-1-5〉					破片	—	—	—	—	
316-3	倭	珠文鏡〈4-1-4〉					破片	—	—	〔珠文鏡?〕	—	
317	倭	〔乳文鏡〕	沖ノ島(伝)	宗像市大島字沖ノ島(伝)〔宗像郡大島村〕	祭祀	洞穴	不明	不明	—		—	—
318	倭	〔乳文鏡〕	沖ノ島(伝)	宗像市大島字沖ノ島(伝)〔宗像郡大島村〕	祭祀	洞穴	不明	6.1	—		—	—
319	倭	珠文鏡〈7-1-2〉					9.2	—	珠文鏡Ⅲ類(樋口79)／珠文鏡類B型(小林82・10)／Ⅲ類(中山他94)／珠紋鏡系(森下02)／BC-D類(脇山13)	〔珠文鏡〕	—	
320	舶	盤龍鏡〈7-3-1〉	沖ノ島7号遺跡	宗像市大島字沖ノ島〔宗像郡大島村〕	祭祀	洞穴	古墳中〜後期	破片	—	—	—	—
320-1	?	不明〈7-3-2〉					破片	—	—	—	—	
320-2	倭	不明〈7-3-b〉					破片	—	—	—	—	
320-3	倭	不明〈7-3-c〉					破片	—	—	—	—	
321	倭	方格規矩渦文鏡〈8-2-2〉					14.1	—	Ⅳ類(樋口79)／方格規矩文鏡類A型(小林82・10)／JK式(田中83)／Ⅲ類渦文系(林00)	方格規矩四神鏡D系	前(新)	
322	倭	六乳文鏡〈8-2-1〉	沖ノ島8号遺跡	宗像市大島字沖ノ島〔宗像郡大島村〕	祭祀	洞穴	古墳中〜後期	10.0	—	乳文鏡Ⅲ類(樋口79)／乳文鏡類(小林82・10)／乳脚紋鏡e系(森下02)	〔乳脚文鏡〕	後期
323	舶	盤龍鏡〈8-2-3〉					11.6	—	両頭式(樋口79)／B類(辻田09)	—	—	
324	倭	六神像鏡〈15-1〉	沖ノ島15号遺跡	宗像市大島字沖ノ島〔宗像郡大島村〕	祭祀	岩陰	古墳中〜後期	9.2	—		神像鏡Ⅰ系	前(新)
325	舶	「仿製」三角縁唐草文帯三神三獣鏡〈16-1〉					20.5	—	目録番号249・同笵鏡番号119・配置K1・三角縁神獣鏡類C型(小林82・10)	—	—	
326	倭	素文鏡〈16-2-3〉					3.0	—	BⅡ類(今平90)	〔素文鏡〕	—	
327	舶	方格T字鏡〈16-2-1〉	沖ノ島16号遺跡	宗像市大島字沖ノ島〔宗像郡大島村〕	祭祀	巨石間	古墳中〜後期	9.1	—	V類(樋口79)／方格規矩文鏡類G型(小林82・10)／博局T字鳥文鏡Ca4S類(高木91・93)／SAa1式(松浦94)／丁群(森下98)	—	—
328	倭	六弧内行花文鏡〈16-2-2〉					6.9	—	AⅡ式(森70)／六弧(樋口79)／B類2式(清水94)／内行花文鏡D系(森下02)／B系(辻田07)	内行花文鏡B式	前(中)	

福岡

発見年	所蔵（保管）者	共伴遺物					文献	備考
		石製品・玉類	武具・武器・馬具	ほか金属器	土器類	その他		
1993	宗像市教育委員会	ガラス小玉1388+	—	—	—	—	岡本格編2013『朝町竹重―宗像市朝町所在遺跡の発掘調査報告―』宗像市文化財調査報告書第70集,宗像市教育委員会	—
不明	所在不明（個人旧蔵）	—	—	—	—	—		福岡県（筑前国）77-2
不明		—	—	—	—	—		福岡県（筑前国）77-1
不明	大英博物館（個人旧蔵）						花田勝広1999「沖ノ島祭祀と在地首長の動向」『古代学研究』第148号,古代学研究会	同型鏡群〔GD-3〕／福岡県（筑前国）78
不明								—
不明	所在不明（相馬堂？）							鈕座は五葉座／花文と鈕座に鍍金
不明	宗像大社							福岡県（筑前国）91／伝世品
不明	宗像大社辺津宮						宗像神社復興期成会編1958『沖ノ島』宗像神社復興期成会	福岡県（筑前国）89-1／福岡354と同一品
不明	所在不明	滑石臼玉114・ガラス小玉9	刀1・剣1・三輪玉1・鉄鏃8・歩揺付雲珠・辻金具1・鉸具2・銅鈴2・金銅鐸状品・金銅透彫金具1	帯先金具1・銅製有孔方形板4・斧2・鉄製鑿状品1・刀子4・雛形鉄斧1・雛形刀子・銅製花形鋲留金具7	—	銅釘3・近世陶磁器	豊元国1939「官幣大社宗像神社沖津宮境内御金藏発見の鏡鑑に就いて」『考古学』第10巻第2号,考古学会	福岡県（筑前国）89-5／伝世品
不明	所在不明（宗像大社辺津宮旧蔵）							福岡県（筑前国）89-4／伝世品
不明	宗像大社辺津宮						宗像神社復興期成会編1961『続沖ノ島 宗像神社沖津宮祭祀遺跡』宗像神社復興期成会	福岡県（筑前国）89-3／伝世品
不明								福岡県（筑前国）89-2／伝世品
不明	宗像大社						水野敏典編2010『考古資料における三次元デジタルアーカイブの活用と展開』平成18～平成21年度科学研究費補助金基盤研究（A）研究成果報告書,奈良県立橿原考古学研究所	外区片
不明								外区片
不明								鈕片
不明	所在不明	—	—	—	—	—	岡崎敬編1979『日本における古鏡 発見地名表 九州地方Ⅱ』東アジアより見た日本古代墓制研究	福岡県（筑前国）92？
不明								福岡県（筑前国）93
1954	宗像大社	切子玉・ガラス小玉・滑石小玉	鋲留衝角付冑・刀・三輪玉・矛・鉄鏃・歩揺付雲珠・銀張勾金	帯金具・金製釧・銀製釧・金製指輪・斧・刀子	三彩片		宗像神社復興期成会編1958『沖ノ島』宗像神社復興期成会	94g／福岡県（筑前国）94-1／同笵：伝沖ノ島（福岡376-2）
								同型鏡群〔BR-1〕／福岡県（筑前国）94-2？
							水野敏典編2010『考古資料における三次元デジタルアーカイブの活用と展開』平成18～平成21年度科学研究費補助金基盤研究（A）研究成果報告書,奈良県立橿原考古学研究所	界圏片
								鏡片
								多数の鏡片の一括
1954	宗像大社	ガラス碗・碧玉勾玉・ガラス切子玉・碧玉平玉・瑪瑙丸玉・白玉小玉・粟玉	刀・金銅銀装矛鞘・鞍金具・歩揺付雲珠	金銅釧・銅釧・斧・雛形鉄刀・雛形鉄斧・雛形刀子	須恵器片	貝製品・宋銭	宗像神社復興期成会編1958『沖ノ島』宗像神社復興期成会	237g／福岡県（筑前国）95-1
								〈81g〉／福岡県（筑前国）95-2／4号遺跡・7号遺跡の鏡片と同一個体
							宗像神社復興期成会編1961『続沖ノ島 宗像神社沖津宮祭祀遺跡』宗像神社復興期成会	同型鏡群〔BR-1〕／215g／福岡県（筑前国）96
1971	宗像大社	—	—	—	—	—	岡崎敬編1979『宗像 沖ノ島』宗像大社復興期成会	福岡県（筑前国）97
1954	宗像大社	石釧2・滑石石釧5・硬玉勾玉3・碧玉勾玉2・滑石勾玉22・碧玉管玉93～・滑石管玉135～・管玉1・滑石棗玉23・滑石臼玉40・ガラス小玉287～・滑石小玉220～	刀6～・剣10～・矛4・槍2・鉄鏃21～・雲珠片？	銅釧2・鉄釧6・金銅方形板2・鉄鋌2・斧5・刀子1・蕨手刀子17・鉄器片	—		宗像神社復興期成会編1958『沖ノ島』宗像神社復興期成会	福岡県（筑前国）98-1
								福岡県（筑前国）98-2
1957							宗像神社復興期成会編1961『続沖ノ島 宗像神社沖津宮祭祀遺跡』宗像神社復興期成会	福岡県（筑前国）99-1／19号遺跡出土の可能性
								福岡県（筑前国）99-2

番号	舶倭	鏡式	出土遺跡	出土地名	遺跡内容	時期	面径(cm)	銘文	諸氏分類	編者分類	時期
329	倭	方格規矩四神鏡〈1号鏡・17-2〉					27.1	—	Ⅱ類（樋口79）／方格規矩文鏡類A型（小林82・10）／JDⅡ式（田中83）／四神鏡系Ⅱ式（辻田07）	方格規矩四神鏡A系	前(中)
330	倭	方格規矩四神鏡〈2号鏡・17-3〉					26.2	—	Ⅱ類（樋口79）／方格規矩文鏡類C型（小林82・10）／JDⅡ式（田中83）／四神鏡系Ⅱ式（辻田07）	方格規矩四神鏡A系	前(中)
331	倭	方格規矩四神鏡〈3号鏡・17-4〉					22.1	擬銘	Ⅱ類（樋口79）／JDⅡ式（田中83）／四神鏡系Ⅱ式（辻田07）／方格規矩文鏡類D型（小林10）	方格規矩四神鏡A系	前(中)
332	倭	方格規矩渦文鏡〈4号鏡・17-5〉					21.5	擬銘	Ⅳ類（樋口79）／JK式（田中83）／Ⅲ類渦文系（林00）／JK系（辻田07）／方格規矩文鏡類D型（小林10）	方格規矩四神鏡D系	前(新)
333	倭	方格規矩四神鏡〈5号鏡・17-7〉					17.8	—	Ⅱ類（樋口79）／JDⅡ式（田中83）／方格規矩四神鏡（森下91）／方格規矩文鏡類B型（小林82・10）／四神鏡系Ⅱ式（辻田07）	方格規矩四神鏡A系	前(中)
334	倭	方格規矩（鳥文）鏡〈6号鏡・17-6〉					16.6	—	Ⅲ類（樋口79）／TO式（田中83）／博局鳥文鏡Bb1K類（髙木91・93）／Ⅱ類鳥文系（林00）／鳥文系Ⅲ式（辻田07）／方格規矩文鏡類D型（小林10）	方格規矩四神鏡C系	前(中)
335	舶	方格規矩鏡〈7号鏡・17-20〉					18.0	—	方格規矩文鏡類H型（小林82・10）	—	—
336	倭	十弧内行花文鏡〈8号鏡・17-8〉					18.7	—	十弧（樋口79）／十・十二花文鏡（小林82・10）／内行花文鏡B系（森下91）／A類Ⅱc式（清水94）／Ⅱ類逆転系（林00）／内行花紋鏡B系（森下02）／Aa系Ⅱ式（辻田07）	内行花文鏡A式BⅡ類	前(中)
337	倭	八弧内行花文鏡〈9号鏡・17-9〉					17.6	擬銘	八弧（樋口79）／八花文鏡（小林82・10）／D類Ⅱ式（清水94）／Ⅱ類基本系（林00）／Ab（辻田07）	内行花文鏡A式BⅡ類	前(中〜)
338	倭	八弧内行花文鏡〈10号鏡・17-10〉					17.0	—	C類Ⅲ式（清水94）／Ⅲ類基本系（林00）／内行花紋鏡C系（森下02）／Aa系Ⅲ式（辻田07）／八花文鏡（小林10）	内行花文鏡B式	前(中)
339	倭	鼉龍鏡〈11号鏡・17-15〉	沖ノ島17号遺跡	宗像市大島字沖ノ島〔宗像郡大島村〕	祭祀 岩陰	古墳中期	23.7	—	Ⅲ型（樋口79）／画文帯神獣鏡（系）A型（小林82・10）／A群5段階（池上92）／単頭双胴神獣系b系（森下91）／省略系-1（新井95）／第一群同工鏡B（車崎95）／Ⅰ群B系①（辻田00）／Ⅰ類単胴系（林00）／鼉龍鏡b系（森下02）／Ⅰ群Ba系①（辻田07）	鼉龍鏡C系	前(中)
340	倭	鼉龍鏡〈12号鏡・17-14〉					12.9	擬銘	Ⅳ型（樋口79）／四神四獣鏡系（小林82・10）／E類獣頭（冨田89）／単頭双胴神獣系a系（森下91）／B群9段階（池上92）／第二群（車崎95）／ⅡA系（辻田00・07）／Ⅲ類双胴系（林00）／鼉龍鏡a系（森下02）	鼉龍鏡A系	前(新)
341	倭	四獣鏡〈13号鏡・17-17〉					10.0	擬銘	獣形文鏡類四獣鏡C-1型（小林82・10）	—	前(新)
342	倭	神獣鏡〈14号鏡・17-16〉					16.7	擬銘	四獣形鏡（樋口79）／獣帯鏡類A型（小林82・10）／E類獣頭（冨田89）／獣形文鏡ⅠB類（赤塚98b）／分離式神獣鏡系（森下02）	分離式神獣鏡系	前(新)
343	倭	六獣鏡〈15号鏡・17-19〉					16.4	擬銘	六獣形鏡（樋口79）／獣形文鏡類六獣鏡（小林82・10）／獣形文ⅢA類（赤塚98b）	二神二獣鏡ⅠB系	前(中)
344	倭	画像鏡〈16号鏡・17-18〉					22.0	—	画象鏡（樋口79）／画像鏡類（小林82・10）／神獣車馬画象鏡系（森下02）	画象鏡系	前(中)
345	倭	画像鏡〈17号鏡・17-21(伝-28-82)〉					15.0	擬銘	獣形文鏡類四獣鏡C-1型（小林82・10）	—	前(新)
346	舶	「仿製」三角縁唐草文帯三神三獣鏡〈18号鏡・17-11〉					24.3	—	目録番号204・同笵鏡番号103・配置K2／三角縁神獣鏡類A型（小林82・10）	—	—
347	舶	「仿製」三角縁唐草文帯三神三獣鏡〈19号鏡・17-12〉					21.6	—	目録番号244・配置K1／三角縁神獣鏡類C型（小林82・10）	—	—
348	舶	「仿製」三角縁獣文帯三神二獣鏡〈20号鏡・17-13〉					20.0	—	目録番号253・配置K1変／三角縁神獣鏡類C型（小林82・10）	—	—
349	舶	夔鳳鏡〈21号鏡・17-1〉					22.1	「冨宜子孫」	E（樋口79）／変形文鏡類（小林82・10）／ⅣB2b ロ型式（岡内96）／4C式（秋山98）	—	—

福岡

発見年	所蔵（保管）者	共伴遺物					文献	備考
		石製品・玉類	武具・武器・馬具	ほか金属器	土器類	その他		
								1535g／福岡県（筑前国）100-1
								1510g／福岡県（筑前国）100-2
								850g／福岡県（筑前国）100-3／鈕孔内に型持が残存
								1030g／福岡県（筑前国）100-4
								530g／福岡県（筑前国）100-5
								380g／福岡県（筑前国）100-6
								630g／福岡県（筑前国）100-7／内行花文鏡と方格規矩鏡を合成
								605g／福岡県（筑前国）100-8／鈕座は五葉座
								675g／福岡県（筑前国）100-9
								545g／福岡県（筑前国）100-10
1957	宗像大社	車輪石2・石釧1・硬玉勾玉1・滑石勾玉2・碧玉管玉10・滑石管玉11・滑石棗玉4・ガラス小玉75・滑石小玉298	刀5・剣6・有樋鉄剣6	鉄釧4・蕨手刀子3	―	―	宗像神社復興期成会編1961『続沖ノ島 宗像神社沖津宮祭祀遺跡』宗像神社復興期成会	955g／福岡県（筑前国）100-11
								260g／福岡県（筑前国）100-12
								115g／福岡県（筑前国）100-13
								290g／福岡県（筑前国）100-14
								385g／福岡県（筑前国）100-15
								840g／福岡県（筑前国）100-16
								福岡県（筑前国）100-17
								福岡県（筑前国）100-18
								600g／福岡県（筑前国）100-19
								600g／福岡県（筑前国）100-20
								785g／福岡県（筑前国）100-21

番号	舶倭	鏡式	出土遺跡	出土地名	遺跡内容	時期	面径(cm)	銘文	諸氏分類	編者分類・時期	
350	舶	三角縁天・王・日・月・獣文帯二神二獣鏡〈1号鏡・18-1〉					22.2	「天王日月」	目録番号91・同笵鏡番号50・配置J1・表現⑤	—	—
351	舶	「仿製」三角縁獣文帯三神三獣鏡〈2号鏡・18-3〉					23.4	—	目録番号240・配置K1／三角縁神獣鏡類C型（小林82・10）	—	—
352	舶	「仿製」三角縁獣文帯三神三獣鏡〈3号鏡・18-4〉					20.9	—	目録番号237・配置K1／三角縁神獣鏡類C型（小林82・10）	—	—
353	舶	「仿製」三角縁唐草文帯三神三獣鏡〈4号鏡・18-2〉					20.6	—	目録番号249・同笵鏡番号119・配置K1／三角縁神獣鏡類C型（小林82・10）	—	—
354	舶	尚方作獣文縁方格規矩四神鏡〈18-5-4・伝-2〉					18.0	「尚方作竟真大巧 上有□□□□ □□玉漿肌食棗」／「子□□□□□申酉戌亥」		—	—
355	舶	夔鳳鏡〈18-5-3〉					破片		4C式（秋山98）	—	—
355-1	倭	不明〈18-5-1〉					破片	—	—	—	前（中?）
355-2	倭	不明〈18-5-2〉			祭祀	岩上	破片	—	—	—	—
363	倭	不明〈18-5-5〉				古墳前期	破片	—	—	—	—
364	倭	不明〈18-5・6・伝7-2〉					破片	—	—	—	—
356	舶	三角縁神獣鏡〈伝-7-4〉					破片	—	—	—	—
357	舶	「仿製」三角縁獣文帯三神三獣鏡〈伝-5〉	沖ノ島18号遺跡	宗像市大島字沖ノ島〔宗像郡大島村〕			21.8	—	目録番号214・同笵鏡番号＊・配置K2	—	—
358	倭	方格規矩四神鏡〈伝-4〉					24.8	擬銘	JC式（田中83）／Ⅱ類変容系Ⅰ式（林00）／JC系（辻田07）	方格規矩四神鏡B系	前（中）
359	舶	三角縁神獣鏡（内区片・外区片）					21.9	—	—	—	—
360	倭	六弧内行花文鏡					10.1	—	—	内行花鏡B式	前（中）
361	倭	捩文鏡					7.9	擬銘	—	捩文鏡D系	前（中）
362	倭	素文鏡					3.5～3.9	—	—	〔素文鏡〕	—
365	倭	八弧内行花文鏡〈19-1〉	沖ノ島19号遺跡	宗像市大島字沖ノ島〔宗像郡大島村〕	祭祀	岩陰	24.8	—	A類Ⅱa式（清水94）／Ⅱ類基本系（林00）／内行花紋鏡C系（森下02）／Aa系Ⅱ式（辻田07）／八花文鏡（小林10）	内行花文鏡A式BⅡ類	前（中）
366	倭	鋸歯文鏡				古墳中期	破片	—	—	—	—
367・374	舶	獣文縁浮彫式獣帯鏡〈21-1-1・21-2-a〉					17.6	「宜子孫」	—	—	—
368	舶	獣文縁浮彫式獣帯鏡					17.6	「宜子孫」	—	—	—
369	倭	四獣鏡〈伝-7-1〉					12.1	—	—	〔中期型獣像鏡〕	中期
370	倭	獣像鏡〈21-1-3・21-1-a〉	沖ノ島21号遺跡	宗像市大島字沖ノ島〔宗像郡大島村〕	祭祀	岩上	13.0	—	—	類鼉龍鏡	前（中?）
371・372	倭	乳文鏡〈21-1-2・21-1-b・21-2-b〉				古墳中期	11.7	—	—	〔乳脚文鏡〕	後期
373	倭	細線式渦文鏡〈伝-7-3〉					8.5	—	—	—	—
373-1	?	不明〈21-1-c〉					破片	—	—	—	—
373-2	?	不明〈21-2-c〉					破片	—	—	—	—
373-3	?	不明〈21-2-1〉					破片	—	—	—	—
373-4	?	不明〈21-1-14〉					破片	—	—	〔素文鏡?〕	—
375	倭	素文鏡〈21-2-2〉					2.2	—	—	〔素文鏡〕	—
376	倭	珠文鏡〈23-1〉	沖ノ島23号遺跡	宗像市大島字沖ノ島〔宗像郡大島村〕	祭祀	岩陰	古墳後期	6.0	—	Ⅰ類（中山他94）	〔珠文鏡〕	前期?

福岡

発見年	所蔵(保管)者	共伴遺物 石製品・玉類	武具・武器・馬具	ほか金属器	土器類	その他	文献	備考
1955	宗像大社						宗像神社復興期成会編1961『続沖ノ島 宗像神社沖津宮祭祀遺跡』宗像神社復興期成会	1050g／福岡県(筑前国)101-1
								〈799g〉／福岡県(筑前国)101-2
								〈595g〉／福岡県(筑前国)101-3
								730g／福岡県(筑前国)101-4
1969		石釧1・碧玉管玉5・閃緑岩管玉10・硬玉棗玉1・滑石臼玉約20・ガラス小玉約103／(伝出土：車輪石1・石釧・勾玉61・管玉201・臼玉1)	―	蕨手刀子4			岡崎敬編1979『宗像 沖ノ島』宗像大社復興期成会	福岡県(筑前国)103-2 ?／福岡312と同一品
								福岡県(筑前国)103-1 ?
								獣像のみ
							水野敏典編2010『考古資料における三次元デジタルアーカイブの活用と展開』平成18～平成21年度科学研究費補助金基盤研究(A)研究成果報告書, 奈良県立橿原考古学研究所	外区
							岡崎敬編1979『宗像 沖ノ島』宗像大社復興期成会	福岡県(筑前国)103-2 ?／鈕のみ
								福岡県(筑前国)103-3 ?／鈕など
1978	個人							外区片
								708g／福岡県(筑前国)104-1
							岡崎敬編1979『宗像 沖ノ島』宗像大社復興期成会	福岡県(筑前国)104-2
								福岡県(筑前国)104-3／縁と外区のみ残存
1960								福岡県(筑前国)102-1
								福岡県(筑前国)102-2
								福岡県(筑前国)102-3
1958	宗像大社	滑石石釧1・硬玉勾玉2・碧玉勾玉9・水晶勾玉1・雲母片岩勾玉1・滑石勾玉15・碧玉管玉76・滑石管玉24・滑石棗玉1・ガラス小玉300・滑石小玉67	刀10・剣5・矛1	鉄釧3・蕨手刀子10・針3	土師器片	―	宗像神社復興期成会編1961『続沖ノ島 宗像神社沖津宮祭祀遺跡』宗像神社復興期成会	1009g／福岡県(筑前国)105-1
1957	所在不明						岡崎敬編1979『宗像 沖ノ島』宗像大社復興期成会	福岡県(筑前国)105-2
1970・78	宗像大社・個人							同型鏡群〔UJ-1〕／福岡県(筑前国)106-1 ?
1978	個人							同型鏡群〔UJ-1〕／福岡県(筑前国)106-2 ?
1978								福岡県(筑前国)106-3
1970・78	宗像大社・個人	滑石有孔円板・滑石形代・硬玉勾玉4・碧玉勾玉5・琥珀勾玉3・滑石勾玉22・滑石子持勾玉・硬玉管玉8・碧玉管玉7・滑石管玉26・滑石棗玉・滑石白玉・ガラス小玉303	衝角付冑・刀・剣・石突・鉄鏃	銅釧・鉄釧・鉄製有孔円板・鉄鋌4・鉄環・鍛造鉄斧7・鋳造鉄斧2・鎌2・鉇・刀子9・蕨手刀子7・雛形鉄刀・雛形鉄鋌・雛形鉄斧	土師器(小形丸底壺・椀・高杯・甑)	―	岡崎敬編1979『宗像 沖ノ島』宗像大社復興期成会	福岡県(筑前国)106-4
1970・78								福岡県(筑前国)106-5・6
1978	個人							福岡県(筑前国)106-7
不明							水野敏典編2010『考古資料における三次元デジタルアーカイブの活用と展開』平成18～平成21年度科学研究費補助金基盤研究(A)研究成果報告書, 奈良県立橿原考古学研究所	鏡片
不明								鏡片
不明	宗像大社							鏡片
不明								―
1970							岡崎敬編1979『宗像 沖ノ島』宗像大社復興期成会	3g／福岡県(筑前国)106-9
1970	宗像大社	滑石有孔円板・頁岩管玉・滑石臼玉・ガラス小玉	金銅刀装具・刀・鉄鏃	鉄環・雛形鉄刀	―	貝製品	岡崎敬編1979『宗像 沖ノ島』宗像大社復興期成会	〈24g〉／福岡県(筑前国)107

番号	舶倭	鏡式	出土遺跡	出土地名	遺跡内容		時期	面径(cm)	銘文	諸氏分類	編者分類・時期	
376-1	舶	双頭龍文鏡〈伝-6-2〉	沖ノ島（伝）	宗像市大島字沖ノ島（伝）〔宗像郡大島村〕	祭祀	不明	不明	9.1	「位至三公」	―	―	―
376-2	倭	珠文鏡〈伝-9-1〉	沖ノ島（伝）	宗像市大島字沖ノ島（伝）〔宗像郡大島村〕	祭祀	不明	不明	8.8	―	―	〔珠文鏡〕	―
376-3	舶	「仿製」三角縁獣文帯二神三獣鏡〈伝-6-1〉	沖ノ島（推定）	宗像市大島字沖ノ島（推定）〔宗像郡大島村〕	祭祀	不明	不明	20.8	―	目録番号255・同笵鏡番号＊・配置K1変	―	―
376-4	倭	二神二獣鏡（四神二獣鏡）	沖ノ島（推定）	宗像市大島字沖ノ島（推定）〔宗像郡大島村〕	祭祀	不明	不明	14.1	―	―	二神二獣鏡Ⅲ系	前(新)
243	舶	〔虺龍文鏡〕	福岡県（伝）	福津市宮司（伝）〔宗像郡津屋崎町〕	不明	不明	不明	不明	―	―	―	―
244	舶	唐草文縁方格規矩四神鏡	村山田（伝）	福津市村山田（伝）〔宗像郡福間町〕	不明	不明	不明	21.8〜22.2	「子丑寅卯辰巳午未申酉戌亥」	―	―	―
245	?	不明	明天地古墳（伝）	福津市冨地原（伝）〔宗像郡宗像町〕	古墳	箱形石棺	古墳中期	不明	―	―	―	―
246	舶	方格T字鏡	渡	福津市渡〔宗像郡津屋崎町〕	不明	不明	不明	9.2	―	―	―	―
247	舶	尚方作鋸歯文縁方格規矩四神鏡	勝浦（桂百塚）（伝）	福津市勝浦（伝）〔宗像郡津屋崎町〕	古墳	不明	古墳	18.1	「尚方作竟真大巧　上有仙人不知老　浮游天下敖三海　渇飲玉泉飢」／「子丑寅卯辰巳午未申酉戌亥」	―	―	―
294	舶	画文帯同向式神獣鏡〈2号鏡〉	勝浦峯ノ畑古墳（津屋崎41号墳）	福津市勝浦800-2〔宗像郡津屋崎町〕	古墳	前方後円墳（97）・横穴式石室（石礫の屍床）	古墳中期	約21	「・・・統徳序道・・・」	―	―	―
295	倭	五弧内行花文鏡〈5号鏡〉						9.2	―	―	内行花文鏡B式?	―
296	舶	画文帯同向式神獣鏡〈3号鏡〉						約21	「・・・子孫番昌・・・其師命長・・・」	―	―	―
297	倭	六弧内行花文鏡〈4号鏡〉						10.0	―	―	内行花文鏡B式	―
298	舶	細線式獣帯鏡〈1号鏡〉						約22	―	―	―	―
299	倭	乳文鏡〈8号鏡〉						10.0	―	―	〔乳脚文鏡〕	―
300	倭	神獣鏡?〈6号鏡〉						14.4	―	―	―	中期
300-1	倭	獣像鏡〈7号鏡〉						14.6	―	―	―	中期
304	?	不明	津屋崎13号墳	福津市奴山〔宗像郡津屋崎町〕	古墳?	円墳（26）・箱形石棺	古墳中期	不明	―	―	―	―
291	倭	珠文鏡?	手光長畑古墳	福津市手光2304〔宗像郡福間町〕	古墳	円墳（6〜18）・箱形石棺	古墳	6.4	―	―	〔珠文鏡?〕	―
630	倭	四獣鏡	福間割畑1号墳	福津市割畑766他〔宗像郡福間町〕	古墳	円墳（10）・割竹形木棺直葬	古墳	7.3	―	―	〔中期型獣像鏡〕	中期
630-1	倭	不明	須多田前田遺跡包含層	福津市須多田字前田397-1他〔宗像郡津屋崎町〕	集落	遺物包含層	奈良	破片	―	―	―	―
301	倭	四獣鏡	花見遺跡3号墳〔第1主体部〕	古賀市花見東〔糟屋郡古賀町〕	古墳	円墳（11）・割竹形木棺直葬	古墳中期	12.1	擬銘	―	獣像鏡Ⅰ系	前(中)
632	倭	弥生倭製鏡	馬渡・束ヶ浦遺跡 B地区大溝西側立ち上がり	古賀市青柳町束ヶ浦	集落	大溝	弥生後期	8.5	―	内行花文系小形仿製鏡第3型a類（田尻10・12）	〔弥生倭製鏡〕	弥生

福岡

発見年	所蔵（保管）者	共伴遺物					文献	備考
		石製品・玉類	武具・武器・馬具	ほか金属器	土器類	その他		
不明	宗像大社	―	―	―			水野敏典編2010『考古資料における三次元デジタルアーカイブの活用と展開』平成18～平成21年度科学研究費補助金基盤研究（A）研究成果報告書，奈良県立橿原考古学研究所	80g
不明								〈58g〉／同笵：沖ノ島7号遺跡（福岡319）
不明	宗像大社	―	―	―			車崎正彦編2002『考古資料大観』第5巻 弥生・古墳時代 鏡，小学館	549g
不明							岡崎敬編1979『宗像 沖ノ島』宗像大社復興期成会	〈284g〉
不明	所在不明	―	―	―			岡崎敬編1979『日本における古鏡 発見地名表 九州地方Ⅱ』東アジアより見た日本古代墓制研究	福岡県（筑前国）79
江戸以前	所在不明（長龍寺旧蔵）						筑紫豊・後藤直1979『国学者青柳種信―筑紫考古学のくさわけ―』福岡市立歴史資料館図録第5集，福岡市立歴史資料館	福岡県（筑前国）80／「村山田村修験坊秘蔵古鏡」
不明	所在不明（宗像郷土館旧蔵）		甲冑	―	須恵器		岡崎敬編1979『日本における古鏡 発見地名表 九州地方Ⅱ』東アジアより見た日本古代墓制研究	福岡県（筑前国）81
1955	個人	―	―	―			岡崎敬編1979『宗像 沖ノ島』宗像大社復興期成会	福岡県（筑前国）82／埋土中にサイドポンプで吸い上げて発見
不明	出光美術館	―	―	―			岡崎敬編1979『宗像 沖ノ島』宗像大社復興期成会	福岡県（筑前国）83
1975	福岡県教育委員会	翡翠勾玉1・琥珀勾玉10・碧玉管玉5・琥珀棗玉&丸玉25・ガラス玉15427・不明石製品1	横矧板鋲留短甲1・銀製装具付素環頭大刀1・鹿角製装具付大刀40～・鹿角製装具付剣3・剣4・鉄鏃285・木心鉄板張輪鐙1・杓子形木心鉄板張壺鐙1？・馬具	金銅冠帽片・金製歩揺4・銅釧片4・金銅花形飾金具4・不明金銅製品6～・刀子片・不明鉄製品4～	土師器・須恵器		池ノ上宏・吉田東明編2011『津屋崎古墳群Ⅱ勝浦峯ノ畑古墳』福津市文化財調査報告書第4集，福津市教育委員会	同型鏡群〔GD-3〕／―／同型鏡群〔GD-3〕／―／同型鏡群／「同向式神獣鏡B系に近い」／「旋回式獣像鏡系に該当すると考えられる」
1977	九州歴史資料館	硬玉勾玉2・翡翠勾玉2・碧玉勾玉2・瑪瑙勾玉4・ガラス勾玉3・滑石勾玉2・碧玉管玉8・水晶丸玉1・ガラス丸玉・滑石臼玉10000・ガラス小玉若干	三角板革綴短甲片	不明銅器片	―	―	白石太一郎・設楽博己編1994『弥生・古墳時代遺跡出土鏡データ集成』（『国立歴史民俗博物館研究報告』第56集），国立歴史民俗博物館	―
1985	所在不明	―	―	―			飛野博文編1986『手光長畑遺跡』福間町文化財調査報告書第2集，福間町教育委員会	「不幸にも手鍬の一撃で破砕した」
1997	福津市教育委員会	―	刀4・鉄鏃1	鉄鋌11・斧1・鑿1・鉇2・鏨3・刀子2・鑢形鉄器1	―	竪櫛20	井浦一1998編『福間割畑遺跡』福間町文化財調査報告書第14集，福間町教育委員会	―
1992	福津市教育委員会	―					池ノ上宏編1996『須多田古墳群』津屋崎町文化財調査報告書第12集 津屋崎町教育委員会	小型鏡／「上からの流れ込みか」
1982	所在不明	蛇紋岩勾玉2・滑石勾玉1・碧玉管玉23・瑪瑙丸玉2・ガラス小玉25		斧2		櫛3	酒井仁夫編1984『花見遺跡』古賀町文化財調査報告第4集，古賀町教育委員会	―
1996～98	サンフレアこが歴史資料館・古賀市教育委員会				土器類	石器類	井英明編2003『馬渡・束ヶ浦遺跡』古賀市文化財調査報告書，古賀市教育委員会	―

番号	舶倭	鏡式	出土遺跡	出土地名	遺跡内容	時期	面径(cm)	銘文	諸氏分類	編者分類・時期
377	舶	連弧文銘帯鏡〈1号鏡〉	立岩遺跡10号甕棺	飯塚市立岩	墳墓 甕棺	弥生中期	15.6	「日有喜月有富 樂母事常得 美人會竽瑟侍 買市程萬物平 老復丁死復生 醉不知醒旦星」	—	—	—
378	舶	重圏精白鏡〈2号鏡〉					17.8	「絜精白而事君 怨而汸之弇明 玄錫之澤流 恐疎遠而日忘 美 外丞之可兑 令京 永而毋絶」(外銘)／「内清質以昭明 光輝象夫日月 心忽揚而願忠 然壅塞而不」(内銘)	—	—	—
379	舶	重圏清白鏡〈3号鏡〉					15.4	「絜清白而事君 怨汸驪之弇明 及玄錫之流澤 忘遠而日忘 懷麋美之窮嚱 外丞驪之可説 思窔㮚之霊京 願永思而母絶」(外銘)／「内清質以昭明 光輝象夫日月 心忽揚而願 然壅塞而不泄」(内銘)	—	—	—
380	舶	連弧文銘帯鏡〈4号鏡〉					18.2	「日有喜月有富 樂母事常得意 美人會竽瑟侍 買市程萬物平 老復丁死復生 醉不知乎醒」	—	—	—
381	舶	連弧文清白鏡〈5号鏡〉					18.0	「絜清白而事君 怨汸志驪之弇明 之玄錫之澤流 恐疎遠而日忘 □美 外丞之可兑 令京 願兮永思而母絶 清光哉宜」	—	—	—
382	舶	重圏昭明鏡〈6号鏡〉					15.9	「姚皎光而燿美 挾佳都而丞間 懷驪察而惟予 愛存神而不遷 得乎竝執而不衰 清照折兮」(外銘)／「内清質以昭明 光輝象夫日月 心忽揚而願忠 然壅塞而不泄」(内銘)	—	—	—
383	舶	重圏昭明鏡	立岩遺跡28号甕棺	飯塚市立岩	墳墓 甕棺	弥生中期	9.8	「内清質以昭明 光輝象夫日月 心忽揚而願忠 然塞而不泄」	—	—	—
384	舶	連弧文日光鏡	立岩遺跡34号甕棺		墳墓 甕棺	弥生中期	4.9	「見日之光 天下大明」	—	—	—
385	舶	連弧文清白鏡	立岩遺跡35号甕棺		墳墓 甕棺	弥生中期	18.1	「絜清白而事君 志汸之合明 及玄錫而流澤 而恐疎而日忘 而美人 外丞可兑 而永思而母絶」	—	—	—
386	舶	単圏銘帯鏡	立岩遺跡39号甕棺		墳墓 甕棺	弥生中期	7.2	「久不相見 長母相忘」	—	—	—
387	倭	〔渦文鏡〕	金比羅山(旧嘉穂高女跡)	飯塚市西町	古墳	円墳・横穴式石室	古墳後期	不明	—	—	—
389	?	不明	ゴゼ山	飯塚市西町	古墳	円墳・石室	古墳後期	不明	—	—	—
388	倭	〔流雲文鏡〕	徳前字片峰	飯塚市徳前字片峰	古墳	円墳・横穴式石室	古墳後期	16.0	—	—	—
390	舶	方格T字鏡	飯塚市(伝)	飯塚市(伝)	不明	不明	不明	14.9	—	方格規矩文鏡類F型(小林82・10)／博局T字鳥文鏡Ca3K類(高木91・93)／MC式(松浦94)／丙群(森下98)	—	—
453・571	舶	上方作系浮彫式獣帯鏡?	飯塚市(伝)	飯塚市(伝)	不明	不明	13.4	「・・・□宜子・・・」	六像Ⅱ式(實盛15)	—	—
393	舶	長宜子孫蝙蝠座鈕八弧内行花文鏡	谷頭遺跡箱形石棺	飯塚市西佐与字谷頭〔嘉穂郡頴田町〕	墳墓 箱形石棺	弥生中～後期	12.4	「長宜子孫」	Bcイ式(樋口79)	—	—
394	舶	三角縁波文帯三神三獣鏡	忠隈古墳(忠隈1号墳)	飯塚市忠隈〔嘉穂郡穂波町〕	円墳(35)・竪穴式石槨(割竹形木棺)	古墳前期	21.5	—	目録番号131・同笵鏡番号72・配置L1・表現⑩	—	—
395	舶	上方作系浮彫式獣帯鏡					12.2	—	半肉彫獣帯鏡C四像式(樋口79)／四像式(岡村92)／Ⅲ円圏式(樋口79)／四像Ⅱ式(Ⅰb系)(實盛15)	—	—

福岡

発見年	所蔵（保管）者	共伴遺物					文献	備考
		石製品・玉類	武具・武器・馬具	ほか金属器	土器類	その他		
1963	飯塚市歴史資料館	—	剣1・銅矛1	鉇1	—	砥石2	岡崎敬編1977『立岩遺蹟』河出書房新社	437g／福岡県（筑前国）108-1
								698g／福岡県（筑前国）108-2
								496g／福岡県（筑前国）108-3
								678g／福岡県（筑前国）108-4
								644g／福岡県（筑前国）108-5
								562g／福岡県（筑前国）108-6
1963		塞杆状ガラス器5・管玉553・ガラス棗玉1・ガラス丸玉1	—	素環頭刀子1	—	—		160g／福岡県（筑前国）108-7
1965		—	鉄戈1	—	—	貝輪14		福岡県（筑前国）108-8
1965		—	剣1・鉄戈1	—	—	—		658g／福岡県（筑前国）108-9／同型：三雲遺跡南小路地区1号甕棺墓（福岡26）
1965		—	剣1	—	—	—		58g／福岡県（筑前国）108-10
不明	所在不明	—	刀	—	—	—	児島隆人・藤田等編1973『嘉穂地方史』先史篇,嘉穂地方史編纂委員会	福岡県（筑前国）109
不明	所在不明	—	—	—	—	—	岡崎敬編1979『日本における古鏡 発見地名表 九州地方Ⅱ』東アジアより見た日本古代墓制研究	福岡県（筑前国）111
不明	個人	—	—	—	—	—	児島隆人・藤田等編1973『嘉穂地方史』先史篇,嘉穂地方史編纂委員会	福岡県（筑前国）110
不明	個人	—	—	—	—	—	後藤守一1942『古鏡聚英』上篇 秦鏡と漢六朝鏡,大塚巧芸社	—
江戸以前	熊本市立博物館（個人旧蔵）						澤田宗順編1993『たたかいと祈りと―古代青銅器の流れと広がり―』八代の歴史と文化Ⅲ,八代市立博物館未来の森ミュージアム展覧会	福岡県（筑前国）112／荒尾市鐘撞塚鏡（熊本3）の可能性
1936	所在不明	—	—	—	—	—	児島隆人・藤田等編1973『嘉穂地方史』先史篇,嘉穂地方史編纂委員会	福岡県（筑前国）115
1955	飯塚市教育委員会	瑪瑙勾玉1・碧玉管玉1・水晶嵌玉1	—	四葉座金具	—	—	児島隆人・藤田等編1973『嘉穂地方史』先史篇,嘉穂地方史編纂委員会	福岡県（筑前国）116-1
								福岡県（筑前国）116-2

番号	舶倭	鏡式	出土遺跡	出土地名	遺跡内容	時期	面径(cm)	銘文	諸氏分類	編者分類・時期
396	舶	画文帯環状乳四神四獣鏡〈1号鏡〉	山の神古墳	飯塚市枝国字石ヶ坪〔嘉穂郡穂波町〕	前方後円墳(80)・横穴式石室	古墳中期	15.0	「天王日月」	Ⅱ(樋口79)	―
397	舶	王氏作盤龍鏡〈2号鏡〉					12.6	「王氏作・・・」	C類(辻田09)	―
398	?	不明	弁分字安床(伝)	飯塚市弁分字安床(伝)〔嘉穂郡穂波町〕	不明	不明	不明	―	―	―
405	倭	捩文鏡	桜ヶ丘古墳	飯塚市上穂波〔嘉穂郡筑穂町〕	古墳	横穴式石室	古墳中期?	不明	―	Ⅰ型(樋口79)/獣形文鏡類四獣鏡C-3型(小林82・10)/Ⅰ型(小沢88)/A型式b類(水野97)	捩文鏡A系	前(古)
448	倭	神頭鏡	島奥遺跡箱形石棺	飯塚市勢田字島奥1034-4〔嘉穂郡穎田町〕	墳墓	箱形石棺	古墳中期	9.4	―	―	神頭鏡系	前(中)
454	舶	長宜孫子八弧内行花文鏡	向田遺跡7号石棺墓	飯塚市高田字向田	墳墓	箱形石棺	弥生後期	9.3	「長宜孫子」	―	―
443	舶	盤龍鏡	辻古墳	飯塚市菰田字辻	古墳	円墳(30)・粘土槨	古墳前期	9.0	―	―	―
443-1	倭	珠文鏡	小正西古墳〔2号石室〕	飯塚市小正字本原〔嘉穂郡穂波町〕		円墳(29)・横穴式石室	古墳後期	7.0	―	―	〔珠文鏡〕	―
391	舶	唐草文縁方格規矩四神鏡	五穀神社遺跡箱形石棺	嘉麻市飯田〔嘉穂郡碓井町〕	墳墓	箱形石棺	弥生後期	14.1	「泰言之紀鏡光□ 在右龍□席居右」	第六式(Ⅲa)(山越74)/唐草文縁四神鏡Ⅲ式(樋口79)/方格規矩獣文鏡(樋口79)	―
392	舶	長宜子孫八弧内行花文鏡	笹原遺跡箱形石棺	嘉麻市笹原〔嘉穂郡碓井町〕	墳墓	箱形石棺	弥生中〜後期	12.5	「長宜子孫」	Aaイ式(樋口79)	―
400	舶	夔鳳鏡	漆生	嘉麻市漆生〔嘉穂郡稲築町〕	古墳	円墳・箱形石棺	古墳	12.1	「長宜子孫」	D(樋口79)/ⅡA1a型式(岡内96)/1式(秋山98)	―
401	倭	四獣鏡	漆生古墳	嘉麻市漆生〔嘉穂郡稲築町〕	古墳	円墳・横穴式石室	古墳後期	完形	―	四獣形鏡(樋口79)/獣形文鏡類四獣鏡C-1型(小林82・10)	〔旋回式獣像鏡〕	後期
402	倭	四獣鏡					完形	―	四獣形鏡(樋口79)/獣形文鏡類四獣鏡C-1型(小林82・10)	〔旋回式獣像鏡〕	後期
403	?	不明	漆生字反崎	嘉麻市漆生字反崎〔嘉穂郡稲築町〕	墳墓	石槨	不明	不明	―	―	―
404	舶	方格T字鏡	かつて塚古墳(カッテ塚古墳・片手塚古墳)	嘉麻市口春〔嘉穂郡稲築町〕	古墳	円墳・両袖式横穴式石室	古墳中期	11.6	―	Ⅴ類(樋口79)/方格規矩文鏡類H型(小林82・10)/SD5式(松浦94)/丁群(森下98)	―
444	舶	君宜高官八弧内行花文鏡	原田遺跡第1地点墓群A石蓋土壙墓	嘉麻市馬見字原田〔嘉穂郡嘉穂町〕	墳墓	石蓋土壙墓	弥生後期	10.2	「君宜高官」	―	―
445	舶	単夔鏡(夔鳳鏡)	原田遺跡第1地点墓群C1号箱形石棺		墳墓	箱形石棺	弥生後期	11.0	「長生宜子」	―	―
446	倭	素文鏡	タタラ遺跡16号住居跡覆土中	嘉麻市屏字タタラ〔嘉穂郡嘉穂町〕	集落	竪穴住居	弥生後期	4.7	―	―	〔素文鏡〕	―
447	倭	弥生倭製鏡(六弧内行花文鏡)	向下益	嘉麻市下益字向下益〔嘉穂郡嘉穂町〕	不明	不明	不明	完形	―	内行花文日光鏡系仿製鏡第Ⅱ型b類(高倉85・90)/内行花文系小形仿製鏡第3型a類(田尻10・12)	〔弥生倭製鏡〕	弥生
447-1	舶	不明	道免	嘉麻市牛隈字道免〔嘉穂郡嘉穂町〕	墳墓	箱形石棺	不明	9.8	―	―	―
399	倭	四神四獣鏡	寿命王塚古墳(桂川王塚古墳)	嘉穂郡桂川町寿命字坂元〔嘉穂郡桂川町〕	古墳	前方後円墳(79)・横穴式石室	古墳後期	21.1	―	画象鏡(樋口79)/画像鏡類(小林82・10)/交互式神獣鏡系(森下91・02)	〔後期型神獣鏡〕	後期
406	舶	長宜子孫八弧内行花文鏡	山口(伝)	宮若市山口(伝)〔鞍手郡若宮町〕	不明	不明	不明	15.4	「□□□孫」	―	―

福岡

発見年	所蔵（保管）者	共伴遺物					文献	備考
		石製品・玉類	武具・武器・馬具	ほか金属器	土器類	その他		
1935	九州大学大学院人文科学研究院考古学研究室	碧玉管玉9・ガラス小玉21・銀平玉3	横矧板鋲留衝角付冑・挂甲・肩甲・小札鋲・頬当・襟甲・籠手・刀・三輪玉・胡籙・f字形鏡板・剣菱形杏葉・瓢形杏葉・木心鉄板張壺鐙・組合式十字型辻金具・鞍・環状雲珠	U字形刃先3・斧23～・鉇・刀子	—	—	辻田淳一郎編2015『山の神古墳の研究』日本学術振興会科学研究費(B)成果報告書, 九州大学大学院人文科学研究院考古学研究室	同型鏡群〔GK-1〕／福岡県（筑前国）117-1
								福岡県（筑前国）117-2
不明	所在不明	—	—	—	—	—	児島隆人・藤田等編1973『嘉穂地方史』先史篇, 嘉穂地方史編纂委員会	福岡県（筑前国）118
不明	所在不明（上穂波中学校旧蔵）	—	—	—	—	—	児島隆人・藤田等編1973『嘉穂地方史』先史篇, 嘉穂地方史編纂委員会	福岡県（筑前国）124
1985	飯塚市教育委員会	水晶小玉2・ガラス小玉約60	—	—	—	—	新原正典・八木健一郎編2006『猪ノ尻・高木遺跡 島奥遺跡』頴田町文化財調査報告書第10集, 頴田町教育委員会	97g／成年後期か熟年初期の女性骨
1990	飯塚市教育委員会	碧玉管玉2	—	刀子1	—	—	車崎正彦編2002『考古資料大観』第5巻 弥生・古墳時代 鏡, 小学館	—
1987	飯塚市立歴史資料館	—	刀3・剣2・鉄鏃3	鉇2	—	—	嶋田光一編1989『辻古墳』飯塚市文化財調査報告書第11集, 飯塚市教育委員会	—
1996	飯塚市教育委員会	瑪瑙勾玉1・水晶勾玉1・碧玉管玉12・ガラス管玉7・琥珀棗玉2・瑪瑙算盤玉1・石炭算盤玉2・水晶丸玉1・琥珀丸玉1・ガラス丸玉67・ガラス小玉74・滑石玉1・銀空玉1・土玉81	刀3・小刀1・鉄鏃50	銀環1・斧1・鉇3・鋸1・鑿1・錐1・刀子4・鑷子形鉄製品2	須恵器（蓋）	イモガイ貝輪1	毛利哲久編2000『小正西古墳』穂波町文化財調査報告書第12集, 穂波町教育委員会	—
1932～33	嘉麻市公民館	—	刀剣	—	—	—	児島隆人・藤田等編1973『嘉穂地方史』先史篇, 嘉穂地方史編纂委員会	福岡県（筑前国）113
大正中期	所在不明（個人旧蔵）	—	—	—	—	—	児島隆人・藤田等編1973『嘉穂地方史』先史篇, 嘉穂地方史編纂委員会	福岡県（筑前国）114
1926	所在不明	—	—	—	—	—		福岡県（筑前国）120
1926	所在不明	勾玉・管玉・小玉	鋲留短甲・刀	鈴釧・金環	—	貝輪	柴田喜八1927「筑前漆生の古墳群」『考古学雑誌』第17巻第2号, 考古学会	福岡県（筑前国）121-1？
								福岡県（筑前国）121-2？
不明	所在不明	—	—	—	—	—	島田寅次郎1939「石器と土器・古墳と副葬品」『福岡県史蹟名勝天然紀念物調査報告書』第十三輯 史蹟之部, 福岡県	福岡県（筑前国）122
1966	福岡県立稲築志耕館高等学校	碧玉管玉2・ガラス小玉23	横矧板鋲留短甲1・刀4・剣1・矛1・鉄鏃多数・鉄鐸7	斧1・刀子3	—	—	児島隆人・藤田等編1973『嘉穂地方史』先史篇, 嘉穂地方史編纂委員会	福岡県（筑前国）123
1986	嘉麻市教育委員会	—	—	—	—	—	小田富士雄・藤丸詔八郎・武末純一編1991『弥生古鏡を掘る—北九州の国々と文化—』北九州市立考古博物館	穿孔数箇所
1986		—	—	—	—	—		破砕鏡
1985	嘉麻市教育委員会	—	—	—	—	—	福島日出海編1986『嘉穂地区遺跡群Ⅲ』嘉穂町文化財調査報告第6集, 嘉穂町教育委員会	—
1884	所在不明	—	—	—	—	—	九州考古学会事務局・九州考古学会第5回夏期大会佐賀県実行委員会編2013『平成25年度九州考古学会大会 弥生時代後期青銅鏡を巡る諸問題』九州考古学会	絵図のみ
不明	個人	—	—	—	—	—	白石太一郎・設楽博己編1994『弥生・古墳時代遺跡出土鏡データ集成』(『国立歴史民俗博物館研究報告』第56集), 国立歴史民俗博物館	—
1934	王塚装飾古墳館・京都国立博物館	管玉7・切子玉6・丸玉11・小玉2	挂甲・剣3・矛1・鉄鏃約100・轡・鞍・杏葉・鐙・鉸具	金環2・銀鈴1・刀子3・異形利器1・鉄地銀張鉤形品・鍵手状鉄器	土師器（小形丸底壺・蓋杯）・須恵器（台付壺・小形丸底壺・高杯・蓋杯・提瓶）	—	田中琢1979『古鏡』日本の原始美術8, 講談社	927g／福岡県（筑前国）119
昭和以降（戦前）	飯塚市歴史資料館（個人旧蔵）	—	—	—	—	—	九州考古学会編1951『北九州古文化図鑑』第二輯, 福岡県高等学校教職員組合	福岡県（筑前国）125／破砕／「鞍手黄金塚」

番号	舶倭	鏡式	出土遺跡	出土地名	遺跡内容		時期	面径(cm)	銘文	諸氏分類	編者分類・時期	
407	舶	飛禽鏡	汐井掛遺跡 28号木棺墓 (D28)		墳墓	組合式木棺直葬	弥生後〜末期	8.0	―	B式（實盛15）	―	―
408	舶	方格T字鏡	汐井掛遺跡 A墓地群 4号箱形石棺墓 (S4)		墳墓	箱形石棺	弥生後〜末期	8.9	―	SD2式（松浦94）／丁群（森下98）	―	―
409	舶	内行花文鏡	汐井掛遺跡 6号箱形石棺墓 (S6)	宮若市沼口字汐井掛・上有木字高平〔鞍手郡若宮町・宮田町〕	墳墓	箱形石棺	弥生後〜末期	16.9	「□宜□□」	―	―	―
410	倭	弥生倭製鏡（五弧内行花鏡）	汐井掛遺跡 186号木棺墓 (D186)		墳墓	組合式木棺直葬	弥生後〜末期	7.3	―	内行花文日光鏡系仿製鏡第Ⅱ型b類（高倉85・90）／内行花系Ⅲ型C類a（南07a）／内行花系小形仿製鏡第3型a類（田尻10・12）	〔弥生倭製鏡〕	弥生
411	舶	内行花文鏡	汐井掛遺跡 203号土壙墓 (D203)		墳墓	土壙墓	弥生後〜末期	16.0	―	―	―	―
412	舶	内行花文鏡？	汐井掛遺跡 175号木棺墓 (D175)	宮若市沼口字汐井掛・上有木字高平〔鞍手郡若宮町・宮田町〕	墳墓	組合式木棺直葬	弥生後〜末期	約18	―	―	―	―
413	倭	弥生倭製鏡	宮永	宮若市宮永〔鞍手郡若宮町〕	不明	表面採集	不明	完形	―	内行花文日光鏡系仿製鏡（高倉85・90）	〔弥生倭製鏡〕	弥生
450	倭	珠文鏡	小倉古墳	宮若市下〔鞍手郡若宮町〕	円墳（18）・横穴式石室		古墳中期	8.5	―	B-A類（脇山13）	〔珠文鏡〕	―
638	?	不明	古屋敷遺跡 3号住居跡	宮若市高野字古屋敷430他〔鞍手郡若宮町〕	集落	竪穴住居	弥生後期	破片	―	―	―	―
414	倭	〔鋸歯文鏡〕	山ヶ崎1号墳	鞍手郡鞍手町中山字山ヶ崎〔鞍手郡鞍手町〕	古墳	箱形石棺	古墳中期	9.1	―	―	―	―
415	倭	不明	中山	鞍手郡鞍手町中山〔鞍手郡鞍手町〕	墳墓	箱形石棺	古墳	不明	―	―	―	―
449	舶	内行花文鏡	神崎2号墳墓道	鞍手郡鞍手町古門字神崎2076	横穴	墓道	古墳後期	破片	―	―	―	―
449-1	倭	捩文鏡	圃守古墳	鞍手郡鞍手町	古墳	不明	古墳	完形	―	―	捩文鏡B系	前（中？）
416	舶	方格T字鏡	高家古墳（城ノ越遺跡）	遠賀郡遠賀町高屋字城ノ越	古墳	箱形石棺	古墳	9.0	―	方格規矩文鏡類G型（小林82・10）／博局T字鳥文鏡Ca4S類（高木91・93）／小型鏡A4型（北浦92）／SAa1式（松浦94）／丁群（森下98）	―	―
417	倭	不明	野間古墳	遠賀郡岡垣町野間	不明	不明	不明	―	―	―	―	―
417-1	倭	弥生倭製鏡（六弧内行花鏡）	大坪遺跡	遠賀郡岡垣町山田	集落	遺物包含層	不明	6.8	―	内行花文日光鏡系仿製鏡第Ⅱ型（高倉85・90）／内行花系小形仿製鏡第4型（田尻10・12）	〔弥生倭製鏡〕	弥生
639	倭	弥生倭製鏡（六弧内行花鏡）	上二貝塚 D区包含層 第Ⅴ層	遠賀郡水巻町二西3丁目	集落	遺物包含層	弥生中期	5.9	―	内行花文系小形仿製鏡第2型b類（田尻10・12）	〔弥生倭製鏡〕	弥生
418	舶	虺龍文鏡	垣生上り立遺跡（八つ広遺跡）	中間市垣生町上り立	墳墓	箱形石棺（表面採集）	弥生	10.4	―	―	―	―
419	舶	双頭龍文鏡						9.9	「□□□□」	Ⅲ式（樋口79）／Ⅱ式（西村83）	―	―
420	倭	弥生倭製鏡	岩屋遺跡	北九州市若松区有毛	墳墓	箱形石棺	弥生後期	8.9	―	古式仿製鏡内行花文座式（樋口79）／内行花文日光鏡系仿製鏡第Ⅱ型（高倉85・90）／重圏紋鏡系小形仿製鏡第Ⅱ型①（高木02）／重圏文日光鏡仿製鏡あ-3c類（松本08）／重圏文系小形仿製鏡第2型（田尻10・12）	〔弥生倭製鏡〕	弥生
421	舶	不明						破片	―	―	―	―
422	舶	不明						破片	―	―	―	―
423	舶	不明						破片	―	―	―	―
424	舶	不明						破片	―	―	―	―

発見年	所蔵（保管）者	共伴遺物					文献	備考
		石製品・玉類	武具・武器・馬具	ほか金属器	土器類	その他		
1975		―	―	―	―	―		福岡県（筑前国）126-1／破砕鏡
1975		―	―	―	―	―		福岡県（筑前国）126-2
1975	福岡県教育委員会						小田富士雄・藤丸詔八郎・武末純一編1991『弥生古鏡を掘る―北九州の国々と文化―』北九州市立考古博物館	福岡県（筑前国）126-3／破鏡
1977								―
1977		―	―	―	―	―		破鏡
1977	福岡県教育委員会	―	―	鉇1			池辺元明編1980『若宮宮田工業団地関係埋蔵文化財調査報告』第2集，福岡県教育委員会	破鏡
不明	所在不明	―	―	―	―	―	池辺元明編1977『九州縦貫自動車道関係埋蔵文化財調査報告』Ⅷ，福岡県教育委員会	福岡県（筑前国）127
1988	宮若市教育委員会	翡翠勾玉・硬玉管玉・碧玉管玉・ガラス小玉	刀・鉄鏃	銅釧・鈴釧・耳環	土師器（壺・高杯）・須恵器（壺・甕・高杯）		小方良臣他編1989『下遺跡群』若宮町文化財調査報告書第7集，若宮町教育委員会	―
1997	宮若市教育委員会	―	―	―	―	―	福岡教育委員会編2000『福岡県埋蔵文化財発掘調査年報―平成9年度―』福岡教育委員会	―
不明	福岡県立八幡工業高等学校						白石太一郎・設楽博己編1994『弥生・古墳時代遺跡出土鏡データ集成』（『国立歴史民俗博物館研究報告』第56集），国立歴史民俗博物館	福岡県（筑前国）129
1965	福岡県立八幡工業高等学校						白石太一郎・設楽博己編1994『弥生・古墳時代遺跡出土鏡データ集成』（『国立歴史民俗博物館研究報告』第56集），国立歴史民俗博物館	福岡県（筑前国）130
1962	福岡県教育委員会	―	―	斧	土師器（小形丸底壺2・高杯3・杯4）・須恵器（壺1・甕2・高杯2・杯7・平瓶5・𤭯1）		渡辺正気1963『銀冠塚』福岡県文化財報告書第8集	福岡県（筑前国）128／鏡は流れ込み
不明	鞍手町立歴史民俗資料館						鞍手町立歴史民俗資料館編1992『鞍手町立歴史民俗資料館展示解説図録』	―
1931 or32	九州歴史資料館（個人旧蔵）						佐賀県立博物館編1979『鏡・玉・剣―古代九州の遺宝―』佐賀県立博物館	福岡県（筑前国）131
1966	個人	―	鹿角装刀装具・杏葉	銅鈴	―	―	白石太一郎・設楽博己編1994『弥生・古墳時代遺跡出土鏡データ集成』（『国立歴史民俗博物館研究報告』第56集），国立歴史民俗博物館	福岡県（筑前国）132
不明	岡垣町教育委員会	―	―	―	―	―	木下修編1983『大坪遺跡』岡垣町文化財調査報告書第5集，岡垣町教育委員会	―
1997	水巻町歴史資料館	―	―	―	弥生土器22	石包丁1	大坪剛・小南裕一編1998『上二貝塚』水巻町文化財調査報告書第6集，水巻町教育委員会	26g
1974	所在不明	―	―	―	―	―	小田富士雄・藤丸詔八郎・武末純一編1991『弥生古鏡を掘る―北九州の国々と文化―』北九州市立考古博物館	福岡県（筑前国）133
	金関丈夫旧蔵							福岡県（筑前国）145／採集品
1955	北九州市立いのちのたび博物館						北九州市史編さん委員会編1985『北九州市史』総論 先史・原史，北九州市	福岡県（筑前国）147
	金関丈夫旧蔵							福岡県（筑前国）146-1〜4／20片の破片のうちの1つ（鉦4個）／「後漢鏡」

番号	舶倭	鏡式	出土遺跡	出土地名	遺跡内容	時期	面径(cm)	銘文	諸氏分類	編者分類・時期
425	舶	双頭龍文鏡	馬場山 第41号a土壙墓	北九州市八幡西区馬場山字荒手	墳墓	土壙墓	弥生後期	破片	—	I式（西村83）	—	—
426	倭	弥生倭製鏡	馬場山遺跡 第42号遺構		墳墓	祭祀遺構	弥生後期	6.8	—	内行花文日光鏡系仿製鏡第Ⅱ型b類（高倉85・90）／連弧紋鏡系小形仿製鏡第Ⅱ型b類（高木02）／内行花文系小形仿製鏡第3型a類（田尻10・12）	〔弥生倭製鏡〕	弥生
427	舶	方格渦文鏡	馬場山遺跡 S-5号石棺墓		墳墓	箱形石棺	弥生後期	9.8	—	—	—	—
428	倭	弥生倭製鏡（十一弧内行花文鏡）	馬場山遺跡 C地区 AJ27柱穴		墳墓	土壙（柱穴）	弥生後期	8.7	—	内行花文日光鏡系仿製鏡第Ⅱ型a類（高倉85・90）／内行花文系小形仿製鏡第2型b類（田尻10・12）	〔弥生倭製鏡〕	弥生
428-1	倭	弥生倭製鏡（八弧内行花文鏡）	光照寺遺跡 第5層	北九州市八幡西区香月西	集落	遺物包含層	弥生	9.2	—	内行花文系小形仿製鏡第3型a類（田尻10・12）	〔弥生倭製鏡〕	弥生
429	舶	虺龍文鏡？	牧山	北九州市戸畑区牧山	不明	石棺？	不明	10.6	「君冝高官」	—	—	—
518	倭	珠文鏡	南方平 箱形石棺墓 〔1号棺〕	北九州市小倉南区南方	墳墓	方形周溝墓・箱形石棺	古墳前期	7.8	—	珠文鏡類B型（小林82・10）／Ⅱ類（中山他94）	〔珠文鏡〕	—
518-1	舶	虺龍文鏡	南方浦山古墳	北九州市小倉南区南方浦山751-10他	古墳	円墳・箱形石棺	古墳前期	9.7	—	—	—	—
519	舶	四禽鏡	郷屋古墳 〔2号石棺〕	北九州市小倉南区長行字アシキ	古墳	円墳（16）・箱形石棺	弥生末期～古墳前期	11.6	あり（不詳）	円圏鳥文鏡C（樋口79）	—	—
519-1	倭	弥生倭製鏡（十弧内行花文鏡）	伊崎遺跡 環壕M13	北九州市小倉南区長行東1丁目	集落	環壕	弥生後期	7.1	—	内行花文系小形仿製鏡第2型b類（田尻10・12）	〔弥生倭製鏡〕	弥生
573	倭	弥生倭製鏡（六弧内行花文鏡）	金山遺跡 Ⅵ区	北九州市小倉南区横代	集落	水路	弥生末期？	9.0	—	内行花文日光鏡系仿製鏡A-3類（松本08）／内行花文系小形仿製鏡第2型b類（田尻10・12）	〔弥生倭製鏡〕	弥生
574	舶	三角縁天王日月・獣文帯三神三獣鏡？	御座1号墳〔南西主体部〕	北九州市小倉南区貫	古墳	前方後円墳（23）・木棺直葬？	古墳前期	破片	—	目録番号106・同笵鏡番号60？・配置K1？・表現③	—	—
587	舶	四葉座八弧内行花文鏡	高島遺跡 S-1号箱形石棺	北九州市小倉南区貫字高島	墳墓	箱形石棺	弥生後期	17.6～19.1	「長□□□」	—	—	—
575	倭	弥生倭製鏡（八弧内行花文鏡）	上清水遺跡 Ⅲ区第8層中層	北九州市小倉南区横代字横枕	集落	遺物包含層	弥生末期	7.2	—	連弧紋鏡系小形仿製鏡第Ⅱ型b類（高木02）／内行花文系小形仿製鏡第3型a類（田尻10・12）	〔弥生倭製鏡〕	弥生
576	舶	流雲文縁方格規矩四神鏡	高津尾遺跡 17区 13号土壙墓	北九州市小倉南区高津尾	墳墓	土壙墓	弥生後期～古墳前期？	14.5	「・・・大・・・」	—	—	—
577	舶	複波文縁方格規矩渦文鏡	高津尾遺跡 16区北地区 40号土壙墓		墳墓	土壙墓	弥生後期～古墳前期？	10.6	擬銘	—	—	—
578	倭	弥生倭製鏡？	高津尾遺跡 16区北地区 92号土壙墓		墳墓	土壙墓	弥生後期～古墳前期？	7.7	—	—	〔弥生倭製鏡？〕	弥生？
579	倭	弥生倭製鏡？	高津尾遺跡 16区北地区 28号土壙墓		墳墓	土壙墓	弥生後期～古墳前期？	8.0	—	—	〔弥生倭製鏡？〕	弥生？
580	倭	弥生倭製鏡	高津尾遺跡 16区南 12号箱形石棺		墳墓	箱形石棺	弥生後期～古墳前期？	6.9	—	—	〔弥生倭製鏡〕	弥生
581	倭	捩文鏡	高津尾遺跡 16区南 17号箱形石棺		墳墓	箱形石棺	古墳前期	7.2	—	B型式c類（水野97）	捩文鏡B系	前（中）
646	倭	弥生倭製鏡（九弧内行花文鏡）	山崎八ヶ尻 4号石蓋土壙墓	北九州市小倉南区長野本町1-4	古墳	前方後円墳（墳墓？）・石蓋土壙墓	古墳前期	7.4	—	内行花文系小形仿製鏡第2型b類（田尻10・12）	〔弥生倭製鏡〕	弥生
647	倭	不明	長野A遺跡 Ⅲ区 14号住居跡覆土	北九州市小倉南区長野2丁目	集落	竪穴住居	古墳後期	7.5	—	—	〔弥生倭製鏡？〕	弥生？
647-1	舶	虺龍文鏡	長野小西田遺跡 自然流路旧河川	北九州市小倉南区長野509-2	集落	自然流路旧河川	古墳前期	10.0	—	—	—	—

福岡

発見年	所蔵（保管）者	共伴遺物					文献	備考
		石製品・玉類	武具・武器・馬具	ほか金属器	土器類	その他		
1973	北九州市教育委員会	—	—	—	—	—	北九州市史編さん委員会編1985『北九州市史』総論 先史・原史,北九州市	福岡県（筑前国）149／内区破片
1973	北九州市立いのちのたび博物館				壺・甕	石包丁未製品		福岡県（筑前国）148
1977							栗山伸司編1980『馬場山遺跡―北九州市八幡西区大字馬場山所在―』北九州市文化財調査報告書第36集,財団法人北九州市教育文化事業団埋蔵文化財調査室	福岡県（筑前国）150-1
1977	北九州市教育委員会							福岡県（筑前国）150-2
1997	財団法人北九州市芸術文化振興財団埋蔵文化財調査室				弥生土器（壺・甕・鉢・高杯）・古式土師器（台付鉢・鉢・高杯）	石包丁24・紡錘車5・石鏃2・石斧2・敲打具1・砥石6・台石1等	関川妥編1999『光照寺遺跡1』北九州市埋蔵文化財調査報告書第233集,財団法人北九州市教育文化事業団埋蔵文化財調査室	—
1910	北九州市教育委員会						北九州市史編さん委員会編1985『北九州市史』総論 先史・原史,北九州市	福岡県（筑前国）151
1938	個人	—	—	鉇or刀子	—	—	中山清隆・林原利明1994「小型仿製鏡の基礎的集成（1）―珠文鏡の集成―」『地域相研究』第21号,地域相研究会	福岡県（豊前国）2
1993	北九州市立いのちのたび博物館		剣2	斧1・鉇2・刀子1	土師器（二重口縁壺2）		上村佳典編1994『南方浦山古墳―北九州市小倉南区大字南方所在―』北九州市文化財調査報告書第58集,北九州市教育委員会	256g／壮年後半の男性骨
1960 (1966?)	福岡県立小倉高等学校・北九州市立いのちのたび博物館		素環頭鉄刀	—			北九州市史編さん委員会編1985『北九州市史』総論 先史・原史,北九州市	福岡県（豊前国）3
2007	財団法人北九州市芸術文化振興財団埋蔵文化財調査室				弥生土器		佐藤浩司編2010『伊崎遺跡4区・5区』紫川（ふるさと区間）河道掘削工事に伴う埋蔵文化財調査調査4,北九州市埋蔵文化財調査報告書第433集,財団法人北九州市芸術文化振興財団埋蔵文化財調査室	—
1988・89	財団法人北九州市教育文化事業団埋蔵文化財調査室	—	—	—	—	—	小田富士雄・藤丸詔八郎・武末純一編1991『弥生古鏡を掘る―北九州の国々と文化―』北九州市立考古博物館	—
1985	財団法人北九州市教育文化事業団埋蔵文化財調査室	—	—	—	—	—	宇野愼敏編1999『御座古墳群』北九州市埋蔵文化財調査報告書第237集,（財）北九州市教育文化事業団埋蔵文化財調査室	内区片
不明	北九州市教育委員会	—	—	刀子	—	櫛	小田富士雄・藤丸詔八郎・武末純一編1991『弥生古鏡を掘る―北九州の国々と文化―』北九州市立考古博物館	内区片
1987	財団法人北九州市教育文化事業団埋蔵文化財調査室	—	—	—	土器	—	小田富士雄・藤丸詔八郎・武末純一編1991『弥生古鏡を掘る―北九州の国々と文化―』北九州市立考古博物館	49g
1987		—	—	—	—	—		破砕鏡／破面研磨
1987		—	—	—	—	—		破砕鏡？
1987	財団法人北九州市教育文化事業団埋蔵文化財調査室	—	—	—	—	—	小田富士雄・藤丸詔八郎・武末純一編1991『弥生古鏡を掘る―北九州の国々と文化―』北九州市立考古博物館	—
1987		—	—	—	—	—		
1987		—	鉄鏃2	刀子2	—	—		
1987		—	—	—	—	—		
1994	財団法人北九州市教育文化事業団埋蔵文化財調査室			刀子1・鹿角製柄刀子1			内本重一・長嶺正秀1998「豊前地域出土の弥生小形仿製鏡について」『稲光遺跡Ⅰ・Ⅱ地区発掘調査概報』苅田町文化財調査報告第30集,苅田町教育委員会	—
1980～82	北九州市教育委員会						柴尾俊介編1987『長野A遺跡3』北九州市埋蔵文化財調査報告書第55集,財団法人北九州市教育文化事業団埋蔵文化財調査室	縁部片
1998	財団法人北九州市芸術文化振興財団埋蔵文化財調査室	—			土師器（二重口縁壺・高杯等）		前田義人編2011『長野小西田遺跡4』長野緑地整備事業に伴う埋蔵文化財調査調査19,北九州市埋蔵文化財調査報告書第458集,財団法人北九州市芸術文化振興財団埋蔵文化財調査室	〈24g〉／「割れ口も研磨されてない」

番号	舶倭	鏡式	出土遺跡	出土地名	遺跡内容	時期	面径(cm)	銘文	諸氏分類	編者分類・時期
647-2	舶	内行花文鏡？	長野尾登遺跡第2地点N区VI491グリッド13層上面	北九州市小倉南区長野252他	集落 遺物包含層	不明	15.0	—	—	—
647-3	倭	弥生倭製鏡	長野フンデ遺跡6A区 土器溜まり上面	北九州市小倉南区長野	集落 自然流路 土器溜まり	不明	8.1	—	内行花文系Ⅳ型A類（南07a）／内行花文系小形仿製鏡第4型（田尻10・12）	〔弥生倭製鏡〕 弥生
647-4	舶	四葉座鈕八弧内行花文鏡	蒲生石棺群37号墓	北九州市小倉南区蒲生	墳墓 箱形石棺	弥生後期	9.9	「生如山石」	—	—
647-5	倭	〔四乳鋸歯文鏡〕	蒲生寺中古墳	北九州市小倉南区蒲生2丁目	古墳 円墳・木棺直葬	古墳中期	11.3	—	—	—
647-6	舶	方格規矩鏡	朽網（伝）	北九州市小倉南区朽網（伝）	不明	不明	11.2	不詳	—	—
582	倭	〔鋸歯文鏡〕	今村清川町古墳	北九州市小倉北区今町2-9	古墳 円墳(15)・竪穴式石槨	古墳中期	11.6	—	特殊文鏡（鋸歯文鏡）（樋口79）／重圏文鏡類（小林82・10）	—
645	舶	長宜子孫八弧内行花文鏡	小倉城下屋敷跡A区	北九州市小倉北区城内1-1	墳墓 土壙墓？or箱形石棺？	弥生後期後半	15.6	「長宜子孫」	—	—
520	舶	〔四神四獣鏡〕	小倉区	北九州市小倉北区or小倉南区	墳墓？ 不明	弥生後期～古墳前期	約21	—	—	—
521	舶	〔連弧文鏡〕	小倉区	北九州市小倉北区or小倉南区	墳墓？ 不明	弥生後期～古墳前期	8.5	あり（不詳）	—	—
522	倭	五獣鏡	丸山古墳	北九州市門司区小森江2丁目	古墳 土壙墓or粘土槨	古墳前～中期	18.1	—	獣形文鏡類五獣鏡（小林82・10）	獣像鏡Ⅱ系 前(中)
594	？	不明	黄金塚	北九州市門司区大里	墳墓 箱形石棺	不明	不明	—	—	—
431	倭	珠文鏡	金比羅山古墳（宝満神社境内古墳）	朝倉市杷木志波〔朝倉郡杷木町〕	古墳 箱形石棺	古墳中期	9.2	—	珠文鏡類B型（小林82・10）	〔珠文鏡〕
432	倭	珠文鏡？	東丸山古墳（石成古墳）〔東側箱形石棺〕	朝倉市石成〔朝倉郡朝倉町〕	古墳 円墳・箱形石棺	古墳前～中期	4.6	—	—	〔珠文鏡？〕
433・435	舶	内行花文鏡	後山遺跡1号石棺	朝倉市山田字後山〔朝倉郡朝倉町〕	墳墓 箱形石棺	弥生後期	14.9	—	—	—
434	倭	弥生倭製鏡（六弧内行花鏡）	後山遺跡2号石棺	朝倉市山田字後山〔朝倉郡朝倉町〕	墳墓 箱形石棺	弥生後期	8.6	—	古式仿製鏡重弧内行花文帯式（樋口79）／内行花文日光鏡系仿製鏡第Ⅱ型b類（高倉85・90）／連弧紋鏡系小形仿製鏡第Ⅱ型b類（高木02）／内行花文系Ⅲ型C類b（南07a）／内行花文系小形仿製鏡第3型a類（田尻10・12）	〔弥生倭製鏡〕 弥生
436	倭	六弧内行花文鏡	外隈遺跡1号石棺	朝倉市山田字外隈〔朝倉郡朝倉町〕	墳墓 箱形石棺	弥生後期	8.6	—	B類3式（清水94）	内行花文鏡B式 前(中)
627	舶	画文帯環状乳四神四獣鏡	外之隈遺跡Ⅰ区1号墳〔1号墓〕	朝倉市山田字外隈〔朝倉郡朝倉町〕	墳丘墓(21×13)・組合式木棺直葬	古墳前期	13.8	「□□□□　□□□□／□□□□　周刻無祉／百牙暴樂　天日王月／衆□主陽　富吉安樂／□□番昌　□□□□」	画B？4（村瀬14）	—
628	舶？	七弧内行花文鏡	外之隈遺跡Ⅱ区1号墳〔1号墓〕	朝倉市山田字外隈〔朝倉郡朝倉町〕	墳丘墓(16)・箱形石棺	古墳前期	12.6	—	—	—
629	舶	飛禽鏡	外之隈遺跡Ⅱ区1号墳〔2号墓〕	朝倉市山田字外隈〔朝倉郡朝倉町〕	墳丘墓(16)・箱形石棺	古墳前期	9.0	—	B式（實盛15）	—
625	倭	弥生倭製鏡（内行花文鏡）	大庭・久保遺跡29号木棺墓	朝倉市大庭字久保〔朝倉郡朝倉町〕	無墳丘・組合式木棺直葬	弥生中期	7.8	—	連弧紋鏡系小形仿製鏡第Ⅰ型b類③（高木02）／内行花文系Ⅰ型A類b（南07a）／内行花文系小形仿製鏡第2型a類（田尻10・12）	〔弥生倭製鏡〕 弥生
626	倭	素文鏡	長島遺跡4号石棺墓	朝倉市須川字長島〔朝倉郡朝倉町〕	無墳丘・箱形石棺	弥生末期	4.1	—	無文鏡（田尻10・12）	〔素文鏡〕 —

福岡

発見年	所蔵（保管）者	共伴遺物					文献	備考
		石製品・玉類	武具・武器・馬具	ほか金属器	土器類	その他		
2007	財団法人北九州市芸術文化振興財団埋蔵文化財調査室	—	—	—	—	—	梅﨑惠司編2011『長野尾登遺跡第2地点N区・第4地点D区』長野緑地整備事業に伴う埋蔵文化財調査報告書第455集, 財団法人北九州市芸術文化振興財団埋蔵文化財調査室	〈36g〉
2000	財団法人北九州市芸術文化振興財団埋蔵文化財調査室	—	—	—	—	—	宇野愼敏編2003『長野フンデ遺跡3』徳力葛原線道路改良工事に伴う埋蔵文化財の発掘調査11, 北九州市埋蔵文化財調査報告書第301集, 財団法人北九州市芸術文化振興財団埋蔵文化財調査室	—
2007	北九州市教育委員会	翡翠勾玉1・ガラス勾玉24〜・碧玉管玉1・凝灰岩管玉16・ガラス小玉17〜	—	—	—	—	山口信義編2010『蒲生石棺群』長行田町線道路改良工事に伴う埋蔵文化財調査報告11, 北九州市埋蔵文化財調査報告書第425集, 財団法人北九州市芸術文化振興財団埋蔵文化財調査室	141g
2000	財団法人北九州市芸術文化振興財団埋蔵文化財調査室	碧玉勾玉2・滑石勾玉29・緑色凝灰岩管玉9・滑石臼玉128・ガラス小玉18	剣2	銅釧1・鉄釧2・鉄鋌4・錐3・刀子1・曲刀子1・削刀子1・針数本	—	—	山口信義編2002『蒲生寺中遺跡1』長行田町線道路改良工事に伴う埋蔵文化財調査報告1, 北九州市埋蔵文化財調査報告書第274集, 財団法人北九州市芸術文化振興財団埋蔵文化財調査室	「中世に柱穴を掘った際に、鏡を割ったが、柱穴内にとどまった状況」
不明	所在不明	—	—	—	—	—	九州考古学会事務局・九州考古学会第5回夏期大会佐賀県実行委員会編2013『平成25年度九州考古学会大会 弥生時代後期青銅鏡を巡る諸問題』九州考古学会	低丘陵上から出土
1958	福岡県立小倉高等学校	勾玉・青黄黒色ガラス小玉・銀空玉	刀	鹿角装刀子2	—	—	小田富士雄・藤丸詔八郎・武末純一1991『弥生古鏡を掘る―北九州の国々と文化―』北九州市立考古博物館	福岡県（豊前国）1
1996	北九州市教育委員会	—	—	—	高杯	—	宇野愼敏編1998『小倉城下屋敷跡』北九州市文化財調査報告第222集,（財）北九州市教育文化事業団埋蔵文化財調査室	「「羅」で包んだのちさらに平絹で包んでから埋納」
不明	所在不明	—	素環頭鉄剣	—	—	—	岡崎敬編1979『日本における古鏡 発見地名表 九州地方Ⅱ』東アジアより見た日本古代墓制研究	福岡県（豊前国）4-1 福岡県（豊前国）4-2
1916	東京国立博物館〈J8127〉	—	刀	—	—	—	北九州市史編さん委員会編1985『北九州市史』総論 先史・原史, 北九州市	漢式鏡801／福岡県（豊前国）5
不明	所在不明	—	—	—	—	—	白石太一郎・設楽博己編1994『弥生・古墳時代遺跡出土鏡データ集成』（『国立歴史民俗博物館研究報告』第56集）, 国立歴史民俗博物館	福岡県（豊前国）6
1931	宝満神社	—	短甲・刀・剣・鉄鏃	斧	—	貝輪	九州考古学会編1951『北九州古文化図鑑』第二輯, 福岡県高等学校教職員組合	福岡県（筑前国）136
1950	大福小学校	—	剣	斧・鉇	—	—	高山明編1969『埋もれていた朝倉文化』福岡県立朝倉高等学校史学部	福岡県（筑前国）137
1937〜38	所在不明（個人旧蔵）	—	—	—	—	—	柳田康雄編1984『甘木市史資料』考古編, 福岡県甘木市	福岡県（筑前国）138・140／破鏡（破面研磨・穿孔）
1933以前	個人	—	—	—	—	—	小田富士雄・藤丸詔八郎・武末純一1991『弥生古鏡を掘る―北九州の国々と文化―』北九州市立考古博物館	福岡県（筑前国）139／同笵：西弥護免遺跡（熊本32）
1956	福岡県立朝倉高等学校	—	—	—	—	—	高山明編1969『埋もれていた朝倉文化』福岡県立朝倉高等学校史学部	福岡県（筑前国）141／成年半ば〜後半期の女性骨
1987	福岡県教育委員会	蛇紋岩勾玉1	剣1	—	—	—	伊崎俊秋編1995『外之隈遺跡』九州横断自動車道関係埋蔵文化財調査報告35, 福岡県教育委員会	
1988	福岡県教育委員会	—	—	刀子1・鉄器2	—	—		成年前半期の女性骨
		—	—	不明鉄製品4	—	—		
1995	福岡県教育委員会	—	—	—	—	粘土	小田富士雄・藤丸詔八郎・武末純一1991『弥生古鏡を掘る―北九州の国々と文化―』北九州市立考古博物館	同笵：牟田寄遺跡SB15160（佐賀191）
1988	福岡県教育委員会	—	—	鹿角装刀子1	—	—	甘木歴史資料館編1992『温故』第16号, 甘木歴史資料館	

番号	舶倭	鏡　式	出土遺跡	出土地名	遺跡内容	時　期	面径(cm)	銘　文	諸氏分類	編者分類・時期	
437	倭	弥生倭製鏡（九弧内行花文鏡）	丸山公園（瓢箪山遺跡）	朝倉市菩提寺〔甘木市〕	墳墓	箱形石棺	弥生後期	7.2	—	内行花文日光鏡系仿製鏡第Ⅱ型a類（高倉85・90）／内行花文日光鏡系仿製鏡B-2b類（松本08）／内行花文系小形仿製鏡第2型b類（田尻10・12）	〔弥生倭製鏡〕	弥生
438	舶	三角縁天王日月・獣文帯四神四獣鏡	神蔵古墳	朝倉市小隈〔甘木市〕	古墳	前方後円墳（40）・竪穴式石槨（組合式木棺）	古墳前期	22.3	「天王日月」	目録番号46・同笵鏡番号27・配置A・表現②	—	—
439	倭	乳文鏡	小塚古墳	朝倉市小田字塚本〔甘木市〕	古墳	円墳（10）・横穴式石室	古墳中期	8.0	擬銘	Ⅰ類（中山他94）	〔乳脚文鏡〕	後期
440	舶	三角縁張氏作三神五獣鏡	大願寺（推定）	朝倉市平塚字大願寺（推定）〔甘木市〕	墳墓	不明	古墳前期	完形	「張氏竟真巧　仙人王喬□□　師子□□□」	目録番号22・同笵鏡番号10？・配置B・表現①	—	—
441	？	〔神獣鏡？（三角縁神獣鏡？）〕	平塚字栗山	朝倉市平塚字栗山〔甘木市〕	墳墓	円墳	弥生～古墳	不明	—	—	—	—
442	舶	連弧文銘帯鏡			墳墓	不明	弥生中期	9.8	「輝象而光　□母相忘　夫日月　心□而願忠　然壅塞而不泄」	—	—	—
622	舶	長宜子孫八弧内行花文鏡	平塚川添遺跡中央集落		集落	溝	弥生後期	破片	「長宜子□」	—	—	—
623	倭	弥生倭製鏡（内行花文鏡）	平塚川添遺跡南東埋土最上層	朝倉市平塚字川添・公役〔甘木市〕	集落	溝	弥生後期	7.6	—	内行花文系小形仿製鏡第2型b類（田尻10・12）	〔弥生倭製鏡〕	弥生
624	倭	弥生倭製鏡（内行花文鏡）					弥生後期	8.9	—	連弧紋鏡系小形仿製鏡第Ⅱ型a類1（高木02）／内行花文系Ⅱ型B類b（南07a）／内行花文系小形仿製鏡第2型b類（田尻10・12）	〔弥生倭製鏡〕	弥生
624-1	倭	珠文鏡	秋月（伝）	朝倉市秋月（伝）〔甘木市〕	不明	不明	不明	完形	—	—	〔珠文鏡〕	—
624-2	倭	重圏文鏡	立野11号墳〔第2主体部〕	朝倉市？〔甘木市〕	墳墓	方形周溝墓	不明	5.4	—	Ⅳ型（藤岡91）／3b類（脇山15）	〔重圏文鏡〕	前期？
430	舶	連弧文昭明鏡	東小田・峯遺跡	朝倉郡筑前町東小田字峯〔朝倉郡夜須町〕	墳墓	甕棺	弥生中期	9.0	あり（不詳）	—	—	—
451	倭	珠文鏡	仙道（仙道文庫蔵）（伝）	朝倉郡筑前町久光字仙道（伝）〔朝倉郡夜須町〕	古墳？	不明	不明	8.7	—	—	〔珠文鏡〕	—
452	倭	弥生倭製鏡	八並遺跡	朝倉郡筑前町三並字八並〔朝倉郡夜須町〕	墳墓	箱形石棺	弥生後期	6.9	—	内行花文日光鏡系仿製鏡第Ⅱ型a類（高倉85・90）／内行花文系小形仿製鏡第2型b類（田尻10・12）	〔弥生倭製鏡〕	弥生
452-1	鋳	弥生倭製鏡（鋳型）	ヒルハタ遺跡227号住居内2号土壙	朝倉郡筑前町三牟字ヒルハタ田〔朝倉郡夜須町〕	集落	住居内土壙	弥生後期	9.5	—	重圏紋鏡系小形仿製鏡第Ⅱ型②（高木02）／内行花文系Ⅳ型A類（南07a）	〔弥生倭製鏡（鋳型）〕	弥生
618	舶	連弧文清白鏡（1号鏡）	東小田・峯遺跡10号甕棺墓（2号墳丘墓）	朝倉郡筑前町東小田〔朝倉郡夜須町〕	墳墓	墳丘墓（17）・甕棺	弥生中期	17.2	「絜清白而事君　志涴□之合明　玄□錫流澤　恐疎而日忘　美之以窮　可今　京霊永思□而」	—	—	—
619	舶	連弧文日光鏡（2号鏡）						6.7	「見日之光　天下大明」	—	—	—
620	倭	不明	鬼神山1号墳	朝倉郡筑前町吹田字大牟田2127-27〔朝倉郡夜須町〕	古墳	円墳（17）・粘土槨	古墳前期	8.5	—	—	—	—
621	舶	円座鈕八弧内行花文鏡	下町遺跡15号土壙墓	朝倉郡筑前町中牟田字下町339他〔朝倉郡夜須町〕	墳墓	無墳丘・土壙墓	弥生後期	10.1	—	—	—	—
621-1	倭	不明	宮ノ前遺跡A区15号住居跡		集落	竪穴住居	古墳前期	8.4	—	—	—	—
621-2	倭	弥生倭製鏡（十六弧内行花文鏡）	宮ノ前遺跡A区76号・77号住居跡	朝倉郡筑前町曽根田	集落	竪穴住居	不明	7.2	—	—	〔弥生倭製鏡〕	—
456	倭	四獣鏡	日輪寺古墳	久留米市京町7丁目	古墳	前方後方墳（50）・横穴式石室	古墳中期	14.2	—	獣形文鏡類四獣鏡C-1型（小林82・10）	〔中期型獣像鏡〕	中期
457	舶	銘帯四獣鏡	祇園山古墳〔裾部外周第1号甕棺墓〕	久留米市御井町高良山	古墳	方墳（25）・甕棺	古墳前期	10.4	「吾作明□　幽湅三商　彫刻無社　配像萬□　・・・番昌号」／「□□□□□□善同出丹□□□□」	—	—	—

福岡

発見年	所蔵（保管）者	共伴遺物					文献	備考
		石製品・玉類	武具・武器・馬具	ほか金属器	土器類	その他		
1933	個人	―	鉄鏃	―	―	―	高倉洋彰 1990『日本金属器出現期の研究』学生社	福岡県（筑前国）144
1977	朝倉市教育委員会	―	剣 3	鍬先 1・斧 1	―	―	木下修編 1978『神蔵古墳 福岡県甘木市大字小隈所在古墳の調査』甘木市文化財調査報告第三集，甘木市教育委員会	1195g／福岡県（筑前国）142
1956	福岡県立朝倉高等学校	管玉 12・小玉 3	鉄鏃 12～・鞍橋・鞍金具・辻金具・鉸具	耳環 3・刀子 4	―	鎹	柳田康雄編 1984『甘木市史資料』考古編，福岡県甘木市	福岡県（筑前国）143
江戸以前	所在不明	―	―	―	―	―	柳田康雄編 1984『甘木市史資料』考古編，福岡県甘木市	―
江戸以前	所在不明	―	―	―	―	―	中山平次郎 1925「筑前国朝倉郡福田村平塚字栗山新発掘の甕棺内遺物」『考古学雑誌』第 15 巻第 4 号，考古学会	銘文と「仏像の如き絵文様」がある大型鏡
1884	福岡市博物館（個人旧蔵）	―	―	―	―	―	三島格・後藤直 1981「旧下座郡・夜須郡出土の鏡二面―山田正修氏資料―」『福岡市立歴史資料館研究報告』第 5 集，福岡市立歴史資料館	130g
1991	朝倉市教育委員会	―	―	―	―	―		破鏡（破面研磨）
1991	朝倉市教育委員会	―	―	―	―	―	川端正夫編 1994『平塚川添遺跡発掘調査概報』Ⅱ，甘木市文化財調査報告第 29 集，甘木市教育委員会	― 同笵：白壁白石（佐賀 14）
不明	所在不明	―	―	―	―	―	―	
不明	甘木歴史資料館	―	―	―	―	―	藤岡孝司 1991「重圏文（仿製）鏡小考―3～4 世紀における―小形仿製鏡の様相―」『財団法人君津郡市文化財センター研究紀要』V，財団法人君津郡市文化財センター	―
1927	東京国立博物館〈J20179〉	―	鉄戈	―	―	―	中山平次郎 1927「クリス形鉄剣及前漢式鏡の新資料」『考古学雑誌』第 17 巻第 7 号，考古学会	福岡県（筑前国）134
不明	福岡市博物館（個人旧蔵）	―	―	―	―	―	三島格・後藤直 1981「旧下座郡・夜須郡出土の鏡二面―山田正修氏資料―」『福岡市立歴史資料館研究報告』第 5 集，福岡市立歴史資料館	―
1971	福岡県教育委員会	―	―	―	―	―	岡崎敬編 1979『日本における古鏡 発見地名表 九州地方Ⅱ』東アジアより見た日本古代墓制研究	福岡県（筑前国）135
1990	筑前町教育委員会	―	―	―	壺・甕・高杯・手捏土器	―	佐藤正義 2011『ヒルハタ遺跡』筑前町文化財調査報告書，筑前町教育委員会	鏃・十字型製品・勾玉の彫りこみ／鋳型
1986	筑前町教育委員会	ガラス璧再利用円板 2	剣 1・鉄戈 1	鑷子 1	―	―	小田富士雄・藤丸詔八郎・武末純一編 1991『弥生古鏡を掘る―北九州の国々と文化―』北九州市立考古博物館	― ―
1991	筑前町教育委員会	翡翠勾玉 2・翡翠管玉 7・ガラス小玉 2	―	刀子 1	―	―	佐藤正義編 1998『鬼神山遺跡』夜須町文化財調査報告書第 41 集，夜須町教育委員会	(13g)／縁部片
1989	筑前町教育委員会	―	―	―	―	―	九州考古学会事務局・九州考古学会第 5 回夏期大会佐賀県実行委員会編 2013『平成 25 年度九州考古学会大会 弥生時代後期青銅鏡を巡る諸問題』九州考古学会	破砕鏡
1998	筑前町教育委員会	―	―	―	土師器（二重口縁壺・壺・瓶・鉢・台付椀・鼓形器台）	磨製石器 1・石製紡錘車 1	石橋新次編 2014『宮ノ前 A 遺跡・柏木宮ノ元 A 遺跡』筑前町文化財調査報告書第 17 集，筑前町教育委員会	―
1998		―	―	―	壺	砥石		
1912	日輪寺	勾玉 2・管玉 2・小玉数十・ガラス玉数十・玉類	刀・鉄鏃	銅環	土師器・須恵器	―	佐賀県立博物館編 1979『鏡・玉・剣―古代九州の遺宝―』佐賀県立博物館	漢式鏡 799／福岡県（筑後国）3
1972	九州歴史資料館	硬玉勾玉 1・碧玉管玉 2					小田富士雄・藤丸詔八郎・武末純一編 1991『弥生古鏡を掘る―北九州の国々と文化―』北九州市立考古博物館	福岡県（筑後国）4／破鏡（破面研磨・穿孔）

番号	舶倭	鏡式	出土遺跡	出土地名	遺跡内容	時期	面径(cm)	銘文	諸氏分類	編者分類・時期
458	?	不明	甲塚1号墳	久留米市藤山町仏坂	古墳 前方後円墳	古墳中期	不明	—	—	— —
459	舶	〔四神鏡〕	久留米市（伝）	久留米市（伝）	不明	不明	不明	—	—	— —
470	舶	方格T字鏡	石垣字大井	久留米市田主丸町石垣字大井〔浮羽郡田主丸町〕	不明	不明	10.0	—	小型鏡A4型（北浦92）	— —
471	倭	弥生倭製鏡	石垣	久留米市田主丸町石垣〔浮羽郡田主丸町〕	不明	不明	7.3	—	内行花文日光鏡系仿製鏡（高倉85・90）／内行花文系小形仿製鏡第2型 or 第3型（田尻10・12）	〔弥生倭製鏡〕 弥生
472	倭	弥生倭製鏡（七弧内行花文鏡）	大井水縄小学校裏遺跡（耳納山麓）	久留米市田主丸町石垣字西大井（大井「水縄小裏手」）〔浮羽郡田主丸町〕	墳墓 箱形石棺	弥生後期	8.0	—	古式仿製鏡重弧内行花文帯式（樋口79）／内行花文日光鏡系仿製鏡第Ⅱ型b類（高倉85・90）／内行花文系小形仿製鏡第3型a類（田尻10・12）	〔弥生倭製鏡〕 弥生
472-1	?	不明	水縄山麓所在古墳	久留米市田主丸町石垣〔浮羽郡田主丸町〕	古墳	不明	破片	—	—	— —
472-2	鋳	弥生倭製鏡（鋳型）	寺徳古墳第1トレンチ	久留米市田主丸町益生田字寺徳〔浮羽郡田主丸町〕	不明	表土直下	不明	4.6	—	重圏文系Ⅰ型A類ⅲ（南07a）	〔弥生倭製鏡（鋳型）〕 弥生
490	倭	十七乳文鏡	鷲塚古墳〔西側箱形石棺〕	久留米市荒木町荒木	古墳 箱形石棺	古墳後期	7.4	—	—	〔乳脚文鏡〕 中期？
498	倭	弥生倭製鏡（内行花文鏡）	西屋敷遺跡2号石棺墓	久留米市合川町西屋敷1923-1	墳墓 箱形石棺	弥生後期	8.2	—	内行花文日光鏡系仿製鏡第Ⅱ型b類（高倉85・90）／内行花文日光鏡系仿製鏡B-6a①類（松本08）／内行花文系小形仿製鏡第3型b類（田尻10・12）	〔弥生倭製鏡〕 弥生
511	舶	三角縁天・王・日・月・獣文帯三神三獣鏡	祇園山古墳（推定）	久留米市（推定）	古墳 箱形石棺	古墳前期？	22.1	「天王日月」	目録番号109・同笵鏡番号62・配置L1・表現⑯	— —
514	倭	乳文鏡	極楽寺1号墳	久留米市上津町本山	古墳 円墳・横穴式石室	古墳	6.9	—	—	〔乳脚文鏡〕 後期
642	舶	方格規矩八禽鏡	良積遺跡14号甕棺墓	久留米市北野町赤司字北吉積他〔三井郡北野町〕	墳墓 無墳丘・土器棺	弥生後期	9.2	—	—	— —
643	倭	弥生倭製鏡（七弧内行花文鏡）	良積遺跡28号甕棺墓	久留米市北野町赤司字北吉積他〔三井郡北野町〕	墳墓 無墳丘・土器棺	弥生後期	7.7	—	内行花文系小形仿製鏡第3型a類（田尻10・12）	〔弥生倭製鏡〕 弥生
644	倭	弥生倭製鏡	良積遺跡ⅠA地区住居跡SI027	久留米市北野町赤司字北吉積他〔三井郡北野町〕	集落 竪穴住居	弥生後期	完形	—	内行花文系小形仿製鏡第3型a類（田尻10・12）	〔弥生倭製鏡〕 弥生
674	舶	不明	ヘボノ木遺跡竪穴住居跡	久留米市東合川町ヘボノ木	集落 竪穴住居	弥生後期	11.0	—	—	— —
674-1	舶	四葉座鈕八弧内行花鏡	日渡遺跡	久留米市東合川町ヘボノ木	集落 表土下	不明	12.3	—	—	— —
674-2	舶	八弧内行花文鏡	田代遺跡	久留米市合川町田代	集落 環壕埋土	弥生後期	10.8	—	—	— —
460	舶	同向式二神二獣画象鏡〈1号鏡〉	月岡古墳（月の岡古墳）	うきは市吉井町若宮字高林〔浮羽郡吉井町〕	前方後円墳（95）・竪穴式石槨（長持形石棺）	古墳中期	16.3	「吾作明竟□□有□□□冝子富昌」	半肉彫獣帯鏡C四像式（樋口79）／Ⅲ円圏式（樋口79）	— —
461	倭	六獣鏡〈2号鏡〉	月岡古墳（月の岡古墳）	うきは市吉井町若宮字高林〔浮羽郡吉井町〕	前方後円墳（95）・竪穴式石槨（長持形石棺）	古墳中期	11.9	—	異形獣文鏡（樋口79）／獣形文鏡類六獣鏡（小林82・10）	〔中期型獣像鏡〕 中期
462	倭	細線式渦文鏡〈3号鏡〉	月岡古墳（月の岡古墳）	うきは市吉井町若宮字高林〔浮羽郡吉井町〕	前方後円墳（95）・竪穴式石槨（長持形石棺）	古墳中期	9.5	—	特殊文鏡（唐草文鏡）（樋口79）／獣形文鏡類四獣鏡C-2型（小林82・10）	〔細線式獣帯鏡〕 中期
463	倭	珠文鏡〈4号鏡〉	月岡古墳（月の岡古墳）	うきは市吉井町若宮字高林〔浮羽郡吉井町〕	前方後円墳（95）・竪穴式石槨（長持形石棺）	古墳中期	6.9	—	珠文鏡Ⅱ類（樋口79）／珠文鏡類B型（小林82・10）／Ⅳ類（中山他94）／珠紋鏡系（森下02）／AC-B類（脇山13）／充填系B群（岩本14）	〔珠文鏡〕
463-1	?	不明	月岡古墳（推定）（「若宮月岡幷古物図」（「筑後将士軍談」）所載鏡）				9.1	—	—	— —
463-2	?	不明	月岡古墳（推定）（「若宮月岡幷古物図」（「筑後将士軍談」）所載鏡）				8.8	—	—	— —
463-3	倭	捩文鏡	月岡古墳（推定）（「若宮月岡幷古物図」（「筑後将士軍談」）所載鏡）				6.7	—	—	捩文鏡E系？ 前（新）
463-4	?	不明	月岡古墳（推定）（「若宮月岡幷古物図」（「筑後将士軍談」）所載鏡）				5.5	—	—	— —

福岡

発見年	所蔵(保管)者	共伴遺物					文献	備考
		石製品・玉類	武具・武器・馬具	ほか金属器	土器類	その他		
大正	所在不明(再埋納)	—	甲冑・刀・矛	—	土器	—	白石太一郎・設楽博己編1994『弥生・古墳時代遺跡出土鏡データ集成』(『国立歴史民俗博物館研究報告』第56集),国立歴史民俗博物館	福岡県(筑後国)6
不明	鏡山神社(高良神社末社)	—	—	—	—	—	岡崎敬編1979『日本における古鏡 発見地名表 九州地方Ⅱ』東アジアより見た日本古代墓制研究	福岡県(筑後国)8
1931	九州歴史資料館(個人旧蔵)	—	—	—	—	—	佐賀県立博物館編1979『鏡・玉・剣—古代九州の遺宝—』佐賀県立博物館	福岡県(筑後国)20
1950	個人	—	—	—	—	—	田主丸町誌編集委員会1996『田主丸町誌』第2巻 ムラとムラ人 上,田主丸町	福岡県(筑後国)18
1968	九州歴史資料館	—	—	斧	弥生土器	—	田中琢1977『鐸剣鏡』日本原始美術大系4,講談社	福岡県(筑後国)19
不明	九州歴史資料館(個人旧蔵)	—	—	—	—	—	九州歴史資料館編1982『田中幸夫寄贈品目録』九州歴史資料館	細片
1998	久留米市教育委員会	—	—	—	—	—	江島伸彦編2001『寺徳古墳』田主丸町文化財調査報告書第18集,田主丸町教育委員会	矢状の線刻
不明	久留米市教育委員会	—	—	—	—	—	佐賀県立博物館編1979『鏡・玉・剣—古代九州の遺宝—』佐賀県立博物館	福岡県(筑後国)8-1
1983	久留米市教育委員会	—	—	—	—	—	高倉洋彰1990『日本金属器出現期の研究』学生社	—
江戸以前	高良神社	—	—	—	—	—	古賀寿1971「高良大社蔵三角縁神獣鏡と祇園山古墳」『筑後地区郷土研究』第2号,筑後地区郷土研究会	福岡県(筑後国)7
不明	久留米市教育委員会	—	—	—	—	—	佐賀県立博物館編1979『鏡・玉・剣—古代九州の遺宝—』佐賀県立博物館	福岡県(筑後国)5
1994		管玉1	—	—	—	—	本田岳秋編1998『良積遺跡Ⅱ』北野町文化財調査報告書第11集,北野町教育委員会	—
1994	久留米市教育委員会	—	—	土師器甑把手1・土鍋1・青磁椀2	—	—		
2004		—	—	—	—	—	本田岳秋編2005『良積遺跡Ⅳ』北野町文化財調査報告書第21集,北野町教育委員会	
1995	久留米市教育委員会	—	鉄鏃2	刀子1	—	—	九州考古学会事務局・九州考古学会第5回夏期大会佐賀県実行委員会編2013『平成25年度九州考古学会大会 弥生時代後期青銅鏡を巡る諸問題』九州考古学会	—
不明	久留米市教育委員会	—	—	—	—	—	九州考古学会事務局・九州考古学会第5回夏期大会佐賀県実行委員会編2013『平成25年度九州考古学会大会 弥生時代後期青銅鏡を巡る諸問題』九州考古学会	
不明	久留米市教育委員会	—	—	—	—	—	九州考古学会事務局・九州考古学会第5回夏期大会佐賀県実行委員会編2013『平成25年度九州考古学会大会 弥生時代後期青銅鏡を巡る諸問題』九州考古学会	
江戸以前								360g／福岡県(筑後国)9-3
1806	若宮八幡宮		金銅装小札鋲留眉庇付冑3・小札鋲留眉庇付冑5・三角板革綴短甲6・三角板鋲綴短甲1・三角板革綴鋲留併用短甲1・頸甲8・肩甲8？・籠手2・鉄草摺8？・金銅膝当2・小札多数・刀7～・剣26～・鉄鏃254～・胡籙金具・剣菱形杏葉1・鉸具2・鉄環4～・金銅鞍金具・木心鉄板張輪鐙3・馬鐸1					220g／漢式鏡797？／福岡県(筑後国)9-4
1805		硬玉？勾玉6・碧玉？管玉36・ガラス小玉204～・滑石臼玉40		帯金具・用途不明金銅製品9・用途不明鉄製品10・斧2・鎌2？・刀子5～		砥石1	児玉真一編2005『若宮古墳群Ⅲ』吉井町文化財調査報告書第19集,吉井町教育委員会	139g／福岡県(筑後国)9-2
								53g／福岡県(筑後国)9-1
江戸以前	所在不明							—

番号	舶倭	鏡式	出土遺跡	出土地名	遺跡内容	時期	面径(cm)	銘文	諸氏分類	編者分類・時期
463-5	倭	弥生倭製鏡？	若宮遺跡 42号住居跡	うきは市吉井町若宮〔浮羽郡吉井町〕	集落 竪穴住居	弥生後期	7.6	—	—	〔弥生倭製鏡？〕 弥生？
463-6	倭	獣像鏡	若宮	うきは市吉井町若宮〔浮羽郡吉井町〕	不明	不明	10.4	—	—	〔旋回式獣像鏡系？〕 後期？
464	倭	〔獣形鏡〕	珍敷塚古墳 封土中	うきは市吉井町富永西屋形〔浮羽郡吉井町〕	古墳 封土中	古墳後期	11.0	—	—	—
488	倭	弥生倭製鏡（内行花文鏡）	西屋形法華原遺跡	うきは市吉井町富永西屋字法華原〔浮羽郡吉井町〕	不明	不明	6.1	—	古式仿製鏡重弧内行花文帯式（樋口79）／内行花文日光鏡系仿製鏡第Ⅱ型b類（高倉85・90）／内行花文系小形仿製鏡第2型c類（田尻10・12）	〔弥生倭製鏡〕 弥生
488-1	倭	弥生倭製鏡（内行花文鏡）	西屋形古畑遺跡	うきは市吉井町富永西屋字古畑〔浮羽郡吉井町〕	不明	不明	7.5	—	内行花文系小形仿製鏡第3型b類（田尻10・12）	〔弥生倭製鏡〕 弥生
489	倭	弥生倭製鏡（内行花文鏡）	鳥越遺跡	うきは市吉井町富永字鳥越〔浮羽郡吉井町〕	不明	不明	8.5	—	古式仿製鏡内行花文帯式（樋口79）／内行花文日光鏡系仿製鏡第Ⅱ型a類（高倉85・90）／内行花文系小形仿製鏡第2型b類（田尻10・12）	〔弥生倭製鏡〕 弥生
465	舶	複波文縁方格規矩鏡？	延寿寺	うきは市吉井町福益字廷寿寺〔浮羽郡吉井町〕	不明	不明	20.7	—	—	—
467	舶	長宜子孫内行花文鏡	竹野古墳（伝）	うきは市吉井町福益字廷寿寺（伝）〔浮羽郡吉井町〕	古墳	不明	16.5	「長宜子□」	—	—
468・469	舶	長宜子孫蝙蝠座鈕八弧内行花文鏡			古墳	古墳前期？	12.9	「長宜□孫」	—	—
466	倭	〔獣形鏡〕	鷹島古墳（伝）	うきは市吉井町（伝）〔浮羽郡吉井町〕	古墳 円墳・横穴式石室	古墳後期？	13.8	—	—	—
493	倭	珠文鏡	塚堂古墳〔1号石室〕		前方後円墳（91）・横穴式石室	古墳中期	6.5	—	—	〔珠文鏡〕 —
494	倭	〔神獣鏡〕	塚堂古墳〔2号石室〕	うきは市吉井町宮田〔浮羽郡吉井町〕	古墳	前方後円墳（91）・横穴式石室	古墳中期	10.5	—	—	—
495	倭	不明	塚堂古墳 後円部封土		前方後円墳（91）・封土	不明	5.2	—	—	—
496	倭	弥生倭製鏡	塚堂古墳 後円部封土（伝）		前方後円墳（91）・封土	不明	6.1	—	重圏文系小形仿製鏡第1型（田尻10・12）	〔弥生倭製鏡〕 弥生
496-1	倭	弥生倭製鏡	堂畑遺跡土壙3	うきは市吉井町新治〔浮羽郡吉井町〕	集落 土壙	弥生後期～	7.5	—	内行花文系小形仿製鏡第1型（田尻10・12）	〔弥生倭製鏡〕 弥生
473	倭	細線式渦文鏡	加茂（賀茂）神社境内箱形石棺	うきは市浮羽町山北〔浮羽郡浮羽町〕	墳墓 箱形石棺	弥生	8.0	—	特殊文鏡（唐草文鏡）（樋口79）	— 中期？
474	倭	弥生倭製鏡？（七弧内行花文鏡）	流川	うきは市浮羽町流川〔浮羽郡浮羽町〕	墳墓 箱形石棺	弥生	破片	—	—	〔弥生倭製鏡？〕 弥生
516	倭	五鈴六乳文鏡	こうもり塚古墳（朝田薗の上古墳）	うきは市浮羽町朝田字薗ノ上〔浮羽郡浮羽町〕	古墳	不明	古墳後期	9.2	擬銘	乳文鏡系五鈴式（樋口79）／鈴鏡類（五鈴鏡）（小林82・10）／乳文（西岡86）／乳脚鏡b系（森下91）／乳脚文系B1類（岡田05）	〔乳脚文鏡〕 後期

発見年	所蔵(保管)者	共伴遺物					文献	備考
		石製品・玉類	武具・武器・馬具	ほか金属器	土器類	その他		
不明	所在不明	―	―	―	―	―	九州考古学会事務局・九州考古学会第5回夏期大会佐賀県実行委員会編 2013『平成25年度九州考古学会大会 弥生時代後期青銅鏡を巡る諸問題』九州考古学会	
不明	東京国立博物館(J34503)	―	―	―	―	―	水野敏典編 2010『考古資料における三次元デジタルアーカイブの活用と展開』平成18年度~平成21年度科学研究費補助金基盤研究(A)研究成果報告書, 奈良県立橿原考古学研究所	
1950	個人	装身具	武器・武具・馬具	生産用具	―	土器	岡崎敬編 1979『日本における古鏡 発見地名表 九州地方Ⅱ』東アジアより見た日本古代墓制研究	福岡県(筑後国)12／伝世品?
1950~51		―	―	―	―	―	樋口隆康 1979『古鏡』新潮社	福岡県(筑後国)11
不明	福岡県立浮羽究真館高等学校						九州考古学会事務局・九州考古学会第5回夏期大会佐賀県実行委員会編 2013『平成25年度九州考古学会大会 弥生時代後期青銅鏡を巡る諸問題』九州考古学会	
1950	福岡県立浮羽究真館高等学校						樋口隆康 1979『古鏡』新潮社	福岡県(筑後国)13
1925	福岡県立浮羽究真館高等学校						田主丸町誌編集委員会編 1996『田主丸町誌』第2巻 ムラとムラ人 上,田主丸町	福岡県(筑後国)15／破鏡
不明	福岡県立浮羽究真館高等学校						岡崎敬編 1979『日本における古鏡 発見地名表 九州地方Ⅱ』東アジアより見た日本古代墓制研究	福岡県(筑後国)16-1
	個人							福岡県(筑後国)16-2／地徳字善院(福岡県(筑後国)17)と同一品か
不明	福岡県立浮羽究真館高等学校(個人旧蔵)	―	刀	―	―	―	岡崎敬編 1979『日本における古鏡 発見地名表 九州地方Ⅱ』東アジアより見た日本古代墓制研究	福岡県(筑後国)14
1953	福岡県立浮羽究真館高等学校	滑石有孔円板5・硬玉勾玉3・滑石扁平勾玉3・ガラス管玉1・ガラス臼玉・滑石臼玉・ガラス小玉・ガラス粟玉	挂甲・刀・剣・鉄鏃多数・胡籙金具1組・f字形鏡板1・金銅鞍金具・剣菱形杏葉2組・木心鉄板張輪鐙1対・鉸具・三環鈴1・鈴4・鋲留金具	金銅鋺形品・金銅火熨斗・金銅円盤1	―	―	児玉真一編 1990『若宮古墳群Ⅱ―塚堂古墳・日岡古墳―』吉井町文化財調査報告書第6集, 吉井町教育委員会	―
1934	所在不明?(東京国立博物館(J340503?))	滑石有孔円板・滑石扁平勾玉・ガラス管玉6・滑石臼玉720~	横矧板鋲留衝角付冑1・三角板鋲留短甲1・横矧板鋲留短甲1・横矧板革綴短甲1・挂甲2・襟甲・頸甲1・肩甲1・小札草摺・篠状鉄札・盾L字形隅金具6~・刀10・矛2・鉄鏃多数・胡籙勾玉飾金具1・轡3対・素環鏡板3・木心鉄板張輪鐙1対・鉸具8~・雲珠1・鞍・兵庫鎖・鋲留金具3・螺旋状鉄針金・鉄環3	鍬先1・斧1・鎌1・鑿1・刀子5・釣針? 1	―	貝釧1・砥石1		福岡県(筑後国)10-1／「壮年期の男子と思はれ」る歯
1950	福岡県立浮羽究真館高等学校	―	―	―	―	―	高倉洋彰 1990『日本金属器出現期の研究』学生社	福岡県(筑後国)10-2／破片
江戸以前		―	―	―	―	―		福岡県(筑後国)10-3
不明	福岡県教育委員会	―	―	―	―	―	九州考古学会事務局・九州考古学会第5回夏期大会佐賀県実行委員会編 2013『平成25年度九州考古学会大会 弥生時代後期青銅鏡を巡る諸問題』九州考古学会	
1946	個人	―	剣	―	―	―	田主丸町誌編集委員会編 1996『田主丸町誌』第2巻 ムラとムラ人 上,田主丸町	福岡県(筑後国)22
1962	個人	―	―	―	―	―	田主丸町誌編集委員会編 1996『田主丸町誌』第2巻 ムラとムラ人 上,田主丸町	福岡県(筑後国)23／鈕の破片
1918~19	九州歴史資料館(個人旧蔵)	―	―	斧	―	―	佐賀県立博物館編 1979『鏡・玉・剣―古代九州の遺宝―』佐賀県立博物館	漢式鏡798／福岡県(筑後国)21

番号	舶倭	鏡式	出土遺跡	出土地名	遺跡内容	時期	面径(cm)	銘文	諸氏分類	編者分類・時期
516-1	踏	*細線式四虺鏡*	*楠名（伝）*	うきは市浮羽町朝田（伝）	不明	不明	10.0	—	—	—
517	倭	〔変形獣帯鏡〕	西隈上	うきは市浮羽町西隈上〔浮羽郡浮羽町〕	墳墓	箱形石棺？	古墳前期？	不明	—	—
517-1	倭	弥生倭製鏡	浮羽郡？	うきは市浮羽町？	不明	不明	9.0	—	—	〔弥生倭製鏡〕	弥生
475	倭	弥生倭製鏡（十一弧内行花文鏡）	亀の甲遺跡第21号石棺付近	八女市亀甲	墳墓	箱形石棺？	弥生後期	9.4	—	古式仿製鏡内行花文帯式（樋口79）／内行花文日光鏡系仿製鏡第Ⅱ型a類（高倉85・90）／内行花文系小形仿製鏡第2型b類（田尻10・12）	〔弥生倭製鏡〕	弥生
476	倭	弥生倭製鏡	亀の甲遺跡		墳墓	木棺直葬？	弥生	5.2	—	櫛歯文鏡（高倉85・90）／重圏文系小形仿製鏡第1型え類（田尻10・12）	〔弥生倭製鏡〕	弥生
477	舶	複波文縁方格規矩鏡	亀の甲遺跡95号石棺？		墳墓	箱形石棺？	弥生	11.2	—	—	—
478	舶	芝草文鏡（唐草文鏡）？	釘崎3号墳	八女市豊福字久保1113	古墳	前方後円墳（35）・横穴式石室	古墳後期	9.7	—	—	—
479	倭	乳文鏡？	豊福	八女市豊福	古墳	円墳・横穴式石室？	古墳後期	9.5	—	—	〔乳脚文鏡？〕	—
479-1	舶	不明	鶴見山古墳	八女市豊福字鶴見山	古墳	前方後円墳（88〜）・横穴式石室	古墳後期？	破片	—	—	—
480	舶	銅檠作鋸歯文縁細線式獣帯鏡	吉田古墳（伝）	八女市吉田（伝）	古墳	不明	古墳	約22	「銅檠作竟四夷服　多賀國家人民息　胡虜殄滅天下復　風雨時節五穀孰　長保二親得天力　樂兮」	—	—
500	倭	神頭鏡	城の谷古墳（北田形古墳）	八女市北田形字城の谷1046	古墳	円墳・箱形石棺	古墳中期	9.6	—	神頭鏡系（森下02）／兜山鏡系（赤塚04a）	神頭鏡系	前（中）
501	倭	珠文鏡	立山山23号墳	八女市本字立山	古墳	円墳（13）・竪穴系横口式石室	古墳中期	7.5	—	Ⅰ類（中山他94）／AC-D類（脇山13）	〔珠文鏡〕	—
502	倭	四獣鏡	立山山24号墳	八女市本字立山	古墳	円墳（18）・箱形石棺	古墳中期	10.4	—	—	獣像鏡Ⅱ系	前（中）
503	倭	珠文鏡	立山山25号墳	八女市本字立山	古墳	円墳（10）・竪穴系横口式石室	古墳中期	5.9	—	Ⅰ類（中山他94）／A-B類（脇山13）／充填系C群（岩本14）	〔珠文鏡〕	—
512	舶	海獣葡萄鏡	チンのウバ塚	八女市星野村〔八女郡星野村〕	古墳？	双円墳？	古墳終末期？	12.1	—	—	—
513	舶	海獣葡萄鏡					10.3	—	—	—
515	倭	四獣鏡	川犬1号墳	八女市川犬字下ノ屋敷	古墳	円墳？・竪穴式石槨	古墳中期	8.9	—	—	中期？
675	舶	複波文縁方格規矩四神鏡	茶の木ノ本甕棺墓	八女市柳瀬字茶ノ木の本	墳墓	無墳丘墓・土器棺	弥生中期	11.0	—	—	—
675-1	倭	弥生倭製鏡	北山遺跡	八女市立花町北山	不明	不明	8.0	—	内行花文系小形仿製鏡第2型b類（田尻10）	〔弥生倭製鏡〕	弥生
675-2	倭	弥生倭製鏡？	田本上ノ山遺跡	八女市黒木町田本	不明	不明	7.6	—	—	〔弥生倭製鏡？〕	弥生？
481	倭	珠文鏡	名木野11号墳	みやま市瀬高町小田字名木野〔山門郡瀬高町〕	古墳	円墳（10）・横穴式石室	古墳後期	7.8	—	珠文鏡類B型（小林82・10）／A-D類（脇山13）	〔珠文鏡〕	—
482	倭	珠文鏡					7.2	—	珠文鏡類B型（小林82・10）	〔珠文鏡〕	—
483	舶	獣文縁浮彫式獣帯鏡	車塚古墳墳丘下	みやま市瀬高町山門字車塚〔山門郡瀬高町〕	墳墓	甕棺？	不明	17.5	—	—	—
483-1	舶	異体字銘帯鏡	藤の尾垣添遺跡六区一号溝	みやま市瀬高町山門字垣添〔八女郡瀬高町〕	集落	溝	古墳前期	11.9	—	—	—

福岡

発見年	所蔵（保管）者	共伴遺物					文献	備考
		石製品・玉類	武具・武器・馬具	ほか金属器	土器類	その他		
不明	所在不明	―	―	―	―	―	小林三郎 2010『古墳時代仿製鏡の研究』六一書房	―
1977	所在不明	―	刀片	―	―	―	白石太一郎・設楽博己編 1994『弥生・古墳時代遺跡出土鏡データ集成』（『国立歴史民俗博物館研究報告』第56集）, 国立歴史民俗博物館	福岡県（筑後国）24
不明	所在不明						―	―
1955	所在不明						樋口隆康 1979『古鏡』新潮社	福岡県（筑後国）25
1967	九州歴史資料館	―	―	―	―	―	高倉洋彰 1990『日本金属器出現期の研究』学生社	福岡県（筑後国）26
1968	個人	―	―	―	―	―	高倉洋彰 1976「弥生時代副葬遺物の性格」『九州歴史資料館研究論集』2, 九州歴史資料館	福岡県（筑後国）27／破鏡
1970	八女市教育委員会	―	環頭大刀1・刀2・鉄鏃56・轡3組・壺鐙1・辻金具6・鉸具2・雲珠1	鉇1・刀子3	土師器（壺1・杯1）・須恵器（脚付有蓋壺1・無蓋高杯1・提瓶1）	砥石1	佐賀県立博物館編 1979『鏡・玉・剣―古代九州の遺宝―』佐賀県立博物館	福岡県（筑後国）30
1929	八女市教育委員会	―	環頭大刀・刀・轡	―	須恵器	―	岡崎敬編 1979『日本における古鏡 発見地名表 九州地方II』東アジアより見た日本古代墓制研究	福岡県（筑後国）31／福岡478と同一品か
2004	岩戸山歴史資料館	―	鉄鏃・鞍金具？・杏葉？・辻金具	方形帯金具・帯金具・刀子・不明帯状鉄器・不明鉄器	―	―	大塚恵治編 2005『鶴見山古墳2』八女市文化財調査報告書第72集, 八女市教育委員会	細片
不明	個人旧蔵						梅原末治 1962「日本出土の中国の古鏡（一）―特に漢中期より後半代の古鏡―」『考古学雑誌』第47巻第4号, 日本考古学会	同型鏡群〔SJ-1〕／福岡県（筑後国）32
1979	八女市教育委員会	翡翠勾玉3・碧玉管玉28・水晶算盤玉1・ガラス小玉27	矛1	刀子1	土師器（壺1）	―	新原正典 1983『城の谷遺跡』八女市文化財調査報告書第9集, 八女市教育委員会	102g／30歳代の女性骨と50歳代の男性骨／鏡（＋矛1点以外の副葬品）は初葬の女性にともなう
1981	八女市教育委員会	棗玉2・白玉949・ガラス小玉75・鉛玉1（混入？）	剣2・鞘口金具・鉄鏃10・弓付属金具・衡・鞍・鐙？	刀子4	―	―	佐田茂・伊崎俊秋編 1983『立山山古墳群』八女市文化財調査報告書第10集, 八女市教育委員会	成年男性骨
1981	八女市教育委員会	滑石臼玉294	鹿角装鉄剣1・鉄鏃1	鉄釧1・刀子1	―	―		熟年男性骨
1981		―	刀2・短剣1・鉄鏃16〜	刀子1	―	―		成年男性骨
1903	東京国立博物館	―	―	銀釵子	―	―	後藤守一 1935『古鏡聚英』下篇隋唐鏡より和鏡, 大塚巧芸社	―
昭和以降	八女市教育委員会	ガラス玉	―	蕨手刀子	―	―	佐賀県立博物館編 1979『鏡・玉・剣―古代九州の遺宝―』佐賀県立博物館	福岡県（筑後国）29
1994	八女市教育委員会	―	鉄戈	―	―	―	九州考古学会事務局・九州考古学会第5回夏期大会佐賀県実行委員会編 2013『平成25年度九州考古学会大会 弥生時代後期青銅鏡を巡る諸問題』九州考古学会	―
不明	個人旧蔵	―	―	―	―	―	九州考古学会事務局・九州考古学会第5回夏期大会佐賀県実行委員会編 2013『平成25年度九州考古学会大会 弥生時代後期青銅鏡を巡る諸問題』九州考古学会	―
不明	所在不明（盗難）	―	―	―	―	―	九州考古学会事務局・九州考古学会第5回夏期大会佐賀県実行委員会編 2013『平成25年度九州考古学会大会 弥生時代後期青銅鏡を巡る諸問題』九州考古学会	―
1976	所在不明（瀬高高校？）	管玉7・ガラス玉（大）28・ガラス玉（小）25	鉄鏃2・鏡板2・衡1・引手金具1	銅釧2・刀子5・鹿角装刀子1	須恵器（杯1）	―	新原正典・佐土原逸男 1977『名木野古墳』瀬高町文化財調査報告書第1集, 瀬高町教育委員会	福岡県（筑後国）33-1／福岡県（筑後国）33-2
1735〜67	所在不明（盗難）	―	―	―	―	―	清野謙次 1955『日本考古学・人類学史』下巻, 岩波書店	福岡県（筑後国）34／他に2面の鏡が出土したと伝える
2003〜04	九州歴史資料館	―	―	―	―	―	大庭孝夫 2012「破鏡に見られる工具痕―福岡県みやま市藤の尾垣添遺跡出土破鏡の観察から―」『九州歴史資料館研究論集』37, 九州歴史資料館	破鏡（穿孔）

番号	舶倭	鏡式	出土遺跡	出土地名	遺跡内容	時期	面径(cm)	銘文	諸氏分類	編者分類・時期
487	倭	弥生倭製鏡（九弧内行花文鏡）	小川（鉾田）（伝）	みやま市瀬高町小川（伝）〔山門郡瀬高町〕	墳墓？	不明	弥生後期？	7.2	—	古式仿製鏡内行花文帯式（樋口79）／内行花文日光鏡系仿製鏡第Ⅱ型a類（高倉85・90）／内行花文系小形仿製鏡第2型b類（田尻10・12）	〔弥生倭製鏡〕 弥生
484	倭	四獣鏡	面の上1号墳	みやま市山川町清水字面の上〔山門郡山川町〕	古墳	円墳（13）・箱形石棺	古墳中期	12.4	—	—	〔中期型獣像鏡〕 中期
484-1	倭	弥生倭製鏡（内行花文鏡）	海津横馬場遺跡27号住居内ピット	みやま市高田町海津字横馬場〔三池郡高田町〕	集落	住居内ピット	弥生後期〜	4.7	—	内行花文系小形仿製鏡第2型a類（田尻10・12）	〔弥生倭製鏡〕 弥生
485	舶	田氏作神人龍虎画象鏡	潜塚古墳〔1号棺〕	大牟田市黄金町1丁目469他	古墳	円墳（25）・箱形石棺	古墳前期	15.5	「田氏作竟真大工 □□□□□□□ □□ 喜怒無央蒼 仙人子 喬赤誦子 千秋萬歳」	Ⅲ円圏式（樋口79）	—
486	舶	内行花文鏡	潜塚古墳〔2号棺〕	大牟田市黄金町1丁目469他	古墳	円墳（25）・箱形石棺	古墳前期	13.5	—	Bcイ式（樋口79）	—
497	倭	珠文鏡	石櫃山古墳〔墳頂部攪乱穴〕	大牟田市岬1717	古墳	円墳（28）・墳頂部攪乱穴	古墳中期	6.2	—	—	〔珠文鏡〕 —
491	倭	弥生倭製鏡	筑後（伝）	福岡県（伝）	不明	不明	不明	9.4	—	古式仿製鏡内行花文帯式（樋口79）／内行花文日光鏡系仿製鏡第Ⅱ型a類（高倉85・90）／内行花文系小形仿製鏡第2型b類（田尻10・12）	〔弥生倭製鏡〕 弥生
492	倭	弥生倭製鏡（十一弧内行花文鏡）	岡山の上（岡山ノ上）	筑後市	墳墓	箱形石棺	弥生	9.0	—	—	〔弥生倭製鏡〕 弥生
499	倭	珠文鏡	瑞王寺古墳	筑後市西牟田字松尾	古墳	円墳（26）・横穴式石室	古墳中期	9.4	—	—	〔珠文鏡〕 —
499-1	倭	弥生倭製鏡（七弧内行花文鏡）	蔵数大谷遺跡SK10土壙	筑後市蔵数字大谷	集落	土壙	弥生末期	7.8	—	内行花文系小形仿製鏡第3型a類（田尻10・12）	〔弥生倭製鏡〕 弥生
455	倭	弥生倭製鏡（七弧内行花文鏡）	横隈山遺跡2地点14号住居跡	小郡市三沢字道メキ他	集落	竪穴住居	弥生後期	不明	—	内行花文日光鏡系仿製鏡第Ⅱ型b類（高倉85・90）／重圏紋鏡系小形仿製鏡第Ⅰ型b類（高木02）／内行花文系小形仿製鏡第3型a類（田尻10・12）	〔弥生倭製鏡〕 弥生
504	倭	弥生倭製鏡	横隈狐塚遺跡63号土壙墓	小郡市横隈字狐塚	墳墓	土壙墓	弥生後期	6.0	—	重圏文日光鏡系仿製鏡第Ⅰ型b類（高倉85・90）／重圏文系小形仿製鏡第1型い類（田尻10・12）	〔弥生倭製鏡〕 弥生
505	舶	方格規矩八禽鏡	津古生掛古墳	小郡市津古字生掛	古墳	前方後円墳（33）・組合式木棺直葬	古墳前期	13.9	「位至三公」	博局鳥文鏡Aa2L類（高木91・93）／甲群（森下98）	—
507	倭	珠文鏡	三国の鼻1号墳〔北くびれ部〕	小郡市津古・横隈	古墳	前方後円墳（67）・括れ部表土	古墳	6.4	—	Ⅱ類（中山他94）／A-BA3類（脇山13）／列状系（岩本14）	〔珠文鏡〕 前期？
506	倭	四獣鏡	下鶴古墳（大分・上沓掛古墳？）	小郡市干潟字下鶴	古墳	円墳・箱形石棺	古墳	10.6	—	獣形文鏡類四獣鏡C-1型（小林82・10）／獣形文鏡ⅡA類（赤塚98b）	鳥頭獣像鏡B系 前（中）
508	舶	内行花文鏡？	三沢栗原遺跡Ⅳ区43号住居跡	小郡市三沢3479-1・2	集落	竪穴住居	古墳前期	22〜23	—	—	—
509	舶	内行花文鏡？	三沢栗原遺跡Ⅴ区30号住居跡	小郡市三沢3477-2・14	集落	竪穴住居	弥生後期	18〜20	—	—	—
510	舶	方格規矩八禽鏡	みくに保育所内遺跡1号住居跡	小郡市三沢4130-1	集落	竪穴住居	弥生後期	破片	—	—	—
640	舶	多鈕細文鏡〈1号鏡〉	小郡若山遺跡94号土壙	小郡市小郡字若山636-1	集落	土壙	弥生中期	15.3	—	精紋鏡（甲元06）	—
641	舶	多鈕細文鏡〈2号鏡〉	小郡若山遺跡94号土壙	小郡市小郡字若山636-1	集落	土壙	弥生中期	16.0	—	精紋鏡（甲元06）	—
641-1	倭	弥生倭製鏡	寺福堂遺跡R46	小郡市寺福童字神屋敷859-1	墳墓	横口式土壙墓	弥生後期	8.6	—	重圏文系小形仿製鏡第2型（田尻10・12）	〔弥生倭製鏡〕 弥生

福岡

発見年	所蔵（保管）者	共伴遺物 石製品・玉類	武具・武器・馬具	ほか金属器	土器類	その他	文献	備考
不明	九州大学大学院人文科学研究院考古学研究室	―	―	―	―	―	樋口隆康 1979『古鏡』新潮社	福岡県（筑後国）35
1966	個人	―	鹿角装鉄剣 1	円形銅釧 1	―	―	佐々木隆彦 1995「山川町・面の上一号墳の再検討」『九州歴史資料館研究論集』20, 九州歴史資料館	福岡県（筑後国）36
2000年代	福岡県教育委員会	―	―	―	―	―	九州考古学会事務局・九州考古学会第5回夏期大会佐賀県実行委員会編 2013『平成25年度九州考古学会大会 弥生時代後期青銅鏡を巡る諸問題』九州考古学会	―
1959	大牟田市教育委員会	碧玉管玉 2	剣 1	鎌 1・鉇 1〜2・刀子 2	―	―	渡辺正気・萩原房男 1976『潜塚古墳』大牟田市教育委員会	福岡県（筑後国）37-1／壮年男性骨
1959	所在不明	―	銅鏃 47	鍬先 1・斧 2・鎌 1・鉇 2・不明鉄製品片	土師器（壺 2）	―		福岡県（筑後国）37-2／破鏡（2孔）
1982	大牟田市教育委員会	―	―	―	―	―	秀嶋龍男編 1984『大牟田市歴史資料館展示図録 I』大牟田市歴史資料館	―
江戸以前	福岡教育大学	―	―	―	―	―	田中琢 1977『鐸 剣 鏡』日本原始美術大系 4, 講談社	―
1955	福岡県立八女高等学校	―	―	―	―	―	梅原末治 1959「上古初期の倣製鏡」読史会編『国史論集』（一）, 読史会	―
1983	筑後市教育委員会	滑石有孔円板・滑石臼玉 101	石突・鉄鏃・轡 1・木心鉄板張輪鐙 1対・鉸具 3・留金具	円形鉄環・鋤先・刀子	須恵器	釘	川述昭人編 1984『瑞王寺古墳』筑後市文化財調査報告書第 3集, 筑後市教育委員会	―
2006	筑後市教育委員会	―	―	―	土器	―	ジャパン通信社編 2006『月刊文化財発掘出土情報』2006年12月号, ジャパン通信社	―
1973	福岡県教育委員会	―	―	―	―	―	小郡市史編集委員会編 1996『小郡市史』第一巻 通史編 地理・原始・古代, 小郡市	福岡県（筑後国）1
1984	小郡市教育委員会	―	―	―	―	―	小田富士雄・藤丸詔八郎・武末純一編 1991『弥生古鏡を掘る─北九州の国々と文化─』北九州市立考古博物館	―
1986	小郡市埋蔵文化財調査センター	ガラス玉 57	剣 1・鉄鏃	―	―	―	宮田浩之・柏原孝俊編 1987『津古生掛遺跡 I』小郡市文化財調査報告書第 40 集, 小郡市教育委員会	―
1984	小郡市教育委員会	―	―	―	―	―	片岡宏二編 1985『三国の鼻遺跡 I』小郡市文化財調査報告書第 25 集, 小郡市教育委員会	―
1916	東京国立博物館〈J8256〉	―	剣・鉄鏃	―	―	―	片岡宏二編 1985『三国の鼻遺跡 I』小郡市文化財調査報告書第 25 集, 小郡市教育委員会	漢式鏡 800／福岡県（筑後国）2
1984	小郡市教育委員会	―	―	―	土師器（壺・小形丸底壺・甕・杯等）	―	片岡宏二編 1985『三沢栗原遺跡 III・IV』小郡市文化財調査報告書第 23 集, 小郡市教育委員会	破鏡（破面研磨・2孔）／縁部片
1985		―	―	鉇 3	壺・甕・器台	―		破鏡（破面研磨）／縁部片
1980	小郡市教育委員会	―	―	―	大甕・甕口縁	―	小田富士雄・藤丸詔八郎・武末純一編 1991『弥生古鏡を掘る─北九州の国々と文化─』北九州市立考古博物館	破鏡（破面研磨）
1993	文化庁（小郡市埋蔵文化財調査センター・小郡市教育委員会）	―	―	―	―	―	文化庁編 1995『発掘された日本列島 '95 新発見考古速報』朝日新聞社	439g／2面を鏡面あわせにして甕内に収納し埋納
							文化庁編 1995『発掘された日本列島 '95 新発見考古速報』朝日新聞社	407g
2004	小郡市埋蔵文化財調査センター	―	―	―	―	―	佐藤雄史・沖田正大編 2007『寺福童遺跡 5』小郡市文化財調査報告書第 208 集, 小郡市教育委員会	―

番号	舶倭	鏡　式	出土遺跡	出土地名	遺跡内容	時　期	面径(cm)	銘　文	諸氏分類	編者分類・時期	
523	舶	三角縁吾作四神四獣鏡〈6号鏡〉					20.0	「吾作明竟甚大工　上有王喬以赤松　師子天鹿其□□　□□□　□□□□」	目録番号35・同笵鏡番号19・配置A・表現①	—	—
524	舶	三角縁日・月・獣文帯四神四獣鏡〈7号鏡〉					21.8	「日月」	目録番号65・同笵鏡番号34・配置D・表現他	—	—
525	舶	三角縁天王・日月・獣文帯四神四獣鏡〈4号鏡〉					22.0	「天王日月」	目録番号70・同笵鏡番号37・配置F1・表現②	—	—
526	舶	三角縁天王・日月・獣文帯四神四獣鏡〈5号鏡〉					23.5	「天王日月」	目録番号74・同笵鏡番号39・配置F2・表現②	—	—
527	舶	三角縁天王日月・獣文帯三神三獣鏡〈1号鏡〉					22.4	「天王日月」	目録番号105・同笵鏡番号60・配置K1・表現③	—	—
528	舶	三角縁天王日月・獣文帯三神三獣鏡〈2号鏡〉					22.4	「天王日月」	目録番号105・同笵鏡番号60・配置K1・表現③	—	—
529	舶	細線式獣帯鏡〈8号鏡〉					15～	—	—	—	—
531	舶	三角縁日日日全・獣文帯三神三獣鏡〈3号鏡〉	豊前石塚山古墳〔第1主体部〕	京都郡苅田町富久町1丁目	古墳	前方後円墳(130)・竪穴式石槨	古墳前期	22.4	「日日日全」	目録番号107・配置K1・表現③	—	—
531-1	舶	三角縁吾作神獣鏡					不明	「吾作明竟甚大工　上有王喬以赤松　師子天鹿其粦龍　天下名好世無雙」	目録番号35？	—	—
531-2	舶	三角縁吾作神獣鏡					不明	「吾作明鏡甚高□　佳哉青龍有文章　呆子宜孫樂未英　位至三公宜侯王　富且昌」	目録番号36a？	—	—
531-3	舶	三角縁張氏作神獣鏡					不明	「張氏作鏡真巧　仙人三高赤松子　師子辟邪世少有　渇飲玉泉飢食棗　□如金石天相保」	目録番号21？	—	—
531-4	舶	三角縁有銘神獣鏡？					不明	あり（不詳）	—	—	—
531-5	舶	三角縁天・王・日・月・神獣鏡？					不明	「天王日月」	—	—	—
531-6	舶	三角縁天・王・日・月・神獣鏡？					不明	「天王日月」？	—	—	—
531-7	？	〔無銘鏡〕					不明	—	—	—	—
531-8	？	〔無銘鏡〕					不明	—	—	—	—
532	舶	尚方作獣文縁神人歌舞画象鏡	番塚古墳	京都郡苅田町尾倉	古墳	前方後円墳(50)・横穴式石室（組合式木棺）	古墳後期	20.1	「尚方作竟自有紀　辟去羊宜古市　上有東王父西王母　令君陽遂多孫子兮」	Ⅲ円圏式（樋口79）	—	—
533	倭	四獣鏡	御所山古墳	京都郡苅田町与原	古墳	前方後円墳(118)・横穴式石室	古墳中期	8.7	—	四獣形鏡（樋口79）	類鳥頭獣像鏡系？	前期
583	倭	重圏文鏡	谷遺跡15号住居跡（A15号住居跡）	京都郡苅田町谷	集落	竪穴住居	古墳前期	4.3	—	4類（脇山15）	〔重圏文鏡〕	前期
651	倭	素文鏡	稲光遺跡Ⅱ地区旧河川跡	京都郡苅田町稲光	集落	河川跡	弥生後期	3.4	—	6類（脇山15）	〔素文鏡〕	—
652	舶	不明	岩屋4号墳	京都郡苅田町上片島字岩屋他	古墳	円墳(18)・組合式木棺直葬	古墳中期	破片	—	—	—	—
534	倭	五獣鏡	箕田丸山古墳〔前方部主体部〕	京都郡みやこ町勝山箕田〔京都郡勝山町〕	古墳	前方後円墳(37)・横穴式石室	古墳後期	約11～13	—	—	〔旋回式獣像鏡〕	後期
588	舶	長宜子孫八弧内行花文鏡	上所田遺跡石蓋土壙墓（三島山遺跡？）	京都郡みやこ町勝山箕田字上所田〔京都郡勝山町〕	墳墓	石蓋土壙墓	弥生後期	約18.5	「長□□孫」	Aaア式（樋口79）	—	—
589	舶	四禽鏡	上所田遺跡石蓋土壙墓		墳墓	石蓋土壙墓	弥生後期	8.2	—	円圏鳥文鏡C（樋口79）	—	—
653	舶	上方作系浮彫式獣帯鏡	小長川遺跡	京都郡みやこ町勝山長川〔京都郡勝山町〕	墳墓	方形周溝墓・箱形石棺	弥生後期	10.2	あり（不詳）	—	—	—

福岡

発見年	所蔵（保管）者	共伴遺物 石製品・玉類	共伴遺物 武具・武器・馬具	共伴遺物 ほか金属器	共伴遺物 土器類	共伴遺物 その他	文献	備考
1796・1987	宇原神社						長嶺正秀編1996『豊前石塚山古墳』苅田町・かんだ郷土史研究会	漢式鏡805～816／福岡県（豊前国）7-4
	宇原神社							漢式鏡805～816／福岡県（豊前国）7-7
	宇原神社							984g／漢式鏡805～816／福岡県（豊前国）7-6
	宇原神社							1250g／漢式鏡805～816／福岡県（豊前国）7-5
	宇原神社・苅田町							漢式鏡805～816／福岡県（豊前国）7-1～3
	宇原神社							漢式鏡805～816／福岡県（豊前国）7-1～3
	苅田町教育委員会							漢式鏡805～816／福岡県（豊前国）7-1～3
	宇原神社	琥珀勾玉1・碧玉管玉3	小札革綴冑1・素環頭大刀1・刀・銅鏃1・鉄鏃28～・靫	斧5・鉇片2	―	―		漢式鏡805～816／福岡県（豊前国）7-8～16（以下同）
	所在不明（『観古集』所載鏡）						春田永年1800頃『観古集』第一冊	「寛政八年丙辰三月豊前国京都郡苅田村ノ西野山ノ麓浮キ殿ノ地ヨリ掘出ス 浮キ殿ノ地ニ古塚トヲホシクテ林中ニ長五六尺横三尺許深四五尺許ノ内石垣アリ土人其石ヲ采用トテ掘カエシタルニ古鏡十六枚重テアリシ也 二枚クモリナシ 六枚土触ス 右無疵 八枚破 又剣一枚アリ」（『観古集』第一冊）
1959	所在不明	勾玉・管玉・小玉多数	挂甲・刀3・矛・鏃多数・胡籙金具・f字形鏡板・剣菱形杏葉・木心鉄板張壺鐙・辻金具	銀環・斧・鉇・刀子	須恵器（器台・高杯・杯・瓱）	鑢・釘	岡村秀典・重藤輝行編1993『番塚古墳－福岡県京都郡苅田町所在前方後円墳の発掘調査－』九州大学文学部考古学研究室	同型鏡群〔KG-1〕／福岡県（豊前国）8
1887	宮内庁書陵部〈陵47〉	硬玉勾玉6・碧玉管玉83・硬玉棗玉4・ガラス玉4	甲冑片・鉄鏃数本・金銅辻金具1・馬具片		土器	―	長嶺正秀編1999『岩屋古墳群』苅田町文化財調査報告書第31集, 苅田町教育委員会	80g／漢式鏡804／福岡県（豊前国）9
1988	苅田町教育委員会	―		―	甕5・鉢2・器台1・高杯8・ミニチュア土器3	―	内本重一・長嶺正秀1998「豊前地域出土の弥生系小形仿製鏡について」『稲光遺跡Ⅰ・Ⅱ地区発掘調査概報』苅田町文化財調査報告書第30集, 苅田町教育委員会	
1996	苅田町教育委員会	―	―	―	土器	―	内本重一・長嶺正秀1998編『稲光遺跡Ⅰ・Ⅱ地区発掘調査概報』苅田町文化財調査報告書第30集, 苅田町教育委員会	縁を研磨
1998	苅田町教育委員会	碧玉管玉3	剣1	―	―	―	長嶺正秀編1999『岩屋古墳群』苅田町文化財調査報告書第31集, 苅田町教育委員会	鈕～鈕座片
1951	所在不明（盗難）	勾玉・管玉・ガラス小玉・空玉	単鳳環頭大刀1・刀5・刀装具・矛・鉄鏃・胡籙・弓金具・轡・鉄地金銅張鞍金具・杏葉・鉸具・辻金具・雲珠	銅製容器1・革帯飾金具・耳環・銅鈴・鑿・刀子・鹿角装刀子・鹿角製刀子金具	須恵器（壺・有蓋短頭壺・短頭壺・無蓋高杯・瓱・提瓶）	砥石	小田富士雄・下原幸裕・山口裕平2004「福岡県京都郡における二古墳の調査－箕田丸山古墳及び庄屋塚古墳－」『福岡大学人文学部考古学研究室編『福岡大学考古学研究室研究調査報告』第3冊, 福岡大学人文学部考古学研究室	福岡県（豊前国）11／発掘後及び保管時（九州大学）に盗難される／面径は小田富士雄の記憶による
1954	九州大学大学院人文科学研究院考古学研究室	―	―	―	―	―	小田富士雄・藤丸詔八郎・武末純一編1991『弥生古鏡を掘る－北九州の国々と文化－』北九州市立考古博物館	福岡県（豊前国）10-1／破鏡
1954		―	―	―	―	―		福岡県（豊前国）10-2
不明	みやこ町教育委員会？						苅田町教育委員会編2000『苅田町の文化遺産－苅田町文化財詳細分布地図－』苅田町文化財調査報告書第34集, 苅田町教育委員会	―

番号	舶倭	鏡式	出土遺跡	出土地名	遺跡内容	時期	面径(cm)	銘文	諸氏分類	編者分類・時期
654	倭	四獣鏡	上田古墳群	京都郡みやこ町勝山上田〔京都郡勝山町〕	古墳	粘土槨	古墳前期	10.1	—	—	鳥頭獣像鏡B系	前(中)
535	舶	双頭龍文鏡	石ヶ坪2号石棺(山鹿遺跡)	京都郡みやこ町犀川山鹿〔京都郡犀川町〕	墳墓	箱形石棺	弥生後期？	16.6	—	第三種（樋口79）／Ⅲ式（樋口79）	—	—
536	倭	弥生倭製鏡(七弧内行花文鏡)	石ヶ坪1号土壙墓(山鹿遺跡)	京都郡みやこ町犀川山鹿字石ヶ坪〔京都郡犀川町〕	墳墓	石蓋土壙墓	弥生後期	7.6	—	古式仿製鏡内行花文帯式（樋口79）／内行花文日光鏡系仿製鏡第Ⅱ型a類（高倉85・90）／内行花文系小形仿製鏡第2型b類（田尻10・12）	〔弥生倭製鏡〕	弥生
537	舶	王氏作神人龍虎画象鏡	馬ヶ岳古墳	京都郡みやこ町犀川花熊〔京都郡犀川町〕	古墳	不明	古墳	20.6	「王氏作竟佳且好　明而日月世之保　服此竟者不知老　壽而東王公西王母　山人子高赤松　長保二親宜□□」	Ⅲ円圏式（樋口79）	—	—
537-1	舶	内行花文鏡	馬ヶ岳古墳（伝）	京都郡みやこ町犀川花熊（伝）〔京都郡犀川町〕	古墳	不明	古墳	約19	—	—	—	—
665	倭	内行花文鏡	三ツ塚古墳	京都郡みやこ町犀川花熊字三ツ塚〔京都郡犀川町〕	墳墓	方形周溝墓・組合式木棺直葬	古墳中期	7.5	—	—	内行花文鏡B式？	前(中?)
590	倭	弥生倭製鏡	続命院遺跡	京都郡みやこ町犀川続命院〔京都郡犀川町〕	墳墓	箱形石棺	弥生後期	6.1	—	内行花文日光鏡系仿製鏡第Ⅰ型a類（高倉85・90）／連弧紋鏡系小形仿製鏡第Ⅰ型a類（高木02）／内行花文系Ⅰ型A類（南07a）／内行花文日光鏡系仿製鏡C-1類（松本08）／内行花文小形仿製鏡第1型（田尻10・12）／狭縁式内行型（林10）	〔弥生倭製鏡〕	弥生
592	倭	弥生倭製鏡(七弧内行花文鏡)	本庄池北遺跡箱形石棺墓（伝）	京都郡みやこ町犀川本庄（伝）〔京都郡犀川町〕	墳墓	箱形石棺（石蓋土壙墓）	弥生後期？	7.4	—	古式仿製鏡内行花文帯式（樋口79）／内行花文日光鏡系仿製鏡第Ⅱ型a類（高倉85・90）／内行花文系小形仿製鏡第2型b類（田尻10・12）	〔弥生倭製鏡〕	弥生
593	舶	不明	長迫古墳	京都郡みやこ町犀川大坂字長迫〔京都郡犀川町〕	古墳	円墳・横穴式石室	古墳中期	12.8	—	—	—	—
593-1	倭	四獣鏡？					約9	—	—	〔旋回式獣像鏡？〕	後期？
666	倭	弥生倭製鏡(九弧内行花文鏡)	タカデ遺跡1号石棺墓	京都郡みやこ町犀川木井馬場字尾畑ヶ746他〔京都郡犀川町〕	墳墓	箱形石棺	弥生末期？	7.5	—	内行花文系小形仿製鏡第2型c類（田尻10・12）	〔弥生倭製鏡〕	弥生
538・664	倭	捩文鏡	惣社柱松古墳	京都郡みやこ町惣社字柱松〔京都郡豊津町〕	古墳	円墳（28）・箱形石棺	古墳前期	13.1	—	獣帯鏡類C型（小林82・10）	捩文鏡C系	前(中)
539・663	倭	珠文鏡？					9.7	—	獣帯鏡類C型（小林82・10）	〔珠文鏡？〕	—
572	舶	夔鳳鏡	平遺跡	京都郡みやこ町上坂字平333〔京都郡豊津町〕	墳墓	箱形石棺	弥生後期	16.0	—	ⅢA2a型式（岡内96）	—	—
572-1	舶	蝙蝠座鈕内行花文鏡	平遺跡箱式石棺墓	京都郡みやこ町上坂〔京都郡勝山町〕	墳墓	箱形石棺	弥生	破片	「□□子□」	—	—	—
656	舶	方格規矩渦文鏡	徳永川ノ上遺跡Ⅰ号墳墓群6号墓		墳墓	墳丘墓（17）・土壙墓	弥生末期	10.5	擬銘	—	—	—
657	舶	獣文縁画象鏡？	徳永川ノ上遺跡Ⅰ号墳墓群8号墓		墳墓	墳丘墓（17）・土壙墓	弥生末期	約22	—	—	—	—
658	倭	素文鏡	徳永川ノ上遺跡Ⅲ号墳墓群		墳墓	墳丘墓	弥生	約8	—	—	〔素文鏡〕	—
659	舶	三羊作盤龍鏡	徳永川ノ上遺跡Ⅳ号墳墓群19号墓	京都郡みやこ町徳永字川ノ上・果願寺〔京都郡豊津町〕	墳墓	墳丘墓・土壙墓	弥生末期	9.8	「三羊乍竟□□□　上□□□」／「五朱」（銭文）	B類？（辻田09）	—	—
660	舶	方格規矩鏡	徳永川ノ上遺跡2号墳丘墓〔1号棺〕		墳墓	墳丘墓（9）・箱形石棺	弥生末期	約10	—	—	—	—
661	倭	捩文鏡？	徳永川ノ上遺跡3号方墳周溝内土壙		古墳	方墳（11）・周溝内土壙	古墳前期	8.1	—	—	捩文鏡系？？	前(中?)
662	舶	長宜子孫蝙蝠座鈕八弧内行花文鏡	徳永川ノ上遺跡Ⅱ号墳墓群〔4号棺〕		墳墓	墳丘墓（13）・組合式木棺直葬	弥生末期	13.0	「長宜孫子」／「位至□公」	—	—	—
540	倭	五弧内行花文鏡	京都郡（仲津郡）（伝）	行橋市・京都郡みやこ町（伝）〔京都郡〕	不明	不明	不明	10.0	—	五花文鏡（小林82・10）／B類2式（清水94）	内行花文鏡B式	前(中)

発見年	所蔵（保管）者	石製品・玉類	武具・武器・馬具	ほか金属器	土器類	その他	文献	備考
不明	みやこ町教育委員会？	―	―	―	―	―	長嶺正秀編1997『苅田町歴史資料館秋の特別展 豊前国出土の古鏡』苅田町教育委員会	―
1954	九州大学大学院人文科学研究院考古学研究室	―	―	―	―	―	小田富士雄1959「豊前京都郡発見の三重墓―特殊土壙墓と舶載鏡片副葬の箱式石棺―」『古代学研究』第20号, 古代学研究会	福岡県（豊前国）13-2／破鏡
1949～50	北九州市立いのちのたび博物館							福岡県（豊前国）13-1
江戸以前	所在不明						弘津史文1928「豊前国発見王氏作画象鏡」『考古学雑誌』第18巻第10号, 考古学会	同型鏡群〔RG-1〕／福岡県（豊前国）16
不明	所在不明	―	―	―	―	―	九州考古学会事務局・九州考古学会第5回夏期大会佐賀県実行委員会編2013『平成25年度九州考古学会大会 弥生時代後期青銅鏡を巡る諸問題』九州考古学会	
不明	所在不明	―	―	―	―	―	長嶺正秀編1997『苅田町歴史資料館秋の特別展 豊前国出土の古鏡』苅田町教育委員会	―
1966	福岡県立育徳館高等学校	―	―	―	―	―	小田富士雄・藤丸詔八郎・武末純一編1991『弥生古鏡を掘る―北九州の国々と文化―』北九州市立考古博物館	福岡県（豊前国）15／同笵：五丁中原遺跡（熊本118）
不明	福岡県立小倉高等学校・北九州市立いのちのたび博物館	管玉	剣2・鉄鏃5	鉇2・刀子2			小田富士雄・藤丸詔八郎・武末純一編1991『弥生古鏡を掘る―北九州の国々と文化―』北九州市立考古博物館	福岡県（豊前国）14
不明	九州大学大学院人文科学研究院考古学研究室	―	横矧板鋲留短甲1・刀・鉄鏃				佐賀県立博物館編1979『鏡・玉・剣―古代九州の遺宝―』佐賀県立博物館	福岡県（豊前国）12？／琵琶隈古墳鏡（福岡544）と混同している可能性
							白石太一郎・設楽博己編1994『弥生・古墳時代遺跡出土鏡データ集成』（『国立歴史民俗博物館研究報告』第56集）, 国立歴史民俗博物館	
1990	みやこ町教育委員会						内本重一・長嶺正秀1998「豊前地域出土の弥生小形仿製鏡について」『稲光遺跡Ⅰ・Ⅱ地区発掘調査概報』苅田町文化財調査報告書第30集, 苅田町教育委員会	
1967	福岡県教育委員会		刀1・剣4	蕨手刀子5・針2・用途不明金具	―		長嶺正秀編1997『苅田町歴史資料館秋の特別展 豊前国出土の古鏡』苅田町教育委員会	福岡県（豊前国）17-1／熟年男性骨
1976								福岡県（豊前国）17-2
1979	所在不明	―	鉄鏃9	―			車崎正彦編2002『考古資料大観』第5巻 弥生・古墳時代 鏡, 小学館	―
不明	福岡県教育委員会	―						
1989		―	―	素環頭刀子・刀子	―	石鏃		破鏡（破面研磨）
1989		碧玉管玉・水晶丸玉・ガラス小玉	―	刀子				破鏡（縁部・破面研磨）
1989			剣	―			柳田康雄他編1996『徳永川ノ上遺跡Ⅱ』一般国道10号線椎田道路関係埋蔵文化財調査報告書第7集, 福岡県教育委員会	鈕付近のみ
1989	福岡県教育委員会	―		刀子1	―			
1989		―		―	―			破鏡
1990		勾玉4・臼玉333・ガラス小玉110		鋤先1		竪櫛5		
1990		勾玉・細形管玉	剣片2・大型鉄鏃	素環頭刀子	―			
江戸以前	所在不明（神宮徴古館旧蔵）						後藤守一1926『漢式鏡』日本考古学大系, 雄山閣	漢式鏡825／福岡県（豊前国）18-1

番号	舶倭	鏡 式	出土遺跡	出土地名	遺跡内容	時 期	面径(cm)	銘 文	諸氏分類	編者分類・時期	
541	舶	成氏作神人車馬画象鏡	京都郡（仲津郡）（伝）	行橋市・京都郡みやこ町（伝）〔京都郡〕	不明	不明	約22	「成氏作鏡四夷 多賀國家人民息 胡虜殄威天下復 風雨時節五穀孰 長保二親得天力 傳告後世樂無亟 乘雲驅馳 參駕四馬 道從羣神 宜孫子公」	Ⅰ広画面式（樋口79）	―	―
542	舶	画文帯環状乳四神四獣鏡	京都郡（仲津郡）（伝）	行橋市・京都郡みやこ町（伝）〔京都郡〕	不明	不明	15.4	「吾作明竟 幽湅三商周刻無祉 配像萬疆白牙作樂 □□□□百精並存 天禽四守富貴安樂 子孫番昌曾年益壽 其師命長」	Ⅱ（樋口79）	―	―
543	舶	斜縁四獣鏡	京都郡（仲津郡）（伝）	行橋市・京都郡みやこ町（伝）〔京都郡〕	不明	不明	11.2	あり（不詳）	半肉彫獣帯鏡Ｃ四像式（樋口79）	―	―
544	舶？	不明	琵琶隈古墳	行橋市延永	古墳	円墳（25）・竪穴式石槨	古墳中期	12.9	―	―	―	―
545	舶	〔四獣鏡〕					9.2	―	―	―	―
546	舶	不明	稗田・吉田神社境内（伝）	行橋市下稗田字吉田（伝）	不明	不明	不明	―	―	―	―
547	舶	蝙蝠座鈕八弧内行花文鏡	前田山遺跡Ⅰ区9号石棺墓		墳墓	箱形石棺	弥生後期	9.9	「長宜子君」	Bcエ式（樋口79）	―	―
548	倭	弥生倭製鏡（九弧内行花文鏡）	前田山遺跡Ⅰ区6号土壙墓	行橋市前田・検地	墳墓	石蓋土壙墓	弥生後期	7.7	―	内行花文日光鏡系仿製鏡第Ⅱ型a類（高倉85・90）／連弧紋鏡系小形仿製鏡第Ⅱ型a類2（高木02）／内行花文系小形仿製鏡第2型b類（田尻10・12）	〔弥生倭製鏡〕	弥生
559	倭	四獣鏡	稲童8号墳	行橋市稲童字石並・塚原・江ノ向	古墳	円墳（19）・竪穴系横口式石室	古墳中期	10.5	―	―	対置式獣像鏡B系 or 鳥頭獣像鏡B系	前（中）
560	倭	四神四獣鏡					10.8	―	―	〔中期型神獣鏡〕	中期
561	舶	方格Ｔ字鏡	稲童21号墳	行橋市稲童字石並4089	古墳	円墳（22）・竪穴系横口式石室	古墳中期	7.4	―	―	―	―
562	舶	長宜子孫八弧内行花文鏡	稲童石並南遺跡	行橋市稲童字石並	墳墓	箱形石棺	弥生末期	破片	「長宜□孫」	Aaイ式（樋口79）	―	―
584	倭	六乳文鏡	竹並遺跡A-23号横穴墓		横穴	玄室	古墳中～後期	9.2	擬銘	乳文鏡Ⅲ類（樋口79）／獣帯鏡類Ｄ型（小林82・10）／乳脚紋鏡e系（森下02）	〔乳脚文鏡〕	後期
585	倭	内行花文鏡	竹並遺跡A-13号横穴墓墓道	行橋市南泉	横穴	墓道（堆積土中）	古墳中期	6.5	―	―	内行花文鏡B式？	―
586	倭	不明	竹並遺跡		墳墓	土壙墓	弥生	6.8	―	―	―	―
655	舶	方格規矩鏡	津留遺跡溝5	行橋市津留	集落	溝	弥生後期	13.6	―	―	―	―
549	倭	弥生倭製鏡（内行花文鏡）	位登古墳	田川市位登字樋渡	古墳	前方後円墳？・箱形石棺	不明	8.4	―	内行花文日光鏡系仿製鏡第Ⅱ型b類（高倉85・90）／内行花文系小形仿製鏡第3型a類（田尻10・12）	〔弥生倭製鏡〕	弥生
550	舶	長宜子孫八弧内行花文鏡	伊加里石棺墓（伊加利遺跡）	田川市伊田字伊加里822	不明	石棺墓？	不明	18.4	「長宜子孫」	Aaイ式（樋口79）	―	―
551	舶	連弧文明光鏡	伊田字鉄砲町	田川市伊田字鉄砲町	墳墓	箱形石棺	不明	不明	「内而清而以昭而明光而夫□□之月而」	―	―	―
552	？	〔内行花文鏡〕	位田（伊田）（青年会館付近）	田川市伊田	不明	不明	不明	―	―	―	―

福岡

発見年	所蔵（保管）者	共伴遺物 石製品・玉類	共伴遺物 武具・武器・馬具	共伴遺物 ほか金属器	共伴遺物 土器類	共伴遺物 その他	文献	備考
江戸以前	藤井有鄰館	—	—	—	—	—	岡崎敬編 1979『日本における古鏡 発見地名表 九州地方Ⅱ』東アジアより見た日本古代墓制研究	同型鏡群〔SG-1〕／福岡県（豊前国）18-2
不明		—	—	—	—	—	—	同型鏡群〔GK-2〕／福岡県（豊前国）18-3
不明	藤井有鄰館〈M27〉	—	—	—	—	—	—	福岡県（豊前国）18-4／やや疑問品
1955	九州大学大学院人文科学研究院考古学研究室	硬玉勾玉1・青色ガラス玉51～	小札革綴甲1・素環頭大刀1・剣1・鉄鏃19	—	土器片	—	長嶺正秀編 1997『苅田町歴史資料館秋の特別展 豊前国出土の古鏡』苅田町教育委員会	福岡県（豊前国）19-1／長迫古墳鏡（福岡 593）と混同している可能性
								福岡県（豊前国）19-2
不明	所在不明	—	刀	—	—	—	後藤守一 1926『漢式鏡』日本考古学大系，雄山閣	福岡県（豊前国）20
1978		—	素環頭鉄刀	—	—	—	小田富士雄・藤丸詔八郎・武末純一編 1991『弥生古鏡を掘る―北九州の国々と文化―』北九州市立考古博物館	福岡県（豊前国）21-2／破砕鏡
1976	行橋市教育委員会	—	—	—	—	—		福岡県（豊前国）21-1
1964	所在不明（早稲田大学旧蔵）	—	横矧板鋲留衝角付冑1・横矧板鋲留短甲1・頸甲・襟甲？・肩甲・胸当・刀1・剣1・剣装具・槍・矛3・鉄鏃・円環状鏡板付轡2・木心鉄板張輪鐙2・十字形辻金具2・鉸具1・半球状金銅製品6・不明金具片	（斧1）	金環1	釘2	山中英彦編 2005『稲童古墳群』行橋市文化財調査報告書第32集，行橋市教育委員会	福岡県（豊前国）23-1
	所在不明（今津記念館旧蔵）							福岡県（豊前国）23-2
1964	行橋市教育委員会？	翡翠勾玉11・管玉26	金銅装横矧板鋲留眉庇付冑1・三角板鋲留短甲1・横矧板鋲留短甲1・頸甲1・肩甲・膊当・刀2・剣2・鹿角刀剣装具・金銅三輪玉6・矛3・石突1・鉄鏃50～・鑣轡1・楕円形鏡板付轡1・環状辻金具1・鉸具3・環状雲珠1・三環鈴2・方形金具14・十字金具2・筒形鋲留金銅製品・青銅環4	鋤先1・斧2	須恵器（甕・甑）	—		成年骨
1970	個人（行橋市歴史資料館）	—	—	—	—	—		福岡県（豊前国）24／破鏡（破面研磨）
1974	行橋市教育委員会	管玉13・琥珀丸玉1・ガラス丸玉69・ガラス小玉33	剣1・鉄鏃8	刀子2	土師器（椀）・須恵器（𤭯）	—	友石孝之編 1979『竹並遺跡』寧楽社	福岡県（豊前国）22-2
1974		—	—	—	—	—		福岡県（豊前国）22-1／墓道の堆積土中から出土
江戸以前	個人	—	—	—	—	—	長嶺正秀編 1997『苅田町歴史資料館秋の特別展 豊前国出土の古鏡』苅田町教育委員会	—
1987	福岡県教育委員会	—	—	—	壺・甕・鉢・器台・高杯・杯・甑・手捏土器・土製円板	砥石・石包丁・石鏃・作業台	小田富士雄・藤丸詔八郎・武末純一編 1991『弥生古鏡を掘る―北九州の国々と文化―』北九州市立考古博物館	内区破片
1931	所在不明（再埋納）	碧玉管玉	刀	—	—	—	青木庄一郎 1934「豊前猪位金村位登古墳」『福岡県史蹟名勝天然紀念物調査報告書』第九輯	福岡県（豊前国）25／男性骨
1922	東京国立博物館〈J9582〉（個人旧蔵）	—	—	—	—	—	後藤守一 1942『古鏡聚英』上篇 秦鏡と漢六朝鏡，大塚巧芸社	漢式鏡 803／福岡県（豊前国）26
江戸以前	個人	—	剣	—	—	—	岡崎敬編 1979『日本における古鏡 発見地名表 九州地方Ⅱ』東アジアより見た日本古代墓制研究	福岡県（豊前国）27
江戸以前	所在不明	—	—	—	—	—	岡崎敬編 1979『日本における古鏡 発見地名表 九州地方Ⅱ』東アジアより見た日本古代墓制研究	福岡県（豊前国）28／熟年女性骨・熟年男性骨・成年女性骨・成人男性骨・不明小児骨

番号	舶倭	鏡　式	出土遺跡	出土地名	遺跡内容	時　期	面径(cm)	銘　文	諸氏分類	編者分類・時期
553	倭	素文鏡？	セスドノ古墳	田川市伊田 3847-3・5	古墳	円墳(37)・横穴式石室	古墳後期	6.9	―	―	[素文鏡？]	―
649	舶	双頭龍文鏡	経塚3号墳〔第1主体部〕	田川市伊田 2016-1・2017・2018	古墳	円墳(約20)・粘土槨	古墳前期	8.5	「位至三公」	―	―
558	舶	〔連弧文鏡〕	田川	田川市田川	不明	不明	不明	不明	―	―	―
648	舶	複波文縁方格規矩鏡	長谷池遺跡石蓋土壙墓	田川市楠字長谷池	墳墓	石蓋土壙墓	弥生末期～古墳前期	11.1	―	―	―
650	舶	八禽鏡	柿原遺跡	田川市大任町柿原	墳墓	箱形石棺	弥生後期	8.8	―	―	―
554	舶	長生宜子八弧内行花文鏡	宮原遺跡3号石棺（採銅所宮原箱式石棺群）	田川郡香春町採銅所	墳墓	箱形石棺	弥生後期？	19.5	「長生宜子」／「壽如金石」	Aaイ式(樋口79)	―
555	舶	八弧内行花文鏡					12.3	―	―	―
556	?	不明					不明	―	―	―
557	倭	弥生倭製鏡（八弧内行花文鏡）	宮原遺跡1号石棺（採銅所宮原箱式石棺群）		墳墓	箱形石棺	弥生後期？	9.5	―	古式仿製鏡内行花文帯式(樋口79)／内行花文日光鏡系仿製鏡第Ⅱ型a類(高倉85・90)／連弧紋鏡系小形仿製鏡第Ⅱ型a類2(高木02)／内行花文系Ⅱ型B類a(南07a)／内行花文系小形仿製鏡第2型b類(田尻10・12)	[弥生倭製鏡]	弥生
557-1	舶	上方作浮彫式獣帯鏡	香春一ノ岳	田川郡香春町	不明	採集品	不明	不明	「上方作□□□□□□□□□」	四像式(岡村92)	―
595	舶	四葉座鈕内行花文鏡	日吉神社古墳	田川郡福智町〔田川郡金田町〕	古墳	不明	古墳	不明	―	―	―
596	舶	円座鈕六弧内行花文鏡	三本松古墳	田川郡福智町弁城字三本松〔田川郡方城町〕	墳墓	不明	古墳前期	9.3	―	―	―
597	舶	八弧内行花文鏡	宝珠遺跡	田川郡福智町赤池 970-2〔田川郡方城町〕	墳墓	箱形石棺	古墳前期	15.6	あり(不詳)	―	―
667	舶	不明	小石原遺跡	豊前市小石原字泉	集落	不明	弥生後期	9.2	―	―	―
668	倭	弥生倭製鏡	鬼木四反田遺跡22号住居跡	豊前市鬼木字四反田	集落	竪穴住居	弥生中期	5.1	―	重圏文系小形仿製鏡第1型あ類orい類(田尻10・12)	[弥生倭製鏡]	弥生
669	?	不明	小宮本遺跡中世土壙	築上郡上毛町安雲 112他〔築上郡新吉富村〕	集落	竪穴住居・土壙	中世	不明	―	―	―
670	舶	内行花文鏡	穴ヶ葉山遺跡40号石蓋土壙墓	築上郡上毛町下唐原〔築上郡大平村〕	墳墓	無墳丘・石蓋土壙墓	古墳前期	17.3	―	―	―
671	倭	弥生倭製鏡（六弧内行花文鏡）	能満寺2号墳	築上郡上毛町下唐原〔築上郡大平村〕	古墳	方墳(10)・石蓋土壙墓	古墳前期	7.7	―	内行花文系小形仿製鏡第3型a類(田尻10・12)	[弥生倭製鏡]	弥生
672	舶	四獣鏡	能満寺3号墳	築上郡上毛町下唐原〔築上郡大平村〕	古墳	前方後円墳(33)・竪穴式石槨	古墳前期	12.0	―	―	鳥頭獣像鏡系？	前(古)
673	舶	夔鳳鏡					破片	―	―	―
673-1	倭	弥生倭製鏡	本郷野開遺跡11号住居	三井郡大刀洗町本郷	集落	住居	弥生後期	7.8	―	重圏文系小形仿製鏡第2型(田尻10・12)	[弥生倭製鏡]	弥生
563	倭	〔変形四獣鏡〕	豊前国(伝)	福岡県(伝)	不明	不明	不明	不明	―	―	―
564	舶	三羊作神人龍虎車馬画象鏡	豊前国(伝)	福岡県(伝)	不明	不明	不明	完形	「三羊作竟佳且好　明如日月世少有　東王父西王母・・・」	―	―
591	倭	櫛歯文鏡	豊前国(伝)	福岡県(伝)	不明	不明	不明	7.1	―	重圏文系小形仿製鏡第3型(田尻10・12)	[重圏文鏡]	―
565	舶	吾作斜縁二神二獣鏡	筑前国(伝)	福岡県(伝)	古墳	不明	不明	15.0	「吾作明竟　幽凍三商　竸徳序道　曾年益子孫」	―	―

発見年	所蔵（保管）者	共伴遺物					文献	備考
		石製品・玉類	武具・武器・馬具	ほか金属器	土器類	その他		
1968	田川市	滑石有孔円板・硬玉勾玉・棗玉・琥珀丸玉・ガラス丸玉・滑石臼玉	横矧板鋲留短甲1・刀7・鹿角装刀装具・剣1・槍先1・矛2・石突3?・鉄鏃	金銅冠・金銅垂飾付耳飾・耳環	陶質土器（小壺・蓋）	櫛	長嶺正秀編1997『苅田町歴史資料館秋の特別展 豊前国出土の古鏡』苅田町教育委員会	福岡県（豊前国）29
1996	田川市石炭資料館・田川市教育委員会	—	剣3・鉄鏃5	斧1・鉇1・錐1・刀子1・不明鉄器1			田代健二編1999『経塚横穴墓群・古墳群』田川市文化財調査報告第9集, 田川市教育委員会	—
不明	個人	—	—	—			岡崎敬編1979『日本における古鏡 発見地名表 九州地方Ⅱ』東アジアより見た日本古代墓制研究	福岡県（豊前国）33
1992	田川市教育委員会	—	—	—			田代健二編1993『長谷池遺跡群』田川市文化財調査報告書第8集, 田川市教育委員会	—
不明	田川市教育委員会	—	—	—			埋蔵文化財研究会編1994『倭人と鏡―日本出土中国鏡の諸問題―』第2分冊 九州、四国、中国Ⅱ、第36回埋蔵文化財研究集会, 埋蔵文化財研究会	—
1903～04	個人	—	—	—			原口信行1954「箱式棺内出土の内行花文鏡」『考古学雑誌』第40巻第3号, 日本考古学会	福岡県（豊前国）32-1
	所在不明							福岡県（豊前国）32-2
								福岡県（豊前国）32-4／大型鏡
1903～04	個人	—	刀・剣	—			原口信行1954「箱式棺内出土の内行花文鏡」『考古学雑誌』第40巻第3号, 日本考古学会	148g／福岡県（豊前国）32-3／同笵：池殿奥4号墳（奈良345）
不明	所在不明	—	—	—			—	—
不明	個人	—	—	—			栗山慎治編1987『高島遺跡調査概報』北九州市文化財調査報告書第45集, 北九州市教育委員会	福岡県（豊前国）30
不明	福智町教育委員会	—	—	—			長嶺正秀編1997『苅田町歴史資料館秋の特別展 豊前国出土の古鏡』苅田町教育委員会	福岡県（豊前国）31
1986	福岡県教育委員会	—	—	—			長嶺正秀編1997『苅田町歴史資料館秋の特別展 豊前国出土の古鏡』苅田町教育委員会	—
不明	所在不明	—	—	—			長嶺正秀編1997『苅田町歴史資料館秋の特別展 豊前国出土の古鏡』苅田町教育委員会	縁部のみ
不明	豊前市教育委員会	—	—	—			内本重一・長嶺正秀1998「豊前地域出土の弥生小形仿製鏡について」『稲光遺跡Ⅰ・Ⅱ地区発掘調査概報』苅田町文化財調査報告書第30集, 苅田町教育委員会	—
1997	上毛町教育委員会	—	—	—			福岡教育委員会編1999『福岡県埋蔵文化財発掘調査年報―平成8年度―』福岡教育委員会	—
1993	上毛町教育委員会	—	—	—			長嶺正秀編1997『苅田町歴史資料館秋の特別展 豊前国出土の古鏡』苅田町教育委員会	破鏡（縁部・破面研磨・穿孔）
1994	上毛町教育委員会	ガラス小玉40	剣1	—			飛野博文編1994『能満寺古墳群』福岡県築上郡大平村大字下唐原所在前期古墳群の調査, 大平村文化財調査報告書第9集, 大平村教育委員会	破砕した鏡を2片ずつ壁に立てて鈕を外に副葬
1994							飛野博文編1994『能満寺古墳群』福岡県築上郡大平村大字下唐原所在前期古墳群の調査, 大平村文化財調査報告書第9集, 大平村教育委員会	—
2000年代?	大刀洗町教育委員会						九州考古学会事務局・九州考古学第5回夏期大会佐賀県実行委員会編2013『平成25年度九州考古学大会 弥生時代後期青銅鏡を巡る諸問題』九州考古学会	
不明	所在不明	—	—	—			梅原末治1962「日本出土の中国の古鏡（一）―特に漢中期より後半代の古鏡―」『考古学雑誌』第47巻第4号, 日本考古学会	福岡県（豊前国）34-1／伝世品
不明								福岡県（豊前国）34-2／伝世品
不明	個人	—	—	—			内本重一・長嶺正秀1998「豊前地域出土の弥生小形仿製鏡について」『稲光遺跡Ⅰ・Ⅱ地区発掘調査概報』苅田町文化財調査報告書第30集, 苅田町教育委員会	—
不明	所在不明（山川七左衛門旧蔵）	—	—	—			梅原末治『梅仙居蔵日本出土漢式鏡図集』梅仙居蔵古鏡図集第一輯, 山川七左衛門	漢式鏡796／伝世品／佐賀67と同一品の可能性

番号	舶倭	鏡式	出土遺跡	出土地名	遺跡内容		時期	面径(cm)	銘文	諸氏分類	編者分類・時期	
566	舶	〔細線式獣帯鏡〕	筑前国（伝）	福岡県（伝）	不明		不明	13.0	―	―	―	―
567	舶	流雲文縁方格規矩四神鏡	筑前国（伝）	福岡県（伝）	不明		不明	16.1	「新有治銀出丹陽 取之為鏡青且明 八子九孫治中央 朱爵玄武」			
570	舶	双頭龍文鏡	筑前国（伝）	福岡県（伝）	不明		不明	8.3	「位至三公」			

北九州

番号	舶倭	鏡式	出土遺跡	出土地名	遺跡内容		時期	面径(cm)	銘文	諸氏分類	編者分類・時期	
1	舶	連弧文銘帯鏡	北九州（伝）	北九州（伝）	不明		不明	7.1	「内而清而以而昭而明而 光而象夫而日而月」	―	―	―
2	舶	星雲文鏡	北九州（伝）	北九州（伝）	墳墓	甕棺	不明	11.3	―			
3	舶	長宜子孫八弧内行花文鏡	北九州（伝）	北九州（伝）	墳墓	甕棺	不明	18.1	「長宜子孫」			
4	舶	盤龍鏡	北九州（伝）	北九州（伝）	墳墓	甕棺	不明	8.5	―			
5	舶	盤龍鏡	北九州（伝）	北九州（伝）	墳墓	甕棺	不明	9.0	―			

佐賀

番号	舶倭	鏡式	出土遺跡	出土地名	遺跡内容		時期	面径(cm)	銘文	諸氏分類	編者分類・時期	
1	倭	重圏文鏡	中隈山4号周溝墓〔第3主体部〕	三養基郡基山町園部字鉾町	墳墓	方形周溝墓（約12）・礫槨（割竹形木棺）	古墳前期	7.1	―	7v類（脇山15）	〔重圏文鏡〕	前期
2	倭	珠文鏡	中隈山5号周溝墓〔第1主体部〕	三養基郡基山町園部字鉾町	墳墓	方形周溝墓・粘土槨	古墳前期	5.6	―	D-B類（脇山13）	〔珠文鏡〕	前期
12	舶	連弧文昭明鏡	六の幡遺跡29号甕棺墓	三養基郡みやき町白壁字六の幡〔三養基郡北茂安町〕	墳墓	甕棺	弥生中～後期	11.9	「内清之以昭明 光而象夫日月 心忽壅塞而 不泄」	―	―	
13	倭	五獣鏡	東尾大塚古墳	三養基郡みやき町東尾字大塚〔三養基郡北茂安町〕	古墳	円墳（27）・横穴式石室	古墳中期	9.7	―	獣形文鏡類五獣鏡（小林82・10）	〔旋回式獣像鏡〕	後期
14	倭	弥生倭製鏡（十弧内行花文鏡）	白壁字二の原or三の原（白壁白石）	三養基郡みやき町白壁字二の原or三の原〔三養基郡北茂安町〕	墳墓	箱形石棺	弥生	8.8	―	古式倣製鏡内行花文帯式（樋口79）／内行花文日光鏡系倣製鏡第Ⅱ型a類（高倉85・90）／連弧紋鏡系小形倣製鏡第Ⅱ型a類1（高木02）／内行花文系Ⅱ型B類b(南07a)／内行花文小形倣製鏡第2型b類（田尻10・12）	〔弥生倭製鏡〕	弥生
15	倭	六弧内行花文鏡	雄塚古墳	三養基郡みやき町〔三養基郡中原町〕	古墳	円墳（30）・箱形石棺（竪穴式石槨？）	古墳中期	10.8	―	六弧（樋口79）／B類3式（清水94）／六花文鏡（小林10）	内行花文鏡B式	前(中)
16	倭	弥生倭製鏡（六弧内行花文鏡）	簑原字宅地・今宿・姫方原	三養基郡みやき町簑原字宅地・今宿・姫方原〔三養基郡中原町〕	墳墓	箱形石棺	弥生	8.0	―	内行花文日光鏡系倣製鏡第Ⅱ型a類（高倉85・90）／内行花文系小形倣製鏡第3型a類（田尻10・12）	〔弥生倭製鏡〕	弥生
17	舶	双頭龍文鏡	町南遺跡SB103竪穴住居跡	三養基郡みやき町原古賀字町南・三本松〔三養基郡中原町〕	集落	竪穴住居	弥生末期	8.2	―	Ⅱ式（西村83）	―	
18	倭	弥生倭製鏡	西寒水天神遺跡	三養基郡みやき町原古賀字天神〔三養基郡中原町〕	墳墓	不明（甕棺？）		4.5	―	重圏文日光鏡系倣製鏡第Ⅱ型a類（高倉85・90）／重圏紋鏡系小形倣製鏡第Ⅰ型b類（高木02）／重圏系小形倣製鏡第1型い類(田尻10・12)	〔弥生倭製鏡〕	弥生
19	舶	連弧文銘帯鏡	原古賀三本谷遺跡SK400土壙	三養基郡みやき町原古賀字三本谷〔三養基郡中原町〕	集落	土壙	弥生後期	10.8	「・・・而・・・」	―	―	
20	舶	不明	目達原大塚古墳	三養基郡上峰町坊所字大塚	古墳	前方後円墳（55）・横穴式石室	古墳中期	破片	―	―	―	
21	舶	長宜子孫八弧内行花文鏡	坊所一本谷遺跡	三養基郡上峰町坊所字一本谷	墳墓	箱形石棺	弥生	17.0	「長宜子孫」	Aaア式（樋口79）	―	
22	倭	珠文鏡？	くずれ塚古墳	三養基郡上峰町坊所字一本谷	古墳	円墳（約22）・横穴式石室	古墳後期	7.8	―	―	〔珠文鏡？〕	
23	?	不明	堤付近	三養基郡上峰町堤	不明		不明	10.0	―	―	―	

福岡・北九州・佐賀

発見年	所蔵（保管）者	共伴遺物					文献	備考
		石製品・玉類	武具・武器・馬具	ほか金属器	土器類	その他		
不明	個人	―	―	―	―	―	白石太一郎・設楽博己編1994『弥生・古墳時代遺跡出土鏡データ集成』(『国立歴史民俗博物館研究報告』第56集), 国立歴史民俗博物館	伝世品
不明		―	―	―	―	―	岡崎敬編1979『日本における古鏡 発見地名表 九州地方Ⅱ』東アジアより見た日本古代墓制研究	伝世品
江戸以前	個人旧蔵	―	―	―	―	―	後藤守一1926『漢式鏡』日本考古学大系, 雄山閣	漢式鏡795／福岡568と同一品の可能性
不明	國學院大學考古學資料室	―	―	―	―	―	金子皓彦編1972『國學院大學考古學資料室要覧1972』國學院大學考古學資料室	―
不明	個人	―	―	―	―	―	福島義一編1983『古鏡 その歴史と鑑賞』徳島県出版文化協会	―
不明		―	―	―	―	―		
不明		―	―	―	―	―		
不明		―	―	―	―	―		
1990	基山町教育委員会	―	―	―	―	―	基山町教育委員会1990『中隈山遺跡概報』基山町文化財報告書第18集, 基山町教育委員会	―
1990		硬玉勾玉・碧玉管玉	―	刀子1・鋤1	―	―		
1991	みやき町教育委員会	―	―	―	―	―	宮崎泰史編1997『平成9年春季特別展 青銅の弥生都市—吉野ヶ里をめぐる有明のクニグニ—』大阪府立弥生文化博物館14, 大阪府立弥生文化博物館	207g
1949	所在不明（祐徳博物館旧蔵）	―	鋲留短甲1・刀1・鉄鏃約11	斧2	―	―	松尾禎作・七田忠志1949「大塚古墳」『佐賀県史蹟名勝天然紀念物調査報告』第八輯, 佐賀県教育委員会	佐賀県（肥前国）58
昭和以降	佐賀県教育委員会・祐徳博物館	―	―	―	―	―	志佐喜彦編1977『椛島山遺跡調査報告書 付 佐賀県下出土の古鏡―弥生・古墳時代―』佐賀県立博物館調査研究書第3集, 佐賀県立博物館	佐賀県（肥前国）57／同笵：平塚川添遺跡（福岡624）
1971	佐賀県教育委員会・佐賀県立博物館	―	―	―	―	―	志佐喜彦編1977『椛島山遺跡調査報告書 付 佐賀県下出土の古鏡―弥生・古墳時代―』佐賀県立博物館調査研究書第3集, 佐賀県立博物館	佐賀県（肥前国）65
昭和以降	佐賀県教育委員会・祐徳博物館	―	―	―	―	―	志佐喜彦編1977『椛島山遺跡調査報告書 付 佐賀県下出土の古鏡―弥生・古墳時代―』佐賀県立博物館調査研究書第3集, 佐賀県立博物館	佐賀県（肥前国）61？
1976	佐賀県教育委員会	―	―	―	土器	―	小田富士雄・藤丸詔八郎・武末純一編1991『弥生古鏡を掘る—北九州の国々と文化—』北九州市立考古博物館	破鏡（破面研磨・穿孔）
1977	佐賀県教育委員会・佐賀県立博物館	―	―	―	―	―	小田富士雄・藤丸詔八郎・武末純一編1991『弥生古鏡を掘る—北九州の国々と文化—』北九州市立考古博物館	21g
1988	みやき町教育委員会	―	―	―	土器	―	宮崎泰史編1997『平成9年春季特別展 青銅の弥生都市—吉野ヶ里をめぐる有明のクニグニ—』大阪府立弥生文化博物館14, 大阪府立弥生文化博物館	破鏡
1943	再埋納	―	鉄鏃・石突	鈴1・鍬先2・刀子	須恵器（甕片）	―	松尾禎作1957『佐賀県考古大観（先史・原史時代編）—遺跡・遺物より見たる古代佐賀—』祐徳博物館	佐賀県（肥前国）59／「麒龍鏡か何かの一部ではないかと思われる」「龍の爪の様な物が見えるあるいは禽の阿足かもわからない」
1965	佐賀県立博物館	―	―	―	―	―	小田富士雄・藤丸詔八郎・武末純一編1991『弥生古鏡を掘る—北九州の国々と文化—』北九州市立考古博物館	425g／佐賀県（肥前国）60
1981	佐賀県教育委員会	ガラス小玉1	鉄鏃8・鉸具2	銅鋺1・耳環1・刀子1・四葉座金具・留金具・縁金具	土師器（椀・高杯）・須恵器（甕・高杯・杯・蓋・甑・平瓶・提瓶）	―	七田忠昭編1983『一本谷遺跡』上峰村教育委員会	10片ほどに散乱して出土／閉塞石と思われる塊石に混じって出土
不明	個人	―	―	―	―	―	岡崎敬編1979『日本における古鏡 発見地名表 九州地方Ⅰ』東アジアより見た日本古代墓制研究（増補改訂版）	佐賀県（肥前国）63-9

番号	舶倭	鏡式	出土遺跡	出土地名	遺跡内容		時期	面径(cm)	銘文	諸氏分類	編者分類・時期	
24	倭	弥生倭製鏡	五本谷遺跡 25号土壙墓	三養基郡上峰町堤 字五本谷	墳墓	土壙墓	弥生	8.5	―	古式仿製鏡単圏式（樋口79）／重圏文日光鏡系仿製鏡第Ⅱ型（高倉85・90）／重圏紋鏡系小形仿製鏡第Ⅱ型①（高木02）／重圏文系Ⅱ型（南07a）／重圏文日光鏡系仿製鏡あ-2c類（松本08）／重圏文系小形仿製鏡第2型（田尻10・12）／広縁式銘帯型（林10）	〔弥生倭製鏡〕	弥生
25	倭	弥生倭製鏡 （九弧内行花文鏡）	五本谷遺跡 C区南端攪乱層		墳墓	不明	不明	7.7	―	古式仿製鏡重弧内行花文帯式（樋口79）／内行花文日光鏡系仿製鏡第Ⅱ型（高倉85・90）／内行花文系小形仿製鏡第3型a類（田尻10・12）	〔弥生倭製鏡〕	弥生
26	舶	不明	五本谷遺跡 2号（75号？）土壙墓		墳墓	土壙墓	古墳前期	11.8	―	―	―	―
3	倭	六弧内行花文	平原遺跡 2区SX222	鳥栖市柚比町平原	祭祀	祭祀品集積	古墳中期	7.6	―	―	内行花文鏡B式	前(中)
202	倭	重圏文鏡	永田古墳群 3区ST301古墳付近	鳥栖市柚比町永田	古墳	円墳・周溝上表土・表面採集	古墳	6.5	―	4a類（脇山15）	〔重圏文鏡〕	前期
4	舶	不明	長ノ原遺跡 4号竪穴住居跡	鳥栖市永吉町長ノ原	集落	竪穴住居	弥生後期	14.6				
5	倭	神頭鏡	幸津遺跡 （BS旭自転車工場跡）	鳥栖市幸津町本庄・下田島・花見堂	墳墓	不明	不明	8.6	―	神像鏡五頭式（樋口79）／獣帯鏡類C型（小林82・10）／獣形文鏡類五獣鏡（小林82・10）／ⅠCe類（荻野82）	神頭鏡系	前(中)
6～8	倭	珠文鏡			墳墓	箱形石棺	不明	9.0	―	珠文鏡Ⅱ類（樋口79）／珠文鏡類B型（小林82・10）／Ⅱ類（中山他94）／A2-B類（脇山13）	〔珠文鏡〕	
9	倭	神頭鏡	薄尾古墳群	鳥栖市原古賀町平田原	古墳	円墳・箱形石棺	古墳	9.6	―	神像鏡八頭式（樋口79）／獣帯鏡類A型（小林82・10）／ⅠCf類（荻野82）／三ッ山鏡系（赤塚04a）	神頭鏡系	前(中)
10	倭？	〔方格規矩鏡〕	薄尾古墳群	鳥栖市原古賀町二本松	古墳	堅穴式石槨？（表面採集）	古墳	9.6	―	―	―	―
11	倭	弥生倭製鏡 （七弧内行花文鏡）	本行遺跡溝1	鳥栖市江島町本行	集落	溝	弥生後～末期	7.8	―	内行花文系小形仿製鏡第3型a類（田尻10・12）	〔弥生倭製鏡〕	弥生
200	倭	素文鏡						5.5	―	無文鏡（田尻10・12）	〔素文鏡〕	弥生
199	舶	八弧内行花文鏡	藤木遺跡 SC201 石蓋土壙墓	鳥栖市藤木町切の口	墳墓	石蓋土壙墓	弥生後～末期	13.2	―			
201	倭	弥生倭製鏡 （内行花文鏡）	内精遺跡 6区 SH2162住居跡	鳥栖市蔵上町字内精	集落	竪穴住居	弥生末期	欠損	―	内行花文系小形仿製鏡第2型a類（田尻10・12）	〔弥生倭製鏡〕	弥生
27	倭	弥生倭製鏡	二塚山遺跡 46号甕棺墓		墳墓	甕棺	弥生中期	5.7	―	古式仿製鏡単圏式（樋口79）／重圏文日光鏡系仿製鏡第Ⅰ型b類（高倉85・90）／重圏紋鏡系小形仿製鏡第Ⅰ型b類（高木02）／重圏文Ⅰ型B類ⅱ（南07a）／重圏文系小形仿製鏡第1型う類（田尻10・12）／広縁式渦文型（林10）	〔弥生倭製鏡〕	弥生
28	舶	連弧文昭明鏡	二塚山遺跡 76号甕棺墓	神埼郡吉野ヶ里町大曲字東山 〔神埼郡東脊振村〕	墳墓	甕棺	弥生中期	9.2	「内而青而以召明而光而象夫而日月而不」	―	―	―
29	舶	複波文縁細線式獣帯鏡	二塚山遺跡 29号土壙墓		墳墓	土壙墓	弥生	14.1	―	凹帯複波文縁式四乳式（樋口79）	―	―
30	舶	連弧文清白鏡	二塚山遺跡 15号甕棺墓		墳墓	甕棺	弥生中期	15.9	「絜清白而事君 怨沄之合明 伋玄錫之流澤 恐疎而日忘 美之 外氶而母絶」	―	―	―
31	倭	弥生倭製鏡	二塚山遺跡 17号土壙墓	神埼郡吉野ヶ里町大曲字東山	墳墓	土壙墓	弥生	8.4	―	内行花文日光鏡系仿製鏡第Ⅱ'型（高倉85・90）／重圏紋鏡系小形仿製鏡第Ⅱ型②（高木02）／内行花文系Ⅳ型A類（南07a）／内行花文系小形仿製鏡第4型（田尻10・12）	〔弥生倭製鏡〕	弥生
32	舶	八弧？内行花文鏡	二塚山遺跡 26号土壙墓		墳墓	土壙墓	弥生	15.6	―	Aaア式（樋口79）	―	―
33	舶	尚方作鋸歯文縁方格規矩四神鏡	松葉遺跡 （松葉丘陵遺跡）（在川）	神埼郡吉野ヶ里町大曲字松葉 〔神埼郡東脊振村〕	墳墓	箱形石棺	弥生	14.7	「尚方作竟真大巧 上有□人不知老 渴飲玉泉飢□棗」	複波鋸歯文縁四神鏡Ⅱ式（樋口79）	―	―

発見年	所蔵（保管）者	共伴遺物					文献	備考
		石製品・玉類	武具・武器・馬具	ほか金属器	土器類	その他		
1975	佐賀県立博物館	－	－	－	－	－	小田富士雄・藤丸詔八郎・武末純一編 1991『弥生古鏡を掘る―北九州の国々と文化―』北九州市立考古博物館	95g／佐賀県（肥前国）64-2
1975		－	－	－	－	－		73g／佐賀県（肥前国）64-1
1975	所在不明	－	－	－	－	－	佐賀県立博物館編 1979『鏡・玉・剣―古代九州の遺宝―』佐賀県立博物館	佐賀県（肥前国）64-3／破鏡（破面研磨）／縁部片
1992	佐賀県教育委員会	石製模造品（有孔円板・剣・勾玉・管玉・臼玉）・ガラス小玉	－	－	二重口縁壺・甕・小形丸底壺・高杯・ミニチュア土器		徳永貞紹編 1993『平原遺跡Ⅱ』佐賀県文化財調査報告書第120集，佐賀県教育委員会	－
1997	佐賀県教育委員会	－	－	－	－		ジャパン通信情報センター編 1997『月刊文化財発掘出土情報』1997年12月号，ジャパン通信社	「古墳が農地の開墾などによって壊され、鏡が流されて動き、出土地に埋まった可能性が高い」
1986	鳥栖市教育委員会	－	－	－	弥生土器		宮崎泰史編 1997『平成9年春季特別展 青銅の弥生都市―吉野ヶ里をめぐる有明のクニグニ―』大阪府立弥生文化博物館14，大阪府立弥生文化博物館	破鏡
1944	佐賀県教育委員会・祐徳博物館	－	－	－	－		七田忠志・松尾禎作 1949「BS朝日自転車工場遺跡」『佐賀県史蹟名勝天然紀念物調査報告』第八輯，佐賀県教育委員会	五神頭
1944	個人旧蔵	－	－	－	－		佐賀県立博物館編 1979『鏡・玉・剣―古代九州の遺宝―』佐賀県立博物館	佐賀県（肥前国）56
昭和以降	鳥栖市教育委員会・佐賀県立博物館	勾玉4・管玉5	剣	斧・鉇・鑿	－		佐賀県立博物館編 1979『鏡・玉・剣―古代九州の遺宝―』佐賀県立博物館	佐賀県（肥前国）55／八神頭
1955	所在不明（基里中学校旧蔵）						松尾禎作 1957『佐賀県考古大観（先史・原史時代編）―遺跡・遺物より見たる古代佐賀―』祐徳博物館	佐賀県（肥前国）54
1992	鳥栖市教育委員会	－			弥生土器多数	銅鐸鋳型1・銅矛鋳型1	宮崎泰史編 1997『平成9年春季特別展 青銅の弥生都市―吉野ヶ里をめぐる有明のクニグニ―』大阪府立弥生文化博物館14，大阪府立弥生文化博物館	－
1994	鳥栖市教育委員会	－					大庭敏男編 2002『藤木遺跡・今泉遺跡』鳥栖市文化財調査報告書第68集，鳥栖市教育委員会	故意に二片に破砕し、朱の残る頭部左側に、鏡面を上にして重ねて副葬
1996	鳥栖市教育委員会	－					九州考古学会事務局・九州考古学会第5回夏期大会佐賀県実行委員会編 2013『平成25年度九州考古学会大会 弥生時代後期青銅鏡を巡る諸問題』九州考古学会	－
1976		－	矛1	－	－	－		25g／佐賀県（肥前国）63-6／同笵：漁隠洞遺跡（北14～17）・坪里洞遺跡（北01）
1976	佐賀県立博物館	－	－	－	－	－	石隈喜佐雄・七田忠昭編 1979『二塚山』佐賀県文化財調査報告書第46集，佐賀県教育委員会・新郷土刊行会	181g／佐賀県（肥前国）63-1／破砕鏡
1976		－	－	－	－	－		佐賀県（肥前国）63-4／破砕鏡
1975		－	－	－	－	－		436g／佐賀県（肥前国）62・63-2
1975	佐賀県立博物館	ガラス勾玉1・ガラス小玉2	－	－	－	－	石隈喜佐雄・七田忠昭編 1979『二塚山』佐賀県文化財調査報告書第46集，佐賀県教育委員会・新郷土刊行会	佐賀県（肥前国）62・63-5
1975		ガラス管玉221～	－	－	－	－		佐賀県（肥前国）62
1959	佐賀県立博物館	ガラス小玉数百個					志佐惲彦編 1977『桃島山遺跡調査報告書 付 佐賀県下出土の古鏡―弥生・古墳時代―』佐賀県立博物館調査研究書第3集，佐賀県立博物館	(333g)／佐賀県（肥前国）43

番号	舶倭	鏡式	出土遺跡	出土地名	遺跡内容	時期	面径(cm)	銘文	諸氏分類	編者分類・時期	
34	倭	〔弥生倭製鏡〕	亀作A遺跡 SH009竪穴住居跡 ピットA	神埼郡吉野ヶ里町大曲字亀作3869他〔神埼郡東脊振村〕	集落 竪穴住居	弥生後期	7〜	—	—	〔弥生倭製鏡〕	弥生
35	倭	弥生倭製鏡	松ノ内遺跡 A遺跡 SR032祭祀跡	神埼郡吉野ヶ里町大曲2217他〔神埼郡東脊振村〕	墳墓 土壙	弥生後期	7.7	—	内行花文日光鏡系仿製鏡第Ⅱ'型(高倉85・90)／内行花文系Ⅳ型B類(南07a)／内行花文系小形仿製鏡第4型(田尻10・12)	〔弥生倭製鏡〕	弥生
36	舶	尚方作鋸歯文縁方格規矩四神鏡	横田遺跡 (松原遺跡)	神埼郡吉野ヶ里町大曲字松原・松の内〔神埼郡東脊振村〕	墳墓 甕棺or箱形石棺	弥生	17.5	「尚□□□□大巧 上有仙人不知老 渇□□玉泉飢兮」／「子□□卯辰巳午□□□戊亥」	第八式(Ⅱb)(山越74)／複波鋸歯文縁四神鏡Ⅱ式(樋口79)	—	—
188	倭	弥生倭製鏡(十一弧内行花文鏡)	松原遺跡 SD608溝跡	神埼郡吉野ヶ里町大曲字松原2500〔神埼郡東脊振村〕	集落 溝	弥生末期〜古墳前期	4.3	—	連弧紋鏡系小形仿製鏡第Ⅰ型b類①(高木02)／内行花文系小形仿製鏡第2型a類(田尻10・12)／狭縁式弧線型(林10)	〔弥生倭製鏡〕	弥生
37	舶	唐草文縁方格規矩四神鏡	瀬ノ尾B遺跡 11地区 マ-18グリッド P-3	神埼郡吉野ヶ里町大曲字瀬ノ尾〔神埼郡東脊振村〕	集落 柱穴	弥生後〜末期	11.6				
37-1	倭	弥生倭製鏡(七弧内行花文鏡)	枝町遺跡 SK07土壙	神埼郡吉野ヶ里町大曲字一の坪	集落 土壙	奈良	6.7	—		〔弥生倭製鏡?〕	弥生?
38	舶	不明(飛禽鏡?)	西一本杉 ST009古墳	神埼郡吉野ヶ里町石動字西一本杉〔神埼郡東脊振村〕	古墳 割竹形木棺直葬	弥生末期	10.9				
190	倭	弥生倭製鏡(十弧内行花文鏡)	石動四本松遺跡 SC004石棺墓	神埼郡吉野ヶ里町石動字四本松〔神埼郡東脊振村〕	墳墓 無墳丘・箱形石棺(棺外)	弥生後〜末期	6.4	—	連弧紋鏡系小形仿製鏡第Ⅰ型b類③(高木02)／内行花文系小形仿製鏡第2型a類(田尻10・12)	〔弥生倭製鏡〕	弥生
197	舶	連弧文昭明鏡	石動四本松遺跡 SJ032甕棺墓		墳墓 木蓋甕棺の粘土中	弥生後期	12.6	「内而青而以而昭而明而 光而象而日而月而夫」			
39	舶	流雲文縁細線式獣帯鏡	三津永田遺跡 104号甕棺墓		墳墓 甕棺	弥生中期	14.4	「泰言之紀從鏡始 蒼龍在左甫在右 宜善貫孫子」	流雲文縁五像式(樋口79)	—	—
40	舶	虺龍文鏡	三津永田遺跡 105号甕棺墓	神埼郡吉野ヶ里町三津字永田・西ノ田〔神埼郡東脊振村〕	墳墓 甕棺	弥生中期	9.2	—		—	—
41	舶	連弧文昭明鏡	三津永田遺跡 石蓋甕棺墓		墳墓 石蓋甕棺	弥生中期	9.0	「内而青而以而召而明而 光而夫而日」		—	—
42	?	不明	三津永田遺跡	神埼郡吉野ヶ里町三津字永田・西ノ田〔神埼郡東脊振村〕	墳墓 表面採集?	不明	約10	—	—	—	—
43	舶	八弧内行花文鏡	三津西(三津永田北方)遺跡	神埼郡吉野ヶ里町三津字永田〔神埼郡東脊振村〕	墳墓 表面採集	不明	15.4		Aaア式(樋口79)	—	—
44	舶	八弧内行花文鏡	南角遺跡(大曲)	神埼郡吉野ヶ里町吉田字南角〔神埼郡三田川町〕	墳墓 土壙墓	弥生	14.6		Aaア式(樋口79)		
45	倭	弥生倭製鏡(内行花文鏡)	鳥の隈遺跡(萩原)	神埼郡吉野ヶ里町吉田字鳥の隈〔神埼郡三田川町〕	集落 不明	不明	7.6	—	古式仿製鏡重弧内行花文帯式(樋口79)／内行花文日光鏡系仿製鏡第Ⅱ型b類(高倉85・90)／内行花文系小形仿製鏡第3型a類(田尻10・12)	〔弥生倭製鏡〕	弥生
46	倭	弥生倭製鏡	吉野ヶ里遺跡 吉野ヶ里地区 Ⅱ区SD0054 外環壕跡	神埼郡吉野ヶ里町田手字四本杉〔神埼郡三田川町〕	集落 環壕	弥生後期	6.3	—	内行花文系小形仿製鏡第3型a類(田尻10・12)	〔弥生倭製鏡〕	弥生
47	倭	弥生倭製鏡	吉野ヶ里遺跡 吉野ヶ里丘陵地区 Ⅴ区 57区包含層 (57トレンチ)		集落 遺物包含層	弥生	6.4	—	重圏文系小形仿製鏡第1型う類(田尻10・12)	〔弥生倭製鏡〕	弥生
48	倭	弥生倭製鏡(十弧内行花文鏡)	吉野ヶ里遺跡 Ⅶ区SD2208 壕跡(田手二本黒木地区)	神埼郡吉野ヶ里町田手字三本杉〔神埼郡三田川町〕	集落 溝	弥生後期	8.6	—	内行花文系小形仿製鏡第2型b類(田尻10・12)	〔弥生倭製鏡〕	弥生
49	?	不明	吉野ヶ里遺跡 吉野ヶ里丘陵地区 Ⅴ区ST1002 墳丘墓(伝)	神埼郡吉野ヶ里町田手字四本杉〔神埼郡三田川町〕	墳墓 墳丘墓・土器棺	弥生中期	完形	—	—		

発見年	所蔵（保管）者	共伴遺物					文献	備考
		石製品・玉類	武具・武器・馬具	ほか金属器	土器類	その他		
1985	吉野ヶ里町教育委員会	―	―	―	壺・甕・高杯	―	久保伸洋1989『亀作A遺跡』東脊振村文化財調査報告書第15集, 東脊振村教育委員会	―
1983	吉野ヶ里町教育委員会	―	―	斧1	小形壺等	―	宮崎泰史編1997『平成9年春季特別展 青銅の弥生都市―吉野ヶ里をめぐる有明のクニグニ―』大阪府立弥生文化博物館14, 大阪府立弥生文化博物館	―
1966	佐賀県立博物館	―	―	―	―	―	小田富士雄・藤丸詔八郎・武末純一編1991『弥生古鏡を掘る―北九州の国々と文化―』北九州市立考古博物館	415g／佐賀県（肥前国）44
1996	吉野ヶ里町教育委員会	―	―	―	弥生土器	―	宮崎泰史編1997『平成9年春季特別展 青銅の弥生都市―吉野ヶ里をめぐる有明のクニグニ―』大阪府立弥生文化博物館14, 大阪府立弥生文化博物館	―
1991	吉野ヶ里町教育委員会	―	―	―	―	―	宮崎泰史編1997『平成9年春季特別展 青銅の弥生都市―吉野ヶ里をめぐる有明のクニグニ―』大阪府立弥生文化博物館14, 大阪府立弥生文化博物館	破鏡
2000年代？	吉野ヶ里町教育委員会	―	―	―	―	―	九州考古学会事務局・九州考古学会第5回夏期大会佐賀県実行委員会編2013『平成25年度九州考古学会大会 弥生時代後期青銅鏡を巡る諸問題』九州考古学会	―
1979	佐賀県教育委員会	勾玉1・管玉14・ガラス小玉40	剣2・鉄鏃33～	鋤先1・斧2	―	―	松尾吉高編1983『西原遺跡』九州横断自動車道関係埋蔵文化財発掘調査報告書3, 佐賀県教育委員会	破鏡（1孔）
1994	吉野ヶ里町教育委員会・佐賀県立博物館	―	―	刀子1	―	―	宮崎泰史編1997『平成9年春季特別展 青銅の弥生都市―吉野ヶ里をめぐる有明のクニグニ―』大阪府立弥生文化博物館14, 大阪府立弥生文化博物館	―
1995		硬玉勾玉2・碧玉管玉5	―	―	―	―		破砕鏡
1953	佐賀県教育委員会・祐徳博物館	―	素環頭鉄剣	―	―	―	志佐伸彦編1977『椛島山遺跡調査報告書 付 佐賀県下出土の古鏡―弥生・古墳時代―』佐賀県立博物館調査研究書第3集, 佐賀県立博物館	佐賀県（肥前国）41-2
1952	個人・佐賀県立博物館	―	―	―	―	―	小田富士雄・藤丸詔八郎・武末純一編1991『弥生古鏡を掘る―北九州の国々と文化―』北九州市立考古博物館	佐賀県（肥前国）41-3／破砕鏡
1952		―	―	―	―	―		232g／佐賀県（肥前国）41-1
1953頃	所在不明（個人旧蔵）	―	―	―	―	―	白石太一郎・設楽博己編1994『弥生・古墳時代遺跡出土鏡データ集成』（『国立歴史民俗博物館研究報告』第56集），国立歴史民俗博物館	―
昭和以降	佐賀県立博物館（個人旧蔵）	―	―	―	―	―	小田富士雄・藤丸詔八郎・武末純一編1991『弥生古鏡を掘る―北九州の国々と文化―』北九州市立考古博物館	佐賀県（肥前国）42
1974	佐賀県教育委員会・佐賀県立博物館	―	―	―	―	―	志佐伸彦編1977『椛島山遺跡調査報告書 付 佐賀県下出土の古鏡―弥生・古墳時代―』佐賀県立博物館調査研究書第3集, 佐賀県立博物館	佐賀県（肥前国）63-3
1951	佐賀県立博物館	―	―	―	―	―	宮崎泰史編1997『平成9年春季特別展 青銅の弥生都市―吉野ヶ里をめぐる有明のクニグニ―』大阪府立弥生文化博物館14, 大阪府立弥生文化博物館	佐賀県（肥前国）51
1988	文化庁・佐賀県立博物館	―	―	―	―	―	佐賀県教育委員会編1994『吉野ヶ里』佐賀県教育委員会	―
1989								
1991	佐賀県教育委員会	―	―	―	弥生土器多数	―	佐賀県教育委員会編1994『吉野ヶ里』佐賀県教育委員会	
1954	所在不明	―	―	―	―	―	白石太一郎・設楽博己編1994『弥生・古墳時代遺跡出土鏡データ集成』（『国立歴史民俗博物館研究報告』第56集），国立歴史民俗博物館	

番号	舶倭	鏡式	出土遺跡	出土地名	遺跡内容	時期	面径(cm)	銘文	諸氏分類	編者分類・時期
50	倭	弥生倭製鏡	吉野ヶ里遺跡吉野ヶ里地区V区SD0925外環壕跡		集落	環壕	弥生後期	6.6	—	内行花文系小形仿製鏡第3型a類(田尻10・12)	〔弥生倭製鏡〕 弥生
51	舶	内行花文鏡？					22.2	—	—	— —
52	舶	不明	吉野ヶ里遺跡吉野ヶ里地区V区SD0829環壕跡		集落	環壕	弥生後〜末期	破片	—	—	— —
53	倭	弥生倭製鏡(内行花文鏡)	吉野ヶ里遺跡吉野ヶ里地区V区SD0832壕跡	神埼市神埼町鶴字下ノ辻〔神埼郡神埼町〕	集落	環壕	弥生末期	7.6	—	内行花文系小形仿製鏡第3型a類(田尻10・12)	〔弥生倭製鏡〕 弥生
53-1	倭	弥生倭製鏡(九弧内行花文鏡)	吉野ヶ里遺跡吉野ヶ里丘陵地区Ⅶ区ST2200周溝(前方後方墳周溝跡SD2101溝)		墳墓	周溝	弥生	6.8	—	内行花文系Ⅲ型B類(南07a)／内行花文系小形仿製鏡第2型c類(田尻10・12)	〔弥生倭製鏡〕 弥生
53-2	舶	連弧文銘帯鏡	吉野ヶ里遺跡SJ2775号甕棺墓		墳墓	甕棺墓	弥生	6.9	「□□□□不□□□長母忘相」	—	— —
54	舶	内行花文鏡？	吉野ヶ里遺跡志波屋四の坪地区SH0544堅穴住居跡	神埼市神埼町志波屋字四の坪〔神埼郡神埼町〕	集落	堅穴住居	弥生後〜末期？	16.6	—	—	— —
55	舶	虺龍文鏡	志波屋三本松遺跡	神埼市神埼町志波屋字三本松〔神埼郡神埼町〕	墳墓	土器棺	弥生	11.0	—	—	— —
56	舶	複波文縁方格渦文鏡	上志波屋遺跡横穴式石室円墳(志波屋寺ヶ里)		古墳	円墳・横穴式石室(甕棺墓？)	古墳	8.5	—	方格乳文鏡(樋口79)	— —
57	舶	連弧文昭明鏡	上志波屋遺跡箱形石棺	神埼市神埼町志波屋〔神埼郡神埼町〕	墳墓	箱形石棺	弥生	9.6	「内而青而以召明 光而象夫而日之月而不□」	—	— —
58	舶	双頭龍文鏡	志波屋六本松古墳群遺物包含層	神埼市神埼町志波屋字六本松〔神埼郡神埼町〕	古墳	遺物包含層(古墳群周辺)	古墳	9.6	「位至□□」	—	— —
59	舶	双頭龍文鏡			古墳	遺物包含層(古墳群周辺)	古墳	9.2	—	—	— —
60	？	〔不明(内行花文鏡？)〕	花浦遺跡石棺墓	神埼市神埼町的字花浦〔神埼郡神埼町〕	墳墓	箱形石棺	弥生	破片	—	—	— —
61	倭	弥生倭製鏡(内行花文鏡)	小渕遺跡Ⅳ区石室羨道部	神埼市神埼町的字花浦〔神埼郡神埼町〕	古墳	円墳・羨道部	古墳	9〜10	—	—	〔弥生倭製鏡？〕 弥生？
62	倭	四獣鏡	朝日ST006古墳〔1号主体部〕	神埼市神埼町城原字朝日〔神埼郡神埼町〕	古墳	前方後円墳(24)・箱形石棺	古墳前期	9.4	—	獣形文鏡類四獣鏡C-1型(小林82・10)	類鳥頭獣像鏡B系 前(中？)
63	舶	方格規矩鏡	城原三本谷北遺跡	神埼市神埼町城原字北外〔神埼郡神埼町〕	墳墓	箱形石棺	弥生	10.0	—	—	— —
64	舶	内行花文鏡？	城原北外遺跡	神埼市神埼町城原字北外〔神埼郡神埼町〕	不明	不明	不明	約20	—	—	— —
65	倭	〔獣帯鏡〕	尾崎(岩田付近所在古墳)	神埼市神埼町城原字尾崎〔神埼郡神埼町〕	古墳	不明	古墳	10.5	—	—	— —
66	倭	〔六乳六獣鏡〕					12.9	—	—	— —
67	舶	吾作斜縁二神二獣鏡	神埼郡(伝)	神埼市 or 神埼郡吉野ヶ里町 or 佐賀市(伝)	不明	不明	不明	15.6	「吾作明竟 幽湅三商 統徳序道 曾年益壽 子孫番昌」	図像表現③(村松04)／紋様表現③(實盛09)	— —
68	舶	上方作浮彫式獣帯鏡	熊本山古墳	佐賀市久保泉町川久保字熊本山	古墳	円墳(30)・舟形石棺直葬	古墳前期	10.7	「上□□□□大工 宜子」	半肉彫獣帯鏡B四像式(樋口79)／四像式(岡村92)／四像Ⅱ式(Ⅰb系)(實盛15)	— —

418

佐賀

発見年	所蔵（保管）者	共伴遺物					文献	備考
		石製品・玉類	武具・武器・馬具	ほか金属器	土器類	その他		
1988		―	銅剣片	―	土器多数	巴形銅器鋳型・不明青銅器鋳型		縁部のみ／破砕面に磨滅などの痕跡なし
1988	文化庁・佐賀県立博物館				土器類	―	佐賀県教育委員会編 1994『吉野ヶ里』佐賀県教育委員会	鈕のみ／破砕面に磨滅などの痕跡なし
1988		―	―	―	―	―		―
不明	佐賀県教育委員会	―	―	―	―	―	九州考古学会事務局・九州考古学会第5回夏期大会佐賀県実行委員会編 2013『平成25年度九州考古学会大会 弥生時代後期青銅鏡を巡る諸問題』九州考古学会	同笵：小野崎遺跡堀の内Ⅰ区SK68（熊本116-5）
不明	所在不明	―	―	―	―	―		―
1986	文化庁・佐賀県立博物館				土器		佐賀県教育委員会編 1994『吉野ヶ里』佐賀県教育委員会	破砕面に磨滅などの痕跡なし／外縁部のみ
1960年代	個人	―	―	―	―	―	九州考古学会事務局・九州考古学会第5回夏期大会佐賀県実行委員会編 2013『平成25年度九州考古学会大会 弥生時代後期青銅鏡を巡る諸問題』九州考古学会	佐賀県（肥前国）47／破鏡？
昭和以降（戦前）	京都大学総合博物館（4255）						樋口隆康 1979『古鏡』新潮社	佐賀県（肥前国）50／同型品あり
1968	九州大学大学院人文科学研究院考古学研究室	―	鉇1	―			志佐惲彦編 1977『椛島山遺跡調査報告書 付 佐賀県下出土の古鏡―弥生・古墳時代―』佐賀県立博物館調査研究書第3集, 佐賀県立博物館	佐賀県（肥前国）48
1990	神埼町教育委員会	―	―	―	―	―	九州考古学会事務局・九州考古学会第5回夏期大会佐賀県実行委員会編 2013『平成25年度九州考古学会大会 弥生時代後期青銅鏡を巡る諸問題』九州考古学会	―
1990								破鏡（破面研磨・1孔）
1987	神埼町教育委員会	―	鉇1・刀子1				白石太一郎・設楽博己編 1994『弥生・古墳時代遺跡出土鏡データ集成』（『国立歴史民俗博物館研究報告』第56集）, 国立歴史民俗博物館	破鏡（破面研磨・2孔）
1985	神埼町教育委員会	玉類	武具片・鉄鏃	耳環	―		九州考古学会事務局・九州考古学会第5回夏期大会佐賀県実行委員会編 2013『平成25年度九州考古学会大会 弥生時代後期青銅鏡を巡る諸問題』九州考古学会	
1967	佐賀県立博物館	石釧1・大形管玉状石製品1	―	不明鉄製品1	―		志佐惲彦編 1977『椛島山遺跡調査報告書 付 佐賀県下出土の古鏡―弥生・古墳時代―』佐賀県立博物館調査研究書第3集, 佐賀県立博物館	佐賀県（肥前国）46
昭和以降	個人	―	―	―	―	―	志佐惲彦編 1977『椛島山遺跡調査報告書 付 佐賀県下出土の古鏡―弥生・古墳時代―』佐賀県立博物館調査研究書第3集, 佐賀県立博物館	佐賀県（肥前国）49-2／破鏡（破面研磨・3孔）
1973	佐賀県教育委員会・佐賀県立博物館	―	―	―	―	―	志佐惲彦編 1977『椛島山遺跡調査報告書 付 佐賀県下出土の古鏡―弥生・古墳時代―』佐賀県立博物館調査研究書第3集, 佐賀県立博物館	佐賀県（肥前国）49-1／破鏡？
不明	所在不明						岡崎敬編 1979『日本における古鏡 発見地地名表 九州地方Ⅰ』東アジアより見た日本古代墓制研究（増補改訂版）	佐賀県（肥前国）52-1 / 佐賀県（肥前国）52-2
1942以前	所在不明（山川七左衛門旧蔵）	―	―	―	―	―	後藤守一 1942『古鏡聚英』上篇 秦鏡と漢六朝鏡, 大塚巧芸社	佐賀県（肥前国）53／福岡565と同一品の可能性
1963	佐賀市教育委員会・佐賀県立博物館	紡錘車形石製品2・硬玉勾玉1・瑪瑙勾玉1・碧玉管玉18・ガラス小玉162	方形板革綴短甲1・刀1・剣3	鉇1・針1・不明鉄製品1	―		志佐惲彦編 1977『椛島山遺跡調査報告書 付 佐賀県下出土の古鏡―弥生・古墳時代―』佐賀県立博物館調査研究書第3集, 佐賀県立博物館	佐賀県（肥前国）28／同型鏡：節句山2号墳

番号	舶倭	鏡式	出土遺跡	出土地名	遺跡内容	時期	面径(cm)	銘文	諸氏分類	編者分類・時期	
69	舶	方格T字鏡	関行丸古墳 主体部〔第1屍床〕	佐賀市久保泉町川久保字関行	前方後円墳(55)・横穴式石室(屍床)	古墳中期	10.1	—	V類(樋口79)／方格規矩文鏡類G型(小林82・10)	—	—
70	倭	珠文鏡	関行丸古墳 主体部〔第2屍床〕		前方後円墳(55)・横穴式石室(屍床)	古墳中期	7.3	—	A類(小林79)／珠文鏡I類(樋口79)／珠文鏡類A型(小林82・10)／I類(中山他94)	[珠文鏡]	—
71	倭	珠文鏡	関行丸古墳 主体部〔第3屍床〕		前方後円墳(55)・横穴式石室	古墳中期	8.8	—	珠文鏡II類(樋口79)／珠文鏡類B型(小林82・10)／III類(中山他94)／珠紋鏡系(森下02)／A-A3類(脇山13)	[珠文鏡]	—
72	倭?	[変形文鏡]				古墳	7.6	—	変形文鏡類(小林82・10)	—	—
73	倭	七乳文鏡	花納丸古墳	佐賀市久保泉町川久保	横穴式石室	古墳	9.0	—	乳文鏡II類(樋口79)／獣帯鏡D型(小林82・10)／乳脚紋鏡b～d系(森下02)	[乳脚文鏡]	後期
74	倭	弥生倭製鏡	牟田寄遺跡 B地区 遺物包含層	佐賀市兵庫町瓦町字牟田寄	集落 遺物包含層	弥生	6.7	—	重圏紋鏡系小形仿製鏡第II型③(高木02)／重圏文系小形仿製鏡第2型(田尻10・12)	[弥生倭製鏡？]	弥生？
191	倭	弥生倭製鏡(内行花文鏡)	牟田寄遺跡 SB15160掘立柱建物(柱穴P2)	佐賀市兵庫町瓦町字牟田寄	集落 掘立柱建物	弥生後期	7.8	—	連弧紋鏡系小形仿製鏡第I型b類③(高木02)／内行花文系II型A類(南07a)／内行花文小形仿製鏡第2型a類(田尻10・12)	[弥生倭製鏡]	弥生
75	倭	素文鏡	柴尾橋下流遺跡		集落 不明	不明	4.2	—	—	[素文鏡]	—
76	舶	八弧内行花文鏡	柴尾橋下流遺跡 SD004溝跡	佐賀市蓮池町古賀字四本松	集落 溝	古墳前期	14.5	—	—	—	—
77	?	不明	大門西遺跡(朝鮮塚付近)	佐賀市金立町金立字十一本杉	墳墓	不明	不明	—	—	—	—
78	?	不明					不明	—	—	—	—
79	倭	[珠文鏡]	久池井「野口」付近	佐賀市大和町久池井〔佐賀郡大和町〕	不明	不明	9.0	—	—	—	—
80	倭	四獣鏡	森の上古墳(森ノ上古墳・森上古墳)	佐賀市大和町久池井字一本松・七本柳〔佐賀郡大和町〕	古墳 箱形石棺	古墳中期	7.7	—	獣形文鏡類四獣鏡 C-1型(小林82・10)	揆文鏡A系？？	前(中)
81	倭	弥生倭製鏡(九弧内行花文鏡)	礫石B遺跡 SJ14甕棺墓	佐賀市大和町久池井字野口〔佐賀郡大和町〕	墓地 甕棺	弥生後期	8.8	—	内行花文日光鏡系仿製鏡第II型a類(高倉85・90)／連弧紋鏡系小形仿製鏡第II型a類1(高木02)／内行花文系II型B類b(南07a)／内行花文小形仿製鏡第2型b類(田尻10・12)	[弥生倭製鏡]	弥生
82	倭	九弧内行花文鏡	高畠(高畑)古墳	佐賀市大和町梅野字都渡城〔佐賀郡大和町〕	古墳 円墳(20)・箱形石棺	古墳中期	10.5	—	九弧(樋口79)／九花鏡(小林82・10)／B類2式(清水94)	内行花文鏡B式	前(中)
83	倭	弥生倭製鏡(内行花文鏡)	惣座遺跡 SD019溝跡		集落 溝	弥生末期	6.1	—	内行花文日光鏡系仿製鏡第I型b類(高倉85・90)／連弧紋鏡系小形仿製鏡第I型b類③(高木02)／内行花文日光鏡系仿製鏡A-1類(松本08)／内行花文小形仿製鏡第2型a類(田尻10・12)／狭縁式S字型(林10)	[弥生倭製鏡]	弥生
84	倭	弥生倭製鏡		佐賀市大和町久池井字五本杉〔佐賀郡大和町〕			8.0	—	—	[弥生倭製鏡]	弥生
85	?	不明	惣座遺跡 SD023溝跡		集落 溝	弥生後期	破片	—	—	—	—
86	倭	弥生倭製鏡(内行花文鏡)	惣座遺跡				7.5	—	内行花文日光鏡系仿製鏡(高倉85・90)／内行花文小形仿製鏡第2型a類(田尻10・12)	[弥生倭製鏡]	弥生
87	倭	弥生倭製鏡(内行花文鏡)	惣座遺跡 SB219堅穴住居跡		集落 竪穴住居	弥生後期	9.1	—	内行花文日光鏡系仿製鏡(高倉85・90)／内行花文日光鏡系仿製鏡A-3類(松本08)／内行花文系小形仿製鏡第2型b類(田尻10・12)	[弥生倭製鏡]	弥生
88	倭	弥生倭製鏡(内行花文鏡)	惣座遺跡 SP555土壙墓(惣座B遺跡)		集落 土壙墓	弥生	6.3	—	内行花文小形仿製鏡第2型a類(田尻10・12)	[弥生倭製鏡]	弥生
89	倭	弥生倭製鏡(七弧内行花文鏡)	惣座遺跡 OA区 遺物包含層(惣座B遺跡)	佐賀市大和町久池井字四本杉・五本杉〔佐賀郡大和町〕	集落 包含層	不明	7.7	—	—	[弥生倭製鏡]	弥生

佐賀

発見年	所蔵（保管）者	共伴遺物					文献	備考
		石製品・玉類	武具・武器・馬具	ほか金属器	土器類	その他		
1957	佐賀県立博物館	―	―	金銅冠帽片1・金銅半筒形装飾具2	―	―	志佐惲彦編1977『椛島山遺跡調査報告書 付 佐賀県下出土の古鏡―弥生・古墳時代―』佐賀県立博物館調査研究書第3集，佐賀県立博物館	185g／佐賀県（肥前国）30-1
		―	―	金銅冠帽1具・鹿角装刀子1・鹿角柄尖頭工具1	―	貝輪1		佐賀県（肥前国）30-2
		勾玉1・碧玉管玉12・ガラス管玉1・水晶棗玉1・ガラス小玉約800	鞘尻状金具1・鉄鏃1	金銅細環1・鹿角装刀子7	―	貝輪1		60g／佐賀県（肥前国）30-3
								佐賀県（肥前国）30-4
1840	佐賀県立博物館	碧玉管玉12	刀1・二環鈴1	不明鉄地金銅張製品若干	―	―	佐賀県立博物館編1979『鏡・玉・剣―古代九州の遺宝―』佐賀県立博物館	69g／佐賀県（肥前国）29
1989		―	―	―	―	―	小田富士雄・藤丸詔八郎・武末純一編1991『弥生古鏡を掘る―北九州の国々と文化―』北九州市立考古博物館	―
1996	佐賀市教育委員会				弥生土器（壺・ミニチュア壺・甕・ミニチュア鉢）		宮崎泰史編1997『平成9年春季特別展 青銅の弥生都市―吉野ヶ里をめぐる有明のクニグニ―』大阪府立弥生文化博物館14，大阪府立弥生文化博物館	同笵：大庭・久保遺跡29号木棺墓（福岡625）
昭和以降	佐賀県立博物館	―	―	―	―	―	九州考古学会事務局・九州考古学会第5回夏期大会佐賀県実行委員会編2013『平成25年度九州考古学会大会 弥生時代後期青銅鏡を巡る諸問題』九州考古学会	佐賀県（肥前国）45
1981	佐賀市教育委員会	―			壺・甕・鉢・高杯・手捏土器		宮崎泰史編1997『平成9年春季特別展 青銅の弥生都市―吉野ヶ里をめぐる有明のクニグニ―』大阪府立弥生文化博物館14，大阪府立弥生文化博物館	―
不明	所在不明（佐賀県教育委員会旧蔵）						松尾禎作1957『佐賀県考古大観（先史・原史時代編）―遺跡・遺物より見たる古代佐賀―』祐徳博物館	―
昭和以降	佐賀県教育委員会・祐徳博物館						松尾禎作1957『佐賀県考古大観（先史・原史時代編）―遺跡・遺物より見たる古代佐賀―』祐徳博物館	佐賀県（肥前国）37
1943	所在不明（祐徳博物館旧蔵）	琴柱形石製品1	剣1	鋤先1・鎌1・鉇2・刀子1	―	竪櫛10	松尾禎作1949「森上古墳」『佐賀県史蹟名勝天然紀念物調査報告』第八輯，佐賀県教育委員会	佐賀県（肥前国）35
1981	佐賀県教育委員会	―	―	―	―	―	宮崎泰史編1997『平成9年春季特別展 青銅の弥生都市―吉野ヶ里をめぐる有明のクニグニ―』大阪府立弥生文化博物館14，大阪府立弥生文化博物館	120g／同笵：良洞里（伝）（南20）（法量不整合）
1922	佐賀県教育委員会・祐徳博物館	瑪瑙勾玉2・管玉32・水晶丸玉2	刀1・剣1・蛇行剣1・矛4・石突1・鉄鏃19〜・骨鏃11	鈴4・鍬1・斧2・鎌1・鉇1・鑿1・刀子2〜・蕨手刀子1		紡錘車1	松尾禎作1949「高畠古墳」『佐賀県史蹟名勝天然紀念物調査報告』第八輯，佐賀県教育委員会	佐賀県（肥前国）36
1977	佐賀県教育委員会・佐賀県立博物館						立石泰久編1978『肥前国府跡I（第一次〜第三次発掘調査報告書）』佐賀県教育委員会	30g／佐賀県（肥前国）40-1
		ガラス管玉1	鉄鏃	鍬先・斧・鎌・鉇・手鎌・刀子	壺・甕・鉢・器台・高杯・支脚等多数	―		
1983	佐賀県教育委員会						九州考古学会事務局・九州考古学会第5回夏期大会佐賀県実行委員会編2013『平成25年度九州考古学会大会 弥生時代後期青銅鏡を巡る諸問題』九州考古学会	破片
1977	所在不明	―	―	―	土器		立石泰久編1978『肥前国府跡I（第一次〜第三次発掘調査報告書）』佐賀県教育委員会	佐賀県（肥前国）40-2？
1983	佐賀県教育委員会	―	―	―	土器		小田富士雄・藤丸詔八郎・武末純一編1991『弥生古鏡を掘る―北九州の国々と文化―』北九州市立考古博物館	〈41g〉
1984								
1984		―	―	―	―	―		

番号	舶倭	鏡式	出土遺跡	出土地名	遺跡内容	時期	面径(cm)	銘文	諸氏分類	編者分類・時期
90	倭?	〔方格規矩鏡〕	川上・池上（伝）	佐賀市大和町川上・池上（伝）〔佐賀郡大和町〕	墳墓	箱形石棺	弥生	不明	—	—	—
91	舶	多鈕細文鏡	本村籠遺跡第2次発掘調査地区 SJ-58甕棺墓	佐賀市大和町池上字善光寺〔佐賀郡大和町〕	墳墓	甕棺	弥生中期	10.6	—	精紋鏡（甲元06）	—
92	舶	方格規矩鏡or獣帯鏡	池上（池ノ上箱式石棺墓）（伝）	佐賀市大和町池上（伝）〔佐賀郡大和町〕	墳墓	箱形石棺	不明	17.4	「・・・竟真・・・」	—	—
93	舶	夔鳳鏡	十三塚遺跡	佐賀市大和町川上〔佐賀郡大和町〕	墳墓	箱形石棺	古墳前期	11.0	—	A 平素縁式（樋口79）／2A式?（秋山98）	—
94	舶	方格T字鏡					15.5	—	方格規矩鳥文鏡四乳式（樋口79）／博局T字鳥文鏡Ca3K類（高木91・93）／MA2式（松浦94）／丙群（森下98）	—
95	?	不明	星隈古墳群	佐賀市大和町川上字星隈〔佐賀郡大和町〕	古墳	箱形石棺	古墳前期	完形	—	—	—
96	?	不明					完形	—	—	—	
97	倭	七弧内行花文鏡	小隈古墳〔4号石棺〕	佐賀市大和町川上字四本松〔佐賀郡大和町〕	古墳	円墳(18)・箱形石棺	古墳前期	10.3	—	七弧（樋口79）／七花文鏡（小林82・10）／B類3式（清水94）／内行花紋鏡D系（森下02）	内行花文鏡B式	前(中)
98	?	〔六獣鏡〕	男女山古墳群（男女神社東古墳群）	佐賀市大和町久留間字男女山〔佐賀郡大和町〕	古墳	横穴式石室	古墳後期	9.1	—	—	—
99	舶	〔双頭龍文鏡〕	男女神社西南古墳（男女神社西古墳）	佐賀市大和町久留間字男女山〔佐賀郡大和町〕	古墳	前方後円墳(22)・竪穴式石槨	古墳	不明	「位至三公」	Ⅲ式（樋口79）／Ⅲ式（西村83）	—
100	?	不明	岡裏遺跡 6区包含層	佐賀市大和町尼寺字岡裏〔佐賀郡大和町〕	集落	遺物包含層	弥生～中世	破片	—	—	—
100-1	舶	四葉座鈕八弧内行花文鏡	尼寺一本松遺跡 SJ7007甕棺墓	佐賀市大和町尼寺字南畑〔佐賀郡大和町〕	墳墓	甕棺	弥生後期	11.0	—	—	—
100-2	舶	鋸歯文縁方格規矩渦文鏡	尼寺一本松遺跡 SJ7026甕棺墓		墳墓	甕棺	弥生後期	11.0	—	—	—
192	舶	不明	修理田遺跡 SX2024 不明遺構	佐賀市巨勢町修理田	集落	不明遺構	弥生後期	8.8	—	—	—
193	舶	多鈕細文鏡	増田遺跡6区 SJ6242甕棺墓	佐賀市鍋島町蛎久1542-1他	墳墓	無墳丘・土器棺	弥生中期	9.0	—	精紋鏡（甲元06）	—
101・104	舶	四獣鏡?	織島字東分（折島古墳・西野古墳群）	小城市三日月町織島字東分〔小城郡三日月町〕	古墳	円墳・竪穴式石槨	古墳中期	完形	—	—	—
102	?	〔変形文鏡〕					不明	—	—	—	
103	舶	盤龍鏡	大塚山古墳	小城市三日月町織島字東分〔小城郡三日月町〕	古墳	円墳(15)・横穴式石室（玄室奥壁）	古墳中期	9.1	—	—	—
105	倭	弥生倭製鏡	立物遺跡（緑）	小城市三日月町道辺字立物〔小城郡三日月町〕	集落	周溝内	弥生後期	8.8	—	古式仿製鏡単圏式（樋口79）／重圏文日光鏡系仿製鏡第Ⅱ型（高倉85・90）／重圏文系小形仿製鏡第2型（田尻10・12）	〔弥生倭製鏡〕	弥生
198	倭	弥生倭製鏡（内行花文鏡）	土生B遺跡遺物包含層	小城市三日月町久米字土生〔小城郡三日月町〕	集落	遺物包含層	弥生後期	7.0	—	内行花文系小形仿製鏡第2型a類（田尻10・12）	〔弥生倭製鏡〕	弥生
106	倭	弥生倭製鏡	八ツ戸遺跡 3号住居跡	小城市小城町松尾字八ツ戸〔小城郡小城町〕	集落	竪穴住居	弥生後期	7.6	—	重圏文系小形仿製鏡第2型（田尻10・12）	〔弥生倭製鏡〕	弥生
106-1	倭	弥生倭製鏡（十弧内行花文鏡）	八ツ戸遺跡 SJ09甕棺墓	小城市小城町松尾字八ツ戸〔小城郡小城町〕	墳墓	甕棺墓	弥生後期	7.2	—	—	〔弥生倭製鏡〕	弥生
106-2	倭	弥生倭製鏡（内行花文鏡）	八ツ戸遺跡（排土中）		集落	表面採集	不明	8.4	—	—	〔弥生倭製鏡〕	弥生
106-3	舶	連弧文銘帯鏡	丁永遺跡 SJ06甕棺墓	小城市小城町松尾字丁永〔小城郡小城町〕	墳墓	甕棺墓	弥生	9.9	「・・・□□以□□□□□」	—	—

発見年	所蔵（保管）者	共伴遺物					文献	備考
		石製品・玉類	武具・武器・馬具	ほか金属器	土器類	その他		
1969	所在不明（佐賀県立博物館旧蔵）	—	—	—	—	—	岡崎敬編1979『日本における古鏡 発見地名表 九州地方I』東アジアより見た日本古代墓制研究（増補改訂版）	佐賀県（肥前国）32／「方格珠文鏡」
1990	佐賀市教育委員会	碧玉管玉18	—	銅鉇	—	—	小田富士雄・藤丸詔八郎・武末純一編1991『弥生古鏡を掘る―北九州の国々と文化―』北九州市立考古博物館	—
1976	佐賀県立博物館	—	—	—	—	—	志佐惲彦編1977『椛島山遺跡調査報告書 付 佐賀県下出土の古鏡―弥生・古墳時代―』佐賀県立博物館調査研究書第3集, 佐賀県立博物館	外区片
1971	佐賀県立博物館	碧玉管玉1	—	刀子1	—	—	小田富士雄・藤丸詔八郎・武末純一編1991『弥生古鏡を掘る―北九州の国々と文化―』北九州市立考古博物館／志佐惲彦編1977『椛島山遺跡調査報告書 付 佐賀県下出土の古鏡―弥生・古墳時代―』佐賀県立博物館調査研究書第3集, 佐賀県立博物館	佐賀県（肥前国）33-1／外区片／416g／佐賀県（肥前国）33-2
昭和以降	所在不明	—	—	—	—	—	岡崎敬編1979『日本における古鏡 発見地名表 九州地方I』東アジアより見た日本古代墓制研究（増補改訂版）	頭辺に副室があり、2面が内部にあったという
1958	佐賀県立博物館	碧玉管玉1	—	—	—	—	志佐惲彦編1977『椛島山遺跡調査報告書 付 佐賀県下出土の古鏡―弥生・古墳時代―』佐賀県立博物館調査研究書第3集, 佐賀県立博物館	151g／佐賀県（肥前国）34-1
昭和以降	個人（佐賀大学旧蔵）	—	—	—	—	—	岡崎敬編1979『日本における古鏡 発見地名表 九州地方I』東アジアより見た日本古代墓制研究（増補改訂版）	佐賀県（肥前国）38
不明	所在不明（佐賀県立図書館旧蔵）	—	—	—	—	—	松尾禎作1957『佐賀県考古大観（先史・原史時代編）―遺跡・遺物より見たる古代佐賀―』祐徳博物館	佐賀県（肥前国）39
1992	佐賀市教育委員会	—	—	—	弥生土器・土師器他多数	—	大和町教育委員会編1994『岡裏遺跡』大和町文化財調査報告書第24集, 大和町教育委員会	—
2011	佐賀市文化財資料館	ガラス小玉5（混入）	—	—	—	—	角信一郎2013『尼寺一本松遺跡―7区の調査―』佐賀市埋蔵文化財調査報告書第77集, 佐賀市教育委員会	179g／破砕鏡
2012	佐賀市文化財資料館	碧玉管玉1・ガラス小玉1639	—	—	—	—		258g／破砕鏡／「踏み返し鏡の可能性が指摘される」
1997	佐賀市教育委員会	不明石製品	—	—	弥生土器（壺・甕・鉢・器台・支脚）	—	中野充編1998『修理田遺跡II―2・3区の調査―』佐賀市文化財調査報告書第90集, 佐賀市教育委員会	破鏡（破面研磨）
1998	佐賀市教育委員会	—	—	—	—	—	車崎正彦編2002『考古資料大観』第5巻 弥生・古墳時代 鏡, 小学館	破砕鏡副葬の可能性
1895	佐賀県教育委員会・祐徳博物館		冑・刀・剣				後藤守一1926『漢式鏡』日本考古学大系, 雄山閣	漢式鏡836.1／佐賀県（肥前国）79-1or2.82
	所在不明							漢式鏡836.2／佐賀県（肥前国）79-1or2
1936	所在不明（個人・小城高校旧蔵）	管玉・玉	鉄鏃	刀子・蕨手刀	—	—	松尾禎作1940「大塚山竪壙古墳」『佐賀県史蹟名勝天然紀念物調査報告』第七輯, 佐賀県	佐賀県（肥前国）80
1975	小城市教育委員会	—	—	—	土器	木材	宮崎泰史編1997『平成9年春季特別展 青銅の弥生都市―吉野ヶ里をめぐる有明のクニグニ―』大阪府立弥生文化博物館14, 大阪府立弥生文化博物館	佐賀県（肥前国）81
1993	小城市教育委員会	—	—	—	—	—	宮崎泰史編1997『平成9年春季特別展 青銅の弥生都市―吉野ヶ里をめぐる有明のクニグニ―』大阪府立弥生文化博物館14, 大阪府立弥生文化博物館	—
1984	小城市教育委員会	—	—	—	土器	—	九州考古学会事務局・九州考古学会第5回夏期大会佐賀県実行委員会編2013『平成25年度九州考古学会大会 弥生時代後期青銅鏡を巡る諸問題』九州考古学会	—
不明		—	—	—	—	—		
不明								
不明	小城市教育委員会？						九州考古学会事務局・九州考古学会第5回夏期大会佐賀県実行委員会編2013『平成25年度九州考古学会大会 弥生時代後期青銅鏡を巡る諸問題』九州考古学会	—

番号	舶倭	鏡式	出土遺跡	出土地名	遺跡内容	時期	面径(cm)	銘文	諸氏分類	編者分類・時期
107	倭	不明	山崎古墳	小城市小城町池上字観音籠〔小城郡小城町〕	円墳・舟形石棺直葬	古墳中期	不明	—	—	—
108	倭	八乳文鏡	三里丹坂峠古墳	小城市小城町栗原字ヒノメ〔小城郡小城町〕	円墳(21)・横穴式石室	古墳後期	10.5	—	乳文鏡Ⅱ類（樋口79）／獣帯鏡類C型（小林82・10）	〔乳脚文鏡〕 後期
109	倭	〔変形文鏡〕	米ノ隈古墳群	小城市小城町栗原字天神〔小城郡小城町〕	円墳	古墳	不明	—	—	—
110	舶	細線式鳳文鏡？	一本松古墳群（君ヶ坂）（伝）		円墳？	古墳	11.6	—	変形文鏡類（小林82・10）	—
111	倭	捩文鏡	一本松古墳群（君ヶ坂）（伝）	小城市小城町畑田字君ヶ坂（伝）〔小城郡小城町〕	不明	古墳	8.9	—	捩文鏡（類）C型（小林82・10）／BⅢ型？（小林83）	捩文鏡D系 前（中）
112	倭	不明	一本松古墳群（君ヶ坂）（伝）		不明	古墳	破片	—	—	—
113	舶	尚方作方格規矩四神鏡	寄居ST01古墳〔第1主体部〕	小城市小城町晴気字寄居〔小城郡小城町〕	円墳(12～15)・石蓋土壙墓（割竹形木棺）	古墳前期	17.7	「尚方作竟真大巧　上有山人不知老　渇□□□□食棗　由天下」／「子丑寅卯辰巳午未申酉戌亥」	—	—
114	舶？	不明	寄居ST01古墳〔第2主体部〕		円墳(12～15)・石蓋土壙墓	古墳前期	8.7	—	—	—
115	倭	弥生倭製鏡（内行花文鏡）	羽佐間四反田遺跡8号住居跡	多久市東多久町別府羽佐間	集落竪穴住居	古墳前期	6.9	—	内行花文系小形仿製鏡第3型a類（田尻10・12）	〔弥生倭製鏡〕 弥生
116	舶	方格T字鏡？	経塚山古墳	唐津市浜玉町渕上字荷石〔東松浦郡浜玉町〕	円墳(27)・竪穴式石槨（割竹形木棺）	古墳前期	14.8	—	博局T字鳥文鏡Ca3K類（髙木91・93）／中型鏡2（北浦92）／MC式（松浦94）／丙群（森下98）	—
117	舶	「仿製」三角縁獣文帯三神三獣鏡	谷口古墳〔西主体部〕		前方後円墳(81？)・竪穴式石槨（長持形石棺）	古墳前期	21.6	—	目録番号234・同笵鏡番号117・配置K1	—
118	舶	「仿製」三角縁獣文帯三神三獣鏡	〔第2主体部〕				21.6	—	目録番号234・同笵鏡番号117・配置K1	—
119	舶	「仿製」三角縁獣文帯三神三獣鏡					21.6	—	目録番号235・同笵鏡番号118・配置K1	—
120	舶	「仿製」三角縁吾作三神三獣鏡		唐津市浜玉町谷口字立中〔東松浦郡浜玉町〕	古墳	21.0	「吾作明竟甚獨　保子宜孫富無瞽　奇」	目録番号233・同笵鏡番号116・配置K1／三角縁神獣鏡類B型（小林82・10）	—
121	舶	双頭龍文鏡	谷口古墳〔東主体部〕（第1主体部〕		前方後円墳(81？)・竪穴式石槨（長持形石棺）	古墳前期	8.3	「位至三公」	Ⅲ式（樋口79）／Ⅲ式（西村83）	—
122	倭	捩文鏡					8.1	—	Ⅳ型（樋口79）／捩文鏡（類）B型（小林82・10）／BⅡ型（小林83）／Ⅳ型（小沢88）／房鏡系（森下91）／C型式a類（水野97）／房紋鏡系（森下02）	捩文鏡C系 前（中）
123	倭	捩文鏡					7.2	—	第三型式（伊藤67）／Ⅲ型（樋口79）／捩文鏡（類）A型（小林82・10）／BⅡ型（小林83）／Ⅲ型（小沢88）／羽鏡系（森下91）／B型a類（水野97）／羽紋鏡系（森下02）	捩文鏡D系 前（中）
124	舶	八弧内行花文鏡					16.3	—	—	—
125	倭	六乳文鏡	玉島古墳	唐津市浜玉町南山字玉島〔東松浦郡浜玉町〕	横穴式石室	古墳後期	10.9	—	—	〔乳脚文鏡？〕 後期？
126	倭	乳文鏡？					7.2	—	乳文鏡Ⅱ類（樋口79）／獣形文鏡類五獣鏡（小林82・10）	〔乳脚文鏡？〕 後期？
127	？	不明				不明		—	—	—
128	舶	方格T字鏡	横田下1号墳（横田古墳甲）	唐津市浜玉町横田下字西谷〔東松浦郡浜玉町〕	円墳(30)・横穴式石室（箱形石棺）	古墳中期	10.3	—	V類（樋口79）／方格規矩文鏡類G型（小林82・10）／博局T字鳥文鏡Ca4M類（髙木91）／小型鏡A0型（北浦92）／博局T字鳥文鏡Ca4M・S類（髙木93）／SAc2式（松浦94）／丁群（森下98）	—
129	倭	四獣鏡					13.3	—	四獣形鏡（樋口79）／獣形文鏡類四獣鏡C-3型（小林82・10）／獣形文鏡ⅡE類（赤塚98b）	獣像鏡Ⅰ系 前（古）

佐賀

発見年	所蔵（保管）者	共伴遺物					文献	備考
		石製品・玉類	武具・武器・馬具	ほか金属器	土器類	その他		
1932	所在不明（小城高等学校旧蔵）	―	―	不明鉄片	―	―	松尾禎作1957『佐賀県考古大観（先史・原史時代編）―遺跡・遺物より見たる古代佐賀―』祐徳博物館	佐賀県（肥前国）75
1971	小城市教育委員会	―	鉄鏃5	鉗1	―	―	志佐惲彦編1977『椛島山遺跡調査報告書 付 佐賀県下出土の古鏡―弥生・古墳時代―』佐賀県立博物館調査研究書第3集,佐賀県立博物館	佐賀県（肥前国）76
不明	所在不明（小城高等学校旧蔵）	―	―	―	―	―	岡崎敬編1979『日本における古鏡 発見地名表 九州地方Ⅰ』東アジアより見た日本古代墓制研究（増補改訂版）	佐賀県（肥前国）77
昭和以降		―	―	―	―	―	佐賀県立博物館編1979『鏡・玉・剣―古代九州の遺宝―』佐賀県立博物館	佐賀県（肥前国）78-1～3
昭和以降	小城市教育委員会	―	―	―	―	―	志佐惲彦編1977『椛島山遺跡調査報告書 付 佐賀県下出土の古鏡―弥生・古墳時代―』佐賀県立博物館調査研究書第3集,佐賀県立博物館	佐賀県（肥前国）78-1～3
昭和以降	所在不明	―	―	―	―	―	小城町史編集委員会1974『小城町史』小城町役場	佐賀県（肥前国）78-1～3
1985	佐賀県教育委員会	―	剣1	鉇2・不明鉄片1	―	―	高瀬哲朗編1989『老松山遺跡』佐賀県文化財調査報告書第92集,佐賀県教育庁文化課	破砕副葬
		―	―	―	―	―		縁部のみ
1990	多久市教育委員会	―	―	―	土師器	―	九州考古学会事務局・九州考古学会第5回夏期大会佐賀県実行委員会編2013『平成25年度九州考古学会大会 弥生時代後期青銅鏡を巡る諸問題』九州考古学会	破鏡（破面研磨・穿孔）
1979	唐津市教育委員会	―	刀9～・剣10	刀子2・雛形鉄斧2・雛形鉄鎌1～2・雛形手鎌1・雛形鉇1	―	―	松浦宥一郎1994「日本出土の方格T字鏡」『東京国立博物館紀要』第29号,東京国立博物館	336g／石槨壁体より出土
1908	東京国立博物館（J6196-1）		刀1・剣5・鉄鏃1	斧1・鎌1・鉇1・錐1	―	竪櫛1	梅原末治1953『肥前玉島村谷口の古墳』佐賀県文化財調査報告書第2輯,佐賀県教育委員会	1081g／漢式鏡839.1／佐賀県（肥前国）17-1
	東京国立博物館（J6196-2）							1059g／漢式鏡839.2／佐賀県（肥前国）17-2
	東京国立博物館（J6198）	石釧11・硬玉勾玉5・ガラス勾玉3・勾玉1・碧玉管玉292・ガラス小玉1553・真珠小玉1	刀10～・剣2・鉄鏃多数	斧1				1111g／漢式鏡841／佐賀県（肥前国）17-3／熟年男性骨（西主体部の可能性もあり）
	東京国立博物館（J6197）							1042g／漢式鏡840／佐賀県（肥前国）17-4
	東京国立博物館（J6199）							漢式鏡842／佐賀県（肥前国）17-5
	東京国立博物館（J6200）							漢式鏡843／佐賀県（肥前国）17-6
	東京国立博物館（J6201）							漢式鏡844／佐賀県（肥前国）17-7
1909	東京国立博物館（J7024）	水晶勾玉1・瑪瑙勾玉1・ガラス勾玉1・碧玉管玉38・水晶管玉5・ガラス管玉10・水晶小玉4・ガラス小玉279・銀空玉4	―	金製垂飾付耳飾・金環1・銀環1	―	―	志佐惲彦編1977『椛島山遺跡調査報告書 付 佐賀県下出土の古鏡―弥生・古墳時代―』佐賀県立博物館調査研究書第3集,佐賀県立博物館	漢式鏡838／佐賀県（肥前国）18-1
	東京国立博物館（J7023）							漢式鏡837／佐賀県（肥前国）18-2
	所在不明							佐賀県（肥前国）18-3or4
							佐賀県編1936『佐賀県史蹟名勝天然紀念物調査報告』第五輯,佐賀県	佐賀県（肥前国）18-3or4
1924	唐津市教育委員会	勾玉2・管玉?	―	―	―	―	松尾禎作1951「横田下古墳」『佐賀県史蹟名勝天然紀念物調査報告』第十輯,佐賀県教育委員会	佐賀県（肥前国）19-1
								佐賀県（肥前国）19-2

番号	舶倭	鏡式	出土遺跡	出土地名	遺跡内容	時期	面径(cm)	銘文	諸氏分類	編者分類・時期
130	倭	四獣鏡	横田下3号墳（横田古墳丙）	唐津市浜玉町横田下字西谷〔東松浦郡浜玉町〕	円墳・横穴式石室（箱形石棺？）	古墳前期	12.1	—	獣形文鏡類六獣鏡（小林82・10）／獣形文鏡ⅡE類（赤塚98b）	類対置式神獣鏡B系？？	前期？
131	舶	細線式鏡					8.2	—	—	—	—
132	倭	〔四獣鏡〕	島田塚古墳（今屋敷）	唐津市鏡字今屋敷1728	古墳	前方後円墳(33)・横穴式石室（舟形石棺）	古墳後期	13.7	—	—	—	—
133	倭	六獣鏡					12.2	—	六獣形鏡（樋口79）／Bd型式（加藤14）	〔旋回式獣像鏡〕	後期
134	舶	方格規矩四神鏡					16.5	あり（不詳）	複波鋸歯文縁四神鏡Ⅱor Ⅲ式（樋口79）／方格規矩文鏡類D型（小林82・10）	—	—
135	?	不明	樋の口古墳（山添古墳）（伝）	唐津市鏡字山添（伝）	古墳	円墳(16)・横穴式石室	古墳中期	不明	—	—	—	—
136	?	不明					不明	—	—	—	—
137	倭	十三乳文鏡	杉殿古墳	唐津市半田字金竹	古墳	竪穴式石槨	古墳中期	11.1	—	乳文鏡Ⅱ類（樋口79）／獣帯鏡類C型（小林82・10）	〔乳脚文鏡〕	中期
138	舶	方格鏡	半田神社古墳	唐津市半田字矢作	古墳	不明	古墳	完形	—	方格乳文鏡（樋口79）／方格規矩文鏡類H型（小林82・10）	—	—
138-1	舶	不明	半田大園遺跡C区	唐津市半田字大園	集落	遺物包含層	不明	11.8	—	—	—	—
138-2	舶	不明	天神ノ元遺跡遺物包含層	唐津市半田字天神ノ元	墳墓	遺物包含層	不明	8.4	—	—	—	—
139	倭	内行花文鏡	迫頭3号墳	唐津市宇木字迫頭	古墳	横口式石蓋土壙墓	古墳中期	完形	—	—	内行花文鏡B式	前(中)？
140	倭	〔素文鏡〕	迫頭8号墳	唐津市宇木字迫頭	古墳	竪穴系横口式石室	古墳中期	完形	—	—	—	—
141	倭	〔珠文鏡〕	迫頭11号墳	唐津市宇木字迫頭	古墳	竪穴系横口式石室	古墳中期	不明	—	—	—	—
142	倭	〔珠文鏡〕	迫頭13号墳	唐津市宇木字迫頭	古墳	土壙墓	古墳中期	不明	—	—	—	—
143	舶	多鈕細文鏡	宇木汲田遺跡12号甕棺墓	唐津市宇木字汲田	墳墓	甕棺	弥生中期	10.3	—	CⅡ型式（宇野77）／Ⅲ精文式（樋口79）／精紋鏡（甲元90・06）	—	—
144	倭	素文鏡？	小長崎山1号墳（小長崎1号墳）	唐津市柏崎字川頭	古墳	円墳(5)・横穴式石室	古墳中期	5.8	—	—	〔素文鏡？〕	—
145	踏？	〔方格規矩鏡〕	柏崎（伝）	唐津市柏崎（伝）	不明	不明	不明	11.0	—	—	—	—
146	舶	家常貴富八禽鏡	柏崎（伝）	唐津市柏崎（伝）	不明	不明	不明	9.5	「家常貴富」	—	—	—
147	舶	連弧文日光鏡	田島遺跡6号甕棺墓	唐津市柏崎字田島	墳墓	甕棺	弥生中期	6.9	「見日月之明光 母忘」	—	—	—
148	舶	尚方作流雲文縁方格規矩四神鏡	桜馬場遺跡1号甕棺墓	唐津市桜馬場4丁目	墳墓	甕棺	弥生後期	23.2	「尚方佳竟真大好 上有仙人不知老 渇飲玉泉飢食棗 浮游天下敖四海 徘徊名山采芝草 壽如金石之國保兮」／「子丑寅卯辰巳午未申酉戌亥」	第八式（Ⅰ）（山越74）／流雲文縁四神鏡Ⅰ式（樋口79）	—	—
149	舶	素縁方格規矩渦文鏡					15.4	「上大山見神人 食玉英飲澧泉 駕交龍乗浮雲 長宜官」	第七式（Ⅱ）（山越74）／方格規矩渦文鏡A（樋口79）	—	—
150	舶	長宜子孫八弧内行花文鏡	桜馬場遺跡SX-01表土層下位				18.5	「長□子孫」	Aaア式（樋口79）	—	—
151	舶	不明	神田堤遺跡（菜畑内田遺跡）遺物包含層	唐津市神田字堤	不明	遺物包含層	不明	17.9	—	—	—	—
151-1	倭	弥生倭製鏡（内行花文鏡）	菜畑内田遺跡1区4層	唐津市神田	集落	遺物包含層	不明	7.0	—	—	〔弥生倭製鏡〕	弥生

佐賀

発見年	所蔵（保管）者	共伴遺物					文献	備考
		石製品・玉類	武具・武器・馬具	ほか金属器	土器類	その他		
不明	恵日寺	勾玉	—	—	土器多数		志佐惲彦編 1977『桃島山遺跡調査報告書 付 佐賀県下出土の古鏡―弥生・古墳時代―』佐賀県立博物館調査研究書第 3 集, 佐賀県立博物館	佐賀県（肥前国）19-3（20-1）／佐賀 132 の可能性もあり 佐賀県（肥前国）19-4or5（20-2）
1933	恵日寺・唐津城						岡崎敬編 1982『末廬國 佐賀県唐津市・東松浦郡の考古学的調査研究』六興出版	佐賀県（肥前国）5-2／佐賀 130 と同一か
1909（1910?）	東京国立博物館（J5934）	硬玉勾玉 1・碧玉勾玉 2・碧玉管玉 4・水晶管玉 1・碧玉切子玉 1・水晶切子玉 1・ガラス小玉 40	横矧板鋲留眉庇付冑 1・挂甲・刀残欠 1・鹿角装刀装具 1・金銅三輪玉一括・鉄鏃一括・鉸具	金銅冠一括・金銅心葉形垂飾品 1・銅鏡 1・銅製承盤 1・銅釧 4	須恵器（杯身 1・杯蓋 1）		後藤守一 1926『漢式鏡』日本考古学大系, 雄山閣	192g／漢式鏡 845／佐賀県（肥前国）5-1
	東京国立博物館（J5935）						岡崎敬編 1982『末廬國 佐賀県唐津市・東松浦郡の考古学的調査研究』六興出版	漢式鏡 846／佐賀県（肥前国）5-3
不明	所在不明	勾玉 4	刀・剣	刀子	—	—	唐津市史編纂委員会編 1962『唐津市史』本編, 唐津市	佐賀県（肥前国）8-1？ 佐賀県（肥前国）8-2？
1957	所在不明	—	短甲 1・刀 1	—	—	—	志佐惲彦編 1977『桃島山遺跡調査報告書 付 佐賀県下出土の古鏡―弥生・古墳時代―』佐賀県立博物館調査研究書第 3 集, 佐賀県立博物館	佐賀県（肥前国）9
不明	個人	—	—	—	—	—	車崎正彦編 2002『考古資料大観』第 5 巻 弥生・古墳時代 鏡, 小学館	佐賀県（肥前国）15
2002	唐津市教育委員会	—	—	—	—	—	仁田坂聡編 2003『半田引地遺跡』唐津市文化財調査報告書第 111 集, 唐津市教育委員会	縁部片
2001	唐津市教育委員会	—	—	—	—	—	仁田坂聡編 2004『天神ノ元遺跡（3）』唐津市文化財調査報告書第 114 集, 唐津市教育委員会	縁部片
1957	所在不明（京都大学人文科学研究所旧蔵）	瑪瑙勾玉 1・ガラス小玉多数	—	—	—	櫛 2	志佐惲彦編 1977『桃島山遺跡調査報告書 付 佐賀県下出土の古鏡―弥生・古墳時代―』佐賀県立博物館調査研究書第 3 集, 佐賀県立博物館	佐賀県（肥前国）4-1
1957		碧玉勾玉・碧玉管玉・碧玉白玉	刀 1	—	—	—		佐賀県（肥前国）4-2
1957		ガラス小玉＆滑石臼玉 2500	刀 2	—	—	—	岡崎敬編 1982『末廬國 佐賀県唐津市・東松浦郡の考古学的調査研究』六興出版	佐賀県（肥前国）4-3
1957		硬玉管玉 5・碧玉管玉 10 〜	—	—	—	—		佐賀県（肥前国）4-4
1957	佐賀県立博物館	—	細形銅剣 1	—	—	—	岡崎敬編 1982『末廬國 佐賀県唐津市・東松浦郡の考古学的調査研究』六興出版	佐賀県（肥前国）3
1956	所在不明（京都大学人文科学研究所旧蔵）	碧玉勾玉 1・滑石勾玉 1・碧玉管玉 6	—	刀子 1	—	—	岡崎敬編 1982『末廬國 佐賀県唐津市・東松浦郡の考古学的調査研究』六興出版	佐賀県（肥前国）7
不明	安養寺	—	—	—	—	—	志佐惲彦編 1977『桃島山遺跡調査報告書 付 佐賀県下出土の古鏡―弥生・古墳時代―』佐賀県立博物館調査研究書第 3 集, 佐賀県立博物館	佐賀県（肥前国）6-1or2／佐賀 157 と同型で後世の踏み返し
不明	所在不明（安養寺旧蔵）	—	—	—	—	—		佐賀県（肥前国）6-1or2
1978〜79	佐賀県教育委員会・佐賀県立博物館	—	—	—	—	—	岡崎敬編 1982『末廬國 佐賀県唐津市・東松浦郡の考古学的調査研究』六興出版	同型品あり
1944・2007	佐賀県立博物館	ガラス小玉 1（+2118〜）・（ガラス管玉 5）	刀片 1・（素環頭大刀 1）・巴形銅器 3（+1）	有鉤銅釧 26			吉村茂三郎・松尾禎作 1949「唐津桜馬場遺跡」『佐賀県史蹟名勝天然紀念物調査報告』第八輯, 佐賀県教育委員会	1410g／佐賀県（肥前国）2-1 638g／佐賀県（肥前国）2-2
1957・2007	佐賀県立博物館（個人旧蔵）唐津市教育委員会						草場誠司編 2011『桜馬場遺跡（2）』唐津市文化財調査報告書第 157 集, 唐津市教育委員会	佐賀県（肥前国）1／生け垣の草取り中に採集
1989	唐津市教育委員会	—	—	—	—	—	白石太一郎・設楽博己編 1994『弥生・古墳時代遺跡出土鏡データ集成』（『国立歴史民俗博物館研究報告』第 56 集）, 国立歴史民俗博物館	外区片
2003	唐津市教育委員会	—	—	—	—	—	美浦雄二編 2005『茶畑内田遺跡（5）』唐津市文化財調査報告書第 121 集, 唐津市教育委員会	—

番号	舶倭	鏡式	出土遺跡	出土地名	遺跡内容	時期	面径(cm)	銘文	諸氏分類	編者分類・時期
152	?	不明	経塚山古墳	唐津市佐志字徳蔵谷	古墳・横穴式石室	古墳後期	完形	—	—	—
153	倭	珠文鏡	惣原北1号墳（佐志惣原1号墳）	唐津市佐志字惣原	古墳 円墳・横穴式石室（竪穴式石槨？）	古墳中期	7.0	—	珠文鏡Ⅱ類（樋口79）／乳文鏡類（小林82・10）／Ⅱ類（中山他94）	〔珠文鏡〕 —
154	倭	四獣鏡	女山1号墳（女山古墳・惣原古墳）	唐津市佐志字井尻1743-3	古墳 円墳・竪穴式石槨	古墳中期	12.7	—	獣形文鏡類四獣鏡C-1型（小林82・10）	獣像鏡Ⅰ系 前（古？）
189	倭	重圏文鏡	佐志中通遺跡	唐津市佐志字中通	集落 遺物包含層	中世	5.0	—	7ⅰ類（脇山15）	〔重圏文鏡〕 前期
189-1	倭	四獣鏡	衣干2号墳石室（伝）	唐津市佐志字衣干（伝）	古墳 円墳(10)・横穴式石室	古墳中期	14.0	—	—	〔中期型獣像鏡〕 中期
155	倭	珠文鏡	金屋谷古墳（金屋古墳・山本駅前古墳）	唐津市山本字金屋谷	古墳 円墳・横穴式石室	古墳中期	7.0	—	珠文鏡Ⅱ類（樋口79）／珠文鏡類B型（小林82・10）／Ⅱ類（中山他94）／A-B類（脇山13）	〔珠文鏡〕 —
156	倭	九乳文鏡					8.9	—	乳文鏡Ⅲ類（樋口79）／獣帯鏡類D型（小林82・10）	〔乳脚文鏡〕 後期
157	踏?	唐草文縁方格規矩渦文鏡	千々賀（伝）	唐津市千々賀（伝）	不明	不明	10.5	—	—	—
157-1	舶	内行花文鏡？	千々賀遺跡調査区北側谷部最奥部トレンチ	唐津市千々賀字千々賀	不明 遺物包含層	不明	17.2	—	—	—
157-2	舶	夔鳳鏡	古園遺跡ST26古墳SC01石棺		円墳(13)・箱形石棺	古墳前～中期	11.4	「□□三□」	—	—
157-3	倭	四獣鏡	古園遺跡ST26古墳SP02木棺	唐津市千々賀字古園	古墳 円墳(13)・組合箱形木棺直葬	古墳前～中期	9.4	—	—	—
157-4	倭	珠文鏡	古園遺跡ST26古墳SC05石棺		円墳(13)・箱形石棺	古墳前～中期	6.5	—	—	〔珠文鏡〕 前期？
158	?	不明	西公園古墳	唐津市石志字岡修子	古墳 円墳・横穴式石室	古墳中期	不明	—	—	—
159	倭	五鈴鏡	唐津（伝）	唐津市（伝）	不明	不明	完形	—	—	後期？
196	舶	〔双頭龍文鏡〕	唐津市（伝）	唐津市（伝）	不明	不明	完形	「君宜官位三公」	—	—
160	舶	流雲文縁方格規矩鏡？	田中親王塚古墳	唐津市北波多田中字島〔東松浦郡北波多村〕	古墳 円墳・横穴式石室	古墳後期	21.2	—	—	—
161	倭	四乳文鏡	立薗古墳（立園古墳）（付近）	唐津市北波多徳須恵字立薗〔東松浦郡北波多村〕	古墳 横穴式石室	古墳後期	9.1	—	特殊文鏡（細線渦文鏡）（樋口79）／乳文鏡類（小林82・10）	〔乳脚文鏡〕 後期
162	?	〔変形文鏡〕	峰の辻古墳	唐津市北波多田中字峰の辻〔東松浦郡北波多村〕	古墳 不明	古墳後期	不明	—	—	—
163	倭	六獣鏡	北波多村所在古墳（伝）	唐津市（伝）〔東松浦郡北波多村〕	古墳 横穴式石室	古墳中～後期	8.8	—	—	分離式神獣鏡系 前（新）
164	倭	〔細線式獣形鏡〕	瓢塚古墳	唐津市呼子町加部島字鉢ノ底〔東松浦郡呼子町〕	古墳 前方後円墳(15)・横穴式石室	古墳後期	12.4	—	変形文鏡類（小林82・10）	—
187	舶	盤龍鏡	久里双水古墳	唐津市双水字サコ2776-1	古墳 前方後円墳(90)・竪穴式石槨（舟形木棺）	古墳前期	12.2	「子」	B類（辻田09）	—

佐賀

発見年	所蔵（保管）者	共伴遺物					文献	備考
		石製品・玉類	武具・武器・馬具	ほか金属器	土器類	その他		
不明	個人	―	―	―	須恵器	―	佐賀県教育庁社会教育課編1964『佐賀県の遺跡』佐賀県文化財調査報告書第13集，佐賀県教育委員会	―
昭和以降	個人旧蔵	管玉・小玉	刀	―	刀子	―	志佐愃彦編1977『桃島山遺跡調査報告書 付 佐賀県下出土の古鏡―弥生・古墳時代―』佐賀県立博物館調査研究書第3集，佐賀県立博物館	佐賀県（肥前国）11
1939	個人	管玉3・ガラス小玉6	―	―	―	―	吉村茂三郎1940「佐志町惣原古墳」『佐賀県史蹟名勝天然紀念物調査報告』第七輯，佐賀県	佐賀県（肥前国）12・13
1995	唐津市教育委員会	―	―	―	―	―	岩尾峯希編1997『佐志中通遺跡』唐津市埋蔵文化財調査報告書第78集，唐津市教育委員会	―
不明	所在不明	―	刀1・小刀1・剣1(伝)・鉄鏃49～	斧1	土師器・須恵器	―	岩尾峯希編2001『衣干古墳群』唐津市文化財調査報告書第99集，唐津市教育委員会	―
1952	三汐？	碧玉管玉・ガラス小玉	刀2	銀製耳環1	―	―	志佐愃彦編1977『桃島山遺跡調査報告書 付 佐賀県下出土の古鏡―弥生・古墳時代―』佐賀県立博物館調査研究書第3集，佐賀県立博物館	佐賀県（肥前国）10-1
								佐賀県（肥前国）10-2
不明	唐津城	―	―	―	―	―	志佐愃彦編1977『桃島山遺跡調査報告書 付 佐賀県下出土の古鏡―弥生・古墳時代―』佐賀県立博物館調査研究書第3集，佐賀県立博物館	同型品あり
1999	唐津市教育委員会	―	―	―	土器	―	仁田坂聡編2001『千々賀遺跡』唐津市文化財調査報告書第102集，唐津市教育委員会	―
2008	佐賀県文化財調査研究資料室	―	―	棒状鉄製品1	―	―	小松譲編2013『古園遺跡・千々賀遺跡・千田島II遺跡』佐賀県文化財調査報告書第200集，佐賀県教育委員会	意図的な破砕
		ガラス小玉4	―	鉄製品1	―	―		獣像鏡II系と関連あるか
		―	―	―	―	―		
不明	所在不明	玉類	刀	銅鏃？	―	―	唐津市史編纂委員会編1962『唐津市史』本編，唐津市	佐賀県（肥前国）14／「一括出土として取り上げた土器群を洗浄中に発見」
江戸以前	所在不明	―	―	―	―	―	野里梅園1828『梅園奇賞』続編（中澤伸弘・宮崎和廣編2011『好古研究資料集成』巻一 好古図編，株式会社クレス出版）	漢式鏡847／佐賀県（肥前国）16／「肥前唐津山崩所出」
不明	個人	―	―	―	―	―	白石太一郎・設楽博己編2002「弥生・古墳時代遺跡出土鏡データ集成 補遺1」『国立歴史民俗博物館研究報告』第97集，国立歴史民俗博物館	カケ塚古墳（大型円墳）からの出土か
1913	個人	―	刀2・鉄鏃45	―	須恵器片	―	岡崎敬編1982『末廬國 佐賀県唐津市・東松浦郡の考古学的調査研究』六興出版	佐賀県（肥前国）22
1956	個人・北波多村教育委員会	―	鉄鏃・杏葉	刀子柄	―	―	岡崎敬編1982『末廬國 佐賀県唐津市・東松浦郡の考古学的調査研究』六興出版	佐賀県（肥前国）23
大正	所在不明	勾玉	―	―	―	―	佐賀県教育庁社会教育課編1964『佐賀県の遺跡』佐賀県文化財調査報告書第13集，佐賀県教育委員会	佐賀県（肥前国）21
不明	所在不明（個人旧蔵）	勾玉2・碧玉管玉2	―	―	―	―	白石太一郎・設楽博己編1994『弥生・古墳時代遺跡出土鏡データ集成』（『国立歴史民俗博物館研究報告』第56集），国立歴史民俗博物館	佐賀県（肥前国）24
昭和以降	田島神社	瑪瑙勾玉1・ガラス勾玉1・碧玉管玉3・ガラス管玉7・ガラス小玉1575～・土玉15	刀4・矛1・長頭鏃3	鉇3・不明鉄器1	土師器（小形丸底壺1・甕1・鉢1・高杯1）・須恵器（有蓋短頸壺1・甕2・脚付椀1・高杯2・杯21・杯蓋19・𤭯1・横瓶2・提瓶3）	―	岡崎敬編1982『末廬國 佐賀県唐津市・東松浦郡の考古学的調査研究』六興出版	佐賀県（肥前国）25
1994	唐津市教育委員会	碧玉管玉2	―	刀子1	―	―	田島龍太編2009『久里双水古墳』唐津市文化財調査報告書第95集，唐津市教育委員会	499g

番号	舶倭	鏡式	出土遺跡	出土地名	遺跡内容	時期	面径(cm)	銘文	諸氏分類	編者分類・時期
187-1	舶	鋸歯文縁方格規矩鏡?	中原遺跡 9-2区O-27区画包含層	唐津市原字溜ノ内・西ノ畑	集落	包含層	不明	12.2	―	―	―
187-2	舶	上方作浮彫式獣帯鏡	中原遺跡 SP13231木棺墓		墳墓	木棺墓	弥生末期～古墳初頭	11.1	「□方□竟 長宜□」	―	―
187-3	舶	弥生倭製鏡(七弧内行花文鏡)	中原遺跡 SP13418木棺墓		墳墓	木棺墓	弥生後～末期	7.8	―	―	〔弥生倭製鏡〕 弥生
187-4	舶	内行花文鏡	中原遺跡 ST13414墳丘墓		墳墓	墳丘墓(16)・不明	弥生後～末期	20.7	―	―	―
187-5	舶	長宜子孫八弧内行花文鏡〈1号鏡〉	中原遺跡 ST13415墳丘墓		墳墓	墳丘墓(11)・木棺直葬	弥生後～末期	17.5	「長□子孫」	―	―
187-6	舶	長宜子孫八弧内行花文鏡〈2号鏡〉						19.0	「長□子孫」	―	―
187-7	舶	鋸歯文縁方格規矩八禽鏡〈3号鏡〉	中原遺跡 ST13415墳丘墓周溝内埋葬施設		墳墓	墳丘墓周溝内・剔抜式木棺直葬	弥生後～末期	18.1	「□□□竟真大巧 上有山人不□□ □□ □食兮」	―	―
187-8	舶	上方作系浮彫式獣帯鏡	中原遺跡 11区Y-41・42区画検出面		集落	不明	不明	12.4	「・・・作竟□・・・」	―	―
187-9	舶?	不明	中原遺跡12区 SH12035竪穴住居2層		集落	竪穴住居埋土中	弥生	18.1	―	―	―
165	倭	乳文鏡	野田古墳(大野古墳)	東松浦郡玄海町今村字野田〔東松浦郡玄海町〕	古墳	円墳・横穴式石室	古墳後期	10.6	―	乳文鏡Ⅲ類(樋口79)／乳文鏡類(小林82・10)	〔乳脚文鏡〕 後期
166	舶	「仿製」三角縁獣文帯三神三獣鏡	杢路寺古墳〔第1主体部〕	伊万里市二里町大里甲字平沢良	古墳	前方後円墳(80)・礫槨	古墳前～中期	22.3	「陳氏」	目録番号211・同笵鏡番号110・配置K2	―
194	舶	細線式獣帯鏡	午戻遺跡 SC005	伊万里市大坪町丙六仙寺字午戻・辻の前	墳墓	箱形石棺	弥生後～末期	破片	―	―	―
195	舶	長宜子孫八弧内行花文鏡	午戻遺跡 SC010		墳墓	箱形石棺	弥生後～末期	19.7	「長宜子孫」	―	―
167	舶	虺龍文鏡	六ノ角遺跡	武雄市武雄町富岡字六ノ角	不明	不明	不明	6.4	―	―	―
168	?	不明	上ノ山古墳	武雄市武雄町永島字間	古墳	箱形石棺	古墳前～中期	不明	―	―	―
169	倭	六獣鏡	矢の浦古墳	武雄市武雄町永島字間	古墳	前方後円墳(37)・粘土床	古墳中期	12.6	擬銘	―	対置式神獣鏡B系 前(中)
170	?	〔獣形鏡〕	おつぼ山石棺群	武雄市橘町大日字浦田	墳墓	箱形石棺	古墳前期	9.0	―	―	―
171	倭	弥生倭製鏡	茂手遺跡 Ⅳ区	武雄市橘町大日字片白	集落	表面採集	弥生	完形	―	―	〔弥生倭製鏡〕 弥生
172	倭	弥生倭製鏡	納手遺跡 SK228土壙	武雄市橘町大日字納手	墳墓	土壙	弥生後期	7.5	―	内行花文日光鏡系仿製鏡第Ⅱ型a類(高倉85・90)／内行花文系小形仿製鏡第2型c類(田尻10・12)	〔弥生倭製鏡〕 弥生
173	舶	内行花文鏡	みやこ遺跡 SP305石棺墓	武雄市橘町大日字郷ノ木	墳墓	箱形石棺	弥生後期	約18	―	―	―
174	舶	虺龍文鏡	みやこ遺跡 Ⅵ区下層		集落	不明	弥生	約12	―	―	―
175	倭	弥生倭製鏡(内行花文鏡)	郷ノ木遺跡 SP405土壙墓	武雄市橘町大日字郷ノ木	墳墓	土壙墓	弥生後期	9.0	―	内行花文日光鏡系仿製鏡第Ⅱ型a類(高倉85・90)／内行花文系小形仿製鏡第2型b類(田尻10・12)	〔弥生倭製鏡〕 弥生
177	倭	乳文鏡	玉島古墳	武雄市橘町大日字玉島	古墳	円墳(45)・横穴式石室	古墳中期	7.2	―	―	〔乳脚文鏡?〕 後期?

佐賀

発見年	所蔵（保管）者	共伴遺物					文 献	備 考
		石製品・玉類	武具・武器・馬具	ほか金属器	土器類	その他		
2002	佐賀県文化財調査研究資料室	—	—	—	—	—	小松譲編 2014『中原遺跡Ⅷ 9区・10区の調査と鍛冶関連遺物』佐賀県文化財調査報告書第 203 集，佐賀県教育委員会	〈21g〉／破鏡／「鏡縁部と外区の破面は研磨されており，鏡縁は磨滅のためか丸味を帯び，鏡背面も磨滅することから破鏡と考える」／柱穴埋土出土の可能性もあり
2004		硬玉勾玉 4・碧玉管玉 67	剣 1	—	—	—		破砕鏡
2005		ガラス小玉 24	—	素環頭刀子 2	—	—	小松譲編 2012『中原遺跡Ⅵ 12区・13区の古墳時代初頭前後の墳墓群の調査』佐賀県文化財調査報告書第 193 集，佐賀県教育委員会	—
2005		—	—	—	—	—		平面長楕円形の土壙の小口付近から出土／鏡片割口に研磨痕なし
2005		翡翠勾玉 1・碧玉管玉 19	剣 1・鉄鏃 1	—	—	—		鈕の頂部に研磨痕，鏡面に研磨なく，完形鏡を故意に破砕したもの
2005				—	—	—		割口断面に研磨痕なし
2005		碧玉管玉 1・ガラス小玉 9	剣 1・鉄鏃 1	—	—	—		破砕鏡
2011 ?		—	—	—	—	—	小松譲編 2015『中原遺跡Ⅸ 13区南側低地部・14区の調査』佐賀県文化財調査報告書第 208 集，佐賀県教育委員会	外区片
2003		—	—	—	—	—		鈕片
昭和以降	佐賀県立博物館	—	—	刀子	—	—	志佐惲彦編 1977『椛島山遺跡調査報告書 付 佐賀県下出土の古鏡—弥生・古墳時代—』佐賀県立博物館調査研究書第 3 集，佐賀県立博物館	佐賀県（肥前国）27
1952	伊万里市教育委員会・伊万里市歴史民俗資料館	—	刀 1〜・剣 6〜	鉇 1	—	—	大塚初重・小林三郎 1962「佐賀県杢路寺古墳」『考古学集刊』第 4 冊，東京考古学会	佐賀県（肥前国）83
1998	伊万里市教育委員会	—	—	—	—	—	荒谷義樹編 2000『午戻遺跡』伊万里市文化財報告書第 47 集，伊万里市教育委員会	内区片／破面塗彩／内土の洗浄中に検出／「破鏡と思われるが割れ口は研磨されていない」
1998		ガラス小玉 1 (？)	刀 1	鎌 1	—	—		破砕副葬の可能性あり
不明	九州大学図書館分館						九州考古学会事務局・九州考古学会第 5 回夏期大会佐賀県実行委員会編 2013『平成 25 年度九州考古学会大会 弥生時代後期青銅鏡を巡る諸問題』九州考古学会	佐賀県（肥前国）73
不明	所在不明	玉	剣	—	—	—	白石太一郎・設楽博己編 1994『弥生・古墳時代遺跡出土鏡データ集成』（『国立歴史民俗博物館研究報告』第 56 集），国立歴史民俗博物館	「茶瓶の蓋のような物がでた」という伝承のみ
1978	武雄市図書館・歴史資料館						佐賀県立博物館編 1979『鏡・玉・剣—古代九州の遺宝—』佐賀県立博物館	—
1964	所在不明	—	鉄鏃 1	—	—	—	佐賀県教育庁社会教育課編 1965『おつぼ山神篭石』佐賀県文化財調査報告書第 14 集，佐賀県教育委員会	佐賀県（肥前国）71
1981	武雄市教育委員会	—	—	—	—	—	原田保則編 1986『茂手遺跡』武雄市文化財調査報告書第 15 集下巻，武雄市教育委員会	表土剥ぎ中に採集
1981	武雄市教育委員会	—	—	—	弥生土器	—	原田保則編 1986『茂手遺跡』武雄市文化財調査報告書第 15 集下巻，武雄市教育委員会	—
1980	武雄市教育委員会	管玉 23	—	—	—	—	宮崎泰史編 1997『平成 9 年春季特別展 青銅の弥生都市—吉野ヶ里をめぐる有明のクニグニ—』大阪府立弥生文化博物館 14，大阪府立弥生文化博物館	破鏡
1982		—	—	—	—	—		破鏡
1983	武雄市教育委員会	—	—	刀子	—	—	原田保則編 1986『茂手遺跡』武雄市文化財調査報告書第 15 集上巻，武雄市教育委員会	—
1970	武雄市教育委員会	有孔斧形石製品 1・碧玉管玉 2・ガラス小玉 8	短甲片	鉄釧 1・鉇 8・刀子 3・不明鉄器 1	—	—	志佐惲彦編 1977『椛島山遺跡調査報告書 付 佐賀県下出土の古鏡—弥生・古墳時代—』佐賀県立博物館調査研究書第 3 集，佐賀県立博物館	佐賀県（肥前国）72

番号	舶倭	鏡式	出土遺跡	出土地名	遺跡内容	時期	面径(cm)	銘文	諸氏分類	編者分類・時期	
176	倭	素文鏡？	潮見古墳（潮見1号墳）	武雄市橘町片白字潮見	古墳	円墳（25）・横穴式石室	古墳後期	6.2	—	—	〔素文鏡？〕	—
178	舶	連弧文昭明鏡	桃島山遺跡〔1号石棺墓〕	武雄市北方町芦原字西平・東平・北平〔杵島郡北方町〕	墳墓	箱形石棺	弥生	10.3	「内而清而以而質而昭而明而　光而日而月而夫而」	—	—	—
179	舶	鋸歯文縁方格規矩四神鏡	桃島山遺跡〔2号石棺墓〕		墳墓	箱形石棺	弥生	13.1	擬銘	第九式（山越74）／複波鋸歯文縁四神鏡ⅡorⅢ式（樋口79）	—	—
180	？	不明	鳥ノ巣古墳群	杵島郡白石町大渡字下四本松	古墳	横穴式石室	古墳	不明	—	—	—	—
181	舶	連弧文銘帯鏡or虺龍文鏡	湯崎東遺跡E3区SEトレンチ第3層遺物包含層	杵島郡白石町湯崎字湯崎	集落	遺物包含層	弥生末期〜古墳前期	破片	—	—	—	—
182	倭	六弧内行花文鏡	稲佐古墳群（稲佐神社グランド）	杵島郡白石町辺田字稲佐	古墳	箱形石棺	古墳前期	5.8	—	六弧（樋口79）／B類2式（清水94）／六花文鏡（小林10）	内行花文鏡B式	前（中）
183	倭	七獣鏡	龍王崎3号墳	杵島郡白石町深浦字平山	古墳	円墳（16）・横穴式石室	古墳中期	9.7	—	七獣形鏡（樋口79）／獣形文鏡類六獣鏡（小林82・10）	〔旋回式獣像鏡〕	後期
184	？	不明	古枝久保山地区	鹿島市古枝字久保山	墳墓	箱形石棺	不明	不明	—	—	—	—
185	？	不明	藤津郡（伝）	藤津郡（伝）	不明	不明	不明	不明	—	—	—	—
186	踏	流雲文縁方格規矩四神鏡	佐賀県（伝）	佐賀県（伝）	不明	不明	—	13.2	「作佳鏡哉真大好　上有仙人不知老　渇飲飢食」	—	—	—
186-1	舶	方格円文鏡	佐賀県（伝）	佐賀県（伝）	不明	不明	不明	9.1	—	—	—	—
186-2	踏	盤龍鏡	佐賀県（伝）	佐賀県（伝）	不明	不明	—	8.5	—	—	—	—

長崎

番号	舶倭	鏡式	出土遺跡	出土地名	遺跡内容	時期	面径(cm)	銘文	諸氏分類	編者分類・時期	
1	舶	十七弧内行花文鏡	朝日山遺跡	対馬市上対馬町大増字大名隈〔上県郡上対馬町〕	墳墓	箱形石棺	古墳中期	11.4	—	—	—	—
2	舶	方格規矩渦文鏡	塔ノ首遺跡4号石棺	対馬市上対馬町古里〔上県郡上対馬町〕	不明	箱形石棺	弥生後期	10.2	—	方格規矩渦文鏡F（樋口79）	—	—
3	舶	夔鳳鏡	大将軍山古墳	対馬市上対馬町志多留〔上県郡上対馬町〕	古墳	箱形石棺	古墳前期	11.4	—	A平素縁式（樋口79）／ⅢA1bイ型（岡内96）／3A式（秋山98）	—	—
4・6	舶	連弧文銘帯鏡	下ガヤノキ遺跡F地点	対馬市峰町三根字ガヤノキ〔上県郡峰町〕	墳墓	箱形石棺	弥生中期	17.7	「・・・□□・・・□窓伝・・・而澤・・・」	—	—	—
5・7	倭	不明			墳墓	箱形石棺	弥生中期	9.2	—	—	—	—
8	？	〔獣帯鏡〕	下ガヤノキ遺跡G地点北方		墳墓	箱形石棺	古墳後期	不明	—	—	—	—
9	倭	四獣鏡			墳墓	箱形石棺	古墳後期	破片	—	—	類獣像鏡Ⅰ系？	前期？
10	倭	弥生倭製鏡（内行花文鏡）	タカマツノダン遺跡	対馬市峰町三根字エイシ〔上県郡峰町〕	墳墓	箱形石棺	弥生	4.6	—	古式仿製鏡内行花文帯式（樋口79）／内行花文日光鏡系仿製鏡第Ⅰ型b類（高倉85・90）／内行花文鏡系小形仿製鏡第2型a類（田尻10・12）	〔弥生倭製鏡〕	弥生
11	倭	弥生倭製鏡（綾杉文鏡）			墳墓	箱形石棺	弥生	5.5	—	古式仿製綾杉文鏡（樋口79）／綾杉文鏡（高倉85・90）／重圏紋鏡系小形仿製鏡第Ⅰ型c類（高木02）／重圏文日光鏡系仿製鏡あ-2b類（松本08）／綾杉文鏡（田尻10・12）／狭縁式綾杉型（林10）	〔弥生倭製鏡〕	弥生

佐賀・長崎

発見年	所蔵（保管）者	共伴遺物					文献	備考
		石製品・玉類	武具・武器・馬具	ほか金属器	土器類	その他		
1956	武雄市教育委員会	碧玉管玉2	挂甲1・刀8・剣2・矛5・鉄鏃若干・轡若干・f字形鏡板4・五鈴付杏葉4・鉸具若干・雲珠1・馬鐸3	金銅冠1・耳環2・斧2・鉈2・刀子4	土師器若干・須恵器（壺1・杯9〜・杯蓋2〜）	鎹2	佐賀県立博物館編1979『鏡・玉・剣—古代九州の遺宝—』佐賀県立博物館	佐賀県（肥前国）70
1966	佐賀県立博物館	硬玉勾玉3・碧玉管玉36	—	素環頭刀子1	—	—	志佐惲彦編1977『桃島山遺跡調査報告書 付 佐賀県下出土の古鏡—弥生・古墳時代—』佐賀県立博物館調査研究書第3集, 佐賀県立博物館	210g／佐賀県（肥前国）68-1
1963		—	—	—	—	—	小田富士雄・藤丸詔八郎・武末純一編1991『弥生古鏡を掘る—北九州の国々と文化—』北九州市立考古博物館	155g／佐賀県（肥前国）68-2
不明	所在不明（個人旧蔵？）	—	—	—	—	—	松尾禎作1957『佐賀県考古大観（先史・原史時代編）—遺跡・遺物より見たる古代佐賀—』祐徳博物館	佐賀県（肥前国）69
1987	白石町教育委員会	—	—	—	弥生土器・土師器多数	—	埋蔵文化財研究会1994『倭人と鏡—日本出土中国鏡の諸問題—』第2分冊 九州、四国、中国Ⅱ, 第36回埋蔵文化財研究集会, 埋蔵文化財研究会	破鏡（破面研磨）／鈕とその付近
1952	佐賀県教育委員会・祐徳博物館	—	—	—	—	—	志佐惲彦編1977『桃島山遺跡調査報告書 付 佐賀県下出土の古鏡—弥生・古墳時代—』佐賀県立博物館調査研究書第3集, 佐賀県立博物館	佐賀県（肥前国）66／女性骨
1967	白石町教育委員会（佐賀県立博物館？）	碧玉管玉2・ガラス小玉10・土玉54	挂甲片・刀1〜・金銅刀装具1・耳環三輪子4・矛1・鉄鏃13〜	金銅釧1・耳環14・鉄小環1・金銅鈴6・鈴座金1〜	須恵器（装飾台付壺蓋1・杯蓋1等）	—	木下之治1968『龍王崎古墳群』佐賀県文化財調査報告書第17集, 佐賀県教育委員会	佐賀県（肥前国）67
不明	所在不明	—	—	—	—	—	松尾禎作1957『佐賀県考古大観（先史・原史時代編）—遺跡・遺物より見たる古代佐賀—』祐徳博物館	佐賀県（肥前国）74
不明	所在不明	—	—	—	—	—	松尾禎作1957『佐賀県考古大観（先史・原史時代編）—遺跡・遺物より見たる古代佐賀—』祐徳博物館	—
不明	個人	—	—	—	—	—	志佐惲彦編1977『桃島山遺跡調査報告書 付 佐賀県下出土の古鏡—弥生・古墳時代—』佐賀県立博物館調査研究書第3集, 佐賀県立博物館	佐賀県（肥前国）84／同型品あり
不明	坂本不言堂	—	—	—	—	—	樋口隆康・林巳奈夫監修2002『不言堂 坂本五郎 中国青銅器清賞』日本経済新聞社	—
不明	所在不明	—	—	—	—	—	小林三郎2010『古墳時代倣製鏡の研究』六一書房	—
1948	対馬郷土資料館	—	—	—	—	—	長崎県教育庁文化課埋蔵文化財班編1996『原始・古代の長崎県』資料編Ⅰ, 長崎県教育委員会	長崎県（対馬国）1
1971	長崎県立対馬歴史民俗資料館	ガラス小玉7	—	斧1	—	—	小田富士雄・佐田茂・橋口達也・高倉洋彰・真野和夫・藤口健二・武末純一編1974『対馬 浅茅湾とその周辺の考古学的調査』長崎県文化財調査報告書第17集, 長崎県教育委員会	長崎県（対馬国）2
1950	東京国立博物館（J37006-1）	碧玉管玉1・水晶切子1・ガラス小玉多数	鉄鏃2	—	土器5	—	佐賀県立博物館編1979『鏡・玉・剣—古代九州の遺宝—』佐賀県立博物館	長崎県（対馬国）3
1970	九州大学文学部	—	—	—	—	—	小田富士雄・佐田茂・橋口達也・高倉洋彰・真野和夫・藤口健二・武末純一編1974『対馬 浅茅湾とその周辺の考古学的調査』長崎県文化財調査報告書第17集, 長崎県教育委員会	長崎県（対馬国）4,11-2？
1970		—	—	—	—	—		長崎県（対馬国）11-1
1972		—	—	—	—	—		—
1972		—	—	—	—	—		長崎県（対馬国）5？,12-1-2
1954	筑波大学	—	—	—	—	—	小田富士雄・佐田茂・橋口達也・高倉洋彰・真野和夫・藤口健二・武末純一編1974『対馬 浅茅湾とその周辺の考古学的調査』長崎県文化財調査報告書第17集, 長崎県教育委員会	長崎県（対馬国）6-1
1954		—	—	—	—	—		長崎県（対馬国）6-2

番号	舶倭	鏡式	出土遺跡	出土地名	遺跡内容	時期	面径(cm)	銘文	諸氏分類	編者分類・時期
12	倭	弥生倭製鏡（内行花文鏡）	タカマツノダン遺跡	対馬市峰町三根字エイシ〔上県郡峰町〕	墳墓 箱形石棺	弥生中期	7.0	—	古式仿製鏡内行花文帯式（樋口79）／内行花文日光鏡系仿製鏡第Ⅱ型a類（高倉85・90）／連弧紋鏡系小形仿製鏡第Ⅱ型a類4（高木02）／内行花文系Ⅱ型B類a（南07a）／内行花文日光鏡系仿製鏡B-3b類（松本08）／内行花文系小形仿製鏡第2型b類（田尻10・12）	〔弥生倭製鏡〕 弥生
13	舶	連弧文明光鏡	エーガ崎遺跡（伝）	対馬市峰町佐賀字内田ノ浦（伝）〔上県郡峰町〕	墳墓 箱形石棺	弥生	12.5	「・・・明而　光而□而夫而日而月而之而不而□□」	—	—
14	倭	弥生倭製鏡（十一弧内行花文鏡）	椎ノ浦遺跡4号石棺墓	対馬市峰町志多賀字椎ノ浦〔上県郡峰町〕	墳墓 箱形石棺	古墳前期	7.7	—	内行花文日光鏡系仿製鏡第Ⅱ型（高倉85・90）／連弧紋鏡系小形仿製鏡第Ⅱ型a類4（高木02）／内行花文系小形仿製鏡第2型b類（田尻10・12）	〔弥生倭製鏡〕 弥生
14-1	舶	八弧内行花文鏡	椎ノ浦遺跡7号石棺墓		墳墓 箱形石棺	不明	9.1	—	—	—
15	舶	〔不明（前漢鏡）〕	深入遺跡	対馬市峰町櫛字深入	不明	不明	破片	—	—	—
16	倭	弥生倭製鏡（六弧内行花文鏡）					7.9	—	内行花文日光鏡系仿製鏡第Ⅱ型a類（高倉85・90）／連弧紋鏡系小形仿製鏡第Ⅱ型a類2（高木02）／内行花文系小形仿製鏡第2型b類（田尻10・12）	〔弥生倭製鏡〕 弥生
17	倭	弥生倭製鏡（七弧内行花文鏡）	木坂遺跡5号石棺	対馬市峰町木坂字ヨケジ〔上県郡峰町〕	墳墓 箱形石棺	弥生後期	8.2	—	内行花文日光鏡系仿製鏡第Ⅱ型b類（高倉85・90）／内行花文系小形仿製鏡第3型a類（田尻10・12）	〔弥生倭製鏡〕 弥生
18	倭	弥生倭製鏡（七弧内行花文鏡）					7.5	—	内行花文日光鏡系仿製鏡第Ⅱ型b類（高倉85・90）／内行花文系小形仿製鏡第3型b類（田尻10・12）	〔弥生倭製鏡〕 弥生
19	倭	弥生倭製鏡					9.7	—	—	〔弥生倭製鏡〕 弥生
20	倭	乳文鏡？	恵比須山遺跡5号石棺	対馬市峰町吉田字橋辺〔上県郡峰町〕	墳墓 箱形石棺	古墳中期	7.1	—	—	〔乳脚文鏡？？〕 —
21	倭	〔弥生倭製鏡（素文鏡）〕	東の浜遺跡	対馬市豊玉町仁位字和宮〔下県郡豊玉町〕	墳墓 箱形石棺	弥生	不明	—	無文鏡（高倉85・90）	〔弥生倭製鏡（素文鏡？）〕 弥生
22	倭	弥生倭製鏡（九弧内行花文鏡）	佐保浦赤崎遺跡第2号石棺墓	対馬市豊玉町卯麦字アカサキ〔下県郡豊玉町〕	墳墓 箱形石棺	弥生中期	5.9	—	古式仿製鏡内行花文帯式（樋口79）／内行花文日光鏡系仿製鏡第Ⅰ型b類（高倉85・90）／連弧紋鏡系小形仿製鏡第Ⅰ型b類②（高木02）／内行花文系A類（南07a）／内行花文系小形仿製鏡第2型a類（田尻10・12）／狭縁式内行型（林10）	〔弥生倭製鏡〕 弥生
23	倭	弥生倭製鏡（七弧内行花文鏡）	観音鼻遺跡2号石棺墓	対馬市豊玉町千尋藻字舟カクシ〔下県郡豊玉町〕	墳墓 箱形石棺	弥生後期	7.7	—	内行花文日光鏡系仿製鏡第Ⅱ型b類（高倉85・90）／連弧紋鏡系小形仿製鏡第Ⅱ型b類（高木02）／内行花文系小形仿製鏡第3型a類（田尻10・12）	〔弥生倭製鏡〕 弥生
24	倭	弥生倭製鏡（八弧内行花文鏡）	ハロウ遺跡A地点第5号石棺	対馬市豊玉町仁位〔下県郡豊玉町〕	墳墓 箱形石棺	弥生後～末期	7.8	—	内行花文日光鏡系仿製鏡第Ⅱ型a類（高倉85・90）／連弧紋鏡系小形仿製鏡第Ⅱ型a類5（高木02）／内行花文日光鏡系仿製鏡B-4b類（松本08）／内行花文系小形仿製鏡第2型a類（田尻10・12）	〔弥生倭製鏡〕 弥生
25	倭	弥生倭製鏡（六弧内行花文鏡）	ハロウ遺跡B地点第2号石棺		墳墓 箱形石棺	弥生末期	8.2	—	内行花文日光鏡系仿製鏡第Ⅱ型b類（高倉85・90）／内行花文系小形仿製鏡第3型a類（田尻10・12）／広縁式弧線型（林10）	〔弥生倭製鏡〕 弥生
71	舶？	海獣葡萄鏡	大網付近（伝）	対馬市豊玉町大網（伝）〔下県郡豊玉町〕	不明	不明	欠損	—	—	—
26	倭	弥生倭製鏡（七弧内行花文鏡）	高浜ヒナタ遺跡第1号石棺	対馬市美津島町鶏知濱田原下ヒナタ〔下県郡美津島町〕	墳墓 箱形石棺	古墳	7.9	—	古式仿製鏡重弧内行花文帯式（樋口79）／内行花文日光鏡系仿製鏡第Ⅱ型b類（高倉85・90）／内行花文日光鏡系仿製鏡B-4a①類（松本08）／内行花文系小形仿製鏡第3型a類（田尻10・12）	〔弥生倭製鏡〕 弥生
27	倭	弥生倭製鏡（内行花文鏡）	中道壇遺跡1号石棺墓（ナカミチノダン遺跡）	対馬市美津島町洲藻字中道壇〔下県郡美津島町〕	墳墓 箱形石棺	弥生末期	7.8	—	古式仿製鏡重弧内行花文帯式（樋口79）／内行花文日光鏡系仿製鏡第Ⅱ型b類（高倉85・90）／内行花文系小形仿製鏡第3型a類（田尻10・12）	〔弥生倭製鏡〕 弥生
28	倭	珠文鏡	島山赤崎遺跡第2号石棺	対馬市美津島町島山字赤崎〔下県郡美津島町〕	墳墓 箱形石棺	古墳	7.7	—	Ⅱ類（中山他94）／AC-B類（脇山13）／充填系A群（岩本14）	〔珠文鏡〕 中期

長崎

発見年	所蔵（保管）者	共伴遺物					文　献	備　考
		石製品・玉類	武具・武器・馬具	ほか金属器	土器類	その他		
1953	対馬歴史民俗資料館・厳原町資料館	—	—	—	—	—	小田富士雄・佐田茂・橋口達也・高倉洋彰・真野和夫・藤口健二・武末純一編1974『対馬 浅茅湾とその周辺の考古学的調査』長崎県文化財調査報告書第17集，長崎県教育委員会	長崎県（対馬国）7／同笵：弥永原遺跡2号竪穴住居跡（福岡195）・方保田東原遺跡（熊本21）？
大正以前	対馬郷土資料館	—	細形銅剣・中広銅矛	—	—	—	後藤守一1926『漢式鏡』日本考古学大系，雄山閣	長崎県（対馬国）8
1957	海神神社宝物館	—	刀・矛・鉄鏃	—	土師器	—	小田富士雄・佐田茂・橋口達也・高倉洋彰・真野和夫・藤口健二・武末純一編1974『対馬 浅茅湾とその周辺の考古学的調査』長崎県文化財調査報告書第17集，長崎県教育委員会	—
1957	対馬郷土資料館	ガラス小玉250	刀3・矛1・鉄鏃5	鋤先1・鑿1・刀子1・蕨手刀子1	高杯	—		長崎県（対馬国）9
1966	対馬市教育委員会	—	—	—	—	—	坂田邦洋編1975『対馬の遺跡』長崎県文化財調査報告書第20集，長崎県教育委員会	長崎県（対馬国）10？
1975	海神神社宝物館	水晶切子玉1・ガラス小玉20	剣1・銅矛1・鉄鏃1	笠頭形銅器1・角形銅器1・有孔十字形銅器1・双頭キャップ状銅器1・刀子1	壺1・金海式壺2	—	小田富士雄・藤丸詔八郎・武末純一1991『弥生古鏡を掘る―北九州の国々と文化―』北九州市立考古博物館	長崎県（対馬国）12-1
								長崎県（対馬国）12-2
								長崎県（対馬国）12-3
								長崎県（対馬国）12-4
1974	対馬市教育委員会	勾玉3・管玉1・ガラス小玉12	—	—	土師器1・陶質土器1	—	長崎県教育庁文化課埋蔵文化財班編1996『原始・古代の長崎県』資料編Ⅰ，長崎県教育委員会	—
1959	所在不明	—	細形銅剣1・剣1	—	—	—	永留久恵1964「対馬の弥生式文化」新対馬島誌編集委員会編『新対馬島誌』厳原町	長崎県（対馬国）13
1966	対馬市教育委員会	管玉1・ガラス小玉321	—	鐔金具片5	弥生土器1	—	小田富士雄・佐田茂・橋口達也・高倉洋彰・真野和夫・藤口健二・武末純一編1974『対馬 浅茅湾とその周辺の考古学的調査』長崎県文化財調査報告書第17集，長崎県教育委員会	長崎県（対馬国）14
1958	対馬歴史民俗資料館	ガラス小玉3	—	銅釧1	弥生土器3	—	小田富士雄・佐田茂・橋口達也・高倉洋彰・真野和夫・藤口健二・武末純一編1974『対馬 浅茅湾とその周辺の考古学的調査』長崎県文化財調査報告書第17集，長崎県教育委員会	長崎県（対馬国）15
1979	対馬市教育委員会	ガラス小玉18	広形銅矛1	—	土器6	—	長崎県教育庁文化課埋蔵文化財班編1996『原始・古代の長崎県』資料編Ⅰ，長崎県教育委員会	—
1979		滑石管玉1・ガラス小玉208	広形銅矛1	—	弥生土器3・須恵器4	—		—
不明	長崎県立対馬歴史民俗資料館（某神社旧伝世品）	—	—	—	—	—	杉山洋編2004『対馬の鏡』飛鳥資料館研究図録第5冊，奈良文化財研究所・飛鳥資料館	伝世品
1950	東京大学総合研究博物館	ガラス小玉約60	剣1	—	—	—	小田富士雄・藤丸詔八郎・武末純一1991『弥生古鏡を掘る―北九州の国々と文化―』北九州市立考古博物館	長崎県（対馬国）16
1952	対馬郷土資料館	—	剣2・鉄鏃1	—	漢式土器片・土師器	—	小田富士雄・藤丸詔八郎・武末純一1991『弥生古鏡を掘る―北九州の国々と文化―』北九州市立考古博物館	長崎県（対馬国）17
1968	九州大学文学部	ガラス小玉	—	—	陶質土器	—	小田富士雄・佐田茂・橋口達也・高倉洋彰・真野和夫・藤口健二・武末純一編1974『対馬 浅茅湾とその周辺の考古学的調査』長崎県文化財調査報告書第17集，長崎県教育委員会	長崎県（対馬国）18

番号	舶倭	鏡式	出土遺跡	出土地名	遺跡内容	時期	面径(cm)	銘文	諸氏分類	編者分類・時期
70	踏	連弧文昭明鏡	鴨居瀬古墳（伝）	対馬市美津島町鴨居瀬（伝）〔下県郡美津島町〕	古墳	不明	完形	「内而清而以而昭而明□而　光而日而月而」	—	—
29	倭	円板（縁部に穿孔）	銀山上神社蔵鏡	不明	不明	不明	5.5	—	—	—
30	倭	円板（縁部に穿孔）					5.5	—	—	—
31	倭	円板（縁部に穿孔）					6.0	—	—	—
32	倭	円板（縁部に穿孔）					5.7	—	—	—
33	倭	円板（縁部に穿孔）					5.8	—	—	—
34	倭	円板（縁部に穿孔）					5.8	—	—	—
35	舶	方格規矩鏡or獣帯鏡	カラカミ遺跡辻屋敷貝塚	壱岐市勝本町立石東触字カラカミ〔壱岐郡勝本町〕	集落	不明	弥生後期	破片	—	—	—
36	倭	弥生倭製鏡（内行花文鏡）	カラカミ遺跡小川貝塚		集落	遺物包含層	弥生	9.0	—	内行花文日光鏡系仿製鏡第Ⅱ型a類（高倉85・90）／内行花文系小形仿製鏡第2型b類（田尻10・12）	〔弥生倭製鏡〕	弥生
37	倭	〔弥生倭製鏡（内行花文鏡）〕	カラカミ遺跡		墳墓	甕棺？	弥生中～後期	7.6	—	内行花文日光鏡系仿製鏡第Ⅱ型a類（高倉85・90）／内行花文系小形仿製鏡第2型b類（田尻10・12）	〔弥生倭製鏡？〕	弥生？
37-1	倭	弥生倭製鏡	カラカミ遺跡1次Ⅱ区大溝内		集落	環濠	弥生	4.5	—	—	〔弥生倭製鏡？〕	弥生？
37-2	倭	弥生倭製鏡	カラカミ遺跡2次Ⅲ区北側調査区1号大溝上層		集落	溝	弥生後期	7.5	—	—	〔弥生倭製鏡？〕	弥生？
38	倭	弥生倭製鏡	若宮島古墳（若島）	壱岐市勝本町立石東触字遠見〔壱岐郡勝本町〕	古墳	箱形石棺	不明	7.0	—	古式仿製鏡内行花文帯式（樋口79）／内行花文日光鏡系仿製鏡第Ⅱ型a類（高倉85・90）／内行花文系小形仿製鏡第5型？（田尻10・12）	〔弥生倭製鏡〕	弥生
51	舶	対獣瑞獣文鏡	掛木古墳	壱岐市勝本町布気触字掛木〔壱岐郡勝本町〕	古墳	円墳（23×18）・横穴式石室	古墳終末期	15.8	「團團寶鏡　□岐昇□□□□□　□□□□□□□□　□□来」	—	—
39	倭	素文鏡	原の辻遺跡	壱岐市芦辺町深江鶴亀触〔壱岐郡芦辺町〕	集落	不明	弥生中～後期	7.1	—	AⅡ類（今平90）	〔素文鏡〕	—
40	舶	複波文縁方格規矩鏡	原の辻遺跡大川地区		墳墓	箱形石棺・甕棺	弥生後期	10.4	—	—	—
41	舶	不明	原の辻遺跡		墳墓	箱形石棺・甕棺	弥生中期	破片	—	—	—
42	舶	不明			墳墓	箱形石棺・甕棺	弥生中期	破片	—	—	—
43	舶	不明			墳墓	箱形石棺・甕棺	弥生中期	破片	—	—	—
44	舶	不明			墳墓	箱形石棺・甕棺	弥生中期	破片	—	—	—
45	舶	不明	原の辻遺跡第14試掘坑		墳墓	箱形石棺・甕棺	弥生中期	破片	—	—	—
46	舶	不明	原の辻遺跡	壱岐市石田町石田西触〔壱岐郡石田町〕	墳墓	箱形石棺・甕棺	弥生中期	破片	—	—	—
47	舶	上方作系浮彫式獣帯鏡？	原の辻遺跡（表面採集）		集落	表面採集	弥生	11.2	「・・・盾居右・・・」	—	—	—
75	倭	弥生倭製鏡（七弧内行花文鏡）	原の辻遺跡原ノ久保A地区8号箱形石棺墓		墳墓	無墳丘・箱形石棺	弥生後期	7.6	—	内行花文系小形仿製鏡第3型a類（田尻10・12）	〔弥生倭製鏡〕	弥生
76	舶	長宜子孫八弧内行花文鏡	原の辻遺跡原ノ久保A地区9号土壙		墳墓	無墳丘	不明	20.0	「長□子孫」	—	—
76-1	舶	長宜子孫内行花文鏡	原の辻遺跡604番地		不明	不明	不明	破片	「□宜□□」／「□如□□」	—	—
76-2	舶	内行花文鏡			不明	不明	不明	破片	—	—	—
76-3	舶	内行花文鏡？	原の辻遺跡D1区		不明	不明	不明	約18	—	—	—

発見年	所蔵（保管）者	共伴遺物					文献	備考
		石製品・玉類	武具・武器・馬具	ほか金属器	土器類	その他		
不明	長崎県立対馬歴史民俗資料館	—	—	—	—	—	岡崎譲治1974「対馬・壱岐の金工品」『佛教藝術』95号，毎日新聞社	伝世品
不明	銀山上神社（伝世品）	—	—	—	—	—	水野清一編1953『対馬』東方考古学叢刊乙種第六冊，東亜考古学会	長崎県（対馬国）19-1／これら6面について「初期の仿製鏡であろうか」とあるが、多分違う
		—	—	—	—	—		長崎県（対馬国）19-2
		—	—	—	—	—		長崎県（対馬国）19-3
		—	—	—	—	—		長崎県（対馬国）19-4
		—	—	—	—	—		長崎県（対馬国）19-5
		—	—	—	—	—		長崎県（対馬国）19-6
1952	京都大学総合博物館	—	—	—	—	—	小田富士雄・藤丸詔八郎・武末純一編1991『弥生古鏡を掘る—北九州の国々と文化—』北九州市立考古博物館	長崎県（壱岐国）1-1／破鏡（2孔）
1926	壱岐市立一支国博物館	—	—	—	弥生土器	—		長崎県（壱岐国）1-2
1971		—	—	—	—	—	高倉洋彰1972「弥生時代小形仿製鏡について」『考古学雑誌』第58巻第3号，日本考古学会	長崎県（壱岐国）1-3／縁部欠損
2011		—	—	—	—	—	ジャパン通信社編2011『月刊文化財発掘出土情報』2011年12月号，ジャパン通信社	—
2013	壱岐市教育委員会	—	鉄鏃未成品2	板状鉄素材1・棒状鉄素材2	弥生土器	石器	田中聡一・松見裕二編2014『天手長男神社遺跡 市史跡カラカミ遺跡2次〔カラカミⅢ区 カラカミⅣ区〕』壱岐市文化財調査報告書第23集，長崎県壱岐市教育委員会	—
1973	個人	—	—	—	—	—	岡崎譲治1974「対馬・壱岐の金工品」『佛教藝術』95号，毎日新聞社	長崎県（壱岐国）2
1989	長崎県教育委員会	—	鏃1	金環1	土師器（杯1）・須恵器（器台1・杯身3・杯蓋4）	釘2	辻田淳一郎・片多雅樹2016「長崎県壱岐市・掛木古墳出土の鏡について」『長崎県埋蔵文化財センター研究紀要』第6号，長崎県埋蔵文化財センター	隋唐鏡
1939	長崎県立美術博物館	—	—	—	—	—	小田富士雄・藤丸詔八郎・武末純一編1991『弥生古鏡を掘る—北九州の国々と文化—』北九州市立考古博物館	長崎県（壱岐国）3-1／Ⅰ1区から2点、604番地で7点、605-1番地で2点採集
1976	長崎県教育庁原の辻調査事務所	—	—	—	—	—	安楽勉・藤田和裕編1978『原の辻遺跡』長崎県文化財調査報告書第37集，長崎県教育委員会	長崎県（壱岐国）3-2〜8？
1976		—	—	—	—	—		長崎県（壱岐国）3-2〜8？
1976		—	—	—	—	—		長崎県（壱岐国）3-2〜8？
1976		—	—	—	—	—	小田富士雄・藤丸詔八郎・武末純一編1991『弥生古鏡を掘る—北九州の国々と文化—』北九州市立考古博物館	長崎県（壱岐国）3-2〜8？
1976		—	—	—	—	—		長崎県（壱岐国）3-2〜8？／縁部片
1976		—	—	—	—	—		長崎県（壱岐国）3-2〜8？
1977		—	—	—	—	—	安楽勉・藤田和裕編1978『原の辻遺跡』長崎県文化財調査報告書第37集，長崎県教育委員会	長崎県（壱岐国）3-9／外区片
1996		—	—	—	—	—	宮崎貴夫編1999『原の辻遺跡』原の辻遺跡調査事務所調査報告書第11集，長崎県教育庁原の辻遺跡調査事務所	—
1996		ガラス勾玉1・碧玉管玉1・ガラス丸玉3	—	筒状銅製品1	弥生土器	—		—
不明		—	—	—	—	—		—
不明		—	—	—	—	—		—
不明		—	—	—	—	—		縁部片

番号	舶倭	鏡式	出土遺跡	出土地名	遺跡内容	時期	面径(cm)	銘文	諸氏分類	編者分類・時期
76-4	舶	多鈕細文鏡	原の辻遺跡 石田大原地区	壱岐市芦辺町深江鶴亀触・壱岐市石田町石田西触〔壱岐郡芦辺町・石田町〕	集落	不明	弥生	破片	—	精紋鏡第III形式（甲元06）	—	—
76-5	舶	連弧文銘帯鏡	原の辻遺跡 石田大原 344-A・B地区		集落	不明	弥生	8.8	「内・・・光而象夫而日之月心□」	—	—	—
76-6	舶	虺龍文鏡	原の辻遺跡 石田大原地区		集落	不明	弥生	破片	—	—	—	—
76-7	舶	上方作系浮彫式獣帯鏡？			集落	不明	弥生	破片	あり（不詳）	—	—	—
76-8	舶	弥生倭製鏡（内行花文鏡）	原の辻遺跡		集落	不明	弥生	完形	—	—	〔弥生倭製鏡〕	弥生
76-9	倭	不明			集落	不明	弥生	破片	あり（不詳）	—	—	—
76-10	舶	内行花文鏡？	原の辻遺跡 大川地区		集落	不明	弥生	破片	—	—	—	—
76-11	舶	連弧文銘帯鏡	原の辻遺跡 高元地区IIC区3b層	壱岐市芦辺町深江鶴亀触〔壱岐郡芦辺町〕	集落	遺物包含層	弥生中期	破片	—	—	—	—
49	倭	弥生倭製鏡？	東我郎古墳（諸吉東触）（伝）	壱岐市芦辺町諸吉東触字山形（伝）〔壱岐郡芦辺町〕	古墳	不明	古墳	8.8	—	—	〔弥生倭製鏡？〕	弥生？
50	踏	盤龍鏡						8.5	—	—	—	—
73	舶	方格規矩鏡or獣帯鏡	車出遺跡 土器溜まり	壱岐市郷ノ浦町田中触〔壱岐郡郷ノ浦町〕	集落	溝	弥生後期	10.7	—	—	—	—
74	倭	弥生倭製鏡（内行花文鏡）						7.0	—	内行花文系小形仿製鏡第3型a類（田尻10・12）	〔弥生倭製鏡〕	弥生
52	倭	六弧内行花文鏡	岩谷口遺跡 1区第3層（岩屋口遺跡）	佐世保市世知原町笥瀬字源太岩〔北松浦郡世知原町〕	岩陰	不明	不明	9.8	—	内行花文鏡B式	前（中？）
52-1	倭	四獣鏡	鬼塚古墳	佐世保市宮津	古墳	円墳（17）・竪穴系横口式石室	古墳中期	完形	—	—	獣像鏡III系？	前（中）〜
52-2	舶	複波文縁方格規矩？	門前遺跡 C-9-23第4層	佐世保市宮津	集落	遺物包含層	弥生	約10	「・・・□□・・・」	—	—	—
53	舶	長宜子孫八弧内行花文鏡	勝負田古墳	平戸市大島村的山川内字勝負田〔北松浦郡大島村〕	古墳	箱形石棺	古墳後期	13.8	「□□子孫」	Aaエ式（樋口79）	—	—
56	舶	上方作系浮彫式獣帯鏡	田助遺跡（大久保田助古墳）	平戸市大久保町蜂の久保	古墳？	箱形石棺	古墳	17.0	「・・・真・・・」	半肉彫獣帯鏡C六像式（樋口79）／六像A式（岡村92）／六像I式（Ib系）（實盛15）	—	—
57	舶	内行花文鏡						破片	「□□孫」	—	—	—
57-1	舶	多鈕細文鏡	里田原遺跡 萩の下地区 44C地点 3号甕棺墓	平戸市田平町里免〔北松浦郡田平町〕	墳墓	甕棺	弥生中期	9.0	—	精紋鏡第I形式（甲元06）	—	—
54	？	不明	白土遺跡（伝）	松浦市福島町端免字セキウト・白土（伝）〔北松浦郡福島町〕	集落	不明	弥生	不明	—	—	—	—
55	舶	内行花文鏡	栢ノ木遺跡 2号石棺	松浦市志佐町栢木免字小久保	墳墓	箱形石棺	弥生中期〜	10.4	—	—	—	—
58	倭	不明	前島1号墳	西彼杵郡時津町子々川郷字前島	古墳	円墳・横穴式石室	古墳後期	9.5	—	—	—	—
67	舶	方格規矩鏡or獣帯鏡	白井川遺跡 F-3区第3層	東彼杵郡東彼杵町蔵本郷字白井川	集落	遺物包含層	弥生中〜後期	15.0	—	—	—	—
67-1	倭	捩文鏡	ひさご塚古墳〔第2主体部〕	東彼杵郡東彼杵町	古墳	前方後円墳（59）・竪穴系横口式石室	古墳中期	7.3	—	捩文鏡E系	前（新）
59	倭	虺龍鏡	諫早邑（伝）	諫早市（伝）	不明	不明	不明	15.8	—	—	類虺龍鏡C系	前（中）

発見年	所蔵（保管）者	共伴遺物 石製品・玉類	共伴遺物 武具・武器・馬具	共伴遺物 ほか金属器	共伴遺物 土器類	共伴遺物 その他	文献	備考
不明		―	―	―	―	―	車崎正彦編 2002『考古資料大観』第5巻 弥生・古墳時代 鏡, 小学館	―
2008							田中聡一・松見裕二・山口優 2009『特別史跡 原の辻遺跡』壱岐市文化財調査報告書第14集, 長崎県壱岐市教育委員会	〈77g〉
不明								―
不明	長崎県教育庁原の辻調査事務所						宮崎貴夫 2008『原の辻遺跡』日本の遺跡 32, 同成社	内区の獣像片
不明								
不明								―
不明							―	
2003							―	
不明	壱岐郷土館						岡崎譲治 1974「対馬・壱岐の金工品」『佛教藝術』95号, 毎日新聞社	―
1998	長崎県教育委員会	―	銅鏃 3	―	土器	貨泉 1・石斧・磨石・凹石・石皿・砥石・石鏃	安楽勉編 1998『車出遺跡』原の辻遺跡調査事務所調査報告書第8集, 長崎県教育委員会	―
1966	財団法人古代学協会						長崎県教育庁文化課埋蔵文化財班編 1997『原始・古代の長崎県』資料編Ⅱ, 長崎県教育委員会	長崎県（肥前国）1
2013	佐世保市教育委員会	―	短甲?・鉄鏃	―			松尾秀昭 2014「大村湾・佐世保湾沿岸における古墳の様相」長崎県考古学会編『長崎県本土地域における古墳の様相―日本列島西端の古墳の様相―』平成26年度長崎県考古学会大会発表要旨・資料集, 長崎県考古学会	
2002〜03	長崎県教育庁佐世保教育事務所						副島和明編 2006『門前遺跡Ⅱ』長崎県文化財調査報告書第190集, 長崎県教育委員会	〈26g〉／非破鏡か
1941頃	所在不明（大島中学校旧蔵）	勾玉 1	―	―	―	―	小葉田淳編 1951『平戸学術調査』京都大学文学部内京都大学平戸学術調査団	長崎県（肥前国）2
1928	所在不明（個人旧蔵）	勾玉 1・管玉 5・水晶算盤玉・ガラス小玉 39	―	―	―	―	小葉田淳編 1951『平戸学術調査』京都大学文学部内京都大学平戸学術調査団	長崎県（肥前国）5-1
								長崎県（肥前国）5-2
不明	平戸市教育委員会	―	―	―	―	―	車崎正彦編 2002『考古資料大観』第5巻 弥生・古墳時代 鏡, 小学館	―
不明	所在不明	―	―	―	―	―	宮崎貴夫 2014「長崎県本土地域の古墳・墳墓一覧及び基本資料集成」長崎県考古学会編『長崎県本土地域における古墳の様相―日本列島西端の古墳の様相―』平成26年度長崎県考古学会大会発表要旨・資料集, 長崎県考古学会	長崎県（肥前国）3
1971	長崎県教育委員会	管玉 2・ガラス小玉約 350	―	―	―	―	長崎県教育庁文化課埋蔵文化財班編 1997『原始・古代の長崎県』資料編Ⅱ, 長崎県教育委員会	長崎県（肥前国）4
1940	所在不明（長浦中・時津北中・時津中）	―	剣	―	須恵器		長崎県教育委員会編 1962『長崎県文化財調査報告書』第1集, 長崎県教育委員会	長崎県（肥前国）6／「小形仿製鏡」
1987	長崎県教育委員会	―	―	―	―	―	長崎県教育庁文化課埋蔵文化財班編 1997『原始・古代の長崎県』資料編Ⅱ, 長崎県教育委員会	破鏡か／外区片
不明	長崎県教育委員会	ガラス小玉・滑石小玉	剣 1	刀子 1	―	―	宮崎貴夫 2014「長崎県本土地域の古墳・墳墓一覧及び基本資料集成」長崎県考古学会編『長崎県本土地域における古墳の様相―日本列島西端の古墳の様相―』平成26年度長崎県考古学会大会発表要旨・資料集, 長崎県考古学会	小児用の石室とも考えられる
1799	所在不明	―	―	―	―	―	市河寛斎『宝月楼古鑑図譜』	360g／漢式鏡 848／長崎県（肥前国）7／龍門寺1号墳鏡（岐阜 83）と同類

番号	舶倭	鏡式	出土遺跡	出土地名	遺跡内容	時期	面径(cm)	銘文	諸氏分類	編者分類・時期
60	?	不明	鬼塚古墳（江の浦・下釜墳墓群）	諫早市飯盛町下釜名〔北高来郡飯盛町〕	古墳	不明	古墳前〜中期？	不明	―	―	―
60-1	?	不明	下釜墳墓群	諫早市飯盛町下釜名〔北高来郡飯盛町〕	墳墓	不明	弥生	不明	―	―	―
61	?	不明	景華園遺跡甕棺（伝）	島原市中野町高城元（伝）	墳墓	支石墓・甕棺	弥生	不明	―	―	―
62	舶	方格T字鏡	高下古墳（鬼の岩屋）（伝）	雲仙市国見町多比良字岩名丁（伝）〔南高来郡国見町〕	古墳	円墳（20）・横穴式石室	古墳後期	8.6	―	博局T字鳥文鏡Ca4S類（高木91）／小型鏡B3型（北浦92）／博局T字鳥文鏡Ca4M・S類（高木93）／SBb式（松浦94）／丁群（森下98）	―	―
65	倭	内行花文鏡	遠目塚遺跡1号石棺	雲仙市南串山町尾登名字乙63-3〔南高来郡南串山町〕	墳墓	箱形石棺	古墳中期	8.3	―	―	内行花文鏡	―
63	?	不明	山ノ内遺跡（伝）	南島原市有家町三ノ沢字山ノ内（伝）〔南高来郡有家町〕	不明	不明	不明	不明	―	―	―
64	?	不明	鬼塚古墳（伝）	南島原市有家町蒲河（伝）〔南高来郡有家町〕	墳墓	横口式石室？	不明	不明	―	―	―
68	倭	弥生倭製鏡？	今福遺跡B-3・4区1号溝	南島原市北有馬町丁今福名字今福〔南高来郡北有馬町〕	集落	溝	弥生	7.5	―	―	〔弥生倭製鏡？〕	弥生？
69	倭	弥生倭製鏡？					7.8	―	―	〔弥生倭製鏡？〕	弥生？
72	?	不明	塚田（伝）	南島原市北有馬町（伝）〔南高来郡北有馬町〕	墳墓	不明	不明	不明	―	―	―
66	倭	珠文鏡	宮田石棺群A1号石棺	長崎市下黒崎町黒崎下黒崎郷〔西彼杵郡外海町〕	古墳	箱形石棺	古墳中期	6.8	―	D-B類（脇山13）	〔珠文鏡〕	―
66-1	舶	浮彫式獣帯鏡	万才町遺跡	長崎市万才町	不明	不明	不明	13.4	―	―	―	―
66-2	倭？	不明					破片	―	―	―	―
66-3	倭	素文鏡					7.4	―	―	〔素文鏡〕	―
66-4	舶	不明	冷泉遺跡3号石棺墓	長崎市大村市今富町	墳墓	箱形石棺	不明	破片	―	―	―	―

熊本

番号	舶倭	鏡式	出土遺跡	出土地名	遺跡内容	時期	面径(cm)	銘文	諸氏分類	編者分類・時期
1	?	不明	狐塚2号墳（伝）	荒尾市下井手字山ノ上（伝）	古墳	円墳（12）・家形石棺	古墳中期	不明	―	―	―
2	?	不明	別当塚東古墳（伝）	荒尾市本井手字亀原（伝）	古墳	円墳（36）・横穴式石室	古墳中期	不明	―	―	―
3	?	不明	鐘撞遺跡（伝）	荒尾市宮内字鐘撞（伝）	墳墓	甕棺	弥生	不明	―	―	―
4	舶	方格T字鏡	繁根木古墳（伝）	玉名市繁根木字馬場（伝）	古墳	円墳・横穴式石室（箱形石棺？）	古墳	10.4	「子卯辰巳午未戌亥」	V類（樋口79）／方格規矩文鏡類G型（小林82・10）／博局T字鳥文鏡Ca4M類（高木91・93）／小型鏡A3型（北浦92）／SAb1式（松浦94）／丁群（森下98）	―	―
5	舶	画文帯同向式神獣鏡	院塚古墳〔3号石棺〕	玉名市岱明町開田字京塚〔玉名郡岱明町〕	古墳	前方後円墳（78）・竪穴式石槨（舟形石棺）	古墳中期	15.5	「□□□□　□□□□　敬奉賢良　□□□□　百牙舉樂　衆華主陽　□□□□　□□□□　□□□□」	A式（樋口79）／Ab形式（小山田93）	―	―

発見年	所蔵（保管）者	共伴遺物					文献	備考
		石製品・玉類	武具・武器・馬具	ほか金属器	土器類	その他		
1941	所在不明（東京大学人類学教室旧蔵）	翡翠勾玉・滑石勾玉2・翡翠小玉1・小玉13	―	―	―	―	宮﨑貴夫2014「長崎県本土地域の古墳・墳墓一覧及び基本資料集成」長崎県考古学会編『長崎県本土地域における古墳の様相―日本列島西端の古墳の様相―』平成26年度長崎県考古学会大会発表要旨・資料集，長崎県考古学会	長崎県（肥前国）8／北高来郡飯盛町江の浦の人が掘り出したと伝える
不明	所在不明	―	―	―	―	―	宮﨑貴夫2014「長崎県本土地域の古墳・墳墓一覧及び基本資料集成」長崎県考古学会編『長崎県本土地域における古墳の様相―日本列島西端の古墳の様相―』平成26年度長崎県考古学会大会発表要旨・資料集，長崎県考古学会	―
江戸以前	所在不明						岡崎敬編1979『日本における古鏡 発見地名表 九州地方Ⅰ』東アジアより見た日本古代墓制研究（増補改訂版）	長崎県（肥前国）9
1958	長崎県立美術博物館（個人旧蔵）	玉180・金銅空玉2	刀1・金銅鐔・金銅鞘尻金具1・鉄鏃11・轡2組・辻金具2	帯先金具15・尾錠3・金銅指輪1・環15・斧1・刀子1・円形鋲9	土師器1・須恵器19		長崎県教育庁文化課埋蔵文化財班編1997『原始・古代の長崎県』資料編Ⅱ，長崎県教育委員会	長崎県（肥前国）10
1976	長崎県教育委員会	勾玉1・蛇紋岩小玉62・滑石小玉1	鉄鏃3	刀子2			長崎県教育庁文化課埋蔵文化財班編1997『原始・古代の長崎県』資料編Ⅱ，長崎県教育委員会	長崎県（肥前国）13
不明	所在不明	―	刀	―			岡崎敬編1979『日本における古鏡 発見地名表 九州地方Ⅰ』東アジアより見た日本古代墓制研究（増補改訂版）	長崎県（肥前国）11
不明	所在不明	勾玉	剣	金環			長崎県教育委員会編1962『長崎県文化財調査報告書』第1集，長崎県教育委員会	長崎県（肥前国）12
1979	長崎県教育委員会	蛇紋岩玉1・ガラス小玉143・土製勾玉2・土玉2	銅鏃8	鉄製品2	円盤状土製品3	杓子7	長崎県教育庁文化課埋蔵文化財班編1997『原始・古代の長崎県』資料編Ⅱ，長崎県教育委員会	―
1910	所在不明	勾玉・管玉	剣	―	―	―	林銑吉編1954『長崎縣島原半嶋史』上巻，長崎県南高来郡市教育会	
1984	外海町立歴史民俗資料館	―	―	刀子1			長崎県教育庁文化課埋蔵文化財班編1997『原始・古代の長崎県』資料編Ⅱ，長崎県教育委員会	―
1993 ?	所在不明	―					宮﨑貴夫2014「長崎県本土地域の古墳・墳墓一覧及び基本資料集成」長崎県考古学会編『長崎県本土地域における古墳の様相―日本列島西端の古墳の様相―』平成26年度長崎県考古学会大会発表要旨・資料集，長崎県考古学会	―
2000年代?	所在不明	碧玉管玉	―	素環頭刀子	―	―	宮﨑貴夫2014「長崎県本土地域の古墳・墳墓一覧及び基本資料集成」長崎県考古学会編『長崎県本土地域における古墳の様相―日本列島西端の古墳の様相―』平成26年度長崎県考古学会大会発表要旨・資料集，長崎県考古学会	破鏡（穿孔）
1953	所在不明						白石太一郎・設楽博己編1994『弥生・古墳時代遺跡出土鏡データ集成』（『国立歴史民俗博物館研究報告』第56集），国立歴史民俗博物館	熊本県（肥後国）1／熟年〜老年女性骨／骨の顔面に緑青が残ることから推定
不明	所在不明	―					肥後考古学会編1983『肥後考古』第3号 肥後古鏡聚英，肥後考古学会	熊本県（肥後国）2
第二次大戦中	所在不明						肥後考古学会編1983『肥後考古』第3号 肥後古鏡聚英，肥後考古学会	熊本県（肥後国）3
大正	熊本市立博物館						肥後考古学会編1983『肥後考古』第3号 肥後古鏡聚英，肥後考古学会	熊本県（肥後国）6
1939	熊本市立博物館	勾玉3・管玉100・棗玉10・切子玉10・小玉50	剣2				肥後考古学会編1983『肥後考古』第3号 肥後古鏡聚英，肥後考古学会	熊本県（肥後国）7

番号	舶倭	鏡式	出土遺跡	出土地名	遺跡内容	時期	面径(cm)	銘文	諸氏分類	編者分類・時期
6	?	不明	院塚古墳〔2号石棺?〕（伝）	玉名市岱明町開田字京塚（伝）〔玉名郡岱明町〕	前方後円墳(78)・堅穴式石槨（舟形石棺）	古墳中期	不明	—		—
6-1	舶	連弧文清白鏡	大原遺跡1区-3住居跡SI3		集落	住居	弥生後期～	破片	「…君 志沄之…」		—
6-2	舶	内行花文鏡	大原遺跡2区住居跡S2	玉名市岱明町野口〔玉名郡岱明町〕	集落	住居	弥生後期～	破片	—		—
6-3	倭	弥生倭製鏡（七弧内行花文鏡）	大原遺跡1区-1住居跡SI4		集落	住居	弥生後期～	7.4	—		〔弥生倭製鏡〕	弥生
6-4	舶	内行花文鏡	木船西遺跡	玉名市岱明町野口木船〔玉名郡岱明町〕	集落	不明	弥生後期～	破片	—		—
7	倭	珠文鏡	経塚古墳	玉名市天水町部田見字城ノ平〔玉名郡天水町〕	古墳	円墳(45)・舟形石棺	古墳中期	8.2	3類B（吉田99）／V類（中山他94）／D-B類（脇山13）	〔珠文鏡〕	前期
8	倭	六弧内行花文鏡	立花大塚古墳	玉名市天水町立花字大塚〔玉名郡天水町〕	古墳	円墳(20)・箱形石棺	古墳中期	10.9	六弧（樋口79）／C類Ⅲ式（清水94）	内行花文鏡B式	前(中)
104	倭	六弧内行花文鏡	柳町遺跡4SX049	玉名市河崎字フケ・田中・尾畑	集落	大溝状遺構	古墳前期	5.5	—	内行花文系Ⅱ型B類a（南07b）／内行花文系小形仿製鏡第2型b類（田尻10・12）	内行花文鏡B式	前(中)
105	舶	不明	柳町遺跡Ⅲ-1区微高地裾部(K-12)	玉名市河崎字柳町	集落	遺物包含層	古墳前期	破片	—		—
106	?	不明	高岡原遺跡10号住居		集落	堅穴住居	弥生後期	破片	—		—
107	倭	弥生倭製鏡〔内行花文鏡〕	高岡原遺跡16号住居	玉名市山田字高岡原	集落	堅穴住居	弥生後期	7.9	—	内行花文系Ⅲ型C類b（南07b）／内行花文系小形仿製鏡第3型a類（田尻10・12）	〔弥生倭製鏡〕	弥生
107-1	舶	画象鏡or獣帯鏡?	山田松尾平遺跡3区S25W30下段遺物包含層	玉名市山田	集落	遺物包含層	弥生?	約18	—		—
9	舶	成氏作神人車馬画象鏡					22.1	「成氏作鏡四夷 多賀國家人民息 胡虜殄滅天下復 風雨時節 五穀孰 長保二親得天力 傳告後世樂無亟 乗雲驅馳 參駕四馬 道從羣神 宜孫子公」	I 広画面式（樋口79）	—
10	舶	青羊作画文帯対置式神獣鏡					20.1	「青羊作□ □□□□ □田西王 東父□□ □□□昌 □牙□□ 遷人見容 □□□ □遷 作吏高官 □宜侯王 子□□昌」	—	—
11	舶	画文帯同向式神獣鏡	江田船山古墳	玉名郡和水町江田字清原〔玉名郡菊水町〕	古墳	前方後円墳(62)・家形石棺	古墳後期	20.9	「吾作明竟 幽湅三商 配像萬疆 統徳序道 敬奉賢良 彫克無祉 百牙學樂 衆華主陽 聖徳光明 富貴安樂 子孫番昌 學者高遷 士至公卿 其師命長」	B式（樋口79）／Bb形式（小山田93）	—
12	舶	画文帯環状乳四神四獣鏡					14.8	「天王日月」	Ⅱ（樋口79）	—
13	舶	獣文縁浮彫式獣帯鏡					17.8	「宜子孫」	半肉彫獣帯鏡A 七像式（樋口79）	—
14	倭	四獣鏡					8.9	—	四獣形鏡（樋口79）／獣形文鏡類四獣鏡C-1型（小林82・10）／斜縁四獣鏡B系（森下91・02）	〔中期型獣像鏡〕	中期
15	倭	捩文鏡	塚坊主古墳	玉名郡和水町江田字清原〔玉名郡菊水町〕	古墳	前方後円墳(54)・横穴式石室（石屋形）	古墳後期	10.0	—		捩文鏡A系	前(古)
16	倭	〔弥生倭製鏡（八乳鏡）〕	諏訪原遺跡B区1号住居跡	玉名郡和水町江田字諏訪原〔玉名郡菊水町〕	集落	堅穴住居	弥生末期	約9	—	八乳鏡（高倉85・90）	〔弥生倭製鏡?〕	弥生?
108	倭	弥生倭製鏡（内行花文鏡）	清原遺跡遺物包含層	玉名郡和水町江田字大久保〔玉名郡菊水町〕	集落	遺物包含層	不明	6.1	—	連弧紋鏡系小形仿製鏡第Ⅰ型b類②（高木02）／内行花文系Ⅱ型A類b（南07b）／内行花文系小形仿製鏡第2型a類（田尻10・12）	〔弥生倭製鏡〕	弥生
103	舶	飛禽鏡?	大場石棺群A群1号石棺	玉名郡南関町下坂下大場	墳墓	無墳丘・箱形石棺	弥生後期	11.0	—		—

442

発見年	所蔵（保管）者	共伴遺物					文献	備考
		石製品・玉類	武具・武器・馬具	ほか金属器	土器類	その他		
不明	所在不明	─	─	─	─	─	肥後考古学会編 1983『肥後考古』第 3 号 肥後古鏡聚英, 肥後考古学会	─
2014		─	─	─	─	─	岡部裕俊編 2014『狗奴国浪漫─熊本・阿蘇の弥生文化─』平成 26 年度伊都国歴史博物館開館 10 周年記念特別展示図録, 糸島市立伊都国歴史博物館	破鏡
2014	玉名市教育委員会	土製勾玉 3	─	不明青銅製品・釣針	特殊土製品			破鏡
2014		─	─	─	─	─		住居の埋没後の上層から鏡面を下に向けて出土
2000 年代？	玉名市教育委員会	─	─	─	─	─	岡部裕俊編 2014『狗奴国浪漫─熊本・阿蘇の弥生文化─』平成 26 年度伊都国歴史博物館開館 10 周年記念特別展示図録, 糸島市立伊都国歴史博物館	破鏡（1 孔）／熟年男性骨
1967	玉名女子高等学校	碧玉管玉 3	短剣 12	─	─	─	肥後考古学会編 1983『肥後考古』第 3 号 肥後古鏡聚英, 肥後考古学会	熊本県（肥後国）4 ／放射状区画（八区画）
1935 頃	個人旧蔵	─	─	─	─	─	川述昭人編 1984『大塚古墳』立花町文化財調査報告書第 1 集, 立花町教育委員会	熊本県（肥後国）5
1998	熊本県教育委員会	─	─	─	土器（壺・小形壺・甕・鉢・器台・高杯・杯・ミニチュア土器）・土製模造鏡	木製農工具・石核・凹石・台石・磨石・石鏃	坂田和弘編 2004『柳町遺跡Ⅱ』熊本県文化財調査報告第 218 集, 熊本県教育委員会	1 孔／鈕を欠損
1995	玉名市教育委員会	滑石円板・勾玉	─	─	布留式土器	─	田中康雄編 2009『柳町遺跡』玉名市文化財調査報告第 20 集, 玉名市教育委員会	破鏡（破面研磨）
1993		─	─	─	土器	─	荒木純治 1992「玉名市高岡原遺跡」『歴史玉名』第 11 号, 玉名歴史研究会	鈕のみ出土／床上約 30cm の位置で出土
1993	玉名市教育委員会				土器			─
2008～09	熊本県文化財資料室	─	─	─	─	─	亀田学編 2014『山田松尾平遺跡（上巻）』熊本県文化財調査報告第 304 集, 熊本県教育委員会	破鏡
1873	東京国立博物館〈J169〉	翡翠勾玉 2・蛇紋岩勾玉 1・ガラス勾玉 2・碧玉管玉 14・水晶丸玉 1・琥珀玉 1・銀空玉 1・ガラス小玉 42	横矧板鋲留衝角付冑 1・横矧板鋲留短甲 1・横矧板革綴短甲 1・頸甲 1・肩甲 1・鐙 3 組・防肢具 1・刀 14・剣 6・槍 3・刀剣金具・鉄鏃 75・轡 2・輪鐙 1・円形座金具 1・辻金具 5・釣金具 2・三環鈴 1	冠帽 1・忍冬文立飾付冠 1・亀甲文冠 1・銅製飾金具 1・金製垂飾付耳環 2・金製耳環 2・帯金具 3・飾履 1	須恵器	巻貝頂部 1	菊水町史編纂委員会編 2007『菊水町史』江田船山古墳編, 和水町	同型鏡群〔SG-1〕／1446g ／漢式鏡 851 ／熊本県（肥後国）9-1
	東京国立博物館〈J172〉							同型鏡群〔GT-1〕／1324g ／漢式鏡 852 ／熊本県（肥後国）9-2
	東京国立博物館〈J174〉							同型鏡群〔GD-3〕／1290g ／漢式鏡 853 ／熊本県（肥後国）9-3
	東京国立博物館〈J186〉							同型鏡群〔GK-1〕／462g ／漢式鏡 855 ／熊本県（肥後国）9-4
	東京国立博物館〈J175〉							同型鏡群〔UJ-3〕／683g ／漢式鏡 854 ／熊本県（肥後国）9-5
	東京国立博物館〈J188〉							78g ／漢式鏡 856 ／熊本県（肥後国）9-6
1990	熊本県教育委員会	ガラス小玉約 30・ガラス栗玉 1	刀・矛・鉄鏃・轡・杏葉・鐙・鈴・留金具	金環 1 対・銀環 1 対・刀子 2・不明鉄片	─	─	熊本県立装飾古墳館編 1994『装飾古墳―蘇る古代・装飾古墳の世界―』熊本県立装飾古墳館	再調査で出土
1908	熊本県教育委員会	─	─	─	─	─	肥後考古学会編 1983『肥後考古』第 3 号 肥後古鏡聚英, 肥後考古学会	熊本県（肥後国）8
1997	和水町教育委員会	─	─	─	─	─	車崎正彦編 2002『考古資料大観』第 5 巻 弥生・古墳時代 鏡, 小学館	─
1993	熊本県教育委員会	─	─	─	甕片	─	澤田宗順編 1993『たたかいと祈りと祈り―古代青銅器の流れと広がり―』八代の歴史と文化Ⅲ, 八代市立博物館未来の森ミュージアム	破鏡（全面研磨・1 孔）

番号	舶倭	鏡式	出土遺跡	出土地名	遺跡内容	時期	面径(cm)	銘文	諸氏分類	編者分類・時期	
20	倭	五弧内行花文鏡	辻古墳〔1号石棺〕	山鹿市方保田字辻	古墳	円墳(30)・舟形石棺直葬	古墳中期	9.7	—	B類2式(清水94)	内行花文鏡B式	前(中)
18	倭	弥生倭製鏡(十弧内行花文鏡)	方保田東原遺跡(古閑白石遺跡)3号石棺	山鹿市古閑字白石	墳墓	箱形石棺	弥生	9.2	—	古式仿製鏡内行花文帯式(樋口79)／内行花文日光鏡系仿製鏡第Ⅱ型a類(高倉85・90)／内行花文系Ⅱ型B類a(南07a)／内行花文系小形仿製鏡第2型b類(田尻10・12)	〔弥生倭製鏡〕	弥生
19	倭	〔弥生倭製鏡〕	方保田東原遺跡(古閑白石遺跡)		墳墓	箱形石棺	弥生	破片	—	—	—	—
17	舶	鋸歯文縁方格規矩四神鏡	大道小学校周辺(伝)	山鹿市方保田(伝)	不明	表面採集？	不明	17.0	「・・・上有□人不□老・・・」／「□□□□辰巳午未□□□□」	—	—	—
21	倭	弥生倭製鏡(九弧内行花文鏡)	方保田東原遺跡土器溜まり	山鹿市方保田字東原	集落	土壙(土器溜まり)	弥生後期～古墳前期	7.5	—	内行花文日光鏡系仿製鏡第Ⅱ型a類(高倉85・90)／連弧紋鏡系小形仿製鏡第Ⅱ型a類4(高木02)／内行花文Ⅱ型B類a(南07a・07b)・内行花文系小形仿製鏡第2型b類(田尻10・12)	〔弥生倭製鏡〕	弥生
109	倭	弥生倭製鏡(十二弧内行花文鏡)	方保田東原遺跡	山鹿市方保田字本村	集落	不明	弥生	約8	—	—	〔弥生倭製鏡〕	弥生
110	倭	弥生倭製鏡	方保田東原遺跡138番地第1トレンチ1号住居		集落	竪穴住居	弥生後期	8.1	—	重圏紋鏡系小形仿製鏡第Ⅱ型①(高木02)／重圏文系Ⅱ型(南07b)／重圏文系小形仿製鏡第2型(田尻10・12)	〔弥生倭製鏡〕	弥生
111	倭	弥生倭製鏡(内行花文鏡)	方保田東原遺跡119番地7号住居跡		集落	竪穴住居	弥生後～末期	5.9	—	内行花文系Ⅱ型A類b(南07a・07b)／内行花文系小形仿製鏡第2型a類(田尻10・12)	〔弥生倭製鏡〕	弥生
112	倭	弥生倭製鏡(内行花文鏡)	方保田東原遺跡119番地遺物包含層		集落	遺物包含層	弥生	7.9	—	連弧紋鏡系小形仿製鏡第Ⅰ型b類①(高木02)／内行花文系Ⅱ型B類？(南07b)／内行花文系小形仿製鏡第2型b類(田尻10・12)	〔弥生倭製鏡〕	弥生
113	?	不明	方保田東原遺跡141番地2号石棺	山鹿市方保田字東原	墳墓	箱形石棺	古墳中期？	16.5	—	—	—	—
113-1	倭	弥生倭製鏡(内行花文鏡)	方保田東原遺跡110-2番地A-4区17号住居北側地点埋土		集落	竪穴住居北側埋土	弥生末期	4.7	—	重圏文系Ⅰ型A類(南07b)／重圏文系小形仿製鏡第1型え類(田尻10・12)	〔弥生倭製鏡〕	弥生
113-2	舶	内行花文鏡？	方保田東原遺跡B-2区		集落	不明	不明	6.4	—	—	—	—
113-3	舶	不明	方保田東原遺跡C-9区		集落	遺物包含層	不明	破片	—	—	—	—
114	倭	〔弥生倭製鏡〕	方保田白石遺跡遺物包含層	山鹿市方保田字白石	集落	遺物包含層	弥生後期	6.9	—	重圏文系Ⅱ型(南07b)	〔弥生倭製鏡？〕	弥生？
22	倭	重圏文鏡	舞野2号石棺	山鹿市平山字舞野	墳墓	箱形石棺	古墳前期	4.2	—	5類(脇山15)	〔重圏文鏡〕	前期
23	倭	珠文鏡	久保原石棺	山鹿市鹿央町岩原字久保原〔鹿本郡鹿央町〕	墳墓	箱形石棺	古墳中期	6.1	—	Ⅱ類(中山他94)／D-B類(脇山13)	〔珠文鏡〕	—
25	舶	内行花文鏡	古閑原遺跡	菊池市泗水町吉富字古閑原〔菊池郡泗水町〕	集落	表面採集(竪穴住居内？)	弥生末期	14.6	—	—	—	—
26	舶	方格T字鏡	久米若宮古墳	菊池市泗水町豊水字久米〔菊池郡泗水町〕	古墳	円墳(18)・家形石棺直葬	古墳後期	9.0	—	Ⅴ類(樋口79)／方格規矩文鏡類G型(小林82・10)／博局T字鳥文鏡Ca4S類(高木91・93)／小型鏡A0型(北浦92)／SAa1式(松浦94)／丁群(森下98)	—	—
27	倭	〔内行花文鏡〕	久米石棺(伝)	菊池市泗水町豊水字久米(伝)〔菊池郡泗水町〕	墳墓	箱形石棺	古墳	不明	—	—	—	—
28	倭	〔五弧内行花文鏡〕	福本遺跡	菊池市泗水町福本字西宅地〔菊池郡泗水町〕	不明	不明	不明	12.0	—	—	—	—

熊本

発見年	所蔵（保管）者	共伴遺物					文献	備考
		石製品・玉類	武具・武器・馬具	ほか金属器	土器類	その他		
1965	山鹿市立博物館	勾玉2	―	―	―	―	肥後考古学会編1983『肥後考古』第3号 肥後古鏡聚英，肥後考古学会	熊本県（肥後国）12
1968		―	―	―	―	―		熊本県（肥後国）11
1968		―	―	―	―	―	肥後考古学会編1983『肥後考古』第3号 肥後古鏡聚英，肥後考古学会	
不明	山鹿市立博物館	―	―	―	―	―		熊本県（肥後国）10／方保田東原遺跡出土か
1982		―	―	―	―	―		同笵？：弥永原遺跡2号竪穴住居跡（福岡195）・タカマツノダン遺跡（長崎12）
1996	山鹿市出土文化財管理センター	―	―	―	―	―	野田拓治・長谷部善一編1998『今どきの考古学―くまもと考古速報展―』熊本県立装飾古墳館展示図録第10集，熊本県立装飾古墳館	―
1997	山鹿市出土文化財管理センター・山鹿市立博物館	―	―	―	土器	炭化物		―
1996		―	鉄鏃1	―	土器（壺・甕・器台・高杯）	―	中村幸史郎・山口健剛編2001『方保田東原遺跡Ⅳ』山鹿市文化財調査報告書第14集，山鹿市教育委員会	同笵：うてな遺跡城の上Ⅱ区57号住居跡（熊本116）・良洞里（伝）（南21）
1996		―	―	―	―	―		―
1998		滑石臼玉約500	―	―	―	―		埋土中から出土
2002	山鹿市出土文化財管理センター	―	―	―	―	―	山口健剛編2007『方保田東原遺跡』(8)，山鹿市文化財調査報告書第4集，山鹿市教育委員会	13g／「検出面からかなり上層で出土したため，鏡はこの住居には伴わないと考えた」
1992		―	―	―	―	―	中村幸史郎編2006『方保田東原遺跡』(7)』山鹿市文化財調査報告書第2集，山鹿市教育委員会	―
1998		―	―	―	―	―		―
1968頃		―	―	―	土器	―	中村幸史郎編2001『火の国みだれる』山鹿市立博物館	1997年の整理時に確認
1986	山鹿市立博物館	―	―	刀子	―	―	澤田宗順編1993『たたかいと祈りと―古代青銅器の流れと広がり―』八代の歴史と文化Ⅲ，八代市立博物館未来の森ミュージアム	女性骨（初葬）と追葬骨
1961	山鹿市立博物館	―	刀	鍬先・鎚・刀子	―	―	中山清隆・林原利明1994「小型仿製鏡の基礎的集成（1）―珠文鏡の集成―」『地域相研究』第21号，地域相研究会	熊本県（肥後国）13
1970	個人	―	―	―	―	―	肥後考古学会編1983『肥後考古』第3号 肥後古鏡聚英，肥後考古学会	熊本県（肥後国）16／破鏡（破面研磨・2孔）
1918	熊本市立博物館	―	剣・鉄鏃・轡・辻金具	―	―	―	肥後考古学会編1983『肥後考古』第3号 肥後古鏡聚英，肥後考古学会	漢式鏡857／熊本県（肥後国）17／同型鏡あり
昭和以降	所在不明（菊池高校旧蔵）	―	―	―	―	―	肥後考古学会編1983『肥後考古』第3号 肥後古鏡聚英，肥後考古学会	熊本県（肥後国）18
1973	所在不明（菊池高校旧蔵）	―	―	―	―	―	肥後考古学会編1983『肥後考古』第3号 肥後古鏡聚英，肥後考古学会	熊本県（肥後国）19

番号	舶倭	鏡式	出土遺跡	出土地名	遺跡内容		時期	面径(cm)	銘文	諸氏分類	編者分類・時期	
115	倭	弥生倭製鏡？	うてな遺跡 Ⅲ区 10号-A溝跡		集落	溝	弥生後期	破片	—	—	〔弥生倭製鏡？〕	弥生？
116	倭	弥生倭製鏡（十二弧内行花文鏡）	うてな遺跡 城の上Ⅱ区 57号住居跡	菊池市七城町台〔菊池郡七城町〕	集落	竪穴住居	弥生後期	5.9	—	連弧紋鏡系小形仿製鏡第Ⅰ型b類①（高木02）／内行花文系Ⅱ型A類b（南07a・07b）／内行花文日光鏡系仿製鏡B-1類（松本08）／内行花文系小形仿製鏡第2型a類（田尻10・12）	〔弥生倭製鏡〕	弥生
116-1	舶	細線式獣帯鏡	小野崎遺跡 堀の内Ⅰ区 SK24		集落	墳墓	弥生	8.9	—	—	—	—
116-2	倭	弥生倭製鏡（八弧内行花文鏡）	小野崎遺跡 年賀塚Ⅱ区 SH24		集落	住居	弥生	6.7	—	内行花文系Ⅱ型B類a（南07b）／内行花文系小形仿製鏡第2型b類（田尻10・12）	〔弥生倭製鏡〕	弥生
116-3	舶	方格規矩鏡？	小野崎遺跡 年賀塚Ⅰ区 SD08下層		集落	溝	古墳？	破片	—	—	—	—
116-4	舶	内行花文鏡	小野崎遺跡 年賀塚Ⅲ区 SH10		集落	住居	弥生	破片	—	—	—	—
116-5	倭	弥生倭製鏡（九弧内行花文鏡）	小野崎遺跡 堀の内Ⅰ区 SK68		集落	木棺墓	弥生	7.2	—	内行花文系Ⅲ型B類（南07a・07b）／内行花文小形仿製鏡第2型c類（田尻10・12）	〔弥生倭製鏡〕	弥生
116-6	倭	弥生倭製鏡（八弧内行花文鏡）	小野崎遺跡 町南Ⅶ区 SH23		集落	住居	弥生	7.6	—	内行花文系Ⅱ型B類（南07b）／内行花文系小形仿製鏡第2型b類（田尻10・12）	〔弥生倭製鏡〕	弥生
116-7	倭	弥生倭製鏡（十弧内行花文鏡）	小野崎遺跡 堀の内Ⅰ区 SK44	菊池市七城町蘇崎・小野崎〔菊池郡七城町〕	集落	木棺墓	弥生	7.6	—	内行花文系Ⅱ型B類a（南07b）／内行花文系小形仿製鏡第2型a類（田尻10・12）	〔弥生倭製鏡〕	弥生
116-8	倭	弥生倭製鏡	小野崎遺跡 堀の内Ⅰ区 SK104		集落	木棺墓	弥生	5.4	—	重圏文系Ⅰ型A類（南07b）／重圏文系小形仿製鏡第1型う類（田尻10・12）	〔弥生倭製鏡〕	弥生
116-9	倭	弥生倭製鏡	小野崎遺跡 年賀塚Ⅰ区 SD01上層		集落	溝	弥生	6.6	—	内行花文系Ⅱ型B類a（南07b）／内行花文系小形仿製鏡第2型b類？（田尻10・12）	〔弥生倭製鏡〕	弥生
116-10	倭	弥生倭製鏡（綾杉文鏡）	小野崎遺跡 堀の内Ⅰ区 SK46横の柱穴		集落	柱穴	弥生？	4.4	—	重圏紋鏡系小形仿製鏡第Ⅰ型c類（高木02）／重圏文系Ⅰ型A類ⅲ（南07a）／綾杉文鏡（田尻10・12）	〔弥生倭製鏡〕	弥生
116-11	倭	弥生倭製鏡（素文鏡）	小野崎遺跡 年賀塚Ⅱ区 SH14		集落	住居	弥生	4.4	—	無文鏡（田尻10・12）	〔弥生倭製鏡〕	弥生
116-12	舶	方格規矩鏡？	小野崎遺跡 年賀塚Ⅲ区 SH27		集落	住居	弥生	破片	—	—	—	—
29	倭	弥生倭製鏡	木瀬遺跡 4号住居跡	合志市上庄字木瀬〔菊池郡合志町〕	集落	竪穴住居	弥生後期	4.9	—	四虺鏡系（高倉85）／四乳螭龍文鏡（高倉90）／重圏紋鏡系小形仿製鏡第Ⅰ型b類？（高木02）／重圏文系Ⅰ型A類（南07b）／重圏文日光鏡系仿製鏡ﾎ-3a類（松本08）／重圏文系小形仿製鏡第1型え類（田尻10・12）	〔弥生倭製鏡〕	弥生
30	倭	六弧内行花文鏡	ハヤマ2号石棺（迫原石棺）	合志市合生字迫原〔菊池郡西合志町〕	墳墓	箱形石棺	古墳	9.5	—	B類3式（清水94）	内行花文鏡B式	前(中〜)
31	倭	弥生倭製鏡（九弧内行花文鏡）	八反原遺跡 1号住居跡	合志市合生字八反原〔菊池郡西合志町〕	集落	竪穴住居	弥生後期	7.7	—	内行花文系Ⅱ型B類b（南07b）／内行花文系小形仿製鏡第2型b類（田尻10・12）	〔弥生倭製鏡〕	弥生
32	倭	弥生倭製鏡（六弧内行花文鏡）	西弥護免遺跡	菊池郡大津町大津字西弥護免	集落	住居と溝の切り合い部分	弥生後期	8.6	—	内行花文日光鏡系仿製鏡第Ⅱ型b類（高倉85・90）／連弧紋鏡系小形仿製鏡第Ⅰ型b類（高木02）／内行花文系Ⅲ型C類b（南07a・07b）／内行花文系小形仿製鏡第3型a類（田尻10・12）	〔弥生倭製鏡〕	弥生
33	倭	弥生倭製鏡（七弧内行花文鏡）	下山西遺跡 32号住居跡	阿蘇市乙姫字下山西〔阿蘇郡阿蘇町〕	集落	竪穴住居	弥生	6.3	—	内行花文日光鏡系仿製鏡第Ⅱ型a類（高倉90）／内行花文系Ⅱ型B類a（南07b）／内行花文系小形仿製鏡第2型a類（田尻10・12）	〔弥生倭製鏡〕	弥生
121	舶	画文帯同向式神獣鏡	狩尾・湯の口遺跡 2号石棺	阿蘇市狩尾字湯の口〔阿蘇郡阿蘇町〕	墳墓	無墳丘・箱形石棺	弥生末期〜	破片	—	—	—	—
34	倭	六弧内行花文鏡	長目塚古墳〔前方部主体部〕	阿蘇市一の宮町中通字上鞍掛〔阿蘇郡一の宮町〕	古墳	前方後円墳(112)・竪穴式石槨	古墳中期	9.6	—	C式（森70）／B類（清水94）	内行花文鏡B式	前(中?)

発見年	所蔵（保管）者	共伴遺物					文献	備考
		石製品・玉類	武具・武器・馬具	ほか金属器	土器類	その他		
1991		—	—	—	壺・甕・鉢・器台	—	西住欣一郎編1992『うてな遺跡』熊本県文化財調査報告第121集，熊本県教育委員会	—
1991	熊本県教育委員会	—	—	—	土器	—	澤田宗順編1993『たたかいと祈りと—古代青銅器の流れと広がり—』八代の歴史と文化Ⅲ，八代市立博物館未来の森ミュージアム	同笵：方保田東原遺跡119番地7号住居跡（熊本111）・良洞里（伝）（南21）
1998～2006	七城町教育委員会	—	—	—	—	—	高見淳編2006『小野崎遺跡』菊池市文化財調査報告第1集，菊池市教育委員会	110g
1998～2006		—	—	—	—	—		58g
1998～2006		—	—	—	—	—		〈3g〉
1998～2006		—	—	—	—	—		〈4g〉
1998～2006		—	—	—	—	—		80g／同笵：吉野ヶ里遺跡ST2200（佐賀53-1）
1998～2006		—	—	—	—	—		62g
1998～2006		—	—	—	—	—		82g
1998～2006		—	—	—	—	—		22g
1998～2006		—	—	—	—	—		〈17g〉
1998～2006		—	—	—	—	—		〈6g〉／同笵：舎羅里遺跡（北12）
1998～2006		—	—	—	—	—		18g
1998～2006		—	—	—	—	—		〈15g〉
1968	熊本大学文学部	—	鉄鏃2				肥後考古学会編1983『肥後考古』第3号 肥後古鏡聚英，肥後考古学会	熊本県（肥後国）15
1968	西合志町教育委員会	—	—				肥後考古学会編1983『肥後考古』第3号 肥後古鏡聚英，肥後考古学会	熊本県（肥後国）14
1990	西合志町教育委員会	—	鉄鏃1	刀子1	土器		澤田宗順編1993『たたかいと祈りと—古代青銅器の流れと広がり—』八代の歴史と文化Ⅲ，八代市立博物館未来の森ミュージアム	—
1979	西弥護免遺跡調査団						肥後考古学会編1983『肥後考古』第3号 肥後古鏡聚英，肥後考古学会	同笵：後山遺跡2号石棺（福岡434）
1983	熊本県教育委員会	—					澤田宗順編1993『たたかいと祈りと—古代青銅器の流れと広がり—』八代の歴史と文化Ⅲ，八代市立博物館未来の森ミュージアム	鈕孔摺り切れる
1992	熊本県教育委員会	碧玉管玉3・ガラス丸玉8・ガラス玉14			土器		澤田宗順編1993『たたかいと祈りと—古代青銅器の流れと広がり—』八代の歴史と文化Ⅲ，八代市立博物館未来の森ミュージアム	破鏡（内区・破面研磨・2孔）
1949	阿蘇神社	勾玉4・管玉5・ガラス丸玉43・ガラス小玉267～・滑石臼玉26	刀2・鉄鏃138～	斧1・刀子8	—	—	杉井健編2014『長目塚古墳の研究』2010年度～2013年度科学研究費補助金基盤研究（B）研究成果報告書，熊本大学文学部	熊本県（肥後国）54／「三十五才位の女性」の歯

番号	舶倭	鏡 式	出土遺跡	出土地名	遺跡内容	時 期	面径(cm)	銘 文	諸氏分類	編者分類・時期	
35	倭	乳文鏡					20.7	—	乳文鏡Ⅰ類（樋口79）／乳文鏡類（小林82・10）	—	中期
36	倭	珠文鏡					5.3	—	Ⅰ類（中山他94）／AC-D類（脇山13）	〔珠文鏡〕	—
37	倭	〔四獣鏡〕	鞍掛塚古墳	阿蘇市一の宮町中通字上鞍掛〔阿蘇郡一の宮町〕	古墳	円墳・箱形石棺	古墳	14.8	—	—	—	—
38	倭	〔珠文鏡〕					6.4	—	—	—	—
39	倭	〔変形文鏡〕	鞍掛古墳（伝）	阿蘇市一の宮町中通字上鞍掛（伝）〔阿蘇郡一の宮町〕	墳墓	箱形石棺	古墳	10.0	—	—	—	—
40	倭	乳文鏡	中通古墳群（伝）	阿蘇市一の宮町中通（伝）〔阿蘇郡一の宮町〕	古墳	円墳・箱形石棺	古墳	6.8	—	—	〔乳脚文鏡？〕	—
41	倭	六弧内行花文鏡	番出1号墳	阿蘇市一の宮町中坂梨字番出〔阿蘇郡一の宮町〕	古墳	円墳・箱形石棺	古墳	10.0	—	B類1式（清水94）	内行花文鏡B式	前(中)
42	舶	画文帯環状乳四神四獣鏡	迎平6号墳	阿蘇市一の宮町手野字的場〔阿蘇郡一の宮町〕	古墳	円墳	古墳後期	14.9	「天王日月」	—	—	—
43	舶	方格規矩四神鏡	西一丁畑遺跡 遺物包含層（第Ⅲ-3a層）（第21号住居外）	阿蘇郡南阿蘇村久石字西一丁畑〔阿蘇郡久木野村〕	集落	住居跡or遺物包含層	弥生後期	破片	—	—	—	—
43-1	倭	弥生倭製鏡	南鶴遺跡	阿蘇郡南阿蘇村吉良字南鶴〔阿蘇郡白水村〕	集落	不明	弥生後期～	9.2	—	内行花文系Ⅱ型B類a（南07b）／内行花文系小形仿製鏡第2型b類（田尻10・12）	〔弥生倭製鏡〕	弥生
44	倭	弥生倭製鏡	菊池郡・阿蘇郡内（伝）	菊池市・阿蘇市？（伝）〔菊池郡・阿蘇郡内〕	不明	不明	不明	5.8	—	重圏文日光鏡系仿製鏡第Ⅰ型a類（高倉85・90）／重圏紋鏡系小形仿製鏡第Ⅰ型a類？（高木02）／重圏文系Ⅰ型A類ⅱ（南07a）／重圏文日光鏡系仿製鏡う-1類（松本08）／重圏文系小形仿製鏡第1型あ類（田尻10・12）	〔弥生倭製鏡〕	弥生
45	舶	方格規矩鏡	高城山3号墳	熊本市西区小島下町下松尾字高城山	古墳	円墳（15）・舟形石棺直葬	古墳前期	9.0	—	—	—	—
46	倭	六弧内行花文鏡	高橋稲荷石棺群	熊本市西区城山上代町無田脇	古墳	箱形石棺	古墳	7.7	—	B類（清水94）	内行花文鏡B式	前(中?)
47	舶	飛禽鏡？	上高橋高田遺跡 O-19グリッドⅢ層最下位	熊本市西区上高橋字高田	集落	遺物包含層	弥生～古墳	9.9	—	—	—	—
48	舶	不明	上高橋高田遺跡 排水路 D-1区Ⅳ層			溝		7.5	—	—	—	—
49	舶	内行花文鏡	戸坂遺跡		集落	不明	弥生	約15	—	—	—	—
50	倭	弥生倭製鏡（内行花文鏡）	戸坂遺跡 20号住居跡	熊本市西区戸坂町北原	集落	竪穴住居	弥生後期	9.1	—	内行花文系Ⅳ型A類（南07b）／内行花文日光鏡系仿製鏡B-3a②類（松本08）／内行花文系小形仿製鏡第4型（田尻10・12）	〔弥生倭製鏡〕	弥生
51	舶	細線式禽獣鏡	北岡古墳	熊本市西区春日1丁目	古墳	円墳・横穴式石室	古墳	9.6	—	円圏鳥文鏡C（樋口79）／獣帯鏡類B型（小林82・10）	—	—
51-1	倭	弥生倭製鏡（内行花文鏡）	二本木遺跡群（田崎地区）4区 竪穴建物SI83	熊本市西区田崎1丁目	集落	竪穴住居	弥生後期	7.8	—	—	〔弥生倭製鏡〕	弥生
51-2	舶	不明	二本木遺跡群（田崎地区）6区 竪穴建物SI16		集落	竪穴住居	弥生後期	破片	—	—	—	—

熊本

発見年	所蔵（保管）者	共伴遺物					文献	備考
		石製品・玉類	武具・武器・馬具	ほか金属器	土器類	その他		
1900	東京国立博物館〈J173〉	勾玉・管玉・小玉	剣	銀環	—	—	肥後考古学会編1983『肥後考古』第3号 肥後古鏡聚英,肥後古学会	1195g／漢式鏡858／熊本県（肥後国）55-1
	東京国立博物館〈J2530〉							漢式鏡859／熊本県（肥後国）55-2
	所在不明							漢式鏡860／熊本県（肥後国）55-3／「他の二面は、不完全な図（明治三十五年埋蔵物録所収地方庁報告書添付図）によってその型式を察するに、その一は獣形鏡（中略）（四獣鏡）らしく、内区に四獣配せられ、それを繞つて、左右に二個宛の珠文を有する直線を以て劃せられた圏文、櫛歯文帯、外行鋸歯文帯、素縁のある型式らしく、他の一面（中略）（珠文鏡）は破片で、僅か三分の一大を有するに過ぎない、鈕を繞つて珠文帯一条を描かれてゐるに過ぎないが、恐らく前鏡（中略）に似て変形文鏡中の珠文を主とする珠文鏡に属するものらしい」〔後藤1926〕
								漢式鏡861／熊本県（肥後国）55-4／熊本40と同一品の可能性
1899	所在不明							漢式鏡866／熊本県（肥後国）56
不明	熊本市立博物館（個人旧蔵）	—	—	—	—	—	肥後考古学会編1983『肥後考古』第3号 肥後古鏡聚英,肥後古学会	熊本県（肥後国）57
1978	熊本県教育委員会	—	刀1・剣1	—	—	櫛	肥後考古学会編1983『肥後考古』第3号 肥後古鏡聚英,肥後古学会	熊本県（肥後国）58／20代の男性骨
1975	阿蘇神社	—	—	—	—	—	肥後考古学会編1983『肥後考古』第3号 肥後古鏡聚英,肥後古学会	同型鏡群〔GK-1〕
1986	熊本県教育委員会	—	—	—	—	—	澤田宗順編1993『たたかいと祈りと―古代青銅器の流れと広がり―』八代の歴史と文化Ⅲ,八代市立博物館未来の森ミュージアム	破鏡（内区・破面研磨）
2000年代	所在不明	—	—	—	—	—	熊本県教育委員会編2000『文化財通信くまもと』第18号,熊本県教育委員会	—
不明	個人（熊本市立博物館）	—	—	—	—	—	肥後考古学会編1983『肥後考古』第3号 肥後古鏡聚英,肥後古学会	伝世品
1967	熊本市立博物館	—	—	刀子	—	—	肥後考古学会編1983『肥後考古』第3号 肥後古鏡聚英,肥後古学会	壮年前期の女性骨
1959	熊本大学考古学研究室	滑石勾玉	—	—	—	—	肥後考古学会編1983『肥後考古』第3号 肥後古鏡聚英,肥後古学会	熊本県（肥後国）20
1990	熊本市教育委員会	—	—	—	—	—	網田龍生編1993『上高橋高田遺跡 第1次調査区発掘調査概報Ⅰ』熊本市教育委員会	破鏡（破面研磨・1孔）
1991								非破鏡／縁部片
1966頃	個人	—	—	—	—	—	肥後考古学会編1983『肥後考古』第3号 肥後古鏡聚英,肥後古学会	熊本県（肥後国）23／破鏡（破面研磨）／一側を故意に鋭く研磨
1984	熊本市教育委員会	—	—	—	—	—	澤田宗順編1993『たたかいと祈りと―古代青銅器の流れと広がり―』八代の歴史と文化Ⅲ,八代市立博物館未来の森ミュージアム	—
1922	熊本市教育委員会	勾玉	矛	金環	—	—	肥後考古学会編1983『肥後考古』第3号 肥後古鏡聚英,肥後古学会	漢式鏡850／熊本県（肥後国）26
2006	熊本市教育委員会	—	—	—	—	—	長谷部善一・上高原聡編2013『二本木遺跡群7（田崎地区）・（田崎町道切替）・（田崎陸橋）』熊本県文化財調査報告第280集,福岡県教育委員会	74g
2006		—	—	—	—	甕		〈17g〉／破鏡（破面の一方は研磨）

番号	舶倭	鏡 式	出土遺跡	出土地名	遺跡内容	時 期	面径(cm)	銘 文	諸氏分類	編者分類・時期	
51-3	倭	弥生倭製鏡	八島町遺跡 竪穴建物 S080	熊本市西区蓮台寺	集落	竪穴住居	弥生後期	4.3	—	重圏文系Ⅱ型（南07b）／重圏文系小形仿製鏡第1型う類（田尻10・12）	〔弥生倭製鏡〕	弥生
51-4	倭	弥生倭製鏡（内行花文鏡）	八島町遺跡 竪穴建物 S156		集落	竪穴住居	弥生後期	7.8	—	—	〔弥生倭製鏡〕	弥生
24	倭	〔素文鏡〕	吉松村横穴（伝）	熊本市北区植木町（伝）〔鹿本郡植木町〕	横穴	横穴	古墳	4.5	—	—	—	—
117	倭	弥生倭製鏡（内行花文鏡）	ヲスギ遺跡 6区SI24-A	熊本市北区植木町滴水字ヲスギ〔鹿本郡植木町〕	集落	竪穴住居	弥生後期	8.0	—	内行花文系Ⅲ型B類（南07b）／内行花文系小形仿製鏡第3型a類（田尻10・12）	〔弥生倭製鏡〕	弥生
117-1	倭	弥生倭製鏡（内行花文鏡）	石川遺跡 13区2号住居	熊本市北区植木町石川字小迫487-1他〔鹿本郡植木町〕	集落	竪穴住居	弥生後期	6.9	—	内行花文系Ⅲ型C類b（南07b）／内行花文系小形仿製鏡第3型a類（田尻10・12）	〔弥生倭製鏡〕	弥生
52	倭	獣像鏡	稲荷山古墳	熊本市北区清水町打越字永浦	古墳	円墳（30）・横穴式石室	古墳後期	9.0	—	—	〔旋回式獣像鏡？〕	後期？
53	倭	珠文鏡	竹ノ上石棺	熊本市北区清水町津浦字竹ノ上	古墳	箱形石棺？	古墳	7.1	—	A類（小林79）／珠文鏡Ⅰ類（樋口79）／珠文鏡類A型（小林82・10）／Ⅰ類（中山他94）／A-B類（脇山13）	〔珠文鏡〕	—
54	倭	弥生倭製鏡（九弧内行花文鏡）	徳王遺跡（鶴畑）	熊本市北区徳王字鶴畑	集落	表面採集	弥生	7.7	—	内行花文日光鏡系仿製鏡第Ⅱ型a類（高倉85・90）／連弧紋鏡系小形仿製鏡第Ⅱ型a類3（高木02）／内行花文系Ⅱ型B類a（南07b）／内行花文日光鏡系仿製鏡A-3類（松本08）／内行花文系小形仿製鏡第2型b類（田尻10・12）／広縁式区画型（林10）	〔弥生倭製鏡〕	弥生
55	舶	方格T字鏡	陣ノ内（陣内）石棺	熊本市北区龍田陣内	古墳	組合箱形石棺	古墳	9.0	—	博局T字鳥文鏡Ca4S類（高木91・93）／小型鏡A4型（北浦92）／SAa1式（松浦94）／丁群（森下98）	—	—
118	倭	弥生倭製鏡	五丁中原遺跡群 4区5号住居跡	熊本市北区貢町・和泉町	集落	竪穴住居	弥生後期	6.1	—	連弧紋鏡系小形仿製鏡第Ⅰ型a類（高木02）／内行花文系Ⅰ型A類（南07a・07b）／内行花文系小形仿製鏡第1型（田尻10・12）	〔弥生倭製鏡〕	弥生
120	？	不明	清水町遺跡群 遺物包含層	熊本市北区八景水谷1丁目	集落	遺物包含層	不明	破片	—	—	—	—
56	倭	弥生倭製鏡（八弧内行花文鏡）	石原亀の甲遺跡	熊本市東区石原町亀甲	集落	表面採集	弥生	7.5	—	内行花文日光鏡系仿製鏡第Ⅱ型a類（高倉85・90）／内行花文系Ⅱ型B類a（南07b）／内行花文系小形仿製鏡第2型b類（田尻10・12）／広縁式区画型（林10）	〔弥生倭製鏡〕	弥生
57	倭	弥生倭製鏡（内行花文鏡）	石原亀の甲遺跡	熊本市東区石原町亀甲	集落	表面採集	弥生	7.5	—	内行花文日光鏡系仿製鏡第Ⅱ型a類（高倉85・90）／内行花文系Ⅱ型B類a（南07b）／内行花文系小形仿製鏡第2型b類（田尻10・12）	〔弥生倭製鏡〕	弥生
58	倭	〔弥生倭製鏡〕	弓削山尻遺跡	熊本市東区弓削町山尻	集落	不明	不明	破片	—	—	—	—
119	倭	素文鏡	水源地遺跡 7号周溝墓	熊本市東区水源1-1	墳墓	円形周溝墓・箱形石棺	古墳中期	7.4	—	—	〔素文鏡〕	—
119-1	倭	弥生倭製鏡（内行花文鏡）	長嶺遺跡群 第11次調査埋土	熊本市東区長嶺	集落	表面採集	弥生	6.8	—	内行花文系Ⅱ型B類a（南07b）／内行花文日光鏡系仿製鏡B-3c類（松本08）／内行花文系小形仿製鏡第4型？（田尻10・12）	〔弥生倭製鏡〕	弥生
85	倭	弥生倭製鏡？	構口遺跡	熊本市南区城南町宮地字構口〔下益城郡城南町〕	集落	表面採集	弥生	8.1	—	内行花文系Ⅱ型B類？（南07b）	〔弥生倭製鏡？〕	弥生？
87	倭	不明	上の原7号墳	熊本市南区城南町塚原字上の原〔下益城郡城南町〕	古墳	円墳（8）・箱形石棺	古墳後期	5.7	—	—	—	—
87-1	舶	連弧文昭明鏡	宮地遺跡群	熊本市南区城南町宮地〔下益城郡城南町〕	集落？	不明	弥生後期	破片	—	—	—	—
86	？	不明	将軍塚古墳（伝）	熊本市南区城南町塚原字丸山（伝）〔下益城郡城南町〕	古墳	円墳・横穴式石室	古墳中期	不明	—	—	—	—
86-1	倭	弥生倭製鏡	新御堂遺跡 Ⅳb79住居	熊本市南区城南町宮地字新御堂〔下益城郡城南町〕	集落	竪穴住居	不明	5.6	—	重圏文系Ⅰ型B類（南07b）／重圏文系小形仿製鏡第1型（田尻10・12）	〔弥生倭製鏡〕	弥生
86-2	倭	弥生倭製鏡〔内行花文鏡〕	新御堂遺跡 Ⅳb119住居	熊本市南区城南町宮地字新御堂〔下益城郡城南町〕	集落	竪穴住居	不明	7.9	—	内行花文系Ⅱ型B類a（南07b）／内行花文系小形仿製鏡第2型b類（田尻10・12）	〔弥生倭製鏡〕	弥生

発見年	所蔵（保管）者	共伴遺物					文献	備考
		石製品・玉類	武具・武器・馬具	ほか金属器	土器類	その他		
2003	熊本市教育委員会	―	―	―	―	―	長谷部善一・上高原聡編 2013『八島町遺跡』熊本県文化財調査報告第 281 集, 福岡県教育委員会	8g
2003		ガラス小玉 1	―	―	壺・甕・鉢・高杯	砥石		〈13g〉
不明	所在不明（菊鹿中学校旧蔵）						肥後考古学会編 1983『肥後考古』第 3 号 肥後古鏡聚英, 肥後考古学会	―
1998	熊本県教育委員会	―	―	―	甕・ジョッキ形土器	―	亀田学編 2003『ヲスギ遺跡』熊本県文化財調査報告第 214 集, 熊本県教育委員会	61g
1998	熊本市教育委員会	―	―	―			中原幹彦編 2002『石川遺跡』植木町文化財調査報告書第 14 集, 植木町教育委員会	〈10g〉／破面は非研磨
1947（1948?）	所在不明	玉	刀・矛・鉄鏃・杏葉・雲珠	金環	―	―	肥後考古学会編 1983『肥後考古』第 3 号 肥後古鏡聚英, 肥後考古学会	熊本県（肥後国）24
1968	熊本市立博物館	―	剣	―	―		樋口隆康 1979『古鏡』新潮社	熊本県（肥後国）25
1960	個人	―	―	―	―		肥後考古学会編 1983『肥後考古』第 3 号 肥後古鏡聚英, 肥後考古学会	熊本県（肥後国）35
1883	所在不明	―	―	―	―	―	肥後考古学会編 1983『肥後考古』第 3 号 肥後古鏡聚英, 肥後考古学会	漢式鏡 849／熊本県（肥後国）27
1995	熊本市教育委員会	―	―	―	土器	―	金田一精編 1997『五丁中原遺跡 五丁中原遺跡群第 1 次調査区発掘調査概要報告書』熊本市教育委員会	同范：続命院遺跡（福岡 590）
1992	熊本県教育委員会	―	―	―	―	―	熊本市教育委員会編 1995『熊本市埋蔵文化財調査年報』第 1 号, 熊本市教育委員会	破鏡（破面研磨）
1976	熊本県教育委員会	―	―	―	―	―	肥後考古学会編 1983『肥後考古』第 3 号 肥後古鏡聚英, 肥後考古学会	熊本県（肥後国）21-1
								熊本県（肥後国）21-2
1976	熊本県教育委員会	―	―	―	―	―	岡崎敬編 1979『日本における古鏡 発見地名表 九州地方Ⅰ』東アジアより見た日本古代墓制研究（増補改訂版）	熊本県（肥後国）22
1995	熊本県教育委員会	―	―	刀子 1	―	―	野田拓治・長谷部善一編 1998『今どきの考古学―くまもと考古速報展―』熊本県立装飾古墳館展示図録第 10 集, 熊本県立装飾古墳館	追葬時に副葬された可能性
1990 年代	熊本市教育委員会	―	―	―	―	―	原田範昭 2000「長嶺遺跡第 11 次調査区」『熊本市埋蔵文化財調査年報』第 3 号, 熊本市教育委員会	―
昭和以降	城南町歴史民俗資料館						澤田宗順編 1993『たたかいと祈り―古代青銅器の流れと広がり―』八代の歴史と文化Ⅲ, 八代市立博物館未来の森ミュージアム	―
1980	熊本県教育委員会	―	―	―	―	―	肥後考古学会編 1983『肥後考古』第 3 号 肥後古鏡聚英, 肥後考古学会	縁部片
不明	熊本市教育委員会						岡部裕俊編 2014『狗奴国浪漫―熊本・阿蘇の弥生文化―』平成 26 年度伊都国歴史博物館開館 10 周年記念特別展示図録, 糸島市立伊都国歴史博物館	―
不明	所在不明	玉類	短甲・刀・剣・矛・鉄鏃	刀子	―	―	肥後考古学会編 1983『肥後考古』第 3 号 肥後古鏡聚英, 肥後考古学会	熊本県（肥後国）34
不明		―	―	―	―	―	清田純一編 2003『宮地遺跡群』城南町文化財調査報告第 13 集, 城南町教育委員会	―
不明	熊本市教育委員会	―	―	―	―	―	岡部裕俊編 2014『狗奴国浪漫―熊本・阿蘇の弥生文化―』平成 26 年度伊都国歴史博物館開館 10 周年記念特別展示図録, 糸島市立伊都国歴史博物館	―

番号	舶倭	鏡式	出土遺跡	出土地名	遺跡内容	時期	面径(cm)	銘文	諸氏分類	編者分類・時期
86-3	倭	弥生倭製鏡〔内行花文鏡〕	平田町遺跡第1次発掘調査区2号土壙	熊本市南区平田	集落	土壙	弥生？	6.3	—	内行花文系小形仿製鏡第2型a類（田尻10・12）	〔弥生倭製鏡〕 弥生
59	倭	八弧内行花文鏡	城の本古墳	上益城郡益城町寺迫字城の本		円墳(11)・箱形石棺	古墳中期	9.0	—	B類（清水94）／Ⅲ類基本系（林00）	内行花文鏡B式 前期？
60	？	不明	井寺古墳（伝）	上益城郡嘉島町井寺字富屋敷（伝）		円墳(28)・横穴式石室	古墳中期	不明	—	—	—
61	？	不明	二子塚遺跡4号住居跡		集落	竪穴住居	弥生後期	破片	—	内行花文系Ⅱ型B類？（南07b）	—
62	舶	内行花文鏡？	二子塚遺跡67号住居跡	上益城郡嘉島町北甘木字塚の上	集落	竪穴住居	弥生後期	16.4	—	—	—
63	舶	不明	二子塚遺跡86号住居跡		集落	竪穴住居	弥生後期	10.4	—	—	—
64	舶	不明	二子塚遺跡148号住居跡		集落	竪穴住居	弥生後期	7.4	—	—	—
65	舶	方格T字鏡	秋只古墳	上益城郡御船町豊秋字秋只		円墳・竪穴式石槨？	古墳前期	15.4	—	博局T字鳥文鏡Ca3K類（高木91・93）／中型鏡（北浦92）／MB2式（松浦94）／丙群（森下98）	—
66	倭	六（九）神像鏡					11.6	—	—	神像鏡Ⅰ系 前(中)
67	倭	神頭鏡	小坂大塚古墳	上益城郡御船町小坂字下原		円墳(27)・横穴式石室	古墳前期	12.5	—	神像鏡八頭式（樋口79）／獣帯鏡類A型（小林82・10）／ⅠBb類（荻野82）／C類獣頭（冨田89）／神頭鏡式倭鏡（林02）／神頭鏡系（森下02）／三ツ山鏡系（赤塚04a）	神頭鏡系 前(中)
68	倭	捩文鏡	小坂大塚付近石棺（伝）	上益城郡御船町小坂（伝）		古墳	箱形石棺	古墳前期	7.3	—	Ⅲ型（樋口79）／捩文鏡（類）A型（小林82・10）／BⅡ型（小林83）／Ⅲ型（小沢88）／俵紋鏡系（森下02）	捩文鏡B系 前(中)
69	倭	〔獣形鏡〕	今城大塚古墳（伝）	上益城郡御船町滝川（伝）	古墳	前方後円墳(34)・横穴式石室	古墳後期	不明	—	—	—
70	舶	方格規矩鏡or獣帯鏡	枯木原遺跡	上益城郡山都町下名連石字枯木原〔上益城郡矢部町〕	不明	表面採集	不明	14.5	—	—	—
70-1	舶	連弧文銘帯鏡	北中島西原遺跡住居跡	上益城郡山都町北中島〔上益城郡矢部町〕	集落	竪穴住居	弥生後～末期	約10	あり（不詳）	—	—
70-2	倭	弥生倭製鏡（内行花文鏡）					6.5	—	—	〔弥生倭製鏡〕 弥生
71	舶	内行花文鏡？	轟貝塚	宇土市宮庄町須崎	不明	表面採集	不明	約11	—	—	—
72	倭	獣像鏡	史跡宇土城跡SD01（西岡台遺跡）	宇土市神馬町馬場字千畳敷	集落	溝	古墳前期～	15.2	擬銘	—	〔旋回式獣像鏡〕 後期
73	舶	三角縁珠文帯四神四獣鏡	城ノ越古墳	宇土市栗崎町城ノ越	古墳	前方後円墳(44)・箱形石棺？	古墳前期	21.7	—	目録番号49・同笵鏡番号76・配置A・表現⑤	—
74	倭	珠文鏡	古保里2号石棺	宇土市古保里町八津江	古墳	箱形石棺	古墳前期	6.3	—	Ⅰ類（中山他94）	〔珠文鏡〕
75	倭	重圏文鏡？	西潤野2号墳	宇土市立岡町西潤野	古墳	円墳(25)・箱形石棺	古墳中期	7.7	—	—	〔重圏文鏡？〕
76	舶	青同作方格規矩八禽鏡	向野田古墳〔後円部主体部〕	宇土市松山町向野田	古墳	前方後円墳(86)・竪穴式石槨（舟形石棺）	古墳前期	18.4	「青同作竟明大好　長生宜子孫」／「子丑寅卯辰巳午未申酉戌亥」	博局鳥文鏡AaIK類（高木91・93）／甲群（森下98）	—
77	舶	長宜子孫八弧内行花文鏡					17.0	「長宜子孫」	—	—
78	舶	浮彫式四獣鏡					11.2	—	—	—
79	舶	上方作系浮彫式獣帯鏡	チャン山古墳	宇土市松山町南山内	古墳	円墳・竪穴式石槨	古墳前期	10.5	—	四像式（岡村92）／四像Ⅱ式（Ⅳ系）（實盛15）	—

熊本

発見年	所蔵（保管）者	共伴遺物					文献	備考
		石製品・玉類	武具・武器・馬具	ほか金属器	土器類	その他		
2004	熊本市教育委員会	—	—	—	—	—	美濃口雅朗 2006「平田町遺跡第1次発掘調査区」『熊本市埋蔵文化財調査年報』第8号, 熊本市教育委員会	—
1983	益城町教育委員会	勾玉・管玉	—	—	—	—	澤田宗順編 1993『たたかいと祈りと—古代青銅器の流れと広がり—』八代の歴史と文化Ⅲ, 八代市立博物館未来の森ミュージアム	79g
不明	所在不明（済々黌旧蔵）	—	刀	—	—	—	肥後考古学会編 1983『肥後考古』第3号 肥後古鏡聚英, 肥後考古学会	熊本県（肥後国）33
1989		—	—	不明鉄製品	—	—	白石太一郎・設楽博己編 1994『弥生・古墳時代遺跡出土鏡データ集成』(『国立歴史民俗博物館研究報告』第56集), 国立歴史民俗博物館	—
1989	熊本県教育委員会	—	—	不明鉄製品	—	—	澤田宗順編 1993『たたかいと祈りと—古代青銅器の流れと広がり—』八代の歴史と文化Ⅲ, 八代市立博物館未来の森ミュージアム	縁部片
1989		—	—	—	土器	—		縁部片
1989		—	—	—	土器	—		—
1881	個人	勾玉	革綴短甲片	—	—	—	肥後考古学会編 1983『肥後考古』第3号 肥後古鏡聚英, 肥後考古学会	熊本県（肥後国）30-1
								熊本県（肥後国）30-2
1920	熊本市立博物館	勾玉・管玉・切子玉	冑1・長方板革綴短甲1・刀・剣・鉄鏃	鍬先・刀子	—	—	肥後考古学会編 1983『肥後考古』第3号 肥後古鏡聚英, 肥後考古学会	熊本県（肥後国）31
不明								熊本県（肥後国）32
不明	所在不明	勾玉・管玉・切子玉	剣・矛・鉄鏃	—	—	—	肥後考古学会編 1983『肥後考古』第3号 肥後古鏡聚英, 肥後考古学会	熊本県（肥後国）31-1
1959	所在不明（個人旧蔵）	—	—	—	—	—	肥後考古学会編 1983『肥後考古』第3号 肥後古鏡聚英, 肥後考古学会	熊本県（肥後国）29／縁部片
2011	熊本県教育委員会	—	—	—	甕	—	水上公誠 2011「弥生時代後期の同一住居跡から青銅鏡出土—小型仿製鏡と破鏡—」九州考古学会編『平成23年度九州考古学会総会研究発表資料集』九州考古学会	破鏡
								—
1975	個人	—	—	—	—	—	肥後考古学会編 1983『肥後考古』第3号 肥後古鏡聚英, 肥後考古学会	熊本県（肥後国）41／縁部片
1975	宇土市教育委員会・宇土市立図書館郷土資料室	—	—	—	—	—	肥後考古学会編 1983『肥後考古』第3号 肥後古鏡聚英, 肥後考古学会	熊本県（肥後国）40
1966	宇土高校・宇土市立図書館郷土資料室	—	—	—	—	—	富樫卯三郎・高木恭二 1982「熊本県城ノ越古墳出土の三角縁神獣鏡について—鳥取県普段寺2号墳出土鏡との比較—」『考古学雑誌』第67巻第3号, 日本考古学会	660g／熊本県（肥後国）38
1961	個人	勾玉・管玉・小玉	剣	鏃	—	—	肥後考古学会編 1983『肥後考古』第3号 肥後古鏡聚英, 肥後考古学会	熊本県（肥後国）37
1990	宇土市教育委員会・宇土市立図書館郷土資料室	滑石臼玉777	—	斧1	—	竪櫛	澤田宗順編 1993『たたかいと祈りと—古代青銅器の流れと広がり—』八代の歴史と文化Ⅲ, 八代市立博物館未来の森ミュージアム	熟年男性骨
1969	宇土市教育委員会・宇土市立図書館郷土資料室	碧玉車輪石1・硬玉勾玉4・碧玉管玉82・ガラス小玉196〜	刀4・剣3・槍1	斧3・刀子78	—	—	富樫卯三郎・平山修一・高木恭二編 1978『向野田古墳』宇土市埋蔵文化財調査報告書第2集, 宇土市教育委員会	692g／熊本県（肥後国）39-1
								熊本県（肥後国）39-2／「30才の後半から40才まで」の女性骨
								155g／熊本県（肥後国）39-3
1967	宇土市教育委員会・宇土市立図書館郷土資料室	—	刀・剣	—	—	—	肥後考古学会編 1983『肥後考古』第3号 肥後古鏡聚英, 肥後考古学会	熊本県（肥後国）36

番号	舶倭	鏡式	出土遺跡	出土地名	遺跡内容	時期	面径(cm)	銘文	諸氏分類	編者分類・時期
80	舶	画文帯環状乳四神四獣鏡	国越古墳〔家形石棺〕	宇城市不知火町長崎字国越〔宇土郡不知火町〕	古墳(63)・横穴式石室(家形石棺)	古墳後期	14.6	「天王日月」	II（樋口79）	―
81	舶	対置式四獣鏡	国越古墳〔横穴式石室内東側屍床〕		古墳(63)・横穴式石室(屍床)	古墳後期	9.3	―	方銘獣文鏡C四獣鏡（樋口79）	―
82	舶	獣文縁浮彫式獣帯鏡	国越古墳〔横穴式石室内西側屍床〕		古墳(63)・横穴式石室(屍床)	古墳後期	17.5	「宜子孫」	半肉彫獣帯鏡A七像式（樋口79）	―
83	?	不明	清水甲古墳(伝)	宇城市三角町三角浦字清水(伝)〔宇土郡三角町〕	古墳	箱形石棺	古墳	不明	―	―
84	?	不明	重盛塚甲古墳	宇城市三角町波多〔宇土郡三角町〕	古墳	円墳	古墳	不明	―	―
88	倭	神頭鏡					11.6	―	神像鏡六頭式（樋口79）／獣形文鏡類六獣鏡（小林82・10）／I Cg類（荻野82）／B類神頭（冨田89）／神頭鏡系（森下02）／三ツ山鏡系（赤塚04a）	神頭鏡系	前(中)
89	倭	六弧内行花文鏡	門前1号墳(石櫃内)	八代市岡町谷川字門前	古墳	前方後円墳?(38)	古墳	10.2	―	六弧（樋口79）／B類1式（清水94）／内行花文鏡D系（森下02）／六花鏡（小林10）	内行花文鏡B式	前(中)
90	倭	六弧内行花文鏡					11.8	―	六弧（樋口79）／B類2式（清水94）／内行花紋鏡D系（森下02）／六花鏡（小林10）	内行花文鏡B式	前(中)
91	?	不明	産島2号墳	八代市古閑浜町産島	古墳	円墳・箱形石棺	古墳	不明	―	―
92	倭	捩文鏡	五反田古墳	八代市敷川内町五反田	古墳	横穴式石室	古墳	8.9	―	捩文鏡(類)C型（小林82・10）／BIII型（小沢88）／V型（小沢88）／D型式(a類)（水野97）／羽紋鏡系（森下02）	捩文鏡D系	前(中)
93	倭	五獣鏡	塩釜1号	八代市日奈久大坪町塩釜上	古墳	円墳(6)・横穴式石室	古墳後期	11.2	―	獣形文鏡類五獣鏡（小林82・10）／旋回式獣像鏡系（森下02）	〔旋回式獣像鏡〕	後期
94	舶	三角縁波文帯四神二獣鏡	八代郡(伝)	八代市(伝)〔八代郡〕	不明	不明	不明	21.6	―	目録番号86・同笵鏡番号*・配置H'・表現⑧	―
94-1	倭	四獣鏡	八代郡岡村(伝)	八代市(伝)〔八代郡〕	古墳	不明	不明	13.0	―	―	―
95	舶	三角縁尚方作二神二獣鏡	葦北郡(伝)	葦北郡or八代市(伝)	不明	不明	22.7	「尚方作竟佳且好　明而日月世少有　刻治今守悉皆右　長保□□□□□□□□市　告后世」	目録番号100・同笵鏡番号56・配置J2・表現③	―
95-1	舶	三角縁尚方作二神二獣鏡	葦北郡(推定)	葦北郡or八代市(推定)	不明	不明	破片	「□□□□□□□　□□□□□□□　□□□□□　□保二　親宜孫子　冨至三公利古市　告后世」	目録番号100・同笵鏡番号56・配置J2・表現③	―
96	舶	三角縁波文帯三神三獣鏡?	葦北郡(伝)	葦北郡or八代市(伝)	不明	不明	破片	―	目録番号126・配置K1?・表現⑪	―
97	倭	珠文鏡?	妻の鼻3号板石積石室墓	天草市亀場町亀川字下渇〔本渡市〕	墳墓	板石積石室墓	古墳中期	6.7	―	―	〔珠文鏡?〕
98	?	不明	妻の鼻28号板石積石室墓	天草市亀場町亀川字下渇〔本渡市〕	墳墓	板石積石室墓	古墳中期	破片	―	―	―
99	倭	弥生倭製鏡(内行花文鏡?)	夏女遺跡23号住居跡	球磨郡錦町木上字夏女	集落	堅穴住居	弥生後期	8.0	―	―	〔弥生倭製鏡〕	弥生
100	倭	弥生倭製鏡(十弧?内行花文鏡)	夏女遺跡50号住居跡		集落	堅穴住居	弥生後期	7.9	―	内行花文系小形仿製鏡第2型b類（田尻10・12）	〔弥生倭製鏡〕	弥生
101	舶	銘帯求心式神獣鏡	才園古墳	球磨郡あさぎり町免田西字永才〔球磨郡免田町〕	古墳	円墳(15)・横穴式石室	古墳後期	11.7	「吾作明竟　幽涑三商　彫刻無祉　大吉羊　宜侯王　師富昌師　百牙樂　衆神見容　命長」／「吾作明竟　幽涑三商　彫刻無師」	―	―
101-1	舶	方格規矩四神鏡	本目遺跡SK12	球磨郡あさぎり町免田東字北吉井〔球磨郡免田町〕	集落	不明	弥生後期～古墳	破片	―	―	―
102	踏	青謐盤龍鏡	怒留湯コレクション	不明	不明	不明	9.0	「青盖」(榜題)	―	―

発見年	所蔵（保管）者	共伴遺物					文献	備考
		石製品・玉類	武具・武器・馬具	ほか金属器	土器類	その他		
1966	熊本県教育委員会	ガラス勾玉・ガラス小玉・ガラス粟玉	玉飾付矛・鉄鏃	鏨	―	―	肥後考古学会編 1983『肥後考古』第 3 号 肥後古鏡聚英, 肥後考古学会	同型鏡群〔GK-1〕／熊本県（肥後国）42-1
		―	刀・鉄鏃	金環	―	―		熊本県（肥後国）42-2
		硬玉勾玉・管玉・丸玉・小玉・空玉	矛	金環	―	―		同型鏡群〔UJ-1〕／熊本県（肥後国）42-3
1913	所在不明（個人旧蔵）	―	筒形銅器・刀	―	―	―	肥後考古学会編 1983『肥後考古』第 3 号 肥後古鏡聚英, 肥後考古学会	熊本県（肥後国）43
1918	所在不明	―	―	―	―	―	肥後考古学会編 1983『肥後考古』第 3 号 肥後古鏡聚英, 肥後考古学会	熊本県（肥後国）44
1884	宮内庁書陵部〈官 123〉	勾玉・管玉	刀 2・剣 4	―	―	―	宮内庁書陵部編 2005『宮内庁書陵部所蔵 古鏡集成』学生社	169g／漢式鏡 865（862）／熊本県（肥後国）45-1
	宮内庁書陵部〈官 124〉							102g／漢式鏡 864（863）／熊本県（肥後国）45-2
	宮内庁書陵部〈官 122〉							166g／漢式鏡 863（862）／熊本県（肥後国）45-3
不明	再埋納	―	剣	冠	―	―	肥後考古学会編 1983『肥後考古』第 3 号 肥後古鏡聚英, 肥後考古学会	熊本県（肥後国）46
1858（1958?）	個人	勾玉・管玉・小玉	鉄鏃	刀子	―	―	肥後考古学会編 1983『肥後考古』第 3 号 肥後古鏡聚英, 肥後考古学会	熊本県（肥後国）47／熊本県（肥後国）48
大正初年	個人	勾玉・管玉・小玉	―	―	―	―	肥後考古学会編 1983『肥後考古』第 3 号 肥後古鏡聚英, 肥後考古学会	漢式鏡 865／熊本県（肥後国）49
不明	耕三寺博物館	―	―	―	―	―	梅原末治 1923『梅仙居蔵日本出土漢式鏡図集』梅仙居蔵古鏡図集第一輯, 山川七左衛門	漢式鏡 864（866）／熊本県（肥後国）50
1772	所在不明	―	―	―	―	―	市河寛斎『宝月楼古鑑図譜』	260g
不明	京都大学総合博物館〈4511〉・個人						森下章司 2013「林裕己氏蔵三角縁神獣鏡と伝葦北郡出土鏡」『横浜ユーラシア文化館紀要』第 1 号, 公益財団法人横浜市ふるさと歴史財団	〈107g〉／熊本県（肥後国）51-2
不明	個人							熊本県（肥後国）51-1
不明	京都大学総合博物館〈4511〉						澤田宗順編 1993『たたかいと祈りと―古代青銅器の流れと広がり―』八代の歴史と文化Ⅲ, 八代市立博物館未来の森ミュージアム	〈150g〉
1967	本渡歴史民俗資料館（個人旧蔵）	勾玉・管玉・小玉	剣片	―	―	―	肥後考古学会編 1983『肥後考古』第 3 号 肥後古鏡聚英, 肥後考古学会	熊本県（肥後国）52-1
1968	本渡歴史民俗資料館	―	刀・剣・矛・鉄鏃	鉄釧	―	―	白石太一郎・設楽博己編 1994『弥生・古墳時代遺跡出土鏡データ集成』（『国立歴史民俗博物館研究報告』第 56 集）, 国立歴史民俗博物館	熊本県（肥後国）52-1
1989	熊本県教育委員会（熊本県文化財収蔵庫）	―	鉄鏃	―	土器	石包丁	澤田宗順編 1993『たたかいと祈りと―古代青銅器の流れと広がり―』八代の歴史と文化Ⅲ, 八代市立博物館未来の森ミュージアム	鈕孔破損／2 孔
1990		―	―	―	土器	―		―
1938	熊本市立博物館	管玉・切子玉・ガラス丸玉	刀・剣・轡・杏葉・辻金具・雲珠・鈴	金環・鋏	―	―	肥後考古学会編 1983『肥後考古』第 3 号 肥後古鏡聚英, 肥後考古学会	熊本県（肥後国）53／鍍金
1995	あさぎり町教育委員会						岡部裕俊編 2014『狗奴国浪漫―熊本・阿蘇の弥生文化―』平成 26 年度伊都歴史博物館開館 10 周年記念特別展示図録, 糸島市立伊都国歴史博物館	破鏡
不明	個人						肥後考古学会編 1983『肥後考古』第 3 号 肥後古鏡聚英, 肥後考古学会	―

番号	舶倭	鏡 式	出土遺跡	出土地名	遺跡内容	時 期	面径(cm)	銘 文	諸氏分類	編者分類・時期
102-1	舶	四獣鏡	『豊前・筑前其他出土考古品図譜』所載鏡	不明	不明	不明	不明	—	—	—
102-2	舶	細線式禽獣鏡?	『豊前・筑前其他出土考古品図譜』所載鏡	不明	不明	不明	不明	—	—	—

大分

番号	舶倭	鏡 式	出土遺跡	出土地名	遺跡内容	時 期	面径(cm)	銘 文	諸氏分類	編者分類・時期
1	舶	三角縁波文帯盤龍鏡〈1号鏡〉	赤塚古墳	宇佐市高森字赤塚	古墳	前方後円墳（58）・箱形石棺	古墳前期	24.8	—	目録番号4・配置盤龍・表現盤	—
2	舶	三角縁天王日月・鋸歯文帯四神四獣鏡〈2号鏡〉					23.0	「天王日月」	目録番号80・同笵鏡番号43・配置G'・表現③	—
3	舶	三角縁唐草文帯二神二獣鏡〈3号鏡〉					21.8	—	目録番号90・同笵鏡番号49・配置J1・表現④	—
4	舶	三角縁天王日月・獣文帯三神三獣鏡〈4号鏡〉					22.6	「天王日月」	目録番号105・同笵鏡番号60・配置K1・表現③	—
5	舶	三角縁天王日月・獣文帯三神三獣鏡〈5号鏡〉					22.4	「天王日月」	目録番号104・同笵鏡番号59・配置K1・表現③	—
6	舶	飛禽鏡	赤塚方形周溝墓1号（赤塚古墳西側1号方形周溝墓）	宇佐市高森字赤塚	墳墓	方形周溝墓（11）・箱形石棺	弥生末期	9.5	—	B式（實盛15）	—
19	倭	捩文鏡	赤塚古墳付近	宇佐市高森字赤塚	墳墓	箱形石棺	古墳	8.1	—	捩文鏡（類）A型（小林82・10）／AⅡ型（小林83）	捩文鏡B系 前(中)
7	舶	吾作斜縁二神二獣鏡	免ヶ平古墳〔第1主体部〕	宇佐市高森字寺ノ内	古墳	前方後円墳（53）・竪穴式石槨（割竹形木棺）	古墳前期	16.2	「吾作明□□□　□龍□□□□□　□□孫□□□□□　□□□□□□□　□□□命□□　□師命手長□」	図像表現②（村松04）／紋様表現②（實盛09）	—
8	舶	「仿製」三角縁獣文帯三神三獣鏡					21.7	—	目録番号207・同笵鏡番号106・配置K2	—
9	舶	吾作斜縁二神二獣鏡	免ヶ平古墳〔第2主体部〕			前方後円墳（53）・箱形石棺	古墳前期	15.7	「吾作明竟　幽凍三商　競徳序道　曾年益□子」	図像表現③（村松04）／紋様表現③（實盛09）	—
13	舶	不明	川部石棺群（伝）	宇佐市高森（伝）	墳墓	箱形石棺	不明	不明	—	—	—
17	舶	内行花文鏡	本丸遺跡石蓋土壙墓	宇佐市高森字本丸	墳墓	石蓋土壙墓	弥生末期?	19.2	—	—	—
10	倭	四神四獣鏡	葛原古墳（葛原鬼塚古墳）	宇佐市葛原字鬼塚	古墳	円墳（53）・横口式石槨（石棺式石室）	古墳中期	12.5	—	四神四獣鏡系（小林82・10）／斜縁神獣鏡B系（森下02）	二神二獣鏡Ⅲ系 前(新)～
11	倭	五弧内行花文鏡	千石古墳	宇佐市南宇佐	古墳	組合式箱形石棺	古墳	8.5	—	五花文鏡（小林82・10）／B類2式（清水94）	内行花文鏡B式 前(中)
12	舶	上方作系浮彫式一仙五獣鏡	古稲荷所在石棺	宇佐市法鏡寺	古墳	箱形石棺	古墳	15.7	「吾作明竟　幽凍三商　大吉　長宜子孫□□」	六像Ⅰ式（Ⅰb系）（實盛15）	—
18	舶	内行花文鏡	上原遺跡（上ノ原遺跡）	宇佐市法鏡寺字上原	集落	竪穴住居	弥生	16～	—	—	—
14	?	不明	高倉古墳	宇佐市長洲字高倉	古墳	円墳・箱形石棺	古墳	不明	—	—	—
15	?	不明					不明	—	—	—
89	舶	八禽鏡	川部遺跡南西地区墳墓群1号方形周溝墓〔2号石棺〕	宇佐市川部	墳墓	方形周溝墓・箱形石棺	弥生末期	9.7	—	—	—
16	舶	「仿製」三角縁獣文帯三神三獣鏡	宇佐市（伝）	宇佐市（伝）	不明	不明	—	23.3	—	目録番号231・同笵鏡番号115・配置L2	—
16-1	舶	三角縁吾作四神四獣鏡	宇佐付近（伝）	宇佐市（伝）	不明	不明	21.5	「吾作明竟甚大好　上有神人王父母　仙人赤侍左右　清龍巨貨　會陽　獨孝惇生文章　常保尼亲不持」	目録番号27・配置B変・表現⑦	—

発見年	所蔵（保管）者	共伴遺物					文献	備考
		石製品・玉類	武具・武器・馬具	ほか金属器	土器類	その他		
不明	所在不明	―	―	―	―	―	澤田宗順編1993『たたかいと祈りと―古代青銅器の流れと広がり―』八代の歴史と文化Ⅲ,八代市立博物館未来の森ミュージアム	―
不明	所在不明（自慊堂旧蔵）	―	―	―	―	―		―
1921	京都国立博物館〈J甲424〉	碧玉管玉3	刀片3	斧1	土師器（壺・杯）	―	梅原末治1923「豊前宇佐郡赤塚古墳調査報告」『考古学雑誌』第14巻第3号,考古学会	1841g／漢式鏡819／大分県（豊前国）1-1
	京都国立博物館〈J甲424〉							漢式鏡820／大分県（豊前国）1-2
	京都国立博物館〈J甲424〉							漢式鏡821／大分県（豊前国）1-3
	京都国立博物館〈J甲424〉							漢式鏡822／大分県（豊前国）1-4？
	京都国立博物館〈J甲424〉							漢式鏡823／大分県（豊前国）1-5？
1978	大分県立宇佐風土記の丘歴史民俗資料館・宇佐市教育委員会	碧玉管玉・ガラス小玉	―	―	―	―	大分県立歴史博物館編2011『川部・高森古墳調査報告書』大分県立歴史博物館	壮年（20歳代～30歳代）の男性骨
明治末～大正初	所在不明（個人旧蔵）	硬玉勾玉1・碧玉管玉8	刀	―	―	―	梅原末治1923「豊前宇佐郡赤塚古墳調査報告」『考古学雑誌』第14巻第3号,考古学会	漢式鏡824／大分県（豊前国）2
1972	大分県立歴史博物館（個人）	石釧3・硬玉勾玉10・碧玉管玉45・ガラス小玉1674	刀1・剣2・短剣6・槍1	鋤先1・斧2・鎌3・鉈2・刀子29・不明鉄器1	土師器（二重口縁壺・高杯脚部）	―	真野和夫・小田富士雄1986『兎ヶ平古墳発掘報告書』大分県立宇佐風土記の丘歴史民俗資料館研究紀要Ⅲ,大分県立宇佐風土記の丘歴史民俗資料館	503g／大分県（豊前国）3-1
								大分県（豊前国）3-2
1988		碧玉石釧2・翡翠勾玉2・碧玉管玉22	刀子1	―	―	―	大分県立歴史博物館編2011『川部・高森古墳調査報告書』大分県立歴史博物館	519g／「成年後半から熟年前半（30歳代～40歳代）」の女性骨
不明	所在不明	―	刀	―	―	―	白石太一郎・設楽博己編1994『弥生・古墳時代遺跡出土鏡データ集成』（『国立歴史民俗博物館研究報告』第56集）,国立歴史民俗博物館	大分県（豊前国）7
1988	宇佐市教育委員会	勾玉1・管玉多数	―	―	―	―	小田富士雄・藤丸詔八郎・武末純一編1991『弥生古鏡を掘る―北九州の国々と文化―』北九州市立考古博物館	破鏡（破面研磨・2孔）
1887以前	宇佐市教育委員会	瑪瑙勾玉2・碧玉管玉3・ガラス小玉多数	小札鋲留眉庇付冑1・三角板革綴短甲1・頭甲1・剣2・鉄鏃	―	―	―	大分県・大分県教育委員会編1987『豊の国 創世記展』大分県・大分県教育委員会	漢式鏡818／大分県（豊前国）6
1960	所在不明（個人旧蔵）	―	―	―	―	―	賀川光夫1971『大分県の考古学』郷土考古学叢書6,吉川弘文館	大分県（豊前国）4
1886	大分県立歴史博物館（個人）	―	刀2	―	―	―	綿貫俊一2013「中之原古稲荷出土の斜縁六獣鏡」『大分県立歴史博物館研究紀要』14,大分県立歴史博物館	416g／漢式鏡560／大分県（豊前国）5
1980	宇佐市教育委員会	―	―	―	土器片	―	小田富士雄・藤丸詔八郎・武末純一編1991『弥生古鏡を掘る―北九州の国々と文化―』北九州市立考古博物館	破鏡（破面研磨）
不明	所在不明	―	剣	―	―	―	賀川光夫監修1975『宇佐市史』上巻,宇佐市史刊行会	大分県（豊前国）9-1？／箱形石棺から「漢鏡二面と鉄剣などが発見されたが、すでに散逸したという」
								大分県（豊前国）9-2？
1997	宇佐市教育委員会	勾玉1・碧玉管玉5・ガラス玉多数	剣1・鉄鏃5	刀子3	―	―	苅田町教育委員会編2000『近衛ヶ丘遺跡群』苅田町教育委員会	―
不明	個人	―	―	―	―	―	小田富士雄1988「豊前・宇佐新発見の仿製三角縁神獣鏡」鎌木義昌先生古稀記念論文集刊行会編『鎌木義昌先生古稀記念論集 考古学と関連科学』鎌木義昌先生古稀記念論文集刊行会	大分県（豊前国）10
不明	辰馬考古資料館〈M509〉	―	―	―	―	―	辰馬考古資料館1989『考古資料目録』辰馬考古資料館	822g

番号	舶倭	鏡式	出土遺跡	出土地名	遺跡内容	時期	面径(cm)	銘文	諸氏分類	編者分類・時期	
20	舶	方格T字鏡	大平石棺群 1号石棺	宇佐市安心院町〔宇佐郡安心院町〕	墳墓	箱形石棺	古墳	8.9	—	小型鏡B0型（北浦92）／SBc式（松浦94）／丁群（森下98）	—	—
21	舶	不明	大平石棺群 2号石棺	宇佐市安心院町〔宇佐郡安心院町〕	墳墓	箱形石棺	古墳	9.4	—	—	—	—
22	舶	不明	大平石棺群 3号石棺	宇佐市安心院町〔宇佐郡安心院町〕	墳墓	箱形石棺	古墳	23.8	—	—	—	—
23	舶	方格規矩鏡or獣帯鏡	宮ノ原遺跡 2次調査 B-3区北部	宇佐市安心院町 下毛字宮ノ原〔宇佐郡安心院町〕	集落	表面採集	弥生後〜末期	破片	—	—	—	—
24	舶	方格規矩鏡or獣帯鏡	宮ノ原遺跡 12号竪穴上部		集落	表面採集	不明	破片	—	—	—	—
25	舶	〔連弧文鏡〕	笛吹塚古墳	豊後高田市草地字芝場	古墳	円墳・竪穴式石槨	古墳	不明	—	—	—	—
26	舶	〔連弧文鏡〕						不明	—	—	—	—
27	倭	四獣鏡	入津原丸山古墳	豊後高田市新栄	古墳	円墳・竪穴式石槨	古墳中期	12.7	—	四獣形鏡（樋口79）／獣形文鏡類 四獣形鏡C-1型（小林82・10）／F類獣頭（冨田89）	類対置式神獣鏡B系？	前（新？）
28	舶	劉氏作神人龍虎車馬画象鏡	鑑堂古墳	豊後高田市草地字黒松	古墳	円墳（20）・横口式石室（石棺式石室（箱形石棺））	古墳中期	20.1	「劉氏作竟四夷服　多賀國家人民息　胡虜珍滅天下復　風雨時節五穀孰　長保二親得天力　大吉利兮」	Ⅲ円圏式（樋口79）	—	—
29	?	不明	玉津古墳	豊後高田市玉津	古墳	円墳	古墳	不明	—	—	—	—
86	舶	内行花文鏡	割掛遺跡 2号石蓋土壙墓	豊後高田市来縄字東宮の本	墳墓	無墳丘・石蓋土壙墓	弥生末期	19.0	—	—	—	—
87	舶	方格規矩鏡or獣帯鏡	割掛遺跡 4号石棺		墳墓	無墳丘・箱形石棺	弥生後期	17.5	—	—	—	—
81	舶	三羊作神人龍虎車馬獣帯鏡	西国東郡（伝）	豊後高田市or杵築市（伝）〔西国東郡〕	不明	不明	不明	不明	「三羊作竟佳且好　明如日月世少有　東王父西王母　□□□□」	—	—	—
30	倭	四獣鏡	灰土山古墳	杵築市大田上沓掛字小川原〔西国東郡大田村〕	前方後円墳or円墳・箱形石棺	古墳前〜中期		9.6	—	四獣形鏡（樋口79）／獣形文鏡類 四獣形鏡C-1型（小林82・10）	類獣像鏡Ⅰ系	前（中）
31	倭	珠文鏡					8.2	—	7類A（吉田99）／Ⅴ類（中山他94）／A-B類（脇山13）	〔珠文鏡〕	—
88	舶	虺龍文鏡	古城得遺跡 20号住居跡	杵築市大田上沓掛字小川原〔西国東郡大田村〕	集落	竪穴住居	弥生後期	10.5	—	—	—	—
32	舶	方格T字鏡	重光古墳	杵築市八坂字本庄	古墳	箱形石棺	古墳前期〜	10.1	—	方格規矩文鏡類G型（小林82・10）／博局T字鳥文鏡Ca4M類（高木91・93）／小型鏡A3型（北浦92）／SAb1式（松浦94）／丁群（森下98）	—	—
33	倭	捩文鏡					9.5	—	捩文鏡（類）B型（小林82・10）／BⅡ型（小林83）／C型式a類（水野97）	捩文鏡C系	前（中）
33-1	倭	弥生倭製鏡	五田遺跡	杵築市鴨川	集落	不明	不明	7.7	—	—	〔弥生倭製鏡〕	弥生
34	舶	方格規矩鏡or獣帯鏡	尼ヶ城遺跡住居跡	大分市永興寺字深河内	集落	竪穴住居	弥生	16.5	—	—	—	—
35	舶	斜縁同向式神獣鏡？	守岡遺跡 Ⅱ区11号住居跡	大分市曲字守岡	集落	竪穴住居	弥生後期〜	破片	「・・・□□□□・・・」	—	—	—
36	舶	連弧文銘帯鏡	守岡遺跡 Ⅱ区1号住居跡		集落	竪穴住居	弥生後期〜	9.5	「・・・而・・・」	—	—	—
37	舶	内行花文鏡	雄城台遺跡 6次8号住居跡	大分市玉沢字宮ノ口	集落	竪穴住居	弥生末期	9.7	—	—	—	—
38	舶	方格規矩鏡or獣帯鏡	雄城台遺跡 7次1号住居跡		集落	竪穴住居	弥生期	8.9	—	—	—	—
95	倭	弥生倭製鏡	稙田条里遺跡 H地区第1号溝	大分市玉沢字小野田／四反田・小柳	集落	溝	弥生後〜末期	6.1	—	重圏文系小形仿製鏡第1型う類（田尻10・12）	〔弥生倭製鏡〕	弥生

発見年	所蔵（保管）者	共伴遺物					文献	備考
		石製品・玉類	武具・武器・馬具	ほか金属器	土器類	その他		
1970		硬玉勾玉1・碧玉管玉19・ガラス小玉50	刀1・剣1	—	—	—	車崎正彦編2002『考古資料大観』第5巻 弥生・古墳時代 鏡, 小学館	大分県（豊前国）8
1970	宇佐市教育委員会	—	—	—	—	—	大分県立宇佐風土記の丘歴史民俗資料館編1989『古墳文化の世界―豊の国の支配者たち―』平成元年度秋季企画展図録, 大分県立宇佐風土記の丘歴史民俗資料館	破鏡（破面研磨・穿孔）
1970		硬玉勾玉3・碧玉管玉10・小玉1	刀	—	—	—		縁部片
1981～83	宇佐市教育委員会	—	—	—	—	—	大分県立宇佐風土記の丘歴史民俗資料館編1989『古墳文化の世界―豊の国の支配者たち―』平成元年度秋季企画展図録, 大分県立宇佐風土記の丘歴史民俗資料館	破鏡（縁部・破面研磨）
1981～83		—	—	—	—	—		破鏡（縁部・破面研磨）
1901	所在不明	—	—	—	—	—	後藤守一1926『漢式鏡』日本考古学大系, 雄山閣	漢式鏡832／大分県（豊後国）1-1？
								漢式鏡833／大分県（豊後国）1-2？
1901	東京国立博物館（J2194）	石製模造品2・勾玉2・管玉12	革綴短甲1・刀1・剣6・鉄鏃110	斧2	—	—	大分県・大分県教育委員会編1987『豊の国 創世記展』大分県・大分県教育委員会	漢式鏡828／大分県（豊後国）2
江戸末期	豊後高田市黒松地区	—	鉄鏃	—	—	—	南善吉1923「鑑堂古墳に就て」『考古学雑誌』第13巻第12号, 考古学会	漢式鏡831／大分県（豊後国）3
不明	所在不明	勾玉・管玉	刀・剣	—	—	—	岡崎敬編1979『日本における古鏡 発見地名表 九州地方I』東アジアより見た日本古代墓制研究（増補改訂版）	大分県（豊後国）4
1993	豊後高田市教育委員会	—	—	—	—	—	河野典之編1993『内野遺跡・割掛遺跡』豊後高田市地区遺跡群発掘調査概報IX, 豊後高田市教育委員会	破鏡（破面研磨・2孔）
1993		—	—	—	—	—		破鏡（破面研磨）
不明	守屋孝蔵旧蔵	—	—	—	—	—	白石太一郎・設楽博己編1994『弥生・古墳時代遺跡出土鏡データ集成』（『国立歴史民俗博物館研究報告』第56集）, 国立歴史民俗博物館	大分県（豊後国）6
1919(1913?)	東京国立博物館（J7390）	碧玉管玉3・ガラス丸玉1	刀子1	—	—	—	大分県立宇佐風土記の丘歴史民俗資料館編1989『古墳文化の世界―豊の国の支配者たち―』平成元年度秋季企画展図録, 大分県立宇佐風土記の丘歴史民俗資料館	漢式鏡829／大分県（豊後国）5-1／「高齢」女性骨と「四十歳前後」の男性骨
	東京国立博物館（J7394）							漢式鏡830／大分県（豊後国）5-2／放射状区画
1993	杵築市教育委員会	—	—	—	壺・高杯等	—	九州考古学会事務局・九州考古学会第5回夏期大会佐賀県実行委員会編2013『平成25年度九州考古学会大会 弥生時代後期青銅鏡を巡る諸問題』九州考古学会	破鏡（穿孔）
不明	所在不明（大分大学教育学部資料室旧蔵）	—	—	—	—	—	賀川光夫1971『大分県の考古学』郷土考古学叢書6, 吉川弘文館	大分県（豊後国）7-1
								大分県（豊後国）7-2
2011	杵築市教育委員会	—	—	—	—	—	ジャパン通信社編2008『月刊文化財発掘出土情報』2008年12月号, ジャパン通信社	—
1978	大分市教育委員会	—	—	—	土器片	—	小田富士雄・藤丸詔八郎・武末純一編1991『弥生古鏡を掘る―北九州の国々と文化―』北九州市立考古博物館	大分県（豊後国）8／破鏡（破面研磨・2孔）
1975～76	大分市教育委員会	—	—	—	土器	—	小田富士雄・藤丸詔八郎・武末純一編1991『弥生古鏡を掘る―北九州の国々と文化―』北九州市立考古博物館	大分県（豊後国）9-1／破鏡（破面研磨）
1976		—	—	—	土器	—		大分県（豊後国）9-2／破鏡（破面研磨）
1974	大分市教育委員会	—	—	—	土器片	—	大分県立宇佐風土記の丘歴史民俗資料館編1989『古墳文化の世界―豊の国の支配者たち―』平成元年度秋季企画展図録, 大分県立宇佐風土記の丘歴史民俗資料館	大分県（豊後国）10／破鏡（破面研磨・1孔）
1975		—	—	—	—	—	小田富士雄・藤丸詔八郎・武末純一編1991『弥生古鏡を掘る―北九州の国々と文化―』北九州市立考古博物館	大分県（豊後国）11／破鏡（破面研磨）
1993	大分県教育委員会	—	—	—	—	—	小柳和宏編1997『ガランジ遺跡・植田市遺跡・植田条里遺跡』大分県教育委員会	—

番号	舶倭	鏡式	出土遺跡	出土地名	遺跡内容	時期	面径(cm)	銘文	諸氏分類	編者分類	時期
39	舶	三角縁波文帯三神三獣鏡	亀甲山古墳(亀甲古墳)	大分市三芳字亀甲	古墳	円墳・箱形石棺	古墳前期	21.5	—	目録番号123・同笵鏡番号69・配置K1・表現⑪	—	—
40	倭	重圏文鏡					5.7	—	特殊文鏡(鋸歯文鏡)(樋口79)／重圏文鏡類(小林82・10)／B類Ⅱ2(林原90)／Ⅳ型(藤岡91)／3b類(脇山15)	〔重圏文鏡〕	前期
41	舶	方格T字鏡	上ノ坊古墳(上ン坊古墳)	大分市市尾字上ノ坊	古墳	前方後円墳(59)・箱形石棺	古墳前期	11.5	—	方格規矩文鏡類G型(小林82・10)／博局T字鳥文鏡Aa4M類(高木91・93)／中型鏡2(北浦92)／SCa式(松浦94)／丁群(森下98)	—	—
42	舶	芝草文鏡(唐草文鏡)	野間3号墳	大分市丹生字野間	古墳	前方後円墳(40〜)・箱形石棺	古墳前期	11.4	—	変形文鏡類(小林82・10)	—	—
43	舶	上方作系浮彫式獣帯鏡	野間10号墳	大分市丹生字野間	古墳	円墳・箱形石棺	古墳前期	13.0	「・・・宜・・・」	六像B式(岡村92)／六像Ⅱ式(Ⅰb系)(實盛15)	—	—
44	舶	連弧文銘帯鏡?	地蔵原遺跡	大分市小池原字五反田	集落	竪穴住居	弥生	破片	「・・・而・・・」	—	—	—
45	倭	珠文鏡	高来山横穴墓	大分市木上字高木山	横穴	横穴	古墳後期	6.1	—	Ⅳ類(中山他94)	〔珠文鏡〕	—
45-1	倭	夔龍鏡	漆間横穴墓群3号墓	大分市木上字上芹	横穴	横穴	古墳後期	9.6	—	—	夔龍鏡A系	前(新)
46	倭	捩文鏡	下ヶ迫古墳	大分市下芹	古墳	円墳(20)・箱形石棺	古墳中期	6.8	—	—	捩文鏡E系	前(新)
47	倭	六弧内行花文鏡	小牧山古墳(伝)	大分市松岡字池ノ上(伝)	古墳	円墳・箱形石棺	古墳	6.5	—	—	内行花文鏡B式	前(中)
52	舶	浮彫式獣帯鏡	猫塚古墳	大分市本神崎字久留嶋〔北海部郡佐賀関町〕	古墳	円墳・箱形石棺	古墳前期	破片	「・・・□□羊・・・」	—	—	—
53	舶	不明					16.7	—	—	—	—
54	倭	捩文鏡	築山古墳〔南棺〕	大分市本神崎字浄願寺〔北海部郡佐賀関町〕	古墳	前方後円墳(96)・箱形石棺	古墳中期	11.4	—	捩文鏡(類)A型(小林82・10)／AⅠ型(小林83)／Ⅲ型(小沢88)／B型式a類(水野97)	捩文鏡B系	前(古)
96	倭	乳文鏡?	古国府遺跡群甲斐本B区遺物包含層	大分市羽屋字甲斐本	集落	遺物包含層	不明	8.8	—	—	〔乳脚文鏡?〕	後期?
96-1	舶	方格規矩鏡or獣帯鏡	大道遺跡群第4次調査	大分市金池南	集落	遺構外	不明	破片	—	—	—	—
96-2	舶	不明	東大道遺跡B地区	大分市金池南町1丁目	集落	近世水田床土下部	弥生後期?	破片	—	—	—	—
96-3	倭	六獣鏡	曲ヶ辻所在古墳	大分市竹矢竹の内字曲ヶ辻	古墳	組合式石棺	古墳	9.7	—	獣形文鏡類六獣鏡(小林82・10)	対置式神獣鏡B系?	前(中)?
96-4	倭	不明	庄ノ原	大分市賀来庄の原	不明	不明	不明	不明	—	—	—	—
48	舶	双頭龍文鏡					9.5	「位至三公」	Ⅲ式(樋口79)／Ⅲ式(西村83)	—	—
49	倭	四獣鏡	白塚古墳〔A号棺〕	臼杵市稲田	古墳	前方後円墳(87)・舟形石棺直葬	古墳中期	9.5	—	四獣形鏡(樋口79)／獣形文鏡類四獣鏡C-1型(小林82・10)	—	—
50	?	不明					破片	—	—	—	—
51	倭	二神二獣鏡(四神二獣鏡)	下山古墳	臼杵市諏訪	古墳	前方後円墳(68)・家形石棺直葬	古墳中期	12.5	—	四神二獣鏡(樋口79)／三神三獣鏡系(小林82・10)／斜縁神獣鏡B系(森下91・02)	二神二獣鏡Ⅲ系	前(新)〜

大分

発見年	所蔵（保管）者	共伴遺物					文献	備考
		石製品・玉類	武具・武器・馬具	ほか金属器	土器類	その他		
1911	東京国立博物館〈J6780〉	碧玉管玉1・ガラス小玉15	刀片14	—	土師器	—	日名子軸軒1912「大分市三芳の古墳発見」『考古学雑誌』第1巻第9号, 考古学会	960g／漢式鏡826／大分県（豊後国）12-1
	東京国立博物館〈J6781〉							漢式鏡827／大分県（豊後国）12-2
1933	後藤文夫（個人旧蔵）	硬玉勾玉3・碧玉管玉40	三葉環頭大刀1・剣28〜	—	—	—	大分県立宇佐風土記の丘歴民俗資料館編1989『古墳文化の世界―豊の国の支配者たち―』平成元年度秋季企画展図録, 大分県立宇佐風土記の丘歴史民俗資料館	大分県（豊後国）14
1959	大分市歴史資料館（個人旧蔵）	碧玉石釧1・碧玉管玉2	—	—	—	蛤貝殻1	大分県立宇佐風土記の丘歴民俗資料館編1989『古墳文化の世界―豊の国の支配者たち―』平成元年度秋季企画展図録, 大分県立宇佐風土記の丘歴史民俗資料館	大分県（豊後国）15
1960	大分県教育委員会（個人旧蔵）	碧玉勾玉1・瑪瑙勾玉2	—	斧1・刀子4	土師器	—	大分県立宇佐風土記の丘歴民俗資料館編1989『古墳文化の世界―豊の国の支配者たち―』平成元年度秋季企画展図録, 大分県立宇佐風土記の丘歴史民俗資料館	大分県（豊後国）16／4孔
1984	大分市教育委員会	—	—	—	土器	—	大分県立宇佐風土記の丘歴民俗資料館編1989『古墳文化の世界―豊の国の支配者たち―』平成元年度秋季企画展図録, 大分県立宇佐風土記の丘歴史民俗資料館	破鏡（破面研磨）
不明	大分県教育委員会	—	剣・矛・鉄鏃	刀子	—	貝輪？	大分県立宇佐風土記の丘歴民俗資料館編1989『古墳文化の世界―豊の国の支配者たち―』平成元年度秋季企画展図録, 大分県立宇佐風土記の丘歴史民俗資料館	—
2006	大分市教育委員会	碧玉管玉1・連1・ガラス丸玉9・ガラス小玉125	刀1・鉄鏃31	刀子3・環状青銅製品1	土師器（台付鉢・椀）	砥石1	奥村義貴編2009「木ノ上・田原地区の墳墓群」大分市埋蔵文化財発掘調査報告書第95集, 大分市教育委員会	成年後半以降の男性骨・成人女性骨・女性(or性別不明)の未成年骨
1983	大分県教育委員会	—	刀1・鉄鏃	刀子	—	—	大分県立宇佐風土記の丘歴民俗資料館編1989『古墳文化の世界―豊の国の支配者たち―』平成元年度秋季企画展図録, 大分県立宇佐風土記の丘歴史民俗資料館	—
不明	大分市歴史資料館	—	—	—	—	—	大分県立宇佐風土記の丘歴民俗資料館編1989『古墳文化の世界―豊の国の支配者たち―』平成元年度秋季企画展図録, 大分県立宇佐風土記の丘歴史民俗資料館	—
1966	所在不明	鍬形石2・土玉1	剣2〜・矛1	刀子1	—	—	大分県立宇佐風土記の丘歴民俗資料館編1989『古墳文化の世界―豊の国の支配者たち―』平成元年度秋季企画展図録, 大分県立宇佐風土記の丘歴史民俗資料館	漢式鏡835／大分県（豊後国）22-1／内区片／30歳代の男性骨と20歳代前半の男性骨
1863							梅原末治1923「豊後北海部郡に於ける二三の古墳」『歴史と地理』第12巻第3号, 史学地理学同攻会	大分県（豊後国）22-2／「径五寸五分位と推定せらる、漢鏡の破片七八個」／『尚古延壽』（後藤硯田）に拓影
1935	八幡神社（築山神社）	小玉180	刀11・剣4・鉄鏃90・鞍	鍬先13・斧5・鎌2・鉇3・刀子2・毛抜形鉄器	—	—	大分県・大分県教育委員会編1987『豊の国 創世記展』大分県・大分県教育委員会	大分県（豊後国）23／50歳代の骨・女性骨・不明骨
1995	大分県教育委員会	—	—	—	—	—	村上久和他編1999『古国府遺跡群 上芦原地区 土毛地区 甲斐本地区』大分県文化財調査報告書第104集, 大分県教育委員会	破片
2003	大分市教育委員会	—	—	—	—	—	高畠豊編2009『大道遺跡群2』大分市埋蔵文化財調査報告書第91集, 大分市教育委員会	破鏡（1孔）
2000	大分県教育委員会	—	—	—	—	—	坂本嘉弘編2002『東大道遺跡B地区』大分県文化財調査報告書第145集, 大分県教育委員会	縁部片
1930頃	所在不明	—	刀・矛等	—	—	—	鳥居龍蔵1935『上代の日向延岡』鳥居人類学研究所（丸善株式会社）	大分県（豊後国）13？
不明	所在不明	勾玉4・管玉34	—	環2・鉄片20	—	—	後藤守一1926『漢式鏡』日本考古学大系, 雄山閣	漢式鏡834／大分県（豊後国）18
明治	臼杵神社	硬玉勾玉2・管玉12	三角板革綴短甲片・刀剣13・矛3	—	—	貝釧3	大分県立宇佐風土記の丘歴民俗資料館編1989『古墳文化の世界―豊の国の支配者たち―』平成元年度秋季企画展図録, 大分県立宇佐風土記の丘歴史民俗資料館	大分県（豊後国）20-1
								大分県（豊後国）20-2
							白石太一郎・設楽博己編1994『弥生・古墳時代遺跡出土鏡データ集成』（『国立歴史民俗博物館研究報告』第56集）, 国立歴史民俗博物館	大分県（豊後国）20-3
1950	臼杵市教育委員会	管玉66	刀9・剣13・鉄鏃10	毛抜状鉄製品1	—	櫛1・球状骨質品1	大分県・大分県教育委員会編1987『豊の国 創世記展』大分県・大分県教育委員会	960g／大分県（豊後国）21／熟年男性骨と老年女性骨

番号	舶倭	鏡式	出土遺跡	出土地名	遺跡内容		時期	面径(cm)	銘文	諸氏分類	編者分類・時期	
55	舶	方格規矩鏡	原遺跡 3号住居跡	臼杵市野津町原 〔大野郡野津町〕	集落	堅穴住居	弥生後期	破片	—	—	—	—
56	舶	上方作系浮彫式獣帯鏡	舞田原遺跡 16号住居跡	大野郡犬飼町田原 字舞田原	集落	堅穴住居	古墳前期	破片	—	四像式（岡村92）／四像Ⅱ式（Ⅰb系）（實盛15）	—	—
57	舶	連弧文銘帯鏡	高松遺跡 16号住居跡	大野郡犬飼町 大寒字松山	集落	堅穴住居	弥生後期	10.2	「・・・□而・・・」	—	—	—
58	舶	流雲文縁方格規矩鏡？	高松遺跡 36号住居跡		集落	堅穴住居	弥生後期	17.2	—	—	—	—
59	倭	弥生倭製鏡 （九弧内行花文鏡）	鹿道原遺跡 157号住居跡	豊後大野市千歳町 柴山字尾久保他 〔大野郡千歳村〕	集落	堅穴住居	弥生 後～末期	8.8	—	連弧紋鏡系小形仿製鏡第Ⅱ型a類1（高木02）／内行花文系Ⅱ型B類a（南07a）／内行花文日光鏡系仿製鏡A-2類（松本08）／内行花文系小形仿製鏡第2型b類（田尻10・12）	〔弥生倭製鏡〕	弥生
97	舶	内行花文鏡	鹿道原遺跡 168号堅穴住居跡		集落	堅穴住居	弥生後期	12.6	—	—	—	—
60	?	内行花文鏡？	二本木遺跡 34号住居跡	豊後大野市大野町 田中字二本木 〔大野郡大野町〕	集落	堅穴住居	弥生後期	破片	—	—	—	—
61	舶	複波文縁方格規矩鏡or獣帯鏡	松木遺跡 27号住居跡	豊後大野市大野町 中原字松木	集落	堅穴住居	弥生後期	11.6	—	—	—	—
61-1	舶	内行花文鏡	穴井南遺跡 1号堅穴住居	豊後大野市大野町 杉園字萩迫原 〔大野郡大野町〕	集落	堅穴住居	弥生 後～末期	11.4	—	—	—	—
61-2	倭	弥生倭製鏡 （十弧内行花文鏡）	岡遺跡 下ノ原地区	豊後大野市大野町 後田字下ノ原 〔大野郡大野町〕	集落	遺物包含層	弥生	7.8	—	—	〔弥生倭製鏡〕	弥生
61-3	舶	方格規矩鏡	高添遺跡 石五道原地区 No.56ピット	豊後大野市千歳町 長峰 〔大野郡千歳村〕	集落	ピット	弥生後期～古墳前期	9.7	—	—	—	—
61-4	倭	〔弥生倭製鏡〕	高添遺跡	豊後大野市千歳町 長峰 〔大野郡千歳村〕	不明	不明	不明	破片	—	—	—	—
62	舶	方格規矩八禽鏡	小園遺跡 A区4号住居跡		集落	堅穴住居	弥生後期	11.0	—	—	—	—
63	倭	弥生倭製鏡 （六弧内行花文鏡）	小園遺跡 A区5号住居跡	竹田市戸上字小園	集落	堅穴住居	弥生後期	7.8	—	内行花文日光鏡系仿製鏡第Ⅱ型b類（高倉85・90）／内行花文日光鏡系仿製鏡B-5a①類（松本08）／内行花文系小形仿製鏡第3型a類（田尻10・12）	〔弥生倭製鏡〕	弥生
64	倭	弥生倭製鏡	石井入口遺跡 23号住居跡		集落	堅穴住居	弥生後期	5.5	—	—	〔弥生倭製鏡〕	弥生
65	倭	弥生倭製鏡	石井入口遺跡 57号住居跡		集落	堅穴住居	弥生後期	5.5	—	重圏文日光鏡系仿製鏡第Ⅰ型b類（高倉85・90）／重圏紋鏡系小形仿製鏡第Ⅰ型b類（高木02）／重圏文系Ⅰ型B類ii（南07a）／重圏文日光鏡系仿製鏡あ-2a類（松本08）／重圏文系小形仿製鏡第1型い類（田尻10・12）	〔弥生倭製鏡〕	弥生
66	倭	弥生倭製鏡	石井入口遺跡	竹田市菅生字向原	集落	表面採集	弥生後期	10.0	—	内行花文日光鏡系仿製鏡第Ⅱ型a類（高倉85・90）／連弧紋鏡系小形仿製鏡第Ⅱ型a類2（高木02）／内行花文系小形仿製鏡第2型b類（田尻10・12）	〔弥生倭製鏡〕	弥生
67	舶	内行花文鏡？	石井入口遺跡 75号堅穴住居跡		集落	表面採集	弥生後期	8.2	—	—	—	—
68	舶	不明	石井入口遺跡 56号住居跡		集落	表面採集	弥生後期	破片	—	—	—	—
69	舶	浮彫式獣帯鏡	石井入口遺跡 92号住居跡		集落	表面採集	弥生後期	破片	—	—	—	—

大分

発見年	所蔵（保管）者	共伴遺物					文献	備考
		石製品・玉類	武具・武器・馬具	ほか金属器	土器類	その他		
1981	大分県教育委員会	—	—	—	—	—	賀川光夫2000『考古叢帖―豊後海部の遺跡と遺物―』別府大学史学研究会，大分県考古学会	破鏡（1孔）
1982	大分県教育委員会	—	鉄鏃1	刀子1	土師器（小形丸底壺・甕・鉢・高杯）		清水宗昭・栗田勝弘・城戸誠編1985『舞田 大分県大野郡大飼町所在の弥生・古墳時代集落跡発掘調査報告書』犬飼町教育委員会	〈4g〉／破鏡（破面研磨・1孔）
1987	大分県教育委員会	—	—	—	—	—	小田富士雄・藤丸詔八郎・武末純一編1991『弥生古鏡を掘る―北九州の国々と文化―』北九州市立考古博物館	破鏡（破面研磨）
1987		—	—	—	—	—		破鏡（破面研磨・1孔）
1990	大分県教育委員会	—	—	—	—	—	栗田勝弘編2001『鹿道原遺跡』千歳村文化財調査報告書第Ⅶ集，千歳村教育委員会	94g
1990	豊後大野市教育委員会	—	—	—	—	—		—
1975〜76	豊後大野市教育委員会	—	—	—	—	—	大分県立宇佐風土記の丘歴民俗資料館編1989『古墳文化の世界―豊の国の支配者たち―』平成元年度秋季企画展図録，大分県立宇佐風土記の丘歴民俗資料館	大分県（豊後国）34／破鏡（破面研磨・穿孔）
1977	豊後大野市教育委員会	—	—	—	土器	—	小田富士雄・藤丸詔八郎・武末純一編1991『弥生古鏡を掘る―北九州の国々と文化―』北九州市立考古博物館	大分県（豊後国）35／破鏡（縁部・穿孔）
2004	大分県教育庁埋蔵文化財センター				複合口縁壺・甕・半月形土器片加工品		原田昭一編2007『岡遺跡 穴井遺跡 穴井南遺跡 千仏南遺跡 田原園遺跡』大分県教育庁埋蔵文化財センター調査報告書第13集，大分県教育庁埋蔵文化財センター	破鏡（破面研磨・1孔）／「破損面は擦れており，破片の状態で使い続けられた」
2004	大分県教育庁埋蔵文化財センター	—	—	—	—	—	原田昭一編2007『岡遺跡 穴井遺跡 穴井南遺跡 千仏南遺跡 田原園遺跡』大分県教育庁埋蔵文化財センター調査報告書第13集，大分県教育庁埋蔵文化財センター	—
不明	所在不明	—	—	—	—	—	九州考古学会事務局・九州考古学会第5回夏期大会佐賀県実行委員会編2013『平成25年度九州考古学会大会 弥生時代後期青銅鏡を巡る諸問題』九州考古学会	1孔
不明	所在不明	—	—	—	—	—	大野郡教育委員会連合会編2003『大野川中上流域の弥生・古墳集落』	—
1978		—	銅鏃1	—	土器片	—	小田富士雄・藤丸詔八郎・武末純一編1991『弥生古鏡を掘る―北九州の国々と文化―』北九州市立考古博物館	大分県（豊後国）36-1／破鏡（破面研磨・1孔）
1978	大分県教育委員会		鉄鏃		土器			大分県（豊後国）36-2
1980〜81		—	—	—	土器	—	大分県立宇佐風土記の丘歴民俗資料館編1989『古墳文化の世界―豊の国の支配者たち―』平成元年度秋季企画展図録，大分県立宇佐風土記の丘歴民俗資料館	—
1980〜81		—	—	—	—	—	小田富士雄・藤丸詔八郎・武末純一編1991『弥生古鏡を掘る―北九州の国々と文化―』北九州市立考古博物館	同笵：漁隠洞遺跡（北18〜20）
1980〜81	大分県教育委員会	—	—	—	土器片	—		—
1980〜81		—	—	—	土器片	—	大分県立宇佐風土記の丘歴民俗資料館編1989『古墳文化の世界―豊の国の支配者たち―』平成元年度秋季企画展図録，大分県立宇佐風土記の丘歴民俗資料館	破鏡（破面研磨）
1980〜81		—	—	—	土器片	—		破鏡（鈕・破面研磨）
1980〜81		—	—	—	土器	—	小田富士雄・藤丸詔八郎・武末純一編1991『弥生古鏡を掘る―北九州の国々と文化―』北九州市立考古博物館	破鏡（内区・破面研磨）

番号	舶倭	鏡式	出土遺跡	出土地名	遺跡内容	時期	面径(cm)	銘文	諸氏分類	編者分類・時期
69-1	舶	三角縁波文帯三神三獣鏡	七ツ森古墳群(伝)	竹田市菅生(伝)	古墳 不明	古墳	21.9	—	目録番号131a・配置L1・表現⑬	—	—
98	舶	内行花文鏡?	山ノ神谷遺跡廃土中	竹田市荻町尾桑木字矢所350	集落 竪穴住居	不明	12.0	—	—	—	—
98-1	舶	内行花文鏡	日向石(伝)	竹田市荻町高練木字日向石(伝)	不明 不明	不明	破片	—	—	—	—
99	倭	弥生倭製鏡	石田遺跡 7号住居跡埋土	竹田市久住町仏原字石田	集落 竪穴住居	弥生後期	5.1	—	重圏文日光鏡系仿製鏡あ-2a類(松本08)／重圏文系小形仿製鏡第1型え類(田尻10・12)	〔弥生倭製鏡〕	弥生
99-1	倭	弥生倭製鏡	上城遺跡 9・10号竪穴住居	竹田市久住町仏原	集落 竪穴住居埋土	弥生	6.0	—	—	〔弥生倭製鏡〕	弥生
99-2	倭	素文鏡	山脇横穴墓	竹田市直入町長湯字山脇	横穴 玄室内	古墳後期	3.5	—	—	〔素文鏡〕	—
70	倭	珠文鏡or獣帯鏡	夫婦塚古墳	由布市湯布院町川上字乙丸〔大分郡湯布院町〕	古墳 円墳・箱形石棺	古墳	破片	—	—	—	—
100	倭	弥生倭製鏡(内行花文鏡)	北方下角遺跡10号住居跡	由布市挾間町北方字下角〔大分郡挾間町〕	集落 竪穴住居	弥生後～末期	8.0	—	内行花文系小形仿製鏡第2型b類(田尻12)	〔弥生倭製鏡〕	弥生
71	舶	浮彫式獣帯鏡	名草台遺跡	玖珠郡玖珠町名草台	墳墓 箱形石棺	不明	破片	—	B系統(山田06)	—	—
72	舶	内行花文鏡	おごもり遺跡Ⅱ区土壙墓	玖珠郡玖珠町大隈字尾籠	墳墓 土壙墓	不明	破片	—	—	—	—
73	倭	捩文鏡	船岡山古墳	玖珠郡玖珠町大隈字船岡山	古墳 円墳・箱形石棺	古墳	7.1	—	C型式b類(水野97)	捩文鏡E系	前(新)
93	倭	捩文鏡	瀬戸1号墳〔3号主体部〕	玖珠郡玖珠町帆足字瀬戸	古墳 円墳(18)・箱形石棺	古墳前期	6.0	—	—	捩文鏡B系	前(中)
93-1	倭	珠文鏡	志津里遺跡B地区第2次調査1号石棺	玖珠郡玖珠町太田字志津里	墳墓 箱形石棺	古墳前期	6.4	—	—	〔珠文鏡〕	前期
93-2	倭	捩文鏡	陣ヶ台遺跡	玖珠郡玖珠町山田字早水	不明 不明	不明	8.0	—	—	捩文鏡B系	前(中)
93-3	舶	内行花文鏡	井尻日焼田遺跡SH16	玖珠郡九重町書曲字井尻	集落 住居	古墳前期	約16	—	—	—	—
74	舶	複波文縁方格規矩渦文鏡	草場遺跡	日田市渡里清岸寺町草場	墳墓 箱形石棺	弥生	11.8	—	—	—	—
74-1	倭	弥生倭製鏡	本村遺跡32号住居跡	日田市渡里字本村936-11他	集落 竪穴住居	弥生後期	8.0	—	—	〔弥生倭製鏡〕	弥生
75	舶	内行花文鏡	小迫辻原遺跡B区4号住居跡	日田市小迫字辻原	集落 竪穴住居	古墳前期	破片	—	—	—	—
76	倭	珠文鏡	小迫古墳	日田市小迫字角ナシ	古墳 円墳(25)・粘土槨	古墳前期	8.1	擬銘?	—	〔珠文鏡or擬銘帯鏡〕	—

大分

発見年	所蔵(保管)者	共伴遺物 石製品・玉類	武具・武器・馬具	ほか金属器	土器類	その他	文献	備考
不明	個人	―	―	―	―	―	大分県立宇佐風土記の丘歴史民俗資料館編1989『古墳文化の世界―豊の国の支配者たち―』平成元年度秋季企画展図録, 大分県立宇佐風土記の丘歴史民俗資料館	
1995	竹田市教育委員会	―	―	―	―	―	九州考古学会事務局・九州考古学会第5回夏期大会佐賀県実行委員会編2013『平成25年度九州考古学会大会 弥生時代後期青銅鏡を巡る諸問題』九州考古学会	破鏡
不明	所在不明(個人旧蔵)	―	―	―	―	―	長山源雄1929「内行花文鏡の発見」『考古学雑誌』第19巻第11号, 考古学会	破鏡(2孔)
1995	竹田市教育委員会	―	―	―	壺・甕等	磨製石鏃・用途不明磨製石製品	九州考古学会事務局・九州考古学会第5回夏期大会佐賀県実行委員会編2013『平成25年度九州考古学会大会 弥生時代後期青銅鏡を巡る諸問題』九州考古学会	―
不明	竹田市教育委員会	―	―	―	―	―	田尻義了2007「弥生時代小形仿製鏡の保有者と使用方法」『古代文化』第59巻第1号, 財団法人古代学協会	穿孔途中の孔
2004	大分県教育庁埋蔵文化財センター		刀1・鉄鏃16	刀子1	―	―	甲斐寿義編2006『山脇横穴墓』大分県教育庁埋蔵文化財センター調査報告書第11集, 大分県教育庁埋蔵文化財センター	熟年男性骨と熟年後半女性骨/鏡は女性骨にともなう
1931頃	所在不明(個人旧蔵?)	―	―	―	―	―	白石太一郎・設楽博己編1994『弥生・古墳時代遺跡出土鏡データ集成』(『国立歴史民俗博物館研究報告』第56集), 国立歴史民俗博物館	大分県(豊後国)19
1997	由布市教育委員会	―	―	―	土器	―	九州考古学会事務局・九州考古学会第5回夏期大会佐賀県実行委員会編2013『平成25年度九州考古学会大会 弥生時代後期青銅鏡を巡る諸問題』九州考古学会	―
1953	玖珠町教育委員会	―	―	―	―	―	小田富士雄・藤丸詔八郎・武末純一編1991『弥生古鏡を掘る―北九州の国々と文化―』北九州市立考古博物館	大分県(豊後国)24/破鏡(破面研磨)
1976	大分県教育委員会	―	―	―	―	―	大分県編1989『大分県史』先史篇Ⅱ, 大分県	大分県(豊後国)25/破鏡(破面研磨)
1973	玖珠町教育委員会	―	―	―	―	―	大分県立宇佐風土記の丘歴史民俗資料館編1989『古墳文化の世界―豊の国の支配者たち―』平成元年度秋季企画展図録, 大分県立宇佐風土記の丘歴史民俗資料館	大分県(豊後国)26
1993	大分県教育委員会	翡翠勾玉2	―	―	―	―	村上久和編2000『瀬戸墳墓群 瀬戸遺跡 帆足城跡』九州横断自動車道関係埋蔵文化財発掘調査報告書17, 大分県教育委員会	―
2011	大分県教育庁埋蔵文化財センター	硬玉勾玉1・琥珀勾玉1・碧玉管玉2・ガラス小玉68〜	―	刀子2	―	―	宮内克己・友岡信彦編2013『志津里遺跡B地区1〜3次』大分県教育庁埋蔵文化財センター調査報告書第69集, 大分県教育庁埋蔵文化財センター	42g/熟年女性骨と成年女性骨(初葬)/鏡は初葬の成年女性骨にともなう
不明	所在不明	―	―	―	―	―	宮内克己・友岡信彦編2013『志津里遺跡B地区1〜3次』大分県教育庁埋蔵文化財センター調査報告書第69集, 大分県教育庁埋蔵文化財センター	「採集」品
2004	大分県教育庁埋蔵文化財センター	―	―	―	―	―	綿貫俊一・吉田寛編2011『井尻日焼田遺跡』大分県教育庁埋蔵文化財センター調査報告書第54集, 大分県教育庁埋蔵文化財センター	破鏡(破面研磨)
昭和以降	日田市教育委員会	―	―	―	―	―	大分県立宇佐風土記の丘歴史民俗資料館編1989『古墳文化の世界―豊の国の支配者たち―』平成元年度秋季企画展図録, 大分県立宇佐風土記の丘歴史民俗資料館	大分県(豊後国)27/破鏡(破面研磨)
2001	日田市教育委員会				甕	石包丁・砥石	若杉竜太編2004『本村遺跡第3次』日田市埋蔵文化財調査報告書第51集, 日田市教育委員会	―
1987		―	―	―	土師器(壺・甕・鉢・椀・高杯)	―	田中祐介編1999『小迫辻原遺跡Ⅰ―A・B・C・D区編―』九州横断自動車道関係埋蔵文化財発掘調査報告書10, 大分県教育委員会	破鏡(破面研磨・1孔)/住居隅の土壙内に意図的に埋納
1987	大分県教育委員会	水晶勾玉1・硬玉勾玉1・碧玉勾玉・ガラス小玉	―	―	―	―	大分県立宇佐風土記の丘歴史民俗資料館編1989『古墳文化の世界―豊の国の支配者たち―』平成元年度秋季企画展図録, 大分県立宇佐風土記の丘歴史民俗資料館	―

番号	舶倭	鏡　式	出土遺跡	出土地名	遺跡内容	時　期	面径(cm)	銘　文	諸氏分類	編者分類・時期
77	舶	銅槃作鋸歯文縁細線式獣帯鏡	日隈1号墳（日隈神社内古墳）	日田市庄手字中ノ島	古墳	不明	古墳	23.3	「銅槃作竟四夷服　多賀國家人民息　胡虜殄滅天下復　風雨時節五穀孰　長保二親得天力　樂号」	―	―
78	倭	七乳文鏡	日隈2号墳（神殿南古墳）	日田市庄手字中ノ島	古墳	不明	古墳	7.1	―	獣帯鏡類D型（小林82・10）	〔乳脚文鏡〕 後期
79	倭	五獣鏡	法恩寺山4号墳	日田市日高字刃連	古墳	円墳（13）・横穴式石室	古墳後期	11.2	擬銘	獣形文鏡類四獣鏡C-1型（小林82・10）／旋回式獣像鏡系（森下02）	〔旋回式獣像鏡〕 後期
80	舶	金銀錯嵌珠龍文鉄鏡	ダンワラ古墳（伝）	日田市日高字刃連（伝）	古墳	不明	古墳	21.3	「長宜子孫」	―	―
82	倭	五獣鏡	朝日天神山1号墳（天満1号墳）	日田市小迫字天神山	古墳	前方後円墳（34）・横穴式石室	古墳後期	14.5	―	獣形文鏡類四獣鏡C-1型（小林82・10）	〔旋回式獣像鏡〕 後期
83	倭	珠文鏡	有田古墳	日田市有田	古墳	円墳・横穴式石室	古墳後期	8.3	―	珠文鏡類B型（小林82・10）／Ⅲ類？（中山他94）／AC-B類（脇山13）	〔珠文鏡〕 ―
84	倭	六獣鏡	有田古墳	日田市有田	古墳	円墳・横穴式石室	古墳後期	12.7	―	獣形文鏡類六獣鏡（小林82・10）／旋回式獣像鏡系（森下02）	〔旋回式獣像鏡〕 後期
90	倭	素文鏡	夕田横穴墓群第1支群1号墓	日田市西有田字夕田	横穴	横穴	古墳中期	5.5	―	―	〔素文鏡〕 ―
85	倭	珠文鏡	ガランドヤ2号墳	日田市石井字西ノ園	古墳	円墳（10〜）・横穴式石室	古墳後期	7.7	―	―	〔珠文鏡〕 ―
91	倭	弥生倭製鏡（七弧内行花文鏡）	後迫遺跡6号墓〔2号箱式石棺墓〕	日田市三和字原地	墳墓	無墳丘・箱形石棺	不明	8.0	―	内行花文系小形仿製鏡第2型b類（田尻10・12）	〔弥生倭製鏡〕 弥生
92	舶	不明（双頭龍文鏡？）	徳瀬遺跡B区石棺墓	日田友田字徳瀬256他	墳墓	無墳丘・箱形石棺	古墳前期	7.8	―	―	―
94	?	〔変形八乳鏡〕	中尾原遺跡21号箱形石棺墓	日田市天瀬町五馬市字中尾原	墳墓	無墳丘・箱形石棺	古墳前期	6.4	―	―	―
94-1	倭	弥生倭製鏡？	草場第二遺跡6号方形墓（採集）	日田市清岸寺町本村	墳墓	方形墓・表面採集	不明	5.5	―	―	〔弥生倭製鏡？〕 弥生？
94-2	倭	不明	安国寺遺跡	国東市国東町安国寺	集落	遺物包含層	弥生後期〜古墳前期	7.0	―	―	―
94-3	倭	不明	樫野古墳	佐伯市上岡字樫野	古墳	方墳？（約10）・箱形石棺	古墳中期	6.3	―	―	―
94-4	倭	弥生倭製鏡	諌山遺跡柱穴	中津市三光字諌山	集落	柱穴	弥生	約7	―	―	〔弥生倭製鏡〕 弥生
94-5	倭	弥生倭製鏡（六弧内行花文鏡）	円通寺遺跡第4次調査SC03住居跡	別府市北石垣字ウト井手	集落	堅穴住居	不明	不明	―	内行花文系小形仿製鏡第3型a類（田尻10・12）	〔弥生倭製鏡〕 弥生
94-6	踏	盤龍鏡	大分県（伝）	大分県（伝）	不明	不明	不明	―	―	―	―

宮崎

番号	舶倭	鏡　式	出土遺跡	出土地名	遺跡内容	時　期	面径(cm)	銘　文	諸氏分類	編者分類・時期
1	倭	〔七弧内行花文鏡〕	稲葉崎古墳	延岡市稲葉崎町	古墳	前方後円墳	古墳中期	欠損	―	―	―
2	倭	二神四獣鏡	無鹿町	延岡市無鹿町	横穴	玄室	古墳	10.6	―	―	〔後期型神獣鏡〕 後期

大分・宮崎

発見年	所蔵（保管）者	共伴遺物					文献	備考
		石製品・玉類	武具・武器・馬具	ほか金属器	土器類	その他		
1864	日隈神社	―	―	―	―	―	大分県立宇佐風土記の丘歴史民俗資料館編1989『古墳文化の世界―豊の国の支配者たち―』平成元年度秋季企画展図録，大分県立宇佐風土記の丘歴史民俗資料館	同型鏡群〔SJ-1〕／大分県（豊後国）28
1940			鉄地金銅張馬具片1	銅製鈴釧片1				大分県（豊後国）29
1957	日田市博物館	勾玉1・管玉9・切子玉6・算盤玉1・小玉81	刀2・鉄鏃55・轡3・辻金具2・鉸具2・鈴雲珠1	帯金具21	須恵器12		佐賀県立博物館編1979『鏡・玉・剣―古代九州の遺宝―』佐賀県立博物館	126g／大分県（豊後国）30／少なくとも男女各2体の骨
1960？	東京国立博物館〈J37439〉	―	―	―	―	―	大分県立宇佐風土記の丘歴史民俗資料館編1989『古墳文化の世界―豊の国の支配者たち―』平成元年度秋季企画展図録，大分県立宇佐風土記の丘歴史民俗資料館	大分県（豊後国）31／市内出土の確証なし
1928	別府大学付属博物館	刀1・剣1	心葉形鏡板・杏葉・雲珠・留金具・鞍金具・貝製辻金具・三輪玉	耳環2	須恵器（台付壺・高杯・杯身・杯蓋・提瓶）	石枕	若杉竜太編2005『朝日天神山古墳群』日田市埋蔵文化財調査報告書第60集，日田市教育委員会	〈159g〉／大分県（豊後国）32
1957～58	個人	勾玉1・管玉10・丸玉			土師器（小形丸底壺1）・須恵器		大分県立宇佐風土記の丘歴史民俗資料館編1989『古墳文化の世界―豊の国の支配者たち―』平成元年度秋季企画展図録，大分県立宇佐風土記の丘歴史民俗資料館	〈46g〉／大分県（豊後国）33-1
							佐賀県立博物館編1979『鏡・玉・剣―古代九州の遺宝―』佐賀県立博物館	164g／大分県（豊後国）33-2
1993	大分県教育委員会	ガラス小玉3	―	刀子3	土師器2・須恵器4		友岡信彦編1999『夕田遺跡群』九州横断自動車道関係埋蔵文化財発掘調査報告書14，大分県教育委員会	―
1984	日田市博物館	切子玉2・滑石臼玉1・ガラス小玉52・土玉2	鉸具1・引手片1	銅釧1・耳環5・鉈1・平鑿1	須恵器		大分県立宇佐風土記の丘歴史民俗資料館編1989『古墳文化の世界―豊の国の支配者たち―』平成元年度秋季企画展図録，大分県立宇佐風土記の丘歴史民俗資料館	46g
1992	大分県教育委員会	―	―	―	―	―	九州考古学会事務局・九州考古学会第5回夏期大会佐賀県実行委員会編2013『平成25年度九州考古学会大会 弥生時代後期青銅鏡を巡る諸問題』九州考古学会	
1993	日田市教育委員会	―	―	―	―	―	九州考古学会事務局・九州考古学会第5回夏期大会佐賀県実行委員会編2013『平成25年度九州考古学会大会 弥生時代後期青銅鏡を巡る諸問題』九州考古学会	
1994	日田市教育委員会	―	―	―	―	―	大分県教育委員会文化課編1995『大分県埋蔵文化財年報 1993年度』大分県教育委員会	―
不明	大分県教育委員会	―	―	―	―	―	九州考古学会事務局・九州考古学会第5回夏期大会佐賀県実行委員会編2013『平成25年度九州考古学会大会 弥生時代後期青銅鏡を巡る諸問題』九州考古学会	縁部片
不明	所在不明	―	―	―	―	―	―	縁部片
1997	佐伯市教育委員会	―	刀2・剣2・矛1・鉄鏃27・弓金具状鉄器2	鍬鋤先1・斧1	―	鉄滓	吉武牧子編1998『樫野古墳』佐伯市教育委員会	―
2011	大分県教育庁埋蔵文化財センター							
不明	別府大学文化財研究所						九州考古学会事務局・九州考古学会第5回夏期大会佐賀県実行委員会編2013『平成25年度九州考古学会大会 弥生時代後期青銅鏡を巡る諸問題』九州考古学会	
不明	坂本不言堂	―						
1950	早稲田大学	勾玉7・小玉数十	甲冑1・刀剣5・鉄鏃約50	―			白石太一郎・設楽博己編1994『弥生・古墳時代遺跡出土鏡データ集成』（『国立歴史民俗博物館研究報告』第56集），国立歴史民俗博物館	宮崎県（日向国）2
昭和以降	延岡市教育委員会（内藤記念館旧蔵）	―	刀・鉄鏃	―	―	―	小駕雅美編2014『鏡よかがみ 人びとの心を支えた鏡たち』高崎市観音塚考古資料館第26回企画展，高崎市観音塚考古資料館	167g／宮崎県（日向国）6／交互式神獣鏡

番号	舶倭	鏡式	出土遺跡	出土地名	遺跡内容	時期	面径(cm)	銘文	諸氏分類	編者分類・時期	
3	倭	四神四獣鏡	南方古墳群	延岡市野地町木ノ下	古墳	前方後円墳or円墳	古墳	15.6	—	画文帯神獣鏡(系)D型(小林82・10)／交互式神獣鏡系(森下02)	〔後期型神獣鏡〕	後期
4	倭	珠文鏡	姥塚古墳	延岡市天下町上ノ原	古墳	円墳(20)・墳丘中	古墳	7.6	—	獣帯鏡類C型(小林82・10)／A-D類(脇山13)	〔珠文鏡〕	—
5	倭	不明	小野ミサキ森古墳	延岡市天下町ミサキ森	古墳	円墳・舟形石棺直葬	古墳	9.7	—	—	—	—
6	?	不明	片田町	延岡市片田町	古墳	円墳	古墳	不明	—	—	—	—
124	倭	弥生倭製鏡(綾杉文鏡)	速日峰地区遺跡18E区1号住居跡	延岡市北方町早中〔東臼杵郡北方町〕	集落	竪穴住居	弥生	5.3	—	綾杉文鏡(田尻10・12)	〔弥生倭製鏡〕	弥生
124-1	倭	八弧内行花文鏡	樫山古墳	延岡市樫山町	古墳	不明	古墳中期	13.3	—	—	内行花文鏡B式	前(中)
7	倭	四獣鏡	富高2号墳(古城ヶ鼻古墳)	日向市富高字古城ヶ鼻	古墳	前方後円墳(33)	古墳中期	11.9	—	獣形文鏡類四獣鏡C-1型(小林82・10)	〔中期型獣像鏡〕	中期
7-1	倭	四獣鏡				前方後円墳(33)・竪穴式石槨?		10.5	—	—	鳥頭獣像鏡B系	前(古〜)
8	倭	八鈴五獣鏡	鈴鏡塚古墳	日向市富高字草場	古墳	円墳(20)・木棺直葬?	古墳後期	13.1	—	鈴鏡類(八鈴鏡)(小林82・10)／旋回式獣像鏡系(森下91・02)／獣形文鏡類(大川97)／獣形文系B類(岡田05)／Bg型式(加藤14)	〔旋回式獣像鏡〕	後期
8-1	倭	神獣鏡	伊勢ヶ浜(富高)	日向市富高	不明	不明	不明	完形	—	—	〔中期型神獣鏡〕	中期
9	舶	青蓋作盤龍鏡	持田1号墳(計塚)	児湯郡高鍋町持田字計塚	古墳	前方後円墳(100)・竪穴式石槨	古墳中期	12.5	「青蓋作竟四夷服　多賀國家人民息　胡子珍威天下復　大吉兮」	両頭式(樋口79)／A類(辻田09)	—	—
10	舶	獣文縁浮彫式獣帯鏡						17.6	「宜子孫」	半肉彫獣帯鏡A七像式(樋口79)	—	—
11	倭	〔乳文鏡?〕	持田13号墳	児湯郡高鍋町持田字西ヶ原	古墳	円墳・木棺直葬?	古墳	約9	—	—	—	—
12	?	不明						11?	—	—	—	—
13	舶	八弧内行花文鏡						15.0	「位至三公」	Aaイ式?(樋口79)	—	—
14	?	不明	持田14号墳	児湯郡高鍋町持田字西ヶ原	古墳	円墳(20)	古墳	12.0	—	—	—	—
15	?	不明						17〜18	—	—	—	—
16	舶?	〔不明(画文帯神獣鏡?)〕	持田15号墳	児湯郡高鍋町持田字西ヶ原	古墳	前方後円墳(40)・木棺直葬	古墳	20〜	—	—	—	—
17	舶	画文帯環状乳四神四獣鏡	持田20号墳	児湯郡高鍋町持田字西ヶ原	古墳	帆立(14〜)・木棺直葬?	古墳中期〜	15.5	「天王日月」	II(樋口79)	—	—
18	舶	画文帯同向式神獣鏡	持田24号墳	児湯郡高鍋町持田字西ヶ原	古墳	円墳(25)・木棺直葬?	古墳中期〜	20.7	「吾作明竟　幽凍三商　配像萬疆　統徳序道　敬奉賢良　彰克無祉　百牙擧樂　衆華主陽　聖徳光明　富貴安樂　子孫番昌　學者高遷　士至公卿　其師命長」	B式(樋口79)	—	—
19	舶	画文帯同向式神獣鏡	持田25号墳	児湯郡高鍋町持田字関所	古墳	円墳(16〜)	古墳中期〜	21.1	「吾作明竟　幽凍三商　配像萬疆　統徳序道　敬奉賢良　彰克無祉　百牙擧樂　衆華主陽　聖徳光明　富貴安樂　子孫番昌　學者高遷　士至公卿　其師命長」	B式(樋口79)	—	—
20	倭	火竟銘四獣鏡						19.7	「火竟」(周縁側部)	四獣形鏡(樋口79)／獣形文鏡類四獣鏡A型(小林82・10)	〔中期型獣像鏡〕	中期
21	倭	同向式神獣鏡	持田28号墳(山の神塚)(推定)	児湯郡高鍋町持田字関所(推定)	古墳	前方後円墳(46)	古墳後期	15.8	—	IV型(樋口79)／環状乳神獣鏡(樋口79)／画文帯神獣鏡(系)A型(小林82・10)／同向式神獣鏡A系(森下02)	同向式神獣鏡系	前(中)
22	倭	四獣鏡	持田34号墳(推定)	児湯郡高鍋町持田字関所(推定)	古墳	前方後円墳(60)・粘土槨?	古墳後期	17.2	—	四獣形鏡(樋口79)／獣形文鏡類四獣鏡A型(小林82・10)／旋回式獣像鏡系(森下02)／Cb型式(加藤14)	〔旋回式獣像鏡〕	後期
23	舶	八弧内行花文鏡	持田38号墳	児湯郡高鍋町持田字田中	古墳	前方後円墳(29)・竪穴式石槨?	古墳	15.4	—	Aaア式(樋口79)	—	—
24	倭	一神七獣鏡	持田40号墳のA墳(伝持田34号墳?)	児湯郡高鍋町持田字関所	古墳	円墳(10)	古墳	14.5	—	八獣形鏡(樋口79)／二神四獣鏡系(小林82・10)／Bb型式(加藤14)	〔旋回式獣像鏡〕	後期

宮崎

発見年	所蔵（保管）者	共伴遺物 石製品・玉類	共伴遺物 武具・武器・馬具	共伴遺物 ほか金属器	共伴遺物 土器類	共伴遺物 その他	文献	備考
昭和以降	延岡市教育委員会（内藤記念館旧蔵）	―	―	―	―	―	車崎正彦編 2002『考古資料大観』第5巻 弥生・古墳時代 鏡，小学館	475g／宮崎県（日向国）1
1913	所在不明	―	刀2・剣1	―	―	釘	小林三郎 2010『古墳時代倣製鏡の研究』六一書房	宮崎県（日向国）3／箱形石棺から取り出された可能性
1926（1912?）	焼失（1937年）	ガラス小玉1101	剣1・鉄鏃片1	―	―	―	鳥居龍蔵 1935『上代の日向延岡』鳥居人類学研究所（丸善株式会社）	宮崎県（日向国）4・5
不明	所在不明	―	―	―	―	―	鳥居龍蔵 1935『上代の日向延岡』鳥居人類学研究所（丸善株式会社）	―
1996	延岡市教育委員会	―	―	―	土器	―	宮崎県教育委員会編 1998『宮崎県文化財調査報告書』第41集，宮崎県教育委員会	―
不明	所在不明	―	小札鋲留衝角付冑1・三角板鋲留短甲1	―	―	―	樋口隆康 1997「宮崎県の古鏡」宮崎県編『宮崎県史』通史編 原始・古代1，宮崎県	―
1916	東京国立博物館〈J8624〉	―	短甲残片・頸甲残片・鉄鏃	―	―	―	加藤一郎 2015「前期倭鏡における同一紋様鏡の一例─伝持田古墳群および富高2号墳出土鏡と公文書について─」『宮崎県立西都原考古博物館研究紀要』第11号，宮崎県立西都原考古博物館	〈129g〉／漢式鏡884／宮崎県（日向国）8／「盗掘坑に土を充填する際の調査において出土」
1993	宮崎県立西都原考古博物館（資料番号35）						樋口隆康 1997「宮崎県の古鏡」『宮崎県史』通史編 原始・古代1，宮崎県	153g／伝持田古墳群鏡に酷似するが、同型鏡ではない
1953	宮崎県立西都原考古博物館	勾玉5・管玉8・切子玉1	甲?・刀3・鉄鏃21	銀環1・斧1	―	砥石1	宮崎県教育委員会 1955『日向遺跡調査報告書』第2輯，宮崎県教育委員会	248g／宮崎県（日向国）7
不明	所在不明	―	―	―	―	―		宮崎3の可能性もあり
1930	宮崎県総合博物館	―	鉄鏃？	刀子？	―	―		宮崎県（日向国）39-1
昭和以降								同型鏡群〔UJ-1〕／560g／宮崎県（日向国）39-2
昭和以降		ガラス勾玉1・水晶切子玉4・ガラス小玉5～6	―	―	須恵器	―		宮崎県（日向国）39-2
昭和以降	所在不明						梅原末治 1969『持田古墳群』宮崎県教育委員会	宮崎県（日向国）39-1
昭和以降		勾玉10・管玉20～30・ガラス小玉	刀1	―	―	―		宮崎県（日向国）39-1
昭和以降								宮崎県（日向国）39-2or3／3面重なって出土したという
昭和以降								宮崎県（日向国）39-2or3／破砕していたという
昭和以降		硬玉勾玉1・管玉12～13・ガラス小玉200～300	刀2・鉄鏃	―	―	―		宮崎県（日向国）39-1／転売者によると半円方形帯の神獣鏡
昭和以降	所在不明（個人旧蔵）	硬玉勾玉・ガラス小玉106	刀1	―	―	―		同型鏡群〔GK-1〕／宮崎県（日向国）39-1
昭和以降	宮崎県総合博物館	―	銅鈴1	―	―	―		同型鏡群〔GD-3〕／宮崎県（日向国）39-1
昭和以降	耕三寺博物館	勾玉・管玉	刀	―	―	―		同型鏡群〔GD-3〕／宮崎県（日向国）39-2
昭和以降							梅原末治 1969『持田古墳群』宮崎県教育委員会	860g／宮崎県（日向国）39-1
昭和以降	五島美術館〈M247〉	水晶勾玉4・ガラス勾玉6・管玉10～11・水晶切子玉6～10	三葉環頭柄頭2・刀1	金製耳飾1対・金環1対	―	―		宮崎県（日向国）39-1
昭和以降	五島美術館〈M243〉	硬玉勾玉4・管玉・小型管玉6・ガラス玉	単鳳金銅環頭柄頭1・刀2・鉄鏃	小銅鈴8	―	―		308g／宮崎県（日向国）39-1
1930	所在不明（個人旧蔵）	管玉20	刀1	金環1・銀環1対	―	―		宮崎県（日向国）39-1,42
昭和以降	五島美術館〈M248〉	硬玉勾玉2・滑石製牙形垂飾1対	銅鈴1	金環1	―	―		323g／宮崎県（日向国）39-1

番号	舶倭	鏡式	出土遺跡	出土地名	遺跡内容	時期	面径(cm)	銘文	諸氏分類	編者分類・時期	
25	舶	〔画文帯神獣鏡（推定）〕	持田45号墳	児湯郡高鍋町持田字東光寺	古墳	前方後円墳（82）・竪穴式石槨（木棺？）	古墳中期～	15～16	—	—	—	—
25-1	?	不明						～15	—	—	—	—
25-2	?	不明						～15	—	—	—	—
26	舶	三角縁天王日月・獣文帯四神四獣鏡	持田48号墳（推定）	児湯郡高鍋町持田字北ノ谷（推定）	古墳	円墳	古墳前期	21.4	「天王日月」	目録番号64・同笵鏡番号33・配置D・表現②	—	—
27	倭	八獣鏡	持田古墳群（推定）	児湯郡高鍋町持田（推定）	古墳	不明	古墳	18.5	擬銘	異形獣文鏡（樋口79）／獣形文鏡類四獣鏡B型（小林82・10）／D群13段階（池上92）	〔類画象鏡〕	前（中）
28	倭	〔四獣鏡〕	持田古墳群（推定）	児湯郡高鍋町持田（推定）	古墳	不明	古墳	13.6	—	—	—	—
29	舶	方格T字鏡	持田古墳群（推定）	児湯郡高鍋町持田（推定）	古墳	不明	古墳	11.7	—	V類（樋口79）／SCc式（松浦94）／丁群（森下98）	—	—
30	倭	〔神獣鏡〕	持田古墳群（推定）	児湯郡高鍋町持田（推定）	古墳	不明	古墳	8.5	—	—	—	—
31	舶	三角縁天王日月・獣文帯四神四獣鏡	持田古墳群（推定）	児湯郡高鍋町持田（推定）	古墳	不明	古墳	23.3	「天王日月」	目録番号68・同笵鏡番号35・配置F1・表現②	—	—
32	倭	四神四獣鏡	持田古墳群（推定）	児湯郡高鍋町持田（推定）	古墳	不明	古墳	21.3	—	四神四獣鏡系（小林82・10）／斜縁神獣鏡B系（森下02）	〔中期型神獣鏡〕	中期
33	倭	四獣鏡	持田古墳群（推定）	児湯郡高鍋町持田（推定）	古墳	不明	古墳	10.6	—	獣形文鏡類四獣鏡C-3型（小林82・10）	鳥頭獣像鏡B系	前（古～）
34	倭	螭龍鏡	持田古墳群（推定）	児湯郡高鍋町持田（推定）	古墳	不明	古墳	27.0	—	—	螭龍鏡A系	前（中）
35	倭	五獣鏡	持田古墳群（推定）	児湯郡高鍋町持田（推定）	古墳	不明	古墳	9.8	—	五獣形鏡（樋口79）／獣形文鏡類五獣鏡（小林10）／Ca型式（加藤14）／Ca型式（加藤14）	〔旋回式獣像鏡〕	後期
36	倭	五獣鏡	持田古墳群（推定）	児湯郡高鍋町持田（推定）	古墳	不明	古墳	13.0	—	五獣形鏡（樋口79）／獣形文鏡類五獣鏡（小林82・10）／旋回式獣像鏡系（森下91・02）／Bc型式（加藤14）	〔旋回式獣像鏡〕	後期
37	倭	六獣鏡	持田古墳群（推定）	児湯郡高鍋町持田（推定）	古墳	不明	古墳	7.3	—	六獣形鏡（樋口79）／獣形文鏡類六獣鏡（小林82・10）／Ca型式（加藤14）	〔旋回式獣像鏡〕	後期
38	倭？	不明	持田古墳群（推定）	児湯郡高鍋町持田（推定）	古墳	不明	古墳	破片	—	—	—	—
39	倭	四獣鏡	持田古墳群（推定）	児湯郡高鍋町持田（推定）	古墳	不明	古墳	14.9	—	四獣形鏡（樋口79）／獣形文鏡類四獣鏡C-1型（小林82・10）	〔中期型獣像鏡〕	中期
40	倭	不明	持田古墳群（推定）	児湯郡高鍋町持田（推定）	古墳	不明	古墳	6.5	—	獣形文鏡類六獣鏡（小林82・10）	—	—
41	舶	〔長宜子孫内行花文鏡〕	持田古墳群（推定）	児湯郡高鍋町持田（推定）	古墳	不明	古墳	15.7	「長宜子孫」	—	—	—
42	舶	〔銘帯鏡（明光鏡）〕	宮崎県（伝）	児湯郡高鍋町持田（伝）	不明	不明	不明	10.5	あり（不詳）	—	—	—
43	舶	〔内行花文鏡〕	宮崎県（伝）	児湯郡高鍋町持田（伝）	不明	不明	不明	16.1	「位至三公」	—	—	—
44	?	〔盤龍鏡〕	宮崎県（伝）	児湯郡高鍋町持田（伝）	不明	不明	不明	9.8	—	—	—	—
44-1	舶	獣文縁浮彫式獣帯鏡	持田古墳群（推定）（辰馬M501）	児湯郡高鍋町持田（推定）	古墳	不明	古墳	17.4	「宜子孫」	—	—	—
44-2	倭	四獣鏡	持田古墳群（推定）（辰馬M502）	児湯郡高鍋町持田（推定）	古墳	不明	古墳	15.9	—	—	〔中期型獣像鏡〕	中期
44-3	倭	四獣鏡	持田古墳群（推定）（辰馬M503）	児湯郡高鍋町持田（推定）	古墳	不明	古墳	14.9	—	四獣形鏡（樋口79）／獣形文鏡類四獣鏡A型（小林82・10）	〔中期型獣像鏡〕	中期
44-4	倭	四獣鏡	持田古墳群（推定）（辰馬M504）	児湯郡高鍋町持田（推定）	古墳	不明	古墳	15.6	—	—	〔中期型獣像鏡〕	中期
44-5	倭	四獣鏡	持田古墳群（推定）（辰馬M505）	児湯郡高鍋町持田（推定）	古墳	不明	古墳	17.0	—	—	〔中期型獣像鏡〕	中期
44-6	倭	四獣鏡	持田古墳群（推定）（辰馬M506）	児湯郡高鍋町持田（推定）	古墳	不明	古墳	16.9	—	—	〔中期型獣像鏡〕	中期
44-7	倭	一神三獣鏡	持田古墳群（推定）（辰馬M507）	児湯郡高鍋町持田（推定）	古墳	不明	古墳	18.9	擬銘	—	二神二獣鏡IA系	前（中）

発見年	所蔵（保管）者	共伴遺物					文献	備考
		石製品・玉類	武具・武器・馬具	ほか金属器	土器類	その他		
1930	所在不明	—	刀1・鉄鏃?	—	—	—		宮崎県（日向国）39-1／3面重なって出土したという
								宮崎県（日向国）39-2・3／梅原末治は倭製鏡と想定
昭和以降	宮崎県総合博物館（個人旧蔵）	（硬玉勾玉）	—	—	—	—	梅原末治1969『持田古墳群』宮崎県教育委員会	宮崎県（日向国）39-1
昭和以降								宮崎県（日向国）39-7
昭和以降	五島美術館?（所在不明）							宮崎県（日向国）39-8／広瀬都巽旧蔵鏡か
昭和以降							松浦宥一郎1994「日本出土の方格T字鏡」『東京国立博物館紀要』第29号，東京国立博物館	宮崎県（日向国）39-9
昭和以降							梅原末治1969『持田古墳群』宮崎県教育委員会	宮崎県（日向国）39-6？
昭和以降	宮崎県総合博物館（個人旧蔵）						宮崎県総合博物館編1979『特別展 日向の古墳展―地下式横穴の謎をさぐる―』宮崎県総合博物館	—
昭和以降							梅原末治1969『持田古墳群』宮崎県教育委員会	1020g
昭和以降	宮崎県立西都原考古博物館〈資料番号17〉							170g／宮崎県（日向国）39-3？
不明	宮崎県総合博物館（個人旧蔵）						辻田淳一郎・東憲章2009「伝持田古墳群出土の鼉龍鏡」『宮崎県立西都原考古博物館 研究紀要』第5号，宮崎県立西都原考古博物館	
昭和以降	西都原考古博物館〈資料番号18〉							74g／宮崎県（日向国）39-2
昭和以降	西都原考古博物館〈資料番号19〉							255g／宮崎県（日向国）39-1？
昭和以降	西都原考古博物館〈資料番号20〉						梅原末治1969『持田古墳群』宮崎県教育委員会	38g／宮崎県（日向国）39-4？
昭和以降	宮崎県総合博物館							—
昭和以降	個人（五島美術館〈M246?〉）							527g
昭和以降	宮崎県総合博物館?（個人）							宮崎県（日向国）39-5？
不明		—	刀1・鉄鏃?	—	—	—	白石太一郎・設楽博己編1994『弥生・古墳時代遺跡出土鏡データ集成』（『国立歴史民俗博物館研究報告』第56集），国立歴史民俗博物館	宮崎県（日向国）43-1
不明	所在不明（個人旧蔵）	—	—	—	—	—	白石太一郎・設楽博己編1994『弥生・古墳時代遺跡出土鏡データ集成』（『国立歴史民俗博物館研究報告』第56集），国立歴史民俗博物館	
不明								田中琢の鑑定
不明								
不明	辰馬考古資料館〈M501〉	—	—	—	—	—	青木政幸2008『銅鐸から銅鏡へ』展観の栞34，財団法人辰馬考古資料館	同型鏡群〔UJ-1〕／632g
不明	辰馬考古資料館〈M502〉						矢野健一編1998『平成10年度秋季展 古鏡の世界』展観の栞24，財団法人辰馬考古資料館	508g
昭和以降	辰馬考古資料館〈M503〉						梅原末治1969『持田古墳群』宮崎県教育委員会	527g
不明	辰馬考古資料館〈M504〉							552g
不明	辰馬考古資料館〈M505〉						矢野健一編1998『平成10年度秋季展 古鏡の世界』展観の栞24，財団法人辰馬考古資料館	491g
不明	辰馬考古資料館〈M506〉							746g
不明	辰馬考古資料館〈M507〉							813g／傘松を配する

番号	舶倭	鏡式	出土遺跡	出土地名	遺跡内容	時期	面径(cm)	銘文	諸氏分類	編者分類・時期	
45	舶	景初四年盤龍鏡	持田古墳群(推定)(辰馬 M508)	児湯郡高鍋町持田(推定)	古墳	不明	古墳	17.0	「景初四年五月丙午之日 陳是作鏡 吏人詔之 位至三公 母人詔之 保子宜孫 壽如金石兮」	倣古鏡(辻田09)	—	—
46	舶	青蓋作斜縁四獣鏡	茶臼原1号墳(児屋根塚)	西都市茶臼原	古墳	前方後円墳(110)・粘土槨	古墳中期	13.8	「青蓋作竟宜孫 東王公西王母 青龍在左白虎居右 宜孫子兮」	斜縁四獣鏡表現B類(實盛12)	—	—
47	舶	流雲文縁方格規矩鏡	千畑7号横穴	西都市穂北字千畑	横穴	不明	古墳後期	11.4	—	—	—	—
48	舶	「仿製」三角縁獣文帯三神三獣鏡	西都原13号墳(旧2号墳)	西都市三宅字原口	古墳	前方後円墳(80)・粘土槨	古墳前期	22.0	—	目録番号214・同笵鏡番号＊・配置K2	—	—
49	舶	方格鏡	西都原35号(旧3号)墳	西都市三宅字原口	古墳	前方後円墳(73)・粘土槨	古墳中期	約12.5	—	丙群(森下98)	—	—
50	舶	方格規矩鏡	西都原72号墳(旧21号)墳〔後円部主体部左側〕	西都市三宅字酒元之上	古墳	前方後円墳(70)・粘土槨	古墳前期	15.5	「□□□□□□□□□」	乙群(森下98)	—	—
51	倭	四獣鏡	西都原156号(旧60号)墳	西都市三宅字東立野	古墳	円墳(25)	古墳中期	9.8	—	—	〔中期型獣像鏡〕	中期
52	倭	珠文鏡	西都原169号墳(旧110号墳)(飯盛塚)	西都市三宅字丸山	古墳	円墳(45)・粘土槨	古墳中期	6.9	—	珠文鏡類B型(小林82・10)／Ⅲ類(中山他94)／A-B類(脇山13)	〔珠文鏡〕	—
53	倭	細線式渦文鏡(四乳十文字細線式渦文鏡)	西都原265号墳(船塚)	西都市童子丸字新立	古墳	前方後円墳(60)	古墳後期	11.5	—	特殊文鏡(細線渦文鏡)(樋口79)／獣形文鏡類四獣鏡C-2型(小林82・10)	—	—
54	倭	珠文鏡	西都原4号地下式横穴	西都市三宅字東立野	地下式横穴	玄室	古墳中期	8.8	—	珠文鏡類B型(小林82・10)／Ⅱ類(中山他94)／AC-D類(脇山13)／充填系D群(岩本14)	〔珠文鏡〕	—
55	倭	六弧内行花文鏡	西都原古墳群(伝)	西都市(伝)	古墳	不明	古墳	8.5	—	—	内行花文鏡B式	前(中)
55-1	舶	上方作系浮彫式一仙六獣鏡	西都原古墳群(伝)	西都市(伝)	古墳	不明	古墳	完形	「・・・作竟・・・」	—	—	—
55-2	倭	神獣鏡	西都原古墳群	西都市	古墳	不明	古墳	11.4	—	獣帯鏡類C型(小林82・10)	分離式神獣鏡系？	前(新)～
55-3	倭	六獣鏡	西都原(伝)	西都市(伝)	不明	不明	不明	14.5	—	—	類鼉龍鏡	前(中)
55-4	倭	八乳文鏡	西都原古墳群？	西都市？	古墳	不明	古墳	9.4	—	乳文鏡Ⅱ類(樋口79)／獣帯鏡類D型(小林82・10)	〔乳脚文鏡〕	後期
56	？	〔内行花文鏡〕	百塚原古墳群(伝)	西都市(伝)	古墳	不明	古墳	不明	—	—	—	—
57	？	〔六獣鏡 or 獣帯鏡？〕	百塚原古墳群(伝)	西都市(伝)	古墳	不明	古墳	13.0	—	—	—	—
123	舶	不明	松本原遺跡24号住居跡	西都市清水	集落	竪穴住居	弥生後期	破片	—	—	—	—
120	？	〔鳥文鏡〕	米良(伝)	西都市米良(伝)	不明	不明	不明	9.0	—	—	—	—
58	倭	素文鏡	新富町5号横穴墓	児湯郡新富町日置	横穴	不明	古墳	9.0	—	—	〔素文鏡〕	—
59	倭	乳文鏡	新田原45号墳(石舟塚)	児湯郡新富町新田字石舟(伝)	古墳	前方後円墳・横穴式石室(舟形石棺)	古墳後期	7.4	—	—	〔乳脚文鏡〕	後期
60	舶	画文帯環状乳四神四獣鏡	新田原山ノ坊古墳群(伝)	児湯郡新富町新田字山ノ坊(伝)	古墳	不明	古墳中期～	15.4	「吾作明竟 幽凍三商 周刻無祉 配像萬疆 白牙作樂 □□□□ 百精並存 天禽四守 富貴安樂 子孫番昌 曾年益壽 其師命長」	Ⅱ(樋口79)	—	—
61	舶	獣文縁浮彫式獣帯鏡					17.9	「宜子孫」	半肉彫獣帯鏡A七像式(樋口79)	—	—
62	舶	獣文縁浮彫式獣帯鏡					17.9	「宜子孫」	半肉彫獣帯鏡A七像式(樋口79)	—	—
63	倭？	乳文鏡？	川床2号墳	児湯郡新富町新田字川床	古墳	円墳(9)・木棺直葬	古墳中期	9.1	—	—	〔乳脚文鏡？〕	後期？

472

宮崎

発見年	所蔵（保管）者	共伴遺物					文献	備考
		石製品・玉類	武具・武器・馬具	ほか金属器	土器類	その他		
不明	辰馬考古資料館〈M508〉	―	―	―	―	―	田中琢1991「「景初四年」銘鏡と三角縁神獣鏡」『辰馬考古資料館 考古学研究紀要』2, 財団法人辰馬考古資料館	687g／宮崎県（日向国）39-1／同型：広峯15号墳(京都27)
1985	西都原古墳研究所・西都市教育委員会	ガラス小玉853・管玉7	剣1・蛇行剣1	―	土師器片2	―	樋口隆康1997「宮崎県の古鏡」宮崎県編『宮崎県史』通史編 原始・古代1, 宮崎県	520g
1984～85	西都原古墳研究所	―	円頭大刀柄頭1	―	土師器片1・須恵器片14	―	樋口隆康1997「宮崎県の古鏡」宮崎県編『宮崎県史』通史編 原始・古代1, 宮崎県	文様漫滅
1916	宮崎県総合博物館	硬玉勾玉2・碧玉管玉40～・ガラス小玉百数十	剣1	刀子1	―	―	内藤虎次郎・今西龍1918「西都原古墳調査報告」『宮崎県史蹟調査報告』第3冊, 宮崎県	918g／漢式鏡874／宮崎県（日向国）9-1
1913	所在不明	勾玉2・管玉21	刀1・剣1	―	―	―	富岡謙蔵1920『古鏡の研究』丸善	漢式鏡878／宮崎県（日向国）9-2
1911	宮崎県総合博物館	―	刀1・剣4	―	土器	―	車崎正彦編2002『考古資料大観』第5巻 弥生・古墳時代 鏡, 小学館	漢式鏡875／宮崎県（日向国）9-5
1915	所在不明	勾玉1・管玉4・丸玉38・小玉56	刀5・剣1・矛1・鉄鏃多数	―	―	―	原田淑人1915「西都原古墳調査附百塚原古墳出土品」『考古学雑誌』第6巻第3号, 考古学会	漢式鏡876／宮崎県（日向国）9-6
1911	東京国立博物館(J34668)	―	刀・鉄鏃	銅釧1・斧2・刀子2	―	竹櫛1	中山清隆・林原利明1994「小型仿製鏡の基礎的集成（1）―珠文鏡の集成―」『地域相研究』第21号, 地域相研究会	漢式鏡877／宮崎県（日向国）9-7,10-1
1917	宮崎県総合博物館	管玉19	刀3・矛1・鉄鏃百数十	刀子2	―	―	樋口隆康1979『古鏡』新潮社	漢式鏡879／宮崎県（日向国）9-9,14／突帯状の十字バンド
1956	宮崎県総合博物館（西都原資料館）	勾玉1・管玉16・丸玉115・ガラス小玉64	横矧板革綴短甲1・横矧板鋲留短甲2・刀5・鉄鏃40～50	歩揺	―	―	樋口隆康1997「宮崎県の古鏡」宮崎県編『宮崎県史』通史編 原始・古代1, 宮崎県	宮崎県（日向国）13
不明	所在不明（個人旧蔵）	―	―	―	―	―	富岡謙蔵1920『古鏡の研究』丸善	漢式鏡880／宮崎県（日向国）10-2
不明	奈良国立博物館？	―	―	―	―	―	―	宮崎57の可能性
不明	所在不明（個人旧蔵）	―	―	―	―	―	後藤守一1942『古鏡聚英』上篇 秦鏡と漢六朝鏡, 大塚巧芸社	宮崎66と同一品か
不明	所在不明（廣瀬都巽旧蔵）	―	―	―	―	―	林新兵衛商店他1932『京都大仏広瀬都巽軒愛蔵品入札』京都鈴木尚美社印刷所	―
不明	所在不明（杉山壽栄男旧蔵）	―	―	―	―	―	―	―
不明	所在不明（個人旧蔵）	切子玉1・小玉12	刀2・剣1・鏃1・馬具	金環2・銀環1・銀製金具1	須恵器1	―	富岡謙蔵1920『古鏡の研究』丸善	漢式鏡881／宮崎県（日向国）11-2
不明	所在不明（五島美術館？）	―	馬具？	―	―	―		220g／宮崎55-1の可能性
1993	西都市教育委員会	―	―	―	土師器	―	東徹志編2007『平成19年秋季特別展 日向・薩摩・大隅の原像―南九州の弥生文化―』大阪府立弥生文化博物館図録37, 大阪府立弥生文化博物館	破鏡
不明	音原神社	―	―	―	―	―	岡崎敬編1979『日本における古鏡 発見地名表 九州地方Ⅰ』東アジアよりみた日本古代墓制研究（増補改訂版）	宮崎県（日向国）16
昭和以降	宮崎県総合博物館	―	―	―	―	―	宮崎県総合博物館編1982『宮崎県総合博物館収蔵資料目録』考古・歴史資料編, 宮崎県総合博物館	―
不明	宮崎県立西都原考古博物館（資料番号27）	―	槍石突2・鉄鏃11・鉄地金銅張鉸具1・雲珠2	―	土師器（杯身1）・須恵器（杯身1）	釘	宮崎県総合博物館編1982『宮崎県総合博物館収蔵資料目録』考古・歴史資料編, 宮崎県総合博物館	(9g)／宮崎県（日向国）15
1924	国立歴史民俗博物館						川西宏幸2004『同型鏡とワカタケル―古墳時代国家論の再構築―』同成社	同型鏡群〔GK-2〕／宮崎県（日向国）18
	国立歴史民俗博物館（池田庄太郎旧蔵）							同型鏡群〔UJ-1〕／宮崎県（日向国）17-1?
							樋口隆康1997「宮崎県の古鏡」宮崎県編『宮崎県史』通史編 原始・古代1, 宮崎県	同型鏡群〔UJ-1〕／宮崎県（日向国）17-2?
1984	新富町教育委員会	ガラス小玉19	刀1	―	須恵器（甕片20数点）	―	宮崎県新富町教育委員会編1985『川床地区遺跡』新富町文化財調査報告書第3集, 宮崎県新富町教育委員会	「鈕の回りの獣形が巴様に変形したものを8～9列配した獣形鏡（中略）1面が出土している」

番号	舶倭	鏡式	出土遺跡	出土地名	遺跡内容	時期	面径(cm)	銘文	諸氏分類	編者分類・時期	
64	舶?	不明	銀代ヶ迫遺跡 9号住居跡	児湯郡新富町新田字銀代ヶ迫	集落	竪穴住居	弥生後期	破片	—	—	—	—
65	舶	方格規矩八禽鏡	祇園原古墳群（新田原古墳群）（伝）	児湯郡新富町新田（伝）	古墳	不明	古墳	15.4	—	Ⅳ類（樋口79）／方格規矩文鏡類D型（小林82・10）	—	—
66	倭	三神三獣鏡	祇園原古墳群（伝）	児湯郡新富町新田（伝）	古墳	不明	古墳	12.3	—	三神三獣鏡系（小林82・10）	分離式神獣鏡系	前（新）
121	舶?	〔獣文縁？獣帯鏡〕	新田原古墳群（伝）	児湯郡新富町新田（伝）	古墳	不明	古墳	17.3	—	—	—	—
121-1	倭	重圏文鏡	西ノ別府遺跡 住居跡SA1	児湯郡川南町川南字尾花坂上	集落	竪穴住居	古墳前期	7.1	—	4a類（脇山15）	〔重圏文鏡〕	前期
68	倭	不明	蓮ヶ池 46号横穴墓	宮崎市芳士字岩永迫	横穴	不明	古墳後期	7.9	—	—	—	—
69	倭	不明	蓮ヶ池 52号横穴墓	宮崎市芳士字岩永迫	横穴	玄室	古墳後期	6.9	—	—	—	—
70	?	〔方格規矩鏡〕	トメ塚	宮崎市芳士字岩永迫		不明	古墳	不明	—	—	—	—
71	倭	六乳文鏡	トメ塚	宮崎市芳士字岩永迫		不明	古墳	12.1	擬銘	—	〔乳脚文鏡〕	後期
72	舶	四葉座方格規矩八禽鏡	住吉横穴群（蓮ヶ池横穴群）（伝）	宮崎市芳士字岩永迫（伝）	横穴	不明	古墳	15.0	「吾□□□□好 上有仙人不知老 □子□□」／「吾作 知老 長宜子孫 位至無極」	方格規矩文鏡類D型（小林82・10）／博局Ｔ字鳥文鏡Aa3K類（高木91・93）	—	—
79	倭	六弧内行花文鏡	不明（蓮ヶ池横穴？）	宮崎市芳士	地下式横穴	不明	古墳	10.8	—	B類3式（清水94）／六花文鏡（小林10）	内行花文鏡B式	前（中）
73	倭	四獣鏡	陣ヶ平所在古墳	宮崎市下北方町陣ヶ平	古墳	不明	古墳	10.9	—	獣形文鏡類四獣鏡C-1型（小林82・10）	〔旋回式獣像鏡 or 中期型獣像鏡〕	後期
74	倭	盤龍鏡	下北方地下式横穴 第5号	宮崎市下北方町塚原5783	古墳	円墳（26）・地下式横穴（礫床）	古墳中期	12.1	—	変形文鏡類（小林82・10）／盤龍鏡B系（森下02）	盤龍鏡Ⅰ系	前（新）
75	倭	六獣鏡	下北方地下式横穴 第5号	宮崎市下北方町塚原5783	古墳	円墳（26）・地下式横穴（礫床）	古墳中期	11.3	—	獣形文鏡類四獣鏡C-1型（小林82・10）	分離式神獣鏡系	前（新）
75-1	倭	珠文鏡	下北方花切第2遺跡A区地下式横穴墓2（下北方第24号地下式横穴）	宮崎市下北方町花切	地下式横穴	玄室	古墳中期	6.9	—	—	〔珠文鏡〕	—
76	舶	君宜子孫蝙蝠座鈕八弧内行花文鏡	広島古墳群（伝）	宮崎市錦町〜広島（伝）	古墳	円墳？	古墳	13.3	「君宜子孫」／「生如山石」	Bcイ式（樋口79）	—	—
77	舶	画文帯神獣鏡	広島古墳群（伝）	宮崎市錦町〜広島（伝）	古墳	円墳？	古墳	12.3	「・・・吾□・・・」	画？？1（村瀬14）	—	—
78	?	〔方格規矩鏡〕	曽井古墳（伝）	宮崎市恒久字曽井（伝）	古墳	前方後円墳	古墳	不明	—	—	—	—
80	倭	捩文鏡	生目古墳群（富吉）（伝）	宮崎市富吉（伝）	古墳	不明	古墳	7.8	—	—	捩文鏡D系	前（中〜）
125	倭	弥生倭製鏡	石の迫第2遺跡（生目古墳群周辺遺跡G区）	宮崎市跡江字石ノ迫	集落	表面採集	不明	4.9	—	重圏文系小形仿製鏡第1型え類（田尻10・12）	〔弥生倭製鏡〕	弥生
125-1	倭	珠文鏡	五反畑遺跡B地区 1号木棺墓	宮崎市清武町船引字五反畑〔宮崎郡清武町〕	墳墓	土壙墓・木棺直葬	古墳中期	7.7	—	AC-B類（脇山13）	〔珠文鏡〕	—
125-2	倭	虺龍文鏡	下那珂遺跡 96号住居跡	宮崎市佐土原町下那珂字峯前〔宮崎郡佐土原町〕	集落	竪穴住居	弥生後〜末期	9.2	—	—	—	—
125-3	倭	七乳文鏡	山崎下ノ原第1遺跡 H区2号墳	宮崎市山崎町上ノ原・下ノ原	古墳	円墳（10）・木棺直葬	古墳後期	8.7	—	—	〔乳脚文鏡〕	後期
125-4	倭	五乳文鏡	宮崎郡広瀬町（伝）	宮崎市佐土原町（伝）	不明	不明	不明	9.4	—	—	〔乳脚文鏡〕	後期

宮崎

発見年	所蔵（保管）者	共伴遺物					文献	備考
		石製品・玉類	武具・武器・馬具	ほか金属器	土器類	その他		
1988	宮崎県総合博物館 埋蔵文化財センター	―	―	―	―	―	東徹志編 2007『平成 19 年秋季特別展 日向・薩摩・大隅の原像―南九州の弥生文化―』大阪府立弥生文化博物館図録 37, 大阪府立弥生文化博物館	破鏡
1902	宮崎県総合博物館（個人旧蔵）	―	―	―	―	―	樋口隆康 1997「宮崎県の古鏡」宮崎県編『宮崎県史』通史編 原始・古代 1, 宮崎県	513g／漢式鏡 882／宮崎県（日向国）12-1
不明		―	―	―	―	―	後藤守一 1942『古鏡聚英』上篇 秦鏡と漢六朝鏡, 大塚巧芸社	漢式鏡 883／宮崎県（日向国）12-2
不明	所在不明	―	―	―	―	―	白石太一郎・設楽博己編 1994『弥生・古墳時代遺跡出土鏡データ集成』（『国立歴史民俗博物館研究報告』第 56 集）, 国立歴史民俗博物館	同型鏡群か
2005	宮崎県埋蔵文化財センター	―	―	―	土師器（壺・甕・鉢）・ミニチュア土器	石包丁・磨石・敲石・砥石・台石	三品典生編 2006『西ノ別府遺跡』宮崎県埋蔵文化財センター発掘調査報告書第 124 集, 宮崎県埋蔵文化財センター	40g
1969	宮崎県総合博物館	瑪瑙勾玉	鉄鏃・鉸具	銀環・刀子	須恵器（小形丸底壺・大甕・高杯・蓋杯・𤭯・横瓶等）	―	石川恒太郎・日高正晴・田中茂・茂山護 1971『蓮ヶ池横穴群調査報告書』宮崎県教育委員会	前庭部排土中採集とされ、出土地点は不明
1969		水晶切子玉 2・丸玉 1	鉄鏃・弓鏃金具 1・頸甲 1・肩甲 1・刀 2・辻金具・鉸具	刀子 9	土師器（杯）・須恵器（甕片・高杯・杯蓋）	―		―
不明	所在不明						喜田貞吉 1929『日向国史』上巻, 史誌出版社	「前年発掘して四神鏡、方格四神鏡、六乳鏡等を発見せり。何れも倣製」
不明	宮崎県立西都原考古博物館						樋口隆康 1997「宮崎県の古鏡」宮崎県編『宮崎県史』通史編 原始・古代 1, 宮崎県	192g／宮崎県（日向国）21
不明	宮崎県総合博物館						樋口隆康 1997「宮崎県の古鏡」宮崎県編『宮崎県史』通史編 原始・古代 1, 宮崎県	漢式鏡 868／下北方陣ヶ平横穴？
不明							宮崎県総合博物館編 1979『特別展 日向の古墳展―地下式横穴の謎をさぐる―』宮崎県総合博物館	宮崎県（日向国）22
1914	東京国立博物館（J7326）	―	―	―	―	―	樋口隆康 1997「宮崎県の古鏡」宮崎県編『宮崎県史』通史編 原始・古代 1, 宮崎県	漢式鏡 867／宮崎県（日向国）23
1975	宮崎県総合博物館	勾玉 9・管玉 26・ガラス丸玉 8・大型丸玉 57・小型丸玉 540	小札鋲留眉庇付冑 1・三角板鋲留短甲 1・横矧板鋲留短甲 1・頸甲 1・肩甲 1・刀 2・剣 3・矛 5・鉄鏃 50 余・轡鏡板 2・鞍金具 1・心葉形杏葉 2・木心鉄張輪鐙 2・馬鐸 1・三環鈴 1	金製垂飾付耳飾 2・斧 5・手斧 1・鎌 3・鏨状鉄器 1			田中琢 1981『古鏡』日本の美術第 178 号, 至文堂	宮崎県（日向国）28-1？
							宮崎県総合博物館編 1979『特別展 日向の古墳展―地下式横穴の謎をさぐる―』宮崎県総合博物館	宮崎県（日向国）28-2？
2013	宮崎市教育委員会	勾玉 3・管玉 22・棗玉 10	―	―	―	―	河野裕次 2015『下北方花切第 2 遺跡』宮崎市文化財調査報告書第 106 集, 宮崎市教育委員会	28g
不明	宮崎県総合博物館	―	―	―	―	―	宮崎県総合博物館編 1979『特別展 日向の古墳展―地下式横穴の謎をさぐる―』宮崎県総合博物館	漢式鏡 869
不明		―	―	―	―	―	樋口隆康 1997「宮崎県の古鏡」宮崎県編『宮崎県史』通史編 原始・古代 1, 宮崎県	宮崎県（日向国）20-2／破鏡（破面研磨・穿孔）
大正以前	所在不明（個人旧蔵）	玉類	刀	貨泉？	―	―	後藤守一 1926『漢式鏡』日本考古学大系, 雄山閣	漢式鏡 870／宮崎県（日向国）26／「鏡は十数片に破壊せられて居る」
不明	宮崎県総合博物館	―	―	―	―	―	樋口隆康 1997「宮崎県の古鏡」宮崎県編『宮崎県史』通史編 原始・古代 1, 宮崎県	宮崎県（日向国）25
1995	宮崎市教育委員会	―	―	―	―	―	中山豪・久富なをみ編 1996『史跡生目古墳群周辺遺跡発掘調査報告書』宮崎市教育委員会	15g
2008	宮崎市教育委員会	滑石臼玉 668・ガラス小玉 625	刀 1・剣 1	斧 1・刀子 2	―	―	今村結記編 2010『五反田遺跡 B 地区』清武町埋蔵文化財調査報告書第 30 集, 清武町教育委員会	53g
2000	宮崎県埋蔵文化財センター	―	―	―	弥生土器（壺・甕）	石包丁	甲斐貴充編 2004『下那珂遺跡』宮崎県埋蔵文化財センター発掘調査報告書第 90 集, 宮崎県埋蔵文化財センター	(60g)／破鏡（破面研磨）
2002	宮崎県埋蔵文化財センター	ガラス小玉 161	刀 1・鉄鏃 7	―	―	―	南正覚雅士・丹俊詞編 2003『山崎上ノ原第 2 遺跡・山崎下ノ原第 1 遺跡』宮崎県埋蔵文化財センター発掘調査報告書第 79 集, 宮崎県埋蔵文化財センター	―
不明	宮崎県立西都原考古博物館	―	―	―	―	―	―	(60g)／加藤一郎氏教示

番号	舶倭	鏡　式	出土遺跡	出土地名	遺跡内容	時　期	面径(cm)	銘　文	諸氏分類	編者分類・時期	
81	倭	七弧内行花文鏡	六野原5号墳	東諸県郡国富町八代北俣字桃木畑	円墳（10〜）・粘土槨or地下式横穴	古墳中期	9.5	—	AⅡ亜式（森70）／B類（H類）（清水94）／七花文鏡（小林82・10）	内行花文鏡B式	前（中）
82	倭	〔四獣鏡？〕	六野原6号墳	東諸県郡国富町八代北俣字桃木畑	円墳（10〜）・粘土槨	古墳中期	10.6	—	—	—	—
83	倭	四乳文鏡	六野原10号墳	東諸県郡国富町八代北俣字吹上	円墳（20〜）・玄室（地下式横穴）	古墳中期	9.5	—	乳文鏡類（小林82・10）	〔乳脚文鏡？or珠文鏡〕	〜後期
84	倭	珠文鏡？	六野原地下式横穴8号	東諸県郡国富町八代北俣字六野原	地下式横穴	玄室	古墳中期	7.0	—	乳文鏡類（小林82・10）	〔珠文鏡？〕	—
85	倭	四獣鏡	六野原地下式横穴10号	東諸県郡国富町八代北俣字六野原	地下式横穴	玄室	古墳中期	11.6	—	—	〔中期型獣像鏡〕	中期？
86	舶	獣首鏡	六野原狐平遺跡	東諸県郡国富町八代北俣字狐平	墳墓	不明	古墳	11.9	「長宜□孫」	—	—	—
94	倭	四獣鏡？	大坪地下式古墳	東諸県郡国富町八代字大坪	地下式横穴	玄室	古墳後期	7.2	—	獣形文鏡類四獣鏡C-1型（小林82・10）／Cb型式（加藤14）	—	—
95	？	不明	桃木畑地下式横穴	東諸県郡国富町八代北俣字桃木畑	地下式横穴	玄室	古墳	9.0	—	—	—	—
87	倭	珠文鏡	宗仙寺地下式横穴	東諸県郡国富町本庄字宗仙寺	地下式横穴	玄室	古墳	7.8	—	—	〔珠文鏡〕	—
90	舶	画文帯同向式神獣鏡	猪の塚地下式横穴（剣塚？）	東諸県郡国富町本庄字宗仙寺	地下式横穴	玄室	古墳	18.2	あり（不詳）	—	—	—
91	倭	二神二獣鏡					12.4	—	—	類二神二獣鏡Ⅱ系	前期
92	倭	四獣鏡					9.7	—	—	〔旋回式獣像鏡〕	後期
93	倭	捩文鏡	宗仙寺10号地下式横穴（本庄小学校内第2号地下式横穴）	東諸県郡国富町本庄字宗仙寺	地下式横穴	玄室	古墳後期	9.7	—	—	捩文鏡B系	前（中）
98・99	踏	六鈴環状乳神獣鏡	本庄（伝）	東諸県郡国富町本庄（伝）	不明	不明	不明	13.5	—	神獣鏡系鈴鏡（樋口79）／神獣文系（岡田05）	—	—
88	倭	九乳文鏡	市の瀬5号地下式横穴	東諸県郡国富町深年字市の瀬	地下式横穴	玄室	古墳後期	8.7	擬銘	—	〔乳脚文鏡〕	後期
89	倭	六乳文鏡					10.8	—	乳脚紋鏡系（森下02）	〔乳脚文鏡〕	後期
89-1	倭	珠文鏡	東諸県郡	東諸県郡	不明	不明	完形	—	—	〔珠文鏡〕	—
100	倭	神獣鏡	小木原2号地下式横穴	えびの市上江字小木原	円墳（16）・地下式横穴・玄室	古墳後期	9.0	—	獣形文鏡類四獣鏡C-1型（小林82・10）	分離式神獣鏡系	前（新）
100-1	倭	盤龍鏡	島内139号地下式横穴墓	えびの市島内字杉ノ原	地下式横穴	玄室	古墳中期〜	15.8	—	—	盤龍鏡Ⅰ系？	前（中）
100-2	倭	不明	昌明寺遺跡Ⅴ区Ⅲb層柱穴状遺構上面	えびの市昌明寺字油田他	集落・墳墓	表面採集	不明	7.9	—	—	—	—

宮崎

発見年	所蔵（保管）者	共伴遺物					文献	備考
		石製品・玉類	武具・武器・馬具	ほか金属器	土器類	その他		
1942	宮崎県総合博物館	―	刀・剣・鉄鏃2	鍬先・斧	―	―	石川恒太郎他1944『六野原古墳調査報告』史蹟名勝天然紀念物調査報告第13輯,宮崎県	宮崎県（日向国）33
1942		硬玉勾玉2・小型管玉5	板綴付三角板革綴衝角付冑・横矧板鋲留短甲1・頸甲1・素環頭刀1・刀1・剣3・矛1・鉄鏃	三叉鍬1・斧1・毛抜状鉄器1	―	―		宮崎県（日向国）33
1942		―	刀・剣1・鉄鏃7	―	―	―		宮崎県（日向国）33
1942		硬玉勾玉1	小札鋲留眉庇付冑1・三角板革綴短甲1・刀5・剣4・鉄鏃60～70	鍬1・斧1・刀子1	―	砥石1		宮崎県（日向国）33
1942		管玉5	小札鋲留眉庇付冑1・横矧板鋲留短甲1・刀8・剣4・鉄鏃数十・轡	鍬先1	土師器（小形丸底壺2・杯2）			宮崎県（日向国）33
1942		―	―	―	―	―		(150g)／宮崎県（日向国）33
1969	宮崎県総合博物館	―	刀1・鹿角装剣1	鍬先1・斧1・鎺1・刀子1	―	イモガイ貝輪1～2	石川恒太郎1970「国富町大坪地下式古墳調査報告」宮崎県教育委員会編『宮崎県文化財調査報告書』第15集,宮崎県教育委員会	51g／宮崎県（日向国）34
1981？	宮崎県総合博物館埋蔵文化財センター	―	―	―	―	―	白石太一郎・設楽博己編1994『弥生・古墳時代遺跡出土鏡データ集成』(『国立歴史民俗博物館研究報告』第56集),国立歴史民俗博物館	―
1915	東京国立博物館〈J9348〉	―	―	―	―	―	後藤守一1926『漢式鏡』日本考古学大系,雄山閣	87g／漢式鏡873／宮崎県（日向国）32
1789	所在不明	勾玉3・管玉等41	竪矧板鋲留眉庇付冑1・三角板鋲留短甲1・横矧板鋲留短甲1・二段鍛・刀剣5・矛1	―	―	―	松平定信編1800『集古十種』（市島謙吉編1908『集古十種』国書刊行会）	宮崎県（日向国）35-1／本庄27号墳（前方後円墳）の裾部に位置したものか
								340g／宮崎県（日向国）35-2／「漢虎龍鑑」
								宮崎県（日向国）35-3／「四神鑑」
1979	国富町教育委員会	管玉15・ガラス小玉9	刀1	鋤先1	―	―	樋口隆康1997「宮崎県の古鏡」宮崎県編『宮崎県史』通史編 原始・古代1,宮崎県	―
不明	宮崎県総合博物館埋蔵文化財センター（個人旧蔵）	―	―	―	―	―	樋口隆康1997「宮崎県の古鏡」『宮崎県史』通史編 原始・古代1,宮崎県	宮崎県（日向国）41-1／「図文は彫りが浅くて、にぶく、銅質も不良で、鋳上がりも悪く、湯廻りの悪いために生じた小孔が二か所に認められる。後世の踏み返し鏡とみられる」
1983	国富町教育委員会	―	刀1・鹿角装剣2・鉄鏃23・鋲飾弓？	鋤先・斧1・刀子3	―	イモガイ貝輪3	宮崎県教育委員会編1986『井水地下式横穴墓群・市の瀬地下式横穴墓群・上ノ原遺跡』国富町文化財調査資料第4集,東諸県郡国富町教育委員会	65g／熟年男性骨（初葬）に共伴か／「1号人骨（熟年の男、鏡1・刀1・刀子3・平根鏃4）と2号人骨（壮年の女、鏡1・剣2・平根鏃3・刀子1・尖根鏃1）は頭位を逆にして互い違いに入れており、1号人骨埋葬後に2号人骨を追葬」
							樋口隆康1997「宮崎県の古鏡」宮崎県編『宮崎県史』通史編 原始・古代1,宮崎県	156g／壮年女性骨（追葬）の腹部あたりから剣と斧に接して出土
江戸以前	所在不明	―	―	―	―	―	本間恵美子編1994『'94特別展 古代の島根と南九州』島根県立八雲立つ風土記の丘資料館	疑問品
1972	宮崎県総合博物館埋蔵文化財センター	―	刀・剣1・鉄鏃27・轡・鏡板・辻金具	刀子1	―	―	寺原俊文・森山重美・白石勇編1972『九州縦貫自動車道埋蔵文化財調査報告』（1）,宮崎県教育委員会	宮崎県（日向国）40
2014	えびの市教育委員会	管玉11	衝角付冑1・短甲1・頸甲1・肩甲一式・草摺1・銀装円頭大刀1・鹿角装大刀2・小刀6・鹿角装剣1・槍1・鉄鏃約300・骨鏃15・平胡籙1・弓5・弓金具（両頭金具）5・鹿角弭1～・轡2・鈴杏葉3・辻金具6・鉸具3・雲珠2・鈴8	鑿1・刀子7	―	貝釧3・革・布	橋本達也編2015『えびの市 島内139号地下式横穴墓 調査速報』えびの市教育委員会	葛籠箱入り／女性骨と「推定・男性」骨／鏡は女性に共伴か
1997～99	えびの市歴史民俗資料館	―	―	―	―	―	中野和浩編2001『昌明寺遺跡』えびの市埋蔵文化財調査報告書第30集,えびの市教育委員会	珠文鏡か

番号	舶倭	鏡式	出土遺跡	出土地名	遺跡内容	時期	面径(cm)	銘文	諸氏分類	編者分類・時期
100-3	倭	珠文鏡	山の神祭祀堂蔵鏡	えびの市西長江浦字水流付近（推定）	不明	不明	8.5	—	—	〔珠文鏡〕	—
101	倭	珠文鏡	東二原地下式横穴2号	小林市真方字二原	地下式横穴	古墳後期	5.1	—	A-D類（脇山13）	〔珠文鏡〕	—
102	舶	流雲文縁盤龍鏡	谷頭（伝）	都城市山田町谷頭（伝）	不明	不明	10.8	—	両頭式（樋口79）	—	—
103	倭	〔獣形鏡〕	築地地下式横穴	都城市下水流町築地	地下式横穴	玄室	古墳後期	8.2	—	—	—
122	倭	一神五獣鏡	築池地下式横穴92-2号	都城市上水流町	地下式横穴	玄室	古墳後期	15.2	—	Bf型式（加藤14）	〔旋回式神獣鏡〕	後期
104	舶	画文帯環状乳四神四獣鏡	油津古墳（吾平山陵）	日南市油津字油津5405	古墳	円墳・堅穴式石槨	古墳中期	20.9	「天王日月」	—	—	—
105	倭	不明	銭亀塚	串間市西方字善田原	古墳	円墳or前方後円墳・平石積石槨	古墳後期	4.7	—	—	—	—
105-1	倭	弥生倭製鏡	神殿遺跡A地区10号住居跡	西臼杵郡高千穂町三田井字神殿	集落	堅穴住居	弥生末期	破片	—	内行花文系小形仿製鏡第2型（田尻12）	〔弥生倭製鏡〕	弥生
67	?	〔変形文鏡〕	宮崎県（伝）	宮崎県（伝）	不明	不明	不明	—	—	—	—
96	舶	草葉文鏡	宮崎県（伝）	宮崎県（伝）	不明	不明	13.9	「見日之光 天下大明」	—	—	—
97	踏？	画象鏡	宮崎県（伝）	宮崎県（伝）	不明	不明	19.2	—	—	—	—
119	踏	神獣画象鏡	宮崎県（伝）	宮崎県（伝）	不明	—	完形	あり（不詳）	—	—	—
120-1	倭	一神五獣鏡	宮崎県（伝）	宮崎県（伝）	不明	不明	14.7	擬銘	—	〔後期型神獣鏡〕	後期
120-2	倭	捩文鏡	宮崎県（伝）	宮崎県（伝）	不明	不明	8.5	—	—	捩文鏡C系	前(中)
120-3	舶	方格八禽鏡	宮崎県（伝）	宮崎県（伝）	不明	不明	9.2	—	—	—	—
120-4	舶	方格T字鏡	日向国（伝）	宮崎県（伝）	不明	不明	11.7	—	—	—	—
106	踏	槃波文縁方格規矩渦文鏡	家代神社蔵鏡	不明	不明	—	8.8	—	方格規矩文鏡類G型（小林82・10）	—	—
107	倭	一神二獣四乳文鏡	神門神社蔵鏡	不明	不明	不明	10.3	—	画文帯神獣鏡（系）D型（小林82・10）	〔類乳脚文鏡〕	後期
108	倭	四神四獣鏡	神門神社蔵鏡	不明	不明	不明	21.1	—	—	〔後期型神獣鏡〕	後期
109	踏	盤龍鏡	神門神社蔵鏡	不明	不明	—	6.8	—	—	—	—
110	倭	六乳文鏡	神門神社蔵鏡	不明	不明	不明	7.4	—	—	〔乳脚文鏡〕	後期
111	踏	〔四獣鏡〕	十根川神社蔵鏡	不明	不明	—	9.4	—	—	—	—
112	踏	〔四獣鏡〕	十根川神社蔵鏡	不明	不明	—	9.4	—	—	—	—
113	舶	草葉文鏡	銀鏡神社蔵鏡	不明	不明	不明	11.5	「見日之光 天下大明」	—	—	—
114	踏	盤龍鏡	銀鏡神社蔵鏡	不明	不明	—	12.5	—	—	—	—
115	?	〔重圏文鏡〕	岩戸神社蔵鏡	不明	不明	不明	18.2	—	—	—	—
116	踏	神獣画象鏡	不明	不明	不明	—	14.5	「吾氏作明竟佳且好 明而日月世少有 刻治今守悉皆□□」	—	—	—
117	踏	連弧文昭明鏡	熊野神社蔵鏡	不明	不明	—	完形	「内而清而以昭而明而 光而夫之日之月□」	—	—	—
118	舶	〔銘帯鏡（清白鏡）〕	伊比井神社蔵鏡	不明	不明	不明	完形	あり（不詳）	—	—	—

宮崎

発見年	所蔵（保管）者	共伴遺物					文献	備考
		石製品・玉類	武具・武器・馬具	ほか金属器	土器類	その他		
不明	山の神祭祀堂	―	―	―	―	―	中野和浩編 2002『長江浦地区遺跡群』えびの市埋蔵文化財調査報告書第32集, えびの市教育委員会	86g
1990	宮崎県総合博物館埋蔵文化財センター		鉄鏃18	刀子2			長友郁子・上別府優編 1990『東二原地下式横穴墓群』小林市文化財調査報告書第2集, 小林市教育委員会	―
不明	五島美術館（富岡謙蔵旧蔵）						富岡謙蔵 1920『古鏡の研究』丸善	漢式鏡885／宮崎県（日向国）20-1
1977	都城市教育委員会	ガラス小玉約50	刀1・剣1				白石太一郎・設楽博己編 1994『弥生・古墳時代遺跡出土鏡データ集成』(『国立歴史民俗博物館研究報告』第56集), 国立歴史民俗博物館	
1992	宮崎県立西都原考古博物館	勾玉1・碧玉管玉7・ガラス丸玉3・ガラス小玉約30	刀1・鉄鏃10				樋口隆康 1997「宮崎県の古鏡」宮崎県編『宮崎県史』通史編 原始・古代1, 宮崎県	306g
1863	東京国立博物館（J7781）	玉類（小玉等）	刀1	環1			樋口隆康 1997「宮崎県の古鏡」宮崎県編『宮崎県史』通史編 原始・古代1, 宮崎県	同型鏡群〔GK-3〕／漢式鏡871・872／宮崎県（日向国）30・31
1953	宮崎県総合博物館	雁木玉1・ガラス小玉36	鉄鏃10数本	銀環1			宮崎県教育委員会編 1955『日向遺跡調査報告書』第2輯, 宮崎県教育委員会	―
2000年代	宮崎県埋蔵文化財センター						東徹志編 2007『平成19年秋季特別展 日向・薩摩・大隅の原像―南九州の弥生文化―』大阪府立弥生文化博物館図録37, 大阪府立弥生文化博物館	破鏡
不明	所在不明	―	―	―	―	―	岡崎敬編 1979『日本における古鏡 発見地名表 九州地方Ⅰ』東アジアより見た日本古代墓制研究（増補改訂版）	
不明							樋口隆康 1997「宮崎県の古鏡」『宮崎県史』通史編 原始・古代1, 宮崎県	―
不明	所在不明（個人旧蔵）						白石太一郎・設楽博己編 1994『弥生・古墳時代遺跡出土鏡データ集成』(『国立歴史民俗博物館研究報告』第56集), 国立歴史民俗博物館	―
不明	伊比井神社（日南市）	―	―	―	―	―	石川恒太郎 1968『宮崎県の考古学』郷土考古学叢書4, 吉川弘文館	伝世品
不明	所在不明	―	―	―	―	―	―	―
不明	五島美術館〈M245〉							
不明	坂本不言堂						樋口隆康・林巳奈夫監修 2002『不言堂 坂本五郎 中国青銅器清賞』日本経済新聞社	鳥文の1体は円文（銭文）
不明	五島美術館〈M249〉							―
不明	家代神社						樋口隆康 1997「宮崎県の古鏡」宮崎県編『宮崎県史』通史編 原始・古代1, 宮崎県	宮崎県（日向国）37
不明	神門神社						杉山洋編 2002『神門神社蔵鏡図録』飛鳥資料館研究図録第1冊, 奈良文化財研究所飛鳥資料館	宮崎県（日向国）36-2
不明	神門神社							1162g／宮崎県（日向国）36-1
不明	神門神社							宮崎県（日向国）36-4
不明	神門神社							宮崎県（日向国）36-3
不明	十根川神社						宮崎県教育委員会編 1972『宮崎県郷土文化財総合調査報告書』宮崎県教育委員会	宮崎県（日向国）38-1 ?
不明	十根川神社							宮崎県（日向国）38-2 ?
不明	銀鏡神社(西都市)	―	―	―	―	―	樋口隆康 1997「宮崎県の古鏡」宮崎県編『宮崎県史』通史編 原始・古代1, 宮崎県	伝世品
不明	銀鏡神社(西都市)							伝世品
不明	岩戸神社(宮崎市)	―	―	―	―	―	石川恒太郎 1968『宮崎県の考古学』郷土考古学叢書4, 吉川弘文館	宮崎119と同一品か
不明	個人（高城町郷土資料館？）						樋口隆康 1997「宮崎県の古鏡」宮崎県編『宮崎県史』通史編 原始・古代1, 宮崎県	伝世品
不明	熊野神社						宮崎県教育委員会編 1972『宮崎県郷土文化財総合調査報告書』宮崎県教育委員会	伝世品
不明	伊比井神社（日南市）	―	―	―	―	―	石川恒太郎 1968『宮崎県の考古学』郷土考古学叢書4, 吉川弘文館	伝世品

鹿児島

番号	舶倭	鏡式	出土遺跡	出土地名	遺跡内容	時期	面径(cm)	銘文	諸氏分類	編者分類・時期	
1	倭	弥生倭製鏡	横瀬遺跡 2号住居跡 埋土上層	指宿市西方字横瀬	集落	竪穴住居埋土上部	弥生後期	6.5	—	重圏文日光鏡系仿製鏡第Ⅰ型b類(高倉85・90)／重圏文系小形仿製鏡第1型(田尻10・12)	[弥生倭製鏡]	弥生
2	倭	[素文鏡]	東昌寺遺跡	鹿児島市直木町宮田〔日置郡松元町〕	集落	不明	不明	7.4	—	—	—	—
2-1	舶	流雲文縁方格規矩四神鏡	不動寺遺跡 H23-4SR10	鹿児島市上福元町 不動寺前田	集落	埋没河川	不明	13.5	「…不知 老…」	—	—	—
2-2	倭	弥生倭製鏡 (九弧内行花文鏡)	不動寺遺跡 H23-4SR10		集落	埋没河川	不明	7.4	—	—	[弥生倭製鏡]	弥生
2-3	倭	弥生倭製鏡	不動寺遺跡 H23-4SR10		集落	埋没河川	不明	5.3	—	—	[弥生倭製鏡]	弥生
4	倭	弥生倭製鏡	外川江遺跡 E25区Ⅵ層上部	薩摩川内市五代町 西外川江〔川内市〕	集落	土器溜まり	弥生後期	9.1	—	内行花文日光鏡系仿製鏡第Ⅱ型a類(高倉85・90)／連弧紋鏡系小形仿製鏡第Ⅱ型a類1(高木02)／内行花文日光鏡系仿製鏡A-2類(松本08)／内行花文系小形仿製鏡第2型b類(田尻10・12)	[弥生倭製鏡]	弥生
5	舶	流雲文縁方格規矩鏡	麦之浦貝塚 11-J区Ⅱ層	薩摩川内市陽成町 後迫・王子田〔川内市〕	集落	遺物包含層	古墳前〜中期	14.4	—	—	—	—
17	?	不明	石上原A遺跡	薩摩川内市永利町 石神畑〔川内市〕	集落	不明	不明	8.6	—	—	—	—
17-1	倭	神頭鏡	天辰寺前古墳	薩摩川内市天辰町 寺前〔川内市〕	古墳	円墳(28)・竪穴式石槨	古墳中期	10.4	—	—	神頭鏡系	前(中)
6	倭	弥生倭製鏡 (素文鏡)	明神3号墳	出水郡長島町 蔵之元明神617-2	古墳	竪穴式石槨	古墳	7.5	—	無文鏡(田尻10・12)	[弥生倭製鏡]	弥生
18	?	不明	白金崎古墳	出水郡長島町 蔵之元字白金崎	古墳	円墳・横穴式石室	古墳後期	破片	—	—	—	—
7	倭	弥生倭製鏡	永山遺跡3号墓	姶良郡湧水町 川西字須行〔姶良郡吉松町〕	墳墓	地下式板石積石室	古墳前期	7.5	—	重圏文鏡類(小林82・10)／無文鏡(高倉85・90)／無文(田尻10・12)	[弥生倭製鏡]	弥生
7-1	?	不明	堀の原所在石棺	姶良郡湧水町 川西堀ノ原〔姶良郡吉松町〕	墳墓	箱形石棺	不明	不明	—	—	—	—
8	舶	連弧文日光鏡	神領6号墳 (天子ヶ丘古墳)	曽於郡大崎町神領 字天子ヶ丘	古墳	前方後円墳(48)・箱形石棺	古墳中期	8.1	「見日之光 長母相忘」	—	—	—
9	倭	五獣鏡					9.1	—	—	—	—
10	倭	七弧内行花文鏡	神領1号(竜相)地下式横穴	曽於郡大崎町神領 字竜相	地下式横穴	箱形石棺	古墳中期	8.6	—	—	内行花文鏡B式	前(中?)
11	?	不明	古年地下式横穴	曽於郡大崎町仮宿 字城内	地下式横穴	不明	古墳後期	不明	—	—	—	—
12	?	不明	横間1号墳 (和田上古墳)	肝属郡肝付町新富 字横間2520〔肝属郡高山町〕	古墳	円墳(12)・箱形石棺	古墳	不明	—	—	—	—
13	倭	不明	銭亀岡古墳	肝属郡肝付町前田 字上原〔肝属郡高山町〕	古墳	円墳・箱形石棺	古墳	6.4	—	—	—	—
19	?	[内行花文鏡?]	湯湾岳(伝)	大島郡宇検村湯湾(伝)	不明	不明	不明	15.8	—	—	—	—
20	舶	方格円文鏡	本御内遺跡 (舞鶴城跡) F9区遺物包含層	霧島市国分中央2丁目〔国分市〕	集落	住居付近	弥生後期	約14	—	—	—	—

鹿児島

発見年	所蔵（保管）者	共伴遺物 石製品・玉類	武具・武器・馬具	ほか金属器	土器類	その他	文献	備考
1981	指宿市教育委員会	―	鉄鏃	―	壺・甕・鉢・高杯	―	吉永正史・弥栄久志編1982『横瀬遺跡（道下工区）』指宿市埋蔵文化財調査報告書6, 指宿市教育委員会	破鏡
昭和以降	個人	―	―	―	―	―	白石太一郎・設楽博己編1994『弥生・古墳時代遺跡出土鏡データ集成』（『国立歴史民俗博物館研究報告』第56集）, 国立歴史民俗博物館	鹿児島県（薩摩国）1／穿孔／近世の所産か／有文のものと無文のものの2面あり
2011	鹿児島市立ふるさと考古歴史館	―	―	―	―	―	長野陽介・藤井大佑編2016『不動寺遺跡』鹿児島市埋蔵文化財発掘調査報告書第76集, 鹿児島市教育委員会	〈26g〉／破鏡（破面研磨・1孔）
2011	鹿児島市立ふるさと考古歴史館	―	―	―	―	―	長野陽介・藤井大佑編2016『不動寺遺跡』鹿児島市埋蔵文化財発掘調査報告書第76集, 鹿児島市教育委員会	75g
2011	鹿児島市立ふるさと考古歴史館	―	―	―	―	―	長野陽介・藤井大佑編2016『不動寺遺跡』鹿児島市埋蔵文化財発掘調査報告書第76集, 鹿児島市教育委員会	14g
1978	鹿児島県教育委員会						本間恵美子編1994『'94特別展 古代の島根と南九州』島根県立八雲立つ風土記の丘資料館	―
1983	川内市歴史資料館	―	―	―	―	―	牛之濱修・中島哲朗他編1987『麦之浦貝塚』川内市教育委員会	破鏡
1992	川内市歴史資料館	―	―	―	土器	―	―	縁部
2009	薩摩川内市教育委員会	―	刀子1	―	―	イモガイ腕輪18〜	前幸男編2011『天辰寺前古墳』天辰地区土地区画整理事業に伴う埋蔵文化財発掘調査報告書, 薩摩川内市埋蔵文化財発掘調査報告書9, 鹿児島県薩摩川内市教育委員会	150g／壮年女性骨
1972	長島町歴史民俗資料館	―	刀・鉄鏃	―	椀・布痕土器	―	鹿児島県歴史資料センター黎明館編1989『館企画特別展 南九州の墳墓―弥生・古墳時代―展示図録』鹿児島県歴史資料センター黎明館	鈕孔摺り切れる
1965	所在不明	勾玉7・管玉4・棗玉2・切子玉8・算盤玉7・丸玉2・小玉94	金銅刀装具残片・金銅貴金具2・鉄鏃2〜	金環11・銀環1	須恵器（壺片・小形丸底壺・高杯1・杯身・杯蓋・平瓶2）	―	白石太一郎・設楽博己編1994『弥生・古墳時代遺跡出土鏡データ集成』（『国立歴史民俗博物館研究報告』第56集）, 国立歴史民俗博物館	―
1973	湧水町教育委員会	―	剣1・鉄鏃3	―	―	―	鹿児島県歴史資料センター黎明館編1989『館企画特別展 南九州の墳墓―弥生・古墳時代―展示図録』鹿児島県歴史資料センター黎明館	鈕孔破損／2孔
不明	所在不明	―	刀・剣	―	―	―	瀬之口伝九郎1919「九州南部に於ける地下式古墳に就て」『考古学雑誌』第9巻第8号, 考古学会	鹿児島県（大隅国）5
1962	大崎町教育委員会	―	―	―	―	―	鹿児島県歴史資料センター黎明館編1989『館企画特別展 南九州の墳墓―弥生・古墳時代―展示図録』鹿児島県歴史資料センター黎明館	鹿児島県（大隅国）2-2／踏み返し？
1962	大崎町教育委員会	―	―	―	―	―	鹿児島県歴史資料センター黎明館編1989『館企画特別展 南九州の墳墓―弥生・古墳時代―展示図録』鹿児島県歴史資料センター黎明館	鹿児島県（大隅国）2-1
1958	大崎町教育委員会	―	剣1	―	―	イモガイ釧2・竹製簪1	鹿児島県歴史資料センター黎明館編1989『館企画特別展 南九州の墳墓―弥生・古墳時代―展示図録』鹿児島県歴史資料センター黎明館	鹿児島県（大隅国）1／全体的に摩滅
大正	所在不明	―	―	―	―	―	瀬之口伝九郎1919「九州南部に於ける地下式古墳に就て」『考古学雑誌』第9巻第8号, 考古学会	漢式鏡886
昭和以降	所在不明	―	―	―	―	―	白石太一郎・設楽博己編1994『弥生・古墳時代遺跡出土鏡データ集成』（『国立歴史民俗博物館研究報告』第56集）, 国立歴史民俗博物館	―
1943	所在不明	―	刀剣	斧	―	―	寺師見国1954「鹿児島県の古鏡（特に各神社の鏡）」『鹿児島県文化財調査報告書』第二輯, 鹿児島県教育委員会	摩滅著しい
江戸以前	所在不明	勾玉	―	鉄器	高杯	―	東京国立博物館編1992『海上の道 沖縄の歴史と文化』読売新聞社	―
1993	鹿児島県立埋蔵文化財センター						冨田逸郎・関明恵編1994『本御内遺跡（舞鶴城跡）』鹿児島県立埋蔵文化財センター埋蔵文化財発掘調査報告書第12集, 鹿児島県立埋蔵文化財センター	破鏡（破面研磨・1孔）

番号	舶倭	鏡式	出土遺跡	出土地名	遺跡内容		時期	面径(cm)	銘文	諸氏分類	編者分類・時期	
22	倭	弥生倭製鏡(内行花文鏡)	東免遺跡1号土壙	霧島市隼人町西光寺字東免〔姶良郡隼人町〕	集落	土壙	弥生	7.4	—	内行花文系小形倣製鏡第2型b類(田尻10・12)	〔弥生倭製鏡〕	弥生
21	?	不明	向栫城跡1号住居跡	日置市東市来町伊作田字中栫〔日置郡東市来町〕	集落	竪穴住居	古墳前期	破片	—	—	—	—
21-1	舶	不明	芝原遺跡		集落	不明	弥生末期	破片	—	—	—	—
21-2	舶	内行花文鏡	芝原遺跡		集落	不明	弥生末期	破片	—	—	—	—
21-3	倭	弥生倭製鏡	芝原遺跡B35区遺構11185	南さつま市金峰町宮崎〔日置郡金峰町〕	集落	不明	弥生末期	4.9	—	重圏文系小形倣製鏡第1型い類(田尻10・12)	〔弥生倭製鏡〕	弥生
21-4	倭	弥生倭製鏡	芝原遺跡竪穴住居2号(遺構11536)		集落	竪穴住居	弥生末期	3.4	—	重圏文系小形倣製鏡第1型(田尻10・12)	〔弥生倭製鏡〕	弥生
21-5	倭	弥生倭製鏡	芝原遺跡B34区Ⅲ層		集落	不明	弥生末期	8.4	—	内行花文系小形倣製鏡第2型b類(田尻10・12)	〔弥生倭製鏡〕	弥生
14	舶	方格規矩四神鏡	大隅国?(伝)	鹿児島県(伝)	不明	不明	不明	9.2	—	方格規矩文鏡類F型(小林82・10)	—	—
15	舶	尚方作神人龍虎画象鏡	大隅国?(伝)	鹿児島県(伝)	不明	不明	不明	完形	「尚方作竟佳且子 明如日月世少□ 東王父西王母 山人子高赤松子」	—	—	—
16	?	〔方格規矩鏡〕	鹿児島県(伝)	鹿児島県(伝)	不明	不明	不明	不明	—	—	—	—
16-1	踏	浮彫式獣帯鏡	鹿児島県(伝)	鹿児島県(伝)	不明	不明	—	完形	「・・・佳且好 明・・・」	—	—	—
3	舶	「倣製」三角縁獣文帯三神三獣鏡	不明(推定鹿児島県内)	鹿児島県(推定)	不明	不明	不明	21.8	—	目録番号247・配置K1	—	—

沖縄

番号	舶倭	鏡式	出土遺跡	出土地名	遺跡内容		時期	面径(cm)	銘文	諸氏分類	編者分類・時期	
1	舶	方格規矩鏡?						破片	—	—	—	—
2	舶	不明	宇堅貝塚遺物包含層	うるま市宇堅〔具志川市〕	集落	遺物包含層	弥生中期	破片	—	—	—	—
3	?	不明						破片	—	—	—	—
4	舶?	方格規矩鏡?	浦添城跡コーグスク地区第Ⅲ層遺物包含層	浦添市仲間	グスク	遺物包含層	14世紀頃	9.8	—	—	—	—

鹿児島・沖縄

発見年	所蔵（保管）者	共伴遺物					文献	備考
		石製品・玉類	武具・武器・馬具	ほか金属器	土器類	その他		
1997	鹿児島県教育委員会	―	―	―	―	―	鹿児島県立埋蔵文化財センター編 2004『東免遺跡・曲迫遺跡・山神遺跡』鹿児島県立埋蔵文化財センター発掘調査報告書 64, 鹿児島県立埋蔵文化財センター	鈕に繊維残存／鏡本体の中央に穿孔があり植物（青葛藤）の紐が残存
1997	鹿児島県立埋蔵文化財センター	―	―	―	―	―	―	破鏡（破面研磨・穿孔）
1999～2004	鹿児島県立埋蔵文化財センター	―	―	―	―	―	関明恵・長野眞一編 2013『芝原遺跡』4（弥生時代・古墳時代編）, 鹿児島県立埋蔵文化財センター発掘調査報告書 178, 鹿児島県立埋蔵文化財センター	破鏡
1999～2004		―	―	―	―	―		破鏡
1999～2004		―	―	―	―	―		―
1999～2004	鹿児島県教育委員会	―	鉄鏃 1	―	土器	―		―
2002		―	―	―	―	―		
不明	所在不明（東串良町大塚神社旧蔵）	―	―	―	―	―	瀬之口伝九郎 1923「大隅に於ける古墳の分布及び其概観」『考古学雑誌』第 13 巻第 5 号, 考古学会	漢式鏡 888
不明	所在不明（某小祠堂（鵜戸神社？）旧蔵）	―	―	―	―	―	山崎五十磨 1923「鹿児島県の古墳分布に就いて」『考古学雑誌』第 14 巻第 3 号, 考古学会	漢式鏡 887／鹿児島県（大隅国）3／「鏡面に土附著」
不明	所在不明（鵜戸神社旧蔵）	―	―	―	―	―	山崎五十磨 1923「鹿児島県の古墳分布に就いて」『考古学雑誌』第 14 巻第 3 号, 考古学会	鹿児島県（大隅国）4
不明	吹上町大汝牟遅神社	―	―	―	―	―		―
不明	新田神社〈88 号鏡〉	―	―	―	―	―	河口貞徳 2001「新田神社・三角縁神獣鏡」『鹿児島考古』第 35 号, 鹿児島考古学会	鹿児島県（薩摩国）2
1989	具志川市教育委員会	―	―	―	―	―	大城剛 1990「沖縄県具志川市字堅貝塚群発掘調査概要」『考古学ジャーナル』No.322, ニュー・サイエンス社	〈4g〉／〈1g〉／〈2g〉
1982	浦添市教育委員会	―	―	―	輸入陶磁器	―	白石太一郎・設楽博己編 1994『弥生・古墳時代遺跡出土鏡データ集成』（『国立歴史民俗博物館研究報告』第 56 集）, 国立歴史民俗博物館	破片

番号	舶倭	鏡　式	出土遺跡	出土地名	遺跡内容	時　期	面径(cm)	銘　文	諸氏分類	編者分類・時期
韓国										
全01	倭	珠文鏡	双岩洞古墳	全羅南道光州広域市光山区双岩洞	古墳	—	5世紀末〜6世紀初	7.2	—	A-B類（脇山13）	〔珠文鏡〕 後期
全02	倭	珠文鏡	斉月里古墳	全羅南道潭陽郡鳳山面斉月里	古墳	囲石墓	5世紀末〜6世紀初	9.0	—	Ⅱ類（中山他94）／珠文鏡類B型（小林10）／AC-D類（脇山13）	〔珠文鏡〕 後期
全03	倭	六獣鏡					11.3	—	獣形文鏡類六獣鏡（小林10）	〔旋回式獣像鏡〕 後期
全04	倭	素文鏡	野幕古墳	全羅南道高興郡豊陽面野幕里461-4	古墳	円墳（22）・石棺系竪穴式石槨	5世紀前半	6.8	—	—	〔素文鏡〕 —
全05	倭	珠文鏡	造山古墳	全羅南道海南郡県山面月松里會山	古墳	円墳（17）・横穴式石室	6世紀前半	7.4	—	Ⅱ類？（中山他94）	〔珠文鏡〕 後期
全06	倭	獣像鏡	萬義塚1号墳	全羅南道海南郡玉泉面星山里	古墳	—	5世紀末〜6世紀初	16.5	—	—	〔旋回式獣像鏡〕 後期
全07	倭	弥生倭製鏡（十弧内行花文鏡）	水洞遺跡木棺墓	全羅南道霊光郡大馬面禾坪里スドン	墳墓	木棺	2世紀	8.5	—	内行花文系小形仿製鏡第2型b類（田尻10·12）	〔弥生倭製鏡〕 弥生
全08	倭	弥生倭製鏡（綾杉文鏡）					5.7	—	綾杉文鏡（田尻10·12）	〔弥生倭製鏡〕 弥生
北01	倭	弥生倭製鏡（1）	坪里洞遺跡	慶尚北道大邱広域市西区坪里洞	不明	不明	1世紀	5.7	—	古式仿製鏡単圏式（樋口79）／重圏文日光鏡系仿製鏡第Ⅰ型b類（高倉90）／重圏紋鏡系小形仿製鏡第Ⅰ型b類（高木02）／重圏文系Ⅰ型B類ⅰ（南07a）／重圏文系小形仿製鏡第1型う類（田尻10·12）	〔弥生倭製鏡〕 弥生
北02	倭	弥生倭製鏡（2）					4.5	—	重圏文日光鏡系仿製鏡第Ⅰ型a類（高倉90）／重圏紋鏡系小形仿製鏡第Ⅰ型b類（高木02）／重圏文系Ⅰ型B類ⅰ（南07a）／重圏文系小形仿製鏡第1型い類（田尻10·12）	〔弥生倭製鏡〕 弥生
北03	倭	弥生倭製鏡（3）					5.6	—	重圏文日光鏡系仿製鏡第Ⅰ型b類（高倉90）／重圏紋鏡系小形仿製鏡第Ⅰ型b類（高木02）／重圏文系Ⅰ型B類ⅰ（南07a）／重圏文系小形仿製鏡第1型え類（田尻10·12）	〔弥生倭製鏡〕 弥生
北04	倭	弥生倭製鏡（4）					4.6	—	重圏文日光鏡系仿製鏡第Ⅰ型b類（高倉90）／重圏紋鏡系小形仿製鏡第Ⅰ型b類（高木02）／重圏文系小形仿製鏡第1型う類（田尻10·12）	〔弥生倭製鏡〕 弥生
北05	倭？	放射線連弧文鏡					14.9	—	—	—
北06	倭	弥生倭製鏡	城谷里遺跡Ⅰ区域原三国時代7号墳	慶尚北道浦項市北区興海邑城谷里	墳墓	木棺	1世紀？〜	4.8	—	—	〔弥生倭製鏡〕 弥生
北07	倭	珠文鏡	金鈴塚古墳	慶尚北道慶州市皇南洞	古墳	円墳（18）・積石木槨墓	6世紀	約7	—	珠文鏡Ⅱ類（樋口79）／Ⅱ類（中山他94）／珠文鏡B型（小林10）／AC-D類（脇山13）	〔珠文鏡〕 後期
北08	倭	捩文鏡	皇南里所在古墳	慶尚北道慶州市皇南洞	古墳	積石木槨墓？	不明	約8	—	Ⅱ型（樋口79）／AⅡ型（小沢88）／Ⅱ類（中山他94）／B型式b類（水野97）／捩文鏡類B型（小林10）	捩文鏡B系 前(中)
北09	倭	弥生倭製鏡（慶州博物館2093）	舎羅里遺跡130号木棺墓	慶尚北道慶州市西面舎羅里	墳墓	木棺墓	1世紀	5.6	—	重圏紋鏡系小形仿製鏡第Ⅰ型c類（高木02）／重圏文系Ⅰ型A類ⅲ（南07a）／綾杉文鏡（田尻10·12）	〔弥生倭製鏡〕 弥生
北10	倭	弥生倭製鏡（慶州博物館2107）					5.0	—	—	〔弥生倭製鏡〕 弥生
北11	倭	弥生倭製鏡					5.0	—	重圏文系Ⅰ型A類ⅰ（南07a）／重圏文系小形仿製鏡第1型あ類（田尻10·12）	〔弥生倭製鏡〕 弥生
北12	倭	弥生倭製鏡					4.4	—	—	〔弥生倭製鏡〕 弥生
北13	倭？	放射線連弧文鏡	塔洞遺跡	慶尚北道慶州市塔洞	墳墓	木棺	1世紀？	9.5	—	—	—

韓国

発見年	所蔵（保管）者	共伴遺物 石製品・玉類	共伴遺物 武具・武器・馬具	共伴遺物 ほか金属器	共伴遺物 土器類	共伴遺物 その他	文献	備考
不明	國立光州博物館	―	―	―	―	―	國立光州博物館編 1998『栄山江の古代文化』國立光州博物館	―
1959	全南大學校博物館	瑪瑙勾玉 1・ガラス小玉 3	刀 2・槍 1・衝 1・鐙 1	耳飾 2・金環 2	瓶形土器 2・杯 4・杯蓋 4	―	小田富士雄 1988「韓国古墳出土の倭鏡」斎藤忠先生頌寿記念論文集刊行会編『考古学叢考』上巻, 吉川弘文館	―
2012	国立羅州文化財研究所	硬玉勾玉 1・勾玉 1・管玉 1・小玉 168	三角板革綴衝角付冑 1・三角板革綴短甲 1・頸甲 1・肩甲 1・刀 10・剣 1・短剣 1・矛 7・鉄鏃 105	双頭龍文鏡 1・斧 28・鎌 28・刀子 43・鑢 5・錐 5・鑿 4・不明鉄器 1	広口小壺等	竪櫛 6	権宅章他 2014『高興 野幕古墳発掘調査報告書』大韓民国文化財庁	27g
1973	国立羅州博物館	勾玉 1・管玉 11・切子玉 4・小玉 17	環頭大刀 2・矛 4・鉄鏃 100〜・鉄地金銅張 S 字形鏡板付轡・鉄地金銅張剣菱形杏葉・鉄製輪鐙・銅鈴	斧 4	百済土器 26（壺・高杯・杯蓋・甌等）	鋑	国立光州博物館編 1984『海南 月松里 造山古墳』三和文化社	―
2009	国立羅州博物館	勾玉・管玉・小玉	剣・鉄鏃等	あり	土器	―	東新大學校文化博物館編 2014『海南萬義塚 1 号墳』東新大学校文化博物館	252g
不明	国立羅州博物館	―	―	―	―	―	国立羅州博物館編 2013『国立羅州博物館』国立羅州博物館	―
							後藤直 2009「弥生時代の倭・韓交渉 倭製青銅器の韓への移出」『国立歴史民俗博物館研究報告』第 151 集, 国立歴史民俗博物館	
1974	大邱博物館	―	―	―	―	―	小田富士雄 1982「日・韓両地域の同笵小銅鏡」『古文化談叢』第 9 集, 九州古文化研究会	同笵：漁隠洞遺跡（北 14〜17）・二塚山遺跡 46 号甕棺墓（佐賀 27）
		―	―	―	―	―		―
		―	―	―	―	―		―
		―	―	―	―	―		同笵：城谷里遺跡（北 06）
		―	―	―	―	―		―
2000 年代	大慶文化財研究院？	―	―	―	―	―	大慶文化財研究院編 2012『浦項 城谷里遺跡』Ⅱ, 學術調査報告第 27 冊, 大慶文化財研究院	〈4g〉／同笵：坪里洞遺跡（北 04）
1924	所在不明	玉類・ガラス器	武器・馬具	冠帽	土器	木漆器	梅原末治 1932『慶州金鈴塚飾履塚発掘調査報告』大正十三年度古蹟調査報告第一冊	―
1930	所在不明	―	―	―	―	―	梅原末治 1932『慶州金鈴塚飾履塚発掘調査報告』大正十三年度古蹟調査報告第一冊	―
不明	国立慶州博物館〈2093〉						國立慶州博物館編 2007『國立慶州博物館所蔵 鏡鑑』國立慶州博物館	12g
	国立慶州博物館〈2107〉							24g／同笵：舎羅里遺跡（北 11）
	国立慶州博物館						嶺南文化財研究院編 2001『慶州舎羅里遺蹟』Ⅱ, 嶺南文化財研究院学術調査報告 32	同笵：舎羅里遺跡（北 10）
								同笵：小野崎遺跡（熊本 116-10）
不明	所在不明	―	―	―	―	―	李陽洙 2012「浦項 城谷里遺跡出土銅鏡について」大慶文化財研究院編『浦項 城谷里遺跡』Ⅳ, 學術調査報告第 27 冊, 大慶文化財研究院	―

番号	舶倭	鏡式	出土遺跡	出土地名	遺跡内容	時期	面径(cm)	銘文	諸氏分類	編者分類・時期	
北14	倭	弥生倭製鏡(A-1)	漁隠洞遺跡	慶尚北道永川市琴湖邑漁隠里	不明	不明	前1世紀	5.7	—		〔弥生倭製鏡〕	弥生
北15	倭	弥生倭製鏡(A-2)					5.7	—		〔弥生倭製鏡〕	弥生
北16	倭	弥生倭製鏡(A-3)					5.7	—	古式仿製鏡単圏式(樋口79)／重圏文日光鏡系仿製鏡第Ⅰ型b類(高倉90)／重圏紋鏡系小形仿製鏡第Ⅰ型b類(高木02)／重圏文系Ⅰ型B類ⅱ(南07a)／重圏文系小形仿製鏡第1型う類(田尻10・12)	〔弥生倭製鏡〕	弥生
北17	倭	弥生倭製鏡(A-4)					5.7	—		〔弥生倭製鏡〕	弥生
北18	倭	弥生倭製鏡(B-1)					5.5	—		〔弥生倭製鏡〕	弥生
北19	倭	弥生倭製鏡(B-2)					5.5	—		〔弥生倭製鏡〕	弥生
北20	倭	弥生倭製鏡(B-3)					5.5	—		〔弥生倭製鏡〕	弥生
北21	倭	弥生倭製鏡(C)					5.1	—	古式仿製鏡単圏式(樋口79)／重圏文日光鏡系仿製鏡第Ⅰ型b類(高倉90)／重圏紋鏡系小形仿製鏡第Ⅰ型b類(高木02)／重圏文系小形仿製鏡第1型う類(田尻10・12)	〔弥生倭製鏡〕	弥生
北22	倭	弥生倭製鏡(D)					5.9	—		〔弥生倭製鏡〕	弥生
北23	倭	弥生倭製鏡(E)					5.2	—	古式仿製鏡内行花文座式(樋口79)／内行花日光鏡系仿製鏡第Ⅰ型a類(高倉90)／連弧紋鏡系小形仿製鏡第Ⅰ型a類(高木02)／内行花文系Ⅰ型B類(南07a)／内行花文系小形仿製鏡第1型(田尻10・12)	〔弥生倭製鏡〕	弥生
北24	倭	弥生倭製鏡(F)					5.5	—	重圏文日光鏡系仿製鏡第Ⅰ型b類(高倉90)／重圏文系小形仿製鏡第1型う類(田尻10・12)	〔弥生倭製鏡〕	弥生
北25	倭?	放射線連弧文鏡					14.9	—		—	—
北26	倭	珠文鏡〈菊隠62〉	林堂洞古墳群(伝)	慶尚北道慶山市林堂洞(伝)	古墳	不明	不明	7.6	—	AC-B類(脇山13)	〔珠文鏡〕	後期
北27	倭	弥生倭製鏡	林堂古墳群D-Ⅱ区117号墓	慶尚南道金海郡林堂	墳墓	木棺	6世紀	5.2	—	重圏文系小形仿製鏡第1型い類(田尻10・12)	〔弥生倭製鏡〕	弥生
北28	倭	不明	池山洞45号墳	慶尚北道高霊郡高霊邑池山里	古墳	円墳(28)・堅穴式石槨	6世紀	10.6	—	—		後期?
南01	倭	六弧内行花文鏡	三東洞18号墓	慶尚南道昌原市義昌区三東洞	墳墓	甕棺	3世紀	6.1	—		内行花文鏡B式	前(中?)
南02	倭	六獣鏡	中安洞	慶尚南道晋州市中安洞	古墳	不明	6世紀	13.8	—		〔旋回式獣像鏡〕	後期
南03	倭	弥生倭製鏡	福泉洞152号墓	慶尚南道釜山広域市東萊区福泉洞	墳墓	木棺	1世紀	4.2	—	重圏文系小形仿製鏡第1型え類(田尻10・12)	〔弥生倭製鏡〕	弥生
南04	倭	弥生倭製鏡〈M1(仮)〉	良洞里162号墓	慶尚南道金海市酒村面良洞里	墳墓	木槨	2世紀	7.6	—	連弧紋鏡系小形仿製鏡第Ⅱ型b類(高木02)／内行花文系小形仿製鏡第3型a類(田尻10・12)	〔弥生倭製鏡〕	弥生
南05	倭	弥生倭製鏡〈M2(仮)〉					7.6	—	連弧紋鏡系小形仿製鏡第Ⅱ型a類2(高木02)／内行花文系小形仿製鏡第2型b類(田尻10・12)	〔弥生倭製鏡〕	弥生
南06	倭	弥生倭製鏡〈M3(仮)〉					7.6	—	内行花文系小形仿製鏡第2型c類(田尻10・12)	〔弥生倭製鏡〕	弥生
南07	倭	弥生倭製鏡〈M4(仮)〉					8.5	—	連弧紋鏡系小形仿製鏡第Ⅱ型a類1(高木02)／内行花文系小形仿製鏡第2型c類(田尻10・12)	〔弥生倭製鏡〕	弥生
南08	倭	弥生倭製鏡〈M5(仮)〉					8.3	—	内行花文系小形仿製鏡第2型b類(田尻10・12)	〔弥生倭製鏡〕	弥生
南09	倭	弥生倭製鏡〈M6(仮)〉					7.5	—	連弧紋鏡系小形仿製鏡第Ⅱ型a類4(高木02)／内行花文系ⅢA類(南07a)／内行花文系小形仿製鏡第2型c類(田尻10・12)	〔弥生倭製鏡〕	弥生
南10	倭	弥生倭製鏡〈M7(仮)〉					9.2	—	内行花文系小形仿製鏡第3型a類(田尻10・12)	〔弥生倭製鏡〕	弥生
南11	倭	弥生倭製鏡〈M8(仮)〉					7.7	—	内行花文系小形仿製鏡第2型b類(田尻10・12)	〔弥生倭製鏡〕	弥生

韓国

発見年	所蔵（保管）者	共伴遺物					文献	備考
		石製品・玉類	武具・武器・馬具	ほか金属器	土器類	その他		
1918	国立慶州博物館						小田富士雄 1982「日・韓両地域の同笵小銅鏡」『古文化談叢』第9集，九州古文化研究会	同笵：漁隠洞遺跡（北15～17）・坪里洞遺跡（北01）・二塚山遺跡46号甕棺墓（佐賀27）
	国立慶州博物館							同笵：漁隠洞遺跡（北14・16・17）・坪里洞遺跡（北01）・二塚山遺跡46号甕棺墓（佐賀27）
	国立慶州博物館〈6703-2〉						國立慶州博物館編 2007『國立慶州博物館所蔵 鏡鑑』國立慶州博物館	24g／同笵：漁隠洞遺跡（北14・15・17）・坪里洞遺跡（北01）・二塚山遺跡46号甕棺墓（佐賀27）
	国立慶州博物館〈6703-3〉							26g／同笵：漁隠洞遺跡（北14～16）・坪里洞遺跡（北01）・二塚山遺跡46号甕棺墓（佐賀27）
	国立慶州博物館〈6703-6〉							27g／同笵：漁隠洞遺跡（北19・20）・石井入口遺跡57号住居跡（大分65）
	国立慶州博物館〈6703-5〉	―	―	―	―	―		27g／同笵：漁隠洞遺跡（北18・20）・石井入口遺跡57号住居跡（大分65）
	国立慶州博物館〈6703-1〉							27g／同笵：漁隠洞遺跡（北18・19）・石井入口遺跡57号住居跡（大分65）
	国立慶州博物館〈6703-7〉							30g
	国立慶州博物館〈6703-9〉							35g
	国立慶州博物館〈6703-8〉							26g
	国立慶州博物館〈6703-4〉							24g
	国立慶州博物館〈6716〉							〈297g〉
不明	国立慶州博物館	―	―	―	―	―	國立慶州博物館編 2007『國立慶州博物館所蔵 鏡鑑』國立慶州博物館	65g
不明	所在不明	―	―	―	―	―	韓国土地公社・韓国文化財保護財団編 1998『慶山林堂遺蹟』V	―
1977～78	所在不明	紡錘車形石製品・勾玉	―	金銅冠形装飾・金製耳飾		―	金鍾徹 1979「高霊池山洞第四五號古墳發掘調査報告」『大伽耶古墳發掘調査報告書』高靈郡	外区片
1982	釜山女子大学博物館			刀子1			安春培 1984『昌原三東洞甕棺墓』釜山女子大學博物館遺蹟調査報告第一輯，釜山女子大學博物館	―
不明	所在不明	翡翠勾玉・管玉・小玉・空玉	刀	金製耳飾・銀釧・環	各種陶器	釘	小田富士雄 1988「韓国古墳出土の倭鏡」斎藤忠先生頌寿記念論文集刊行会編『考古学叢考』上巻，吉川弘文館	―
不明	釜山広域市立博物館	―	―	―	―	―	釜山広域市立博物館福泉分館編 1999『東莱福泉洞古墳群』釜山広域市立博物館福泉分館研究叢書第5冊	―
1991	東義大学校	―	―	―	―	―	東義大学校博物館編 2000『金海良洞里古墳文化』東義大学校博物館学術叢書7，東義大学校博物館	―（複数行）

番号	舶倭	鏡　式	出土遺跡	出土地名	遺跡内容		時　期	面径(cm)	銘　文	諸氏分類	編者分類・時期	
南12	倭	弥生倭製鏡	良洞里55号墓	慶尚南道金海市酒村面良洞里	墳墓	木棺	2世紀	8.9	—	連弧紋鏡系小形仿製鏡第Ⅱ型a類3（高木02）／内行花文系小形仿製鏡第2型b類（田尻10・12）	〔弥生倭製鏡〕	弥生
南13	倭	弥生倭製鏡（M1)	良洞里427号墓	慶尚南道金海市酒村面良洞里	墳墓	木棺	1世紀	6.5	—	内行花文系Ⅱ型A類b（南07a）／内行花文系小形仿製鏡第2型a類（田尻10・12）	〔弥生倭製鏡〕	弥生
南14	倭	弥生倭製鏡（M2)						7.8	—	内行花文系小形仿製鏡第2型a類（田尻10・12）	〔弥生倭製鏡〕	弥生
南15	倭	弥生倭製鏡（M3)						7.7	—	—	〔弥生倭製鏡〕	弥生
南16	倭	弥生倭製鏡〈菊隠75-1〉	良洞里（伝）（李養璿蒐集）	慶尚南道金海市酒村面良洞里（伝）	不明	不明	不明	7.7	—	—	〔弥生倭製鏡〕	弥生
南17	倭	弥生倭製鏡〈菊隠75-2〉						7.8	—	内行花文日光鏡系仿製鏡第Ⅱ型a類（高倉90）／内行花文系小形仿製鏡第2型b類（田尻10・12）	〔弥生倭製鏡〕	弥生
南18	倭	珠文鏡〈菊隠75-3〉						8.8	—	—	〔珠文鏡〕	—
南19	倭	弥生倭製鏡〈菊隠163-1〉						9.8	—	内行花文日光鏡系仿製鏡第Ⅱ型a類（高倉90）／内行花文系小形仿製鏡第2型b類（田尻10・12）	〔弥生倭製鏡〕	弥生
南20	倭	弥生倭製鏡〈菊隠163-2〉						7.8	—	内行花文日光鏡系仿製鏡第Ⅱ型a類（高倉90）／内行花文系Ⅱ型B類b（南07a）／内行花文系小形仿製鏡第2型b類（田尻10・12）	〔弥生倭製鏡〕	弥生
南21	倭	弥生倭製鏡〈菊隠165〉						5.9	—	内行花文日光鏡系仿製鏡第Ⅰ型b類（高倉90）／連弧紋鏡系小形仿製鏡第Ⅰ型b類①（高木02）／内行花文系Ⅱ型A類b（南07a）／内行花文系小形仿製鏡第2型a類（田尻10・12）	〔弥生倭製鏡〕	弥生
南22	倭	七乳文鏡	梁山所在古墳	慶尚南道梁山市	古墳	不明	不明	9.5	—	乳文鏡Ⅱ類（樋口79）	〔乳脚文鏡〕	後期
南23	倭	弥生倭製鏡	沙内里遺跡	慶尚南道咸安郡伽倻邑沙内里	不明	不明	1世紀	8.2	—	内行花文日光鏡系仿製鏡第Ⅱ型a類（高倉90）／内行花文系小形仿製鏡第2型b類（田尻10・12）	〔弥生倭製鏡〕	弥生
南24	倭	珠文鏡	山清生草9号墳	慶尚南道山清郡山清邑	古墳	竪穴式石槨	6世紀	9.0	—	AC-B類（脇山13）	〔珠文鏡〕	後期
済01	倭	弥生倭製鏡	健入洞遺跡	済州特別自治道済州市健入洞	墳墓	土壙墓	1世紀	7.6	—	内行花文日光鏡系仿製鏡第Ⅱ型a類（高倉90）／内行花文系小形仿製鏡第2型b類（田尻10・12）	〔弥生倭製鏡〕	弥生
不01	倭	弥生倭製鏡	国立中央博物館蔵鏡	不明	不明	不明	不明	完形	—	内行花文系小形仿製鏡第2型b類（田尻10・12）	〔弥生倭製鏡〕	弥生

中国

番号	舶倭	鏡　式	出土遺跡	出土地名	遺跡内容		時　期	面径(cm)	銘　文	諸氏分類	編者分類・時期	
1	舶	三角縁吾作四神四獣鏡	洛陽（伝）	河南省洛陽市（伝）	不明	不明	不明	18.3	「吾作明竟真大好　上有聖人東王父西王母　師子辟邪口衛巨　位至公卿子孫壽」	—	—	

韓国・中国

発見年	所蔵（保管）者	共伴遺物					文献	備考
		石製品・玉類	武具・武器・馬具	ほか金属器	土器類	その他		
不明		―	―	―	―	―		―
不明	東義大学校	―	―	―	―	―	東義大学校博物館編 2000『金海良洞里古墳文化』東義大学校博物館学術叢書 7, 東義大学校博物館	―
								―
								―
不明	国立慶州博物館〈菊隠 75-1〉						國立慶州博物館編 2007『國立慶州博物館所蔵 鏡鑑』國立慶州博物館	38g
	国立慶州博物館〈菊隠 75-2〉							49g
	国立慶州博物館〈菊隠 75-3〉							69g
	国立慶州博物館〈菊隠 163-1〉							80g
	国立慶州博物館〈菊隠 163-2〉							67g／同笵：礫石 B 遺跡 SJ14 甕棺墓（佐賀 81）（法量不整合）
	国立慶州博物館〈菊隠 165〉							29g／同笵：方保田東原遺跡 119 番地 7 号住居跡（熊本 111）・うてな遺跡城の上Ⅱ区 57 号住居跡（熊本 116）
不明	個人旧蔵	―	―	―	―	―	梅原末治 1932『慶州金鈴塚飾履塚発掘調査報告』大正十三年度古蹟調査報告第一冊	―
不明	釜山大学	―	―	―	―	―	小田富士雄・韓炳三 1991『日韓交渉の考古学』六興出版	―
2000 頃	所在不明	―	―	―	―	―	趙榮濟・柳昌煥・張相甲・尹敏根編 2006『山清 生草古墳群』慶尚大學校博物館研究叢書第 29 輯, 慶尚大學校博物館	―
不明	所在不明	―	―	―	―	―	李蘭暎編 1983『韓国の銅鏡』研究論叢 83-13, 韓国精神文化研究院	―
不明	国立中央博物館新収品〈新 9797〉	―	―	―	―	―	国立中央博物館編 1992『韓国の青銅器文化』	―
不明	王趂意	―	―	―	―	―	王趂意 2014「洛陽三角縁笠松紋神獣鏡初探」『中原文物』2014 年第 6 期, 中原文物編輯部	690g／2009 年頃に洛陽近郊の農民から譲り受けたものという

番号	舶倭	鏡式	出土遺跡	出土地名	遺跡内容	時期	面径(cm)	銘文	諸氏分類	編者分類・時期

東京国立博物館

番号	舶倭	鏡式	出土遺跡	出土地名	遺跡内容	時期	面径(cm)	銘文	諸氏分類	編者分類・時期
1	倭	鼉龍鏡	東京国立博物館蔵鏡〈J-35507〉	不明	不明	不明	38.4	―	I型（樋口79）／画文帯神獣鏡（系）A型（小林82・10）／A群3段階（池上92）／基本系-1（新井95）／第一群同工鏡AII（車崎95）／I群A系①（辻田00・07）／I類双胴系（林00）／鼉龍鏡a系（森下02）	鼉龍鏡A系 / 前（古）
2	倭	捩文鏡	東京国立博物館蔵鏡〈J-19976〉	不明	不明	不明	8.5	―	捩文鏡（類）B型（小林82・10）／捩文鏡C型（小林82）／AB I型（小林83）／IV型（小沢88）／獣毛文鏡系（森下91）／C型式d類（水野97）／房紋鏡系（森下02）	捩文鏡C系 / 前（中）
3	倭	対置式二神四獣鏡	東京国立博物館蔵鏡〈J-39210〉	不明	不明	不明	16.1	―	二神四獣鏡（樋口79）／対置式神獣鏡A系（森下02）	対置式神獣鏡A系 / 前（中）
4	倭	捩文鏡	東京国立博物館蔵鏡〈J-39211〉	不明	不明	不明	12.3	―	I型（樋口79）／I型（小沢88）／A型式a類（水野97）／獣毛紋鏡系（森下02）／獣形文鏡類四獣鏡C-3型（小林10）	捩文鏡A系 / 前（古）
5	倭	同向式二神二獣鏡	東京国立博物館蔵鏡〈J-20084〉	不明	不明	不明	10.8	―	―	同向式神獣鏡II系（類二神二獣鏡IA系） / 前（中）
6	倭	珠文鏡	東京国立博物館蔵鏡〈J-19977〉	不明	不明	不明	7.8	―	―	〔珠文鏡〕 / 前期
7	倭	五獣鏡	東京国立博物館蔵鏡〈J-19979〉	不明	不明	不明	11.2	擬銘	―	〔旋回式獣像鏡〕 / 後期
8	倭	四獣鏡	東京国立博物館蔵鏡〈J-19980〉	不明	不明	不明	10.3	―	―	― / 中期
9	倭	重圏文鏡	東京国立博物館蔵鏡〈J-19978〉	不明	不明	不明	7.3	―	―	〔重圏文鏡〕 / 前期
10	倭	素文鏡	東京国立博物館蔵鏡	不明	不明	不明	完形	―	―	〔素文鏡〕 / ―
11	舶	三角縁天王日月・唐草文帯四神四獣鏡	東京国立博物館蔵鏡	不明	不明	不明	23.8	「天王日月」	目録番号44・同范鏡番号25・配置A・表現④	―
12	舶	三角縁尚方作二神二獣鏡	東京国立博物館蔵鏡〈J-38399〉	不明	不明	不明	21.0	「尚方作竟大無傷 巧工刻之成文章 和以銀□日 □二親号」	目録番号100a・同范鏡番号56・配置J2・表現③	―
13	舶	三角縁神獣鏡	東京国立博物館蔵鏡〈J-19981〉	不明	不明	不明	23.8	―	―	―

京都国立博物館

番号	舶倭	鏡式	出土遺跡	出土地名	遺跡内容	時期	面径(cm)	銘文	諸氏分類	編者分類・時期
1	倭	神獣車馬画象鏡	京都国立博物館蔵鏡	不明	不明	不明	20.9	―	画象鏡（樋口79）／神獣車馬画象鏡系（森下02）	画象鏡系 / 前（中）
4	舶	「仿製」三角縁獣文帯三神三獣鏡	京都国立博物館蔵鏡〈J甲321〉	不明	不明	不明	21.6	―	目録番号207・同范鏡番号106・配置K2	―
5	舶	三角縁銘帯三神五獣鏡	京都国立博物館蔵鏡	不明	不明	不明	不明	あり（不詳）	―	―
6	舶	三角縁波文帯三神三獣鏡	京都国立博物館蔵鏡〈J甲322〉	不明	不明	不明	21.4	―	―	―
7	舶	「仿製」三角縁獣文帯三神三獣鏡	京都国立博物館蔵鏡〈J甲530〉	不明	不明	不明	21.2	―	―	―
8	倭	四獣鏡	京都国立博物館蔵鏡	不明	不明	不明	8.9	―	―	鳥頭獣像鏡B系 / 前（中）

宮内庁三の丸尚蔵館

番号	舶倭	鏡式	出土遺跡	出土地名	遺跡内容	時期	面径(cm)	銘文	諸氏分類	編者分類・時期
1	舶	吾作半円方形帯神獣鏡	宮内庁三の丸尚蔵館蔵鏡	不明（推定日本）	不明	不明	21.5	「吾作明竟大好 上有東王父西王母 師子辟邪居中央 甚樂兮」	―	―

国立歴史民俗博物館

番号	舶倭	鏡式	出土遺跡	出土地名	遺跡内容	時期	面径(cm)	銘文	諸氏分類	編者分類・時期
1	倭	四獣鏡	国立歴史民俗博物館蔵鏡〈A-251-4〉	不明	不明	不明	12.7	擬銘	Cb型式（加藤14）	〔旋回式獣像鏡〕 / 後期
2	倭	四獣鏡	国立歴史民俗博物館蔵鏡〈A-251-5〉	不明	不明	不明	7.5	―	―	―
3	倭	六獣鏡	国立歴史民俗博物館蔵鏡〈A-251-3〉	不明	不明	不明	12.7	―	―	〔中期型獣像鏡?〕 / 中期
4	倭	捩文鏡	国立歴史民俗博物館蔵鏡〈A-251-8〉	不明	不明	不明	9.5	―	―	捩文鏡D系 / 前（中）
5	倭	方格規矩（鳥文）鏡	国立歴史民俗博物館蔵鏡〈A-251-1〉	不明	不明	不明	18.0	―	―	（方格規矩四神鏡C系） / ―
6	倭	八獣鏡	国立歴史民俗博物館蔵鏡〈A-251-2〉	不明	不明	不明	14.6	擬銘（鍵手）	―	類二神二獣鏡II系? / 前期
7	倭	斜行櫛歯文鏡	国立歴史民俗博物館蔵鏡〈A-251-9〉	不明	不明	不明	11.4	―	―	―

その他

発見年	所蔵（保管）者	共伴遺物					文　献	備　考
		石製品・玉類	武具・武器・馬具	ほか金属器	土器類	その他		
不明	東京国立博物館〈J35507〉（伊達男爵旧蔵）	―	―	―	―	―	後藤守一 1942『古鏡聚英』上篇 秦鏡と漢六朝鏡，大塚巧芸社	―
不明	東京国立博物館〈J19976〉	―	―	―	―	―	田中琢 1979『古鏡』日本の原始美術 8，講談社	―
不明	東京国立博物館〈J39210〉	―	―	―	―	―	樋口隆康 1979『古鏡』新潮社	539g
不明	東京国立博物館〈J39211〉	―	―	―	―	―		254g
不明	東京国立博物館〈J20084〉	―	―	―	―	―	―	瑞泉寺1号墳鏡（静岡106-1）に類似
不明	東京国立博物館〈J19977〉	―	―	―	―	―	―	放射状区画（八区画）
不明	東京国立博物館〈J19979〉	―	―	―	―	―	―	139g
不明	東京国立博物館〈J19980〉	―	―	―	―	―	―	―
不明	東京国立博物館〈J19978〉	―	―	―	―	―	―	―
不明		―	―	―	―	―	樋口隆康 1979『古鏡』新潮社	―
不明	東京国立博物館	―	―	―	―	―	福永伸哉・杉井健編 1996『雪野山古墳の研究』雪野山古墳発掘調査団	―
不明	東京国立博物館〈J38399〉	―	―	―	―	―	車崎正彦編 2002『考古資料大観』第5巻 弥生・古墳時代 鏡，小学館	福原家蔵鏡と同じか??
不明	東京国立博物館〈J19981〉	―	―	―	―	―	水野敏典編 2010『考古資料における三次元デジタルアーカイブの活用と展開』平成18年度～平成21年度科学研究費補助金基盤研究（A）研究成果報告書，奈良県立橿原考古学研究所	―
不明	京都国立博物館〈J甲307〉	―	―	―	―	―	樋口隆康 1979『古鏡』新潮社	―
不明	京都国立博物館〈J甲321〉	―	―	―	―	―	森郁夫・難波洋三編 1994『京都国立博物館蔵品目録 考古編』京都国立博物館	―
不明	京都国立博物館〈J甲322〉	―	―	―	―	―		―
不明	京都国立博物館〈J甲530〉	―	―	―	―	―	森郁夫・難波洋三編 1994『京都国立博物館蔵品目録 考古編』京都国立博物館	―
不明	京都国立博物館	―	―	―	―	―	―	―
不明	宮内庁三の丸尚蔵館（山内豊範旧蔵）	―	―	―	―	―	車崎正彦 2008「御物の鏡」菅谷文則編『王権と武器と信仰』同成社	1230g／郷観音山古墳（岡山192）の文様改変鏡
不明	国立歴史民俗博物館〈A-251-4〉	―	―	―	―	―	―	(153g)
不明	国立歴史民俗博物館〈A-251-5〉	―	―	―	―	―	―	―
不明	国立歴史民俗博物館〈A-251-3〉	―	―	―	―	―	―	―
不明	国立歴史民俗博物館〈A-251-8〉	―	―	―	―	―	―	―
不明	国立歴史民俗博物館〈A-251-1〉	―	―	―	―	―	―	同型品あり
不明	国立歴史民俗博物館〈A-251-2〉	―	―	―	―	―	―	―
不明	国立歴史民俗博物館〈A-251-9〉	―	―	―	―	―	―	―

番号	舶倭	鏡式	出土遺跡	出土地名	遺跡内容	時期	面径(cm)	銘文	諸氏分類	編者分類・時期
東北歴史博物館										
1	倭	珠文鏡	東北歴史博物館蔵鏡	不明	不明	不明	8.8	―	―	〔珠文鏡〕	前期
2	倭	四獣鏡	東北歴史博物館蔵鏡	不明	不明	不明	7.1	―	―	〔中期型獣像鏡?〕	中期
3	倭	四神一獣鏡	東北歴史博物館蔵鏡	不明	不明	不明	11.4	―	―	〔後期型神獣鏡〕	後期
4	倭	六神像鏡	東北歴史博物館蔵鏡	不明	不明	不明	16.4	―	―	神像鏡Ⅰ系	前(中)
5	倭	弥生倭製鏡?	東北歴史博物館蔵鏡	不明	不明	不明	完形	―	―	〔弥生倭製鏡?〕	弥生?
6	舶	三角縁天王・日月・獣文帯四神四獣鏡	東北歴史博物館蔵鏡	不明	不明	不明	23.3	「天王日月」	目録番号75・同笵鏡番号40・配置F2・表現②	―	―
7	舶	「仿製」三角縁獣文帯三神三獣鏡	東北歴史博物館蔵鏡	不明	不明	不明	破片	―	―	―	―
栃木県立博物館										
1	舶	三角縁波文帯三神三獣鏡	栃木県立博物館蔵鏡	不明	不明	不明	21.4	―	目録番号127・同笵鏡番号70・配置K1・表現⑫	―	―
2	倭	珠文鏡	栃木県立博物館蔵鏡	不明	不明	不明	7.8	―	―	〔珠文鏡〕	―
埼玉県歴史と民俗の博物館										
1	倭	珠文鏡	埼玉県立歴史と民俗の博物館蔵鏡	不明	不明	不明	5.9	―	―	〔珠文鏡〕	前期?
愛知県美術館										
1	倭	素文鏡	愛知県美術館蔵鏡〈M339〉	不明	不明	不明	3.7	―	―	〔素文鏡〕	―
2	倭	不明	愛知県美術館蔵鏡〈M338-1〉	不明	不明	不明	4.6	―	―	―	―
3	倭	素文鏡?	愛知県美術館蔵鏡〈M338-2〉	不明	不明	不明	3.4	―	―	〔素文鏡?〕	―
4	倭	五鈴捩文鏡	愛知県美術館蔵鏡〈M348〉	不明	不明	不明	12.6	擬銘	BⅢ型（小林83）／捩文鏡類（大川97）／鈴鏡類（五鈴鏡）（小林10）	〔捩文鏡D系〕	〈前(中)〉
5	倭	五鈴六乳文鏡	愛知県美術館蔵鏡〈M352〉	不明	不明	不明	8.0	擬銘	―	〔乳脚文鏡〕	後期
6	倭	珠文鏡	愛知県美術館蔵鏡〈M327〉	不明	不明	不明	8.8	―	―	〔珠文鏡〕	後期
7	倭	十乳文鏡	愛知県美術館蔵鏡〈M323〉	不明	不明	不明	9.8	―	―	〔乳脚文鏡〕	後期
8	倭	重圏文鏡	愛知県美術館蔵鏡〈M356〉	不明	不明	不明	6.5	―	―	〔重圏文鏡〕	前期
9	倭	四獣鏡	愛知県美術館蔵鏡〈M324〉	不明	不明	不明	9.8	―	―	〔中期型獣像鏡〕	中期
10	倭	捩文鏡	愛知県美術館蔵鏡〈M326〉	不明	不明	不明	9.0	―	―	捩文鏡C系	前(中)
11	倭	四獣鏡	愛知県美術館蔵鏡〈M342〉	不明	不明	不明	20.0	―	―	対置式神獣鏡B系	前(中)
滋賀県立琵琶湖文化館										
1	舶	三角縁陳氏作神獣車馬鏡	滋賀県立琵琶湖文化館蔵鏡	不明	不明	不明	22.5	「陳氏作鏡用青同　上有仙人不知　君宜高官　保子宜孫　長壽」	目録番号13・同笵鏡番号7・配置X・表現⑧	―	―

その他

発見年	所蔵（保管）者	共伴遺物 石製品・玉類	武具・武器・馬具	ほか金属器	土器類	その他	文献	備考
不明		－	－	－	－	－		〈25g〉／放射状区画（四区画？）
不明		－	－	－	－	－		48g
不明	東北歴史博物館（杉山壽栄男旧蔵）	－	－	－	－	－	丹羽茂・生田和宏編 2004『杉山コレクション 古墳時代関係資料図録』東北歴史博物館	158g／「豊富村浅利組（中略）は神獣鏡らしく見えるもの、『並山日記』著者の孫にあたられる黒川真道氏（中略）この鏡の拓本を蔵せられてゐたが、記憶によると（中略）赤烏元年在銘の神獣鏡に似てゐたとある」〔後藤1926〕
不明		－	－	－	－	－		445g
不明		－	－	－	－	－		－
不明		－	－	－	－	－	丹羽茂・生田和宏編 2004『杉山コレクション 古墳時代関係資料図録』東北歴史博物館	－
不明		－	－	－	－	－		－
不明	栃木県立博物館	－	－	－	－	－	鈴木一男編 1995『かがみよ鏡―銅鏡の歴史と美―』第30回企画展，小山市立博物館	－
不明		－	－	－	－	－		－
不明	埼玉県立歴史と民俗の博物館〈SPM1974-0072-0141〉		－	－	－	－	－	－
不明	愛知県美術館〈M339〉（木村定三旧蔵）	－	－	－	－	－	鯨井秀伸編 2011『木村定三コレクション研究紀要』2011年度，愛知県美術館	6g
不明	愛知県美術館〈M338-1〉（木村定三旧蔵）	－	－	－	－	－		18g
不明	愛知県美術館〈M338-2〉（木村定三旧蔵）	－	－	－	－	－		14g
不明	愛知県美術館〈M348〉（木村定三旧蔵）（『梅仙居蔵日本出土漢式鏡図集』所載鏡）	－	－	－	－	－		283g／鈕は後着
不明	愛知県美術館〈M348〉（木村定三旧蔵）	－	－	－	－	－		62g
不明	愛知県美術館〈M327〉（木村定三旧蔵）	－	－	－	－	－		90g
不明	愛知県美術館〈M323〉（木村定三旧蔵）	－	－	－	－	－		90g
不明	愛知県美術館〈M356〉（木村定三旧蔵）	－	－	－	－	－		60g
不明	愛知県美術館〈M324〉（木村定三旧蔵）	－	－	－	－	－		114g
不明	愛知県美術館〈M326〉（木村定三旧蔵）	－	－	－	－	－		108g
不明	愛知県美術館〈M342〉（木村定三旧蔵）	－	－	－	－	－		669g
不明	個人・滋賀県立琵琶湖文化館	－	－	－	－	－	藤丸詔八郎 2008「三角縁神獣鏡の製作技術について―同笵鏡番号7鏡群の場合―」菅谷文則編『王権と武器と信仰』同成社	972g

大阪歴史博物館

番号	舶倭	鏡 式	出土遺跡	出土地名	遺跡内容	時 期	面径(cm)	銘 文	諸氏分類	編者分類・時期
1	倭	四神四獣鏡（麒龍鏡）	大阪歴史博物館蔵鏡（旧大阪市立博物館蔵鏡〈考0588〉）	不明	不明	不明	15.7	—	—	—	—
2	倭	七鈴六獣鏡	大阪歴史博物館蔵鏡（旧大阪市立博物館蔵鏡〈考0597〉）	不明	不明	不明	12.8	—	鈴鏡類（七鈴鏡）（小林10）／Ca型式（加藤14）	〔旋回式獣像鏡〕	後期
3	倭	四獣鏡	大阪歴史博物館蔵鏡（旧大阪市立博物館蔵鏡〈考0594〉）	不明	不明	不明	9.4	—	—	〔S字獣像鏡〕	後期
4	倭	四獣鏡	大阪歴史博物館蔵鏡（旧大阪市立博物館蔵鏡〈考0593〉）	不明	不明	不明	15.4	—	—	対置式神獣鏡B系	前（中）
5	倭	四獣鏡	大阪歴史博物館蔵鏡（旧大阪市立博物館蔵鏡〈考0592〉）	不明	不明	不明	13.4	—	—	—	—
6	舶	三角縁獣文帯四神四獣鏡	大阪歴史博物館蔵鏡（旧大阪市立博物館蔵鏡〈考0583〉）	不明	不明	不明	23.3	「天王日月」	目録番号72・配置F1・表現②	—	—
7	倭	二神四獣鏡	大阪歴史博物館蔵鏡（旧大阪市立博物館蔵鏡〈考0591〉）	不明	不明	不明	17.1	—	—	二神二獣鏡ⅠA系	前（中）
8	倭	四獣鏡	大阪歴史博物館蔵鏡（旧大阪市立博物館蔵鏡〈考0596〉）	不明	不明	不明	12.8	—	—	獣像鏡Ⅰ系	前（古）
9	倭	六獣鏡	大阪歴史博物館蔵鏡（旧大阪市立博物館蔵鏡〈考0600〉）	不明	不明	不明	16.0	—	—	—	後期
10	倭	獣像鏡	大阪歴史博物館蔵鏡（旧大阪市立博物館蔵鏡〈考0600〉）	不明	不明	不明	16.0	—	—	—	—

大阪市立美術館

番号	舶倭	鏡 式	出土遺跡	出土地名	遺跡内容	時 期	面径(cm)	銘 文	諸氏分類	編者分類・時期
1	倭	弥生倭製鏡	大阪市立美術館蔵鏡	不明	不明	不明	完形	—	—	〔弥生倭製鏡〕	弥生

倉敷考古館

番号	舶倭	鏡 式	出土遺跡	出土地名	遺跡内容	時 期	面径(cm)	銘 文	諸氏分類	編者分類・時期
1	倭	四獣鏡	倉敷考古館蔵鏡	不明	不明	不明	完形	—	—	—	中期？

松山市考古館

番号	舶倭	鏡 式	出土遺跡	出土地名	遺跡内容	時 期	面径(cm)	銘 文	諸氏分類	編者分類・時期
1	倭	四獣鏡	松山市考古館蔵鏡	不明	不明	不明	6.4	—	—	—	—

佐賀県立博物館

番号	舶倭	鏡 式	出土遺跡	出土地名	遺跡内容	時 期	面径(cm)	銘 文	諸氏分類	編者分類・時期
1	倭？	環状乳神獣鏡	佐賀県立博物館蔵鏡	不明	不明	不明	11.7	—	—	（環状乳神獣鏡系？）	—

その他

発見年	所蔵（保管）者	共伴遺物					文献	備考
		石製品・玉類	武具・武器・馬具	ほか金属器	土器類	その他		
不明	大阪歴史博物館 （旧大阪市立博物館〈考0588〉）	―	―	―	―	―	田中琢1979『古鏡』日本の原始美術8, 講談社	〈339g〉
不明	大阪歴史博物館 （旧大阪市立博物館〈考0597〉）	―	―	―	―	―		232g
不明	大阪歴史博物館 （旧大阪市立博物館〈考0594〉）	―	―	―	―	―		129g／やや疑問品／匕縁
不明	大阪歴史博物館 （旧大阪市立博物館〈考0593〉）	―	―	―	―	―	大阪市立博物館編1970『大阪市立博物館蔵目録』大阪市立博物館	354g
不明	大阪歴史博物館 （旧大阪市立博物館〈考0592〉）	―	―	―	―	―		311g
不明	大阪歴史博物館 （旧大阪市立博物館〈考0583〉）	―	―	―	―	―		―
不明	大阪歴史博物館 （旧大阪市立博物館〈考0591〉）	―	―	―	―	―		564g
不明	大阪歴史博物館 （旧大阪市立博物館〈考0596〉）	―	―	―	―	―	加藤俊吾編2001『中国古鏡Ⅰ附／古墳時代の鏡―館蔵鑑鏡資料3―』大阪市立博物館蔵資料集28, 大阪市立博物館	234g
不明	大阪歴史博物館 （旧大阪市立博物館〈考0600〉）	―	―	―	―	―		417g
不明	大阪歴史博物館 （旧大阪市立博物館〈考0600〉）	―	―	―	―	―		417g
不明	大阪市立美術館	―	―	―	―	―	―	―
不明	倉敷考古館	―	―	―	―	―	―	岡山県（備中国）31か
不明	松山市考古館 （個人旧蔵）	―	―	―	―	―	―	―
不明	佐賀県立博物館	―	―	―	―	―	佐賀県立博物館編1993『佐賀県立博物館所蔵品目録（考古）』佐賀県立博物館	―

大英博物館

番号	舶倭	鏡式	出土遺跡	出土地名	遺跡内容	時期	面径(cm)	銘文	諸氏分類	編者分類・時期
1	舶	「仿製」三角縁獣文帯三神三獣鏡	大英博物館蔵鏡（ガウランド・コレクション）	不明	不明	不明	23.6	―	目録番号241a・配置K1	―	―
2	倭	八弧内行花文鏡	大英博物館蔵鏡（ガウランド・コレクション）	不明	不明	不明	15.2	―	―	内行花文鏡B式	前(中)
3	倭	夔龍鏡	大英博物館蔵鏡（ガウランド・コレクション）	不明	不明	不明	20.2	―	―	夔龍鏡A系	前(中)
4	倭	二神二獣鏡	大英博物館蔵鏡（ガウランド・コレクション）	不明	不明	不明	17.6	―	―	二神二獣鏡Ⅱ系	前(中)
5	倭	方格規矩四神鏡	大英博物館蔵鏡（ガウランド・コレクション）	不明	不明	不明	15.2	擬銘（方格）	―	方格規矩四神鏡A系	前(中)
6	倭	細線式獣帯鏡	大英博物館蔵鏡	不明	不明	不明	18.0	―	―	細線式獣帯鏡系	前(中?)
7	倭	神獣鏡	大英博物館蔵鏡（美濃山王塚古墳?）	不明	不明	不明	16.6	―	―	類二神二獣鏡系	前(新)
8	倭	五鈴五神像鏡	大英博物館蔵鏡（ガウランド・コレクション）	不明	不明	不明	13.0	―	―	〔後期型神像鏡Ⅱ系〕	―
9	倭	不明	大英博物館蔵鏡	不明	不明	不明	9.6	―	―	―	―
10	倭	四獣鏡	大英博物館蔵鏡	不明	不明	不明	11.4	―	―	―	中期

イタリア国立先史民族学博物館

番号	舶倭	鏡式	出土遺跡	出土地名	遺跡内容	時期	面径(cm)	銘文	諸氏分類	編者分類・時期
1	倭	五弧内行花文鏡	イタリア国立先史民族学博物館蔵鏡	不明	不明	不明	10.4	―	五花文鏡（小林82・10）	内行花文鏡B式	前(中)
2	倭	六神像鏡	イタリア国立先史民族学博物館蔵鏡（岐阜・青野?）	不明	不明	不明	12.2	―	―	神像鏡Ⅰ系	前(中)
3	舶	三角縁吾作四神三獣博山炉鏡	イタリア国立先史民族学博物館蔵鏡	不明	不明	不明	不明	「吾作明竟甚大好　長保二親宜子孫　孚由天下至四海　君宜高官兮」	目録番号54・同笵鏡番号＊・配置A変・表現⑥	―	―

その他

発見年	所蔵（保管）者	共伴遺物					文献	備考
		石製品・玉類	武具・武器・馬具	ほか金属器	土器類	その他		
不明	大英博物館	—	—	—	—	—		—
不明		—	—	—	—	—		—
不明		—	—	—	—	—	ヴィクター＝ハリス・後藤和雄編 2003『ガウランド 日本考古学の父』朝日新聞社	—
不明		—	—	—	—	—		—
不明		—	—	—	—	—		—
不明		—	—	—	—	—	Munro, N.G. 1911. *Prehistoric Japan*. Yokohama.	—
不明		—	—	—	—	—	池上悟 2010『古墳文化論攷』六一書房	—
不明		—	—	—	—	—	ヴィクター＝ハリス・後藤和雄編 2003『ガウランド 日本考古学の父』朝日新聞社	—
不明		—	—	—	—	—	池上悟 2010『古墳文化論攷』六一書房	—
不明		—	—	—	—	—		—
不明	イタリア国立先史民族学博物館（個人旧蔵）	—	—	—	—	—	—	—
不明		—	—	—	—	—	—	—
不明	イタリア国立先史民族学博物館	—	—	—	—	—	—	—

東京大学総合資料館

番号	舶倭	鏡　式	出土遺跡	出土地名	遺跡内容	時　期	面径(cm)	銘　文	諸氏分類	編者分類・時期
1	舶	三角縁神獣鏡（内区片）	東京大学総合資料館蔵鏡	不明	不明	不明	破片	—	—	—

早稲田大学會津八一記念博物館

| 1 | 舶 | 「仿製」三角縁神獣鏡 | 早稲田大学會津八一記念博物館蔵鏡〈M182〉 | 不明 | 不明 | 不明 | 21.0 | — | — | — |
| 2 | 倭 | 重圏文鏡 | 早稲田大学會津八一記念博物館蔵鏡〈M159〉 | 不明 | 不明 | 不明 | 6.6 | | | 〔重圏文鏡〕 | — |

明治大学考古学博物館

1	倭	珠文鏡	明治大学考古学博物館蔵鏡〈A-127〉	不明	不明	不明	9.2	—	珠文鏡類 B 型（小林 82・10）／Ⅳ類（中山他 94）	〔珠文鏡〕	—
2	倭	珠文鏡	明治大学考古学博物館蔵鏡〈A-156〉	不明	不明	不明	9.1		Ⅱ類（中山他 94）	〔珠文鏡〕	—
3	舶	「仿製」三角縁獣文帯三神三獣鏡	明治大学考古学博物館蔵鏡〈B-241〉	不明	不明	不明	22.6		目録番号 219・配置 K2	—	—
4	倭	六弧内行花文鏡	明治大学考古学博物館蔵鏡〈A-297〉	不明	不明	不明	8.2			内行花文鏡 B 式	前（中）
5	倭	夫火竟銘二神二獣鏡	明治大学考古学博物館蔵鏡	不明	不明	不明	19.7	「夫火竟」（周縁側部）		〔中期型獣像鏡〕	中期

國學院大學

1	倭	五神像鏡	國學院大學蔵鏡	不明	不明	不明	13.1	—		〔後期型神像鏡Ⅱ系〕	—
2	倭	捩文鏡	國學院大學蔵鏡	不明	不明	不明	9.6			（捩文鏡 A 系）	—
3	倭	捩文鏡	國學院大學蔵鏡（岡山 92・94?）	不明	不明	不明	10.1	—	獣毛紋鏡系（森下 02）	捩文鏡 A 系	—
4	倭	六鈴五獣鏡	國學院大學蔵鏡	不明	不明	不明	11.0	—		〔旋回式獣像鏡〕	後期
5	倭	捩文鏡	國學院大學蔵鏡	不明	不明	不明	10.7	—		捩文鏡 E 系	前（新）
6	倭	夔龍鏡	國學院大學蔵鏡	不明	不明	不明	13.3	—		夔龍鏡 A 系	前（新）
7	舶	三角縁波文帯三神三獣鏡	大槻磐渓旧蔵鏡	不明	不明	不明	21.4	—	目録番号 132・同笵鏡番号 73・配置 L2・表現⑬		

関西大学博物館

| 1 | 倭 | 五鈴鏡 | 関西大学博物館蔵鏡 | 不明 | 不明 | 不明 | 5.7 | — | — | — | — |

九州大学

| 1 | 倭 | 珠文鏡 | 九州大学蔵鏡 | 不明 | 不明 | 不明 | 7.3 | — | — | 〔珠文鏡〕 | — |
| 2 | 倭 | 珠文鏡 | 九州大学蔵鏡 | 不明 | 不明 | 不明 | 不明 | | — | 〔珠文鏡〕 | — |

その他

発見年	所蔵（保管）者	共伴遺物					文献	備考
		石製品・玉類	武具・武器・馬具	ほか金属器	土器類	その他		
不明	東京大学総合研究博物館	―	―	―	―	―	―	内区片
不明	早稲田大学會津八一記念博物館〈M182〉							―
不明	早稲田大学會津八一記念博物館〈M159〉							―
不明	明治大学考古学博物館〈A-127〉	―	―	―	―	―		61g
不明	明治大学考古学博物館〈A-156〉	―	―	―	―	―	黒沢浩編1988『鏡』明治大学考古学博物館蔵品図録1, 明治大学考古学博物館	81g／箱書きに「奈良県山辺郡朝和村大字萱生出土」
不明	明治大学考古学博物館〈B-241〉	―	―	―	―	―		―
不明	明治大学考古学博物館〈A-297〉	―	―	―	―	―	岸本泰緒子2010「明治大学博物館所蔵の倣製内行花紋鏡について」『明治大学博物館研究報告』第15号, 明治大学博物館	60g
不明	明治大学考古学博物館	―	―	―	―	―	新井悟・大川麿希1997「新収蔵の倣製鏡―火竟銘をもつ倣製鏡の新例について―」『明治大学博物館研究報告』第2号, 明治大学博物館	〈810g〉
不明	所在不明	―	―	―	―	―	―	―
不明	國學院大學						―	滝沢馬琴愛用と伝える
1927以前	國學院大學（関保之助旧蔵）						土橋嘉兵衛他（札元）1927『関保之助氏所蔵品入札目録』	―
不明	國學院大學（個人）	―	―	―	―	―	―	188g
不明		―	―	―	―	―	―	127g
不明	國學院大學	―	―	―	―	―	―	360g
江戸以前	國學院大學学術資料館						柳田康雄・内川隆志・深澤太郎2011「出土地不明 伝大槻盤溪旧蔵 三角縁波文帯三神三獣鏡」『國學院大學学術資料館 考古学資料館紀要』第27輯, 國學院大學研究開発推進機構学術資料館考古学資料館部門	―
不明	関西大学博物館	―	―	―	―	―	泉森皎1973「五鈴鏡」関西大学文学部編『考古学資料図鑑』関西大学	―
不明	九州大学	―	―	―	―	―	―	―
不明		―	―	―	―	―	―	―

五島美術館

番号	舶倭	鏡 式	出土遺跡	出土地名	遺跡内容	時 期	面径(cm)	銘 文	諸氏分類	編者分類・時期
1	倭	五鈴七乳文鏡	五島美術館蔵鏡〈M190〉	不明	不明	不明	不明	7.8	—	獣帯文鏡類(大川97)／鈴鏡類(五鈴鏡)(小林10)	〔乳脚文鏡〕	後期
2	倭	五鈴六乳文鏡	五島美術館蔵鏡〈M191〉	不明	不明	不明	9.1	擬銘	獣帯文鏡類(大川97)／鈴鏡類(五鈴鏡)(小林10)	〔乳脚文鏡〕	後期
3	倭	五鈴七乳文鏡	五島美術館蔵鏡〈M193〉	不明	不明	不明	8.5	—	獣帯文鏡類(大川97)／鈴鏡類(五鈴鏡)(小林10)	〔乳脚文鏡〕	後期
4	倭	夔鳳鏡？	五島美術館蔵鏡〈M201〉	不明	不明	不明	11.2	—	—	〔夔鳳鏡？〕	前期
5	倭	三神三獣鏡	五島美術館蔵鏡〈M206〉	京都府南部？	不明	不明	17.9	—	—	対置式神獣鏡A系	前(中)
6	倭	鼉龍鏡	五島美術館蔵鏡〈M219〉	不明	不明	不明	12.1	—	神像鏡四頭式(樋口79)／獣形文鏡類四獣鏡B型(小林10)	鼉龍鏡C系	前(新)
7	倭	四獣鏡	五島美術館蔵鏡〈M220〉	不明	不明	不明	10.0	—	—	対置式神獣鏡B系	前(中～)
8	倭	四獣鏡(神獣鏡)	五島美術館蔵鏡〈M221〉	不明	不明	不明	10.2	—	分離式神獣鏡系(森下02)／獣形文鏡類四獣鏡C-1型(小林10)	分離式神獣鏡系	前(新)
9	倭	捩文鏡	五島美術館蔵鏡〈M223〉	不明	不明	不明	11.8	—	捩文鏡類C型(小林10)	捩文鏡D系	前(中)
10	倭	弥生倭製鏡	五島美術館蔵鏡〈M224〉	不明	不明	不明	6.3	—	—	〔弥生倭製鏡〕	弥生
11	倭	七弧内行花文鏡	五島美術館蔵鏡〈M226〉	不明	不明	不明	9.6	—	—	内行花文鏡B式	前(中)
12	倭	弥生倭製鏡(内行花文鏡)	五島美術館蔵鏡〈M227〉	不明	不明	不明	7.9	—	古式仿製鏡内行花文座式(樋口79)／重圏文日光鏡系仿製鏡第I型b類(高倉85・90)／内行花文系小形仿製鏡第5型(田尻10・12)	〔弥生倭製鏡〕	弥生
13	倭	細線式四禽鏡	五島美術館蔵鏡〈M228〉	不明	不明	不明	7.6	—	—	—	—
14	倭	捩文鏡	五島美術館蔵鏡〈M229〉	不明	不明	不明	7.9	—	BⅡ型(小林83)／捩文鏡類B型(小林10)	捩文鏡C系	前(中)
15	倭	細線式渦文鏡(乳文鏡？)	五島美術館蔵鏡〈M263〉	不明	不明	不明	10.2	—	—	〔乳脚文鏡？？〕	中期
16	倭	五獣鏡	五島美術館蔵鏡〈M264〉	不明	不明	不明	13.1	擬銘	Bc型式(加藤14)	〔旋回式獣像鏡〕	後期
17	舶	三角縁吾作四神四獣鏡(環状乳式)	五島美術館蔵鏡〈M274〉	不明	不明	不明	20.8	「吾作明竟甚大好　上有仙人不知老　渇飲玉泉飢食　不由天下至四海　樂未央年壽長　保子宜孫兮」	目録番号30・同笵鏡番号15・配置環状・表現①	—	—
18	倭	二神四獣鏡	五島美術館蔵鏡(『鏡研搨本』所載鏡)	不明	不明	不明	18.1	擬銘	—	半肉彫獣帯鏡系	前(中)
19	倭	五獣鏡	五島美術館蔵鏡〈M288〉	不明	不明	不明	14.5	—	獣形文鏡類五獣鏡(小林10)	分離式神獣鏡系	前(新)
20	倭	捩文鏡	五島美術館蔵鏡〈M308〉	不明	不明	不明	7.3	—	—	捩文鏡B系	前(中～)
21	倭	捩文鏡	五島美術館蔵鏡〈M309〉	不明	不明	不明	6.7	—	—	捩文鏡B系	前(中～)
22	倭	十六神像鏡	五島美術館蔵鏡〈M281〉	不明	不明	不明	10.9	「天王王日日月　大吉昌于羊」	—	—	—

その他

発見年	所蔵（保管）者	石製品・玉類	武具・武器・馬具	ほか金属器	土器類	その他	文献	備考
不明	五島美術館〈M190〉	―	―	―	―	―	梅原末治 1925『桃陰廬和漢古鑑図録』関信太郎	〈74g〉
不明	五島美術館〈M191〉（『桃陰廬和漢古鑑図録』所載鏡）	―	―	―	―	―		87g
不明	五島美術館〈M193〉	―	―	―	―	―	樋口隆康 1979『古鏡』新潮社	77g／「福島県いわき市平上平窪横山台古墳群」か
不明	五島美術館〈M201〉	―	―	―	―	―	―	―
不明	五島美術館〈M206〉（『桃陰廬和漢古鑑図録』所載鏡）	―	―	―	―	―	梅原末治 1925『桃陰廬和漢古鑑図録』関信太郎	555g
不明	五島美術館〈M219〉	―	―	―	―	―	樋口隆康 1979『古鏡』新潮社	114g
不明	五島美術館〈M220〉	―	―	―	―	―	―	―
不明	五島美術館〈M221〉	―	―	―	―	―	樋口隆康 1979『古鏡』新潮社	86g
不明	五島美術館〈M223〉（『桃陰廬和漢古鑑図録』所載鏡）	―	―	―	―	―	梅原末治 1925『桃陰廬和漢古鑑図録』関信太郎	
不明	五島美術館〈M224〉（『桃陰廬和漢古鑑図録』所載鏡）	―	―	―	―	―		
不明	五島美術館〈M226〉	―	―	―	―	―	―	―
不明	五島美術館〈M227〉	―	―	―	―	―	樋口隆康 1979『古鏡』新潮社	鈕孔破損／2孔／関信太郎旧蔵鏡か
不明	五島美術館〈M228〉	―	―	―	―	―	―	―
不明	五島美術館〈M229〉（『桃陰廬和漢古鑑図録』所載鏡）	―	―	―	―	―	梅原末治 1925『桃陰廬和漢古鑑図録』関信太郎	―
不明	五島美術館〈M263〉	―	―	―	―	―	―	〈100g〉
不明	五島美術館〈M264〉	―	―	―	―	―	―	212g
不明	五島美術館〈M274〉	―	―	―	―	―	樋口隆康 2000『三角縁神獣鏡新鑑』学生社	―
不明	五島美術館	―	―	―	―	―	山中吉郎兵衛・春海商店（札元）1934『もく流く』	―
不明	五島美術館〈M288〉	―	―	―	―	―	樋口隆康 1979『古鏡』新潮社	315g
不明	五島美術館〈M308〉	―	―	―	―	―	―	―
不明	五島美術館〈M309〉	―	―	―	―	―	―	―
不明	五島美術館〈M281〉	―	―	―	―	―	―	―

泉屋博古館

番号	舶倭	鏡式	出土遺跡	出土地名	遺跡内容	時期	面径(cm)	銘文	諸氏分類	編者分類・時期
1	舶	三角縁張氏作三神五獣鏡	泉屋博古館蔵鏡〈M23〉	畿内	不明	不明	22.8	「張氏作鏡真巧 仙人王喬赤松子 師子辟邪世少有 渇飲玉泉 飢食棗 生如金石天相保兮」	目録番号21・同笵鏡番号10・配置B・表現①	—
2	舶	三角縁張氏作三神五獣鏡	泉屋博古館蔵鏡〈M24〉	不明	不明	不明	22.6	「張氏作鏡真巧 仙人王喬赤松子 師子辟邪世少有 渇飲玉泉 飢食棗 生如金石天相保兮」	目録番号21・同笵鏡番号10・配置B・表現①	—
3	舶	三角縁吾作四神四獣鏡	泉屋博古館蔵鏡〈M25〉	不明	不明	不明	22.4	「吾作明竟甚大好　上有神守及龍虎 身有文章口衘巨 古有聖人東王父西王母 渇飲玉飢湌食棗 壽如金石長相保」	目録番号67・同笵鏡番号＊・配置D・表現⑦	—
4	舶	三角縁波文帯三神三獣鏡	泉屋博古館蔵鏡〈M33〉	不明	不明	不明	21.8	—	目録番号131・同笵鏡番号72・配置L1・表現⑩	—
5	舶	「仿製」三角縁獣文帯三神三獣鏡	泉屋博古館蔵鏡〈M119〉	奈良県？	不明	不明	21.6	—	目録番号243・配置K1変	—
6	倭	方格規矩四神鏡	泉屋博古館蔵鏡〈M31〉	不明	不明	不明	22.2	—	JC式（田中83）／Ⅱ類変容系Ⅰ式（林00）	方格規矩四神鏡B系	前(中)
7	倭	鼉龍鏡	泉屋博古館蔵鏡〈M32〉	不明	不明	不明	22.9	—	基本系-2（新井95）／第一群同工鏡F（車崎95）／ⅠA系②（辻田00・07）／Ⅰ類双胴系（林00）／鼉龍鏡a系（森下02）	鼉龍鏡A系	前(中)
8	倭	四獣鏡	泉屋博古館蔵鏡〈M34〉	不明	不明	不明	17.7	—	四獣形鏡（樋口79）	半肉彫獣帯鏡系	前(中)
9	倭	六神像鏡	泉屋博古館蔵鏡〈M35〉	不明	不明	不明	13.9	—	—	神像鏡Ⅱ系	前(中)
10	倭	六獣鏡	泉屋博古館蔵鏡〈M36〉	不明	不明	不明	14.9	擬銘	—	二神二獣鏡ⅠB系	前(中)
11	倭	四獣鏡	泉屋博古館蔵鏡〈M37〉	不明	不明	不明	15.4	擬銘	—	対置式神獣鏡B系	前(中?)
12	倭	対置式二神四獣鏡	泉屋博古館蔵鏡〈M38〉	不明	不明	不明	15.3	—	二神四獣鏡（樋口79）／対置式系倭鏡Ⅰ類（林02）	対置式神獣鏡A系	前(中)
13	倭	六弧内行花文鏡	泉屋博古館蔵鏡〈M40〉	不明	不明	不明	11.6	—	—	内行花文鏡B式	前(中?)
14	倭	六鈴六獣鏡	泉屋博古館蔵鏡〈M41〉	不明	不明	不明	12.1	擬銘	獣形鏡系六鈴式（樋口79）／獣形文鏡類（大川97）／Ⅰ類-E半肉彫式獣文系（八木00）／鈴鏡類（六鈴鏡）（小林10）／A型式（加藤14）	〔旋回式獣像鏡〕	後期
15	倭	八弧内行花文鏡	泉屋博古館蔵鏡〈M120〉	不明	不明	不明	16.8	—	—	内行花文鏡B式	前(中)
16	倭	珠文鏡	泉屋博古館蔵鏡〈M121〉	不明	不明	不明	6.9	—	—	〔珠文鏡〕	—
17	倭	四獣鏡	泉屋博古館蔵鏡〈M122〉	不明	不明	不明	11.7	—	—	類対置式神獣鏡B系??	前(新)
18	倭	八弧内行花文鏡	泉屋博古館蔵鏡〈M159〉	不明	不明	不明	完形	—	—	内行花文鏡B式?	前(中〜)
19	倭	珠文鏡	泉屋博古館蔵鏡〈M161〉	不明	不明	不明	5.0	—	—	〔珠文鏡〕	—
20	倭	珠文鏡	泉屋博古館蔵鏡〈M162〉	不明	不明	不明	4.0	—	—	〔珠文鏡〕	前期?

その他

発見年	所蔵(保管)者	共伴遺物					文献	備考
		石製品・玉類	武具・武器・馬具	ほか金属器	土器類	その他		
不明	泉屋博古館〈M23〉	—	—	—	—	—		1373g
不明	泉屋博古館〈M24〉	—	—	—	—	—		1355g
不明	泉屋博古館〈M25〉	—	—	—	—	—		1236g
不明	泉屋博古館〈M33〉	—	—	—	—	—		1035g
不明	泉屋博古館〈M119〉	—	—	—	—	—		560g
不明	泉屋博古館〈M31〉	—	—	—	—	—		698g
不明	泉屋博古館〈M32〉	—	—	—	—	—		1110g
不明	泉屋博古館〈M34〉	—	—	—	—	—	泉屋博古館編 2004『泉屋博古 鏡鑑編』財団法人泉屋博古館	1270g／妙に重い／鈕孔下底は鈕座面より高い／鈕孔円形で下底より高い
不明	泉屋博古館〈M35〉	—	—	—	—	—		310g
不明	泉屋博古館〈M36〉	—	—	—	—	—		371g
不明	泉屋博古館〈M37〉	—	—	—	—	—		244g／鈕孔下底にハバキ痕
不明	泉屋博古館〈M38〉	—	—	—	—	—		415g／二神頭
不明	泉屋博古館〈M40〉	—	—	—	—	—		119g
不明	泉屋博古館〈M41〉	—	—	—	—	—		303g
不明	泉屋博古館〈M120〉	—	—	—	—	—		569g
不明	泉屋博古館〈M121〉	—	—	—	—	—		52g
不明	泉屋博古館〈M122〉	—	—	—	—	—		237g
不明	泉屋博古館〈M159〉	—	—	—	—	—	—	—
不明	泉屋博古館〈M161〉	—	—	—	—	—		21g
不明	泉屋博古館〈M162〉	—	—	—	—	—		12g

番号	舶倭	鏡式	出土遺跡	出土地名	遺跡内容	時期	面径(cm)	銘文	諸氏分類	編者分類・時期

黒川古文化研究所

番号	舶倭	鏡式	出土遺跡	出土地名	遺跡内容	時期	面径(cm)	銘文	諸氏分類	編者分類・時期
1	舶	「仿製」三角縁獣文帯三神三獣鏡	黒川古文化研究所蔵鏡〈M85〉	不明	不明	不明	22.1	—	目録番号213・同范鏡番号111・配置K2	—	—
2	舶	「仿製」三角縁獣文帯三神三獣鏡	黒川古文化研究所蔵鏡〈M86〉	不明	不明	不明	22.1	—	目録番号213・同范鏡番号111・配置K2	—	—
3	倭	夔龍鏡	黒川古文化研究所蔵鏡〈M87〉	不明	不明	不明	14.5	—	—	夔龍鏡A系	前(新)
4	倭	四獣鏡	黒川古文化研究所蔵鏡〈M88〉	不明	不明	不明	13.8	—	—	〔中期型獣像鏡〕	中期
5	倭	八乳文鏡	黒川古文化研究所蔵鏡〈M89〉	不明	不明	不明	8.5	—	—	〔乳脚文鏡？〕	中期
6	倭	四獣鏡	黒川古文化研究所蔵鏡〈M90〉	不明	不明	不明	11.0	—	Bh型式（加藤14）	〔旋回式神獣鏡〕	後期
7	倭	捩文鏡	黒川古文化研究所蔵鏡〈M91〉	不明	不明	不明	11.2	—	—	捩文鏡D系	前(中)
8	倭	四獣鏡	黒川古文化研究所蔵鏡〈M92〉	不明	不明	不明	10.3	—	—	鳥頭獣像鏡B系	前(中)
9	倭	六獣鏡	黒川古文化研究所蔵鏡〈M93〉	不明	不明	不明	11.2	—	Bh型式（加藤14）	〔旋回式獣像鏡〕	後期
10	倭	乳文鏡	黒川古文化研究所蔵鏡〈M94〉	不明	不明	不明	8.8	—	—	〔乳脚文鏡〕	後期
11	倭	珠文鏡	黒川古文化研究所蔵鏡〈M95〉	不明	不明	不明	6.7	—	—	〔珠文鏡〕	—
12	倭	珠文鏡	黒川古文化研究所蔵鏡〈M96〉	不明	不明	不明	5.3	—	—	〔珠文鏡〕	—
13	倭	素文鏡	黒川古文化研究所蔵鏡〈M97〉	不明	不明	不明	3.0	—	—	〔素文鏡〕	—
14	倭	盤龍鏡	黒川古文化研究所蔵鏡〈M98〉	不明	不明	不明	11.5	—	—	盤龍鏡Ⅱ系？	前(新？)
15	倭	六鈴三獣鏡	黒川古文化研究所蔵鏡〈M99-1〉	不明	不明	不明	11.6	—	獣形鏡系六鈴式（樋口79）／獣形文鏡類（大川97）／鈴鏡類（六鈴鏡）（小林10）	—	後期
16	倭	六鈴神頭鏡	黒川古文化研究所蔵鏡〈M99〉	不明	不明	不明	9.7	—	獣形鏡系六鈴式（樋口79）／獣形文鏡類（大川97）／鈴鏡類（六鈴鏡）（小林10）	〔類神頭鏡系〕	—

根津美術館

番号	舶倭	鏡式	出土遺跡	出土地名	遺跡内容	時期	面径(cm)	銘文	諸氏分類	編者分類・時期
3	舶	三角縁波文帯四神二獣鏡	根津美術館蔵鏡	不明	不明	不明	21.2	—	目録番号83・配置H・表現⑤	—	—
4	舶	「仿製」三角縁獣文帯三神三獣鏡	根津美術館蔵鏡〈考古29〉	不明	不明	不明	22.0	—	目録番号220a・配置K2	—	—
5	舶	「仿製」三角縁獣文帯三神三獣鏡	根津美術館蔵鏡〈考古30〉	不明	不明	不明	21.8	—	目録番号257・配置K1	—	—
6	舶	三角縁波文帯三神三獣鏡	根津美術館蔵鏡〈考古37〉	不明	不明	不明	21.7	—	目録番号129・同范鏡番号＊・配置K1・表現⑫	—	—
7	倭	神頭鏡	根津美術館蔵鏡〈考古25〉	不明	不明	不明	12.4	—	—	神頭鏡系	前(中)
8	倭	捩文鏡	根津美術館蔵鏡〈考古26〉	不明	不明	不明	10.7	—	—	捩文鏡C系	前(中)
9	倭	一神五獣鏡	根津美術館蔵鏡〈考古34〉	不明	不明	不明	12.4	—	—	〔旋回式神獣鏡〕	後期
10	倭	六弧内行花文鏡	根津美術館蔵鏡	不明	不明	不明	8.9	—	—	内行花文鏡B式	前(中～)
11	倭	盤龍鏡	根津美術館蔵鏡	不明	不明	不明	10.3	擬銘	—	盤龍鏡Ⅰ系	前(中)
12	倭	盤龍鏡	根津美術館蔵鏡	不明	不明	不明	12.0	—	—	—	—

その他

発見年	所蔵（保管）者	共伴遺物					文献	備考
		石製品・玉類	武具・武器・馬具	ほか金属器	土器類	その他		
不明	黒川古文化研究所〈鏡85〉	—	—	—	—	—	梅原末治1951『古鏡図鑑』黒川古文化研究所収蔵品図録第一冊，黒川古文化研究所	—
不明	黒川古文化研究所〈鏡86〉	—	—	—	—	—		—
不明	黒川古文化研究所〈鏡87〉	—	—	—	—	—	—	—
不明	黒川古文化研究所〈鏡88〉	—	—	—	—	—		357g
不明	黒川古文化研究所〈鏡89〉	—	—	—	—	—		64g
不明	黒川古文化研究所〈鏡90〉	—	—	—	—	—		127g／鈕座文様の類例は雀宮牛塚鏡
不明	黒川古文化研究所〈鏡91〉	—	—	—	—	—		136g
不明	黒川古文化研究所〈鏡92〉	—	—	—	—	—	中野徹編2005『所蔵品選集 青銅の鏡―日本―』財団法人黒川古文化研究所	151g
不明	黒川古文化研究所〈鏡93〉	—	—	—	—	—		169g
不明	黒川古文化研究所〈鏡94〉	—	—	—	—	—		〈65g〉
不明	黒川古文化研究所〈鏡95〉	—	—	—	—	—		—
不明	黒川古文化研究所〈鏡96〉	—	—	—	—	—		—
不明	黒川古文化研究所〈鏡97〉	—	—	—	—	—		7g
不明	黒川古文化研究所〈鏡98〉	—	—	—	—	—		—
不明	黒川古文化研究所〈鏡99-1〉	—	—	—	—	—	梅原末治1951『古鏡図鑑』黒川古文化研究所収蔵品図録第一冊，黒川古文化研究所	279g
不明	黒川古文化研究所〈鏡99〉	—	—	—	—	—		—

発見年	所蔵（保管）者	共伴遺物					文献	備考
		石製品・玉類	武具・武器・馬具	ほか金属器	土器類	その他		
不明	根津美術館	—	—	—	—	—	樋口隆康2000『三角縁神獣鏡新鑑』学生社	—
不明	根津美術館〈考古29〉	—	—	—	—	—		—
不明	根津美術館〈考古30〉	—	—	—	—	—		—
不明	根津美術館〈考古37〉	—	—	—	—	—		—
不明	根津美術館〈考古25〉	—	—	—	—	—		—
不明	根津美術館〈考古26〉	—	—	—	—	—	財団法人根津美術館編1987『新青山荘清賞 鑑賞編』財団法人根津美術館	—
不明	根津美術館〈考古34〉	—	—	—	—	—		253g
不明		—	—	—	—	—		—
不明	根津美術館	—	—	—	—	—		—
不明		—	—	—	—	—		—

番号	舶倭	鏡　式	出土遺跡	出土地名	遺跡内容	時　期	面径(cm)	銘　文	諸氏分類	編者分類・時期	

坂本不言堂

番号	舶倭	鏡　式	出土遺跡	出土地名	遺跡内容	時　期	面径(cm)	銘　文	諸氏分類	編者分類	時期
1	倭	鼉龍鏡	坂本不言堂蔵鏡〈M158〉	不明	不明	不明	不明	29.6	—	Ⅰ型（樋口79）／A群2段階（池上92）／基本系-1（新井95）／第一群同工鏡AⅢ（車崎95）／Ⅰ群A系①（辻田00・07）／Ⅰ類双胴系（林00）	鼉龍鏡A系	前（古）
2	倭	六弧内行花文鏡	坂本不言堂蔵鏡〈M216？〉	不明	不明	不明	不明	9.1	—	—	内行花文鏡B式	前（中）
3	倭	六神像鏡	坂本不言堂蔵鏡〈M222〉	不明	不明	不明	不明	14.3	擬銘	—	神像鏡Ⅰ系	前（新）
4	倭	十乳文鏡	坂本不言堂蔵鏡〈M89〉	不明	不明	不明	不明	9.9	—	—	〔乳脚文鏡〕	後期
5	倭	捩文鏡	坂本不言堂蔵鏡〈M93〉	不明	不明	不明	不明	5.9	—	—	捩文鏡D系（E系？）	前（中〜）
6	倭	重圏文鏡	坂本不言堂蔵鏡〈M94〉	不明	不明	不明	不明	5.9	—	—	〔重圏文鏡〕	前期

辰馬考古資料館

番号	舶倭	鏡　式	出土遺跡	出土地名	遺跡内容	時　期	面径(cm)	銘　文	諸氏分類	編者分類	時期
1	倭	方格規矩四神鏡	辰馬考古資料館蔵鏡〈M513〉	不明	不明	不明	不明	23.7	—	JC式（田中83）／Ⅲ類変容系（林00）	方格規矩四神鏡B系	前（中）
2	倭	神獣鏡	辰馬考古資料館蔵鏡〈M514〉	不明	不明	不明	不明	12.1	—	—	〔中期型神獣鏡〕	中期
3	倭	鼉龍鏡	辰馬考古資料館蔵鏡〈M515〉	不明	不明	不明	不明	15.4	—	D群8段階（池上92）／省略系-2（新井95）／第一群同工鏡D（車崎95）／Ⅰ群B系②（辻田00）／Ⅰ類単胴系（林00）／鼉龍鏡b系（森下02）／Ⅰ群Bb系②（辻田07）	鼉龍鏡B系	前（古）
4	倭	四獣鏡	辰馬考古資料館蔵鏡〈M516〉	不明	不明	不明	不明	14.2	—	Bi型式（加藤14）	〔旋回式獣像鏡〕	後期

藤井有鄰館

番号	舶倭	鏡　式	出土遺跡	出土地名	遺跡内容	時　期	面径(cm)	銘　文	諸氏分類	編者分類	時期
1	倭	八弧内行花文鏡	藤井有鄰館蔵鏡〈M38〉	不明	不明	不明	不明	14.6	—	—	内行花文鏡A´式BⅡ類	前（中）
2	倭	五神像鏡	藤井有鄰館蔵鏡〈M43〉	不明	不明	不明	不明	13.2	—	—	〔後期型神像鏡Ⅱ系〕	—
3	倭	五鈴五神像鏡	藤井有鄰館蔵鏡〈M44〉	不明	不明	不明	不明	12.8	—	—	〔後期型神像鏡Ⅱ系〕	—
4	舶	「仿製」三角縁獣文帯三神三獣鏡	藤井有鄰館蔵鏡〈M60〉	不明	不明	不明	不明	完形	—	目録番号231・同范鏡番号115・配置L2	—	—

天理参考館

番号	舶倭	鏡　式	出土遺跡	出土地名	遺跡内容	時　期	面径(cm)	銘　文	諸氏分類	編者分類	時期
1	倭	鼉龍鏡	天理参考館蔵鏡	不明	不明	不明	不明	25.3	—	単頭双胴神鏡系a系（森下91）／A群3段階（池上92）／基本系-1（新井95）／第一群同工鏡AⅢ（車崎95）／Ⅰ群A系①（辻田00・07）／Ⅰ類双胴系（林00）／鼉龍鏡a系（森下02）	鼉龍鏡A系	前（古）
2	倭	神獣鏡	天理参考館蔵鏡	不明	不明	不明	不明	15.3	—	—	分離式神獣鏡系	前（新）
3	倭	乳文鏡	天理参考館蔵鏡	不明	不明	不明	不明	8.9	—	—	〔乳脚文鏡〕	後期
4	倭	獣像鏡	天理参考館蔵鏡	不明	不明	不明	不明	10.6	擬銘	—	〔旋回式獣像鏡〕	後期

大和文華館

番号	舶倭	鏡　式	出土遺跡	出土地名	遺跡内容	時　期	面径(cm)	銘　文	諸氏分類	編者分類	時期
1	倭	四獣鏡	大和文華館蔵鏡	不明	不明	不明	不明	13.8	—	—	獣像鏡Ⅰ系	前（古）

静嘉堂

番号	舶倭	鏡　式	出土遺跡	出土地名	遺跡内容	時　期	面径(cm)	銘　文	諸氏分類	編者分類	時期
1	倭	六鈴五獣鏡	静嘉堂蔵鏡（『撥雲餘興』所載鏡）	不明	不明	不明	不明	10.1	—	Cb型式（加藤14）	〔旋回式獣像鏡〕	後期

その他

発見年	所蔵（保管）者	共伴遺物					文献	備考
		石製品・玉類	武具・武器・馬具	ほか金属器	土器類	その他		
不明	坂本不言堂〈M158〉	—	—	—	—	—	樋口隆康・林巳奈夫監修2002『不言堂 坂本五郎 中国青銅器清賞』日本経済新聞社	—
不明	坂本不言堂〈M216?〉	—	—	—	—	—	—	—
不明	坂本不言堂〈M222〉	—	—	—	—	—	—	—
不明	坂本不言堂〈M89〉	—	—	—	—	—	—	—
不明	坂本不言堂〈M93〉	—	—	—	—	—	樋口隆康・林巳奈夫監修2002『不言堂 坂本五郎 中国青銅器清賞』日本経済新聞社	—
不明	坂本不言堂〈M94〉	—	—	—	—	—	—	—
不明	辰馬考古資料館〈M513〉	—	—	—	—	—	宮川禎一他編1988『考古資料目録』財団法人辰馬考古資料館	965g
不明	辰馬考古資料館〈M514〉	—	—	—	—	—	矢野健一編1998『平成10年度秋季展 古鏡の世界』展観の栞24, 財団法人辰馬考古資料館	216g／やや疑問品
不明	辰馬考古資料館〈M515〉	—	—	—	—	—	宮川禎一他編1988『考古資料目録』財団法人辰馬考古資料館	357g
不明	辰馬考古資料館〈M516〉	—	—	—	—	—	矢野健一編1998『平成10年度秋季展 古鏡の世界』展観の栞24, 財団法人辰馬考古資料館	259g
不明	藤井有鄰館〈M38〉	—	—	—	—	—	—	鋭角的な四葉
不明	藤井有鄰館〈M43〉	—	—	—	—	—	—	—
不明	藤井有鄰館〈M44〉	—	—	—	—	—	—	—
不明	藤井有鄰館〈M60〉	—	—	—	—	—	—	—
不明	天理参考館	—	—	—	—	—	天理大学附属天理参考館編1990『第10回企画展 古代中国の鏡―鏡のなかの神がみ―』天理大学出版部	1486g
不明		—	—	—	—	—	—	349g
不明		—	—	—	—	—	藤原郁代編2011『古代日本の鏡』天理ギャラリー第144回展, 天理大学附属天理参考館	101g
不明		—	—	—	—	—	—	〈84g〉
不明	大和文華館	—	—	—	—	—	田中琢1979『古鏡』日本の原始美術8, 講談社	—
不明	静嘉堂（松浦武四郎旧蔵）	—	—	—	—	—	内川隆志・村松洋介2012「静嘉堂文庫所蔵 松浦武四郎旧蔵資料の人文学的研究（古墳時代金属器編）」『國學院大學学術資料館考古学資料館紀要』第28輯, 國學院大學研究開発推進機構学術資料館考古学資料館部門	108g

依水園

番号	舶倭	鏡式	出土遺跡	出土地名	遺跡内容	時期	面径(cm)	銘文	諸氏分類	編者分類・時期
1	倭	夔龍鏡	依水園蔵鏡	不明	不明	不明	17.4	—	—	夔龍鏡C系 / 前(中?)

大阪山中商会旧蔵

番号	舶倭	鏡式	出土遺跡	出土地名	遺跡内容	時期	面径(cm)	銘文	諸氏分類	編者分類・時期
1	舶	三角縁日・月・獣文帯三神三獣鏡	大阪山中商会旧蔵鏡	不明	不明	不明	完形	「日月」	目録番号110・同笵鏡番号63・配置L1・表現⑤	—

小山市獅子神社

番号	舶倭	鏡式	出土遺跡	出土地名	遺跡内容	時期	面径(cm)	銘文	諸氏分類	編者分類・時期
1	倭	四神四獣鏡	小山市獅子神社蔵鏡	不明	不明	不明	17.4	—	—	〔中期型神獣鏡〕/ 中期

多和文庫

番号	舶倭	鏡式	出土遺跡	出土地名	遺跡内容	時期	面径(cm)	銘文	諸氏分類	編者分類・時期
1	倭	四獣鏡	多和文庫蔵鏡	不明	不明	不明	12.0	—	—	対置式神獣鏡B系 / 前(中)
2	倭	十二乳文鏡	多和文庫蔵鏡	不明	不明	不明	10.0	—	—	〔乳脚文鏡〕/ 中期?
3	倭	珠文鏡	多和文庫蔵鏡	不明	不明	不明	破片	—	—	〔珠文鏡〕/ 中期～
4	倭	不明	多和文庫蔵鏡	不明	不明	不明	破片	—	—	—
5	倭	不明	多和文庫蔵鏡	不明	不明	不明	破片	—	—	—

大和文庫旧蔵

番号	舶倭	鏡式	出土遺跡	出土地名	遺跡内容	時期	面径(cm)	銘文	諸氏分類	編者分類・時期
1	倭	重圏文鏡	大和文庫旧蔵鏡〈鏡6-21〉	不明	不明	不明	7.0	—	—	〔重圏文鏡〕/ 前期
2	倭	六神二獣鏡	大和文庫旧蔵鏡〈鏡6-22〉	不明	不明	不明	10.9	—	—	二神二獣鏡Ⅱ系 / 前(新)
3	倭	乳文鏡	大和文庫旧蔵鏡〈鏡6-23〉	不明	不明	不明	7.9	—	—	中期
4	倭	櫛歯文鏡	大和文庫旧蔵鏡〈鏡6-24〉	不明	不明	不明	5.1	—	—	〔櫛歯文鏡〕/ —
5	倭	四獣鏡(二神四獣鏡)	大和文庫旧蔵鏡〈鏡6-25〉	不明	不明	不明	17.0	—	—	—
6	倭	対置式二神四獣鏡	大和文庫旧蔵鏡〈鏡2-99〉	不明	不明	不明	15.8	—	—	対置式神獣鏡A系 / 前(中)

仙掌菴コレクション

番号	舶倭	鏡式	出土遺跡	出土地名	遺跡内容	時期	面径(cm)	銘文	諸氏分類	編者分類・時期
1	倭	珠文鏡	福島家仙掌菴コレクション〈2-4-05〉	不明	不明	不明	完形	—	—	珠文鏡 / —
2	倭	捩文鏡	福島家仙掌菴コレクション〈2-4-04〉	不明	不明	不明	5.7	—	—	捩文鏡E系 / 前(新)
3	倭	四獣鏡	福島家仙掌菴コレクション〈3-2-02〉	不明	不明	不明	10.1	—	—	〔旋回式獣像鏡〕/ 後期
4	倭	細線式鏡	福島家仙掌菴コレクション〈2-4-03〉	不明	不明	不明	完形	—	—	— / 後期

その他

発見年	所蔵（保管）者	共伴遺物					文献	備考
		石製品・玉類	武具・武器・馬具	ほか金属器	土器類	その他		
不明	依水園	—	—	—	—	—	—	—
不明	所在不明（大阪山中商会旧蔵）	—	—	—	—	—	—	—
不明	獅子神社	—	—	—	—	—	鈴木一男 2012「小山市獅子神社所蔵の銅鏡」『栃木県考古学会誌』第33集，栃木県考古学会	540g
不明	多和文庫	—	—	—	—	—	—	207g／加藤一郎氏教示
不明		—	—	—	—	—	—	200g／加藤一郎氏教示
不明		—	—	—	—	—	—	
不明		—	—	—	—	—	—	加藤一郎氏教示
不明		—	—	—	—	—	—	
不明	大和文庫旧蔵〈鏡6-21〉	—	—	—	—	—	—	—
不明	大和文庫旧蔵〈鏡6-22〉	—	—	—	—	—	—	—
不明	大和文庫旧蔵〈鏡6-23〉	—	—	—	—	—	—	—
不明	大和文庫旧蔵〈鏡6-24〉	—	—	—	—	—	—	疑問品
不明	大和文庫旧蔵〈鏡6-25〉	—	—	—	—	—	—	—
不明	大和文庫旧蔵〈鏡2-99〉	—	—	—	—	—	—	—
不明	九州国立博物館（福島家仙掌菴コレクション〈2-4-05〉）	—	—	—	—	—	—	加藤一郎氏教示
不明	九州国立博物館（福島家仙掌菴コレクション〈2-4-04〉）	—	—	—	—	—	—	37g／加藤一郎氏教示
不明	九州国立博物館（福島家仙掌菴コレクション〈3-2-02〉）	—	—	—	—	—	—	139g／加藤一郎氏教示
不明	九州国立博物館（福島家仙掌菴コレクション〈2-4-03〉）	—	—	—	—	—	—	加藤一郎氏教示／やや疑問品

番号	舶倭	鏡式	出土遺跡	出土地名	遺跡内容	時期	面径(cm)	銘文	諸氏分類	編者分類・時期

フリーア美術館

番号	舶倭	鏡式	出土遺跡	出土地名	遺跡内容	時期	面径(cm)	銘文	諸氏分類	編者分類・時期
1	舶	三角縁新出四神四獣鏡	フリーア美術館蔵鏡	日本国内（伝）	不明	不明	24.2	「亲出竟右文章 明如日月昭天梁 長保子宜孫富如天 位至三公爲疾王 左龍右豨 辟非羊 朱鳥玄武掌彭 元得老受王父母 服者長生 賈者受金石 竟市」	目録番号39・同笵鏡番号＊・配置A・表現⑭（④）	―	―
2	舶	三角縁画文帯五神四獣鏡	フリーア美術館蔵鏡	不明	不明	不明	21.3	―	目録番号56・同笵鏡番号30・配置A'・表現⑥	―	―
3	舶	三角縁王氏作徐州銘四神四獣鏡	フリーア美術館蔵鏡	不明	不明	不明	22.1	「王氏作竟甚大明　同出徐州刻鏤成 師子辟邪嬈其嬰 仙人執節坐中庭 取者大吉樂未央」	目録番号79・同笵鏡番号42・配置G・表現①	―	―
4	舶	「仿製」三角縁獣文帯三神三獣鏡	フリーア美術館蔵鏡	不明	不明	不明	22.0	―	目録番号208・同笵鏡番号107・配置K2	―	―
5	倭	*神像鏡*	*フリーア美術館蔵鏡*	不明	不明	不明	13.1	―	―	―	―
6	倭	六鈴七乳文鏡	フリーア美術館蔵鏡	不明	不明	不明	14.6	―	―	〔乳脚文鏡〕	後期

Brundage 旧蔵

番号	舶倭	鏡式	出土遺跡	出土地名	遺跡内容	時期	面径(cm)	銘文	諸氏分類	編者分類・時期
1	倭	四神四獣鏡	Brundageコレクション〈B64B9〉	不明	不明	不明	17.8	―	―	対置式神獣鏡A系	前(中)
2	倭	八弧内行花文鏡	Brundageコレクション〈B64B10〉	不明	不明	不明	12.1	―	―	内行花文鏡B式	前(中)
3	倭	四獣鏡	Brundageコレクション〈B64B10〉	不明	不明	不明	14.0	―	―	〔旋回式獣像鏡〕	後期

Bidwell 旧蔵

番号	舶倭	鏡式	出土遺跡	出土地名	遺跡内容	時期	面径(cm)	銘文	諸氏分類	編者分類・時期
1	倭	六獣鏡	Bidwell旧蔵鏡	不明	不明	不明	17.3	―	獣形文鏡類六獣鏡（小林10）	対置式神獣鏡B系	前(中)
2	倭	方格規矩四神鏡	Bidwell旧蔵鏡	不明	不明	不明	17.4	―	JF式（田中83）／方格規矩四神鏡系（森下91）／方格規矩文鏡類D型（小林10）	方格規矩四神鏡A系	前(中)
3	舶	三角縁新作徐州銘四神四獣鏡	Bidwell旧蔵鏡	不明	不明	不明	26.0	「新作大竟 幽律三剛 配德君子 清而且明 銅出徐州 師出洛陽 潤文刻鏤 皆作文章 左龍右豨 師子有名 取者大吉 宜子孫」	目録番号19・同笵鏡番号＊・配置C・表現⑭	―	―

メトロポリタン美術館

番号	舶倭	鏡式	出土遺跡	出土地名	遺跡内容	時期	面径(cm)	銘文	諸氏分類	編者分類・時期
1	倭	捩文鏡	メトロポリタン美術館蔵鏡	不明	不明	不明	11.4	―	捩文鏡A系	捩文鏡A系	前(中)

キヨッソーネ東洋美術館

番号	舶倭	鏡式	出土遺跡	出土地名	遺跡内容	時期	面径(cm)	銘文	諸氏分類	編者分類・時期
1	倭	神獣鏡	キヨッソーネ東洋美術館蔵鏡	不明	不明	不明	完形	―	―	〔中期型神獣鏡〕	中期

ベルリン民俗博物館

番号	舶倭	鏡式	出土遺跡	出土地名	遺跡内容	時期	面径(cm)	銘文	諸氏分類	編者分類・時期
1	舶	画文帯周列式仏獣鏡	ベルリン民俗博物館蔵鏡	日本国内（伝）	不明	不明	33.6	「吾作明竟　幽凍三商 彫刻無□　大吉曾年 子孫盈堂　仕官至皇 天王侯相　百子□乎 長生富貴　壽如□□ 明□□□　立得申仙」	―	―	―

その他

発見年	所蔵（保管）者	共伴遺物					文献	備考
		石製品・玉類	武具・武器・馬具	ほか金属器	土器類	その他		
不明	フリーア美術館〈F1909.340a-b〉	―	―	―	―	―	梅原末治1933『欧米蒐儲 支那古銅精華』五 鑑鏡部二，山中商会	―
不明	フリーア美術館〈F1906.2a-c〉	―	―	―	―	―	梅原末治1931『欧米に於ける支那古鏡』刀江書院	―
不明	フリーア美術館〈F1909.341a-b〉	―	―	―	―	―	梅原末治1933『欧米蒐儲 支那古銅精華』五 鑑鏡部二，山中商会	―
不明	フリーア美術館〈F1909.342〉	―	―	―	―	―	樋口隆康2000『三角縁神獣鏡新鑑』学生社	―
不明	フリーア美術館〈F1906.1〉	―	―	―	―	―	―	―
不明	フリーア美術館〈F1968.71〉	―	―	―	―	―	―	―
不明	サンフランシスコ・アジア美術館（Brundage〈B64B9〉）（大阪山中商会旧蔵）	―	―	―	―	―	Kakudo, Y. 1991. *The Art of Japan: masterworks in the Asian Art Museum of San Francisco*. San Francisco.	―
不明	サンフランシスコ・アジア美術館（Brundage〈B64B10〉）（大阪山中商会旧蔵）	―	―	―	―	―		―
不明	サンフランシスコ・アジア美術館（Brundage〈B67B1〉）	―	―	―	―	―		―
不明		―	―	―	―	―	―	―
不明	所在不明（ビッドウェル旧蔵）	―	―	―	―	―	梅原末治1931『欧米に於ける支那古鏡』刀江書院	―
不明		―	―	―	―	―		―
1917以前	メトロポリタン美術館	―	―	―	―	―	―	やや疑問品
不明	キヨッソーネ東洋美術館	―	―	―	―	―	―	―
不明	ベルリン民俗博物館	―	―	―	―	―	―	同型鏡群〔GB-2〕

番号	舶倭	鏡　式	出土遺跡	出土地名	遺跡内容	時　期	面径(cm)	銘　文	諸氏分類	編者分類・時期

『鏡研搨本』所載

番号	舶倭	鏡　式	出土遺跡	出土地名	遺跡内容	時　期	面径(cm)	銘　文	諸氏分類	編者分類・時期
1	舶	三角縁波文帯三神二獣博山炉鏡	『鏡研搨本』所載鏡（伝渋谷？）	不明	不明	不明	完形	—	目録番号134?・配置M・表現⑩	—
2	舶	三角縁獣文帯三神三獣鏡	『鏡研搨本』所載鏡	不明	不明	不明	約21.5	—	目録番号218a・配置K2?	—
3	倭	夔龍鏡	『鏡研搨本』所載鏡（大和帝王陵傍土中？）	不明	不明	不明	約23	—	—	夔龍鏡C系	前(中)
4	倭	夔龍鏡	『鏡研搨本』所載鏡	不明	不明	不明	約21	—	—	夔龍鏡C系	前(中)
5	倭	四神四獣鏡	『鏡研搨本』所載鏡	不明	不明	不明	19.4	—	—	類夔龍鏡C系	前(中)
6	倭	六神像鏡	『鏡研搨本』所載鏡	不明	不明	不明	15.2	—	—	神像鏡Ⅰ系	前(中)
7	倭	四神像鏡（十二神像鏡）	『鏡研搨本』所載鏡	不明	不明	不明	14.7	—	—	神像鏡Ⅰ系	前(中)
8	倭	二神二獣鏡	『鏡研搨本』所載鏡（五島M250?）	不明	不明	不明	10.6	擬銘	—	二神二獣鏡Ⅱ系	前(中)
9	倭	二神二獣鏡	『鏡研搨本』所載鏡	不明	不明	不明	15.4	擬銘	—	二神二獣鏡Ⅱ系	前(中)
10	倭	四獣鏡	『鏡研搨本』所載鏡	不明	不明	不明	15.5	—	—	—	前(中〜)
11	倭	八弧内行花文鏡	『鏡研搨本』所載鏡	不明	不明	不明	18.2	—	—	内行花文鏡A式BⅡ類	前(中)

『集古十種』所載

番号	舶倭	鏡　式	出土遺跡	出土地名	遺跡内容	時　期	面径(cm)	銘　文	諸氏分類	編者分類・時期
1	倭	六獣鏡	「或蔵鏡」（『集古十種』所載鏡）	不明	不明	不明	約17.5	擬銘	—	二神二獣鏡ⅠA系	前(中)
2	倭	重圏文鏡	讃岐国岡田官兵衛家蔵鏡	不明	不明	不明	約6.5	—	—	〔重圏文鏡〕	—
3	倭	四獣鏡	讃岐国岡田官兵衛家蔵鏡	不明	不明	不明	約10	—	—	—	—
4	倭？	四獣鏡？	讃岐国岡田官兵衛家蔵鏡	不明	不明	不明	約10.5	—	—	—	—
5	倭	方格規矩四神鏡	近江国山田浦隠士石亭（木内石亭）旧蔵鏡	不明	不明	不明	約11	—	—	方格規矩四神鏡A系	前(中)
6	倭	珠文鏡	三河国鳳来寺鑑堂旧蔵鏡	不明	不明	不明	約7.5	—	—	〔珠文鏡〕	—
7	倭	四獣鏡	三河国鳳来寺鑑堂旧蔵鏡	不明	不明	不明	約11	—	—	鳥頭獣像鏡系？	前(〜中)
8	倭	神獣鏡	三河国鳳来寺鑑堂旧蔵鏡	不明	不明	不明	約16	—	—	分離式神獣鏡系？	前(新)
9	倭？	不明	三河国鳳来寺鑑堂旧蔵鏡	不明	不明	不明	約11.5	—	—	—	—

『梅仙居蔵日本出土漢式鏡図集』所載

番号	舶倭	鏡　式	出土遺跡	出土地名	遺跡内容	時　期	面径(cm)	銘　文	諸氏分類	編者分類・時期
1	倭	四獣鏡	『梅仙居蔵日本出土漢式鏡図集』所載鏡	不明	不明	不明	17.6	—	—	対置式神獣鏡B系	前(中)
2	倭	六鈴八神像鏡	『梅仙居蔵日本出土漢式鏡図集』所載鏡	不明	不明	不明	10.6	—	神像文鏡類（大川97）／鈴鏡類（六鈴鏡）（小林10）	（神像鏡Ⅰ系）	〈前(新)〉
3	倭	方格規矩四神鏡	『梅仙居蔵日本出土漢式鏡図集』所載鏡（山川家旧蔵鏡）	不明	不明	不明	22.7	—	方格規矩文鏡類B型（小林82・10）／JDⅡ式（田中83）	方格規矩四神鏡A系	前(中)
4	舶	三角縁波文帯三神三獣鏡	『梅仙居蔵日本出土漢式鏡図集』所載鏡	不明	不明	不明	21.5	—	目録番号123・同范鏡番号69・配置K1・表現⑪	—	—

その他

発見年	所蔵（保管）者	共伴遺物					文献	備考
		石製品・玉類	武具・武器・馬具	ほか金属器	土器類	その他		
江戸以前		－	－	－	－	－		帝王陵付近出土と伝える
江戸以前		－	－	－	－	－		－
江戸以前		－	－	－	－	－		－
江戸以前	所在不明	－	－	－	－	－		－
江戸以前		－	－	－	－	－		－
江戸以前		－	－	－	－	－	森下章司2004「古鏡の拓本資料」『古文化談叢』第51集，九州古文化研究会	－
江戸以前		－	－	－	－	－		脇侍8体
江戸以前	所在不明（五島美術館〈M250〉？）	－	－	－	－	－		－
江戸以前		－	－	－	－	－		－
江戸以前	所在不明	－	－	－	－	－		－
江戸以前		－	－	－	－	－		美濃山王塚古墳鏡（京都164）と同一品か
江戸以前？	熊野本宮大社？	－	－	－	－	－		熊野本宮大社蔵鏡（和歌山51）か
江戸以前		－	－	－	－	－		－
江戸以前	所在不明（岡田官兵衛旧蔵）	－	－	－	－	－		捩文鏡か
江戸以前		－	－	－	－	－		－
江戸以前	所在不明（木内石亭旧蔵）	－	－	－	－	－	松平定信編1800『集古十種』（市島謙吉編1908『集古十種』国書刊行会）	－
江戸以前		－	－	－	－	－		－
江戸以前		－	－	－	－	－		－
江戸以前	所在不明（鳳来寺旧蔵）	－	－	－	－	－		－
江戸以前		－	－	－	－	－		－
不明		－	－	－	－	－		－
不明	所在不明（『梅仙居蔵』所載鏡）						梅原末治1923『梅仙居蔵日本出土漢式鏡図集』梅仙居蔵古鏡図集第一輯，山川七左衛門	漢式鏡363?
不明	五島美術館（山川七左衛門旧蔵）							－
不明	所在不明（柳氏？・『梅仙居蔵』所載鏡）							

番号	舶倭	鏡　式	出土遺跡	出土地名	遺跡内容	時　期	面径(cm)	銘　文	諸氏分類	編者分類・時期	

『桃陰廬和漢古鑑図録』所載

| 1 | 倭 | 六鈴六弧内行花文鏡 | 『桃陰廬和漢古鑑図録』所載鏡 | 不明 | 不明 不明 | 不明 | 8.3 | — | 内行花文鏡系六鈴式（樋口79）／内行花文鏡類（大川97）／Ⅰ類-B内行花文系（八木00）／鈴鏡類（六鈴鏡）（小林10） | （内行花文鏡B式） | 〈前（中）〉 |
| 2 | 舶 | 「仿製」三角縁獣文帯三神三獣鏡 | 『桃陰廬和漢古鑑図録』所載鏡 | 不明 | 不明 不明 | 不明 | 21.7 | — | 目録番号234・同笵鏡番号117・配置K1 | — | — |

『小山林堂書画文房図録』所載

| 1 | 倭 | 対置式二神四獣鏡 | 『小山林堂書画文房図録』『宝月楼古鑑図譜』所載鏡 | 不明 | 不明 不明 | 不明 | 13.6 | 擬銘 | — | 対置式神獣鏡A系 | 前（中） |
| 2 | ? | 五弧内行花文鏡 | 『小山林堂書画文房図録』所載鏡 | 不明 | 不明 不明 | 不明 | 9.7 | 「長宜子孫竟」 | — | — | — |

『千とせのためし』所載

| 1 | 舶 | 三角縁吾作六神四獣鏡（対置式） | 『千とせのためし』所載鏡 | 不明 | 不明 不明 | 不明 | 約21 | 「吾作明竟甚大好　上有東王父西王母　仙人王喬赤松子　喝□王泉飢食棗　千秋萬歳不老㳄由天下由四海兮」 | 目録番号29?・配置U・表現①? | — | — |

その他

発見年	所蔵（保管）者	共 伴 遺 物					文 献	備 考
		石製品・玉類	武具・武器・馬具	ほか金属器	土器類	その他		
不明	所在不明 （『桃陰廬和漢古鑑図録』所載鏡）	—	—	—	—	—	梅原末治 1925『桃陰廬和漢古鑑図録』関信太郎	—
不明		—	—	—	—	—		—
江戸以前	所在不明 （市河寛斎旧蔵）	—	—	—	—	—	市河米庵 1848『小山林堂書画文房図録』辛	280g／「霊禽六乳鑑」
江戸以前	所在不明	—	—	—	—	—		188g（5両）／「長宜子孫鑑」／弧文に銘文
江戸以前	所在不明	—	—	—	—	—	朝倉治彦監修 1998「千とせのためし」『定本 丹鶴叢書』第32巻, 大空社	—

番号	舶倭	鏡式	出土遺跡	出土地名	遺跡内容	時期	面径(cm)	銘文	諸氏分類	編者分類・時期
個人蔵										
1-1	倭	捩文鏡	個人蔵鏡	不明	不明	不明	9.2	—	—	捩文鏡B系	前(中)
1-2	倭?	八弧内行花文鏡	個人蔵鏡	不明	不明	不明	9.8	—	—	内行花文鏡B式（中国製？）	—
1-3	倭	五獣鏡	個人蔵鏡	不明	不明	不明	9.8	—	—	〔旋回式獣像鏡〕	後期
1-4	倭	五鈴四獣鏡	個人蔵鏡	不明	不明	不明	9.0	—	—	〔旋回式獣像鏡〕	後期
1-5	倭	二神二獣鏡	個人蔵鏡	不明	不明	不明	8.6	—	—	—	中期
2	倭	乳文鏡	個人蔵鏡	不明	不明	不明	不明	—	—	〔乳脚文鏡〕	—
3	舶	三角縁吾作三神三獣鏡	個人蔵鏡	不明	不明	不明	完形	「吾作明竟甚獨　保子宜孫冨無譬　奇」	—	—	—
5	舶	三角縁神獣鏡?	個人蔵鏡	不明	不明	不明	破片	—	—	—	—
6	倭	六獣鏡	個人蔵鏡	不明	不明	不明	完形	—	—	類鼉龍鏡C系	前(中)
7	倭	珠文鏡	個人蔵鏡	不明	不明	不明	8.1	—	—	—	—
8	倭	四獣鏡	個人蔵鏡	不明	不明	不明	10.8	—	—	鳥頭獣像鏡B系	前(中〜)
9	倭	七鈴五獣鏡	個人蔵鏡	不明	不明	不明	完形	—	—	〔旋回式獣像鏡〕	後期
10	倭	方格規矩四神鏡	個人蔵鏡	不明	不明	不明	完形	—	JE式（田中83）	方格規矩四神鏡A系	前(中)
11	倭	神頭鏡	個人蔵鏡	不明	不明	不明	9.3	—	—	神頭鏡系	—
12	舶	「仿製」三角縁獣文帯三神三獣鏡	個人蔵鏡	不明	不明	不明	完形	—	—	—	—
13	舶	三角縁尚方作二神二獣鏡	個人蔵鏡	不明	不明	不明	完形	「尚方作竟佳且好　明而日月世少有　刻治今守悉皆右　長保二親宜孫子　冨至三公利古市　告后世」	目録番号100・同笵鏡番号56・配置J2・表現③	—	—
14	倭	六弧内行花文鏡	個人蔵鏡	不明	不明	不明	8.8	—	—	内行花文鏡	—
15	倭	五鈴五神像鏡	個人蔵鏡	不明	不明	不明	完形	「宋皇祐壬辰」（後刻）	—	〔後期型神像鏡Ⅱ系〕	—
16	舶	三角縁吾作九神三獣鏡	個人蔵鏡	不明	不明	不明	破片	「□□□□　□□□□□子孫　浮□□□□□□　□□□□□　□」	目録番号108・同笵鏡番号61・配置L1・表現他	—	—
17	舶	三角縁天王日月・獣文帯四神四獣鏡	個人蔵鏡	不明	不明	不明	完形	「天王日月」	目録番号81・同笵鏡番号44・配置G'・表現③	—	—
19	舶	唐草文縁浮彫式獣帯鏡	個人蔵鏡（平戸松浦家旧蔵鏡）	日本国内（推定）	不明	不明	21.8	「□山作竟真大巧　上□□人不知□　□飮玉潦飢食棗　浮由天下敖四□兮」	—	—	—
20	倭	神頭鏡	個人蔵鏡	不明	不明	不明	15.3	—	三ツ山鏡系（赤塚04a）	神頭鏡系	前(中)
21	舶	青龍三年顏氏作方格規矩四神鏡	個人蔵鏡	日本（推定）	不明	不明	17.4	「青龍三年　顏氏作竟成文章　左龍右虎辟不詳　朱爵玄武順陰陽　八子九孫治中央　壽如金石宜侯王」	—	—	—
22	倭	四獣鏡	北京歌徳2011春季芸術品拍売会出展鏡（1137）	不明	不明	不明	17.0	—	—	獣像鏡Ⅰ系	前(古)
23	倭	四獣鏡	北京歌徳2011春季芸術品拍売会出展鏡（1141）	不明	不明	不明	13.5	—	—	鳥頭獣像鏡A系	前(古)
24	倭	八弧内行花文鏡	北京歌徳2011春季芸術品拍売会出展鏡（1159）	不明	不明	不明	24.0	—	—	内行花文鏡A式	前(古)
25	倭	対置式三神三獣鏡	北京歌徳2011春季芸術品拍売会出展鏡（1123）	不明	不明	不明	18.1	—	—	対置式神獣鏡A系	前(中)
26	舶	三角縁唐草文帯四神四獣鏡	北京歌徳2011春季芸術品拍売会出展鏡（1115）	不明	不明	不明	23.4	—	—	—	—
27	舶	「仿製」三角縁獣文帯三神三獣鏡	北京歌徳2011春季芸術品拍売会出展鏡（1145）	不明	不明	不明	23.5	—	—	—	—

その他

発見年	所蔵（保管）者	共伴遺物 石製品・玉類	武具・武器・馬具	ほか金属器	土器類	その他	文献	備考
不明	渡辺コレクション〈仿製11〉	―	―	―	―	―	磐田市教育委員会文化財課編 2005『古代鏡の美―渡辺晃啓コレクション―』平成17年度磐田市埋蔵文化財センター収蔵品展	102g
不明	渡辺コレクション〈仿製10〉	―	―	―	―	―		120g／中国製鏡の可能性大
不明	渡辺コレクション〈仿製9〉	―	―	―	―	―		92g
不明	渡辺コレクション〈仿製14〉	―	―	―	―	―	―	70g／加藤一郎氏教示
不明	渡辺コレクション〈仿製5〉	―	―	―	―	―	―	55g／加藤一郎氏教示
不明	個人						―	―
不明	個人						―	―
不明	所在不明（佐山伝右衛門旧蔵）						―	内区の神像部分のみ（座神・脇侍）
1927以前	所在不明（関保之助旧蔵）						土橋嘉兵衛他（札元）1927『関保之助氏所蔵品入札目録』	―
不明	所在不明（高橋健自旧蔵）						後藤守一編 1930『高橋健自博士蒐蔵 考古図聚』万葉閣	放射状区画（四区画）
不明	個人						―	―
不明	所在不明（個人旧蔵）						富岡謙蔵 1920『古鏡の研究』丸善	―
不明	名越家（個人旧蔵）						田中琢 1977『鐸 剣 鏡』日本原始美術大系4, 講談社	―
江戸以前	おのみち歴史博物館（個人旧蔵）						八幡浩二 2007「考古学からみた平田玉蘊所蔵の古鏡」『尾道大学地域総合センター叢書』1, 尾道大学地域総合センター	97g／平田玉蘊旧蔵の8面のうちの1面／すべて踏み返しないし疑問鏡
不明	個人						―	―
不明	個人						―	―
不明	所在不明（個人旧蔵）						―	―
不明	所在不明（廬江劉旧蔵）						羅振玉 1932『古鏡図録』巻上	―
不明	個人	―	―	―	―	―	西川寿勝・佐々木健太郎 2006「三角縁九神三獣鏡の新出資料」『大阪文化財研究』第30号, 財団法人大阪府文化財センター	―
不明	個人（太子町在住）	―	―	―	―	―	―	京都にて購入
不明	個人（九州歴史資料館寄託）						大庭孝夫 2013「伝平戸松浦家旧蔵の獣帯鏡」『九州歴史資料館研究論集』38, 九州歴史資料館	1406g
不明	個人						赤塚次郎 2004「東海系神頭鏡の研究」八賀晋先生古稀記念論文集刊行会編『「かにかくに」八賀晋先生古稀記念論文集』三星出版	―
不明	個人						車崎正彦 2001「新発見の「青龍三年」銘方格規矩四神鏡と魏晋のいわゆる方格規矩鏡」『考古学雑誌』第86巻第2号, 日本考古学会	571g／同型：大田南5号墳（京都260）・安満宮山古墳（大阪257）
不明	個人旧蔵	―	―	―	―	―	馬淵久夫・富永健編 1981『考古学のための化学10章』UP選書218, 東京大学出版会	674g
不明	個人旧蔵	―	―	―	―	―		262g
不明	個人旧蔵	―	―	―	―	―	北京歌德拍売有限公司 2011『水清寶照―銅鏡専場』歌德二〇一一年春季拍売会	1039g
不明	個人旧蔵	―	―	―	―	―		560g
不明	個人旧蔵	―	―	―	―	―	馬淵久夫・富永健編 1981『考古学のための化学10章』UP選書218, 東京大学出版会	1412g
不明	個人旧蔵	―	―	―	―	―	北京歌德拍売有限公司 2011『水清寶照―銅鏡専場』歌德二〇一一年春季拍売会	939g

附　編
──主要鏡式目録──

表1．三角縁神獣鏡目録
◇ 本目録は、『椿井大塚山古墳と三角縁神獣鏡』〔京都大学文学部考古学研究室編 1989〕に収録された目録に増補をくわえたもの〔下垣 2010〕に、最近の資料を追加しつつ簡略化したものである。
◇「目録番号」は、小林行雄が 1985 年に作成した「同笵鏡分有図」〔小林 2010〕の「同笵鏡番号」に基本的に準拠した。この分有図に掲載されていない同笵（型）鏡群（＊印）および同笵（型）鏡のない単独例は、なるべく類似する既出資料の直後に配置した。中国製三角縁神獣鏡は 1 番から、仿製三角縁神獣鏡は 201 番からはじめる。12 番と 251 番は欠番である。詳細が不明な資料は、中国製および「仿製」それぞれの末尾に一括した。
◇『椿井大塚山古墳と三角縁神獣鏡』以後に発見ないし確認された新資料には、独立した番号をあたえず、類似資料の直後に同じ番号を付して配置し、アルファベットをつけて区別した。
◇「鏡名」は基本的に小林の命名にしたがった。ただし、「竜虎鏡」は「盤龍鏡」に、「重列式」は「同向式」に変更した。

表2．同型鏡目録
◇ 本表は〔川西 2004；辻田 2012；森下 2012〕の集成および分類に依拠して作成した。
◇ 同型鏡番号については、資料の増加を予想して通し番号を避け、鏡式細別名と枝番号を暫定的にあたえた。
◇ 本書の集成ではより具体的な鏡式名をあたえているので、検索の際には注意されたい。

表1. 三角縁神獣鏡目録

目録番号	同笵鏡番号	鏡名	面数	出土地
1	2	画象文帯盤龍鏡	5	湯迫車塚古墳（岡山100）／富雄丸山古墳（伝）（奈良3）／奈良県（伝）（奈良387）／大岩山古墳（滋賀40）／北山茶臼山古墳（群馬74）
2	3	波文帯盤龍鏡	4	吉島古墳（兵庫155）／池ノ内5号墳（奈良150）／万年山古墳（大阪71）／頼母子古墳（群馬176）
3	4	波文帯盤龍鏡	4	黒塚古墳（奈良417）／和泉黄金塚古墳（大阪238）／椿井大塚山古墳（京都216）／奥津社古墳（推定）（愛知60）
4		波文帯盤龍鏡	1	赤塚古墳（大分1）
5	＊	波文帯盤龍鏡	2	藤崎遺跡第1地点（福岡175）／雪野山古墳（滋賀12）
5a		波文帯盤龍鏡	1	津之郷所在古墳（広島47）
6		王氏作盤龍鏡	1	宮ノ洲古墳（山口17）
7		景初三年陳是作同向式神獣鏡	1	神原神社古墳（島根26）
8	5	正始元年陳是作同向式神獣鏡	4	竹島御家老屋敷古墳（山口22）／森尾古墳（兵庫194）／桜井茶臼山古墳（奈良138）／蟹沢古墳（群馬34）
9	6	天王日月・獣文帯同向式神獣鏡	4	湯迫車塚古墳（岡山102）／椿井大塚山古墳（京都209）／草山久保古墳（三重90）／上平川大塚古墳（静岡105）
10		天王日月・獣文帯同向式神獣鏡	1	椿井大塚山（京都217）
11		□作同向式神獣鏡	1	宮ノ洲古墳（山口18）
13	7	陳氏作神獣車馬鏡	5	藤崎遺跡第6号方形周溝墓（福岡177）／湯迫車塚古墳（岡山104）／中道銚子塚古墳（山梨13）／三本木所在古墳（伝）（群馬59）／琵琶湖文化館蔵鏡
14	8	陳氏作神獣車馬鏡	2	湯迫車塚古墳（岡山103）／佐味田宝塚（奈良200）
15		陳氏作神獣車馬鏡	1	大岩山古墳（滋賀42）
16	9	陳是作四神二獣鏡	5	湯迫車塚古墳（岡山105）／湯迫車塚古墳（岡山106）／権現山51号（兵庫141）／椿井大塚山古墳（京都192）／真土大塚山古墳（神奈川19）
17		吾作四神二獣鏡	1	国分茶臼山古墳（伝）（大阪126）
18	75	新作徐州銘四神四獣鏡	5	湯迫車塚古墳（岡山107）／黒塚古墳（奈良403）／国分茶臼山古墳（伝）（大阪124）／北山古墳（京都95）／織部山古墳（滋賀2）
19	＊	新作徐州銘四神四獣鏡	5	板野町吹田（推定）（徳島4-1）／佐味田宝塚古墳（奈良201）／北和城南古墳（伝）（奈良373）／森尾古墳（兵庫195）／Bidwell旧蔵鏡
20		新作徐州銘？四神四獣鏡	1	長岡近郊古墳（伝）（京都110）
21	10	張氏作三神五獣鏡	9	奥3号墳（香川14）／黒塚古墳（奈良416）／黒塚古墳（奈良418）／権現山51号墳（兵庫139）／椿井大塚山古墳（京都188）／連福寺古墳（静岡39）／三本木所在古墳（伝）（群馬60）／泉屋古館蔵鏡／泉屋博古館蔵鏡
22	10？	張氏作三神五獣鏡	1	大願寺（推定）（福岡440）
23	11	吾作三神五獣鏡	5	コヤダニ古墳（兵庫58）／黒塚古墳（奈良423）／椿井大塚山古墳（伝）（京都255）／古富波山古墳（滋賀54）／上平川大塚古墳（静岡104）
24	11？	吾作三神五獣鏡？	1	足羽山山頂古墳付近（伝）（福井8）
25	12	吾作三神五獣鏡	5	西求女塚古墳（兵庫20）／西求女塚古墳（兵庫27）／椿井大塚山古墳（京都189）／可児町土田（伝）（岐阜125・126）／城山1号墳（千葉62）
26	13	吾作三神五獣鏡	4	権現山51号墳（兵庫140）／椿井大塚山古墳（京都194）／椿井大塚山古墳（京都195）／百々古墳（伝）（愛知79）
27		吾作四神四獣鏡	1	宇佐付近（伝）（大分16-1）
28	14	吾作五神四獣鏡（対置式）	2	都祁村（伝）（奈良368-1）／椿井大塚山古墳（京都196）
29		吾作六神四獣鏡（対置式）	2？	佐味田宝塚古墳（奈良199）／『千とせのためし』所載鏡？
29a		吾作四神四獣鏡（環状乳式）	1	安満宮山古墳（大阪253）
30	15	吾作四神四獣鏡（環状乳式）	2	富雄丸山古墳（伝）（奈良1）／五島美術館蔵鏡
31	＊	吾作二神六獣鏡	3	大日古墳（福岡18）／大日古墳（福岡19）／湯迫車塚古墳（岡山99）
32	16	吾作四神四獣鏡	2	新山古墳（奈良250）／椿井大塚山古墳（京都193）
32a		吾作四神四獣鏡	1	播磨（伝）（兵庫252-1）
33	17	陳・是・作・竟・四神四獣鏡	3	岡山県内（伝）（岡山214）／黒塚古墳（奈良407）／西山2号墳（京都122）
34	18	張氏作四神四獣鏡	4	西山古墳（香川86）／黒塚古墳（奈良421）／椿井大塚山古墳（京都197）／奥津社古墳（推定）（愛知61）
35	19	吾作四神四獣鏡	8？	豊前石塚山古墳（福岡523）／豊前石塚山古墳？（福岡523-1）／中小田1号墳（広島17）／黒塚古墳（奈良404）／西求女塚古墳（兵庫25）／万年山古墳（大阪70）／椿井大塚山古墳（京都198）／椿井大塚山古墳（京都199）
36		吾作四神四獣？鏡	1	吉島古墳（兵庫152）
36a	＊	吾作四神四獣鏡	3？	豊前石塚山古墳？（福岡531-2）／黒塚古墳（奈良412）／黒塚古墳（奈良431）
37	20	吾作徐州銘四神四獣鏡	5	佐味田宝塚古墳（奈良202）／黒塚古墳（奈良422）／西求女塚古墳（兵庫26）／椿井大塚山古墳（京都191）／内山1号墳（岐阜91）

目録番号	同范鏡番号	鏡名	面数	出土地
38		吾作徐州銘四神四獣鏡？	1	メスリ山古墳（奈良152）
39	＊	新出四神四獣鏡	2	雪野山古墳（滋賀14）／フリーア美術館蔵鏡
40	21	吾作三神四獣鏡	4	黒塚古墳（奈良410）／西求女塚古墳（兵庫21）／水堂古墳（兵庫42）／芝ヶ原11号墳（京都143）
41	22	唐草文帯四神四獣鏡	2	西野山3号墳（兵庫168）／久津川車塚古墳（京都136）
42	23	櫛歯文帯四神四獣鏡	3	円照寺裏山古墳（奈良51）／椿井大塚山古墳（京都214）／椿井大塚山古墳（京都215）
43	24	天王日月・獣文帯四神四獣鏡	3	黒塚古墳（奈良428）／石切周辺古墳（推定）（大阪81）／椿井大塚山古墳（京都207）
44	25	天王日月・唐草文帯四神四獣鏡	9	佐味田宝塚古墳（奈良203）／黒塚古墳（奈良424）／吉島古墳（兵庫153）／吉島古墳（兵庫154）／椿井大塚山古墳（京都201）／雪野山古墳（滋賀13）／赤門上古墳（静岡17）／東京国立博物館蔵鏡／北京歌徳拍売会出展鏡
45	26	天王日月・唐草文帯四神四獣鏡	2	東求女塚古墳（兵庫12）／寺戸大塚古墳（京都88）
46	27	天王日月・獣文帯四神四獣鏡	6	神蔵古墳（福岡438）／竹島御家老屋敷古墳（山口23）／椿井大塚山古墳（京都203）／椿井大塚山古墳（京都204）／椿井大塚山古墳（京都205）／加瀬白山（神奈川14）
47	28	天・王・日・月・獣文帯三神四獣鏡	2	潮崎山古墳（広島59）／国分寺古墳（鳥取32）
48	＊	天・王・日・月・吉・獣文帯四神四獣鏡	3	香登（伝）（岡山154-1）／安田古墳（兵庫118）／安満宮山古墳（大阪254）
48a		天・王・日・月・吉・獣文帯四神四獣鏡	1	権現山51号墳（兵庫138）
49	76	珠文帯四神四獣鏡	2	城ノ越古墳（熊本73）／普段寺2号墳（鳥取106）
50		吾作四神四獣鏡	2	庭鳥塚古墳（大阪183-1）／新豊院山D2号墳（静岡27）
51		天王日月・獣文帯四神四獣鏡	1	郷観音山古墳（岡山190）
52	＊	陳是作四神四獣鏡	2	黒塚古墳（奈良406）／三本木所在古墳（伝）（群馬61）
52a	＊	吾作四神四獣鏡	2	黒塚古墳（奈良411）／黒塚古墳（奈良425）
53	＊	張是作四神四獣鏡	3	黒塚古墳（奈良413）／黒塚古墳（奈良426）／椿井大塚山古墳（京都190）
54	＊	吾作四神三獣博山炉鏡	2	園部垣内古墳（京都144）／イタリア国立先史民族学博物館蔵鏡
55	29	画文帯六神三獣鏡	3	桜井茶臼山古墳（奈良135）／黒塚古墳（奈良414）／東天神1号墳（岐阜1）
56	30	画文帯五神四獣鏡	5	那珂八幡古墳（福岡197）／湯迫車塚古墳（岡山101）／富雄丸山古墳（伝）（奈良2）／椿井大塚山古墳（京都200）／フリーア美術館蔵鏡
57	31	天王・日月・獣文帯五神四獣鏡	3	桜井茶臼山古墳（奈良132）／黒塚古墳（奈良405）／前橋天神山古墳（群馬118）
58	＊	陳是作六神四獣鏡	2	妙法寺2号墳（福岡220）／万年山古墳（大阪68）
59	＊	陳是作五神四獣鏡	2	西求女塚古墳（兵庫22）／牛谷天神山古墳（兵庫90）
60	＊	天・王・日・月・吉・獣文帯四神四獣鏡	2	佐味田宝塚古墳（奈良204・209）／黒塚古墳（奈良415）
61	32	陳氏作六神三獣鏡	2	桜井茶臼山古墳（奈良137）／佐味田宝塚古墳（奈良198）
62	＊	張是作六神四獣鏡	3	宮谷古墳（徳島50）／黒塚古墳（奈良401）／内里古墳（京都160）
63		波文帯六神四獣鏡	1	湯迫車塚古墳（岡山98）
64	33	天王日月・獣文帯四神四獣鏡	3	持田48号墳（推定）（宮崎26）／旧社村付近（伝）（鳥取44）／前橋天神山古墳（群馬119）
65	34	日・月・獣文帯四神四獣鏡	2	豊前石塚山古墳（福岡524）／奥津社古墳（推定）（愛知59）
66		君・宜・高・官・獣文帯四神四獣鏡	1	川井稲荷山古墳（群馬137）
67	＊	吾作四神四獣鏡	3	黒塚古墳（奈良419）／西求女塚古墳（兵庫19）／泉屋博古館蔵鏡
68	35	天王日月・獣文帯四神四獣鏡	4	持田古墳群（推定）（宮崎31）／黒塚古墳（奈良409）／椿井大塚山古墳（京都208）／龍門寺1号墳（岐阜81）
69	36	天王・日月・獣文帯四神四獣鏡	2	秦上沼古墳（岡山21）／椿井大塚山古墳（京都213）
70	37	天王・日月・獣文帯四神四獣鏡	5	御陵古墳群赤坂山支群（福岡525）／豊前石塚山古墳（福岡525）／黒塚古墳（奈良429）／黒塚古墳（奈良430）／花野谷1号墳（福井49-3）
71		天王・日月・獣文帯四神四獣鏡	1	新山古墳（奈良249）
72		獣文帯四神四獣鏡	1	大阪歴史博物館蔵鏡
73	38	君・宜・高・官・獣文帯四神四獣鏡	2	桑名市（伝）（三重5）／午王堂山3号墳（静岡153）
74	39	天王・日月・獣文帯四神四獣鏡	6	豊前石塚山古墳（福岡526）／湯迫車塚古墳（岡山108）／新山古墳（奈良251）／黒塚古墳（奈良402）／黒塚古墳（奈良427）／黒塚古墳（奈良433）
75	40	天王・日月・獣文帯四神四獣鏡	3	旧社村付近（伝）（鳥取43）／椿井大塚山古墳（京都212）／東北歴史博物館蔵鏡
76	41	日月日日・唐草文帯四神四獣鏡	2	万年山古墳（大阪67）／経塚古墳（静岡29）

目録番号	同笵鏡番号	鏡名	面数	出土地
77		天王・日月・獣文帯四神四獣鏡	1	久津川箱塚古墳（京都131）
78		天王日月・獣文帯神獣鏡	1	森将軍塚古墳（長野36）
79	42	王氏作徐州銘四神四獣鏡	5	老司古墳（福岡186）／黒塚古墳（奈良420）／黒塚古墳（奈良432）／古富波山古墳（滋賀53）／フリーア美術館蔵鏡
80	43	天王日月・鋸歯文帯四神四獣鏡	4	赤塚古墳（大分2）／桜井茶臼山古墳（奈良134）／長法寺南原古墳（京都106）／椿井大塚山古墳（京都210）
81	44	天王日月・獣文帯四神四獣鏡	5	広田神社上古墳（愛媛70）／広田神社上古墳（愛媛71）／桜井茶臼山古墳（奈良136）／椿井大塚山古墳（京都206）／個人蔵鏡
82	45	陳氏作四神二獣鏡	2	椿井大塚山古墳（京都218）／古富波山古墳（滋賀52）
83		波文帯四神二獣鏡	1	根津美術館蔵鏡
84		波文帯四神二獣鏡？	1	桜井茶臼山（奈良130）
85	46	波文帯四神二獣鏡	2	八日山1号墳（島根12）／一輪山古墳（岐阜103）
86	＊	波文帯四神二獣鏡	2	八代郡（伝）（熊本94）／権現山51号墳（兵庫142）
87		唐草文帯三神二獣鏡	1	山神寄建神社古墳（三重138）
88	47	唐草文帯三神二獣鏡	2	ヘボソ塚古墳（兵庫7）／日岡東車塚古墳（兵庫81）
89	48	唐草文帯三神二獣鏡	2	鏡作神社蔵鏡（奈良164）／東之宮古墳（愛知35）
90	49	唐草文帯三神二獣鏡	3	赤塚古墳（大分3）／宮谷古墳（徳島52）／鶴山丸山古墳（推定）（岡山153）
91	50	天・王・日・月・獣文帯二神二獣鏡	3	沖ノ島18号遺跡（福岡350）／宮ノ洲古墳（山口19）／桑名市（伝）（三重6）
92	51	天・王・日・月・獣文帯二神二獣鏡	2	百々ヶ池古墳（京都61）／椿井大塚山古墳（京都211）
93	52	天・王・日・月・唐草文帯二神二獣鏡	10	四塚山古墳群（島根37）／佐味田宝塚古墳（奈良213）／ヘボソ塚古墳（兵庫6）／石切周辺古墳（推定）（大阪82）／長法寺南原古墳（京都108）／長法寺南原古墳（京都109）／八幡西車塚古墳（京都152）／東之宮古墳（愛知34）／円満寺山古墳（岐阜12）／矢道長塚古墳（岐阜34）
94		天・王・日・月・唐草文帯二神二獣鏡？	1	室大墓古墳（奈良303）
95	53	天・王・日・月・獣文帯二神二獣鏡	2	香住ヶ丘3丁目古墳（福岡203）／金崎古墳（奈良159）
96	54	天・王・日・月・獣文帯二神四獣鏡	3	四国（伝）／横起山古墳（大阪1）／大岩山古墳（滋賀39）
97	55	惟念此銘唐草文帯二神二獣鏡	4	大成古墳（島根1）／普段寺1号墳（鳥取105）／茨木将軍山古墳付近（推定）（大阪16）／石切周辺古墳（推定）（大阪83）
98	＊	吾作二神二獣鏡	2	香川県（伝）（香川96-2）／富雄丸山古墳（伝）（奈良4）
98a		吾有好同三神三獣鏡	1	鴨都波1号墳（奈良301-4）
99		□是作二神二獣鏡	1	若八幡宮古墳（福岡156）
100	56	尚方作二神二獣鏡	5	葦北郡（伝）（熊本95）／葦北郡（推定）（熊本95-1）／新山古墳（奈良243）／八幡東車塚古墳（京都156）／個人蔵鏡
100a	56	尚方作二神二獣鏡	1	東京国立博物館蔵鏡
100b		神人龍虎画象鏡	1	黒塚古墳（奈良408）
100c	＊	神人龍虎画象鏡	3	鴨都波1号墳（奈良301-3）／大和国帝王陵付近？（伝）（奈良353-4）／岡銚子塚古墳（伝）（山梨25）
101		吾作二神二獣鏡	1	松林山古墳（静岡30）
102	57	長・宜・子・孫・獣文帯三神三獣鏡	2	原口古墳（福岡213）／紫金山古墳（大阪20）
103	58	君・宜・高・官・獣文帯三神三獣鏡	2	長法寺南原古墳（京都107）／白石所在古墳（伝）（奈良354）
104	59	天王日月・獣文帯三神三獣鏡	4	赤塚古墳（大分5）／物集女町付近（伝）（京都102）／岡山古墳（滋賀35）／筒野1号墳（三重51）
105	60	天王日月・獣文帯三神三獣鏡	6	赤塚古墳（大分4）／天神森古墳（福岡201）／原口古墳（福岡215）／豊前石塚山古墳（福岡527）／豊前石塚山古墳（福岡528）／椿井大塚山古墳（京都202）
106	60？	天王日月・獣文帯三神三獣鏡？	1	御座1号墳（福岡574）
107		日日日全・獣文帯三神三獣鏡	1	豊前石塚山古墳（福岡531）
108	61	吾作九神三獣鏡	4	名島古墳（福岡204）／国分古墳（愛媛20）／白石光伝寺後方古墳（伝）（奈良358）／個人蔵鏡
109	62	天・王・日・月・獣文帯三神三獣鏡	6	原口古墳（福岡214）／祇園山古墳（推定）（福岡511）／桜井茶臼山古墳（奈良133）／東求女塚古墳（兵庫11）／椿井大塚山古墳（京都219）／桑名市（伝）（三重7）
110	63	日・月・獣文帯三神三獣鏡	4	坂尻1号墳（岐阜72）／寺谷銚子塚古墳（静岡25）／大丸山古墳（山梨10）／大阪山中商会旧蔵鏡
111	64	君・宜・官・獣文帯三神三獣鏡	2	佐味田宝塚古墳（奈良205）／万年山古墳（大阪69）
112		天・王・日・月・獣文帯二神三獣一虫鏡	1	東求女塚古墳（兵庫13）
113		天・王・日・月・獣文帯二神三獣一虫鏡？	1	加悦丸山古墳（京都17）
114	65	獣文帯三神三獣鏡	4	新山古墳（奈良247）／真名井古墳（大阪192）／京都府南部（伝）（京都241）／蟹沢古墳（群馬35）

目録番号	同笵鏡番号	鏡名	面数	出土地
115	66	獣文帯三神三獣鏡	2	円照寺墓山1号墳（奈良47）／城の山古墳（兵庫229）
116		獣文帯三神三獣鏡	1	岩橋千塚古墳群（和歌山27）
117	（＊）	獣文帯三神三獣鏡	1	城の山古墳（兵庫228）
118	67	獣文帯三神三獣鏡	2	蓮尺茶臼山古墳（香川61）／万年山古墳（大阪72）
119		獣文帯四神四獣鏡（仏像含む）	1	赤城塚古墳（群馬194）
120		獣文帯三仏三獣鏡	1	一宮天神山1号墳（岡山80）
120a		天王日月・獣文帯三仏三獣鏡	1	塩田北山東古墳（兵庫243-2）
121		獣文帯三仏三獣鏡	1	新山古墳（奈良244）
122	68	櫛歯文帯三仏三獣鏡	3	園部垣内古墳（京都43）／百々ヶ池古墳（京都62）／寺戸大塚古墳（京都89）
123	69	波文帯三神三獣鏡	4	亀甲山古墳（大分39）／龍子三ツ塚1号墳（兵庫147）／東之宮古墳（愛知37）／『梅仙居蔵』所載鏡
124	77	波文帯三神三獣鏡	2	沖ノ島4号遺跡（伝）（福岡311）／赤郷1号墳（三重22）
125		波文帯三神三獣鏡	1	佐味田宝塚古墳（奈良207）
126		波文帯三神三獣鏡？	1	葦北郡（伝）（熊本96）
127	70	波文帯三神三獣鏡	4	鴨都波1号墳（奈良301-2）／弁天山C1号墳（大阪60）／東之宮古墳（愛知38）／栃木県立博物館蔵鏡
128		波文帯三神三獣鏡	1	新山古墳（奈良248）
129	＊	波文帯三神三獣鏡	2	城の山古墳（兵庫230）／根津美術館蔵鏡
130	71	波文帯三神三獣鏡	3	岩橋千塚古墳群（和歌山26）／龍子三ツ塚1号墳（兵庫148）／甲屋敷2号墳（愛知48）
131	72	波文帯三神三獣鏡	5	忠隈古墳（福岡394）／御旅山3号墳（兵庫116）／小見塚古墳（兵庫196）／白山藪古墳（愛知6）／泉屋博物館蔵鏡
131a		波文帯三神三獣鏡	1	七ツ森古墳群（伝）（大分69-1）
132	73	波文帯三神三獣鏡	3	筒野1号墳（三重52）／矢道長塚古墳（岐阜35）／大槻磐渓旧蔵鏡
133		波文帯三神三獣鏡	1	小田中親王塚古墳（伝）（石川4）
134	74	波文帯三神二獣博山炉鏡	7	掛迫6号墳（広島69）／田邑丸山2号墳（岡山184）／渋谷（伝）（奈良110-1）／佐味田宝塚古墳（奈良206）／佐味田貝吹古墳（奈良237）／阿保親王塚古墳（推定）（兵庫45）／円満寺山古墳（岐阜13）
135		波文帯三神二獣博山炉鏡	1	馬山4号墳（鳥取61）
136		陳孝然作波文帯四神三獣博山炉鏡	1	阿保親王塚古墳（推定）（兵庫44）
137		波文帯神獣鏡	1	是行谷古墳群（香川21）
138	＊	波文帯三神四獣鏡	2	一宮（伝）（岡山84）／鴨都波1号墳（奈良301-1）
139		波文帯神獣鏡	1	大場天神山古墳（伝）（茨城10）
—		内区・外区	1	沖ノ島18号遺跡（伝）（福岡359）
21?		張氏作神獣鏡	1	豊前石塚山古墳（福岡531-3）
—		有銘神獣鏡？	1	豊前石塚山古墳（福岡531-4）
—		天・王・日・月・神獣鏡？	1	豊前石塚山古墳（福岡531-5）
—		天・王・日・月・神獣鏡？	1	豊前石塚山古墳（福岡531-6）
—		外区	1	宮谷古墳（徳島51）
—		神獣鏡	1	竹島御家老屋敷古墳（山口24）
—		張是作神獣鏡	1	平井村操山古墳（岡山114-2）
—		天王日月・唐草文帯四神四獣鏡	1	平井村操山古墳（岡山114-3）
—		唐草文帯四神四獣鏡	1	鶴山丸山古墳（推定）（岡山151）
—		外区	1	佐味田宝塚古墳（奈良223）
—		外区	1	佐味田宝塚古墳（奈良224）
—		外区	1	佐味田宝塚古墳（奈良226）
—		縁部	1	室大墓古墳（伝）（奈良306）
—		天王日月・獣文帯神獣鏡	1	桜井茶臼山古墳（奈良131）
—		外区（その2）	1	桜井茶臼山古墳（奈良139）
あり		陳是作四神二獣鏡	1	桜井茶臼山古墳（奈良146-1）
あり		張氏作三神五獣鏡	1	桜井茶臼山古墳（奈良146-2）
あり		吾作三神五獣鏡	1	桜井茶臼山古墳（奈良146-3）
あり		張氏作四神四獣鏡	1	桜井茶臼山古墳（奈良146-4）
あり		吾作四神四獣鏡	1	桜井茶臼山古墳（奈良146-5）
あり		唐草文帯四神四獣鏡	1	桜井茶臼山古墳（奈良146-6）
あり		櫛歯文帯四神四獣鏡	1	桜井茶臼山古墳（奈良146-7）
あり		吾作四神四獣鏡	1	桜井茶臼山古墳（奈良146-8）

三角縁神獣鏡目録

目録番号	同范鏡番号	鏡名	面数	出土地
あり		天王日月・獣文帯四神四獣鏡	1	桜井茶臼山古墳（奈良 146-9）
あり		吾作四神四獣鏡	1	桜井茶臼山古墳（奈良 146-10）
あり		天王日月・獣文帯四神四獣鏡	1	桜井茶臼山古墳（奈良 146-11）
—		吾作神獣鏡	1	桜井茶臼山古墳（奈良 146-12）
—		唐草文帯神獣鏡	1	桜井茶臼山古墳（奈良 146-13）
—		外区	1	桜井茶臼山古墳（奈良 146-14）
—		外区	1	桜井茶臼山古墳（奈良 146-15）
—		波文帯神獣鏡	1	桜井茶臼山古墳（奈良 146-16）
—		天王日月・獣文帯四神四獣鏡	1	東求女塚古墳（兵庫 14）
—		外区	1	阿保親王塚古墳（推定）（兵庫 46）
—		波文帯神獣鏡	1	阿保親王塚古墳（推定）（兵庫 47）
—		神獣鏡？	1	万年山古墳（大阪 72-1）
—		神獣鏡？	1	西ノ山古墳（大阪 102）
—		内区	1	松岳山古墳（大阪 121）
42?		櫛歯文帯神獣鏡	1	闘鶏山古墳（大阪 257-1）
—		神獣鏡	1	闘鶏山古墳（大阪 257-2）
—		破片	1	椿井大塚山古墳（京都 220-1）
—		破片	1	椿井大塚山古墳（京都 220-2）
—		外区〜縁部	1	石山古墳（三重 163）
—		四神四獣鏡？	1	花岡山古墳（岐阜 41）
—		獣文帯神獣鏡	1	不破郡（伝）（岐阜 44）
—		天王日月・二神二獣鏡	1	内山 1 号墳（岐阜 92）
—		鈕	1	足羽山山頂古墳付近（伝）（福井 9）
—		陳氏作四神二獣鏡	1	高坂古墳群（埼玉 16-1）
—		有銘四神四獣鏡	1	頼母子古墳（群馬 175）
—		吾作四神四獣鏡	1	洛陽（伝）
—		神獣鏡	1	東京国立博物館蔵鏡
—		銘帯三神五獣鏡	1	京都国立博物館蔵鏡
—		波文帯三神三獣鏡	1	京都国立博物館蔵鏡
—		内区	1	東京大学総合資料館蔵鏡
—		神獣鏡？	1	個人蔵鏡
201	101	唐草文帯三神二獣鏡	3	鶴山丸山古墳（岡山 136）／奈良県（伝）（奈良 390-6）／紫金山古墳（大阪 21）
202		獣文帯三神二獣鏡	1	矢道長塚古墳（岐阜 36）
203	102	唐草文帯三神二獣鏡	2	鶴山丸山古墳（岡山 137）／会津大塚山古墳（福島 1）
204	103	唐草文帯三神三獣鏡	5	沖ノ島 17 号（福岡 346）／紫金山古墳（大阪 22）／紫金山古墳（大阪 23）／壺井御旅山古墳（推定）（大阪 166）／百々ヶ池古墳（京都 66）
205	104	鳥文帯三神三獣鏡	2	大和国（伝）（奈良 386）／紫金山古墳（大阪 24）
206	105	獣文帯三神三獣鏡	5	長光寺山古墳（山口 42）／新山古墳（奈良 245）／氷上親王塚古墳（兵庫 173）／紫金山古墳（大阪 25）／紫金山古墳（大阪 26）
207	106	獣文帯三神三獣鏡	10	免ヶ平古墳（大分 8）／長光寺山古墳（山口 43）／長光寺山古墳（山口 44）／鶴山丸山古墳（推定）（岡山 152）／奈良県（伝）（奈良 390-11）／紫金山古墳（大阪 27）／出庭亀塚古墳（滋賀 36）／伊勢（伝）（三重 186）／野中古墳（伝）（岐阜 124）／京都国立博物館蔵鏡
208	107	獣文帯三神三獣鏡	4	一貴山銚子塚古墳（福岡 7）／一貴山銚子塚古墳（福岡 8）／南大塚古墳（兵庫 82）／フリーア美術館蔵鏡
209	108	獣文帯三神三獣鏡	2	一貴山銚子塚古墳（福岡 9）／一貴山銚子塚古墳（福岡 10）
210	109	獣文帯三神三獣鏡	3	一貴山銚子塚古墳（福岡 11）／勅使塚古墳（伝）（兵庫 83）／寺戸町（伝）（京都 97）
211	110	獣文帯三神三獣鏡	2	杢路寺古墳（佐賀 166）／百々ヶ池古墳（京都 68）
212		獣文帯三神三獣鏡	1	一貴山銚子塚古墳（福岡 12）
213	111	獣文帯三神三獣鏡	9	上神大将塚古墳（鳥取 34）／観音寺町古作（奈良 190）／高市郡（伝）（奈良 438-5）／矢作神社境内（伝）（大阪 105）／平尾稲荷山古墳（京都 223）／出川大塚古墳（愛知 24）／出川大塚古墳（愛知 25）／黒川古文化研究所蔵鏡／黒川古文化研究所蔵鏡
214	＊	獣文帯三神三獣鏡	2	西都原 13 号墳（宮崎 48）／沖ノ島 18 号遺跡（伝）（福岡 357）
215	＊	獣文帯三神三獣鏡	3	高市郡（伝）（奈良 438-6）／高市郡（伝）（奈良 438-7）／矢道長塚古墳（岐阜 37）
215a	＊?	獣文帯三神三獣鏡？	1	平尾城山古墳（京都 222）
216	112	獣文帯三神三獣鏡	2	新沢 500 号墳（奈良 186）／園部垣内古墳（京都 41）
216a	112?	獣文帯三神三獣鏡	1	柳井茶臼山古墳（伝）（山口 6）
217		獣文帯三神三獣鏡	1	兜山古墳（愛知 63）

目録番号	同笵鏡番号	鏡名	面数	出土地
218		獣文帯三神三獣鏡	1	長岡近郊古墳（伝）（京都113）
218a		獣文帯三神三獣鏡	1	『鏡研搨本』所載鏡
219		獣文帯三神三獣鏡	1	明治大学考古学博物館蔵鏡
220		獣文帯三神三獣鏡	1	麻田御神山古墳（大阪14）
220a		獣文帯三神三獣鏡	1	根津美術館蔵鏡
221		獣文帯三神三獣鏡	1	塚原古墳群（大阪54）
221a		獣文帯三神三獣鏡	1	錦（伝）（三重112）
222		獣文帯三神三獣鏡	1	石清尾山猫塚古墳（香川44）
223		獣文帯三神三獣鏡	1	壺井御旅山古墳（推定）（大阪164）
224		獣文帯三神三獣鏡	1	寺戸大塚古墳（京都92）
225	＊	獣文帯三神三獣鏡	3	卯内尺古墳（伝）（福岡194）／国分茶臼塚古墳（大阪122）／南濃町（伝）（岐阜11）
226		獣文帯三神三獣鏡	1	壺井御旅山古墳（推定）（大阪163）
227		獣文帯三神三獣鏡	1	壺井御旅山古墳（推定）（大阪165）
228		獣文帯三神三獣鏡	1	片岡村原野内塚（伝）（群馬202-1）
229	113	獣文帯三神三獣鏡	2	佐味田宝塚古墳（奈良208）／新山古墳（奈良246）
230	114	獣文帯三神三獣鏡	4	花光寺山古墳（岡山158）／南都御陵之所（伝）（奈良375）／紫金山古墳（大阪28）／妙見山古墳（京都94）
231	115	獣文帯三神三獣鏡	2(6)	造山1号墳（島根3）／手古塚古墳（千葉16）／宇佐市（伝）（大分16）／佐味田付近（伝）（奈良238）／仙人塚古墳（伝）（愛知54）／藤井有鄰館蔵鏡
232		獣文帯三神三獣鏡	1	紫金山古墳（大阪29）
233	116	吾作三神三獣鏡	6	谷口古墳（佐賀120）／一貴山銚子塚古墳（福岡13）／一貴山銚子塚古墳（福岡14）／国分ヌク谷北古墳（大阪127）／国分ヌク谷北古墳（大阪128）／個人蔵鏡
234	117	獣文帯三神三獣鏡	6	谷口古墳（佐賀117）／谷口古墳（佐賀118）／塚原古墳群（大阪55）／天王山古墳（滋賀45）／小木天王山古墳（愛知46）／『桃陰廬』所載鏡
235	118	獣文帯三神三獣鏡	4	谷口古墳（佐賀119）／久津川車塚古墳（伝）（京都142）／小木宇都宮神社古墳（愛知45）／矢道長塚古墳（岐阜38）
236		獣文帯三神三獣鏡	1	中道銚子塚古墳（山梨14）
237		獣文帯三神三獣鏡	1	沖ノ島18号遺跡（福岡352）
238		獣文帯三神三獣鏡	1	駒ヶ谷宮山古墳（大阪158）
239	＊	獣文帯三神三獣鏡	2	白鳥神社境内古墳（広島31）／龍田（伝）（奈良70）
240		獣文帯三神三獣鏡	1	沖ノ島18号遺跡（福岡351）
241		獣文帯三神三獣鏡	1	美杉村太郎生（伝）（三重60）
241a		獣文帯三神三獣鏡	1	大英博物館蔵鏡
242		獣文帯三神三獣鏡	1	草山久保古墳（三重91）
243		獣文帯三神三獣鏡	1	泉屋博古館蔵鏡
244		唐草文帯三神三獣鏡	1	沖ノ島17号遺跡（福岡347）
245		獣文帯三神三獣鏡	1	甲屋敷古墳（伝）（愛知50）
246		獣文帯三神三獣鏡	1	二丈町付近（伝）（福岡600-1）
247		獣文帯三神三獣鏡	1	新田神社蔵鏡（鹿児島3）
248		唐草文帯三神二獣鏡	1	道尾塚古墳（伝）（静岡171）
249	119	唐草文帯三神三獣鏡	2	沖ノ島16号遺跡（福岡325）／沖ノ島18号遺跡（福岡353）
250	＊	唐草文帯三神三獣鏡	2	美杉村太郎生（伝）（三重61）／新井原8号墳（長野72・75）
252		獣文帯三神三獣鏡	1	清生茶臼山古墳（三重62）
253		獣文帯三神二獣鏡	1	沖ノ島17号遺跡（福岡348）
254		獣文帯三神三獣鏡	1	松崎古墳（山口49）
255	＊	獣文帯二神二獣鏡	2	沖ノ島（推定）（福岡376-3）／河内黄金塚古墳（伝）（大阪134-1）
256		獣文帯三神三獣鏡	1	奈良県（伝）（奈良390-13）
257		獣文帯三神三獣鏡	1	根津美術館蔵鏡
257a		獣文帯三神三獣鏡	1	小田中親王塚古墳（伝）（石川5）
－		外区	1	沖ノ島18号遺跡（伝）（福岡356）
－		獣文帯三神三獣鏡	1	東京国立博物館蔵鏡
－		獣文帯三神三獣鏡	1	京都国立博物館蔵鏡
－		獣文帯三神三獣鏡	1	東北歴史博物館蔵鏡
－		獣文帯三神三獣鏡	1	北京歌徳拍売会出展鏡
－		獣文帯三神三獣鏡	0(1)	奈良県（伝）（奈良390-14）
－		獣文帯三神三獣鏡	0(1)	會津八一記念博物館蔵鏡
－		獣文帯三神三獣鏡	0(1)	個人蔵鏡

表2．同型鏡目録

鏡式	番号	面数	細別	出土地
方格規矩四神鏡	HS-1	2	尚方作複波文縁方格規矩四神鏡	『鏡研搨本』所載鏡／武寧王陵（韓国）
細線式獣帯鏡	SJ-1	6	銅繋作鋸歯文縁細線式獣帯鏡	日隈1号墳（大分77）／吉田古墳（伝）（福岡480）／大安寺古墳（伝）（奈良37）／今井1号墳（奈良320）／桜塚古墳群（大阪11）／土室石塚古墳（大阪51）
	SJ-2	2	青盖作鋸歯文縁細線式獣帯鏡	大仙古墳（伝）（大阪205）／『鏡研搨本』所載鏡
	SJ-3	1	尚方作鋸歯文縁細線式獣帯鏡	城塚古墳（岐阜59）
	SJ-4	1	獣文縁細線式獣帯鏡	武寧王陵（韓国）
	SJ-5	1	獣文縁細線式獣帯鏡	樹之本古墳（愛媛32）
浮彫式獣帯鏡	UJ-1	12	獣文縁浮彫式獣帯鏡	慶尚南道（韓国）／斗洛里32号墳（韓国）／持田1号墳（宮崎10）／持田古墳群（伝）（宮崎44-1）／新田原山ノ坊古墳群（伝）（宮崎61）／新田原山ノ坊古墳群（伝）（宮崎62）／国越古墳（熊本82）／沖ノ島21号遺跡（福岡367・374）／沖ノ島21号遺跡（推定）（福岡368）／藤ノ木古墳（奈良65）／木ノ下古墳（三重26）／笹原古墳（愛知31）
	UJ-2	4	尚方作浮彫式獣帯鏡	武寧王陵（韓国）／三上山下（伝）（滋賀47）／三上山下（伝）（滋賀48）／綿貫観音山古墳（群馬9）
	UJ-3	1	獣文縁浮彫式獣帯鏡	江田船山古墳（熊本13）
	UJ-4	1	獣文縁浮彫式獣帯鏡	奈良県（伝）（奈良389）
	UJ-5	1	尚方作獣文縁浮彫式獣帯鏡	新沢173号墳（奈良178）
盤龍鏡	BR-1	2	盤龍鏡	沖ノ島7号遺跡（福岡320）／沖ノ島8号遺跡（福岡323）
画文帯環状乳神獣鏡	GK-1	9	画文帯環状乳四神四獣鏡	持田20号墳（宮崎17）／江田船山古墳（熊本12）／迎平6号墳（熊本42）／国越古墳（熊本80）／山の神古墳（福岡396）／西郷免（岡山170）／津頭西古墳（香川65）／吉備塚古墳（奈良38）／野木神社周辺古墳（伝）（栃木31）
	GK-2	6	画文帯環状乳四神四獣鏡	新田原山ノ坊古墳群（伝）（宮崎60）／京都郡（伝）（福岡542）／波切塚原古墳（三重132）／埼玉稲荷山古墳（埼玉30）／大多喜台古墳（千葉6）／八幡観音塚古墳（群馬4）
	GK-3	6	画文帯環状乳四神四獣鏡	油津古墳（宮崎104）／瓢塚古墳（伝）（岡山168）／藤ノ木古墳（奈良63）／白石所在古墳（伝）（奈良355）／内里（伝）（京都161）／出土地不明
画文帯対置式神獣鏡	GT-1	4	画文帯対置式神獣鏡	江田船山古墳（熊本10）／金子山古墳（愛媛4）／よせわ1号墳（兵庫181）／出土地不明
画文帯同向式神獣鏡	GD-1	2	画文帯同向式神獣鏡	恵下古墳（群馬123）／梨花女子大学蔵鏡
	GD-2	4	画文帯蟠龍乳同向式神獣鏡	大須二子山古墳（愛知4）／狐山古墳（石川27）／クリーブランド博物館蔵鏡／出土地不明
	GD-3	28	画文帯同向式神獣鏡	持田24号墳（宮崎18）／持田25号墳（宮崎19）／江田船山古墳（熊本11）／宮地嶽付近古墳（伝）（福岡240）／勝浦峯ノ畑古墳（福岡296）／勝浦峯ノ畑古墳（福岡300-2）／酒屋高塚古墳（広島80）／牛文茶臼山古墳（岡山161）／新沢109号墳（奈良171）／勝福寺北墳（兵庫53）／里古墳（兵庫253）／郡川東塚古墳（大阪101）／京都郡（京都56?）／丸山塚古墳（福井44）／井田川茶臼山古墳（三重27）／井田川茶臼山古墳（三重28）／神前山1号墳（三重97）／神前山1号墳（三重98）／神前山1号墳（三重99）／神島（伝）（三重121）／亀山2号墳（愛知68）／岡津奥ノ原古墳（静岡88）／下川路（伝）（長野105）／古海原前古墳（群馬193）／雀宮牛塚古墳（栃木13）／奈良国立博物館蔵鏡／黒川古文化研究所蔵鏡／五島美術館蔵鏡
画文帯仏獣鏡	GB-1	4	画文帯周列式仏獣鏡	王墓山古墳（岡山215）／大須二子山古墳（愛知3）／鶴巻所在古墳（伝）（千葉12）／故宮博物院蔵鏡
	GB-2	7	画文帯周列式仏獣鏡	駒ヶ谷（伝）（大阪159）／国分古墳（推定）（福井45）／御猿堂古墳（伝）（長野100）／祇園大塚山古墳（千葉11）／ベルリン国立民俗博物館蔵鏡／キヨソーネ旧蔵鏡／『古鏡今照』所載鏡
神人龍虎画象鏡	RG-1	5	王氏作神人龍虎画象鏡	馬ヶ岳古墳（福岡537）／築山古墳（岡山162）／上井足米山古墳（奈良334）／高井田山古墳（大阪134）／鏡塚古墳（京都58）
神人歌舞画象鏡	KG-1	12	尚方作獣文縁神人歌舞画象鏡	番塚古墳（福岡532）／朱千駄古墳（岡山76）／郡川西塚古墳（大阪98）／高安村郡川（伝）（大阪110）／長持山古墳（伝）（大阪135）／トヅカ古墳（京都180）／西塚古墳（福井41）／亀塚古墳（東京12）／秋山古墳群（伝）（埼玉17）／根津美術館蔵鏡／根津美術館蔵鏡／出土地不明
神人車馬画象鏡	SG-1	3	成氏作神人車馬画象鏡	江田船山古墳（熊本9）／京都郡（伝）（福岡541）／トヅカ古墳（京都181）
夔鳳鏡	KH-1	2	夔鳳鏡	奥山大塚古墳（兵庫123）／東京国立博物館蔵鏡

論考　集成の概要と活用

　本書の集成は、歴博集成をはじめとする先行成果や日々たゆまず実施されている発掘・研究成果にもとづくものである。そうした厖大な成果をとりいれた本集成は、基礎データとして重要な意義を有するものと自負している。しかし、相当な専門知識をもつ鏡研究者以外の読者には、やや理解しづらい部分が少なからずあるのではないかと思う。その難点を緩和すべく、本集成の概要を示す本論を掲載する。同時にまた、集成の成果を応用した簡単な考察をおこない、活用法の一端を披瀝したい。

一．本集成の概要

1. 集成面数

　集成した総面数は6313面になる。歴博集成〔白石・設楽編 1994・2002〕の序文「刊行にあたって」によると、『漢式鏡』〔後藤 1926〕の「本邦内地に於ける漢式鏡発掘地々名表」に収録された鏡は958面、『日本における古鏡 発見地名表』〔岡崎編 1976-79等〕に集成された面数は3562面におよぶ〔白石 1994〕。当の歴博集成の集成数は、1993年10月までで「4678面」〔白石・設楽編 1994〕、「補完調査」分を追加した1998年12月までで「5117面」に達したと明記されている〔白石・設楽編 2002〕。

　本集成は、歴博集成や岡崎集成などでは計数されていない韓半島出土の倭製鏡（62面）と出土都府県の不明な倭製鏡や三角縁神獣鏡など（309面）をくわえたぶん、集計数が多くなっている。それらを除外し、出土都府県が判明している列島出土鏡にかぎると、5942面になる。さらに鋳型資料をのぞくと5929面になる。

　こうみると、まことに着実なペースで増加しつづけている。今後の発掘状況、図録や自治体史などの刊行状況、研究の進展の程度などによって、向後の増加ペースは少なからず左右されるであろう。しかし、上記のペースから今後の増加を予想することもあるていど可能であるかもしれない。ところが、その前提の数字となる上記した歴博集成の鏡数を、本集成における増減分と比較すると、100面ほど辻褄があわない。そこで歴博集成を数えなおしてみると、「4678面」はほぼ変わらなかったが、「補完調査」分を足した「5117面」が5025面まで減ってしまった（表1）。これはどうも、「4678面」に追加した「補完調査」分が349面（実際は346面）であるのに、なんらかの理由で「439面」〔白石他 2002, p.49〕と誤記した結果ではないかと推定される。この「5117面」を引用する書籍や論考が少なくないが、正確な数値ではないので注意を喚起しておく。さらに歴博集成には、同一鏡を別遺跡・古墳出土鏡として掲載している事例が65面ほどある。そうした事例を差し引きすると、歴博集成から本集成までの列島出土鏡の純増分（韓半島出土鏡・出土都府県不明鏡・鋳型はのぞく）は約970面になる。なお、岡崎集成の「3562面」も、土製・石製模造鏡を除外するなどして再集計したと

ころ、3604面になり齟齬がでた（表1）。筆者の再カウントも万全ではなく、数面ていどの誤差はあるが、この齟齬はおそらく、発表媒体が多岐かつ多年度にわたったため、どこかで遺漏が生じたか、計算ミスによるものであろう。

岡崎集成・歴博集成・本集成は、それぞれ集成の組織体制や参加人数もちがえば、集成の精度もちがっている。当時の発掘件数や図録などの刊行件数も当然ことなるし、集成の手助けとなる諸情報や電子機器なども大きく相違する。そうである以上、集成数を単純に比較してもあまり意味がないかもしれない。とはいえ、岡崎集成から歴博集成までの約14年で約1000面（約70面／年）、最初の歴博集成から「補完調査」の終了までの5年間で346面（約70面／年）、「補完調査」後から本集成までの18年弱で約970面（約54面／年）の増加をみており、個人の作業という限界のため本集成で遺漏が生じたであろうことや、本集成において古墳時代終末期の隋唐鏡を追加しなかったことなどを勘案すれば、岡崎集成からこんにちまで、おおむね一定のペースで集成数が増加しつづけているといえよう。ただし、発掘による出土鏡は、徐々に増加のペースが落ちているように感じられる。

歴博集成には、大化以後の唐（式）鏡や宋代以降の踏返し鏡、さらには偽鏡の疑いの強い資料なども混在する。本集成も、ひとまずそれらの資料を踏襲して収録している。それらをすべてふくめた集成数が表1の「掲載総数」である。これが上記の6313面であり、韓半島出土の倭製鏡と出土都府県の不明な倭製鏡や三角縁神獣鏡をのぞいた5942面である。しかし、このような問題のある資料を計上しても意味がない。そこで、大化以後の唐（式）鏡・宋代以降の踏返し鏡・偽鏡・鋳型など140面を除外したのが、表1の「選別総数」であり、こうすると6173面になる。ここからさらに、韓半島出土の倭製鏡および出土都府県不明の倭製鏡などをのぞくと5821面になる[1]。この5821面が、現在の「列島出土鏡」数としてもっとも無難な計数値である。あるいは、「選別総数」から韓半島出土の倭製鏡のみをのぞいた6111面を採ってもよい。本集成の収録資料のほか、筆者が見落としたものが少なからずあるだろうから、「列島出土鏡」数は6千数百面ていどと推定しておくのが穏当である。

2. 増加要因と減少要因

ただし、面数を増加させる潜在要因と減少させる潜在要因とがあることを強調しておきたい。増加の潜在要因としては、たとえば複数面が出土した伝承をあげうる。曖昧な伝承は省略したり、複数面を単面あつかいして収録したが、これらを信用すれば集成数は少なからず増加する。また、過去の濫掘資料のうちかなりの数が、いまなお個人に秘蔵されているか、秘匿するうちに散逸したものと考えられる。博物館などが所蔵する出土地不明の倭製鏡のすべてが、そして出土地不明の中国製鏡の一部が、列島出土鏡のはずである。これらの追跡調査が進めば、現物不明の伝出土資料に同定されることもあろうし、そうすれば集成数の増加につながるであろう。また個別事例であるが、奈良県桜井茶臼山古墳の破片資料は、総数81面に復元されている〔東影編 2011〕が、筆者は少なくともこの倍の面数を見積もっており、これも増加の潜在要因となりうる。

他方、集成数を減少させる潜在要因も多い。伝出土資料の実体を突きとめたところ、和鏡や踏返し鏡、はては偽鏡であるという事態がまま生じる。古物商が、中国から輸入した中国製鏡を、あるいは後代の踏返し鏡や偽鏡を、「某墳」ないし「某地域」の出土と偽装することもありうる。したがって、たんに鏡が出土したという記載を鵜呑みにするのは危険であり、おそらく伝出土資料の一部を抹消せ

表1　都府県別の出土鏡の内容

	掲載総数	選別総数	中国製鏡	倭製鏡	舶倭比	弥生倭製鏡	古墳倭製鏡					過去の集成データ		
							総数	SL	L	M	S	岡崎	歴博A	歴博B
岩手	2	1	0	1	—	0	1	0	0	0	0	2	1	1
宮城	16	16	1	14	14.0	0	14	0	0	0	14	7	9	10
山形	4	4	1	3	3.0	0	3	0	0	0	3	0	3	3
福島	24	20	1	15	15.0	0	15	0	0	0	11	24	18	20
茨城	40	40	6	25	4.2	0	25	0	0	4	19	29	33	33
栃木	54	54	6	43	7.2	1	42	0	0	4	37	36	43	44
群馬	210	207	40	105	2.6	1	104	0	0	10	83	199	202	204
埼玉	51	50	4	36	9.0	2	34	0	1	1	29	40	39	40
千葉	115	103	20	79	4.0	2	77	0	0	4	70	31	86	108
東京	18	18	2	16	8.0	2	14	0	0	0	13	8	13	16
神奈川	52	51	9	39	4.3	1	38	0	2	1	32	23	39	39
新潟	30	28	4	17	4.3	0	17	0	1	0	15	10	23	26
富山	14	14	2	12	6.0	2	10	0	0	1	8	6	7	7
石川	37	36	9	25	2.8	3	22	0	0	2	20	19	28	32
福井	55	55	15	35	2.3	0	35	0	0	3	31	32	47	50
山梨	75	72	14	18	1.3	0	18	0	2	2	11	74	59	63
長野	154	153	21	115	5.5	0	115	0	0	6	99	119	118	118
岐阜	166	164	42	82	2.0	2	80	0	0	10	64	135	159	164
静岡	211	206	33	138	4.2	0	138	1	0	13	109	134	192	194
愛知	97	93	32	57	1.8	2	55	0	0	1	11	40	78	89	89
三重	185	176	45	85	1.9	0	85	0	0	0	16	64	186	189
滋賀	107	107	33	57	1.7	4	53	2	2	5	39	49	88	92
京都	300	300	145	139	1.0	1	138	2	12	22	96	222	258	273
大阪	298	289	134	133	1.0	11	122	2	5	18	89	169	250	266
兵庫	338	337	132	156	1.2	12	144	0	0	15	124	145	236	259
奈良	588	578	280	253	0.9	3	250	28	22	60	130	346	390	438
和歌山	69	65	15	42	2.8	1	41	0	0	7	34	44	56	58
鳥取	175	171	45	111	2.5	3	108	0	0	6	94	48	130	138
島根	65	65	20	40	2.0	2	38	0	0	2	35	27	44	48
岡山	262	261	86	135	1.6	9	126	1	4	23	90	180	224	233
	※1	227	80	108	1.4	9	99	0	1	6	85	—	—	—
	※2	34	6	27	4.5	0	27	1	3	17	5			
広島	114	114	40	67	1.7	2	65	0	0	2	58	62	103	111
山口	74	71	31	28	0.9	7	21	1	1	3	16	49	67	71
徳島	72	72	25	28	1.1	1	27	0	0	1	25	38	59	61
香川	120	120	46	55	1.2	6	49	0	1	3	45	57	97	99
愛媛	115	115	43	65	1.4	2	56	0	0	5	47	55	88	94
高知	16	16	13	2	0.2	1	1	0	0	0	1	3	7	9
福岡	821	803	477	293	0.6	93	200	2	9	18	148	488	597	675
	※3	718	451	239	0.5	93	146	0	2	6	125	—	—	—
	※4	85	26	54	2.1	0	54	2	7	12	23			
佐賀	226	222	96	103	1.1	42	61	0	0	1	52	136	186	202
長崎	96	92	37	47	1.3	26	21	0	0	1	11	59	72	76
熊本	159	158	55	89	1.6	46	43	0	0	2	35	79	102	121
大分	125	123	66	51	0.8	17	34	0	0	1	31	63	85	100
宮崎	155	145	42	88	2.1	3	85	1	0	17	62	102	123	125
鹿児島	33	32	9	15	1.7	10	5	0	0	0	5	8	20	22
沖縄	4	4	3	0	—	0	0	0	0	0	0	0	3	4
その他	10	10	9	1	0.1	0	1	0	0	0	0	—	—	—
韓国	62	62	0	59	—	44	15	0	0	0	14			
不明	299	280	61	219	—	4	215	3	10	51	143			
総計	6313	6173	2250	3233	1.4	372	2861	43	76	353	2196	3604	4679	5025

◇「選別総数」は「掲載総数」から偽鏡・唐鏡以降の作品（踏返しをふくむ）・鋳型などを除外した面数。
◇ 舶倭の区別がつかないもの、面径不詳の倭製鏡などがあるため、各データの和は一致しない。
◇「仿製」三角縁神獣鏡や方格T字鏡などを、古墳倭製鏡としてではなく中国製鏡として計数しているので注意されたい。
◇「舶倭比」は中国製鏡の出土数を1とした場合の倭製鏡出土数。
◇「古墳倭製鏡」の面数は、倭製鏡の面数から弥生倭製鏡を減じた数であり、いくぶん精確さに欠く。
◇ SL（超大型25 cm～）、L（大型20 cm～）、M（中型14 cm～）、L（小型～14 cm）
◇ ※1は鶴山丸山古墳出土鏡を除外したデータ。当墳出土鏡の内訳が※2。
◇ ※3は沖ノ島遺跡出土鏡を除外したデータ。当遺跡出土鏡の内訳が※4。
◇「岡崎」「歴博A」「歴博B」は、それぞれ〔岡崎編 1976-79等〕〔白石他編 1994〕〔白石他編 2002〕の集計数。

ねばなるまい。同じ資料が複数の場所から出土したと伝承されている事例もある。厳格な姿勢をとるならば、こうした減少要因をすべて考慮にいれて、実物・写真・図面などで確認できた資料のみを「列島出土鏡」数としなければならないかもしれない。さらに厳格の度をいちじるしくすれば、学術調査で出土した資料のみを集計する姿勢が要求されよう。そうした態度もあるいは必要かもしれないが、本集成ではとりあえず伝出土資料もくわえて集成した。

二．面数の概観

1. 本集成の活用性

本集成のデータは、筆者なりに努力を重ね、精度と統一性を高めたので、いろいろと活用できるのではないかと自負している。たとえば、統一した視点から鏡式名を付したので、鏡式名をめぐる従来の混乱はかなりのていど緩和されるだろう。そうした鏡式について、諸氏による分類も載せたので、従来のように不統一な鏡式名を鵜呑みにしたまま詳細な統計分析や大胆な政治史論に切りこむような、ちぐはぐな考察に歯止めがかかることを期待できる[2]。出土地名も現在の字（あざ）や番地まで記したので、分布分析だけでなく、GIS分析の基礎データにも利用できるだろう。銘文も、最新の研究成果をふまえて統一した観点から釈読しているので、銘文検討の基礎データとして有用である。さらに、共伴品目を項目ごとにわけ、さらに最新情報に即しつつ記載順序にも統一をはかったので、共伴品の分析・検討もかなり容易になるはずである。また面径、とくに重量といった法量にも配意したので、これまた分析の基礎データとして活用してもらえればと思う。なお、重量データについては、次節で小考をめぐらせる。以下ではまず、出土面数に関する基礎データを提示し、私見を簡単に示しておく。

本集成は歴博集成に1000面弱（出土地不明鏡などもふくめると1400面弱）の鏡を追加できたが、これは全国津々浦々で鋭意すすめられている発掘調査とその報告書の賜物である。1980年代前後から陸続と刊行されてきた図録類も、基礎データの蓄積に多大な寄与をはたしてきた。本書刊行を奇貨として、列島出土鏡の写真や図版を掲載した主要な図録および書籍類の一覧を掲載しておく（表2）。本表をながめていると、かような図録や書籍類が充実している府県や地域（地方）と、そうでない都府県や地域（地方）が浮かびあがってくる。都府県ごとに資料データの粗密に差があると、分布論などの比較検討に支障が生じるため、後者のデータの充実化が待ち望まれる。都府県レヴェルの出土鏡を網羅した図録や書籍の刊行が、近年やや鈍っていることも気にかかる。

2. 個別鏡式の増加状況とその背景

たんに出土鏡が増えても、それだけでは研究の進捗に直結しない。分類もままならず、不統一な名称を付されるだけでは、それ相応の不十分な研究しか期待できない。さいわいこの数十年間、出土資料の着実な増加および公開と、そうした資料に根ざした基礎研究の進展とが、それなりに相乗的な展開をみせてきており、1990年代以降には三角縁神獣鏡・中国製鏡・倭製鏡のいずれも研究が飛躍的に発展をとげた。

そのことは、倭製鏡の個別鏡式の認定数の増加にもあらわれている（表3）。1980年代には150面、

90年代には247面だった倭製内行花文鏡と、80年代には180面、90年代には221面だった珠文鏡は、本集成ではともに380面以上になった。1980年代に148面、2000年代に271面だった弥生倭製鏡も370面をこえた。この3鏡式が、面数でいえば倭製鏡の三強である。面数においてこれにつづくのが、捩文鏡系と乳脚文鏡系であり、前者は1980年代に50面、90年代に121面だったのが211面まで、後者は80年代直前に50面だったのが220面まで増えた。集成自慢のようで恐縮だが、本集成でここまで個別鏡式の認定数をのばしたのだから、今後は本集成のデータを活用して研究のいっそうの深化をはたしてもらえればと願う。

　他方、集成数がさほどの増加をみせない鏡式（系列）もある。鼉龍鏡系や方格規矩四神鏡系、そして「仿製」三角縁神獣鏡がその典型である。これらは「仿製」三角縁神獣鏡に顕著なように、古くから関心がよせられてきたことにくわえ、有力墳から出土することが多いため、既出資料の再発見もそれほど期待できない。そのうえ、現在では有力墳の発掘が減少したため、なかなか集成数がのびないわけである。これと対蹠的に、1980年代からそれぞれ6倍・3倍弱の増加ぶりをみせる重圏文鏡と素文鏡、そして前述の珠文鏡・弥生倭製鏡といった小型鏡は、1970年代ころより発掘の件数・面積・精度のいずれもがいちじるしい向上を示してきた集落からの出土や、また小型墳からの出土が顕著である。このように、個別鏡式の面数や増加率は、発掘や研究の状況に強い影響をうけており、鏡式をこえた比較検討には慎重な姿勢が必要である。

　なお、出土総数に注目が集まる三角縁神獣鏡については、中国製三角縁神獣鏡が446面、「仿製」三角縁神獣鏡が132面（真贋の疑わしい資料をふくめると139面）、舶倭あわせて578面（真贋の疑わしい資料をふくめると585面）に達している（附編表1）。

3．出土鏡の内訳

　前節で、本集成の「掲載総数」や「選別総数」に言及したが、さらに細部まで立ちいって、本集成を個別要素ごとに解説しておく。記述の煩瑣を避けるため、岩手県〜沖縄県の出土数を「列島面数」、韓半島出土の倭製鏡と出土都府県不明の倭製鏡などの面数を「韓・不明面数」、両者をあわせた面数を「出土総数」と略称する。以下、表1に即して概説する。

（1）「掲載総数」など

「掲載総数」の出土総数は6313面、韓・不明面数が371面、列島面数は5942面になる。上位10府県は、1．福岡県（821面）→2．奈良県（588面）→3．兵庫県（338面）→4．京都府（300面）→5．大阪府（298面）→6．岡山県（262面）→7．佐賀県（226面）→8．静岡県（211面）→9．群馬県（210面）→10．三重県（185面）、の順になる。唐（式）鏡や宋代以降の踏返し鏡や偽鏡などを除外した「選別総数」でも、1．福岡県（803面）→2．奈良県（578面）→3．兵庫県（337面）→4．京都府（300面）→5．大阪府（289面）→6．岡山県（261面）→7．佐賀県（222面）→8．群馬県（207面）→9．静岡県（206面）→10．三重県（176面）、となり、順位はほぼ変動しない。

　一方、岡崎集成では、1．福岡県（488面）→2．奈良県（346面）→3．京都府（222面）→4．群馬県（199面）→5．岡山県（180面）→6．大阪府（169面）→6．三重県（169面）→8．兵庫県（145面）→9．佐賀県（136面）→10．岐阜県（135面）の順に、最初の歴博集成では、1．福岡県

表2　鏡を収録した主要文献

県	文献
岩手	鈴木貞夫・川村容宣・長井孝編 1970『岩手の古鏡』奥州大学歴史研究室奥州文化研究部（ただし弥生・古墳時代出土鏡はない）
福島	福島県編 1969『福島県史』第1巻 通史編1 原始・古代・中世，福島県
茨城	斎藤忠編 1974『茨城県史料』考古資料編 古墳時代，茨城県
栃木	鈴木一男編 1995『第30回企画展 かがみよ鏡─銅鏡の歴史と美─』小山市立博物館
群馬	群馬県立歴史博物館編 1980『企画展 群馬の古鏡』群馬県立歴史博物館
埼玉	東松山市教育委員会編 2014『三角縁神獣鏡と3〜4世紀の東松山』発表要旨資料，東松山市教育委員会
千葉	鈴木仲秋・山田和夫他編 1980『企画展 房総の古鏡』房総風土記の丘展示図録No.8，千葉県立房総風土記の丘 財団法人千葉県史料研究財団編 2003『千葉県の歴史』資料編 考古2（弥生・古墳時代），千葉県
神奈川	弥生時代研究プロジェクトチーム 2010・11「神奈川県内出土の弥生時代金属器」（2）（3）『研究紀要 かながわの考古学』15・16，財団法人かながわ考古学財団
新潟	新潟県考古学会編 1999『新潟県の考古学』高志書院
石川	石川県立歴史博物館編 1990『魅惑の日本海文化』石川県立歴史博物館
福井	福井県編 1986『福井県史』資料編13 考古─図版編─，福井県 久保智康編 1986『第5回特別展 古鏡の美─出土鏡を中心に─』福井県立博物館
山梨	岡崎敬 1968「日本発見の古鏡（山梨県）」『甲斐考古』5の4，山梨県考古学史資料室 山梨県編 1998『山梨県史』資料編2 原始・古代2，山梨県
長野	岩崎卓也 1988「青銅鏡」『長野県史』考古資料編全1巻（4）遺構・遺物，長野県 吉川金利編 2007『鏡伯景─古墳〜近世下伊那の鏡─』平成19年度秋季展示，飯田市上郷考古博物館
岐阜	楢崎彰一他 1972『岐阜県史』通史編 原始，岐阜県 八賀晋・中井正幸・岩本崇 1998「美濃における古墳出土鏡集成」東海考古学フォーラム岐阜大会実行委員会編『第6回東海考古学フォーラム岐阜大会 土器・墓が語る 美濃の独自性〜弥生から古墳へ〜』東海考古学フォーラム岐阜大会実行委員会 小川貴司編 2005『弘版 美濃古鏡鑑』美濃百踏記 資料編 第1巻，美濃百踏記刊行会
静岡	高橋勇他 1930「静岡県の遺蹟」『静岡県史』第1巻，静岡県 大塚初重他 1990「古墳時代の重要遺跡の解説」静岡県編『静岡県史』資料編2 考古二，静岡県 鈴木敏則 2001「写真（鏡）」静岡県教育委員会編『静岡県の前方後円墳─資料編─』静岡県文化財調査報告書第55集，静岡県教育委員会
愛知	岩野見司編 1976『愛知の古鏡』毎日新聞社 愛知県清洲貝殻山貝塚資料館編 1993『青銅鏡─鏡にうつる愛知のクニ─』愛知県清洲貝殻山貝塚資料館 愛知県史編さん委員会編 2005『愛知県史』資料編3 考古3 古墳，愛知県
三重	真田幸成 1962『三重県古墳出土鏡目録』 三重県埋蔵文化財センター編 1991『三重の古鏡』第10回三重県埋蔵文化財展，三重県埋蔵文化財センター 吉村利男 2001・02「三重県内の古鏡出土に関する覚書─関連文献の再検討を中心に─」（その一）・（その二）『三重県史研究』第16号・第17号，三重県 三重県編 2005『三重県史』資料編 考古1，三重県
滋賀	滋賀県立近江風土記の丘資料館編 1981『近江の銅鐸と銅鏡』滋賀県立近江風土記の丘資料館 西田弘 1989-90「近江の古鏡Ⅰ-Ⅳ」『文化財教室シリーズ』105-107・111，滋賀県文化財保護協会
京都	高橋美久二編 1987『鏡と古墳─景初四年鏡と芝ヶ原古墳─』京都府立山城郷土資料館・京都府立丹後郷土資料館 長谷川達編 1999『丹後発掘』特別展図録30，京都府立丹後郷土資料館
大阪	大阪府立泉北考古資料館編 1987『泉北考古資料館だより』No.31 冬季特別展 大阪府の古鏡展，大阪府立泉北考古資料館 高槻市立埋蔵文化財調査センター編 1998『市制施行55周年記念歴史シンポジウム 検証邪馬台国─安満宮山古墳をめぐって─』高槻市立埋蔵文化財調査研究センター
兵庫	鎌谷木三次 1973『播磨出土漢式鏡の研究』鎌谷古文化財研究室 兵庫県史編纂委員会編 1992『兵庫県史』考古資料編，兵庫県 樋本誠一 2002『兵庫県の出土古鏡』学生社
奈良	川戸喜作編 1967『奈良市史』考古編，吉川弘文館 千賀久編 1992『大和の古墳の鏡─橿原考古学研究所保管資料─』橿原考古学研究所附属博物館考古資料集第1冊，奈良県立橿原考古学研究所附属博物館
和歌山	和歌山県史編さん委員会編 1983『和歌山県史』考古資料，和歌山県
鳥取	梅原末治 1923『因伯二国に於ける古墳の調査』鳥取県史蹟勝地調査報告第二冊，鳥取県 大村俊夫編 1978『山陰の前期古墳文化の研究』Ⅰ東伯耆Ⅰ・東郷池周辺，山陰考古学研究所記録第2，山陰考古学研究所 水村直人編 2012『海を渡った鏡と鉄〜青谷上寺地遺跡の交流をさぐる〜』青谷上寺地遺跡フォーラム2012，鳥取県埋蔵文化財センター
岡山	梅原末治 1952「岡山県下の古墳発見の古鏡」『吉備考古』第85号，吉備考古学会 岡山県立博物館編 1974『岡山県の原始・古代』岡山県立博物館 湊哲夫編 1990『美作の鏡と古墳』津山郷土博物館特別展図録第3冊，津山郷土博物館
広島	植田千佳穂編 1993『考古企画展 ひろしまの青銅器』広島県立歴史民俗資料館
山口	弘津史文 1928『防長漢式鏡の研究』山高郷土史研究会 近藤喬一 2000「鏡」山口県編『山口県史』資料編 考古1，山口県 山口県立萩美術館・浦上記念館編 2005『鏡の中の宇宙』シリーズ山東文物⑥，山口県立萩美術館・浦上記念館
徳島	一山典編 1999『いにしえの徳島─古代からのメッセージ─』徳島市立考古資料館 橋本達也 2001「徳島における三角縁神獣鏡の新例と中国鏡」『徳島県立博物館研究報告』第11号，徳島県立博物館 一山典編 2012『特別企画展 卑弥呼の鏡とその周辺』徳島市立考古資料館
香川	松本敏三・岩橋孝編 1983『讃岐青銅器図録』瀬戸内海歴史民俗資料館 香川県編 1987『香川県史』第13巻 資料編 考古，香川県
愛媛	遺跡発行会編 1985『遺跡』第27号，遺跡発行会 愛媛県編 1986『愛媛県史』資料編 考古，愛媛県 小笠原善治編 2002『伊予の鏡〜鏡に映しだされた古代伊豫〜』松山市教育委員会・松山市考古館
福岡	長嶺正秀編 1997『苅田町歴史資料館秋の特別展 豊前国出土の古鏡』苅田町教育委員会 江野道和編 2006『大鏡が映した世界 平原遺跡出土品国宝指定記念特別展』伊都国歴史博物館図録3，伊都国歴史博物館
佐賀	志佐惲彦編 1977『椛島山遺跡調査報告書 付 佐賀県下出土の古鏡─弥生・古墳時代─』佐賀県立博物館調査研究書第3集，佐賀県立博物館
長崎	長崎県教育庁文化課埋蔵文化財班編 1996・97『原始・古代の長崎県』資料編Ⅰ・Ⅱ，長崎県教育委員会
熊本	肥後考古学会編 1983『肥後考古』第3号 肥後古鏡聚英，肥後考古学会 澤田宗順編 1993「たたかいと祈りと─古代青銅器の流れと広がり─」『八代の歴史と文化Ⅲ，八代市立博物館未来の森ミュージアム
大分	大分県・大分県教育委員会編 1987『豊の国 創世展』大分県・大分県教育委員会 大分県立宇佐風土記の丘歴史民俗資料館編 1989『古墳文化の世界─豊の国の支配者たち─』平成元年度秋季企画展図録，大分県立宇佐風土記の丘歴史民俗資料館 大分県編 1989『大分県史』先史篇Ⅱ，大分県
宮崎	樋口隆康 1997「宮崎県の古鏡」『宮崎県史』通史編 原始・古代1，宮崎県

地域	
	岡崎敬編 1977『日本における古鏡 発見地名表 東北地方』東アジアより見た日本古代墓制研究
	岡崎敬編 1978『日本における古鏡 発見地名表 関東地方』東アジアより見た日本古代墓制研究
	岡崎敬編 1978『日本における古鏡 発見地名表 北陸・甲信越地方』東アジアより見た日本古代墓制研究
	岡崎敬編 1978『日本における古鏡 発見地名表 東海地方』東アジアより見た日本古代墓制研究
	岡崎敬編 1977『日本における古鏡 発見地名表 近畿地方Ⅰ』東アジアより見た日本古代墓制研究
	岡崎敬編 1977『日本における古鏡 発見地名表 近畿地方Ⅱ』東アジアより見た日本古代墓制研究
	岡崎敬編 1978『日本における古鏡 発見地名表 近畿地方Ⅲ』東アジアより見た日本古代墓制研究
	岡崎敬編 1977『日本における古鏡 発見地名表 中国地方』東アジアより見た日本古代墓制研究
	岡崎敬編 1976『日本における古鏡 発見地名表 四国』東アジアより見た日本古代墓制研究
	岡崎敬 1981「四国における「古鏡」発見地名表」『史淵』第118輯,九州大学文学部
	岡崎敬編 1979『日本における古鏡 発見地名表 九州地方Ⅰ』東アジアより見た日本古代墓制研究（増補改訂版）
	岡崎敬編 1978『日本における古鏡 発見地名表 九州地方Ⅱ』東アジアより見た日本古代墓制研究
	岡崎敬 1975「北九州市・福岡県（豊前）における「古鏡」発見地名表稿—九州大学文学部考古学研究室作製—」『史淵』第112輯,九州大学文学部
	岡崎敬 1981「北九州市・福岡県（豊前）における「古鏡」発見地名表稿—九州大学文学部考古学研究室作製—」『創立五十周年記念論文集』九州大学文学部
	岡崎敬 1974「長崎県・佐賀県・熊本県における「古鏡」発見地名表稿」『九州文化史研究所紀要』第19号,九州大学九州文化史研究施設
	東京国立博物館編 1980『東京国立博物館図版目録』古墳遺物篇（関東Ⅰ）,東京国立博物館
	東京国立博物館編 1983『東京国立博物館図版目録』古墳遺物篇（関東Ⅱ）,便利堂
	東京国立博物館編 1986『東京国立博物館図版目録』古墳遺物篇（関東Ⅲ）,便利堂
	東京国立博物館編 1988『東京国立博物館図版目録』古墳遺物篇（近畿Ⅰ）,東京美術
	佐伯純也編 2009『山陰の古墳出土鏡』第37回山陰考古学研究集会事務局
	佐賀県立博物館編 1979『鏡・玉・剣—古代九州の遺宝—』佐賀県立博物館
	小田富士雄・藤丸詔八郎・武末純一編 1991『弥生古鏡を掘る—北九州の国々と文化—』北九州市立考古博物館
	九州考古学会事務局・九州考古学会第5回夏期大会佐賀県実行委員会編 2013『平成25年度九州考古学会大会 弥生時代後期青銅鏡を巡る諸問題』九州考古学会
	埋蔵文化財研究会第20回研究集会世話人編 1986『弥生時代の青銅器とその共伴関係』第Ⅰ-Ⅳ分冊,埋蔵文化財研究会第20回研究集会世話人
	埋蔵文化財研究会編 1994『倭人と鏡—日本出土中国鏡の諸問題—』第1分冊・第2分冊,第36回埋蔵文化財研究集会,埋蔵文化財研究会
	埋蔵文化財研究会編 1994『倭人と鏡 その2—3・4世紀の鏡と墳墓—』第36回埋蔵文化財研究集会,埋蔵文化財研究会

全国	
	白石太一郎・設楽博己編 1994『弥生・古墳時代遺跡出土鏡データ集成』『国立歴史民俗博物館研究報告』第56集 共同研究「日本出土鏡データ集成」2,国立歴史民俗博物館
	白石太一郎・設楽博己編 2002「弥生・古墳時代遺跡出土鏡データ集成 補遺1」『国立歴史民俗博物館研究報告』第97集,国立歴史民俗博物館
	富岡謙蔵 1920『古鏡の研究』丸善株式会社
	後藤守一 1926『漢式鏡』日本考古学大系,雄山閣（高橋健自監修）
	後藤守一 1942『古鏡聚英』上篇 秦鏡と漢六朝鏡,大塚巧芸社
	梅原末治 1962「日本出土の中国の古鏡（一）—特に漢中期より後半代の古鏡—」『考古学雑誌』第47巻第4号,日本考古学会
	田中琢 1977『鐸 剣 鏡』日本原始美術大系4,講談社
	樋口隆康 1979『古鏡』新潮社
	田中琢 1979『古鏡』日本の原始美術8,講談社
	小林三郎 1982「古墳時代倣製鏡の鏡式について」『明治大学人文科学研究所紀要』第21冊,明治大学人文科学研究所
	車崎正彦編 2002『考古資料大観』第5巻 弥生・古墳時代 鏡,小学館
	水野敏典・山田隆文編 2005『三次元デジタル・アーカイブを活用した古鏡の総合的研究』橿原考古学研究所成果第8冊,奈良県立橿原考古学研究所
	小林三郎 2010『古墳時代倣製鏡の研究』六一書房
	下垣仁志 2011『倭製鏡一覧』立命館大学考古学資料集成第4冊,立命館大学考古学論集刊行会
	下垣仁志 2016『列島出土鏡集成』平成25〜27年度科学研究費補助金（若手研究B）研究成果報告書（第二分冊）,立命館大学文学部

◇ 都府県ごとに鏡の収録数の多い書籍・文献を提示した。
◇ 文献数は都府県ごとに1〜3程度にとどめた。
◇ 「地域」ごとの文献は、都府県よりも大地域をあつかったものを選んだ。
◇ 「全国」の文献は、地域をかぎらず列島出土鏡の情報を数多く収録するか画像を多数おさめた書籍類を選んだ。

（597面）→2. 奈良県（390面）→3. 京都府（258面）→4. 大阪府（250面）→5. 兵庫県（236面）→6. 岡山県（224面）→7. 群馬県（202面）→8. 静岡県（192面）→9. 三重県（186面）→9. 佐賀県（186面）の順に、そして補完調査後の歴博集成では、1. 福岡県（675面）→2. 奈良県（438面）→3. 京都府（273面）→4. 大阪府（266面）→5. 兵庫県（259面）→6. 岡山県（233面）→7. 群馬県（204面）→8. 佐賀県（202面）→9. 静岡県（194面）→10. 三重県（189面）の順になる。

　岡崎集成から本集成にいたる順位および面数の推移をみると、出土面数を着々と増加させている府県と、そうでない県との差がわりと明瞭である。古くから濫掘や盗掘によって鏡が数多く出土し、早くからそうした事例の追跡調査や記録調査がなされてきた県（例．群馬県・山梨県・静岡県・三重県・岡山県・宮崎県など）は、増加率が鈍い。これら伝出土資料が多い県の場合、のちの追跡調査により出土地の重複例や不確実例、偽鏡の存在などが判明することで、資料数が減ってしまう場合すらある。三重県はその典型例である〔吉村 2001・2002〕。増加率の鈍い県の代表格である群馬県・山梨

表 3 倭製鏡の鏡式（系列）の集成数の推移

	鼉龍鏡	方格規矩四神鏡	内行花文鏡	「仿製」三角縁神獣鏡	神頭鏡	捩文鏡	珠文鏡	重圏文鏡	素文鏡	弥生倭製鏡	乳(脚)文鏡	旋回式獣像鏡	「鈴鏡」
1910	7 [高橋 11]				2 [高橋 11]	2 [高橋 11]			2 [高橋 11]				6 [高橋 11]
1920	12 [富岡 20]					6 [富岡 20]							29 [富岡 20]
1930	22 [後藤 26]	12 [後藤 26]				11 [後藤 26]	19 [後藤 26]		8 [後藤 26]		15 [後藤 26]		46 [後藤 26]
1940													58 [森本 28]
1950													68 [三木 40]
1960							50 [久永 60]			23 [梅原 59]			71 [久永 63]
1970						24 [伊藤 67]	107 [東中川 75]			56 [高倉 72]			
1980	31 [樋口 79]	37 [樋口 79]	135 [樋口 79]	104 [樋口 79]	9 [樋口 79]	39 [樋口 79]	56 [樋口 79]		50 [近藤 80]	56 [樋口 79]	50 [樋口 79]		68 [樋口 79]
	40 [池上 92]	32 [小林 79]	150 [小林 79]		11 [荻野 82]	43 [小林 79]	66 [小林 79]	22 [小林 79]		97 [高倉 79]	44 [小林 79]		69 [小林 79]
		52 [田中 83]		117 [京大 89]		50 [小林 83]	180 [坂本 86]			148 [高倉 85]			110 [山蔵 82]
1990	42 [車崎 93]	34 [河合 90]		127 [樋口 92]		80 [小沢 88]		24 [林原 90]	90 [今平 90]				81 [西 86]
	21 [新井 95]	39 [北浦 92]	247 [清水 94]	125 [埋文 94]		121 [水野 97]	221 [中山他 94]	40 [藤岡 91]				70 [森下 94]	
2000	36 [辻田 00]	66 [下垣 01]		129 [樋口 00]		180 [下垣 03]							151 [大川 97]
	37 [林 00]			128 [森下他 00]	22 [下垣 03]								158 [八木 00]
	58 [下垣 03]	64 [下垣 03]		128 [福下 05]	15 [赤塚 04]				50 [近藤 80]	271 [田尻 04]			148 [岡田 03]
	40 [辻田 07]									333 [田尻 10]			
2010	65 [下垣 11]	70 [下垣 11]	347 [下垣 11]	133 [下垣 10]	25 [下垣 11]	191 [下垣 11]	318 [下垣 11]	113 [下垣 11]	109 [下垣 11]	345 [下垣 11]	196 [下垣 11]	130 [下垣 11]	139 [下垣 11]
							250 [脇山 13]	105 [脇山 15]	80 [小野木 11]	336 [田尻 12]		120 [加藤 14]	
本書	71	71 (66)	385	139 (132)	26	211	385	136	140	372	220	145	[180]

◇ 鏡式認定は論者ごとに相違するが、原則的に変更をほどこさない。
◇ [ ] 内の文献は巻末の引用文献に対応する。文献の年次は上二桁を省略する。
　[富岡 20：後藤 26] などは網羅的な集成とはかぎらないが、便宜的に掲載数をもって集成数とみなす。
◇ 本書での集成数は、筆者が確認した面数である。鏡式のみ確認し、鏡式（系列）を重複している場合にかぎり、それらを変更・除外する。
　約 X 面、X 面余といった面数は、すべて X 面として掲載する。
◇ 筆者は「鈴鏡」を鏡式としてみていないが、参考のため掲載した。他鏡式（系列）と重複しているので注意されたい。

◇ 鏡式認定は論者ごとに相違するが、原則的に変更をほどこさない。方格T字鏡など明らかな中国製鏡を多数ふくむ場合にかぎり、それらを変更・除外する。除外した資料もふくめると、たとえば珠文鏡と内行花文鏡は約 400 面、弥生倭製鏡は約 380 面になる。

県・三重県は、「掲載総数」や「選別総数」にくらべて「中国製鏡」および「倭製鏡」の数がかなり少ない。これは、舶倭すらわからない伝出土資料が多くの割合を占めているからである。他方、集成の直前に、県史などの自治体史や図録類が編まれた場合、大幅な増加をみせることが多い。福岡県や奈良県のように、古くから濫掘がさかんで、そのうえ出土鏡を集成した県史や図録にとぼしいにもかかわらず、増加の度合いが衰えをみせない県は、埋蔵・所蔵のいずれにおいても、よほどの資料がなお潜在していることを暗示する。その福岡県のように、集落とりわけ弥生時代の集落の発掘件数が多い府県も、出土数をのばしてゆく傾向が顕著にみとめられる。

（２）舶倭の比較

「選別総数」のうち舶倭の区別がつくものを、それぞれ「中国製鏡」と「倭製鏡」として集計した。中国製鏡の「列島面数」「韓・不明面数」「出土総数」は、それぞれ2180面・70面・2250面、倭製鏡の「列島面数」「韓・不明面数」「出土総数」は、それぞれを2954面・279面・3233面を数える。なお本集成では、一般に倭製鏡とみなされる「仿製」三角縁神獣鏡132（139）面と、従来は倭製鏡にふくめられることの多かった方格Ｔ字鏡や唐草文鏡など約百数十面を、中国製鏡として集計しているので注意されたい。これらの諸鏡式を倭製鏡として再集計すれば、中国製鏡と倭製鏡の「列島面数」および「出土総数」は、それぞれ約1950面・約2000面と約3200面・約3450面とになるだろう。

中国製鏡の出土数を1とした場合の倭製鏡の出土数を数値化した「舶倭比」をみると、大陸への窓口になった九州北部が低く、東日本とりわけ関東・東北が高くなるという、当然といえば当然の結果が弾きだされた。ただし、単純な東高西低のカーヴをえがかず、奈良県・京都府・大阪府・兵庫県の2府2県が1.0前後にまとまって低い一方で、中四国や九州中・南部はそれよりも高い数値を示している。また、この2府2県が、いずれもほぼ300面を超す面数を誇るにもかかわらず、舶倭比がほぼ一定であることは興味深い。とはいえ以上の数値は、三角縁神獣鏡や同型鏡群の出土数に少なからぬ影響をうけているので、少なくとも弥生時代と古墳時代に区分してデータを算出する必要がある。ただ、弥生時代から古墳時代まで長期保有された中国製鏡の存在や、長期保有の過程における移動など、その存否がいまださだまらない不確定な事象が多すぎるので、本論の検討では見送ることにした。

中国製鏡は福岡県が突出しており（477面）、これにつづく奈良県（280面）・京都府（145面）・大阪府（134面）・兵庫県（132面）の近畿2府2県を大きく引き離している。興味を惹くのは、倭製鏡の面数においてもこの順位がさほど変わらないことで、福岡県（293面）・奈良県（253面）・兵庫県（156面）・京都府（139面）・静岡県（138面）の順になる。福岡県は弥生倭製鏡の出土数（93面）において、次位の熊本県（46面）にダブルスコアをつけ、近畿2府5県の総数32面の約3倍の面数を誇ることから、弥生倭製鏡が順位をあげる要因になっていると目されるかもしれない。しかし、古墳倭製鏡にかぎっても、首座は奈良県（250面）にゆずるものの、福岡県（200面）は第2位の上位を依然として占め、これに兵庫県（144面）・京都府（138面）・静岡県（138面）が後続する順位は動かない。

九州北部では、弥生時代中期後半〜後期に銅鏡が隆盛し、古墳時代になると、王権中枢勢力の強い

関与があった福岡県沖ノ島遺跡を例外として振るわなくなるという印象を、多くの研究者がそこはかとなく共有している。たしかに弥生時代にくらべると相対的に低調になるが、福岡県本土における多量の倭製鏡の存在には注意すべきものがある。弥生時代末期後半頃から古墳時代前期にかけて、おおむね画文帯神獣鏡→三角縁神獣鏡→大・中型倭製鏡の順序で展開してゆく主要な鏡群が、とくに三角縁神獣鏡をのぞく二者が、九州北部に目だたない事実にたいし、当地域では鏡を重視する習俗がすでに廃れていたからだという説明もありうるだろう。しかし、当地域の中枢をなす福岡県に、依然として多数の古墳倭製鏡が流入していることは、この説明がなりたたないことを端的に示している。むしろ、王権中枢勢力の戦略上から、重要な鏡群が当地域にもたらされず、沖ノ島遺跡をのぞく当地域は、もっぱら格づけの低い小型倭製鏡しか入手しえなかったと判断すべきである。

（3）古墳倭製鏡

　古墳倭製鏡（以下、倭製鏡）の製作・流通（分配）・副葬において、面径がきわめて重要な意味をになっていた。ごく大雑把ではあるが、基礎データの提示もかねて、都府県ごとの倭製鏡のサイズの様態を概観しておく。筆者は大型鏡（20 cm～）・中型鏡（14 cm～）・小型鏡（～14 cm）に区分するが、本論では便宜的に超大型鏡（25 cm～）を設定しておく。

　倭製鏡の「列島面数」「韓・不明面数」「出土総数」は、それぞれ2630面・231面・2861面を数える。「出土総数」のうち面径がほぼわかる資料は2668面、その内訳は超大型鏡43面・大型鏡76面・中型鏡353面・小型鏡2196面になる。「韓・不明面数」に関して最近、全羅南道海南郡に所在する萬義塚1号墳（韓国全6）でようやく中型鏡が出土したが、韓半島出土の残り14面は軒並み小型鏡であり、小型鏡が圧倒的多数を占める事実は動かない。出土都府県不明の倭製鏡には、超大型鏡・大型鏡・中型鏡が比較的多いが、これはおそらく畿内地域の有力墳の濫掘・盗掘品が少なからずふくまれるためであろう。

　面径がおおむね判明している列島面数は2445面、その内訳は超大型鏡40面（1.6%）・大型鏡66面（2.7%）・中型鏡300面（12.3%）・小型鏡2039面（83.4%）となる。超大型鏡の7割（28面）を奈良県が占め、京都府・大阪府・滋賀県の各2面をくわえると、近畿地域が全体の85%を寡占している。残余の6面のうち、2面が沖ノ島遺跡（福岡329・330）、1面が岡山県鶴山丸山古墳（岡山123）からの出土であり、どちらも倭製鏡の副葬において特異性が際だつ遺跡・古墳であり、畿内中枢勢力との深い関連性が読みとれる。残る3面は静岡県松林山古墳（静岡32）・山口県柳井茶臼山古墳（山口3）・宮崎県持田古墳群（伝）（宮崎34）から各1面が出土しており、これらの古墳（群）についても畿内中枢勢力との密接な関係が指摘されてきた。

　大型鏡では、奈良県22面（33.3%）・京都府12面（18.2%）・福岡県9面（13.6%）が突出する。ただし福岡県に関しては、本土は2面にすぎず、残り7面は沖ノ島遺跡から出土したものである。しかも前者の2面は、後期倭製鏡（福岡399）と前期末葉～中期初頭に造営された古墳から出土した前期倭製鏡（福岡153）である。近畿地域の出土数は41面（62.1%）で、超大型鏡ほどではないが、やはりかなりの占有率を誇る。他方、兵庫県・三重県・和歌山県から大型鏡の出土をみていないことも注目される。逆に畿内地域への凝集ぶりが際だっている。なお、畿外では福岡県に次ぐ岡山県（4面）も、3面は鶴山丸山古墳からの出土（岡山124・125・126）であり、沖ノ島遺跡とならんで超大

型鏡の場合と類似する様相を呈している。残りの12面は神奈川県と山梨県の各2面、埼玉県・新潟県・静岡県・愛知県・山口県・香川県・熊本県・宮崎県の各1面からなる。なぜか東日本に多い（8面）が、江戸時代に出土した資料2面（新潟1・山梨26）・出土地が不明確な資料1面（山梨55-1）・中期倭製鏡2面（神奈川3・4）・中期古墳から出土した前期倭製鏡1面（埼玉19）がふくまれており、解釈には慎重さが要請される。西日本の4面は、中期倭製鏡2面（うち1面は持田古墳群（伝）出土）（熊本35・宮崎32）、そして畿内地域との強い関係が説かれてきた香川県津田湾地域の古墳（香川7）および柳井茶臼山古墳（山口4）からの出土鏡各1面である。

　以上から、大型鏡も畿内地域とりわけ奈良県に集中することが明白である。しかも、畿外諸地域の出土例は、畿内中枢勢力との密接な関係が推定される古墳と遺跡に顕著である。また、畿内中枢を頂点とする面径による傾斜分布パターンがいくぶん弛緩する古墳時代中期・後期の倭製鏡ないし古墳出土例が目だっている。これらを勘案すると、大型鏡の分布における古墳時代前期の畿内地域の卓越性がいっそう際だってくる。

　中型鏡になると、奈良県が60面（20.0％）で首座を維持するものの、近畿地域で143面（47.7％）となり、列島全域に占める割合が50％を切る。奈良県のあとを追うのは岡山県（23面）・京都府（22面）・大阪府（18面）・福岡県（18面）・宮崎県（17面）・三重県（15面）・兵庫県（15面）であり、このほか群馬県・岐阜県・静岡県・愛知県が10面を超え、畿外諸地域とくに東日本がいくぶん目を惹く。ただやはり、福岡県では沖ノ島遺跡が3分の2の12面を、岡山県では鶴山丸山古墳が約4分の3の17面をおさえており、超大型鏡・大型鏡と似た様相がみてとれる。宮崎県にしても、中期倭製鏡（7面）と後期倭製鏡（5面）で7割が占められ、しかもこの中期倭製鏡の全7面と後期倭製鏡の2面が持田古墳群から出土したと伝えられている。群馬県でも、10面のうち4面が後期倭製鏡である。

　そして小型鏡になると、超大型鏡〜中型鏡における奈良県のような突出した府県が消える。首位に躍りでる福岡県（148面）にしても、列島全体のわずか7％しかない。次位以下は奈良県（130面）・兵庫県（124面）・静岡県（109面）・長野県（99面）・京都府（96面）・鳥取県（94面）と団子状につづき、各府県の面数の平準化がみとめられる。そして近畿地域は576面となり、全体の28％を占めるにとどまる。

　このように、倭製鏡の流通（分配）においては、面径が大きくなるほど畿内地域とりわけ奈良県に重点がおかれ、畿外諸地域では畿内中枢勢力との関係が想定される地域や古墳に大型鏡が点在し、面径が小さくなるにつれて列島広域にあまねく分布する状況が明瞭に看取できる。筆者が以前からくりかえし主張してきたことなので、別に目新しくもないが、基礎データを整理して提示した点にそれなりの意義があろう。

三．重量に関する小考

1. 問題の所在

　前節では、単純な面数の比較をおこなった。本節では、倭製鏡の重量を俎上に載せ、もう少し複雑な分析を展開する。とはいえ、十分な統計にはほど遠く、おおよその傾向をみちびきだすための四則

演算レヴェルの分析にとどまらざるをえない。

　鏡の法量に関して、面径がはなはだ重要視されるが、他方で重量はほとんど注意されてこなかった。筆者もまた、三角縁神獣鏡の重量データについて簡単な考察をしたことはあった〔下垣 2010〕ものの、面径ばかりに着目した検討に終始してきた。面径が重視されてきたのは、サイズに格差が付帯され、その分配をつうじて政治秩序が形成されたと想定されてきたからである〔車崎 1993 等〕。しかし、なぜサイズが重要かといえば、大型になるほど製作に高い技倆を要するという技術的要因や、大型品ほど見栄えがよいという常識的な心理的要因にくわえ、列島外からの輸入にたよらざるをえなかった青銅原料の稀少価値によるところが大きい。原料の多寡が面径の大小にほぼ直結する以上、重量（≒原料の量）の分析にはかなりの有望性がみこまれる。

2. 先行研究と課題

　日本の古鏡研究は、重量という重要な属性に関心をよせてこなかった。ところが、古鏡研究の黎明期に編まれた『小山林堂書画文房図録』（1848 年）や『撥雲餘興』（1877・1882 年）では、収録鏡の解説のなかで重量が明記されていた。しかし、このことをもって、黎明期の古鏡研究が具備していた重量への関心が、鏡背文様への興味にとって代わられたなどと、忽卒に判断するわけにはゆかない。これらの書籍は、北宋代の『宣和博古図録』（1107 年）で成立し、清代の『西清古鑑』（1749 年）および『金石索』（1821 年）などへと継承された体裁を踏襲していた。その体裁とは、「鏡の名称や模写図のほか、銘文の釈文、面径、重さ、銘文の字数など」を記載するというものであった〔岡村 2008, p.793〕。つまり、江戸期〜明治初期の文人が鏡に解説を付す際に、中国の金石書の規範的フォーマットに準拠しただけであり、かれらが重量に関心を示した証跡はない。そしてその後も、重量データをもちいた分析や考察があらわれることはなかった。

　1960 年前後に、実物への緻密きわまりない観察に立脚して、作鏡の実態に鋭く切りこんだ原田大六は、「当時の貴重金属によって鋳造された鏡は、重量でこそ意味があって、径では意味をなさ」ず、「古代人も重量を貴んだもの」との「考え」から、沖ノ島 17 号遺跡出土の 21 面の重量データをとりあげ、重量（g）を鏡面の面積（cm^2）で除した比重値を算出するなどして、当遺跡出土鏡群の「等級判定」の一基準とした〔原田 1961, p.91・95〕。しかし、この先駆的で斬新な分析視角をほかの事例におよぼすことはなく、議論はこれ以上の展開をみなかった。

　しかし近年、重量データが徐々に蓄積されてきたことをうけ、重量に着目した検討がしだいに増えてきている。たとえば岡村秀典は、「雲気禽獣紋鏡」（虺龍文鏡）の重量と面径の関係に着目し、「重さを半径の二乗で割った数値」を「厚さ指数」として設定した。そのうえで、型式がくだるにつれて「段階的に数値が小さくなっている」こと、すなわち「鏡の小型化とともに薄くなっていること」を明示した。さらに、当鏡式の薄平化と同時期に生じていた「軽くて粗悪な銅貨」の「汎用」が、銅鏡の重量とどう相関するのかに「なんらかの答え」をあたえるために、「今後すべての鏡式について厚さ指数を分析する」必要性を提言した〔岡村 2005, p.822〕。同じく銅鏡と貨幣の関連性に着眼した清水康二は、三角縁神獣鏡の均一的な面径に「原始貨幣」としての性格を看取した。そして具体的に、断面形状と重量との相関性を根拠に、面径を維持しながら原料を節約したために薄平化が生じ、「仿製」三角縁神獣鏡の末期段階をもって「原始貨幣」としての役割が終焉したと推測した〔清水

2008・2014〕。

　鏡の重量に関する研究が近年にいたるまで進捗をみなかったのは、前述した原田の提言が継承されなかったことにうかがえるように、研究者側で関心を育んでこなかったことにその主因がある。そのため、鏡の報告において重量が記載されることは少なく、そのことが研究者の意識から重量をますます遠ざけるという悪循環が生じていた。しかし、報告書などの記載が詳細さをましてくるにつれ、重量に関する記述も増えてきた。とくに、三次元計測の成果報告書において、三角縁神獣鏡を中心とする列島出土鏡約400面の重量データが収録されたことが、当該分野の研究に貴重な基礎資料をもたらした〔水野他編 2005〕。

　近年、こうしたデータを活用し、詳細な統計分析を駆使して鏡の重量の意味について興味深い検討成果を披瀝しているのが小西正彦である。小西は、欠損部分が「7〜8％以下」におさまる鏡の重量データを約700面分あつめたうえで、三角縁神獣鏡と倭製鏡の「同工鏡群」とを俎上に載せた詳細な分析を実施した〔小西 2009, p.48・2011〕。三角縁神獣鏡については、同笵（型）鏡間においても重量に明白な差がある事例が確認できる一方で、同一古墳出土の同笵（型）鏡だと差がわずかであることや、同笵（型）鏡において推定される鋳造順序と重量の軽重順とが相関しないことなどを指摘した〔小西 2009〕。倭製鏡に関しては、車崎正彦が鼉龍鏡系の分析をつうじて仮定した「作鏡者A」〔車崎 1993〕の製品と考えうる13面に重量分析をほどこし、この鏡群が鏡体の「平均厚さを面径の大きさに比例して厚くする形で設計・製作されている」ことを導出した〔小西 2011, p.81〕。

　このように、ようやく近年になって重量をあつかった分析と考察が登場してきた。ただ、総面数に比して重量データの蓄積がめざましい三角縁神獣鏡については検討が深まりつつあるが、他方で倭製鏡については、鏡式・系列の分類や段階設定（時期比定）の成果が十分に共有されていないこともあり、研究が大きく立ち遅れている。しかし、森下らの研究成果もあるし〔森下 1991；林 2000等〕、本集成では個別資料の帰属や製作時期を明記しているので、具体性と詳細さをあわせもつ倭製鏡の重量分析も十分に可能な段階にきている。可能であるどころか、王権中枢勢力がかぎられた青銅素材を駆使し、多彩なサイズの諸系列を製作させ、諸地域に分配する戦略を採っていた蓋然性が高い以上、その分析のもたらす成果は三角縁神獣鏡の場合よりも大なるものがある。したがって以下では、試論の域はでないものの、倭製鏡の重量に関する検討をおこなう。呼称法が二転三転して恐縮だが、本節の「倭製鏡」は弥生倭製鏡と古墳倭製鏡の両者を指示する。

3. 分析の対象と方法

　鏡の重量データは意外なほど多い。本集成には、約1550面の重量データ（倭製鏡915面・三角縁神獣鏡313面・中国製鏡314面など）を収録することができた。上述した小西の採用基準におおむね即して、欠損が目だつ資料をのぞいても、約1300面が残る。そのうち約740面を倭製鏡が占める。これだけの重量データを手にしながら、まともな議論を構築できないとすれば、その非はデータにではなく、研究者の側に帰さねばならない。

　重量が判明しているこれらの倭製鏡（以下、「重量既知資料」）から、系列（鏡式）ごとの重量の平均値や凝集度、さらには「m値」や「厚さ指数」を抽出したり、さらにはそれらの系列（鏡式）間比較や時期的推移の検討およびその背景の究明などといった、多様な検討を展開することが可能であ

表4 倭製鏡の面径と重量の対応関係

古墳倭製鏡（676面）	
1 cm台	3 g
2 cm台	4 g
3 cm台	8 g
4 cm台	14 g
5 cm台	28 g
6 cm台	38 g
7 cm台	53 g
8 cm台	72 g
9 cm台	92 g
10 cm台	137 g
11 cm台	170 g
12 cm台	215 g
13 cm台	287 g
14 cm台	316 g
15 cm台	378 g
16 cm台	443 g
17 cm台	542 g
18 cm台	579 g
19 cm台	914 g
20 cm台	889 g
21 cm台	983 g
22 cm台	1008 g
23 cm台	1048 g
24 cm台	1179 g
25 cm台	1483 g
26 cm台	1504 g
27 cm台	1820 g
28 cm台	1896 g
29 cm台	2559 g
35 cm台	3930 g
37 cm台	4880 g
39 cm台	4375 g
44 cm台	8950 g

（鈴鏡を除外した数値）

弥生倭製鏡（61面）	
3 cm台	13 g
4 cm台	14 g
5 cm台	25 g
6 cm台	43 g
7 cm台	60 g
8 cm台	85 g
9 cm台	116 g

　る。しかし、重量既知資料は全倭製鏡の約28％、完鏡もしくは欠損の寡少な資料にいたっては約23％を占めるにすぎず、これだけでは総重量をふまえた分析を十分におこなえない憾みがある。重量既知資料に限定した厳密な分析はもちろん価値があるが、残る7割を超える重量未知資料を放置するのはなんとしても惜しい。

　重量未知資料の重量を復元する方法はいくつかある。たとえば、重量既知資料の面径と重量の関係を示す近似曲線の数式を計算し、この数式に重量未知資料の面径を代入する方法がある。ただこれは複雑にすぎるし、重量既知資料のデータが増えるごとに数式が変化してややこしい。重量既知資料の「m値」の平均値をもとめ、これを重量未知資料の面積に乗する方法もある。しかし、鏡はすべて円板形なので、面径に比例する面積を算出するのは二度手間である。

　本論では、かなり単純な方法で重量未知資料の重量を推算する。すなわち、面径1cm刻み（例．10.0〜10.9 cm）で重量既知資料の平均重量を弾きだし、その算出値をもって当該範囲の面径におさまる重量未知資料の重量とする方法である。こうして重量をもとめた資料を、以下では「重量推算資料」と呼称する。むろん、大雑把な算出法ではある。しかし倭製鏡の面径と重量との関係は、断面形状の差異から容易にうかがえるように、系列（鏡式）や系統や時期などによって変動をみせていることを考慮すれば、そうした差異を吸収する上記の方法が逆に適切ではないかと考える。大局をとらえるには、この程度の精度で事足りると判断しておきたい。実際、1 cm刻みで重量既知資料の平均重量を算出したところ、古墳倭製鏡（676面）でも弥生倭製鏡（61面）でも、面径の増大と重量の増加とにほとんど齟齬がみられなかった（表4）。したがって以下では、上記の方法で算出した重量推算資料をもちいる。

　倭製鏡の重量既知資料が約740面ということは、重量未知資料が2500面近くにおよぶということである。イレギュラーな資料や位置づけの判断に悩む資料もある。推算にあたっては、以下のような判断をくだした。重量を推算するための資料としては、重量未知資料のうち面径の判明する約2250面を使用し、内区片などのために面径が不詳な資料は除外した。[10]ただし、桜井茶臼山古墳から出土した多量の倭製鏡片は、ほぼすべてが超大型鏡であるが、内区片のため正確な面径が不詳である。しかし、除外すると総重量に甚大な影響をおよぼしてしまう。したがって本墳の鏡片は例外的に使用することにし、報告文〔高橋 1993；東影編 2011〕などを参考にしながらおおよその面径をもとめ、重量既知資料と面径の対応関係を参照しつつ適当な重量をあてがった。また、径25 cmを超える超大型鏡は資料数にとぼしく、平均重量の数値に信頼をおきがたい。径30 cm以上になると、すべてが孤例である。ところが、径30 cmを凌駕する重量未知資料も存在する。そうした重量未知資料は、前後の面径の重

量既知資料を参考にして、だいたいの重量を想定する方針を採った。それらの大半が奈良県の古墳出土鏡であり、しかも同県の桜井茶臼山古墳出土鏡群は面径すら不詳であり、不確実さが増幅されてしまう。それゆえ、奈良県の重量推算資料のデータは信頼性が低いことになる。とはいえ、同県は圧倒的に突出した重量値を誇っており、データの誤差を勘案しても突出ぶりはまるで揺るがない。他府県との比較という点では、この誤差はさほど気にする必要はない。

あたりまえのことだが、用意した青銅原料がすべて製品に結実するわけではない。鋳造時の湯漏れなどによる逸失や鋳造後の処理などによる目減りがあり、再利用すべく回収につとめても限界がある。以下で論点になるのは調達しえた青銅の分量である以上、目減り量の推算が必要ではあるが、復元の手がかりがないので、本論では製品の青銅重量のみをあつかう。これに関して、鋳造技術や鋳造条件の相違により、湯漏れや湯こぼれなどに起因する青銅原料の逸失率は変わると考えられるので、厳密な議論を展開するつもりであれば、製品の重量と青銅原料の量を単純に比較することはできない。しかし本論の議論は、おおまかな傾向をとらえることに目的があるので、そうした要因は捨象している。

「仿製」三角縁神獣鏡や方格T字鏡などは中国製鏡と判断した。また、福岡県平原墳墓出土の超大型内行花文鏡5面も中国製鏡とみなし〔清水 2000〕、分析対象からはずした。一応の処置として、古墳倭製鏡と弥生倭製鏡を区別して重量の推算をおこなった。ただ、面径と重量の対応関係に関して、両者間にさしたる差はみとめられない。いわゆる鈴鏡は、前述の理由で重量既知資料にふくめなかったが、重量推算資料にはくわえた。その際、鈴をのぞいた鏡体部分を面径データとして採用したため、鈴の重量分が差し引かれている。また個別資料として、奈良県行燈山古墳からの出土が伝えられる、倭製鏡の文様を鋳出した巨大銅板（奈良111-1）は、重量既知資料からはずしたが、重量推算資料をくわえた重量データにはふくめた。

4. 分析と小考

上記の基準と方法にのっとり、倭製鏡の重量既知資料を整理し、そこから重量推算資料の重量を算出した。その結果が表5と表6である。まず表5であるが、「重量既知資料」の項目は系列（鏡式）ごとに平均重量と平均面径を算出した。他方、「重量既知資料＋重量推算資料」の項目のうち重量推算資料は、重量既知資料の1cm刻みの平均重量をそのままあてはめたものであり、系列（鏡式）ごとに算出した数値を代入したものではない。したがって、「重量既知資料＋重量推算資料」は系列（鏡式）ごとの差異が平準化されてしまっているおそれがあり、厳密な検討には適さない憾みもある。また、サイズの大きい資料のほうが計量される頻度が高いためか、重量既知資料が「重量既知資料＋重量推算資料」よりも平均面径がまさり、そうなると当然のこと、重量も多めに算出されることになる。

そのような難点を自覚したうえで表5の重量既知資料をみると、やはり前期倭製鏡の三大主要系列（鏡式）である鼉龍鏡系・方格規矩四神鏡系・内行花文鏡A式が、平均面径も平均重量も突出していることが明瞭である。前期倭製鏡では、これらに対置式神獣鏡系と二神二獣鏡I系が次ぐことも、これまでの研究成果〔下垣 2011a〕と合致する。やや意外の感があるのは、中期型神獣鏡・後期型神獣鏡、そして中期型獣像鏡が、平均面径と平均重量においてわりと卓越していることである。とくに中

表5　倭製鏡の鏡式別重量

	重量既知資料			重量既知資料＋重量推算資料				
	面数	平均重量(g)	平均径(cm)	面数	総重量(kg)	平均重量(g)	平均径(cm)	総重量比(％)
内行花文鏡	83面	419	14.1	375面	115.0	307	11.7	18.6
A式	29面	883	19.9	59面	75.6	1282	21.7	12.2
B式	54面	164	10.9	316面	39.5	125	9.8	6.4
夔龍鏡系	23面	1154	20.2	71面	62.6	882	18.6	10.2
方格規矩四神鏡系	23面	960	21.3	63面	58.9	935	20.6	9.6
旋回式獣像鏡系	51面	208	12.7	135面	26.8	199	12.0	4.3
中期型獣像鏡	37面	419	13.9	83面	26.0	314	12.9	4.2
対置式神獣鏡系	36面	499	16.5	60面	25.7	428	15.4	4.2
乳脚文鏡系	49面	100	9.4	216面	21.5	99	9.2	3.5
珠文鏡	68面	52	7.2	371面	20.8	56	7.3	3.4
弥生倭製鏡	61面	49	6.7	350面	20.6	59	7.1	3.3
捩文鏡系	38面	100	9.2	202面	19.0	94	8.8	3.1
分離式神獣鏡系	29面	251	13.3	53面	11.8	223	12.3	1.9
中期型神獣鏡	11面	434	15.0	25面	10.8	432	15.4	1.8
盤龍鏡系	12面	383	15.0	31面	9.2	298	13.5	1.5
後期型神獣鏡	10面	462	15.2	21面	9.0	429	14.8	1.5
神像鏡系	8面	377	14.8	30面	8.9	296	13.6	1.4
鳥頭獣像鏡系	18面	146	10.2	54面	7.9	145	10.4	1.3
獣像鏡Ⅰ系	5面	434	15.5	24面	7.8	326	14.1	1.2
二神二獣鏡Ⅰ系	8面	529	17.0	17面	7.7	455	16.1	1.2
重圏文鏡	28面	32	5.9	132面	4.9	37	6.1	0.8
二神二獣鏡Ⅱ系	―	―	―	14面	4.2	298	13.4	0.7
神頭鏡系	9面	115	10.4	24面	3.9	164	11.2	0.6
二神二獣鏡Ⅲ系	―	―	―	7面	2.1	302	13.9	0.3
素文鏡	27面	8	3.4	137面	2.0	15	3.9	0.3
櫛歯文鏡	3面	23	4.7	21面	0.7	31	5.4	0.1
行燈山古墳銅板	―	―	―	1面	22.9	22875	―	3.8
ほか（類某系等）	100面	371	13.3	461面	106.0	230	11.4	17.2
合計	737面	―	―	2978面	616.7	207	10.2	100.0

◇ 重量推算資料は、あくまで本集成の資料からの推算である。
◇ 総重量はグラム単位で算出したが、推算精度を考慮してキログラム単位で示す。
◇ 桜井茶臼山古墳出土の内行花文鏡は、破片からの推定であるが仮にA式にふくめた。
◇ 小片など面径不詳の資料は除外した。

期倭製鏡は、倭製鏡生産の停滞期の鏡と評されることが一般だが、三大主要系列（鏡式）をのぞいた前期倭製鏡の諸系列（鏡式）に遜色ない面径・重量を誇る系列（鏡式）が存在することには注目すべきである。

次に、面径が判明している約2400面の重量未知資料を重量既知資料から推算した重量推算資料をくわえた、「重量既知資料＋重量推算資料」の状況を概観してみよう。合計2978面の総重量は616.7 kgとなった。面径不詳の重量未知資料が約260面あるが、これらのほとんどは小型鏡であり、完鏡としてすべて合算してもせいぜい20〜30 kg程度であろう。したがって、重量を推定できる倭製鏡2978面の総重量は620 kg弱、推定が困難な約260面をくわえても650 kg前後ということになる。

なお三角縁神獣鏡については、完鏡もしくは欠損が寡少な重量既知資料が261面ある。そのうち中国製三角縁神獣鏡が199面で平均重量が1116 g、「仿製」三角縁神獣鏡が62面で平均重量944 gをはかる。舶倭ともに全資料の半数近くの重量がわかっており、同笵鏡番号の各資料がほぼ満遍なく計量されているので、この平均値を全資料に代入すれば、総重量の近似値が弾きだされるはずである。そうしたところ、中国製三角縁神獣鏡が497.8 kg、「仿製」三角縁神獣鏡が124.6 kg、あわせて622.4 kgとなった。倭製鏡の総重量とほぼ一致したのは面白い符合である。

それ以外の中国製鏡は、算出が困難である。鏡式ごとの形状や厚みの差異が大きく、しかも破鏡が少なからず混在しているからである。単純に、完鏡もしくは欠損が寡少な重量既知資料235面の平均重量約580 gを列島総数約1650面に乗すると、総重量957 kgになる。破鏡が破片でもたらされた場合を考慮して、破鏡21面の平均重量44 gを全破鏡に乗して、破鏡をのぞく中国製鏡の総重量にくわえると、約835 kgという数値が算出される。ところが前述したように、面径の大きい資料のほうが計量される傾向が強い。事実、中国製鏡のうち、重量既知資料の平均面径は15.6 cm、重量未知資料は14.2 cmで差がでている。倭製鏡の場

表6　都府県別の倭製鏡の重量

	倭製鏡全体			古墳倭製鏡		
	面数	総重量(kg)	平均(g)	面数	総重量(kg)	平均(g)
岩手	1面	0.1	72	1面	0.1	72
宮城	14面	1.0	74	14面	1.0	74
山形	3面	0.2	66	3面	0.2	66
福島	11面	0.9	81	11面	0.9	81
茨城	23面	4.4	190	23面	4.4	190
栃木	42面	4.5	106	41面	4.4	107
群馬	95面	13.1	138	93面	13.0	140
埼玉	33面	4.9	149	31面	4.8	156
千葉	75面	7.3	97	73面	7.1	98
東京	15面	1.4	93	13面	1.3	101
神奈川	34面	5.2	153	33面	5.1	156
新潟	16面	2.2	140	16面	2.2	140
富山	11面	1.0	91	9面	0.9	98
石川	25面	3.0	118	22面	2.8	129
福井	33面	4.4	135	33面	4.4	135
山梨	15面	4.4	290	15面	4.4	290
長野	104面	11.0	105	104面	11.0	105
岐阜	74面	12.1	163	72面	11.9	165
静岡	119面	19.2	162	119面	19.2	162
愛知	53面	11.1	209	51面	11.0	215
三重	80面	13.8	173	80面	13.8	173
滋賀	51面	11.2	220	48面	11.1	231
京都	131面	41.0	313	130面	40.9	315
大阪	122面	29.5	241	113面	29.1	256
兵庫	149面	18.0	121	137面	17.4	126
奈良	238面	164.2	689	235面	164.0	697
和歌山	42面	7.1	169	41面	7.0	172
鳥取	99面	9.9	100	96面	9.8	102
島根	39面	4.3	109	37面	4.1	111
岡山	125面	25.0	200	116面	24.4	211
			※1	90面	11.9	133
			※2	26面	12.5	481
広島	60面	5.5	92	58面	5.4	94
山口	29面	13.8	476	22面	13.4	611
			※3	19面	2.9	155
			※4	3面	10.5	3500
徳島	25面	3.4	134	24面	3.3	139
香川	53面	7.1	134	48面	6.7	140
愛媛	57面	6.8	119	51面	6.2	122
高知	2面	0.2	99	1面	0.1	137
福岡	257面	39.2	153	170面	33.3	196
			※5	128面	16.0	125
			※6	42面	17.3	411
佐賀	92面	8.0	86	53面	5.5	103
長崎	41面	2.7	65	17面	1.2	70
熊本	83面	7.7	93	38面	5.1	135
大分	47面	3.8	81	32面	2.9	90
宮崎	83面	19.2	231	81面	19.2	237
			※7	59面	8.7	147
			※8	22面	10.5	476
鹿児島	15面	0.9	63	5面	0.4	81
韓国	58面	3.4	59	15面	1.6	103
不明	204面	60.2	295	202面	60.1	298
合計	2978面	616.7	—	2627面	596.1	—

◇ 倭製鏡全体は、古墳倭製鏡・弥生倭製鏡・所属不詳倭製鏡を合算したデータ。

◇ 総重量はグラム単位で算出したが、推算精度を考慮してキログラム単位で示す。

◇ ※1は鶴山丸山古墳出土鏡を除外したデータ。当墳出土鏡の内容が※2。

◇ ※3は柳井茶臼山古墳出土鏡を除外したデータ。当墳出土鏡の内容が※4。

◇ ※5は沖ノ島遺跡出土鏡を除外したデータ。当遺跡出土鏡の内容が※6。

◇ ※7は持田古墳群出土鏡を除外したデータ。当古墳群出土鏡の内容が※8。

合でも、重量既知資料の平均面径（11.8 cm）のほうが重量未知資料の平均面径（10.2 cm）よりも大きい。中国製鏡の総重量と同じ算出方法を倭製鏡に適用すると、約 870 kg もしくは約 944 kg（面径不詳の重量未知資料をふくむ）となり、先に示した総重量よりも4割ほど多くなっている。となると、中国製鏡の総重量も下方修正の必要があるだろう。おそらく 600〜800 kg の範囲におさまるものと推定される。つまり、倭製鏡・三角縁神獣鏡・それ以外の中国製鏡の総重量は、おおよそひとしいとみてよい。

さて、検討を本題の倭製鏡にもどす。系列（鏡式）ごとに比較すると、鼉龍鏡系・方格規矩四神鏡系・内行花文鏡A式の三強がやはり突出しており、面数は 60〜70 面におさまるにもかかわらず、それぞれ 62.6 kg・58.9 kg・75.6 kg の重量を誇り、あわせると倭製鏡の総重量のほぼ3分の1になる。これらが面数・平均面径・重量すべてにおいて横並びであることは、製作期間の同時性もふくめて興味を惹く。内行花文鏡B式（39.5 kg）をあいだにはさんで、この三大主要系列（鏡式）に後続するのが前期倭製鏡の対置式神獣鏡系（25.7 kg）、中期倭製鏡の中期型獣像鏡（26.0 kg）、後期倭製鏡の旋回式獣像鏡系（26.8 kg）であり、これまた重量がきれいに揃っている。後二者がそれぞれ同時期の基軸系列であることを考えると、面白い現象である。これらを追うのが、面数の多さの点で内行花文鏡B式をふくめて五大系列（鏡群）をなしている乳脚文鏡系（21.5 kg）・珠文鏡（20.8 kg）・弥生倭製鏡（20.6 kg）・捩文鏡系（19.0 kg）であり、これまた団子状にかたまっており、10 kg 前後まで落ちこむ次位とのあいだに明瞭な一線を引ける。このように似た性格を有する系列（鏡式）が、重量において近似性をみせることは、それなりに興味深い。

ところで、この 620 kg 弱ないし 650 kg 前後という倭製鏡の総重量は、案外すくなく感じられる。先記したように、三角縁神獣鏡の総重量は約 622 kg と推算できるので、三角縁神獣鏡の約 580 面と全倭製鏡の約 3230 面に使用された青銅原料はほぼ同量ということになる。奈良県黒塚古墳の三角縁神獣鏡に限定しても、総重量 39 kg に達する。こころみに、倭製鏡に使用された青銅原料（616.7 kg）の配合比を銅 80％・錫 15％・鉛 5％として体積を算出すると約 0.07 m³ になる。つまり、40 cm 立方でほぼ足りてしまうことになる。

ことのついでに、青銅器で名高い世界の考古遺物および遺跡とざっと比較してみたい。中国の始皇帝陵の西側に設けられた車馬坑から出土した、皇帝専用車（輬輬車）を実物の2分の1大に模した銅車馬（一号馬車）は、1800 kg を超える。その始皇帝は紀元前 221 年に、天下の兵器を収公して、都の咸陽に青銅製の「鐘鐻」および「金人十二」体を鋳造したが、それぞれ「千石」もあったという（『史記』秦始皇本紀）。魏の明帝代に2体が残っていたこの「金人」に関する記事が正しければ、この青銅人像 12 体分の総重量は 300 t を凌駕する。現在に確認されている全倭製鏡を 500 セットも製作できる量に相当する。特大の青銅器を鋳造する技術は、中国では二里岡期に達成されており、鄭州商城から重さ 86 kg もの方鼎が発見されている。そして殷後期には、875 kg という破格の重量を誇る司母戊方鼎が鋳造された。同じく殷墟期に併行する四川省の三星堆「祭祀坑」には、青銅製の「立人像」や「神樹」など大量の青銅器が埋納されていたが、その総重量は1 t を超えるという。戦国時代を代表する湖南省曾侯乙墓には、6200 点以上の青銅製品が副葬され、その総重量は 10.5 t におよぶ。本墓で耳目を惹いた編鐘は全点あわせると5 t にも達する。こうした青銅器の生産を可能にしたのは、古くから開発が進められた銅鉱山の存在であり、なかでも最大規模を誇る湖北省銅緑山の採掘遺

跡では、西周代から採鉱と製錬が連綿とおこなわれ、春秋戦国時代には一日で300 kg以上の銅が生産されたと推定される。眼を西に転ずると、ハルシュタット期の女性墓として名高いフランス東部のヴィクス墓は、重量209 kgという特大のギリシア製クラテール（大型混酒器）が副葬されていたことで世界の考古学界を驚倒させた。トルコ南部のウルブルンの海底で発見された、紀元前14世紀頃の沈没船には、10 t分の銅および1 t分の錫のインゴットが積載されていた。

このような、莫大な青銅を惜しげもなく注ぎこんだ世界の考古事例を目にすると、倭製鏡の600 kgかそこらというのはいかにもさびしい。世界ばかりでない。弥生時代の青銅器にくらべても、こと重量に関してはかなり見劣りがする。弥生時代の青銅器の花形は銅鐸・銅矛・銅剣・銅戈であるが、その総重量に関する詳細な研究は少ない。そうしたなか亀井清が、銅鐸の器高を10 cm刻みで区切り、各範囲の既知の重量の最高値と最低値とそれぞれ当該範囲の総数に乗した総和を、総重量として算出した先駆的なこころみは貴重である。算出の結果、銅鐸360個の総重量は1991.7 kg（最低値）〜4371.8 kg（最高値）におさまるとの結論がみちびきだされている〔亀井 1969〕。また佐原眞は、「高さ二〇 cm前後の銅鐸を二 kg、四〇〜五〇 cmの銅鐸を四 kg、六〇 cm以上の銅鐸を一〇 kgとおさえ、銅鐸の総数を三五〇個として推算」した結果、「総重量は二一〇〇 kgに達する」との計算値を弾きだした〔佐原 1979, p.52〕。さらに佐原は、九州の広形銅矛・中広形銅矛・銅戈の総重量を「一〇〇〇 kg程度」とみなし、「未知・未発見」の「銅鐸・武器形祭器」を考慮しても、弥生時代に製作された青銅器の総重量は「一〇トン以内に収まる」との見積もりを提示した(13)〔佐原 1979, p.52・65〕。そして春成秀爾は、産地ごとの「青銅武器・武器形祭器の生産量」の概数を提示しており、すこぶる興味を惹く。春成の推算によると、九州産の銅剣・銅戈・銅矛、四国産の銅剣、出雲産の銅剣、近畿産の銅戈の総重量は、それぞれ1324 kg・40.5 kg・145.6 kg・5 kgになる〔春成 1999〕。合算すると1515.1 kgになる。

筆者も先学の驥尾に付して、銅鐸の総重量を試算してみた。銅鐸の法量データは難波洋三の手による出土地名表〔難波 2007〕を利用し、ふたつの推算法をもちいた。すなわち、（A）倭製鏡の場合と同様に、まず器高10 cmごとに重量既知資料から平均重量をもとめ、その数値を当該範囲の器高の製品にあてはめ、重量既知資料の存在しない範囲の資料は、前後の重量値から推定し、それらすべての重量値の総和を算出する、という方法と、もっと単純に、（B）重量既知資料の平均重量を総個体数に乗した数値を算出する、という方法とである。なお、本出土地名表の対象外である出土地不明資料の重量もおおまかに推定して、（A）（B）にそれぞれ加算した。推算の結果、（A）では4.0 t、（B）では3.6 tという相互に近い数値がえられた。ただ、筆者が試行した推算は、方法も手続きもはなはだ大雑把であり、目安ていどにうけとっていただきたい。とくに、一部が破損した重量既知資料の多くを補正せずそのまま使用したり、飾耳片などの破片資料の重量を復元する方法がわからず、ごくおおまかな数値を便宜的にあてはめるにとどまったため、上記の復元数値は何割分か上方修正すべきであろう。おそらくは、4〜5 tといった数値になろう。いずれにせよ、銅鐸には少なく見積もっても古墳倭製鏡の6倍以上の青銅原料が費やされていたことになる。

弥生時代の個別遺跡として、島根県荒神谷遺跡の各種青銅器の総重量を計算してみた。銅剣は358本で144.1 kg、銅矛は16本で25.7 kg、そして銅鐸は6個で5.3 kgという結果をえた。ついでに、銅鐸が列島最多の39個も出土した島根県加茂岩倉遺跡の銅鐸総重量は約135 kg、兵庫県桜ヶ丘遺跡の

銅鐸群の総重量は約57kg、滋賀県大岩山遺跡の銅鐸群の総重量にいたっては、2百数十kgにも達するようである。

　三角縁神獣鏡と大型の古墳倭製鏡の華やかさのおかげで、弥生時代にひきつづき古墳時代にも青銅製品が愛好され、活潑に製作されたかのように、ついつい考えてしまう。古墳時代にはいっても、青銅製品が重要視されたことは事実である。しかし、製作に投入された青銅原料の量からいえば、古墳時代は弥生時代にくらべて格段に低調である。

　しかし、古墳時代に列島で製作された倭製鏡は、破片資料をも換算しつつ多めに見積もっても630kg弱にすぎない。鏡いがいの古墳時代の青銅器としては、銅鏃や巴形銅器、そして製作地をめぐって論争のある筒形銅器が代表的である。銅鏃に関して、出土数において列島第2位の奈良県メスリ山古墳（236本）と第4位の滋賀県雪野山古墳（96本）の総重量を、報告書の記載をもとに算出すると、前者は約3.2kg、後者は約1.3kgにすぎない。2500本超とされる銅鏃の古墳出土総数〔髙田2013〕に、上記2墳の1本あたりの平均重量をあてはめても、35kgに満たない。巴形銅器と筒形銅器は、重量データが少ないので予測しづらいが、韓半島出土資料をふくめても、両者あわせてせいぜい20kg前後にすぎないだろう。つまり、古墳時代に列島内で製作された主要青銅製品は、鏡・銅鏃・筒形銅器・巴形銅器をあわせても700kgに満たず、これに鋳銅馬具や環頭大刀柄頭や耳環などをくわえても、重量にいちじるしい動きはないだろう。国産青銅器という点では、少なくとも総重量が5～7tほどに達する弥生時代におよぶべくもないのである。古墳時代はすでに青銅器の時代ではないという常識を、本論で示したデータがあらためて教えてくれる。

　なるほど古墳倭製鏡に投入された青銅原料は、たしかに多くない。上記した弥生時代の4遺跡（加茂岩倉遺跡・荒神谷遺跡・桜ヶ丘遺跡・大岩山遺跡）に埋納された青銅器の総重量が、古墳倭製鏡の総重量とほぼ同じだといえば、いっそう得心がゆくだろう。しかし古墳倭製鏡は、王権中枢勢力がその製作と分配を主掌することによって、諸地域の有力集団を格づけし序列化する手段として効果的に機能し、他方で諸地域の有力集団の側においても、自集団の序列化および通時的同一性の保持に重要な役割をはたしていた。そうした研究を推進してきた筆者からすれば、むしろこの程度の量の青銅原料で、これほどの効果をうみだす器物と分配システムを創出しえたことに、積極的な評価をあたえたい。

　筆者は、これまで発表してきた論考をつうじて、王権中枢勢力が製作・分配を管掌した古墳倭製鏡は、面径とデザインを対応させた多彩な系列をうみだすことで、均一的な三角縁神獣鏡よりも効率的かつ効果的な授受が可能になったと論じてきた。同時にまた、面径ごとの分布状況を精査し、畿内地域とくにその中枢地域の大型古墳ほど大型鏡の副葬が顕著であり、畿外諸地域にも大型鏡の副葬古墳が拠点的に存在するものの、遠隔地になるほど副葬鏡径が小さくなる明瞭な傾向があることを指摘してきた。そしてこの指摘は、面径と重量が相関する以上あたりまえではあるが、重量においてもそのまま該当する。以下、都府県別の古墳倭製鏡の総重量を記載した表6をつうじて、そのことの確認と補強につとめたい。

　古墳倭製鏡の総重量（重量既知資料＋重量推算資料）は596.1kgである（表6右欄）。ただ、都府県（＋韓国）別の出土を比較する場合、これらのいずれかからの出土ではあるが特定が不可能な資料（202面・60.1kg）は、除外しておくのが適切である。したがってここから先は、出土都府県が不明

な資料をのぞいた総重量536 kgを基準にして検討を進める。

　上記した面数や面径の場合と同様に、近畿地域とりわけ奈良県の卓越性が明々白々にみてとれる。しかも重量は、面数や面径よりも較差が顕著に表出しやすく、奈良県の突出性をいっそうきわだたせている。すなわち、本県の古墳倭製鏡は合算すると164.0 kgにおよび、列島（+韓半島）出土の古墳倭製鏡の総重量の30％にも達する。桜井茶臼山古墳の超大型鏡群や行燈山古墳の銅板が重量をかせいでいる面もあるが、それを差し引いても100 kgはあり、その突出ぶりは動かない。この164.0 kgという重量は、愛知県以東の東日本（110.1 kg）と中国地域（57 kg）から出土した古墳倭製鏡の総重量の和に匹敵する。奈良県は超大型鏡の7割を占めることもあり、出土鏡の平均重量も700 gにせまり他を圧している。本県いがいの近畿諸府県も合計で約120 kgをはかり、本県を足した近畿地域の総重量は280 kgを超え、列島（+韓半島）全体の50％をうわまわる。

　先に面径を論じた際に、超大型鏡・大型鏡は畿内地域の有力古墳がほぼ独占し、畿外諸地域から出土するわずかな事例も、畿内地域とのつながりが強い古墳に点在する状況を指摘した。この状況は、面径の差を増幅させる重量において、ひときわ明瞭なかたちで浮き彫りになる。たとえば、福岡県は総重量33.3 kgで、奈良県・京都府（40.9 kg）に次ぐ。しかし、内地と沖ノ島遺跡とを別々に算出すると、それぞれ16.0 kgと17.3 kgとなる。面数は前者（128面）が後者（42面）の3倍であるにもかかわらず、である。このことは、1面あたりの重量において、前者（125 g）が後者（411 g）の3分の1であることを意味する。また岡山県は24.4 kgで、大阪府（29.1 kg）をあいだにはさんで第5位の栄に浴しているが、これはひとえに、沖ノ島遺跡とならんで畿内地域との関係ゆえに超大型・大型鏡を分配されたと考えられる鶴山丸山古墳の存在による。すなわち、本墳の古墳倭製鏡は26面で12.5 kgにもおよび、これをのぞいた本県出土鏡の11.9 kg（90面）を凌駕している。山口県はさらに極端で、平均重量が奈良県に比肩する611 gにもなるが、これは柳井茶臼山古墳の3面で10 kg以上を荒稼ぎしているからであり、本墳をのぞくと155 gという平凡な平均重量に落ちつく。同じく宮崎県も、九州地域では福岡県に次ぐ19.2 kgの量を誇るが、その半分以上を平均重量が480 gにせまる持田古墳群の出土鏡群（22面）が占めている。

　以上のように、単純に重量を比較するだけでも、興味深いさまざまな状況が浮かびあがってくる。本論では、鏡式別の比較検討と都府県別の比較検討を切り離して実施したが、それらを総合した検討や、時期別の推移を加味した検討も、有益な成果をもたらすであろう。これについては、今後気が向いたら着手する。

四．展　望

　本論の検討は試論レヴェルにとどまったが、統一的な観点からデータを揃えた本集成を活用してゆけば、実にさまざまな検討と考察を展開しうることを、実践をつうじていささかなりとも示しえたと思う。本集成には詳細な出土地、出土遺跡の種別・内容（墳形・墳長など）・時期、法量（面径と重量）、銘文、副葬品の品目および数量、共伴鏡などの諸情報を盛りこんだ。本論では面数と法量のみをあつかったが、これ以外の上記した諸情報を活用することで、豊潤な成果をひきだしうると確信している。

他方、研究が進むにつれ、新たな情報や鏡じたいの属性が重要になってくるだろう。たとえば、鉛同位体比や微量元素の数値、鈕孔・断面・厚さなどの形態に関する諸情報などを、随時追加してゆくことが望ましい。本書の刊行後も、データの増補・修正を継続する作業を自身に課して本論の結びとしたい。

　本論考は『古墳時代銅鏡の研究』に収録した「列島出土鏡集成雑感」〔下垣 2016b〕を、本集成の最新データをふまえて書きあらためたものである。

註
（1）　同じ基準で歴博集成を修正すると、約4850面になる。
（2）　むろん、本集成のデータだけを借用して、資料の実体を知らぬまま議論を捏ねあげるだけでは、論としての意味も価値もない。本集成では文献と所蔵者（機関）も掲載したので、研究に際してはこれらを手がかりに資料を集めたうえで検討が推進されてゆくことを期待する。
（3）　沖ノ島遺跡の54面をのぞいても146面あり、順位は変わらない。
（4）　この2例をのぞいた近畿外だと、面径がおおよそわかる倭製鏡1581面のうち、超大型鏡は3面（0.2％）、大型鏡は15面（0.9％）、中型鏡は128面（8.1％）にすぎない反面、小型鏡は1435面（90.8％）の多きにおよぶ。これと対照的に、沖ノ島遺跡と鶴山丸山古墳は構成鏡群に占める超大型鏡〜中型鏡の比率がすこぶる高い。具体的には、沖ノ島遺跡では超大型鏡2面（4.5％）・大型鏡7面（15.9％）・中型鏡12面（27.3％）・小型鏡23面（52.3％）となる。鶴山丸山古墳はさらに極端で、超大型鏡1面（3.8％）・大型鏡3面（11.6％）・中型鏡17面（65.4％）・小型鏡5面（19.2％）という構成になる。ちなみに奈良県は、超大型鏡28面（11.7％）・大型鏡22面（9.2％）・中型鏡60面（25.0％）・小型鏡130面（54.1％）であり、沖ノ島遺跡と鶴山丸山古墳が畿外諸地域よりも奈良県に近い構成比率であることが明瞭である。
（5）　三角縁神獣鏡の製作において、かぎられた青銅原料を節約しつつ均一的な面径を維持しようとした結果、断面形状の薄平化が生じたという見解が提起されている〔清水 2008・2014〕。とすれば、かならずしも重量が面径にそのまま反映しないことになる。実際、倭製鏡の厚薄にはかなりの相違がある。しかし、そうした省原料化や節約という製作にかかわる重要な方針や意図を復元するためには、なおのこと重量データが必要不可欠である。
（6）　周知のとおり、青銅は銅・錫・鉛からなる三元系合金であり、それぞれ比重がことなるこれら三種の金属は、製品の用途などに応じてさまざまに配合される。鏡という特定の器物においても、その配合比は多様である。したがって、青銅の量と重量は厳密な一対一対応の関係にはない。
（7）　のちに小西正彦は、この数値すなわち「g/m^2」を、「鏡の単位面積あたりの平均の重さ」を示す「m値」と名づけ、「鏡材料の密度（g/cm^3）で割ると平均厚さ（cm）に換算できるので、鏡の厚さの指標」となると考えた〔小西 2009, p.34〕。
（8）　加藤一郎氏から約270面の重量データの提供をうけた。加藤氏のご厚意に深謝する。
（9）　いわゆる鈴鏡は、鈴が重量を加算させているため、面径と重量を相関づける本節の考察に適さない。したがって、重量既知資料から鈴鏡51面を除外した。これを追加すると、完鏡ないし欠損の寡少な倭製鏡の重量資料は約790面になる。なお、後述の重量推算資料には鈴鏡を使用した。この場合は逆に、鈴の重量が除外されることになる。
（10）　外区片のように、破片でも面径が復元できる資料は積極的にもちいた。倭製鏡には基本的に破鏡は存在せず、鏡片として出土した資料も、本来は完鏡としてもたらされたと考えてよい。他方で中国製鏡には破鏡が多く、それらが列島内で破鏡にされたのか、鏡片の状態で列島外からもたらされた〔辻田 2007〕のか、確実な決め手がない。中国大陸の周辺諸地域にも破鏡がみとめられ、なかには鏡片の縁部に穿孔をほどこす資料もあることを勘案すれば、後者の蓋然性も十分にある。とすると、破鏡が存在する中国製鏡の重量分析には、倭製鏡のばあい以上に慎重な姿勢が必要になる。それゆえ本論では、中国製鏡を検討対象からはずした。
（11）　平均面径に関して、整数比的に平均重量と比較してはならない。面径が2倍になれば面積は4倍、厚さも比例するならば体積（重量）は8倍になるからである。極端な例をあげて説明すれば、径10cm・重量100gの鏡が10面ある系列では、平均面径と平均重量はこの数値になるが、そのうち1面が径40cm・重量5000gに置き替わった場合、平均面径は13cmでさほど変わらないが、平均重量は590gに跳ねあがる。表5の「重量既知資料」において、鼉龍鏡系と方格規矩四神鏡系が平均面径も面数もほぼ同じにもかかわらず、平均重量で約200gの差がついているのは、前者に8950gの巨鏡である柳井茶臼山古墳出土鏡（山口3）がふくまれているからである。本鏡を除外すれば、両者の重量上の関係は逆転す

る。

(12) 『三輔旧事』の「二十四万斤」説をとれば、総重量は無慮 600 t にも達する。日本の律令国家が造立に総力を傾けた東大寺盧舎那仏像に投入された銅が約 500 t 弱、完成した大仏の重量が約 380 t（本体約 250 t・台座約 130 t）であることを考えれば、その厖大さがうかがい知れよう。

(13) ただし、難波洋三による同笵銅鐸のあり方を重視した精細な総数復元によると、銅鐸の製作総数は「最小で 1200 個、最多で 4400 個」、そのうち「聞く銅鐸」が約 830〜約 3000 個になるという〔難波 2000, p.24〕。約 160〜600 個が生産されたと推定される軽量の菱環鈕式銅鐸と外縁付鈕 1 式銅鐸ですら、「その総重量は約四〇〇〜一五〇〇 kg」になる〔難波 2011, p.105〕とすれば、弥生時代の青銅器の生産総量はとうてい佐原の見積もり内にはおさまりきらないだろう。

　この総数復元に関連して、実際に生産された倭製鏡のうち、現在までに発見された資料の割合がどれほどなのかによって、青銅原料の輸入量や使用量、王権中枢勢力によるそれらの占有率などといった、究明すべき数値がいちじるしく変動することになる。本論では、そのような不確定要因は排除して検討を推し進めているが、議論の射程と総合性を拡幅するためには、いささかなりでも手がかりが欲しいところである。鋳潰される割合が銅鐸と倭製鏡で変わらないものと仮定したうえで推測すると、人里はなれた場所で地上遺構をともなわず発見される傾向が強い銅鐸と、すこぶる顕示的な古墳に副葬される大・中型の倭製鏡とでは、後者の発見率のほうがはるかに高いはずである。そのため、後者の多くが古くに盗掘されて逸失しているとみるのが自然であり、銅鐸＜大・中型倭製鏡という発見率の差はさらに広がると考えられる。いずれにせよ、難波が挙示した銅鐸の発見総数／製作総数（復元）よりも高い数値が、大・中型倭製鏡の発見率ということになり、おおむね 1/2〜1/5 といったところになるだろう。ただし、発見内容などの情報を残さず逸失した資料を想定すべきであり、現存資料÷発見率ではなく、(現存資料＋想定逸失資料)÷発見率が復元総数になることに注意されたい。しかも、銅鐸と倭製鏡という性格も社会的意義もライフサイクルもちがっていたであろう器物をそのまま比較した推論なので、上記の発見率も目安ていどにすぎない。他方、小型の倭製鏡は、集落から陸続と発見されつつあり、大・中型倭製鏡とは発見状況がまったくことなる。集落のどこから発見されるかわからず、部分発掘では回収しきれないこと、未発掘の集落が数多く存在すること、廃棄・遺棄例が頻見し、鋳潰し率も高かったであろうことなどから、その発見率は大・中型鏡はおろか銅鐸よりもはるかに低いと予測できる。

引用文献

赤塚次郎　1995「人物禽獣文鏡」『考古学フォーラム』6、考古学フォーラム、pp.1-13
　　　　　1998a「東海の内行花文倭鏡」『考古学フォーラム』9、考古学フォーラム、pp.62-71
　　　　　1998b「獣形文鏡の研究」『考古学フォーラム』10、考古学フォーラム、pp.51-73
　　　　　2000「絵画文鏡の研究」『考古学フォーラム』12、考古学フォーラム、pp.71-79
　　　　　2004a「東海系神頭鏡の研究」八賀晋先生古稀記念論文集刊行会編『「かにかくに」八賀晋先生古稀記念論文集』三星出版、pp.43-52
　　　　　2004b「鈴を付けたS字文鏡」『三重大史学』第4号、三重大学人文学部考古学・日本史研究室、pp.1-8
新井　悟　1995「鼉龍鏡の編年と原鏡の同定」『駿台史学』第95号、駿台史学会、pp.67-103
池上　悟　1991「直弧文系倣製鏡について」『立正考古』第30号、立正大学考古学研究会、pp.4-12
　　　　　1992「鼉龍鏡の変遷」『立正考古』第31号、立正大学考古学研究会、pp.23-37
伊藤禎樹　1967「捩文鏡小論」『考古学研究』第14巻第2号、考古学研究会、pp.24-33
今井　堯　1991「中・四国地方古墳出土素文・重圏文・珠文鏡―小形倭鏡の再検討Ⅰ―」『古代吉備』第13集、古代吉備研究会、pp.1-26
岩本　崇　2014「銅鏡副葬と山陰の後・終末期古墳」櫃本誠一・森下章司編『兵庫県香美町村岡 文堂古墳』大手前大学史学研究所研究報告第13号、大手前大学史学研究所、pp.135-161
宇野隆夫　1977「多鈕鏡の研究」『史林』第60巻第1号、史学研究会、pp.86-117
梅原末治　1959「上古初期の倣製鏡」読史会編『国史論集』（一）、読史会、pp.263-282
大川麿希　1997「鈴鏡とその性格」『考古学ジャーナル』No.421、ニュー・サイエンス社、pp.19-24
岡内三眞　1996「双鳳八爵文鏡」東北亞細亞考古學研究會編『東北アジアの考古學』第二［槿域］、pp.285-316
岡崎敬編　1976-79『日本における古鏡 発見地名表』（四国・東北地方・近畿地方Ⅰ・Ⅱ・Ⅲ・中国地方・関東地方・北陸・甲信越地方・東海地方・九州地方Ⅰ・Ⅱ）、東アジアより見た日本古代墓制研究
岡田一広　2003「鈴鏡の画期」秋山進午先生古稀記念記念論集刊行会編『富山大学考古学研究室論集 蜃気楼―秋山進午先生古稀記念―』六一書房、pp.257-280
岡村秀典　1992「浮彫式獣帯鏡と古墳出現期の社会」出雲考古学研究会『出雲における古墳の出現を探る―松本古墳群シンポジウムの記録―』出雲考古学研究会、pp.98-115
　　　　　2005「雲気禽獣紋鏡の研究」川越哲志先生退官記念事業会編『考古論集 川越哲志先生退官記念論文集』川越哲志先生退官記念事業会、pp.815-830
　　　　　2008「宋明代の古鏡研究―青柳種信の参考にした漢籍―」『九州と東アジアの考古学―九州大学考古学研究室50周年記念論文集―』下巻、九州大学考古学研究室50周年記念論文集刊行会、pp.793-803
荻野繁春　1982「倭製神像鏡について」『福井工業高等専門学校研究紀要』人文・社会科学第16号、福井工業高等専門学校、pp.61-90
小沢　洋　1988「捩文鏡について」小沢編『―千葉県木更津市―小浜遺跡群Ⅰ 俵ヶ谷古墳群』財団法人君津郡市文化財センター発掘調査報告書第37集、財団法人君津郡市文化財センター、pp.87-99
小野本敦　2013「素文鏡考―二宮神社境内出土鏡をめぐって―」岡内三眞編『技術と交流の考古学』同成社、pp.223-234
加藤一郎　2014「後期倭鏡研究序説―旋回式獣像鏡系を中心に―」『古代文化』第66巻第2号、公益財団法人古代学協会、pp.1-20
亀井　清　1969「神戸市桜ヶ丘出土銅鐸の冶金学的研究」辰馬悦蔵・末永雅雄・武藤誠編『桜ヶ丘銅鐸・銅戈調査報告書』本編、真陽社、pp.171-197
河口亜由美　1990「倣製方格規矩四神鏡について」近藤喬一編『京都府平尾城山古墳』山口大学人文学部考古学研究報告第6集、山口大学人文学部考古学研究室、pp.105-109
川西宏幸　2004『同型鏡とワカタケル―古墳時代国家論の再構築―』同成社
北浦亜由美　1992「倣製方格規矩鏡について」『考古学研究』第38巻第4号、考古学研究会、pp.89-101
京都大学文学部考古学研究室編　1989『椿井大塚山古墳と三角縁神獣鏡』京都大学文学部博物館図録、京都大学文学部
車崎正彦　1993「鼉龍鏡考」久保哲三先生追悼記念文集刊行会編『翔古論聚―久保哲三先生追悼論文集』久保哲三先生追悼記

　　　　　　　　　　念文集刊行会、pp.130-163
車崎正彦編　2002『考古資料大観』第 5 巻 弥生・古墳時代 鏡、小学館
甲元眞之　1990「多鈕鏡の再検討」『古文化談叢』第 22 集、九州古文化研究会、pp.17-45
　　　　　　2006「多鈕鏡の再検討」甲元著『東北アジアの青銅器文化と社会』同成社、pp.187-225
後藤守一　1926「漢式鏡」日本考古学大系、雄山閣（高橋健自監修）
小西正彦　2009「同范・同型鏡における重さの差異について―三角縁神獣鏡の場合―」『古代』第 121 号、早稲田大学考古学
　　　　　　　　会、pp.23-59
　　　　　　2011「古墳時代前期における倣製鏡製作技術の一側面―同工鏡群での面径と重さの関係より―」『古代』第 126 号、
　　　　　　　　早稲田大学考古学会、pp.81-99
小林三郎　1971「鼉竜鏡とその性格」『駿台史学』第 28 号、駿台史学会、pp.13-30
　　　　　　1979「古墳時代初期倣製鏡の一側面―重圏文鏡と珠文鏡―」『駿台史学』第 46 号、駿台史学会、pp.78-96
　　　　　　1982「古墳時代倣製鏡の鏡式について」『明治大学人文科学研究所紀要』第 21 冊、明治大学人文科学研究所、
　　　　　　　　pp.1-79
　　　　　　1983「捩文鏡とその性格」遠藤元男先生頌寿記念会編『遠藤元男先生頌寿記念　日本古代史論苑』国書刊行会、
　　　　　　　　pp.413-458
　　　　　　2010『古墳時代倣製鏡の研究』六一書房
小林行雄　2010（坪井清足・和田晴吾編）『小林行雄考古学選集』第 2 巻、真陽社
小山田宏一　1993「画紋帯同向式神獣鏡とその日本への流入時期―鏡からみた「3 世紀の歴史的枠組み」の予察―」『弥生文
　　　　　　　　化博物館研究報告』第 2 集、大阪府立弥生文化博物館、pp.231-270
近藤　滋　1980「長瀬高浜遺跡出土の小形素文鏡」財団法人鳥取県教育文化財団編『長瀬高浜遺跡Ⅲ』鳥取県教育文化財団調
　　　　　　　　査報告 4、財団法人鳥取県教育文化財団、pp.24-26
今平利幸　1990「大日塚古墳出土の小型素文鏡について」久保哲三編『下野　茂原古墳群』久保明子、pp.177-187
坂本和俊　1986「珠文鏡」（書上元博・柿沼幹夫・駒宮史朗・坂本・関義則・利根川章彦「神川村前組羽根倉遺跡の研究」）
　　　　　　　　『埼玉県立博物館紀要』12、埼玉県立博物館、pp.101-103、124-133
佐原　眞　1979『銅鐸』日本の原始美術 7、講談社
實盛良彦　2009「斜縁神獣鏡の変遷と系譜」『広島大学考古学研究紀要』第 1 号、広島大学考古学研究室、pp.97-120
　　　　　　2015「上方作系浮彫式獣帯鏡と四乳飛禽鏡の製作と意義」『FUSUS』7 号、アジア鋳造技術史学会誌、pp.79-95
清水康二　1994「倣製内行花文鏡類の編年―倣製鏡の基礎研究Ⅰ―」橿原考古学研究所編『橿原考古学研究所論集』第 11、
　　　　　　　　吉川弘文館、pp.447-503
　　　　　　2000「「平原弥生古墳」出土大型内行花文鏡の再評価」頌寿記念会代表戸沢充則編『大塚初重先生頌寿記念考古学
　　　　　　　　論集』東京堂出版、pp.813-827
　　　　　　2008「三角縁神獣鏡とその性格」明治大学文学部考古学研究室編『地域と文化の考古学Ⅱ』六一書房、141-150
　　　　　　2014「製作技術からみた三角縁神獣鏡」『駿台史学』第 150 号、駿台史学会、pp.79-105
下垣仁志　2001「仿製方格規矩四神鏡」梅本康広・森下章司編『寺戸大塚古墳の研究』Ⅰ前方部副葬品研究篇、向日丘陵古墳
　　　　　　　　群調査研究報告第 1 冊、財団法人向日市埋蔵文化財センター、pp.68-75
　　　　　　2003「古墳時代前期倭製鏡の編年」『古文化談叢』第 49 集、九州古文化研究会、pp.19-50
　　　　　　2010『三角縁神獣鏡研究事典』吉川弘文館
　　　　　　2011a『古墳時代の王権構造』吉川弘文館
　　　　　　2011b『倭製鏡一覧』立命館大学考古学資料集成第 4 冊、立命館大学考古学論集刊行会
　　　　　　2016a『列島出土鏡集成』平成 25～27 年度科学研究費補助金（若手研究 B）研究成果報告書（第二分冊）、立命館
　　　　　　　　大学文学部
　　　　　　2016b『列島出土鏡集成雑感』『古墳時代銅鏡の研究』平成 25～27 年度科学研究費補助金（若手研究 B）研究成果
　　　　　　　　報告書（第一分冊）、立命館大学文学部、pp.595-620
白石太一郎　1994「刊行にあたって」白石・設楽博己編『弥生・古墳時代遺跡出土鏡データ集成』（『国立歴史民俗博物館研究
　　　　　　　　報告』第 56 集 共同研究「日本出土鏡データ集成」2)、国立歴史民俗博物館
白石太一郎・設楽博己　2002「はじめに」『国立歴史民俗博物館研究報告』第 97 集、国立歴史民俗博物館、p.49
白石太一郎・設楽博己編　1994『弥生・古墳時代遺跡出土鏡データ集成』（『国立歴史民俗博物館研究報告』第 56 集 共同研究
　　　　　　　　「日本出土鏡データ集成」2)、国立歴史民俗博物館
　　　　　　2002「弥生・古墳時代遺跡出土鏡データ集成 補遺 1」『国立歴史民俗博物館研究報告』第 97 集、国立歴史民俗博
　　　　　　　　物館、pp.47-122

髙木恭二　1991「博局鳥文鏡の系譜」肥後考古学会編『肥後考古』第8号 交流の考古学、三島格会長古希記念、肥後考古学会記念事業事務局、pp.369-402
　　　　　1993「博局（方格規矩）鳥文鏡の系譜」『季刊考古学』第43号 鏡の語る古代史、雄山閣出版、pp.35-37
高倉洋彰　1972「弥生時代小形仿製鏡について」『考古学雑誌』第58巻第3号、日本考古学会、pp.1-30
　　　　　1979「二塚山遺跡出土の弥生時代小形仿製鏡」石隈喜佐雄・七田忠昭編『二塚山』佐賀県文化財調査報告書第46集、佐賀県教育委員会・新郷土刊行会、pp.215-227
　　　　　1985「弥生時代小形仿製鏡について（承前）」『考古学雑誌』第70巻第3号、日本考古学会、pp.94-121
　　　　　1990『日本金属器出現期の研究』学生社
髙田健一　2013「銅鏃」一瀬和夫・福永伸哉・北條芳隆編『古墳時代の考古学』第4巻 副葬品の型式と編年、同成社、pp.53-62
高橋健自　1911「鏡」『鏡と剣と玉』冨山房、pp.1-123
高橋　徹　1993「古式大型仿製鏡について—奈良県桜井市茶臼山古墳出土内行花文鏡の再検討を兼ねて—」『橿原考古学研究所紀要 考古學論攷』第17冊、奈良県立橿原考古学研究所、pp.53-61
田尻義了　2004「弥生時代小形仿製鏡の生産体制論」『日本考古学』第18号、日本考古学協会、pp.53-72
　　　　　2010「弥生時代小形仿製鏡の集成」『季刊邪馬台国』第106号、梓書院、pp.95-116
　　　　　2012『弥生時代の青銅器生産体制』（財）九州大学出版会
田中　琢　1983「方格規矩四神鏡系倭鏡分類試論」『文化財論叢』奈良国立文化財研究所創立30周年記念論文集、同朋舎出版、pp.83-104
「中国古鏡の研究」班　2009「前漢鏡銘集釈」『東方学報』第84冊、京都大学人文科学研究所、pp.139-209
　　　　　2011a「後漢鏡銘集釈」『東方学報』第86冊、京都大学人文科学研究所、pp.201-289
　　　　　2011b「三国西晋鏡銘集釈」『東方学報』第86冊、京都大学人文科学研究所、pp.291-333
　　　　　2012「漢三国西晋紀年鏡銘集釈」『東方学報』第87冊、京都大学人文科学研究所、pp.153-265
　　　　　2013「漢三国鏡銘集釈補遺」『東方学報』第88冊、京都大学人文科学研究所、pp.245-271
辻田淳一郎　2000「鼉龍鏡の生成・変容過程に関する再検討」『考古学研究』第46巻第4号、考古学研究会、pp.55-75
　　　　　2007『鏡と初期ヤマト政権』すいれん舎
　　　　　2009「久里双水古墳出土盤龍鏡の諸問題」田島龍太編『久里双水古墳』唐津市文化財調査報告書第95集、唐津市教育委員会、pp.107-124
　　　　　2012「九州出土の中国鏡と対外交渉—同型鏡群を中心に—」第15回九州前方後円墳研究会北九州大会実行委員会編『第15回九州前方後円墳研究会北九州大会資料集 沖ノ島祭祀と九州諸勢力の対外交渉』pp.75-88
富岡謙蔵　1920『古鏡の研究』丸善株式会社
冨田和気夫　1989「11号墳出土四獣鏡をめぐる諸問題」甘粕健・川村浩司・荒木勇次編『新潟県三条市 保内三王山古墳群 測量・発掘調査報告書』三条市文化財調査報告第4号、三条市教育委員会、pp.146-153
中山清隆・林原利明　1994「小型仿製鏡の基礎的集成（1）—珠文鏡の集成—」『地域相研究』第21号、地域相研究会、pp.95-125
難波洋三　2000「同范銅鐸の展開」『シルクロード学研究叢書』3、シルクロード学研究センター、pp.11-30
　　　　　2007『難波分類に基づく銅鐸出土地名表の作成』平成15年度〜18年度科学研究費補助金基盤研究（C）研究成果報告書
　　　　　2011「銅鐸群の変遷」木野戸直・正岡大実編『豊饒をもたらす響き 銅鐸』大阪府立弥生文化博物館図録45、大阪府立弥生文化博物館、pp.80-109
西岡巧次　1986「鈴鏡論序説」中山修一先生古稀記念事業会編『長岡京古文化論叢』同朋舎出版、pp.601-626
西村俊範　1983「双頭龍文鏡（位至三公鏡）の系譜」『史林』第66巻第1号、史学研究会、pp.95-115
林　正憲　2000「古墳時代前期における倭鏡の製作」『考古学雑誌』第85巻第4号、日本考古学会、pp.76-102
　　　　　2002「古墳時代前期倭鏡における2つの鏡群」『考古学研究』第49巻第2号、考古学研究会、pp.88-107
　　　　　2010「弥生小型倭鏡の起源について」遠古登攀刊行会編『遠古登攀 遠山昭登君追悼考古学論集』真陽社、pp.17-39
林原利明　1990「弥生時代終末〜古墳時代前期の小形仿製鏡について—小形重圏文仿製鏡の様相—」『東国史論』第5号、群馬考古学研究会、pp.49-64
　　　　　2008「成塚向山1号墳出土の重圏文鏡について」深澤敦仁編『成塚向山古墳群』財団法人群馬県埋蔵文化財調査事業団調査報告書第426集、財団法人群馬県埋蔵文化財調査事業団、pp.517-520
原田大六　1961「十七号遺跡の遺物」宗像神社復興期成会編『続沖ノ島』宗像神社復興期成会、pp.28-113

春成秀爾　1999「武器から祭器へ」福井勝義・春成編『人類にとって戦いとは』1戦いの進化と国家の生成、東洋書林、pp.121-160

東影悠編　2011『東アジアにおける初期都宮および王墓の考古学的研究』平成19年度～平成22年度科学研究費補助金基盤研究（A）研究成果報告書、奈良県立橿原考古学研究所

東中川忠美　1975「珠文鏡について」岩崎二郎編『恵子若山遺跡　福岡県筑紫郡那珂川町恵子所在墳墓群の調査』東洋開発株式会社、pp.30-32、40-44

樋口隆康　1979『古鏡』新潮社

樋口隆康　1992『三角縁神獣鏡綜鑑』新潮社
　　　　　2000『三角縁神獣鏡新鑑』学生社

久永春男　1960「月の輪古墳の築造年代」近藤義郎編『月の輪古墳』月の輪古墳刊行会、pp.346-367
　　　　　1963「守山市内の古墳から発見された鏡」久永・田中稔編『守山の古墳』守山市教育委員会、pp.101-106

福永伸哉　2005『三角縁神獣鏡の研究』大阪大学出版会

藤岡孝司　1991「重圏文（仿製）鏡小考―3～4世紀における一小形仿製鏡の様相―」『財団法人君津郡市文化財センター研究紀要』Ⅴ、財団法人君津郡市文化財センター、pp.57-75

埋蔵文化財研究会編　1994『倭人と鏡　その2―3・4世紀の鏡と墳墓―』第36回埋蔵文化財研究集会、埋蔵文化財研究会

松浦宥一郎　1994「日本出土の方格T字鏡」『東京国立博物館紀要』第29号、東京国立博物館、pp.176-254

松本佳子　2008「瀬戸内における弥生時代小形仿製鏡の研究」村上恭通編『地域・文化の考古学―下條信行先生退任記念論文集―』下條信行先生退任記念事業会、pp.273-302

馬渕一輝　2015「(伝)松林山1号墳出土鏡の評価」安藤寛編『松林山1号墳―発掘調査報告書―』磐田市新貝土地区画整理組合・磐田市教育委員会、pp.50-57

三木文雄　1940「鈴鏡考」考古学会編『鏡剣及玉の研究』吉川弘文館、pp.63-75

水野敏典　1997「捩文鏡の編年と製作動向」近藤義郎・倉林眞砂斗・澤田秀実編『日上天王山古墳』津山市埋蔵文化財発掘調査報告第60集、津山市教育委員会、pp.94-111

水野敏典・山田隆文編　2005『三次元デジタル・アーカイブを活用した古鏡の総合的研究』第1分冊、橿原考古学研究所成果第8冊、奈良県立橿原考古学研究所

南　健太郎　2007a「弥生時代九州における漢鏡の流入と小形仿製鏡の生産」『熊本大学社会文化研究』第5号、pp.193-211
　　　　　　2007b「肥後地域における銅鏡の流入とその特質」『肥後考古』第15号、肥後考古学会、pp.13-30

村瀬　陸　2014「環状乳神獣鏡からみた安満宮山古墳出土1号鏡」高槻市教育委員会文化財課編『高槻古代史懸賞論文「いましろ賞」入賞論文集』高槻市教育委員会文化財課、pp.18-32

村松洋介　2004「斜縁神獣鏡研究の新視点」『古墳文化』創刊号、國學院大學古墳時代研究会、pp.43-60

森　浩一　1970「古墳出土の小型内行花文鏡の再吟味」橿原考古学研究所編『日本古文化論攷』吉川弘文館、pp.259-284

森下章司　1991「古墳時代仿製鏡の変遷とその特質」『史林』第74巻第6号、史学研究会、pp.1-43
　　　　　1994「古墳時代の鏡」埋蔵文化財研究会編『倭人と鏡　その2―3・4世紀の鏡と墳墓―』第36回埋蔵文化財研究集会、埋蔵文化財研究会、pp.21-28
　　　　　2002「古墳時代倭鏡」車崎正彦編『考古資料大観』第5巻　弥生・古墳時代　鏡、小学館、pp.305-316
　　　　　2012「伝仁徳陵古墳出土鏡と東アジア」堺市文化観光局文化部文化財課編『徹底分析・仁徳陵古墳―巨大前方後円墳の実像に迫る―』第2回百舌鳥古墳群講演会記録集、堺市、pp.91-114

森下章司・千賀久編　2000『大古墳展―ヤマト王権と古墳の鏡―』東京新聞

森本六爾　1928「鈴鏡に就て」『考古学研究』第2年第3号、考古学研究会、pp.1-33
　　　　　1935「多鈕細文鏡の諸型式」『考古学』第6巻第7号、東京考古学会、pp.303-310

八木あゆみ　2000「鈴鏡をめぐる諸問題」『古事　天理大学考古学研究室紀要』第4冊、天理大学考古学研究室、pp.23-34

山越　茂　1974「方格規矩四神鏡考（中）」『考古学ジャーナル』No.95、ニュー・サイエンス社、pp.15-24
　　　　　1982「鈴鏡研究緒論―関東地方発見の鈴鏡を中心として―」『栃木県史研究』第23号、栃木県教育委員会事務局、pp.1-24

山田俊輔　2006「上方作系浮彫式獣帯鏡の基礎的研究」『早稲田大学會津八一記念博物館　研究紀要』第7号、早稲田大学會津八一記念博物館、pp.15-26

山本三郎　1978「舶載内行花文鏡の形態分類について」山本編『播磨・竜山5号墳発掘調査報告』高砂市文化財調査報告6、高砂市教育委員会、pp.31-41

吉田博行　1999「放射状区画をもつ珠文・乳文鏡について」土井健司・吉田編『森北古墳群』創価大学・会津坂下町教育委員会、pp.139-150

吉村利男　2001「三重県内の古鏡出土に関する覚書（その一）―関連文献の再検討を中心に―」『三重県史研究』第16号、三重県、pp.97-133
　　　　　2002「三重県内の古鏡出土に関する覚書（その二）―関連文献の再検討を中心に―」『三重県史研究』第17号、三重県、pp.93-130
脇山佳奈　2013「珠文鏡の研究」『史學研究』第279号、広島史学研究会、pp.1-28
　　　　　2015「重圏文鏡の画期と意義」『広島大学大学院文学研究科 考古学研究室紀要』第7号、広島大学大学院文学研究科考古学研究室、pp.13-37

日本列島出土鏡集成
にほんれっとうしゅつどきょうしゅうせい

■著者略歴■

下垣 仁志（しもがき・ひとし）

1975年、東京都生まれ（岡山県育ち）。
2006年、京都大学大学院文学研究科考古学専攻博士後期課程修了。
現在、京都大学大学院文学研究科准教授。文学博士（京都大学）。
〔主要著作〕
『三角縁神獣鏡研究事典』（吉川弘文館、2010年）
『古墳時代の王権構造』（吉川弘文館、2011年）
『解釈考古学』（同成社、2012年、共訳書）
『考古学的思考の歴史』（同成社、2015年、訳書）

2016年12月25日発行

著　者　下垣　仁志
発行者　山脇由紀子
印　刷　モリモト印刷㈱
製　本　協栄製本㈱

発行所　東京都千代田区飯田橋4-4-8　東京中央ビル内　㈱同成社
TEL 03-3239-1467　振替 00140-0-20618

© Shimogaki Hitoshi 2016. Printed in Japan
ISBN978-4-88621-749-3 C3021